广东财政年鉴

FINANCE YEAR BOOK OF GUANGDONG

2005

广东财政年鉴编辑委员会

广東省出版集團
广东经济出版社

图书在版编目（CIP）数据

广东财政年鉴：2005 / 广东财政年鉴编辑委员会编. —广州：广东经济出版社，2006.4
ISBN 7-80728-165-0

Ⅰ.广…　Ⅱ.广…　Ⅲ.地方财政-广东省-2005-年鉴　Ⅳ.F812.765-54

中国版本图书馆 CIP 数据核字（2006）第 126961 号

出版发行	广东经济出版社（广州市环市东路水荫路 11 号 5 楼）
经销	广东新华发行集团
印刷	广东信源彩色印务有限公司 （广州市天河高新技术产业开发区工业园建工路 17 号）
开本	889 毫米×1194 毫米　1/16
印张	42.75　30 插页
字数	1 800 000 字
版次	2006 年 4 月第 1 版
印次	2006 年 4 月第 1 次
书号	ISBN 7-80728-165-0 / F · 1288
定价	260.00 元

如发现印装质量问题，影响阅读，请与承印厂联系调换。
发行部地址：广州市合群一马路 111 号省图批 107 号
电话：〔020〕83780718　83790316　邮政编码：510100
邮购地址：广州市东湖西路永胜中沙 4 - 5 号 6 楼　邮政编码：510100
（广东经世图书发行中心）电话：（020）83781210
营销网址：**http：//www.gebook.com**
广东经济出版社常年法律顾问：屠朝锋律师、刘红丽律师

序　　言

刘昆

改革开放以来，在党中央、国务院领导下，我省社会经济发展取得了世人瞩目的成就。广东的财政工作和其他方面的工作一样，在省委、省政府的正确领导下，在各级党委、人大、政府以及社会各界的大力关心支持下，也有了长足的发展。特别是自1994年分税制改革以来，我省的财政工作更是进入了一个崭新的发展时期。全省财政无论从收支规模，财政改革，还是支持社会经济各项事业的发展都上了一个新台阶。

1994年我省地方一般预算收入为298.70亿元，2004年达到1 418.51亿元；全省一般预算支出1994年为416.83亿元，2004年达到1 852.95亿元，1994～2004年年均递增16.09%。财政收支实现了持续、快速增长。全省一般预算收入自1991年以来连续十四年位居全国第一。2004年，来源于广东的财政收入完成3 548.27亿元，剔除出口退税805.63亿元后完成4 353.9亿元，同比增长18.12%。全省财力的增加，有力地促进了全省国民经济和社会各项事业的发展。

近几年，全省各级财政部门坚持改革创新，构建与社会主义市场经济相适应的公共财政体制框架步伐走在全国前列。我省在推进公共财政改革的进程中，除了按照财政部的部署，整体推进部门预算、国库集中支付、“收支两条线”管理、政府采购制度改革外，自行安排了财政支出绩效评价、财政监督、省级预算管理和国库集中支付系统整合、省级财务核算集中监管、公务员收入分配制度、行政事业性资产管理等六个方面的改革。经过近几年的努力，我省公共财政改革经历了从机制的初步建立到不断取得突破，从改革措施单兵突进到整体推进、相互促进，从强调管理到管理、监督、绩效并重的各个阶段，形成了改革措施整体推进、相互促进，不断取得突破的局面。

广东财政发展与改革取得丰硕成果，但也面临许多困难和问题，任务仍很艰巨。以毛泽东思想、邓小平理论和“三个代表”重要思想以及科学发展观为指针，总结以往的经验，对广东财政今后的发展和改革，无疑具有重要的意义。在编修地方志过程中，省财政厅组织人力，对2000年以前的广东财政历史资料进行了系统的收集和整理。在此基础上，我们又编辑出版了首刊《广东财政年鉴（2005）》，它以丰富翔实的资料，向广大读者全面系统地反映广东财政各个方面的活动与成果。通过它，上级领导可以更方便检查、督促、指导广东的财政工作；本系统的干部职工可以广泛交流工作经验，提高财政工作的管理、服务水平；社会各界可以更加了解和理解广东财政，支持广东财政的发展与改革；广大财政经济研究工作者可以得到广东财政最新的第一手资料，抢占研究的制高点，更好地为经济社会发展服务。

《广东财政年鉴（2005）》的出版，是我省财政改革与发展中的一件喜事，借此机会，我代表省财政厅党组对为《广东财政年鉴（2005）》出版付出辛勤劳动的同志们、朋友们表示衷心的感谢！希望各级领导、社会各界及全省财政部门的广大干部职工，都来关心和支持它的编辑出版，使之年年有所进步，办出特色。

2002年12月19日至20日 财政部部长项怀诚到广东考察调研。中共中央政治局委员、省委书记张德江会见项怀诚部长。

本书照片由省财政厅有关处室(单位),有关市、县财政局以及广东财政理论与实务编辑部提供。

2003年6月16日至17日，全省农村税费改革试点工作动员大会在广州市召开。中共中央政治局委员、省委书记张德江作重要讲话，省委副书记、省长黄华华作动员报告，省委副书记欧广源作会议总结。省财政厅领导刘昆、郑振涛、周高雄、蓝佛安、赵军、李朝明、曾志权参加大会。

2005年1月12日，财政部部长金人庆出席在广东肇庆市召开的“中国财政学会2005年年会暨第十六次全国财政理论讨论会”，并在会上讲话

2003年1月30日，省委副书记、省长黄华华到省财政厅视察和指导工作，并与省财政厅处以上干部合影。

3 号楼南裙楼

全省领导干部财税工

2003年11月11日至13日，全省领导干部财税工作培训班在东莞市举办。各地级以上市市长或分管财税工作副市长和财政局长参加了培训班学习。省委副书记、省长黄华华在培训班给学员上了第一课。

2004年11月22日，全国财政国库管理制度改革工作会议在广州市召开。财政部副部长肖捷出席会议并讲话。图为11月21日肖捷副部长在省财政厅厅长刘昆、副厅长蓝佛安的陪同下视察省财政国库支付中心。

2004年10月17日至22日，财政部党组成员、纪检组长金莲淑到广东调研财政改革与监督检查及纪检监察工作。金莲淑一行六人在省财政厅厅长刘昆、副厅长周高雄及厅党组成员、纪检组长赵军的陪同下，先后到佛山、江门等市开展调研。

2002年5月15日，珠江三角洲地区农村税费改革试点工作动员会在广州市召开。省委常委、常务副省长欧广源到会讲了话。

2003年7月9日，省委常委、常务副省长钟阳胜到省财政厅检查指导工作。

2004年12月31日晚，省委常委、常务副省长钟阳胜一行到省财政厅亲切看望节日坚守岗位的干部职工，并与省财政厅处以上干部合影。

2003年3月20日，省委常委、常务副省长李鸿忠到省财政厅检查指导工作。

2004年12月10日，省人大副主任黄伟鸿带领省人大代表到省财政厅视察。

2001年8月16日至17日，全省财政工作会议在南海市召开。省委常委、常务副省长欧广源到会作重要讲话，省财政厅领导陈继兴、罗妹珠、熊展瑜、郑振涛、周高雄参加了会议。

2002年1月15日至16日，全省财政工作会议在顺德市召开。会议由省政府秘书长陈坚主持，省委常委、常务副省长欧广源作了重要讲话。省财政厅厅长陈继兴作报告，厅领导熊展瑜、郑振涛、周高雄、蓝佛安参加了会议。

2003年1月9日至10日，全省财政工作会议暨财政系统“双先”表彰会在广州市召开。省委副书记、常务副省长黄华华、省政府秘书长陈坚、省财政厅厅长刘昆、副厅长郑振涛、周高雄、蓝佛安、李朝明等厅领导参加会议，并为29个“全省财政系统先进集体”代表、30位“全省财政系统先进工作者”颁奖。

2004年7月23日，全省财税工作会议在广州召开。省委常委、常务副省长钟阳胜出席会议并讲话。

2004年1月15日至16日，全省财政工作会议在广州市召开。省委常委、常务副省长钟阳胜到会讲话，要求2004年广东财政做好六大重点工作。省财政厅厅长刘昆作了报告。

2004年7月23日，全省财税工作会议在广州市召开。省委常委、常务副省长钟阳胜到会讲话。

2001年3月15日至16日，全省财政外经金融工作会议在惠州市举行。

2001年3月29日，省财政厅在广州市召开全省预算单位清产核资工作会议。

2001年4月13日至14日，省财政厅在广州市召开农业、农村、农民问题专题报告会，省财政厅党组成员罗妹珠参加会议并讲话。

省财政厅票据印刷业务实行公开招标，经过激烈竞争，三家企业取得省财政厅颁予的财政票据准印资格证书。图为2001年4月13日，省财政厅票据监管中心与三家企业分别签订票据印刷业务合同并颁发证书。

2001年6月14日至15日，全省财政统发工资工作会议在高要市召开，省委常委、常务副省长欧广源到会作了重要讲话。

2001年9月18日至19日，省财政法制工作暨财政“四五”法制宣传教育工作动员大会在从化市召开。省财政厅副厅长周高雄参加会议并讲话。

2002年3月7日，全省统计评价工作暨企业类年度会计报表汇审会议在南海市召开。省财政厅副厅长蓝佛安到会讲话。

2002年4月2日至3日，全省财政信息化工作暨乡镇财政管理信息化现场会在南海市召开。省财政厅副厅长蓝佛安到会讲话并部署工作。

2002年8月22日，全省财政社会保障工作会议在汕尾市召开。省财政厅副厅长郑振涛到会并讲话。

2002年12月23日至24日，省财政厅、中国人民银行广州分行、省监察厅联合召开省级财政国库集中收付制度改革试点工作座谈会。

2003年2月21日，由广东省财政学会、省财政厅投资审核中心、广东省财政科学研究所和广东财政杂志社联合举办的政府公共投资评审座谈会在广州市举行。财政部科学研究所所长贾康、财政部投资审核中心副主任赵超、省财政厅副厅长李朝明等专家和领导出席了座谈会。

2003年4月，全省会计管理工作会议在广州市召开。省财政厅副厅长李朝明参加会议。

2003年5月8日，全省政府采购工作会议在清远市召开。省财政厅党组成员、纪检组长赵军出席会议并讲话，明确新命名的“省政府采购管理办公室”负责全省政府采购的监督管理。

2003年4月中旬，全省财政外经金融工作座谈会在湛江市召开。

2003年11月5日，省财政厅和人民银行广州分行联合召开省级财政国库管理制度改革试点单位座谈会，省财政厅副厅长蓝佛安在会上讲话。

2003年12月2日至3日，全省财政监督检查工作会议在江门市召开。省财政厅厅长刘昆和党组成员、纪检组组长赵军分别讲话。

2003年12月9日至10日，全省财政社会保障工作会议在广州市召开。省财政厅副厅长蓝佛安参加会议并讲话。

2001年11月，全省财政系统人事教育工作暨文明财政所表彰会议在惠州市召开，省财政厅副厅长郑振涛到会讲了话，会议对1998至2000年度全省财政系统56个“文明财政所”进行了表彰。

2003年12月22日至23日，全省财政科研宣传工作会议、广东省财政学会第五届二次理事会暨广东省财政改革研讨会在佛山市高明区召开。省财政厅厅长刘昆到会作了重要讲话。

2004年2月12日，省清理省直党政机关事业单位经营性资产工作领导小组办公室召开座谈会。领导小组成员、省清理办主任赵军在会上讲了话。

2004年3月11日，省财政厅在广州市召开全省财政系统民主评议行风工作动员大会。省纪委常委、纠风办主任巫颂平，省直工委副书记、省直纪工委书记王仁福参加大会并讲话，省财政厅副厅长郑振涛作动员讲话。

2004年6月17日，全省财政粮食工作会议在佛山市高明区召开。省财政厅副厅长曾志权参加会议并讲话。

2004年6月17日，省注册会计师协会第四次会员代表大会在广州市召开。来自全省150多名注册会计师以及政府部门、各市财政局或注册会计师协会、大型企业、大专院校的代表共200多人参加会议。中国注册会计师协会会长崔建民、省人民政府副秘书长李春洪、省财政厅副厅长李朝明等领导亲临大会并讲话。

2004年8月12日，全省重大工程全过程财务监督工作座谈会在广州市召开。省财政厅党组成员、纪检组长赵军参加座谈会并讲了话。

2004年11月16日，省财政厅在东莞市召开全省预算管理经验交流会。省财政厅厅长刘昆在会上作了重要发言。

2003年2月20日，省财政厅和省财政学会邀请厦门大学经济学院副院长、博士生导师、著名财政专家张馨教授作“关于公共财政问题”专题报告。省财政厅厅长刘昆参加了报告会。

2003年4月4日，省财政厅、省财政学会、广东财政杂志社邀请中南财经政法大学财税学院院长、博士生导师杨灿明教授作“民营经济与财税政策”专题报告。

2002年3月22日，省财政厅邀请中国行政法专家、国家行政学院应松年教授为全厅干部和各市财政部门分管法制工作领导、法制干部作“依法行政”专题讲座，省财政厅副厅长周高雄出席了专题讲座。

2003年9月16日至18日，省财政厅在江门市举办全省财政法制干部培训班，各地级市财政局法制机构负责人、业务骨干和各县（市、区）财政局分管财政法制工作的领导共160多人参加培训。省财政厅副厅长周高雄在培训班上作了讲话。

2003年9月23日至25日，省财政厅办公室在中山市举办全省财政公文、信息、档案管理培训班，地级以上市财政局和信息直报点代表共120多人参加培训。省财政厅副厅长曾志权到会讲话。

2001年5月10日至11日，省财政厅理论学习中心组在省财税高等专科学校集中封闭式学习，领会江泽民同志关于依法治国和以德治国相结合的重要思想。学习会由厅党组书记、厅长陈继兴主持。

2003年4月，省财政厅理论学习中心组举行“贯彻胡锦涛同志视察广东重要讲话精神”学习会。学习会由厅理论学习中心组组长刘昆主持，厅理论学习中心组全体成员、厅属各单位主要负责人共38人参加学习。

2002年5月31日，省财政厅召开党员大会，传达学习贯彻省第九次党代会精神。厅领导陈继兴、郑振涛、周高雄、赵军参加了会议。

2003年1月中旬，广东省财政学会第四次常务理事会在广州市召开。会议由会长罗妹珠主持，省财政厅厅长刘昆、副厅长郑振涛到会并讲话。

2004年6月29日，广东省财政学会、广东省财政科学研究所和省纪委政策法规研究室联合在广州市召开“行政事业性资产管理改革研讨会”。

2004年12月9日，省财政厅在广州市举行《预算法》颁布十周年座谈会。省财政厅副厅长曾志权参加座谈会并作了发言。

2002年5月，广东省农村财政研究会第三次换届选举大会在广州市花都区召开，罗妹珠当选为第三届理事会会长。

2001年10月24日，省财政厅厅长陈继兴率团到南海市考察学习信息化建设情况，厅领导熊展瑜、郑振涛、周高雄参加了考察活动。

2001年7月，省财政厅图书馆建成开放，副厅长郑振涛在揭幕式上讲话。

2004年2月，省财政厅厅长刘昆和副厅长蓝佛安与广东省2004年人大省级部门预算查询系统的技术开发人员合影。

2003年上半年招考公务员面试和选拔优秀选调生到省直机关工作面试，分别于6月10日、11日和6月26日进行。参加公务员面试和选调生面试的考生分别为75人和19人。

2003年7月29日，省财政厅厅长刘昆与副厅长蓝佛安到厅统计评价处指导工作。

2004年10月27日 省财政厅预算处党支部在东莞市长安镇召开专题组织生活会。省财政厅党组成员、纪检组长赵军参加生活会，并作了发言。

2004年9月27日，省财政厅举行"祝福祖国"文艺汇演，庆祝中华人民共和国成立55周年。这四幅照片为文艺汇演情景。

福 祖 国

1

2001年至2004年，广东财政加大了对高等教育的投入，使广东高等教育实现了跨越式发展，图为在广州小谷围崛起的广州大学城。

①华南理工大学新校区校门。

②大学生在大学城进行体育锻炼。

③整体搬迁到大学城的广州大学一角。

④广州美术学院新校区一角。

2

3

4

2001年至2004年，广东财政加大了对基础设施和公益性设施的投入。图为建成的部分项目

京珠高速公路广东段

广惠高速

广州奥林匹克体育中心

飞来峡水利枢纽

广州地铁一号线

深圳地铁一号线

中山市岐江公园装饰工程

中山市东河水利枢纽

汕尾市海上运动场

阳江市体育馆

潮州市韩江南北堤

潮州市汕汾高速公路潮州支线延长线道路

广东省人民医院保健楼

广东医学院综合楼

韶关市老干活动中心

韶关市博物馆

韶关学院行政楼

潮州市污水处理厂

湛江市观海长廊

湛江市南桥河

东莞市中心广场

东莞市展览馆

东莞市体育馆

广东财政年鉴编辑委员会

广东财政年鉴编辑部

广东财政年鉴特约通讯员

范小花（厅办公室）
苏晓鸿（厅预算处）
曹远潮（厅综合规划处）
李树林（厅教科文处）
肖映波（厅农业处）
黄林水（厅社会保障处）
施映民（厅会计处）
洪清阳（厅行政事业资产管理处）
丘晓敏（厅人事教育处）
耿洪波（厅监察室）
许桃初（厅机关服务中心）
何　环（省世界银行贷款业务办公室）
吴文春（厅票据监管中心）
杜婷婷（省财政科学研究所）
胡颖华（广东财经职业学院）
李芳春（广州市财政局）
郭志饶（珠海市财政局）
黄妙玲（佛山市财政局）
李桂生（河源市财政局）
陈远扬（惠州市财政局）
刘惠林（东莞市财政局）
李健斌（江门市财政局）
阮国虎（湛江市财政局）
谢景洪（肇庆市财政局）
王文颖（潮州市财政局）
王彦响（云浮市财政局）
张文蔚（厅法规处）
殷昌福（厅国库处）
辜初贤（厅行政政法处）
林树发（厅工贸发展处）
陈周华（厅经济建设处）
曾　力（厅外经金融处）
陈海平（厅绩效评价处）
杨新枝（厅监督检查办公室）
许琪扬（厅机关党委办公室）
吴瑞萍（厅离退休人员处）
梁杰贤（省政府采购管理办公室）
任锡英（厅投资审核中心）
夏　铮（省财政信息中心）
张俊生（省注册会计师协会）
全君君（广东省财政学校）
杨　翔（深圳市财政局）
吴绿茵（汕头市财政局）
刘剑城（韶关市财政局）
蔡力成（梅州市财政局）
蔡振钦（汕尾市财政局）
张巧云（中山市财政局）
周华青（阳江市财政局）
欧　辉（茂名市财政局）
桓丽霞（清远市财政局）
袁丽玉（揭阳市财政局）

编辑说明

《广东财政年鉴》是广东省财政厅主办的大型文献资料工具书。《广东财政年鉴（2005）》是广东编纂财政年鉴的首卷，主要反映2001～2004年广东财政发展和改革的历史进程。内容共分十个部分。

第一部分“重要财经文献”，转载了省人民代表大会及其常务委员会、省政府有关财政经济方面的重要决定，省人民政府对省人民代表大会及其常务委员会的有关报告。

第二部分“财税工作重要讲话”收录了省委、省政府领导对全省财税工作所作的重要指示，以及省财政厅领导的有关讲话。

第三部分“全省财政工作概况”，记述全省财政工作各项任务和改革的进展，各业务处室各种业务开展情况。

第四部分“各市财政工作概况”，刊登了全省21个地级以上市经济发展的简要介绍和财政工作有关方面的情况综述。

第五部分“统计资料”，收集了全省和各市县区财政一般预算收支情况和全省有关国有资产方面的统计资料。

第六部分“地方财经法规选编”，主要选编了省人大、省政府有关财政方面的重要地方法规和行政规章，也选编了一部分省财政厅有关规范性文件。

第七部分“财经文选”，主要选编了省财政厅领导有关财经问题的文章、讲话和全省财政科研中部分获奖论文。

第八部分“财政机构人员”，主要介绍了省财政厅机关、厅属单位的职责范围，刊登上述单位的领导人员名单及其变动情况，以及各地级以上市财政局领导人员名单，还刊登了全省财政系统人员情况、先进集体和先进个人情况。

第九部分“大事记”，记述了全省财政工作的重大事件。

第十部分“附录”，简要介绍了省财政界各类学会和省财政厅所属院校及全省财政科研中的研究课题、研究成果等情况。

在本年鉴的编辑出版过程中，承蒙各个方面的鼎力支持，年鉴特约通讯员做了大量工作，在此一并致谢。

由于年鉴涉及面广，各个部分的内容都难免有挂一漏万之处，加上首次编辑出版，各种不足也在所难免，谨请见谅，欢迎各界提出宝贵意见，使我们的编辑质量不断提高。

《广东财政年鉴》编辑部

目　录

第一部分　重要财经文献

第二部分　财税工作重要讲话

第三部分　全省财政工作概况

第四部分　各市财政工作概况

第五部分　统 计 资 料

第六部分　地方财经法规选编

第七部分　财经文选

第八部分　财政机构人员

第九部分　大事记

第十部分　附　录

CONTENTS

Section 1 Important Documents on Finance and Economy

Section 2 Important Speech of Fiscal and Taxation Working

Section 3　Provincial Public Finance

Section 4　Public Finance in Prefectures

Section 5 Statistics

Section 6　Selected Laws and Regulations Of Finance and Economy

Section 7 Selected Writing on Finance and Economics

Section 8 Fiscal Organization Structure and Personnel

Section 9 Memorabilia

Section 10　Appendix

第一部分

重要财经文献

广东省第九届人民代表大会第四次会议关于广东省2000年预算执行情况和2001年预算的决议

（2001年2月17日广东省第九届人民代表大会第四次会议主席团第三次会议通过）

广东省第九届人民代表大会第四次会议经过审议，并根据省人民代表大会财政经济委员会的审查报告，决定批准省人民政府提出的2001年省级预算，同意省财政厅厅长陈继兴受省人民政府委托所作的《广东省2000年预算执行情况和2001年预算草案的报告》。

会议同意省人民代表大会财政经济委员会在审查报告中为完成2001年全省和省级预算提出的各项建议。会议要求全省各级人民政府严格执行预算法，落实省人民代表大会及其常务委员会有关预算决算的决议，统筹兼顾，保证国家机关正常运行所需要的资金，确保国有企业下岗职工经济补偿金、离退休人员基本养老金、城镇居民最低生活保障金以及公务员和教师工资的按时足额发放；保证教育、科技、农业、环保等方面支出；大力支持国有企业改革与农村税费改革；加强财政资金管理，特别是要注意加强对财政专项资金和政府债务的监控；完善政府投入资金项目的管理，努力提高决策民主化、科学化水平；进一步加强境外经营机构的监管，认真吸取教训，制定切实可行的监督机制；整顿财经秩序，反对奢侈挥霍，严厉查处偷税、逃税、骗税行为，从财政制度上防止腐败行为产生；建立和完善政府公共财政框架；继续推进预算制度改革，积极推行政府采购制度，推进国库集中支付制度改革；继续完善财政转移支付制度，加大对欠发达地区的转移支付力度。

会议要求，各级人民政府及财税部门要认真贯彻中央的积极财政政策，开源节流，强化管理，为全面完成2001年的预算任务而努力。

广东省2000年预算执行情况和2001年预算草案的报告

——2001年2月11日在广东省第九届人民代表大会第四次会议上

广东省财政厅厅长　陈继兴

各位代表：

我受省人民政府委托，向大会报告广东省2000年预算执行情况和2001年预算草案，请予审议。

一、2000年预算执行情况

2000年，全省各级政府和财政部门认真贯彻落实江泽民同志“三个代表”的重要思想和中共广东省委的各项工作部署，按照广东省第九届人民代表大会第三次会议审议通过的预算，继续执行“稳中求进，有效增长”的方针，坚持积极稳健的财政政策，加强收入征管，大力推进各项财政改革，调整和优化支出结构，努力推进公共财政基本框架的建立，逐步提高财政对社会公共项目和重点支出的保障程度；积极支持国有企业改革和产业结构调整，加快社会保障体系建设，进一步整顿和规范财经秩序，继续做好防范化解金融风险的工作，基本保证了国民经济和社会各项事业发展的资金需要，为促进经济发展和社会进步作出了积极贡献。省九届人大三次会议通过的财政收支计划和预算任务完成情况良好。

据快报统计，全省地方一般预算收入完成907.23亿元，为省代编预算837.85亿元的108.3%，超收69.38亿元，比上年决算数766.19亿元增收141.04亿元，增长18.4%；全省一般预算支出完成1 066.29亿元，为省代编预算1 053.45亿元的101.2%，超支12.84亿元，比上年决算数965.9亿元增支100.39亿元，增长10.4%。

地方一般预算收入加上中央按分税制财政体制计算的税收返还数预计202.49亿元和各项补贴、预算结转、结余，减去支出以及上缴中央款项后，全省一般预算收支可以实现平衡。

2000年省级财政总收入完成243.6亿元，比年度预算210.91亿元超收32.69亿元；省级一般预算支出完成243.05亿元，比年度预算210.74亿元超支32.31亿元，剔除工商、公安部门行政性收费收入、中央院校和地质部门下划收入，以及技术监督部门人员经费垂直管理等列收列支项目12.28亿元，省级财政实际超收20.41亿元，实际超支20.03亿元，收支相抵，结余0.55亿元。

省级财政实际超收20.41亿元，主要项目包括：1. 省税务部门（国税和地税）主管的税收超收17.94亿元；2. 上划中央"两税"（增值税75%和消费税）中央按1∶0.3系数返还超收3.3亿元；3. 上年结余增加4.64亿元；4. 国有资产经营收益、海域场地矿区使用费收入等其他各项收入减少5.47亿元。省级财政实际超支20.03亿元，安排的主要项目包括：南海石化资本金1.45亿元；按照中国人民银行《关于广东省恩平市金融风险处置方案的通知》规定，解决广东发展银行处置恩平市金融风险遗留问题1.3亿元；2000年公费医疗提高标准增支0.28亿元；地方津贴增支0.6亿元；军队脱钩转制企业增加资本金0.65亿元；省对有关市上划省"四税"（营业税、个人所得税、土地增值税、非国有企业所得税）超基数返还10亿元；专项补助珠海市迎澳门回归投入等2.25亿元；安排照顾少数民族地区专项补助和帮助困难市消化粮食财务亏损挂账，增加专项转移支付补助3亿元；解决枫江流域揭东县5个镇饮水工程资金0.3亿元等。

根据国务院《关于纠正地方自行制定税收先征后返还政策的通知》规定，对我省税收先征后返政策进行清理，对原定安排给企业的先征后返还专项资金7亿元作了调整安排，一是增加省对市县一般性转移支付补助2亿元，二是增加省级防范化解金融风险准备金5亿元（2000年全省和省级一般预算收支完成情况详见附件一）。

根据快报反映，2000年全省财政预算收支有以下几个特点：一是收入保持较快增长，主体税种增收较多，增值税、营业税、企业所得税、个人所得税等共增收112.69亿元，占全省一般预算收入增收额的77.4%。二是支出结构进一步改善，生产建设性支出增幅下降，行政事业经费增支较多，生产建设性支出比上年增长4.4%，行政事业经费增长19.8%，增支额为全省一般预算支出增支额的98%，主要是贯彻落实中央调整收入分配政策和工商部门垂直管理，以及政法部门不再经商后增加支出安排。三是部分市县的收入增幅较低，有8个市40个县的收入增幅低于10%，发展不平衡状况仍然较突出。四是中央库和地方库收入增长基本同步，2000年我省上划中央"两税"（增值税75%和消费税）收入完成449.9亿元，增长22.8%，与地方一般预算收入（快报数）增长19.1%基本同步。

2000年，为确保预算任务的完成，我们着重抓了以下几个方面的工作：

（一）充分发挥财政职能作用，促进社会经济的稳定发展

一是认真落实中央积极财政政策。努力争取中央在国债资金和项目上的支持，2000年中央安排我省国债资金共计17.7亿元；继续管好用好国债资金，加强对国债资金使用情况的检查，及时纠正了一些违纪违规现象；制定了《关于1999年度国债转贷资金还本付息问题的通知》，督促落实还款资金来源，确保按期归还国债转贷资金本息。

二是积极筹集资金，防范化解金融风险。各级财政部门按照省委、省政府的决定，努力筹集资金，确保防范化解金融风险资金的落实。为保证专项再贷款的按期偿还，制订了对不能按期归还专项再贷款地区实行扣款的办法；抓紧对中小金融机构和农金会资产的保全、追收和盘活工作。为加强对地方金融机构的监管，拟定了《广东省地方金融机构财务监管办法》。

三是努力解决部分地区欠发工资问题。对我省部分地区出现拖欠工资问题，省委和省政府十分重视，强调各地要把保工资发放作为严肃的政治任务来对待。为解决拖欠工资问题，我们对一些市县进行了调查，制定了《关于切实解决市县财政拖欠工资问题的意见》，与欠发工资的市签订了限期消化拖欠工资的目标责任书。针对地区间发展不平衡以及一些地区财政困难的状况，研究制订了新的转移支付方案，通过多渠道筹集资金，加大转移支付力度，逐步提高一般性转移支付标准，建立专项转移支付制度，努力解决影响困难地区改革、稳定的突出问题，2000年省对市县增加安排的转移支付补助9.67亿元。

四是积极支持国有企业的改革和发展。认真贯彻落实中共中央《关于国有企业改革和发展若干重大问题的决定》，制定了《广东省省属国有企业资产重组总体方案》等14个办法，抓紧办理省属国有企业国有资产重组、资产划转、产权登记、授权经营等工作。制定了《广东省技术改造贷款项目贴息暂行办法》，支持企业技术改造及高新技术产业的培育。及时拨付省解困资金6 800万元，用于企业转制职工安置和技改项目补助。拨付帮困资金1 670万元，用于部分省属困难企业职工生活补助。积极做好向国有资产经营公司派驻财务总监的准备工作，拟定了《省属国有资产经营公司财务总监管理暂行办法》。开展国有企业效绩评价试点。

五是积极扶持外贸出口。及时核拨1999～2000年度中央出口商品贴息资金6.36亿元。认真落实省政府《关于鼓励扩大外贸出口和利用外资的通知》精神，加大对省属企业出口创汇贴息的支持力度，审定符合条件的企业56家，兑现贴息资金2 693万元。加大对我省高新技术产品

出口的扶持力度，省财政安排了1 000万元，对省属企业高新技术出口商品的开发、生产以及国际市场开拓实行无偿补贴。

六是大力推进社会保障制度改革。按照国务院《关于切实做好企业离退休人员基本养老金按时足额发放和国有企业下岗职工基本生活保障工作的通知》要求，积极筹措资金，努力做好“两个确保”，对于应由财政负担的资金，确保资金落实到位。2000年全省筹集国有企业下岗职工基本生活保障资金6.2亿元，其中财政安排资金3.51亿元，占总额的56.6%；全省发放国有企业下岗职工基本生活保障资金5.2亿元。加强社会保障资金使用的监督，对各级的养老保险基金、失业保险基金、最低生活保障资金、国有企业下岗职工基本生活补助资金管理使用情况开展了专项检查。大力支持社会保险扩面征收工作，积极推进城镇职工基本医疗保险制度和医药卫生体制的改革。

（二）以建立公共财政为目标，大力调整支出结构，积极推进各项财政改革

一是着力调整支出结构，保证重点支出需要。按照向公共财政转变的要求大力调整支出结构，进一步压缩竞争性和经营性领域的支出，省财政在1999年压支3.12亿元的基础上，2000年又压减了2.3亿元。同时，各级财政坚持“有所为，有所不为”的原则，按照保工资、保运转、保稳定、促发展的顺序，科学合理地安排支出，提高财政对社会保障、农业、科技教育和文化卫生事业、环境保护等公共需要的保障能力，2000年省财政增加社会保障投入0.8亿元，增加农业投入3.12亿元，增加环保支出1.67亿元，增加教育支出2.22亿元，增加支持国有企业改革和发展支出3亿元。

二是全面推进国库集中支付制度的改革。切实抓好行政事业单位工资统发工作，全省实行统发工资的单位5 975个，人数26万人。制定了《广东省省属煤矿关闭费用集中支付办法》，对省财政安排的省属煤矿关闭费用，由省财政委托银行或当地财政部门统一集中支付。制定了《省级基本建设项目财政性资金集中支付暂行办法》，从2000年10月1日起，对纳入省级预算管理或财政专户管理、用于基本建设项目投资的资金，由省财政按工程进度直接拨付给项目承建单位，减少基建资金的拨付环节，加大监管力度。

三是大力推行政府采购制度。各地级以上市都成立了政府采购机构，政府采购金额24.3亿元，节约资金2.2亿元，节约率8.4%，提高了资金使用效益。起草了《广东省政府采购条例》，拟订政府采购目录及实施细则，各地结合实际，相继制定了政府采购管理实施具体办法和政策措施。按照先易后难、循序渐进的原则，逐步扩大政府采购的范围和项目。

四是积极推进预算编制改革，试行部门预算制度。制定了《2001年省级部门预算编制工作方案》，选择省委办公厅、省政府办公厅、省公安厅、省高级人民法院、省教育厅、省劳动和社会保障厅以及省监狱管理局等7个部门为2001年编制部门预算试点单位。按照预算编制改革的要求，编制了7个单位部门预算草案。

五是稳步推进税费改革。在继续做好车辆、交通领域税费改革准备工作的同时，积极做好徐闻、四会、兴宁三个县（市）农村税费改革试点，在试点的基础上，结合中央农村税费改革的要求，制定了《广东省农村税费改革试点方案》和《广东省农村税费改革转移支付方案》，为今年我省全面推开农村税费改革做好了准备。

六是加强对政府性基金管理。为解决政府性基金预算管理存在的问题，确保基金预算的科学性和约束力，制定了《广东省省级政府性基金预算管理办法》，编制了省级2001年政府性基金预算草案。对省直部门有偿使用资金，省财政在全面清理的基础上制定了整改措施，省直部门有偿使用资金从原来的36项减为4项。

（三）切实加强财政管理和监督，严肃财经法纪

一是坚决贯彻落实“收支两条线”规定，加强预算外资金管理。制定了《广东省2000年落实“收支两条线”规定工作实施意见》，建立健全教育收费“收支两条线”管理，制定了《省属学校教育收费“收支两条线”管理暂行办法》和《关于进一步加强我省中小学收费管理的通知》，从2000年秋季开始，全面实行教育收费“收支两条线”管理；同时，对原有的中小学收费政策作了调整，统一了标准，减少了乱收费的现象。制定了《关于开展全省落实“收支两条线”规定工作检查的通知》，在全省范围内开展了“收支两条线”管理的检查。

二是认真贯彻实施新《会计法》。6月份定为《会计法》宣传月，利用新闻媒体广泛进行宣传；加强新《会计法》的培训工作，全省参加培训的会计人员22万人；圆满完成第二届全国会计知识大赛广东赛区的组织工作，全省有30多万会计人员参加了比赛。积极推行会计委派制试点工作，全省17个市开展了会计委派制试点，被委派单位1 966个，委派人员1 505人。开展会计信息抽查工作，重点抽查教育系统会计信息质量。

三是积极开展各项财政监督检查。对部分地税机关省级收入征管质量和社会审计机构审计的国有企业年度会计报表开展了核查；对中央扶贫资金和全省财政性专项资金进行了清理检查，共查出违纪金额6.3亿元。

四是加强财政部门内部的监督管理。按照财政部的要求，对全省财政系统内部财务收支进行了一次全面的清理检查；制定了《广东省财政厅干部离任审计制度的实施意见》，对换岗的处级干部进行了离任审计；按照《广东省行政执法责任制条例》，修订和补充了《广东省财政厅行政执法责任工作制度》，强化了财政行政执法监督。

五是积极开展财政投资审核工作，对财政投资的工程项目概算、预算、决（结）算进行独立审查，加强了对财政投资项目的监管，防止乱铺摊子，提高了财政资金使用效益，全省各级财政审核机构初步审核的投资项目核减率

在10%左右。

（四）加强干部队伍素质建设，提高政府理财水平

2000年，各级财政部门在巩固和扩大“三讲”教育成果的基础上，认真学习、领会和贯彻江泽民同志关于“三个代表”的重要思想，以及在中央财税问题专题研讨班上的讲话精神，切实加强干部队伍建设，提高干部职工的业务素质。一是抓好财政系统干部的学习培训，2000年举办了6期财政局（科）长培训班。二是结合机构改革，进行了处级职位资格竞争上岗和干部轮岗交流，优化了干部队伍结构，使干部队伍更加年轻化。三是举办了市长财税专题研讨班，各市分管财税工作的市长集中进行了4天的财税专题学习和研讨，通过学习，提高了大家的理财水平和管理经济工作的能力。

二、2001年预算草案

（一）2001年全省一般预算草案

我省财政预算收支计划安排的指导思想和原则是：坚持以江泽民同志“三个代表”的重要思想为指导，按照省委、省政府确定的经济工作指导思想，进一步加强税收征管，依法征税，确保财政收入的稳定增长；按公共财政要求加大调整财政支出结构力度，确保调整收入分配政策、教育、科技、农业、环保等重点支出的需要；大力支持国企改革和产业结构调整，完善社会保障制度；积极推进农村税费、部门预算和国库集中收付等各项财政改革；坚持量入为出，保持收支平衡，为加快实施外向带动、科教兴粤、可持续发展战略以及防范化解金融风险作出积极的贡献，推动社会经济的全面进步。

根据上述指导思想和原则，按照2001年全省国民经济指标和社会发展计划，全省一般预算收入拟安排997.98亿元，比2000年快报数增长10%。根据全省一般预算收入计划997.98亿元，加上预计中央税收返还、预算结转、结余和中央专项补助，减除各项上缴中央款项后，全省可支配财力为1 162.31亿元。按此可支配财力，全省一般预算支出计划相应安排1 162.31亿元，比2000年快报数增长9%（代编的全省一般预算收支计划详见附件一）。

（二）2001年省级一般预算草案

1．2001年省级财政收入计划

根据全省财政收支计划安排的指导思想和原则以及省级财政具体情况，省级财政总收入计划安排272.34亿元。其中：省本级一般预算收入计划241.75亿元，增收21.97亿元，增长10%（其中税收收入增长12.3%）；各市净上交收入计划15.6亿元；省级税收返还收入计划38.26亿元；上年结余0.55亿元；上交中央财政计划23.82亿元（省级财政总收入计划详见附件一）。

2．2001年省级财政支出计划

2001年省级可增加安排的财力为65.78亿元，主要构成：一是省本级收入增收21.97亿元；二是省级税收返还增收5.36亿元；三是各市上交专项收入增加6.01亿元；四是2000年结余0.55亿元；五是收回到期资金28.18亿元；六是2000年专项补助，2001年不再安排6.5亿元；七是2000年结余比1999年减少4.89亿元；八是水库移民经费及中央和省属企业人员最低生活保障补助2.1亿元并入专项转移支付安排。

根据2001年预算安排的指导思想和原则，对省级财政可增加安排的财力提出如下具体安排意见：

（1）按确保重点支出需要的原则，拟增加安排10.4亿元，其中：教育、科技三项费用、科学事业费和支农支出增长10%；农林水、卫生事业费增长8%；文体广播事业费、抚恤和社会福利救济费增长6%；地质勘探、工交、流通部门、民兵等其他事业费增长5%。

（2）根据中央、省委、省人大有关规定和决定，以及省政府拟安排的项目共39.77亿元。

（3）各单位要求增支项目经审核后拟安排14.63亿元。

以上三方面共增加安排64.8亿元。

2001年省级支出安排的主要内容如下：

（1）支持国有企业改革和发展，完善社会保障体系，安排国有企业技改及社会保障补助支出13.77亿元，增加4.7亿元，重点用于国家重点技改项目配套及中小企业、民贸企业贷款贴息、关闭破产企业职工安置费（设立补充省级基本养老保险个人账户调剂储备资金）、关闭煤矿、糖厂以及湛江清欠农民甘蔗款等。

（2）推动科技进步和产业升级，安排支出7.32亿元，包括科学事业费、科技三项费用基数按10%增长。

（3）加强农业基础地位，农业（含水利）投入26.93亿元，增加4.09亿元，主要是增加农业综合开发省级配套、飞来峡工程还贷、农业科技推广服务等。

（4）支持教育事业发展，安排支出30.54亿元，增加6.83亿元，主要是增加高校重点建设和事业费增长及政策性调资，增加额占财政正常支出比重为4个百分点，超过了《国务院批转教育部面向21世纪教育振兴行动计划的通知》中“根据各地实际每年提高1～2个百分点”的要求。

（5）实现可持续发展战略，支持生态环境建设共安排支出4.31亿元。主要用于生态公益林补偿费、营造生物防火林带、环保排污等。

（6）扶持外贸出口，促进外贸企业实施“走出去”发展战略安排支出0.96亿元，其中增加安排高新技术出口补贴和省属出口商品贴息0.66亿元。

（7）维护社会稳定，增加对公检法（含监狱、劳教）的投入，安排支出13.37亿元，增加2.5亿元，主要是干

警经费标准提高。

（8）承办及备战“九运会”安排专款7.31亿元，包括省级场馆建设和承办经费等。

（9）落实调整收入分配政策，保证各项改革措施出台安排支出10.76亿元，包括：预留2001年调资、省级行政事业单位人员基本医疗保险制度改革以及支持完善粮改政策增支需要。

（10）预备费安排3.5亿元。按照《预算法》的规定，预备费按支出总额的1%～3%设置，现安排3.5亿元，占支出总额的1.54%，主要用于自然灾害及其他难以预见的特殊开支。

（11）加大对欠发达地区的转移支付力度，增加省对困难市县的转移支付资金22亿元，其中：提高一般性转移支付补助标准增加5亿元；增加农村税费改革专项转移支付补助10亿元；帮助困难市县解决一些影响稳定发展的历史遗留问题，如最低生活保障补助、国有企业下岗职工解除劳动关系补偿金、社会保险扩面征收经费、消化粮食亏损挂账等，增加专项转移支付补助7亿元。

（12）防范化解金融风险准备金安排15.4亿元。

（13）省计委统筹基建计划安排1.93亿元。包括：广东陆军预备役炮兵师综合训练基地超支0.18亿元，女子监狱增加0.5亿元，珠岛宾馆1号楼改造0.5亿元，援疆南粤图书馆与博物馆792万元，省委办公楼0.3亿元等。

（14）关于省级财政专项资金安排情况。2001年省级财政专项资金剔除继续压支3%用于防范和化解金融风险准备金后，保留以下项目：政法专款1.46亿元；农口专款0.91亿元（另有水库移民经费0.5亿元并入转移支付安排）；教育专款6.81亿元；科技专款1.52亿元；卫生文化专款0.91亿元；农村卫生投入0.5亿元；开拓广货市场资金0.15亿元；体育专款0.34亿元；精神文明及统战专款等0.61亿元；宣传文化发展专项资金0.4亿元；文化事业建设费0.9亿元；环保专项资金0.5亿元等。

（三）2001年省级政府性基金收支预算草案

按照财政部《2001年政府预算收支科目》规定，纳入2001年省级政府性基金预算编制范围的项目包括电力建设基金、养路费、公路建设基金、农村电话初装费、邮电附加费、供电贴费、文化事业建设费和水利建设基金等。按上述基金范围，2001年省级政府性基金收入计划安排113.64亿元，比上年增加6.62亿元，增长6.19%；支出计划安排113.64亿元，省级政府性基金预算计划详见附件二。

（四）2001年省级7个单位部门预算草案

根据《广东省人民代表大会常务委员会关于批准广东省1999年省级决算的决议》要求，按照财政部编制部门预算的原则和方法，我们试编了省委办公厅、省政府办公厅、省公安厅、省高级人民法院、省教育厅、省劳动和社会保障厅、省监狱管理局7个单位的部门预算。各单位2001年的部门预算草案详见附件三。

三、坚定信心，锐意改革，乘势前进，努力完成2001年各项财政工作

2001年是新世纪的第一年，也是“十五”计划的开局之年，党的十五届五中全会提出了我国经济社会发展的奋斗目标，要求把发展作为主题，把结构调整作为主线，把改革开放和科技进步作为动力，把提高人民生活水平作为出发点，实现国民经济持续快速健康发展。新时期的新形势对财政工作提出了新任务和新要求。努力做好各项财政工作，完成2001年预算任务，为实现“十五”计划开好头、起好步，具有十分重要的意义。我们要按照江泽民同志对财政工作的重要指示，把握大局，锐意改革，乘势前进，充分发挥财政的职能作用，着重抓好以下几个方面的工作：

（一）继续认真贯彻落实中央积极的财政政策。做好国债项目的选项，切实把握国债资金的项目投向，严格控制新开工项目，选择好技术改造项目，突出科技进步与产业升级。进一步加快国债资金的拨付进度，加强对资金使用情况的专项监督检查，严防被挤占、挪用，提高资金使用效益。同时，强化还贷意识，注意做好转贷资金的还款测算和准备工作，落实还款资金来源，确保按期归还国债转贷资金本息。

（二）着眼经济和社会发展全局，大力支持国有企业改革，完善社会保障制度。一是贯彻落实党的十五届五中全会精神，以经济结构调整为主线，综合运用财政政策，支持国有企业改革和发展，特别是支持高新技术的发展，形成比较合理的国有经济结构和布局。二是重点管好、用好预算安排的科技三项费用、技术改造资金和专项用于支持企业技术改造的国债资金，严格评审项目，监督项目执行和资金使用，研究制定督促企业增加技术开发费投入的措施和办法，支持企业建立技术开发中心。三是做好防范化解金融风险的工作，积极筹集和落实资金，确保按期归还人民银行再贷款；继续抓好中小金融机构和农金会资产的保全、追收和盘活工作。四是加大力度，确保按期消化粮食新增财务挂账。三年消化粮食新增财务挂账是国务院下达我省的任务，现在消化期限已过两年多，消化任务完成不到一半，任务还很重，应高度重视，加大工作力度，加强各部门的协调，在预算中足额安排消化粮食亏损挂账资金，保证按期完成国务院下达的任务。五是加快和完善社会保障体系建设，积极筹措社会保障资金，进一步做好社会保险扩面征收工作，扩大社会保险覆盖面，提高基金收缴率。六是强化社会保障支出的监督和管理，坚持“收支两条线”，提高资金使用效益；逐步提高社会保障支出占财政支出的比重，对重点支出项目，如国有企业下岗职

工基本生活保障资金、企业离退休人员养老金和城镇居民最低生活保障资金等要及时、足额发放。同时，进一步推进城镇职工基本医疗保险和医药卫生体制改革。

（三）进一步加强收入征管，保持财政收入的稳定增长。一是认真贯彻执行《国务院关于纠正地方自行制定税收先征后返还政策的通知》，不得随意实行先征后返，不得擅自减免缓税，更不得以各种方式变通税法和税收政策，也不能收“过头税”。二是继续改进和强化税收征管手段，抓好“金税工程”的建设，深化征管改革，加大稽查力度，严厉打击各种偷税、骗税和逃税行为，尤其是坚决从重打击内外勾结，走私贩私，偷逃税款和骗取出口退税的犯罪集团。三是按照中央有关税制改革的部署，深入分析税制改革对财力的影响，把握工作的主动权。

（四）按照公共财政要求，继续调整和优化财政支出结构。一是继续压减对竞争性和经营性领域的投入，将财力主要用于社会公共服务和社会保障方面，特别是公务员、教师的工资以及国有企业下岗职工基本生活费、企业离退休人员养老金等，要保证按时、足额发放。二是按法律、法规的规定，安排好支农、教育、科技等重点支出，要抓住地方政府机构改革的有利时机，做好定编、定岗工作，解决财政供养人员过多的问题。三是加快事业单位改革步伐，对凡是能够通过市场取得稳定收入的事业单位，要逐步推向市场，减少事业性支出。

（五）加大改革力度，积极推进体制创新。一是进一步完善我省财政转移支付制度，加大转移支付力度，提高转移支付的科学性和规范化。省对下级的专项补助和专项资金应逐步纳入转移支付范围。二是积极推进预算制度改革。编制部门预算要在7个试点单位的基础上总结经验，逐步扩大部门预算编制范围，提高预算编制的科学性、准确性、规范性和透明度。三是全面实行政府采购制度。加快政府采购立法工作，加大政府采购实施力度，党政机关和事业单位要全面实行政府采购制度，逐步把政府采购项目扩大到机关的办公用品、办公设备以及公共设施建设和相关服务方面；进一步规范政府采购行为，推行部门预算的单位，要编制政府采购预算。四是加快实施国库集中支付制度。继续推行财政委托银行统发工资的办法，按照《广东省财政供养人员个人经费统一支付实施方案》的要求，认真做好人员编制、工资标准的清理，积极推进人事管理、预算制度等配套改革，建立工资统一发放的监督约束机制，确保全省各级行政事业单位及离退休人员工资委托银行统发目标的实现；同时，以财政基建投资及部分专项资金实行国库集中支付为突破口，对省级交通专项建设资金、水库移民经费、优抚人员补助费等财政性资金尽快实行国库集中支付办法，有效地解决财政资金被挤占、挪用和浪费等问题。五是全面推行农村税费改革。按照中央的规定和我省农村税费改革的部署，切实加强对这项工作的领导，把该项工作放在重要位置，明确职责，精心组织，加强配合，确保改革取得成功。省财政通过建立农村税费改革专项转移支付制度，大力支持这项改革。

（六）努力解决历年工资拖欠问题，确保调资政策的落实。要从讲政治的高度，提高对解决财政拖欠工资问题的认识，增强责任心和紧迫感，认真贯彻落实省政府《关于切实解决市县财政拖欠工资问题的意见的通知》，按照“一是吃饭，二要建设”的原则，从制度上、机制上切实解决拖欠工资问题，省财政将视省级财力状况逐步加大对欠发达地区的转移支付力度，各地要通过精减机构，控制财政供养人员，严格执行国家规定的工资标准和补贴，调整支出结构和实行工资委托银行统发等措施，在今年内解决历年欠发的工资。在年初预算安排中要打足今年调资所需的资金，不得留下硬缺口，确保中央调资政策的落实。

（七）坚持依法理财，严肃财经法纪，营造良好的财经秩序。要坚持收支并重，加大对收入和支出监督力度，特别是重点支出要实行全过程监管。一是建立健全内部监督检查机制，认真整改落实各级审计提出的问题，进一步强化内部的约束机制。二是加大对基层财政部门的管理和检查力度，加强对财政机关内部经费使用的监督，规范财政资金账户管理和财政拨款程序。三是继续落实好行政事业性收费和罚没收入实行“收支两条线”管理的规定，全面推行“单位开票，银行代收，财政统管”的管理办法；抓紧落实对行政事业单位和财政拨款的基本建设重点项目派驻财务总监工作。四是认真贯彻《会计法》，深入做好《会计法》的执法检查，严厉打击财会工作中的假凭证、假账册、假审计行为；积极开展会计委派制试点工作，继续深化会计人员管理体制改革，抓好经济鉴证类社会中介机构的清理整顿，规范社会中介机构的执业行为。五是进一步加强财政法制建设，完善财政系统的行政复议制度和财政行政处罚听证制度，建立和推行财政执法责任制，加大财政执法监督力度。

（八）努力造就一支政治过硬，业务熟练，作风优良的财政干部队伍。按照江泽民同志提出的“各级党委和政府要高度重视财税干部队伍建设工作，从思想上、制度上、管理上采取得力措施，努力造就一支政治过硬、业务熟练、作风优良的财税干部队伍”的要求，认真抓好干部队伍建设。一是从思想上，要认真学习、领会和贯彻江泽民同志关于“三个代表”的重要思想，认清财政工作肩负的使命和责任，树立为建立稳固、平衡、强大的国家财政而奋斗的坚定信念。二是从制度上，进一步深化干部人事制度改革，形成能上能下、能进能出的用人机制，优化队伍结构，促进优秀人才脱颖而出；建立健全财政内部的各项规章制度，转变工作作风和工作方式，提高办事效率和工作水平。三是从管理上，继续加强对财政干部的业务培训，实现干部教育管理的规范化和制度化，不断提高财政干部队伍素质。

各位代表：新世纪的第一年，财政工作和改革任务很重。我们要紧密团结在以江泽民同志为核心的党中央周围，高举邓小平理论的伟大旗帜，以江泽民同志“三个代表”重要思想统揽工作全局，在中共广东省委的领导下，在省人大的监督支持下，坚定信心，抓住机遇，把握重点，锐意进取，扎实工作，全面完成各项财政预算任务，为开创新世纪我省财政工作新局面努力奋斗。

广东省第九届人民代表大会财政经济委员会关于广东省 2000 年预算执行情况和 2001 年预算草案的审查报告

（2001 年 2 月 17 日广东省第九届人民代表大会第四次会议主席团第三次会议通过）

广东省人大财经委员会副主任委员　方振慰

广东省第九届人民代表大会第四次会议听取了省财政厅厅长陈继兴受省人民政府委托所作的《广东省 2000 年预算执行情况和 2001 年预算草案的报告》，各代表团进行了审议。省人民代表大会财政经济委员会根据代表们的意见，对我省 2000 年预算执行情况和 2001 年预算草案进行了审查。现将审查结果报告如下：

一、2000 年，我省各级政府及其财税部门认真贯彻中央的积极财政政策，积极组织预算收入，强化收入征管，全省地方财政收入有较大增长，支持国企改革、外贸出口和社会保障制度改革，优化调整支出结构，积极推行国库集中支付和政府采购，完善财政转移支付制度，推进建立地方公共财政框架，做了大量有成效的工作，预算完成情况良好。据快报统计，全省地方一般预算收入完成 907.23 亿元，比预算超收 69.38 亿元，超预算 8.3%，比上年决算数增长 18.4%；一般预算支出完成 1 066.29 亿元，比预算超支 12.84 亿元，超预算 1.2%，比上年决算数增长 10.4%，全省地方一般预算收入加上预计中央返还 202.49%亿元和各项补贴、预算结转、结余，减去支出以及上缴中央款项后，全省一般预算收支可以实现平衡。2000 年省级财政总收入完成 243.6 亿元，比预算超收 32.69 亿元，超预算 15.5%；省级财政总支出完成 243.05 亿元，比预算超支 32.31 亿元，超预算 15.33%。收支相抵，结余 0.55 亿元。

2000 年，省人民政府认真落实省人民代表大会及其常委会所作有关预算和决算的决议，首次向省人民代表大会编报省级政府性基金预算和部分部门预算，对省级财政专项资金安排的基本情况作了简要说明。对省级金融风险准备金筹措使用、预算超收收入使用安排以及审计报告反映的违法违纪情况的跟踪处理也向省人大常委会作了报告。在贯彻落实预算法以及详细完整反映政府预算、改进预算和决算的审查工作等方面有所突破。

2000 年我省财政工作和预算执行中存在的主要问题是：有的地方财政仍很困难，财政供养人员工资不能按时足额发放；财政资金使用中的浪费现象还大量存在；财经领域的违法违规情况还相当严重。对这些问题要高度重视，努力加以解决。

二、省人民政府提出的 2001 年全省一般预算案，收入为 997.98 亿元，比上年快报数增长 10%，加上预计中央税收返还、预算结转、结余和中央专项补助，减除各项上缴中央税收款项后，全省可支配财力为 1 162.31 亿元，支出计划相应安排为 1 162.31 亿元，比上年快报数增长 9%。

省人民政府提出的 2001 年省级一般预算草案，总收入为 272.34 亿元，总支出为 271.36 亿元，收支相抵结余 0.98 亿元。

财经委员会认为，省人民政府提出的 2001 年全省和省级一般预算草案贯彻了积极的财政政策，体现了调整结构，保证重点、促进发展、维护稳定的精神，预算收入增长幅度略高于国内生产总值的增长幅度，预算收支平衡，略有结余，符合预算法的基本要求，总体安排可行，措施适当。财经委员会建议批准省人民政府提出的 2001 年省级预算草案，同意省财政厅厅长陈继兴受省人民政府委托所作的《广东省 2000 年预算执行情况和 2001 年预算草案的报告》。

三、为完成好 2001 年的预算任务，财经委员会根据代表们的审议意见，提出以下建议：

（一）统筹安排使用好社会保障和国家机关正常运行所需要的资金，确保国有企业下岗职工经济补偿金、离退休人员基本养老金、城镇居民最低生活保障金以及公务员和教师工资的按时足额发放。保证教育、科技、农业、环保等方面支出。安排使用好各类扶贫资金。大力支持国有企业改革与农村税费改革。

（二）加强财政资金管理，特别是要注意加强对财政专项资金和政府债务的监控，建立和完善对防范化解金融风险准备金等巨额财政专项资金的筹集与使用的管理、核算、审批制度。对巨额资金拨出后的使用情况，要跟踪、监管。完善政府投入资金项目的决策和管理机制，努力提高决策民主化、科学化水平。确保发挥预期效益。进一步加强对境外经营机构的监管，认真吸取教训，制定切实可行的应对措施和监督机制，防止政府潜在巨额负债的再度发生。

（三）整顿财经秩序，努力开源节流，厉行勤俭节约，反对奢侈挥霍。进一步落实“加强征管，堵塞漏洞，惩治腐败，清缴欠税”的方针，依法治税，严厉查处偷税、逃税、骗税行为。采取措施，从财政制度上防止腐败行为产生。继续加强对挤占挪用扶贫资金、移民专项资金、水利建设资金和养老保险资金等的追偿工作，对有关责任人员要依法严肃处理。

（四）继续推进预算制度改革。严格执行预算法，落实省人民代表大会及其常务委员会有关预算决算的决议，提前编制预算、细化预算和编制部门预算。积极推行政府采购制度，推进国库集中支付制度改革。继续完善财政转移支付制度，加大对欠发达地区的转移支付力度。

以上报告，请予审议。

广东省第九届人民代表大会第五次会议关于广东省2001年预算执行情况和2002年预算的决议

（2002年2月2日广东省第九届人民代表大会第五次会议主席团第三次会议通过）

广东省第九届人民代表大会第五次会议经过审议，决定批准省人民政府提出的2002年省级预算草案，同意省财政厅厅长陈继兴受省人民政府委托所作的《广东省2001年预算执行情况和2002年预算草案的报告》。

会议同意省人民代表大会财政经济委员会在审查报告中提出的各项建议。会议要求全省各级人民政府及其所属各部门认真贯彻落实《中华人民共和国预算法》和《广东省预算审批监督条例》，严格按人民代表大会批准的预算执行，全面完成2002年的预算任务。

今年要继续贯彻落实中央的积极财政政策。在预算执行中，要坚持依法治税，加强税收征管，提高执法水平，严厉打击偷税骗税行为。进一步理顺各级政府及政府各职能部门的事权和财权，推进政府公共财政框架的建立和完善。大力调整和优化财政支出结构，安排使用好社会保障和国家机关正常运行所需要的资金，确保国有企业下岗职工基本生活费、离退休人员基本养老金和财政供养人员工资的按时足额发放。保证农业、教育、科技、环保等重点领域的支出。继续加大省级财政对困难地区的转移支付力度，特别要加大对贫困地区义务教育及经济欠发达地区的水污染治理的支持，保障我省公民受教育的平等权利，贯彻实施可持续发展战略。同时要大力提倡和发扬艰苦奋斗、勤俭节约的优良传统，杜绝铺张浪费、奢侈挥霍。要加强对省级预算执行和其他财政收支的审计和监督，严肃查处违法违纪行为。继续深化预算制度改革。省人民政府及其所属各部门要按照《广东省预算审批监督条例》的规定，进一步完善部门预算编制，依法做好预算编制和细化工作。

广东省2001年预算执行情况和2002年预算草案的报告

——2002年1月28日在广东省第九届人民代表大会第五次会议上

广东省财政厅厅长　陈继兴

各位代表：

受省人民政府委托，我向大会报告广东省2001年预算执行情况和2002年预算草案，请予审议。

一、2001年预算执行情况

2001年，全省各级政府和财政部门以江泽民同志“三个代表”重要思想为指导，在中共广东省委的正确领导下，在省第九届人民代表大会及其常务委员会的监督支持下，按照省九届人大四次会议审议通过的预算，认真执行“稳中求进，有效增长”的方针，积极推进各项财政改革，强化收入征管，优化支出结构。同时，加强财政管理和监督，整顿和规范财经秩序，进一步做好防范化解金融风险工作，基本保证了全省国民经济和社会各项事业发展的资金需要。财政对经济和社会发展的促进作用进一步增强，全省预算收支计划完成情况良好。

据快报统计，全省地方一般预算收入完成1 157.43亿元，为省代编预算997.98亿元的116%，超收159.45亿元，比2000年决算数910.56亿元增收246.87亿元，增长27.1%；全省一般预算支出完成1 318.79亿元，为省代编预算1 162.31亿元的113.5%，超支156.48亿元，比2000年决算数1 080.32亿元增支238.47亿元，增长22.1%。

地方一般预算收入加上中央税收返还、各项补贴、预算结转、结余，减去支出和上缴中央款项后，全省一般预算可以实现收支平衡，有所结余。

省级财政总收入完成350.48亿元，比年初预算272.34亿元超收78.14亿元，剔除“收支两条线”列收列支等项目后，超收65亿元，主要项目是：1. 各项税收超收49.5亿元；2. 中央根据各地上划“两税”（增值税75%和消费税100%）按1∶0.3系数返还的收入超收6亿元；3. 国有资产经营收益等超收9.5亿元。

省级财政总支出完成349.12亿元，比年初预算271.36亿元超支77.76亿元，主要项目是：1. 2000年结余安排支出6.99亿元，已经省九届人大常委会第二十七次会议审议批准；2. 当年超收安排支出65亿元，已报省人大常委会；3. “收支两条线”列收列支等项目超支5.77亿元。

2001年省级财政总收入350.48亿元，总支出349.12亿元，收支相抵，净结余1.36亿元（详见附件一）。

在省级预算执行过程中，根据中央关于2001年暂不全面铺开农村税费改革的精神，对年初预算安排的农村税费改革专项资金11.33亿元作了预算调整，调整的具体方案已经省九届人大常委会第二十九次会议批准。

2001年全省财政预算执行有以下四个特点：一是收入继续保持较快增长，主体税种增收较多，增值税、企业所得税、个人所得税和营业税四个税种增收额占地方一般预算收入增收总额的88.4%。二是上划中央“两税”收入增长高于地方一般预算收入增长，我省上划中央“两税”收入591.36亿元，增长29.10%，比全省一般预算收入增幅高出2个百分点。三是各市收入增长不平衡，增长率最高的为48.9%，最低的仅为6.2%。四是社会保障支出增幅较大，增长46.2%，超过一般预算支出平均增长水平近一倍。

2001年，为确保预算任务的完成，我们着重抓了以下四个方面的工作：

（一）积极发挥财政职能作用，促进社会经济发展

认真落实积极的财政政策。2001年，中央继续实行积极的财政政策，经过努力争取，中央安排我省国债资金26.33亿元（其中有偿19.31亿元，无偿7.02亿元），地方也筹集了一部分的配套资金。这些资金的投入，加快了基础设施建设步伐，进一步改善了投资环境，拉动了需求，对促进经济增长起到了积极作用。

进一步做好防范化解金融风险工作。我省在初步化解了地方金融支付风险后，当前面临的是金融资产风险问题。一年来，省政府召开了4次全省性的专门会议，狠抓清收金融资产工作。截至2001年底，全省地方中小金融机构保全资产535.03亿元，占应收资产总额的84.9%；确权资产421.18亿元，占应收资产总额的66.8%；追收

资产191.36亿元，占应收资产总额的30.4%，资产变现44.84亿元，占应收资产总额的7.1%。同时，努力筹集防范化解金融风险准备金，保证了中央专项再贷款的按时偿还。

积极支持国有企业改革和发展。省财政安排关闭煤矿费用4.9亿元，关闭糖厂及清欠农民甘蔗款1.1亿元，劣势企业退出市场资金3.08亿元，粮食储备费用和消化粮食企业亏损挂账等资金9.6亿元，按期完成了国务院下达的消化粮食企业亏损挂账任务。积极落实支持外贸发展的各项政策，及时核拨中央补助的外贸出口商品贴息资金4.72亿元、省外贸企业贴息资金0.7亿元，促进了外贸出口。同时还加强对国有企业的监管，制定了省属国有企业托管和资产经营责任制等办法，开展企业效绩评价试点和国有资产保值增值考核工作，促进现代企业制度的建立和完善。

继续推进社会保障制度改革。省财政安排国有企业下岗职工生活保障补助资金5.97亿元，补充省级基本养老保险个人账户调剂储备资金1亿元，保证了“两个确保”资金的落实；补助困难市县城乡居民最低生活保障资金2.26亿元，切实解决纳入最低生活保障范围群众的生活问题。继续推进社会保险扩面征收工作，2001年全省养老、失业保险基金征缴额增加62.75亿元，增长34.8%。同时，进一步加强对社保资金管理，制订了社保专项资金的管理办法，开展对各项社保资金的专项检查，规范资金使用，确保资金安全。

切实解决行政事业单位拖欠工资问题。按照中央和省委的要求，拖欠工资的市县要把保证机关事业单位人员工资发放作为头等大事来抓，为此，各级政府和财政部门积极采取措施，认真落实消化拖欠工资责任制，清理工资标准和补贴项目，建立工资发放专户，实行财政统发工资制度；同时，省财政加大转移支付力度，增加对困难市县补助11.2亿元。2001年我省解决拖欠工资问题取得突破性进展，没有再出现新的拖欠工资，2000年底前的旧欠也已基本消化。

推动教育事业的发展。省财政安排专项资金1.5亿元，用于对全省农村人均年纯收入1 500元以下的困难家庭子女免收义务教育书杂费补助，解决了近60万名孩子上学难的问题；安排高校建设资金6.47亿元，支持我省高校提高办学水平和完成扩招任务。

加强农业的基础地位。省财政安排水利建设资金14.8亿元，重点支持农村水利建设，改善了农业的生产条件；林业资源保护资金3.02亿元，有力促进了农业生态环境的改善；农业综合开发和多种经营项目资金2.47亿元，农业科技推广资金0.5亿元，农业龙头企业贷款贴息和奖励资金0.43亿元，促进了农业结构调整和农业产业化经营；收购粮食价外补贴1.9亿元，保护了农民种粮积极性；落实农业税政策性减免0.8亿元，减轻了灾区农民和困难农户的负担。

（二）以建立公共财政为目标，大力推进财政改革

积极推行国库集中支付制度。全省基本实现行政政法机关人员、教师工资和离退休人员离退休费由财政统发的目标，纳入统发工资的人数达132.8万人；对关闭煤矿的有关费用，委托银行或企业所在地财政部门实行集中支付；对省财政安排的基建项目资金，也直接支付到项目承建单位。国库集中支付制度的推行，减少了资金拨款环节，有效杜绝了单位挪用、滞留财政资金的违规行为。

细化部门预算编制。为实现三年内省级单位全面推行部门预算的目标，2001年扩大了部门预算改革试点范围，试点单位从7个增加到27个，市县也加快了部门预算改革步伐，编制部门预算工作的开展，提高了预算编制的科学性和准确性，增强了预算透明度。

稳步推进农村税费改革试点。认真抓好徐闻、四会、兴宁三个县（市）税费改革试点，为今后全省推开农村税费改革积累了经验。从试点情况看，较好地规范了农村税费管理，减轻了农民负担，减负率60%左右。

认真抓好政府采购制度改革。逐步扩大政府采购范围，对基建项目、大宗物品和服务项目等实行了公开招标，全省政府采购金额达43.9亿元，增长80.6%，节约资金5.7亿元，节约率10.9%，提高了财政资金使用效益，有效遏制了分散采购中的不正之风。

切实做好财政投资审核工作。各地级市均成立了投资审核机构，加强对财政投资项目的监管。全省审核项目资金的核减率在10%左右，年核减额超过10亿元，有效地控制了工程造价，节约了财政资金。

（三）整顿和规范财经秩序，加强财政管理和监督

坚决贯彻落实“收支两条线”规定。建立健全落实“收支两条线”管理办法，认真清理整顿政府性基金及行政事业性收费，全省共取消违规的政府性基金、行政性收费和罚没项目185项。通过规范政府部门的收费行为，减轻了群众及企业负担，对遏制乱收费，从源头上防治腐败，起到了积极作用。

认真开展财政监督检查。积极开展《会计法》执行情况检查，重点抽查省农话系统、电力系统、省属26所中专学校的会计信息质量和56家中介机构的执业情况；认真开展清理行政事业单位银行账户，全省共撤销违规银行账户3 988个、预算外收入过渡户1 172个。通过检查清理，规范了各单位的财会行为，严肃了财经纪律。

积极开展会计委派试点和派驻财务总监工作。各地级市都开展了会计委派试点，全省实行会计集中核算的行政事业单位7 200个，委派人员2 108名；实行村账镇管的行政村991个；委派会计人员835名；向国有企业和行政事业单位派出财务总监848人，24个重点基建项目也委派了

财务总监。推行会计和财务总监委派制，强化了财务管理，加强了财政监督。

（四）加强干部队伍建设，不断提高干部素质

按照江泽民同志关于“努力造就一支政治过硬、业务熟练、作风优良的财税干部队伍”的要求，认真抓好财政干部队伍建设。一是认真学习江泽民同志“三个代表”的重要思想，努力提高干部的政治素质，把“三个代表”的要求落实到具体财政工作中。二是加强机关作风建设，认真贯彻中共十五届六中全会的《决定》，针对机关方面存在的问题，制定相应整改措施，增强服务意识，提高办事效率，切实转变机关作风。三是认真抓好廉政建设，组织开展对个人收受“红包”的清理，建立“廉政账户”，制定了加强廉政建设工作责任制。四是提高干部业务素质，制定了干部教育培训规划，使干部学习培训制度化、经常化。

二、2002年预算草案

（一）2002年全省一般预算草案

2002年我省财政预算安排的指导思想是：以江泽民同志“三个代表”的重要思想为指导，深入贯彻落实党的十五届五中、六中全会和省委工作会议精神，继续执行积极的财政政策；严格依法征税，强化税收征管，确保财政收入的稳定增长；加大调整支出结构力度，保证重点支出需要；稳步推进财政改革，强化财政管理，加快公共财政体制建设，为实施外向带动、科教兴粤、可持续发展战略作出积极的贡献。

根据上述指导思想，按照2002年全省国民经济和社会发展计划，全省一般预算收入拟安排1 273.17亿元，按可比口径计算增长10%。根据全省一般预算收入计划，加上预计中央税收返还、预算结转、结余和中央专项补助，减去上缴中央款项后，全省可支配财力为1 437.21亿元。按此可支配财力，全省一般预算支出计划相应安排1 437.21亿元，增长9%（详见附件一）。

（二）2002年省级一般预算草案

根据我省财政预算安排的指导思想，省级财政预算安排的原则是：（1）坚持量入为出、收支平衡、略有结余；（2）保证教育、科技、农业、环保、卫生和社会保障等支出的正常增长；（3）保证中央、省委、省人大有关规定的支出安排；（4）确保调资政策的落实和行政事业单位人员工资的发放；（5）加大对困难市县的财政转移支付力度；（6）继续筹集防范化解金融风险准备金。

1. 2002年省级财政收入计划

2002年省级财政总收入计划安排365.24亿元。其中：省本级一般预算收入计划319.66亿元（按可比口径增长10%）；各市上交收入计划18.21亿元；中央税收返还收入计划49.76亿元；2001年结余1.36亿元；上交中央财政计划23.75亿元（详见附件一）。

2. 2002年省级财政支出计划

（1）2002年新增支出安排情况

根据省级财政收入计划，2002年可用于安排新增支出的财力为94.9亿元，来源构成是：省本级收入增收13.26亿元（已扣除所得税分享改革中央从省级集中的财力）；中央“两税”返还增加5.5亿元；各市上交收入增加2.61亿元；收回到期不再安排资金78.78亿元；2001年结余比上年减少的可用财力5.25亿元。

根据省级财政预算安排的原则，上述新增可用财力计划安排94.56亿元。其中：①保证教育、科技、农业、环保和社会保障等支出正常增长，增加安排18.64亿元；②落实中央、省委、省人大的有关规定，以及省政府拟安排的项目增加43.51亿元；③落实省级调资政策，增加安排6.46亿元；④加大财政转移支付力度，增加安排25.95亿元。

（2）2002年省级总支出安排情况

上述新增安排加上需继续安排的支出，2002年省级财政总支出计划为364.9亿元。收支相抵，净结余0.34亿元。

2002年省级支出安排的具体情况如下：

1）支持国有企业改革和发展，完善社会保障体系。计划安排国有企业改革及社会保障资金23.59亿元。其中：安排国家重点技改项目配套及中小企业、民贸企业贷款贴息等2.56亿元，关闭企业职工安置费3亿元，关闭煤矿资金5.5亿元，补助湛江清欠农民甘蔗款0.3亿元，补充省级基本养老保险个人账户调剂储备资金1亿元，省属企业离退休干部离退休金补助0.78亿元，按可比口径计算，2002年国有企业改革及社会保障支出增加3.78亿元，增长21.05%。

2）增加科技投入，推动科技进步和产业升级。计划安排9.56亿元。其中：事业费3.68亿元，科技三项费用2.2亿元，省级重点企业技术中心研发资金0.5亿元，高新技术发展资金0.5亿元，自然科学基金0.1亿元。按可比口径计算，2002年科技投入增加2.27亿元，增长31.48%。

3）增加教育投入，发展教育事业。计划安排41.16亿元（不包括补助广州市大学城建设资金10亿元）。其中：正常经费22.29亿元，免收农村困难家庭子女义务教育书杂费补助3亿元，调整中小学布局补助1亿元，高校建设专项资金6.47亿元。按可比口径计算，2002年教育投入增加7.61亿元，增长22.78%。教育投入占经常性财政支出的比重比2001年提高了1.8个百分点，达到了国务院关于“根据各地实际每年提高1～2个百分点”的要求。

4）增加农业投入，发展农村经济。计划安排32.05亿元。其中：农林水等部门正常经费1.92亿元，潮州供水枢纽工程建设资金2亿元，飞来峡工程还贷资金2.9亿元，东深供水工程归还预收水费和贷款贴息等3.26亿元，

其他水利建设资金10.57亿元。按可比口径计算，2002年农业投入增加4.83亿元，增长17.8%。

5）增加环保投入，改善生态环境。计划安排5.68亿元。其中：生态公益林补偿费2.04亿元，营造防火林带等0.8亿元，环保专项经费0.4亿元，东江、西江、北江和韩江流域涵养林建设0.4亿元，人工鱼礁议案资金0.5亿元。按可比口径计算，2002年环保投入增加0.86亿元，增长19.10%。

6）促进外贸出口。计划安排1.1亿元。其中：科技兴贸资金0.5亿元，支持外贸出口专项资金0.6亿元。

7）增加卫生投入，逐步建立全民医疗保健制度。计划安排13.91亿元。其中：正常经费5.72亿元，血站建设和艾滋病防治经费0.6亿元，农村合作医疗制度建设资金0.72亿元，省级医院基建资金1.3亿元。按可比口径计算，2002年卫生投入增加2.61亿元，增长26.5%。

8）保证国家机关正常经费。安排省级机关人员和办公经费等72.01亿元，增加10.81亿元。其中，公检法部门（含监狱、劳教）支出17.63亿元，增加3.92亿元。

9）落实调整收入分配政策。安排调整工资经费15.2亿元，增加6.46亿元。

10）加大财政转移支付力度，促进地区协调发展。安排58.55亿元，增加25.95亿元。其中，按2001年转移支付基数递增10%或8%增加补助2.93亿元；2001年第二次调资翘尾巴增加补助6.75亿元，提高第一次调资补助标准增加4.52亿元；农村税费改革试点补助资金增加1.5亿元；2002年调资补助预留9.4亿元；财务管理信息化建设资金0.85亿元。

11）支持广州市大学城建设，安排征地拆迁专项补助资金10亿元。

12）防范化解金融风险准备金安排32.08亿元。

13）预备费安排5亿元。

14）省级财政专项资金安排情况。2002年省级财政专项资金剔除继续压支3%用于防范化解金融风险准备金后，具体安排如下：政法专款1.42亿元；农口专款0.89亿元（另有水库移民0.5亿元通过转移支付安排）；教育专款6.61亿元；科技专款1.48亿元；卫生文化专款0.88亿元；农村卫生专款0.5亿元；开拓广货市场资金0.15亿元；体育专款0.33亿元；精神文明及统战专款等0.49亿元；宣传文化发展专项资金0.4亿元；环保专项资金0.3亿元；省计委统筹基建安排1.93亿元等。

（三）2002年省级政府性基金收支预算草案

按照财政部《2002年政府预算收支科目》的规定，纳入省级政府性基金预算项目有9项：养路费、公路建设基金、供电贴费、文化事业建设费、基本养老基金、失业保险基金、工伤保险基金、生育保险基金、水利建设基金。按上述基金范围，2002年省级政府性基金收入计划114.93亿元，比上年快报数增加14.64亿元，增长15%；支出安排111.00亿元，收支相抵，结余3.93亿元（详见附件二）。

（四）2002年省级27个单位部门预算草案

按照财政部规定的实施部门预算的原则和方法，编制了省委办公厅、省政府办公厅等27个单位的2002年部门预算（详见附件三）。

三、坚定信心，振奋精神，开拓创新，与时俱进，努力完成2002年财政预算任务

2002年，中国共产党将召开第十六次全国代表大会，我国将作为世贸正式成员在更广泛领域和更深的程度上参与经济全球化。认真做好各项财政工作，圆满完成2002年预算任务，具有十分重要的意义。各级财政部门将按照“三个代表”的要求，紧紧围绕全省中心工作，统一思想，坚定信心，开拓创新，转变作风，扎实做好以下几个方面工作：

（一）努力增收节支，确保完成全年预算任务。一是要依法组织收入。按照国务院关于完善和稳定税制、加强征管的要求，严格依法治税管费，努力做到应收尽收，加大稽查力度，严厉打击各种偷税、骗税、逃税行为。按照国务院关于深化“收支两条线”管理改革的部署，对部门预算外收入实行收支脱钩和收缴分离，全部纳入部门预算管理，特别是对公安、法院、环保、工商、计划生育等执收执罚部门的预算外收入，要全部上缴国库。二是要合理安排财政支出。按照“一要吃饭，二要建设”的方针，认真落实李岚清副总理关于“不拖欠工资是第一政绩”的指示精神，确保行政事业单位人员工资的发放，坚决杜绝发生拖欠工资现象。同时，要继续压减对一般竞争性和经营性领域的支出，将财力主要用于公共服务方面，保证政权机关的正常运转。

（二）认真落实积极财政政策，扩大和培育内需。一是要努力争取中央国债资金并落实好地方配套资金，切实加强国债资金的管理，把保持投资力度与保证投资效果结合起来。二是认真执行机关事业单位的调资政策，适当提高离退休人员养老金标准，落实好城市居民最低生活保障线和“两个确保”资金，提高居民购买力，促进消费需求。三是要增加农业投入，加强农村基础设施建设，支持农村电网改造和科技推广，促进农业结构调整和农业产业化经营，认真落实粮食体制改革的各项政策，努力增加农民收入，培育和开拓农村消费市场。

（三）深化财政改革，加快公共财政体制建设。一是积极推进编制部门预算改革，省直单位要全面实行，市县也要求在两年内全面铺开。二是扩大政府采购范围和规模，建立政府采购预算，加快政府采购法制建设，规范政府采购行为。三是加快实施国库集中支付制度，逐步将事业单位的人员工资以及大型修缮资金、政府采购资金等纳

入国库集中支付范围。四是农村税费改革要在珠江三角洲地区全面进行试点。五是认真抓好所得税分享改革工作，按照中央所得税分享改革办法，研究制定我省的所得税收入分享改革方案。

（四）加强会计基础工作，认真整顿财经秩序。保证会计核算的真实性，是社会主义市场经济信用的基础，是整顿市场经济秩序的重要内容。要按照朱镕基总理对财会人员提出的“诚信为本，操守为重，遵循准则，不做假账”的要求，深入开展《会计法》的执法情况检查和会计信息质量抽查，加大对会计师事务所等中介机构的监督力度，坚决打击做假账行为。继续稳步推进会计委派制度试点，扩大财务总监的委派面，进一步完善有关的管理制度。

（五）大力支持国有企业改革，完善社会保障制度。一是积极稳妥地实施好债转股、国有股减持政策，改善企业法人治理结构，支持企业重组改制，促进企业加快建立适应市场竞争需要的经营机制。二是认真落实关闭企业补助资金，严格监督资金的使用；积极支持依照法定程序关闭一批资源枯竭、技术落后、污染严重、浪费资源的落后生产企业，做好劣势企业退出市场的工作。三是运用财税政策，支持高新技术发展和产业结构调整，从整体上提高国有企业的竞争力；改革和完善出口退税机制，对出口生产企业全面实行“免、抵、退”办法，实行外贸企业代理制。

继续加快和完善社会保障体系建设，优先安排社会保障所需资金，进一步深化社会保险费征缴体制改革，扩大征收面，提高收缴率；完善城乡居民最低生活保障制度，把符合条件的贫困居民纳入最低生活保障范围；积极推进城镇职工基本医疗保险制度以及医疗卫生体制、药品流通体制改革。

（六）继续做好防范化解金融风险工作。为解决我省地方中小金融机构和农金会金融风险问题，到目前为止，我省已向中国人民银行借用专项再贷款356亿元，2002年需还款45.62亿元。由于2002年所得税实行中央与地方分享改革，影响地方可支配财力，欠发达地区按期归还人民银行再贷款有困难，为保证我省金融信用，需省财政垫付资金。因此，2002年省财政要继续筹集防范化解金融风险准备金，以确保人民银行再贷款按期偿还。同时，各地要加大筹集防范化解金融风险准备金的力度，切实抓好中小金融机构和农金会资产的保全、追收、盘活和变现工作。

（七）加强学习，转变观念，积极做好“入世”的应对工作。要增强紧迫感，加强培训和学习，尽快熟悉和掌握WTO的相关规则，认真分析“入世”对财政收支的影响，深入研究并制定应对措施。要按照WTO规则要求，对我省现行财税规章制度和政策进行清理、修订和调整，积极主动改革财政审批制度。要加快转变财政职能，规范办事程序，提高工作的透明度，切实做到依法理财，依法行政。

（八）加强机关作风建设，切实改进工作作风。要认真贯彻落实中共十五届六中全会和省委八届八次会议精神，结合财政部门实际，按照“八个坚持、八个反对”的要求，针对存在的突出问题，制定切实有效的整改措施，狠抓落实，使财政部门的思想作风、工作作风、领导作风明显好转。进一步抓好廉政建设，认真落实廉政责任制，加强对资金使用的监督，从源头上预防和治理腐败。同时，要充分利用现代科技手段，加快财政管理信息化建设步伐，提高财政管理水平和办事效率。2002年要在珠江三角洲8个市的镇一级全面推广南海市财政管理信息化的做法，山区县三分之一乡镇要进行试点，争取三年内全省镇一级实现财政管理信息化。

各位代表：新的一年，我们要按照“三个代表”的要求，在中共广东省委的正确领导下，在省人大的监督支持下，统一思想，振奋精神，与时俱进，开拓创新，转变作风，扎实工作，圆满完成2002年财政预算任务，以优异的成绩迎接党的十六大和省第九次党代会的胜利召开。

广东省第九届人民代表大会财政经济委员会关于广东省2001年预算执行情况和2002年预算草案的审查报告

（2002年2月2日广东省第九届人民代表大会第五次会议主席团第三次会议通过）

广东省人大财经委员会副主任委员　方振慰

广东省第九届人民代表大会第五次会议听取了省财政厅厅长陈继兴受省人民政府委托所作的《广东省2001年

预算执行情况和2002年预算草案的报告》，各代表团对预算草案和报告进行了审议。省人民代表大会财政经济委员会根据各代表团和各专门委员会的意见，对预算草案和报告进行了审查。现将审查结果报告如下：

一、2001年，全省各级人民政府认真贯彻中央的积极财政政策，落实《广东省第九届人民代表大会第四次会议关于我省2000年预算执行情况和2001年预算草案的决议》，积极组织预算收入，强化收入征管，全省地方财政收入比上年增长27.1%；财政支出注意保证重点支出的需要，支持国企改革和社会保障制度改革，增加对困难市县转移支付和调资补助，帮助解决农村特困户孩子上学难问题，积极推行国库集中支付和政府采购，做了大量有成效的工作。据快报统计，全省地方一般预算收入完成1 157.43亿元，比预算超收159.45亿元，超预算16%；一般预算支出完成1 318.79亿元，比预算超支156.48亿元，超预算13.5%。全省地方一般预算收入加上预计中央返还和各项补贴、预算结转、结余，减去支出以及上缴中央款项后，全省一般预算收支平衡。

2001年省级财政总收入完成350.48亿元，比预算超收77.14亿元，超预算28.69%；省级财政总支出完成349.12亿元，比预算超支77.76亿元，超预算28.66%。收支相抵，结余1.36亿元。

2001年财政工作和预算执行中存在的主要问题是：全省各地区财力不平衡的趋势在加大，东西两翼和北部山区部分地方财政仍很困难，转由各级财政负担的地方金融风险仍相当大。税收征管中仍然存在代征代扣违规问题，财政资金使用中还存在浪费现象。对这些问题要高度重视，采取有针对性的措施，认真加以解决。

二、省人民政府提出的2002年全省一般预算草案，收入为1 273.17亿元，比上年快报数增长10%，加上中央税收返还，预算结转、结余和中央专项补助，减除各项上缴中央税收款项后，全省可支配财力为1 437.21亿元，支出计划相应安排为1 437.21亿元，比上年快报数增长9%。

省人民政府提出的2002年省级一般预算草案，总收入为365.24亿元，总支出364.9亿元，收支相抵结余0.34亿元。

财经委员会认为，省人民政府提出的2002年全省和省级一般预算草案，认真实施积极的财政政策，在强调保证政府公共支出合理需要的前提下，预算支出安排注意了支持国企改革的需要，增加教育、科技、农业、环保和全民医疗保健的支出，加大对困难市县的财政转移支付力度；预算收支平衡，略有结余，符合《预算法》和《广东省预算审批监督条例》的基本要求，预算的实现措施适当，总体安排可行。省人民政府向省九届人大五次会议报送省级9项政府性基金的预算草案和省直27个部门的预算草案，预算编制内容不得进一步细化，是执行《预算法》和《广东省预算审批监督条例》的体现。财经委员会建议批准省人民政府提出的2002年省级预算草案，同意省财政厅厅长陈继兴受省人民政府委托所作的《广东省2001年预算执行情况和2002年预算草案的报告》。

三、为更好地完成2002年的预算任务，财经委员会根据代表们的审查意见，提出以下建议。

（一）严格依法治税，依法理财。各级税务部门要把各种应征收的税收都收上来，严厉打击各种偷税、骗税、逃税行为，同时要严格自律，切实依法纠正存在的代征代扣违规等问题。要进一步理顺各级政府及政府各职能部门的事权和财权，推进政府公共财政框架的建立和完善，加强财政资金管理，提高财政资金的使用效益。

（二）调整支出结构，保证重点支出。大力调整和优化财政支出结构，安排使用好社会保障和国家机关正常运行所需要的资金，确保国有企业下岗职工基本生活费、离退休人员基本养老金和财政供养人员工资的按时足额发放。保证农业、教育、科技、环保等重点领域的支出，加大对贫困地区义务教育及经济欠发达地区的水污染治理的支持，保障我省公民受教育的平等权利，贯彻实施可持续发展战略。

（三）严格预算管理，强化预算约束。政府及各部门都要严格执行省人大批准的预算，调整、变更预算和作出对预算产生重大影响的决策，必须按法定程序经过批准，财政部门要将预算执行的具体情况及时向省人大常委会报告。要逐步压减专项资金，所需支出应编制具体项目预算，按预算核拨资金，尽可能避免将整块资金划入专项基金由部门支配。加强对各种专项基金的管理和监督，对管理不当造成资金损失的，要追究有关人员的责任，并要有具体的资金弥补和平衡措施。要大力提倡和发扬艰苦奋斗、勤俭节约的优良传统，杜绝铺张浪费、奢侈挥霍。要加强对预算执行和其他财政收支的审计，严肃查处违法违纪行为。

（四）继续加大对困难地区的转移支付力度。要正视我省各地区财力不平衡的状况，采取有效措施支援我省东西两翼和北部山区，帮助解决地方财政困难。

（五）继续深化预算制度改革。省人民政府及其所属各部门要继续贯彻落实《广东省预算审批监督条例》，按时编制预算、细化预算。提交省人民代表大会审议批准的省级预算草案应按法定要求将科目列至款，逐步列至项。继续扩大部门预算编制范围，进一步完善部门预算编制，逐步编制项目预算。

以上报告，请予审议。

广东省人民代表大会常务委员会关于批准广东省2001年省级决算的决议

（2002年7月25日广东省第九届人民代表大会常务委员会第三十五次会议通过）

广东省第九届人民代表大会常务委员会第三十五次会议听取了省财政厅厅长陈继兴受省人民政府委托所作的《关于广东省2001年省级决算草案的报告》、省审计厅厅长曾寿喜受省人民政府委托所作的《关于广东省2001年省级预算执行和其他财政收支的审计工作报告》和省第九届人民代表大会财政经济委员会《关于广东省2001年省级决算草案的审查报告》。经过审议，会议同意财经委员会的审查意见，决定批准省人民政府提出的广东省2001年省级决算，批准省财政厅厅长陈继兴受省人民政府委托所作的《关于广东省2001年省级决算草案的报告》。省人民政府应就财经委员会审查报告中所提出的意见认真研究落实，并向省人大常委会报告。

关于广东省2001年省级决算草案的报告

——2002年7月24日在广东省第九届人民代表大会常务委员会第三十五次会议上

广东省财政厅厅长　陈继兴

主任、各位副主任、秘书长、各位委员：

今年召开的广东省第九届人民代表大会第五次会议审议同意了《广东省2001年预算执行情况和2002年预算草案的报告》，2001年省级财政决算草案已按要求正式编成。按照《中华人民共和国预算法》的规定，现在，我受省人民政府的委托，向本次常委会报告广东省2001年省级财政决算草案，请予审批。

2001年，全省各级政府在中共广东省委的正确领导下，认真贯彻落实江泽民同志“三个代表”的重要思想和省委、省政府的各项工作部署，按照广东省第九届人民代表大会第四次会议审议通过的预算，继续坚持“稳中求进，有效增长”的方针，认真执行积极的财政政策，强化收入征管，调整和优化支出结构，积极推进各项财政改革，建立公共财政基本框架；严格依法理财，加强财政管理和监督，整顿和规范财经秩序，努力做好防范化解金融风险工作，基本保证了国民经济和社会各项事业发展的资金需要，为促进经济发展和社会进步作出了积极贡献。年终执行结果，省级财政实现了收支平衡，有所结余。

一、2001年省级财政一般预算收支决算草案

根据汇编决算，2001年省级财政一般预算总收入为353.40亿元，为年度预算272.34亿元的129.77%，超收81.07亿元，比2002年1月28日上报省九届人大五次会议的2001年省本级总收入快报数增加2.93亿元（详见附件表一），所增加的收入均为整理期入库的在途收入。主要收入完成情况如下：

（一）省级一般预算收入完成309.33亿元，为年度预算的127.95%，超收67.58亿元，比上年增收86.71亿元，增长38.95%。主要的超收项目是：增值税25%部分超收3.14亿元，企业所得税超收38.0亿元，个人所得税超收6.36亿元，国有资产经营收益超收3.98亿元，罚没收入超收3.25亿元，其他收入超收11.04亿元。

（二）各市上缴收入完成15.60亿元。

（三）中央税收返还收入完成44.26亿元，为年度预

算的 115.68%，超收 6 亿元。

（四）上年结余 7.97 亿元，比预算数增加 7.42 亿元。

（五）按原体制规定上缴中央财政收入 23.75 亿元。

2001 年，省级财政一般预算总支出完成 349.12 亿元，为年度预算 271.36 亿元的 128.65%，超支 77.75 亿元，与 2002 年 1 月 28 日上报省九届人大五次会议的快报数相同（主要支出项目详见附件表二）。

2001 年省级财政支出重点保证了以下几方面的资金需要：

（一）加大防范化解金融风险力度。2001 年，省级财政共筹集防范化解金融风险准备金 71.97 亿元，比上年增加了 51.97 亿元。省级防范化解金融风险准备金除垫付外国政府贷款等各项政府债务外，还垫还中央再贷款 92 亿元。省级防范化解金融风险准备金的筹集，一方面保证了按时、足额偿还中央专项再贷款，维护了我省信誉，另一方面避免了因集中还款对欠发达地区造成过大冲击，使其财政和经济发展得以平稳运行。

（二）大力提高欠发达地区财政的保障能力。2001 年，省财政增加调资补助 8.48 亿元，增加一般性转移支付补助 2.7 亿元。缓解了我省欠发达地区支出压力，有效地保证了欠发达地区政府机关正常运转和社会各项事业的平稳发展。

（三）积极支持国有企业改革和社会保障制度的建立。2001 年，省级财政安排国有企业及社会保障资金共 31.18 亿元。其中，安排关闭煤矿费用 4.9 亿元，关闭糖厂及清欠农民甘蔗款 1.1 亿元，劣势企业退出市场资金 3.08 亿元，粮食储备费用和消化粮食企业亏损挂账资金 9.6 亿元，国有企业下岗职工生活保障补助和经济补偿金 5.97 亿元，补充企业职工养老保险基金 1 亿元。这些资金的安排，有效地推进了我省国有企业改革，增强了社会保障能力。

（四）积极贯彻“科教兴粤”战略。2001 年，省级教育支出完成 33.58 亿元，除正常教育经费外，还重点保证了免收全省农村人均年纯收入 1 500 元以下的困难家庭子女书杂费专项资金 1.5 亿元，高校扩招和提高办学水平等建设资金 6.47 亿元；省级科技支出完成 10.2 亿元，其中除科技正常经费和科技三项费用等专项资金外，还启动了广东省科技中心建设工程，安排基建资金 3 亿元。

（五）支持农业结构调整，改善农业生产条件。2001 年，省级支农支出完成 27.16 亿元，其中，安排农业综合开发、科技推广、龙头企业贷款贴息 3.4 亿元，推动了农业结构的调整和优化；安排水利建设资金 14.8 亿元，重点支持农业水利建设，大大改善了农业生产条件；安排林业资源保护建设资金 3.02 亿元，有力地促进了农业生态环境的改善。

（六）推动环境保护事业的发展。2001 年，省级财政安排环境保护支出 4.48 亿元，其中，省级生态公益林补偿资金 2.04 亿元，水质保护经费 0.61 亿元，环保专项资金 0.5 亿元，水污染防治治理专项资金 0.2 亿元，自然保护区建设和环境治理等其他环保项目支出 1.13 亿元。

（七）保证了“九运会”成功举办。2001 年，省财政继续安排“九运会”专项资金共 8.01 亿元，其中场馆建设及配套设施资金 1.82 亿元，其他经费及运动员奖励金 6.19 亿元。

根据以上汇编的决算，2001 年省级财政一般预算总收入 353.40 亿元，一般预算总支出 349.12 亿元，收支相抵，省级财政净结余 4.29 亿元，比上报省九届人大五次会议的快报数增加 2.93 亿元（详见附件表三）。省级财政新增净结余 2.93 亿元，拟安排 2002 年新增的支出项目共 2.91 亿元，包括：（一）提高重点优抚对象医疗费和生活费补贴标准专项资金 1 亿元；（二）老区农村小学改造专项资金 0.6 亿元；（三）贫困地区中小学信息技术和英语教育专项资金 0.3 亿元；（四）省老干部活动中心建设资金 0.3 亿元；（五）获政府特殊津贴的专家和省级劳模特殊津贴 0.25 亿元；（六）贫困地区公职律师事务所经费补助 0.15 亿元；（七）职业病防治专项经费 0.2 亿元；（八）民族地区农村劳动力开发和劳务扶贫经费 200 万元；（九）广东省防震减灾“十五”计划重点项目建设资金 900 万元。

二、2001 年省级政府性基金收支决算草案

（一）基金收入完成情况

2001 年，省级政府性基金总收入完成 106.22 亿元（详见附件表四），主要项目的完成情况如下：

1. 省级当年基金收入 78.03 亿元，为年度预算的 68.66%，短收 35.61 亿元。基金短收的原因是 2001 年国家停止征收邮电附加（2001 年 2 月 1 日起停收）、农话初装基金（2001 年 7 月 1 日起停收）、电力建设基金（2001 年 1 月 1 日停收）等三项基金。主要项目的完成情况如下：

（1）工业交通部门基金收入 62.2 亿元，完成预算的 58.38%。

（2）农业部门基金收入 2.0 亿元，完成预算的 163.9%。

（3）文教部门基金收入 1.2 亿元，完成预算的 120%。

（4）地方财政税费附加收入 1.8 亿元，完成预算的 38.32%。

（5）中央补助外贸发展基金等收入完成 8.04 亿元。

2. 上年结转 28.19 亿元。

（二）基金支出完成情况

2001 年，省级政府性基金支出完成 85.57 亿元，为年度预算的 75.30%（详见附件表四）。未完成预算的原因是

基金短收后支出相应减少。主要支出项目的完成情况如下：

（1）工业交通部门基金支出69.60亿元，为年度预算的65.32%。

（2）商贸部门基金支出完成8.07亿元。

（3）地方财政税费附加支出完成2.63亿元，完成预算的54.0%。

2001年，省级政府性基金收支相抵后，结余20.65亿元。结余较多的主要原因是相当部分基金收入在去年11、12月份才入库，需结转到下年办理支出。

以上决算情况表明，2001年，省级财政顺利完成了省九届人大四次会议批准的预算，保证了国民经济和各项事业发展的资金需要，实现了收支平衡、略有结余的理财目标。这是全省上下在广东省委的正确领导下，在省人大及其常委会监督、支持下，认真贯彻执行中央各项方针政策，国民经济持续、快速、健康发展的结果，也是各级财税部门深化改革、加强监管，广大财税干部辛勤劳动的结果。

主任、各位副主任、秘书长、各位委员，在2001年省级财政决算草案正式编成的基础上，全省财政总决算也已汇总编成。借此机会，我向本次常委会汇报2001年全省财政总决算的汇编情况：

根据汇编的决算，2001年全省财政地方一般预算收入完成1 160.51亿元，为年度预算997.98亿元(代编数，下同)的116.29%，超收162.53亿元(详见附件表五)，比上年增收249.95亿元，增长27.45%。其中，财政计划单列的深圳市地方一般预算收入完成262.49亿元，比上年增收40.57亿元，增长18.28%。全省一般预算收入1 160.51亿元，加上中央补助收入252.49亿元（含税收返还补助)、国债转贷收入19.72亿元、国债转贷资金上年结余3.84亿元、上年结余收入174.11亿元、调入其他资金13.26亿元后，收入总额为1 623.93亿元。

2001年，全省财政地方一般预算支出完成1 321.33亿元，为年度预算的113.68%，超支159.02亿元（详见附件表六)，比上年增支241.01亿元，增长22.31%。其中，财政计划单列的深圳市地方一般预算支出完成253.70亿元，比上年增支28.66亿元，增长12.73%。全省财政地方一般预算支出1 321.33亿元，加上解中央支出37.26亿元、增设预算周转金4.46亿元、国债转贷收入安排的支出16.77亿元、国债转贷收入结余安排的支出6.79亿元、调出资金3.45亿元后，支出总额为1 390.06亿元。

全省财政地方一般预算收支总额相抵，年终滚存结余233.87亿元，减除结转下年支出116.33亿元之后，全省净结余117.54亿元。其中，省级净结余4.29亿元，各市净结余113.25亿元。全省财政较好地实现了收支平衡，有所结余。

关于广东省2001年省级决算草案的审查报告

——2002年7月24日在广东省第九届人民代表大会常务委员会第三十五次会议上

广东省人大财经委员会副主任委员　方振慰

主任、各位副主任、秘书长、各位委员：

财经委员会全体会议于7月5日听取并审议了省财政厅《关于广东省2001年省级决算草案的报告》和省审计厅《关于广东省2001年省级预算执行和其他财政收支的审计工作报告》，对省人民政府提出的我省2001年省级决算草案进行了审查，并于7月12日向常委会主任会议作了汇报。我受财经委员会委托，现将审查意见报告如下：

省人民政府提出的2001年省级决算草案分省级财政一般预算收支决算和省级政府性基金收支决算两部分。

2001年省级财政一般预算总收入为353.40亿元，为年度预算272.34亿元的129.77%，超收81.07亿元，比2002年1月28日上报省九届人大五次会议的快报数增加2.93亿元；一般预算总支出完成349.12亿元，为年度预算271.36亿元的128.65%，超支77.75亿元，与上报省九届人大五次会议的快报数相同。收支相抵，省级财政净结余4.29亿元，比上报省九届人大五次会议的快报数增加2.93亿元，增加的净结余，省人民政府拟主要安排用于解决2002年的增支项目。

2001年省级政府性基金总收入完成106.22亿元，为年度预算113.64亿元的93.47%，短收7.42亿元；省级政府性基金支出完成85.57亿元，为年度预算113.64亿元的75.30%，减支28.07亿元。收支相抵，省级政府性基金结余20.65亿元。

省人民政府提交的决算草案表明，2001年省级预算的执行结果基本实现了当年省级预算的主要指标，省级财政一般预算和省级政府性基金预算收支总量基本平衡，并有结余，符合《预算法》的基本要求。财经委员会建议省九届人大常委会第三十五次会议批准省人民政府提出的2001年省级决算草案，批准省财政厅厅长陈继兴受省人民政府委托所作的2001年省级决算草案报告。

财经委员会认为，省人民政府首次向省人大常委会提交省级政府性基金收支决算，这是我省完善预算管理体制的一项重要举措，在落实《广东省预算审批监督条例》(以下简称《条例》)方面又前进了一步。省人民政府提交的审计工作报告对省九届人大四次会议和省九届人大常委会第二十七次会议有关决议作了积极的回应，在按真实、合法和效益的要求执行省级预算审计方面，初步作了一些有益的探索，对加强财政预算管理方面提出的几点意见也非常中肯。

经过审议，财经委员会提出如下意见：

一、为了维护省人大制定的地方性法规和省人大常委会决议的严肃性，严格执法，省人民政府及财政部门应根据《条例》第二十八条的要求编制省级决算草案，省级决算草案应列至项级预算科目。根据《条例》第三十条的要求，在提交省级决算草案时，应提交科目列至款、重要的列至项的一般预算收支决算表和政府性基金收支决算表，建设性支出决算表以及按类别划分的上级财政返还和对下级财政补助支出决算表等相关的决算材料和说明。

二、继续加强对地方金融情况和地方政府债务的监控，制定切实可行的应对措施，加强地方财政风险控制，防微杜渐，努力减少由地方金融风险衍生成的地方财政风险，避免产生新的财政包袱。

为进一步落实本届人大常委会任期内历次有关决算的决议要求，建议省人民政府向省人大常委会书面报告本届政府五年任期内省级防范化解金融风险准备金的筹集、拨付及使用情况，有关管理、核算、审批制度以及地方财政风险监控制度的建立和落实情况。

三、改进和完善转移支付制度，切实体现公开、公平、公正的原则，奖勤不助懒；同时注意协调处理好转移支付与对市县专项补助的关系，努力探索出一套更为规范、科学、合理的转移支付办法。

四、进一步深化预算编制体制改革，注重预算编制的科学性，全面推行部门预算，预算预留要符合效益与合理的原则，逐步减少按口预留专款的做法，在源头上预防财政资金分配使用上的长官意志。

五、对《关于广东省2001年省级预算执行和其他财政收支的审计工作报告》中指出的问题，省人民政府应当认真处理，同时将处理结果报告省人大常委会。

建议省人大常委会及各有关专门委员会根据审计工作报告反映的比较严重的问题，有针对性地安排和组织调查研究，监督有关问题的处理落实。

以上报告，请予审议。

广东省第十届人民代表大会第一次会议关于广东省2002年预算执行情况和2003年预算的决议

（2003年1月19日广东省第十届人民代表大会第一次会议主席团第五次会议通过）

广东省第十届人民代表大会第一次会议经过审议，决定同意《广东省第十届人民代表大会第一次会议计划预算委员会关于广东省2002年预算执行情况和2003年预算草案的审查报告》，同意省财政厅厅长刘昆受省人民政府委托所作的《广东省2002年预算执行情况和2003年预算草案的报告》，批准省人民政府提出的2003年省级预算。

广东省2002年预算执行情况和2003年预算草案的报告

——2003年1月13日在广东省第十届人民代表大会第一次会议上

广东省财政厅厅长　刘　昆

各位代表：

受省人民政府委托，我向大会提出广东省2002年预算执行情况和2003年预算草案的报告，请予审议。

一、2002年预算执行情况

2002年，全省各级政府和财政部门认真实践“三个代表”重要思想，全面贯彻中共广东省第九次党代会精神，按照省九届人大五次会议审议通过的预算，坚持依法理财，深化财政改革，加强收入征管，优化支出结构，整顿和规范财经秩序，做好防范化解金融风险工作，促进了国民经济和社会各项事业的发展。省九届人大五次会议通过的预算完成情况良好，财政工作取得了较好的成绩。

据快报统计，2002年全省一般预算收入完成1 200.95亿元，为省代编预算1 143.9亿元的104.99%，超收57.05亿元，按可比口径，比上年增收175.09亿元，增长17.07%。全省一般预算支出完成1 519.97亿元，为省代编预算1 437.21亿元的105.76%，超支82.76亿元，比上年增支201.18亿元，增长15.26%。

2002年全省一般预算收入加上中央税收返还、各项补助和预算结转、结余，减去支出及上解中央款项后，全省一般预算可以实现收支平衡，有所结余。

2002年省级财政总收入完成383.17亿元，比省九届人大五次会议批准的预算365.24亿元超收17.93亿元。超收的主要项目是：1. 省本级预算收入（含所得税基数返还）超收10.00亿元，主要是营业税超收7.28亿元，土地增值税超收1.41亿元；2. 各市上交专项收入超收3.50亿元，主要是药监系统垂直管理上划经费和按实结算的上解款比预算增加；3. 上划中央“两税”返还省级收入51.26亿元，比预算增加1.50亿元；4. 上年结余4.29亿元，比预算1.36亿元增加2.93亿元。

省级财政总支出完成382.81亿元，比预算364.90亿元超支17.91亿元，超支的主要项目是：1. 2001年结余安排2.91亿元，已经省九届人大三十五次常委会议审议同意；2. 当年超收安排11.66亿元，已经省九届人大三十八次常委会议审议同意；3. 按“收支两条线”要求列收列支等项目超支3.34亿元。

2002年省级财政总收入383.17亿元，总支出382.81亿元，收支相抵，净结余0.36亿元（详见附件一）。

2002年，为确保预算任务的完成，我们着重抓了以下几个方面的工作：

（一）落实积极财政政策，培育和扩大有效需求

2002年，我省继续贯彻落实中央积极的财政政策，并相应采取一系列措施鼓励投资、刺激消费、扩大出口。一是积极争取中央国债资金23.34亿元（其中转贷资金13.36亿元，补助资金9.88亿元），并认真落实地方配套资金，有效引导社会资金投入，加快了我省基础设施建设；同时，加强对国债资金项目的管理和检查，按期缴付中央国债转贷资金利息2.87亿元。二是积极落实支持外贸出口各项政策。对生产性企业出口货物全面实行“免抵退”税措施，全省共办理退（免）税246.53亿元，增长35.10%；扩大出口企业退税账户托管贷款贴息范围，由国有企业扩大到具有法人资格、有进出口经营权的出口企业和外商投资企业，资助比例提高至80%；核拨中央补助的扶持外贸资金5.41亿元（其中预拨各市3.48亿元），安排外贸出口专项资金0.35亿元、科技兴贸专项资金0.5亿元、中小企业国际市场开拓资金0.25亿元等，有力促进了外贸出口；另外，安排资金1.44亿元，支持海关和口岸配套设施建设。三是安排专项资金0.15亿元，支持由省政府组织的“广货”展销会，努力开拓国内市场。

（二）优化支出结构，保障重点支出

各级财政按照社会主义市场经济发展的要求，着力调整支出结构，突出重点，保证了与改革、发展、稳定大局密切相关的资金需要。

努力筹集资金，防范化解金融风险。2002年省级共筹集防范化解金融风险准备金42.14亿元，拨付141.05亿

元，其中归还中央专项再贷款137.15亿元，维护了我省信誉；同时，规范资金的借用程序，严格审核把关，不断加强对准备金使用的管理。继续做好对地方金融机构资产的追收和处置，加大地方金融机构的资产和财务监管，及时处置地方金融机构出现的问题。

加大社会保障投入，完善社会保障体系。为做好“两个确保”工作，省财政安排国有企业下岗职工生活保障补助资金1.65亿元。为支持城乡最低生活保障制度的建设，省财政安排最低生活保障补助资金2.39亿元，全省约有90万人纳入低保范围，比上年增长97%；安排0.72亿元，建立和完善农村合作医疗制度，帮助困难群众解决“看病难”问题；安排1.00亿元，用于补助贫困地区提高重点优抚对象的生活和医疗补贴标准；安排0.15亿元，支持贫困地区开展法律援助工作和建立公职律师事务所，帮助困难群众解决“打官司难”问题。省财政还安排3.35亿元，用于全省华侨农场改制后补缴社会保险统筹金和解除农场职工劳动关系一次性经济补偿。

支持国有企业改革，加强国有资产监管。省财政安排关闭煤矿费用4.90亿元、省属劣势企业退出市场职工解除劳动关系补助资金3.00亿元、企业离休人员医疗费补助及省属企业离退休干部增发生活补贴0.81亿元、国有企业下岗职工解除劳动关系经济补偿金4.30亿元、有色矿山关闭破产费用4.80亿元，有力支持了国有企业的重组改制，促进了国有经济的结构调整。

增加科教投入，推进科教兴粤。为加快我省教育事业发展，省财政安排6.47亿元，支持中山大学、华南理工大学等高校改善办学条件，提高办学水平；安排10.00亿元，用于广州大学城建设；安排3.80亿元，用于对全省农村人均年纯收入1 500元以下的困难家庭子女免收义务教育书杂费补助，解决了103万名困难家庭子女上学难问题；安排3.00亿元，改造了1 000所老区、山区农村学校；安排2.50亿元，支持欠发达地区实施中小学布局调整；安排0.30亿元，支持贫困山区300所中小学英语和信息化教育。为增强我省科技创新能力，安排科技专项资金1.48亿元、高新技术发展专项资金0.50亿元、企业挖潜改造资金2.56亿元、科技三项费用2.70亿元，支持企业技术开发和创新，推动了企业的技术进步。

支持农村经济发展，巩固农业基础地位。省财政安排农村税费改革转移支付补助资金2.17亿元，支持农村税费改革扩大试点，规范农村税费管理，从根本上减轻农民负担；落实农业税政策性减免0.45亿元、抗旱抗洪救灾资金0.56亿元，减轻了灾区农民和困难农户的负担；安排0.50亿元，扶持年纯收入3万元以下的贫困村发展集体经济；安排0.53亿元，扶持省重点农业龙头企业的技术改造和生产基地设施建设；投入水利建设资金17.35亿元，重点支持农村水利建设，改善了农业生产条件；安排林业资源保护资金3.30亿元，有力促进了农业生态环境的改善；落实农业综合开发和多种经营项目资金1.42亿元、农林渔业科技推广资金0.90亿元，促进了农业结构调整。

（三）推进财政管理制度改革，加快公共财政建设

推进实施部门预算。为提高预算编制的科学性和准确性，对省直单位全面开展了清产核资，在总结27个单位试点经验的基础上，制定了《广东省省级部门预算管理暂行办法》，编制了102个省直单位的部门预算。部门预算的实施，初步实现了预算编制的统一性和预算管理的规范化，提高了预算透明度。

稳步推行国库集中支付制度。在总结行政机关和部分事业单位人员工资、财政基建资金和煤矿关闭费用实行集中支付办法的基础上，按照财政部的统一部署，制定了《广东省省级单位财政国库管理制度改革实施办法》，确定省计委、省经贸委、省科技厅、省财政厅等10个部门作为改革试点单位，通过招标确定了财政国库集中支付的代理银行，为2003年省级单位实行改革试点作好了准备。

继续深化政府采购制度改革。政府采购范围不断扩大，从汽车、计算机、空调、复印机等通用货物的采购扩大到办公楼修缮、装饰和网络工程、汽车保险等工程和服务类项目；政府采购规模达72.12亿元，增长53.84%；政府采购方式逐步规范，初步建立了市场准入制度、信息公告制度和资金集中支付制度。政府采购制度改革的推进，强化了预算约束，节约了财政资金。加强财政基建资金的审核，全省共审核项目资金208亿元，核减率约12%，有效控制了工程造价，提高了财政投资效益。

扎实推进“金财工程”建设。按照我省“金财工程”分步实施计划和三年内全省镇一级财政实现管理信息化的要求，2002年，在珠江三角洲8个市和山区县的三分之一乡镇开展财政管理和农业税收征管信息化试点，举办了33期乡镇财政信息化软件培训班，培训业务人员1 500多人，试点地区成立乡镇财政结算中心238个。

（四）整顿和规范财经秩序，加强财政管理和监督

全面落实“收支两条线”规定。按照中央要求，对省公安厅、省工商局等5个执收执罚部门的预算外收入全部上缴国库，纳入预算管理；对省司法厅、省建设厅等6个部门的预算外收入缴入财政专户，实行收支脱钩，支出统筹安排。对涉农、涉企、涉教收费实行公示制度，对涉农、涉企收费推行“两证一票一卡”（收费许可证、收费员证、统一票据和企业、农民交费登记卡）管理办法。对中小学收费从2002年秋季开学起全面实行“一费制”，规范了收费管理，减轻学生负担约10亿元。加强政府性基金和行政事业性收费的清理检查，按中央要求取消了18项政府性基金，每年减少群众负担10多亿元；对13个市的非经营性路桥收费站收费开展了专项检查，纠正了违规行为，完善了相关制度。

认真开展“四个摸清”工作。为加强省直单位“收支

两条线”管理，规范机关单位收入分配秩序，对省直行政事业单位开展了“四个摸清”工作，基本摸清各单位自行发放补贴的资金来源、支出渠道、银行账户开设情况以及福利补贴的发放水平，为建立透明规范的公务员收入分配制度打下了基础。

切实加强财政监督。继续开展《会计法》执法检查，扩大会计信息质量检查范围，重点抽查了省电力、教育系统和境外企业，同时对2001年检查存在问题的单位依法进行了处理，严肃了财经纪律；加强对中介机构的监管，对年检不合格的7家会计师事务所做出了限期整改、停业整顿的处理，注销了12名注册会计师的执业资格，同时建立了业务报备及谈话提醒制度，加强行业诚信管理，努力提升行业的公信力。

二、2003年预算草案

（一）2003年全省一般预算草案

2003年我省财政预算安排的指导思想是：以“三个代表”重要思想为指导，全面贯彻中共十六大和广东省第九次党代会精神，继续执行积极的财政政策，保持政策的连续性；严格依法征税，强化税收征管，确保财政收入的稳定增长；调整财政支出结构，加强支出管理，保障重点支出需要；深化财政改革，加快公共财政体制建设，为全面实施外向带动、科教兴粤、可持续发展、区域协调发展四大战略和努力增创开放、产业、科技、体制、环境五大优势作出积极的贡献。

根据上述指导思想，按照2003年全省国民经济和社会发展计划，2003年全省一般预算收入按可比口径安排增长10.00%，按新口径（即2003年所得税中央与地方分享比例从各占50%调整为中央占60%、地方占40%），全省地方一般预算收入为1 257.00亿元，比2002年快报数增长4.70%。全省一般预算收入，加上中央税收返还、预算结转、结余和中央专项补助，减去上缴中央款项后，全省可支配财力为1 657.00亿元，按此可支配财力，2003年全省一般预算支出相应安排1 657.00亿元，比2002年快报数增长9.00%（详见附件一）。

（二）2003年省级一般预算草案

根据我省财政预算安排的指导思想，省级财政预算安排的原则和重点是：（1）坚持量入为出、量财办事、收支平衡、略有结余；（2）统筹兼顾，确保重点支出需要；（3）实行综合预算；（4）落实加快山区发展措施，加大对困难市县的转移支付力度；（5）清理省直机关单位资金，逐步建立透明、规范的公务员收入分配制度；（6）继续筹集防范化解金融风险准备金。

1. 2003年省级财政收入。

2003年省级财政总收入安排411.08亿元。其中：省本级一般预算收入323.85亿元（按可比口径增长10%）；各市净上交收入24.17亿元；中央税收返还省级收入86.45亿元（包括上划“两税”返还收入54.76亿元和所得税基数返还31.69亿元）；上年结余0.36亿元；上交中央财政收入23.75亿元（详见附件一）。

2. 2003年省级财政支出。

根据2003年省级财政总收入，2003年可用于安排新增支出的财力为91.37亿元，来源构成是：省本级收入增收25.88亿元（包括所得税基数返还）；上划中央“两税”返还收入增收3.50亿元；各市上交收入增收2.45亿元；收回到期不再安排资金41.02亿元；防范化解金融风险金比2002年减少安排22.08亿元；2002年结余0.36亿元；上年结余减少3.92亿元。

在可增加安排的财力91.37亿元中，拟安排新增支出90.9亿元，加上继续安排的支出319.71亿元，2003年省级财政支出410.61亿元。收支相抵，净结余0.47亿元。2003年省级支出安排的具体情况如下：

（1）支持国有企业改革和发展，促进再就业工作，完善社会保障体系。安排国有企业技改及社会保障补助资金22.84亿元，其中：国家重点技改项目配套及中小企业、民族贸易企业贷款贴息等2.79亿元，省属关闭破产企业、煤矿、有色矿山等资金11.9亿元，促进国有企业下岗职工再就业专项经费4.13亿元，省属企业离退休干部离退休金补助1.11亿元，补充省级企业基本养老保险专项资金1.80亿元。按可比口径，2003年国有企业技改及社会保障补助支出增加4.55亿元，增长24.88%。

（2）帮助困难群众解决生产生活问题。安排资金12.44亿元，其中：免收农村困难家庭子女书杂费和资助贫困家庭子女就读技工学校培训费4.15亿元，建立农村合作医疗制度及城乡医疗救助1.12亿元，贫困地区法律援助和公职律师事务所经费补助0.15亿元，省属及面上水库移民的生产生活补贴3.40亿元，华侨农场职工纳入社会养老基金统筹后的资金缺口补助0.29亿元，重点优抚对象和敬老院建设等补助1.13亿元，残疾人康复及设施建设等专项经费0.20亿元，最低生活保障专项转移支付补助2.00亿元。

（3）增加科技投入，推动科技进步和产业升级。安排资金11.55亿元，其中：事业费4.20亿元，科技三项费用2.40亿元，省级重点企业技术中心研发资金0.50亿元，高新技术发展资金0.50亿元，自然科学基金0.20亿元。按可比口径，2003年科技投入增加1.98亿元，增长20.65%。

（4）加大教育投入力度，支持教育事业发展。安排资金53.96亿元（不包括安排广州大学城建设资金10亿元），其中：正常经费29.27亿元，困难地区中小学布局调整5.00亿元，高校建设专项资金5.80亿元，职业教育专项经费0.30亿元，山区中小学英语和信息化试点经费0.30亿元。按可比口径，2003年教育投入比上年增加9.98亿元，增长22.69%。教育投入占经常性财政支出的比重比 2002 年提高了 1.28 个百分点，达到国务院提出“根据各地实际每年提高 1～2 个百分点”的要求。

(5) 增加农业投入，改善农业生产条件，发展农村经济。安排资金 35.8 亿元（不包括农村税费改革支出），其中：农林水部门正常经费 2.27 亿元，扶持农业生产各项投入 11.11 亿元，潮州供水枢纽工程建设资金 2.60 亿元，飞来峡工程还贷资金 2.61 亿元，东深供水工程归还预收水费和贷款贴息等 2.36 亿元，小型水库除险加固议案资金 4.00 亿元，其他水利建设资金 7.71 亿元，扶持农业机械化发展议案资金 0.70 亿元。按可比口径，2003 年农业投入增加 4.84 亿元，增长 15.75%。

(6) 增加卫生投入，促进卫生事业发展。安排资金 16.47 亿元，其中：正常经费 7.03 亿元，农村卫生专项投入 1.00 亿元，职业病、结核病、艾滋病等防治专项经费 0.42 亿元，预留医改及公费医疗超支款 3.67 亿元。按可比口径，2003 年卫生投入增加 2.32 亿元，增长 16.36%。

(7) 实施可持续发展战略，改善生态环境。安排资金 9.36 亿元，其中：生态公益林补偿费 4.14 亿元，营造生物防火林带等 0.80 亿元，环保专项投入 2.20 亿元，东江、西江、北江、韩江流域涵养林建设 0.40 亿元，人工鱼礁议案资金 0.50 亿元。

(8) 支持外向带动发展战略，促进外贸出口。安排资金 3.37 亿元，其中：出口退税账户托管贷款贴息 2.27 亿元，科技兴贸资金 0.50 亿元，出口创汇奖励 0.30 亿元，支持外贸出口专项资金 0.30 亿元。

(9) 保证党政机关及所属单位正常经费。安排 84.80 亿元，增加 9.67 亿元。其中，安排公检法（含监狱、劳教）支出 21.81 亿元，增加 4.18 亿元，增长 23.7%。

(10) 落实中央调资及规范收入分配政策，预安排资金 9.10 亿元。

(11) 落实全省山区工作会议精神，促进区域协调发展。安排资金 62.58 亿元，增加 14.26 亿元。其中：按 2002 年转移支付基数对不同地区以 14% 和 12% 递增率计算，增加补助 4.67 亿元；对困难地区调资补助增加 6.93 亿元。

(12) 按照我省农村税费改革的统一部署，2003 年下半年全面铺开农村税费改革。为保证改革的顺利实施，参照《农村税费改革中央对地方转移支付办法》，省对市县实行农村税费改革专项转移支付，安排资金 9.17 亿元。

(13) 安排广州南沙开发及建设广州大学城专项资金 20.00 亿元。

(14) 预备费安排 5.00 亿元。

(15) 防范化解金融风险准备金安排 10.00 亿元。

(16) 省级财政专项资金（剔除继续压支 3% 用于防范和化解金融风险准备金）安排如下：政法专款 1.38 亿元；农口专款 0.86 亿元；教育专款 6.41 亿元；科技专款 1.43 亿元；卫生文化专款 0.86 亿元；开拓广货市场资金 0.15 亿元；体育专款 0.32 亿元；精神文明及统战专款等 0.47 亿元；宣传文化发展专项资金 0.40 亿元；环保专项资金 0.30 亿元；省计委统筹基建计划安排 1.93 亿元；冻肉储备费用 0.27 亿元等。

（三）2003 年省级政府性基金收支预算草案

按照财政部《2003 年政府预算收支科目》的规定，纳入省级政府性基金预算项目有 11 项，包括：养路费、公路建设基金、散装水泥专项资金、文化事业建设费、基本养老基金、失业保险基金、工伤保险基金、生育保险基金、水利建设基金、新增建设用地有偿使用费、基金预算调拨。

按上述基金范围，2003 年省级政府性基金收入 192.72 亿元，比 2002 年快报数增加 77.59 亿元，增长 67.40%；支出安排 183.38 亿元，收支相抵，结余 9.34 亿元（详见附件一、二）。

（四）2003 年省级部门预算草案

按照财政部实施部门预算的原则和方法，编制了省级 102 个单位的 2003 年部门预算（详见附件三）。

三、全面贯彻“三个代表”重要思想，与时俱进，开拓创新，努力完成全年预算任务

中共十六大的胜利召开，确立了全面建设小康社会的奋斗目标，描绘了我国改革开放和现代化建设的宏伟蓝图。2003 年，是认真贯彻落实中共十六大精神，全面建设小康社会的重要一年。认真做好各项财政工作，圆满完成 2003 年预算任务，对于促进经济社会发展，支持各项改革的顺利推进，具有非常重要的意义。全省各级财政部门要深入学习贯彻十六大精神，全面实践“三个代表”重要思想，按照中共广东省第九次党代会的部署和中共广东省九届二次全会提出的要求，与时俱进，开拓创新，切实做好如下几方面的工作：

（一）努力增收节支，确保预算任务圆满完成。随着我省经济的持续、快速、健康发展，经济结构调整步伐的加快，企业经济效益得到进一步提高，这些都将为我省今年财政收入的稳步增长打下坚实的基础。但是，也要看到，今年出现的减收因素较多，如所得税中央与地方分享从“五五”改为“六四”比例，若按增长 10% 测算，我省上交中央所得税将达 78 亿元，其中因比例调整增加上交中央 13 亿元；随着生产性企业出口货物实行“免抵退”税收政策的进一步推行，税收清缴收入的减少及电价下调等，将影响我省财政收入的增长。因此，必须努力抓好增收节支工作，确保完成全年预算任务。一是要严格依法治税，认真贯彻实施《税收征管法》及其修订后的实施细则，加强执法刚性，强化征管措施，提高征管水平，对重点税源、重点税种加大稽查征管力度，坚决打击各种偷

税、骗税、抗税及走私犯罪行为。同时，要按照世界贸易组织规则要求，进一步清理和规范税收优惠政策。二是继续加大“收支两条线”管理力度，加强对非税收入的征管，按照财政部规定，对29个部门118项行政事业收费全部纳入预算管理，实行综合预算。三是要强化预算约束，严格预算执行，优先保证财政供养人员的工资发放，确保教育、科技、农业等重点支出的法定增长，落实好实施外向带动、科教兴粤、可持续发展、区域协调发展战略所需资金。同时，要按照公共财政的要求，进一步调整优化支出结构，规范财政的供给范围，严格控制一般性支出，严禁铺张浪费，制止各种超财力可能的“形象工程”、“政绩工程”建设。

（二）加大教育投入，努力建设教育强省。进一步提高财政支出中教育经费的比例，按照《教育法》的要求，确保财政教育拨款的“三个增长”。重点支持基础教育改革与发展，加大对教育重点项目的投入。一是要按照“实事求是，因地制宜，立足长远，统筹规划，分类指导，分步实施”的原则，认真落实资金，积极稳妥推进中小学布局调整。二是要对中小学校全面实行“一费制”情况进行重点检查，继续完善免收农村困难家庭子女义务教育阶段书杂费制度，继续安排改造老区山区小学的建设资金，帮助山区、欠发达地区解决教育负债问题。三是积极推进全省农村基础教育改革，帮助山区、欠发达地区提高教学水平，确保我省中小学素质教育全面推进。四是要结合高等教育发展规划要求，重点支持“211工程”建设和高校布局的调整，促进高校重点学科建设，提高高校办学水平，加快我省高等教育发展。五是规范教育人员编制管理，优化教师队伍结构，进一步管好用好教育资金，提高资金的使用效益。

（三）促进国有经济结构调整，支持国有企业改革。调整国有经济的布局和结构，改革国有资产管理体制是深化经济体制改革的重要任务。各级财政要加大支持国有经济战略性调整力度，积极推进国有企业的改革和发展。一是要以资本管理为突破口，通过国有资本的投入、回收以及投向的调整，实现国有经济结构调整和国有资产整体优化配置，壮大国有资产的功能，维护国有经济在国民经济中的主导地位。二是支持劣势企业退出，做好国有企业的关闭破产工作，重点是要抓好煤炭、有色等资源枯竭企业的关闭破产。对关闭破产企业职工的安置等涉及社会稳定的问题，各级财政要认真对待，既要算好经济账，又要算好政治账，确保改革的顺利进行。三是要管好用好支持国有企业改革和发展的资金，集中资金支持国有企业技术进步，提高创新能力，增强市场竞争力。四是要继续探索有效的国有资产管理体制和经营方式，完善企业法人治理结构，做好国有企业效绩评价工作。落实国有资产保值增值考核制度，逐步建立权利、义务和责任相统一，管资产和管人、管事相结合的国有资产管理体制。五是加快产权交易市场的规范化建设。重点建设和完善若干个产权交易中心，规范产权交易行为，加强对国有企业重组改制的监管，防止国有资产流失。

（四）贯彻实施区域协调发展战略，加快山区经济发展。各级财政部门要认真贯彻《中共广东省委、广东省人民政府关于加快山区发展的决定》，落实有关政策措施，支持山区社会经济的发展。一是积极帮助山区市、县解决财政债务问题，实行归还中央专项再贷款与市县追收地方中小金融机构和农金会资产挂钩减负办法，重点帮助粤东、粤西、粤北山区市县（区）缓解还款压力。二是积极支持山区基础设施建设，重点支持山区公路、电力、水利建设。三是认真解决农村义务教育负债问题。从长远看，必须完善省级财政对山区、欠发达地区的转移支付制度，加大转移支付的力度，解决我省普遍存在的财力上区域分布不平衡问题，加快欠发达地区经济发展。

（五）关心困难群众生产和生活，做好社会保障和再就业工作。一是要确保国有企业下岗职工基本生活费和企业离退休人员基本养老金按时足额发放，推进国有企业下岗职工基本生活保障向失业保险并轨。加强城乡最低生活保障补助资金的监督和管理，完善低保资金的社会化发放。对纳入低保范围的城乡家庭，做到应保尽保。二是要加大省级财政投入，切实解决好困难群众“四难”问题。积极支持建立公职律师事务所，逐步完善农村合作医疗制度，认真落实廉租房建设有关优惠政策，切实解决困难家庭子女义务教育问题。三是继续做好水库移民资金的管理监督工作，尽快制订解决水库移民遗留问题的政策措施。四是要积极贯彻再就业工作会议精神，落实下岗失业人员再就业补助资金等一系列促进再就业的政策。

（六）深化财政改革，加快公共财政体制建设。一是深化和完善部门预算改革。部门预算改革要争取在定员定额标准核定、项目预算编制方面取得新的进展。细化部门预算，增加资金使用的透明度，有计划地安排好资金使用进度。二是加快实施财政国库集中收付管理制度改革。上半年安排10个省直单位进行财政国库集中支付试点，并在总结试点经验、完善改革实施办法和相关配套措施的基础上，下半年扩大改革试点范围，同时要求各市也要全面开展这项改革试点工作。三是全面实行政府采购制度。2003年是《政府采购法》实施的第一年。要加大宣传力度，认真贯彻落实，并制定相关的配套措施；要依法做到政府采购管理和执行机构相分离，规范政府采购行为；要利用现代信息技术，建立政府采购平台，提高服务水平和效率。进一步扩大政府采购范围和规模。四是抓好所得税收入分享和农村税费改革。要按照所得税收入分享改革的办法，抓好省以下所得税收入分享改革，进一步完善省市财政体制。要在总结改革试点地区经验的基础上，全面铺开农村税费改革，并按照要求，积极稳妥推进乡镇、行政村的调整合并和中小学布局调整等工作。五是加快“金财工程”建设步伐。要按照我省“金财工程”建设的目标和总体规划，加快财政财务管理信息化建设。

（七）继续加大防范和化解金融风险工作力度。至2002年底，我省借入中国人民银行专项再贷款余额为188亿元，2003～2008年每年需偿还31亿元。由于我省欠发达地区自身财力薄弱，归还人民银行专项再贷款有困难。

为维护我省的信用，省财政仍需继续筹集防范化解金融风险准备金，确保中央银行专项再贷款按期偿还。各地也要加大筹集防范化解金融风险准备金的力度，克服依赖思想。同时，要切实加强对资金的使用管理，继续抓好地方中小金融机构和农金会资产的保全、追收、盘活和变现工作。

（八）严格依法理财，规范财经秩序，强化财政监督。这是整顿和规范市场经济秩序的重要组成部分，也是加强财政法制建设的重要内容。一是要切实解决私设“小金库”、乱发补贴奖金等违纪违法问题，认真清理机关单位各项资金，进一步规范收入分配制度。二是完善财政监督体系，加强对收入征管机关、预算执行部门、金融机构的监督，特别要加强对社保、扶贫等关系人民群众切身利益的资金使用的监督检查。三是要加强会计监督，切实贯彻《会计法》，加强会计基础工作，提高会计信息质量，严厉打击做假账行为；继续稳步推进会计委派制度试点，完善财务总监相关管理制度。四是要按照《注册会计师法》，加强会计师事务所等中介机构的监管，规范中介机构的执业行为，强化行业自律，提高执业质量和水平。五是进一步健全财政法制，加大财政执法力度，完善财政系统的行政复议制度，建立和推行财政执法责任制和评议考核制，大力推进依法理财。

各位代表：新的一年，我们将在中共十六大精神指引下，全面贯彻“三个代表”重要思想，在中共广东省委的正确领导下，在省人大的监督支持下，振奋精神，与时俱进，增收节支，规范管理，扎实工作，圆满完成全年财政预算任务。

广东省第十届人民代表大会第一次会议计划预算委员会关于广东省2002年预算执行情况和2003年预算草案的审查报告

（2003年1月19日广东省第十届人民代表大会第一次会议主席团第五次会议通过）

广东省第十届人民代表大会第一次会议计划预算委员会

广东省第十届人民代表大会第一次会议听取了省财政厅厅长刘昆受省人民政府委托所作的《广东省2002年预算执行情况和2003年预算草案的报告》，各代表团对预算草案和报告进行了审议。省第十届人民代表大会第一次会议计划预算委员会根据代表们的意见，对预算草案和报告进行了审查。现将审查结果报告如下：

一、2002年，全省各级政府及财政部门认真执行省九届人大五次会议审查通过的预算，坚持依法理财，落实积极财政政策，推进财政管理制度改革，整顿和规范财经秩序，加强财政管理和监督，优化支出结构，支持国有企业改革和再就业工程，落实下岗职工的基本生活保障，确保国家公职人员工资发放、政权机关正常运作和重点支出。全省一般预算和省级一般预算都实现收支平衡，略有结余。计划预算委员会认为，省九届人大五次会议通过的预算完成情况是好的。

2002年预算执行中存在的主要问题有：粤北山区、东西两翼与珠江三角洲地区财力差距大，一些地方的财政很困难；一些市、县政府债务负担沉重，而财政还债能力却很弱；一些部门预算执行不够严格；财政审计和监督还没有完全到位，违反财经纪律的现象时有发生。对以上问题应引起高度重视，采取有效措施，认真予以解决。

二、计划预算委员会认为，省人民政府提出2003年的预算草案，指导思想正确，坚持了量入为出、收支平衡的原则。保证党政机关正常经费需要，增加对社会保障、教育、科技、农业等重点支出，支持国有企业改革，落实对山区、经济欠发达地区的扶持政策，严格控制一般性支出，符合法律法规的要求和我省实际。预算的实现措施适当，预算安排是可行的。因此，计划预算委员会建议同意省财政厅厅长刘昆受省人民政府委托所作的《广东省2002年预算执行情况和2003年预算草案的报告》，批准省人民政府提出的2003年省级预算草案。同时，计划预算委员会提出以下意见：

（一）省人民政府及财政部门要切实按照《广东省预算审批监督条例》的要求，按时按规定向人大报送详细的预算草案和有关材料，本级预算草案应列至款级预算科目，继续着力细化部门预算和其他预算支出。未列入省级部门预算的待审核安排项目和预留资金数额以及审核后的资金安排等情况，要报告省人大财经委员会。

（二）省级财政要建立一套更为科学规范的预算支出标准和考核指标，提高预算编制的科学性。财政部门要认真审核、批复部门预算，对不合理的支出要及时纠正，并报告省人大财经委员会。审计部门要加强对部门预算执行情况的审计监督。

（三）继续调整和优化财政支出结构，规范财政供给范围，加大对社保、教育、科技、农业、重点建设的投入，严格控制一般性支出。

（四）进一步加大对困难地区的转移支付力度，改进和完善转移支付制度，努力探索出一套更为规范、科学、合理的转移支付办法，通过加大转移支付力度促进欠发达地区的经济发展。

（五）加强对地方金融和地方政府债务的监控，努力防范由地方金融风险衍生成地方财政风险。

（六）积极探索经济社会决策与预算安排决策同步协调进行的新路子，争取每一项需要财政资金支撑的经济社会决策都能有资金保障，并充分发挥财政资金的效益。

（七）继续推进财政管理制度改革，按照公共财政的原则和要求，加快实施国库集中支付、政府采购和规范政府公共工程管理等措施，加强对资金使用的财政监督，发扬艰苦奋斗的优良作风，反对铺张浪费。

广东省人民代表大会常务委员会关于批准广东省2002年省级决算的决议

（2003年7月25日广东省第十届人民代表大会常务委员会第五次会议通过）

广东省第十届人民代表大会常务委员会第五次会议听取和审议了省财政厅厅长刘昆受省人民政府委托所作的《关于广东省2002年省级决算草案的报告》、省审计厅厅长曾寿喜受省人民政府委托所作的《关于广东省2002年度省级预算执行和其他财政收支的审计工作报告》和省人民代表大会财政经济委员会《关于广东省2002年省级决算草案的审查报告》，对省人民政府提出的广东省2002年省级决算草案进行了审查。会议同意财政经济委员会的审查意见，决定批准省人民政府提出的2002年省级决算，批准省财政厅厅长刘昆受省人民政府委托所作的《关于广东省2002年省级决算草案的报告》。

关于广东省2002年省级决算草案的报告

（2003年7月22日广东省第十届人民代表大会常务委员会第五次会议通过）

广东省财政厅厅长　刘　昆

主任、各位副主任、秘书长、各位委员：

今年召开的广东省第十届人民代表大会一次会议审议同意了《广东省2002年预算执行情况和2003年预算草案的报告》，2002年省级财政决算草案已按要求正式编成。按照《中华人民共和国预算法》的规定，现在，我受省人民政府的委托，向本次常委会报告广东省2002年省级财政决算草案，请予审批。

2002年，全省各级政府在中共广东省委的正确领导下，在省人大及其常务委员会的监督支持下，认真实践“三个代表”重要思想，全面贯彻党的十六大和省第九次党代会精神，按照广东省第九届人民代表大会第五次会议审议通过的预算，继续坚持“稳中求进，有效增长”的方针，认真执行积极的财政政策，严格依法理财，加强收入征管，优化支出结构，深化财政改革，努力推进公共财政基本框架的建立，整顿和规范财经秩序，努力做好防范化解金融风险工作，基本保证了国民经济和社会各项事业发展的资金需要，支持了各项改革的顺利进行，促进了经济发展和社会进步。年终执行结果，省级财政实现了收支平衡，有所结余。

一、2002年省级财政一般预算收支

根据汇编决算，2002年省级财政总收入为383.69亿

元，为年度预算365.24亿元的105.05%，超收18.45亿元，比2003年1月13日上报省十届人大一次会议的快报数增加0.52亿元（详见附件表一），增加的收入为整理期入库的在途收入。主要收入完成情况如下：

（一）省本级一般预算收入（含所得税基数返还）完成330.19亿元，为年度预算319.67亿元的103.29%，超收10.52亿元，比上报省十届人大一次会议的快报数增加0.52亿元；比上年增收10.47亿元，增长3.38%。超收的主要项目是：营业税超收7.47亿元，土地增值税超收1.42亿元。

（二）各市上缴收入完成21.71亿元，完成年度预算18.21亿元的119.22%，超收3.5亿元。

（三）上划中央“两税”返还省级收入完成51.26亿元，为年度预算49.76亿元103.01%，超收1.5亿元。

（四）上年结余4.29亿元，比预算1.36亿元增加2.93亿元。

（五）抵减按原体制规定上缴中央财政收入23.75亿元。

2002年，省级财政总支出完成382.80亿元，为年度预算364.90亿元的104.9%，超支17.9亿元，与2003年1月13日上报省十届人大一次会议的快报数相同（主要支出项目详见附件表二）。

2002年省级财政支出重点保证了以下几方面的资金需要：

（一）继续防范化解金融风险。2002年省级财政共筹集防范化解金融风险准备金42.14亿元，其中一般预算支出安排了32.08亿元。省级防范化解金融风险准备金的筹集，确保了中央专项再贷款的按时、足额偿还，2002年归还中央专项再贷款137.15亿元，累计偿还173.85亿元，维护了我省的信誉。

（二）积极支持国有企业改革和发展，完善社会保障体系。2002年安排技改及社会保障补助支出17.83亿元，其中：企业技术改造和创新项目等2.56亿元，关闭破产企业职工安置费3.38亿元，补充省级基本养老保险个人账户调剂储备资金1.80亿元，关闭煤矿资金5.5亿元，国企下岗职工生活费1.80亿元，提高重点优抚对象医疗和生活费标准1亿元。这些资金的安排，一方面增强了我省社会保障能力，另一方面推进了国有企业的重组改制和技术创新，促进了国有经济结构调整。

（三）增加科教投入，推进科教兴粤。2002年，省级教育支出完成47.21亿元，为年度预算41.16亿元的114.70%，除正常教育经费外，还安排了免收农村困难家庭子女书杂费专项3.88亿元，困难地区中小学布局调整补助2.50亿元，高校扩招和提高办学水平等建设资金6.47亿元，老区小学改造专项资金3亿元，中小学信息和英语教育专项0.30亿元，困难家庭子女技工教育0.35亿元等。省级科技支出完成9.66亿元，为年度预算9.56亿元的101.05%。其中：科学事业费3.76亿元，科技三项经费2.20亿元，省级重点企业技术中心研发资金0.50亿元，高新科技发展资金0.50亿元，自然科学基金0.10亿元，享受特殊津贴的专家补贴0.13亿元等。

（四）支持农业结构调整，改善农业生产条件。2002年，省级财政支农支出33.83亿元，为年度预算32.05亿元的105.55%。其中：农业综合开发、农技推广、支持农业龙头企业发展等支出2.85亿元；水利建设资金17.35亿元，保障了潮州供水枢纽工程、小型水库解除安全隐患议案、归还飞来峡工程贷款本息等项目的资金需要；林业资源保护和建设支出3.30亿元，保障了消灭宜林荒山等林业建设资金需要；安排远洋渔业专项资金1.00亿元，汕尾海训场搬迁补偿0.30亿元，天气雷达系统省级配套资金0.27亿元等。

（五）贯彻实施可持续发展战略，推动环保事业发展。2002年环境保护支出5.70亿元，完成年度预算的100%。其中：生态公益林补偿费2.04亿元，营造生态防火林带等0.80亿元，环保专项资金0.70亿元，东江、西江、北江、韩江流域涵养林建设0.40亿元，人工鱼礁议案资金0.50亿元。

（六）促进卫生、医疗保健事业发展。2002年，省级财政卫生医疗支出14.63亿元，完成年度预算13.91亿元的105.18%。其中：血站建设、职业病防治、艾滋病防治等支出0.80亿元，全省农村合作医疗制度建设专项资金0.72亿元，省级医院基建资金1.50亿元等，促进了医疗卫生事业发展。

（七）大力支持区域协调发展战略的实施，加快山区经济发展。2002年，省级财政对困难市县的转移支付支出54.05亿元（包括专项转移支付补助），缓解了我省欠发达地区支出压力，保障了欠发达地区政权正常运转的资金需要，促进了地区经济协调发展。

（八）安排专项补助21.61亿元。其中，广州大学城建设10亿元，广州市体制结算5亿元，华侨农场一次性补缴养老统筹金和经济补偿金3.35亿元，潮南区开办费2.00亿元等。

根据以上汇编的决算，2002年省级财政一般预算总收入383.69亿元，一般预算总支出382.80亿元，收支相抵，省级财政净结余0.89亿元，比上报省十届人大一次会议的快报数增加0.53亿元（详见附件表三）。省级财政新增净结余0.53亿元中，拟安排农村卫生专项投入0.50亿元，其余转下年使用。

二、2002年省级政府性基金预算收支

（一）基金收入完成情况

2002年，省级政府性基金总收入完成113.24亿元（详见附件表四），主要项目如下：

1. 省级当年基金收入69.74亿元，为年度预算72.84

亿元的95.74%，短收3.10亿元，基金短收的原因是2002年国家停止征收地方贴费。主要项目包括：

(1) 工业交通部门基金收入64.04亿元，完成预算70.12亿元的91.33%。

(2) 农业部门基金收入2.03亿元，完成预算1.6亿元的126.88%。

(3) 文教部门基金收入1.35亿元，完成预算1.12亿元的120.54%。

(4) 土地有偿使用收入2.32亿元。

2. 上年结转20.65亿元。

3. 补助收入（中央补助的外贸发展基金收入）5.36亿元。

4. 调入资金17.49亿元。主要是电力收益调入基金预算安排。

（二）基金支出完成情况

2002年，省级政府性基金支出完成77.82亿元，为年度预算的106.83%（详见附件表四）。主要项目如下：

1. 工业交通部门基金支出49.4亿元，为年度预算70.12亿元的70.45%。

2. 商贸部门基金支出5.4亿元。

3. 文教部门基金支出1.34亿元，完成预算1.12亿元的119.55%。

4. 补助市县支出21.31亿元。

2002年，省级政府性基金收支相抵后，结余35.42亿元。结余较多的主要原因是相当部分基金收入在2002年11、12月份才入库，需结转到2003年办理拨付。

以上决算情况表明，2002年，省级财政顺利完成了省九届人大四次会议批准的预算，保证了国民经济和社会各项事业发展的资金需要，实现了收支平衡，略有结余。这是全省上下在中共广东省委的正确领导下，在省人大及其常务委员会监督、支持下，认真贯彻执行中央各项方针政策，国民经济继续保持持续、快速、健康发展的结果，也是各级财税部门深化改革、加强监管，广大财税干部辛勤劳动的结果。

主任、各位副主任、秘书长、各位委员，在2002年省级财政决算草案正式编成的基础上，全省财政总决算也已汇总编成。借此机会，我向本次常委会汇报2002年全省财政总决算的汇编情况：

根据汇编的决算，2002年全省地方一般预算收入完成1 201.61亿元，为年度预算1 143.9亿元（代编数，下同）的105.05%，超收57.71亿元（详见附件表五），比上年增收41.1亿元，增长3.54%。按可比口径增收172.99亿元，增长16.82%。全省一般预算收入1 201.61亿元，加上中央补助收入382.73亿元（含税收返还补助）、国债转贷收入13.84亿元、国债转贷资金上年结余6.79亿元、上年结余收入233.87亿元、调入其他资金21.19亿元后，收入总额为1 860.03亿元。

2002年，全省一般预算支出完成1 521.08亿元，为年度预算的105.84%，超支83.87亿元（详见附件表六），比上年增支199.75亿元，增长15.12%。全省一般预算支出1 521.08亿元，加上解中央支出35.07亿元、增设预算周转金5.65亿元、国债转贷收入安排的支出17.21亿元、国债转贷收入结余安排的支出3.42亿元、调出资金3.02亿元后，支出总额为1 585.45亿元。

全省一般预算收支总额相抵，年终滚存结余274.58亿元，减除结转2003年支出166.44亿元后，全省净结余108.15亿元。其中，省级净结余0.89亿元，各市净结余107.26亿元。

主任、各位副主任、秘书长、各位委员，根据各级人大批准的2002年预算，在各级人大及其常务委员会的监督支持下，2002年全省财政较好地实现了收支平衡，有所结余。

关于广东省2002年省级决算草案的审查报告

——2003年7月22日在广东省第十届人民代表大会常务委员会第五次会议上

广东省人大财经委员会主任委员　陈流明

主任、各位副主任、秘书长、各位委员：

我代表人大财经委员会将对广东省2002年省级决算草案的审查情况报告如下：

财经委员会于6月24日听取了省财政厅《关于广东省2002年省级决算草案的报告》（以下简称《决算草案报告》）和省审计厅《关于广东省2002年度省级预算执行和其他财政收支的审计工作报告》，并对2002年省级决算草案作了初步审查。财经委员会认为，省政府及财税部门为实现省九届人大五次会议批准的2002年省级预算做了大量卓有成效的工作，预算执行情况是好的，圆满地完成了省级预算任务，省级决算草案如实地反映了预算执行结果、部门预算试点单位的预算执行情况和政府性基金预算收支情况。财经委员会建议省十届人大常委会第五次会议批准省政府提出的2002年省级决算草案。

根据预算法、广东省预算审批监督条例的规定，财经委员会对财政部门提出以下意见：财政部门要加强对财政资金的使用效果的评估与监督管理，努力提高财政资金的效益；继续增强省级财政调控能力，加大对困难地区的转移支付力度，按照公平、透明的原则，规范转移支付的标准和程序，改进与完善转移支付核算方法，通过财政转移支付促进地区经济均衡发展；继续完善部门预算改革，制定和完善部门预算定额、标准，实现各部门工作目标、工作任务与部门预算的量化结合；继续推行编制部门决算，所有实行部门预算的单位均要编制部门决算并报送省人大常委会；政府性基金决算草案应尽量列出具体的支出项目，以便于人大常委会对基金具体使用情况进行审查和监督。

财政部门要建立预算编制、执行、监督职能相互分离、相互制约的机制。要加强预算编制部门，统一负责预算的编制，统一管理财政资金的分配。要加快国库集中支付改革，强化财政监督。

以上报告，请审议。

广东省第十届人民代表大会第二次会议关于广东省2003年预算执行情况和2004年预算的决议

（2004年2月15日广东省第十届人民代表大会第二次会议通过）

广东省第十届人民代表大会第二次会议经过审议，决定：同意《广东省第十届人民代表大会财政经济委员会关于广东省2003年预算执行情况和2004年预算草案的审查报告》，同意省财政厅厅长刘昆受省人民政府委托所作的《广东省2003年预算执行情况和2004年预算草案的报告》，批准省人民政府提出的2004年省级预算。

广东省2003年预算执行情况和2004年预算草案的报告

——2004年2月10日在广东省第十届人民代表大会第二次会议上

广东省财政厅厅长　刘　昆

各位代表：

受省人民政府委托，我向大会提出广东省2003年预算执行情况和2004年预算草案的报告，请予审议。

一、2003年预算执行情况

2003年，全省各级政府和财政部门认真实践“三个代表”重要思想，全面贯彻落实党的十六大、十六届三中全会和省委九届二次全会精神，按照省十届人大一次会议审议通过的预算，严格依法理财，努力增收节支，优化支出结构；根据中共广东省委的统一部署，认真落实“非典”疫情防治经费，制定有效的财政措施，保障防治工作的经费来源，促进社会经济的健康发展；依照建立健全公共财政体制的需要，深化财政改革，加快公共财政建设步伐；强化财政监督，整顿和规范财经秩序，进一步防范和化解金融风险。省十届人大一次会议通过的预算完成情况良好，财政工作取得了较好的成绩，促进了国民经济和社会各项事业的发展。

据快报统计，2003年全省一般预算收入完成1 313.32亿元，为省代编预算1 257亿元的104.48%，超收56.32亿元，按可比口径，比上年增收168.85亿元，增长14.75%。全省一般预算支出完成1 694.93亿元，为省代编预算1 657亿元的102.29%，超支37.93亿元，比上年增支174.95亿元，增长11.51%。

2003年全省一般预算收入，加上中央税收返还、各项补助和预算结转、结余，减去支出及上解中央款项后，全省一般预算实现了收支平衡，略有结余。

2003年省级财政总收入完成411.71亿元，比省十届人大一次会议批准的预算411.08亿元超收0.63亿元。超收的主要项目是：(1) 省级一般预算收入超收0.05亿元；(2) 上下级结算及中央返还收入增加0.06亿元；(3) 上年结余增加0.52亿元。

省级财政总支出完成411.15亿元，比预算410.61亿元超支0.54亿元，超支的主要项目是：(1) 2002年净结余安排支出0.5亿元，已经省十届人大五次常委会议审议通过；(2) 上下划单位经费列收列支0.04亿元。

另外，由于中央调资政策推迟至2003年7月1日实施，省级预算预安排的调资资金8.03亿元须作调整安排，加上非典疫情发生后省级行政事业单位压减一般性支出1.56亿元，共9.59亿元，已经省十届人大常委会审议批准，调整用于防治“非典”、高校建设、农村税费改革等新增支出项目。

2003年省级财政总收入411.71亿元，总支出411.15亿元，收支相抵，净结余0.56亿元，全部结转下年使用(详见附件一)。

2003年，为确保预算任务的顺利完成，我们着重抓了以下几个方面的工作：

(一) 全力支持“非典”防治，加快公共卫生建设步伐

按照省委的统一部署，在“非典”疫情发生后及时提出了14项财政性措施，从资金、政策上有效地支持“非典”防治工作，维护了社会的稳定，促进了经济发展。一是狠抓增收节支，为“非典”防治工作提供强有力的资金保障。从5月1日起，除人员工资、科技、教育、重点建设安排、帮助困难群众解决生产生活的资金及其他法定支出外，省级预算内一般性支出、预算外支出和政府性基金支出一律压支5%，支持了防治“非典”等重点支出需要。全省各级财政用于“非典”防治的经费23.68亿元，其中省财政6.5亿元；二是制订、落实相关减免税费政策措施，帮助受“非典”影响严重的行业渡过难关，全省直接减少困难企业约9亿元的负担；三是大力支持公共卫生建设。用于公共卫生建设的资金15亿元（通过基金预算调入资金安排），支持公共卫生事件应急处理机制、疾病预防控制体系和卫生执法监督体系建设；用于定点医院建设的资金1.1亿元，提高定点医院的应急救护能力。

(二) 发挥财政职能作用，促进经济社会协调发展

各级财政部门充分发挥财政职能作用，多渠道筹集资金，集中财力办大事，保证了与改革、发展、稳定大局密

切相关的资金需要，促进了经济社会协调发展。

加大财政投资力度，培育和扩大有效需求。贯彻落实积极财政政策，采取一系列措施加快投资、刺激消费、扩大出口，促进经济增长。一是多渠道筹集资金，集中财力支持“十项重点工程”和大型基础设施建设，以财政资金带动社会资金的投入，较好地发挥财政投资对经济增长的拉动作用。二是积极支持外向带动发展战略。用于出口退税账户托管贷款贴息的资金2.27亿元、科技兴贸资金0.5亿元、外向型民营企业发展资金0.25亿元等，有效促进了外贸出口；另外，投入资金1.26亿元支持海关和口岸设施建设。三是用于旅游业短期贷款贴息和工商收费缺口补助各0.5亿元，旅游发展专项资金0.2亿元，大大减缓了“非典”疫情对旅游业的不利影响，帮助旅游企业解决了部分困难，加快旅游业的恢复发展。

加大社会保障投入，促进社会保障事业发展。为充分促进就业和再就业，维护社会稳定，安排国企下岗职工基本生活保障补助1.6亿元、促进再就业专项补助4.64亿元、智力扶贫补助0.35亿元。为支持城乡最低生活保障制度建设，最低生活保障专项补助投入2亿元，提高重点优抚对象补助1亿元；为帮助困难群众解决“看病难”问题，帮助东西两翼和粤北山区建立农村合作医疗制度投入0.92亿元，困难地区基本医疗救助专项补助0.20亿元；为帮助困难群众解决“打官司难”问题，支持贫困地区政法系统建设和建立公职律师事务所，投入1.46亿元。

支持国有企业的改革与发展。用于关闭破产煤矿及煤矿职工的医疗保险费用3.36亿元、省属劣势企业退出市场的专项资金2亿元、省属企业离退休干部的离退休金补助1.11亿元、省级企业基本养老保险的专项资金1.80亿元，有力支持了国有企业的重组改制，促进了国有经济的结构调整。用于企业挖潜改造的资金2.79亿元、省属重点企业技术中心拨款0.5亿元、重点装备工业发展扶持资金2亿元，促进了企业技术改造和技术进步；用于国家级名牌产品、驰名商标的奖励经费0.85亿元，支持名牌带动战略实施。用于中央粮食风险基金的配套资金2.61亿元，省属储备粮库5亿公斤仓容建设资金1.5亿元，推进我省粮食购销市场化改革。

推进科教兴粤，建设教育强省。为加快我省教育事业的发展，用于建设高水平大学及高校“211工程”等的专项资金4.7亿元、高校广州新校区的建设资金10亿元、高校基建贷款贴息的专项资金6亿元，促进我省教育事业加快发展，支持高校扩大规模、改善办学条件，提高办学水平；投入3.88亿元用于对全省农村人均年纯收入1 500元以下的困难家庭子女免收义务教育书杂费补助，解决了103万名困难家庭子女“读书难”问题；投入5亿元支持全省664所中小学布局调整；投入3亿元改造了1 000所老区、山区农村学校。投入11.55亿元增强我省科技创新能力，推动我省的科技进步和产业升级。

全面推进农村税费改革，支持农村经济和农业发展。农村税费改革2003年7月份在全省全面推开，用于农村税费改革转移支付的资金12.17亿元，保障了镇、村两级的正常运转和农村义务教育经费的落实，确保了农村税费改革的顺利进行；农村税费改革试点全面推开之后，我省农民人均年负担税费由106.93元降为17.40元，减负率为83.73%，减负率为全国之最，普遍得到全省农民群众的好评。为支持农村经济发展，省财政投入0.5亿元扶持年纯收入3万元以下的村发展集体经济；投入3亿元解决省属水电厂与面上水库移民生产生活问题。为支持农业发展，用于农业综合开发配套的资金1.63亿元、农业科技推广议案的资金0.50亿元、农业龙头企业的贷款贴息及奖励资金0.53亿元、农业示范区建设的补助资金0.30亿元、农业标准化的建设资金0.15亿元等，促进了农业结构调整，巩固了农业的基础地位。

促进县域经济和民营经济发展，增强我省经济发展后劲。为促进我省县域经济的发展，省财政加大了转移支付力度，用于转移支付的资金为58.79亿元（不含农村税费改革转移支付12.17亿元及已抵减各市老体制上解资金9亿元)，为欠发达地区基本工资发放和相对均衡区域间公共服务水平提供了财力支持，促进了区域协调发展；为减轻欠发达地区历史债务负担，筹措120亿元，其中，100亿元用于减轻地方处置中小金融机构风险过程中借入的中央专项再贷款负担；20亿元用于减轻农村兴办教育所欠的历史债务。为扶持民营经济的发展，用于民营企业的贷款贴息2亿元、民营科技园的建设资金4.2亿元、民营企业科技三项费用0.5亿元、民营企业接收下岗职工社保补贴0.5亿元等，发挥财政资金的杠杆作用，带动了社会资金的投入。经过绩效评价，省财政投入民营科技园建设资金4.2亿元，共带动103.8亿元社会资金的投入。

加大环境保护投入，实施可持续发展战略。省财政用于生态公益林补偿的经费4.14亿元、营造生物防火林带等0.80亿元、东江、西江、北江、韩江流域涵养林建设0.40亿元、人工鱼礁议案资金0.50亿元、海洋科技开发专项资金0.20亿元等，加强了我省林业海洋资源的保护；投入1.30亿元，支持列入省“十五”环保计划的污水处理厂建设；投入环保专项资金2.02亿元，支持珠江流域整治等环境基础设施建设；投入9.56亿元用于省属火力发电厂脱硫资金；投入韩江枢纽建设的资金4.4亿元、北江大堤除险加固建设的资金3亿元、珠江八大口门整治建设资金0.2亿元、小型水库除险加固议案资金4.4亿元、城市防洪工程、江海堤除险加固资金2.59亿元、水利特大防汛应急资金0.63亿元等，有力地支持了水利建设，促进了生态环境的改善。

（三）坚持改革创新，大力推进财政改革

深化部门预算改革。为进一步提高预算编制的科学性和准确性，在充分总结经验并广泛征求意见的基础上，制定了《2004年省级部门预算编制工作意见》和《部门预算编制指南》，规范了支出项目和口径，改进了预算编制方法，提高了预算透明度。同时，加强对市县改革的指导，积极推进市县部门预算改革。

加快推行国库集中支付制度。在总结省计委、省财政厅等10个部门财政国库集中支付制度改革试点经验的基础上，进一步完善改革实施办法和相关配套措施，将试点范围扩大到40个部门和16个基层预算单位。国库集中支付制度的推行，减少了资金拨款环节，有效杜绝了单位挪用、截留财政资金的违规行为，保证了资金的专款专用。

稳步推进政府采购制度改革。政府采购管理不断规范，建立了市场准入制度、信息公告制度和严格的招、投、评标监管制度；政府采购范围进一步扩大，对基建项目、汽车保险、公务用车定点加油和服务项目等都实行了公开招标；2003年全省政府采购规模达122.55亿元，增长41.15%，资金节约率为12%。政府采购制度改革的推进，强化了预算约束，节约了财政资金，加强了廉政建设。

（四）加强财政管理和监督，整顿和规范财经秩序

落实“收支两条线”规定，规范政府收费行为。委托银行代理收缴省级行政事业性收费、政府性基金和罚没收入，规范了罚款收缴管理；按照财政部的要求，开展了治理向机动车辆乱收费和整顿道路站点工作；对全省公安交警系统和国土资源系统收取的行政事业性收费、政府性基金收支情况进行稽查，规范了政府收费行为。

抓好省直机关单位资金清缴，规范收支管理。组织16个核查小组对89个省直机关单位和122个实行公务员管理的事业单位的银行账户进行全面核查，并做好资金清理收缴工作。在全面清理核查省直机关的收入来源、支出渠道、银行开户、奖金和福利发放情况的基础上，对经费管理使用开支范围、标准等问题作出了明确规定，从源头上杜绝了单位私设“小金库”、滥发补贴的行为。

完善财政监督体系。积极开展财政支出绩效评价工作，对省财政扶持14个市各3 000万元民营科技园建设补助资金进行使用效益评价，努力探索建立财政支出效益评价工作制度；加强对收入征管机关、预算执行部门、金融机构的监督，特别是加强了对防治非典专项资金、社保、扶贫等关系人民群众切身利益的资金使用情况的监督检查；认真贯彻《会计法》，加强会计监督，严厉打击做假账行为；在全省范围内开展了会计信息质量检查，组织123个检查组对358个单位进行了检查，共查出违纪金额近2亿元；按照《注册会计师法》的要求，加强会计师事务所、资产评估机构等中介机构的监管，规范中介机构的执业行为，强化行业自律，提高执业质量和水平；继续稳步推进会计委派制度试点，完善财务总监相关管理制度；加强全省彩票市场的监管，规范彩票市场秩序，提高彩票资金使用效率。

二、2004年预算草案

随着国内外经济形势继续向好，我省经济增长速度将持续快速增长，2004年财政收入呈稳步增长趋势。但是，由于出口退税机制改革、经济社会发展重点投入等因素的综合影响，2004年仍需大力做好财政增收节支工作，收支安排应积极稳妥，与国内生产总值增长相适应。

（一）2004年全省一般预算草案

2004年我省财政收支预算安排的指导思想是：以邓小平理论和“三个代表”重要思想为指导，全面贯彻党的十六大、十六届三中全会、中央经济工作会议和省委九届四次全会精神，按照立党为公，执政为民的要求，坚持“生财有道、聚财有方、用财有规”的原则，依法理财，制度创新，促进发展。严格依法征税，做到应收尽收；建立激励型机制，确保财政收入稳定、有效增长；落实出口退税负担政策，促进外贸出口增长；全面推进农村税费改革，减轻农民负担。继续调整和优化支出结构，新增财政资金重点向“三农”倾斜，向社会发展倾斜，向环境保护、扩大就业及完善社会保障体系倾斜，保障重点支出需要。坚持制度创新，不断深化部门预算、国库集中收付和“收支两条线”改革，提高预算资金使用的有效性和安全性；坚持以人为本，有效运用财政分配政策，促进全省经济和社会各项事业实现全面、协调、可持续的发展。

根据上述指导思想，按照2004年全省国民经济和社会发展计划，2004年全省一般预算收入按1 319.3亿元安排，按可比口径增长10%（即考虑2004年需从地方退付的出口增值税25%部分）。全省一般预算收入加上中央税收返还、预算结转、结余和中央专项补助，减除各项上缴中央款项后，全省可支配财力为1 855.8亿元，按照《预算法》的规定和量入为出、收支平衡的原则，2004年全省一般预算支出计划相应安排1 855.8亿元，比2003年增长9.5%（详见附件一）。

（二）2004年省级一般预算草案

根据我省财政预算安排的指导思想，为了维护预算的严肃性、合法性和权威性，确保预算收支平衡、完整统一和真实可靠，做到公开透明、准确预算，2004年省级财政预算安排的原则和重点是：（1）依法编制预算，坚持增收节支、量入为出；（2）调整优化支出结构，到期项目支出一律取消。根据《预算法》，按照公共财政要求，优化财政支出结构，凡2003年到期的支出项目一律取消，收回资金作为2004年省级可用财力，重新编制支出预算；（3）确保政权运转；（4）确保重点支出需要。确保教育、“三农”、科学、卫生、建设文化大省等重点支出需要，并保证财政对教育、科学的投入高于财政经常性收入的增长。新增的教育、卫生、文化等事业经费主要用于农村，特别是东西两翼、北部山区。加强农村教育布局调整工作力度，继续免收农村困难家庭子女书杂费等；（5）确保改革和社会稳定。落实好养老、失业、医疗、工伤等社会保险支出。支持国有企业改革，安排好就业和再就业所需经

费。加大对农民增收减负、农村税费改革、农民参加新型合作医疗补助、农村“四难”问题以及城乡最低生活保障等方面的支出力度；(6) 集中财力办大事。确保省委、省政府确定的“十项民心工程”、“十大工程”以及山区工作会议各项资金的落实。保证人大提出而又有财政支付能力的议案的开支需要，解决好热点、难点问题。改革财政投融资体制，财政用于经济建设投资的支出逐步退出竞争性领域；(7) 落实“收支两条线”、厉行节约。行政性收费收入、罚没收入等要按规定纳入预算管理，部门支出实行预算制。2004年原则上不受理行政事业单位购建和装修办公楼的财政支出；(8) 细化预算内容，实行零基预算。改变“基数加增长”的做法，法律法规规定增长的事业费不与单位基数挂钩。行政事业单位一般性支出实行零增长；(9) 强化规范性、提高透明度。继续推进部门预算、国库集中支付和政府采购改革，认真清理省直党政机关、事业单位经营性资产，逐步实现预算编制的科学、规范、透明。加强对财政资金使用及使用效果的财政监督和评价，确保财政资金的规范性、有效性、安全性；(10) 建立激励机制。完善对市县财政转移支付和专项补助制度，建立激励型财政转移支付制度，促进县域经济加快发展，实现全省财政、经济有效增长。

1. 2004年省级财政收入。

2004年省级财政总收入安排423.75亿元，其中：省本级一般预算收入327.2亿元，按可比口径增长9.5%；各市净上交收入27.92亿元，比2003年预计数增加3.24亿元；中央税收返还省级收入92.30亿元（包括上划“两税”返还收入62.06亿元和所得税基数返还30.24亿元），比2003年预计数增加5.8亿元；上年结余0.56亿元；上交中央财政收入24.23亿元。

2. 2004年省级财政支出。

根据2004年省级财政总收入，2004年可安排新增支出的财力为60.32亿元，来源构成是：省本级收入增收3.32亿元；上划中央“两税”增量返还增收5.8亿元；各市上交收入增收3.24亿元；收回到期支出资金42.72亿元；防范化解金融风险金比2003年减少安排5亿元；2003年结余0.56亿元（比上年结余减少0.32亿元）。

在可安排新增支出的财力60.32亿元中，拟安排新增支出59.75亿元，加上继续安排的支出363.43亿元，2004年省级财政支出423.18亿元，收支相抵，净结余0.57亿元。

2004年省级财政支出的构成是：(1) 省级一般预算支出314.11亿元，其中扶持经济及基本建设支出76.20亿元，占24.26%；科教文卫体等事业费支出109.63亿元，占34.90%；行政政法支出64.76亿元（其中，行政管理费38.93亿元），占20.62%；社会保障支出34.51亿元，占10.98%；预备费及金融风险准备金10亿元，占3.18%；专项及其他支出19.01亿元，占6.05%；(2) 补助市县支出109.07亿元，其中农村税费改革转移支付21.99亿元，高校广州新校区及南沙开发区建设补助20亿元，一般性转移支付及调资补助等67.08亿元。

2004年省级财政支出安排的具体情况如下：

(1) 加大“三农”投入，支持农业和农村经济发展，增加农民收入。一是安排农业投入37.44亿元，其中：农林水部门正常事业费2.2亿元，专项投入37.73亿元。农林水专项投入主要包括：扶持农业生产各项投入12.11亿元，潮州供水枢纽工程建设资金2.5亿元，小型水库除险加固议案资金4.00亿元（另基金预算安排0.4亿元），城乡水利防灾减灾工程建设项目10.85亿元，贫困地区农村机电排灌议案资金1.2亿元，渔业转产转业议案资金0.7亿元，扶持农业机械化发展议案资金0.70亿元。按可比口径，2004年农业投入增加3.7亿元，增长10.34%；二是保证农村税费改革转移支付支出，安排农村税费改革转移支付支出21.99亿元，其中，补助珠江三角洲地区1.5亿元，粤东、粤西、粤北地区20.49亿元。

(2) 加大扶持力度，促进经济发展。一是巩固和发展重点行业、重点企业，投入6.3亿元，其中：国有企业挖潜改造资金2.56亿元、装备工业发展专项资金2亿元、重点流通企业技改贷款贴息资金0.21亿元、名牌战略专项资金及注入国企资本金等1.53亿元；二是鼓励和引导民营经济发展，投入3.25亿元，其中：民营企业贷款贴息2亿元、开拓国际市场专项资金0.25亿元、民营企业科技三项费用0.5亿元、民营企业社保补贴0.5亿元；三是支持外向带动发展战略，安排外贸出口扶持资金3.65亿元，其中：欠发达地区出口“以奖代补”专项资金2.5亿元，出口反倾销应诉资金0.08亿元，科技兴贸资金0.5亿元，出口创汇奖励0.3亿元，支持外贸出口专项资金0.15亿元等；四是实施扩大内需方针，增加有效投资。安排南沙经济开发区建设10亿元，省级基本建设支出6.97亿元（不含教育、科技、文化、卫生等基建支出）等。

(3) 保证社会保障投入，完善社会保障体系。安排资金34.51亿元，其中：省属行政事业单位离退休人员经费16.15亿元，扩大就业和再就业专项经费5.79亿元，省属企业离退休干部补助1.11亿元，关闭煤矿一次性缴交医疗保险资金补助3.70亿元，农垦企业职工养老保险纳入统筹缺口补助0.51亿元，军转干安置、培训及退伍军人补助等0.99亿元；提高重点优抚对象生活和医疗补贴标准1亿元，补充省级企业基本养老保险专项资金1.80亿元。按可比口径，2004年社会保障投入比上年增加4.28亿元，增长12.25%。

(4) 增加教育投入，建设教育强省。安排资金55.67亿元（不包括安排高校广州新校区建设资金10亿元），其中：正常事业费33.77亿元；高等教育和职业教育等专项投入12.06亿元，包括高校基建贷款贴息专项资金6亿元，高校“211工程”专项资金2.4亿元；职业教育经费0.6亿元等；农村教育投入9.84亿元（加上农村税费专项转移支付中教育经费补助约10.9亿元后为20.74亿元），包括困难地区中小学布局调整5亿元，免收农村困难家庭子女书杂费4.08亿元、山区中小学英语和信息化试点经费0.3亿元等。省级普教经费支出主要向农村倾斜。按可比口径，2004年教育投入比上年增加5.71亿元，增长

10.58%。

（5）加大科技投入，提高科技竞争力。科技三项费用和科学事业费按可比口径增长10%，共安排资金12.44亿元，其中：正常事业费4.2亿元，科技专项投入8.24亿元。科技专项投入主要包括经常性科技三项费用2.92亿元，省级重点企业技术中心研发资金0.5亿元，高新技术发展资金0.50亿元，自然科学基金0.20亿元，院士、博士后专项补贴0.24亿元。

（6）建设文化大省，改善人文环境。投入15.05亿元建设文化大省（含基金预算投入1亿元），其中：高校广州新校区建设10亿元，省博物馆建设0.5亿元，中山图书馆建设0.2亿元，粤剧艺术中心建设0.30亿元，省广播电视微波电路数字化改造0.47亿元，文化企业改制专项资金0.3亿元，其他文化大省建设专项项目资金（含列入基金预算的文化建设费安排的1亿元）3.28亿元。实施禁毒工程，安排资金3.86亿元，其中：用于省级强制戒毒所扩建及市县强制戒毒所建设补助3.55亿元，强制戒毒人员生活补助0.13亿元，强制戒毒所修缮费0.1亿元。

（7）确保卫生投入，建立健全公共卫生体系。安排资金17.04亿元，其中：正常事业费7.0亿元，卫生专项投入10.04亿元。卫生专项投入主要包括：农村卫生专项投入1.50亿元，农村合作医疗制度建设引导资金1.02亿元，职业病、结核病、艾滋病等防治专项经费0.42亿元，医改及公费医疗超支款等3.55亿元，市县企业离休干部医疗补助0.3亿元等。

（8）实施可持续发展战略，改善生态环境。安排资金9.86亿元，其中：生态公益林补偿费4.14亿元，营造生物防火林带等0.80亿元，环保专项投入2.1亿元，东江、西江、北江、韩江流域涵养林建设0.40亿元，人工鱼礁议案资金0.50亿元，珠江整治专项投入0.25亿元，水质保护专项资金0.4亿元。

（9）加大转移支付力度，推进区域协调发展。安排转移支付资金67.08亿元（不含农村税费改革转移支付21.99亿元及抵减各市老体制上解资金9亿元），增加8.29亿元。包括2003年调资翘尾巴3.03亿元。

（10）保证行政政法部门（含省垂直管理系统）正常运转支出。安排64.76亿元，其中，安排公检法（含监狱、劳教）支出23.84亿元。

（11）预备费安排5亿元。

（12）防范化解金融风险准备金安排5亿元。

（三）2004年省级政府性基金预算草案

按照财政部《2004年政府预算收支科目》的规定，纳入省级政府性基金预算项目有9项，包括：养路费、公路客货附加费、散装水泥专项资金、文化事业建设费、育林基金、森林植被恢复费、残疾人就业保障基金、水利建设基金、新增建设用地有偿使用费。根据财政部《2004年政府预算收支科目》的规定，地方税务机关征收并缴入国库的各项社会保险基金才纳入政府性基金预算。由于省级的各项社会保险基金目前按《社会保险费征缴暂行条例》（国务院令259号）的规定，纳入财政专户管理，未缴入国库。因此，2004年省级政府性基金预算未涵盖社会保险基金。

按上述基金范围，2004年省级政府性基金收入77.62亿元，比2003年预计数增加3.93亿元，增长5.33%；支出安排77.62亿元，收支平衡（详见附件二）。

（四）2004年省级部门预算草案

按照编制部门预算的原则和方法，2004年省级部门预算由115个单位组成，列入部门预算的支出总计为225.10亿元（详见附件三）。

三、认清形势，坚定信心，努力完成全年财政预算任务

2004年是认真贯彻落实党的十六大、十六届三中全会精神，完善社会主义市场经济体制，全面建设小康社会的重要一年。党的十六届三中全会通过了《中共中央关于完善社会主义市场经济体制若干问题的决定》，提出了深化经济体制改革的指导思想和原则，指出了完善社会主义市场经济体制的目标和任务。完善社会主义市场经济体制，实现“五个统筹”，全面建设小康社会的各方面都与财政改革和发展紧密相关。新形势对财政工作提出了新任务和新要求。努力做好各项财政工作，圆满完成2004年预算任务，对于促进我省国民经济和社会发展，实现加快发展，率先发展，协调发展和当好“排头兵”具有非常重要的意义。全省各级财政部门要以“三个代表”重要思想为指导，全面贯彻落实党的十六大、十六届三中全会精神，按照省委第九次党代会的部署和省委九届二次全会、四次全会提出的要求，紧紧围绕全省中心工作，认清形势，统一思想，坚定信心，切实做好如下几方面的工作：

（一）坚持发展是执政兴国第一要务，把促进发展作为财政工作的立足点和出发点，实现财政收入的有效增长，并把财政平衡建立在有效增长的基础上。一是要贯彻落实好中央出口退税改革政策，结合我省的实际，认真做好分析研究和测算工作，妥善安排预算，保证出口退税及时足额到位，确保出口退税改革在我省顺利推行。二是继续认真落实中央积极的财政政策。按照中央提出的“国债和新增财政资金的使用要重点向‘三农’倾斜，向社会发展倾斜，向生态建设和环保倾斜，向扩大就业、完善社会保障体系和改善困难群众生活倾斜”的精神，做好国债项目的选项工作，把握好国债资金的投向，落实新增财政资金的安排，加强对资金使用情况的专项监督检查，严防被挤占、挪用，提高资金使用效益，同时，确保重点建设项目的资金需要。三是继续推进国有企业战略性调整，支持国有企业改革和发展。加强对经管资产经营公司，授权经

营企业集团的资产与财务管理工作，支持企业产权制度改革，抓好制糖、电力、粮食等重点行业的改革，做好省属国有企业办社会职能分离工作，管好、用好预算安排的科技三项费用、技术改造资金和专项用于支持企业技术改造的国债资金，完善粮食风险基金管理制度，加强省属国有资产收益收缴管理工作，大力推进产权交易市场建设。四是发挥好财政政策特别是激励机制和投融资体制的引导功能，大力支持县域经济发展，促进民营经济上新的台阶。五是加强税收征收管理，积极组织财政收入，严格执行税收优惠政策，不得越权减免税收，不得擅自出台减免税和先征后返等税收优惠政策，同时加强对非税收入的管理，确立财政分配的主体地位，提高财政收入占国内生产总值的比重，增强财政宏观调控能力。

（二）按照公共财政要求，调整和优化财政支出结构，卫生、教育、文化等事业经费增加部分重点向农村倾斜，相对集中财力，确保重点支出需要。一是针对当前财政收支矛盾突出，支出压力日益增大的状况，按照社会公共需要的标准来科学地界定财政支出的供给范围，突出解决财政供养人员过多、对事业单位包揽过多的问题。二是确保中央和省委、省政府各项决策的实施，合理安排好“三农”、教育、科技、环保、卫生等项重点支出，实现有关法律、法规的要求。各级财政用于卫生、教育、文化等事业经费增加部分要重点向农村倾斜。三是继续压减对竞争性和盈利性领域的投入，将财力主要用于社会公共服务和社会保障方面，确保工资发放和社会保障等重点支出需要。特别是要保证国家机关正常运转和执法办案所必需的经费，确保机关事业单位职工工资以及国有企业下岗职工基本生活费和企业离退休人员养老金等的按时足额发放；完善城乡最低生活保障制度，解决重点优抚对象生活、医疗等方面的实际困难，妥善解决我省退役士兵的安置问题，同时，认真落实促进再就业政策措施。

同时，研究和制定措施，整合财政资源，包括整合预算内外资金、各类专项资金、国有资产收益等，统筹使用各类资金，按照全省经济社会发展规划，分清轻重缓急，集中财力重点支持“十项工程”以及“十项民心工程”等项目，抓好难点、热点问题的解决，确保把有限的资金优先投在事关经济社会全局、最急需的项目上。

（三）建立激励型财政转移支付制度，促进县域经济发展。在保持现行财政体制相对稳定的前提下，进一步划分明确各级政府的事权范围和支出责任，正确处理省与市县的财政分配关系，切实保证机关事业单位工作人员工资的及时足额发放和基层政权的正常运转。同时，为贯彻落实党的十六大提出的“壮大县域经济”的要求，要对现行转移支付办法进行改进和完善，引进激励机制，将转移支付与财政收入挂钩，使转移支付补助既体现公平，又讲求效率，充分调动各级政府发展经济和组织财政收入积极性，有效地促进区域协调发展。在此基础上，根据省级财力状况，逐步加大转移支付力度，争取更大程度上实现地区间公共服务水平的均衡。

（四）建立健全财政监督机制。积极配合人大对预算的审批监督，要从制度上规范政府行为，有效防止预算执行过程中的随意性，防止财政资金的乱用、挪用。在自觉配合接受人大、审计监督的同时，财政监督也要扩大范围，必须涵盖整个预算管理、国有资产管理、预算外收支管理、财务会计管理等，建立事前审核、事中监控检查、事后评价相结合的财政监督新机制，逐步建立全方位、多层次、立体化的财政监督管理体系。一是加强对重大工程项目的财务监督、跟踪检查。对省财政拨款兴建的重大工程项目，从立项到工程建成，全程实行财务监督、跟踪检查，并选择2～3个项目进行重点跟踪检查，及时了解项目立项所需财政资金等情况，监督财政资金到位情况，并对竣工项目开展绩效评价，确保专款专用和经费节约。二是对省级财政专项资金进行清理，提高存量资金的使用效益。加大对省级财政专项资金分配、使用情况的监督检查，并把监督检查工作与绩效评价结合起来，对财政专项资金分配、使用效益情况的全过程进行监督和评价建立事前审核、事中检查、事后评价的监督机制。三是实现财政部门内部监督检查制度化、规范化，认真开展预算编制、预算执行和资金运行行为的监督检查，规范财政资金分配程序及拨付渠道，使每个环节财政资金运行都能做到有章可循。

（五）积极探索开展财政支出绩效评价。不断总结财政支出绩效评价工作经验，积极探索开展支出绩效评价，把绩效评价工作作为加强财政管理不可或缺的环节。按照公共财政的理财思路，建立支出绩效评价制度，制定财政支出绩效评价指标体系，通过对财政支出的经济、社会、政治、环境等综合效益进行评价，评定支出行为和支出结构的合理性和有效性，并据此不断调整优化财政支出结构，把绩效评价结果作为今后预算安排的重要依据。同时，积极探索绩效预算与零基预算相结合的新机制，鼓励珠江三角洲经济较发达的城市开展绩效预算、零基预算改革的试点，先积累经验，再逐步推开。

（六）继续深化农村税费改革。继续抓好税费改革补助资金的分配落实，对粤东、粤西、粤北地区市辖区农村税费改革出现的收支缺口，按规定给予转移支付补助。针对农村税费改革试点中存在的问题，加强对各市、县的指导和督查，全面落实各项配套改革，进一步理顺乡镇财政管理体制，做到人权、财权与事权的统一，大力推进县、乡镇财税管理体制规范化；加大“并镇”、“并村”的力度，以县（市、区）为单位要达到“并镇”15%的目标，并推进机构编制依法管理；因地制宜，积极调整农村中小学布局，做好“并校”工作，深化农村教育管理体制改革，核定教师编制、严格控制教师人数。同时，继续加强监督检查力度，建立健全农村税费改革督查网络。对违反农村税费改革政策特别是顶风违纪行为，给予严肃处理，确保执行政策不走样，真正实现农民利益切实得到保护、农村经济和重点事业健康发展、农村社会稳定等目标。确保减轻农民负担。

（七）大力支持建设教育强省。按照省委、省政府关于建设教育强省、加快高等教育发展的决定，发挥财政职能，采取有效措施，从政策、资金上大力促进教育事业发展。一是发挥财政教育拨款的主导作用，按照高等教育改革的总体目标，改革现行高校经费基数加增长的拨款方式，实行学生综合定额加少量专项资金的新的预算管理办法，科学合理地安排财政资金，调动高校扩招的积极性，扩大高校办学自主权，促进高等教育的发展。二是按照"实事求是，因地制宜，立足长远，统筹规划，分类指导，分步实施"的原则，认真落实资金，积极稳妥推进中小学布局调整，并对农村中小学布局调整情况和资金使用效益进行全面检查。三是继续完善免收农村困难家庭子女义务教育阶段书杂费制度，解决农村困难家庭子女"读书难"问题，分类核定我省农村中小学公用经费标准定额，确保农村中小学的正常运转。

（八）稳妥推进地方财政投融资体制改革。按照公共财政的要求，合理界定财政投资范围，通过优化投资结构，进一步提高财政运行的质量。要明确财政投资的重点，主要用于提供公共产品和公共服务领域，财政投资要逐步退出竞争经营性领域。积极探索财政投融资体制改革，对确需财政投入的建设资金，重点通过参股投资、贴息方式，使财政资金起到"四两拨千金"的作用。同时，健全财政投资项目的决策程序，实现财政投资项目决策的科学化、民主化，从而避免大量人力、物力和财力的浪费。

（九）按照完善社会主义市场经济的要求，加快财政改革步伐。党的十六届三中全会为今后的财政改革指明了方向，明确提出要健全公共财政体制，深化部门预算、国库集中收付、政府采购和收支两条线管理改革。我省的财政改革将认真贯彻党的十六届三中全会精神，重规范，重实效，重配套，通过制度建设和体制创新，着力解决财政运行中存在的深层次矛盾和问题，加快建立与社会主义市场经济相适应的公共财政体制。一是部门预算改革要抓规范，进一步改进部门预算编制方法，提高预算科学性，增加资金使用的透明度，逐步完善预算编制、执行的制衡机制，切实加强对部门预算编制、执行、事后三个环节的监督；二是国库集中支付要抓扩大试点，加快试点进度，逐步将政府所有部门和单位纳入财政集中支付范围；三是政府采购要扩大范围和规模，不断规范政府采购行为；四是"收支两条线"规定要进一步抓落实，清理和规范行政事业性收费，凡能纳入预算的都要纳入预算管理，从体制上防止截留、挤占、挪用预算外资金；五是做好对行政事业单位经营性资产的清理工作。对省直党政机关事业单位所使用、管理（含委托其他单位管理）的房屋建筑物、土地等经营性资产进行清查登记、资产界定和资产处置，抓好工作方案和各阶段工作的落实，解决党政机关事业单位利用单位物业、资产进行经营获利问题和杜绝私设小金库、乱发滥发钱物的现象，推进党风廉政建设。

各位代表：新的一年，我们将高举邓小平理论的伟大旗帜，以"三个代表"重要思想为指导，全面贯彻十六大、十六届三中全会、中央经济工作会议和省委九届四次全会精神，在中共广东省委的正确领导下，在省人大的监督支持下，与时俱进，开拓创新，规范管理，扎实工作，圆满完成全年财政预算任务，为我省加快发展、率先发展、协调发展和当好"排头兵"作出新的贡献。

广东省第十届人民代表大会财政经济委员会关于广东省2003年预算执行情况和2004年预算草案的审查报告

（2004年2月14日广东省第十届人民代表大会第二次会议主席团第三次会议通过）

大会主席团：

广东省第十届人民代表大会第二次会议听取了省财政厅厅长刘昆受省人民政府委托所作的《广东省2003年预算执行情况和2004年预算草案的报告》，各代表团对预算草案和报告进行了审议。省人民代表大会财政经济委员会召开了各代表团代表参加的预算草案座谈会，各代表团对省人民政府及财政部门在细化预算、增加预算草案透明度方面的努力给予了很高的评价，同时对加快公共财政建设、加强财政管理和监督、努力减少行政支出、积极开展财政支出绩效评价、加大对困难地区的转移支付力度、加大对农村义务教育和农村基础设施建设的扶持力度、深化农村税费改革等提出了不少很好的意见。本次会议没有收到预算草案修正案。财经委员会根据各代表团的审查意见，对预算草案和报告进行了审查。现将审查结果报告如下：

一、2003年，全省各级人民政府认真执行省十届人民代表大会第一次会议通过的预算，强化财政监督管理，努力组织财政收入，保证重点支出需要；坚决支持"非典"

防治，大力增加公共卫生投入，全面推进农村税费改革，支持促进就业，确保国家公职人员工资发放和国家机关运转经费。全省一般预算和省级一般预算都实现了收支平衡，略有结余。预算完成总体情况良好，促进了国民经济和社会各项事业协调发展。同时也要看到财政运行中还存在一些亟待解决的问题：粤北山区、东西两翼与珠江三角洲地区的财力不均衡状况仍然严重，部分地方基层财政相当困难；省级财政收入基础渐窄，增长减慢；浪费财政资金现象仍然存在等。要采取切实有效措施，认真加以解决。

二、省人民政府提出的2004年预算草案，体现了中央和省委确定的方针，坚持了量入为出、收支平衡的原则，努力保障国家机关正常经费需要以及农业、教育、科技、卫生、社会保障等重点支出，继续支持农村税费改革和国有企业改革，落实“十项工程”、“十项民心工程”以及办理各项议案所需财政资金。财经委员会认为，省人民政府提出的2004年预算草案符合法律法规的基本要求和我省的实际情况，是可行的；建议同意财政厅厅长刘昆受省人民政府委托所作的《广东省2003年预算执行情况和2004年预算草案的报告团》，批准省人民政府提出的2004年省级预算草案。

三、为更好地完成2004年预算，财经委员会提出以下建议：

（一）严格依法治税，强化预算观念，加强收入征管，努力做到应收尽收。对收入方面的困难要有充分估计和应对准备。要建立和完善出口退税保障机制，保证地方财政负担的出口退税及时足额兑现。各级人民政府及财政税务部门要及时主动向同级人大常委会报告预算执行中税收收入的重大变化情况。

（二）严格财政支出管理和监督，厉行节约，坚持反对铺张浪费。合理分配资金，严格控制一般性支出，清理各部门单位存量资金，压减不合理支出，降低政府运作成本。逐步建立科学的绩效评价体系，积极探索开展财政支出绩效评价和绩效审计，努力提高财政资金的使用效益。加强财政监督和审计监督，严肃查处违法违纪行为。

（三）继续推进省以下财政管理体制改革，完善财政转移支付制度。进一步明晰省与市县各级政府的事权、财权，增强省级财政的宏观调控能力、偿债能力和抗风险能力，继续加大对困难地区的财政转移支付力度，改善困难地区经济和社会发展环境，充分调动发展县域经济的积极性和主动性，努力促进区域协调发展。

（四）深化农村税费改革，巩固改革成果。各级财政的教育支出应更多地向农村义务教育倾斜，保障适龄儿童特别是贫困地区适龄儿童接受义务教育的基本权利。要加大对农村合作医疗和农村基础设施建设的投入。采取各种合法措施，逐步解决乡镇财政困难，巩固改革成果。

（五）加快公共财政建设，积极调整和优化财政支出结构。要加快事业单位改革，压缩不属于公共财政的支出，减轻财政负担。要积极集中财力办大事，同时又要坚持稳健理财原则，加强财政风险控制，坚持量力而行。

（六）完善预算决策和管理制度，坚持先有预算、后有支出的原则，继续推进预算细化，进一步完善有关程序，促进监督程序法制化。加强人大常委会对未列入部门预算的预算项目和预留资金安排使用的审查监督。完善财税信息联网工作，进一步强化人大常委会与省财政部门的预算信息联网工作，进一步强化人大常委会对预算执行的监督。

以上报告，请予审议。

广东省人民代表大会常务委员会关于批准广东省2003年省级决算的决议

（2004年7月29日广东省第十届人民代表大会常务委员会第十二次会议通过）

广东省第十届人民代表大会常务委员会第十二次会议听取和审议了省财政厅厅长刘昆受省人民政府委托所作的《关于广东省2003年省级决算草案的报告》，省审计厅厅长曾寿喜受省人民政府委托所作的《关于广东省2003年度省级预算执行和其他财政收支的审计工作报告》和省人大财经委员会《关于广东省2003年省级决算的审查报告》，对省人民政府提出的广东省2003年省级决算草案进行了审查。会议同意省人大财经委员会的审查意见，决定批准省人民政府提出的2003年省级决算，批准省财政厅厅长刘昆受省人民政府委托所作的《关于广东省2003年省级决算草案的报告》。

关于广东省2003年省级决算草案的报告

（2004年7月27日广东省第十届人民代表大会常务委员会第十二次会议通过）

广东省财政厅厅长　刘　昆

主任、各位副主任、秘书长、各位委员：

今年召开的广东省第十届人民代表大会二次会议审议同意了《广东省2003年预算执行情况和2004年预算草案的报告》，2003年省级财政决算草案已按要求正式编成。按照《中华人民共和国预算法》的规定，现在，我受省人民政府的委托，向本次常委会报告广东省2003年省级财政决算草案，请予审批。

2003年，全省各级政府在中共广东省委的正确领导下，在省人大及其常务委员会的监督支持下，认真实践"三个代表"重要思想，全面贯彻落实党的十六大、十六届三中全会和省委九届二次会议精神，按照广东省第十届人民代表大会第一次会议审议通过的预算，严格依法理财，努力增收节支，优化支出结构；根据省委的统一部署，认真落实"非典"疫情防治经费，制定有效的财政措施，保障防治工作的经费来源，促进社会经济的健康发展；依照建立健全公共财政体制的需要，深化财政改革，加快公共财政建设步伐；强化财政监督，整顿和规范财经秩序，防范和化解金融风险，进一步巩固了国民经济和社会各项事业全面发展的良好势头，财政工作经受住了考验并取得了较好的成绩。年终执行结果，省级财政实现了收支平衡，略有结余。

一、2003年省级财政一般预算收支

根据汇编决算，2003年省级财政总收入为413.48亿元，为年度预算411.08亿元的100.58%，超收2.4亿元，比2004年2月10日上报省十届人大二次会议的快报数411.72亿元增加1.76亿元（详见附表一），增加的收入为整理期入库的在途收入。主要收入完成情况如下：

（一）省本级一般预算收入完成325.66亿元，为年度预算323.85亿元的100.56%，超收1.81亿元，比上报省十届人大二次会议的快报数增加1.76亿元；比上年增收5.86亿元，按可比口径增长10.42%。

（二）各市上缴收入完成24.68亿元，完成年度预算24.16亿元的102.13%，超收0.51亿元。

（三）中央税收返还省级收入完成86.48亿元，为年度预算86.45亿元的100.05%，超收0.03亿元。

（四）上年结余0.89亿元，比年度预算0.37亿元增加0.52亿元。

（五）抵减按原体制规定上缴中央财政收入24.23亿元。

2003年，省级财政总支出完成411.15亿元，为年度预算410.61亿元的100.13%，超支0.54亿元，与2004年2月10日上报省十届人大一次会议的快报数相同（主要支出项目详见附件表二）。主要支出完成情况如下：

1. 省本级一般预算支出完成320.2亿元，为年度预算318.86亿元的100.42%，超支1.34亿元，与上报省十届人大二次会议的快报数持平。

2. 补助市县支出完成90.95亿元，为年度预算91.75亿元的99.13%，短支0.8亿元，与上报省十届人大二次会议的快报数持平。

3. 2003年省级财政支出决算与年初预算变动项目主要是：

(1) 减少2003年预算预留安排的调资支出80 300万元。由于中央2002年调资政策未按预期出台，省财政预留安排的2002年调资资金80 300万元(其中:省级42 350万元，补助市县支出37 950万元)；

(2) 为保证抗击非典型肺炎和重点项目支出，省政府十届第十次和第十八次常务会议决定从2003年5月1日起按5%压减一般性财政支出。在2003年省级一般预算总支出410.61亿元中，除法定事业费增长、省委省政府确定的2003年重点项目支出、防范化解金融风险准备金及补助市县支出等项目不压支外，一般性支出项目共压支15 561万元。

以上两项共95 861万元已专门报省人大常委会批准调整用于对受"非典"影响的旅游业增加安排短期贷款贴息资金、增加安排高校建设贷款贴息资金、农村税费改革专项转移支付、农村卫生投入、表彰我省获得中国名牌产品和中国驰名商标称号企业经费等增支项目。

(3) 非税收入超收，增加列收列支的行政事业性收费返还支出3亿元，其中：农业支出增加2亿元，公检法司支出增加1亿元。

(4) 上下划单位经费列收列支，包括中山医科大学并

入中山大学后经费上划中央财政 4 766 万元，市县监所挂钩资金上划 4 567 万元，珠海中医院上划经费 580 万元。

根据以上汇编的决算，2003 年省级财政一般预算总收入为 413.48 亿元，一般预算总支出为 411.15 亿元，收支相抵，省级财政净结余 2.33 亿元，比上报省十届人大二次会议的快报数 0.57 亿元增加 1.76 亿元（详见附件表三）。

2003 年省级财政支出重点保证了以下几方面的资金需要：

（一）支持国有企业改革和发展，培育和扩大有效需求。2003 年用于关闭破产煤矿及煤矿职工医疗保险费用 3.36 亿元，省属劣势企业退出市场资金 2 亿元，省属企业离退休干部离退休金补助 1.11 亿元，补充基本养老保险个人账户储备金 1.8 亿元。用于企业挖潜改造的资金 2.79 亿元，重点装备工业发展扶持资金 2 亿元，用于奖励获得国家级名牌产品、驰名商标资金 0.85 亿元。用于配套中央粮食风险基金 2.61 亿元，用于建设 5 亿公斤仓容的省属储备粮库资金 1.5 亿元。用于出口退税账户托管贷款贴息资金 2.27 亿元，科技兴贸资金 0.5 亿元，外向型民营企业发展资金 0.25 亿元等。

（二）扶持社会保障事业发展。2003 年社会保障补助支出 34.78 亿元，其中：安排国有企业下岗职工基本生活保障补助 1.65 亿元，促进再就业专项补助 4.64 亿元，支持城乡最低生活保障制度建设投入 2 亿元，提高重点优抚对象生活补助 1 亿元，扶持建立农村合作医疗制度投入 0.92 亿元，用于困难地区基本医疗救助 0.2 亿元等。

（三）推进科教兴粤，建设教育强省。2003 年教育支出 55.94 亿元，其中：用于建设高水平大学及高校“211 工程”等专项资金 4.7 亿元，建设高校广州新校区投入 10 亿元，安排高校基建贷款贴息 6 亿元，投入 3.88 亿元用于对全省农村人均年纯收入1 500元以下的困难家庭子女免收义务教育书杂费，解决了 103 万名困难家庭子女“读书难”问题；投入 0.35 亿元用于年纯收入1 500元以下的困难家庭子女技工教育；投入 5 亿元支持全省 664 所中小学布局调整；投入 3 亿元改造1 000所老区、山区农村学校等。2003 年投入 11.55 亿元用于增强我省科技创新能力，推动产业升级。

（四）支持农村经济和农业发展，推进农村税费改革，改善农民生产和生活条件。2003 年安排支农支出 37.73 亿元，其中：配套中央农业综合开发资金 1.63 亿元，农业科技推广议案资金 0.5 亿元，龙头企业贷款贴息及奖励资金 0.53 亿元，农业农田水利及基础设施建设资金 11.73 亿元，“大禹杯”竞赛资金 0.5 亿元，农业示范区建设资金 0.3 亿元。为解决水库移民生产生活，用于省属水电厂与面上水库移民专项资金 3 亿元。2003 年 7 月份全省全面推开农村税费改革，省财政安排农村税费改革转移支付资金 12.17 亿元。

（五）加大公共医疗卫生投入。2003 年医疗卫生支出 17.02 亿元，其中：农村卫生专项投入 1.8 亿元，职业病、结核病、艾滋病等防治专项经费 0.42 亿元，农村合作医疗补助经费 0.92 亿元。此外，“非典”疫情发生后，省财政通过压支及调整支出结构，安排“非典”防治经费 6.5 亿元，并通过基金预算调入资金，安排公共卫生建设资金 15 亿元。

（六）实施可持续发展战略，推动环保事业发展。2003 年环保投入 9.36 亿元，其中：生态公益林补偿资金 4.14 亿元，环保专项资金 2.02 亿元，投入东江、西江、北江、韩江流域涵养林建设 0.4 亿元，人工鱼礁议案资金 0.5 亿元，东江上中下游水质保护资金 0.41 亿元，水污染防治专项资金 0.2 亿元。

（七）促进县域经济和民营经济发展，加大转移支付力度。为促进我省县域经济的发展，省财政加大了转移支付力度，用于转移支付的资金为 58.79 亿元（不含农村税费改革转移支付 12.17 亿元及已抵减各市老体制上解资金 9 亿元）；为扶持民营经济的发展，安排民营企业发展专项资金 2 亿元、民营科技园的建设资金 4.2 亿元、民营企业科技三项费用 0.5 亿元、民营企业接收下岗职工社保补贴 0.5 亿元等，发挥财政资金的杠杆作用，带动了社会资金的投入。

根据省委、省政府有关决定，拟在省级财政新增净结余 1.76 亿元中安排新增支出 1.76 亿元。其中，安排省国税局征收经费 0.25 亿元，深化农村税费改革降低农业税税率 3 个百分点后，省财政相应增加农村税费改革转移支付支出 1.51 亿元（共需 2.5 亿元）。

另外，为减轻欠发达地区历史债务负担，筹措 120 亿元，其中，100 亿元用于减轻地方处置中小金融机构风险过程中借入的中央专项再贷款负担，20 亿元用于减轻农村兴办教育所欠的历史债务。

二、2003 年省级政府性基金预算收支

（一）基金收入完成情况

2003 年，省级政府性基金总收入完成 318.48 亿元（详见附件表四）。主要项目的完成情况如下：

1. 省级当年基金收入 124.68 亿元，为年度预算的 104.90%，超收 5.82 亿元。主要项目的完成情况如下：

(1) 工业交通部门基金收入 108.18 亿元，完成预算的 161.43%，超收 41.17 亿元。超收的主要原因是 2003 年实行委托银行代收款后，入库速度加快，2004 年养路费和公路客运附加费的统缴收入 37.85 亿元提前在 2003 年 11～12 月份全部入库，使 2003 年入库数大幅度增加。此外，公路客运附加费收入 3.25 亿元，仅完成年度预算的 32.53%。主要原因是养路费、公路客运附加费实行委托银行代收后，由于代收系统无法将两个收费项目的收入区分开，导致大部分公路客运附加费入库收入在“养路费收

入”科目中反映。经向主管部门了解，2003年公路客运附加费实际征收数为9.05亿元，完成预算的90.5%。

(2) 农业部门基金收入5.16亿元，完成年度预算的290.41%，超收3.38亿元。超收的主要原因：一是养路费等政府性基金项目收入增加，按规定计提的水利建设基金相应增加；二是森林植被恢复费在本年度纳入预算管理，增加收入1.91亿元；三是新菜地开发基金收入0.66亿元，此项目应为耕地开垦收费收入，2003年人行国库列错科目，将在2004年按规定作调整。

(3) 文教部门基金收入1.50亿元，完成年度预算的107.14%，超收0.1亿元。

(4) 土地有偿使用收入9.34亿元，超收8.93亿元。大幅超收的主要原因是2003年各地加快“开发区”建设，带动该项收入大幅增加。

(5) 其他部门基金收入完成0.5亿元，完成年度预算的167.90%，超收0.2亿元。超收的主要原因是计缴残疾人就业保障金的工资基数提高，收入相应增加。

(6) 由于省级的各项社会保险基金按国务院《社会保险费征缴暂行条例》（国务院令259号）的规定纳入财政专户管理，故未纳入基金预算。

2. 上年结转35.42亿元。

3. 补助收入2.23亿元，包括中央补助我省的商贸部门基金0.80亿元，农业部门基金0.08亿元和土地有偿使用收入1.36亿元。

4. 电力上缴资金调入基金预算156.15亿元，完成年度预算的149.92%。

（二）基金支出完成情况。

2003年，政府性基金省级支出完成132.54亿元，剔除不上缴国库的社会保险基金预算38.62亿元后，完成年度预算的75.84%（详见附件表四）。主要支出项目的完成情况如下：

1. 工业交通部门基金省级支出77.67亿元，为年度预算的115.91%，加上补助市县支出35.11亿元，完成年度预算的168.30%，超支45.77亿元。其中：

养路费省级支出33.94亿元，养路费补助市县支出25.72亿元，两项合计59.66亿元，完成年初养路费支出预算的104.67%；

公路客运附加费支出42.44亿元，其中由公路客运附加费收入安排的支出1.11亿元，完成年度预算的11.10%。主要原因是执行中大部分收入列为养路费收入，支出也相应列为养路费支出，另由电力上缴资金（年初预算列“调入资金列支”科目）安排的高速公路资本金支出41.33亿元。

2. 商贸部门基金支出完成0.53亿元，是中央补助的商贸部门基金安排数。

3. 文教部门基金省级支出完成0.86亿元，加上补助市县支出0.32亿元，完成年度预算的84.29%。

4. 农业部门基金省级支出完成0.17亿元，加上补助市县支出1.5亿元和防范化解金融风险金0.17亿元（列调出资金）后共1.84亿元，完成年度预算的103.37%。

5. 土地有偿使用省级支出0.064亿元，加上补助市县支出0.26亿元共支出0.32亿元，完成年度预算的78.90%。

6. 地方财政税费附加支出0.11亿元。

2003年，省级政府性基金收支相抵后，结余结转185.94亿元。主要原因一是养路费等基金收入在去年11、12月份才入库，需结转到下年办理支出；二是根据现行预算管理规定和工程进度，电力上缴资金安排支出需结转下年办理拨款。

以上决算情况表明，2003年，省级财政顺利完成了省十届人大一次会议批准的预算，保证了国民经济和社会各项事业发展的资金需要，实现收支平衡，略有结余。这是在中共广东省委的正确领导下，在省人大及其常委会监督、支持下，全省上下认真贯彻执行中央各项方针政策，国民经济持续、快速、健康发展的结果，也是各级财税部门深化改革、加强监管，广大财税干部辛勤劳动的结果。

主任、各位副主任、秘书长、各位委员，在2003年省级财政决算草案正式编成的基础上，全省财政总决算也已汇总编成。借此机会，我向本次常委会汇报2003年全省财政总决算的汇编情况：

根据汇编的决算，2003年全省地方一般预算收入完成1 315.52亿元，为年度预算1 257亿元（代编数，下同）的104.66%，超收58.52亿元（详见附件表五），比上年增收113.91亿元，增长9.48%。按可比口径增收170.41亿元，增长14.88%。其中，财政计划单列的深圳市地方一般预算收入完成290.84亿元，比上年增收39.6亿元，增长15.76%。全省一般预算收入1 315.52亿元，加上中央补助收入432.95亿元（含税收返还补助）、国债转贷款收入5.96亿元、国债转贷款资金上年结余3.42亿元、上年结余收入285.38亿元、调入资金33.2亿元后，收入总额为2 076.43亿元。

2003年，全省财政地方一般预算支出完成1 695.63亿元，为年度预算的112.03%，超支182.1亿元（详见附件表六），比上年增支174.55亿元，增长11.48%。其中，财政计划单列的深圳市地方一般预算支出完成348.95亿元，比上年增支41.17亿元，增长13.38%。全省财政地方一般预算支出1 695.63亿元，加上解中央支出34.64亿元、增设预算周转金5.67亿元、国债转贷收入安排的支出7.69亿元、国债转贷收入结余安排的支出1.69亿元、调出资金2.85亿元后，支出总额为1 748.18亿元。

全省财政地方一般预算收支总额相抵，年终滚存结余328.26亿元，减除结转下年支出229.81亿元之后，全省净结余98.44亿元。其中，省级净结余2.33亿元，各市净结余96.11亿元。

主任、各位副主任、秘书长、各位委员，根据各级人大批准的2003年预算，在各级人大及其常务委员会的监督支持下，2003年全省财政较好地实现了收支平衡，略有结余。

关于广东省 2003 年省级决算草案的审查报告

（2004 年 7 月 27 日在广东省第十届人民代表大会
常务委员会第十二次会议上）

广东省人大财经委员会主任委员　陈流明

主任、各位副主任、秘书长、各位委员：

我代表省人大财经委员会，将《广东省 2003 年省级决算草案》的审查情况报告如下：

7 月 6 日，财经委员会听取了省财政厅《关于广东省 2003 年省级决算草案的报告》和省审计厅《关于广东省 2003 年度省级预算执行和其他财政收支的审计工作报告》，并对 2003 年省级决算草案作了初步审查。财经委员会认为，2003 年省级决算草案较好地反映了省级一般预算执行情况、政府性基金预算收支情况及去年部门预算单位的预算执行情况。在决算草案细化方面也比往年有所进步，编制了 102 个部门财政拨款支出决算，还报告了省级政府性基金决算情况。审计部门依法对预算执行和其他财政收支进行审计，做了大量的工作，为省人大常委会审查 2003 年度省级财政决算提供了很好辅助材料，同时为查处财经领域中的违法违规问题，推进依法理财，提高资金使用效益，规范管理，发挥了重要作用。财经委员会认为，2003 年省级预算执行情况是好的，完成了省十届人大一次会议批准的省级预算任务，保障了国民经济和社会各项事业发展的资金需要，财经委员会建议省十届人大常委会第十二次会议批准省政府提出的 2003 年省级决算草案。

经过审议，财经委员会提出以下意见和建议：

一、强化财税管理，依法组织财税收入，继续增强省级财政调控能力，加大对困难地区的财政转移支付力度，进一步完善激励型财政转移支付制度，促进山区经济、县域经济的发展。

二、进一步增强预算执行的严肃性。政府和各部门必须坚持先有预算、后有支出，严格按批准的预算执行。严格控制部门预算追加支出，加强专项资金支出管理。要细化省补助市县的支出，增强资金分配和使用的透明度。

三、加强重点建设项目使用财政性资金的监督，提高财政资金的投资效益，严肃查处由于决策失误、管理不善造成的严重损失浪费问题，尤其要杜绝严重超概算的现象。

四、各有关部门要认真落实省审计部门在审计工作报告中提出的加强财政预算管理的意见，对审计查出的问题，应当认真处理和纠正。同时，对于国家审计署审计查出我省一些地方财政性资金管理使用中存在的违法违规问题，要认真进行查处、整改。

以上报告，请审议。

广东省第十届人民代表大会第三次会议关于广东省 2004 年预算执行情况和 2005 年预算的决议

（2005 年 1 月 28 日广东省第十届人民代表大会
第三次会议通过）

广东省第十届人民代表大会第三次会议经过审议，决定批准省财政厅厅长刘昆受省人民政府委托所作的《广东省 2004 年预算执行情况和 2005 年预算草案的报告》，批准省人民政府提出的 2005 年省级预算。

广东省2004年预算执行情况和2005年预算草案的报告

广东省财政厅厅长　刘　昆

各位代表：

受省人民政府委托，我向大会提出广东省2004年预算执行情况和2005年预算草案的报告，请予审议。

一、2004年预算执行情况

2004年，我省各级政府和财政部门以邓小平理论和“三个代表”重要思想为指导，全面贯彻党的十六大和十六届三中、四中全会以及省委九届四次、五次全会精神，按照省十届人大二次会议审议通过的预算，坚持“生财有道、聚财有方、用财有规”的原则，严格依法理财，积极组织财政收入，继续调整支出结构，保障重点支出需要；继续深化完善各项财政改革，加快公共财政建设步伐；强化财政监督，整顿和规范财经秩序，提高财政收支管理效益，确保“外向带动、科教兴粤、可持续发展和区域协调发展战略”的实施。省十届人大二次会议通过的预算完成情况良好，财政工作取得了较好的成绩，促进了国民经济和社会各项事业的发展。

据财政快报统计，2004年全省一般预算收入完成1 416.87亿元，为省代编预算1 319.3亿元的107.4%，超收97.57亿元，按可比口径计算，比上年增收211.91亿元，增长16.14%。2004年全省一般预算支出完成1 852.59亿元，为省代编预算的99.83%，比上年增支157.66亿元，增长9.3%。

2004年全省一般预算收入加上中央税收返还、各项补助款和预算结转、结余，减去支出以及上解中央款项后，全省一般预算实现了收支平衡，略有结余。

2004年省级财政总收入完成453.76亿元，比省十届人大二次会议批准的预算423.76亿元超收30亿元。超收的主要项目是：(1)省级一般预算收入超收24.97亿元；(2)上下级结算及中央返还收入增加3.27亿元；(3)上年结余增加1.76亿元。

省级财政总支出完成452.24亿元，比预算423.18亿元超支29.06亿元。超支的主要项目是：(1)经省人大常委会批准，2003年净结余安排1.76亿元；(2)经省人大常委会批准，当年超收安排18.56亿元；(3)按“收支两条线”要求列收列支非税收入7.4亿元以及上下级结算项目列收列支1.34亿元。

2004年省级财政总收入453.76亿元，总支出452.24亿元，收支相抵，结余1.52亿元，全部结转下年使用(详见附件一)。

2004年，为确保预算任务的顺利完成，我们着重抓了以下四个方面的工作：

(一)大力加强收入监管，确保顺利完成年度预算任务

针对2004年第一季度我省财政特别是省级财政收入完成情况欠佳，收支矛盾突出的严峻形势，各级财政部门及时更新理财观念，坚持收支两手抓，不断采取措施加强收入监管，建立省级财税收入完成情况分析联席会议制度，改进预算执行分析工作，加强财税部门的沟通和协调，落实收入征管责任；建立财税部门专人负责分片抓收入的制度，指导和督促各市抓紧收入的征管，做到应征尽收；按季度分解省级收入计划，落实征管责任；进一步深入开展学习贯彻和落实《预算法》的宣传活动，促进依法理财、科学理财，确保预算收入的完整、真实、可靠。同时，加强非税收入管理，把未纳入财政管理的非税收入纳入“收支两条线”管理范围，壮大地方财力，增强政府宏观调控能力。

(二)贯彻落实科学发展观，促进经济社会的协调发展

各级财政部门认真贯彻落实科学发展观，紧紧围绕省委、省政府提出要重点抓好的十项民心工程和十件大事、十项工程，认真落实各项任务，积极筹措资金，确保重点工作的顺利进行，促进我省经济社会的协调发展。

投入62.94亿元支持农业和农村经济发展。一是安排农业投入39.43亿元，主要项目包括：扶持农业生产各项投入12.11亿元，潮州供水枢纽工程建设资金2.5亿元，小型水库除险加固议案资金4亿元，城乡水利防灾减灾工程建设项目11.35亿元，贫困地区农村机电排灌议案资金1.2亿元，渔业转产转业议案资金0.7亿元，扶持农业机械化发展议案资金0.70亿元等。二是安排23.51亿元保障农村税费改革的顺利推行，其中，农村税费改革转移支付22亿元，比上年增加9.83亿元，另安排农业税减免补助1.51亿元，为农村税费改革后镇级机构和村级组织的正常运转，农村义务教育经费的落实提供了资金保障。

投入72.93亿元支持实施科教兴粤战略。其中，安排科学事业费4.46亿元，科技专项投入9.06收亿元；教育事业费33.41亿元；教育专项投入26亿元，包括困难地区中小学布局调整5亿元，农村困难家庭子女免收书杂费4.08亿元，高校基建贷款贴息专项资金8亿元，高校“211工程”专项资金2.4亿元，省部共建“985”工程省级补助资金2亿元，职业教育经费0.6亿元等。

投入17.07亿元构筑公共卫生体系。其中：安排卫生事业费7.03亿元，卫生专项投入10.04亿元。卫生专项投入主要包括：医改及公费医疗款等3.55亿元，农村卫生专项投入1.5亿元，农村合作医疗补助资金1.43亿元，职业病、结核病、乙脑等防治专项经费0.62亿元，市县企业离休干部医疗补助0.3亿元等。

投入34.51亿元完善社会保障体系。其中：安排省属行政事业单位离退休人员经费16.15亿元，扩大就业和再就业专项经费6.29亿元，省属企业离退休干部补助1.11亿元，关闭煤矿一次性缴交医疗保险资金补助3.70亿元，农垦企业职工养老保险纳入统筹缺口补助0.51亿元，军转干安置、培训及退伍军人补助等0.77亿元，提高重点优抚对象生活和医疗补贴标准1亿元，补充省级企业基本养老保险专项资金1.80亿元。

投入9.87亿元开展环境保护，实施可持续发展战略。其中：安排生态公益林补偿费4.14亿元，营造生物防火林带等0.80亿元，环保专项投入2.1亿元，东江、西江、北江、韩江流域涵养林建设0.40亿元，人工鱼礁议案资金0.50亿元，水污染防治专项资金0.25亿元，珠江水质保护专项资金0.4亿元。

建立激励型财政机制，加大转移支付力度，促进区域协调发展。一是加大转移支付力度，逐步均衡区域间的公共服务水平。2004年省对市县的转移支付按12%和14%比例增长，增加安排5.26亿元；二是引入激励机制，将省对市县转移支付与市县收入增长挂钩，增强市县发展经济、壮大财力的动力，推动市县财政收入增长。省财政相应增加安排转移支付资金1.5亿元；三是安排补助资金3亿元，缓解县乡财政困难，帮助基层政权维持运转等。

（三）坚持改革创新，积极推进各项财政改革

各级财政部门围绕重规范、重实效、重配套，通过制度建设和体制创新，着力解决财政运行中存在的深层次矛盾和问题，积极推进各项财政改革，加快建立与社会主义市场经济相适应的公共财政体制。

深化和完善部门预算改革。在做好2004年部门预算批复工作的基础上，及时开展2005年部门预算编制工作，制定了《2005年省级部门预算改革工作意见》、《2005年省级部门预算编制手册》等，调整了人员经费定员定额标准，提出了2005年部门预算改革的工作重点、实施步骤，明确了2005年部门预算编制的基本原则、工作程序、报送和审批时限等，并将定员定额标准下达各部门。同时，加强项目支出预算管理，选择了省信息产业厅和省残联作为试点，实行项目预算滚动管理；开发了面向省人大代表的预算查询系统，使人大代表随时查询了解部门预算安排情况。

加快财政国库管理制度改革步伐。省级分4批先后将103个部门、169个基层预算单位纳入国库集中支付改革试点范围，除个别工作性质特殊的部门外，省级改革已覆盖到所有一级预算单位；省级国库集中支付系统初步实现了与省人大财经委的联网。同时，各级财政部门结合本地区实际情况，陆续开展改革试点，2004年地级以上市已全部实施国库集中支付改革。

积极推进政府采购制度改革。认真贯彻落实《政府采购法》，积极推进政府采购机构建设，实现政府采购监督管理职能和执行职能相分离；重点抓了制度建设，加强了编制政府采购预算、编制政府采购计划、实行国库集中支付、完善专家库建设等四项政府采购基础工作。2004年，政府采购范围和规模进一步扩大，全省政府采购完成采购规模172亿元，增长34.87%，资金节约率为9.47%。

积极开展财政支出绩效评价试点工作。在调查研究的基础上，制定下达了省财政支出绩效评价试行方案，强化财政资金使用效果的考核，进一步提高科学理财水平。联合省人大财经委对2002～2003年16个市共2 000所山区老区小学改造专项资金使用情况进行的绩效评价，对2001～2003年16个贫困重点县公路建设专项补助资金使用情况进行的绩效评价，取得大量的数据，对财政资金使用直接效果及社会效益量化评价，找出了资金使用过程中的不足及存在问题。

认真开展省级机关事业单位经营性资产清理工作。先后组织了11个核查小组，按照“全面核对、突出重点、统一标准、实地核查、重新丈量、拍照存档”的要求，对省直党政机关事业单位经营性资产进行了全面清理核查，为解决机关事业单位物业、资产进行经营获利问题和杜绝私设小金库、乱发滥发钱物的现象，推进党风廉政建设奠定了基础。

（四）加强财政管理和监督，整顿和规范财经秩序

各级财政部门在积极推进各项改革的同时，从加强党风廉政建设和反腐败抓源头的高度，健全制度，加强管理，确保了财政的平稳、健康、有序运行，进一步推进财经秩序的好转。

进一步深化“收支两条线”管理，规范政府收费行为。结合贯彻落实《行政许可法》，配合有关部门认真做好我省行政事业性收费清理工作；逐步推广以政府公物仓统一管理罚没物品为主的罚没物品管理试点工作；选择了收入金额大、涉及群众较多的全省工商行政部门收取的行政事业性收费和罚没收入开展年度稽查，对违反“收支两条线”管理规定的进行严肃查处。

加强财政专项资金的监督检查。认真组织对6个地市以及部分省属单位使用的87.85亿元省级财政专项资金进

行了检查。同时，加强对省财政拨款兴建的重大工程项目的财务监督、跟踪检查，委托市县财政部门对省财政拨款的19项重大工程（总金额14.54亿元）进行全过程跟踪监督，确保专款专用和资金节约。

加强财政内部监督制度建设。先后制定了省级财政内部循环监督工作系统（试行）、内部监督检查工作规则（试行）、省级财政专项资金监督暂行办法等一系列规章制度，建立了省级财政内部循环监督体系，进一步完善了财政资金事前审核、事中监控与事后检查、稽核相制约的监督机制，保障了财政资金的安全。

切实加强注册会计师行业和彩票市场的监管。根据《注册会计师法》和《行政许可法》的要求，及时制定了《会计师事务所设立条件和申报程序》，使审批工作更公开透明；加大对少数社会影响恶劣的违规行为的处罚力度，保护大多数诚信守法的注册会计师和会计师事务所，整顿和规范会计秩序，促进和保障注册会计师行业健康发展。同时，进一步加强对全省彩票市场和彩票销售机构的监管，严格按规定审核审批彩票游戏规则、销售方式、设奖方案、促销策略、对外宣传和信息披露等事宜，并认真做好彩票市场和彩票机构财务活动和销售行为的监管。

二、2005年预算草案

综观2005年我省面临的财政经济形势，世界经济继续复苏，全球产业结构调整和转移加快，将有效地支撑我国工业生产和投资增长。同时，随着我国经济体制改革逐步深化，经济结构调整和扶持经济发展的各项措施落实到位，有力地推动了我国国民经济保持持续、协调增长，宏观环境总体上有利于我省经济的发展，并为财政收入的平稳增长奠定了良好的基础。但是，也应该看到，2005年我省财政仍将面临许多困难和问题，财政收支矛盾依然突出。

首先，从省级看，减收增支因素很多。收入方面，所得税分享改革继续集中了地方收入增量，电力体制改革、金融保险营业税抵扣、落实再就业、支持农村信用社发展等政策性减收因素较多，省级收入增长慢于全省的状况短期内难以改变。支出方面，2003～2005年省财政连续三年实行一般性支出零增长，行政事业单位经费较为紧张，增支要求日益迫切。同时，为落实十六大提出的全面建设小康社会的宏伟目标和省委、省政府各项决策，也需要财政不断加大保障力度。而基本支出的固定性和项目支出的长期性造成财政调控余地不断缩小，盘活存量、调节增量的能力受到限制。

其次，从市县看，县区财政困难问题相当突出。目前我省市级财力状况一般较好，但县区财力则普遍不足，尤其是欠发达地区所属县区财力相当薄弱，加上财政性债务负担沉重，造成县区运转困难，许多县区陷入借款、扣款、再借款的恶性循环。在解决县区财政困难方面，省财政的负担不断加重。

最后，从政策层面看，各项改革尤其是出口退税改革对地方财政收入的影响将逐步显现。2004年由于中央集中力量解决了出口退税旧欠问题，而新增出口退税退付进度较慢，并且将有部分应退税转到下年办理，加上财政扶持政策及中央免抵调资金足额到位，因此地方财政退税压力并未完全体现出来。2005年，随着外贸出口继续保持快速增长以及出口退税进度的加快，地方财政负担将明显加重，对地方财政收入增长的影响将进一步体现。此外，根据中央下一步税制改革的思路，企业所得税将实行并轨、增值税将由生产型向消费型转变，这些改革都将不同程度地影响地方财政收入增长。

综上所述，2005年我省财政经济形势虽然总体上存在一定的有利因素，但财政收支矛盾仍将十分突出。2005年必须大力做好增收节支工作，收支安排应积极稳妥，要与经济的发展相适应。

（一）2005年全省一般预算草案

2005年我省财政收支预算安排的指导思想是：以邓小平理论和“三个代表”重要思想为指导，全面贯彻党的十六大、十六届三中、四中全会、中央经济工作会议精神，以及省委九届五次、六次全会要求，牢固树立、全面落实科学发展观，继续深化财政改革，进一步健全公共财政体制框架。坚持依法治税理财，做到“生财有道、聚财有方、用财有规”；坚持“两个务必”，大力增收节支；坚持量入为出，确保收支平衡。继续推行激励型财政机制及其配套措施，缓解县乡财政困难，努力促进财政增收与经济增长速度相协调，提高财政收入质量；优化财政支出结构，增强财政调控能力，坚持保运转、保重点、保稳定、促发展，促进全省经济社会各项事业全面发展。

根据上述指导思想，按照2005年全省国民经济和社会发展计划，2005年全省一般预算收入按1534亿元安排，按可比口径增长10%。全省一般预算收入加上中央税收返还、预算结转、结余和中央专项补助，减除各项上缴中央款项后，全省可支配财力为2 028.8亿元，按照《预算法》的规定和“量入为出，收支平衡”的原则，2005年全省一般预算支出计划相应安排2 028.8亿元，比2004年增长9.5%（详见附件一）。

（二）2005年省级一般预算草案

根据2005年中央财政政策取向及省委、省政府确定的经济发展战略目标，编制2005年省级预算安排的原则和重点是：（1）依法编制预算，坚持应征尽收、量入为出。（2）一般性支出继续实行零增长。（3）按照公共财政要求调整优化支出结构。（4）按照加强党的执政能力建设的要求，为确保政权正常运转提供财力保障。（5）坚持集中财力办大事，确保重点支出需要。（6）确保深化改革和维护社会稳定。（7）实行零基预算，规范预算管理。

1. 2005年省级财政收入。

2005年省级财政总收入安排482.92亿元，其中：省本级一般预算收入375亿元，按可比口径增长9.5%；各市净上交收入29.04亿元，比2004年预计数增加0.82亿元；中央税收返还省级收入101.55亿元（包括上划“两税”返还收入71.06亿元和所得税基数返还30.49亿元），比2004年预计数增加6.32亿元；上年结余1.52亿元；上交中央财政收入24.19亿元。

2. 2005年省级财政支出。

根据2005年省级财政总收入，2005年可安排新增支出的财力为66.59亿元，来源构成是：省本级收入增收22.82亿元；上划中央“两税”增量返还增收6.32亿元；各市上交收入增收0.82亿元；上年结余减少0.8亿元；收回到期支出资金35.91亿元；2004年结余1.52亿元。

根据以上预算安排原则及新增财力情况，拟安排新增支出65.61亿元，加上继续安排的支出416.33亿元，2005年省级财政支出481.94亿元，收支相抵，净结余0.98亿元。

2005年省级财政支出的构成是：(1) 省级一般预算支出364.45亿元，其中扶持经济及基本建设支出40.43亿元，占11.09%；农林水利支出50.44亿元，占13.84%；科教文卫体育等事业费支出123.54亿元，占33.9%；行政政法支出71.96亿元，占19.74%；社会保障支出33.51亿元，占9.19%；预备费及金融风险准备金28亿元，占7.68%；专项及其他支出16.57亿元，占4.55%。(2) 补助市县支出117.49亿元，其中农村税费改革转移支付26.87亿元，一般性转移支付及调资补助等80.62亿元，广州南沙开发区建设补助10亿元。

2005年省级财政支出安排的具体情况如下：

(1) 逐步加大支农力度，支持农业和农村经济发展，增加农民收入。安排农业投入47.59亿元。其中：农林水部门正常事业费5.35亿元，专项投入42.24亿元。农林水专项投入主要包括：粤东、粤西、粤北地区免征农业税省级补助4.87亿元，城乡水利防灾减灾工程建设项目省级补助资金12.35亿元，小型水库隐患人大议案资金4亿元，中央农业综合开发省级配套资金2.01亿元，贫困地区农村机电排灌议案资金1.2亿元，渔民转产转业议案资金1.02亿元，贫困村“两委”干部补助1.78亿元，扶持农业机械化发展议案资金0.7亿元，“大禹杯”专项资金0.5亿元，农技推广议案资金0.5亿元等。按可比口径，2005年农业投入增加8.39亿元，增长22.40%。

(2) 保证社会保障投入，完善社会保障体系，安排资金33.69亿元。其中：省属行政事业单位离退休人员经费18.67亿元，扩大就业和再就业专项经费等5.29亿元，省属企业离退休干部补助1.11亿元，补充省级企业基本养老保险专项资金1.8亿元，省农垦、华侨企业养老保险纳入统筹补助0.8亿元，军转干部、退役士兵生活及就业安置及伤残士兵医疗补助0.84亿元，农村劳动力开发培训转移就业补助0.85亿元。按可比口径，2005年社会保障投入比上年增加2.88亿元，增长8.35%。

(3) 保证教育投入，建设教育强省，安排资金63.06亿元。其中：正常事业费36.51亿元；高等教育、职业教育等专项投入15.71亿元，包括高校基建贷款贴息专项资金8亿元，高校“211工程”专项资金2.4亿元，省部共建“985工程”建设资金1亿元，职业教育经费0.6亿元等；农村教育投入10.84亿元，包括困难地区中小学布局调整5亿元，农村困难家庭子女义务教育阶段“两免一补”5.07亿元，困难家庭子女技工教育0.35亿元；山区中小学英语和信息化试点经费0.3亿元等。按可比口径，2005年教育投入比上年增加7.32亿元，增长13.15%。

(4) 保证科技投入，提高科技竞争力和自主创新能力，安排资金13.79亿元。其中：正常事业费4.46亿元，科技专项投入9.33亿元。科技专项投入主要包括科技三项费用3.61亿元，科技专款1.36亿元，省科学中心建设1亿元，高科技发展资金0.50亿元，自然科学基金0.20亿元，院士、博士后专项补贴0.24亿元等。按可比口径，2005年科技投入增加1.35亿元，增长10.87%。

(5) 保证文化投入，建设文化大省，安排9.4亿元。其中：文体广播正常事业费及专项4.28亿元，省博物馆建设0.5亿元，中山图书馆建设0.2亿元，“村村通”广播电视设备经费0.37亿元，人才资源开发专项资金0.3亿元，跨世纪高层人才培训0.2亿元，享受政府特殊津贴的劳模补贴0.2亿元，省广播电视微波电路数字化改造0.15亿元，贫困地区和欠发达地级市党校建设专项0.1亿元，宣传文化发展专项资金1.12亿元，其他文化大省建设专项资金1.98亿元。

(6) 加大计生投入，确保国家计划生育政策的落实，安排资金2.34亿元。其中：计生专项经费0.57亿元，计生后进地区经费缺口补助0.2亿元，计生技术服务经费0.4亿元，其他计生经费等0.9亿元。按可比口径，2005年计生投入增加0.15亿元，增长6.62%。

(7) 保证卫生投入，建立健全公共卫生体系，安排资金18.6亿元。其中：正常事业费6.87亿元，卫生专项投入11.73亿元。卫生专项投入主要包括：农村卫生专项投入1.5亿元，农村合作医疗补助资金1.77亿元，预留医改及公费医疗超支款3.55亿元，结核病、艾滋病、乙肝等防治专项经费0.67亿元，市县企业离休干部医疗补助0.3亿元，动物防疫专项资金0.3亿元，广东省中医院大学城医院贴息0.2亿元，职业病防治经费0.1亿元等。按可比口径，2005年卫生投入增加1.56亿元，增长9.13%。

(8) 加大环境资源保护投入，推进循环经济，建设“绿色广东”，安排资金10.7亿元。其中：生态公益林补偿费4.14亿元，治污保洁专项资金0.6亿元，营造生物防火林带等0.23亿元，环保专项投入2.2亿元，东江、西江、北江、韩江流域涵养林建设0.40亿元，人工鱼礁议案资金0.50亿元，水污染防治专项资金0.25亿元，珠江水质保护专项资金0.4亿元，自然保护区建设议案资金0.16亿元，林业防灾减灾及绿色通道专项0.3亿元。按可比口径，2005年环保投入增加0.84亿元，增长8.54%。

(9) 加大转移支付力度，推进区域协调发展，安排转移支付资金 80.62 亿元（不含农村税费改革转移支付补助），增加 13.54 亿元。

（10）保证行政政法部门（含省垂直管理系统）正常运转支出，安排 71.96 亿元。其中，安排公检法（含监狱、劳教）支出 28.83 亿元。

（11）预备费安排 5 亿元。

（12）防范化解金融风险准备金安排 23 亿元，其中农村信用社改革扶持及化解金融风险准备金 4 亿元。

（三）2005 年省级政府性基金预算草案

按照财政部《2005 年政府预算收支科目》的规定，纳入省级政府性基金预算项目有 9 项，包括：养路费、公路客票附加费、散装水泥专项资金、文化事业建设费、育林基金、森林植被恢复费、残疾人就业保障基金、水利建设基金、新增建设用地有偿使用费。根据《2005 年政府预算收支科目》的规定，地方税务机关征收并缴入国库的各项社会保险基金才纳入政府性基金预算。由于省级的各项社会保险基金目前仍按《社会保险费征缴暂行条例》（国务院令 259 号）的规定，纳入财政专户管理，未缴入国库。因此，2005 年省级政府性基金预算未涵盖社会保险基金。

按上述基金范围，2005 年省级政府性基金收入 93.73 亿元，比 2004 年增加 14.27 亿元，增长 17.97%；支出安排 93.73 亿元，收支平衡（详见附件二）。

（四）2005 年省级部门预算草案

按照编制部门预算的原则和方法，2005 年省级部门预算由 120 个单位组成，列入部门预算的支出总计为 253.22 亿元（详见附件三）。

三、认清形势，坚定信心，努力完成全年财政预算任务

2005 年是“十五”计划的最后一年，也是进一步巩固和发展宏观调控成果、保持经济社会发展良好势头的关键一年。做好 2005 年的经济财政工作，圆满完成 2005 年预算任务，对于全面实现“十五”计划目标，为“十一五”期间经济社会发展奠定坚实基础，具有十分重要的意义。全省各级财政部门要以邓小平理论和“三个代表”重要思想为指导，全面贯彻落实党的十六大和十六届三中、四中全会精神，按照省委第九次党代会的部署和省委九届四次、五次、六次全会提出的要求，紧紧围绕全省中心工作，认清形势，统一思想，坚定信心，切实做好如下几方面的工作：

（一）坚持发展是执政兴国的第一要务，充分发挥财政职能作用，促进经济社会协调发展。各级财政部门要把增收节支、收支平衡作为财政工作的重点之一，从狠抓收入和提高支出效益两方面入手，在确保财政收支平衡的基础上更好地发挥财政对社会经济的调控作用。一是要根据中央财政政策的取向，进一步调整国债项目资金使用方向和结构，更好地利用财政政策和财政引导资金，促进经济发展，大力培育财源，加强经济社会发展薄弱环节，推动经济结构调整，促进企业技术进步，提高自主创新能力和市场竞争力，大力扶持民营经济发展。二是要继续贯彻落实出口退税负担机制改革。密切关注出口退税的规模和进度，及时分析研究其对地方预算的影响程度。对欠发达地区，省财政将适当增加资金安排，加大“以奖代补”扶持力度，减轻地方财政负担；同时，根据各地出口退税进度和超基数负担情况，将结转使用的免抵未调库资金，专门用于解决各市的超基数负担。三是要加大省市级财政对县乡的转移支付力度，进一步贯彻落实促进县域经济发展财政性措施，缓解县乡财政困难，做好 2004 年转移支付补助和返还奖励等政策的兑现，坚持实行省财政对县（市）每月的综合增长率通报制度，促使各地保持收入的均衡增长，对综合增长率波动较大的县（市）进行审计抽查，进一步发挥财政激励型机制的效用。

（二）坚持以科学发展观为指导，强化收入管理，确保财政收入增长与经济增长相协调。一是要坚持省级财税收入完成情况分析联席会议制度，深化预算执行分析工作，建立财税收入增长监测分析新机制，确保实现财税增长与经济增长良性互动、协调发展。二是要进一步完善工作责任制，坚持专人负责分片抓收入制度。三是要依法加强税收收入征管，做到应征尽收。四是要认真贯彻落实省政府〔2004〕40 号文，规范非税收入管理，按规定将应纳入预算管理的行政事业性收费和罚没收入等，足额纳入预算管理。五是要建立省级国有资本经营预算制度，抓紧出台国有资产经营收益收缴管理办法，加强国有资产收入管理。同时，要认真做好税制改革的准备工作。对增值税转型、提高个人所得税起征点、统一内外资企业所得税等项改革要抓紧做好调查研究和测算工作，深入分析研究税源、税收结构及其变化情况，深入分析税制改革对地方财力的影响，尽快研究应对措施，把握工作的主动权。

（三）坚持集中财力办大事，调整优化财政支出结构，确保重点支出需要。一是财政资金的使用要逐步转移到满足政府履行职能和社会公共需要上来，突出财政公共性特征，做到“有所为、有所不为”，解决财政“越位”、“缺位”和“错位”问题。二是始终牢记坚持“两个务必”，大力弘扬艰苦奋斗的精神，坚持过“紧日子”，坚持不懈地做好财政节支工作，做到办一切事情都遵循勤俭节约、艰苦创业的原则，反对铺张浪费，对各项支出都要精打细算，量力而行，讲求实效。三是要坚持收支平衡、略有结余的原则，严格按照预算的范围和内容执行支出预算，严格控制各项预算追加，严禁越权调整、改变预算用途。四是整合省级对地方专项资金补助，逐步实行省级财政对地方专项拨款的直接支付，集中投入加快发挥效益，切实帮助市县解决一些突出问题。五是在维持政权正常运转的基础上，集中财力办好省委、省政府确定的大事，保障关系

国计民生的重点项目建设，保障社会稳定和解决困难群众生产生活问题，加大社会公共服务投入。六是要逐步加大支农力度，大力支持解决“三农”问题，确保把各项财税支农政策不折不扣地落实到位，继续深化农村税费改革，全省免征农业税，减轻农民负担；同时，全面落实各项配套改革，加大“并镇”、“并村”的力度，做好“并校”工作，搞好县乡公共财政制度改革，积极开展乡财县管改革试点；进一步完善对种粮大户的直接补贴政策，促进粮食生产和农民增收；全面落实教育、卫生、文化新增支出主要用于农村的政策，完善全省农村居民最低生活保障制度，加大对农村社会事业发展的投入。

（四）坚决落实科技、教育、人才发展战略，不断增强全省综合竞争力。围绕增强我省综合实力和国际竞争力的目标，积极支持建设科技强省、人才强省，大力推进教育现代化。一是要大力支持建立完善区域科技创新体系，发展高新技术产业；大力促进科研单位改革科技体制，优化科技资源配置，加强重点领域科技攻关；管好、用好科技三项费用和企业挖潜改造资金，促进企业的科技进步。二是积极支持国民教育体系和终身教育体系建设；继续实行学生综合定额加少量专项资金的预算管理办法，确保财政对教育、科学的投入高于财政经常性收入的增长，把“科教兴粤”战略摆在重要位置，对高校扩招经费重点保障，压减其他财力保证全额安排，促进高等教育的发展；积极稳妥推进中小学布局调整，继续完善免收农村困难家庭子女义务教育阶段书杂费制度，解决农村困难家庭子女“读书难”问题。三是大力支持构建以能力为核心的人才培养体系及六大人才培养工程，全面提高我省综合竞争力。

（五）坚持改革创新，继续深化各项财政改革。一是继续深化国库集中支付改革，拓展范围，并在国库集中支付的基础上，推进会计集中监督及会计集中核算的试点工作。二是部门预算改革要进一步改进编制方法，提高预算科学性，增加资金使用的透明度，逐步完善预算编制、执行的制衡机制，切实加强对部门预算编制、执行、事后三个环节的监督。三是逐步推行财政支出绩效评价改革，对政府投资项目进行绩效综合考评，从建立项目评审机制、对支出项目进行绩效评价着手，逐步扩大到对试点地区、试点项目进行绩效评价试点，把绩效评价工作作为加强财政管理不可或缺的环节，贯穿财政支出全过程，特别是对500万元以上的项目要制订可行性方案，改变请款的随意性，提高科学理财水平。四是政府采购要继续扩大范围和规模，不断规范政府采购行为。五是“收支两条线”规定要进一步抓落实，清理和规范行政事业性收费，凡能纳入预算的都要纳入预算管理，从体制上防止截留、挤占、挪用预算外资金。六是行政事业性资产管理要重点抓好建章立制，规范管理，做到资源合理使用，资产保值及适当增值。

（六）加快制度建设，进一步加强财政监督。一是逐步建立起本级财政支出的有效监控机制，继续对本级财政支出资金分配、拨付、使用、管理实行全过程监督，及时纠正财政资金使用过程中的截留、挪用、损失浪费和效益低下等问题，构建本级财政支出资金的安全性、效益性监督的有效机制，提高财政支出管理水平。二是进一步加强对重大工程项目的财务监督、跟踪检查。结合省级基建项目“代建制”的推行，实行与“代建制”相适应的财政资金拨付办法，加大对重大工程项目的财务监督工作力度。三是继续开展会计信息质量检查，认真履行对注册会计师和会计师事务所的行政监管职能，强化对注册会计师执业质量的监管。四是加强内部监督检查工作，进一步完善省级内部循环监督体系，对资金分配实施实时监督，并延伸检查资金使用单位，加大内部监督的力度。

各位代表：新的一年，我们将高举邓小平理论的伟大旗帜，以“三个代表”重要思想为指导，全面贯彻十六大和十六届三中、四中全会、中央经济工作会议精神，以及省委九届四次、五次、六次全会要求，在中共广东省委的正确领导下，在省人大的监督支持下，与时俱进，开拓创新，规范管理，扎实工作，圆满完成全年财政预算任务，为我省加快发展、率先发展、协调发展和当好排头兵作出新的更大的贡献！

广东省第十届人民代表大会财政经济委员会关于广东省2004年预算执行情况和2005年预算草案的审查报告

（2005年1月27日广东省第十届人民代表大会第三次会议主席团第四次会议通过）

广东省人民代表大会财政经济委员会副主任委员　李育敬

省人民政府向省第十届人民代表大会第三次会议提交了我省2005年预算草案及《广东省2004年预算执行情况和2005年预算草案的报告》，各代表团对预算草案和报告进行了审议。会议之前，省人民代表大会财政经济委员会与省人大各专门委员会听取了省财政部门的汇报，初审时征求了省人大各专门委员会对预算草案的意见。会议期间，财经委员会召开了各代表团代表参加的预算草案座谈会，各代表团对省人民政府及财政部门在细化预算、增加预算透明度、建立省财政激励型转移支付机制、进行财政支出绩效评价试点、深化财政制度改革方面的努力给予了较高的评价，认为《广东省2004年预算执行情况和2005年预算草案的报告》是实事求是、体现“两个务必”、促发展的报告，同时对推行和完善出口退税新机制、加快公共财政建设、加大对农村义务教育和农村公共卫生建设的扶持力度、加大环保支出、继续细化预算草案、增加预算透明度、完善省以下财政体制等提出了不少意见。本次会议没有收到预算草案修正案。财经委员会根据各代表团的意见，对预算草案及其报告进行了审查。现将审查结果报告如下：

一、2004年，全省各级人民政府及其财税部门认真执行省十届人大二次会议审查通过的预算，在年初财政收入完成情况欠佳的严峻形势下迅速采取措施，加强收入征管，积极组织财政收入，全年财政收入完成情况良好；贯彻落实科学发展观，按照预算安排，围绕“十项民心工程”、“十件大事”、“十项工程”，确保重点项目的资金需要，有力地促进我省社会经济协调发展；建立激励型财政机制，促进欠发达地区的经济发展；积极开展财政支出绩效评价，努力提高财政支出效益；积极推进财政改革，取得丰硕成果。全年预算执行情况良好，全省一般预算和省级一般预算都实现了收支平衡，略有结余。但财政运行中还存在一些亟待解决的问题：地区财力不均衡状况仍然严重，部分地方县乡财政相当困难；省级财政收入增长速度减慢；财政改革过程中还存在一些问题等。要采取切实有效措施，认真加以解决。

二、省人民政府提出的2005年预算草案，体现了中央和省委确定的政策方针，坚持增收节支，量入为出，确保收支平衡，继续推行激励型财政机制，努力促进财政增收与经济增长速度相协调，坚持保运转、保重点、促发展，优化支出结构，加大支农力度，保证社会保障、教育、科技、文化、卫生、环保等重点支出，加大转移支付力度，坚持科学发展观，发挥财政职能，促进我省经济社会协调发展。财经委员会认为，省人民政府提出的2005年预算草案符合法律法规的基本要求和我省的实际情况，是可行的；建议批准《广东省2004年预算执行情况和2005年预算草案的报告》，批准省人民政府提出的2005年省级预算草案。

三、财经委员会提出以下建议。

（一）做大做强省级财政，增强省级财政的调控能力，努力促进区域协调发展。尽管省级财政收入2004年扭转了近几年低于全省平均增长速度的局面，但减收因素仍然存在，省人民政府对此应引起重视，采取有效措施，在经济发展的基础上，做大做强省级财政，增强省级财政的调控能力和抗风险能力，继续推行和完善激励型财政机制及其配套措施，加大财政转移支付力度，缓解县乡财政困难，确保基层政权正常运转。

（二）保持清醒的头脑，继续发扬艰苦奋斗的精神。2005年全省预计可支配财力虽然超过了2 000亿元，但可供新安排的财力还是非常有限，面临的问题和困难仍然不少，要艰苦奋斗、精打细算，严格控制一般性支出，坚持量入为出，杜绝铺张浪费的现象，把该花的钱花好、管好，大力推行财政支出绩效评价制度，加强财政监督和审计监督，严肃查处违法违纪行为，切实提高财政资金使用的规范性、有效性和安全性。

（三）随着全省财力的增强，逐步加大支农力度。要从提高农业综合能力、增加农民收入出发，采取更加有力的措施，加大农业基础设施特别是农村小水利设施维护、建设投入，改善农村的生产生活条件；增加农业科技投入，加快农业科技创新，加强农业技术推广体系的建设。

不断开辟新的支农资金渠道，形成农业投入稳定增长的机制。

（四）高度重视农村义务教育问题和公共卫生问题。全省因经济、财力发展极不平衡，欠发达地区县乡财政困难，农村义务教育面临不少问题。应制定有效措施，朝着义务教育全免费的方向努力。各级财政要加大对欠发达地区农村义务教育的投入，帮助消化农村义务教育负债，开展“教育扶贫”，切实解决目前农村义务教育面临的问题，确保农村义务教育经费正常需要，让农民子女能受到法定的义务教育。增加农村公共卫生投入，努力改变目前农村公共卫生设施条件较差的状况。

（五）正视出口退税政策对地方财政的影响。2005年我省新增的出口退税对地方财政会造成很大的压力，特别是一些困难地区财政收入不多，承受出口退税的压力会更大。对此，各级财政部门应有准确的测算，做好预算安排，想方设法予以解决。

（六）加大环保投入，加强污水治理、大气污染防治和垃圾处理，保护和改善生态环境，促进人与自然的和谐，建设“绿色广东”。

（七）继续细化政府预算，完善决算报告制度。进一步早编细编预算，增加政府预算的透明度，严格按照法律法规的规定报送预算草案及有关材料。加强对部门预算执行情况的监督，完善决算报告制度，推行编制与预算对应决算，准确反映预算执行结果。

广东省人民代表大会常务委员会
关于批准广东省2004年省级决算的决议

（2005年7月29日广东省第十届人民代表大会
常务委员会第十九次会议通过）

广东省第十届人民代表大会常务委员会第十九次会议听取了省财政厅厅长刘昆受省人民政府委托所作的《关于广东省2004年省级决算草案的报告》和省审计厅厅长曾寿喜受省人民政府委托所作的《关于广东省2004年度省级预算执行和其他财政收支的审计工作报告》，会议结合审议审计工作报告，对省人民政府提出的广东省2004年省级决算草案及其报告进行了审查。会议同意省人民代表大会财政经济委员会提出的《关于广东省2004年省级决算草案的审查报告》，决定批准2004年省级决算，批准《关于广东省2004年省级决算草案的报告》。

关于广东省2004年省级决算草案的报告

（2005年7月26日广东省第十届人民代表大会
常务委员会第十九次会议通过）

广东省财政厅厅长　刘　昆

主任、各位副主任，秘书长，各位委员：

广东省2004年预算执行情况已向省十届人大第三次会议报告并经审议同意，现2004年省级财政决算草案已按要求正式编成。受省人民政府的委托，我向本次常委会报告广东省2004年省级财政决算草案，请予审批。

2004年，全省各级政府在中共广东省委的正确领导下，在省人大及其常务委员会的监督支持下，全面贯彻落实党的十六大、十六届三中、四中全会和省委九届四次、五次全会精神，按照广东省第十届人民代表大会第二次会议审议通过的预算，坚持“生财有道、聚财有方、用财有规”的原则，严格依法理财，积极组织财政收入，大力调整支出结构，全力保障重点支出需要；继续深化完善各项财政改革，加快公共财政建设步伐；强化财政监督，整顿和规范财经秩序，提高财政收支管理效益，确保“外向带动、科教兴粤、可持续发展和区域协调发展战略”的实施，促进了全省经济和社会各项事业的发展。年终执行结果，省级财政实现了收支平衡，略有结余。

一、2004年省级财政一般预算收支

根据决算草案，2004年省级财政总收入为455.63亿

元，为年度预算423.76亿元的107.52%，超收31.88亿元，比2005年1月25日上报省十届人大三次会议的快报数453.77亿元增加1.87亿元（详见附件一表一），增加的收入为整理期入库的在途收入。主要收入完成情况如下：

（一）省本级一般预算收入完成354.04亿元，为年度预算327.2亿元的108.2%，超收26.84亿元，比上报省十届人大三次会议的快报数增加1.87亿元；比上年增收28.38亿元，增长8.71%。

（二）各市上缴收入完成28.23亿元，完成年度预算27.92亿元的101.1%，超收0.31亿元。

（三）上划中央"两税"返还省级收入完成95.23亿元，为年度预算92.3亿元103.17%，超收2.93亿元。

（四）上年净结余2.33亿元，比预算0.57亿元增加1.76亿元。

（五）抵减按原体制规定上缴中央财政收入24.19亿元。

2004年，省级财政总支出完成452.24亿元，为年度预算423.18亿元的106.87%，超支29.06亿元，与2005年1月25日上报省十届人大三次会议的快报数相同（详见附件一表二）。主要支出项目完成情况如下：

（一）省本级一般预算支出完成335.55亿元，为年度预算314.11亿元的106.83%，超支21.44亿元，与上报省十届人大三次会议的快报数持平。

（二）补助市县支出完成116.69亿元，为年度预算109.07亿元的106.99%，超支7.62亿元，与上报省十届人大三次会议的快报数持平。

（三）2004年省级财政支出决算与年初预算变动项目主要是：

1. 省级税收收入超收，相应安排了部分支出项目，主要包括大学城建设贷款贴息2亿元，广东科学中心基建资金1亿元，省博物馆建设资金1亿元，重点项目启动及战略（潜力）产业培育资金5亿元，省部共建"985工程"二期建设资金2亿元，实行激励机制增加一般性转移支付1.5亿元，粤东粤西粤北地区免征农业税省级补助1.51亿元等。以上项目已按有关规定上报省人大常委会批准。

2. 省级非税收入超收，相应增加列支返还支出7.4亿元。其中：其他部门事业费3亿元，公检法司支出1亿元，专项支出2.4亿元，其他支出1亿元。

3. 经费上下划列收列支0.31亿元，主要是南海卷烟厂税收基数划转。

2004年，省级财政围绕省委、省政府确定的政府中心工作，资金投入重点向"三农"倾斜，向社会发展倾斜，向环境保护、扩大就业及完善社会保障体系倾斜，确保了省委、省政府确定的"十项民心工程"、"十大工程"、农村税费改革以及农业税减免、建设文化大省、教育强省、扶持发展民营经济、促进再就业工程、"禁毒03"工程及城乡水利防灾减灾工程等各项中心工作的资金落实。2004年，省级财政支出重点投入主要有以下几方面：

（一）支持农业结构调整，改善农业生产条件。2004年省财政农业投入39.43亿元，为年度预算37.44亿元的105.32%。主要项目包括：扶持农业生产各项投入12.11亿元，潮州供水枢纽工程建设资金2.5亿元，安排小型水库除险加固议案资金4亿元，用于全省651宗小型水库加固工程建设；安排城乡水利防灾减灾工程建设项目11.35亿元，截至2004年底，全省列入城乡水利防灾减灾工程290宗建设项目中已有149宗工程进入大规模建设阶段，12宗工程已整体完工。另外还安排了贫困地区农村机电排灌议案资金1.2亿元，渔业转产转业议案资金0.7亿元，扶持农业机械化发展议案资金0.70亿元等，促进了我省农业生产力的提高。

（二）增加科教投入，推进科教兴粤。2004年省级教育支出完成59.41亿元，为年度预算55.67亿元的106.72%。其中：安排专项资金5亿元，补助困难地区约500所中小学校布局调整；安排专款3.552亿元，对第三批1 184所老区、山区农村小学进行改造，经过前后三年的校舍改造，已基本完成我省老区、山区和贫困地区小学教学危房的改建任务，极大改善了农村中小学的办学条件；安排专项资金4.08亿元，补助全省农村人均年纯收入1 500元以下的困难家庭子女免收义务教育阶段书杂费，使全省103万名农村困难学生受惠；安排高等教育经费24亿元，包括：高校"211工程"建设专项资金2.4亿元，高校重点学科建设专项资金1亿元，高校引进高层次人才专项资金0.3亿元，国家助学贷款专项资金0.1亿元，省政府奖学金0.1亿元；另安排高校基建贷款贴息专项资金8亿元，省部共建"985"工程省级补助资金2亿元。省财政对高校建设的大力投入使我省提前一年实现省委、省政府确定的"十五"期间高校毛入学率达20%的目标，促进了广东教育强省建设，使高等教育已经从精英教育阶段迈向大众化教育初始阶段。

2004年省级科技支出完成13.22亿元，为年度预算12.44亿元的106.27%，其中安排了广东科学中心基建支出1亿元，广东科学馆基建支出0.2亿元，高新科技发展资金0.5亿元，自然科学基金0.2亿元，省级重点企业技术中心专项资金0.5亿元，享受特殊津贴的专家补贴及博士后经费0.24亿元等，使我省基础研究、高新技术研究和应用技术研究取得了一系列进展，科技对经济的贡献率逐年增大。

（三）加大社保投入，完善社会保障体系。2004年省级社会保障支出34.51亿元，完成年度预算的100%。主要项目有：安排扩大就业和再就业专项经费6.29亿元，使全省52万人享受再就业各项补贴；安排专项资金6 100万元，从2004年7月1日起，第三次以增发生活补贴的方式提高省属企业离休干部养老待遇，解决3 500多名省属企业离休干部养老金与机关离休干部离休费待遇差问题，省属企业离休干部人均每月提高养老待遇约1 610元；安排专项资金4 000万元，解决了我省14个经济欠发达地区2万企业军转干部生活困难；安排提高重点抚恤对象生活补助1亿元以及安排带病回乡退伍军人生活和医疗补助资金1 172万元，对我省困难地区重点抚恤对象14.3万人给予生活和医疗困难上的照顾；安排专项资金1.80亿元，补充省级企业基本养老保险资金；安排专项资金2亿元，解决我省114万城乡最低生活保障人群的生产生活困难；安排补助资金3.70亿元，支付关闭煤矿一次性缴交医疗保险；安排专项资金0.51亿元，补助农垦企业职工养老保险统筹缺口等，维护了社会的和谐稳定。

（四）贯彻实施可持续发展战略，推动环保事业发展。2004年省级环境保护支出9.87亿元，完成年度预算的100.11%。其中：安排生态公益林补偿费4.14亿元，用于对全省5175万亩生态公益林进行补偿，加快我省生态公益林建设步伐；安排营造生物防火林带等0.80亿元，环保专项投入2.1亿元，东江、西江、北江、韩江流域涵养林建设0.40亿元，人工鱼礁议案资金0.50亿元，水污染防治专项资金0.25亿元，珠江水质保护专项资金0.4亿元，有力地推进了我省环保工作的开展。

（五）促进卫生、医疗保健事业发展。2004年，省级财政卫生医疗支出17.07亿元，完成年度预算的100.18%。安排农村卫生专项投入1.5亿元，完成全省经济欠发达地区66所县级妇幼保健院和200所中心乡镇卫生院的改造建设；安排农村合作医疗补助资金1.43亿元，至2004年底，全省93个县实施了新型农村合作医疗制度，参加农村合作医疗农民1 807万人。另外还安排职业病、结核病、乙脑等防治专项经费0.62亿元，市县企业离休干部医疗补助0.3亿元等，使我省卫生医疗条件得到较大的改善。

（六）推进农村税费改革，保障基层政权正常运转。一是安排农村税费改革转移支付22亿元，比上年增加9.83亿元；二是安排农业税减免补助1.51亿元，保证取消农业税改革顺利推进；三是安排缓解县乡财政困难补助资金3亿元，确保了基层政权正常运转。

（七）加大转移支付力度，建立激励型财政机制，促进区域协调发展。一是加大转移支付力度，逐步均衡区域间的公共服务水平。2004年省对市县的转移支付按12%和14%比例增长，增加安排5.26亿元；二是引入激励机制，将省对市县转移支付与市县收入增长挂钩，省财政相应增加安排转移支付资金1.5亿元，增强了市县发展经济、壮大财力的动力，推动市县财政收入增长。

根据以上汇编的决算，2004年省级财政一般预算总收入455.63亿元，一般预算总支出452.24亿元，收支相抵，省级财政净结余3.39亿元，比上报省十届人大三次会议的快报数增加1.87亿元（详见附件一表三）。

拟在省级财政新增净结余1.87亿元中安排2005年新增支出1.87亿元，用于以下项目：

（一）安排1亿元补助经济欠发达地区实施山区、农村义务教育学校生活设施和教学设备改造工程。

（二）安排0.87亿元补助经济欠发达地区发展高中阶段教育（2005年共需安排1亿元补助欠发达地区发展高中阶段教育。建议在2004年新增净结余中安排0.87亿元，其余0.13亿元拟视省级2005年增收情况安排）。

二、2004年省级政府性基金预算收支

（一）基金收入完成情况

2004年，省级政府性基金总收入完成296.8亿元（详见附件一表四），主要项目如下：

1. 省级当年基金收入100.87亿元，为年度预算77.62亿元的129.95%，超收23.25亿元，主要是养路费和新增建设用地土地有偿使用费收入超收较大。各主要项目完成情况如下：

（1）工业交通部门基金收入84.08亿元，完成预算71.49亿元的117.61%。

（2）农业部门基金收入4.8亿元，完成预算3.13亿元的153.35%。

（3）文教部门基金收入1.42亿元，完成预算1.5亿元的94.67%。

（4）土地有偿使用收入9.54亿元，是年度预算1亿元的9.54倍。超收较多的原因，一是2004年完成数中包括了省集中各市的收入，该部分收入需按规定返还各市；二是在编制2004年预算时，考虑到中央出台冻结农业用地转为非农业用地审批政策，将造成土地有偿使用收入大幅减少。为稳妥起见，相应调减了预算安排。但实际执行中，农业用地转为非农业用地审批从2004年6月份起解冻，从而对收入的影响小于预计。

2. 上年结余结转185.94亿元。

3. 补助收入（中央补助的外贸发展基金和国家投资土地开发整理项目补助）4.53亿元。

4. 调入资金5.46亿元。

（二）基金支出完成情况

2004年，省级政府性基金总支出完成110.63亿元（详见附件一表四）。具体包括：

1. 省级当年基金支出54.85亿元，为年度预算的70.66%。主要项目如下：

（1）工业交通部门基金支出39.9亿元，完成预算71.49亿元的55.81%。主要是养路费收入中有一部分需补助市县交通部门，相应转列补助市县支出。

（2）农业部门基金支出4.79亿元，完成预算的3.13亿元的153.04%。

（3）商贸部门基金支出7.12亿元。

（4）其他部门基金支出2.42亿元。

2. 补助市县支出53.53亿元。

3. 调出资金2.26亿元。

2004年，省级政府性基金收支相抵后，结余结转

186.17亿元，比上年增加0.22亿元。

以上决算情况表明，2004年，省级财政顺利完成了省十届人大二次会议批准的预算，保证了国民经济和社会各项事业发展的资金需要，实现收支平衡，略有结余。这是在中共广东省委的正确领导下，在省人大及其常委会监督、支持下，全省上下认真贯彻执行中央各项方针政策，国民经济持续、快速、健康发展的结果，也是各级财税部门深化改革、加强监管，广大财税干部辛勤劳动的结果。

主任、各位副主任、秘书长、各位委员，在2004年省级财政决算草案正式编成的基础上，全省财政总决算也已汇总编成。我向本次常委会汇报2004年全省财政总决算的汇编情况如下：

根据汇编的决算，2004年全省地方一般预算收入完成1 418.51亿元，为年度预算1 319.3亿元（代编数，下同）的107.52%，超收99.21亿元（详见附件一表五），比上年增收102.99亿元，增长7.83%。如按剔除出口退税改革因素后的可比口径计算，增收211.35亿元，增长16.07%。其中，深圳市地方一般预算收入完成321.47亿元，比上年增收57.99亿元，增长19.94%。2004年，全省财政地方一般预算收入1 418.51亿元，加上免抵未调库归还收入52.11亿元、中央补助收入553.15亿元（含税收返还补助）、国债转贷收入及结余7.56亿元、上年结余结转收入338.33亿元、调入其他资金39.89亿元之后，收入总额为2 409.54亿元。

2004年，全省财政地方一般预算支出完成1 852.95亿元，为年度预算的99.85%，减支2.85亿元（详见附件一表六），比上年增支157.32亿元，增长9.28%。其中，深圳市地方一般预算支出完成377.57亿元，比上年增支28.62亿元，增长8.2%。全省财政地方一般预算支出为1852.95亿元，加上上解中央支出33.76亿元、增设预算周转金9.04亿元、国债转贷支出及结余7.56亿元、调出资金3.83亿元之后，支出总额为1 907.13亿元。

全省财政地方一般预算收支相抵，年终滚存结余502.41亿元，减除结转下年支出370.43亿元之后，全省净结余131.97亿元，其中：省本级净结余3.39亿元，各市净结余128.58亿元。全省实现了收支平衡，有所结余。

主任、各位副主任、秘书长、各位委员，根据各级人大批准的2004年预算，在各级人大及其常务委员会的监督支持下，2004年全省财政较好地实现了收支平衡，略有结余。

关于广东省2004年省级决算草案的审查报告

——2005年7月26日在广东省第十届人民代表大会常务委员会第十九次会议上

广东省人大财政经济委员会主任委员　陈流明

主任、各位副主任、秘书长、各位委员：

我代表省人大财经委员会，就广东省2004年省级决算草案的审查情况报告如下：

财经委员会听取了省财政厅《关于广东省2004年省级决算草案的报告》和省审计厅《关于广东省2004年度省级预算执行和其他财政收支的审计工作报告》，并对2004年省级决算草案作了初步审查。财经委员会认为，2004年省级预算执行情况是好的，完成了省十届人大二次会议批准的省级预算任务，保障了国民经济和社会各项事业发展的资金需要，财政预算管理工作也做得比较好。财经委员会建议省十届人大常委会第十九次会议批准省政府提出的2004年省级决算草案，批准省财政厅厅长刘昆代表省人民政府所作的《关于广东省2004年省级决算草案的报告》。同时，财经委员会建议，要认真处理审计工作报告反映的问题，严肃财经纪律，要继续细化省级一般预算收支决算和政府性基金收支决算，建立和规范省级部门预算制度，进一步整合省财政有关专项资金并加强对资金使用的监督，发挥更好的作用。

以上报告，请予审议。

第二部分

财税工作重要讲话

中共中央政治局委员、省委书记张德江在全省农村税费改革试点工作动员大会上的讲话

（2003 年 6 月 17 日）

省委、省政府召开的这次农村税费改革试点工作动员大会，是一次十分重要的会议。推进农村税费改革，减轻农民负担，是党的十六大提出的一项重要任务，党中央、国务院对此作出了一系列重大部署。省委、省政府对此高度重视，自 2000 年开始，稳步推进农村税费改革的试点工作，取得了可喜的成效，积累了宝贵的经验。这次会议的主要任务，就是动员、部署全省的农村税费改革试点工作，推动我省农村新一轮的发展。会议开始时，华华同志作了一个很好的报告，我完全同意。两天来会议开得很好，很有成效。下面，我再强调三点意见：

一、深刻认识农村税费改革的重大战略意义

我国是一个农民占人口多数的发展中国家，中国农民为新中国的建立，为社会主义建设，为改革开放，作出了巨大的牺牲和贡献。我们党历来重视农业、农村、农民问题，毛泽东、邓小平、江泽民同志都多次作出精辟的论述。解放以来，党中央、国务院把解决“三农”问题放在十分重要的位置，制订了一系列政策，其中影响最深远的有土改、家庭联产承包责任制，极大地解放了农村的生产力，改善了农民的生活。根据我国“三农”问题的现状，根据“三个代表”重要思想，中央决定进行农村税费改革，减轻农民负担，调动农民积极性，其意义十分深远，可以说是继农村家庭联产承包责任制以后的又一次革命性变革，受到亿万农民的拥护。党的十六大以来，以胡锦涛同志为总书记的党中央高度重视农村税费改革，及时作出了全面实行的重大决策。

（一）实行农村税费改革，减轻农民负担，是贯彻“三个代表”重要思想的重大举措

实现好、维护好、发展好广大人民群众的利益，是党和国家一切工作的出发点和落脚点，是“三个代表”重要思想的根本要求。当前，农民的根本利益在于减轻负担，提高收入，改善生活。我省广大农民在改革开放进程中作出了巨大贡献，也从中得到了实惠。但是，从总体水平看，近几年来我省农民收入增长缓慢，税费负担偏重，严重影响了农村的发展。1997～2001 年我省农民人均纯收入年均增长率为 3.8%，比全国平均水平低 0.3 个百分点，2002 年低于全国平均水平近 1 个百分点，农民收入水平已从全国第四位下降到第五位，这与经济大省的地位很不相称。在现阶段的农村，贯彻“三个代表”重要思想，集中体现在农业能否增效、农民能否增收上。必须通过开展农村税费改革，全面推动农业和农村经济社会加快发展，从根本上增加农民的收入。全国试点工作的经验表明，试点地区农民减负一般都在 30%左右，农民从改革中直接得到的好处在 300 亿元以上。在我省试点市（县）中，农民普遍减负达 60%以上，农民从改革中直接得到的好处每年达 13 亿元。事实证明，开展农村税费改革是减轻农民负担、增加农民收入最有效的途径，是实行“休养生息，蓄力发展”，富民、安民的德政之举，是对占全省人口 60%以上广大农民利益的根本维护和发展。

（二）实行农村税费改革，是解放和发展农村生产力，促进我省加快发展、率先发展、协调发展的必由之路

统筹城乡经济社会发展，发展农村经济，增加农民收入，是全面建设小康社会的重要内容。前不久，胡锦涛总书记视察我省，要求我省要加快发展、率先发展、协调发展。这为我们提出和指明了完整而系统的发展观，完全符合我省实际。从新的发展观看我省新时期的历史使命，我们清醒地看到，农村的发展既是重点，也是难点。突出表现为，我省农民收入增长速度远远低于 GDP 的增长速度，自 1997 年以来农民收入增长保持在 2%～4%之间，而 GDP 增长在 9%～10%之间；农民收入与城镇居民收入差距越拉越大，从 1997 年的 1:2.5 扩大到 2002 年的 1:2.9；山区与珠三角经济发展的差距越拉越大，1997 年山区 GDP 相当于珠三角的 26.2%，2002 年下降到 21%。农村发展缓慢已成为全省全面建设小康社会、率先基本实现社会主义现代化进程中的最薄弱环节。与此同时，农业发展的挑战和困难在增长。一方面，农产品价格持续下跌，1997～2002 年五年期间我省农产品价格总指数下降了 23.6%，像荔枝、龙眼、柚子、芒果等最具广东特色的水果，仅 2002 年价格便分别下跌了 30.3%、24.1%、22.1%和 15.7%，严重地挫伤了农民生产投入的积极性。另一方面，我国加入世贸组织后农业面临的竞争和考验越

来越严峻。如果不抓住时机给农民减负，降低农业生产成本，解放农村生产力，将会给整个现代化建设的大局带来很大被动。对这一点，各级领导干部必须引起足够的重视。

农村税费改革的最终目的是解放和发展农村生产力，激发农民的劳动积极性和创造性，这对焕发农村的生机活力，开拓农村市场，扩大内需，拉动经济增长，促进农村发展至关重要。各级要抓住农村税费改革这个契机，落实综合措施，推动城乡经济、区域经济的协调发展。

（三）实行农村税费改革，是推进依法治省，巩固农村基层政权，实现社会长治久安的治本之策

农村的稳定是社会稳定的基础。在我国历史上，开明的统治者总是把轻徭薄赋、让农民休养生息，作为巩固政权、维护社会稳定的主要政策。而由于法纪荒废，苛捐杂税，官吏横征暴敛造成民怨沸腾、社会动乱、改朝换代的例子屡见不鲜。这种情况值得我们时刻警醒和深思。

农村税费改革有利于调节农村社会矛盾，促进经济发展，维护社会稳定。江泽民同志强调：“农民问题始终是我国革命、建设、改革的根本问题。”“农村稳定了，农民安居乐业了，也就从根本上保证了我们国家和社会全局的稳定。”这是我们党总结历史经验和现实经验得出的重要结论。近年来，我省一些地方农民上访不断，党群干群关系比较紧张。这里面很重要的一个原因是加重了农民的负担，侵害了农民的利益。有的干部急于求成，好大喜功，搞了劳民伤财的“政绩工程”；有的机构膨胀，养人过多，超出了财政支付能力，所以向农民收费罚款养人；有的巧立名目，乱收费、乱罚款，铺张浪费，中饱私囊，滋生了许多腐败现象。这些钱都出自农民身上，造成了他们负担过重，甚至超出了他们的承受能力，因此，农民有意见是很自然的。要解决好这些问题，必须采取综合措施，从源头上进行预防和遏制。这次农村税费改革，不仅仅是减轻农民负担，更主要的是用制度规范和理顺农村的分配关系。同时，也使镇村干部从催粮收款的矛盾中摆脱出来，为改善干群关系创造了有利条件。所以，农村税费改革代表了农民的根本利益，有利于农村生产力的发展，是巩固农村基层政权，扩大党的执政基础，实现农村长治久安的治本之策。

二、抓住关键环节，扎扎实实推进农村税费改革

昨天上午，省财政厅的同志对《广东省农村税费改革试点工作方案》作了详细说明。我省这次农村税费改革，根据中央的总体部署，结合实际，省委、省政府改革的决心大，改革的力度大，财政转移支付力度大，配套措施明确。现在，改革方案已定，关键是要抓好落实。各地要在整体推进、全面实施的过程中，突出抓好四个环节。

（一）抓核心，坚决把农民负担减下来

合理确定农民的税赋水平，切实减轻农民负担，是农村税费改革的核心问题。前段我省为减轻农民负担做了大量工作，农民负担大幅减轻，试点地区农民减负率达60%以上，这个成绩来之不易。在农民的负担总额中，农业税收约占三分之一，非税费用约占三分之二。这次我们将按照“减轻、规范、稳定”的方针，下决心实行“五取消、一改革、一种税”，将全省农民的负担减轻50%以上，做到税改前有直接负担的农民户户减负。要实现这个目标，困难还很大，影响减负的因素还很多，必须运用综合手段和办法进行减负。一是对种地较多的农户可以考虑实行减免税的办法，把他们的负担控制在合理水平。如果改革后负担出现加重的，一定要调下来。二是对农业和农民的各种补贴，要重点照顾粮食主产区和种地多的农户。三是大力整治和规范农村收费，把非税费用负担坚决压下来。为此，有关部门要进一步明确责任，各司其职，确保农民减负。

（二）抓关键，积极推进配套改革

农村税费改革是一项牵一发而动全身的系统工程，涉及经济关系、上层建筑的各个方面，必须把抓好配套改革作为一个重点，整体推进，全力抓出成效。

首先，要大力推进县、乡镇财税管理体制规范化。按照“财力向下倾斜、经费缺口上移”的原则，进一步理顺乡镇财政管理体制，做到人权、财权与事权的统一。加强对转移支付资金的管理，建立管理、监督、检查和责任制度，确保转移支付资金专款专用，严禁截留、挤占和挪作他用。要改革征管方式，改进征管手段，做到科学、高效、可行。抓住税费改革的契机，整顿和规范乡镇、村的财务管理，彻底改变我省乡镇级财政管理水平低下、管理混乱、收支不平衡的状况。

其次，要加大“并镇”、“并村”的力度。这是精简机构、减少财政供养人数、减轻负担的重要手段，其中重点、难点在于“并镇”。江苏、安徽等省的经验证明，“并镇”既可减少县财政负担，也为农村城镇化、可持续发展创造条件，一举两得。如江苏省的乡镇机构改革去年完成后，全省乡镇数比改革前减少近800个，减幅达40%；乡镇机构减少7 500多个，减幅30%以上；减少乡镇各类人员8.2万人，减幅20%以上。相比之下，我省去年“并镇”只完成6%，大部分地区镇级机构财政供给人数不减反增，必须坚决改变这种状况。今年内以县（市、区）为单位，达到“并镇”15%的目标，明年还要继续努力。现在交通、通讯状况都今非昔比，乡镇合并的条件是具备的，只要下决心，是可以做到的。各地要严格执行省委、省政府确定的机构设置标准和精简压缩人员比例，推进机

构编制法制化，痛下决心，把“并镇”、“并村”工作和精简机构、精减人员工作落到实处。与此同时。也要做好分类指导，不搞一刀切。

再次，要因地制宜，积极调整农村中小学布局，做好“并校”工作。目前县镇财政供给普遍负担过重，其重要原因就是农村教育布局不尽合理，重复建设过多。要优化教育资源配置，提高教育效益和教育质量，借鉴我省30个县（市）农村中小学布局调整和“并校”试点的经验，把农村中小学校布局调整与薄弱学校的改造结合起来，与深化农村教育管理体制改革，核定教师编制、严格控制教师人数结合起来。继续加大财政转移支付力度，保障全省教育经费正常需要，促进教育事业快速发展。

（三）抓难点，妥善处理镇村负债和历史遗留问题

镇村不良债务是历史形成的一个不可回避的矛盾，是推进农村税费改革的难点。据不完全统计，截至1998年底，我省镇村两级的债务总额逾800亿元，平均每个镇负债2 000多万元，每个村负债近200万元。如此巨额债务，使农村集体经济和广大农民背上了沉重的包袱，教训十分深刻！

随着农村税费改革的推进，镇村财政收入逐步趋于单一、规范，债务问题就将更加凸现出来。这个问题如得不到妥善解决，不仅会拖垮农村集体经济，加重镇级财政和农民的负担，更可能影响农村税费改革政策的实施和农村基层政权的巩固。因此，各级党委、政府必须以严肃认真的态度对待这个问题，采取切实有效措施，妥善解决。总的原则是：以县为主，明确责任；摸清旧债，禁止新债；区分性质，分类处理；认真审计，变现资产；统筹考虑，逐年化解。当前，要突出抓好这几项工作：一是吸取教训，严肃党纪政纪和财政纪律，坚决查处腐败问题，保全与追收有效资产。二是无论是在农村税费改革中，还是农村税费改革后，都要切实做到“三个禁止”。即禁止发生新债，禁止通过向农民收费来还债，禁止将镇村债务转嫁到农民身上。三是采取积极措施化解不良债务，不得借机逃、废债。同时加强审计监督力度，将镇村各种不良举债消灭在萌芽状态中。

（四）抓根本，全面推动农村经济社会大发展

发展是执政兴国的第一要务。全面推进农村税费改革，最终目的是为了促进全省农村经济社会发展，提高广大农民群众的生活水平。各地要以此为契机，以改革促发展，以发展促改革。一是要利用税费改革带来的降低农业成本、降低农民负担的机遇，大力推进农业产业化，通过发展龙头企业引导农民调整产业结构，增加农业收益，提高农民收入。二是加强规划，统筹城乡，积极推进农村工业化、城镇化进程。同时加强对农民的就业培训，帮助农民到城镇的二、三产业就业，使农民成为农村工业化、城镇化的受益者。三是不断发展壮大集体经济，培植新的税源。通过发展集体经济，增强基层组织的服务功能，增强基层组织的凝聚力、战斗力和号召力，稳定农村基层干部队伍。四是全面推进农村各项社会事业的发展，尤其是加强农村文化、卫生保健、社会保障体系的建设，促进农村全面繁荣。五是结合实施固本强基工程，加强党的农村基层组织建设，推进民主政治和依法行政，为农村的发展和税费改革的顺利进行提供坚强的政治保证。

三、切实加强领导，确保农村税费改革的顺利进行

农村税费改革，事关全局，政策性强，涉及面广，预想不到的困难会很多。各级党委和政府对这次改革的复杂性、艰巨性要有充分估计，切实加强领导，保证这项工作有组织、有步骤地推进。

（一）把农村税费改革摆上各级党委和政府的重要议事日程，明确责任，精心组织，全力抓落实

各级党委和政府要把农村税费改革作为当前农村工作的头等大事，摆上突出位置。要建立严格的领导工作责任制，各市、县（市、区）和乡镇的党政一把手，是当地农村税费改革的第一责任人，要亲自抓，负总责。省里已成立了由华华同志任组长的领导小组，各地也要成立专门领导机构，并抽调一些熟悉农村情况、政策水平高的同志，成立精干的工作机构，大力加强组织协调工作，确保农村税费改革取得成功。抓好农村税费改革是各级领导干部义不容辞的政治任务，要把这次改革作为检阅、考验各级领导干部，特别是负责农村工作的领导干部能力与水平的重要依据。对改革方案和重要政策要认真研究，对可能出现的困难和问题，要周密考虑，深入调查，稳步推进改革。

（二）认真开展宣传教育工作，保障改革顺利推进

推进农村税费改革影响深远，既是大事，也是难事。要教育引导广大干部群众充分认识改革的重大意义和精神实质，正确理解改革的重要政策。这次农村税费改革，农民是高兴的，难点和阻力在于部分干部。要做好基层干部的思想工作，帮助他们克服“等、靠、要”的依赖思想和无所作为的思想，提高推进改革的自觉性。要努力做好农民群众的思想工作，使他们真心拥护改革，自觉支持改革，积极参与改革。要切实抓好宣传发动工作，全省宣传舆论部门、新闻媒体要上下联动，广泛宣传农村税费改革的重大意义、改革政策和实践中好的典型，创造良好的改革氛围。各地要抓紧培训一批熟悉中央和省农村税费改革精神和政策的业务骨干，提高领导和组织实施改革的能力

和水平。

（三）各部门要加强协调，形成合力

农村税费改革牵涉到方方面面的工作，必须统筹兼顾，协调合作。各地区和有关部门要树立大局意识，把这项改革作为分内的职责，服从安排，齐心协力，密切配合，积极为推进改革大开“绿灯”。在改革过程中，不允许塞进任何地方利益、部门利益的私货，不允许以任何理由干扰改革的推进。与农村税费改革工作关系密切的财政、农业、教育、司法、民政等部门，要加强协调，周密安排，切实转变工作作风，深入调查，认真研究试点中出现的新矛盾和新问题，及时提出解决办法。

（四）加强对各地工作的指导、检查和督促

坚持分类指导，加强对农村税费改革的检查督促。对不同地区、不同经济状况的农村要区别对待，对特别困难的地区要给予大力支持和帮助。已经进行试点的地区要切实抓好巩固、调整、提高，把好的经验上升为制度和法规，进一步健全保障制度，完善约束机制，防止农民负担反弹。建立检查督促制度，省、市、县各级都要成立督导组，对农村税费改革进行全过程的督促、指导和检查，确保改革的各项政策不折不扣地贯彻落实。各级领导干部和有关部门要深入基层进行具体指导，对遇到的实际问题要及时采取措施，妥善加以解决。认真倾听群众和基层干部的反映。建立农税改革工作责任追究制度，落实涉及农民负担案（事）件责任追究制。对违反政策的，要追究领导责任和有关人员的责任，严肃处理，绝不包庇和姑息。要把这项改革作为一项阳光工程，凡是能向社会公开公布的，都要公开公布。充分发挥法律监督、舆论监督、群众监督和党内监督的作用，发动全社会都来监督这项改革，推动农村税费改革各项工作的顺利开展。

同志们，当前，全省上下正在认真贯彻落实胡锦涛总书记视察广东重要讲话精神，掀起新一轮的发展潮，我们要坚定信心，振奋精神，知难而进，扎实工作，把党的十六大精神和“三个代表”重要思想落到实处，把农村税费改革的各项事情办好，让广大农民满意，让基层干部满意，为推动我省经济社会发展上新台阶、人民生活上新水平作出更大的贡献。

省委副书记、常务副省长黄华华在全省财政工作会议上的讲话

（2003 年 1 月 10 日）

一、全省财政工作取得了显著成绩，有力地支持了我省经济和社会各项事业的发展

过去一年，是我国发展史上十分重要的一年，也是我省经济社会各个方面都取得显著成绩的一年。在世界经济持续低迷的情况下，我省国民经济继续保持了良好发展势头，整个经济运行和各项指标好于预期。据初步统计，2002 年，全省国内生产总值实现 11 674 亿元，比上年增长 10.8%，外贸进出口总额 2 213.9 亿美元，其中出口突破千亿美元，达 1 186.1 亿美元，比上年增长 24.3%；全年固定资产投资突破 4 000 亿元，比上年增长 13%；实际利用外商直接投资 131.1 亿美元，比上年增长 26.6%；全年实现社会消费品零售总额 5 010 亿元，城乡居民本外币储蓄存款达 13 368.69 亿元；预计 2002 年，全省城镇居民人均可支配收入和农民人均纯收入分别达 11 200 元和 3 912元，比上年增长 9%和 3.8%。

由于我省经济保持了持续快速发展，带来我省财政运行状况良好。去年以来，全省各级财政部门继续执行积极的财政政策，进一步加强收入征管，调整和优化支出结构，逐步提高财政对重点支出的保障程度，财政实力得到进一步增强。2002 年，来自广东的财政收入达到了 2 959 亿元，全省地方一般预算收入完成 1 200 亿元，增收 175 亿元，按可比口径比上年增长 17%；全省一般预算支出完成1 520亿元，增支 201 亿元，比上年增长 15%。在大力做好增收节支工作的同时，全省财政系统全力支持国有企业改革及下岗职工的基本生活保障和再就业工程，确保科教、农业等重点项目支出，保证国家公职人员工资发放和政权机关正常运转，进一步整顿和规范财经秩序，做好防范化解金融风险工作，为贯彻实施我省外向带动、科教兴粤、可持续发展和区域协调发展战略，促进经济发展和社会进步作出了积极的贡献。这是全省各级财政部门齐心协力，开拓进取，努力实践“三个代表”重要思想，深入贯彻落实党中央、国务院和省委、省政府各项政策措施，积极深化财政改革，努力促进财政发展的结果。在此，我代表省委、省政府向全省财政系统的干部职工的辛勤劳动表示衷心的感谢！

当然，我们也必须清醒地看到，我们工作中还有不少困难和问题。一是我省一些地区政府债务负担较重，甚至严重影响到社会稳定和经济正常运转。二是地区财力差距悬殊。我省市县级财政可支配财力分布很不平衡，来自珠江三角洲8市的一般预算收入所占比重从1994年的74%提高到2002年的84%，而其他地区的一般预算收入增长相对缓慢。三是财政收支矛盾日益突出。从1994年分税制改革以来，我省财政收入年均增收超100亿元，但财政支出的刚性因素很多，各方面要求增加支出的呼声很高，财政保改革、保发展、保稳定的任务很重，支出压力越来越大。面对这些问题和困难，各级政府和财政部门一定要有清醒的认识，要采取切实有力措施认真解决。

二、全面贯彻党的十六大和省委九届二次全会精神，不断开创我省财政改革与发展的新局面

党的十六大确定了我国未来的发展方向，提出了全面建设小康社会，加快推进社会主义现代化的宏伟目标。前不久召开的省委九届二次全会，研究部署了今年和今后一段时期的工作。张德江书记强调，要深入贯彻十六大关于全面建设小康社会的战略部署，认真落实省第九次党代会确定的奋斗目标，切实增强综合实力，增强国际竞争力，增强发展后劲，努力保持经济持续快速健康发展，建设经济强省，为全面建设小康社会，率先基本实现社会主义现代化而努力奋斗。

新的形势对财政工作提出了更新更高的要求。全省各级财政部门要按照全国财政工作会议提出的总体要求和思路，紧紧抓住当前经济发展的各种有利条件，正视当前工作中存在的问题和困难，努力化压力为动力；始终把发展作为第一要务，坚持以经济建设为中心，认真贯彻落实中央积极的财政政策，与时俱进，坚定不移地推进财政改革，加快建设适应社会主义市场经济体制的公共财政体制；要紧紧围绕全面建设小康社会，率先基本实现社会主义现代化的主题，大力调整支出结构，努力增收节支，为全省经济社会各项事业发展提供强有力的财政保障，努力使我省财政工作再上新的台阶，再创新的辉煌。

做好今年的财政工作，应突出抓好以下五个问题：

（一）狠抓增收节支，确保重点支出

增收节支是财政部门永恒的课题，也是各级政府始终都应高度重视的工作。目前，我省财政收入已经从前些年的高速增长进入平稳增长阶段，而且收入的增长仍然集中在珠江三角洲，欠发达地区财政困难状况没有根本扭转。从今年的形势来看，减收增支因素很多，压力会加大。特别是今年所得税中央与地方分享比例从“五五”改为“六四”，我省所得税收入若按增长10%测算，则我省净上交中央将达78亿元，其中因分成比例提高10个百分点增加上交13亿元，这一改革措施将不同程度地影响到我省各级财政的可支配财力。同时，维护改革、发展和稳定大局，全面建设小康社会的任务目标，对财政的保障能力提出了更高要求。今年中央将继续提高工资水平，我省农村税费改革也将全面推开，加上社保低保等工作的推进，这些都会增加财政支出压力。在这种形势下，增收节支工作意义就显得非常重大。各级政府和财税部门一定要充分认识加强增收节支工作的重要性和紧迫性，把增收节支工作作为一项严肃的政治任务，作为缓解财政收支矛盾的根本出路，拿出切实可行办法，在保持经济持续快速健康发展的同时，下大功夫，认真做好“增收”和“节支”两篇文章。

在增收方面。收入落后的地区要挖掘潜力，力争超收；收入较好的地区也要克服麻痹思想，做到应收尽收。各级财政部门要协同税务部门加强税收征管，对增值税、营业税、所得税等重要税种要进一步加强征管力度；要严格企业财务制度和会计监督，强化税务稽查，严厉打击做假账和偷税、骗税等违法行为；继续大力清缴企业欠税，特别要做好重点税源行业的清欠工作；要在全社会范围内加强税法教育，增强依法纳税观念，严禁擅自出台优惠或变相优惠政策。任何企业、单位和个人，符合应税条件的都要自觉依法缴纳税收。同时，要加大对非税收入的管理力度，加强对政府垄断性经营服务收入和社会公共资源经营收益的管理。

在节支方面。目前在财政支出中乱花钱的现象仍然不少。一些地方和单位各种会议、节庆、研讨等活动名目繁多，铺张浪费；一些地方热衷于搞“形象工程”、“政绩工程”，劳民伤财；一些单位乱开支出口子，滥发补贴、奖金。这种现象是绝对不能容忍的。财政资金是人民群众的血汗钱。我们要从维护人民群众根本利益的高度，切实做好财政节支工作，不该花的钱一分也不能花。要按照朱镕基总理提出的：“领导干部要时刻记住：一粥一饭，当思来之不易，一丝一缕，恒念物力维艰。大手大脚花钱是对人民的犯罪。”各级财政部门一是要坚持量入为出、量力而行的原则，坚决维护预算的严肃性。各级政府在制定预算时，决不能允许做赤字预算，不能留有硬缺口，不要寄希望于上级财政给予解决。要把饭钱放在第一位，千方百计优先保证工资性的支出需要，保证省委、省政府各项决策部署的贯彻落实。按照中央经济工作会议的精神，今年中央除法律和政策规定需增加的重点支出外，其他各项支出实行零增长。我省各级财政也要按照上述原则，大力压减一般性支出，切实把钱用到更需要的地方去。二是要坚持集中财力办大事的原则。要努力形成集中财力办大事的机制。对超收的收入，首先要用于保证工资发放和调资政策的资金需要，增加社会保障支出，并坚决落实筹集防范化解金融风险准备金的政策，确保中央专项再贷款的按期偿还。三是预算要留有余地。教育、科技、农业支出等法定支出要按比例增长。不仅要基本确保，从长远发展趋势看，更要通过调整支出结构，确保有效增长。四是要压缩

一般性支出。坚决反对大手大脚、铺张浪费，搞不切实际的“形象工程”、“政绩工程”，进一步加强对政府公共工程的投资审核；要大力压缩会议费、招待费、出国考察等费用；继续清理行政事业单位资金账户，杜绝私设“小金库”的现象。各地要在清缴各部门预算外资金的基础上，逐步建立透明、规范的公务员收入分配制度；加快“金财”工程建设，堵塞资金管理漏洞。

（二）促进经济发展，努力培育财源

经济发展是财政收入增长的基础。早在1942年毛泽东同志就指出：“未有经济无基础而可以解决财政困难的，未有经济不发展而可以使财政充裕的。”目前，我省的财政收入已上了一个大台阶，在这个大台阶上要继续保持财政收入持续快速增长，就必须下大力气推动经济进一步向前发展，而财政在这方面具有不可替代的作用。因此，各级政府和财政部门一定要克服单纯的财政收支观念，要与时俱进，坚持财政与经济协调发展观念，通过财政政策、财政引导资金等手段有效促进经济发展，大力培育财源。

一是不断推动内外需求的扩大。只有有效需求的拓展，才能有效推动经济增长；只有经济有效增长，才能有“滚滚财源”。因此，各级财政部门要认真贯彻落实中央积极的财政政策，落实地方配套资金，有效引导社会资金投入，推动投资持续增长，并把投资重点放在农林水利、交通、城建、环保、城乡电网改造等基础设施建设，支柱产业、高技术产业化等项目上，加快我省基础设施建设，促进产业结构的优化升级；要制定出台统一规范的政府投资管理办法，加强政府统筹调度资金的能力。要进一步完善鼓励和指导消费的各项政策措施，把市场开拓放在第一位，支持企业开拓国内市场，有效开拓农村市场，培育消费热点，扩大消费需求。同时，要乘势而上，进一步落实出口退税政策，认真执行“免抵退”税政策，对信誉好、规模大的重点出口企业要优先办理出口退税，充分发挥出口退税政策支持和扩大外贸出口的作用；要制定完善有关财政贴息政策，进一步扩大出口退税账户托管贷款业务，优化外贸出口商品结构，开拓多元化国际市场，促进外贸出口。

二是切实加强国有资产的管理和营运工作。2000年，省政府对省属国有企业进行改革，组建了24家资产经营公司和授权经营企业。今年要按照十六大精神，以产权为纽带，对省属24家企业进一步重组优化，进一步理顺企业内部关系，做大做强省属企业。为此，财政部门要根据经济结构战略性调整的需要，进一步调整财政支持方式，努力促进国有企业的技术进步和市场竞争力；同时，要加大国有资产的监管力度，完善国有资产保值考核办法，建立科学合理的经营者业绩考核体系。对国有劣势企业，要从财政政策、资金等方面采取措施，并通过民事破产、政策性破产、产权转让等形式使其尽快退出市场。此外，还要按照中央的统一部署，大力推进国有资产管理体制改革。

三是大力扶持非公有制经济发展。大力发展非公有制经济，前景十分广阔。各级财政部门要认真学习借鉴浙江、江苏、上海等兄弟省市扶持非公有制经济发展的经验，积极支持和鼓励民营资本参与国有企业改组改造和集体企业改制转制，引导非公有制企业技术创新和制度创新，重点支持科技型、外向型、农业开发型、再就业型和山区的中小企业发展，在社保、技改、外贸贴息等财政扶持政策方面对所有企业一视同仁。同时，要规范政府部门的收费行为，实行统一规范的财务会计制度，积极稳妥地支持非公有制企业建立信用担保体系，落实保护国内产业的竞争能力和自我发展能力。

四是加大转移支付力度，支持区域协调发展战略的实施。省里已筹措370多亿元用于支持山区和欠发达地区的发展，各级财政要切实抓好落实工作。省财政要继续加大转移支付力度，从2003年起，对16个扶贫开发县的一般性转移支付年递增比例由10%提高到14%。要适当减轻山区市县“中央专项再贷款”和农村义务教育债务负担。省里已安排100亿元，专用于减轻以山区为重点的“中央专项再贷款”负担。各级财政部门特别是山区欠发达地区政府和财政部门要切实负起责任，克服依赖思想，加大资产追收力度，采取多种形式努力盘活资产。对农村义务教育欠债，要采取省、市、县（区）三级合理负担的办法逐步解决。要加大对教育尤其是义务教育和职业教育的投入力度。要积极推动山区农业产业化进程，扶持省重点农业龙头企业的技术改造和生产基地设施建设，大力发展具有山区优势的资源加工型、农产品加工型和劳动密集型工业。

（三）加强制度建设，规范财政管理

任何管理工作都要讲究规范和科学。管理不规范，就容易受主观意志、个人权力、外界因素的支配和影响，工作会显得很被动。当前，我省财经领域中存在违法乱纪现象，不少与我们的管理不规范、不科学密切相关。因此，今后一个时期，要紧紧围绕加强和规范财政管理这个中心，在财政管理的规范化、科学化方面下功夫。

首先，要提高透明度，这是规范管理的关键。财政工作不仅关系到钱的问题，而且涉及方方面面的利益，如果“黑箱作业”，不仅不利于协调和处理好各方面的关系，而且容易滋生腐败问题。因此，要按照公共财政的原则和要求，大力推进部门预算、国库集中支付制度、政府采购制度和规范政府公共工程管理等措施，克服资金安排上的随意性，增强透明度。与此同时，财政部门要自觉接受人大、审计和社会的监督。

其次，要完善制度，加强检查，革除一些长期存在的管理弊端。财政支出一定要实行“一支笔”审批制度，要逐步扭转财政资金被部门“肢解”、往下“撒胡椒面”现象。最近我在考虑一个问题，即实行财政“一支笔”审批也要做到规范化，以及如何做到规范化。这个问题请你们也认真研究一下，预算外资金的管理要通过实行“收支两

条线”措施进一步规范，每项专项资金都要制定办法进行管理，不能搞随意性。从项目审批、拨付程序到监管措施都要有章可循，不仅要专款专用，而且要用得规范、合理、有效；财政部门要加强对专项资金的使用监督检查，特别是对专项基金和转移支付资金以及国债转贷、扶贫救灾等财政专项资金要进行重点检查。发现违法违规用款的，要严肃处理，追究单位和个人的责任。要做到财政资金支出到哪里，财政监督检查就要及时跟到哪里。财政部门一定要敢于坚持原则，该管的要理直气壮地管起来，该规范的也要建立制度规范起来，不能存在管理的“真空”，要逐渐形成一整套适应现代化管理工作的科学办法。

（四）深化改革，加快公共财政体制建设

经济决定财政，经济运行模式不同，财政体制和财政运行模式就不一样。计划经济体制下，我们建立了“生产建设型”财政模式，现在我们已初步建立起社会主义市场经济体制，因而必须建立与之相适应的财政体制。公共财政体制，是社会主义市场经济发展相适应的一种财政体制和运行机制。公共财政是在社会主义市场经济体制下为满足公共需要而进行的政府收支活动模式或财政运行机制；是国家以社会和管理者的身份从市场上取得收入，并将这些收入用于政府的公共活动支出，为社会提供公共产品和公共服务，以充分保障国家安全，维护社会秩序，实现经济与社会的协调发展。深化财政改革，建立公共财政体制，已成为市场经济条件下财政工作不可逆转的目标和方向。

根据中央部署，结合我省实际，建立公共财政体制，今年我们要在继续深化部门预算改革，稳妥推进财政国库集中收付管理制度改革，完善政府采购和规范政府公共工程管理工作的基础上，重点抓好所得税分享改革和农村税费改革。所得税改革是中央的一项重要决定，意义重大。为了保持我省财政体制的相对稳定，2002年省对市县地方所得税分享比例和办法保持不变。今年中央将调整所得税分享比例，由于改革涉及到省市县三级企业所得税和个所得税的调整，各级要认真做测算工作，深入分析改革对当地财力的影响，把握工作的主动权。关于农村税费改革，2002年在总结兴宁、四会、徐闻三个试点县（市）经验的基础上，农村税费改革已在珠江三角洲地区推开，今年下半年准备在全省铺开。这是一项政治任务，各级政府和财政部门一定要充分认识开展这项改革的重大意义，要全力以赴，做好各项准备工作。调查测算工作要做细做实，实施过程中要加强监督检查。对改革中的问题要及早预见和察觉，超前研究解决的办法，尽可能减少失误，以确保改革顺利进行。

财政改革特别是支出管理改革是今后几年财政工作的努力方向，有些改革将触动到方方面面和既得利益，引发一些深层次的矛盾，工作的难度不可低估。因此，各项改革都要做到精心组织，设计周密，稳步推进，并要认真、扎实地研究实施过程中出现的问题。要始终坚持社会主义市场经济的改革方向，坚定不移地推进改革，不能遇难即止，同时改革一定要从实际出发，整体布局，重点突破，循序渐进，注重制度建设和创新。

（五）加强队伍建设，提高理财水平

总的来看，近年来我省财政系统在转变职能、改进作风和干部队伍建设上取得了不小的成绩，涌现出一大批先进集体和先进个人，从他们身上我们可以看到整个财政队伍良好的精神面貌和坚强的战斗力。这次会议将要对这些先进集体和个人进行表彰，希望获得表彰的先进集体和个人继续发扬成绩，同时全省财政系统的干部职工也要努力向他们学习。

财政干部的思想政治素质和业务素质如何，直接关系到财政工作的质量和财政政策的落实，也关系到党和国家其他政策的落实。不仅如此，当前财政工作面临的形势，也对财政部门的职能转变、工作作风和干部素质提出了更高的要求。我们要以对党、对人民和对历史高度负责的态度，切实转变财政部门职能和工作作风，不断加强财政队伍建设，不断提高财政干部的综合素质，提高为民理财，为政府当好“管家”的水平。

一是坚持执政为民、为民理财。这是体现党和政府关心群众生活、解决群众困难的具体要求，也是财政工作的出发点和归宿。每个财政干部都要牢牢把握这一根本要求，善谋富民之策，多办利民之事，在工作中切实转变作风和改进方式，增强服务意识，深入基层，深入群众，深入实际，防止和纠正形式主义、官僚主义等不良习气，努力形成勤政、高效的良好作风。同时，在预算安排和工作中要着眼于不断提高人民的生活水平和质量，加大社会保障投入，构建社会保障安全网；落实资金支持解决好困难群众的“四难”问题；认真贯彻落实中央和省鼓励扶持就业和再就业的各项政策措施，促进就业和再就业；通过农村税费改革，切实减轻农民负担，努力增加农民收入。

二是坚持艰苦奋斗、干净干事。胡锦涛总书记在西柏坡考察学习时号召全党特别是领导干部要大力发扬艰苦奋斗的作风，这一要求的提出在我省目前发展阶段具有特别重要的意义。经济越发展，越要抓艰苦创业。财政部门作为政府理财的重要职能部门，要认真履行好工作职能，认真抓好承担的各项“源头”治理工作，每个财政干部都要增强反腐败、抓“源头”治理的责任意识，结合财政工作特点，铲除产生腐败的条件和土壤，从制度、机制上防治腐败，反对一切铺张浪费、讲排场、比阔气的不良风气。同时，财政系统广大干部要坚守秉公理财、廉洁服务的职业道德，增强带头廉政的意识，不断强化财政系统内部监督制约机制，认真落实党风廉政建设责任制，加强警示教育；坚持正确的用人导向，选好人，用好人，不断提高整个队伍的政治素质；坚持依法行政、依法理财，树立财政部门公正廉洁的形象。

三是不断加强学习。各级财政部门的领导要带头学习和实践“三个代表”重要思想，要成为勤奋学习、善于思

考的模范。整个财政系统要始终保持理论联系实际的优良学风。既要懂得如何学，还要学会怎样用，要把十六大精神和“三个代表”重要思想切实转化为财政工作的行动指南。同时，要努力创造条件，让干部有更新知识的机会，加强财经理论、业务知识和现代科技、法律、历史等方面知识的学习，要通过学习、再学习，不断提高理财水平和驾驭市场经济的能力，不断提高应对复杂局面和总揽全局的能力。

省委副书记、省长黄华华在全省农村税费改革试点工作动员大会上的讲话

（2003年6月16日）

按照党中央、国务院的统一部署，省委、省政府决定，从今年7月1日起，在全省全面开展农村税费改革。今天召开大会，就是对这项改革进行动员和部署。现在，我就全省开展这项改革讲四点意见。

一、我省农村税费改革试点工作取得明显成效，为全面推进这项改革积累了经验

2000年，我省选择了四会、兴宁、徐闻三个县（市）作为改革试点县（市）。2002年，又将试点范围扩大到珠江三角洲地区的7市及所属28个县（市）、区。三年来，我省的农村税费改革试点工作严格按照中央的政策和要求进行，并较好地结合了试点地区的实际，取得了明显的成效。一是农民负担大幅减轻。试点地区均按试点政策取消了农村教育费附加、水利、优抚、五保等镇统筹收费和村提留、教育集资，取消了农村义务工、积累工，取消了屠宰税，共减轻农民负担约13亿元，减负比例高达70%。如四会市，改革之后与改革之前相比，农民人均负担减少了91元，减负65%；兴宁市人均负担减少了69元，减负77%；徐闻县人均负担减少了130元，减负61%。珠三角各市减负也比较大，其中广州市，农民负担由原来的人均108元，降到29元，减负达到73%。二是农村分配关系逐步规范。在认真清理涉农收费的基础上，确立了以农业税和村内“一事一议”筹资为主要内容的新的农村税费制度框架，并以公开信、负担卡、财务公开、村务公开等形式向农民公布。与此同时，规范操作程序，完善基层民主监督机制，建立健全责任追究制，对村内集体生产、公益事业实行农民事农民议、农民管。通过努力，逐步形成了农民负担的刚性、透明约束机制，规范了农民与国家、集体之间的分配关系。三是促进了试点地区经济发展、社会稳定。通过农村的税费改革，广大农民在得到较大实惠的同时，劳动致富热情空前高涨，依法缴税意识有所增强，试点地区呈现经济繁荣、社会稳定的良好局面。不但珠江三角洲7市的国内生产总值增长速度加快，今年1～4月份珠三角地区GDP增长14.8%，其他试点地区也呈现良好的发展态势，如四会市，1～4月的GDP增长12%。

通过这三年的改革试点，我们积累了一些有益经验，基本达到了试点的目的。最主要的经验有如下五条：

（一）党委、政府将农村税费改革工作摆到了重要的议事日程，切实加强了领导

试点地区的党委、政府把农村税费改革作为农村工作中的头等大事来抓，成立了相应的领导机构，并层层落实责任制，切实加强对各个环节的领导和协调，及时解决改革中出现的问题。这是确保改革顺利进行的关键。

（二）认真做好宣传发动工作，努力营造有利于改革的社会氛围

为了让全社会都来关心和支持改革，试点地区通过召开会议、组织学习、派驻指导人员以及加大广播电视、报刊杂志报道力度等方法反复宣传中央和省关于农村税费改革的精神，使广大干部群众提高认识，统一思想，特别是使广大农民明白改革所带来的好处，从而自觉参与改革，支持改革，推进改革，使这项改革有了良好的群众基础。

（三）在深入调查研究的基础上制订切实可行的改革方案，使改革工作稳步有序地进行

在改革开始时，各地组织力量，对计税面积、常年产量、生产状态以及乡镇统筹、村提留、集资等收支情况进行全面调查，把农民负担情况摸清、摸准、摸透，并根据实际制订了农村税费改革试点工作方案。各地还针对历史上存在的“有税无地”问题，落实了“税跟田走”的政策。

（四）同步推进各项配套改革，使农村税费改革顺利推进

试点地区在进行税费改革的同时，认真开展了精兵简

政、并镇并村并校、加大财政转移支付、实行“一事一议”的制度、建立健全农民负担监督机制等工作，既巩固了农村税费改革成果，又促进了镇村基层组织建设和其他各项工作，一举多得。

（五）注重研究新情况、解决新问题，使农村税费改革不断在创新中完善

试点地区针对改革中暴露出来的计税产量核定不合理、计税面积与实际不符、税负不公等情况，秉着实事求是的态度，制订补充措施，不断地完善政策，创新解决问题的途径和办法，对推动改革的深入起到了重要的作用。

这五个方面的经验，对于我们即将开始的全省农村税费改革具有重要的指导意义。实践证明，中央关于农村税费改革的决策是完全正确的。进行农村税费改革，是减轻农民负担、充分调动农民积极性的一条根本途径，有利于进一步解放和发展农村生产力，有利于促进农村的发展、繁荣和稳定。目前，全面进行农村税费改革的时机和条件已经成熟。党中央、国务院审时度势，果断决策，决定今年全面铺开这项改革。这完全符合我省实际。省委、省政府决定从今年 7 月 1 日开始整体推进全省的农村税费改革，这是我省今年改革发展中的一件大事。各级各部门一定要认真贯彻落实中央和省的有关政策，认真借鉴试点经验，结合实际，做好农村税费改革的各项工作。

二、从实践“三个代表”重要思想和当好排头兵的高度，进一步提高全面推进农村税费改革重要性的认识

税赋制度是国家分配关系中的重要制度，税赋制度改革历来是调节分配关系，调解社会矛盾，促进经济发展，维护社会稳定的重要手段。在我国历史上，历代封建王朝也都重视农村税赋制度的改革，自秦汉以来，我国历史上曾经进行过六次重大的农村税赋改革，第一次是汉高祖刘邦鉴于秦始皇横征暴敛，导致亡国的教训，实行了“定率田租”，流民归土，清田赋，减徭役的政策；第二次是三国时期曹操实行的“租庸调法”，改“定率田租”为“定额田租”；第三次是隋文帝的“输庸作役”，实行了均田制和租调制；第四次是唐德宗时期的“两税法”；第五次是明代张居正的“一条鞭法”；第六次是清朝雍正王朝的“摊丁入亩”和“火耗归公”。上述六次改革比较深刻的有两次，一次是“两税法”，一次是“一条鞭法”。所谓“两税法”发生在唐德宗时期，公元 780 年，唐德宗接受了宰相杨炎的建议，实行了“两税法”改革。它的主要内容：一是归并税目，把当时混乱繁杂的税种合并统一起来归并为户税与地税两种；二是集中征收时间，一年分夏秋两季征收；三是费改税，将各种名目的收费全部改为征税，一同并入两税制度，作为两税的有机组成部分。第二次比较出名的是“一条鞭法”，公元 1581 年，当时明王朝接受内阁首辅张居正的建议，实行“一条鞭法”的改革。所谓“一条鞭法”，简而言之就是把各种徭役、田赋和各种杂费归并为一，合征银两，不征粮，并规定不得再征其他费用。它的主要内容：一是合并各项税赋项目为田赋一种，以田亩为对象一次征收，各种名目的收费、摊派、额外的附加等都合并为一条，归入田赋，税费合一，一次征收；二是将扰民最重的役——劳役并入田赋，计亩征收，按照亩来征收；三是保证田赋一律折合银两来缴纳；四是税费统一缴银后，官收官解，由地方官吏直接征收后，解缴国库。所以这两次是比较突出的。封建王朝的这些改革措施虽然也促进过农村生产力的发展，但由于其所代表的是封建地主阶级的利益，不管哪一次改革，都不可能是彻底的改革，都跳不出所谓的“黄宗羲定律”的怪圈，最后以失败而告终，并导致人亡政息。什么是“黄宗羲定律”呢？明清之际大儒黄宗羲认为，历史上每搞一次农村税赋改革，都会催生一次杂派高潮，垫高了下一次改革的门槛。现代史学家称之为“黄宗羲定律”。我们现在进行的农村税费改革则根本不同，它以减轻农民负担为根本目的，代表的是最广大农民群众的利益，是按照建立社会主义市场经济体制、转变政府职能和建立公共财政的总要求，对现行农村税费制度进行改革和完善，从制度上把农村分配关系纳入法制化的轨道，依法保护农民利益。因此，这次改革是历史上最深刻的农村税赋制度改革，对于合理调节国家、集体、农民的分配关系，调动广大农民的生产积极性，加快全面建设小康社会、率先基本实现社会主义现代化，都具有重大的意义。我们必须把思想统一到党中央、国务院和省的部署上来，不断提高对改革的认识。

（一）农村税费改革直接和具体代表了广大人民群众的利益

贯彻“三个代表”重要思想，本质在坚持执政为民。我国 13 亿人口中 70％在农村，我省的农民占全省总人口的六成多。解决好农业、农村、农民问题，不断增加农民的收入，事关国家的长治久安和繁荣稳定。“无工不富”是真理，“无农不稳”也是真理。进行农村税费改革是广大农民的共同愿望和根本利益所在。对我省来说，这是惠及全省 5 000 万农民群众的大事。因此，能不能把农村税费改革搞好，是关系到我们党能不能密切与人民群众的血肉联系，真正体现执政为民的大事，是衡量各级党委和政府能不能很好地贯彻“三个代表”重要思想的试金石。我们要清醒地看到，虽然我们过去在减轻农民负担、增加农民收入方面下了很大的决心，做了很多的工作，也取得了较大的成效，但仍没能从根本上得到解决。特别是近年来，我省农民收入增长明显放缓，2002 年全省农民收入只增长 3.8％，落后于浙江、江苏、山东等省，与浙江省增长 8.4％相比，增幅不足其一半，也低于全国平均水平 1 个百分点。这种差距的根本原因是我省农村改革滞后。在

农民收入增长缓慢的同时，农民负担又降不下来，加上农业的比较效益较低，我省农业竞争力不强，很难适应加入WTO后新形势的需要。在这种情况下，我们要特别强调保护农民利益，坚持“多予少取”的方针，通过农村税费改革，从根本上把农民负担减下来，为促进农村的繁荣稳定提供强大的动力。

（二）农村税费改革是我省加快全面建设小康社会和率先基本实现社会主义现代化的步伐，当好排头兵的重大举措

今年4月，胡锦涛总书记视察我省并发表了重要讲话，要求我省加快发展、率先发展、协调发展，发挥排头兵的作用。这是党中央、胡锦涛总书记在新的历史时期赋予我们光荣而又艰巨的历史使命。我省要当好排头兵，实现加快发展、率先发展、协调发展，目前碰到的一个突出问题就是区域发展不平衡。区域发展不平衡，就不容易协调发展。2002年，占全省面积77%的山区和欠发达地区(就是山区和东西两翼）国内生产总值只占全省的28%，财政收入只占14%，这个发展很不平衡。根据全省的统计，整个国税，三角洲占了86.3%，地税，三角洲占了86.5%，而山区和东西两翼只占整个财税总额的14%。至于人均GDP的差距就更明显了，2001年全省人平1 600美元，山区是729美元，东西两翼是908美元，全国平均水平刚好908美元，也就是说，山区、东西两翼低于或等于全国平均水平。三角洲是3 780美元，差距很大。发展那么不平衡，要实现协调发展，难度很大。现在为什么提出协调发展的问题，我理解，党的十六大专门提出要全面建设惠及十几亿人口的小康社会。所谓惠及十几亿人口，就是所有的角落、所有的人民都要得到好处。对我省来讲，这么一个小康社会，就是7 800万人民一定要协调发展。所以协调发展非常重要，总书记专门提出了三大发展：加快发展、率先发展、协调发展。而且没有协调发展，也就没有率先发展，关系非常重要。而山区、东西两翼城镇化水平普遍比较低，农业人口占的比重大，成为我省全面建设小康社会、率先基本实现现代化的一大难点。即使是珠江三角洲地区的农业人口也不是都已富裕起来，促进农民增收的任务仍然很重。可以说，我省能不能在全面建设小康社会和率先基本实现现代化进程中更好地发挥排头兵的作用，关键是看广大山区、欠发达地区以及广大农村地区能不能发展起来，农民能不能尽快富起来。没有广大农村地区和山区的小康，全省的小康是不全面的、发展很不平衡的小康，而不是全面的小康。没有广大农村地区和山区的现代化，我省就不可能率先基本实现现代化，当好排头兵就是一句空话。为此，我们必须抓住有利时机，通过农村税费改革增创农村发展的体制新优势，推动广大山区、欠发达地区和农村地区的经济社会发展。

（三）农村税费改革是解决农业发展、农村稳定、农民增收问题的必然选择

一直以来，省委、省政府高度重视解决“三农”问题。但是，农民负担重、农民收入增长缓慢仍然制约着农业和农村经济的发展。因此，我们必须寻找解决这个突出问题的根本途径。从实践来看，经过税费改革试点的地区，农民负担大大低于其他地区，“三农”问题也解决得比较好。事实证明，进行农村税费改革，能够把农民的积极性和创造性充分调动起来，能够有效地解放和发展农村生产力，是解决“三农”问题的关键之一。只有坚决革除不利于农业农村发展的税费制度，建立新的适应农村生产力发展要求的体制和机制，才能把广大农民的积极性、创造性释放出来，促进农业增效、农民增收、农村稳定。只有依法调整和规范国家、集体与农民的利益关系，将农村的分配制度纳入法制化的轨道，坚决堵住各种加重农民负担的口子，才能真正让农民安于发展、潜心经营。我们在全省全面推行农村税费改革，就是要从制度上明确农民的赋税责任、取消一切强加在农民头上的不合理收费与乱摊派、乱集资、乱罚款，坚决防止农民负担的新增加和反弹，切实保护好农民利益。希望要从根本上解决“三农”问题的高度，不断增强推进农村税费改革的主动性与自觉性，下大力气推进这项改革并确保取得成功。

三、把握政策，狠抓落实，全面开展农村税费改革

农村税费改革是一项复杂的系统工程，也是政策性很强的工作。自2000年以来，党中央、国务院已下发了一系列政策文件。这次会议印发的《广东省农村税费改革试点方案》，是中央政策与我省实际相结合的结晶，是我省进行农村税费改革的政策指南。全省各级各部门都要认真组织学习，深刻领会精神实质，准确把握政策，紧密联系实际，狠抓各项改革工作的落实。重点是抓好如下三个方面：

（一）明确目标，坚持原则

根据国务院提出的明确要求，这次农村税费改革的总目标是“三个确保”：确保农民负担得到明显减轻、不反弹，确保乡镇机构和村级组织正常运转，确保农村义务教育经费正常需要。这是衡量农村税费改革是否成功的重要标志。为了实现这个目标，各地各部门在改革中必须始终坚持“减轻、规范、稳定”的指导思想。减轻，就是要合理确定农民的税赋水平，切实减轻农民负担；规范，就是从制度上规范国家、集体和农民之间的分配关系、分配方式、分配方法，将农村分配关系纳入法制化轨道，从根本

上遏制面向农民的各种乱收费、乱罚款、乱集资和乱摊派；稳定，就是在减轻和规范的基础上使农民的税赋水平在一个较长时期内保持不变。为此，要按照“单一税种、减轻负担、配套改革、稳健实施”的思路推进改革。也就是要合并农业税与农业特产税，只保留农业税，对农民只征收农业税，这就是单一税种；要以县为单位计算，使全省农民负担减轻50%以上，叫做减轻负担；要配套推进镇村区划调整、乡镇政府机构、农村教育体制、乡镇财政体制等改革，重点做好“并镇”、“并校”工作，这叫做配套改革；稳健实施，就是要以县为主进行改革，省市予以工作指导和财政转移支付的帮助，有计划、有组织、有步骤、够力度地全面推进全省的农村税费改革。

为了保证整个改革的顺利进行，必须坚持四个基本原则。一是减轻和规范农民负担的原则。这是农村税费改革的根本目的，必须做到坚定不移。二是统筹兼顾的原则。税费改革方案的制定，既要考虑使农民负担有较大程度的减轻，又要考虑县镇财政的承受能力，保证镇级政府和村级组织履行职责、正常运转必需的经费开支，保证镇村教育的需要。三是配套改革的原则。农村税费改革必须与各地机构改革、治理“三乱”和规范税制等配套措施结合起来，与适当调整合并镇村建制结合起来，与调整农村中小学校布局、核定学校教师编制结合起来，与完善县镇财政体制和健全农民负担监督机制结合起来。四是科学规范和简便易行的原则。规范农村税费制度是这次农村税费改革的一个重要方面。改革后，国家采取规范的方式筹集收入，政府与农民的利益关系主要通过征收农业税的分配方式来体现，把农民的负担纳入法制化、规范化管理轨道。因此，在农业税的税收制度设计和征收方式上，一定要切合农村的实际，符合农民的意愿，适应农民的文化水平，简便易行，有利于基层操作和农民监督。

（二）把握政策，扎实工作

这次农村税费改革的基本内容，概括起来就是“五取消、一改革、一种税”。“五取消”，就是取消乡镇统筹费、村提留、农村教育集资等专门面向农民征收的行政事业性收费和政府性基金、集资；取消屠宰税；取消面向农民征收的农业特产税；取消劳动积累工和义务工；取消农业税附加。“一改革”，就是改革村级经费筹集和管理，实行村内事务“一事一议”制度。“一种税”，就是对农民只征收农业税。关于农村税费改革的主要政策，主要包括如下六个方面。在具体实施中，各地各部门要严格按政策办事，扎扎实实做好各项改革工作。

1. 合理确定农民的农业税负担。关于农业税赋，中央确定，改革后，农业税税率不超过7%。全国各省均按7%执行。为了进一步减轻农民负担，合理确定农民的农业税负担，我省本着实事求是的精神，决定新的农业税税率按6%执行。这主要是基于三个方面的考虑：(1) 从低确定农业税计税价格。我省统一以水稻价格为农业税计税价格，考虑到最近几年的价格水平，我省选择了最低价格年份为参考价格，确定每50公斤稻谷的价格为45元。(2) 合理计算常年产量。原则上按中央规定，以1998年前五年平均产量进行评定。考虑到分年统计数字误差因素，结合我省的实际，可由县级人民政府根据实事求是、就低不就高、绝大多数农户能够接受认可、同区域同类型同等级土地大体一致、对种植大户给予适当照顾的原则分类核定。(3) 认真调整计税土地面积。鉴于近几年我省实施可持续发展战略而采取了造林绿化、村村通公路等措施，农业税计税面积发生了很大变化，省里统一制定了农业税计税面积的调整政策，确保农民负担合理。

2. 稳步推进“两税”合并和免征“两税”附加的工作。目前的农业特产税是依据国务院1983年颁布、1994年重新修订的行政法规进行征收的。当时的意图是从农业内部的经济作物收税用于补贴粮食生产，但实际上种粮的农民没有因此多得补贴，而种经济作物的农民增加了负担，现已不适应调整农业生产结构、增加农民收入的总要求。从我省的实际情况看，绝大部分县（区）的农业特产税收入很少，只有少数县农业特产品生产规模较大。总体上看，不征收农业特产税对整个财政收入影响不大，因此，在全省范围内将“两税”合并，对农民只征农业税是可行的。对因“两税”合并影响县（市）财政收入的纳入农村税费改革统一算账，通过省、市财政转移支付予以帮助。而“两税”附加属于非税非费的集体经济资金，不宜像税收一样征收。原来“两税”附加实行镇管村用，存在不少问题，取消“两税”附加符合改革的大方向。我省的“两税”附加总量本来不大，据测算每年大概只征收到1.6亿元左右。不征收“两税”附加，村级组织正常运转的经费，除了村集体经济承担外，少量不足可通过村民民主自治、“一事一议”等办法适当补充，还可以通过县和镇经财政进行适当补贴。这项重大改革农民群众看得见，摸得着，得到明显的实惠，是一项民心工程。

3. 建立健全规范的农村“一事一议”资金收付制度。农村税费改革后，村内兴办其他集体生产公益事业所需的资金，以及少量的村级组织正常运转经费补充，由村民大会按照民主自治的原则和村民认可的办法确定，依法筹集。对村内事务实行年初计划、“一事一议”，筹资筹劳经县级政府确定，实行上限控制，由村民合理负担，农民人均负担“一事一议”的资金全年最高不得超过15元。严格执行村务公开、财务公开、上级审计、民主监督的规定，充分体现民主性、计划性、合理性、公开性。

4. 加大对贫困地区的财政转移支付力度。实行农村税费改革后，地方政府收入将相应减少，造成较大的支出缺口。据测算，实施农村税费改革后全省财政收支缺口约38.53亿元，其中珠江三角洲地区缺口11.74亿元，粤东、粤西和粤北等地区收支缺口26.79亿元。为了解决好这个问题，各地要严格依法征税、精简机构、精简人员、压缩开支、调整支出结构。省财政也要通过固定性转移支付和过渡性转移支付方式，对减收较多、支出缺口较大、财政困难较大的地区（含粮食主产区）给予积极帮助。省里决定，珠江三角洲地区与各地级以上市本级所辖农村进行改革后出现的收支缺口，由管辖市和县（市）自行解决。粤东、粤西和粤北等地区所辖县（市）以及珠江三角洲地区中少数财政困难较大的恩平等县（市）改革后的支出缺口，省财政每年通过加大对县（市）、区农村税费改革转移支付力度给予帮助。省财政每年安排此项资金达到20.3亿元，各地级以上市人民政府也要安排相当于所辖县（市）、区收支缺口10%的专项资金予帮助，其余由镇、村减员节支和由县（市）调整事权及增加补贴消化解决。

5. 合理安排农民直接补贴和五保户供养的费用。改变农业补贴办法。省级粮食发展专项资金可用于对规模经营种粮大户的补贴。省补贴的资金根据市、县粮食生产状况安排到县（市），由县级政府对种粮大户进行直接补贴。补贴办法由县级人民政府制定。有关市、县也要多方筹集资金，逐步扩大对农民直接补贴范围。对于改革后的五保户补助问题，原由镇、村负责的供养人员统一由镇管理，以减轻村级组织的负担。在不低于改革前供养标准的前提下，由各县（市）或镇根据经济发展水平确定供养标准。

6. 妥善解决农村教育的负债和镇村历史债务问题。农村税费改革后，要对农村中小学债务消化工作及其资金来源进行清查和核实。对用于普及九年义务教育的债务余额，主要由当地政府统筹安排，逐步解决，省财政给予适当帮助。对镇村其他负债也要核实规模，明确责任，分类处理，逐年化解，禁止发生新债。农村的一切工作都要从实际出发，量力而行，有多少钱办多少事，严禁各种不顾财力许可的达标升级活动，严禁通过向农民收费来还债，严禁将镇村债务转嫁到农民身上。

（三）配套改革，协调推理

农村税费改革必须与其他有关的改革协调推进，配套进行。从试点情况看，镇级机构经费和农村义务教育经费缺口较大，是影响并决定农村税费改革成败的两大突出问题。对此，除了对政策内财力缺口通过省、市加大财政转移支付力度进行弥补外，对政策外的财力缺口必须靠推进配套改革、压缩财政支出消化。需要进行配套改革的事项很多，主要有调整合并镇、行政村建制，调整中小学校布局；深化机构改革和清退编外人员；实行村内事务依法自治管理；加强对农村税费改革转移支付资金管理；保留集体合理负担；实行对农民直接补贴政策；妥善解决教育负债及镇村的其他负债问题；加强农业税的征收管理和建立减轻农民负担责任制和监督机制等九个方面。我在这里特别强调“并镇”、“并校”的工作。为什么强调这个问题？刚才讲了，镇级的机构经费、农村义务教育经费这个缺口比较大，这两个问题是决定农村税费改革成败的两大突出问题。现在镇级机构经费、农村义务教育经费都跟镇级机构改革、学校布局改革是息息相关的，所以我们专门把这两个问题放到一起讲。

1. 加快镇级机构改革，按质量完成“并镇”任务。当前，我省镇级机构人员膨胀、人浮于事、供养人员严重超编的现象非常严重，造成收费养人、养人再收费的恶性循环，这是造成农民负担过重、财政入不敷出的重要原因。这方面我讲点数字，大家都知道，我们现在人员超编太严重了。这个数字简直惊人，据对山区、东西两翼14个地级市的统计，镇级机构养人增长太快，1999年这14个地级市所有镇级机构养人是30.47万人，到2002年底，达到了58.81万人，从1999年到2002年平均每年增加9.45万人，年均递增24.5%。平均每镇养人有多少？1999年平均每镇养人222人，到了2002年平均每镇养人459人。459啊！三年翻了一番！按人均1.4万元计算，1999年镇级机构经费的支出是42个亿，到了2002年达到了82个亿，三年增加40个亿，这样下去，这个镇级经费谁能解决得了？所以，现在镇级机构改革非常重要。但现在我们并镇的工作难度很大，不少地方对并镇积极性并不高，去年省委、省政府定了要15%的并镇任务，实行的结果只减了6%。所以，今年省里下大决心，一定要并镇，否则没办法，行政成本太大了。由于200多人增加到400多人，200多人都已经超编了。我们编制现在平均不到100人，七八十人，大的无非就100人左右，1999年已超了一半了，到了2002年，400多人，这样的经费能负担下去吗？这是个大事情。今天我们参加会议的都是各县的县委书记或县长、市里面的副书记，领导都来了，省委、省政府下大决心，今年一定要解决并镇问题，要解决超编问题，就是并镇、减人，不这样，难以为继啊！农村税费改革成败关键之一，就是镇级机构经费问题，这是个大问题，让我们共同来高度重视这个问题，下决心，要把并镇这个任务完成。镇级政府如果仍然管很多不该管、管不了、又管不好的事，人员膨胀、支出膨胀的问题就会继续下去，减轻农民负担就不可能从根本上解决。要痛下决心精简镇级机构和压减人员，进一步加快镇级政府职能转变，把镇政府职能转到行政管理和发展公益事业上来，改变管理方式，强化引导功能、服务功能、协调功能，从根本上给农民“减负”。要严格执行省委、省政府确定的机构设置标准和精简压减人员比例，把超编人员压减下来。对按规定核定编制、配备人员的镇级财政供养人员经费，原则上由县级财政预算予以安排，实行镇级财政供养人员工资由县级财政集中支付、统一发放的制度，以达到减员增效、减少镇级财政负担的目的。镇级各单位的财务收支由镇财政部门统一核算、统一管理。各级各部门不得以任何形式强求上下业务对口设置机构、配备人员。要创造条件，推进镇级事业单位向企业化、社会化、市场化方向发展。在此基础上，加大“并镇”的力度，最大限度地减少行政成本。调整镇行政区划作为农村税费改革的配套改革措施之一，各地要坚决完成省委、省政府提出的今年调整撤并乡镇15%的目标任务。实际上我们有不少县在并镇问题上是做得很不错的，像台山市，2000年已经结合机构改革撤并了8个镇，由原来的28个镇减少到20个，减幅是28.5%，它相对的规模大概平均原来3.6万人一个镇，后来扩大到5万多人。同时，对行政村也要加大合并力度，村干部也要精简。我们有不少市并村工作也是不错的，像中山市，全市共撤并行政村188个，它原来是近400个，现在减至191个，行政村的人口由原来的2 604人增加到4 249人；还有三水的白坭镇，将13个村委、1个居委合并为3个居委或村委，村干部从140人压缩到30～40人。

2. 积极实施农村中小学校布局调整计划，优化教育资源配置。现在看来，这也是个很大的问题，现在教育经费紧张，缺口大，这其中也有跟养人连到一块，也跟教育资源优化配置连到一块，现在存在什么问题呢？现在就是学校规模太小，教师太多，浪费太大。目前大概全省200个学生以下的学校还较多，山区标准一般是300人，但是全省200人以下的学校，全省有8 200多所，占了整个学校总数的29%，也就是说29%的中小学的学生都在200人以下，规模确实小。学校多教师也多，有的学校里面学生人不多，教师很多。据调查，某县高堂镇有一间学校，只有24个学生，教师就有18名。还有的学生太分散，教师不够，就聘请民办教师，这样的教师素质也比较低，误人子弟。有个老师，他写信给我们省编委的领导，要求什么呢？要求增加编制，结果这位领导给他回了一封信，回信是样的："尊敬的某老师：你的信，收到了。由于你的信错字、别字达127个之多，我读不懂，大约知道你在为学校操心，要求增加编制。我想，如果增加编制是为了留住像你这样的老师，我是做不到的。"这个老师是教语文的，是全校几十名老师推他来当代表写信的，一封信就有127个错别字，这个很典型，也很说明问题：我们民办老师太多、太滥了，素质低。还有一个学校教初中数学的老师，他把作业本带回去，叫他的女儿帮他修改作业，最后他在上面签个名。由于学校太多、教师太多、民办老师太多，现在中小学符合要求的教师比例比较低。就拿试点的兴宁市来说，兴宁比较崇尚教育，应该说教育是比较发达的，但合要求的教师仍然比较少，在该市小学教师6 399人当中，只有10%的人是正式专科毕业的，这样的比例，以后教出来的学生怎么样？现在看来，怎么优化农村中小学布局的调整，优化教育资源问题，的确是当务之急。其中还有一个重大问题是人员太多，所以好多教育经费给人员吃掉了。下来，我们要坚持"以县为主"的农村教育管理体制，按照我省农村中小学校布局调整统筹规划、分类指导、分步实施、三年完成的总要求，如期完成农村中小学校撤并计划。省财政从2003年起至2005年，每年安排专项资金支持贫困地区的农村中小学校布局调整，各市县也要在本级财政预算中安排专项资金，用于落实这项工作。与此同时，要实行依法治编，减少教育养人，由省编制、财政、教育部门直接核定各县（市）的教师编制，严把入口关，以控制教育养人过快增长，优化教育资源配置，提高教学质量，加快我省农村教育的发展。凡是这样做的，效果就好，像兴宁市，共撤并小学62间，辞退临时工250人，解聘合同代课教师2 253人。一下子几千人，多少钱啊？一下子钱就减下了。还有佛山市三水区计划将全区125间微型、残旧、落后的乡村小学合并为36间，每间学校年均减支费用10万元。学校合并以后，对提高整个教育质量很有好处，如广州市白云区已在10个镇完成了72所学校合并工作。合并以后的学校环境优美，办学条件标准化，教育手段现代化，教学管理规范化的工作有很大的进展。2002年高考，白云区的高考重点上线率在广州12个区市中排第三，全区高考录取率达91.62%。教学质量提高了，学校不一定越多越好，还是规模搞大一点，优质教师多一点。像德庆县试点学校调整后全县可精简教师200多人，每年减少原分散用于各校的修缮、业务费支出和人员经费支出600多万元。所以教育经费问题很重要一条是养人的问题。现在有些同志讲农民负担重，是因为办了一些不该办的事，养了一些不该养的人，收了一些不该收的钱。

四、加强领导，明确责任，确保农村税费改革实现预期目标

全面推进农村税费改革，是当前我省农村工作的中心任务。各级党委、政府一定要高度重视，把这项改革工作摆到突出位置，切实加强领导，精心组织，严密部署，稳健实施。

（一）各级党政一把手要亲自抓、负总责

各市、县和镇的党政一把手，是当地农村税费改革的第一责任人，对改革负总责，并且要形成一级抓一级、一级管一级的工作责任制度。省里已经成立了农村税费改革领导小组，我任组长，广源、鸿忠、容根三位同任副组长，下设办公室。各地也要尽快成立农村税费改革领导机构及其办事机构，从有关部门抽调精兵强将，为全省农村税费改革提供强有力的组织保证。县级党政一把手对农村税费改革要负起特别的责任。要亲自深入农村，到农户中间，了解农民的实际困难与农村的主要矛盾，对改革方案和重要政策认真研究，准确组织实施。对牵涉面广的各项配套改革要抓好协调。对群众反映强烈的热点、难点问题，要亲自调查研究，及时解决。

（二）深入发动群众广泛参与，全面落实农村税费改革政策

农村税费改革涉及农村社会的方方面面，涉及千家万户，必须坚持走群众路线。要牢固树立群众观点，真心实意地相信群众，依靠群众，耐心细致地做好宣传群众、发动群众的工作。各地区要按照省里的总体安排，结合本地实际，制定周密的宣传计划。宣传工作既要轰轰烈烈，大造声势，又要扎扎实实，务求实效，保证宣传工作进村、入户、到人。要采取多种形式，特别要尽可能采用群众喜闻乐见的形式，对农村税费改革的意义、目的、指导思想、基本原则、改革内容以及依法纳税等进行广泛宣传，使农村税费改革政策家喻户晓，深入人心。省政府将印发《致全省农民的公开信》，各地要组织力量，做好张贴和播

报，并将公开信发送到每一户。在宣传政策过程中，各级干部特别是基层干部要加强学习，熟悉掌握政策，增强责任感和使命感，切实为农民办成这件好事、实事，努力成为农村税费改革的组织者、推动者和实践者。

（三）严明纪律，严肃查处违反农村税费改革政策的行为

要用铁的纪律保证农村税费改革顺利进行。各级各部门必须严格执行改革政策，做到有令必行，有禁必止，切实维护政策的统一性和权威性。要加强对改革政策落实的监督，充分发挥人大代表和政协委员的监督作用、新闻舆论的监督作用以及广大人民群众的监督作用，及时查处违反农村税费改革政策、违反减轻农民负担政策、加重农民负担的案件。对于不执行或者拖延执行改革政策规定、变相恢复已经取消的收费项目、截留挪用财政转移支付资金、作风粗暴导致恶性事件等违反农村税费改革政策的行为，要按照有关规定严肃处理。凡是农村税费改革和减轻农民负担政策落实不到位，对直接管辖范围内发生的严重违反农村税费改革政策减轻农民负担政策行为不制止、不查处或处理不当，造成严重后果的，首先要追究县镇两级党政一把手的责任。对在改革中不顾大局，不按农村税费改革政策办事，农民负担出现反弹的单位和个人，要给予党纪、政纪处分；情节严重者，先予停职；触犯法律的，由司法机关依法追究法律责任。

（四）加强督查，保证农村税费改革措施落到实处

全省农村税费改革试点方案和配套改革措施已经明确，下一步的关键是狠抓落实。各级领导干部要以良好的精神状态，倾注主要精力把这件大事抓紧、抓实、抓好。从现在起，我省农村税费改革试点工作已正式进入实质性的运作阶段，省里的工作重点将转移到督促改革政策的落实上来。省农村税费改革领导小组办公室要加强对各市、县的指导，组织业务培训，提高政策水平和业务素质。各市、县要按照省的改革方案和配套改革措施，尽快制订本地的实施方案，并将方案按时上报省政府审批。从7月份起，省农村税费改革领导小组要组织督导组分赴各市、县检查各地落实改革政策和实施改革试点方案的情况。同时组织由省政协委员、省直机关老干部组成的农村税费改革巡视组，对各市的改革工作进行巡视。省农村税费改革领导小组办公室要及时掌握各地的工作进展情况，研究并协调各地试点工作中出现的新情况、新问题。

同志们，全省农村税费改革从7月1日起全面实行，时间紧，任务重。我们一定要认真贯彻“三个代表”重要思想，全面落实胡锦涛总书记视察广东的重要讲话精神，开拓进取，扎实工作，把这件深受广大农民群众欢迎的德政工程做好，并以这项改革推动我省农业和农村的发展，为我省全面建设小康社会、率先基本实现社会主义现代化、更好地发挥排头兵作用作出新的贡献。

努力提高理财能力　重视和做好财税工作

省委副书记、省长　黄华华

（2003年11月11日）

同志们：

在全国掀起学习贯彻党的十六届三中全会精神高潮之际，省委、省政府决定举办这次全省地市领导干部财税工作培训班，充分说明了省委、省政府对财税工作的高度重视。十六届三中全会明确提出了完善社会主义市场经济体制的主要任务，这是我们党在新世纪新阶段作出的具有重大现实意义和深远历史意义的决策。全会通过的《中共中央关于完善社会主义市场经济体制若干问题的决定》（以下简称《决定》），是我们建设社会主义市场经济体制的纲领性文件，它不仅是对我们改革开放以来，建设社会主义市场经济体制的科学总结，同时也与时俱进地提出了在实践中怎么进一步完善社会主义市场经济体制的一些重大问题，所以，我们要认真学习这个《决定》，贯彻和落实好这个《决定》。《决定》当中有重要的一项，就是要完善宏观调控，要深化财政体制改革。这给我们做好财政工作指明了前进方向。如何学习和贯彻好《决定》，做好财政工作，完善财政体制改革，是摆在各级领导干部，特别是管财的领导和财政局长面前的一项重要而紧迫的任务。应该肯定，在各级党委、政府的重视支持下，在各级财税部门的共同努力下，我省的财税改革和发展工作取得了前所未有的成绩。从1991年起，连续十二年我省财政收支规模稳居全国首位，近几年每年地方财政都增收100多亿元。2002年，全省地方一般预算收入达1 201.61亿元，支出1 521.08亿元。财政改革也正在不断地推进。但尽管如此，一分为二地说，我们仍要看到当前财税工作存在的三个问题：一是全省财政收支矛盾仍然十分突出；二是财政支出结构不很合理，省级财力支出分散，集中财力办大事很难；三是财经领域仍存在一些混乱现象，铺张浪费、大手大脚花钱的现象仍在一些地方不同程度地存在，财政改革仍需继续深化和完善。总的来说，财税改革和发展工作近几年来取得了很大成绩，但与党的十六届三中全会精神的要求相比，与形势的发展相比，还存在较大的差距。

近段时间以来，德江书记对财税工作提出了许多新的要求，对加强财政管理作出了很多重要批示，特别是对发挥财税职能作用，促进我省经济社会协调发展，特别是县域经济发展寄予了很高的期望。所以，我们大家一定要把学习贯彻党的十六届三中全会精神和德江书记的要求与我省财税工作实际结合起来，充分认识财税工作在整个经济和社会生活中的重要作用，充分认识学习和掌握财税知识对于提高领导干部综合素质的重要性，进一步增强学习掌握财税知识的自觉性和主动性。希望大家集中精力，认真学习和研讨，进一步丰富我们的理论知识和实践经验，更好地掌握市场经济条件下财税运行的客观规律，不断提高新形势下的理财能力和水平，增强政府宏观调控能力，有效地应用财税政策促进经济社会的协调发展。当然，举办培训班只是学习的一种形式，更重要的是大家要自觉学习，不仅向书本学习，更重要的是要向实践学习，做到理论联系实际，在实践中增长才干，不断提高自己的理财水平。我们从事财税工作的同志应该说，大多数都有很丰富的实践经验，这是很宝贵的财富。我们整个经济社会能够稳定发展，人们生活不断改善，社会不断发展进步，这跟我们提供一个稳固的财政是分不开的。而这个稳固的财政，跟我们各级财政干部的努力是分不开的。所以应该说，大家都有很多经验，但千万不要觉得自己做财税工作多年，很熟悉了，就可以掉以轻心。要知道，工作经验只有上升到理论高度才能够更加有效地指导工作。因此，希望这次培训班后，各市的领导干部、财政系统的同志进一步增强学习意识，刻苦钻研，破除“经验论”，注重学习现代财税理论。我们既要了解实际情况，又要掌握理论知识，而且能够吸取国内外经验，这样才能拿出既符合广东的实际，又能够适应市场经济体制要求的措施和有效办法。下面，我讲三点意见。

一、深刻认识新时期领导干部学习财税知识的重要性

江泽民同志曾经指出：“各级干部特别是高中级干部，都要学习财税知识，熟悉财政政策、财政法规和财政业务，牢固树立为人民当家理财的思想，不断提高领导和管理经济工作的本领。”胡锦涛总书记深刻指出：“学习财税知识、认识财税运行规律，掌握财税政策工具，是各级领导干部适应社会主义市场经济发展的新形势，转变观念，转变工作方式，提高经济管理水平，增强驾驭经济全局本领的客观要求，也是提高自身素质的迫切需要。”这充分说明，各级党政领导干部必须学习和掌握财税知识，学会运用财税杠杆来调控和管理经济，只有这样，才能更好地肩负起领导经济工作的重任。为此，我认为要从四个方面去认识把握学习和掌握财税知识的重要性。

（一）学习和掌握财税知识是践行“三个代表”重要思想，实现我省加快发展、率先发展、协调发展和当好排头兵的客观需要。“三个代表”重要思想的本质是立党为公，执政为民。发展是执政兴国的第一要务，是解决一切问题的物质基础，离开了发展老百姓就不能富裕，国家就不能强盛，稳定就没有保障，实践“三个代表”重要思想也没有物质基础。总之，发展决定一切，是硬道理。今年4月初，胡锦涛总书记视察广东，对我省提出了加快发展、率先发展、协调发展，努力在推进率先基本实现社会主义现代化进程中更好发挥排头兵作用的要求。这是党中央和胡锦涛总书记在新世纪新阶段赋予我省新的历史重任。要加快发展、率先发展、协调发展和当好排头兵，对我省财税工作提出了新的更高的要求。一方面，我们要深刻认识到，总书记要求广东加快发展、率先发展、协调发展、当好排头兵，其中也包括了要求财税各项工作要加快发展，在全国当好排头兵。改革开放以来，特别是近几年来，我省的财税工作走在全国的前面，去年全省地方财政收入占全国1/10左右，但今年以来我省财税增长的幅度落后于江苏、浙江等地。1～9月，地方财政收入，我们广东是937亿元，增长14.7%；上海是671亿元，增长36.2%；江苏是572亿元，增长28%；浙江是579亿元，增长22.9%；全国是7 101亿元，平均增长20.1%。当然，这里边有一些特殊情况，就是广东原来的基数大，增长比例的上升难度大，加上前几年财政的大发展、高增长的高峰期已过，现在只能是平缓前进。所以，我们必须加倍努力做好工作，才能继续保持我省财税工作在全国的领先地位。另一方面，广东要在全国加快发展、率先发展、协调发展，当好排头兵，离不开财力的支持，财税工作要先行。财力是国民经济发展规模和质量的综合反映，是一个地方经济实力的重要标志，同时又是一个地方经济发展的重要支撑和保障。我省要加快推进国有企业改革和民营经济发展，提高国际竞争力，努力建设文化大省，加快城镇化、工业化建设和推进农业产业化、增加对山区基础设施建设的投入，改善群众生产生活条件，加强环境资源的保护，加大对贫困地区转移支付的力度，实现区域协调发展战略等等，都需要财税政策支持和强大的财力支撑。因此，无论是从贯彻落实加快发展、率先发展、协调发展战略的角度，还是从培植财源、壮大财政实力、加快财政本身发展的角度来看，都必须要求我们增强责任感和紧迫感，学习和熟练掌握财税知识，学会运用财税杠杆来调控

和管理经济，为实现加快发展、率先发展、协调发展和当好排头兵服务。

（二）学习和掌握财税知识是新时期充分发挥财税职能作用的需要。财政既是政府履行职能的物质基础，也是维护国家安全和社会稳定的基本保障，同时还是推动经济发展和社会进步的重要力量。我们党历来十分重视财税工作。毛泽东同志早在建国初期就指出："国家的预算是一个重大的问题，里面反映着整个国家的政策，因为它规定政府活动的范围和方向。"这一条很重要。整个财政预算就规定了政府活动的范围和方向，每一笔钱都有政策，都有导向。所以，可以说哪个当市长的不懂管财就是不称职的。一个地方的经济是否发展得好，这往往能检验一个市长管财的能力。当然也要看财政局长，财政局长要当好参谋，当好账房先生，而决策把关，还是要市长来做，所以，很重要的一点就是，市长一定要管好财。邓小平同志在1954年兼任财政部长时，曾提出《财政工作的六条方针》，指出："六条方针有一个重大的政治目的，就是要把国家财政放在经常的、稳固的、可靠的基础上。"江泽民同志深刻指出："财政是一个经济范畴，又是一个政治范畴，事关治国安邦、强国富民。"并明确指出："财政，是国家的一项重要职能，是国家政权活动的一个重要方面。财税政策，是国家宏观调控的一个重要手段。""在我国，建立稳固、平衡、强大的财政，制定和实施正确的财税政策，努力做好财税工作，是我们全面推进改革开放和现代化建设，实现跨世纪发展宏伟目标和中华民族全面振兴的必然要求。"所有这些，都充分表明了做好财税工作的极端重要性。这就要求各级领导干部必须从讲政治、讲大局的高度来看待财税工作，重视财税工作，抓好财税工作。

十六届三中全会要求全党要自觉适应社会主义市场经济发展的新形势，改革和完善领导方式和执政方式，不断学习新知识、研究新情况、解决新问题，继续探索社会主义制度和市场经济有机结合的途径和方式。随着市场经济的发育和完善，社会的公共需要不断扩大，财政职能也在逐步扩展，财税工作在整个经济和社会生活中发挥着越来越重要的作用。由于我国目前市场体系发育不尽完善，市场本身也存在难以克服的缺陷，更加需要政府不断加强和改善宏观调控，而财税政策则是国家宏观调控的一个最重要的手段。近十年来我国和我省国民经济的发展变化，从不同侧面、不同角度证明了财政税收在宏观经济运行中所发挥的重要职能作用。如1993年党中央、国务院采取的适度从紧的财政和货币政策，有效地抑制了通货膨胀，保持了国民经济的较快增长，成功地实现了经济"软着陆"；1998年以来实施的以扩大内需为主要措施的积极财政政策，保持了经济的稳定增长；我省运用财税政策和财政资金投入等手段，推进国有企业改革，支持外贸出口，加快基础设施建设等，不仅拉动了全省的经济增长，而且对培育新的经济增长点，积蓄经济发展后劲发挥了重要作用。所以，掌握好财税这个杠杆，正确地运用财税政策，对保持国民经济持续、快速、健康发展具有十分重要的意义。党的十六届三中全会对财政工作提出了新的更高的要求，完善社会主义市场经济体制，实现"五个统筹"，全面建设小康社会的各方面都与财税改革和发展紧密相关，财税工作如何从政治和整个经济社会发展全局的高度，去确定工作的总目标、总方向，充分地发挥财税的职能作用，实现"五个统筹"，是摆在各级领导干部面前的一项新的任务，需要我们不断地学习钻研和掌握好财税知识。

（三）学习和掌握财税知识是提高新形势下领导干部驾驭市场经济能力的需要。当前，经济全球化趋势发展很快，科学技术突飞猛进，加上旧体制时期遗留下来的一些工作方法和思想观念还没有完全破除，我们一些领导干部的能力和水平还不能很好地适应社会主义市场经济的发展要求，所以必须加强学习，努力掌握市场经济运行规律，大力提高驾驭市场经济的本领。特别是需要学习掌握财税知识，善于运用财税政策这个经济杠杆来有效地管理和调控经济，促进经济加快发展。经济决定财政，但同时财政又对经济起反作用，财政与经济两者之间是相辅相成、辩证统一的关系。过去我们对经济是财政的基础认识较深，在发展经济、培植财源方面下了不少功夫，但对如何发挥财政对经济的反作用，运用财税政策手段去促进和推动经济发展却认识不足，措施不够有力。应该说，我们的各级干部，大多数是经过锻炼和考验走上领导岗位的，具有相当的知识水平，经过多年的学习与实践，对社会主义市场经济的认识不断深化，领导水平逐步提高。有些同志实践经验比较丰富，但理论学习和知识更新却不够，特别是对财税知识掌握不全不深，对发挥财税职能，运用财税手段来调控经济和管理经济还比较陌生。即使原来对财税工作比较熟悉的同志，也需要随着形势的发展不断学习新的知识，更新观念，加以充实和提高。因此，我们各级领导干部都要自觉地学习掌握财税知识，熟悉财税政策和财税法规，学会运用财税杠杆来调控和管理经济，促进社会各项事业的发展。现在普遍的倾向性问题是，对财税对经济的反作用认识不够深，特别是越穷的地方，转变认识的难度越大，总是认为，我们这么穷的地方，财力都不够用，怎么能促进经济的发展，总觉得"手长衣袖短"，拮据的财力难以促进经济的发展。所以，贫困的地区，也一定要多考虑财税对经济的反作用，毕竟宏观调控最有效、最实在的手段还是财税手段。如韶关乳源县，在1995年和1996年地方财政收入才1 000多万元，而工业也没有基础，后来，他们抓住了发展机遇，利用水利资源，用优惠的电力来招商引资，并采取一些办法改善投资环境，终于筑巢引凤，到去年，地方财政收入已达7 000多万元。可见，困难地方通过用好财政钱，也一样能促进经济的较快发展。

（四）学习和掌握财税知识是维护我省改革、发展和稳定大局的需要。如何处理好改革、发展、稳定的关系，是我们当前必须高度重视和妥善解决的重大问题。财政税收在协调三者关系中居于重要位置。胡锦涛总书记曾经指出："经过这些年的学习和实践，各级领导干部对社会主义市场经济的认识不断深化，领导水平也逐步提高。但也要实事求是地看到，我们领导干部中还有相当多的同志对财政税收职能的认识还不深，还只是把财政作为'钱袋子’来看待，认为财政只是简简单单的收收支支，还没有认识到财税工作是党的事业和政府工作的重要组成部分，没有认识到预算里面体现了党和政府的政策和宏观调控意图，数字里面包含了政治，包含了各级政府之间的关系，部门之间的关系，地区之间的关系，民族之间的关系。”这充分说明，财政一定要有财有政，不能有了财就忘了政，政就是政治、政策、大局。我们通常讲，发展的速度、改革的力度、社会前进的程度要相协调，三个互相协调，这其中财政税收起着极其重要的作用。在今年我省抗击“非典”斗争过程中，各级财税部门坚决贯彻落实党中央、国务院关于防治“非典”的重大决策，按照省委、省政府的统一部署，充分发挥财税职能，制订和落实相关政策，调整支出结构，确保防治“非典”支出需要，加大投资力度促进经济发展，确保一手抓防治“非典”，一手抓经济发展目标的实现。抗击“非典”的时候，我们已花了18亿多，还没用的，准备用于解决公共卫生体系建设等长期性问题的有15亿，加起来，用于这方面的资金有33亿元。这33亿元，体现了党和政府的一个宗旨：时刻把人民的健康和生命安全摆在第一位。抗击“非典”，老百姓对党中央和国务院大加赞赏，对省委、省政府大加赞赏，特别我们广东，发生最早，灾情最严重，但我们广东却取得“两大”胜利。抗击“非典”中涌现了一批英雄人物，尤其是一线的、以钟南山等同志为代表的医务工作人员。最后总结经验的时候，连世界卫生组织也大力推广广东的经验。抗击“非典”，我们取得大胜利；经济发展，我们也取得大胜利。1～9月，我们GDP增长了13%，是1995年以来最高的增长速度，“非典”不但没给我们GDP的增长带来下降，相反，在抗击“非典”中，我们却取得了1995年以来最高的增长速度。通过抗击“非典”，我们总结了一条经验教训，就是我们一定要树立经济全面发展观，把提高人民生活水平、提高人民生活质量作为我们经济工作的出发点和落脚点。这些都有力地说明了财税在维护我省改革、发展和稳定大局上发挥着不可替代的作用。调节社会再分配是财政税收的一项重要职能，国家通过安排财政收支预算和转移支付、税种、税率调整等财税政策和工具，调节国民收入的分配，体现效率优先和兼顾公平的原则，以维护社会稳定大局。我们常说，财政工作要坚持“一要吃饭，二要建设”的原则，保吃饭就是通过转移支付等有效的财政手段，保证公务员和其他人员工资的正常发放、社会保障资金和政权正常运转经费的需要，也就是保社会稳定。同时，财税工作还必须着力支持和促进经济社会发展。按市场经济体制和建立公共财政的要求，财政资金要逐步退出配置资源的经营性和竞争性领域，转到满足社会公共需要上来，但这决不是说财政退出了经济领域。目前关键是如何使用好相对有限的资金，发挥好财政资金的导向作用，引导和调动银行资金、社会资金，投向重点项目建设，确保省委、省政府确定的“十件大事”、“十项工程”以及“十项民心工程”等重大决策的顺利实现。此外，财政还要支持各项改革。因此，在财力有限的情况下，要求我们必须统筹兼顾，合理安排，充分发挥财税调节作用，更好地促进我省改革、发展和维护社会稳定的大局。这次培训班的一项重要任务，就是要把学习和研讨很好地结合起来，集中精力学习，认认真真探讨，在消化理解讲课内容的基础上，紧密联系我省实际，就我省财税改革与发展中的重点问题进行研究和思考，力求从理论和实践的结合上有所突破。

二、要把握好理财原则

改革开放以来，随着我省经济的发展，我省财政改革与发展取得了显著成绩，有力地促进了全省国民经济和社会各项事业的健康发展。但是，目前我省财政收入已经从前些年的高速增长进入平稳增长阶段，而且收入的增长仍然集中在珠江三角洲地区，东西两翼和粤北山区财政困难状况没有根本改变。省级财政增长后劲不足，而要办的事情却很多，财政资金的供需矛盾十分尖锐。为此，在实际工作中必须坚持以下几条原则，并以此为基础，寻求体制创新、管理创新，寻找解决问题的出路。

（一）坚持量力而行、量财办事的原则。改革开放前，在“左”的思想影响下，经济工作中的一大毛病就是片面夸大人的主观能动作用，只讲需要，不顾可能，只凭主观意志，不顾客观条件，盲目追求高指标、高速度。建国以来，特别是改革开放二十多年以来的实践证明，不坚持量力而行，量财力办事，急于求成，最终必然“欲速则不达”，不得不进行大调整。我们要求的发展速度，应当是扎扎实实避免大起大落的速度，是稳定的、持续健康发展的、有效益的速度。这样的速度看起来似乎慢，实际上是快。而要达到稳定的、持续的发展速度，就必须从实际出发，量力而行，使我们的建设规模与各地的财力水平相适应。

财政资源是有限的，它不可能取之不竭，用之不尽。它的增长要受到多方面制约，这就要求政府在花钱时，要三思而后行，决不可任意为之。好的政府，要有一个好的管家，拿着有限的钱，能合理使用，为人民群众办尽可能多的事情。要想成为名副其实的“好管家”，就要始终坚持量入为出，量财力办事。俗话说，吃饭穿衣看家当。政府办事业要量力而行，做到有多少钱办多少事。我国《预算法》明确规定：“地方各级预算按照量入为出、收支平衡的原则编制，不列赤字。”我们管理和领导财税工作的同志，一定要牢记量力而行，量财办事的原则。办事要看财力可能，实事求是，不能好大喜功，超越财力上“政绩”工程，否则不仅办不成事，而且会欲速不达，造成巨大损失和浪费。我们必须认真总结这方面的经验和教训，用这个指导思想来解决问题和处理问题，落实到经济工作和现代化建设的各个方面和各个环节。无论是办事情，想问题，订计划，都必须从实际出发，量力而行。

（二）坚持从经济到财政的原则。马克思有一个很重要的观点，就是生产决定分配。过去我们讲“发展生产，保障供给”，用现在的话说，就是发展经济，培植财源，满足公共开支的需要。经济发展是财政收入增长的基础，毛泽东同志早在1942年就指出："未有经济无基础而可以解决财政困难的，未有经济不发展而可以使财政充裕的。"财政增长与经济发展是成正比的。目前，我省的财政收入已上了一个大台阶，在这个大台阶上要继续保持财政收入持续平稳增长，就必须下大力气推动经济进一步向前发展，必须首先解决经济发展问题，经济不发展，财政只能是无源之水、无本之木。因此，各级领导干部一定要正确认识和处理好财政与经济的辩证统一关系，真正树立从经济到财政的理财思想，克服单纯的财政收支观念，通过财政政策、财政引导资金等手段有效促进地方经济发展，想办法把"蛋糕"做大，把财源培植起来，不能只讲花钱，不讲生财，"坐吃山空"。

建立公共财政的基本框架，财政对支持经济发展并不是无所作为的，公共财政有满足社会公共需要和宏观调控等功能。公共财政从来不排斥促进经济稳定、发展的职能，而是以支持经济的方式、方法来改变和调整。西方市场经济国家不仅通过财政手段调控经济总量，努力实现总供给与总需求的平衡，维持经济的稳定，而且采取很多政策、措施促进产业结构升级、优化，促进区域经济协调发展。同时，坚持走经济与科技互动发展的新型工业化道路，促进科技进步，在新产品开发、基础科研等领域，都采取了直接支持和政策调节措施。他们还非常重视经济的可持续发展，在环境治理和资源保护、社会充分再就业等方面采取了很多措施。我国建立公共财政，要比西方国家更加关注经济和社会事业的发展，这是因为我国与西方国家的基本经济制度不同，为了维护以公有制为主体的社会主义基本经济制度，财政必须保持对经济的必要干预，这是财政不可推卸的职责。因此，要正确把握公共财政理念，促进经济发展、实现社会稳定是公共财政的重要目标。我们一定要牢固树立正确的理财观，围绕全省经济加快发展、率先发展、协调发展这个目标，抓住经济结构调整这条主线，拓宽思路，科学运筹，努力探索出一条在公共财政体制框架之下，财政既保"吃饭"，又促进经济发展的新路子。

（三）坚持依法理财的原则。市场经济就是法制经济，公开、公正、公平是市场经济的显著特征。在不断迈向市场经济的进程中，党和政府把依法治国，建设社会主义法制国家作为我国的一项基本方略，而依法理财则是财政管理领域贯彻依法治国方略的具体体现。在市场经济条件下，财政既担负着创造公平竞争市场环境、保障各类市场主体公平竞争、促进社会资源合理配置的职责，又担负着调节社会分配、维护社会公平和社会稳定的职责。财政的地位和作用，决定了财政活动要最大限度地克服随意性，无论是财政资金分配、财政管理，还是财政监督都要逐步实现规范化、制度化和法制化。

坚持依法理财，不仅仅是财税部门的职责，也是各级党委政府的重要政治责任。各级政府要从从严治党、从严治政的政治高度充分认识依法理财这条原则的重要性。依照市场经济法则，依法理财必须体现公开、民主、规范的原则，做到公开理财、民主理财、规范理财。公开理财就是要增大财政资金分配的透明度，自觉接受人大、社会和公众的监督，监督就是对我们工作的支持。比如我们正在实施的部门预算、国库集中收付制度改革，政府从工作上积极推进，人大从监督上促进，两力合一，将会大大加快改革的进程。民主理财就是要广泛征求部门和基层意见，使决策过程具有广泛的群众基础。规范理财就是严格按法定程序办事，坚决杜绝分配中的随意现象。当前，一些地方和部门的领导对依法行政、依法理财的重要意义还停留在口头上。有的领导动用财政资金大搞"政绩工程"、"形象工程"，出现"一届政绩，几届包袱"的现象，有些仅几万人的小镇就欠下几千万元的债务，而对这类现象往往习惯性的解释和作法是"交了学费"、"决策失误"，没有人去承担法律责任。政府用钱没有规范、没有制约，领导干部法律观念淡薄，依法理财意识弱化，这是很多违法违纪、腐败案件发生的重要原因。对此，各级政府和财政部门要从思想上提高认识，从践行"三个代表"重要思想的高度，从建立和完善社会主义市场经济体制、保障改革开放和现代化建设顺利进行，贯彻依法治国基本方略的要求，来认识依法理财的重要性，把政府行为纳入法制的轨道，把依法理财作为最基本的原则，坚决杜绝财税工作中违法违纪行为和不规范的现象，绝不允许搞以言代法、以权代法，真正做到依法理财、依法治税，实现公开理财、民主理财、规范理财，维护最广大人民群众的根本利益。

三、围绕省委、省政府的中心任务，服务大局，努力做好财政工作

学习、贯彻和落实好党的十六届三中全会精神，是摆在各级政府和财税部门面前的一项重要任务。省委已决定年底召开九届四次全会，贯彻落实党的十六届三中全会精神，研究和部署各项工作。十六届三中全会的《决定》是进一步深化经济体制改革、促进经济和社会全面发展的纲领性文件。各级领导干部一定要认真学习，紧密结合本地区本部门的实际，扎实工作，狠抓落实，努力开创各项工作的新局面。财政工作必须按照十六届三中全会精神，用"三个代表"重要思想统揽全局，紧紧围绕我省的中心任务开展工作，真正做到"生财有道、聚财有方、用财有规"，充分发挥财政职能作用，推动全省加快发展、率先发展、协调发展，这是对财政工作的总的要求。生财有道是指要按市场经济规律办事，以市场为导向，以效益为中心，以结构调整为主线，以改革开放为动力，发展经济，做大"蛋糕"；聚财有方是指在聚财的指导思想上做到三点：一是要坚持一要吃饭，二要建设；二是集中财力办大事；三是要有所为有所不为。用财有规是指用财要有规有矩，依法理财。除此之外，我对财政工作再提几点具体要求。

（一）以十六届三中全会精神为指导，不断深化财政

改革。十六届三中全会的《决定》明确了完善社会主义市场经济体制的目标和任务，提出了深化经济体制改革的指导思想和原则，强调要坚持社会主义市场经济的改革方向，注重制度建设和体制创新，其中要求健全公共财政体制，深化部门预算、国库集中收付、政府采购和收支两条线管理改革。改革要突出“三重”，即重规范，重实效，重配套。当前，各项财政改革的工作已被广泛认可。从技术层面来讲，这些科学的管理方法付诸实施已不存在障碍，但财政改革实质上是一种利益格局的重新调整。部门预算的改革，是预算管理体制的一次革命，可以提高预算的完整性和科学性，提高资金分配的透明度，防止“黑箱操作”，便于人大的审查和监督；同时有利于各部门尽早统筹安排资金，严格支出管理，防止挤占、挪用资金，从源头上遏制腐败的发生。国库集中收付制度是规范政府性资金最彻底、最完善、最可靠的模式，不仅有利于解决目前单位银行开户过多，资金分散和监督不力的问题，而且有利于强化预算约束，减少部门单位财务管理事项和人员，防止以权谋私，促进廉政建设。推行政府采购制度是建立公共财政管理框架的基本内容之一，是社会主义市场经济条件下强化政府宏观调控职能的必然选择。政府采购制度既提高了财政支出效益，强化了财政支出调控，又有利于规范政府分配行为，有利于接受公众监督，消除腐败，促进廉政建设。可以说，如果我们不加快财政改革，不仅难以做到规范财政资金的管理，也难以从根本上防止资金使用中的违规和腐败行为，最终将影响到社会主义市场经济的发展和完善。

我们在强调经济体制改革整体推进的同时，还要讲究重点突破，有重点、有步骤地推进财税改革。如农村税费改革是减轻农民负担和深化农村改革的重大举措，要不断完善农村税费改革试点的各项政策，加快推进县乡镇“并镇”、“并校”、“并村”、“减人”的“三并一减”等综合配套改革，防止农民负担出现反弹。还有“收支两条线”改革、收入分配制度改革等等，都要做到精心组织，周密设计，稳步推进，并要认真、扎实地研究实施过程中出现的问题。各级领导不要把财政改革和创新仅仅当作是财政部门的事情，而是应作为政府事关全局的大事着重着力抓好。建立公共财政基本框架，推进财政各项改革，不仅仅只是财政收支和管理方法的变化，而且是整个政府管理经济社会行为和领导方法的变化，有利于促进整个社会的民主化、法制化进程。当然，这些改革涉及到方方面面的利益分配关系的调整，改革必然触动一些部门的利益和权力。多年的改革实践告诉我们，财政改革矛盾多，阻力大，任务十分艰巨，不仅需要财政部门不断总结经验，健全制度，完善机制，转变工作方式，更需要各地区、各部门的领导充分重视和大力支持财税工作，以确保改革顺利进行并取得预期成效。

（二）树立讲求绩效的观念，提高财政资金的使用效益。建立预算绩效评价体系是十六届三中全会《决定》的内容之一。绩效预算要求各单位把支出与所办的事，即业务活动或绩效联系起来。与传统的重视投入而忽视产出的预算方法相比，绩效预算是一种既重视投入，更重视产出的“效益预算”。长期以来，受计划经济体制下粗放型的管理模式的影响，财政资金管理中普遍存在着“重收入、轻支出”、“重分配、轻管理”的现象，各地、各部门把大量时间和精力放在争项目、争资金上，忽视了资金的使用效益，这容易导致行政成本加大和公共资源的浪费。长此下去，财政工作也将陷入困境。特别是在当前我省加快发展、率先发展、协调发展的新形势下，各项经济社会事业的发展都需要相当大的财力支持，在财力相对有限的情况下，必须通过推行绩效评价等手段加强财政支出管理，使财政资金的配置和运行达到合理、高效，不断提高财政资金使用效益，更好地为我省加快发展、率先发展、协调发展服务。

今年，省财政厅选择“民营科技园建设”项目开展了效益评价工作，收到了良好效果。德江书记批示要求“举一反三，进一步加强财政支出管理”。开展绩效评价工作有利于提高财政资金使用效益、缓解财政收支矛盾，有利于政府更好地提供公共服务。各级政府和财政部门要树立讲绩效观念，把绩效评价工作作为加强财政管理不可或缺的环节，按照公共财政的理财思路，建立支出绩效评价制度，制定财政支出绩效评价指标体系，积极探索开展支出绩效评价，通过对财政支出的经济、社会、政治、环境等综合效益进行评价，评定支出行为和支出结构的合理性和有效性，并据此不断调整优化财政支出结构，把绩效评价结果作为今后预算安排的重要依据。

（三）发挥财政调控作用，促进经济发展。十六届三中全会《决定》要求，财政政策要在促进经济增长、优化结构和调节收入方面发挥重要功能，完善财政政策的有效实施方式。当前，我们支持经济发展的传统思路很有局限性，一提到支持经济发展就是财政拿钱、减税让利、亏损补贴等。不打破这样的局限性，拓宽思路，财政支持经济发展就难有大的作为。各级领导干部和财政部门要把思想观念从过去以直接举办企业、直接向经营性领域投资为主，转变到综合运用各种财政政策手段促进经济发展上来，要从过去侧重支持公有制经济发展转变到坚持“两个毫不动摇”、大力支持各种所有制经济共同发展上来。经济发展水平不同，需要解决的经济领域的问题也不同；财力不同，支持的力度也有所不同，支持的方式要适当选择；越是财政困难的地方越要选择支持效果比较大、见效快的项目。首先，要按照十六届三中全会《决定》精神，深入研究经济体制改革和发展的方向，紧紧围绕党委、政府确定的中心工作，准确把握财政支持的着力点，集中财力对事关全省经济发展的关键领域、重要产业和财源支柱企业以及高新技术、信息等新型产业加大投入力度，以确保我省经济的稳步增长。同时，要不断创新财政支持经济发展的新思路新方法，改进财政资金投入方式，主要以贴息等间接支持为主，以此带动银行资金和其他社会资本参与产业结构调整和技术改造，发挥财政资金“四两拨千斤”的作用。其次，要重视区域协调发展。当前我省区域之间的差距有逐步扩大的趋势，其中县域经济发展滞后是主要原因。目前全省68个县（市）中，2002年一般预算收入不到亿元的仍有40个县，不到5 000万元的还有14个县。虽有63个县（市）已享受省财政转移支付补助，但基层财政运转仍十分困难。除了基础薄弱等客观因素外，主要是发展经济的动力不足，包括我们的转移支付制度在一定程度上也助长了“等、靠、要”的依赖思想。因此，要充分发挥财政政策在促进县域经济发展、增加财政收入方面的作用，要对现行转移支付办法进行改进和完善，引进激励机制，将转移支付与财政收入挂钩，充分体现“奖勤罚懒”，既给压力，也给动力，有效地促进区域协调发展。各地在促进经济发展中要着重抓好以下三个方面：一是要改善投资环境，把招商引资作为突破口；二是想办法发展民营经济和私营经济；三是一定要支持搞产业结构调整，围绕着出效益作文章。

（四）整合财政资源，集中财力办大事。长期以来，财政资金分散，使用效益低的问题在一些地方和部门普遍存在。有限的财政资金支出范围不够合理，重点不突出，从而导致财政政策的针对性不强，有限的资金分散使用，该保的不能完全保证，不该支持的还在包揽，影响了财政资金使用和财政政策的成效。陈云同志说过：“财政上的各项支出，必须分清主次，不能面面俱到。如果面面俱到，便会一事无成。我们要集中力量，把财力使用在主要方面，解决主要问题，这和作战是一样的道理。”我们不仅要注意做到不花钱能办事，更多的是要使有限的钱可以办大事，办一些像样的事，办一些成功的事，办一些能见成效的事。使用财政资金要有所为，有所不为，不能大包大揽。当前，按照十六届三中全会“五个统筹”的要求，围绕我省加快发展、率先发展、协调发展的中心工作，怎样提升我省的产业水平，怎样提高我省整体的基础设施建设水平，怎样为我省经济发展拓展空间，怎样为未来的发展抢占制高点，提高我省的国际竞争力，实现经济社会的协调发展，等等，这些都是发展中最迫切最需要解决的问题。财政必须按照全省经济社会发展规划，分清轻重缓急，确保把有限的资金优先投在事关经济社会全局、最急需的项目上，集中财力支持一些对经济发展具有强劲支撑和拉动作用的重大项目，有计划地解决关系全省广大人民切身利益的突出问题。

集中财力办大事，必须坚持“两个务必”，节约财政资金，严格控制人员编制，解决财政负担过重问题，保证重点支出，同时还要整合财政资源，包括整合预算内外资金、各类专项资金、国有资产收益等，各类资金要统筹使用，集中用于重点关键项目，合力支持经济社会发展。从当前来看，要着眼于满足经济社会发展的公共需要，重点支持省委、省政府年初提出的“十项工程”以及“十项民心工程”等的建设，抓好难点、热点问题的解决，促进经济发展，确保社会稳定。“十项工程”都是对经济社会发展具有强劲支撑和拉动作用的重大项目，“十项民心工程”基本上涵盖了目前我省群众生产生活中存在的突出问题，这些都关系到我省经济发展的后劲，关系到群众的切身利益，必须采取切实有效的措施加以解决，以推动我省经济社会协调发展，从整体上推进建设小康社会的步伐。因此，财政作为政府职能的重要方面，必须以“第一要务”为己任，认真履行职能作用，毫不动摇地把支持全省经济社会发展放在重要位置，积极筹措资金，集中财力支持各项重点建设项目的顺利实施，认真落实省委、省政府确定的工作任务。

（五）加强财政管理，促进廉政建设。十六届三中全会《决定》的一项重要内容就是加强和改进党风廉政建设。从当前来看，财经领域混乱现象还比较普遍，贪污受贿、请客送礼、奢侈挥霍和私设“小金库”等违法违纪问题，不少与我们的管理不规范、不科学密切相关，与资金管理不完善有密切关系。不把资金严格管住，就难以避免腐败现象的发生。因此，我们必须坚持标本兼治、综合治理，从源头上预防和治理腐败，这是新形势下加强党风廉政建设和反腐败斗争的重大举措，也是财政部门的重要职责。财政管理很重要一条，就是严格才能廉洁。特别要强调两个刚性：一个是制度措施的刚性，一个是监督的刚性。

党的十五届六中全会把推行部门预算、国库集中支付、政府采购写入加强和改进党的作风建设的《决定》中，作为反腐败抓源头的重要措施。这充分说明财政改革不只是一个财政问题、经济问题，也是一个政治问题。只有从制度改革入手，才能有效地从源头上遏制腐败，保证财政资金的安全，最大限度地维护人民群众的利益。今后一个时期，要紧紧围绕加强和规范财政管理这个中心环节，在财政管理的规范化、制度化、科学化方面下功夫。部门预算改革要抓规范，进一步改进部门预算编制方法，提高预算科学性，增加资金使用的透明度，逐步完善预算编制、执行的制衡机制，切实加强对部门预算编制、执行、事后三个环节的监督；国库集中支付要抓扩大试点，加快试点进度，逐步将政府所有部门和单位纳入财政集中支付范围；政府采购要扩大范围和规模；“收支两条线”规定要进一步抓落实，清理和规范行政事业性收费，凡能纳入预算的都要纳入预算管理，从体制上防止截留、挤占、挪用预算外资金；财政监督要进一步加大力度，要做到财政资金支出到哪里，财政监督检查就要及时跟到哪里，不能存在管理的“真空”，特别是对专项资金要制定办法进行管理，不能搞随意性。从项目审批、拨付程序到监管措施都要有章可循，不仅要专款专用，而且要用得规范、合理、有效。

同志们，财政工作事关全省经济和社会发展的大局。各级政府一定要从我省加快发展、率先发展、协调发展，从维护改革、发展、稳定的大局出发，切实加强和改进对财政工作的领导，关心、支持和理解财政部门的工作；各级财政部门也要增强责任感和紧迫感，加强自身建设，开拓创新，迎接挑战，扎实工作，把我省的财政工作推向一个新阶段，为我省率先基本实现社会主义现代化作出新的贡献。

千方百计发展壮大县域经济

省委副书记、省长　黄华华

胡锦涛总书记2003年4月视察我省时发表重要讲话，要求广东抓住机遇，加快发展，率先发展，协调发展，在全面建设小康社会，加快推进社会主义现代化进程中更好地发挥排头兵作用。这是党中央在发展新时期赋予广东的新的历史重任，是对全省人民的巨大鼓舞和鞭策。广东要加快发展、率先发展、协调发展，更好地发挥排头兵作用，就要紧紧抓住发展这个第一要务，继续加快广州、深圳中心城市和珠江三角洲地区的发展，能发展多快就发展多快；同时大力推进东西两翼地区和广大山区实施跨越式发展，进而推动全省经济社会发展再上新台阶。要推动东西两翼和广大山区跨越式发展，一个十分重要而艰巨的任务就是大力发展壮大县域经济。

发展壮大县域经济必须认清差距，增强发展的紧迫感

县域经济是县行政区划范围内的经济总和，是国民经济的重要基础。古语云："郡县治，天下安。"县这一级是宏观与微观、工业与农业、城市与农村的结合部，城乡统筹和基层政权巩固的关键点，在区域经济中十分重要。党的十六大提出全面建设小康社会要惠及十几亿人口，县域经济作为小康社会的重要载体，其发展就显得更为重要。

改革开放二十多年来，在邓小平理论和"三个代表"重要思想指引下，广东从一个经济落后的省份发展成为全国的经济大省，全省县域经济也取得了长足发展。"三高"农业和农业产业化经营不断推进，各县（市）都拥有了一批农业龙头产业，全省县域具有一定规模的农业产业化经营组织达1 000多家，带动了1/5的农户年均增收1 000多元。乡镇企业在珠三角异军突起，并在全省县域经济中发展壮大，有力推动了以农业为主的产业结构向二、三产业为主转变，共有780.2万农村劳动力转向非农产业。部分县域经济已转化为城市经济，至2002年底，全省共增设地级市9个、市辖区20个，调减县（市）11个，全省城市化水平达55%。民营经济和特色经济迅速发展，逐步形成了诸如南澳海水养殖、惠东制鞋业、高州水果储运、仁化旅游、新兴果品加工等一批特色主导产业，专业镇及特色产业成为县域经济发展的主力军。县域综合实力日趋增强，2002年全省71个县（市）实现GDP 3 736.3亿元，五年平均增长9.4%；其中，GDP超100亿元的县（市）有12个；人均GDP超万元以上有14个；财政收入超亿元以上有31个，有力促进了全省经济的持续快速健康发展。

但是我们必须清醒地看到，全省县域经济总体上仍相当薄弱，且地区间发展差距较悬殊。目前全省71个县（市）人口占全省的68.2%，土地面积占全省的86.0%，GDP仅占全省的28.6%，工业总产值仅占全省的24.8%，财政收入仅占全省的7.3%。县域人均GDP为7 408元，折合895美元，低于全省1 816美元的平均水平，其中珠三角人均GDP为16 592元，是东西两翼和山区的2.8倍；人均GDP最高的22 692元与最低的2 236元之间相差10.1倍；人均财政收入最高的1 302元与最低的56元之间相差23倍。全省大多数县都是工业小县、财政穷县，有的还是农业弱县，有56.3%的县（市）财政收入不足亿元，有50%的县（市）农业产值占大头，县域人口中80%为农业人口。这种状况已成为制约我省区域协调发展，消除城乡二元结构的突出因素，直接影响全省加快发展、率先发展、协调发展，全面建设小康社会、率先基本实现现代化战略目标的实现。因此，我们必须高度重视县域经济的发展，要把这项工作作为党委、政府的一大要务和急务来抓，充分认识加快发展壮大县域经济的极端重要性和紧迫性，增强四个意识：

一是增强大局意识。加快县域经济发展，事关全省全面建设小康社会、率先基本实现现代化的全局。广东的现代化目标能否实现，关键在于县域经济能否加快发展，跟上现代化发展的步伐和进程。在这个意义上，县域经济不是一个县的问题，而是关乎全省发展大局，是全省发展大局中的关键环节。二是增强忧患意识。目前我省县域GDP、财政收入和人均GDP等指标虽然高于全国平均水平，但却远低于浙、苏，相比之下占全省经济总量的比重也严重偏低。2001年，浙江60个县的GDP为4 279亿元，占全省63.4%，同比高于广东30.9个百分点；财政收入199.5亿元，占全省39.3%，高于广东32.3个百分点；人均GDP为13 093元，高于广东6 456元。这是影响广东发展势头不如沿海发达省份的重要因素。我们决不能陶醉于已有成绩而稍有懈怠，决不能安于现状而不思进取。三是增强机遇意识。21世纪头二十年是我们必须紧紧抓住并且可以大有作为的重要战略机遇期。国际新一轮产业转移和资本流向加快，国内经济发展正全面进入新的快速发展周期，这为广东主动承接世界产业转移和扩大招商引资，进一步拓展发展的战略腹地，提供了良好的条件和机遇。尤其是我省正处在新一轮快速发展的新起点上，开始进入以重型化产业为主导的快速发展新阶段，内源性经济增长成

分不断扩大，区域协调发展战略成效开始显现，加快发展县域经济正逢其时，必须抢抓机遇，善抓机遇。四是增强实干意识。广东过去的发展靠实干，广东未来要实现新发展、当好排头兵，还是要靠实干。实干兴邦，发展壮大县域经济必须真抓实干。只要全省上下时刻保持永不懈怠的奋斗精神，善于化压力为动力，坚定信心，励精图治，县域经济就一定能够实现新发展。

发展壮大县域经济必须从实际出发，不断完善发展思路

胡锦涛总书记指出，能不能坚持一切从实际出发，找到一条正确的发展路子，对一个国家和地方的发展至关重要。反思广东改革开放以来走过的发展路子，最大的经验和教训都在于发展思路的确定和不断完善。因此，不断完善发展思路，坚持正确的经济工作指导思想，是广东在新的发展起点上，发展壮大县域经济，实现经济强省的前提和关键。

发展壮大县域经济必须坚持两个指导思想：

第一，坚持以工业化为核心，推动城镇化和农业产业化。

区域经济发展理论表明，没有工业化就没有现代化。解决区域经济发展不平衡问题是当前我省加快经济发展的首要问题。目前全省86%的财富集中在三角洲，山区和东西两翼仅占14%。要发展壮大县域经济，缩小地区差距、城乡差距、工农差距，就必须工业化、城镇化、农业产业化“三化”并举，而核心是工业化。城镇化的推进要以工业化为依托，农业产业化的推进要以工业化为基础，工业化上不去，经济总量就上不来，财富总量也上不来。“无工不富”是历史的逻辑，现实的真理。落后地区与发达地区的最大落差就在于工业化落后，欠发达就欠在工业的发展。因此，必须把发展工业作为县域经济的重中之重来抓，在发展工业上有一个大跨越，并以工业化带动城镇化、农业产业化，从根本上摆脱县域经济的困境。

——坚定不移地走新型工业化道路。实现工业化是我们不可回避的历史性任务，也是加快现代化进程的迫切需要。推进工业化不能走传统老路，要与信息化协同推进，以信息化带动工业化，促进工业化加速。要抓住掌握核心技术和自有品牌这两个关键，大力发展以信息技术为主导的高新技术产业，构筑工业的战略先导产业。要积极运用高新技术和先进适用技术改造提升传统产业。要做大做强支柱产业，狠抓高增长行业，走出一条科技含量高、经济效益好、资源消耗低、环境污染少、人力资源优势得到充分发挥的新型工业化道路。

——加快城镇化进程。城镇化是落后的农业国走向发达工业国的必由之路。要把推进城镇化作为促进城乡经济和区域经济协调发展的重大战略举措来抓，以此统筹城乡经济社会发展。一方面要通过加快推进城镇化促进各种生产要素和农村劳动力向城镇聚集；另一方面通过发挥城市的信息、资金、技术、人才等方面优势支持农村和农业，推进城镇化建设。要编制城市化发展纲要，以规划为龙头搞好城乡规划布局，高起点建设好珠江三角洲城市群，促进中小城市主动承接特大城市的产业转移和资源整合；要消除体制和政策障碍，推进城乡一体化管理，在户籍、就业、社保和公共财政管理方面最大限度地缩小城乡差别；要以县城扩容和270个中心镇为建设重点，加快发展壮大中心镇和专业镇，加快撤并效率低下的“麻雀”村镇，促进农民进城，住宅进区，工业进园，走出一条有广东特色的大、中、小城市和中心镇协调发展的城镇化新路子。

——积极推进农业产业化。要以农业增效、农民增收、农村繁荣为中心调整农业结构。大力扶持适合山区、农村的工业项目，特别是资源开发利用型、农产品加工型项目，延长农产品产业链，增加农民非农收入。要立足于种养业与加工业相配套，产供销一条龙，抓龙头、壮基地、带农户，发展农村经济中介组织，通过龙头企业和完善产前、产中、产后社会化服务体系，把千家万户的分散经营与千变万化的大市场连接起来。加快发展区域特色产业，构建各具特色的产业、产品和名牌，带动广大农民致富。

第二，坚持以开放为突破口，以开放促招商引资、促外引内联、促改革发展。

开放是广东最大的优势，实践证明，哪里的开放搞得好，哪里就发展快。开放是扩大招商引资、促进外引内联、发展民营经济最有效的捷径。县一级经济本来就薄弱，资本积累难，政府投资力不从心，发展民营经济则是有钱人不多，但有其土地、资源、劳力、电价等比较优势。地处粤北山区的乳源自治县，五年前没有工业基础，财政收入仅1 000多万，通过大搞招商引资，发挥土地、矿产、劳力和电价等比较优势，引进了几个工业大项目，至今财政收入增至7 000多万元，成为韶关第一个工业产值超过农业产值的县。这说明谁开放得快，抓得主动，谁就发展快。

因此，各地党委和政府要坚持小平同志“两个大局”的战略思想，以追求区域整体利益和长远利益最大化为目的，扩大开放，打破行政区划界限，实现基础设施、资源的共享；要通过经济、法律和政策的手段，加快区域间互引互联，从资金投入、出口配额、重点项目、基础设施和财政转移支付等方面加大对欠发达县（市）扶持力度，同时发挥珠三角带动、辐射两翼和山区的作用，加快区域间的物流、人流、资金流、信息流，提高资源优化配置效率。山区和两翼的县（市）要以开放为突破口，抓住省、市高速公路开通之契机，大搞招商引资、外引内联，把优化产业结构与提高招商引资质量结合起来，努力引进高技术含量、高附加值的产业项目，防止被淘汰的、污染严重的企业和项目转移到山区，做到引资不引污。要跳出原来的老县域谋发展，通过扩大开放，外引内联，把当地土地、劳力、资源、电价及旅游、配套加工等优势，转化为招商引资、城市建设、承接产业转移和发展民营经济的优势，有效推动县域经济发展。

发展壮大县域经济
必须明确目标，突出重点

发展壮大县域经济，必须紧紧围绕农民增收、工业增效、财税增长、后劲增强这个目标，突出抓好五个重点：

——主攻民营经济。把民营经济培育成新的经济增长点是壮大县域经济的重要基础。要认真落实省民营经济发展工作会议精神和各项政策，集中精力“两手抓”，一手抓发展，一手抓提高，但对绝大多数的县来说，主要还是抓发展。要大力鼓励和支持当地能人，包括出外打工、做生意赚了钱的人回家乡投资办实业，尤其要创造各种有利条件，营造良好的氛围，支持各方人士到东西两翼和山区县谋发展。对珠三角民营经济较发达的县，要着力抓提高，通过体制创新、管理创新、科技人才创新和环境创新，把现有的民营经济真正做强、做大、做优。而扩大招商引资是新形势下发展民营经济最有效的途径。河源东源县引进了40条陶瓷生产线，有的已投产，假如一条线产值一个亿，就有40多亿，不仅增加税收，也解决了当地就业难问题。各地要进一步找准这种主攻方向，创新招商方式，优化投资环境，大力吸引外来资本和企业前来投资，使外来投资企业成为县域经济的重要增长点。

——培育特色经济。这是发挥比较优势的重要途径，也是县域经济结构调整的基本方向，各县都有各自的特色，特色就是优势，特色就是竞争力。把培育特色经济与调整县域经济结构相结合，是发展壮大县域经济的主线。要充分依托当地森林、矿产、水、水产、旅游等资源发展特色经济，宜农则农，宜工则工，宜旅游则旅游，切忌一哄而起。农业结构调整要抓龙头，壮基地，带农户，构建各具特色的产业、产品和名牌。韶关以烟厂为龙头，带动了南雄、始兴、乐昌、乳源等县种烟叶，形成60万担的年产量，带富了大批烟农。各地要围绕扩大出口来发展绿色食品、畜产品、水产品、粮食加工品等，努力打造品牌，再以名牌为龙头，带动广大农户致富。要利用山区的生态环境和奇山奇景大力发展旅游业。工业结构调整要依托特色资源，开发特色产品。要因地制宜发展小水电、燃煤发电和冶金、森工、农产品加工业，并努力把之做优做强，形成当地的支柱产业。要坚决防止盲目上工业项目，造成新一轮的重复建设。各县区要尽快形成“一乡一品”的基地化、专业化生产，以小产品构建大产业、大市场。

——壮大园区经济。工业园区是推进工业化与城镇化的结合点，是扩大开放的重要载体。发展壮大园区经济是提高县域工业聚集水平、培育新的增长点，实现集约发展的有效途径。县域工业发展一定要进园区，决不能再走“村村点火、户户冒烟”的污染老路。发展园区经济关键在于招商引资。要以资源引项目，以项目引资金，以存量引增量，采取园区招商、规划招商、重点项目招商、产业招商等方式，把乡镇企业、外来企业集聚到园区，保护环境，延长产业链，形成聚集型园区经济，推动形成簇群经济和块状经济。发展园区经济一定要立足当地资源禀赋和地理条件确定园区的功能定位，选准位置，搞好规划，正确招商引资，做到边建园区、边招商、边发展，开发一片，建成一片，投产一片，见效一片，滚动式发展，防止盲目圈地，浪费资源。

——发展配套经济。随着生产社会化、专业化的发展，优势企业纷纷将非核心产业向外扩散，给广大的中小企业带来了大量的配套空间。县域经济要密切关注这一发展趋势，把发展配套经济作为对内对外开放的主攻方向，采取多种形式，积极引导中小企业加入大企业集团、优势企业的产业分工协作体系，调整结构，围绕其主导产品生产配套零部件，加工品牌产品，扩大市场占有率。我们说发展是硬道理，在市场经济中，产品卖得出去就是硬道理。县域经济要甘当配角，各县都来搞主导产品这不现实，要主动配合广州等工业化程度高的大城市进行产业产品配套，发展配套产品和下游产品，带动相关产业发展。广州到2005年生产小轿车将超过50万辆，汽车带动系数是1:6，主机和零配件是1:1.7，1台主车搭配1.7个零配件，50万辆小轿车，可带动相当多的产业！炼油、乙烯、塑料产品，上下游产品之比是1:50，产业配套空间非常大。广东建设“十大重点工程”中，仅石化工程就是3个80万吨乙烯项目。各县围绕这些大产业来配套，发展下游产品，一定大有作为。作为县域经济来讲，所辖县都围绕地级市这个区域中心发展配套产品，围绕国内国际市场转，整个配套经济就能搞好。

——提升劳务经济。县域经济既要富县，又要富民。提高劳务输出水平，加快农村劳动力向非农产业转移，是发展县域经济特别是山区经济，增加农民收入的一大急务。要发展劳务输出，关键是要提高劳动者的素质和技能，提高劳务输出的竞争力。随着经济的发展，工业化、信息化的推进，二、三产业对劳动力的素质要求越来越高。各地要建立对农村劳动力转移的技能培训机制，多渠道增加投入，在发展国民教育的同时，大力发展和建立健全包括就业咨询、就业培训、中高级职业技能教育培训和职业介绍在内的社会化服务体系，加强对劳务输出人员的技能培训，以满足市场对较高素质劳务输出的需求。对贫困山区来讲，输出一个劳动力就等于脱贫了一户，关键是要使劳动力输得出去。德国的机械装备工业非常发达，瑞士的钟表业相当精确，都是缘于有针对性地培训了大批中高级技术工人。因此，有条件的县（市）要围绕发展县域经济特别是工业经济，吸引民资、外资办学，多办一些中高级技校，加快培养中高级技师和技术工人。

总之，强省必须强县。全省各地一定要从本地实际出发，高度重视和认真研究县域经济问题，千方百计发展壮大县域经济，使这一制约我省区域经济协调发展、城乡二元结构消除、全面建设小康社会的难题得到较好解决，能够在较短时间内，使全省越来越多的县成为工业大县、财政强县、经济强县。县域经济都强壮起来，广东经济强省就指日可待了。

（原载《广东财政理论与实务》2004年第五期）

省委常委、常务副省长欧广源在全省财政工会议上的讲话

（2002年1月15日）

一、认清形势，把握工作主动权

过去的一年，全省以邓小平理论和江泽民同志“三个代表”重要思想为指导，认真贯彻落实省委、省政府的各项决策，以率先基本实现社会主义现代化总目标，坚持以发展为主题，以结构调整为主线，以制度创新和科技创新为动力，努力开拓国内市场，不断扩大对外开放，大力整顿市场经济秩序，努力克服世界经济增长放缓给我省带来的困难，实现稳中求进，有效增长，全省国民经济继续保持持续快速健康发展。据初步统计，全年国内生产总值将首次超过1万亿元，比上年增长9.5%左右，高于年初确定的预期目标0.5个百分点；全年社会消费品零售总额4 520亿元，增长11%；全省固定资产投资3 600亿元，增长11%；进出口总额1 757亿美元，增长3.3%，其中出口总额937亿美元，增长2%；实际利用外资155亿美元，增长6.3%；第三产业快速发展，全省第三产业完成增加值4 275亿元，增长10.6%；全省农村居民人均纯收入3 782元，增长3.5%；城镇居民人均可支配收入10 250元，增长6.3%。同时，全省上下按照国务院的统一部署，积极开展“两大整治”工作，严厉打击走私贩私违法犯罪活动和逃废债务行为，清理整顿各类要素市场，使全省市场经济秩序明显好转，改善了经济发展的环境，促进了经济的健康有序发展。可以说，在世界经济不景气的形势下，我省继续保持了国民经济较快增长，是来之不易的。

在经济稳步发展的同时，我省财政运行状况良好。2001年，全省地方一般预算收入完成1 157.4亿元，增收250.2亿元，增长27.6%；全省一般预算支出完成1 318.8亿元，增支252.5亿元，增长23.7%。在收入实现较快增长的基础上，全省财政系统认真贯彻落实中央提出的积极财政政策，积极支持国有企业改革、粮食流通体制改革及下岗职工的基本生活保障和再就业工程，确保科教、农业、环保等重点项目支出，保证国家公教人员工资发放和政权机关正常运转，防范化解金融风险，为实现政府职能和经济增长作出了积极贡献。这是全省各级财政部门努力实践“三个代表”重要思想，认真贯彻中共十五届五中、六中全会精神，齐心协力，开拓进取的结果；是深入贯彻落实党中央、国务院和省委、省政府关于经济工作的一系列政策和措施，积极深化各项财政改革，努力促进财政发展的结果。省委、省政府对财政工作是满意的。借此机会，我代表省委、省政府向全省财政系统的同志们表示衷心的感谢！

当前我省经济和社会发展的主流是好的，经济运行正常。但是我们也要看到，我省经济运行中仍存在不少困难，必须引起我们的高度重视。一是出口面临新的挑战。去年全省外贸出口增长2%，同比增幅回落16个百分点。这对外向依存度较高的我省的影响是很明显的。二是经济效益增长的基础不稳，微观层面存在一定的隐忧。去年全省规模以上工业实现利润一季度累计增长25.4%，二季度放缓到17.8%，三季度则锐降到6.3%。出现这些困难，原因是多方面的。从国外需求来看，世界经济衰退对我省产生了较大的负面影响，特别是出口直接受到世界经济衰退的冲击。从国内需求看，投资和消费仍存在种种制约因素，我省的固定资产投资增长速度与全国及沿海主要省份比较明显居后，消费增长仍然缓慢。从省内经济发展来看，经济发展不平衡进一步加剧，弱化了整体经济发展的能力。从省际比较来看，我省的经济竞争力有待进一步提高。针对这些问题和新的形势变化，省委、省政府进行了充分的调查研究，近期召开的省委八届九次会议对今年全省工作提出了总体要求和具体部署，各级各部门要用战略的眼光、发展的思路和可行的办法克服前进道路上的新问题，努力增强发展后劲和综合竞争能力，继续保持我省经济持续快速健康发展和社会各项事业的全面进步，努力率先基本实现社会主义现代化。

展望今年，我省经济发展面临的国内经济环境基本稳定，国际经济环境则更加险峻。我们既要坚定信心，又要把困难估计得充分一些。世界经济的持续衰退对外向度较高的我省经济还会继续产生不利影响，加入WTO在短期内可能对我省的汽车、电讯、零售连锁、金融服务行业及国有企业产生冲击，加上经济发展中存在的问题也不可能短期内解决。但是，我们也要看到积极的一面，一是国家继续实施积极的财政政策和稳健的货币政策，加上省出台的调控措施，将有利于稳定和改善人们的经济预期与消费信心，合力推动投资和消费的进一步增长。二是加入WTO后有利于扩大吸引外商直接投资，改善供给和增加传统优势商品的出口。三是现阶段形成的消费热点，将进一步带动消费的稳定增长，等等。这些有利因素将对我省经济的发展起到积极的推动作用。

同样，我们财政工作本身也存在一些问题和困难，面临着新的发展形势，发展中也存在不利因素和有利因素，特别是加入WTO对财政工作提出了新的要求，所得税收

入分享改革对我省财力将产生较大影响，调整工资政策也给各级财政增加了支出压力，偿还中央专项再贷款的资金筹集工作仍需要加强，等等。对此，各级政府和财政部门一定要有清醒的认识，既要看到成绩和有利条件，又要看到困难和问题，做到心中有数，积极应对，争取掌握工作的主动权。

二、突出重点，扎实工作

今年的财政工作面对新的环境，新的挑战以及新的条件，各级财政部门必须紧紧抓住当前经济发展的各种机遇，正视困难，努力化压力为动力，紧紧围绕发展这个主题，深化财政改革，加快构建公共财政框架的步伐。总的要求是，今年我省的财政工作要紧紧“围绕一个重点”、“把握一个方向”和“抓住一个关键”。

“围绕一个重点”，就是财政工作必须充分发挥财政的保障作用，紧紧围绕实现政府职能这个重点。财政负有保障政权运转、保障社会稳定、促进社会进步和经济发展的重要职能。在当前的新形势下，财政的保障职能日益突出，发挥好财政的保障作用，是实现财政职能的保证，是维护改革、发展、稳定大局的需要。当前，财政供给范围过大，包揽过多，大大超出了财政职能范围，而一些应由政府承担的一些社会公共需要、社会保障等方面的支出，因财力紧张而不能给予充分的保障，政府职能难以到位。因此，作为为实现政府职能服务的财政，要以实现政府职能为首要职责，财政支出首先要保证国家公教人员工资发放和政权机关正常运转，其次要保证社会保障支出等维护社会稳定的需要，再次是按照有关法律要求尽力安排好农业、教育、科技等政策性支出。同时，各级财政部门还要自觉地把财政工作与省委、省政府的决策和部署有机地结合起来，认真贯彻落实中央、省委和省政府关于扩大、培育内需和促进出口的决策，巩固和促进我省经济发展的好形势。

“把握一个方向”，就是财政工作必须紧紧抓住建立公共财政基本框架这个方向，以制度创新为突破口，加快公共财政改革步伐。我省财政收入增长速度这几年一直保持在较高的水平，但是财政收支矛盾却越来越突出，一些地区连工资也难以保障。造成这些问题的原因并不完全是个财力问题或者主要不是财力问题，而是一个管理问题。因此，各地要按照建立公共财政的要求，不断创新管理方式，积极推进部门预算、国库集中支付制度、政府采购制度以及税费等改革，提高财政管理水平，努力实现财政管理的科学化。

“抓住一个关键”，就是财政工作必须紧紧抓住依法理财与科学理财这个关键，促进理财水平不断提高。各地要站在依法治省的高度，充分认识依法理财、科学理财的重要意义，不断增强法律意识和法制观念，切实提高依法行政的水平和能力，要通过建章立制，强化管理，真正把财政工作纳入制度化、规范法的轨道，真正把依法理财落实到财政工作的各个方面、各个环节，使每一项管理活动做到有法可依，有章可循。

具体来说，对今年的财政工作，强调以下几点：

（一）积极做好入世应对工作，抓紧研究新形势下财政工作的新思路

我国已于去年底正式成为世界贸易组织成员。加入世贸组织有利有弊，但总体上符合我国的根本利益和长远利益。各地各部门都要按照中央的统一部署，根据我国经济和社会发展、结构调整的需要以及加入世界贸易组织的承诺，认真分析我国加入世界贸易组织给本地区、本部门带来的影响，及时研究提出有针对性的措施，把握工作的主动权，作为财政部门，我认为应该把握好以下四点：

一是入世将为我省财政的发展提供新的机遇。经济决定财政。随着我省经济的发展，这些年我省财政取得了显著的发展和进步。目前我省财政收入已占全国财政收入的十分之一强。入世将为我省经济的进一步发展，为我省争创新的优势、率先基本实现现代化提供新的机遇，同时，也为我省财政的进一步发展奠定了基础。为此，各级财政部门要统一思想，增强信心，自觉地按照省委省政府的部署和要求，努力做好财政工作。

二是入世对我省财政收入结构会产生影响。入世虽然对我省的经济发展和对外开放在总体上产生巨大的推动作用，但必须看到，它对我省不同地区、不同产业部门的影响具有显著的差别，财政收入增减收因素并存，不同行业的税收有可能会有升降。因此，各地要结合本地实际，认真分析入世对当地经济发展和结构调整的影响。认真分析财源结构的变化，对增长快的税种，要加大组织财政收入工作的力度，防止财源流失，对增长慢或者减收的税种，也要加强征管，做到应收尽收，保证财政收入的增长趋势。

三是入世使财政支出结构的调整显得更为迫切。入世后，首先是我们要按照WTO的有关规则和签署协议规定对现行的政府支出结构作出调整，如为适应WTO规则的要求，要逐步减少对一般竞争性领域的直接投入，为企业的公平竞争创造良好的环境；其次，入世还将影响到财政支出重点的转移，政府支出重点是要满足社会公共需要，如入世必将使我国的就业和收入风险更加显现出来，政府财政需要相应增加失业人员的最低生活保障及再就业费用。这些都对财政支出结构的调整提出了更为迫切的要求。因此，各经财政部门要适应入世的新形势，按照公共财政的要求，加大财政支出结构调整力度，确保改革、发展、稳定的大局需要。

四是入世对财政改革和财政管理提出了更高的要求。随着经济发展的加快，市场机制的作用将越来越大，政府要改变管理经济的方式，财政管理的内容也将发生明显的变化。现在财政管理中存在的一些问题，如预算的完整性、公平性、有效性、透明度等问题，特别是会计信息失真、财务管理薄弱等问题是造成经济秩序混乱的一个重要

因素，如不能得以尽快解决，将与入世的新形势不相适应，影响到社会主义市场经济的发展进程。因此，按照市场经济的要求，适应新形势，以全新的思路和理念对整个财政运行机制作出新的改革，应成为财政下一步改革与发展的新目标。

（二）强化大局意识，努力完成全年的预算任务

去年我省地方财政收入增收250多亿元，增长27.6%。形势喜人。但是我们不能因此而盲目乐观，应该看到收入增收仍然集中在珠江三角洲，有些市县收入增幅在低水平上徘徊，今年的减收增支因素很多，因难会加大。对此，各级财政部门一定要心中有数，要认识到抓好财政收入对于促进改革发展、稳定大局的重要意义，把组织收入工作作为一项严肃的政治任务，切实抓紧抓好。特别是收入增长慢的地区要不甘落后，奋力追赶。在制定预算时，既要坚决反对不切实际，盲目攀比，又要坚决反对不坚持实事求是的原则，人为地调减财政收入指标，各级财税部门要从年初起就绷紧组织收入这根“弦”，集中力量抓收入，为圆满完成全年收入任务奠定坚实的基础。各级财政部门要协助税务部门严格依法治税，加强对重点税源、重点税种的征管，突出抓好高收入行业个人所得税的专项治理工作，集中打击和查处偷税、骗税、越权减免税、缓税或搞“先征后返”等违反税法的行为，继续大力清缴欠税。

在抓紧收入的同进，各地丝毫不能放松对支出的管理，要严格按已批准的预算安排支出，切实做到该保的保住，该压的压掉，不断强化预算约束。各级财政部门要千方百计保证工资等重点支出需要，保证教育、科技、农业支出的法定增长，保证省委、省政府各项决策部署的贯彻落实。对超收的收入，要首先用于保证工资发放和社会保障支出。同时，还要切实加强财政资金使用情况的监督检查，减少损失浪费，提高财政资金的使用效益。在安排支出时，各地要始终坚持量入为出，量力而行的原则，绝不允许一方面必保的支出留缺口，另一方面又超出财力可能，干一些力所不能及的事，必须确保财政收支平衡。

（三）整顿和规范财经秩序，严肃财经纪律

整顿和规范市场经济秩序是建立和完善社会主义市场经济体制的重大举措，而财经秩序是市场经济秩序的重要组成部分，维护财经秩序不仅是财政部门应尽职责，也是市场经济健康发展的基础和保障。在去年开展的整顿和规范市场经济秩序工作中，各级财政部门按照中央和省统一部署，积极开展财政系统的整顿规范财经秩序工作，取得了显著成效。今年，整顿和规范市场经济秩序工作还要进一步深入，财政部门要从规范市场经济秩序的重要性和紧迫性，继续加大力度，在巩固去年整治成果的基础上，以建立规范的社会主义市场经济秩序为目标，严肃财经纪律，切实把这项工作抓紧抓好。

一是要继续配合做好清收金融资产工作，整顿和规范地方金融秩序。去年我省资产追收三项指标均超额完成了省委、省政府提出的任务。但是我们也要看到，各地追收进度并不平衡，从已追回资产的构成来看，变现占追回资产的比重才7%左右，这个指标完成得还不够理想。因此，各地要进一步加大地方中小金融机构和农金会资产的保全和清收力度，加强对追回资产的管理，做好资产盘活、变现和债务清偿工作。另外，各地还要加强对地方中小金融机构的整顿和监管，稳妥推进停业整顿的地方金融机构退出市场。要依法严厉打击恶意逃废银行债务以及其他金融违法犯罪行为，提高金融信用水平。

二是要加强政府债务管理，防范财政风险。当前，债务问题仍然是困扰各级财政的难点问题。特别是中央专项再贷款，大部分由市县负担，尤其是一些金融重灾区。各地要切实采取措施，认真落实还款资金来源，按时归还借款，对拖欠到期借款的地方，省财政将继续实行扣款措施，维护我省信誉。同时，各地还要进一步强化债务意识，防范财政风险，逐步建立起责权利和借用还相统一的债务良性循环机制，做到防患于未然。

三是严格会计管理，严肃财经纪律。加强会计工作，保证会计核算的真实性，是社会主义市场经济的信用基础，是整顿经济秩序的重要内容，也是适应加入WTO新形势的客观要求。党中央、国务院对加强会计工作十分重视。各级政府要认真贯彻落实中央关于加强会计管理的精神，严厉打击伪造会计凭证、会计账簿和编制虚假财务会计报告的行为，尤其要严厉打击授意、指使、强令会计机构、会计人员及其他人员伪造会计凭证、会计账簿和编制虚假财务会计报告的行为。各级财政部门对重点检查中查出的违法违规行为，除责令限期整改、调账、补税外，应当按照《会计法》等有关法律和财会规章的规定，对有违法行为的单位和相关责任人员给予行政处罚和行政处分，构成犯罪的移送司法机关依法追究刑事责任。另外，还要切实加强对预算外资金使用的监督检查，严格执行各种行政事业性收费、政府性基金和罚没收入“收支两条线”管理规定，并逐步纳入财政预算管理。

（四）确保工资按时足额发放，维护社会稳定

在这两年的财政会议上，我都在强调这个问题。各地在保证工资发放方面，也采取了很多积极有效的措施，如加大转移支付力度、实行财政统发工资等，收到了较好的效果，去年没有再出现新的拖欠工资现象，以前旧的拖欠也基本得到消化。目前我省干部职工工资发放的形势总体上是好的。但是，一些县仍然存在推迟发放工资的问题。各级政府和财政部门必须高度重视，提高认识，巩固成绩，进一步加强对财政供给人员工资发放工作的领导，把确保工资发放作为一项十分重要的工作，采取得力措施抓紧、抓实、抓好。为此，在这里我再着重强调几点：

一是各地一定要坚持“一是吃饭，二要建设”的原

则，对工资性支出在预算安排时就必须打足，在执行中务必严格管理，大家要清楚地认识到，能否处理好“吃饭”与“建设”的关系，是衡量各级领导干部是否真正实践“三个代表”思想的一个重要标志。各级必须把解决好公教人员工资问题作为头等大事来抓，按时发放工资就是最大的政绩，就是第一政绩。在具体的工作中，各地要按照工资资金专户管理工作办法的规定，对于应纳入专户的资金和上级的转移支付资金，都要全部纳入工资专户，专项用于解决工资发放，绝不能挪作他用。我们要坚决贯彻执行中央的要求，各级政府凡是拖欠行政事业单位职工工资的，一律不准新建办公楼和购买小汽车，领导不得出国。另外，中央今年决定再出台调整收入分配政策，各级在财力上还要做好准备，今年绝不能再出现拖欠工资现象。

二是各地要继续实行工资发放党政主要领导负责制。通过积极稳妥善安置推进县乡机构改革及其他改革措施，精简机构和人员，并统一执行工资补贴标准，切实减轻财政负担。

三是要及时总结财政统发工资的经验，不断完善办法，继续扩大范围。去年 10 月底，全省已基本实现行政机关工作人员工资、教师工资和离退休人员离退休费的统发工资目标。目前，全省列入财政统发工资的人数已达 132 万。在此基础上，还要继续扩大范围，逐步把工商、地税、质监、药监等垂直管理系统人员以及财政核拨的事业单位人员全部纳入统发范围。同时，要建立全省统一的管理网络，为实行对财政供养人员的科学化管理奠定良好基础。

四是继续加大省对市县财政转移支付力度。根据省委、省政府决定，今年省财政将综合考虑中央政策调整及欠发达地区的实际困难情况，提高对市县 2001 年第一次调资补贴标准，增加对 2001 年第二次调资的补助。今后还将视省级财力状况继续加大对欠发达地区的转移支付力度。

（五）加快财政改革，在建立公共财政基本框架方面迈出实质性的步伐

这几年，全省各级财政部门按照公共财政的要求，大力调整支出结构，积极推进财政改革，初步构建起了我省的公共财政管理机制。但是，按公共财政的标准来衡量，或是与兄弟省市的改革情况比较，我省在有些方面仍然是滞后的。省委工作会议要求，今年我省要加快财政改革，在建立公共财政基本框架方面迈出更有实质性的步伐。各地务必充分认识构建公共财政基本框架的必要性和紧迫性，要把建立公共财政与加快社会主义市场经济的发展联系起来，与规范政府行为、促进社会安定联系起来，与解决财政困难联系起来，必须站得更高一些，看得更远一些，想得深一些，把思想和行动真正统一到建立公共财政框架上来。李岚清副总理在全国财政工作会议上对推进和加快公共财政改革提出了总的要求，当前正在进行的各项公共财政改革，如部门预算改革、国库集中收付制度改革、政府采购制度改革等，要继续推进，不断完善，加快改革步伐。为此，各级党政一把手要亲自抓，切实加强对这项工作的领导，克服困难，推动财政改革向纵深发展；各级财政部门要继续认真抓好细化预算编制、编制部门预算、实行国库集中支付制度、进行会计委派制试点、实行政府采购制度、深化“收支两条线”改革和编制综合财政预算等财政改革工作，要制定切实可行的工作实施方案，明确工作思路、工作步骤、工作目的及保证措施，做到精心组织，稳步推进，并要认真、扎实地研究实施过程中出现的问题，有计划地整体推进，逐步把各个单项的财政改革统一到建立公共财政框架这个大目标下。要通过不断深化改革，建立起科学的预算管理机制、严格的支出管理机制和全方位的财政监督机制，不断提高财政管理的科学化、法制化、规范化水平。

（六）认真做好所得税收入分享改革工作

今年中央将进行所得税收入分享改革，这也是公共财政改革与国际惯例接轨的一项重要措施，是党中央、国务院按照“三个代表”要求，从我国政治、经济和社会发展全局作出的一个重大决定。随着社会主义市场经济的深入发展，特别是我国加入 WTO 后，现行所得税收入划分办法很难维持下去，改革势在必行。这次改革，不是简单的地区利益格局的调整，而是通过沿海发达地区支持欠发达地区发展，具体实践“三个代表”重要思想的一项重要措施，具有重大的政治、经济和社会意义。通过改革增加对中西部地区的财力支持，维护和促进民族团结和社会稳定，这对保持我国政治稳定、民族和睦和国家的长治久安具有至关重要的作用；也体现了先富带后富和地区间的相互帮助，实现共同富裕；也有利于淡化企业和政府的依附关系，打破市场封锁，防止重复建设，从而为深化企业改革，推动国民经济结构的战略性调整，实现社会主义市场经济持续快速健康发展，创造体制条件。

这项改革的意义重大，各级政府和财政部门要从全局和战略的高度出发，充分理解和拥护中央所作出的这一重大决策，并且要通过自身的努力工作，千方百计地保持财政收支平衡，以确保改革顺利进行。为了保持我省体制的相对稳定和我省既得财力，今年省对市县地方所得税收入部分分享比例和办法仍保持不变。要强调的是，各地必须加强征管，保证今年企业所得税、个人所得税保持适度增长，并作为一项政治任务来完成。

（七）加强财政队伍作风建设

中央把今年定为转变作风年、调查研究年。十五届六中全会通过的《中共中央关于加强和改进党的作风建设的决定》以及省委的贯彻意见，对加强和改进党的作风建设作出了全面部署，财政部门一定要坚决贯彻落实，按照“八个坚持，八个反对”的要求，结合财政改革和发展面临的新形势、新任务、新要求，充分认识改进和加强自身

作风建设的重大意义，拿出实际行动来，切实抓出实效。

一是要进一步转变工作作风，改进工作方式。各级财政部门要牢固树立全心全意为人民服务的宗旨，增强服务意识，深入基层，深入群众，深入实际，大兴调查研究之风，想大事、议大事、抓大事。要依据行政，依法理财，减少审批事项，规范办事程序，推行政务公开，防止和纠正形式主义、官僚主义等不良习气，努力形成勤政、高效的良好作风。同时，要切实提高财政工作的科技含量和工作效率，充分发挥现代化办公手段的作用，积极推广南海市信息化建设的先进经验，加快我省财政管理信息化建设。

二是要进一步加强干部队伍建设。各级财政部门要进一点加大干部人事制度改革的力度，坚持用好的作风选人，选作风好的人。要紧密结合我国入世的新形势，加强干部教育培训工作，努力提高干部的思想政治素质和领导水平。

三是要坚持不懈地推进党风廉政建设和反腐败斗争。各级财政部门要进一点强化财政系统内部监督制约机制，认真落实党风廉政建设责任制，加强警示教育，搞好廉政建设。领导干部特别是一把手，要带头执行廉洁自律各项规定，经受住各种考验，并切实负起带好班子、带好队伍的责任。各级财政部门要自觉接受人大、审计及社会各界的监督，树立财政部门公正廉洁的形象。

弘扬"抗非"精神　努力完成今年财税工作任务

——在全省财税系统工作会议上的讲话

省委常委、常务副省长　钟阳胜

（2003年8月19日）

同志们：

这是我分管财税工作后第一次参加的全省财税系统工作会议。我认为，财离不开税，税离不开财。因为现在我们的财政收入80%以上都是来源于税收，非税收入占很少比例，财税应该是非常亲密的一家。我主张今后财税更多地加强合作，这样才能把我们的财政工作做好，也才能把税务工作做好。前不久，党中央、国务院召开了全国防治"非典"工作会议，省委、省政府也召开了全省防治"非典"工作会议，要求我们正确认识形势，弘扬"抗非"精神，努力做好各项工作，力争全年经济社会发展取得比预期更好的成绩。这次全省财税工作会议，黄华华同志高度重视，是他亲自批准召开的。这次会议主题是以"三个代表"重要思想和党的十六大精神为指导，认真总结我省财税系统在"抗非"斗争中的工作和经验，深入分析当前全省财税形势，找准问题，提出对策，努力实现今年我省财税工作的任务和目标。下面，我讲几点意见。

一、我省财税部门在"抗非"斗争中的工作和所发挥的重要作用

今年初我省发生了"非典"疫情后，党中央、国务院高度重视、亲切关怀。胡锦涛总书记、温家宝总理多次作出重要指示，并先后亲临我省视察防治工作。省委、省政府按照党中央、国务院的部署，坚持"一手抓抗击'非典'，一手抓经济建设"，做到防治"非典"不松懈，加快发展不动摇，及时作出一系列重大部署，靠前指挥，果断决策，沉着应对，团结和带领全省人民迎接遭遇战，发起主动战，决胜攻坚战，展开持久战。全省各级和广大人民群众上下团结，众志成城，同心协力抗击"非典"，尤其是广大医务工作者和医学专家充分发挥了主力军作用，宣传部门坚持正确的舆论导向，稳定人心、鼓舞士气，形成战胜"非典"的强大合力，取得了防治"非典"工作的阶段性重大胜利。

针对"非典"疫情对经济发展带来的不利影响，我省及时采取了应对措施，出台有关政策扶持受"非典"影响的行业，国民经济保持了良好的发展态势，主要经济指标增速创近年新高，1～7月份，我省经济运行呈现出六个亮点：一是国内生产总值快速增长。全省实现国内生产总值6 907.1亿元，增长12.6%，增幅同比提高2个百分点，比全年预期目标高3.6个百分点。增速为近几年来同期最高水平。二是规模以上工业增加值快速增长。全省规模以上工业增加值完成2 906.7亿元，增长19.8%，增幅同比提高6个百分点。三是固定资产投资快速增长。全社会固定资产投资完成2 200亿元，增长29.4%，增幅同比提高14.9个百分点。四是外贸出口快速增长。出口总值786.9亿美元，增长25.5%，增幅同比提高2.7个百分点。五是利用外资快速增长。外商实际直接投资金额79.7亿美元，增长23.3%，增幅同比提高5.7个百分点。六是民营经济快速增长。上半年，全省新登记私营企业3.77万户，注册资本369.8亿元，同比分别增长38.1%和27%。

取得这些成绩，财税部门功不可没。在我省抗击“非典”斗争过程中，全省财税系统坚决贯彻落实党中央、国务院关于防治“非典”的重大决策，按照省委、省政府的统一部署，充分发挥财税职能，在有效支持“非典”防治，促进经济发展方面发挥了重要作用。

（一）着力抓好增收工作，为“非典”防治工作提供财力保障。我省财税部门从讲政治、讲大局的高度出发，认真贯彻中央和省委、省政府关于防治“非典”重要指示精神，大力推进依法征税，加强税收管理，做到应收尽收，努力弥补“非典”和由于政策调整导致的收入减少。财政部门建立了收入增长情况通报制度，对收入不正常的地区，财税部门深入基层调查分析，摸清情况，找出问题，加强指导，提出措施，确保收入增长。根据防治“非典”的实际需要，及时提供了财力保障。据不完全统计，全省各级财政共安排“非典”防治经费23亿元，其中省财政直接安排了6.5亿元。

（二）努力压减支出，确保防治“非典”、公共卫生建设等重点支出需要。面对由于“非典”带来的财政减收增支的严峻形势，财政部门积极采取措施，努力调整财政支出结构，确保防治“非典”等重点支出需要。财政部门坚决执行省委、省政府的决定，从5月1日起，除人员工资、科技、教育、重点建设安排、帮助困难群众解决生产生活的资金及其他法定支出外，省级预算内一般性支出、预算外支出和政府性基金支出一律压支5%。除救灾等特殊情况外，省财政一律不再追加部门新增支出预算。压缩日常经费开支，减轻财政增支压力。严格控制会议费用，压缩修缮费和汽车购置费的开支，压缩因公出访计划，压缩招待费、差旅费的开支。在抓好节支工作的同时，各级财政部门调整支出结构，制定了财政支持“非典”防治的各项政策，帮助困难群众解决防治经费。同时，对教育、科技、农业、社保等领域的支出予以重点保证。对省政府确定要加快工程进度的重点建设项目加快资金拨付。对最低生活保障、下岗职工基本生活费、失业救济及困难群众的生产和生活等关系社会稳定的支出给予重点保障，维护了社会稳定。

（三）制定和落实相关政策措施，帮助企业渡过难关。为支持受“非典”影响严重的旅游、交通和餐饮等企业发展，财税部门按照中央和省的有关规定，认真落实各项减免税费措施，运用财税手段促进经济健康发展。地税部门率先在全国出台了九项措施，直接减少困难企业至少9亿元的税收负担；国税部门实施了全面调高增值税起征点等十项措施，加快了出口退税进度，1～7月共办理出口退税191.41亿元，同比增长27.4%，快于全国平均进度；财政部门在认真落实中央减免基金、收费政策的基础上，制定了减免部分政府性基金的政策，并在5月中旬前将基金减免政策落实到相关企业。这些措施，有效扶持了受“非典”影响的行业发展，极大地缓解了受“非典”影响严重的企业的困难，对减少企业职工下岗失业，培育地方后续税源产生了积极作用。

（四）加大投资力度，促进经济社会发展。扩大投资是促进经济快速增长的直接推动力。为拉动投资需求，推动经济加快发展，拓展财源，我省财税部门通过实施相关财政政策，支持经济建设。财政部门加快了政府性投资项目的资金投放进度，对省委、省政府已确定的基建项目和促进经济发展的各项资金，包括各项投资及贴息资金，及时按进度做好资金拨付工作，以财政性资金带动社会资金的投入。同时，为减轻困难地区的压力，省财政在省级财力紧张的情况下，按照省委、省政府的要求采取了压省级、保地方的财力分配原则，保持转移支付力度不变，以保证地方财政稳定支出。此外，按照省委、省政府关于适当减轻山区市县“中央专项再贷款”和农村义务教育债务负担的决定，及时制定了减负方案，增加地方财政的可支配财力，保证了地方财政的正常运转。

面对这场“非典”天灾，我省财税系统经受住了严峻的考验，积累了可贵的经验。一是财税工作必须紧紧围绕省委、省政府的中心工作服务。“非典”疫情发生后，全省上下万众一心抗“非典”。全省财税部门讲政治、顾大局，态度鲜明，工作主动，认真实践“三个代表”重要思想，学习贯彻胡锦涛总书记视察广东的重要讲话精神，把中央和省委、省政府各项重大决策变为做好工作的自觉性，行动迅速，措施得力，落实到位。这是财税部门在“抗非”斗争中取得巨大成绩的最根本的一条。二是协调配合，群策群力，形成战胜困难的强大合力。在我省“抗非”斗争中，各地区、各部门互相支持、协调配合，从人力、资金、物资等方面确保了防治工作的需要。财税部门按照省委、省政府的统一部署，积极配合卫生、物价、经贸等部门形成了抗击“非典”的强大合力。从资金上、政策上支持“非典”防治工作和经济发展。三是充分发挥财税这一经济杠杆的调控作用，促进经济发展。财税部门在“非典”时期积极主动地采取了有力措施，及时提出了减轻“非典”对企业的影响的相关政策。不管是地税的九条措施，国税的十条措施，还是财政措施，政策出台快，而且政策到位，积极发挥了财税杠杆调控作用，努力促进经济发展，建立了财税工作与经济发展的良性互动、协调发展的新的机制。

总之，在抗击“非典”斗争中，我省财税部门发挥了积极作用，做出了重要贡献。借此机会，我代表省委、省政府对全省财税系统的同志们表示衷心感谢！

二、正确认识当前财税形势，增强做好财税工作的责任感、紧迫感

今年以来，我省财税工作虽然受到“非典”比较严重的影响，但仍然取得了好成绩。1～7月份，全省地方一般预算收入完成744.82亿元，比去年同期增收101.97亿元（可比口径），增长15.86%；全省地方一般预算支出完成

799.24亿元，比去年同期增支135.33亿元，增长20.38%；全省国地税系统共组织税收收入1 752.75亿元，同比增长19.3%，增收283.89亿元。但我们要清醒地看到，我省财税工作中仍存在不少问题，财税工作面临的形势依然十分严峻，突出表现在：

一是财政收支平衡压力增大。今年以来，“非典”疫情对经济的冲击直接影响了财政收入的正常增长。1～7月份全省地方一般预算收入增幅同比回落0.73个百分点，增幅为1998年来最低。尤其是省级一般预算收入仅增长5.84%，比全省平均增幅低10.02个百分点，增幅同比回落14.52个百分点，是1998年来最低。尤其要注意的是，“非典”疫情对财政收入的滞后影响将在下半年逐渐增强，而“非典”期间中央和省出台的税、费、基金优惠政策，也加大了财政增收节支的压力，要顺利完成年度预算任务十分艰巨。尤其是省级财政，今年减收增支压力相当大。上半年和1～7月份均未完成预算计划，完成年度预算任务相当艰巨，这是多年以来从未有过的情况。此外，受电价下调、金融保险业营业税抵扣政策变化以及营业税收入受“非典”影响等，今后几个月省级财政减收因素较多，而“非典”疫情直接增加了省级支出压力，加之教育、科技、社保、农业等重点领域投入的增长，减轻地方政府债务负担，加大转移支付力度等各项增支医素，省级财政面临着前所未有的困难。

二是地区财力差距悬殊。虽然目前我省财力向珠江三角洲各市集中的趋势已趋缓，但财政收入仍然高度集中在珠江三角洲地区，地区财力差距悬殊大。从今年前几个月的情况来看，仅广州、深圳两个中心城市一般预算收入就占全省市县级收入的56.83%，占全省市县级增收额的59.76%。珠江三角洲7市一般预算收入占全省市县级一般预算收入及增收额分别为84.36%、85.43%，其余14市占全省市县级一般预算收入及增收额分别为15.64%、14.57%。这种地区之间的悬殊，说明东西两翼和粤北山区由于经济不发达，财政处于极度困难，这是客观存在的问题，同时，也说明省级财政要平衡全省的收入，保证东西两翼和山区财政正常运转，维护稳定，压力非常大。

三是收入增长落后于长江三角洲兄弟省市。随着经济进入平稳增长期和财税收入基数的增大，我省财政收入在经过前几年的高速增长后，增幅已呈现逐年减缓并趋于相对平稳，财政增收难度加大，与兄弟省市相比，我省收入增幅偏低，增长速度差距拉大。从今年前几个月的数据来看，上海、江苏、浙江、山东一般预算收入分别增长37.3%、26.6%、29%、20.04%，分别高于我省21.44、10.74、13.14、4.18个百分点。应该说这有正常的一面，也有非正常的一面。正常的一面是基数大了，增长一个百分点都非常困难。非正常的一面是，我们的产业结构不合理，整个产业结构是以轻型产业结构为主还没有得到完全改变，而工业化进入中期阶段应该是重化工业占主导推动增长，重化工业是资金密集和技术密集的产业，增加值高，与江苏、浙江、山东比，我们增加值比较低，这与我们产业结构有关系。这必须引起我们的高度重视。

四是财政收支矛盾突出，支出压力较大。近几年来，虽然我省财政每年增收超百亿元，但对财政资金需求也越来越大。随着全面建设小康社会进程的推进，各方面对财政资金的需求越来越强烈，收支矛盾趋紧的压力将更加突出。

五是出口退税指标不足，缺口不断加大。目前全省累计应退未退税额已达554.68亿元，剔除今年中央已下达我省出口退税指标，预计退税缺口指标为387.52亿元。因此，尽管省国税局做了很多工作，争取国家税务总局的更大支持，但从落实退税政策和继续支持外贸出口的需求看，出口退税指标缺口引发的矛盾难以从根本上解决。

针对财税工作中存在的困难和问题，全省财税工作部门要保持清醒的头脑，充分认识财税工作面临的严峻形势，增强做好财税工作的责任感和紧迫感。在8月初省委省政府召开的防治“非典”工作会议上，张德江书记特别强调在下半年工作中，要发扬“临危不惧、沉着应对，实事求是、尊重科学，无私奉献、顽强拼搏，万众一心、敢于胜利”的“抗非”精神，积极做好各项工作，确保实现全年经济发展预期目标。黄华华省长要求我们要力争全年经济发展取得比预期更好的成绩。全省财税部门一定要按照张书记、黄省长的重要指示，充分认识做好当前财税工作，完成全年财税任务的重要性，增强责任感、紧迫感。千方百计，百计千方，加大力度，扎实做好下半年的财税工作。

（一）要从加快发展、率先发展、协调发展和当好排头兵的高度，增强做好财税工作的责任感

今年4月初，胡锦涛总书记视察广东，对我省提出了加快发展、率先发展、协调发展，努力在推进率先基本实现社会主义现代化进程中更好发挥排头兵作用的要求。这是党中央和胡锦涛总书记在新世纪新阶段赋予广东新的历史重任，为我们进一步指明了前进方向。胡锦涛总书记的重要讲话，也是对我省财税工作提出的新的更高的要求。一方面，我们要深刻认识到，总书记要求我们加快发展、率先发展、协调发展、当好排头兵，其中一个重要方面就是要求财税工作要加快发展，在全国当好排头兵。改革开放以来，特别是近年来，我省的财税工作走在全国的前面，去年全省地方财政收入占全国近1/10，但今年以来我省财税增长的幅度落后于江苏、浙江等地。我们必须加倍努力做好工作，继续保持我省财税工作在全国的领先地位。另一方面，广东要在全国加快发展、率先发展、协调发展，当好排头兵，离不开财税工作的支持。财力是国民经济发展规模和质量的综合反映，是一个地方经济实力重要标志，同时又是一个地方经济发展的重要支撑和保障。今后，我省要加快推进国有企业改革和民营经济发展后劲，努力建设文化大省，加快农村城镇化、农业工业化、推进农业产业化、增加对山区基础设施建设的投人，改善群众生产生活条件，加强环境资源的保护，加大对贫困地区转移支付的力度等等，都需要强大的财力支持。因此，

全省财税部门要进一步增强责任感，为实现“三个发展”和当好排头兵多作贡献。

（二）要从确保实现我省今年经济社会发展目标的大局，增强做好财税工作的紧迫感

财税工作是政府加强宏观调控、实现经济社会发展目标的重要途径。今年上半年，我省能够从容应对“非典”的影响，夺取抗击“非典”和经济发展的双胜利，很重要的一个因素就是改革开放以来我省打下了雄厚的财政基础。下半年，我们要做好各项工作，实现全年经济社会发展目标，仍然要靠财税部门的努力工作。张德江书记在全省防治“非典”工作会议上明确指出，要全力以赴实现全年经济增长目标，这对实现全国目标，促进改革、发展与稳定至关重要。这不仅是经济任务，也是政治任务。当前我省经济运行中存在着一些迫切需要解决的问题，如巩固防治“非典”成果，解决下岗职工生活和促进再就业等，都需要财政拿出一定的资金，发挥财政资金、财税政策的作用。如果不能保持财政收支的平衡，就难以保证经济社会发展目标的实现。目前已经是 8 月下旬，离年终只有 4 个多月，时间紧，任务重，各级财税部门一定要增强紧迫感，抢时间，争速度，采取更加得力的措施，切实做好财税工作，这一点各级都不能有任何的含糊，只能完成任务。今年我省 GDP 如果增长 12.6%，而财政不能完成增长 10%的目标，我们很难交待。这两个数字对比，可以引出很多问题，GDP 如果增长 12.6%，而财政收入不能实现 10% 的增长目标，那有可能这 GDP 就有水分，只要 GDP 增长 12.6%，财政收入增长 10% 就不应该有问题，因为这里面的弹性系数是 1∶0.98。我们的原则是该收的一定要收上来，不该收的一分钱也不能收，可收可不收的要争取收。总的原则是，依法治税理财，促进经济发展。政府的工作中心就是确保经济增长、税收增加、财政增收，离开这“三增”，那我们的县长、市长是白当了。我们一定要以财政增收为中心来组织各项经济工作，不管是眼前的，还是长远的。因为政府经济工作最后的综合反映就在财税的增收方面。如果 GDP 增长 20%，而财政收入增长 5%，这肯定是假增长。所以，政府的行政首长，尤其是管财的副市长，头脑应该很清醒，要深入下去调查研究，找准问题，找出办法，工作到位，抓出实效。

（三）要充分看到做好财税工作的有利条件，增强做好财税工作的信心

我省财税工作虽然面临不少困难，但也存在不少有利条件。从国际看，随着伊拉克战争的纾缓、国际油价的回落和“非典”疫情得到控制，世界经济发展环境相对稳定，我省外贸出口有望继续保持增长，为做好财税等经济工作提供了一个有利的外部环境。从国内看，我国经济保持持续快速健康发展，国家继续执行积极财政政策，坚持扩大内需的政策，随着扶持经济发展的各项政策措施落实到位，拉动经济增长的作用将进一步显现。从省内看，“非典”疫情没有改变我省经济快速发展的趋势，其负面影响正逐步减弱。进入 7 月份以来，受“非典”影响的行业逐步复苏，居民消费特别是餐饮、旅游等消费意愿不断增强；省政府年初确定的“十大工程”项目建设进度加快，投资将继续保持大幅增长。我省经济快速发展为财税工作打下了坚实的基础。目前，全省上下在省委、省政府的领导下，形成了心齐实干的大好局面，掀起了新一轮发展的热潮。全省财税系统必须按照省委、省政府的部署，增强信心，狠抓落实，努力增收节支，坚决完成并力争超额完成全年的财税工作任务。

总之，各级财税系统都必须以强烈的使命感和责任感，正确认识形势，既要充分看到财税工作的严峻形势，增强工作的紧迫感和责任感，又要充分看到做好财税工作面临的有利条件，增强信心，把做好财税工作，作为实践“三个代表”重要思想，贯彻胡锦涛总书记视察广东重要讲话精神，贯彻“七一”讲话精神的具体行动，振奋精神，开拓进取，充分发挥财税职能作用，为全省经济社会发展作出新的贡献。

三、发扬“抗非”精神，确保完成和超额完成全年财税工作任务

面对今年艰巨的工作任务，财税部门必须按照全国和省防治“非典”工作会议的部署，发扬“抗非”精神，顽强拼搏，团结奋斗，做到“确保一个目标，坚持两个务必，树立三个观念，抓好四项重点工作”。

（一）确保全年财税工作目标的顺利实现

各级政府和财税部门必须全力以赴，努力实现年初预定的财税工作目标和任务。这一点一定不能动摇。当前省委、省政府已经出台和将要出台的许多重大措施，都是建立在完成财税收入任务基础之上的。如果预定目标不能实现，将对全省工作的大局带来极大的影响。这不仅是一项重要的经济任务，而且是一项重大的政治任务。因此，我们需要狠抓发展，培育税源，加强征管，确保实现全年经济增长、税收增加、财政增收的经济工作目标。这三个增长目标缺一不可。

（二）坚持“两个务必”

在相当长的时期内，我省财政收支矛盾将长期存在。当前，有些地方在财政支出中乱花钱的现象仍然存在，铺张浪费、花钱大手大脚，搞所谓“形象工程”、“政绩工程”，劳民伤财。财政资金是人民群众的血汗钱，一锱一铢来之不易。敞开口子乱花钱，对老百姓的疾苦漠不关心，是绝对不能容忍的。我们必须以对党和人民高度负责

的精神，始终牢记坚持“两个务必”，坚持不懈地做好财政节支工作。这是衡量一个干部思想境界高不高、政治原则性强不强的一个重要标准。我们做财政工作的同志一定要做到办一切事情都遵循勤俭节约、艰苦创业的原则，对各项支出都要精打细算，量力而行，讲求实效。要知道，坚持过“紧日子”，大力弘扬艰苦奋斗的精神，这是我们共产党人的本色。

（三）树立“三个观念”

1. 财税工作要树立讲政治观念。财税工作中有政治，不讲政治就没有财政，没有财政也就没有政治，因为政治是经济的集中表现，最后经济要表现为政治，这两者是分不开的。在财税工作中，不仅要算经济账，更要算政治账。不依法征税，财政就失去基本来源，公共财政就会成为一句空话，政权就会失去经济基础。要努力履行好财税的保障职能，发挥好财税的保障作用，维护改革、发展、稳定的大局。我们只有讲政治，胸怀政治大局，从巩固政权的高度去想问题、做事情，财税工作才能真正做到依法治税理财，维护稳定，促进发展，坚持原则的坚定性，又有策略的灵活性。财政的一收一支的政治性、政策性和法制性都很强，在工作过程中一定要坚定不移讲政治，一心一意为人民治税理财。我们做财税工作的同志，特别是做财政工作的同志一定要坚持这一点。人大常委会监督我们是否依法治税理财，如果没有依法治税理财，人大是可以弹劾我们的。

2. 财税工作要树立讲发展观念。依法治税理财，促进经济社会发展，是我们最基本的指导思想。要通过财税政策促进经济社会全面协调发展。努力增强财政资金投入的杠杆功能，为此，一方面要加快公共财政建设，另一方面又要适应市场经济体制进行财政投融资体制改革，引导和集聚更多的社会资金的投资，使财政性投资资金起到“四两拨千斤”的作用。要加大财政对基础产业的投资。变无偿拨款为有偿投资，引导社会资金和金融资本加大投资，促进发展。要深入分析和研究各类纳税户尤其是税源大户的税收变化，分析掌握各行业税源变化情况，努力培育税源。在促进发展的过程中，要注重经济社会协调发展，大力发展教育、科技、文化等社会事业。

3. 财税工作要树立讲绩效观念。针对我省财政资金使用零星分散、资金效益低的实际，要推行绩效财政，促使政府在财力资源约束条件下，分配资金更加合理有效。我们在财政支出中应建立这样一个观念：政府花钱是为了什么或得到什么？所花的钱是否值得？如果花钱而得不到东西，这样的钱就不应当花。同样，效率意识，绩效考核对税务部门同样重要。绩效预算要求各单位把支出与所办的事，即业务活动或绩效联系起来，与传统的重视投入而忽视产出的投入预算相比，绩效预算是一种既重视投入，更重视产出的“效益预算”。但是，要建立绩效预算并不容易，因为我们的政治体制与西方的政治体制不一样，带有根本性的区别，好的要借鉴，但有些我们做不到，这需要进一步研究。总之，财政要重视投入产出，要讲绩效，这样我们政府才能真正成为一个高效、务实的政府。现在我们的机关作风建设，思想动员、行政要求多，财政约束少。通过绩效预算来考核，就能从物质条件上推动机关作风建设，这使大家按照规范认认真真地做事，提高工作效率。沿着这个路子进行财政体制改革，对促进政府的职能转变，提高机关工作效率大有好处。

（四）突出抓好四项重点工作

为了确保完成和超额完成全年财税工作任务，必须抓好四个方面的重点工作。

1. 加强领导，协调配合，加大组织收入工作力度。

财税工作不仅是财税部门的事情，而且是政府的重要工作。各级政府必须切实加强对财税工作的领导，把完成财税工作任务当作经济工作的一件大事来抓，要把增收节支工作列入政府的工作目标，并作为考核领导业绩的重要内容。各地要认真分析形势，深入进行调研，及时了解财税工作的新情况，把握发展趋势，切实解决财税工作中的问题。收入形势较好的地区绝不能盲目乐观，放松组织收入工作，更不能“留有余地”，要继续加大组织收入工作的力度，防止财源流失，不能有税不收，要坚持应收尽收，并力争多收，为全省超额完成全年预算任务作出积极的贡献；收入完成情况较差的地方也要破除消极、悲观、等待的思想，迅速行动起来，认真落实各项增加收入的措施，克服困难，扭转被动局面，千方百计把收入抓上去，确保全年收支平衡。政府各有关部门必须积极主动地支持和配合财税部门开展工作，齐抓共管，协同作战，务求实效。要强调的一点是，政府各部门领导不能干预税务部门依法征税，因为这是违法的，政府官员不能不依法行政。对违反纪律的，税务部门要及时进行通报，媒体要进行曝光。各级财税部门要主动工作，多想办法，加强征管，努力增收。

第一，财政部门要加强对税收、非税财政收入征管的监督检查，继续落实行政事业性收费和罚没收入“收支两条线”管理的规定，加强预算外资金的管理监督，统筹运用预算内外资金，增强政府宏观调控能力。

第二，税务部门要加大税源调研分析力度，随时掌握税源变化情况，及时出台应对措施，培育税源，牢牢把握组织收入工作的主动权。要优化纳税服务，为企业排忧解难，帮助企业把经济发展这块蛋糕做大。坚持“加强征管，堵塞漏洞，惩治腐败，清缴欠税”方针，加大征管力度，严厉打击假发票等涉税的违法违纪行为，进一步整顿和规范税收秩序。要大力清理企业拖欠税款，加大反避税力度，加强个人所得税等重点税源的管理。

第三，要充分落实出口退税政策，全力支持外贸出口。要积极向中央反映我省出口与退税的实际情况，争取更多的出口退税指标支持外贸出口；要强化出口退税管理，坚持严厉打击偷骗税违法犯罪活动，加快退税进度；要积极协助出口企业与银行之间开展出口退税账户托管贷款业务，缓解出口企业资金周转的困难；税务部门要加强与海关等部门的联系，共同做好出口退税相关管理工作，为进一步加快出口退税进度创造条件。

2．严格控制支出，确保重点支出。

在千方百计抓依法增收的同时，丝毫不能放松对支出的管理，尤其在财政收支矛盾较大的情况下，更应该如此。要坚持“两个务必”，保持艰苦奋斗的优良传统，做好节支工作。

第一，各级政府都要按照各自的财权和事权，建立财政支出的约束机制。办任何事情，都要坚持量入为出，量力而行的原则。各级领导要不断强化依法理财意识，提高依法理财水平，要妥善处理好社会发展与财力的关系，不能脱离实际乱花钱，要注重花小钱，办大事，办好事。对省委、省政府要求压减支出的决定，各部门一定要自觉坚持，严格执行，对必需保证支出的项目不得留有缺口，坚决杜绝超出财力可能来办事。

第二，财政部门要严格预算管理，从严控制追加支出。要严格按照年初预算的范围和内容执行支出预算。严禁擅自调整、改变预算用途，同时，按照“压一般，保重点”的原则，控制各项预算追加。严格控制会议经费，大力压缩招待费、差旅费、出国考察培训费等，严格控制各种庆典活动，坚决禁止搞那些劳民伤财的“形象工程”、“政绩工程”。

第三，要按照公共财政的要求，调整和优化支出结构。重点保证国家政权建设、科技、教育、农业、文化、卫生等领域的支出需要；保证省委、省政府各项决策的贯彻落实，特别是“十件大事”、“十大工程”等重点项目的支出，以及最低生活保障、下岗职工基本生活费、失业救济及困难群众的生产和生活等关系社会稳定等支出。

3．提高财税管理水平，确保预算平衡。

加强财政管理，确保财政资金运行的安全、可靠、准确、高效，是提高财政工作质量的关键环节。近几年，我省财政收入连年大幅增加，但收支矛盾仍然十分突出，其中一个重要原因就是财政管理问题。税收工作存在大量的“跑、冒、滴、漏”和偷逃漏税的现象，也与我们的管理手段和方式有关。因此，加强财税管理，保证财政资金的安全，提高治税水平，要作为各级财税部门工作的一项重要内容来抓。

第一，要大力推进部门预算、国库集中支付制度、政府采购制度改革。在财政管理的规范化、科学化方面下功夫，克服资金安排上的随意性，增强透明度。要不断改进税收征管方式，积极创新工作方式方法，提高税收征收的效率和效益。

第二，要完善制度，加强监督检查。从当前财经秩序状况看，进一步加强财政监督管理势在必行。财政部门要加强对资金的使用监督检查，特别是对专项基金和转移支付资金以及国债转贷、扶贫救灾等财政专项资金要进行重点的检查。发现违法违规用款的，要严肃处理，追究单位和个人的责任。税务部门要加大税务稽查，加大对重点行业、重点税源的监控力度。同时，财税部门还要加强内部的监督检查，从项目审批、拨付程序到监管措施都要有章可循。

第三，加强地方金融监管，切实预防政府外债风险。特别是面对财政收入增长的不利形势，各级政府和财政部门必须增强预算平衡意识和风险意识，切忌不顾财力可能大量举债，造成财政风险。

4．加强作风建设，提高队伍素质。

做好财税工作，关键在人。财税干部的思想政治素质和业务素质如何，直接关系到财税工作的质量和财税政策的落实。当前财税工作面临的形势，也对财税部门的工作作风和干部素质提出了更高的要求。我们要以对党、对人民高度负责的态度，切实转变财税部门的职能和工作作风，不断加强财税队伍建设，不断提高财税干部的综合素质，提高为民理财，为政府当好“管家”的水平。我们必须站在战略的高度抓好财税人才建设。政治上，要增强政治坚定性和敏感性，做到政治合格。广大财税工作干部职工要把思想统一到党的十六大精神上来，自觉地与中央和省委、省政府保持一致，解放思想，与时俱进，把“三个代表”重要思想落实到各项具体工作中。业务上，要适应社会主义市场经济、公共财政的需要，切实加强经济理论、财税、金融、法律等知识的学习，熟练掌握现代财税知识和财税工作技能，做到业务精良。作风上，财税部门作为政府重要的职能部门，必须把作风建设作为一项重要工作切实抓好，特别要大力加强党风廉政建设和反腐败斗争，认真扎实地开展机关作风建设年活动，努力形成干净干事、团结求实的新风，做到作风过硬。要把人民群众的安危冷暖时刻放在心上，要从实现好、维护好、发展好人民利益出发，提高财税工作为经济发展服务、为人民服务的水平，努力建设一支政治合格、业务精良、作风过硬，具有战斗力的财税队伍。

同志们，今年的财税工作面临着许多新情况、新问题，任务艰巨，全省财税工作人员肩负的责任重大。我们一定要按照“三个代表”的要求，认真贯彻落实省委、省政府的各项部署，弘扬“抗非”精神，迎接挑战，开拓创新，同心同德，扎实工作，为我省加快发展、率先发展、协调发展和当好排头兵作出新的贡献。

关于我省当前的财政改革与财政工作

省委常委、常务副省长　钟阳胜

（2003 年 11 月 13 日）

同志们：

这次全省地市领导干部财税工作培训班，经过大家两天的紧张学习，今天就要结束了。举办这次培训班，是华华省长提议的，目的是进一步提高各市政府领导的理财能力。培训班开班时，华华省长作了一个十分重要的报告，结合我省经济形势，系统、全面地从领导干部必须学习和掌握财税知识的重要性，做好财政工作需要把握的理财原则，以及财政工作如何贯彻落实十六届三中全会精神，深化财政改革，促进经济发展等方面，为大家上了最重要的一课，大家要深刻领会和认真贯彻好华华省长报告的精神。这次培训班给每位学员发了三本书，是很好的培训教材。财政部的专家和省地税局吴升文局长也给大家作了很好的辅导报告。培训班时间虽然不长，但办得及时、成功，学习的内容丰富，系统性、前瞻性都比较强。我相信，这次培训活动，必将对推动我省财政改革和提高财政工作水平发挥重要作用。

财政是国民经济的综合反映，是政权巩固、政令畅通、经济发展、人民生活改善的根本物质基础。改革开放初期，我们的经济体制改革就是从改变统收统支的高度集中的财政体制开始的，1994 年财税体制又进行一次改革，接着，还进行了几次渐进性的改革。改革的目的，就是要建立与社会主义市场经济体制相适应的公共财政体制，做到立党为公，执政为民，依法理财，促进发展，坚持发展第一要务，使我们为人民办实事有更大的财政经济实力和更强的政府经济宏观调控能力。今天，我结合目前全省财政工作实际，就贯彻十六届三中全会《决定》的基本要求，推进财政改革，讲三个问题，供大家参考。

一、当前我省财政经济面临的新情况和新问题

近年来，在党中央、国务院和省委、省政府的正确领导下，我省国民经济保持了持续、快速、健康的发展势头，综合实力显著增强，社会主义市场经济体制框架初步建立，政府宏观调控、驾驭市场经济的水平不断提高，对外开放层次向纵深拓展，人民生活水平不断改善。据统计，2002 年，全省实现国内生产总值达 11 770 亿元，全部工业完成增加值 5 232 亿元，全社会固定资产投资完成 3 944 亿元，外贸出口 1 185 亿美元，城乡居民储蓄存款余额达 11 819 亿元。在此基础上，全省财政工作也取得了很大成绩，财政改革与发展不断向前推进。2002 年，全省地方一般预算收入达 1 202 亿元，比上年增长 17.1%，地方一般预算支出 1 521 亿元，比上年增长 15.1%。公共财政体制改革迈出坚实的步伐，财政改革和财政经济发展有力地促进了全省国民经济和社会各项事业的发展。总的来说，发展很快，成绩很大，同志们的贡献也很大。

总结我省近几年来的财政经济工作，成绩令人瞩目，令人鼓舞，非常不简单。2002 年，我省税收总收入（包括海关两税）约××××亿元，占全国的七分之一，财政可支配的收入约××××亿元，占全国地方财政收入的十分之一，GDP 占全国 11% 左右。但在看到成绩的同时，也要清醒地看到当前我省财政改革和发展正面临着新的情况和问题。主要表现在如下几个方面：

（一）财政收入质量仍有待进一步提高。财政收入占 GDP 的比重、税收收入占财政收入的比重是衡量财政收入质量的重要指标。2002 年，全省地方财政收入（一般预算收入 + 上划中央“两税” + 所得税基数返还）占全省 GDP 的比重为 17.1%，比 2000 年增加了 2.9 个百分点；税收收入占全省地方一般预算收入的比重为 85.9%，比 2000 年减少了 1.8 个百分点。这两项指标都偏低。发达国家财政收入占 GDP 的比重一般达到 45%，最高达到 51%，发展中国家也在 25% 左右，而我省为 17.1%，比全国 18.5% 的总体水平也低 1.4 个百分点，明显偏低。财政收入占 GDP 比重偏低，除了税率的差异外，原因要么是我们有些地方的 GDP 可能虚胖；要么是我们的财政和税收工作还有差距，依法治税、从严治财，该收的有些还没有收上来。作为分管和从事财税工作的负责同志，我们宁可把问题估计得充分一些。财政收入占 GDP 的比重偏低，直接削弱了政府的宏观调控能力，不利于我省加快发展、率先发展和协调发展。因此，如何提高全省财政收入占 GDP 的比重，是我们当前财政工作和财政改革应当认真研究解决的重要问题，国务院、财政部开会多次强调要提高这一比重。各市可以对号入座，看各市的经济质量如何。1997 年，我在江门当市委书记时，从江门实际出发提出“质量第一，兼顾速度”的口号，意思是要保持一定 GDP 增长速度，也需要有较高的速度，但更重要的是提高经济质量，这样政府才有钱。不然光 GDP 快速增长，财政没有更多增收，实力不强，有什么用！

（二）财政收入增长趋于平稳。从近年来我省财政收入增长情况看，经历了二十多年的快速增长，增长速度逐渐趋于平缓。改革开放以来，我省财政增长大致可分为三个阶段：第一阶段为1980～1993年，地方财政收入处于快速增长阶段。特别是1990～1993年财政收入年均增长率达38.3%，高于同期GDP年均增长率8.2个百分点，主要是中央对我省实行了财政包干体制，地方发展经济、壮大财力的积极性空前高涨，推动了地方财政收入快速增长。第二阶段为1994～2001年，地方财政收入仍处于持续快速增长时期。1994年我省地方一般预算收入为298.7亿元，到2001年已达1 160.5亿元，年均递增21.4%，高于同期GDP增长的8.3个百分点，主要是随着社会主义市场经济体制逐步确立以及1994年分税制的实施，国民收入分配关系进一步理顺，国民经济增长速度和质量不断提高，保证了我省地方财政收入的持续快速增长。第三阶段即2002年到目前，财政增长开始进入趋于平缓的阶段。2002年，我省地方一般预算收入按可比口径增长17.1%，2003年1～10月增长14.0%，分别低于第二阶段年均增长率4.3和7.43个百分点。这一情况表明，我省财政收入增长已逐渐进入平稳增长阶段。从体制和政策等因素分析，地方财政收入趋于平稳增长很可能将是一个时期的趋势。这是因为体制转轨时期财政收入远高于经济增长的状况难以长期延续。随着近年财税体制改革的推进，包括所得税分享改革、出口退税负担机制改革以及今后可预期的增值税制改革等，地方主体财源趋于单一，共享税所占比重增加，使全省地方财政收入的增长水平难于大幅度高于我国财政收入平均增长水平。另外，还有两个重大原因。第一个原因是与我们的工业化、城镇化进程有关。刚才提到我们的税收收入占财政收入百分之八十几，还有百分之十几是非税收入。为什么财政收入会比较大地高于GDP的增长？很多同志认为是罚没等收入多了。其实，主要原因是工业化、城镇化的进程加快，市场化也加快，占用土地的收费占了相当大的一块。土地收入这一块很多人没有注意到，有的地方政府也没有把这部分收入拿到手。凡是工业化、城镇化进程比较快的地方，土地收入这一块都很大，全国的情况是这样，我们省的情况也一样，如东莞、佛山、广州。这是一个因素。其次，是在市场经济发展过程中，旧的规矩打破了，新的规矩没有立起来，市场秩序混乱在一定时间内比较严重，罚没收入在一段时间内也因此比较大。搞“收支两条线”之后，行政事业单位的行政性收费纳入财政预算。过去是预算外收入，以后纳入预算内作为一般预算收入，这一块也不小。第二个重要原因，是我们的经济结构还不够合理。改革开放二十多年，本来在前十年八年轻纺工业迅速发展的基础上，应当迅速地转向发展重化工业，及时调整我们的产业结构。但实际上，一直到1998、1999年之后，全省各地才开始重视，争相发展汽车工业、炼油工业、化学工业、机械工业、装备工业等资金、技术密集，附加值高的产业。所以，广东的工业增加值率明显低于北京、上海、江苏、浙江。现在到处都想搞钢厂，广东湛江的东海岛、广州南沙、惠州、珠海都想搞，全国很多地方也都想搞，竞争很激烈，不容易批准。如果几年前广东能先行一步，先上大规模的钢厂、炼油厂、化学工业项目，情况就会大不一样，我们的发展速度就会更快，质量也更高。附加值高，税收就多，财政状况增幅就大。所以说，经济结构不合理影响了我们财政的质量。

财政收入增长趋于平缓的趋势在省级表现更为明显。1980～1993年，我省省级财政收入年均增长23.6%，1994～2001年进一步提高到46.7%。但是，到2002年，省级财政收入按可比口径仅比上年增长9.6%。2003年1～10月份，省级收入增长仅为6.47%。加之上划中央“两税”增量返还比率逐年下降，从1994年的1∶0.272下降为2002年的1∶0.113，今后将逐步趋向于零。省级财力增长空间日益缩小，对市县财政的调控能力也受到较大限制。

（三）全省财政支出面临新的压力。党的十六大提出全面建设小康社会的宏伟目标。实现这一目标，需要经济、社会、城乡等各方面协调发展，这就决定各级财政不仅要确保政权的稳定运转和社会稳定，还要集中必要财力保障重点支出需要，包括加大转移支付力度，完善社会保障体系，加大教育投入，支持农村经济发展，增加环境保护投入，加大公共卫生投入，加强基础设施建设，改善投资环境，等等，都离不开财政的支持。因此，今后各级财政的支出压力将进一步加大，在收入增长趋于平缓的情况下，财政收支矛盾将不断加剧，这一点市县的同志感受更深。现在有一种说法是，中央财政“喜气洋洋”，省级财政“蒸蒸日上”，市级财政“勉勉强强”，县级财政“哭爹叫娘”，到了乡镇财政“没爹没娘”。这种情况令人担忧，我们做财政工作的压力很大。

（四）地区发展不平衡严重，而且有加剧趋势。首先，欠发达地区财政收入增长缓慢，占全省的比重还在下降。1996～2002年，珠江三角洲地区一般预算收入年均增长16.86%，高于GDP年均增长率3.77个百分点，占全省市县级收入的比重从1996年的79.1%提高到2002年的83.9%；而东西两翼和粤北等山区年均增长率分别仅为8.41%和13.57%。东西两翼本来条件很好，阳江靠海，湛江、茂名都有良港，茂名还是我国重要的石油化工基地，粤东虽然土地少一点，可干部群众聪明能干，但东西两翼财政年均增长比山区还低5.16个百分点。东西两翼和粤北山区收入占全省的比重则分别从1996年的12.2%和8.7%下降到2002年的8.3%和7.8%。其中东西两翼一般预算收入年均增长率甚至比GDP年均增长率还低0.02个百分点。其次，财政支出水平区域差距不断加大，欠发达地区公共服务保障能力弱化。以2002年为例，珠江三角洲地区人均支出分别为东西两翼和粤北山区的5.5倍和5.0倍，其中人均支出水平最高的深圳市达30.27万元/年，而最低的阳江市仅1.93万元/年，前者为后者的15.7倍。从发展趋势看，我省区域财力不平衡的状况由于受区域经济发展不平衡、产业结构差异等因素影响，还将延续一段较长的时间。区域财力不平衡状况已严重影响了我省财政经济的协调发展和可持续发展。情况就是这么严峻，所以现在省级财政虽然不叫“老牛拉破车”，但也是不堪重负，因为穷兄弟太多，拉起来太吃力。政府分工我管财税，干常务工作，我是很想下去调查研究，帮大家出出主意。

（五）财权与事权不统一较为突出。首先，从中央到省和市县分配关系看，关系还有不顺。一些属于中央的事权，却由地方安排支出。如工资管理权限集中在中央，中央调资当然是好事，但地方出钱，有些地方有能力，但有些地方有较大困难，各地情况和财政承受能力顾及不过来。最近调资每人每月增加50元，大家高兴。广东财政负担人口是×××万人，一年总共要负担××亿。从全省情况看，珠江三角洲自行解决没有问题，但东西两翼和粤北山区的“穷兄弟”就要拉一把。另一方面，中央和地方财权的调整与事权调整未能相衔接。如2002年起实行的所得税分享改革以及现行的出口退税负担机制改革，都是在既定事权的基础上调整财权，地方财政的负担相应加重。原来所得税是归地方的，所得税分享改革后，增量实行五五分成，后来又实行六四分成，中央六，地方四。现在出口退税改革结构性降低税率，总体平均下降3个百分点左右，估计对广州、深圳出口企业影响比较大，因为他们到外地采购的产品是在外地缴纳增值税的，但出口却在我们这里退税，珠江三角洲其他市也会有一些影响。对财政来说，全省将影响税收收入××亿元，其中直接影响到省级收入×亿元，加上25∶75负担，增量由省里负担××多亿元。这样一来，将直接影响到市县的收入。间接影响可能导致出口下降，造成需求减少，进而影响到GDP增长，影响企业效益，影响到增值税和所得税。因此，我们要未雨绸缪，早作应对。其次，从省、市、县分配关系看，市、县两级财权与事权相互脱节的问题较为严重。县级作为一级财政，承担了人员供养、社会稳定、事业发展等大量事权，但财力却较为薄弱。2002年市级一般预算收入和一般预算支出分别占全省的56.91%和57.97%，而县（区）级分别仅占16.47%和26.01%。财政供养人口分布情况却相反，2002年市级财政供养人口占全省的34.7%，而县级占56.2%。维持政权运转是财政的基本职责，人员支出构成了财政支出的最主要部分。因此，财政供养人口多少直接反映了各级财政事权及支出责任的大小。市、县两级财力与供养人员比重错位，财权与事权矛盾尖锐，只好由省级财政把解决矛盾的问题背起来。存在这种矛盾，当然这里有一个不合理的因素，就是几次机构改革以来人员膨胀得很厉害，尤其是县以下，如有个县财政供养人口达3万人之多；有个100万人口不到的县，财政供养人口达到2.6万人，教师严重超编。现在我省分级财政收支的情况成一个两头小，中间大的橄榄形，省本级和县级收支小，市一本级收支大。省级财政收支的情况当然要比县级的好，但省级财政每年必须负担80个市县的转移支付和各项补助×××多亿元，再加上必须负担的省级高等学校基本支出××亿元左右，实际上省级财政只剩下×××多亿元。省级要负担的财政供养人口××万人，矛盾和困难也不少。这个问题如何解决，希望大家好好研究。

（六）政府债务有可能转化为财政风险问题。目前，我省各级地方政府特别是欠发达地区债务负担沉重，有些地区已严重影响到社会稳定和政府的正常运转。这些地方政府债务主要包括世行、亚行和外国政府贷款、国债转贷、人民银行再贷款、粮食亏损挂账等。据财政部门统计，截至2002年底，我省地方政府债务负债率为××%，比上年增长10.6%，其中直接显性债务增长××%。全省政府性逾期债务比上年增长××%。这些数字是各级上报汇总来的，可能有水分，有的报大了，也有的可能报小了，不一定准确，但可作参考。债务问题在我省欠发达地区尤为严重，部分市县政府债务余额已超过其可支配财力的数倍。各种债务已经成为我省各级财政的沉重包袱，政府债务转化为财政风险和债务问题可能对我省的信用造成影响的问题要引起我们的高度重视，要有危机感。希望各级政府举债要量力而行，并严格依法依规，这一点市县长要负第一责任。

（七）沿海主要省市财政加快发展，给我省财政工作带来挑战和压力。今年1～9月份，全国地方财政收入增长较快，我省地方一般财政收入在总量上虽仍居全国第一位，但增长速度我省是14.8%，低于全国地方财政收入平均水平6.1个百分点，与上海（36.2%）、江苏（28%）、浙江（29.9%）的差距较大。沿海主要省市表现出强劲的增长态势，对我省财政工作带来了压力和挑战。

从当前我省财政工作面临的新情况和存在的问题看，可以说财政工作成绩很大，但财政体制还处在不断完善阶段，财政体制改革相对滞后于市场经济体制改革，改革发展任重而道远。

二、在完善社会主义市场经济体制中推进财政体制改革

党的十六届三中全会通过了《关于完善社会主义市场经济体制若干问题的决定》（以下简称《决定》），明确提出要推进财政管理体制改革，指出财政政策要在促进经济增长、优化结构和调节收入方面发挥重要功能，完善财政政策的有效实施方式。这是当前财政工作中面临的重要任务。全省各级政府和财政部门必须正视当前财政工作中面临的新情况、新问题，抓住机遇和有利条件，牢固树立依法理财，促进发展的理财观。坚持执政为民，依法理财，促进发展，办好实事，始终把发展作为第一要务，增强加快改革和发展的紧迫感和责任感，与时俱进，开拓创新，坚定不移地推进财政管理体制改革。要通过制度建设和体制创新，着力解决财政运行中存在的深层次矛盾和问题，建立与社会主义市场经济相适应的公共财政体制。关于公共财政问题，党和国家领导人无论是国务院原来分管副总理李岚清同志还是国务院现任领导都作了重要论述。昨天

下午，财政部科研所贾康所长也作了专题辅导。在这里，我着重强调要解决好六个对推进广东财政体制改革，增强财政实力及政府财政经济的宏观调控能力至关重要的问题。

（一）要努力提高财政收入占GDP的比重

财政收入占GDP的比重，是政府对经济和社会发展调控能力的综合反映。一般而言，伴随社会、经济的发展，公共产品提供范围的扩大，财政收入占GDP的比重呈逐步提高的趋势。2002年，我省一般预算收入占GDP的比重仅有10.21%，若按照财政总收入（包括一般预算收入+上划中央“两税”+所得税基数返还）占GDP的比重计算，也只有17.1%。与沿海发达省市比较，我省的比重低于上海（13.11%），高于浙江（7.27%）、江苏（6.05%）、山东（5.78%）。我省各地级以上市2002年一般预算收入占GDP的比重，高于全省平均水平的只有深圳市（11.78%），其他市这一比重均在10%以下，河源、汕尾、阳江、茂名、肇庆、潮州、揭阳、云浮等8个市这一比重仅为2%～3%。这有客观上的原因，也有主观上的原因，客观上是工业不发达，农业占有相当大的比重，但农业税率低，现在又合并降到6%，农业税收入量小。

如何尽快壮大广东财政实力，切实改变财政收入比重偏低的状况，是我们当前急需解决的重大课题。我们要从对财政收入结构及其增长质量的分析入手，通过对财政收入与经济关联要素的透视，认真查找财政收入占GDP比重偏低的原因，提出壮大广东财政实力的对策，这一点每个市每个县都要研究。我给大家讲点我经历过的事情。1987年底，我到河源市委任市委副书记兼和平县委书记。当时的和平县经济陷入崩溃，县长自称要做追债县长，结果债没追到，财政也没有抓上去。后来我对县长说，要转换一个思路，从抓财政经济基本好转入手，实行乡镇财政包干，把该收的税收上来。结果1988年当年财政就增长125%。这说明做了经济分析后，就可以知道自己还有没有潜力，有潜力就可以去挖掘。讲这些的用意是请大家回去后要认真作出分析研究，抓住提高财政收入占GDP比重的关键。财政工作专业性强，不等于你干这项工作，就有这个能力。有的人干了很长时间的财政工作，还不懂得财政，就是因为他不善于总结经验教训，不善于把经验上升为规律，看不到全局，看不到长远，抓不住根本。什么叫务实，并不是天天往下面跑就是务实，只有抓住全局，抓住根本才是务实。

（二）必须进一步优化财政支出结构

改革开放以来，我省的经济实力和财政收入大幅增长，支出也随着财政收入的增长而增加，一些重点领域如科学、教育、公检法、社会保障、城市基础设施等支出增长幅度都比较高。尽管如此，财政的供需矛盾仍然很大。造成这种情况的原因很多，其中一个重要原因，就是财政支出结构不合理，财政“养人”等基数性支出高居不下，而且刚性增长，财政“越位”与“缺位”并存。本来该市场管的事不少由政府和财政管了，花了不少不该花的钱，这叫“越位”。同时，政府和财政应该力保的领域，如公检法、基础教育、科学、农业、公益事业、建设文化大省等方面投入还不够，这叫“缺位”。这种基数性支出高居不下、“越位”与“缺位”并存的问题，造成了财政资金使用分散，特别是在财政这块“蛋糕”比较小的地方，由于需要财政花钱的领域多，往往导致应该保证的领域保不了，不该保的领域也花钱。因此，如何优化财政支出结构成为当前亟需解决的问题。要逐步规范财政资金供给范围，突出解决财政供养人员过多和对事业单位包揽过多的问题。现在各地正准备进行新一轮机构改革，要抓住这一有利时机做好定编定岗定员工作，清理超编人员，严格控制人员经费。要加快事业单位改革的步伐，对经营性的事业单位，一定要推向市场，停止财政供给；对具有经营与公益双重性质的事业单位，考虑其收入条件和能力，适当核减事业经费。要减少对经营性领域的财政拨款投入，财政支持企业发展主要通过制定科学、合理的财政税收政策，为企业创造公平竞争的条件，并通过加强基础设施建设，为企业发展创造良好的投资环境来实现。同时，进一步优化财政支出结构，文化、卫生、教育（尤其是基础教育）的财政支出应当向农村倾斜。这是因为城市（尤其是中等以上）经济比较发达，公共基础设施比较好；城镇居民收入比较高，支出能力强；城市的科学教育文化事业投资长期以来比较大，形成比较好的科技教育文化环境。因此，城镇居民享受政府提供的公共产品和公共服务比农民多，相比之下，农村农民收入低，对农村的投入少，农村条件差，农民享受政府提供的公共产品和公共服务比较少，所以，转移支付的力度要加大。省政府专门安排资金支持农村基础教育，进行教育布局调整，今后如果省政府财力允许，我认为还要加大对农村的投入，要为农民提供一个公平发展的条件。省级2004年的预算还没有最后定，讨论时，我们要认真研究如何体现这一精神。现在，有些地方没有把钱用在刀刃上，挪用专项补贴去办别的事情，去搞政绩工程，往脸上贴金的情况屡有发生，因此，今后要加大政府审计力度，今后如果发现挪用教育经费、卫生经费的，要严肃查清处理，绝不能姑息。

（三）必须完善分税制财政体制，建立激励型财政转移支付制度

省以下财政体制的完善，要重点把握以下几条原则：一是财权与事权相统一的原则。体制调整应在明确省、市、县、乡（镇）各级政府事权的基础上进行，并在此基础上，合理划清各级财政的支出责任。二是效率优先，兼顾公平的原则。既考虑地方既得利益，又注意地区间财力的相对平衡，在努力实现政府间财力分配公平合理的同时，引入激励机制，调动各级财政的增收积极性。三是积极稳妥的原则。要正确处理省与市县的财政分配关系，既

要提高市县发展经济，培植财源的积极性，实现收入可持续增长，保证各级财政平稳运行，又要保证省级目前财力比重不下降，集中财力办大事，增强省级调控能力。四是简明规范的原则。在坚持分税制财政体制规范性的前提下，实现体制调整，包括税种选择、税收分享比例、基数核定、结算上解和补助的处理等力求简便规范，便于征管，易于操作。十六届三中全会《决定》提出，要按照简税制，宽税基，低税率，严征管的原则，稳步推进税收改革。将来中央可能要出台由生产型增值税转为消费型增值税的政策，据测算，全国可能影响×××亿元，广东大概影响×××亿元左右，我们要认真研究，积极应对。

财政转移支付制度是分税制财政体制的重要组成部分。目前我省一般性转移支付实行"核定基数，按比例增长"的办法，虽然实现了计算上的简便，但因未能根据市县财力变动情况及时进行调整，一定程度上承认了不合理的既得利益分配格局，也未体现对各市、县增收的激励。下一步应不断探索建立以因素法为基础的转移支付制度，通过运用客观因素和科学方法，不断改进与完善现行对市县人员编制和财政收入的确定办法，使转移支付补助既体现公平，又讲求效率。在此基础上，根据省级财力状况，逐步加大转移支付力度，争取更大程度上实现地区间公共服务水平的均衡。为了贯彻落实党的十六大提出的"壮大县域经济"的要求，遵照德江书记和华华省长的指示，现在，财政部门正在抓紧制订省对市县一般性转移支付的激励办法。总的原则是，确保既得利益，促进收入增长，实行奖勤罚懒，通过建立激励性转移支付机制，促进经济发展和财政增收。具体方案将会征求大家的意见，争取明年实施。

（四）探索地方财政投融资体制改革

我省地方财政的投融资体制改革前几年刚迈出第一步，近几年又在某些方面出现回归的情况。政府投资主体不明确，权责不清，形成目前政府投资各行其是、多头管理、无效失控的不合理状况，距离公共财政的要求还比较远；融资渠道较为单一，基本依靠财政资金和银行贷款；地方政府担保或其他形式承诺形成了大量隐性债务，如果不加以控制和监管，将转嫁成为以后的财政风险。

财政建设资金由无偿改为有偿，进行财政投融资改革，把拨款改为投资，特别是对竞争性领域项目的政府扶持改无偿拨付为投资，这是一个方向。要强化财政投资的引导功能，但财政引导资金不能总是无偿拨款，必须通过财政投融资体制改革，筹措更多的资金用于建设，进行扶持性的有偿投资。比如珠江三角洲城市间的轻轨建设，财政可以先拿出20亿元作为投资资金，成立工程项目投资公司，同时可以募集社会资本加入，这样一来，20亿元就可以变成40亿元，或者100亿元，这100亿元就可以做资本金，然后再向商业银行贷款，就会变成300亿元，从而产生"乘数效应"，几倍的资金就出来了。政府投资基础设施建设形成的资产，一旦评估变现了，就能越滚越大，财政集中资金办大事的能力就会越来越强。也就是说，要把财政投资由"死钱"变成"活钱"，由"死面"变成"发面"，发挥财政资金杠杆"四两拨千斤"的作用。这对于加快广东经济发展，增强广东经济发展后劲，将是功德无量的事情。

（五）必须加强财政监管，建立财政抗风险的应急预警机制

尽管我省目前的负债率仍低于国际公认的占GDP25%的警戒线，但受可用财力规模偏小、支出刚性增长、债务管理水平整体偏低和债务消化难度高的影响，在今后相当长一段时间，政府债务仍将是制约我省财政可持续发展的重要因素。对此，各级政府和财政部门要给予高度重视，积极探索建立有效的债务风险预警、偿债机制。一是要对各种政府融资行为开展全面、系统的摸底调查，为加强政府债务管理做好基础准备。二是明确界定由财政负担的政府债务规模，清理政府或政府有关部门为企业或法人组织提供无效担保形成的间接债务。三是建立能够全面反映各种债务情况及相关数据的统计报表体系、债务管理信息互通网络系统和数据库，健全债务资料报告制度，对政府债务的借贷、使用、归还进行全方位跟踪反馈。四是建立还贷准备金制度和有效的债务风险预警机制。根据政府债务的成因，积极、多渠道筹措还债准备金，通过考察政府债务的总量变化、结构变化、政府的偿债能力，加强政府债务效益分析，建立政府债务预警机制。

（六）必须建立财政支出绩效评价体系

建立绩效评价体系，深圳市已经提出来了。在西方国家，市场经济已经搞了三百年，在政府财政管理方面和政府财政支出绩效考核方面也进行了很多探索。最近一百年中，西方国家主要进行了三个阶段的探索：第一阶段是五六十年代，跟我们一样采用定编制定岗定人，然后定支出，搞规划财政，这样结果财政支出呈刚性，不堪重负，财政赤字不断增长。于是，到七八十年代，也就是第二阶段，它们又改革为零基预算，即上年的预算不管，然后定事定财，但这样一来，财政部门又疲于奔命，搞不清楚，也搞不过来。到了90年代，也就是第三个阶段，又改革为绩效预算，要讲投入产出，要讲财政支出绩效，并靠建立财政支出绩效评价体系来做到，这个改革搞得比较成功，尤其克林顿政府干得非常漂亮，为布什政府提供了大量的财政盈余。十六届三中全会总结了我们自己的经验，并学习西方政府财政改革的经验，提出要建立预算绩效评价体系，国务院对此已作出了相关的部署。抓好绩效评价工作，是坚持"两个务必"、发挥排头兵作用的现实要求，是完善社会主义市场经济体制的客观需要，是深化财政改革的重要内容。省财政厅今年率先选择对粤东粤西粤北14个市支持民营科技园建设补助支出项目进行效益评价。这项工作，省财政厅做得不错。我到省政府之后，7月9日

到省财政厅调研，提出绩效预算、绩效评价的问题。省财政厅很快便去做了一个调查，并以省财政厅名义报省委、省政府。德江书记和华华省长都非常重视，德江书记在省财政厅的效益评价报告上作出了重要批示：“省财政厅对民营科技园建设财政专项资金使用效益评价的做法很好，建议举一反三，进一步加强财政支出管理。”华华省长也作出重要指示：“总结推广这一好经验，切实加强财政支出管理。”由此可见，省委、省政府高度重视财政支出绩效评价工作。各级政府和财政部门一定要转变观念，进一步提高对开展财政支出绩效评价工作重要性的认识，把财政支出绩效评价工作列入重要的议事日程，当作加强财政管理不可缺少的环节，切实加强领导和协调。要加大宣传力度，让政府部门认识到，绩效评价有助于提高部门的理财水平，促进部门更加重视工作结果，进一步提高工作效率。各级财政部门要抓紧制定财政支出绩效评价制度、办法，结合我省的实际，制定财政支出绩效评价指标体系，并不断加以完善；要积极运用财政支出绩效评价结果，把财政支出绩效评价结果作为今后预算安排的重要依据。现在有的地方财政花了钱没有效益，有的单位你一年给它几百万、几千万，一旦要再做一件事情，又要打报告要钱。所以，希望省财政厅和各市抓紧研究这项工作。搞财政支出绩效评价，就是要做到少花钱，多办事，高效率。同时，要积极探索绩效预算与零基预算相结合的新机制，市里也可以开展试点，先积累经验，再逐步推开。

三、发扬艰苦奋斗精神，努力增收节支，进一步做好年底前和明年我省的财政工作

今年以来，我省各级财政部门按照中央和省委关于“一手抓抗击‘非典’，一手抓经济建设”的决策和部署，从认真实践“三个代表”重要思想和对人民群众健康负责的高度出发，将“非典”防治工作作为重要的政治任务和工作重点，充分发挥财政职能作用，采取积极有效的措施，调整支出结构，认真落实防治经费，保障了防治工作的顺利进行。同时，严格依法理财，努力增收节支；继续深化完善各项财政改革，加快公共财政建设步伐；强化财政监督，整顿和规范财经秩序，进一步防范和化解金融风险，确保外向带动、科教兴粤、可持续发展和区域协调发展战略的实施，促进全省经济和社会各项事业的发展。今年1～10月份，全省财政状况总体来看是比较好的，在一定程度上克服了“非典”因素的不利影响。据快报统计，1～10月份，全省地方一般预算收入完成1 061.44亿元，比去年增长13.97%（可比口径，下同）。其中，税收收入完成908.62亿元，比去年增长11.94%，非税收入完成152.82亿元，比去年增长27.75%。全省地方一般预算支出完成1 168亿元，比去年增长13.38%。

在成绩面前，我们也要清醒地看到，我省财政收支中仍存在不少问题，面临的形势依然比较严峻。9月底累计全省地方财政一般预算收入增幅比全国地方财政收入平均增幅低6.1个百分点，10月份当月全省尚有4个市出现减收（10月份当月，广州负增长1.06%，珠海负增长3.49%，揭阳负增长5.69%，云浮负增长17.09%），全省特别是省级的一般预算收入增幅较低，10月底省级收入累计仅增长6.47%，省级完成年度税收收入预算难度大，财政收支平衡面临很大压力。最近一段时间，各地一讲到GDP的增长，都说是进入快速车道，都是多年来没有出现的高速增长，但为何10月份的财政收入会出现负增长？有的说，基数高，但GDP的基数也高呀！那么，原因在哪里呢？无非两个：要么是有的GDP增长有虚胖；要么是瞒报、漏报。本来财政收入增长是应该快于GDP增长的，我也相信这个GDP增长是实的，尤其广州的GDP增长应该是实实在在的，可财政收入却是负增长，值得研究。德江书记和华华省长一再强调，要努力实现今年增长的预定目标，而且目前财政确实存在困难，省委、省政府要办十件大事，财政需要增加投入，东西两翼和北部山区需要支持，这里面有个政治态度问题。政治是经济的集中表现，反过来，经济方面的问题也反映了政治态度的问题。所以，凡是负增长的，要向省政府说明原因，因为你的GDP增长是两位数的，而财政收入的增长却是负的。打点埋伏可以理解，但不能太离谱。这一点大家在政治上应该有一种风格，应该有一种良好的精神状态。有些市就很好，如清远财政收入增长了41%，但值得注意的是珠三角平均增长才6.95%。应该肯定，珠江三角洲发展很快，对全省乃至全国的经济发展和改革开放的贡献很大，但也要看到，我们发展快离不开党中央正确路线政策的指引，离不开党和国家对我们的重视和关怀，离不开省委、省政府的正确领导，离不开全国人民、全省人民的支持。现在，东西两翼的恢复性增长比较快，平均增长率为11.3%，最好是粤北，增长率为23.3%。我主张年终搞一个评比，对做得好的表扬奖励，对不好的进行批评。现在离年底还有不到两个月，我希望我们全省的财政收入能实现预定的增长目标，省本级也要完成预定的目标。大家应该有大局观念，三角洲的同志也请继续多做一点贡献。今年以来，受“非典”疫情的影响，来自第三产业的营业税收入增长缓慢；所得税分享改革、农村税费改革、“免抵退”税收政策实施、电价下调等政策性减收因素较多，影响了我省地方一般预算收入的增长。一般预算收入增长中，来自非税收入增长较快，但非税收入列收列支，中看不中用。而支出方面的口子却越来越大，增支因素呈现刚性增长，压不下来。财政收入增收难以满足过快增长的支出需要，财政收支矛盾很突出，全省欠发达地区对省财政转移支付、专项补助等扶持措施期望值越来越高。比如农村税费改革，省里一年拿出补助资金达到××亿元，但不少地方仍要求省财政增加补助。

最近，国务院召开常务会议，分析了全年经济形势，提出了做好今年后两个月经济工作的十项要求，其中一项

重要工作就是要增收节支，继续加强税收征管，严格控制一般性支出，防止年终突击花钱。全省各级政府和财政部门要发扬艰苦奋斗精神，努力增收节支，按照今年8月份全省财税系统工作会议所提出的要求，扎实工作，圆满完成今年既定的各项财政工作任务。对年底前的工作，在这里再强调几点：

一是要千方百计确保全年财政工作目标的顺利实现。我在8月份的会议上讲过，省委、省政府已经出台的许多重大措施，特别是“十件大事”、“十项民心工程”等重点项目的支出，都是建立在完成财政收入任务基础之上的。如果预定目标不能实现，将对全省工作的大局带来极大影响。今年我省GDP增长1～10月份已达到13.3%，全年13%是可以预期的。这个增长水平将处于各省、市、区前列，但如果财政收入增长落到中游，甚至一些地方完不成增长10%的目标，我们将很难交待。各级政府必须予以高度重视，注意解决财税运行中的突出矛盾和问题，确保实现全年经济增长、财政增收的工作目标。

二是加强领导，加大组织收入的工作力度。各级政府必须切实加强对财税工作的领导，把完成财税工作任务当作经济工作的一件大事来抓。要认真分析形势，及时了解财政收支的新情况，把握发展大势。收入形势较好的地区绝不能放松组织收入工作的力度，更不能“留有余地”。要坚持依法治税，做到应收尽收，为全省超额完成全年预算任务作出积极贡献。收入完成情况较差的地方要迅速行动起来，在今后一个多月的时间里认真落实各项增加收入的措施，克服困难，清欠追缴，千方百计把收入抓上去。总之再次强调一句话，就是要依法治税，依法理财，加大增收工作力度。

三是严格控制支出，确保预算平衡。要坚持量入为出，量财办事的原则，严格预算管理，从严控制追加支出。认真贯彻落实胡锦涛总书记关于“要在全党全国大力弘扬艰苦奋斗、勤俭建国的精神”的指示，反对铺张浪费，防止11、12月份突击花钱。年底前要保证机关事业单位职工工资及时足额发放，不得发生新的工资拖欠。要严格执行《预算法》及其实施条例，省、市、县各级财政年终一律不得搞赤字。要实现预算收支的真正平衡，而不是虚假、有“水分”的平衡。

明年我省的财政工作，要以“三个代表”重要思想为指导，全面贯彻党的十六大、十六届三中全会精神，按照立党为公，执政为民的要求，推进财政管理体制改革，建立健全公共财政体制，提高财政收支效益，有效运用财政政策，促进全省产业结构、地区结构和所有制结构调整，为我省加快发展、率先发展、协调发展和当好排头兵提供稳固、强大的财力保障。

对明年全省的财政工作，我们要按照财政部和省委、省政府的部署早做准备。明年是认真贯彻落实十六届三中全会精神，进一步完善社会主义市场经济体制的重要一年。纵观国内外形势，世界经济将缓慢复苏，国际市场需求上升，全球产业结构调整和产业转移加快，国际经济环境总体上对我国有利，面临的挑战主要是贸易保护主义加剧，国际竞争更加激烈。从国内看，我国国民经济将继续保持较快增长，但经济生活中也面临一些突出的矛盾和问题，主要是：就业形势比较严峻，一些地方和行业重复建设现象有所抬头，农村与城市发展协调，农民收入增长缓慢。认真做好明年各项财政工作，加快建立与社会主义市场经济相适应的公共财政体制的步伐，对于促进我省经济社会全面发展，具有非常重要的意义。对做好明年的财政工作，我在这里先提出几点要求，供大家参考。

（一）坚持发展是执政兴国第一要务，把促进发展作为财政工作的立足点和出发点，实现财政收入的有效增长和可持续增长，并把财政平衡建立在有效增长的基础上。现在有些地方所谓财政平衡是无效增长的财政平衡。明年中央将稳定实施积极的财政政策，我们要发挥好财政政策特别是激励机制和投融资体制的引导功能，大力支持县域经济发展，促进民营经济上新的台阶。要加强税收征收管理，努力增加财政收入，使财政收入增幅略高于国内生产总值的增幅，继续提高财政收入占国内生产总值的比例，起码达到全国的平均水平。要严格控制税收优惠政策，不得越权减免税收，不得擅自出台减免税和先征后返还等税收优惠政策。要加大对“三农”的投入，支持农业和农村经济发展，增加农民收入。要积极筹措“十大民心工程”建设资金，增强经济发展后劲，使财政收入增长更加稳定、可靠。

（二）认真做好2004年地方各级预算编制工作。《国务院关于编制2004年中央预算和地方预算的通知》（国发〔2003〕25号）已经下发，全省各级人民政府和财政部门要按照通知精神编制好2004年预算。当前我们面临的财政形势是偏紧的，落实再就业、支持高新技术产业发展、减轻农民负担等政策性减收因素较多，给财政收入的增长带来压力。财政支出方面，保稳定、保运转、保安全、保改革、保重点这“五保”的支出增多。因此，明年我省预算安排难度很大，但必须坚持收支平衡原则。预算编制既要体现实际需要，又要考虑财力可能，综合平衡，不编赤字预算。要按照有保有压，确保重点支出的原则，区分轻重缓急，统筹安排好预算。要优先保证部门正常运转的基本支出以及省委、省政府决定事项、人大议案等重点支出需要。办议案的同志要加强跟人大的沟通协商，对于合理而且财力又允许的议案，一定要为老百姓把事情办好，对于不合理而财力又做不到的议案，就有个协调和解释好的问题。要坚持综合预算原则。部门和单位各项预算外资金要严格执行“收支两条线”管理，所有收入和支出全部纳入部门预算，统筹安排单位预算内外财力。

（三）贯彻落实好中央出口退税改革政策。10月10日，国务院召开了出口退税机制改革工作座谈会，温家宝总理在会上作了重要讲话，明确指出改革出口退税机制是贯彻党的十六大精神，适应国际经济环境和我国加入世贸组织后的新形势，深化财税和外贸体制改革的重大举措，要求一定要从战略和全局的高度，充分认识进行出口退税机制改革的必要性和紧迫性，不失时机地推进这项改革。根据中央关于“新账不欠，老账要还，完善机制，共同负担，推动改革，促进发展”的改革原则，我省需负担出口退税增量的25%。据财政厅测算，2004年外贸出口如果增长10%，全省各市负担的出口退税增量共××亿元。中央核定我省的出口退税基数（不含深圳）×××亿元，由于增值税的25%部分属市县地方收入，相应省里也将基数指标全部分配给市、县，省级不留基数。各市基数的核定将参照财政部的办法计算，具体操作待财政部下发有关办法后再确定。近期要做好出口退税基数的分配工作，合理确定市县负担，及时研究出口退税操作及管理办法，尽可能减小出口退税改革对外贸出口乃至全省经济增长带来的震动，消化不利影响。各市要认真做好分析研究和测算工作，既要分析测算外贸出口增长给地方财政增加的负担，也要分析测算外贸出口下降给地方经济增长、财政收入带来的影响，早做准备，确保出口退税改革在我省顺利推行。要大力推进外贸体制改革，推行出口代理制，进一步加大出口商品结构优化调整的力度，促进本地区经济持续、健康发展。如何落实出口退税负担机制，省里还要专门开会布置落实。

（四）相对集中财力，办好“十项民心工程”，确保公共财政支出需要。广州市的经验很好，林树森书记说，上半年财政支出他们一般都抠得比较紧，到了6月份再看看还有多少钱，政府能集中财力做点什么事情。我认为广州的这个做法值得全省各地学习，因为它确保了公共财政支出的需要，又注意集中财力办大事。据不完全统计，2003年至2007年省级将投入408亿元用于十项民心工程，平均每年大概100亿元，其中2003年投入115.6亿元，2004年将投入93.7亿元。十项民心工程需要全省上下共同努力才能完成，地方各级政府也要相应作出财力安排。实施十项民心工程是我省全面贯彻落实“三个代表”重要思想，坚持立党为公、执政为民的具体行动；是全面建设小康社会、率先基本实现社会主义现代化的重要任务；是维护社会稳定，优化发展环境的重要保障；是加强党的建设，贯彻党的宗旨，密切党群关系，提高执政水平，建设政治文明的重要内容。这十项民心工程的实施，涉及全民安居、扩大与促进就业、农民减负增收、教育扶贫、济困助残、外来员工合法权益保护、全民安康、治污保洁、农村饮水、城乡防灾减灾等十个方面，基本上涵盖了目前我省群众生产生活中存在的突出问题。各级政府和财政部门要把实施十项民心工程作为一项重大政治任务，从大局出发，调整优化支出结构，大力压缩一般性支出，确保十项民心工程各项资金的落实。这一方面，要积极推广广州市相对集中财力办大事的经验，学习广州市的做法。这十项民心工程在在人民群众中影响非常大，这些工程的的确确是为老百姓办好事、办实事，是立党为公、执政为民的最好体现。

（五）继续深化各项财政改革，积极推进财政管理制度创新。十六届三中全会通过的《决定》，涉及财政改革和财政工作的内容很多。如何把《决定》的内容体现在我省明年的财政工作中，我们必须加强学习领会，并认真做好调查研究工作。比如在《决定》第二十点讲到稳步推进税收改革，增值税由生产型改为消费型，适当扩大消费税税基，这将对我省地方税收收入产生影响；实施城镇建设税费改革，条件具备时对不动产开征统一规范的物业税，需要我们提出对策。《决定》第二十一点和第三十七点提出要明确各级政府的财政支出责任，合理划分中央和地方经济社会事务的管理责权，逐步理顺中央和地方在财税、金融、投资和社会保障等领域的分工和职责，这就需要我们从财权与事权的统一上加以研究。按《决定》要求，明年要继续深化部门预算、国库集中收付、政府采购和“收支两条线”管理改革，不断探索建立完善的财政监督和绩效评价体系，加快建立与社会主义市场经济体制相适应的公共财政体制的步伐。

（六）继续深化农村税费改革。随着农村税费改革在我省全面铺开，将从根本上减轻农民负担，促进农村经济健康发展和农村社会长期稳定。这项工作全面推开以来，各方面的反映良好，说明了我们的工作是很有成效的。我们要以高度的政治责任感和历史使命感，继续抓好税费改革补助资金的分配落实，加强对各市、县的指导和督查，按照“减轻、规范、稳定”的方针，确保农村税费改革顺利进行，真正实现农民利益切实得到保护、农村经济和重点事业健康发展、农村社会稳定等目标。

同志们，在完善社会主义市场经济体制的过程中，我们要做的工作还很多，财政改革任务十分繁重。我们要高举邓小平理论的伟大旗帜，以“三个代表”重要思想为指导，全面贯彻十六大、十六届三中全会和省第九次党代会、九届二次全会精神，开拓创新，扎实工作，努力开创我省财政改革与发展的新局面，为我省加快发展、率先发展、协调发展和当好“排头兵”作出新的贡献。

坚持科学的发展观　认真抓好落实促进发展
做好2004年财政工作

省委常委、常务副省长　钟阳胜

（2004年1月16日）

同志们：

这次全省财政工作会议，是贯彻落实省委九届四次全会和全国财政工作会议精神，部署2004年财政工作的一次重要会议，也是我分管财政工作以来，与各市财政局长在一起开的第四次会议。在过去几次会议上，我反复就我省财政经济面临的新情况和新问题，财政改革和财政工作问题讲过一些看法。这次全省财政工作会议的主要任务就是要按照省委九届四次全会和全国财政工作会议的精神，围绕全省经济和社会发展的重大问题做好财政的各项工作，按照树立科学的发展观要求，发挥好财政调控杠杆的作用，促进全省经济持续快速健康发展。昨天，刘昆同志作了工作报告，传达了全国财政工作会议的精神，对今年财政工作作了认真的布置，我完全同意。下面，我讲四个问题。

一、对2003年政府财政工作的总结回顾

2003年是极不平凡的一年。面对突如其来的"非典"疫情袭击和加快发展中出现的制约因素和竞争压力，我们遇到的困难比预料的大。全国关注广东。党中央、国务院对广东的工作高度重视、亲切关怀。胡锦涛总书记、温家宝总理亲临广东视察，提出树立科学发展观的要求。省委、省政府结合学习贯彻"三个代表"重要思想和党的十六大、十六届三中全会精神，坚持一手抓抗击"非典"，一手抓经济发展，突出抓了十件大事和十大工程、十项民心工程的实施，各项工作进展良好，成绩显著，干部群众满意。尤其是经济发展明显好于预期，呈现出增长加快、效益提高、活力增强的良好势头，办大事，办实事，解民困，办好事的实力进一步增强。表现在：（1）经济快速增长，效益明显提高。全省完成国内生产总值13 449.93亿元，比上年增长13.6%，增幅为近八年来最高水平；规模以上工业增加值完成5 608.28亿元，增长21.6%，去年1～11月利润总额924亿元，比上年同期增长34.8%。（2）固定资产投资力度加大，对外贸易大幅增长。全社会固定资产投资完成4 988.9亿元，增长26.5%；全省外贸进出口总额2 836.4亿美元，增长28.3%，其中出口达1 529.4亿美元，增长29.1%，实际利用外资金额189.41亿美元，增长14.2%。尤其是投资千万美元以上的外资项目大幅增长。（3）经济结构继续优化，发展活力不断增强。电子信息、电器机械、石油化工等九大支柱产业支撑作用增强，占工业总产值比重为75.3%，比上年提高1.1个百分点。非公有制经济发展迅猛，民营经济实力迅速壮大，全省新登记私营企业7.9万户，增长25%。（4）居民收入稳步增长，人民生活水平进一步提高。城镇居民人均可支配收入和农村居民纯收入分别比上年增长11.2%、3.6%。我省去年能取得这样好的成绩，是党中央、国务院正确领导和亲切关怀、指导广东加快发展的结果，是全省各级党委、政府和全省人民共同努力的结果，其中当然也有财政部门努力工作所作的积极贡献。

2003年，全省财政部门认真落实党中央、国务院和省委、省政府的各项重大决策，服从服务于全省经济社会发展大局，充分发挥财政部门的职能作用，顽强拼搏，扎实工作，取得了显著的成绩，为全省经济社会各项事业发展作出了积极贡献。去年的财政工作特别值得称道的，概括一下至少有以下四个方面：

第一，财政收入大灾之年实现稳步增长。2003年，由于"非典"疫情的冲击、扶持性税费减免政策的实施以及宏观政策的调整等一系列因素影响，我省财政收入形势相当严峻。财税部门采取了一系列政策，对全省宏观经济进行调整，政策执行的结果，当然少不了减税免税，因此影响到财政收入，使财政收入一度形势相当严峻。据当时的初步判断，"非典"对经济的影响，加上减免税费、基金等政策的实施将使我省财政减收50亿元以上。反映在税收收入方面，去年直至第三季度末，来自旅游、餐饮、交通等第三产业的营业税以及相关税收增幅明显下降；所得税中央与地方分享比例从"五五"改为"六四"，影响到各级财政收入的增长潜力，仅此一项比上年减收近20亿元；另外，随着生产性企业出口货物实行"免抵退"税收政策的推行、电价下调等，也影响到收入的增长，据财税部门估计此项全省大约影响收入近200亿元，当然，这对市县财政收入来说是增加的，减少主要是省级收入。在诸多减收因素的影响下，2003年前三季度全省地方一般预算收入增幅同比分别下降0.83、2.29、1.32个百分点，增幅为近年来最低。尤其是省级一般预算收入前三季度分别

仅增长 3.52%、4.69%、5.99%，比全省平均增幅分别低 13、10.91、8.68 个百分点，为近年来最低，省级财政面临着前所未有的困难。这是多年以来从未有过的情况，完成年度财政预算任务十分艰巨。

面对财政的种种困难，引起省委、省政府的高度重视，特别是德江书记、华华省长的高度重视，我作为分管财税的负责领导，多次听取了财政、税务部门及有关市的汇报，并建议省政府围绕“三增”，即经济增长、税收增加、财政增收采取了一系列有力的措施。全省各级财政部门经受住了考验，考验来自于一方面“非典”疫情严重，而 GDP 增幅不断上升，为八年来新高，但另一方面税收增加量减少，财政收入下降甚至是大幅下降。在这种情况下，财税部门加强协调配合，千方百计克服种种减收因素，把增加税收收入、增加有效财力作为重中之重抓紧抓好，保持了财税收入的稳定增长，并把增收节支实现预算平衡始终贯彻到工作中，以卓有成效的工作圆满完成了各项目标任务。2003 年，全省地方一般预算收入完成 1 313.32亿元，增长 14.75%；省级收入经过多方努力完成了预算目标，增长 10%。全省有 14 个市的一般预算收入增幅高于全省平均水平，增幅超过 20%的有 6 个市，依次是云浮 30.6%、河源 27.53%、阳江 25.9%、惠州 25.75%、东莞 25.27%、清远 23.37%。这 6 个市中特别是东莞市应该专门予以表扬，因为东莞市是改革开放二十多年来一直高速增长情况下达到 25.27%，像东莞市这样高速增长在广东 21 个地级以上市也是独一无二的。可喜的是粤北山区市的收入增幅明显加快，同时，珠三角地区特别是东莞、佛山财政经济进入成熟稳步增长阶段，收入稳步增长。困难时刻见真情、讲大局、讲政治、讲奉献，为完成全省和省级财政收入任务作出很大贡献。这种精神是真正的共产党人的精神，是真正的社会主义大协作的精神，是真正的人民公仆的精神，是真正的财税干部立党为公、执政为民的精神，所以应该大力表彰，大力弘扬。正是因为有这种精神和同志们的不懈努力，全省财政收入能够在大灾之年实现有效稳步增长，确保了全省和省级一般预算均实现收支平衡，略有结余。收支平衡、略有结余也有区分，一种是真正有增长的平衡，另一种是账面上列收列支的平衡。因此，省级财政在编制 2004 年财政预算的时候，我们提出一个指导思想和几项原则。其中最重要的、落到实处的主要有三条。第一条是，一定要是有增长的有效的平衡；第二条是，必须把到期的政策性支出一律收回，任何领导个人都无权阻止收回到期的预算支出；第三条是，凡是列入新的预算的，分管的省领导和财政厅长个人均无权，必须由省府常务会议讨论决定。因此今年省本级财政是真正实现有效增长的平衡。各市可以仿效，有关文件也可以下发，这不仅对 2004 年，对今后编制财政预算都有指导意义。

收入方面的成绩仅看地方一般预算收入这一块还远远不够。据财政厅统计，2003 年来源于广东的财政收入超过 3 000 亿元，达到 3 280 亿元，比上年增长 16.1%，占全国财政收入 21 000 多亿元的 1/7 强。含出口退税 397 亿元，去年来源于广东的财政收入入库数超过 3 600 亿元，达到 3 677 亿元。其中，上划中央“两税” 785 亿元，关税 214 亿元，海关代征税收 684 亿元。直接归中央财政的一般预算收入达到 2 150 亿元，广东为中央财政作出的贡献占中央财政收入的 1/10 左右。去年，地税收入也超过1 000亿元，创下历史最高纪录。国税对省级财政收入的贡献也创出了新水平。这些成绩来之不易，这些数字不是虚的而是实的，是实实在在的物质财富，不是几个数字写出来的，而是大批的物质财富。

第二，集中财力保证了重点支出。2003 年，我省财政收入形势严峻，支出也面临着相当大的压力。为办好“十件大事”，落实“十大工程”和“十项民心工程”、建设“文化大省”和“教育强省”、保障农村税费改革顺利推进等关系全省经济社会发展全局的战略决策，财政要安排较大的资金投入。加上不断深化的各项改革，对财政工作提出了越来越高的要求，财政要承担必要改革成本增大。建立社会保障体系、推进国有企业改革、加快经济结构调整、加强农业基础地位等都需要政府从财力上予以保障，财政支出的压力非常大。尤其是省级财政，由于“非典”疫情直接增加了支出压力，加之教育、科技、社保、农业等重点领域投入的增长，减轻地方政府债务负担，加大转移支付力度等各项增支因素，使省级财政面临着前所未有的困难。

面对收支矛盾加剧的情况，在千方百计抓好收入的基础上，全省财政部门从维护我省改革、发展、稳定的大局出发，坚持“两个务必”，积极调整优化财政支出结构，集中财力办大事。特别是在“非典”时期，各级财政部门积极主动地采取了支持措施，制定落实扶持政策，支持受“非典”影响严重的行业发展，加大投资力度，推动经济进一步发展。确保了防治“非典”、公共卫生建设等重点支出需要，在有效支持“非典”防治，促进经济和社会发展方面发挥了重要作用。同时，在预算平衡压力很大的情况下，为贯彻落实省委、省政府重大决策，省财政在压缩一般性支出的基础上，调整增量，优化支出结构，集中必要资金保证重点支出需要。为落实“十项民心工程”，省财政投入了 55.98 亿元；为支持建设“文化大省”，投入了 17.67 亿元；为支持建设“教育强省”，投入了 65.94 亿元。此外，省财政还集中财力保障其他重点支出需要，包括投入 34.78 亿元，用于实施“再就业工程”，支持国有企业改革，完善社会保障体系，帮助困难群众解决生产生活问题；投入 17.02 亿元，增加公共卫生投入，促进卫生事业发展；投入 11.55 亿元，推动科技进步和产业升级；投入 8.3 亿元，用于扶持民营经济发展和实施名牌战略等。以上措施，保证了省委、省政府重大决策的落实，有力支持了全省改革和经济社会全面发展。

第三，财政改革迈出了新的步伐。2003 年，围绕完善公共财政体制和增收节支保平衡的目标，全省财政部门坚持改革创新，积极推进各项财政改革。改革的范围不断拓展，措施不断完善，内容不断深化。部门预算改革稳步推进，国库集中支付制度改革继续扩大试点范围，政府采购规模不断扩大，“收支两条线”管理改革全面深化。特别是在去年7月1日全面推行农村税费改革，使农村税费管理纳入法制化、规范化轨道，基本实现了阶段性改革目标。据初步统计，全省农民目前人均减负率达83.73%，减负率为全国之最。可以说，各项财政改革的扎实推进，不仅提高了财政管理规范化程度和财政运行效率，而且积极配合促进了从源头上治理腐败的党风廉政建设。

第四，财政管理跃上了新的台阶。新一届省委、省政府对支出管理问题一直高度重视。特别是张德江书记多次对加强财政支出管理作出了很多重要指示和批示，黄华华省长也亲临省财政厅指导工作，提出具体的要求。省委、省政府也多次研究了财政支出管理问题，作出加强财政支出管理的一系列决策措施。财政部门认真抓好贯彻落实，在加强对收入的监测分析、加强与税务部门的协调沟通，强化收入管理的同时，采取了积极有效措施，强化支出监督检查机制和内部监督制约机制，完善健全制度，加大专项资金检查力度，积极开展财政支出绩效评价试点工作，提高了财政资金的使用效益，保证了财政性资金的安全运行。我省的财政管理正在摆脱传统模式，逐步向适应市场经济发展要求的公共财政管理模式过渡。财政管理，尤其是财政支出管理的加强除了财政内部加强检查监督管理之外，人大常委会对这项工作也非常重视，加强对财政预算监督做了大量工作。同时，也还有审计部门的重视和努力工作。国家审计总署驻广州特派办和省审计厅做了大量工作。他们的审计属于政府审计、政府监督，财政部门内部有内部监督、内部审计，人大常委会作为地方权力机关对财政预算和财政支出的监督，还有社会监督也在加强。所以广东对这方面的管理工作是十分重视的，再接再厉，我们肯定可以“上一个新台阶”。

应该肯定，2003年全省财政工作所取得的成绩是显著的。这些成绩的取得，充分展示了省政府在财政工作中认真实践“三个代表”重要思想；展示了财政部门作为党和政府的重要综合经济管理部门在经济社会发展中的地位和作用；展示了财政政策在培植财源、促进经济社会发展中的极大威力；也展示了财政部门在巩固政权建设、维护社会稳定极端的重要性，以及广大财政干部职工团结协作、开拓进取、求真务实的精神风貌。这些成绩的取得，财政战线的同志们功不可没！省委、省政府对财政工作是满意的。借此机会，我代表省委、省政府向在座的同志们，并通过你们向全省财政税收部门的广大干部职工表示衷心的感谢和诚挚的问候！

二、正确认识当前财政工作的新形势，进一步增强做好财政工作的责任感

进入新的一年，我们必须清醒认识，过去的一年成绩固然显著，新的一年工作基础良好。但也要看到，实现新的工作目标，完成新的任务工作仍然十分艰巨，2004年全省财政工作面临着不少新的挑战和新的困难。根据省委九届四次全会的部署，今年是我省“抓落实、促发展”年，实现省委、省政府确定的全省经济和社会发展的任何一个目标，都离不开强有力的财力支持。能否在这方面紧扣主题、积极作为，是对全省各级财政部门和广大财政工作者的严峻考验和重大挑战，也是我们的重要责任。

从总体上看，做好今年我省财政工作有不少有利条件。首先是国际国内环境总体上有利于我省加快发展。从国际环境看，全球经济复苏可望加快。据一些主要国际组织预测，今年世界经济增长率将达到3.5%～4%左右。全球产业结构调整和转移加快，美、日、欧等世界主要经济体发展形势趋好，国际需求回升。从国内环境看，国家继续坚持扩大内需的方针，实施积极的财政政策和稳健的货币政策；党的十六届三中全会作出完善市场经济体制的决定，将使体制环境进一步改善，为经济发展注入新的动力和活力。从省内环境看，当前我省正处于新一轮经济发展的上升阶段，民营经济、混合型经济快速发展，已形成新的增长点，经济自主增长的动力不断增强。同时，CEPA的实施，粤港澳“大珠三角”的形成和发展，“泛珠三角”区域合作共识的形成，有利于我省综合竞争力的提高和进一步拓展发展空间，国民经济将保持快速健康发展的良好势头。经济的持续稳定增长，必将为财政增收奠定坚实的基础。归纳一下，实际是包含了四层意思：第一是，会引致投资和消费需求动力增强，从而推动经济加快发展。第二是，完善市场经济体制，发展资本市场，将会促进社会资金的集中，有利于我们上资金技术密集型的大中型项目，推进全省重点工程建设，加快经济发展速度。第三是，促进体制和机制的创新，创造宽松的经济环境，加快国民经济发展步伐，建立现代企业制度。根据十六届三中全会决定，今年开始要加快发展资本市场步伐，加快投融资体制改革，资本市场的发展和投融资体制改革将会加快国有、集体、私营企业改革步伐，促使这些企业加快建立现代企业制度。第四是，经济增长的空间进一步拓宽，新的经济增长点不断增多。其次是财政发展的体制环境趋好。我省经济结构不断优化、国有企业深化改革在全国相对领先，非公有制经济的加快发展已逐渐成为财政新的增长点；随着税收优惠政策不断规范、税收征管制度进一步完善，收入质量将进一步提高。省委、省政府促进县域经济发展各项政策的实施，也将为财政增收创造有利条件。再次是财政管理的内在机制逐步健全。近年来积极探索的预算管理、政府采购等项管理改革已经形成良好的工作局面。各级政府和财政部门都有进一步深化改革、规范管理的强烈愿望和迫切要求，必将有力地推动财政改革和管理工作进一步走深入和规范，为财政发展提供强大的内在动力。最后，财政的地位和作用不断增强。各级党委和政府越来越重视财政工作，社会各界也越来越理解、关心和支持财政工作。以上这些，都是我们做好今年财政工作的有利因素和条件。

但是，另一方面必须看到，2004年我们面临的困难不

少，减收增支因素较多，财政形势不容乐观。从经济发展环境看，影响世界经济持续复苏的潜在因素仍然存在，国际竞争将更加激烈；随着世界经济好转，东亚地区其他国家经济恢复增长，对我省招商引资的竞争压力增大；国家实施新的出口退税政策，对外向依存度较高的我省影响远比依存度较低的省市大。经济中遇到的问题，必然直接影响财政收入和支出结构的调整，各级财政部门决不能掉以轻心，必须在思想上、工作上把困难和问题估计得充分些，准备得充分一些。

首先，从收入方面看，地方几大主体税收几乎都存在政策性减收因素。先看增值税，2004年中央实行出口退税负担机制改革，出口产品增值税的25%部分需从地方库退付，直接减少了地方增值税收入，估计全省今年地方增值税退税将达125亿元（含深圳，下同），地方需负担出口退税增量达37亿元，而且随着外贸出口的增长，地方负担的出口退税增量越来越大。2004年中央将逐步推进税制改革，其中增值税转型是一项重要内容。如果改革在今年全面推行，我省增值税将进一步减收。据说全国影响800亿元，那么广东影响将达到110～120亿元左右。再看营业税，去年经过各级政府及财税部门共同努力，我省基本克服了“非典”疫情的不利影响，取得了较好成绩，但是目前疫情又出现了苗头，去年广东2、3月份是“非典”疫情高峰期，我们决不能放松警惕。从当前情况看，2003年出台的部分临时性税收减免政策可能要继续执行，营业税的增长面临着较大的变数。最后分析一下所得税的增长。应该说，去年我省的一般预算收入中企业所得税和个人所得税增长情况良好，企业所得税完成169.78亿元，增长16.86%，个人所得税完成94.69亿元，增长17.88%。今年是所得税分享改革实施第三年，中央与地方的分成比例维持在六比四水平，所得税所形成的地方财力增长潜力减弱，加之受利率下降及储蓄存款结构改变等因素影响，利息所得税可能继续减收，因此对所得税的快速增长也不能寄予过高期望。此外，深化农村税费改革，全面取消农业特产税、屠宰税，逐步降低农业税税率，也将不同程度地影响地方财政收入。十六届三中全会文件规定可以新开征物业税，但还需逐步试点，尚未构成近期地方税收收入的增长点。因此，今年我省财政收入形势不容乐观。

其次，从支出方面看，增支因素多。目前我省财政支出中，基数性支出占了相当大的比例，其中仅行政管理费和公检法司支出去年就开支了346亿元，占全省一般预算支出的比重达到20%。此外，省对市县一般性转移支付补助、农村税费改革专项转移支付补助等，已构成维持市县运转的重要财力来源，也属于基数性开支。基数性开支的不断增长，加大了各级财政存量结构调整的难度。与此同时，为实现加快发展、率先发展、协调发展，全面建设小康社会的目标，新增支出压力又不断加大。为了落实“十项民心工程”，2003～2007年省级需投入408亿元；为了保障水利“三大会战”的顺利开展，2004～2008年需投入城乡水利防灾减灾工程资金86亿元；为了建设“文化大省”，2003～2008年共需投入86亿元；保障农村税费改革顺利推进，2004年需安排22亿元农村税费改革专项补助；此外，还有“十大工程”等重点支出必须保证，社会保障、国有企业等改革支出需要负担。同时，今年的政策性增支因素也不少。出口退税负担机制改革，仅省级财政就拿出8.5亿元，用于鼓励外贸出口贴息和“以奖代补”；2003年底中央出台的调资政策今年还有半年的翘尾因素，据初步测算全省需增支7.2亿元。可见，在各种因素的影响下，今年我省财政的支出压力相当大。

再次，从区域协调发展看，财政压力很大。2003年全省财政一般预算收入超过1 300亿元，但大部分财力集中在珠江三角洲地区，而粤东、粤西、粤北广大地区财力仍十分薄弱。部分山区市虽然出现了收入增长加速的良好势头，但由于原来的基数较低，在全省中所占比重提高不快，大部分欠发达地区尤其是粤东地区的收入增长一直处于低速状态，情况堪忧。如汕头市2003年一般预算收入仅增长5.83%，揭阳市也仅增长8.37%。GDP增长一定要与税收增加、财政增收挂钩，最终考核要考核财政收入，尤其是对党委、政府经济工作的考核，最综合的考核就是财政收入。欠发达地区为加快发展，要求省加大转移支付的呼声越来越高，加上各级财权与事权关系仍未理顺，省级面临的压力越来越大。

对今年财政工作面临的困难，我们必须保持清醒的头脑，在谋划和推进今年财政工作中必须充分考虑，认真权衡，积极应对。做财政工作的同志，尤其是管财的市长和财政局长，头脑一定要非常清醒，态度一定要非常积极，绝不能有丝毫懈怠。希望同志们进一步坚定做好财政工作的信心，增强危机感、紧迫感和责任感，迎难而上，紧紧抓住当前经济发展的各种机遇，视困难为挑战，化压力为动力，千方百计破解财政工作难题，精心谋划加快财政发展的思路，促进全省经济财政发展再上一个新台阶。这是检验各级政府，也是检验各级财政部门的同志们政治上过不过硬，工作上有没有魄力，工作作风实不实，抓落实促发展成效大小的综合标准。我认为组织人事部门考核干部要看财政。“英雄还是狗熊”关键不仅看GDP，而是更重视看税收增加和财政增收。如果没有“三增”，或者“三增”比例不协调，就得找原因。考核政府工作，财政税收这一条是最基本的一条，没有这一条其他都不可能落到实处。为人民办好事办实事没有能力，人民不高兴，群众不满意，政府没威信。不能只看经济问题，还要看政治问题。

三、坚持科学发展观，切实抓好今年的各项财政工作

省委九届四次全会在今年全省工作的总体要求中明确指出，树立科学发展观，实现加快发展，率先发展，全面、协调、可持续发展。用科学的发展观指导经济社会发展实践，既是当前的一项重要工作，也是今后长期的战略任务。德江书记从我省现阶段的实际出发，提出贯彻落实

科学的发展观，必须切实做到六个“更加注重”，即在保持经济快速增长的同时，更加注重改善经济运行的质量和效益；在提升珠三角发展水平的同时，更加注重推动东西两翼和北部山区加快发展；在继续以经济建设为中心的同时，更加注重社会全面进步；在加快经济发展的同时，更加注重环境保护和生态建设；在全面推进经济社会发展过程中，更加注重以人为本，改善人民生活；在全面实施党的建设新的伟大工程中，更加注重加强党的执政能力建设，着力提高统筹发展全局、驾驭市场经济和应对复杂局面的能力。做到这六个“更加注重”，要求我们在具体工作中，在保持经济持续快速增长的同时，切实把经济工作的重点转移到调整经济结构、转变增长方式、提高增长质量和效益上来。财政作为市场经济条件下政府调控经济的主要手段，对支持经济和社会各项事业的发展负有重要责任，更要把科学的发展观贯穿于财政工作中去，围绕省委、省政府确定的中心任务，从筹措资金、创新体制、完善政策、优化环境、加强管理等方面研究采取新的举措，充分发挥财政分配和调节职能，促进全省社会经济实现全面、协调、可持续的发展。

德江书记在省委九届四次全会上，对2004年如何“抓落实、促发展”从思想、工作、作风、方法、创新这五个方面作了深入透彻的阐述，讲了17条意见。抓落实，是我们搞好各项工作、推进事业发展的关键环节。今年的财政工作，一定要全面贯彻落实全国财政工作会议和省委九届四次全会精神，牢固树立科学的发展观，扎扎实实抓好各项工作的落实。在这里，我对今年的财政工作提几点要求，希望大家很好研究，抓好落实。

（一）高度重视收入工作，努力挖掘增收潜力，确保收入任务的完成。完成好今年财政收入任务，对于缓解财政收支矛盾，保证省委、省政府和市县党委、政府重大决策的顺利实施，确保各项工作目标全面实现具有重要意义。各级政府必须进一步加强财税工作的领导，把确保财政收入持续、稳定增长作为政府工作的中心任务，支持财税部门依法治税，依法理财。今年全省GDP目标增长9%，全省一般预算收入计划增长10%，略高于GDP的增长。确定这个指标综合考虑了经济形势和财政发展的基础和条件，应该说是比较妥当的，是能够完成的。虽然今年的收入形势比较严峻，但增收仍有潜力可挖。各地要认真分析形势，深入进行调研，对每一个税种、每一项收入来源进行分析，准确地预测财政收入发展趋势，分析财政收入增减变动因素，找出薄弱环节，挖掘收入潜力，使财政收入建立在真实、准确、科学、可靠的基础上，圆满完成全年收入任务。作为政府理财部门，各级财政部门必须转变只重预算，只管支出，轻视或者不重视抓收入的观念。这方面比以前已经有很大提高，但是各级政府，尤其是市县政府的领导在头脑里更多是掌握财权，有的政府领导，包括一些财政部门甚至把财政作为自己个人的资源，去拉关系。不抓收入的财政部门不是一个好的财政部门。不管收入、不抓收入的政府领导也不是一个好的政府领导。我曾经讲过，没有税就没有财，没有财就没有政。一收一支是财政工作的两个基本方面，缺一不可。只有把聚财抓好，才能为用财奠定基础。“立党为公、执政为民”，财政工作者必须围绕这一点做好工作。不然的话财政部门不能算是称职，财税干部不能算是合格和称职。

（二）加强财税协调，强化监督检查，努力提高收入质量。过去，我们的体制是财税一家，财税协调起来比较容易。我们对收入的监督和检查也采取过税收大检查的办法。应该肯定，在计划经济条件下，财税大检查的办法是有效的，对减少国家税收流失，增加财政收入曾起过重要的作用。适应市场经济体制的建立，我们取消了这种办法，加强了日常的监督。财政和税务也分了家，但分家不能分离。目前财经秩序混乱的情况仍比较突出，财政对收入的日常监督还存在缺位的现象。在新形势下如何加强对收入的监督和检查是财政部门要认真研究的一个新课题。财政部门掌握税收政策，税务部门掌握税源和征管，只有财税两家密切配合，才能既保证税收政策切合实际、科学合理，又实现依法征税、应收尽收。因此，各级财政部门要加强与税务部门密切配合，加强税收征管，严厉打击涉税违法犯罪活动，做到依法征税，应收尽收。今年是出口退税负担机制实施的第一年，财政和国税部门更应该密切配合，互相协助，按政策规定做到出口退税不多退、不少退。要严格控制税收优惠政策，不得越权减免税收，不得擅自出台减免税和先征后返等税收优惠政策，确保财政收入稳定有效增长。同时，财政部门应建立收入监督和检查机制，落实监督措施，加强对重点税源地区和重点企业的跟踪检查，并实现与税务部门信息共享，防止弄虚作假，防止税收流失，确保税收依法足额征收入库，确保财政收入的合理和真实，努力提高财政收入质量。今年省级将建立财政与国税、地税部门三家联席会议制度，由省政府出面主持，每个季度定期就财税政策、收入计划及征管工作等进行沟通，如果形势不好还要一个月召开一次。各市县财政部门也可以按照省的做法，及时建立财税部门联席会议制度，增进财税部门相互了解和配合，共同努力把收入抓上去，确保年度预算收入任务的顺利完成。

（三）牢固树立过“紧日子”的思想，合理安排支出预算和计划。从2004年财力供给与支出需求对比情况看，收支矛盾仍很突出。各级财政部门要按照《预算法》要求编制预算，坚持量入为出的原则，做到真实完整，不出虚字，不留缺口，严格依法理财。支出水平和标准必须与经济发展水平相适应，不吃过头饭，不用过头钱，对人民负责，对本届政府负责，也对下一届政府负责。这是经验的总结，也是教训的总结。要把艰苦奋斗，勤俭建国，勤俭办一切事业的优良传统和作风落实到财政上，自觉过“紧日子”，以节支保平衡，并把它提高到各级党委和政府的作风建设高度来认识，提高到党风廉政建设高度来认识。要区分轻重缓急，合理安排财政支出顺序，确保政权运转，确保重点支出需要，确保改革和社会稳定。坚决杜绝一方面必保的支出留缺口，另一方面超出财力可能，干一些力所不能及的事情。这里有两点要特别注意：第一，要认真落实中央关于今年一般性支出继续实行零增长的要求，继续从严控制党政机关办公楼和培训中心项目建设。省级今年原则上不受理购建和装修办公楼的财政支出。各地也要按照这一要求，从预算安排上打紧，并把各项节支措施落实到位。以后审计要包括这些内容。第二，对出口退税负担机制改革，各地要足额安排好预算资金，确保出口退税资金的落实。上级财政安排的出口退税基数返还资金，要全额用于出口退税；中央财政拨付用于弥补“免、抵”未调库影响地方收入的资金，各市县要首先用于出口退税，确保出口退税改革在我省顺利实施。

（四）集中财力办大事，着力解决好热点、难点问题。各地必须坚持集中财力办大事的理财方针，努力做到花必要的钱、办大事，少花钱、多办事，不花钱、能办事。各级财政要通过调整增量，盘活存量，优化支出结构，集中必要资金保证重点支出需要。省委常委会决定，从今年起原则上不再新开进省级财政基数的开支口子，以便进一步集中财力办大事，确保省委、省政府确定的“十大工程”、“十项民心工程”、建设教育强省、文化大省等重点支出需要。各地也要紧紧围绕省委九届四次全会提出的今年经济工作的重点，积极筹集资金，拟定计划，集中财力办成几件大事，支持全省改革与发展。

同时，各级领导干部要树立正确的政绩观，各级财政要坚持保重点的原则，优先保工资支出、保社会保障支出、保社会稳定支出，并依法保障对农业、科技、教育等方面的投入，重点解决经济社会发展中的热点、难点问题。一是要切实加大财政对外贸出口的支持力度，认真执行对一般贸易出口商品贴息政策，省还将通过“以奖代补”的办法对山区和东西两翼 13 个市扩大出口给予奖励。各地要继续落实好各项扶持外贸发展的政策措施，确保今年我省外贸出口在 1 529.4 亿美元的基础上实现增长 5% 以上的目标。二是要增加对农业和农村的投入。为保障农村税费改革顺利推进，今年省财政安排了 22 亿元农村税费改革专项补助，各地也要积极筹措资金，加大对改革的支持力度。同时，教育、文化、卫生等方面的新增支出要确保主要用于农村，向农村倾斜，特别是向东西两翼、粤北山区的农村倾斜，逐步缩小城乡社会事业发展差距。三是要抓好社会保障和再就业资金的落实。各级财政要增加预算安排，及时拨付资金，落实好“两个确保”、“一个低保”，确保国有企业下岗职工基本生活费和离退休人员基本养老金按时足额发放，千方百计落实好城乡居（村）民最低生活保障资金，按政策对农村的低保对象做到应保尽保。支持建立健全农村新型合作医疗制度，不断提高农村合作医疗的人口覆盖率和保障水平，逐步解决农村特困群众看病难问题。同时，要全面落实促进就业和再就业各项政策措施，增加再就业资金投入，努力改善创业和就业环境，增加就业岗位，扩大就业门路。

（五）把财政支出管理提高到更加重要的位置上。各级政府要从有效履行政府职能，保持经济社会协调发展的高度，充分认识加强财政支出管理的重要性，全力支持财政部门抓好支出管理工作。当前，特别要突出抓好几项工作：第一，要严格把好支出出口关。2004 年省级预算编制首先就是从把好支出出口关入手的。如何把好出口关，一是要依法，要搞法治，不能搞人治，一支笔不能搞成一个人说了算，要依法合规按程序办事；二是要坚持民主集中理财，尤其要重视在发扬民主的基础上加强集中，发挥组织的作用，把好支出出口关；三是要对财政支出项目进行评估，必须做到项目可行、经济合理，要有效益。第二，要抓好支出执行过程的检查督促工作。财政部门要改变重分配轻监督的思想观念，把支出监督检查贯穿在财政工作的每一个环节。第三，要抓好绩效评价工作和绩效预算试点工作。各级政府要高度重视，各部门积极配合，财政部门要抓紧制定财政支出绩效评价制度、办法并组织实施，同时还要积极运用绩效评价结果，把财政支出的连续性项目或大额事业费的使用效益评价结果在一定范围内公布，以此作为是否进一步安排财政资金的依据。各地尤其是珠江三角洲的地市要积极开展绩效评价试点，积累经验，逐步推开。第四，要进一步加强对各种专项经费的管理，认真开展清理检查工作，严格审批，规范使用，堵塞漏洞；要加强对重大工程项目的财务监督、跟踪检查。与此同时，还要加大人大、审计和社会舆论的监督力度，今后全省各地违反财经纪律，重大项目违反纪律要发挥新闻媒体的舆论监督的作用，进一步提高财政资金使用的安全性、规范性和有效性。第五，国有资产收益必须列入财政收入范围，国有资产收益要编制国有资产财政预算。今后任何单位，任何领导者个人都不能代替企业打报告要求国有资产收益留给企业使用，国有企业确有困难需要财政支持，必须先收后支，收了之后根据一定的规矩再给予支出，对国有企业予以扶持。

（六）建立激励型机制，促进县域经济发展。按照省委九届四次全会提出的“突出发展县域经济”的部署，要完善财政转移支付制度，对县级财政按照确保既得利益、促进收入增长的原则，建立“确定基数、超增分成、挂钩奖励、鼓励先进”的“三不减、三确定、三奖励”的财政激励机制，充分调动县级政府发展县域经济的积极性和主动性，促进各地加快经济发展和财政增收。前些天，省政府常务会议专门讨论了财政厅提出的方案，对市县提出的问题充分予以考虑。请大家回去后认真抓好落实。要全面落实加快山区发展的各项政策，支持欠发达地区完善基础设施，改善投资环境，努力促进东西两翼和粤北山区实现跨越式发展，努力缩小地区发展差距。近年省已筹措 370 多亿元用于支持山区和欠发达地区的发展，今年省财政转移支付资金（不含农村税费改革转移支付和各项专项补助）达 76 亿元，比上年增加了 8.24 亿元，加上各项专项补助要超过 160 亿元。各级财政要切实抓好落实工作，管好用好这部分资金。

四、切实抓好自身建设，努力提高理财水平

“打铁还需自身硬”。在推进改革与发展进程中，新

情况、新问题将层出不穷，需要用新思路和新方法来解决。只有搞好财政自身建设，抓好领导班子和干部队伍建设，才能克服困难，迎接挑战，才能把2004年的各项工作落到实处。从我省财政干部现有能力水平看，还存在着不少与新形势、新任务不相适应之处，需要进一步提升素质和工作水平。最近，中央召开了全国人才工作会议，这在我们党和新中国历史上是第一次。胡锦涛总书记的重要讲话，站在时代和历史发展的高度，站在党和国家事业发展全局的高度，深刻阐述了实施人才强国战略的重要性和紧迫性。我们要认真学习、深刻领会并结合财政部门实际切实抓好贯彻落实。要从改革发展全局和战略的高度来重视加强干部队伍建设，从思想上、制度上、管理上采取有效措施，致力于造就一支政治坚定、业务精通、纪律严明、作风过硬的财政干部队伍。从实践“三个代表”重要思想的高度，从加强政治理论和业务知识学习入手，以强化实践锻炼为重点，努力营造优秀干部脱颖而出、健康成长的工作条件与制度环境，在加强班子建设、思想建设、学风建设、作风建设等方面狠下功夫。今年是“抓落实、促发展”年，各项工作能不能落实，发展目标能不能实现，关键是看队伍建设好不好，班子建设强不强。千条万条，最根本还是这条。有了这一条就没有克服不了的困难，就没有难做的事情，就没有完成不了的任务，就没有实现不了的目标。因此，今年一定要把这一条抓住、抓紧、抓实，抓出成效。

（一）关键要抓好领导班子建设。班子建设，从一定意义上讲决定并代表着部门建设、队伍建设。一个有凝聚力、号召力和战斗力的财政领导班子，不仅是加强财政队伍建设的关键，也是推动财政改革和发展最重要的组织保证。应该说，近年来各级财政部门领导班子建设，取得了较好的成绩。但与全面建设小康社会赋予财政工作的历史使命相比，与各级党委、政府以及社会上、广大群众的期望相比，还有差距，需要加强，需要进一步努力。把各级财政部门领导班子建设成为坚决贯彻执行党的基本路线方针政策、全心全意为人民服务、具有领导财政改革发展能力的坚强领导集体，这是党对领导班子建设的基本要求。在领导班子建设中，既要讲党性、讲大局、讲协作，又要讲感情、讲友谊，让班子成员真正成为政治上志同道合的同志，思想上肝胆相照的知己，工作上密切配合的同事，生活上互相关心的挚友，使各级财政领导班子始终做到政治坚定，业务精良，作风过硬，团结和谐，始终有一种开拓创新、奋发向上的精神状态。

（二）大力加强干部队伍的思想建设。坚持用“三个代表”重要思想武装党员干部，强化理论武装和实践锻炼，着眼于提高思想素质和理论水平，把全省广大财政干部职工的思想统一到党的十六届三中全会和省委九届四次全会精神上来，自觉地与党中央、国务院和省委、省政府保持一致，解放思想，实事求是，与时俱进。同时，要以能力建设为核心，全面系统地开展政治理论、市场经济理论和公共财政理论的培训，重点培养干部的学习能力、实践能力，着力提高创新能力，做到重要干部重点培训，优秀干部加强培训，年轻干部经常培训，不断提高干部的理论素质，拓宽干部分析问题的视野和角度，增强理论指导实践的能力。

（三）切实加强干部队伍的学风建设。在知识经济时代，知识更新的速度加快、周期缩短。因此，有许多新知识、新方法、新技术，迫切需要加强学习，特别是领导干部要努力成为勤于学习、善于学习、勇于实践的典范。财政工作政治性、政策性、业务性很强，专业文凭对财政干部来说是十分重要的，但文凭并不能代替水平。高素质的干部队伍，首先应该是一支学习型的队伍。财政部门要形成“讲政治、讲学习、重研究”的良好风气，开展深入持久的学习，创建学习型机关，要坚持学习与工作的良性互动，用新知识、新方法、新思路牵引财政工作上层次、上水平。

（四）全面加强干部队伍的作风建设。要进一步坚持“为民、务实、清廉”，扎实推进作风建设，立党为公、执政为民、干净干事。我们要按照“三个代表”重要思想的本质要求，始终坚持把人民群众的安危冷暖放在心上，研究财政政策、处理财政问题都要从维护人民群众的根本利益出发。求真务实是财政工作的准则，高质高效是财政管理的根本要求，无论什么时候，全省财政干部都要坚持实事求是的理财思想，做到重实际、说实话、办实事、求实效，勤勤恳恳、扎扎实实地做好每一项财政工作，高质量、高效率地完成各项财政任务。清正廉洁是财政工作者的本份，廉政建设必须常抓不懈。要加强对干部的法制和道德教育，建立健全权力运行约束机制，创新科学理财方式，完善民主决策制度，规范资金分配和管理办法，从源头上筑起反腐败的钢铁长城。全省财政系统要从自身做起，当好艰苦奋斗的模范，厉行节约，勤俭办事，严禁铺张浪费。同时，要把艰苦奋斗精神落实到预算安排和支出管理之中，管好用好人民的钱。

（五）树立全面的人才观，形成科学的人才评价和使用机制。《中共中央、国务院关于进一步加强人才工作的决定》正式颁布，这是一件具有重大现实意义和深远影响的大事。各级财政部门都要按照党中央、国务院的部署，结合各地实际认真贯彻落实。在人才评价方面，要建立以能力和业绩为导向的人才评价机制。根据德才兼备的要求，坚持群众路线，注重实践检验，构建以业绩为依据，由品德、知识、能力等要素构成的人才评价体系。在人才使用方面，要建立以公开、平等、竞争、择优为导向，有利于优秀人才脱颖而出、充分施展才能的选人用人机制。强调以扩大民主、加强监督为重点，进一步深化干部人事制度改革。只有这样，才能使广大干部把注意力转移到提高自身素质和能力上来，才能在选人用人上形成正确的导向。总之，要逐步建立广纳群贤、能上能下、充满活力的人才队伍建设制度，做到用事业造就人才，用环境凝聚人才，用机制激励人才，用法制保障人才。

同志们，2004年财政工作任务非常繁重。我们要认真实践“三个代表”重要思想，全面贯彻落实党的十六届三中全会和省委九届四次全会精神，进一步创新观念，创新制度，创新机制，扎扎实实地做好各项财政工作，圆满完成各项目标任务，为全省经济社会实现全面、协调、可持续发展作出新的更大的贡献！

以科学发展观为指导 开创财税工作新局面

省委常委、常务副省长 钟阳胜

（2004年7月23日）

同志们：

这次全省财税工作会议，是经过华华同志批准召开的。华华同志对这次会议非常重视，指示我们一定要开好这次会议，坚持依法治税理财，确保完成今年的财税工作任务，为改革发展稳定，为老百姓办实事好事，提供有力的财政支撑。这次会议的主题，是要坚持以科学发展观为指导，认真总结今年上半年财税工作，分析研究下半年面临的新情况和新问题，部署好下半年和今后一个时期全省财税工作，努力开创我省财税工作新局面。下面我讲五个问题。

一、对上半年全省经济财税工作的基本分析

今年以来，我省经济运行总体态势良好。省委、省政府认真贯彻落实中央关于宏观调控的决策，积极采取了加强对固定资产投资项目的清理检查，深入开展各类开发区与土地市场的清理整顿，加强对市场价格的监管，加强金融调控和信贷管理等一系列措施，经济运行中不稳定、不健康因素得到及时抑制。与此同时，省委、省政府大力倡导和推进泛珠三角区域合作和发展，泛珠三角区域合作和发展论坛获得巨大成功，泛珠三角经贸洽谈会硕果累累，签订合同847项，总金额达到2 926亿元，其中，广东引进的资金达666亿元，排名第一。泛珠三角区域合作与发展的推进对广东招商引资产生巨大作用，泛珠三角合作的整体优势得到了更充分的发挥。全省上下按照省委、省政府的部署，抓体制创新，加大国有企业改革和资产重组的力度，投资管理体制等项改革积极推进。经济运行有度，调节有度，做好煤、电、油运和重要原材料的供需衔接，努力实现经济增长的速度、结构、质量和效益的统一，投资、出口、消费三大需求协调理性增长，国民经济保持了持续快速协调健康发展的势头，经济增长出现多年来未有的最好水平。

据统计，今年上半年，全省实现国内生产总值6 960亿元，同比增长15.1%，比全年预期目标高6.1个百分点；全社会固定资产投资为2 309亿元，增长25.9%（全国是28.2%），增幅比1～5月回落8.4个百分点。整个世界来说，投资增长平均为22%～23%，发达国家18%～20%，发展中国家高一些，中国最高，近年的平均水平超过37%。如果能保持25.9%这个水平，而且投资是有效的，那么广东的经济领先地位完全可以保持。投资增长和GDP增长的比例，即投入产出率，全世界来讲，一般GDP增长1元，发达国家投入1～2元，发展中国家投入3元左右，我国5元左右，高时7元，投资的效益比较低。据省统计局数据，广东在80年代是1.65元，90年代是2.7元，2001～2003年是4.21元。相对而言，广东投资比较理性。宏观调控不是不要扩大投资，而是要调快调慢、调上调下、调大调小，问题是调快还是调慢，调大还是调小，调上还是调下，要根据科学发展观进行分析，加以把握，并从中找到发展机遇。在这里，不仅是总量问题，重要的、核心的问题是结构问题。总的来看，我省投资增长与产业调整方向、市场需求基本吻合，投资调控有力，金融宏观调控效果明显；城镇居民人均可支配收入增长11.8%，农村居民收入增长11.2%，经济运行总体状况良好，人民群众收入明显提高、生活改善。在各级政府和财税部门的共同努力下，与全省经济快速增长相适应，我省财税收入虽然第一季度形势比较严峻，但第二季度很快就扭转了被动局面，出现财税收入增幅由低转高、财税收入增长与GDP增长从不相协调转向基本协调、省级收入增长从不正常到基本正常的转变，为完成全年财税工作任务打下了坚实的基础。上半年财税工作有如下三个方面很值得总结：

一是全省财税收入实现了“时间过半、任务过半”的目标任务，收入增长与经济增长基本协调。上半年，全省一般预算收入完成708.96亿元，完成年度预算的53.74%，按可比口径比上年同期增长17.13%。省级一般预算收入完成171.2亿元，按可比口径比上年同期增长11.51%，其中财政系统组织的收入完成25.8亿元，完成年度预算任务51.6%；地税系统组织的收入完成111.9亿元，完成年度任务的50.7%；国税系统组织的收入30.9亿元，完成年度任务的56.7%，为省级财政收入的较快增长作出了积极贡献。总的来看，全省财税收入增幅略高于GDP增幅，保持了财税收入与GDP增长相协调。广东目前财政收入占GDP比重大体合理，按照人均2000美元发

展水平，在世界上我们这个比例还是高的，世界平均水平是22%～23%左右，我们是22%左右。全省有14个市一般预算收入增幅高于全省平均水平，增幅超过30%的有3个市，依次是河源市（38.34%）、梅州市（35.50%）、清远市（30.69%）三个山区市，其中两个是1988年挂牌成立的新建市，我认为很了不起，应该特别给予表扬。增幅超过20%的还有汕头市、惠州市、云浮市、茂名市、深圳市。深圳市保持了连续高速增长，非常难得。汕头现在能超过20%，也很了不起。特别是粤北山区市的收入继续保持了较快增长，促进了区域协调发展。但是，也有部分市的收入增长一直处于低迷状态，其中，低于10%的有2个市，分别是揭阳市4.74%、阳江市8.8%。我认为，这两个市从经济发展上找原因，更要从工作组织方面去找原因。

二是财税工作在保稳定、保运转、促进改革与发展上发挥了重要作用。全省各级政府和财税部门认真落实科学发展观，上半年，在千方百计抓好收入的同时，省财政在压缩一般性支出的基础上，集中财力保障重点支出需要，包括投入12.69亿元，用于实施“再就业工程”，完善社会保障体系；投入2.82亿元，促进卫生事业发展；投入12.32亿元，支持农业和农村经济发展，继续深化农村税费改革，降低农业税税率，落实对种粮大户的直接补贴政策；为支持建设“教育强省”，投入了18.75亿元；为推动科技进步，投入了2.46亿元；另外，省财政安排转移支付资金（含农村税费改革专项转移支付）40亿元，增加安排对种粮大户补贴资金2 400万元，防治高致病性禽流感专项资金2 500万元，强化了对全省农业和各项社会事业的支持。各级财税部门支持经济发展的观念进一步增强，支持经济发展的方式、措施进一步改进，效果也比较明显。

三是财税改革取得新进展。全省各级政府和财税部门坚持与时俱进，不断创新，始终把通过改革创新建立科学、规范的管理机制作为一项重要工作任务来抓，以科学的理论作指导，坚持依法治税理财，加强对财税事务工作的管理。省政府制定了促进县域经济发展的财政性政策，建立了财政激励机制，有效带动了各地加快经济发展、做大财政“蛋糕”的积极性。建立激励性财政转移支付制度，是省委、省政府作出的一项重要决策，特别是德江同志来到广东之后，在常委会议上讲过多处，并作过多次批示，指出要加快广东县域经济发展就要建立激励性财政转移机制。省委、省政府经过非常慎重的考虑，在大量调查研究的基础上，历时半年多，酝酿并出台了这项政策。这个激励机制给了县一级领导压力也给了很大的动力。另外，省财政国库管理制度改革向纵深发展，试点单位扩大到80个部门共145个预算单位，非税收入管理也得到了加强和规范。全省国税部门加强税控系统建设，加大了依法治税的力度，地税部门“大集中”上线工程开始稳定运行，并发挥越来越重要的作用。鉴于去年的财政税收状况，我提出要建立三个制度，一个是财税联席会议制度，每个季度开一次，第一季度的收入形势很糟糕，开了联席会议之后，从4月下旬开始好转，到6月形成良好局面。第二个制度是财政部门财政分析制度，每个月一次，不分析是不行的。第三个制度是财税部门领导分片抓收入制度。省级和各市陆续建立了财税工作联席会议和各项制度，各部门加强沟通和协调，为推进依法理财、依法治税创造了良好条件。

以上成绩，是全省各级政府重视和支持财税工作，以及全省财税系统锐意改革、努力创新、务实苦干的结果，在此，我代表省委、省政府向在座的同志们，并通过你们向全省各级党委和政府领导以及财税系统的广大干部职工表示问候和感谢！

今年上半年财税工作取得较好成绩，主要有以下几个原因。

第一，经济持续发展，为财税收入的持续增长提供了源头活水。经济增长决定财政是永恒的规律，我省财税增收95%左右来源于经济增长，包括非税收入。今年第一季度之所以不正常，既不是体制，也不是政策上的原因，而是工作上的原因，因为第一季度我省GDP增长15%，其中第二产业增长19.1%，第三产业增长11.8%，外贸出口增长22.6%，商品零售总额增长12.9%，全社会固定资产投资增长40%，物价上涨1.7%。按照这个情况，我们的财政收入、税收在第一季度明显不合理，工作有问题。全省一般预算收入比去年同期仅增长12.07%，比全省GDP增幅，低3个百分点，比全国平均的财政收入增长水平低13个百分点，增幅位于全国各省市末位。省级一般预算收入形势更为严峻，第一季度仅比去年同期增长1.64%；省级主体税种增长缓慢，营业税仅增长1%，个人所得税增长6.7%，企业所得税出现负增长10.24%，与经济增长的现实严重不协调，财政不能真实反映我省经济运行良好的实际情况。从第二季度的情况来看，随着各项加强征管措施逐步到位，有效地推动了全省财税收入的增长。我曾经说过，不应收过头税，收过头税违法，但必须依法征税。税局依法征税，纳税主体要依法纳税。正是因为有税源，我们又做好财税组织工作，所以上半年全省和省级一般预算收入才能实现时间过半和任务过半的计划目标，而且基本保持了与GDP协调增长的良好势头。

其次，只有加强领导，才能扭转困难局面。面对今年第一季度全省和省级财税收入增长缓慢，与经济发展不相协调的情况，省委、省政府高度重视，省财税三家都非常紧张。我在这里要特别表扬省国税局、省地税局。第一季度联席会议之后，吴昇文同志带领地税局的同志到全省各地去抓收入，吴昇文同志还是带病出去的，这种讲政治、顾大局的精神，就是历史责任感、社会责任感，就是与省委、省政府重大部署一条心的共产党员的奉献精神。省地税局先后多次召开抓收入动员部署会议和税源分析会，并将收入任务完成情况作为考核各级班子的硬指标，成立由局领导带队的促收工作小组，分别到省级收入缺口较大的广州、东莞、佛山等市召开抓收入现场会，指导各地抓好收入工作，切实做到了领导到位、组织到位、措施到位、征管到位。省国税局的表现也特别好，李永恒同志积极主动，国税今年上半年实现“时间过半、任务过半”，而且超过预期。德江书记、华华省长对此都给予了高度评价和充分肯定。这充分说明，财税工作讲不讲政治，顾不顾大局，下不下真功夫，结果是大不一样的。

第三，只有紧密配合，明确责任，才能取得较大成绩。在年初的全省财政工作会议上，我提出了加强财税协调的要求。面对今年以来严峻的收入形势，在第一季度省政府财税工作联席会议上，我再次强调紧密配合的问题，要求各有关单位必须认真履行组织财税收入入库的职责，加强沟通、紧密配合、互相支持，及时足额组织财税收入入库。省财政厅要切实做好财税收入的牵头协调工作，深化预算执行分析，抓住主要矛盾，加强财税部门工作联系和信息交流，落实收入征管责任，及时将省级全年财税收入计划任务按季度逐年加以分解落实到有关单位。国税、地税部门召开了治税联席会议，在税收征管、纳税服务、税务稽查、税收宣传等更广泛的领域开展更加深入的合作。同时，省直有关部门积极配合、大力支持，将组织收入工作落到实处，为财税收入任务的完成作出了积极贡献。正因为有了这种协调配合、通力合作的精神，财税工作才能在克服重重困难中取得了较大的成绩。

第四，只有真抓实干，才能充分发挥财税职能作用，实现积极的收支平衡。今年以来，全省各级政府和财税部门按照省委、省政府的各项重大决策的要求，自觉抓落实，行动迅速，措施得力，落实到位。面对组织收入尤其是省级收入任务的巨大压力，省地税局努力克服金融保险营业税抵扣政策等各种减收因素的影响，想方设法采取积极措施，加强对营业税收入的征管，认真清理审核金融保险应税营业税抵扣情况，并切实加强对其他行业营业税管理，规范管理企业所得税，加强对高收入行业个人所得税管理，开展专项检查，大力清理欠税，挖掘增收潜力。省国税局通过强化征管“六率”考核，加强对重点税源的监控工作，不断提高征收管理的质量和效率，确保税款及时足额入库。省财政厅认真落实厅领导分片抓收入制度，对收入完成出现异常的地区和税源加大工作力度。各级财税部门从维护我省改革、发展、稳定的大局出发，做到重实际、说实话、办实事、求实效，勤勤恳恳、扎扎实实地做好每一项财税工作，高质量、高效率地完成各项财税任务，发挥了财税职能的积极作用。

二、正确认识下半年财税工作面临的新情况、新问题，增强进一步做好财税工作的积极性、主动性和创造性

当前的经济财税工作正处在一个十分关键的时期，各级党委和政府、各部门都要深入研究财税工作的新情况、新问题，把握工作的主动权。我认为经济工作最后都要归结到财政工作，作为地方各级政府尤其是市县委书记、市县长，看是否真正坚持以经济建设为中心，把发展作为第一要务来抓，最终要看是否抓“两入”。就是一手抓投入，抓重点项目工程建设，没投入就没产出；一手抓收入，有投入没收入也不行，没收入不能维持改革、发展、稳定大局。从1998年起到2003年，财政一般预算收入占GDP的比重有的增长，有的下降，有的下降到只占GDP的2.14%，有的上升，从2%上升到3%、4%、5%、6%。

（一）全省经济将保持快速增长，但部分地区的增长速度将会放缓。今年以来，我省投资、消费、出口三大需求持续旺盛，有力地拉动了经济快速增长。随着“9+2”经贸洽谈会的顺利举办，泛珠三角区域合作的进一步推进，我省经济将继续保持目前的良好发展势头，预计全年经济增长将不低于14%，经济增长速度继续处于合理运行区间。但是，随着国家宏观调控措施的逐步到位，信贷政策趋紧，加上目前我省煤、电、油运仍然紧张。特别是缺电，过去是短期性季节性缺的，现在是常年性的，过去是局部性的，现在是全局性的，今明两年全省缺电装机容量大概在300万千瓦左右。缺电会影响投资环境和经济增长率；能源、原材料生产供应趋紧，将导致基础产业和资源“瓶颈”约束加大，企业面临生产成本上升压力。一些地区经济增长速度下降以及高耗能企业赢利能力减弱，都会影响到税收增长的速度和质量。广东包括IT产业在内的许多产业块头大，但处于产业价值链低端，产值规模大，增加值比较少，利润空间小，税收的增长和规模都受到影响。广东这种状况短期内改变不了，即总量领先的地位短期不会改变，水平领先则需要引起高度关注。

（二）全省财税收入将保持与经济增长相协调，但出口退税压力将可能集中在下半年释放，完成全年财税收入任务不容乐观。目前，我省财税收入增长与GDP增长是基本协调的，工作做得好，下半年将会继续协调，但是，要完成全年财税收入任务不容乐观。特别是中央实行出口退税负担机制改革，除直接增加了我省各级财政负担，给市县财政收支平衡造成较大压力之外，出口退税将直接影响财税收入的增长。根据统计数据，1～6月我省外贸出口818亿美元，同比增长26%，占全国的32%，一般贸易出口169亿美元，增长32.4%，占全国的15.8%，进料加工出口453亿美元，增长28.3%，占全国的40.3%，实现外贸顺差64.5亿美元。按新的出口退税政策，退税率下调广东总体上降3.2个百分点，部分机电产品、服装和纺织品出口退税税率从17%降到13%，降了4个百分点，塑料制品和玩具从15%降到13%，降了2个百分点，这两大类都是我省一般贸易出口的大户，2003年为203亿，占一般贸易出口的73%，退税率下调直接减少出口企业的收入，这一块对我省影响比较大。惠州市反映三资企业国产化，采购国产原材料的问题，这个也是有压力的。更大的问题，还在于退税基数对我们的影响。据省国税局统计，2003年我省出口退税应退数为436亿元，而财政部只核定我省出口退税基数261.21亿元。如果2004年外贸出口维持在上年水平，我省地方财政的存量负担也将达22亿元。如2004年出口退税数在2003年436亿元基础上增长

10%，按出口退税率平均下降三个百分点折算后为384.16亿元，减去中央核定我省的出口退税基数261.21亿元，共增加我省地方财政负担30.73亿元，占2004年我省新增财力（按预算增长10%计算）的30%。从上半年外贸出口形势看，全年外贸出口增长如达到20%，不含一般贸易贴息，地方财力负担将达40亿元，如超过这一水平，地方财政负担还要加重。

（三）县域经济将有较快增长，但县域财税收入增长对全省财税收入的贡献率仍然较低。今年初，省委、省政府召开了全省发展县域经济工作会议，并出台了《关于加快县域经济发展的决定》，省财政厅也制定了相应的激励措施。随着各项政策措施的落实，我省县域经济将进入加快发展阶段。但是，目前我省县域经济仍十分薄弱，2003年68个县（市）的GDP仅占全省的28%，财政收入仅占全省的6.7%，县域经济明显落后于全省经济发展的总体水平。同时，我省县域之间经济发展也不平衡，珠三角的县（市）与东西两翼和山区的县在GDP、财政收入等方面存在很大差距，人均水平差距悬殊。2003年人均GDP最高的增城市（24 939元）是最低的五华县（3 217元）的7.75倍，增城市人均地方一般预算收入是五华县的17.8倍。今年上半年，县级财政一般预算收入仅占全省的6.41%，增收额仅占全省增收额的6.4%，县域财税收入增长对全省财税收入的贡献率仍然较低，而且这种状况在短期内难有改变。

（四）省级财税收入将保持适度增长，但低于全省平均增长水平的格局短期内难以改变。省本级增收空间下降，而增支的呼声不断增高，这个问题应该引起我们大家的普遍重视。现在的体制是省级财政收入空间不断缩小的体制。从产业结构上来说，我们的税收增长结构也影响省级税收的空间。因为第三产业主要是营业税，营业税作为共享税是省级收入的主要来源，但全省2003年三大产业比例大约是7.8∶51.0∶41.2，不合理。全国一些产业结构比较合理的地方，特别是国际上经济与我们处于同一水平（广东人均CDP2 000美元）的国家，第三产业比重都达到60%左右，我们这一块太小，每年增长的幅度都在第二产业之后，这种情况也不利于省级财政增收。从今年上半年情况来看，省级财税收入呈逐月上升的趋势。在全省经济保持较快增长，各项征管措施继续落实到位的情况下，今年省级财税收入将会保持较大幅度增长。从长期趋势看，影响省级收入增长的一些短期因素将逐步消除，经国家发改委批准，电价上调，来自电力行业的增值税、所得税会有所增加，这些因素都将有利于省级财政收入增长，实现较大幅度平稳增长。但是，从近年来情况看，我省财政收入增长总体趋于平缓明显。在体制、结构等内在长期因素的影响下，如省级收入结构单一、税源过于集中等，还有其他各种因素，省级主体税种和主体税源收入仍可能维持缓慢增长态势，加上中央将可能于近期陆续推行增值税转型、企业所得税并轨等改革，都将对省级收入增长产生不利影响。省级财政收入增长低于全省平均水平的格局短期内仍难以改变。稍有不慎，省级财政将可能出现平衡困难，并影响到转移支付的市县，影响全省财政平衡，影响稳定大局。

（五）财政保障能力有所增强，但财政支出的压力仍然较大。省级财政收入一年400多亿元左右，但省本级实际可用财力只有200多亿，大约160亿左右通过转移支付以及专项补贴等形式直接转到市县。2002年，省委、省政府出台支持山区建设政策，至2007年结束，需要支出376亿元；2003年“十项民心工程”建设，需要投入407亿元，其中307亿元要省级安排；2003年开始“文化大省”建设，所需87亿元还不包括减免税10多亿元，共100亿元。这三个文件加起来就需要支出800多亿到900多亿。行政经费支出，也就是党政机关、政法部门财政供给经费，1978～2003年，全省从2.69亿增长到570.09亿，年均递增23.89%，高于全省财政总支出年均增长17.22%的水平6.17个百分点，占当年全省财政支出的比例，也从9.38%提高到33.62%，提高了24个百分点，但是财政增长并没有这么快的速度。还有财政转移支付，现在建立了激励型财政转移支付制度，但转移的基数长上去了，就不好降下来了。转移支付东西两翼每年递增12%，粤北地区14%，但是省级增长赶不上这个增长比例。然后是农业税、农林特产税，这边减免降，那边又增支，压力还要增大。面临这个情况，我们做财政工作的同志头脑要非常清醒，不清醒不行。如果到年底、财政决算不平衡，哪一级政府工作报告都不好作。一切都集中在这个地方，这个不搞好，话说得再漂亮也没有用。改革开放以来，我省财政实力不断增强，为我省经济社会发展提供了坚强的财力保障，办大事、办实事、办好事的实力进一步提高，但是，今年我省财政收入形势严峻，支出也面临着相当大的压力。随着全省经济社会发展步伐的进一步加快，各方面对财政资金的需求越来越强烈，各级财政不仅要确保政权的稳定运转和社会稳定，还要集中必要财力保障重点支出需要，包括加大转移支付力度，完善社会保障体系，加大教育投入，支持农村经济发展，增加环保投入，加大公共卫生投入，加强基础设施建设，改善投资环境，等等。收支矛盾加大，预算平衡压力增大，决定了增收节支保平衡的任务仍然艰巨。

面对财税工作的新情况、新问题，全省各级政府和财税部门的领导同志、干部职工要充分认识财税工作面临的新形势，增强做好财税工作的责任感和紧迫感，树立科学的发展观，以发展为第一要务，以改革为动力，采取有力措施，扎扎实实地做好各项财税工作。

三、确保财税全面、协调、可持续发展必须着力解决的主要问题

牢固树立和落实科学发展观，是对全省财税工作的总要求，也是今后的长期任务。坚持科学发展观，必须有不断促进财税全面发展、协调发展和可持续发展的新思路、

新途径，理清发展思路，在扩大总量的同时提高发展质量，实现更快更好的发展。具体来说，要着力解决好以下四个问题：

（一）关于思想认识问题

当前，我省财税工作存在三种急需解决的思想认识问题。一是骄傲自满的思想。认为我省是全国财税大省，可以歇一口气或打打埋伏，这种思想在珠三角某些市不同程度地存在。二是无所作为的思想。认为本地经济基础差，怎么抓收入都上不去，这种思想不同程度地存在于粤北、粤东、粤西等欠发达地区。三是就财税论财税的思想。财税工作视野不够开阔，缺乏战略眼光与全局观念，考虑问题从本部门考虑的居多。这三种认识问题从今年第一季度财税收入变化过程中不同程度地反映了出来，如果不认真解决，势必影响我省全年财税收入任务的完成和财税事业发展的后劲。要一手抓投入，一手抓收入。常务副市长所做的工作是矛盾集中的工作，第一抓投入，第二抓收入，第三要搞好协调，上下左右都要你协调，第四要把好关，不该书记、市县长出面的你要出面。大家的思想要振奋起来，粤东、粤西、粤北的工作不好做，尤其是粤东地区地少人多，书记、市县长不好当，发展压力很大，但不管怎样，还是要振奋精神，拼上老命，抓发展、抓收入。

第一，要有强烈的发展意识。本世纪头二十年是中国经济发展难得的重要战略机遇期，我国经济社会必将大发展。省委九届四次全会以后，激发了全省人民的干劲，焕发了广大干部群众的巨大热情，掀起了加快发展的新热潮，为财税改革与发展注入了强大推动力，为进一步拓宽全省经济发展空间和财税收入快速增长提供了有力支撑。落实科学发展观，就各级政府和财税部门而言，更要深知财税工作首要的使命，就是发展的使命，科学发展观的实质是要实现经济社会更快更好的发展。发展是硬道理，发展是第一要务，发展是贯穿“三个代表”重要思想的主题和本质。财税工作必须牢牢把握、始终坚持“发展是执政兴国的第一要务”，增强发展意识，深刻认识财税在发展中的地位与作用，牢固树立科学发展观，认真贯彻“五个统筹”，力促新的发展。

第二，要牢固树立全局观念。“不谋全局者，不足以谋一域”，做财税工作要讲政治，坚持正确的政治方向。能否做到这一条首先体现在有没有全局观念上。毛泽东同志讲，预算规定了政府活动的范围和方向。邓小平同志讲，有财才有政。江泽民同志要求，财政工作要算政治账、算经济账和社会账。因此，我们不能简单地算财政账、收支账，停留在日常事务之中，还要会算政治账、经济账，把财税工作放到经济社会发展的全局来考虑和定位。

第三，要有强烈的事业心与责任心。必须以“三个代表”重要思想统领全部财税工作，以科学发展观作为新时期财税工作的指南，始终以强烈的事业心和责任感做好工作，正确认识和处理生财、聚财、用财的关系，把促进经济社会发展作为财税工作的重要任务，为实现我省加快发展、率先发展、协调发展多作贡献。

（二）关于保持财税增长与经济增长相协调问题

这是检验我们各级政府工作做得好不好的一个非常重要的标准。只要财税收入的增长跟经济增长不相协调，无论你工作做得怎么好，群众评价怎么高，最后都要体现到财政增收与经济增长相协调上。考察干部不能光看态度，要看实绩。凡是市县委书记、市县长，不重视财税工作，就要好好想想。德江书记一到广东很快就到省国税局、省地税局调研，抓经济工作一抓就抓住关键。财税收入的持续稳定增长，取决于经济的持续、稳定、协调发展。财税工作要对经济工作作出真实、完整的反映。财税增长必须与经济增长相协调，要把经济发展的成果真正反映到财税收入上来。财税工作是政府工作的重要组成部分，各级政府必须正确看待财税工作所体现出来的政绩。衡量财税工作成绩，必须符合科学发展观，经得起群众、实践和历史的检验，而不能靠数字上的“增长”做给上级看。要以求真务实的工作作风，追求实实在在的没有水分的增长，严防收入虚增，努力提高财税收入占 GDP 的比重，扩大可用财力规模，着力提高财税收入质量。同时，还要处理好眼前与长远的关系，既要立足当前财税的增收，又要注重增强发展的后劲；既要注重数量，又要注重质量；既要依法应收尽收，又要防止收过头税，真正实现财政经济的良性互动和可持续发展。

目前，我省财税收入增长幅度已落在全国各地后头。2002 年，我省地方一般预算收入在总量上虽仍居全国第一位，但增长速度（可比口径）只有 14.8%，低于全国地方财政收入平均水平 5.7 个百分点，与上海（32.7%）、江苏（29.4%）、浙江（31.7%）的差距更大。今年上半年，我省地方一般预算收入增长速度（自然口径）为 13%，低于全国地方财政收入平均 10.1 个百分点，仍排在全国各省市末位，而沿海主要省市仍表现出强劲的增长态势，上海、江苏、浙江的增长速度分别为 30.1%、31.2%、26.5%。最近，我又对江苏省 2003 年情况作了比较，广东与江苏三次产业情况基本相同，人均 GDP 也基本相同（2003 年，广东人均 2 055 美元、江苏 2 043 美元），2003 年 GDP 增长也基本相同（广东 13.6%、江苏 13.5%），但财政收入增速相差 1 倍，其经济结构、财源结构乃至财税工作组织的特点和经验都值得我们深思。胡锦涛总书记要求我省加快发展、率先发展、协调发展、当好排头兵，其中一个重要方面就包括财税工作要加快发展。诚然，我省要再像上世纪后二十年那样高速增长并不现实，但是一条总的、基本的原则，就是要努力实现财税收入增长与经济增长相协调，要奋起直追，努力缩小我省财税收入增长落后的差距。

（三）关于促进区域财税共同发展问题

地区之间不平衡，有其一定的客观必然性，东西两翼和粤北山区与珠三角不可能平衡，但问题是有的地方不应该这么差，应该更好一些，才能相协调。从发展趋势看，我省区域发展不平衡的状况由于受经济基础、产业结构差异、地理位置等因素影响，还将延续一段较长的时间，这种状况已严重影响到我省财税经济的协调发展和可持续发展。目前部分山区市虽然出现了收入增长加速的良好势头，但由于基数低，在全省所占比重的提高并不显著，大部分财力仍然集中在珠三角地区。要改变这种状况，并非一朝一夕之事，也不可能一蹴而就。要加快发展，关键还是要树立科学发展观，认真贯彻“五个统筹”，形成促进区域经济协调发展的机制。一方面，经济发达地区要继续发挥优势、加快发展，珠三角地区的财税收入必须继续保持快速发展的势头，这是比较长时期内我省经济实力增长的主要依托，也是支持欠发达地区发展的财力物力支撑；另一方面，要加大扶持力度，加快欠发达地区发展，县域财税收入要实现更快的增长并落实到当前的财税工作中。

2003年，珠三角地区财税收入占全省市县级财税收入的83.78%，增长16.56%，增长率比全省平均水平高出1.67个百分点，增收额占全省市县级增收额的84.33%。今年上半年，珠三角地区收入增长18.86%，高于全省平均增长水平1.68个百分点，占全省市县级收入的比重为83.8%，增收额占市县级增收额的83.76%。珠三角地区应特别注意的问题是，部分市的收入增长低于全省平均水平。珠三角是我省财力增长的主要依托，如果出现收入滑坡的状况，将影响到全省预算收入任务的完成，必须及时分析该地区的财税收入增长情况。这些地区的财税部门也要从讲政治、讲大局的高度出发，坚持依法治税，确保收入增长，珠三角要为全省收入任务的完成作出更大的贡献。

强省之基在于强县。我省县域经济落后于浙江、江苏、山东等先进省份。2002年，我省县域经济基本竞争力在全国排第九位。2003年我省地方一般预算收入在2亿元以上的县（市）仅有10个，占14.7%，不足亿元的县（市）有37个，占县域总数的54.4%，其中不足5 000万元的有14个县。发展水平远低于浙江、江苏和山东。发展县域经济是省委、省政府作出的重大决策，是落实科学发展观，实现加快发展、率先发展、协调发展的重大举措，各级政府和财税部门要从全局和战略的高度，充分认识加快县域经济发展的重要性，充分发挥财税政策在促进县域经济发展、增加财政收入方面的作用，努力实现我省县域经济发展的新跨越，从而实现县域财税的加快发展。

（四）关于确保各级财税健康运转问题

当前我省各级财税运转存在一些不容忽视的不健康问题。如收入质量不高，财政收入占GDP的比重偏低，税收收入占财政收入的比重偏低；如地区发展不平衡，地区间收入差距大，县级财力薄弱；如有些地方政府盲目举债，搞“政绩工程”，摆“花架子”，财政负担沉重，严重影响社会稳定和政府的正常运转。财政借贷要有风险意识，地方政府没有货币手段，只有财政手段。管财的同志一定要坚持依法理财，促进发展，按程序办事。现在，许多项目尤其是城市改造建设项目，都要花钱。要把经营性公共设施资产盘活，在不断建没的同时，不断变现，实现滚动发展。政府不要把公共服务包揽起来，公共服务不只是政府提供，社会中介机构、企业也可以提供。公共产品包括两类，一类是无偿的，必须由政府提供且对每个人都一样提供，如公安、司法等社会稳定的支出；另外一部分是有偿的，可以由中介组织和企业提供。此外，支出控制不严，浪费大等问题已经严重影响到各级财税的健康运行，有些甚至转化为财政风险，也要引起各级政府高度重视。解决这些问题，必须从思想上、制度上、管理上下功夫，牢固树立和落实科学发展观，坚持正确的政绩观，加快制度创新，加强管理。当前和今后一个时期，随着经济的快速发展和改革的深入，各种经济、社会矛盾也会增多，迫切需要各级政府具备足够的分配、再分配能力，较强的调控能力来化解各种矛盾，处理各种危机，较好地实现“五个统筹”。因此，各级政府必须关注本地区政府债务、财政收支平衡等情况，抓好增收工作，必须确保财税收入较快增长，增强政府的调控能力。尤其是确保省级财税收入增长。每年省财政用于宏观调控和帮扶困难地区发展的专项支出、转移支付支出都很大，如果财力上不去，省委、省政府制定的经济社会发展目标、计划和措施都将无法实现。目前，省级税收收入占省级一般预算收入的82%到83%，完成税收任务的好坏直接关系到省级财政收入的情况；因此，必须精心组织，采取有效措施，尽最大努力，抓好今年省级收入。同时，不断扩大理财领域，加强非税收入管理，加强国有资产收益收缴和使用管理，千方百计做大财政收入“蛋糕”，增强财政宏观调控能力。

另外，必须加强对各地转移支付的管理，促进地区间经济社会协调发展。省政府从今年起建立了省对市县激励型转移支付制度，建立起促进县域经济发展和壮大财源的内在机制。从今年上半年执行情况看，激励机制效果初步显现，全省49个山区县中，上半年一般预算收入增长率比去年同期提高的有25个。其中以粤北山区收入增长速度提高最为明显，其中梅州市7个县收入增长率都比去年同期有较大提高，河源市所属5个县中有4个县收入增长率比去年同期有较大提高。同时，在激励型财政机制影响下，收入增长质量有所提高，上半年作为地方主体税种的省市共享“四税”收入增长快于一般预算收入增长，其中全省合计快3.46个百分点、县级合计快5.68个百分点。建立激励型转移支付制度，只是规范省对市县转移支付的措施之一，长远来看，应依照科学、客观的原则，探索建立以因素法为基础，以讲求绩效为导向的转移支付制度，使转移支付补助既体现公平，又讲求效率。今年年底要进行检查，该兑现的政策要兑现，该奖励的要奖励。地方政府、财政部门一定要按《预算法》要求，加强管理、规范运作，从制度上抑制财政养人增长过快的问题，用好有限的财力，保持收支平衡。

四、以改革为动力，努力开创财税工作新局面

胡锦涛总书记在广东视察时的讲话中指出，在新的历史条件下，广东要继续加大改革的力度，着力完善社会主义市场经济体制，努力率先形成一整套适应社会主义市场经济要求比较完善的体制和机制，为加快发展提供良好的体制条件和发展环境，形成新的强大动力。当前我省财税工作在理清发展思路的同时，必须在科学发展观等理论指导下，以改革为动力，精心谋划财税改革与发展，结合本级、本地实际情况研究提出具有针对性和可操作性的落实措施，开创财税工作新局面，促进财税事业的大发展。

（一）深化改革，建立财税收入增长监测分析新机制。经济工作，难就难在对形势和走势的分析判断上。今年第一季度，财税收入出现不正常的状况，财税收入增长与经济增长不协调，问题虽然已解决，但也说明财税部门的预算执行分析工作存在薄弱环节，缺乏有效的分析判断方法，由此造成不应有的被动。财税是经济的“晴雨表”，财税数据能够及时、准确反映经济运行的质量和状况，做好监测分析工作，对于及时、准确、全面地掌握财税运行状况，研究解决运行中出现的新情况、新问题，为政府提供经济决策建议，具有十分重要的意义。改革开放以来，我省经济增长较快，多种经济成分共同发展，产业结构渐趋合理，财税收入来源比较丰富并呈现多样化，财政支出结构和规模也发生了较大变化。但是，我们的财税分析判断存在着比较严重的简单化和片面性的问题，习惯或偏重于从业务角度观察、分析和处理问题。这种局限于或侧重于报账式的分析方法反映出工作层次不高，缺乏谋大事、谋大局的战略意识，影响了财税部门作为重要的宏观调控部门参谋作用的充分发挥。在市场经济条件下，作为政府治税理财的重要职能部门，财税部门的分析报告必须有战略思想，着眼于发展大局才能统率数字，必须准确地反映国内外经济形势的变化和政府政策取向，这就是财税工作中的政治。因此，各级政府要加强对财税监测分析工作的领导，各级财税部门都要抓紧从单纯的微观管理，转向既重视微观管理，又重视加强宏观监测、调控，加强经济发展趋势的预测分析和宏观政策的调查研究上来。实现这一转变，必须深化改革，建立起一套科学、准确的新的监测分析机制，采用科学分析研究方法，从分析经济社会形势、解决其中的矛盾和问题出发，正确把握经济发展与财税收入增长的内在规律，扩大经济、财税视野，加强财税与经济相关关系分析，在及时、准确占有更多信息的基础上，采取科学的、先进的计量分析方法、比较分析方法等，深入进行既有一定广度、又有一定深度，既有定性判断、又有定量分析的研究，作出比较符合实际情况的判断，为各级政府加强调控、进行科学管理提供决策依据，确保实现财税增长与经济增长良性互动、协调发展。

（二）深化改革，建立依法治税理财，严格监管的税收征管机制。财政部门必须把抓收入工作摆到首位，落实监督措施，防止弄虚作假，防止收入流失，确保提高财政收入占国内生产总值的比重，努力提高财政收入质量。税务部门要始终将组织收入作为中心工作来抓，要始终坚持依法治税、应收尽收、坚决不收过头税的原则，强化税源监控，大力清理欠税，防止税源流失。税源管理监控，是税收管理的基础和核心，也是当前税收管理的薄弱环节，要抓住这个薄弱环节统筹推进各项管理工作，促进税源管理、征收管理、稽查管理几方面的协调配合，切实解决“疏于管理、淡化责任”的问题，最终实现提高税收征管质量和效率的目标。税务和审计部门要加强税收稽查和审计工作，重点稽查和审计逃、漏、偷税和混库行为，坚决杜绝税收“跑、冒、滴、漏”现象。各部门要紧密配合，共同建立依法治税理财，严格监管的财税收入征管机制，确保我省财税收入持续稳定增长。

（三）深化改革，建立财税工作责任考核及奖惩制度。财税工作不只是财税部门的事情，是政府的重要工作。各级政府必须把完成财税工作任务当作经济工作的一件大事来抓，把增收节支工作列入政府的基本或中心工作目标，把完成财税收入任务作为考核政府工作的最基本要求，当然也要作为考核财税部门工作的最基本要求。财政部门要建立完善的抓收入落实工作责任制，要实行考核计划与考核管理相结合、考核数量与考核质量相结合、考核单位与考核个人相结合的办法，重点从任务完成、均衡入库等方面考核税收收入质量，保证收入的真实性、完整性。不认真抓财税收入的财税部门不是一个合格的政府工作部门，不认真抓财税收入的财税局长是不称职的局长。省财政厅要抓紧研究对税务部门的经费管理新办法，建立激励新机制，对年度预算任务和超预算任务部分实行有差别的经费安排办法，实现奖惩分明、激励有度、约束有力，充分调动税务部门税收征管积极性，确保税收收入增长。税务部门必须依法行政、依法治税征税，把税收任务完成情况作为今后干部考核工作的首要指标，增强责任约束。在经济税源和税制既定的条件下，税收征管水平和工作质量决定税收收入的增长快慢。各级财税部门领导班子尤其是一把手要切实负起责任，一定要落实分级抓收入，谁不落实就追究谁。对于税务部门征收管理不到位、有税不收而导致税收任务不能完成，或税收收入增长与 GDP 增长严重不协调的，对一把手和领导班子要进行调整。

（四）深化改革，拓宽理财领域，做大财政收入“蛋糕”。在目前我省财政收入平稳增长，收支矛盾较为突出的情况下，如果不能做大财政收入“蛋糕”，财力没有保障，各项政策措施就难以落实，改革发展稳定的大局就会受到影响。要做大财政“蛋糕”，首先要千方百计促进经济发展，这是根本所在；其次要扩大视野，拓宽理财领域。近期重点要抓好非税收入管理和加强国有资产受益收缴工作。非税收入是政府财政收入的一个重要组成部分，增收还有潜力。省政府今年专门出台了进一步加强和规范非税收入管理的文件，规范非税收入征缴和支出行为，规

范政府收入分配秩序，充分发挥非税收入作用，提高政府宏观调控能力。各级财政部门要积极挖掘这方面的收入潜力。到目前为止，我省国有资产约有1万亿元，省级约占40%，如此大规模的国有资产其运营收益及分配必须纳入财政规范管理范围。但去年省级仅仅收缴国有资产受益3.67亿元，必须加大对国有资产受益收缴工作的力度。第一季度省政府财税工作联席会议已明确，由省财政厅牵头、会同省国资委研究制订国有资产收益收缴办法要尽快完成。同时，对非经营性国有资产也要加强管理，清理整合机关事业单位政府公共资源，实行调拨、转让和共享、共建相结合，提高公共资源配置效率，降低公共管理和公共服务成本，节省资金。

（五）深化改革，建立科学用财机制，调整优化支出结构，集中财力办大事。去年我省以财政调控手段促进经济社会发展，取得了显著成效，充分证明省委、省政府确定的理财思想和原则是正确的。用财之道，在于有效率、有效益，关键是要建立科学的用财机制。在用财上，首先要把握方向，用钱要符合省委、省政府的战略决策；其次要把握重点，把钱用在生财的增长点上、调控的关键上、解决问题的刀刃上。各级财政必须在努力增加财力总量的同时，通过调整增量，盘活存量，优化支出结构，坚持"大事优先，绩效优先，注重公平"，集中财力办大事，保证省委、省政府各项决策部署的贯彻落实，确保"十大工程"、"十项民心工程"等重点支出需要，保障对教育、科技、农业的投入，使有限的财政资金在促进经济社会全面、协调、可持续发展中发挥更大的效益和作用。同时，用财之忌是浪费，过度的重复建设是浪费，各种不切实际的形象工程是浪费，无效投入是浪费，所有这些都要通过科学的用财机制来解决，不断拓展依法财政改革范围，积极推广支出绩效评价，开展绩效预算改革，努力提高财政资金使用的有效性。

（六）以人为本，促进队伍建设的新发展。开拓工作新局面，关键在人。要在科学发展观指导下，把干部队伍建设好。一是要以思想作风过硬为出发点，加强干部思想政治教育，讲政治，坚定正确的政治方向。要增强政治坚定性和敏感性，做到政治合格、作风过硬。坚持把党和人民的利益放在第一位，自觉地将个人利益融入人民利益之中，坚决反对片面追求个人利益和部门利益。二是要以转变作风为中心，加强财税系统作风建设。今年财政系统开展民主评议行风活动，评议是手段，整改是目的，着眼点和立足点应该落在解决实际作风问题、改进工作上来，要以民主评议活动为契机，通过边评边改、整改结合，促进机关作风进一步转变。各级政府和财税部门要认真贯彻落实《行政许可法》，认真清理各项财税法规制度，推行政务公开，简化行政审批程序，加快职能转变，增强服务意识，提高办事效率，树立财税部门新形象。三是要以廉政建设为重点，建立健全权力运行约束机制，从源头上反腐倡廉。特别是领导干部一定要勤勉自省、慎微自警、严格自律，不仅要管好下属，更要先管好自己，真正落实党风廉政建设责任制。四是要坚持正确的人才观，建立科学的选人用人机制，努力营造用事业造就人才、用环境凝聚人才、用机制激励人才的氛围。只有始终坚持正确的用人导向，才能树正气，讲团结，才能有发展。要努力使每个人的知识与能力紧随改革进程同步提高，进一步加强和改进教育培训工作，努力在增强教育，培训工作的针对性、科学性上下功夫。这里的核心是搞五湖四海、不搞圈圈点点，用实绩考核和选人用人。这是十分重要的导向，今后谁搞圈圈点点，我们就考核他，查处他，不管是谁都要严查。

五、加强领导，突出重点，确保全年财税任务圆满完成

今年的财税工作面临着许多新情况、新问题，任务艰巨，全省财税工作人员肩负的责任重大。现在已经是7月下旬，离年终只有5个多月，时间紧，任务重，各级政府和财税部门要按照省委、省政府的部署，抓住重点，抓好落实。

（一）切实加强对财税工作的领导。各级党委、政府必须进一步加强和改进对财税工作的领导，既要关心、支持财税部门的工作，更要领导好财税部门的工作，为全省财税改革和发展提供强有力的组织保障。各级党委、政府特别是领导同志要认真学习《预算法》、研究财税政策，全面掌握新形势下理财之方、聚财之法、生财之道、用财之规。华华同志讲过三句话，叫做"生财有道、聚财有方、用财有规"。这三句话讲得非常好，实际是要求我们要"依法治税理财"，要做到心中要有一本明白账，做财税管理的行家里手，牢牢把握财税工作的主动权，不断提高领导和驾驭财税工作的能力。

（二）紧密配合，形成合力，确保完成全年财税收入任务。当前省委、省政府已经出台和将要出台的许多重大措施，都是建立在完成财税收入任务基础之上的。各级政府和财税部门要坚定信心，抓住经济增长的有利时机，努力挖掘增收潜力，确保超额完成全省全年财税收入任务，尤其是完成省级全年财政收入增长9.5%、力争增长10%以上的目标。收入形势较好的地区，要坚持依法应收尽收，为全省超额完成全年预算任务作出积极的贡献。收入完成情况较差的地方要破除消极、悲观、等待的思想，认真落实各项增收措施，千方百计把收入抓上去，确保全年收支平衡。财政部门要与税务部门紧密配合，坚持和完善财税部门工作联席会议制度，互通信息，协调联动，齐心协力做好组织收入工作，在保证收入质量的前提下，确保完成收入任务。税务部门要严格依法治税，对委托代征单位要进行彻底清理检查；严格清理审核金融保险应税营业额的抵扣工作，严格审批企业缓缴税款，认真贯彻落实有关减免、抵扣等税收政策；要进一步完善与审计、专员办、工商等部门的联席会议制度，联手加大对税收的监控力度和涉税违法案件的打击力度，对欠税"钉子户"采取

强制措施进行处理，增强震慑力。财政部门要认真贯彻落实省政府〔2004〕40号文，按规定将应纳入预算管理的行政事业性收费和罚没收入等足额纳入预算管理，确保非税收入适度增长及预算收入目标顺利实现；要抓紧制定国有资产经营收益收缴管理办法，加强国有资产收入管理。同时，各级政府各有关部门必须从大局出发，充分理解、配合和支持财税工作，保证各项财税增收措施落到实处。

（三）坚持收支平衡、略有结余的原则，确保全年预算平衡。2004年编制省级财政预算时出台了一个指导思想和主要原则，这不仅仅对2004年财政预算的编制有用，而且可以指导今后一段时期财政预算编制的工作。要加大《中华人民共和国预算法》的宣传力度，帮助财政厅局长和管财的政府领导弄清楚怎么样支出是合理的、怎么样支出是不合理的、怎么样支出是合法的、怎么样支出是不合法的。从今年我省的财力供给与支出需求对比关系看，财政资金增量不足、刚性支出增长较快，收支矛盾十分突出。各地要坚持收支平衡、略有结余的原则和优化结构、突出重点，保持艰苦奋斗的优良传统，做好节支工作。各级政府都要按照各自的财权和事权，建立财政支出的约束机制，牢固树立正确的政绩观，办任何事情，坚持量入为出，量力而行的原则，不能脱离实际乱花钱。要注重花小钱，办大事，办好事。财政部门要严格按照年初预算的范围和内容执行支出预算。要严格控制各项预算追加，严禁擅自调整、改变预算用途，按照“压一般，保重点”的原则，压一般支出保工资发放和机关运转，压消费支出保群众基本生活，压养人支出保事业发展。公用经费要从严控制，大力压缩会议费、电话费、招待费、一般性出国考察和公务用车费用。要认真清理各种不合理的补贴、津贴、禁止乱发钱物。严禁用财政资金去搞所谓的“形象工程”、“政绩工程”。新增开支项目，要在限额内调剂安排。特别是不能把硬缺口留给财政，要求在执行中追加。各市县要按照这一要求，自觉坚持，严格执行，把各项节支措施落实到位，确保全年预算平衡，属于各市县的要求，不能一味向省财政报告要钱。

同志们，我省财税改革与发展任重道远，完成今年财税工作任务还须作出更大努力。我们要在省委、省政府的正确领导下，全面贯彻十六大、十六届三中全会和省委九届四次全会精神，努力实践“三个代表”重要思想，坚持“以人为本”，坚持科学发展观，以更加强烈的事业心、责任心和工作热情投入到伟大的财税事业中，把各项财税工作做深、做实，为实现我省今年经济社会发展目标和财税工作的可持续发展作出更大的贡献！

以科学发展观为指导　确保财政可持续发展

省委常委、常务副省长　钟阳胜

（2005年1月20日）

一、2004年我省财政工作取得显著成绩

2004年，在党中央、国务院的正确领导下，我省坚持以邓小平理论和“三个代表”重要思想为指导，认真贯彻党的十六大、十六届三中、四中全会和省委九届四次、五次全会精神，树立和落实科学发展观，严格执行中央宏观调控政策，紧紧围绕年初提出的促进“五个协调发展”和实现“四个新突破”的要求，加快实施“十件大事”、“十项工程”和“十项民心工程”，国民经济保持快速协调健康发展，完成生产总值16 040亿元，比上年增长14.2%，提前一年超额完成“十五”计划的经济总量预期目标。全省财政系统按照省委、省政府的统一部署，充分发挥财政职能作用，大力促进全省经济社会的发展，在深化改革、增收节支、加强财政管理等各个方面都取得显著成绩，突出体现在“四个明显”：

（一）财政收入增长明显进入成熟期，实现了与经济增长相协调发展的格局。针对年初财政收入与经济增长不协调，特别是省级收入增长缓慢的严峻形势，全省财政系统认真贯彻德江书记、华华省长关于切实做好财政工作的重要指示精神，讲政治、顾大局，加强协调配合，加大工作力度，依法加强收入征管。建立了财税联席会议制度、财政部门财政收支分析制度和财税部门领导分片抓收入制度，对促进财政工作起到了重要作用。全省全年地方一般预算收入按可比口径增长16.14%，实现了经济增长、财税增收的良性循环。有17个市的增幅高于全省平均水平，其中河源、梅州、云浮、茂名、清远、东莞、潮州、深圳等8个市的增幅超过20%。地税收入超过1 100亿元，创下历史最高纪录；国税对省级财政收入的贡献创出新的水平。

财政收入增长明显进入成熟期，与经济增长形成协调发展的新格局。广东省2004年人均GDP达到了2 480美元。从世界经济发展的情况来看，人年均收入到2 000美元左右，财政收入占GDP的比重大概在23%左右，广东省2001～2004年财政收入占GDP的比例在22%～24%之

间，接近世界平均水平，与美国1950年水平差不多。可以比较恰当地判断，我省财政收入增长明显进入成熟期。这个判断对我省接下来一系列的工作非常重要。

（二）财政保障作用明显，确保了重点支出需要。在千方百计抓好收入的基础上，各级财政部门坚决贯彻中央关于加强和改善宏观调控的政策，认真调整优化支出结构，集中财力保运转、保重点，将有限的财政资金集中投入到社会经济发展的关键领域，投入到维持社会稳定和关系国计民生的重点事业。其中省财政共安排近300亿元分别用于对市县转移支付及支持农村税费改革、基层政权维持正常运转、农业和农村经济发展、实施科教兴粤和可持续发展战略、构筑公共卫生体系、完善社会保障体系等，保证了省委、省政府重大决策的落实。

（三）实施激励型财政转移支付机制效果明显，推动了县域经济加快发展。从去年开始，省委、省政府决定对县级财政实行激励型财政转移支付机制，充分调动了县级政府发展县域经济的积极性和主动性。从执行情况看，激励机制的积极作用初步显现，县域经济发展出现新局面。2004年，全省67个县规模以上工业增加值590.62亿元，增长13.5%；财政收入67.09亿元，增长16.1%。有48个县（市、区）综合增长率超过18%，占享受一般性转移支付县总数的71.6%。同时，在激励型财政机制影响下，财政收入增长质量有所提高，作为地方主体税种的省市共享“四税”收入增长20.66%，快于一般预算收入增长。其中粤东、粤西和粤北地区平均增长率达24.7%，有49个县（市）超过全省平均增长率，占这些地区县（市）数的73.1%，使我省财力增长不平衡的局面出现良好的转变。山区经济发展加速，五个山区市完成生产总值875.19亿元，增长14.1%，增幅比上年提高2.8个百分点；地方一般预算收入增长26%，增幅比全省平均水平高7.8个百分点。

（四）改革创新成效明显，与社会主义市场经济相适应的公共财政体制框架加快建立。一是以改进部门预算编制方法、提高预算科学性为重点，不断深化和完善部门预算改革，促进了省级部门预算的公开化、透明化。二是财政国库管理制度改革成效明显。到2004年底，省级先后分4批将103个部门、169个基层预算单位纳入国库集中支付改革试点范围，除个别工作性质特殊的部门外，省级改革已覆盖到所有一级预算单位，市级也全部达到国库集中支付改革目标。全省通过国库集中支付金额已达313.38亿元，其中省级54.54亿元。三是深化政府采购制度改革。推行政府采购监督管理职能和执行职能分离，促进政府采购规范运作，政府采购范围和规模进一步扩大。全年全省政府采购完成采购规模约172亿元，增长34.87%，资金节约率为9.47%。四是全面推进农村税费改革。珠三角地区原则上自费进行了免征农业税改革试点；东西两翼及粤北山区对种粮农户的农业税税率由6%降低到3%，由此减少的税收，由省财政通过转移支付帮助解决。深化农业税改革后，全省又减免农业税5.61亿元，全省农民减负率达93.67%，比2003年底提高近10个百分点，珠三角地区实现了农民税赋零负担。2005年，全省将实现农业税全免。五是率先在全国开展财政支出绩效评价工作。在2003年开展对民营科技园建设补助资金项目绩效评价试点的基础上，2004年又组织开展了四个项目的绩效评价试点工作。这项工作做得非常及时，做得比较好。财政部在广东召开工作会议时，认为广东作为改革开放先走一步、经济发展先行一步、财政经济实力比较强的省份，在财政体制改革方面尤其在国库集中支付和绩效评价方面走在全国前列，在东部地区也是走在前列。全省财政部门在省委、省政府的领导下，全省财政改革工作做得好。

此外，在认真开展省直党政机关事业单位经营性资产清理、进一步规范财经秩序、深化收支两条线管理、加强财政专项资金使用监督、加强行风建设和党风廉政建设等方面都取得良好成绩。这些成绩的取得，是党中央、国务院和省委、省政府正确领导的结果，是全省财政系统广大干部职工认真学习贯彻“三个代表”重要思想，树立和落实科学发展观，共同努力的结果。在此，我代表省委、省政府向全省财政系统广大干部职工表示衷心的感谢！

二、充分认识确保财政可持续发展的重大意义

当前，我省的改革开放和现代化建设正处于关键时期，新形势、新任务对财政工作提出了新的要求。要坚持走财政可持续发展的道路，这对推动全省的改革发展至关重要，对维护好发展好实现好人民群众的切身利益、确保全省社会稳定至关重要，对加强党的执政能力建设、确保政权稳固至关重要，对按照中央的要求、继续更好地发挥排头兵作用、对国家整体发展多做贡献至关重要。因此，我们深刻认识确保财政可持续发展，不仅具有十分重要的经济意义，而且具有十分重要的政治意义和社会意义。要切记增强政权意识、执政意识、大局意识，切记不可有狭隘的财政经济观点，要重视既算好财政账、收支账，更要算好政治账、经济账、社会账。

第一，确保财政可持续发展，是推动改革与发展的内在要求。改革开放是促进我省经济社会发展的强大动力。但改革离不开财政支持，开放离不开财政支撑。2004年，我省进出口贸易之所以能够达到3 571多亿美元，增长26%，其中出口1 915.6亿美元，增长25.3%，是因为有财政的支撑。我们在执行国家出口退税政策时，省级财政和市县财政都付出了代价，省财政2004年拿出12.12亿元，珠江三角洲一些市的财政也拿出不少钱，有的甚至将增收的财政都拿来支持进出口贸易。另外，我们引进外资、加快经济发展、对外开放、营造良好的投资环境，都要花钱，所以开放也离不开财政的支撑。只有实现财政的可持续发展，不断壮大财政实力，才能为改革开放不断提供物质保障。我们搞改革开放是有成本、有代价的。这种成本和代价，反映在财政上，就是要拿出真金白银来支付

各方面的开支需要。2005年，我省开始农村信用社改革试点工作。我省农村信用社存款占全国的14%左右，贷款占13%左右，总量占1/8左右，所以全国的农信社改革是否搞好，新的体制和机制是否建立起来，广东省农村信用社改革举足轻重。如果广东的农村信用社改革没有搞好，全国就不能说搞好了。从总体上看，广东的农信社情况还是比较好的。但必须解决好历年积存下来的矛盾和问题，一是资本充足率达不到标准，有的甚至是负百分之几十，全省农信社要达到最低标准需增资扩股75亿元；二是不良贷款率比较高。所以我省农信社改革增资扩股的任务很重，压降不良贷款率的任务非常重。改革能否取得阶段性成果，关键在于增资扩股和压降不良贷款率，最后使资本充足率区别不同情况达到4%或6%或8%，不良贷款要比2002年下降50%。我国加入WTO，2005年是过渡期的最后一年，之后就要执行信息公开披露制度，所以农信社改革势在必行，不改只有死路一条。这个改革，还是要靠财政来支撑。我省连续三年每年从省财政拿出4个亿共12个亿扶持农村信用社解决历史包袱。如果财力不厚、底气不足，改革开放就难以向纵深推进，生产力发展就会受阻，省委、省政府确定的改革发展目标也无法实现。说实在的，省委、省政府确定的全省经济社会发展任何一个目标，都离不开强有力的财力支持。我省要实现根据党的十六大总体部署提出的全面建成小康社会、率先基本实现社会主义现代化的目标，就必须不断加强财政工作，促进财政的可持续发展。而反过来说，财政的可持续发展，同样有赖于改革开放的不断深入和经济社会的全面协调可持续发展。经济社会的发展是财政工作的根、增强财政实力的本。所以，财政工作只有努力服务于改革开放和经济社会发展，才能不断培育财源，拓宽增收渠道。

第二，确保财政可持续发展，是维护社会稳定的现实需要。搞建设、求发展，必须有稳定有序的社会环境。特别在经济社会发展进入关键时期，维护社会稳定显得尤其重要。国际经验表明，当一个国家或地区的人均GDP处于1 000～3 000美元时，经济社会结构加速转型，利益格局不断调整，各种社会矛盾更加突出，维护社会稳定的任务更加艰巨。在这一阶段，如果不注意解决好社会矛盾，就会带来严重后果：轻则改革开放受到干扰，发展机遇白白丧失，经济社会发展停滞不前；重则社会严重分化，矛盾各方激烈对抗，国家动荡不安，改革开放和现代化建设被迫中断甚至倒退。这绝不是危言耸听。拉美地区的一些发展中国家就曾经吃过这样的大亏，被理论界形象地称为“拉美病”，必须引起我们的高度警惕。2004年我省人均GDP接近2 500美元，估计到2005年将达到3 000美元。《南方日报》曾登载一则消息，广东省群众信访十六年来第一次出现下降，我们一方面感到很高兴，因为信访工作取得了显著成绩；另一方面，又使人感到忧虑，过去十六年来一直上升，2004年才出现下降，这说明问题的严重性，要根本解决问题，建设和谐社会，任务还十分艰巨。化解社会矛盾，维护社会稳定，在社会转型的过渡期，一方面要加强思想政治工作，但又不能光靠思想政治工作，另一方面要有财力作保障，因此要求财政要可持续发展。近十年来，我们在处理复杂的人民内部矛盾、开展社会治安综合治理、打击严重刑事犯罪和境内外敌对势力的渗透破坏活动以及防范化解金融风险、抗击“非典”疫情、抵御禽流感疫情等过程中，投入了巨大的财政资金，从财政资金中建立了社会治安、防范化解金融风险、公共卫生应急等基金或者专款，有效地维护了社会稳定，促进了经济社会的持续快速协调健康发展。今后要担负起更加繁重的维护社会稳定的任务，同样必须不断加大财政投入。

这几年，广东社会治安虽然有不少问题，但总的来说还是好的，这与财力的支撑是离不开的。1978～2003年，我省行政机关政法部门行政经费合计达到3 075亿元，年经费由1978年的2.7亿元增长到2003年的570亿元，年均递增23.9%，高于同期财政收入支出年均递增17.2%的水平6.17个百分点，占当年财政总支出的比例，由1978年的9.4%提高到2003年的33.62%，提高了24个百分点。公检法支出1981～2003年由0.58亿元增加到169.7亿元，年均增长29.47%；公用和专项支出1981～2003年由0.32亿元增加到84.9亿元，年均递增28.86%。所以，如果我们没有雄厚的实力，我省公检法司队伍的稳定、加强打击犯罪的实力就不可能有足够多的财力。

第三，确保财政可持续发展，是更好发挥我省排头兵作用的必然选择。广东的财政工作，在全国占有重要地位。胡锦涛总书记要求我省继续当好排头兵，其中一个重要方面就是要求财政工作要加快发展，在全国当好排头兵。改革开放以来，特别是近年来，不管是财政收入规模还是财政改革、财政管理方面，我省的财政工作都走在全国前面。从1991年开始，我省地方财政收入连续十四年居于全国各省区市首位。2004年来源于广东的财政收入完成3 539.5亿元，若剔除出口退税则达到4 343.2亿元，同比增长18.11%，其中来源于广东的中央一般预算收入1 919.5亿元，占中央财政收入的1/7强。但我们要清醒地看到，近年来我省财政收入增长幅度已落后于江苏、浙江等地。去年我省地方一般预算收入增长16.14%的速度，低于全国地方财政收入平均水平8.1个百分点，而沿海的上海、江苏、山东、浙江等省市表现出强劲的增长态势。因此，保持我省财政的可持续发展，继续维持总量上的领先地位，当好全国财政工作的排头兵，对我省财政工作而言是一项异常艰巨而紧迫的任务。

我省的经济发展快了一步，财政占GDP的比例先行进入了成熟时期，财政收入不可能一直高增长，当其他省份的人均GDP达到我们现在的水平的时候，他们财政占GDP的比重也会上来。根据国际经验，人均GDP达到10 000美元以上的时候，财政收入占GDP的比重将达到45%，高的甚至达到50%，但是比例不是越高越好，也不是越低越好，这有个相关关系。我省确保财政的可持续增长，与经济增长协调发展，是十分必要的。

第四，确保财政可持续发展，是夯实党的执政基础的重要保证。邓小平同志讲，有财才有政。深刻理解小平同志的这一论断，就要懂得财政是我们党执政的重要物质基础，甚至是最重要的物质基础。我们党执政以来，之所以能够得到人民群众的拥护，之所以能够在“苏东”巨变、世界共产主义运动陷入低潮的严峻形势面前经受住挑战，就是因为我们始终坚持改革发展的正确方向，给广大人民群众带来了实实在在的利益。改革开放以来，我省不断加大财政转移支付力度支持欠发达地区经济社会发展，加快欠发达地区人民脱贫奔康步伐；认真调整财政支出结构，扎实推进十项“民心工程”的实施，不断增加解决群众特别是困难群众生产生活问题的财政支出；通过财政手段大力支持基层政权建设，如省九届五次全会关于加强党的执政能力建设的实施意见，明确对年集体经济纯收入3万元以下贫困村由省财政统筹解决贫困村干部补贴，以村为单位，每年每村补贴3万元等等。通过这些财政措施，我省的固本强基工程顺利推进，党的执政基础进一步夯实。如果没有不断增强的财力，要做好上述这些事情是不可能的。因此，我们只有推动财政的可持续发展，不断壮大财政实力，才能更好地执好政、为好民，做好服务工作。总之，确保财政可持续发展，是我省全面建设小康社会、率先基本实现社会主义现代化的需要，是我省加快发展、率先发展、协调发展，更好地发挥排头兵作用的需要，是建设经济强省、文化大省、法治社会、和谐广东和实现富裕安康的需要。我们必须以政治的眼光、全局的观念、战略的高度，充分认识和把握确保财政可持续发展的重大意义，不断增强做好财政工作的紧迫感、责任感和光荣感，更加自觉地服务于我省改革发展稳定的大局，努力开创我省财政工作的新局面。

三、充分认识确保财政可持续发展面临的矛盾和困难

从宏观角度来看，明年是全面实现“十五”计划目标、衔接“十一五”发展的关键一年，我省经济发展既有不少有利条件，也面临一些新的挑战。预计明年世界经济仍将保持增长势头，全球产业结构调整步伐将进一步加快，跨国直接投资继续回升，我省仍然是跨国公司产业转移和对外投资的主要选择地之一。我国经济正处在新一轮增长周期，中央继续加强和改善宏观调控，积极效应逐步显现，全国经济将继续保持平稳较快发展。我省近年来经济结构调整出现了积极的变化，高新技术产业和重化工业加速发展，基础设施建设取得新的突破，经济发展的活力增强。随着大珠三角、泛珠三角合作稳步推进，我省的发展空间进一步拓展。这些都是我省经济持续快速协调健康发展的有利条件，也是我们做好今年财政工作的有利因素。但是，国际石油市场动荡、贸易保护主义加剧以及美元贬值可能引起主要货币汇率波动等因素，加大了世界经济发展的不稳定性。国内兄弟省区市发展势头迅猛，我省加快发展的竞争压力增大。我省经济发展面临的挑战和困难不少，特别是高投入、高消耗、高污染、低效益的问题突出，煤、电、油运和土地等生产要素紧张的状况短时间内不会改变，资源约束矛盾加剧，转变经济增长方式的任务十分艰巨；经济结构不合理，农业基础不够牢固，产业技术水平不高，现代服务业发展相对滞后；外贸出口面临新形势新挑战，新的出口退税政策可能继续影响地方和企业扩大出口的积极性；城乡和区域发展不平衡，山区、东西两翼与珠三角发展差距拉大。这些问题，对今年我省的经济发展都将带来影响，同时也对财政收入和支出结构的调整造成影响。

从财政工作自身来看，我们要清醒认识当前我省财政可持续发展面临的深层次矛盾和问题。这些矛盾和问题主要表现在八个“十分艰巨”：

一是财政收入基数大，要维持快速增长的任务十分艰巨。现在，我省东西两翼和粤北山区，财政收入增长幅度很大，但是基数很低，贡献有限；珠江三角洲2004年财政收入增长只有几个市高于全省平均水平，如果这种态势不改变，我省接下来的问题就很突出。我省财政收入经历二十多年的快速增长后，近年来的增长逐渐趋于平缓。1979～2004年，地方财政收入总量增长了40.76倍，年均递增19.3%，高出同期GDP年均增速5.7个百分点。持续的高增长带来了财力的迅速壮大，但高基数的财力维持长期的高增长困难很大。从全省情况看，“八五”期间，全省地方财政收入年均增长32%，“九五”期间年均增长19%，2002～2004年的年增长率却分别降为16.82%、14.89%、16.14%，呈平稳增长态势。从省级情况看，这种趋势更为明显，1980～1993年省级财政收入年均增长23.6%，1994～2001年进一步提高到46.7%。但2002年省级财政收入按可比口径仅比上年增长8.77%，2003年受“非典”影响增长10.42%，2004年增长17.8%，比2002年高1倍多。出现这种趋势的原因，从经济发展层面看，主要是产业结构的不合理影响了财政收入质量。近年来，我省三次产业中第二产业增长较快，第三产业发展平缓且比重略有下降，相应来自第三产业的税收增长较平稳。我省第三产业在国民经济结构中的比例呈下降趋势，从41点多到40点多到38点多，增长幅度也远远低于第二产业。我省第三产业占国民经济的比例，低于我国经济比较发达的省份，更低于世界45%的平均水平。按照我省2 500美元的人年均GDP水平，我省第三产业占国民经济的比例应该达到45%～50%，美国在达到我省现在的人年均GDP水平的时候这个比例是超过50%的，甚至到了55%。我省能达到45%就很不错了。在目前的税制结构和财政体制条件下，第二产业增长虽对GDP拉动作用明显，但对地方财政收入的拉动作用有限，第三产业增长则对地方财政收入的拉动作用明显。从体制和政策层面看，一般来说体制转轨时期财政收入远高于经济增长的状况难以长期延续。同时，随着近年来中央陆续出台的所得税分享改革、出口退税负担机制改革以及今后可预期的增值税、企业所得税改革等，地方主体财源趋于单一，共享税所占比重增加，影响到地方财政收入增长。这些影响怎么估计我们现在还看不准，但是我们一定要有充分的思想准备，实

现财政可持续发展的任务十分艰巨。从各级财政情况看，省级和县级收入增长均存在一定困难。省级减收因素很多，所得税分享改革继续集中了地方收入增量，电力体制改革、金融保险营业税抵扣、落实再就业、支持农村信用社发展等政策性减收增支因素较多，省级收入维持一个高水平的增长将面临多方面的困难。县区财政困难问题也十分突出。目前我省县域经济比较薄弱，对全省财政收入的贡献率仍然较低，这种状况在短期内难有改变，这是从收入方面来看。从支出方面来看，我们从1996年开始财政转移支付，当时是39个县（市），一般转移支付5.8亿元，到2004年超过80亿元，加上各类专项转移支付接近200亿元，省级450亿元中有200亿元要转移到市县。这就是说，县级财政困难在加大，省级财政负担还在加重。

二是加快结构调整，转变增长方式，扩大新的财源，提高财政占GDP的比重，巩固财政增收后劲的任务十分艰巨。这点我们要充分估计。我省的经济总量从1978年的186亿到2004年的16 040亿，从100亿到突破1 000亿用了十年，即1978年到1988年；从1 000亿到突破10 000亿用了十三年，2001年突破了10 000亿，相应财政收入也上了几个台阶，到2004年一般预算收入达到1 416.9亿元，可用财力达到1 900亿元左右。但是要看到这么大的经济总量和财政总量，我们是在粗放型的经济增长方式和以轻型为主向适度重型化和高级化的过渡中实现的，而我们的产业结构还没有完全过渡到重型化、高级化的阶段。要加快这个结构调整，转变增长方式，培育财源，使财政增长有足够的后劲，存在很多困难，这点我们要充分估计。困难在哪里，第一是三大产业的结构调整。作为主要税源的营业税在第三产业，第三产业在国民经济中的比重跟经济发展速度和经济总量不相适应，第三产业比例偏低。但第三产业要上去的话也不容易，特别是现在随着第一、第二产业的发展尤其是第二产业的发展，为生产服务的厂商服务业的发展，是今后发展的主流，今后第三产业的发展主要是依靠为生产厂商服务业的发展，光靠商业零售，是没办法上去的，主要靠的不是土地和便宜劳动力，而是靠智力。所有企业要管理好都要靠智力，比如说产品的研究开发、企业发展的咨询开发、法律咨询顾问、电子商务、现代物流、金融。金融业，包括银行、保险、证券业，非常重要，现在我们国家是实行分业经营，互为壁垒，但是现在世界金融的发展趋势是银行、证券、保险混业经营，他们一进来，我们就很难抵挡，这不是靠洗脚上田就可以干的，而是靠高智力。第二是重型化、高级化，面临着国家宏观调控和不同地区之间的剧烈竞争。现在要批一个项目，要说破嘴、跑断腿，要不你那个项目还拿不下来，而且还要会说，不会说还搞不下来。这里要特别表扬省发改委和各级发展改革委员会，我们也要感谢国家发改委对广东的厚爱和支持，2004年一年给广东批了14个重大项目，总投资额达1 460亿元。这些将对广东协调区域发展、加快产业结构调整步伐产生巨大作用。但是，批一个项目很难，竞争很激烈。从产业内部来看，要实现升级、高级化难度很大，就是由传统技术为基础的劳动密集型产业向以先进技术为基础的劳动密集型产业、再向高技术为基础的劳动密集型产业升级；从产业链来看，从加工组装到原配件的生产，再到有核心技术的装备制造，再到研究开发，不断地往上走，这个难度非常大。而广东总体上产业增值还是以加工制造、加工组装制造为主，还处于产业链的低端。上面的困难是从物质上来讲的，核心的困难是我们的整个队伍和我们的人才素质不适应于产业结构重型化和高级化的发展需要。我们的经济增长质量要提高，才能够使财政增长的质量提高，才能使财政增长的后劲增强，要不然的话，还是达不到目的。所以说，任务非常艰巨。

三是在新增财力不足、支出基数固化的情况下，调整财政支出结构的任务十分艰巨。我省财政资金供给范围仍然过大，财政包揽了一些不该管、管不了、管不好的事项。同时财政支出也存在“缺位”，一些应由政府管的事情没有管好，财政投入不足，保障程度相对较差。当前一些地方财政之所以很困难，一个重要原因就是干了许多非公共财政的事情，乱投资项目，搞重复建设。在一些地方的财政开支中，建不切实际的标志性工程、搞各种庆典有钱，而科教文卫、甚至警察办案经费则捉襟见肘。针对这种“越位”、“缺位”、“错位”的问题，必须按照公共财政的要求合理界定财政支出范围，调整优化支出结构。现在面临的一个难题是，虽然我省财力总量已达到相当规模，而基本支出的刚性和项目支出的长期性造成财政调控余地不断缩小，盘活存量、调节增量的能力受到限制。财政支出中基数性支出占了相当大的比例，其中仅行政管理费和公检法司支出去年就开支了384.7亿元，占全省一般预算支出的比重20.8%。我省财政供养人员从1992年的157万人增加到2003年的219万人，占总人口的比重由2.4%提高到2.8%，平均35个人当中就有1个“吃皇粮”的人，远高于世界其他国家财政供养人员的比例。此外，省对市县一般性转移支付补助、农村税费改革专项转移支付补助等，已构成维持市县运转的重要财力来源，也属于基数性开支。基数性开支的不断增长，加大了各级财政支出结构调整的难度。与此同时，为实现加快发展、率先发展、协调发展，全面建设小康社会的目标，新增支出压力又不断加大。在新增财力不足、支出基数固化的情况下，财力需求和供给能力之间的矛盾日益尖锐。

四是当前财经秩序仍然比较乱，加强财政支出管理的任务十分艰巨。审计部门在审计过程中对各部门使用财政资金每年都查出一些问题，如一些部门利用职权，隐瞒财政资金，挤占、截留、挪用专项资金，甚至国债专项资金、扶贫资金都敢挪用，手段日趋隐蔽，金额触目惊心，性质十分恶劣。究其根源，一是有法不依或执法不规范；二是制度还不够健全，财务管理不严格，有漏洞可钻。对财政资金“重分配、轻管理”的问题仍普遍存在，资金管理缺乏明确的责任制度和强有力的监督措施，而且支出预算约束软化、预算执行中追加、调整、项目细化仍然不少，财政资金使用效益不高。去年省财政厅对2001～2003年度16个扶贫重点县公路建设专项补助资金进行了绩效评价，不少项目的绩效不理想，项目竣工率低，投入资金没有充分发挥出效用。有的项目一而再、再而三地追加资金，这种情况是不能允许的。而且有的项目招投标，项目业主单位还为中标者说情，我们就要打个问号，试问这个部门领导拿了人家多少好处。谁招投标，作为业主一定要有风险意识，就连政府也要有风险意识，办事要符合市场经济规律。在这里，对突破概算、追加资金的项目，我们尤其是财政部门要严格把好关，严格按照程序进行。

五是地区财力差距悬殊，保持地区间财力平衡的任务十分艰巨。目前我省财力大部分集中在珠江三角洲地区，粤东、粤西、粤北广大地区财力十分薄弱。部分山区市虽然出现了收入增长加速的良好势头，但由于原来的基数较低，在全省中所占比重提高不快。去年珠江三角洲地区一般预算收入占全省市县级收入的83.73%、增收额的83.5%，而东西两翼、粤北山区收入分别占全省市县级收入的7.8%和8.4%、增收额的6.5%和10%。从发展趋势看，我省区域发展不平衡的状况由于受经济基础、产业结构差异、地理位置等因素影响，还将延续一段较长的时间，地区财力差距悬殊的状况不可能在短期内彻底扭转。

六是县域经济发展基础仍然薄弱，解决县乡财力不足的任务十分艰巨。全省67个县（市）中，2004年一般预算收入超过2亿元的仅11个，1亿至2亿元之间的23个，尚有33个不足1亿元，其中9个低于5 000万元，共有62个县（市）需由省财政转移支付补助。为增加县乡可用财力，近年来省采取压省级保地方的政策措施，不断增加转移支付补助，帮助山区市县减轻教育负债，实施中央专项再贷款减负，同时采取了促进发展的激励型措施，县级财力有所增强，但由于县域经济发展基础薄弱，县乡财政供给水平仍然较低，基层政权运转受到一定影响。2003年，按实际财政供养人口计算的县域人均财力为1.5万元/年，有39个县（市）低于财政部初定保障标准1.6万元/年；按编制数计算的县域人均财力为1.9万元/年，有14个县（市）低于1.6万元/年。

七是地方政府特别是欠发达地区政府债务负担沉重，防范财政风险的任务十分艰巨。债务问题已经成为各级财政正常运行的最大冲击因素之一，有些地区已严重影响到社会稳定和政府的正常运转。截至2003年底，全省各级政府债务余额合计1 547亿元，其中64.9%是政府必须偿还的直接显性债务；逾期债务总额650亿元，逾期率为42%；2004及以后年度应还债务897亿元。债务问题在欠发达地区尤为严重，部分市县政府债务余额已超过其可支配财力的数倍。东西两翼和粤北山区，负担率和偿债率分别高达13.5%和170.3%，最高的达到58.1%和1 016.5%。目前，政府债务规模仍在不断扩大，已成为各级财政的沉重包袱。在现阶段县乡财力严重不足、地区间财力差异大的情况下，政府债务转化为财政风险的可能性很大。处理不慎，就可能对我省的信用造成不良影响。

政府债务问题，德江书记、华华省长高度重视，在省财政厅的报告上都有重要批示。德江书记批示："我省各级政府债务如此沉重，值得高度重视，同意阳胜同志批示意见，关键是防止发生新的不合理债务，此事建议省财厅研究拿出意见，由省政府作出几条硬性规定，防止增加新债，债上加债。同时对现有债务进行分析，区别内外和轻重缓急，逐步化解债务。另外，要高度警惕，防范政府债务危机。"尤其是市县政府，举债搞项目、搞建设，比如提高公路建设的标准、搞广场等标志性建筑等。今年，对举债搞不切合实际的、劳民伤财的、对经济可持续发展、社会可持续发展没有什么作用的各种所谓形象工程、标志性工程，省财政厅和审计厅要严格审计。广东经济总量很大，但是问题也不少，不要以为财大气粗，就什么都能干，什么口都能开，一定要高度警惕。

八是公共财政体制框架才初步建立，依法理财、加快财政改革的任务仍然十分艰巨。尽管财政改革已经搞了多年并取得明显成效，但与改革的初衷和预期目标比，仍然是初步的，只是搭起了一个基本架构，改革仍任重道远。当前，仍有些地方政府和部门依法理财观念不强，财政管理中"长官"意志严重；有些地方和部门主动参与财政改革的动力不足，财政改革主要是靠自上而下来推动。另外，财政改革与其他方面改革配套协调不够好、行政管理体制改革尚不彻底、政府职能转变缓慢、事业单位体制改革尚未推开、机关后勤市场化改革尚未全面启动等，这些都在很大程度上制约着财政改革的深化，影响到财政改革与发展的进程。特别是现在我们不少部门在政府职能转变之后，本来是职能范围内的事情，在公用行政经费中应该办的事情不去办，然后再专项申请一笔资金，并列入财政一般预算，再请别人来办。最后，实际问题并未真正解决，还是得一个地区一个地区地跑，把产业分工和布局搞出来，通过一个个项目把产业分工和布局连接起来，最后才落实到项目上、落实到产业上，使产业实现可持续发展。而且在这过程中还要解决很多矛盾和问题，不仅是地区与地区之间的矛盾和问题，而且是人与人之间的矛盾和问题。现在搞研究、做工作，一切都要落到实处，落到产业建设上面，把产业建设好，把产业结构调整好，提高产业的素质，协调区域发展，才能达到我们的目的。有的一个单位花钱不少，但项目没有一个。这个问题要引起我们高度重视，花了钱一定要见效，绩效评估一定要落实到这个上面。

四、切实把确保财政可持续发展的各项工作落到实处

做好当前和今后一个时期的财政工作，必须认真贯彻胡锦涛总书记视察广东时的重要讲话精神，以科学发展观统领财政改革与发展全局，确保我省财政的可持续发展。要突出重点，狠抓落实，着力做好以下六个方面的工作：

（一）高度重视财政工作，切实加强对财政工作的领导。财政是国家实行宏观调控的重要手段，做好财政工作是各级党委、政府的主要任务之一。各级领导干部要学会

依法治税理财，做到一把手亲自抓财政，亲自过问和处理财政工作中遇到的矛盾和问题。要按照“生财有道、聚财有方、用财有规”的要求，坚持依法治税理财，掌握工作的主动权。要认真学习财政知识，加强对社会主义市场经济条件下财政工作运行规律和特点的研究和探索，努力提高对财政工作的领导水平和驾驭能力。要认真办好县长财税知识培训班。

（二）坚持不懈地抓好财政收入，确保收入稳定增长。省委、省政府确定，今年全省一般预算收入的计划增长目标为10%。确定这个财政指标，综合考虑了经济形势和财政发展的基础及条件，遵循了财政收入增长与经济增长相协调原则，是实事求是的，经过努力是能够完成的。这只是个指导性目标，真正的目标是依法征税，应征尽收，按法律法规要把非税收入纳入财政。各级政府要把完成今年的财政工作任务当作经济工作的头等大事来抓，把增收节支列入政府工作的主要内容。各级财政部门要科学预测财政收入发展趋势，分析收入增减变动因素，找出薄弱环节，挖掘潜力，使财政收入建立在真实、准确、科学、可靠的基础上，坚决防止虚收，也要坚决防止多报收入。要与税务等部门密切配合，协调联动，做到应征尽收。同时要认真执行稳健的财政政策，综合运用政策、资金等手段，加大对经济社会发展的扶持力度，努力培植财源，促进财政收入增长与经济增长良性互动、协调发展。

（三）调整优化支出结构，合理安排财政支出。要严格按照预算法做好预算，科学合理安排财政支出。重点解决“越位”、“缺位”和“错位”问题，将一定时期的财政支出规模和范围限定于政府可支配财力能够承受的水平。要按照轻重缓急顺序和边际效益最大化原理，优先解决促进先进生产力、先进文化、增进人民群众利益最急迫、最重要的问题，做到有所为有所不为。财政预算安排要逐步减少对一般竞争性领域的投入，统筹兼顾各项社会事业发展的需求，优先保工资支出、保社会保障和就业再就业支出、社会稳定支出，依法保障对农业、科技、教育、卫生等方面的投入，并集中财力办好省委、省政府确定的大事要事。要加大对基础设施、基础产业、战略产业、关键领域和重点项目建设的投入，加大对薄弱环节和结构调整的扶持力度。要坚持集中财力办大事，对不同部门管理的同类资金，有关部门要共同研究确定支持的重点项目，并逐步实现同类资金归口统一管理。对使用方面相近的各类财政性资金，要统筹安排用于解决广大人民群众切身利益的突出问题，支持关系全省经济结构调整、技术进步和对全省经济增长具有明显拉动作用的重点项目。要坚决杜绝一方面必保的支出留缺口，另一方面又超出财力可能，干力所不能及的事情。

（四）强化财政支出管理，提高资金使用效益。一是提高预算编制和执行水平。预算编制是财政资金管理的首要环节，对财政资金配置和使用效益起着基础性作用。预算确定后，必须严格按照预算执行，没有预算不得支出，不能先支后报，不得突破预算，不得随意挪用。现在，省本级在预算之外还要支出的话，省政府常务会议要讨论，然后要报省人大财经委审议，最后才能确定是否可行。希望全省各级政府包括市县镇都按此程序进行。确需进行项目调整的，要按规定程序报批。各项支出要按政策规定标准执行，由于超标准、超预算形成的支出缺口，由部门自行负责并追究责任人的责任。各部门必须结合编制“十一五”规划，认真抓好中长期事业发展规划，提出明确的事业发展目标，并把发展目标落实到具体项目上。财政部门要严格把关，加强项目支出预算，实行项目预算滚动管理。二是严禁大手大脚、铺张浪费。要牢固树立艰苦奋斗、勤俭办一切事业的思想，重点控制会议费、招待费、公务用车等支出。要坚决杜绝人情项目、关系项目和没有实效的“政绩项目”，把精力和财力放在改善人民生产生活条件的实事、好事上。省级将继续执行一般性支出零增长的政策。各市县的预算也要根据节支的精神进行调整优化，按照“压一般，保重点”的原则，压一般支出保工资发放和机关运转，压团体消费支出保群众基本生活，压养人支出保事业发展，从预算安排上把住支出的关口。三是继续深化财政改革。要加大力度实施国库集中支付、部门预算、政府采购等项改革。我在这里要强调的是，实行部门预算后，各部门都要积极参与改革，从预算编制、执行到决算的每一个环节，切实承担起第一位的管理职责，重视和加强财务管理工作。四是加强财政监督。要大力推进依法理财、民主理财、科学理财，切实把财政资金安排好、使用好，保证财政资金的使用符合省情、突出重点、体现民意。要努力探索建立和完善多层次、全方位、全过程、高效能的财政监督机制，加快建立和完善财政支出绩效评价体系，健全财政系统内部监督体系，实现对财政资金事前、事中、事后全过程的监控，有效提高财政监管水平。要加大人大、审计和舆论的监督力度，确保财政资金使用的安全性、合规性和有效性。

（五）完善激励型财政转移支付机制，做大做强县域经济。要把促进县域经济大发展、做大做强县域财政作为财经工作的重中之重来抓，切实完善激励型财政转移支付机制，落实有关配套措施。要认真兑现2004年转移支付补助和返还奖励等政策。要以我省激励性财政措施为基础，结合中央实施的“三奖一补”政策制定配套措施，鼓励市对县乡实行转移支付，并对市级政府为弥补财政困难县乡财力缺口而增加的财力性转移支付给予奖励。要继续加大省市财政转移支付力度。今年省财政转移支付资金（不含农村税费改革转移支付和各项专项补助）达80.62亿元，比上年增加了13.54亿元。各市财政在逐步加大对财政困难县支持力度的同时，不得通过调整财政体制或在体制外向县另行集中财力。各级财政要切实管好用好转移支付资金，规范运作，确保不被挪用，不断增强财政保障能力。现在，要查处一个挪用财政专项资金包括像教育专项资金的案子，非常困难。去年，湛江的一个案子，省多位领导包括主要领导反复批示多次，最后才真正查清楚并作处理。教育主管部门和各级教育部门还认为这种行为不是一个严重违纪违规的问题，有的还袒护，这种状况一定要改变，下来发现一个我们要严肃查处一个，绝不允许姑息。要大力推进县乡公共财政制度改革。今年全省免征农业税，各级要全面落实各项配套改革，县乡财政资金要按照公共财政要求合理安排，保证基层政权的正常运转需要。要全面落实教育、卫生、文化新增支出主要用于农村的政策，完善全省农村居民最低生活保障制度，加大对农村社会事业发展的投入，加快构建统筹城乡协调发展的公共财政体制。

（六）加强对政府债务的监控，切实防范财政风险。一是建立有效的政府债务预警机制。要及时掌握政府债务风险状况，加大对政府举债的监控力度，加强对市、县、乡镇各级政府举债和债务偿还的管理。要深入分析政府债务的总量变化、结构变化、政府偿债能力，研究建立政府债务预警机制，建立债务风险预警指标体系。二是建立预防和化解财政风险的预案。要在全面、系统调查的基础上，明确界定由财政负担的政府债务规模，认真研究逐步解决政府债务的办法和还债计划。要抓紧研究制定预防和化解财政风险的预案。三是严把支出关口，合理界定支出责任。省直各部门给市县提出办各种社会事业和发展政策等，要先征求财政部门意见，从严控制支出的源头。同时，要合理划分省、市、县、乡镇之间的办事责任与支出责任，属于省、市级政府承担的支出责任，省、市财政要予以资金保障，不得转嫁给县、乡镇政府；属于县、乡镇政府承担的支出责任，县、乡镇财政也要切实负责。

为了做好以上各项工作，确保我省财政的可持续发展，要大力推进财政系统的自身建设。认真贯彻并全面实施依法行政纲要，深化行政审批制度改革。进一步强化思想政治建设、班子队伍建设、行风建设和法治建设。做到成绩面前不停步、压力面前不退却、困难面前不气馁。下大力气抓好固本强基工程，切实搞好保持共产党员先进性活动，切实开展“理想、责任、能力、形象”教育，坚持教育、制度、监督并重的惩治和预防腐败工作，努力建设一支政治坚定、业务精通、清正廉洁、作风优良的财政工作队伍，为确保财政可持续发展提供有力的组织保障。

陈继兴厅长 2002 年 1 月 15 日在全省财政工作会议上的讲话

（节选）

2001 年全省财政工作情况

2001 年，全省各级财政部门在省委、省政府的正确领导下，在省人大监督支持下，认真实践江总书记“三个代表”的重要思想，认真落实省委、省政府的各项决策，坚持“稳中求进，有效增长”的方针，积极推进各项财政改革，强化收入征管，调整优化支出结构，努力保证重点支出需要。同时，加强财政管理和监督，整顿规范财经秩序，进一步做好防范化解金融风险工作，基本保证了我省国民经济和社会各项事业发展的资金需要，有力促进了社会经济发展，维护了政治安定和社会稳定。财政工作得到了省委、省政府的肯定。这都是大家共同努力的结果。在此，我谨代表省财政厅党组对大家并通过你们向全省财政系统的干部职工表示衷心的感谢。

（一）2001 年全省财政收支情况

在经济稳定增长的基础上，2001 年全省财政收支完成情况良好。据快报统计，2001 年全省地方一般预算收入完成 1 157.43 亿元，增收 250.2 亿元，增长 27.58%；全省一般预算支出完成 1 318.79 亿元，比上年增支 252.5 亿元，增长 23.68%。

从 2001 年预算执行情况来看，全省财政预算收支有以下几个特点：一是增收主要集中在 4 个主体税种和珠江三角洲地区，增值税、企业所得税、个人所得税、营业税共增收 221.23 亿元，占地方一般预算收入增收额的 88.4%；珠江三角洲 8 个市增收 144.2 亿元，占市县增收额的 88.2%。二是上划中央“两税”收入增长高于地方一般预算收入增长，我省上划中央“两税”收入 591.36 亿元，增长 29%，比全省一般预算收入增幅高出 1.5 个百分点。三是收入增长不平衡突出，收入增幅超过 40% 的有 4 个市，其中最高的顺德市增长达 48.9%，增幅低于 10% 的有 4 个市，其中增幅最低的市只增长 6.17%。四是社会保障支出增幅较大，增长 46.2%，超过一般预算支出平均增长水平近一倍。

（二）2001 年我省财政工作情况

总结过去一年的财政工作，以下四个方面的工作成效比较显著：

1. 坚持发展是硬道理，切实解决社会经济发展中的重点、热点和难点问题。

一是认真落实中央积极的财政政策。努力争取中央国债资金支持，中央安排我省国债资金 26.33 亿元（其中，有偿 19.31 亿元，无偿 7.02 亿元），各级也筹集了一部分配套资金。我省 100 多个国债项目从开工建设到去年 11 月份，累计完成投资 760.25 亿元，占计划总投资的 68.8%。这部分资金的投入，加快了基础设施建设步伐，进一步改善了投资环境，拉动了需求。同时，各级财政部门不断完善国债资金的监管，保证国债资金的专款专用，明确债权债务关系，加强对项目的检查，及时纠正违规行为；为保证按期偿还国债转贷资金，制定了对逾期缴付国债转贷资金利息实施财政扣款的办法，加大了国债资金利息的催收和偿还力度。

二是切实采取措施，努力解决拖欠工资问题。拖欠干部职工工资，不仅损害党和政府形象，严重挫伤干部职工的积极性，影响机关正常运转，而且我们从事财政工作的同志感到也未尽到职责。2001 年，各级财政部门按照省委、省政府的要求，高度重视行政事业单位人员工资的按时发放，把这项工作作为财政工作头等大事来抓，特别是存在拖欠工资问题的地区如湛江、茂名、梅州、韶关等市，在当地党委、政府领导下，认真落实消化拖欠工资责任制，积极采取措施，多渠道筹集资金，设立工资发放专户，实行工资统发制度，清理工资标准和补贴项目，清退超编人员，切实解决拖欠工资问题。省财政加大了转移支付力度，增加对困难市县转移支付和调资补助。在大家共同努力下，2001 年我省解决拖欠工资工作取得突破性进展，没有再出现新的拖欠工资现象，2000 年底前的旧欠大部分也得到了消化。

三是继续做好防范化解金融风险工作。全省各级财政在当地党委、政府的领导下，运用法律、经济、党纪和政纪等多种手段，多管齐下，努力做好我省中小金融机构资产保全、追收、盘活和打击逃废政府债务以及整治信用秩序等工作。截至 12 月底，全省地方中小金融机构已保全资产 535 亿元，占应收资产总额的 84.9%；已确权资产 421 亿元，占应收资产总额的 66.8%；追收资产 191 亿元，占应收资产总额的 30.4%，追收资产变现 45 亿元，占应收资产总额的 7.1%。追收进度比较快、追收额占应收资产总额超过 40% 的有河源市（48.6%）、梅州市

(42%)，资产变现成绩比较好的有梅州市（25.8%）、茂名市（15.9%）和韶关市（15.7%）。同时，各级财政努力筹集防范化解金融风险准备金，确保了中央专项再贷款的按时偿还，为重建广东金融信用作出了贡献。

四是认真抓好社会保障制度改革。大力增加社会保障的投入，全省财政社会保障支出增加15.07亿元，增长46.15%，占财政支出比重由2000年的3.06%提高到3.62%。积极筹集资金，保证“两个确保”资金的落实，截至去年11月底，全省各级财政安排国有企业下岗职工生活保障资金3.34亿元，占筹集资金总额6.7亿元的71%；2001年没有出现拖欠离退休养老金的现象。切实解决纳入最低生活保障线群众的生活问题，全省各级财政安排城乡居民最低生活保障金4.5亿元，增长108.8%，救济保障人数达47.5万人。继续推进社会保险扩面征收工作，快报统计，2001年全省养老、失业保险基金达242.9亿元，征缴额增加62.75亿元，增长34.8%。同时，进一步加强社保资金管理工作，制定了社保专项资金管理办法，开展了对社保资金的专项检查，规范了资金使用，确保了资金安全。

五是积极支持国有企业改革和发展。2001年仅省级财政就安排资金11.6亿元，支持企业技术改造和劣势企业退出市场，省财政安排粮食储备费用和消化粮食企业亏损挂账资金9.2亿元，粮食企业亏损挂账26亿元已消化完成，按期达到了国务院的规定要求。积极落实支持外贸发展的各项政策，及时核拨中央和省外贸出口商品贴息资金5.42亿元，有力地促进了外贸出口。同时，继续加强对国有资产管理，制定了《广东省省属国有资产经营公司资产经营责任制暂行办法》、《省属国有企业托管操作暂行办法》，加强企业国有资本和财务的统一管理，继续抓好授权经营、股权管理，做好企业效绩评价试点和国有资本保值增值考核工作，促进现代企业制度建立和完善。

六是推动教育事业发展。认真贯彻落实《国务院关于基础教育改革与发展的决定》，制订了一系列保障基础教育发展的政策措施，不断加大基础教育的投入力度，2001年，全省教育事业费增支33.57亿元，增长23.1%，增幅比2000年高4.3个百分点。其中：中小学教育经费增加19.71亿元，增长23.4%。省财政安排专项资金1.5亿元，用于全省农村人均年纯收入1 500元以下的困难家庭子女免收义务教育书杂费的专项补助，解决农村困难户60万名孩子上学难的问题。安排高校建设资金6.47亿元，支持我省高校提高办学水平和完成扩招任务。

七是加强农业的基础地位。全省各级财政积极贯彻落实中央和省关于农业、农村经济发展的各项方针政策，增加对农业投入，全省各级财政支农支出74.3亿元，增长12.9%，其中，省财政26.9亿元，增长14%。有力支持了农村水利建设和农业生产条件改善，促进了农业结构调整和产业化经营。落实中央和省灾歉及社会照顾农业税减免0.8亿元，减轻了灾区农民和困难农户的负担。

2. 坚持与时俱进，不断深化财政改革。

一是推进国库集中支付制度改革。全省基本实现行政政法机关人员、教师工资和离退休人员离退休费由财政统发的目标，纳入统发工资人员132.8万人，月统发工资额15.21亿元。对省财政安排的省属煤矿关闭的有关费用，委托银行或企业所在地财政部门实行集中支付。对财政安排的基建项目资金，实行按合同、工程进度直接支付到项目承建单位，2001年纳入集中支付的资金20.14亿元，减少了资金拨款环节，有效杜绝了单位挪用、滞留财政资金的违规行为，保证了资金的专款专用。

二是深化部门预算改革。为实现我省省级部门预算三年内全面铺开的目标，扩大了省级部门预算改革试点范围，试点单位从7个增加到27个。制定了《广东省省级部门项目支出预算管理试行办法》，进一步完善和细化定员定额标准，加强专项支出预算管理；市县也加快了部门预算编制改革步伐。推行部门预算改革，提高了预算编制的科学性和准确性，增加了预算透明度。

三是稳步推进农村税费改革。认真抓好徐闻、四会、兴宁三个县（市）税费改革试点，为今后全省推开农村税费改革积累经验。从试点情况看，规范了农村税费管理，减轻了农民负担，减负率达60%左右。

四是认真抓好政府采购制度改革。按照先易后难、循序渐进的原则，逐步扩大政府采购范围和规模，对基建项目、大宗物品和服务项目、九运会场馆设施等实行公开招标；抓好定点采购的落实，初步建立了评审专家库、信息资料库。2001年全省政府采购金额达43.9亿元，增长80.6%，节约资金5.7亿元，节约率10.9%，提高了财政资金使用效益，有效遏制了分散采购中的不正之风。

五是切实做好财政投资审核工作。各地级市均成立了投资审核机构，加强对财政投资项目的监管。全省各级财政审核机构审核项目资金的核减率10%左右，年核减额超过10亿元，节约了财政资金，提高了投资效益。

3. 坚持依法理财，认真整顿和规范财经秩序。

一是坚决贯彻落实“收支两条线”规定。根据中纪委第五次会议要求，制定了落实“收支两条线”工作意见，认真清理整顿政府性基金及行政事业性收费，全省共取消违规的政府性基金、行政性收费和罚没项目185项，对减轻群众及企业负担，遏制乱收费，从源头上防治腐败起到了积极作用。

二是认真开展财政监督检查工作。积极开展《会计法》执行情况检查，组织了对省农话局、电力系统和26所中专学校的会计信息质量抽查、56家中介机构执业情况的核查。认真清理领导干部借用公款，全省共清理出领导干部借用和批准借用公款8.24亿元。切实抓好行政事业单位银行账户清理工作，全省共撤销违规银行账户3 988个、预算外收入过渡户1 172个。通过检查清理，规范了各单位财会行为，严肃了财经纪律。

三是加强对彩票市场的监管。加大打击非法彩票力度，到私彩严重的地区进行调查，制定了对举报有功人员进行奖励的办法。针对目前彩票发行管理存在的问题，通过深入调查，结合我省实际，研究制定加强彩票市场管理的办法，不断完善彩票市场管理制度，促进我省彩票市场的健康发展。

四是积极开展会计委派试点和派驻财务总监工作。全省各地级市都开展了会计委派试点，实行会计集中核算的行政事业单位有7200个，委派人员2108名；向国有企业和行政事业单位派出财务总监848人，24个重点基建项目也委派了财务总监，实行村账镇管的行政村991个。推行会计和财务总监委派制，强化了财务管理，加强了财政监督。

4．坚持以人为本，继续加强干部队伍建设。

按照江总书记关于“努力造就一支政治过硬、业务熟练、作风优良的财税干部队伍”的要求，切实加强领导班子建设，增强创造力、凝聚力和战斗力，更好地带领全体干部职工出色地完成各项财政工作任务；认真落实“三讲”教育和“回头看”活动中制定的27条整改措施，建立健全各项规章制度，保证班子决策的规范化、民主化和科学化。认真抓好廉政建设，组织开展对科以上干部个人收受“红包”的清理，建立“廉政账户”，制定了加强廉政建设的工作责任制。努力加强财政系统精神文明建设，制定了财政系统精神文明建设规划，把精神文明建设作为考核、评价领导班子和干部的重要内容；积极开展创建文明财政所活动，对56个全省文明财政所进行了表彰，从加强精神文明建设着手，切实转变机关作风，增强服务意识，提高工作效率。严格执行干部任前的公示制度，建立公开、平等、竞争、择优的用人机制，扩大群众在干部选拔任用中的知情权、参与权、监督权。认真落实干部轮岗交流制度，2001年厅机关科以下干部轮岗面达到25%。继续抓好对干部的业务培训，制定了干部教育培训规划，使干部学习培训制度化、经常化，不断提高财政干部队伍素质。

2002年我省财政工作的主要目标任务

2002年，既是我国作为世贸正式成员在更广泛领域和更深层次上参与经济全球化的一年，也是我们创造优异成绩迎接党的十六大和省第九次党代会召开的一年。今年，我们仍然面临着国内需求和世界经济增长缓慢甚至衰退的不利影响，改革与发展过程中的许多深层次矛盾将更加显现出来，因此，我们必须保持清醒头脑，认真分析和思考财政工作面临的形势，把握机遇，迎接挑战，积极应对，争取更大的发展。

对于当前我省财政面临的形势，可概括为以下四个方面：一是财政工作面临新的挑战。加入世界贸易组织，对我省的一些产业、企业，以及政府运作和管理机制的影响，将逐步表现出来。财政作为政府的综合管理部门，“入世”对社会经济方方面面的影响，必将直接或间接地反映到财政收入、支出和管理中来，这是今年财政工作面临的新形势和新挑战。二是收入增幅将趋缓。据专家们预测，国际经济形势不容乐观，经济发展将放缓甚至可能出现衰退，特别是美、日、欧三大经济体同时走入低谷，为近二十年来所罕见。这对于外向依存度较高的我省来说，将面临比亚洲金融危机更严峻的形势。加入世界贸易组织，将对我省的一些企业，特别是市场竞争力不强的企业将产生巨大冲击，经济增长将受到许多不利因素的制约。经济决定财政，这些不利因素将制约财政收入的增长。加上今年中央实施所得税收入分享改革，对我省可支配财力也将产生一定的影响。三是财政保障责任将会增大。随着经济市场化进程的加快和各项改革的深化，给财政工作提出了越来越高的要求，财政保障的范围和职责越来越大，如建立社会保障体系、加快经济结构调整、推进国企改革和发展、加强农业基础地位、实施“科教兴粤”战略、协调地区发展、防范化解金融风险等等，都要求财政从财力上予以保障和支持。四是财政管理模式将面临重大转变。经过近几年的改革实践，以实现财政职能的“归位”、编制部门预算、国库集中支付、政府采购等为主要内容的公共财政改革取得了较大的进展，初步建立了与社会主义市场经济相适应的财政运行机制，摆脱了计划经济下的财政管理模式，逐步实现向适应市场经济模式的管理方式过渡。这些改革举措，虽然提高了理财水平，为从源头上防治腐败发挥了重要的作用。但与市场经济和世贸组织规则相适应的财政制度和管理机制还没有完全建立，财政改革仍然任重而道远，需要我们在实践中不断加以完善和深化，实现财政管理模式的转变。

综上所述，财政工作和改革面临许多新的形势和变化，我们必须把变化过程中可能出现的困难估计得多一些，应对措施准备得充分一点，做到未雨绸缪，创造性地抓好今年的各项财政工作。

根据全国财政工作会议和省委工作工作会议的有关精神，2002年我省财政工作的指导思想是：以江泽民同志“七一”讲话精神和“三个代表”的重要思想为指导，深入贯彻落实党的十五届五中、六中全会和省委工作会议精神，继续执行积极的财政政策；严格依法征税，强化税收征管，确保财政收入的稳定增长；按公共财政要求，加大调整财政支出结构力度，保证重点支出需要；稳步推进财政改革，强化财政管理，加快公共财政体制的建设；为加快实施外向带动、科教兴粤、可持续发展战略作出积极的贡献。

按照上述指导思想，2002年全省财政工作的主要目标任务是：

（一）保持收入稳定增长，增强财政实力。按可比口径计算，2002年全省地方一般预算收入计划安排1273亿元，比快报数增长10%。这样的财力规模，占全国地方本级收入的14.7%，我省财政实力进一步增强。几个主体税种中，增值税25%部分计划197亿元，增长13%；营业税计划348.6亿元，增长9%；企业所得税计划282.3亿元，增长12%；个人所得税计划139.9亿元，增长20%。

（二）增强财政保障能力，继续优化支出结构。全省一般预算支出计划安排1437亿元，比快报数增长9%。要确保机关事业单位职工工资的按时发放，不准出现拖欠工资现象。足额安排社会保障支出，保证国有企业下岗职工基本生活保障金、企业养老金、城乡居民最低生活保障资金的按时足额发放。农业、科技、教育等重点支出要达到法定要求。要严格执行《预算法》，坚持收支平衡，不打赤字预算。

（三）深化财政改革，加快建立公共财政体制。部门预算改革在省级全面铺开，市县要加快试点步伐；财政集中支付制度试点进一步扩大范围；政府采购规模和项目进一步拓展；深化“收支两条线”改革，实行收支脱钩和征缴分离，编制综合部门预算；农村税费改革在珠江三角洲地区全面试点；做好所得税分享改革的工作；加快财政管理信息化建设步伐。

（四）提高干部综合素质，切实转变工作作风。面对今年繁重的工作任务和新的形势，需要一支素质过硬的财政队伍，保证各项任务的完成。各级财政部门要以实际行动，落实“转变作风年”的要求，使财政部门的作风有明显好转。

坚定信心，振奋精神，开拓创新，与时俱进，扎实做好2002年各项财政工作

做好2002年的财政工作，对于促进国民经济持续健康发展和政治安定、社会稳定具有重要意义。我们一定要按照“三个代表”的要求，重点做好以下八个方面的工作。

（一）认真贯彻落实扩大和培育内需的方针。各级财政要认真贯彻落实中央和省委关于扩大和培育内需的决策，制定相应的措施，切实发挥财政积极作用。一是要积极争取中央国债资金的支持，落实好地方配套资金；切实加强国债资金的管理，对国债资金使用项目要实行全过程监督检查和追踪问效，防止和减少浪费，把保持投资力度与保证投资效果结合起来。二是认真执行机关事业单位的调资政策，适当提高离退休人员养老金标准，落实好城乡居民最低生活保障线和“两个确保”资金，提高老百姓的购买力水平，促进消费需求。三是要增加农业投入，加强农村基础设施建设，支持农村电网改造和科技推广，促进农业结构调整和农业产业化经营，认真落实粮食体制改革的各项政策，努力增加农民收入，培育和开拓农村消费市场。

（二）强化“收支两条线”管理。深化“收支两条线”改革，是按照公共财政要求非进行不可的重大改革。从我省的检查情况来看，“收支两条线”管理仍存在不少问题，乱收、乱罚、截留、挪用预算外资金等违法乱纪现象时有发生，不仅干扰了正常的经济秩序，而且影响了政府部门形象。深化“收支两条线”改革，实行收支脱钩和收缴分离，势在必行。各级财政部门要按照国务院的要求，认真抓好这项工作，从2002年起，省级公安、法院、工商、环保、计划生育等执收执罚部门的预算外收入要全部上缴国库，纳入预算管理并实行综合部门预算，市县也要加快这项改革，对以上执收执罚部门的预算外收入纳入预算，实行收支脱钩管理。其他行政事业单位收费一律缴入财政专户管理。在收缴制度上，要继续推行和完善收费、罚没收入实行“单位开票、银行代理、财政统管”的征管体制，从体制上防止截留、挤占、挪用预算外收入。同时，各级财政部门也要增强服务意识和保障意识，该拨的资金要及时、足额予以拨付，该预拨的要预拨，防止改革单位的正常支出得不到保证，影响机关正常运作和职能的行使。

（三）确保工资发放和重点支出需要。各级财政必须坚持“一要吃饭，二要建设”的方针，按照李岚清副总理关于“不拖欠工资是第一政绩”的指示精神，千方百计保障机关事业单位职工工资发放。预算上必须打足，不准工资留硬缺口又安排其他支出。对各县（市）工资专户的资金运转情况，市里要加强监督。省对市县转移支付新增财力，各地要首先用于保证行政事业单位职工工资的按时发放。凡是不能按时发放工资的地方，不能盖楼堂馆所，领导干部不准出国、不准购买汽车。同时，各级财政要大力调整和优化支出结构，继续压减对一般竞争性和经营性领域的投入，保证支农、教育、科技、环保、社会保障等重点支出。

（四）继续深化财政改革。党的十五届六中全会把推行编制部门预算、国库集中支付、政府采购等改革内容写入加强和改进党的作风建设的“决定”，作为廉政建设的治本之策。这充分说明财政改革不只是一个财政问题、经济问题，也是一个政治问题。我们要站在政治的高度，巩固和扩大改革成果，不断创新财政管理机制。

一是积极推进编制部门预算改革。省级编制部门预算改革将在总结27个单位试点经验的基础上，在省直部门全面铺开。没有实行编制部门预算的市县，今年内一定要实行，进一步提高部门预算编制的科学性和准确性，增强预算的透明度。

二是全面实行政府采购制度。要继续扩大政府采购的规模和范围，编制政府采购目录和政府采购预算；要加快政府采购法制建设，尽快出台《广东省政府采购条例》，建立政府采购的市场准入制度、信息公告制度、统计分析制度和资金集中支付制度，规范政府采购行为，做到公开、公平、公正。要理顺工作关系，将政府采购的管理机构与执行机构分开设置。对政府采购的过程和结果要加强监督，防止腐败。

三是加快实施国库集中支付制度。要尽快建立国库管理机构，积极开展国库管理制度改革试点，把财政直接支付资金的范围逐步扩大到事业单位人员工资、大型修缮资金、政府采购资金、社会保障支出等；进一步完善财政安排的基建项目资金集中支付办法。

四是抓好所得税收入分享和农村税费改革。所得税改革是中央的一项重要决定，各地要大力支持和配合。这次改革涉及到省市县三级企业所得税和个人所得税的调整，为了保持我省体制的相对稳定，今年省对市县地方所得税

收入部分分享比例和办法仍保持不变。在这里，我要强调的是，各级财政部门要积极配合税务部门加强对企业所得税和个人所得税的征管，做到应收尽收，今年所得税收入一定要比去年有所增长，决不能出现下降的情况。农村税费改革要在总结兴宁、四会、徐闻三个试点县（市）经验的基础上，在珠江三角洲地区全面试点。各试点市、县（市）财政部门，一要切实加强对改革的领导，精心组织，有计划、有步骤地推进改革；二要严格按照中央税费改革政策办事，改革方案的制定和实施要贯彻“减轻、规范、稳定”的方针，始终把减轻农民负担放在首位；三要坚持走群众路线，广泛征求农民意见，得到农民的支持；四要认真抓好配套改革，包括乡镇机构改革，农村教育体制改革，完善农业税收征管办法，建立健全村级“一事一议”制度，建立有效的农民负担监管机制等。

五是进一步完善转移支付制度，加大转移支付力度。省财政转移支付制度既要突出照顾 16 个特困县，同时又要兼顾粤东、粤西和粤北地区的困难市县。要认真落实省委、省政府关于“省财政要加大对贫困地区转移支付力度”的决定，促进地区协调发展，2002 年省财政安排转移支付资金增加 25.9 亿元，将对以下三个方面增加补助：(1) 按 2001 年转移支付基数递增 10%或 8%；(2) 2001 年 10 月 1 日调资翘尾巴和提高第一次调资补贴标准；(3) 2002 年将出台的调资政策。

六是适应信息化时代的发展要求，加快财政管理信息化建设步伐。要认真总结南海市财政信息化建设的经验，在不断完善的基础上，珠江三角洲 8 个市的镇一级财政今年要全面推广应用南海市财政管理和农业税收征收信息化管理，山区县的三分一乡镇财政要进行试点，争取用三年左右时间，全面实现全省镇一级财政管理信息化。

（五）进一步整顿财经秩序。经过去年的整顿，当前财经秩序有所好转，但仍然存在不少问题，比如私设“小金库”、挤占成本、转移截留收入、挪用专项资金等违法违纪现象还比较严重。各级财政部门要按照国务院关于开展整顿和规范市场经济秩序工作的总体部署，在积极推进财政改革的同时，大力开展严肃财经纪律、整顿财经秩序工作。一是要按照朱镕基总理对财会人员提出的“诚信为本，操守为重，遵循准则，不做假账”的要求，深入开展《会计法》执法情况检查和会计信息质量抽查，对查出的严重违法违规行为，除责令限期整改外，要严格按照《会计法》和有关法律、法规，对相关责任单位和人员给予行政处罚和行政处分，构成犯罪的移交司法机关依法追究刑事责任。要严肃查处中介机构出具虚假资信证明、虚假评估、虚假鉴证等不法行为，并通过媒体向社会曝光。二是要严肃查处各种坐收坐支、截留收入、挪用资金、私设“小钱柜”等违法违纪行为。三是继续稳步推进会计委派制度试点工作，扩大财务总监的委派面，总结经验，进一步完善有关制度。

（六）支持国有企业和社会保障制度改革。各级财政必须顾大局、识大体，提供必要的财力支持，推进各项改革。一是要贯彻落实十五届五中全会精神，以结构调整为主线，综合运用财政政策，大力支持国有企业重组改制，特别是劣势企业退出市场，形成比较合理的国有经济结构布局；积极稳妥地实施好债转股、国有股减持政策，完善企业法人治理结构，促进企业加快建立适应市场竞争需要的经营机制。二是支持高新技术产业发展，从整体上提高国有企业的竞争力；改革和完善出口退税机制，认真执行出口生产企业全面实行“免、抵、退”办法，实行外贸企业代理制。要落实好粮食风险基金的配套资金，改进和完善粮食补贴政策和办法，使粮农实现增产增收，保护好农民的利益。三是要按国务院要求，做好城镇社会保障体系试点工作，继续加快和完善社会保障体系建设，增加社会保障的投入；要从讲政治的高度，贯彻落实“两个确保”的各项工作，支持改革和完善养老保险和城乡居民最低生活保障制度，积极支持城镇职工基本医疗保障制度、农村合作医疗制度以及医药、卫生体制的改革；要规范社会保险资金管理，建立完善各项社会保险基金收支的自身平衡机制。

（七）继续做好防范化解地方金融风险工作。为解决我省地方中小金融机构和农金会金融风险问题，我省已向中国人民银行专项再贷款 356 亿元。2002 年需还款 45.62 亿元。由于今年所得税实行中央与地方分享改革，直接影响我省地方可支配财力，欠发达地区按期归还人民银行再贷款困难加大，为保证我省的金融信用，一是各级财政要落实省政府关于建立防范化解金融风险准备金制度的决定，积极筹集资金，确保专项再贷款的按时偿还；二是要认真配合做好中小金融机构和农金会资产的保全、追收、盘活和变现工作。对不能按期归还借款的市，省财政将继续实行扣款措施，保证按时足额归还再贷款；三是要加强对全省地方金融机构财务的监管，制定监管办法，逐步建立统一的监管体制。

（八）积极应对“入世”挑战。加入世贸组织是我国改革开放和现代化建设中具有历史意义的一件大事，标志着我国改革开放进入了一个新的阶段。大家要面对挑战，认清国际形势和世界经济发展趋势，充分认识我国加入世贸组织的重大意义，把思想统一到中央的决策上来。一是要加强培训和学习，不要只停留在对世贸组织的一般了解上，要尽快熟悉和掌握 WTO 的相关规则，认清利弊关系。在学习中一定要联系财政工作实际，认真研究分析“入世”对财政收支的影响以及对财务会计等基础性工作提出的新课题，抓紧制定应对措施。二是要按照 WTO 规则要求，对我省现行财税规章制度和政策进行清理、修订和调整，积极主动改革与财政相关的行政审批制度。三是要加快转变财政管理的方法，提高工作效率和服务水平，规范行政程序，切实做到依法理财、依法行政。

加强学习，转变作风，全面提高财政干部综合素质

做好财政工作，关键在人。建立一支高素质的干部队

伍，是做好财政工作的重要保证。今年是“转变作风年”，各级财政部门要以“三个代表”重要思想为指导，认真贯彻十五届六中全会和省委八届八次会议精神，结合财政部门实际，按照“八个坚持、八个反对”的要求，严格对照检查，针对存在的突出的问题，制定切实有效的整改措施，狠抓落实，使财政部门的思想作风、工作作风、领导作风有明显转变。

一是认真落实“三个代表”要求，坚持为民理财。最广大人民群众的根本利益是我们一切工作的出发点和归宿，也是实践“三个代表”的根本要求。财政收入取之于民，用之于民，财政工作与广大人民群众的切身利益息息相关。因此，我们必须时刻想着群众，牢固树立群众意识，无论是政策的制定，还是改革方案的实施，都要把人民群众利益放在首位。财政收支的安排既要维护人民的长远利益，又要解决人民群众的眼前问题。当前特别要做好机关事业单位职工工资的按时发放以及“两个确保”、“一个低保”和扶贫等工作，解决人民群众生活困难，保证最基本的生活需要。

二是增强服务意识，转变工作作风。要始终坚持实事求是的思想路线，防止形式主义、官僚主义，做到重实际、说实话，办实事、求实效。要加强调研，创造性地开展工作。要增强服务意识，廉洁理财，文明服务，主动完善内部监督管理机制，从制度上防范以权谋私和滥用职权。

三是适应新的形势，切实加强学习和培训。财政工作政策性强，需要具备较高的理论和业务素质。各级财政干部要时刻把握先进文化的发展方向，用先进文化武装头脑，提高政治敏感性和政治鉴别力。同时，财政干部要适应建立市场经济、公共财政及加入世贸组织的要求，加强对现代科技、法律、外语和计算机等知识的学习，加快知识更新，努力提高综合素质。

同志们，新的一年，财政工作任务很重。我们要紧紧围绕省委、省政府的中心工作，在各级党委、政府的正确领导下，统一思想，振奋精神，与时俱进，开拓创新，转变作风，扎实工作，圆满完成 2002 年财政任务，以优异的成绩迎接党的十六大和省第九次党代会的胜利召开。

刘昆厅长 2003 年 1 月 9 日在全省财政工作会议上的讲话

（节选）

2002 年我省财政工作情况

2002 年，全省各级财政部门认真贯彻落实“三个代表”重要思想和省第九次党代会精神，在省委、省政府的正确领导下，继续执行积极的财政政策，大力推进各项财政改革；进一步加强收入征管，确保财政收入的稳定增长；调整和优化支出结构，逐步提高财政对重点支出的保障程度；进一步整顿和规范财经秩序，继续做好防范化解金融风险的工作，为贯彻实施外向带动、科教兴粤、可持续发展和区域协调发展战略，促进经济发展和社会进步做出了积极贡献。

（一）2002 年全省财政收支完成情况

经过全省各级财政部门的共同努力，扎实工作，2002 年全省财政运行基本正常，收支完成情况良好。据快报统计，2002 年全省一般预算收入完成 1 200.95 亿元，按可比口径，比上年增收 175.09 亿元，增长 17.07%。全省一般预算支出完成 1 519.97 亿元，比上年增支 201.18 亿元，增长 15.26%。

2002 年全省财政预算收支有以下几个特点：一是收入增长继续快于国民经济增长，增幅高于 GDP 增幅 6.27 个百分点，但收入增长速度明显减缓，特别是受所得税收入分享改革影响，上半年全省地方收入增幅明显放缓，进入第三季度以后，全省收入形势才有所好转。二是收入增长从税种看，主要集中在增值税、营业税、个人所得税和契税，以上 4 个税种共增收 123.2 亿元，占收入增收额的 70.36%；从地区看，仍集中在珠江三角洲 8 个市，共增收 125.57 亿元，占市县增收额的 85.39%。三是地区间收入增长幅度差距较大，但财力向珠江三角洲集中的趋势有所改善。各市收入增幅在 20% 以上的有 10 个市，增幅在 10% 以下的有 3 个市，收入增幅最高和最低的市之间相差 35.54 个百分点。有些市，如河源、清远等，财政收入增长高于全省平均增长水平，显示我省区域协调发展战略取得了成效，财力过度集中于部分地区的势头有所缓解。

（二）2002 年我省财政工作情况

我省各级财政部门按照社会主义市场经济发展的要求，深化财政改革，着力调整支出结构，加强和规范财政管理，保障了中央和省委、省政府各项政策的落实，支持了各项重大改革，促进了经济和社会各项事业的发展。回顾过去的一年，我们着重抓了以下几个方面的工作：

1. 树立大局意识，充分发挥财政的职能作用，促进经济和社会发展。

（1）贯彻落实积极财政政策，采取一系列措施鼓励投资、刺激消费、扩大出口。一是积极争取中央国债资金23.34亿元，认真落实地方配套资金。通过国债投资，带动了银行和社会资金投入到基础设施建设，加快了农林水利、交通、城乡电网等设施的建设步伐，拉动了需求。同时，加强对国债资金项目的管理和检查，按期缴付中央国债转贷资金利息2.87亿元。二是积极落实支持外贸出口各项政策。对生产性企业出口货物全面实行“免抵退”税措施，全省共办理退（免）税246.53亿元，增长35.1%；扩大出口企业退税账户托管贷款贴息范围，由国有企业扩大到具有法人资格、有进出口经营权的出口企业和外商投资企业，资助比例提高至80%。省财政及时核拨了中央补助的扶持外贸资金5.41亿元，安排了外贸出口专项资金、科技兴贸专项资金、中小企业国际市场开拓资金等1.1亿元，各级财政也落实了促进外贸出口的各项资金，有力促进了外贸出口。此外，省财政安排专项资金0.15亿元，支持由省政府组织的“广货”展销会，努力开拓国内市场。

（2）支持国有企业改革，加强国有资产监管。各级财政积极推进国有经济战略性调整，支持国有企业的重组改制。省财政安排了关闭煤矿费用4.9亿元、省属劣势企业退出市场职工解除劳动关系补助资金3亿元、企业离休人员医疗费补助及省属企业离休干部增发生活补贴0.81亿元、在再就业中心的国有企业下岗职工解除劳动关系经济补偿金4.3亿元，安排有色矿山关闭破产费用4.9亿元，有力促进了国有经济的结构调整。进一步加强国有资产管理，与省属22家资产经营公司（集团）签署了资产经营责任书，做好企业效绩评价试点和国有资本保值增值考核工作，加强已派财务总监的管理，促进了资产经营公司责权利的统一。

（3）加大社会保障投入，完善社会保障体系。做好“两个确保”工作，各级财政部门安排国有企业下岗职工生活保障补助资金2.59亿元，其中省财政安排1.65亿元。支持城乡最低生活保障制度的建设，各级财政安排最低生活保障补助资金4.5亿元，其中省财政安排2.39亿元，努力做到应保尽保，全省约有90万人纳入低保范围，比上年增长97%。支持农村合作医疗制度的建立和完善，提高贫困地区重点优抚对象的生活和医疗补贴标准，帮助困难群众解决“看病难”问题，省财政安排资金1.72亿元。支持贫困地区开展法律援助工作和建立公职律师事务所，帮助困难群众解决“打官司难”问题，省财政安排资金0.15亿元。为切实解决华侨农场改制中遇到的问题，召开了全省性专门会议，制定了一系列的政策措施，省财政仅安排改制补缴社会保险统筹金和解除农场职工劳动关系一次性经济补偿金就达3.35亿元。同时，坚持以实现养老保险基金收支平衡为核心，继续巩固和扩大养老保险覆盖面，保证企业养老金及时足额发放；制定了《广东省省属国有企业下岗职工解除劳动关系经济补偿金省级财政补助资金管理办法》，从制度上确保了补助资金的专款专用。

（4）努力筹集资金，防范化解金融风险。积极筹集防范化解金融风险准备金，2002年归还中央专项再贷款137.15亿元。各级财政规范资金的借用程序，严格审核把关，加强对准备金使用的管理，继续做好对地方金融机构资产的追收和处置，加大地方金融机构的资产和财务监管，及时处置地方金融机构出现的问题。

（5）增加科教投入，贯彻实施科教兴粤战略。全省各级财政大力支持教育事业发展，努力建设教育强省。全省财政教育事业费支出233.1亿元，增长30.1%；科学事业费15.3亿元，增长27.5%。从省级财政来看，支持科教发展突出了以下几个方面：为贯彻省委、省政府对全省农村人均年纯收入1 500元以下的困难家庭子女免收义务教育书杂费补助的决定，安排资金3.8亿元，解决了103万名困难家庭子女上学难问题；支持欠发达地区中小学布局调整、改造1 000所老区农村学校以及贫困山区300所中小学英语和信息化教育，共安排资金5.8亿元；支持中山大学、华南理工大学等高校改善办学条件以及建设广州大学城，共安排资金16.47亿元；为增强我省科技创新能力，支持企业技术开发和创新，推动企业的技术进步，科技方面的资金投入达到7亿多元。

（6）支持农村经济发展，巩固农业基础地位。全省各级财政部门进一步加大财政支农力度，全省农业方面的支出81.25亿元，增长17.4%。在加大对农业投入的同时，着力结构调整，突出支农重点。省财政安排资金1.95亿元，支持农业龙头企业的发展，扶持农业综合开发；投入水利建设资金和林业资源保护资金21.35亿元，支持农村水利建设，改善了农业生产条件，促进农业生态环境的改善。另外，为支持农村税费改革扩大试点，安排转移支付补助资金2.17亿元；为帮助灾区农民和困难农户解决生产生活问题，落实农业税政策性减免0.45亿元、抗旱抗洪救灾资金0.56亿元、扶持年纯收入3万元以下的贫困村发展集体经济0.5亿元。

2. 努力开拓创新，财政改革迈出新的步伐。

2002年，我们继续以建立适应社会主义市场经济的公共财政基本框架为目标，坚持体制创新，不断深化改革，改变支出管理方式，各项财政改革迈出了新的步伐。

（1）积极推进部门预算改革。为实现省直部门预算在2003年全面推行的目标，在对省直单位全面开展清产核资、摸清“家底”的基础上，认真总结了27个单位试点经验，制定了部门预算管理办法，提前预算编制时间，规范预算编制程序，细化预算编制内容。通过努力，按时完成了102个省直单位的部门预算编制。各市也按照省厅要求，进一步扩大部门预算试点范围。部门预算的实施，初步形成了预算管理的新机制，增强了预算的约束力和严肃性，提高了预算透明度。

（2）稳步推行国库集中支付制度。一是建立健全机构，全省已有16个地级市成立了国库管理机构，广州、深圳、珠海、汕头设立了国库支付中心。省厅国库处和国库支付中心经人事编制部门批准，也正式开始运作。二是制定财政国库管理制度改革实施办法，确定省计委、省经贸委、省科技厅、省财政厅等10个部门作为改革试点单位，通过招标确定了财政国库集中支付的代理银行，为改革试点做好了准备。广州、汕头、珠海等市率先开展了国库管理制度改革，为我省推行这项改革积累了一定的经验。

(3) 继续深化政府采购制度改革。机构进一步健全，全省设立政府采购机构130个；范围进一步拓展，从汽车、计算机、空调、复印机等通用货物的采购扩大到办公楼修缮、装饰和网络工程、汽车保险等工程和服务类项目；规模进一步扩大，全省达到72.12亿元，比上年增长53.84%；制度进一步完善，初步建立了项目专家库，制定了市场准入、信息公告和资金集中支付制度。政府采购制度改革的推进，强化了预算约束，节约了财政资金。全省政府采购节约资金10.88亿元，节约率达到13.11%。另外，各级不断加强财政投资基建项目的审核，规范政府公共工程管理，全省共审核项目资金208亿元，核减率约12%，有效控制了工程造价，提高了财政投资效益。

(4) 扎实推进“金财工程”建设。按照我省“金财工程”分步实施计划和三年内全省镇一级财政实现管理信息化的要求，2002年，在珠江三角洲8个市和山区县的三分之一乡镇开展财政管理和农业税收征管信息化试点，举办了33期乡镇财政信息化软件培训班，培训业务人员1 500多人，试点地区成立乡镇财政结算中心238个。

3. 财政监督力度明显加大，财经秩序进一步规范。

(1) 全面落实“收支两条线”规定。按照中央要求，对省公安厅、省工商局等5个执收执罚部门的预算外收入全部上缴国库，纳入预算管理；对省司法厅、省建设厅等6个部门的预算外收入缴入财政专户，实行收支脱钩，支出统筹安排。对涉农、涉企、涉教收费实行公示制度，对涉农、涉企收费推行“两证一票一卡”（收费许可证、收费员证、统一票据和企业、农民交费登记卡）管理办法，对中小学收费从2002年秋季开学起全面实行“一费制”，规范了收费管理，减轻学生负担约10亿元。加强政府性基金和行政事业性收费的清理检查，按中央要求取消了18项政府性基金，每年减少群众负担10多亿元；对13个市的非经营性路桥收费站收费开展了专项检查，纠正了违规行为，完善了相关制度。

(2) 认真开展“四个摸清”工作。为加强省直单位“收支两条线”管理，规范机关单位收入分配秩序，对省直行政事业单位开展了“四个摸清”工作，基本摸清各单位自行发放补贴的资金来源、支出渠道、银行账户开设情况以及福利补贴的发放水平，为建立透明规范的公务员收入分配制度打下了基础。

(3) 切实加强财政监督检查。继续开展《会计法》执法检查，扩大会计信息质量检查范围，重点抽查了省电力、教育系统和境外企业以及部分会计师事务所的质量检查，同时对2001年检查存在问题的单位依法进行了处理，严肃了财经纪律；加强对中介机构的监管，对年检不合格的7家会计师事务所作出了限期整改、停业整顿的处理，注销了12名注册会计师的执业资格，同时建立了业务报备及谈话提醒制度，加强行业诚信管理，努力提升行业的公信力。

4. 干部综合素质进一步提高，工作作风切实转变。

2002年是“转变作风年”。各级财政部门认真实践“三个代表”重要思想，按照十五届六中全会提出“八个坚持、八个反对”的要求，结合实际，严格对照检查，针对存在的突出问题，制定切实有效的整改措施，狠抓落实，使财政干部队伍综合素质得到进一步提高，工作作风明显转变。一是认真实践“三个代表”重要思想，坚持为民理财。各级财政部门认真制定政策措施，以实际行动，密切关心解决人民群众生活困难。如认真解决困难群众“四难”问题、做好“两个确保”、“一个低保”、再就业和扶贫等工作，帮助困难群众解决生产生活问题。二是严格执行廉洁自律各项规章制度，全面落实党风廉政建设责任制。通过抓好“纪律教育学习月”和警示教育活动，在干部职工中树立艰苦奋斗、勤俭节约、廉洁从政、依法理财的思想。三是适应新的形势，切实加强学习和培训。为适应建立市场经济、公共财政及加入世贸组织的要求，组织厅机关干部170人参加WTO知识培训班，100多人进行公务员英语培训；举办2期公共财政理论专业培训班、4期乡镇财政所长培训班以及一系列财政干部学法普法活动。通过加强对干部队伍的理论培训，加快了知识更新，提高了干部队伍的综合素质。

2002年财政工作成绩的取得，应归功于省委、省政府的正确领导，也归功于全省财政系统广大干部职工的辛勤工作和共同努力。近几年来，财政改革不断深化，实力显著增强，职能进一步完善，管理更趋科学规范，公共财政体系初步建立，这些都是与广大干部职工爱岗敬业、无私奉献、努力拼搏、勇于创新分不开的。这次会议将对近几年来全省财政系统涌现出的29个先进集体和30名先进工作者进行表彰，我代表财政厅党组向他们表示祝贺！希望受到表彰的单位和个人再接再厉，继续发扬成绩。同时，我们要以他们为榜样，学习他们艰苦奋斗、爱岗敬业的奉献精神，积极开拓、勇于改革的创新精神，严格要求、清正廉洁的自律精神，努力实现财政改革的新突破，开创财政工作的新局面。

认真分析判断形势，切实安排好今年财政收支计划

2003年我省财政工作仍然存在着许多有利和不利因素。从有利的因素看，首先，十六大的胜利召开，极大地鼓舞了党心、民心，省委九届二次会议进一步明确了我省在新的发展阶段的奋斗目标，全省上下士气高昂，精神振奋，实践“三个代表”、投身全面建设小康社会的热情高涨，这是我省加快发展的强大精神动力，也是我们进一步推进财政工作难得的机遇。其次，随着我省经济的持续、快速、健康发展，经济结构调整步伐的加快，企业经济效

益得到进一步提高，这些都将为我省今年财政收入的稳步增长打下坚实的基础。第三，当前世界经济出现了一些复苏迹象，特别是与我国经济联系紧密的亚洲一些国家和地区经济回升较快，这对于外向依存度较高的我省来说，有利于抓住机遇，加快发展。不利的因素表现在：一是财政减收因素较多，今年所得税中央与地方分享比例从“五五”改为“六四”，如地方所得税按增长10%测算，则2003年我省地方所得税净上交中央将达78亿元，其中因中央分成比例提高10个百分点而增加上交13亿元；随着生产性企业出口货物实行“免抵退”税收政策的进一步推行、税收清缴收入的减少及电价下调等，将影响我省财政收入的增长。二是财政支出的压力越来越大。健全社会保障体系、加快经济结构调整、推进国企改革和发展、加强农业基础地位、实施“科教兴粤”战略、协调区域发展、防范化解金融风险等，都要求财政从财力上予以保障和支持。三是财政改革仍然任重而道远。经过近几年的改革实践，以编制部门预算、国库集中收付、政府采购等为主要内容的公共财政改革取得了较大的进展，这些改革举措，虽然提高了财政资金的使用效益，为从源头上防治腐败发挥了重要的作用。但与市场经济和世贸组织规则相适应的财政制度和管理机制还没有完全建立，需要我们在实践中不断加以完善和深化。面对这些因素，我们必须高度重视，积极采取有力措施，创造性地抓好今年的各项财政工作。

根据全国财政工作会议和省委九届二次全会的有关精神，2003年我省财政工作的指导思想是：以“三个代表”重要思想为指导，全面贯彻十六大和省第九次党代会精神，继续执行积极的财政政策，保持政策的连续性；严格依法征税，强化税收征管，确保财政收入的稳定增长；调整财政支出结构，加强支出管理，保障重点支出需要；深化财政改革，加快公共财政体制建设，为全面实施外向带动、科教兴粤、可持续发展、区域协调发展四大战略和努力增创开放、产业、科技、体制、环境五大优势做出积极的贡献。

根据上述指导思想，按照2003年全省国民经济和社会发展计划，2003年全省一般预算收入按可比口径安排增长10%，按新口径即2003年所得税收入中央与地方分享从“五五”调整为“六四”比例，全省地方一般预算收入为1 257亿元，比2002年增长4.7%。2003年全省一般预算支出安排1 627亿元，比2002年增长9%。

为执行好今年全省财政收支计划，各级财政要坚持量入为出的原则，发扬艰苦奋斗，努力增收节支，不打赤字预算；按照建立公共财政的要求，调整优化支出结构，确保重点支出需要，使支出水平与经济发展水平和财力水平相适应。在财力有限的情况下，要区别轻重缓急和主次先后，对法律规定和政策性的支出项目，应打足预算。要特别强调的是，全国财政工作会议上已经明确，中央决定将原定2002年实施的增加机关事业单位职工工资和机关离退休人员离退休金的政策，推迟到2003年出台。市县财政要在预算中给予安排，多渠道筹集资金，确保中央调资政策的落实。对财力困难的市县，省财政将视财力情况给予一定比例的补助。关于2003年预算收支安排，各级要按照中央和省预算编制的具体要求，抓好贯彻落实。

全面贯彻“三个代表”重要思想，扎扎实实做好今年我省财政工作

今年是认真贯彻落实十六大精神，全面建设小康社会的第一年。认真做好各项财政工作，圆满完成2003年预算任务，对于促进经济和社会发展，支持各项改革的顺利推进，具有非常重要的意义。全省各级财政要深入学习贯彻十六大精神，全面实践“三个代表”重要思想，按照省委九届二次会议提出的工作部署，与时俱进，开拓创新，切实抓好以下几方面的工作：

（一）抓好增收节支，确保预算任务圆满完成

今年我省财政形势不容乐观，从收入方面看，没有政策性增收因素，支出方面压力很大，政策性增支因素较多，如中央将调整机关事业单位职工工资，去年提高的企业退休人员待遇等社保增支政策今年要全年安排，农村税费改革全面铺开、国债资金今年开始还本等方面的支出将增加，因此，抓好增收节支工作意义重大。一是各级财政要配合税务部门，严格依法治税。要积极支持和配合税务部门强化税收征管，提高征管水平，对重点税源、重点税种加大稽查征管力度，坚决打击各种偷税、骗税、抗税及走私犯罪行为，做到应收尽收。同时，要进一步清理和规范税收优惠政策。二是要加强对非税收入的征管。要加强行政事业性收费、政府性基金和罚没收入的财政预算管理，将行政强制性、垄断性经营服务性收入和社会公共资源的占用经营收益纳入财政专户管理，例如公共道路、场所等的冠名权、广告设立权的竞价拍卖收入、公共场所停车费等，未纳入财政专户管理的要尽快纳入管理。三是要强化预算约束，严格预算执行，优先保证财政供养人员的工资发放，除按法律法规和政策规定需要增加的重点支出外，其他一般性支出都要按照中央的要求切实采取措施，严格控制，实行零增长。特别是要大力压缩会议、出国考察和无实际效果的招商会、研讨会等，严禁新开工建设脱离实际的各种“形象工程”、“政绩工程”，财政要停止对这些项目的资金安排。四是要厉行节约，严禁铺张浪费，通过改革，强化管理，堵塞支出漏洞，配合纪检、监察等其他部门严肃查处挥霍浪费财政资金的行为。

（二）抓住发展这个第一要务，努力解决经济社会中的热点难点问题

一是继续贯彻好积极财政政策。实施积极财政政策是扩大内需的一项重要措施。各级财政要坚决贯彻中央的决策，落实好有关政策措施。在积极争取中央国债资金支持的同时，落实好地方配套资金，严格把握资金投向，切实

加强国债资金使用的监督检查，提高资金使用效益。同时，要强化责任意识，贯彻“谁借用、谁还款”的原则，保证国债转贷资金本息的按期偿还。

二是大力支持建设教育强省。贯彻实施“科教兴粤”，依法增加并保证教育投入，重点支持基础教育改革与发展。要按照“实事求是，因地制宜，立足长远，统筹规划，分类指导，分步实施”的原则，争取用三年时间基本完成中小学布局调整工作，优化教育资源配置，提高办学质量。继续完善免收农村困难家庭子女义务教育阶段书杂费制度，切实解决困难家庭子女“读书难”问题。要按照省委、省政府的决定，严格审核农村教育负债情况，帮助欠发达地区解决好教育负债问题。要结合高等教育发展规划要求，重点支持“211工程”建设和高校布局的调整，促进高校重点学科建设。同时，要加强对教育资金的管理，合理核定农村中小学公用经费定额标准，规范教育人员编制管理，提高资金使用效益。

三是努力促进经济结构调整。大力调整经济结构，推动产业结构优化升级，是提高我省综合实力的重要途径。各级财政要以结构调整为主线，加大支持国有经济战略性调整力度，积极推进国有企业的改革和发展。重点是要以资本管理为突破口，通过国有资本的投入、回收以及投向的调整，实现国有经济结构调整和国有资产整体优化配置。同时，要积极支持劣势企业退出，解决好关闭破产企业职工安置等涉及社会稳定的问题。要逐步改变财政资金的支持方式，集中资金支持国有企业技术进步，提高创新能力，增强市场竞争力。要继续探索有效的国有资产管理体制和经营方式，完善企业法人治理结构，做好国有企业效绩评价工作，落实国有资产保值增值考核制度，逐步建立权责利相统一，管资产和管人、管事相结合的国有资产管理体制。加快产权交易市场的规范化建设，规范产权交易行为，加强对国有企业重组改制的监管，防止国有资产流失。

四是积极促进区域协调发展。加快东西两翼和广大山区经济发展步伐，是增强我省经济发展后劲的重要途径。各级财政部门要认真贯彻《中共广东省委、广东省人民政府关于加快山区发展的决定》，落实有关政策措施，支持山区社会经济的发展。山区市、县要切实解决好财政债务问题，省财政将实行归还中央专项再贷款与市县追收地方中小金融机构和农金会资产挂钩减负办法，重点帮助粤东、粤西、粤北山区市县（区）缓解还款压力。积极筹集资金支持山区基础设施建设，重点是山区公路、电力、水利建设，改善山区的投资环境。同时，要进一步加大转移支付的力度，解决我省财力区域分布不平衡问题，加快欠发达地区经济发展。

五是切实做好社会保障和再就业工作。关心困难群众生产生活问题，是落实“三个代表”重要思想的具体体现，也是公共财政的必然要求。各级财政部门要按照中央和省委、省政府的要求，落实有关政策和资金，切实帮助困难群众解决好“四难”问题。要加大社会保障投入，健全社会保障体系，确保国有企业下岗职工基本生活费和企业离退休人员基本养老金按时足额发放，推进国有企业下岗职工基本生活保障向失业保险并轨；加强城乡最低生活保障补助资金的监督和管理，完善低保资金的社会化发放。对纳入低保范围的城乡低保对象，做到应保尽保。同时，要继续做好水库移民资金的管理监督工作，尽快制订解决水库移民遗留问题的政策措施；规范灾歉专项拨补资金分配办法，切实保证拨补资金落实到农户；认真贯彻再就业工作会议精神，落实好下岗失业人员再就业补助资金等一系列促进再就业的政策。

六是继续做好防范和化解金融风险工作。至2002年底，我省借入中国人民银行专项再贷款余额为188亿元，2003至2008年每年需偿还31亿元。为维护我省的信用，各级都要加大筹集防范化解金融风险准备金的力度，克服依赖思想，确保中央银行专项再贷款按期偿还。同时，要切实加强对资金的使用管理，继续抓好地方中小金融机构和农金会资产的保全、追收、盘活和变现工作。

（三）抓改革创新，加快公共财政体制建设

关于今后一段时期财政改革的总目标和任务，李岚清副总理和项怀诚部长在全国财政工作会议都已明确并提出了具体的要求，我们要认真贯彻落实。结合我省实际，今年的财政改革要在以下几个方面取得新的突破：

一是继续深化部门预算改革。部门预算改革经过几年的实践，虽然取得了一定成绩，但还处于初步阶段，仍然存在不少问题，如预算约束力不强，执行中追加多；定员定额标准不科学；项目预算管理欠规范等。因此，要以改进部门预算编制方法，提高预算科学性为重点，争取在定员定额标准核定、项目预算编制方面取得新的进展，逐步改变“基数加增长”的做法，细化部门预算，增加资金使用的透明度，有计划地合理安排好资金使用进度，切实加强对部门预算编制、执行、事后三个环节的监督，以“执行”为突破口，促进部门预算的完善。各市县要加大改革力度，地级市今年应扩大试点范围，有条件的市要全面推开。市本级要在2004年、县（区）一级在2005年以前全面推开部门预算。

二是稳妥推进财政国库集中收付管理制度改革。省厅上半年安排10个省直单位进行财政国库集中支付试点，并在总结试点经验、完善改革实施办法和相关配套措施的基础上，计划下半年到2004年扩大改革试点单位和试点资金范围，争取到2005年省级单位全面推行这项改革。同时，各市县也要切实落实国库管理机构和人员，今年要开始试点，2004年要全面推行改革试点，争取到2005年全省全面推行财政国库管理制度。

三是完善政府采购制度和规范政府公共工程管理。2003年是《政府采购法》实施的第一年，要加大宣传力度，认真贯彻落实，建立健全政府采购管理机构，依法做到政府采购管理和执行机构相分离。省厅的初步设想是，省政府采购中心与省厅分离，依托省府直属事业单位组建新的政府采购中心，逐步建立采购中心、代理采购机构的

竞争机制和供货商的竞争机制，并实现政府采购中心区域化管理。同时，要制定相关的配套措施，利用现代信息技术，建立政府采购平台，提高服务水平和效率，降低采购费用，使政府采购工作实现公开、公平、透明。另外，各级要按照李岚清副总理在这次全国会议上提出的要求，把公共工程纳入政府采购的范围，并研究制定财政部门加强政府公共工程管理的办法，继续做好财政基建项目投资审核工作，努力节约财政资金。

四是切实做好所得税收入分享和农村税费改革。今年中央将所得税收入分享比例从“五五”调整为“六四”，为了保持体制的稳定，省对市县的分享体制按照中央的分享比例调整后仍保持不变。这项改革将影响各级可支配财力，各级要按照现在的体制做好测算工作，做到心中有数。农村税费改革今年下半年要在全省铺开，这不仅是一项经济改革，还是一项重要的政治任务。这项改革不仅有利于规范农村税费关系，遏制农村“三乱”，减轻农民负担，而且有利于改善农村党群、干群关系，促进和维护农村稳定。各级要按照省的统一部署，以高度的政治责任感和历史使命感，认真抓好这项工作，及时解决改革中出现的各种问题，保证改革的顺利实施。

五是加快“金财工程”建设步伐。加快财政制度和预算管理制度改革，建立公共财政框架，是一项复杂而艰巨的任务，如果沿用传统的管理方式和手段是难以完成的，需要以现代的信息技术为支撑。各级要按照我省“金财工程”建设的总体规划，分阶段逐步实施，争取到2008年我省市、县、乡镇各级基本完成“金财工程”建设。

（四）抓依法理财，规范财经秩序，强化财政监督，这是整顿和规范市场经济秩序的重要组成部分，也是加强财政法制建设的重要内容

一是继续加大‘收支两条线’管理力度。朱镕基总理在这次全国财政工作会议上强调，深化“收支两条线”管理改革非常困难，积弊已深，很不容易，但是不改，我们就不能成为现代化的国家。这既说明了“收支两条线”改革的难度，也充分表明了这项改革的重大意义。各级财政要按照国务院和财政部的部署，进一步加大预算外资金收支脱钩管理力度，逐步将行政事业性收费和罚没收入全部纳入预算管理，实行综合预算；对按收入比例提取经费的部门要逐步实行“预算制”，按照部门预算的统一要求核定经费支出。在收缴制度上，继续推行和完善“单位开票、银行代收、财政统管”的征管体制。在加强“收支两条线”管理的工作中，各级财政要增强服务意识和保障意识，确保部门正常经费的足额安排与及时拨付。同时，要切实解决部门私设“小金库”、乱发补贴奖金等违纪违法问题，认真清理机关单位各项资金，进一步规范收入分配制度。

二是完善财政监督体系。各级要加强对收入征管机关、预算执行部门、金融机构的监督，特别是要加强对社保、扶贫等关系人民群众切身利益的资金使用的监督检查。要加强会计监督，切实贯彻《会计法》，加强会计基础工作，提高会计信息质量，严厉打击做假账行为。继续稳步推进会计委派制度试点，完善财务总监相关管理制度。要按照《注册会计师法》的要求，加强会计师事务所、资产评估机构等中介机构的监管，规范中介机构的执业行为，强化行业自律，提高执业质量和水平，扶持一批诚信、专业、执业规范的中介机构，促进行业的发展。

（五）抓作风建设，建立一支高素质干部队伍

财政部门是一个综合经济管理部门，财政改革和管理涉及方方面面的利益关系。各级财政一定要牢固树立服务意识，寓改革和管理于服务之中，这样才能赢得部门和单位对推进财政改革和规范财政管理的理解、信任和支持。要按照中央十五届六中全会的决定和省委九届二次全会的要求，切实改进机关作风，真正把“八个坚持、八个反对”的要求落实到行动中，体现在实效上。具体来说，要努力做到以下几点：一是财政工作要着眼于群众利益。最广大人民群众的根本利益是我们一切工作的出发点和归宿，也是实践“三个代表”的根本要求。财政工作与广大人民群众的切身利益息息相关，财政收入取之于民，用之于民。我们一定要管好用好财政资金，牢记朱镕基总理的教导，为人民理好财。我们必须时刻想着群众、始终牢记群众，无论是政策的制定，还是政策的实施，都要将人民群众的利益放在首位，关心群众疾苦，真心诚意为群众办实事，实实在在为人民谋利益。二是要着力改进工作方式，提高办事效率。工作中要坚持求真务实，无论是组织收入，还是安排支出，都要坚持说实话、算实账、办实事、求实效。要深入基层，对财政改革和发展中面临的问题认真开展调查研究，倾听基层和群众呼声，提出发展的新思路，找出解决问题的办法。三是要以干净干事为目标，加强廉政建设。各级财政要尤其重视和加强内部管理和监督，健全制度，逐步形成财政部门内部决策、执行、监督环环相扣的管理机制，从源头上防止腐败现象的发生；领导干部要牢固树立正确的权力观，真正为人民掌好权、用好权，确保人民赋予的权力始终用来为人民服务，带头做到干净干事，带好队伍。四是要弘扬艰苦奋斗精神。要按照张德江书记在省委九届二次全会上提出的要求，做到不花钱能办事，少花钱多办事，多花钱办大事，反对大手大脚、铺张浪费，这既是对财政工作的要求，也是对财政部门干部职工的要求。我们在工作中一定要精打细算，严格管理，对超越财力可能的不合理要求要敢于坚持原则；财政部门自身也要厉行节约，树立勤俭办事的良好形象。

统一认识　真抓实干
努力开创全省财政工作新局面

——刘昆厅长在全省财政工作会议上的讲话

（2004 年 1 月 15 日）

同志们：

这次会议是在我省深入学习贯彻党的十六大、十六届三中全会和省委九届四次全会精神的新形势下召开的一次重要会议。会议的主要议题是：贯彻全国财政工作会议和省委九届四次全会精神，总结 2003 年全省财政工作情况，安排 2004 年财政收支计划，布置 2004 年财政工作和财政改革。省委、省政府对这次会议十分重视，明天上午，省委常委、常务副省长钟阳胜同志将亲临会议，并作重要指示。下面，我先向大家传达全国财政工作会议精神，并就去年我省财政工作情况及今年的财政工作安排讲几点意见。

一、全国财政工作会议的主要精神

全国财政工作会议于去年 12 月 24 日至 25 日在北京召开。全国各省、自治区、直辖市、计划单列市的财政厅（局）长、财政部驻各地财政监察专员办事处专员和中央各单位财务部门负责同志等参加了会议。会议的主题是：以邓小平理论和“三个代表”重要思想为指导，认真贯彻党的十六大、十六届三中全会和中央经济工作会议精神，深入分析当前经济财政形势，总结 2003 年财政工作，研究今后一个时期的理财思路，安排 2004 年的财政收支计划和财政工作。金人庆部长作了工作报告。国务院对这次会议非常重视，温家宝总理专门作了重要批示。现将这次会议的主要精神传达如下：

（一）温家宝总理对财政工作的重要批示

温总理指出，财政是国家宏观调控的重要手段，是政府工作的重要物质基础。过去的一年，财政部门认真贯彻执行中央的方针政策，在加强宏观调控，推进各项改革，厉行增收节支等方面都取得了新的成绩。新的一年，财政工作任务艰巨、责任重大。财政系统全体干部职工要振奋精神，再接再厉，扎实工作。第一，完善积极的财政政策，调整结构，确保重点；第二，坚持科学的发展观，统筹兼顾，重视解决城乡之间、地区之间、经济与社会发展之间的不平衡问题，支持困难地区和困难群众改善生产条件、生态环境和生活水平；第三，依法理财，依法征税，不断壮大国家财政实力，建立稳固、强大的国家财政；第四，推进财税改革，加快完善公共财政体制建设，确保财政资金使用的规范、安全和有效，防范和化解财政风险；第五，各级财政部门要改进作风，搞好服务，精打细算，量入为出，努力增收节支，为国分忧。

（二）金人庆部长报告的主要内容

金人庆部长作了题为《牢固树立全面协调可持续的发展观，不断开创财政改革和发展的新局面》的报告。报告要点如下：

1．2003 年财政工作的简要回顾。

（1）财政宏观调控和保障作用进一步加强。

一是继续实施了积极的财政政策。发行了1 400亿元长期建设国债。二是积极支持抗击“非典”和克服“非典”对经济的负面影响。据统计，各级财政共安排“非典”防治资金 133 亿元。同时，一些地方财政部门也根据“非典”疫情对本地经济的影响程度，及时采取了不少有效的财税政策和措施，支持和促进了经济的稳定增长。

（2）增收节支工作成效明显。

2003 年 1～12 月上旬，全国财政收入 20 253 亿元，比上年同期增长 20%，增幅比 2002 年同期高 7.1 个百分点；预计全年比 2002 年可增收 2 600 亿元左右。分中央和地方看，中央财政收入增长 19.1%，预计全年可增收 1 050 亿元左右（已扣除新增出口退税指标 750 亿元）；地方财政收入增长 21.5%，预计全年可增收 1 550 亿元左右。1～12 月上旬，全国财政支出 19 683.9 亿元，完成预算的 83.1%，增加 2 268.16 亿元，增长 13%。其中，中央财政支出 5 885 亿元，完成预算的 81.7%；地方财政支出 13 798.9亿元，完成预算的 83.6%。预计全年中央和地方财政都将圆满完成预算。

（3）财政支持解决“三农”问题迈出新步伐。

一是全面推进农村税费改革试点。为支持农村税费改革，中央财政今年安排专项转移支付资金 305 亿元，北京等十几个省市还基本取消了农业特产税。二是积极推进粮食补贴方式改革试点。根据国务院指示精神，今年安徽等 8 个省区推进了粮食补贴方式改革试点，将原来通过流通环节的间接补贴改为对种粮农民的直接补贴，并根据各地实际积极探索多种有效实施方式。三是积极采取有效措施，促进农民增收和农业结构调整。

（4）解决困难群众生产生活问题力度加大。

一是加大了对就业和再就业工作的支持力度。进一步扩大了再就业财税优惠政策的实施范围，延长了优惠时限。认真落实税费减免政策，各地除按中央规定免征下岗失业人员再就业的17项行政事业性收费外，对以前地方出台的相关收费政策也进行了清理和整顿。二是进一步加大了解决困难群众生产生活问题的力度。2003年中央财政安排“两个确保”补助资金608亿元，比上年增长13%，城市居民最低生活保障的补助资金92亿元，比上年增长100%。再次提高了优抚对象抚恤补助标准，不同对象、类别分别提高15%～21%。从2003年起，中央财政每年安排15亿元专项资金，用于支持地方解决部分企业军转干部的生活困难问题。为支持109户国有企业依法实施关闭破产，及时安排补助资金170亿元，保障了这些破产企业涉及的51万职工的基本生产生活需要。为切实帮助灾区群众解决基本生活困难问题，中央财政安排洪涝、干旱、地震等特大自然灾害救济补助费40.5亿元，比上年增长62%。扩大了对农村贫困中小学生免费提供教科书的范围。2003年中央免费提供教科书的专项资金比上年翻了一番，使770万中小学生享受了政策优惠。

（5）出口退税机制改革顺利出台。

财政部按照《国务院关于改革现行出口退税机制的决定》精神，在深入调研的基础上，积极完善了相关配套制度。同时，中央财政加大了出口退税力度，当年追加出口退税资金50亿元。

（6）预算管理制度改革继续深化。

一是继续推进深化“收支两条线”管理改革，将涉及原外经贸部、人事部等30个部门和单位的118项行政事业性收费纳入了预算管理。二是不断深化部门预算改革，增加了118个二级事业单位进行基本支出和定员定额改革试点。三是进一步加大国库集中收付制度改革力度。国库集中支付制度改革中央试点部门由上年的42个扩大到82个，地方试点省份由上年的9个扩大到26个；国库集中收缴制度改革中央试点部门由上年的15个扩大到35个，另有8个省份也按照中央的改革方案和办法实施了国库集中收缴制度改革试点。四是政府采购范围进一步扩大，全国政府采购规模将超过1 500亿元。

（7）财政法制建设和财政监督工作进一步加强。

此外，其他各项工作也取得了明显的成绩。

在看到财政工作取得较好成绩的同时，也必须清醒地看到，当前财政工作中还面临不少困难和矛盾。一是财政收支紧张的矛盾仍十分突出。二是防范和化解财政风险的任务非常艰巨。三是部分地区尤其是中西部地区基层财政仍比较困难。四是财政支出范围和结构仍然不尽合理，财政资金使用效益有待进一步提高。五是财经秩序混乱状况还没有根本改观。六是财政部门依法行政水平有待进一步提高。对这些问题，要立足长远，着眼当前，坚持用改革和发展的办法尽力加以解决。

2．今后一个时期财政工作的基本思路。

按照党的十六大、十六届三中全会精神和本届政府施政纲领对财政工作提出的新任务和新要求，紧密结合财政工作实际，今后一个时期财政工作的基本思路，就是要“做大一个‘蛋糕’”，即千方百计促进经济发展，做大财政收入“蛋糕”；“用活两大存量”，即用活国债投资存量和粮食风险基金存量；“推进三项改革”，即推进税制改革、农村税费改革和预算管理制度改革；“完善四项制度”，即重点支持完善收入分配、社会保障、教育和公共卫生四个方面的制度。

（1）做大一个“蛋糕”。

牢固树立发展是执政兴国第一要务和经济决定财政的观念，要在大力促进经济发展的基础上，争取在本届政府任期内财政收入平均每年增长10%以上，年均增加2 000亿元以上。

一要转变财政支持经济发展的方式，促进经济持续较快协调健康发展。要遵循市场经济规律，转变支持经济发展的方式，善于运用经济杠杆等间接手段来管理和调控经济。要发挥财税政策“四两拨千斤”的作用，综合运用国债、税收、财政贴息等多种政策手段，积极推进国有企业改革，培育和发展包括民营企业在内的各类市场主体，逐步解决国有企业历史包袱，为企业的自我发展、自我创新，创造更加公平、开放、宽松的财税环境，不断增强经济发展的内在动力，促进经济的稳定增长。同时，积极利用财政转移支付和财税政策，调整和优化产业结构，推进西部大开发，振兴东北地区等老工业基地，促进中部崛起，鼓励东部地区加快发展，实现区域经济协调发展。

二要进一步规范和完善财政管理体制，调动各级政府做大财政收入“蛋糕”的积极性。一是进一步明确各级政府的支出责任，完善中央对地方的财政转移支付制度，规范转移支付办法，调整和优化转移支付结构，增加一般性转移支付。二是在统一税政前提下，研究落实赋予地方适当的税政管理权问题。三是完善省级以下财政体制。加大对基层财政的转移支付力度。四是清理和规范行政事业性收费，完善非税收入政策和收缴管理制度。

（2）用活两大存量。

要在注重用好当年增量资金的同时，积极挖掘财政资金存量的潜力，使其在支持和促进全面、协调、可持续发展中发挥更大、更好的效益和作用。

一是调整长期建设国债使用方向和结构。在维持赤字现有规模的情况下，经过几年努力，使中央预算内基本建设投资由目前的304亿元，逐步增加到1 000亿元，相应逐步减少直到不发用于上项目的长期建设国债。同时，整合国债投资和预算内基本建设资金，并按照“五个统筹”对财政资源配置提出的新要求，逐步减少对一般竞争性和经营性领域的直接投资，增加用于公共服务和公共产品方面的投入，大力促进经济社会和人的全面发展。

二是调整粮食风险基金的使用方式。初步设想是：从2004年开始，粮食主产区全面推行对种粮农民的直接补贴，补贴资金来源是粮食风险基金，力争在两年时间内，使用于农民的直接补贴占到粮食风险基金总规模的一半。粮食产销平衡地区和销区，对重点产粮县也要比照主产省的办法对种粮农民进行直补。如果按全国总规模的一半计算，改革后，每年用于对农民的直补资金将达到150亿元。

（3）推进三项改革。

下一阶段要重点推进以下三个方面的改革：

一要加快推进税制改革。一是将生产型增值税调整为消费型增值税。二是统一内外资企业所得税。三是改革出口退税机制。此外，适时完善消费税，适当扩大税基；改革个人所得税，实行综合与分类相结合的个人所得税制；实施城镇建设税费改革，条件具备时对不动产开征统一规范的物业税，相应清理取消有关收费。

二要加快推进农村税费改革。一是要完善现有相关政策。二是要全面取消农业特产税。三是逐步降低农业税税率。力争用三年左右时间，结合粮食流通体制改革对农民的直接补贴，把农业税税率从目前全国最高不超过7%（加上附加总体为8.4%），逐步降低到全国统一税率2%左右（加上附加总体为2.4%左右），并逐步过渡到城乡统一税制。

三要加快推进预算管理制度改革。部门预算制度要逐步实现科学化、规范化；国库集中收付制度要分步全面推开；“收支两条线”管理改革要实现全口径的预算管理；政府采购制度改革要进一步扩大范围、规范操作。同时，还要注重研究绩效预算评价体系，促进财政支出效益的最大化。争取通过几年的努力，使这些改革逐步到位，建立起一个比较完善的公共财政预算编制和执行管理体系。

（4）完善四项制度。

即大力支持推进收入分配制度改革，加快建设与经济发展水平相适应的社会保障体系，深化教育体制改革和公共卫生体制改革，逐步消除经济社会发展的体制性障碍。

3. 2004年财政预算安排和主要工作。

今年财政工作的指导思想和总体思路是：以邓小平理论和“三个代表”重要思想为指导，认真贯彻党的十六大、十六届三中全会和中央经济工作会议精神，切实把思想统一到中央的决策和部署上来；牢固树立全面、协调、可持续的发展观，正确处理改革、发展、稳定的关系，充分发挥财政职能作用，全面落实“五个统筹”；不断深化财税改革，进一步完善公共财政体制和积极财政政策；大力组织收入，提高依法理财的自觉性和主动性，确保预算圆满完成；积极调整财政支出结构，强化财政监督，确保“三农”、公共卫生体系建设、就业和再就业、社会保障等重点支出需要，保障和服务各项改革与经济结构调整；促进国民经济持续快速健康协调发展和社会全面进步，为全面建设小康社会服务。

按照这个指导思想和总体思路，对今年财政收支计划作了初步安排：中央财政总收入比去年预计执行数（下同）增长7.7%。中央财政总支出增长6.1%。地方财政总收入增长8.6%。地方财政总支出增长8.6%。

汇总中央和地方财政收支安排，2004年全国财政收入，增长8.7%。全国财政支出增长7.5%。

2004年财政必须着重抓好以下几方面工作：

（1）丰富和完善积极财政政策。

一是明年拟发行长期建设国债减少300亿元，二是按照“五个统筹”和“五个倾斜”的要求，加大对“六小”工程、公共卫生体系建设、西部开发和东北地区等老工业基地调整改造、生态环境建设、淮河治理水利工程等方面的投入，保证青藏铁路、南水北调、西电东送等重大在建项目建设。三是长期建设国债调减后，腾出的资金将结合财政支出结构的调整，重点用于支持社会发展及体制改革和创新。

（2）大力支持解决“三农”问题。

一是深化农村税费改革，巩固和发展改革成果。今年将全面取消烟叶外的农业特产税，将少数集中连片品目改为征收农业税；农业税税率整体降低一个百分点。二是积极推进粮食流通体制市场化改革，把通过流通环节的间接补贴改为对种粮农民的直接补贴。今年将在13个粮食主产省区全面推行粮食补贴方式改革。三是教育、文化、卫生等方面的新增支出要确保主要用于农村。四是进一步增加农业农村基础设施建设、生态建设、粮食综合生产能力建设及扶贫等方面的财政投入。财政用于“三农”各方面的投入将增加，地方财政也要大力增加投入。

（3）大力支持就业和社会保障工作。

一是认真落实中央关于就业和再就业的各项财税优惠政策措施，中央和地方财政都要加大再就业资金投入，并加强监督检查，确保再就业资金和优惠政策用于下岗失业人员身上。二是完善社会保障筹资机制，解决困难群众生活问题。继续稳妥推进税务机关征收社会保险费工作。增加预算安排，及时拨付资金，巩固“两个确保”和“低保”工作成果，处理好就业和再就业政策与三条保障线等社会保障制度的衔接。配合有关部门，做好救灾工作，并切实解决好部分企业军转干部生活困难问题。三是配合有关部门推进吉林、黑龙江两省做好完善城镇社会保障体系扩大试点工作。同时，认真做好国有企业下岗职工基本生活保障向失业保险并轨工作，进一步调整各级财政安排的下岗职工基本生活保障资金使用办法，积极促进就业和再就业工作的开展。四是完善社会保障预算财务制度，健全财政监管体系，建立追踪问效制度，逐步探索“以奖代补”新机制，堵塞资金管理漏洞，提高社会保障资金的使用效益。五是增加卫生投入，落实卫生事业补助政策，加强公共卫生体系建设和推进农村合作医疗改革试点。

（4）积极支持经济结构调整和区域经济协调发展。

一是积极支持人才、专利、标准战略的实施。二是抓紧研究国有大中型企业主辅分离，辅业改制，分流安置富余人员的财政、财务政策，推动国有经济结构调整。三是积极支持电力、电信、民航等行业体制改革。四是继续支持做好政策性关闭破产企业的职工安置工作。五是结合生产型增值税转为消费型增值税改革试点，积极支持东北老工业基地改造。六是认真落实西部开发的各项财税优惠政策。

(5) 进一步积极推进财税改革。

一是大力推进税制改革。要认真贯彻落实《国务院关于改革现行出口退税机制的决定》精神，确保和改革顺利进行出口商品及时退税，努力支持和扩大出口。要积极稳妥地推进生产型增值税改为消费型增值税在东北地区部分行业的试点，认真总结经验，切实完善方案，为全面推开这项改革创造条件。同时，要加快研究合并内外资企业所得税及其他税种改革的具体方案，为政策出台做好准备。要认真履行中国加入世贸组织的承诺，今年再降低关税税率0.6个百分点。二是继续深化预算管理制度改革。要进一步完善部门预算制度，深化“收支两条线”管理改革，扩大中央部门国库集中收付制度改革试点范围，扩大政府采购范围和规模。此外，还进一步完善财政体制，努力增加对基层的财政转移支付，力争一步步缓解县乡财政困难。要组织力量编制好“十一五”财政发展规划。

(6) 狠抓增收节支工作。

一是坚决维护税法的统一性、权威性和严肃性，制止各地擅自出台税收优惠和变相优惠政策的行为，税收优惠政策到期的要及时恢复征税。二是积极支持和配合收入征管部门依法加强税收征管，严厉打击走私、偷逃骗税等各种涉税违法犯罪活动，做到依法征税、应收尽收，确保税收收入的稳定增长。三是挖掘非税收入潜力，规范非税收入管理。所有土地资金都要纳入预算或实行财政专户管理，促进耕地保护，减少财政资金流失。四是强化支出管理。认真落实中央关于今年一般性支出继续实行零增长的要求，继续从严控制党政机关办公楼和培训中心项目建设，狠刹建设中的“形象工程”、“政绩工程”之风，采取措施制止各种铺张浪费，推进机关后勤服务社会化改革。五是加强监督检查，严肃财经纪律。

(7) 积极防范财政风险。

一要完善债务预算监测制度，加强主权外债管理，实行政府债务全口径风险管理和报告制度。二要推进金融体制改革，以适当方式支持有条件的国有独资商业银行进行股份制改造，完善政策性金融机构的职能定位及亏损补贴机制，建立资产管理公司处理不良资产的目标责任制，减少国家最终所要承担的损失。三要进一步完善各项社会保障制度，为建立社会保障预算积极创造条件，健全社保基金财政专户管理制度，加强社保资金监管。四要积极研究有计划、有步骤地消化基层政府债务的有效办法。

(8) 坚持依法行政，依法理财。

一是加强财政立法，提高立法质量，保证重点立法项目的顺利进行。二是认真贯彻落实《行政许可法》，进一步做好各项配套工作，减少行政审批事项。三是加强法制宣传和培训，不断提高财政干部的法律素质和依法理财的自觉性。四是研究修改《注册会计师法》，规范和发展经济鉴证类社会中介行业组织，充分发挥其在完善社会主义市场经济体制中的作用。继续整顿和规范会计秩序，努力提高注册会计师、注册资产评估师、财会人员的社会公信力。五是进一步开展国际财经交流与合作，增强财政工作在经济全球化、加入世贸组织背景下的规范性和透明度。

全国财政工作会议结束时，金人庆部长作了总结，要求各级财政部门努力塑造财政队伍新形象，抓好财政队伍人才建设、领导班子建设及队伍作风建设，认真贯彻落实好全国会议精神。

二、2003年我省财政工作情况

2003年，全省各级财政部门认真实践“三个代表”重要思想，全面贯彻落实党的十六大、十六届三中全会和省委全会精神，严格依法理财，努力增收节支，优化支出结构；根据省委的统一部署，认真落实“非典”疫情防治经费，制定有效的财政措施，保障防治工作的经费来源，促进社会经济的健康发展；依照建立健全公共财政体制的需要，深化财政改革，加快公共财政建设步伐；强化财政监督，整顿和规范财经秩序，防范和化解金融风险，进一步巩固了国民经济和社会各项事业全面发展的良好势头，财政工作经受住了考验并取得了较好的成绩。

(一) 2003年全省财政收支完成情况

2003年是极其不平常的一年。突如其来的“非典”疫情以及政策性减收增支因素的冲击和影响，使全省特别是省级预算执行遇到前所未有的困难。全省一般预算收入增幅曾由一季度的16.5%下滑到三季度的14.67%，预算收支形势非常严峻。面对这种情况，全省各级财政部门按照省委、省政府的工作部署，实事求是，艰苦奋斗，顽强拼搏，扎实工作，有针对性地采取了一系列行之有效的增收节支措施，强化收入征管、挖掘潜力，努力增收节支，使去年我省的财政收入依然保持了较快的增长，财政收支得以正常运行，预算任务得到较好完成。据快报统计，2003年全省一般预算收入完成1 313.32亿元，按可比口径计算，增长14.75%，其中税收收入增长13.6%；全省一般预算支出完成1 694.93亿元，增长11.51%。省级一般预算收入完成323.9亿元，按可比口径计算，增长10%，其中税收收入增长9.78%；省级一般预算支出按决算口径完成233.55亿元，减支11亿元。全省市县级一般预算收入完成989.42亿元，按可比口径计算，增长16.4%；全省市县级一般预算支出完成1 461.38亿元，增长14.58%。在2003年财政经济工作面临诸多困难和考验的形势下，全省财政预算收支能保持这样一个好势头，成绩实在来之不易！这离不开省委、省政府的正确领导和果断决策，离不开各战线、各部门尤其是省人大财经委、兄弟单位省计委、国税、地税、审计以及财政部驻广东财政监察专员办、审计署驻广州特派办的理解和支持，离不开全省各级财政部门广大干部职工的辛勤工作和努力拼搏！在这里，我代表省财政厅党组向关心、支持财政工作的领导和同志们，向全省财政系统的广大干部职工们表示崇高的敬意和衷心的感谢！

虽然2003年全省财政预算收支完成情况较为理想，

但仍存在以下几个问题：一是“非典”疫情严重影响了地方财政收入的正常增长。2003年，占我省地方一般预算收入三成左右的营业税受“非典”疫情和扶持性减免政策的影响，使财政收入难以保持较高的增长。二是地方财政收入与全国其他沿海省市相比，增幅偏低。据财政部快报反映，2003年，我省地方一般预算收入增速在全国各省市中排名第25位，比全国平均水平低5.75个百分点，比增幅最高的上海低17.75个百分点。三是省级收入受多种因素影响，增长缓慢，2003年省级一般预算收入增幅低于全省平均水平4.75个百分点。四是地区间收入增长不均衡，部分市县收入完成情况不理想。分区域看，2003年，珠江三角洲7市地方财政收入稳步增长，粤北山区等7市增长势头加快，东西两翼7市收入增速有所放缓。分市县看，2003年，全省有汕头（5.83%）、揭阳（8.37%）2个市一般预算收入增幅低于10%，有21个县一般预算收入增幅低于10%，其中，潮阳、曲江、兴宁、徐闻、信宜、电白6县比2002年减收。

（二）2003年我省财政工作情况

我省各级财政部门按照完善社会主义市场经济的要求，不断深化财政改革，着力调整支出结构，加强和规范财政管理，保障了中央和省委、省政府各项政策的落实，支持了各项重大改革，促进了经济和社会各项事业的发展。回顾过去的一年，我们重点注重抓好以下四个方面的工作：

1. 注重实效，全力支持“非典”防治和公共卫生建设。

根据省委、省政府的统一部署，省厅认真研究并向省委、省政府上报了《关于贯彻5月9日省委工作会议、省府常务会议精神，做好今年财政工作的报告》，及时提出了14项应对措施，并认真贯彻落实，从资金上、政策上有效地支持了“非典”防治和公共卫生建设。

一是着力抓好增收节支，为“非典”防治提供财力保障。各级财政部门从讲政治、讲大局和对人民群众健康负责的高度出发，认真贯彻中央和省委、省政府关于防治“非典”重要指示精神，积极采取措施，着力抓好增收工作，努力弥补“非典”和由于政策调整导致的收入减少。省财政建立了收入增长情况通报制度，从去年5月份开始，每个月10日左右对财政收入增长情况进行通报并作简要分析，促请市县党委政府及主要负责同志关注本地区的财政收入增长情况，促使收入落后的地区挖掘潜力，力争超收，收入较好的地区克服麻痹思想，做到应收尽收。同时，努力压减支出，确保“非典”防治和公共卫生建设等重点支出。各级财政部门积极采取措施，努力调整财政支出结构，确保防治“非典”等重点支出需要。为保证省级重点支出需要，并帮助市县财政渡过难关，确保全省预算任务的完成，省厅提请省政府印发了《关于做好节支工作，保证“非典”疫情等重点支出需要的通知》，从5月1日起，除人员工资、科技、教育、重点建设安排、帮助困难群众解决生产生活的资金及其他法定支出外，省级预算内一般性支出、预算外支出和政府性基金支出一律压支5%，保证了防治“非典”等重点支出需要。据不完全统计，全省各级财政共安排“非典”防治经费23.68亿元，其中省财政直接安排了6.5亿元。

二是制订落实相关减免税费政策措施，帮助受“非典”影响严重的行业渡过难关。为支持受“非典”影响严重的旅游、交通和餐饮等企业发展，按照中央有关规定，全省各级财政部门认真落实各项减免税费政策措施，促进了经济的健康。省财政制定了减免部分政府性基金的政策，并在5月中旬前将基金减免政策落实到相关企业。这些措施直接减少全省困难企业约9亿元的负担，极大地缓解了受“非典”影响企业的困难，有效扶持了受“非典”影响行业的发展，对减少企业职工下岗失业，培育地方后续财源产生了积极作用。

三是大力支持公共卫生建设。省财政安排公共卫生资金15亿元（通过基金预算调入资金安排），支持公共卫生事件应急处理机制、疾病预防控制体系和卫生执法监督体系建设；安排农村卫生专项资金1.8亿元，支持农村卫生医疗机构设备改造和农村卫生改水；安排定点医院建设资金1.1亿元，提高了定点医院的应急救护能力。

2. 注重绩效，全面促进社会经济协调发展。

各级财政部门充分发挥财政职能作用，多渠道筹集资金，集中财力办大事，采取积极有效的措施，着力提高财政资金的使用效益，保证了与改革、发展、稳定大局密切相关的资金需要，促进了经济社会协调发展。

（1）加大财政投资力度，培育和扩大有效需求。全省各级财政部门积极发挥财政宏观调控作用，认真贯彻落实积极财政政策，采取一系列措施加快投资、刺激消费、扩大出口，促进经济增长。一是积极争取中央国债，多渠道筹集资金，集中财力支持“十项重点工程”和大型基础设施建设，加大投资力度，以财政资金带动社会资金的投入，较好地发挥财政投资对经济增长的拉动作用。2003年，省财政共筹集交通、水利等基础设施建设资金127.62亿元（其中一般预算安排35.62亿元），其中：高速公路建设资金50亿元，山区普通公路建设资金15亿元，广佛、广珠轻轨铁路等城市快速交通工程建设资金30亿元，水利基建工程资金22.62亿元，南沙开发区建设资金10亿元。二是积极支持外向带动发展战略。省财政安排出口退税账户托管贷款贴息资金2.27亿元、科技兴贸资金0.5亿元、外向型民营企业发展资金0.25亿元等，有效促进了外贸出口；预拨各市财政2002年度出口商品贴息资金4亿元，缓解了出口企业因退税不及时造成的资金压力；安排资金1.26亿元，支持海关和口岸设施建设；简化改进资金分配、审核、拨付程序，积极支持中小企业开拓国际市场。三是省财政安排旅游业短期贷款贴息和工商收费缺口补助各0.5亿元，安排旅游发展专项资金0.2亿元，大大减缓了“非典”疫情对旅游业的不利影响，帮助旅游企业解决了部分困难，加快了旅游业的恢复发展。

（2）加大社会保障投入，促进社会保障事业发展。一是积极促进就业和再就业，维护社会稳定。全省各级财政部门积极筹集资金，确保各项就业和再就业扶持政策的落实，2003年全省共安排再就业专项资金10.09亿元（其中省级一般预算安排4.64亿元），全省共有16.3万人享受了再就业各项补贴。二是做好“两个确保”工作，各级财政部门及时安排国有企业下岗职工生活保障补助资金，其中省财政安排1.6亿元。三是积极支持城乡最低生活保障制度的建设，各级财政安排最低生活保障补助资金5.35亿元，其中省财政安排2亿元，努力做到应保尽保，全省约有103万人纳入低保范围，比上年增长18.4%。四是认真解决困难群众生活生产问题。省财政安排0.92亿元，支持东西两翼和粤北山区建立农村合作医疗制度，安排困难地区基本医疗救助专项补助资金0.3亿元，帮助困难群众解决“看病难”问题；安排1.46亿元，支持贫困地区政法系统建设和建立公职律师事务所，帮助困难群众解决“打官司难”问题。

(3) 支持国有企业的改革与发展。一是支持国有企业的重组改制，促进了国有经济的结构调整。省财政安排关闭破产煤矿及煤矿职工医疗保险费用3.36亿元、省属劣势企业退出市场专项资金2亿元、省属火力发电厂脱硫资金9.56亿元、省属企业离退休干部离退休金补助1.11亿元、省级企业基本养老保险专项资金1.8亿元。二是管好、用好预算安排的科技三项费用、技术改造资金和专项用于支持企业技术改造的国债资金，省财政安排企业挖潜改造资金2.79亿元、省属重点企业技术中心拨款0.5亿元、扶持重点装备工业发展资金2亿元，促进了企业技术改造和技术进步；安排国家级名牌产品、驰名商标奖励经费0.85亿元，支持名牌带动战略实施。三是积极支持省属授权经营企业二次重组，研究制定了省属国有企业重组资产划转的相关政策。四是积极参与粮食购销市场化改革。省财政安排粮食风险配套资金2.61亿元，省属储备粮库5亿公斤仓容建设资金1.5亿元，推进我省粮食购销市场化改革，确保了我省粮食供应市场的稳定。五是大力推动全省产权交易市场建设，提出了全省产权交易市场建设规划方案，制定了国有集体产权进入产权交易市场，规范产权交易行为的有关规定。

(4) 推进科教兴粤，建设教育强省。全省各级财政大力支持教育科技事业发展，努力建设教育强省。全省财政教育支出265.16亿元，科学支出15.23亿元。从省级财政来看，支持科教发展突出了以下几个方面：一是加快我省高等教育事业的发展。省财政安排建设高水平大学及高校“211工程”等专项资金4.7亿元、高校广州新校区建设资金10亿元、高校基建贷款贴息专项资金6亿元，支持高校改善办学条件，提高办学水平。二是认真解决农村特困户子女“读书难”问题。省财政共安排专项资金3.88亿元，用于对全省农村人均年纯收入1 500元以下的困难家庭子女义务教育阶段免收书杂费之后的专项补助，全省受益学生达103万人。三是彻底改造老区山区小学危房，改善老区山区教育条件。省财政安排3亿元，按每所小学补助30万元标准，对1 000所老区山区小学校舍进行全面改造。四是合理规划和调整中小学布局，优化教育资源配置。省财政共安排专项资金5亿元，支持全省近700所中小学布局调整。五是加大科技投入，增强我省科技创新能力。省财政安排科技投入11.55亿元，推动了我省的科技进步和产业升级。

(5) 全面推进农村税费改革，支持农村经济和农业发展。一是全面推进农村税费改革，切实减轻农民负担。农村税费改革2003年7月份在全省全面推开，各地按照省委、省政府的统一部署，认真执行“五取消、一改革、一种税”政策，协调推进“并镇、并村、并校、减人”等各项配套改革。省厅在加强对各地的督导同时，加大了农村税费改革转移支付力度，安排转移支付资金12.17亿元，保障了镇、村两级的正常运转和农村义务教育经费的落实，确保了农村税费改革的顺利进行。据初步统计，农村税费改革试点全面推开之后，我省农民人均年负担税费由106.93元降为17.09元，减负率为84.02%，减负率为全国之最，普遍得到全省农民群众的好评。2004年1月6日至10日，国务院农村税费改革试点工作检查组到我省检查时，给予了充分肯定。二是加大农业投入，发展农村经济，巩固农业基础地位。全省各级财政部门进一步加大财政支农力度，按照“盘活存量，集中资金，优化投向”的思路，着力结构调整，突出支农重点。2003年全省农业支出41.81亿元。为支持农村经济发展，省财政安排0.5亿元，扶持年纯收入3万元以下的村发展集体经济；安排3亿元，解决省属水电厂与面上水库移民生产生活问题。为支持农业发展，省财政安排农业综合开发配套资金1.63亿元、农业科技推广议案资金0.5亿元、农业龙头企业贷款贴息及奖励资金0.53亿元、农业示范区建设补助资金0.3亿元、农业标准化建设资金0.15亿元等，促进了农业结构的调整。

(6) 促进县域经济和民营经济发展，增强我省经济发展后劲。一是加大转移支付力度，削减市县历史债务，促进我省县域经济的发展。省财政共安排转移支付资金67.86亿元（不含农村税费改革转移支付），为欠发达地区基本工资发放和相对均衡区域间公共服务水平提供了财力支持，促进了区域协调发展。省财政筹措120亿元，用于减轻欠发达地区历史债务负担，其中，100亿元用于减轻地方处置中小金融机构风险过程中借入的中央专项再贷款负担；20亿元用于减轻农村兴办教育所欠的历史债务。二是大力扶持民营经济的发展。省财政安排民营企业贷款贴息2亿元、民营科技园建设资金4.2亿元、民营企业科技三项费用0.5亿元、民营企业接收下岗职工社保补贴0.5亿元等，发挥财政资金的杠杆作用，带动了社会资金的投入。经过绩效评价，省财政投入民营科技园建设资金4.2亿元，共带动103.8亿元社会资金的投入。

(7) 加大环境保护投入，实施可持续发展战略。省财政安排生态公益林补偿费4.14亿元，营造生物防火林带等0.8亿元，东江、西江、北江、韩江流域涵养林建设0.4亿元，人工鱼礁议案资金0.50亿元，海洋科技开发专项资金0.20亿元等，加强了我省林业海洋资源的保护；

安排1.30亿元，支持列入省“十五”环保计划的污水处理厂建设；安排环保专项资金2.02亿元，支持珠江流域整治等环境基础设施建设；安排韩江枢纽建设资金4.4亿元、北江大堤除险加固建设资金3亿元、珠江八大口门整治建设资金0.2亿元、小型水库除险加固议案资金4.4亿元、城市防洪工程、江海堤除险加固资金2.59亿元、水利特大防汛应急资金0.63亿元等，有力地支持了水利建设，促进了农业基础设施和生态环境的改善。

3. 注重创新，大力推进财政改革。

2003年，全省各级财政部门以建立适应社会主义市场经济的公共财政基本框架为目标，坚持体制创新，不断深化改革，加强支出管理，各项财政改革迈出了新的步伐。

（1）不断深化和完善部门预算改革。以改进部门预算编制方法、提高预算科学性为重点，不断深化和完善部门预算改革。加强对市县改革的指导，确保部门预算改革在全省顺利推进。一是在充分总结经验并广泛征求意见的基础上，制定了《2004年省级部门预算编制工作意见》和《部门预算编制指南》，规范了支出项目和口径，改进了预算编制方法。二是下发《关于进一步推进我省部门预算改革的通知》，明确了改革的指导思想、基本原则和改革内容、技术规范等，积极推进了市县部门预算改革。

（2）加快推行国库管理制度。2003年1月省级正式启动了财政国库管理制度改革，对省计委、省财政厅等10个部门实施了财政国库管理制度改革试点工作。在总结试点经验的基础上，进一步完善改革实施办法和相关配套措施，7月1日，省级改革试点扩大到了40个部门和16个基层预算单位。2003年，省级通过国库集中支付的资金规模达24.7亿元，其中财政直接支付18.52亿元，财政授权支付6.18亿元。各地财政部门结合本地区实际情况，陆续开展改革试点，全省通过国库集中支付的资金已达200多亿元，占全省财政支出的八分之一。

（3）稳步推进政府采购制度改革。认真贯彻落实《政府采购法》，积极推进政府采购机构建设，实现了政府采购监督管理职能和执行职能相分离。在建立健全政府采购机构的同时，各地加大推行政府采购制度的力度，促进政府采购工作制度化，规范政府采购管理，政府采购规模取得新的突破。2003年，全省实际采购金额122.55亿元，同比增加50.43亿元，增长41.15%，资金节约率为12%。

（4）加快“金财工程”建设步伐。《广东省“金财工程”建设总体规划》获省政府批复后正式实施。按照规划，全省各级财政部门加快了“金财工程”建设步伐，“金财工程”15个财政业务应用分系统已有9个正在试验、试点和开发中，其中，最核心的国库集中支付系统已在47个省级部门预算单位试点运行；全省21个地级市有17个建立了局域网，大部分县和三分之一的乡镇也建立了局域网，节点数达到15 000个。

4. 注重规范，建立健全财政监督机制。

全省各级财政部门从加强党风廉政建设和反腐败抓源头的高度出发，不断调整工作思路和工作重点，坚持加强财政监督与规范财政管理、深化财政改革相结合，提高了财政资金使用的规范性、安全性和有效性。

一是落实“收支两条线”规定，规范政府收费行为。委托银行代理收缴省级行政事业性收费、政府性基金和罚没收入，规范了罚款收缴管理；按照财政部的要求，开展了治理向机动车辆乱收费和整顿道路站点工作；对全省公安交警系统和国土资源系统收取的行政事业性收费、政府性基金收支情况进行稽查，规范了政府收费行为。

二是抓好机关单位资金清缴，规范收支管理。省级组织16个核查小组对89个省直机关单位和122个实行公务员管理的事业单位的银行账户进行全面核查，并做好资金清理收缴工作。在全面清理核查省直机关的收入来源、支出渠道、银行开户、奖金和福利发放情况的基础上，对经费管理使用开支范围、标准等问题作出了明确规定，从源头上杜绝了单位私设“小金库”、滥发补贴的行为。各市已陆续开展了账户清理核查工作，为规范收支管理，统一岗位津贴提供了制度保障。

三是完善财政监督体系，规范财经秩序。积极开展财政支出绩效评价工作，对省财政扶持14个市各3 000万元民营科技园建设补助资金进行使用效益评价，努力探索建立财政支出效益评价工作制度；加强对收入征管机关、预算执行部门、金融机构的监督，特别是加强了对防治“非典”专项资金、社保、扶贫等关系人民群众切身利益的资金使用情况的监督检查；认真贯彻《会计法》，加强会计监督，严厉打击做假账行为；在全省范围内开展了会计信息质量检查，组织123个检查组对358个单位进行了检查，共查出违纪金额近2亿元；按照《注册会计师法》的要求，加强会计师事务所、资产评估机构等中介机构的监管，规范中介机构的执业行为，强化行业自律，提高执业质量和水平；继续稳步推进会计委派制度试点，完善财务总监相关管理制度；加强全省彩票市场的监管，规范彩票市场秩序，提高彩票资金使用效率。

三、抓落实，促发展，努力做好2004年的财政工作

今年是认真贯彻落实党的十六大、十六届三中全会精神，完善社会主义市场经济体制，全面建设小康社会的重要一年。全国财政工作会议和省委九届四次会议在深入贯彻十六大、十六届三中全会和中央经济工作会议精神基础上，研究部署了今年工作。特别是省委九届四次会议通过了《中共广东省委关于贯彻〈中共中央关于完善社会主义市场经济体制若干问题的决定〉的意见》。对促进我省国民经济和社会发展，实现加快发展，率先发展，协调发展和当好“排头兵”具有非常重要的意义。全省各级财政部门要以“三个代表”重要思想为指导，全面贯彻落实党的十六大、十六届三中全会精神，按照全国财政工作会议和省委九届四次全会的工作部署，紧紧围绕全省中心工作，认清形势，统一思想，坚定信心，抓落实，促发展，扎扎

实实做好2004年的财政工作。

（一）认真分析判断形势，切实安排好今年我省财政收支

认真分析和判断形势是做好今年我省财政工作的重要前提。今年我省财政工作面临的形势仍然是机遇与挑战并存。从机遇看，必须深刻理解十六大关于本世纪头二十年是我国发展的重要战略机遇期的科学判断，进一步增强机遇意识，进一步增强加快发展的紧迫感。十六届三中全会提出了深化经济体制改革的指导思想和原则，指出了完善社会主义市场经济体制的目标和任务，加快了社会主义现代化建设的进程，极大地鼓舞了党心、民心；省委九届四次会议明确了全省今年工作总体要求；中央的大政方针已定，省委的决策部署明确，全省上下士气高昂，精神振奋，抓落实，促发展的热情高涨，这是我们加快发展的强大精神动力。当前，全球经济和贸易出现增长趋势，国际产业转移加快，国内经济发展内在活力增强，正处于经济周期的上升阶段；粤港澳合作前景广阔，“大珠三角”“泛珠三角”区域合作发展潜力巨大，总体来说，今年我省经济社会发展环境较好，我省的经济有望继续保持好的发展势头，这些方面将为我省财政发展奠定更加坚实的基础。从挑战看，由于经济社会发展中仍然存在一些亟待解决的突出问题，特别是财政支持发展、深化改革和维护社会稳定的任务较重，财政收支的矛盾仍将比较突出。收入方面，今年几乎没有政策性的增收因素，而政策性减收因素较多，如落实出口退税改革政策，计税政策调整、深化农村税费改革、减轻农民负担等税收扶持政策等都将减少财政收入；支出方面，除了原有重点支出要妥善安排外，推动实现“五个统筹”，财政要大幅增加支农、社保以及其他公益事业发展方面的支出，同时，要大力支持各项经济体制改革，必须承担必要的改革成本等，财政支出的压力将进一步加大。面对这些因素，我们必须高度重视，必须把工作中可能出现的困难估计得多一些，应对措施准备得充分一点，切实安排好今年我省财政收支。

根据上述形势，今年我省财政收支预算安排的指导思想是：以邓小平理论和“三个代表”重要思想为指导，全面贯彻党的十六大、十六届三中全会、中央经济工作会议和省委九届四次全会精神，按照立党为公，执政为民的要求，坚持“生财有道、聚财有方、用财有规”的原则，依法理财，制度创新，促进发展。严格依法征税，做到应收尽收；建立激励型机制，确保财政收入稳定、有效增长；落实出口退税负担政策，促进外贸出口增长；全面推进农村税费改革，减轻农民负担。继续调整和优化支出结构，新增财政资金重点向“三农”倾斜，向社会发展倾斜，向环境保护、扩大就业及完善社会保障体系倾斜，保障重点支出需要。坚持制度创新，不断深化部门预算、国库集中收付和“收支两条线”改革，提高预算资金使用的有效性和安全性；坚持以人为本，有效运用财政分配政策，促进全省经济和社会各项事业实现全面、协调、可持续的发展。

根据上述指导思想，按照2004年全省国民经济和社会发展计划，2004年全省一般预算收入按1 319.3亿元安排，按可比口径增长10%（即考虑2004年需从地方退付的出口增值税25%部分）。全省一般预算收入加上中央税收返还、预算结转、结余和中央专项补助，减除各项上缴中央款项后，全省可支配财力为1 855.8亿元，按照《预算法》的规定和量入为出、收支平衡的原则，2004年全省一般预算支出计划相应安排1 855.8亿元，比2003年预计数增长9.5%。

为执行好今年全省财政收支计划，各级财政部门在继续发扬艰苦奋斗、努力增收节支、确保收支平衡的同时，要突出抓好支出管理工作。一是要充分认识加强财政支出管理的重要性。财政收支矛盾是一个永恒的主题，在财力有限的情况下，加强支出管理尤为重要。要紧紧围绕党委和政府的中心工作，坚持公共财政的改革方向，加强财政支出全过程的管理，重点抓好资金分配环节、资金流转环节及资金使用绩效评价环节的工作，加强对重点项目资金使用情况的跟踪和监督，提高财政资金使用的规范性、有效性和安全性。二是加强预算审核，把好财政资金分配关。要按照公共财政的改革要求和“小钱小气，大钱大方”的理财思路，不断优化支出结构，重点保障政权的正常运转和各项事业的顺利发展，支持关系国计民生的重点行业、关键领域的发展；要实施对政府部门所有收支全面审核制度，全面推行部门预算，编制综合预算，增强预算约束力，提高预算透明度；要建立和完善预算编制基础信息库和项目库制度，制定科学合理的预算支出定额和标准。三是进一步推进国库集中支付、政府采购、投资审核等支出管理改革力度，努力把各项改革措施寓于日常监督管理之中。四是要认真抓好各类存量资金、专项资金的清理使用，进一步提高财政资金的使用效益。

（二）落实“五个坚持”，开创财政改革与发展新局面

今年，全省各级财政部门要按照省委九届四次全会的工作部署，抓落实，促发展，重点做到“五个坚持”，不断开创我省财政工作的新局面。

1. 坚持科学发展观，促进经济和社会各项事业全面、协调、可持续发展。

要坚持发展是执政兴国第一要务，把促进发展作为财政工作的立足点和出发点。各级财政部门要牢固树立全面、协调、可持续的发展观念，正确处理好改革、发展、稳定的关系，进一步提高科学理财的自觉性和主动性，有效运用财政分配政策，确保经济社会各项事业的发展。

（1）认真落实中央积极的财政政策和出口退税改革政策。一是按照中央提出的“国债和新增财政资金的使用要重点向‘三农’倾斜，向社会发展倾斜，向生态建设和环保倾斜，向扩大就业、完善社会保障体系和改善困难群众生活倾斜”的精神，做好国债项目的选项工作，把握好国

债资金的投向，落实新增财政资金的安排，加强对资金使用情况的专项监督检查，严防被挤占、挪用，提高资金使用效益，同时，确保重点建设项目的资金需要。二是要贯彻落实好中央出口退税改革政策。结合我省的实际，认真做好各项工作的落实，妥善安排预算，保证出口退税及时足额到位，确保出口退税改革在我省顺利推行。

(2) 推进经济结构调整，支持企业改革和发展。加强对经管资产经营公司、授权经营企业集团的资产与财务管理工作，支持企业产权制度改革，抓好制糖、电力、粮食等重点行业的改革，做好省属国有企业办社会职能分离工作，管好、用好预算安排的科技三项费用、技术改造资金和专项用于支持企业技术改造的国债资金，完善粮食风险基金管理制度，加强省属国有资产收益收缴管理工作，大力推进产权交易市场建设。同时，加大财政对民营企业的扶持力度，推动民营经济的发展。

(3) 进一步完善社会保障体系。要按照中央和省委、省政府的要求，落实有关政策和资金，切实帮助困难群众解决好“四难”问题。要加大社会保障投入，完善社会保障体系，确保国有企业下岗职工基本生活费和企业离退休人员养老金等的按时足额发放；加大公共卫生投入力度，加快公共卫生建设步伐；完善城乡最低生活保障制度，解决重点优抚对象生活、医疗等方面的实际困难，妥善解决我省退役士兵的安置问题，同时，认真贯彻再就业工作会议精神，落实好下岗失业人员再就业补助资金等一系列促进再就业的政策。

(4) 多渠道筹集资金，集中财力办大事。研究和制定措施，整合财政资源，包括整合预算内外资金、各类专项资金、国有资产收益等，统筹使用各类资金，按照全省经济社会发展规划，分清轻重缓急，集中财力重点支持“十项工程”以及“十项民心工程”等项目，抓好难点、热点问题的解决，确保把有限的资金优先投在事关经济社会全局、最急需的项目上。

(5) 继续深化农村税费改革。继续抓好税费改革补助资金的分配落实，对粤东、粤西、粤北地区市辖区农村税费改革出现的收支缺口，按规定给予转移支付补助。针对农村税费改革试点中存在的问题，加强对各市、县的指导和督查，全面落实各项配套改革，进一步理顺乡镇财政管理体制，做到人权、财权与事权的统一；加大“并镇”、“并村”、“并校”的工作力度。同时，继续加强监督检查力度，防止农民负担反弹，对违反农村税费改革政策特别是顶风违纪行为，给予严肃处理，确保执行政策不走样，确保减轻农民负担。

(6) 大力支持建设教育强省。发挥财政职能，采取有效措施，从政策、资金上大力促进教育事业发展。一是发挥财政教育拨款的主导作用，按照高等教育改革的总体目标，改革现行高校经费基数加增长的拨款方式，调动高校扩招的积极性，促进高等教育的发展。二是按照“实事求是，因地制宜，立足长远，统筹规划，分类指导，分步实施”的原则，积极稳妥推进中小学布局调整。三是继续完善免收农村困难家庭子女义务教育阶段书杂费制度，解决农村困难家庭子女“读书难”问题，分类核定我省农村中小学公用经费标准定额，确保农村中小学的正常运转。

2. 坚持科学理财，把财政平衡建立在有效增长的基础上。

在财力有限的情况下，要运用科学的理财方法，把有限的资金用在刀刃上，真正做到“生财有道、聚财有方、用财有规”，充分发挥财政职能作用，实现财政收入的有效增长，并把财政平衡建立在有效增长的基础上。一是加强税收征收管理，积极组织财政收入，严格控制税收优惠政策，不得越权减免税收，不得擅自出台减免税和先征后返等税收优惠政策，同时加强对非税收入的管理，确立财政分配的主体地位，提高财政收入占国内生产总值的比重，增强财政宏观调控能力。二是针对当前财政收支矛盾突出，支出压力日益增大的状况，按照社会公共需要的标准来科学地界定财政支出的供给范围，突出解决财政供养人员过多、对事业单位包揽过多的问题。三是确保中央和省委、省政府各项决策的实施，合理安排好“三农”、教育、科技、环保、卫生等项重点支出，实现有关法律、法规的要求。各级财政用于卫生、教育、文化等事业经费增加部分要重点向农村倾斜。四是继续压减对竞争性和赢利性领域的投入，将财力主要用于社会公共服务和社会保障方面，确保工资发放和社会保障等重点支出需要。

3. 坚持与时俱进，推进财政制度创新。

创新是发展的动力。党的十六届三中全会明确提出要推进财政管理体制改革，指出财政政策要在促进经济增长、优化结构和调节收入方面发挥重要功能。全省各级财政部门要坚持与时俱进，通过制度建设和体制创新，着力解决财政运行中存在的深层次矛盾和问题。今年要重点从以下三方面推进财政制度创新：

(1) 建立激励型财政转移支付制度。在保持现行财政体制相对稳定的前提下，进一步划分明确各级政府的事权范围和支出责任，正确处理省与市县的财政分配关系，切实保证机关事业单位工作人员工资的及时足额发放和基层政权的正常运转。同时，为贯彻落实党的十六大提出的“壮大县域经济”的要求，要对现行转移支付办法进行改进和完善，引进激励机制，将转移支付与财政收入挂钩，使转移支付补助既体现公平，又讲求效率，充分调动各级政府发展经济和组织财政收入积极性，有效地促进区域协调发展。在此基础上，根据省级财力状况，逐步加大转移支付力度，争取更大程度上实现地区间公共服务水平的均衡。

(2) 按照完善社会主义市场经济的要求，加快财政改革步伐。党的十六届三中全会为今后的财政改革指明了方向，明确提出要健全公共财政体制，深化部门预算、国库集中收付、政府采购和收支两条线管理改革。我省的财政改革将认真贯彻党的十六届三中全会精神，重规范，重实效，重配套，通过制度建设和体制创新，加快建立与社会主义市场经济相适应的公共财政体制。一是部门预算改革要抓规范，进一步改进部门预算编制方法，提高预算科学性，增加资金使用的透明度；二是国库集中支付要抓扩大试点，加快试点进度，逐步将政府所有部门和单位纳入财政集中支付范围。省级要将所有一级单位分批分次纳入试点范围；三是政府采购要扩大范围和规模，不断规范政府采购行为；四是“收支两条线”规定要进一步抓落实，清理和规范行政事业性收费，凡能纳入预算的都要纳入预算管理，从体制上防止截留、挤占、挪用预算外资金；五是做好对行政事业单位经营性资产的清理工作，杜绝私设小金库、乱发滥发钱物的现象。

(3) 稳妥推进地方财政投融资体制改革。按照公共财政的要求，合理界定财政投资范围，通过优化投资结构，进一步提高财政运行的质量，要明确财政投资的重点，主要用于提供公共产品和公共服务领域，财政投资要逐步退出经营性领域。积极探索财政投融资体制改革，对确需财政投入的建设资金，重点通过参股投资贴息方式引导，使财政资金起到“四两拨千斤”的作用。同时，健全财政投资项目的决策程序，实观财政投资项目决策的科学化、民主化，从而避免大量人力、物力和财力的浪费。

4. 坚持规范管理，加快完善财政监督体系。

财政监督要扩大范围，必须涵盖整个预算管理、预算外收支管理、财务会计管理等领域，建立事前审核、事中监控检查、事后绩效评价相结合的财政监督新机制，逐步建立全方位、多层次、立体化的财政监督管理体系，促进财政管理的规范化。

(1) 积极探索开展财政支出绩效评价。不断总结财政支出绩效评价工作经验，积极探索开展支出绩效评价，把绩效评价工作作为加强财政管理不可或缺的环节，按照公共财政的理财思路，建立支出绩效评价制度，制定财政支出绩效评价指标体系，通过对财政支出的经济、社会、政治、环境等综合效益进行评价，评定支出行为和支出结构的合理性和有效性，并据此不断调整优化财政支出结构，把绩效评价结果作为今后预算安排的重要依据。同时，积极探索绩效预算与零基预算相结合的新机制，鼓励珠江三角洲经济较发达的城市开展绩效预算、零基预算改革的试点，先积累经验，再逐步推开。

(2) 建立健全财政监督机制。一是加强对重大工程项目的财务监督、跟踪检查。对省财政拨款兴建的重大工程项目，从立项到工程建成，全程实行财务监督、跟踪检查，并选择2～3个项目进行重点跟踪检查，及时了解项目立项所需财政资金等情况，监督财政资金到位情况，并对竣工项目开展绩效评价，确保专款专用和经费节约。二是对省级财政专项资金进行清理，提高存量资金的使用效益。加大对省级财政专项资金分配、使用情况的监督检查，并把监督检查工作与绩效评价结合起来，对财政专项资金分配、使用效益情况的全过程进行监督和评价。三是要建立财政抗风险应急预警机制，提高防范财政风险的能力。要认真对政府性贷款、世界银行贷款、亚洲银行贷款，特别是对长期沉淀的政府性负债进行全面的清理，并逐步建立地方财政清偿机制。四是实现财政部门内部监督检查制度化、规范化，认真开展预算编制、预算执行和资金运行行为的监督检查，规范财政资金分配程序及拨付渠道，使每个环节财政资金运行都能做到有章可循。

(3) 积极配合人大对预算的审批监督。深入树立为民理财、依法理财的观念，高度重视并积极配合做好预算审批监督工作，进一步提高接受人大和其他外部监督的自觉性以及配合做好预算审批监督的能力，有效遏制预算分配中的随意性，确保财政资金分配和使用的公开、民主和透明，努力提高财政管理法治化水平和预算法律约束力，全面推进依法理财。同时，要加大宣传力度，提高社会各界对预算法律制度的认识，增强预算意识和参与监督的积极性。

5. 坚持以人为本，抓好新时期财政干部队伍建设。

财政部门是政府管理社会经济的综合部门，队伍建设如何直接影响到省委、省政府各项决策任务的贯彻落实，关系到全省改革发展稳定的大局。财政部门要适应形势发展的需要，更好地服务于改革和开放的大局，仅仅满足于做懂业务的内行是远远不够的，要不断探索与时俱进的工作方法和途径，坚持以人为本，努力建设一支坚持原则、勤于思考、勇于探索、敢于创新和重实际、说实话、办实事的干部队伍。当前，必须围绕广东财政发展稳定的大局，紧紧扣住“三创新、一优化”的主题，着力解决阻碍改革和影响发展的突出问题。具体来说，要努力做到以下几点：一是要努力建设一支“学习型”的队伍，争取在思想观念上有新突破。要通过理论学习，为推动创新、加快发展扫清思想障碍。各级财政领导干部要带头学习，坚持学习，善于学习，真正做到学以立德、学以增智、学以致用，带动广大党员干部形成注重学习的良好风气，努力建设学习型机关、学习型队伍、学习型领导班子。二是要努力建设一支“创新型”队伍，争取在制度创新上有新进展。要从认真查找和解决当前影响改革、阻碍发展的突出问题入手，围绕发展这个执政兴国的第一要务，坚持制度创新，真抓实干，把一切妨碍发展的思想观念坚决冲破，一切制约发展的做法和规定坚决改变，一切影响发展的体制弊端坚决革除。三是要努力建设一支“服务型”的队伍，争取在服务水平上有新提高。要时刻坚持立党为公，执政为民，真正做到为民理财；要注意学会“换位思考”，要从基层、群众的角度去思考他们要解决什么问题，想群众之所想，急群众之所急，解群众之所难，时刻把人民群众的安危冷暖放在心上。要通过加强新时期财政干部队伍建设，推动财政工作迈上新的台阶。

同志们，新的一年，我们要高举邓小平理论的伟大旗帜，以“三个代表”重要思想为指导，全面贯彻十六大、十六届三中全会、中央经济工作会议和省委九届四次全会精神，在省委、省政府的正确领导下，与时俱进，开拓创新，规范管理，狠抓落实，为我省加快发展、率先发展、协调发展和当好“排头兵”作出新的贡献。

牢固树立和落实科学发展观 努力开创财政改革与发展的新局面

——刘昆厅长在全省财政工作会议上的讲话

（2005 年 1 月 21 日）

同志们：

昨天下午，钟阳胜常务副省长在百忙之中抽出时间，亲自到会作了重要讲话，全面科学地总结了 2004 年我省政府财政工作情况，深入分析了当前财政与改革面临的形势和任务。指出要把握经济社会发展大局，增强做好财政工作的使命感、责任感和紧迫感，进一步树立和落实科学发展观，突出重点，把财政工作做深、做实，确保我省财政可持续发展。钟阳胜常务副省长的重要讲话立意高远，内容丰富，针对性强，对我们正确认识形势，增强工作信心，努力完成全年工作任务和做好今后的工作，具有十分重要的指导意义，我们要认真学习，深刻领会并自觉贯彻落实到工作中去，下面，我就去年我省财政工作情况及今年的财政工作安排讲几点意见。

一、关于 2004 年我省财政工作的基本情况

2004 年，我省各级财政部门以邓小平理论和“三个代表”重要思想为指导，全面贯彻落实党的十六大、十六届三中、四中全会和省委九届四次、五次全会精神，在省委、省政府的正确领导下，按照立党为公、执政为民的要求，紧紧围绕我省的中心工作任务，坚持“生财有道、聚财有方、用财有规”的原则，严格依法理财，积极组织财政收入，继续调整支出结构，保障重点支出需要；继续深化完善各项财政改革，加快公共财政建设步伐；强化财政监督，整顿和规范财经秩序，提高财政收支管理效益，确保“外向带动、科教兴粤、可持续发展和区域协调发展战略”的实施，促进了全省经济和社会各项事业的发展。据快报统计，2004 年，全省地方一般预算收入完成 1 416.87 亿元，完成省代编年度预算的 107.4%，超收 97.57 亿元，比上年增收 211.91 亿元，增长 16.14%（根据出口退税改革进行调整后的可比口径，下同）。其中，税收收入完成 1 190.47亿元，增长 17.25%；非税收入完成 226.4 亿元，增长 10.14%。全省一般预算支出完成1 852.59亿元，完成省代编年度预算的 99.83%，比上年增支 157.66 亿元，增长 9.3%。2004 年，来源于广东的财政收入完成 3 539.51亿元，剔除 803.67 亿元的出口退税后完成 4 343.18亿元，同比增长 18.11%，全省财政预算收支执行情况良好。

2004 年我省财政工作情况主要表现在“五个突出”：

（一）突出收入监管，确保年度预算任务圆满完成

2004 年第一季度，受诸多因素的影响，全省财政形势比较严峻，全省一般预算收入增幅低于全国和沿海省市的水平，财政增收乏力，收入质量不高。省领导高度重视，钟阳胜常务副省长多次指示要发扬求真务实精神，狠抓财政增收工作。各级财政部门牢固树立科学发展观，认真贯彻落实各季度财税联席会议精神，同时，抓住民主评议行风这一契机，进一步推进作风建设，发扬艰苦奋斗的优良传统，牢固树立过“紧日子”的思想，不断增强适应新形势、分析新问题、解决新矛盾的能力，经过深入的调查研究，制订了一系列积极有效的措施，突出抓好收入监管，不断提高理财水平，增强财政收支效益，较好地扭转了被动的形势，确保了年度预算任务的圆满完成。2004 年全省地方一般预算收入增长 16.14%，高于同期 GDP 增幅 1.94 个百分点，比一季度提高了 4.07 个百分点，比 2003 年提高了 1.25 个百分点；来源于广东的财政收入增长 18.11%，高于 GDP 增幅 3.91 个百分点，财政收入增长与经济增长基本协调。在 2004 年财政经济工作面临诸多困难和考验的形势下，全省财政预算收支能保持这样一个好势头，成绩实在来之不易！这离不开省委、省政府的正确领导和果断决策，离不开各战线、各部门的理解和支持，离不开全省各级财政部门广大干部职工的辛勤工作和努力拼搏！在这里，我代表省财政厅党组向关心、支持财政工作的领导和同志们，向全省财政系统的广大干部职工们表示崇高的敬意和衷心的感谢！

回顾 2004 年的收入监管工作，我们主要抓好六方面的工作：一是坚决贯彻落实各个季度财税收入完成情况分析联席会议精神。认真分析财政收入预算执行情况，研究财税政策调整和出口退税政策执行情况，贯彻落实钟阳胜常务副省长的指示精神，进一步加强财税部门的沟通和协调，把收入征管任务扎实落实到具体工作中。二是建立省

厅领导分片抓收入的制度。省厅每一位厅领导分别负责3～4个地级市的收入监控工作，并明确了各业务处在重点税源监控方面的责任。根据每月收入情况及时指导和督促各市，对收入完成出现异常的地区和税源，及时进行调查分析，查找问题，研究对策，确保财政收入稳定增长和预算任务完成。三是进一步改进预算执行分析工作。专门成立了预算执行分析工作小组，就改进预算执行分析工作提出了具体工作思路、基本目标和组织要求，通过引入数理分析和对比分析方法，找出导致我省和全国财政收入相比增长不同步的深层次原因，及时采取对策，完善体制，加强征管。四是按季度分解省级收入计划，落实征管责任。综合考虑经济发展形势和财政收入增减因素后，将各部门收入计划进一步按季度进行了分解，每月按分解后的计划进行考核，对完成进度欠佳的部门加强督促。五是不断加强非税收入管理。认真贯彻省政府《关于深化收支两条线改革进一步加强和规范非税收入管理的意见》，在巩固“收支两条线”工作已有成果的基础上，进一步拓宽理财视野，把未纳入财政管理的非税收入，尽快纳入“收支两条线”管理范围，壮大地方财力，增强政府宏观调控能力。六是加强财政法制宣传，深入开展学习贯彻和落实《预算法》的宣传活动，促进依法理财、科学理财，确保预算收入的完整、真实、可靠。

（二）突出贯彻落实科学发展观，促进经济社会的全面、协调、可持续发展

2004年，全省各级财政部门认真贯彻落实科学发展观，紧紧围绕省委、省政府提出要重点抓好的“十件大事”、“十项工程”和“十项民心工程”，认真落实各项任务，积极筹措资金，确保重点工作的顺利进行，促进我省经济社会的协调发展。

1. 大力支持“十项工程”和珠江三角洲环境治理项目建设。认真贯彻执行省委、省政府关于加快“十项工程”建设的决定，做好“十项工程”中涉及省财政投资项目的相关工作，及时安排项目预算资金，办理项目资金拨付。一是加大对高速公路项目建设资本金的监督管理力度，及时掌握项目进展情况，规范高速公路建设专项资本金的使用，到目前累计拨付高速公路项目专项资本金44.19亿元。二是加强对广东科学中心项目建设资金的监管。提出进一步做好广东科学中心建设工作的意见，要求广东科学中心筹建办公室按程序、按规定做好广东科学中心项目的有关工作，并累计拨付项目建设资金2亿元。三是会同有关部门及时对广州大学城建设项目及其他教育项目资金安排进行研究和核准，并根据学校的借款申报情况，及时拨付贴息资金共3.5亿元。四是积极参与珠三角城际轨道交通项目、省博物馆新馆、中山图书馆改扩建项目、南海石化等项目的前期可行性论证工作，并根据项目进展情况和建设单位报送的有关请款资料，及时做好资金安排及拨付工作。累计拨付珠三角城际轨道交通项目资本金2.79亿元、省博物馆新馆9 000万元、中山图书馆改扩建项目1 000万元、南海石化项目资本金2.97亿元。五是2004年利用世界银行等国际金融组织贷款支持珠江三角洲城市环境治理项目及内河航道新项目取得了突破性进展，珠三角城市环境治理一期广州项目正在顺利实施，二期深圳项目，三期佛山、江门项目正在积极准备中，内河航道四项目已完成项目协议和贷款协议的谈判工作，预计今年初生效并实施。

2. 进一步加大财政支持“三农”的力度。全省各级财政部门按照“新增财政资金重点向‘三农’倾斜”的要求，继续调整和优化支出结构，加大农业投入，突出支农重点。2004年全省财政农业支出41.16亿元，确保了“三农”的热点、难点问题进一步得到解决，巩固了农业的基础地位。一是按照中央的文件精神以及《农业法》的有关规定，加大了农业基础设施、农业生态保护和建设、农业科技等方面的投入，重点保障了“十项民心工程”、城乡防灾减灾工程、江河整治、小型水库除险加固等一批重点项目资金支出需要。二是调整和完善财政支农支出结构。继续做好农口专项资金清理归并工作。对9大类100多项支农资金进行了清理。积极引导有关部门把支出重点逐步转移到符合“绿箱”政策的农业项目上来，逐步减少支持生产环节方面的资金。2004年重点安排了水利、农田基本建设、农村吃水困难等农业基础建设和农村小型公益设施建设资金；特大防汛、动植物病疫防治经费等抗灾救灾资金；农业科技推广、农产品安全监测和农村市场信息服务网络等社会化服务体系建设资金；生态公益林补偿、“四江”流域水源涵养林建设、自然保护区建设资金和水土保持等公益型、准公益型的农业项目资金，有效地促进我省农业生产、农村经济的发展和农村的稳定。三是切实做好财政扶贫、扶持边远分散革命老区村庄搬迁、贫困村“两委”干部补贴、水库移民等资金的筹集和管理工作。

3. 支持国有企业的改革和发展。一是支持国有企业的重组改制，促进了国有经济的结构调整。大力支持我省糖业改革，妥善解决国有糖厂拖欠农民甘蔗款问题；做好省属煤炭、有色工业企业的关闭破产和省属劣势企业退出市场工作，及时拨付职工安置资金，维护了社会的稳定。二是积极支持“两改一同价”（农电体制改革、农网改造、城乡用电同网同价）工作，推进我省电力体制改革。三是大力支持粮食购销市场化改革和国有粮食企业改革，加快粮食购销市场化进程；认真落实种粮农民直接补贴政策，调动农民种粮积极性，推动粮食生产。四是发挥财政资金的引导作用，促进企业技术改造和科技进步。管好、用好科技三项费用、技术改造资金，2004年，省财政共下达科技三项费用4.08亿元、企业挖潜改造资金4.78亿元。五是毫不动摇地支持改革中小企业和民营经济发展。加强中小企业发展专项资金的管理，大力支持民营企业技术改造、技术创新，扶持中小企业信用担保体系建设和中小企业服务体系建设等。

4. 大力推进社会保障体系建设。一是支持公共卫生体系和农村卫生建设。调整财政支出结构，筹措15亿元公共卫生设施建设专项资金，支持公共卫生和农村卫生设

施建设。二是继续加大对东西两翼和粤北山区建立县级农村合作医疗救助基金的补助力度，积极推动农村合作医疗制度的建立。三是完善城乡最低生活保障制度。安排2亿元专项资金，用于解决我省114万城乡最低生活保障人群的生产生活困难；进一步完善社会救助、优抚安置、社会福利、残疾人事业等方面的政策和措施，解决重点优抚对象生活、医疗等方面的实际困难。四是认真落实促进再就业政策措施。2004年全省共安排再就业专项资金8.7亿元(其中省财政安排4.64亿元)，用于下岗职工小额贷款担保、社会保险补贴、公益性岗位补贴、再就业培训和职业介绍补贴、劳动力市场建设、民营企业吸纳下岗失业人员社会保险等；同时，建立和完善再就业专项资金管理的各项规章制度。

5. 大力支持科教事业发展。2004年，全省各级财政部门加大财政支持教育科技事业的力度，努力建设教育强省。2004年全省教育支出289.51亿元，科学支出15.72亿元，有力推动了我省科教事业迈上新台阶。一是促进高等教育的发展。为建设教育强省，实现高等教育大众化的目标，满足高校扩招需要，制定了《广东省省属高校经费预算管理暂行办法》，改变高校经费基数加增长的拨款方式，实行学生综合定额加少量专项资金的预算管理办法，扩大高校办学自主权，发挥高校办学的积极性。二是积极推进中小学布局调整。安排专项资金5亿元，支持和推动我省中小学布局调整工作，提高农村中小学办学质量和效益。三是认真解决农村特困户子女“读书难”问题，省财政继续安排专项资金3.8亿元，用于对全省农村人均年纯收入1 500元以下的困难家庭子女义务教育阶段免收书杂费之后的专项补助，受益学生103万人。四是支持第三批老区、山区小学校舍改建。继续安排3.55亿元资金，对1 184所老区、山区学校进行改造；经过三年的改造，基本完成我省老区、山区和贫困地区小学教学危房的改建任务。五是进一步推动科技进步，增创广东科技新优势。继续加大基础研究的投入力度，安排科技专项资金7 050万元，重点支持重点实验室、科技信息和科技基础性工作等建设；积极支持构建科技基础条件平台。安排专款3 500万元，用于重点领域关键技术攻关，扶持科技创新平台建设。

6. 贯彻落实中央出口退税负担机制改革，积极鼓励扩大外贸出口。从2004年起，中央实行出口退税负担机制改革，地方需负担出口退税增量的25%。这一政策的出台，除对我省外贸出口及经济增长造成深远影响外，还将直接增加各级地方财政负担，给地方财政收支平衡造成很大压力。为确保改革落到实处，积极配合财政部做好我省出口退税基数的核定工作，并对改革造成的影响进行了测算分析。根据国务院《关于出口退税负担过重机制改革的通知》精神，及时提出贯彻意见，印发了《关于我省贯彻出口退税政策负担机制改革的通知》，明确了2004年地方出口退税的操作办法，并指导市县抓好贯彻工作，妥善安排预算，保证出口退税及时足额到位。为促进我省外贸的发展，省财政在继续安排科技兴贸、出口企业国际市场开拓、促进投保出口信用保险、外向型民营企业发展、出口应诉等专项资金的基础上，增加安排8.5亿元，用于出口商品贴息和兑现“以奖代补”政策。

7. 建立激励型财政机制，促进县域经济发展。为调动县级政府发展县域经济的积极性和主动性，从机制上激励和促进县级财政努力开拓财源，达到经济增长、财政增收、后劲增强，实现全省经济加快发展、率先发展、协调发展的目的，按照省府常务会议精神，研究提出《关于促进县域经济发展财政性措施的意见》并经多次修改后，报省府办公厅批准印发各地执行。政策措施主要体现在三个方面：一是加大转移支付力度，逐步均衡区域间的公共服务水平。2004年省对市县的转移支付按12%和14%比例增长，增加安排5.26亿元；二是引入激励机制，将省对市县转移支付与市县收入增长挂钩，增强市县发展经济、壮大财力的动力，推动市县财政收入增长。省财政相应增加安排转移支付资金1.5亿元；三是安排补助资金3亿元，缓解县乡财政困难，帮助基层财权维持运转等。在激励型财政机制影响下，收入增长质量有所提高，据2004年快报统计，作为县域财政收入主要部分的共享“四税”继续呈现梯级递进增长势头，扶贫开发重点县增长率超过山区县增长率，山区县增长率超过全省增长率。2004年，扶贫开发重点县共享“四税”增长45.38%，山区县增长26.62%，县域平均增长19.07%。这项措施的实施，对增加县级财力、促进区域协调发展的效果已初步呈现。

（三）突出改革创新，财政改革迈出新步伐

2004年，全省各级财政部门认真贯彻党的十六届三中全会精神，按照黄华华省长和钟阳胜常务副省长2003年11月份在全省地市领导财税知识培训班上提出的要求，重规范，重实效，重配套，通过制度建设和体制创新，着力解决财政运行中存在的深层次矛盾和问题，积极推进各项财政改革，加快建立与社会主义市场经济相适应的公共财政体制。

1. 深化和完善部门预算改革。省级部门预算改革在2004年又推出一个新举措，年初，向政府、人大、公众的预算报告制度进一步得到完善，“电脑财神”——广东省省级部门预算查询系统在全国首次进驻省人大会议，得到了人大代表们的高度关注和评价，省级部门预算改革向公开、透明化又迈出了关键一步。同时，以改进部门预算编制方法、提高预算科学性为重点，不断深化和完善部门预算改革。一是在充分总结经验并广泛征求意见的基础上，制定了《2005年省级部门预算编制工作意见》和《2005年省级部门预算编制手册》等，调整了人员经费定员定额标准，提出了2005年部门预算改革的基本原则、工作重点、实施步骤。同时，加强项目支出预算管理，选择了省信息产业厅和省残联作为试点，实行项目预算滚动管理，目前试点工作进展顺利。二是加强对市县改革的指导，确保部门预算改革在全省顺利推进。据统计，在2005年部门预算的编制中，全省所有地级以上市和78个县（市、区）在市、县直单位全部铺开。

2. 加快财政国库管理制度改革步伐。到2004年底，省级先后分4批将103个部门、169个基层预算单位纳入国库集中支付改革试点范围，除个别工作性质特殊的部门外，省级改革已覆盖到所有一级预算单位。从2004年9月份起，省厅正式与省人大财经委实现了电脑联网，广东省国库集中支付系统实行资源共享，对省财政开支的每一笔资金，进行实时监督，提高了财政部门接受监督的自觉性，进一步推进了依法理财。各地财政部门结合本地区实际情况，也陆续开展改革试点，所有地级以上市及12个市辖区在本级开展了试点工作，2004年市级全部实施国库集中支付改革的目标得到顺利完成。截至2004年底，全省通过国库集中支付金额达313.38亿元。其中，省级达54.54亿元。

3. 积极推进政府采购制度改革。认真贯彻落实《政府采购法》，积极推进政府采购机构建设，实现政府采购监督管理职能和执行职能相分离；重点抓了制度建设，制定了十项制度，促进了政府采购规范运行；加强了编制政府采购预算、编制政府采购计划、实行国库集中支付、完善专家库建设等四项政府采购基础工作；认真开发广东省政府采购执行平台，为逐步实现网上采购打下基础；政府采购范围和规模进一步扩大，据快报统计，2004年，全省政府采购完成采购规模约172亿元，增长34.87%，资金节约率为9.47%。

4. 全面推进农村税费改革。按照省人民政府《关于深化农业税改革的决定》要求，2004年珠江三角洲地区原则上自费进行免征农业税改革试点；东西两翼及粤北山区对种粮农户的农业税税率由6%降低到3%，由此减少的税收，由省财政通过转移支付帮助解决。为确保“决定”得到贯彻落实，我们主要抓了三方面的工作：一是及时安排下达农村税费改革转移支付资金。在年初认真组织对2003年我省安排的农村税费改革转移支付资金进行全面检查的基础上，及时安排下达2004年度农村税费改革转移支付资金22亿元；同时，根据省府常务会议决定事项，及时安排2004年深化农业税改革的转移支付资金2.5亿元，有力促进了各地顺利开展改革工作。二是加强了对各地改革政策落实的跟踪与指导。认真开展“明查暗访”工作，及时处理群众信访案件，对违反农村税费改革政策、违反减轻农民负担政策加重农民负担的案件及时查处。三是继续推进各项配套改革，继续加大撤并乡镇和学校的工作力度。到2004年8月底止，全省各地已将2004年深化农业税改革政策全面落实到基层和农户。深化农业税改革后，全省又减免农业税5.61亿元，全省农民减负率达93.67%，比2003年底的83.73%提高近10个百分点，珠江三角洲地区实现了农民税费零负担。

5. 积极开展财政支出绩效评价试点工作。在2003年开展对民营科技园建设补助资金项目绩效评价试点的基础上，2004年又组织开展了四个项目的绩效评价试点工作。一是根据省政府领导有关批示，省厅邀请省人大财经委共同对2002～2003年两年16个市共2 000所山区老区小学改造专项资金使用情况进行了绩效评价。二是对2001～2003年16个贫困重点县公路建设专项补助资金使用情况进行了绩效评价。三是组织开展“十五”高校基本建设贴息贷款项目绩效评价工作。四是组织开展省商业企业集团公司资产重组财政专项补助资金项目的绩效评价工作。同时，研究制定了《广东省财政支出绩效评价试行方案》和相关配套管理办法，为绩效评价工作的全面实施打下良好基础。各市在绩效评价工作方面也作了积极的探索，中山、佛山、湛江、惠州、肇庆、梅州、揭阳等7个市开展了绩效评价试点工作。

6. 认真开展省直党政机关事业单位经营性资产清理工作。省直党政机关事业单位经营性资产清理工作是2004年我省从源头上防治腐败的一项亮点工作。省委省政府领导对清理工作高度重视，钟阳胜常务副省长亲自担任清理小组组长，多次听取汇报并作出指示，要求切实把清理工作抓紧抓好。按照领导小组统一部署，清理工作分为前期准备、清理核查、建章立制、规范和加强管理四个阶段组织实施。省清理办在认真做好前期准备工作的基础上，先后组织了11个核查小组共490人次，按照“全面核对、突出重点、统一标准、实地核查、重新丈量、拍照存档”的要求，对省直党政机关事业单位经营性资产进行全面清理核查。据统计，87个省直单位占有房地产总面积385.87万㎡，经营房地产面积68万㎡，2003年1～6月经营收入9 605万元（2002年度经营收入2.04亿元）。

（四）突出财政监督，财经秩序进一步规范

2004年，针对当前财经领域存在的问题，从加强党风廉政建设和反腐败抓源头的高度，各级财政部门在积极推进各项改革的同时，健全制度，加强管理，确保了财政的平稳、健康、有序运行，进一步推进财经秩序的好转。

1. 进一步深化“收支两条线”管理，规范政府收费行为。一是继续做好行政事业性收费清理工作。按照省政府部署，结合贯彻落实《行政许可法》，配合有关部门在7月1日前做好我省行政事业性收费清理工作，对拟取消或保留的收费项目提出了审核意见。二是逐步推广以政府公物仓统一管理罚没物品为主的罚没物品管理试点工作。三是按照财政部《行政事业性收费和政府性基金年度稽查暂行办法》的规定，选择了收入金额大、涉及群众较多的全省工商行政部门收取的行政事业性收费和罚没收入开展年度稽查，对违反“收支两条线”管理规定的，严格按照国务院第281号令规定严肃查处。

2. 加强财政专项资金的监督检查。认真组织对6个地市以及部分省属单位使用的87.85亿元省级财政专项资金进行了检查。对检查发现的问题，提出了加强管理的意见和建议。同时，加强对省财政拨款兴建的重大工程项目的财务监督、跟踪检查。从今年开始，委托市县财政部门对省财政拨款的19项重大工程（总金额14.54亿元）进行全过程跟踪监督，确保专款专用和经费节约。

3. 加强内部监督制度建设。先后制定了《广东省省级财政内部循环监督工作系统（试行）》、《广东省财政厅

内部监督检查工作规则（试行）》、《广东省省级财政专项资金监督暂行办法》、《广东省财政部门会计信息质量检查工作规程》等一系列规章制度，进一步完善了监督办法，建立了省级财政内部循环监督体系，进一步完善了财政资金事前审核、事中监控与事后检查、稽核相协调的监督机制，保障了财政资金的安全，保证了财政资金分配的公平与效率。

4. 切实加强注册会计师行业行政监管工作。根据财政部《关于进一步加强注册会计师行业管理的意见》精神，认真履行注册会计师行业各项行政审批和日常管理工作。同时，根据《注册会计师法》和《行政许可法》的要求，及时制定了《会计师事务所设立条件和申报程序》，使审批工作更公开透明。积极开展调研工作，深入了解注册会计师行业的现状和存在的问题，提出改善我省执业环境的意见和建议，为今后加强行政监管奠定基础。同时，通过加大对少数社会影响恶劣的违规行为的处罚力度，保护大多数诚信守法的注册会计师和会计师事务所，整顿和规范会计秩序，促进和保障注册会计师行业健康发展。

5. 进一步加强对全省彩票市场和彩票销售机构的监管。严格按规定审核审批彩票游戏规则、销售方式、设奖方案、促销策略、对外宣传和信息披露等事宜。按照财政部《关于加强集中销售即开型彩票发行销售管理的紧急通知》和《关于暂停集中销售即开型彩票的通知》的要求，认真做好彩票市场和彩票机构财务活动和销售行为的监管。

（五）突出行风建设，民主评议行风工作取得显著成效

根据中共广东省纪委第三次全体会议精神和广东省党风廉政建设责任制领导小组的工作部署，2004年省财政厅被列为全省行风评议单位。按照省纪委、省政府纠风办、省直纪工委的工作要求，全省各级财政部门把民主评议行风工作纳入今年工作的重点，切实加强领导，紧紧围绕民主评议行风工作的指导思想和工作目标，把民主评议行风工作与财政改革和发展事业紧密结合起来，立足实际，注重实效，高标准、严要求，精心组织，周密部署，狠抓落实，扎扎实实地完成了宣传发动和准备、自查自评、落实整改和接受评议四个阶段的工作。省直行评团对省财政厅民主评议行风工作作出了高度评价，经综合考评，省财政厅和各市财政局行风建设均被评为“满意”单位，顺利通过检验。民主评议行风工作的开展，促进了“三个代表”重要思想在财政工作的贯彻落实，人民群众关心的热点、难点问题逐步得以解决；促进了财政管理水平的进一步提高；促进了工作效率和服务水平的不断提升；促进了党风廉政建设，廉洁自律意识明显加强；促进了队伍建设，财政干部队伍整体素质得到较大提高。

二、关于2005年我省财政工作的总体要求和主要任务

2005年是贯彻落实科学发展观、巩固宏观调控成果、保持经济社会良好发展态势的关键一年，也是全面实现“十五”计划目标、衔接“十一五”规划发展的重要一年。做好2005年的财政工作，圆满完成2005年预算任务，对于全面实现“十五”计划目标，为“十一五”期间经济社会发展奠定坚实基础，具有非常重要的意义。全省各级财政部门要以邓小平理论和“三个代表”重要思想为指导，全面贯彻落实党的十六大、十六届三中、四中全会精神，按照全国财政工作会议和省委九届四次、五次、六次全会的工作部署，紧紧围绕全省中心工作，认清形势，统一思想，坚定信心，抓落实，重提高，促发展，扎扎实实做好2005年的财政工作。

（一）正确分析判断形势，切实安排好今年我省财政收支

正确分析和判断形势是做好今年我省财政工作的重要前提。今年我省财政工作面临的形势仍然是机遇与挑战并存。从机遇看，一是世界经济将保持较好的发展势头，我省经济宏观调控和经济结构调整出现积极变化，国民经济保持加快发展、理性发展的良好态势，将为财政收入稳定增长打下坚实的基础。二是省委、省政府领导高度重视财政工作，各级财税部门严格依法治税、全面加强税收征管，加大稽查力度；再加上省政府出台加强非税收入管理有关规定，将进一步促进全省和省级财政收入增长。三是2004年起开始实施的激励型财政机制的积极效应进一步显现，将有力推动市县级收入以及省市共享收入的增长。四是全省各级财政部门通过民主评议行风工作，进一步推进行风建设，全省广大财政干部士气高昂，精神振奋，抓落实，重提高，促发展的热情高涨，这是我们加快发展的强大精神动力。但是，2005年我省财政仍将面临许多困难和问题，财政收支矛盾依然突出。总的来说，机遇大于挑战，积极因素大于消极因素。对此，我们必须增强信心，强化机遇意识，在挑战中寻找机遇，在问题中寻找办法，在困难中寻找出路，牢牢把握好工作的主动权。

2005年我省财政收支预算安排的指导思想是：以邓小平理论和“三个代表”重要思想为指导，全面贯彻党的十六大、十六届三中、四中全会、中央经济工作会议精神，以及省委九届五次、六次全会要求，牢固树立、全面落实科学发展观，继续深化财政改革，进一步健全公共财政体制框架。坚持依法治税理财，做到“生财有道、聚财有方、用财有规”；坚持“两个务必”，大力增收节支；坚持量入为出，确保收支平衡。继续推行激励型财政机制及其配套措施，缓解县乡财政困难，努力促进财政增收与经济

增长速度相协调，提高财政收入质量；优化财政支出结构，增强财政调控能力，坚持保运转、保重点、保稳定、促发展，促进全省经济财政各项事业全面发展。

根据上述指导思想，按照2005年全省国民经济和社会发展计划，2005年全省一般预算收入按1 534亿元安排，按可比口径增长10%。全省一般预算收入加上中央税收返还、预算结转、结余和中央专项补助，减除各项上缴中央款项后，全省可支配财力为2 028.8亿元，按照《预算法》的规定和“量入为出，收支平衡”的原则，2005年全省一般预算支出计划相应安排2 028.8亿元，比2004年增长9.5%。

（二）抓落实，重提高，促发展，开创财政改革与发展新局面

全国财政工作会议和省委九届六次会议在深入贯彻十六大、十六届四中全会和中央经济工作会议精神基础上，研究部署了今年工作。特别是在省委九届六次全会上，张德江书记指出今年经济工作“抓落实，重提高，促发展”的方针和“三个突出，四个加强，五个提高”的要求，对今年全省的财政工作具有深远的指导意义。钟阳胜常务副省长在昨天的重要讲话中指出，今后我省的财政工作，必须高度重视以科学发展观为指导，围绕省委、省政府确定的中心任务，充分发挥财政职能，促进全省社会经济全面、协调、可持续发展。全省各级财政部门要认真贯彻落实全国财政工作会议、省委九届六次全会和钟阳胜常务副省长的重要讲话精神，增强做好财政工作的责任感和紧迫感，讲政治、讲全局、讲发展，抓紧解决工作中存在的问题，确保今年预算任务的完成，更好地为我省加快发展、率先发展、协调发展和当好排头兵服务。具体来说，要重点做到“抓好三个落实，注重四个提高，促进五个发展”，努力开创我省财政改革与发展的新局面。

“抓好三个落实”，就是要抓好财政宏观调控决策、经济结构调整战略、解决“三农”问题政策的落实。

1. 抓好财政宏观调控决策的落实。

一是积极配合宏观调控，落实好中央稳健财政政策。稳健财政政策是党中央、国务院娴熟驾驭经济全局，为巩固和发展宏观调控成果而作出的又一重大和正确的决策，非常及时，非常必要，意义深远。我们一定要认真学习、深刻领会、准确把握、狠抓落实。要按照中央实施稳健财政政策的要求，进一步调整国债项目资金使用方向和结构，区别对待，有保有压，更好地发挥财政政策对加强农业、教育、公共卫生、社会保障、生态建设和环境保护等薄弱环节、推动经济结构调整、支持转变经济增长方式和促进协调发展的作用。二是进一步落实出口退税负担机制改革。密切关注出口退税的规模和进度，及时了解其对地方预算的影响程度；对改革过程中出现的问题，加强与中央和地方财政部门沟通；配合中央相关部门的调研工作，及时反映我省的改革运行情况。三是认真做好税制改革的准备工作。今后几年，中央将陆续出台增值税转型、完善个人所得税起征点、统一内外所得税等项改革，这些改革适应市场经济发展需要，符合建立现代税制的方向，势在必行。要抓紧做好调查研究和测算工作，深入分析研究税源、税收结构及其变化情况，深入分析税制改革对地方财力的影响，尽快研究应对措施，把握工作的主动权。

2. 抓好经济结构调整战略的落实。

去年底，胡锦涛总书记视察广东时强调，推进经济结构调整是当前经济工作的一项紧迫任务。要抓住全球产业调整转移步伐加快的机遇，加大结构调整力度，推动结构优化升级，促进增长方式由粗放型向集约型转变。经济结构的调整必然体现在财政收支结构上，全省各级财政部门要充分认识当前推进经济结构调整的紧迫性和重要性。要紧紧抓住结构调整这条主线，合理运用财政政策，继续推进糖业、电力体制改革，支持煤炭、有色工业企业的关闭破产和劣势企业退出市场工作，支持国有企业改组改造，加快推进国有经济战略性调整，增强国有经济的竞争力和控制力。要大力支持我省走新型工业化道路，用好管好支持企业技术进步的各项财政资金，推动产业结构优化升级。要大力支持我省中小企业和民营经济的发展，提升我省的整体经济实力。要大力支持生态环境保护和建设，逐步构建节约型社会，积极发展循环经济。同时，要继续管好、用好科技兴贸、出口企业国际市场开拓、促进投保出口信用保险、外向型民营企业发展、出口应诉等专项资金，支持我省外贸出口，发展外向型经济。

3. 抓好解决“三农”问题政策的落实。

统筹城乡发展、解决好“三农”问题，仍然是关系国民经济全局的重大任务，也是2005年宏观调控要继续加强的重点。要继续保持财政支持“三农”政策的连续性、稳定性。要对照检查相关财政政策的落实情况，找出差距和不足，加大工作力度，抓紧完善办法，确保把各项财税支农政策不折不扣地落实到位。一是要继续深化农村税费改革，按照“多予、少取、放活”的原则，免征农业税，减轻农民负担；同时，全面落实各项配套改革，加大“并镇”、“并村”的力度，做好“并校”工作，积极开展乡财县管改革试点。二是进一步完善对种粮大户的直接补贴政策，促进粮食生产和农民增收。三是要全面落实新增教育、卫生、文化支出主要用于农村的政策，增加对农村社会事业发展的投入。四是要大力支持农业综合生产能力建设。增加农业和农村基础设施建设、生态建设、农业科技进步、农业综合开发、扶贫开发等方面的投入。五是要深入研究解决“三农”问题的战略步骤和政策措施，整合资源，突出重点，提高支农效应。

“注重四个提高”，就是要以“三个代表”重要思想和提高执政能力为指导，在实际工作中，注重提高科学理财、依法理财、民主理财、为民理财水平。

1. 深化财政改革，注重提高科学理财水平。

2005年是财政改革年。通过制度建设和体制创新，着力解决财政运行中存在的深层次矛盾和问题，加快建立与社会主义市场经济相适应的公共财政体制，是财政部门义不容辞的职责和重要任务。各级财政部门要以科学发展观

为指导，不断深化财政改革，努力提高科学理财水平。在部门预算改革方面，要加快建立科学规范的政府收支分类体系，为实现部门预算“公正、公开、透明”积极创造条件。要针对项目细化标准不明确，编制不够规范的问题，继续规范项目支出预算编制，结合专项资金清理，对零散项目适当归并，正确分类；要进一步加强信息化建设，利用政务内网传送数据，加强项目库管理，试行项目预算滚动管理；要积极推行零基预算改革，针对定员定额标准不够完善及实施范围不全面的问题，逐步细化和完善综合定员定额标准，扩大使用范围；要进一步深化综合预算改革，加大预算内外统筹安排的力度，部门和单位的非税收入实行综合预算，支出安排实行预算制；同时，针对事业单位改革滞后于部门预算改革的情况，深化事业单位经费改革。在国库集中支付改革方面，要继续扩大改革试点范围，促进改革向纵深推进。要进一步完善改革实施办法和配套措施，深入分析、研究简化相关工作规程的可能性，加强管理，提高效率；要补充完善财政国库管理制度体系，确保改革工作更加顺畅进行，重点做好国库管理信息系统的建设工作，以便于改革以信息技术支撑为依托继续向纵深推进；省级尚未进行试点的单位要逐步纳入改革范围，已经实施改革试点的地市要进一步深化、扩大改革试点范围和规范、完善改革试点做法。在政府采购制度改革方面，要认真贯彻执行《政府采购法》，推动我省政府采购法规制度体系建设，促进政府采购工作法制化、规范化。《广东省政府采购条例》已列入了省人大明年立法的预备项目，要努力争取早日出台；要加强对政府采购管理机构和执行机构工作人员的培训，苦练内功，切实提高政府采购从业人员的法律意识和业务水平；要进一步扩大范围和规模，加大监管力度，不断规范政府采购行为。在“收支两条线”管理方面，要进一步清理和规范行政事业性收费，加强非税收入的管理，凡能纳入预算的都要纳入预算管理，从体制上防止截留、挤占、挪用预算外资金。在行政事业性资产管理方面，要根据政府行政管理和部门预算改革的要求，重点抓好党政机关事业单位资产管理建章立制工作和资产数据库建设，建立从资产的形成、使用、管理、变更到资产的处置等一套创新的制度，从源头上把住资产管理的“入口关”；各市要切实加强对行政事业单位资产管理，防止国有资产流失，提高资产使用效率。

2. 加强财政监督，注重提高依法理财水平。

各级财政部门要把切实加强财政监督作为推进依法行政、依法理财的有效途径抓实抓好，进一步提高依法理财水平。在外部监督方面，要进一步拓宽监督渠道，完善和扩大社会监督网络，进一步提高接受人大、纪检监察、审计、舆论等社会监督的自觉性，使财政部门的行政行为更符合法律和人民群众的要求。在内部监督方面，一是要进一步推行内部循环监督机制。要充分利用现有办公自动化条件，对资金分配实施实时监督，并逐步延伸到资金使用单位；要在不断总结市、县财政监督经验和省厅内部循环监督运作的基础上，进一步完善广东省省级内部循环监督体系。二是逐步建立起财政支出的有效监控机制。在总结近两年财政专项资金检查工作经验基础上，集中精力，继续对财政支出资金分配、拨付、使用、管理实行全过程监督，及时纠正财政资金使用过程中的截留、挪用、损失浪费和效益低下等问题，积极探索财政支出资金的安全性、效益性监督的有效途径。三是进一步加强对重大工程项目的财务监督、跟踪检查。四是继续开展会计信息质量检查，认真履行对注册会计师和会计师事务所的行政监管职能。

3. 推行绩效评价，注重提高民主理财水平。

财政支出绩效评价工作是财政改革的重要组成部分，也是进一步推进民主理财的重要手段。财政部已将财政支出绩效评价作为稳健财政政策的主要内容之一，省委、省政府领导也高度重视财政支出绩效评价工作。全省各级财政部门要把财政支出绩效评价工作列入重要的议事日程，切实加强领导和协调。省厅要在不断总结前两年财政支出绩效评价工作经验的基础上，按照“先简后繁，先易后难，由点及面”的原则，以支出项目评价为突破口，进一步扩大试点，并选择预算单位进行部门综合绩效评价，逐步有序地建立“项目—单位—部门—综合”四个层次的评价类型，带动全面的绩效评价工作开展。各地要尽快建立健全财政支出绩效评价工作机构，积极探索开展绩效评价的有效途径。省厅鼓励有条件的地方试行绩效预算改革。

4. 坚持以人为本，注重提高为民理财水平。

“三个代表”重要思想的本质就是立党为公、执政为民。加强执政能力建设的重要指导原则之一是坚持权为民所用、情为民所系、利为民所谋，实现好、维护好、发展好最广大人民的根本利益，保证人民群众共享改革发展的成果。财政工作是否真正贯彻“三个代表”重要思想，体现加强执政能力建设，关键在于是否真正做到为民理财，体现“取之于民，用之于民”的理财原则。全省各级财政部门一定要站在实践“三个代表”重要思想和提高执政能力的高度，进一步树立“以人为本”、“群众利益无小事”的思想，增强宗旨意识和服务观念，为解决涉及群众的切身利益的问题，特别是“十大民心工程”的实施提供强有力的资金保障，自觉把提高为民理财水平落到实处。

“促进五个发展”，就是要以科学发展观为指导，促进财政可持续发展；缓解县乡财政困难，促进县域经济发展；建设文化大省，促进科教文事业的发展；推进全民富裕安康和谐社会建设，促进社会保障事业的发展；营造和谐理财环境，促进财政干部队伍文明程度新发展。

1. 贯彻落实科学发展观，促进财政可持续发展。

各级财政部门要以科学发展观为指导，继续强化收入管理，进一步建立健全统一完整的公共收入管理体系，确保财政收入增长与经济增长相协调，同时，要强化支出管理，建立健全与经济发展相适应的公共支出体系，促进财政可持续发展。一是要认真坚持省级财税收入完成情况分析联席会议制度，深化预算执行分析工作，建立财税收入增长监测分析新机制，确保实现财税增长与经济增长良性互动、协调发展；二是要千方百计提高财政收入质量。要从对财政收入结构及其增长质量的分析入手，通过对财政收入与经济关联要素的透视，研究壮大广东财政实力的对策，进一步提高财政收入占 GDP 的比重；三是建立完善的抓落实工作责任制，坚持厅领导分片抓收入制度；四是要严格依法理财，严禁越权擅自出台“先征后返”等变相减免税政策，依法加强收入征管，加大检查、稽查力度，做到应收尽收；五是要规范非税收入管理，按规定将应纳入预算管理的行政事业性收费和罚没收入等，足额纳入预算管理；六是抓紧出台国有资产经营收益收缴管理办法，加强国有资产收入管理；七是要坚持收支平衡、略有结余的原则，严格按照预算的范围和内容执行支出预算，严格控制各项预算追加，严禁擅自调整、改变预算用途；八是要认真贯彻落实“五个协调发展”、“实现四个新突破”和“实现五个转变”的要求，建立科学用财机制，继续优化支出结构，集中财力办大事，确保社会保障、再就业、教育、科技、人才发展以及“十项民心工程”等重点支出需要。

2．缓解县乡财政困难，促进县域经济发展。

一是要认真落实省府办公厅《印发关于促进县域经济发展财政性措施意见的通知》的各项意见措施，做好 2004 年转移支付补助和返还奖励等政策的兑现，进一步发挥激励型机制的效用。二是要按照财政部的要求，认真研究落实“三奖一补”政策，进一步采取措施缓解县乡财政困难，同时，积极探索省级财政对财政困难县推行省对县财政管理方式改革试点，在体制补助、税收返还、转移支付、财政结算、专项补助、资金调度等方面直接核定并监管到县。三是要不断强化县乡财政管理，确保机关和基层政权、各项事业正常运转。

根据钟阳胜常务副省长的指示，省厅正组织研究缓解县乡财政困难的具体措施，请各市局予以配合。各市要结合本地实际，研究提高县乡财力的措施。初步设想，在省府兑现激励性财政措施和举办县长财税知识培训班时进行深入研究，希望大家出谋献策，共同把这项工作做好。

3．支持建设文化大省，促进科教文事业的发展。

各级财政部门要以“三个代表”重要思想和科学发展观为指导，围绕增强我省综合实力和国际竞争力的目标，加大科教文投入，促进我省科教文事业的发展，为科教兴粤战略的实施和建设文化大省提供保障。一是要大力支持建立完善区域科技创新体系，发展高新技术产业；大力促进科研单位改革科技体制，优化科技资源配置，加强重点领域科技攻关。二是积极支持国民教育体系和终身教育体系建设；继续实行学生综合定额加少量专项资金的新的预算管理办法，科学合理地安排财政资金，调动高校扩招的积极性，扩大高校办学自主权，促进高等教育的发展；积极稳妥推进中小学布局调整，并对我省农村中小学布局调整情况进行全面总结；继续完善免收农村困难家庭子女义务教育阶段书杂费制度，解决农村困难家庭子女“读书难”问题。三是加强文化建设各项专项资金的管理，落实好建设文化大省的资金需要。

4．推进全民富裕安康和谐社会建设，促进社会保障事业的发展。

各级财政部门要从实践“三个代表”重要思想和推进全民富裕安康和谐社会建设的高度，进一步增强解决群众生产生活问题的能力，加快完善社会保障体系，促进我省社会保障事业的发展。一是要大力支持实施积极就业政策，促进就业和再就业。要加强政策研究，认真落实对就业和再就业的一系列财政政策，加大资金监管力度。二是要完善社会保障体系，改善群众生活。逐步完善城乡居民最低生活保障制度，巩固和完善低保资金的社会化发放工作，做到应保尽保；继续落实“两个确保”，适时建立社会保险基金预算制度，推广社会保险费地税机关全责征收工作；继续支持农村合作医疗保障制度建设。三是大力支持我省具有“一流水准、有权威性、反应灵敏、高效统一”的公共卫生应急处理机制、疾病预防控制体系和卫生执法监督体系建设。

5．营造和谐理财环境，促进财政干部队伍文明程度新发展。

去年全省各级财政部门的民主评议行风工作取得了显著的成效，要以行评成果为新的起点，认真开展以实践“三个代表”重要思想为主要内容的保持中国共产党员先进性教育和“爱国、守法、诚信、知礼”教育活动，进一步落实党风廉政责任制，建立健全教育、制度、监督并重的惩治和预防腐败体系，继续加强思想道德教育，全面规范服务行为，树立行业新风，加强文化建设，改善工作环境，优化服务手段。同时，不断提高财政工作水平和能力，提高财政部门贯彻落实中央和省委、省政府重大方针政策，支持经济发展，创新机制、体制，财政可持续发展，为民理财，依法理财，依法监督等七个方面的能力，努力造就一支奋发向上、朝气蓬勃、务实高效、清正廉洁的队伍，力争通过创建文明行业活动，进一步营造我省和谐的理财环境，促进财政干部队伍文明程度新发展。

同志们，新的一年，我们要继续高举邓小平理论和“三个代表”重要思想的伟大旗帜，全面贯彻落实党的十六大、十六届三中、四中全会、中央经济会议和全国财政工作会议精神，按照省委九届四次、五次、六次全会的部署，按照钟阳胜常务副省长重要讲话精神，牢固树立和落实科学发展观，统一思想，振奋精神，抓落实，重提高，促发展，努力开创我省财政工作的新局面，为实现我省加快发展、率先发展和协调发展，当好“排头兵”和建设和谐广东作出新的贡献！

第三部分

全省财政工作概况

全省财政工作概况

全省财政工作综述

2001～2004 年，全省各级财政部门以邓小平理论、“三个代表”重要思想和科学发展观为指导，在省委、省政府的正确领导下，按照立党为公、执政为民的要求，紧紧围绕广东的中心工作任务，坚持“生财有道、聚财有方、用财有规”的原则，严格依法理财，积极组织财政收入；继续调整支出结构，保障重点支出需要；继续深化完善各项财政改革，加快公共财政建设步伐；强化财政监督，整顿和规范财经秩序，提高财政收支管理效益；确保“外向带动、科教兴粤、可持续发展和区域协调发展战略”的实施，促进了全省经济和社会各项事业的发展。

——经济持续快速发展，财政收入保持持续稳定增长。2001～2004 年，全省经济发展保持良好态势。2001 年全省实现生产总值 10 647.71 亿元，2004 年实现生产总值 16 039.46 亿元，年均递增 14.63%，提前一年实现“十五”计划的经济总量预期目标。在经济保持持续较快发展的同时，全省各级财政部门狠抓财政收入，确保财政收入与经济增长相协调。2004 年全省一般预算收入达到 1 418.51亿元，比 2001 年的 1 160.51 亿元增加 258 亿元，年均递增 6.92%。

——上交国家财政收入不断增加。随着全省财政收入持续稳定增长，财政实力不断增强，上交中央财政收入也不断增加。2004 年来源于广东的国家财政收入达到 3 548.27亿元，其中中央分享收入 1 546.62 亿元，占 43.59%。2004 年广东上划中央“两税”收入完成 949.48 亿元，比 2001 年增加 357.43 亿元，年均递增 17.05%。

——确保社会重点事业的支出，支持社会各项改革，促进全省国民经济和社会事业的发展。2004 年全省地方一般预算支出达到 1 852.95 亿元，比 2001 年的 1 321.33 亿元增加 531.62 亿元，年均递增 11.93%。在财政支出规模扩大的同时，支出结构也日趋合理，逐步减少生产性和经营性领域的支出，对社会重点事业如农业、教育、科技、社保、环保等支出予以重点保证，推动了全省经济社会协调发展。

2001～2004 年，广东财政收支规模各年度均处于全国首位，各级财政预算收支年年实现了收支平衡，并略有结余。财政改革和管理工作不断深化，依法理财观念不断增强，财政干部队伍整体素质不断提高。

一、突出抓好财政收入监管工作，确保财政与经济协调发展

2001～2004 年，全省各级财政不断增强适应新形势、分析新问题、解决新矛盾的能力，制订了一系列积极有效的措施，突出抓好收入监管。2004 年，省级建立了季度财税联席会议制度，分析财政收入预算执行情况，研究财税政策调整和出口退税政策执行情况，加强财税部门的沟通协调，落实收入征管任务。建立省财政厅领导分片抓收入制度。每一位厅领导负责 3～4 个地级以上市（为叙述方便，地级以上市以下统称“市”）的收入监控工作，明确重点税源监控责任。进行预算执行分析改革，成立预算执行分析工作小组，引入数理分析和对比分析方法，分析导致广东和全国及部分沿海省、市财政收入相比增长不同步的深层次原因。省财政按季度分解省级收入计划，落实征管责任。加强非税收入管理，认真贯彻省政府《关于深化收支两条线改革进一步加强和规范非税收入管理的意见》，深化“收支两条线”管理，把未纳入财政管理的非税收入纳入“收支两条线”管理范围，壮大地方财力，增强政府宏观调控能力。2004 年全省纳入预算管理的非税收入达 229.21 亿元，占全省一般预算收入的 16.16%。同时，加强财政法制宣传，深入开展学习贯彻和落实《预算法》的宣传活动，促进依法理财、科学理财，确保预算收入的完整、真实、可靠。

二、以发展为第一要务，促进经济全面、协调、可持续发展

（一）落实中央财政政策，努力扩大内需

2001～2002 年，广东积极争取中央国债资金共 49.67 亿元，并认真落实地方配套资金，带动了银行和社会资金投入到基础设施建设，加快了农林水利、交通、城乡电网等设施建设步伐，拉动了需求。2003 年，各级财政多渠道筹集交通、水利等基础设施建设资金 127.62 亿元，集中财力支持十大工程和大型基础设施建设，以财政性资金带动社会资金投入，较好地发挥财政投资对经济增长的拉动作用。

（二）以促进县域经济发展为目标，建立激励型财政机制

2003 年，为促进区域协调发展，增强全省经济发展后

劲，省级财政安排转移支付资金67.86亿元（不含农村税费改革转移支付），为欠发达地区基本工资发放和相对均衡区域间公共服务水平提供财力支持。2004年按照确定基数、转移支付补助与收入增长挂钩、鼓励先进、鞭策后进的思路，建立了激励型财政转移支付机制，充分调动县级政府发展县域经济的积极性和主动性。省财政新增安排一般性转移支付资金6.48亿元，同时安排补助资金3亿元缓解县、镇（乡）财政困难，帮助基层政权维持运转。2004年粤东、粤西和粤北等山区上划省“四税”增长率超过全省平均水平。作为县域财政收入主要组成部分的共享“四税”收入呈现梯级递进增长势头，16个扶贫开发重点县增长率超过山区县平均水平，山区县增长率超过全省平均水平。全省共有47个县（市、区，为叙述方便，县、县级市、区以下统称县）一般性转移支付补助超过未实行激励机制前的数额，占享受一般性转移支付县的70.15%；有47个县获得上划省“四税”超全省平均水平返还奖励及领导班子奖励，占粤东、粤西和粤北等山区县的71.21%。

（三）支持国有企业的改革和发展

根据经济结构战略性调整的需要，进一步调整财政支持方式，努力促进国有企业的技术进步和产业升级，大力支持各项改革。

一是支持国有企业重组改制。2001年，省级财政安排资金7.52亿元，支持企业技术改造；安排资金3.08亿元，用于劣势企业退出市场，安排粮食储备费用和消化粮食企业亏损挂账资金9.2亿元。2002年省财政安排关闭煤矿费用4.74亿元，省属劣势企业退出市场职工解除劳动关系补助资金2.79亿元，企业离休人员医疗费补助及省属企业离休干部增发生活补贴8 100万元，在再就业中心的国有企业下岗职工解除劳动关系经济补偿金4.3亿元，安排有色矿山关闭破产费用4.93亿元，其中中央专款3.4亿元。2003年省财政筹措安排关闭破产煤矿费用7.30亿元，省属劣势企业退出市场专项资金1.66亿元，省属企业离退休干部的离退休金补助和省级企业基本养老保险2.91亿元。2004年大力支持糖业改革，妥善解决国有糖厂拖欠农民甘蔗款问题；继续推进电力体制改革，积极支持“两改一同价”（农电体制改革、农网改造、城乡用电同网同价）工作；大力支持粮食购销市场化改革和国有粮食企业改革，加快粮食购销市场化进程；进一步做好分离中央、省属企业办社会职能工作，安排劣势企业退出市场资金2亿元。

二是促进企业技术进步和产业升级。2003年省财政安排企业挖潜改造的资金2.79亿元，省属重点企业技术中心拨款5 000万元，重点装备工业发展扶持资金2亿元，国家级名牌产品及驰名商标的奖励经费8 500万元。2004年安排企业挖潜改造资金4.78亿元，发挥财政资金的引导作用，积极运用九大产业竞争力研究成果，支持支柱产业技术改造、振兴装备制造业、关键领域核心技术重点突破、重大技术装备和重点领域技术创新、企业技术中心建设等，促进企业技术改造和科技进步；加大科技三项费用投入，共下达科技三项费用4.08亿元（含中央专项资金），支持企业新产品试制、中间实验和重大科研项目，实施重点科技计划项目；支持流通业的发展，安排下达省属流通龙头企业2003年贴息资金1 663万元。

（四）大力支持民营经济发展

2003年，为贯彻落实省委、省政府关于加快民营经济发展的决定，省级财政投入了4.2亿元支持14个市（每市3 000万元）用于民营科技园建设，带动103.82亿元社会资金投入；安排中小企业发展专项资金2亿元，采用贴息和资助的方式，拉动社会投资37.53亿元，财政资金与社会资金投入乘数达1∶22。2004年，省财政投入中小企业发展专项资金2亿元，支持民营企业技术改造和技术创新；增加安排科技三项经费5 000万元用于扶持民营科技企业关键技术、共性技术的研发和中试等；投入出口企业开拓国际市场资金1 000万元，促进中小企业开拓国际市场；安排再就业资金5 000万元，专项用于民营企业吸纳下岗人员的社会保险、岗位、就业服务、技能和创业培训等补贴；积极推进中小企业担保体系建设和服务体系建设，逐步完善中小企业服务体系。

（五）积极鼓励扩大外贸出口

2001年及时核拨中央和省外贸出口商品贴息资金5.42亿元，积极研究制定出口信用保险专项资金管理、出口退税质押贷款贴息资金管理、科技兴贸专项资金管理、出口收汇增量贴息、中小企业国际市场开拓资金管理等有关具体政策的实施办法，全力保障完成出口任务。

2002年对生产性企业出口货物全面实行“免抵退”税措施，全省（含深圳市）共办理退（免）税246.53亿元，比2001年增长35.1%（不含深圳市为176.43亿元，比2001年增长26.5%）；扩大出口企业退税账户托管贷款贴息范围，由国有企业扩大到具有法人资格、有进出口经营权的出口企业和外商投资企业，资助比例提高至80%，实际兑付2001年度资金1 275万元；省财政及时核拨中央补助的扶持外贸资金5.41亿元，安排外贸出口专项资金、科技兴贸专项资金、中小企业国际市场开拓资金等1.1亿元。

2003年省财政安排并拨付了5 000万元科技兴贸资金、2 500万元用于支持外向型民营企业资金；安排出口退税账户托管贷款贴息资金2.74亿元，实际兑付2002年度资金7 748万元，并从2003年下半年开始至2003年底，取消年出口额的贴息限制条件。2004年，贯彻落实中央出口退税负担机制改革，妥善安排预算资金，保证出口退税及时足额到位，全省共完成地方出口退税负担25%部分108亿元。贯彻鼓励扩大外贸出口的政策措施，安排推进科技兴贸工作专项资金5 000万元，核拨投保出口信用保险补助资金1 133万元，实际兑付2003年度出口退税质押贷款贴息资金3.36亿元，安排外向型民营企业发展资金2 500万元。同时，针对粤北山区和东西两翼13市4县承担出口退税超基数负担过重的问题，省财政安排2.5亿元通过“以奖代补”的办法进行扶持。

（六）做好防范化解金融风险工作

2001年全省各级财政努力做好中小金融机构资产保全、追收、盘活和打击逃废政府债务以及整治信用秩序等工作，省财政组织调研组分赴全省各地开展调研，摸清全省追收中小金融机构资产基本情况和存在问题，制订下发了《广东省追收和处置地方中小金融机构和农金会资产若干政策措施》。

2002年积极筹集防范化解金融风险准备金，归还中央专项再贷款137.15亿元，继续做好对地方金融机构资产的追收和处置，加大地方金融机构的资产和财务监管，及时处置地方金融机构出现的问题。

2003年为减轻欠发达地区历史债务负担，筹措资金120亿元，用于减轻山区市县“中央专项再贷款”和农村义务教育债务负担。

三、以科学发展观为指导，促进经济社会协调发展

2001～2004年，全省各级财政部门在坚持以发展为第一要务、确保财政可持续发展的同时，坚持以科学发展观为指导，坚持以人为本，积极推动经济社会协调发展，努力解决经济社会发展不平衡问题。

（一）支持公共卫生体系建设

2004年调整财政支出结构和卫生经费支出结构，大力支持农村卫生建设和公共卫生设施建设。投入4.65亿元支持贫困地区市县疾病预防控制中心建设；多方筹措资金9 000万元对100所中心乡镇卫生院和经济欠发达地区一般乡镇卫生院进行改造；安排2 300万元对46所县级妇幼保健院进行改造建设；投入5 360万元帮助经济欠发达地区构建县级突发公共卫生事件医疗救治体系；拨付925万元支持建立全省疫情直报系统；投入2 080万元加强中医适宜技术应用及专科建设；安排经济欠发达地区卫生监督体系建设专项资金3 994万元；落实2 000万元职业病防治专项经费；投入3 594万元加强艾滋病防治工作。

2003～2004年，省财政投入省级及地方公安强制戒毒所增容扩建资金2.06亿元及修缮经费2 000万元，投入欠发达地区强制戒毒所戒毒人员补助1 840万元建立禁毒长效机制，投入劳教禁毒资金1.8亿元（其中配套设备资金2 100万元）等支持“禁毒03工程”建设。

（二）完善社会保障制度

2001～2004年，全省各级财政认真抓好社会保障制度改革，全省用于社会保障的支出（包括卫生经费、抚恤和社会福利救济费、行政事业单位离退休经费及社会保障补助支出）由2001年的156.41亿元增加到2004年的243.86亿元，年均递增15.96%，占财政支出的比重由2001年的11.84%提高到2004年的13.16%。全省各级财政安排城乡居民最低生活保障金的支出由2001年的4.5亿元提高到2004年的6.2亿元，年均递增11.27%，救济保障人数由2001年的45.69万人增加到2004年的115.9万人。

做好“两个确保”工作，全省各级财政2001～2002年共安排国有企业下岗职工生活保障资金7.73亿元，全省养老、失业保险基金由2001年的199.48亿元增加到2004年的233.19亿元，年均递增5.34%。2002年省财政一次性安排改制补缴社会保险统筹金和解除农场职工劳动关系经济补偿金3.35亿元，解决华侨农场改制问题。2003年安排提高重点优抚对象补助1亿元以及促进再就业专项补助4.64亿元、智力扶贫补助3 500万元。2004年省财政共安排1.1亿元对困难地区重点抚恤对象14.3万人给予生活和医疗困难补助，安排8 980万元解决农垦、农场职工近17.92万人养老保险纳入地方统筹后的基金缺口问题，拨付4 000万元解决企业军转干部生活困难及欠缴养老保险费问题，投入6 100万元提高省属企业离休干部养老待遇。同时，认真落实促进再就业政策措施，安排再就业专项资金6.2亿元，用于下岗职工社会保险补贴、公益性岗位补贴、再就业培训和职业介绍补贴、劳动力市场建设、民营企业吸纳下岗失业人员社会保险及技工学校建设等。

（三）大力支持科教事业发展

贯彻落实《国务院关于基础教育改革与发展的决定》，不断加大基础教育的投入力度，全省教育事业费由2001年的180.26亿元增加到2004年的288.00亿元，年均递增16.90%。全省科学支出由2001年的11.65亿元增加到2004年的15.77亿元，年均递增6.20%。2001年省财政安排高校基建资金2.6亿元及贷款贴息资金1.4亿元（全部作为拨款安排，并未实行贴息）。2002年投入16.47亿元支持中山大学、华南理工大学等高校改善办学条件以及广州大学城建设。2003年省财政投入了20.7亿元用于建设高水平大学及高校“211工程”，支持高校广州新校区建设，全省普通高校本专科在校生58.8万人，比2002年增长25.7%。2004年加大对教育的投入力度，推动广东高等教育跨越式发展，积极支持高校扩招，省财政共投入贴息资金共3.5亿元用于大学城及高校扩招项目建设。积极推进高校预算管理体制改革，省属高校预算管理体制和经费供给方式由原来基数加增长的拨款方式改为按学生综合定额加少量专项资金的预算管理办法。支持科技体制改革，制定科研机构分类改革或转制方案及相关财政政策，规范财务和资产管理。

（四）推进文化大省建设

2003年全省投入17.67亿元，改善文化设施，加快文化建设步伐。2004年全省文体广播事业费支出44.30亿元，有力地推进了各项文化事业建设。其中省财政投入1.50亿元加强文化文物事业建设，主要用于支持省立中山图书馆购书、省博物馆文物征集、广东美术馆收藏、文艺

创作、社科研究和广州乐团聘请专家，以及场馆、系统改造和建设工程等。为建设体育强省，实施“0458工程”，落实第十届全运会备战经费5 604万元。同时，积极支持文化体制改革，改革经费投入方式。

四、以财政政策与财政资金为保障，解决社会热点、难点问题

（一）减轻农民负担，大力解决“三农”问题

1. 全面深化农村税费改革。2000年，开展徐闻、四会、兴宁三个县税费改革试点，农民减负率分别为61%、65%、77%。2002年为支持农村税费改革扩大试点，安排转移支付补助资金2.17亿元。2003年7月，农村税费改革在全省全面推开，各地按照省委、省政府的统一部署，认真执行“五取消、一改革、一种税”的政策，协调推进“并镇、并村、并校、减人”等各项配套改革。省财政加大农村税费改革转移支付力度，安排转移支付资金12.17亿元，保障了镇、村两级政权的正常运转和农村义务教育经费的落实。全省农民年人均负担税费由106.93元降为17.40元，减负率达83.73%，为全国之最。2004年，各地财政部门认真贯彻执行省政府《关于深化农业税改革的决定》，全省再减免农业税5.61亿元，全省农民减负率达93.67%。珠江三角洲地区原则上自费进行免征农业税改革试点，实现了农民税费零负担。东西两翼及粤北山区对种粮农户的农业税税率由6%降到3%，由此减少的税收由省财政通过转移支付帮助解决，全年共安排农村税费改革转移支付资金24.5亿元，其中深化农业税改革的转移支付资金2.5亿元。在加强监督检查工作的同时，为防止农民负担反弹，省财政厅组织了对2003年省安排的农村税费改革转移支付资金的全面检查，确保资金按规定安全使用；积极配合国务院农村税费改革检查组对广东开展的专项检查，配合省人大开展农村税费改革跟踪视察工作；加强日常监督工作，按照《广东省农村税费改革试点工作督查方案》、《广东省农村税费改革信访工作制度》的要求，健全督查网络，疏通监督渠道。继续推进各项配套改革，加大撤并乡镇和学校的工作力度，全年全省撤并减少乡镇391个，占全省乡镇数的24.6%，继续撤并中小学学校2 696所。

2. 认真落实对种粮农民直补政策。2004年，为调动农民种粮积极性，推动粮食生产。省委、省政府决定对全省范围内直接从事水稻种植且年播种面积达到30亩以上的种粮农民按每亩每年20元的标准给予直接补助，全省各级财政部门积极筹措资金，确保种粮农民直补资金足额到位。其中省财政安排2 696万元，补贴种粮大户水稻种植面积269.6万亩。

3. 加大财政支持“三农”力度。2001～2004年，全省不断加大财政支农力度，省级财政支农支出（包括省级农口部门支出和支援不发达地区支出）从2001年的32.85亿元，增加到2004年的52.81亿元，大力支持农业发展，促进农业结构调整。2001年落实中央和省灾歉及社会照顾农业税减免8 000万元，减轻灾区农民和困难农户的负担。2002年为帮助灾区农民和困难农户解决生产生活问题，落实农业税政策性减免4 500万元、抗旱抗洪救灾资金5 600万元、扶持年纯收入3万元以下的贫困村发展集体经济5 000万元。2004年，为大力解决农民生活困难，省财政安排7 000万元实施沿海渔民转产转业议案，投入3 000万元扶持老区搬迁及发展经济，落实农村突发事件应对资金，贯彻省政府的决定，支持处理禽流感、红火蚁等农村突发事件，确保农村稳定和农业生产安全。为加强农村基层党组织建设和扶贫力度，省财政投入5 000万元采取“以奖代补”的形式对年集体经济收入低于3万元的贫困村干部实行考核奖励，安排资金1.03亿元对全省村党支部、村委会无办公用房（含租、借用办公房）的5 160个村“两委”进行补助，筹集2 000万元继续实施“千村扶贫”工程。同时，进行资金管理制度改革，加强农口资金分配审核，严格按因素法、公式法分配资金，重大项目实行专家评审和中介机构审核制度；对全省非国库集中支付的财政农业专项资金推行财政报账制试点；积极推行农业综合开发财政资金管理财政部门报账、有偿资金实行委托银行贷款制度等八项制度改革。

4. 大力解决农民“五难”问题。一是扶持解决农村“住房难”问题，2004年省财政安排3 000万元用于扶持欠发达地区贫困农户危房改造，安排1 960万元扶持边远分散革命老区村庄搬迁；2003～2004年，省财政共安排省属水电厂水库移民专项资金4.32亿元和面上水库移民专项资金5.94亿元。

二是帮助解决农村“行路难”问题，2003年安排25亿元帮助16个扶贫开发重点县撤并路桥收费站；2003～2004年，全省共投入农村公路建设补助资金16.1亿元、补助里程16 100公里。

三是帮助解决农村“看病难”问题，从2002年开始实施农村合作医疗制度。全省各级财政不断加大对农村合作医疗的投入，全省参加农村合作医疗农民人数从2002年的1 159万人增加到2004年底的1 949万人，全省各级财政累计安排农村合作医疗资金8.02亿元（引导资金67 820万元、救助基金12 427万元），其中省财政累计安排3.18亿元（引导资金24 768万元、救助基金7 000万元）。

四是大力解决农村“饮水难”问题，2002年省委、省政府决定由省财政分三次安排专项资金共8.68亿元，重点安排汕头、潮州、揭阳、湛江、茂名、阳江、清远等13个市共345宗农村饮水工程，计划解决农村饮水困难人口554万人；2004年投入2.7亿元重点解决农村180万人饮水困难，投入900万元支持经济欠发达地区解决饮用水卫生问题。

五是努力解决农村“读书难”问题，从2001年起，省财政每年安排专项资金3.85亿元，免收全省农村人均年纯收入1 500元以下的困难家庭子女义务教育阶段书杂费，补助困难学生103万人；2002～2004年，省财政共安排专项资金9.55亿元（2002年3亿元，2003年3亿元，

2004年3.55亿元），对3 184所老区、山区小学校舍进行改造，基本完成解决老区、山区小学危房工作；2003～2004年，省财政每年安排专项资金5亿元用于农村中小学布局调整，补助每所初中学校120万元，小学校80万元，共新建扩建中小学1 110所；2003年，省财政一次性安排20.3亿元用于解决农村义务教育负债，重点用于经济困难和欠发达地区偿还农村义务教育负债，推进农村基础教育健康稳定发展；2003～2004年，每年安排农村中小学信息技术和英语教育经费3 000万元提高贫困地区教学水平。

（二）切实采取措施，努力解决拖欠工资问题

2001年全省各级财政部门按照省委、省政府的要求，认真落实消化拖欠工资责任制，多渠道筹集资金，实行工资统发制度，清理工资标准和补贴项目，清退超编人员，切实解决拖欠工资问题。同时，省财政也加大了转移支付力度，增加对困难市县转移支付和调资补助11.2亿元。全省解决拖欠工资工作取得突破性进展，再没有出现新的拖欠工资现象，2000年底前拖欠的工资大部分得到了消化。

（三）积极应对突发事件，维护社会稳定

2003年，为扶持受“非典”影响行业的发展，省财政制定了减免部分政府性基金的政策，并在5月中旬前将基金减免政策落实到相关企业，减轻全省困难企业负担，减少企业职工下岗失业，培育地方后续财源。全省各级财政共安排“非典”防治经费23.68亿元，其中省级财政直接安排6.5亿元，为保障抗击非典斗争的胜利提供了坚强的财力保障。同时，为构筑公共卫生防疫屏障，提高处置公共卫生突发事件的应对能力，省财政投入15亿元，专项用于省级和困难地区公共卫生体系建设，21个市和57个县成立了卫生监督所、疾病预防控制中心和卫生检验中心。

五、以建立公共财政为目标，不断深化财政改革

（一）深化和完善部门预算改革

2001年扩大省级部门预算改革试点范围，试点单位从7个增加到27个，并制订了《广东省省级部门项目支出预算管理试行办法》。2002年，在对省直党政机关行政事业单位全面开展清产核资、摸清“家底”的基础上，认真总结了27个单位试点经验，制订部门预算管理办法；提前预算编制时间，规范预算编制程序，细化预算编制内容，按时完成102个省直单位的部门预算编制。2003年制订《2004年省级部门预算编制工作意见》和《部门预算编制指南》，规范支出项目和口径，改进预算编制方法，完成省级102个一级预算单位部门预算编制。2004年部门预算改革在全省所有市本级全面铺开，各县都进行了试点，部分县已全面铺开。为进一步完善向人大、政府、公众的预算报告制度，研制开发了广东省省级部门预算查询系统供人大代表使用。改进部门预算编制方法、提高预算科学性，制订了《2005年省级部门预算编制工作意见》和《2005年省级部门预算编制手册》，调整人员经费定员定额标准，提出2005年部门预算改革“巩固成果、深化改革、完善制度、规范管理”总体思路；加强项目支出预算管理，选择省信息产业厅和省残联作为试点，实行项目预算滚动管理。

（二）加快财政国库管理制度改革步伐

2001年全省财政推行统发工资工作，全省基本实现行政政法机关人员、教师工资和离退休人员离退休费由财政统发，当年纳入统发工资人员132.8万人，月统发工资额15.21亿元；同时，对省财政安排的省属煤矿关闭的有关费用，委托银行或企业所在地财政部门实行集中支付；认真执行《省级基本建设项目财政性资金集中支付暂行办法》，对财政安排的基建项目资金，实行按合同、工程进度直接支付到项目承建单位。

2002年制定财政国库管理制度改革实施办法，通过招标确定财政国库集中支付的代理银行，做好改革的各项准备工作；全省16个市成立了国库管理机构，广州、深圳、珠海、汕头4个市设立国库支付中心，广州、汕头、珠海等市率先开展了国库管理制度改革。

2003年1月省级财政国库管理制度改革正式启动，对省计委、省经贸委、省科技厅、省财政厅等10个部门进行改革试点；在总结试点经验的基础上，进一步完善改革实施办法和相关配套措施；7月1日，省级改革试点扩大到了40个部门和16个基层预算单位；各地财政部门结合本地区实际情况，陆续开展改革试点，全省通过国库集中支付的资金已达241.48亿元，占全省财政支出的1/8。

2004年省级财政实现与省人大财经委的电脑联网，通过广东省国库集中支付系统实现资源共享，接受实时监督。积极推进信息化建设，整合省级国库集中支付系统和预算指标管理系统，实现指标管理系统、集中支付系统和单位申报系统间的业务和数据共享，加快网上申报用款计划及审核下达流程。不断完善改革方案和政策，制度体系逐渐成熟。简化授权支付额度下达单据设计，合并调整政府采购资金直接支付办理流程，简化用款计划审批环节，对试点单位年终预算结余资金处理、归垫基本存款户资金、零余额账户支出退回等环节补充制订具体处理办法，进一步简化流程、规范操作、提高工作效率。到2004年底，国库集中支付改革已覆盖到所有省直一级预算单位，并实现了网上申报审核用款计划，所有市及14个市辖区在本级开展试点工作，全省通过国库集中支付的财政资金达313.38亿元，其中省级57.15亿元。同时，探索会计集中监管，作为国库集中支付改革的延伸和发展，在保证预算单位“三权不变”的前提下，依托国库集中支付信息系统，通过“统一会计核算规程、统一会计核算软件和建立财务核算监管系统”，实现对预算单位会计数据的集中、即时的控制和管理，为财政监管提供实时、准确、全面的数据资料信息。

（三）积极推进政府采购制度改革

2001年对基建项目、大宗物品和服务项目、九运会场

馆设施采购等实行公开招标，全省政府采购金额达46.88亿元，比2000年增长93.08%，节约资金6.54亿元，节约率12.25%。

2002年政府采购机构进一步健全，全省设立政府采购机构130个；范围进一步拓展，在汽车、计算机、空调、复印机等通用货物的采购的基础上扩大到办公楼修缮、装饰和网络工程、汽车保险等工程和服务类项目；规模进一步扩大，全省达到83.47亿元，比2001年增长78.05%；制度进一步完善，初步建立项目专家库，制定市场准入、信息公告和资金集中支付制度；全省政府采购节约资金13.42亿元，节约率达到13.85%。

2003年积极推进政府采购机构建设，实现了政府采购监督管理职能和执行职能相分离，全省实际采购金额127.53亿元，比2002年增加44.06亿元，增长52.78%，资金节约率为11.85%。

2004年省级及全省21个市均实现政府采购监督管理职能和执行职能相分离，成立了政府采购管理机构。加强制度建设，制订《广东省政府采购公开招标采购方式暂行实施规程》等十项配套制度办法。做好政府采购基础工作，编制2005年政府采购预算及政府采购计划，完善政府采购资金国库集中支付制度，建立完善政府采购专家库，积极推进政府采购网络信息化建设。政府采购范围和规模进一步扩大，完成采购规模226.04亿元，增长77.24%，资金节约率为10.19%。

（四）积极开展财政支出绩效评价试点工作

2003年广东率先开展对财政重大支出项目进行效益评价工作，选择了对粤东粤西粤北14个市支持民营科技园建设补助支出项目进行了效益评价，开全国之先河，成效显著。2004年，在全国率先成立了省级的绩效评价职能处室，并研究制订了《广东省财政支出绩效评价试行方案》及内部协调工作制度、工作程序等一系列相关配套管理办法，建立绩效评价指标体系，规范绩效评价试点工作。规范和加强省级部门预算单位财政支出项目管理，布置省级部门预算单位开展对财政支出项目资金使用情况实行自我绩效评价工作。

2002～2003年两年组织开展对16个市共2 000所山区老区小学改造专项资金使用情况、2001～2003年组织开展对16个贫困重点县公路建设专项补助资金使用情况、“十五”高校基本建设贴息贷款项目、省商业企业集团公司资产重组财政专项补助资金项目等支出的绩效评价工作，事后监督作用进一步增强。2004年中山、佛山、湛江、惠州、肇庆、梅州、揭阳等7市开展绩效评价试点工作。

六、严肃财经纪律，加强财政监督管理

（一）深化“收支两条线”管理，规范政府收费行为

2001年清理整顿各种政府性基金、行政事业性收费，全省共取消违规的政府性基金、行政事业性收费和罚没项目185项，并在全省范围内开展落实“收支两条线”规定工作检查。

2002年对省公安厅、省工商局等5个执收执罚部门的预算外收入全部上缴国库，纳入预算管理；对省司法厅、省建设厅等6个部门的预算外收入缴入财政专户，实行收支脱钩，支出统筹安排；对涉农、涉企、涉教收费实行公示制度，推行“两证一票一卡”（收费许可证、收费员证、统一票据和企业、农民交费登记卡）管理办法；对中小学收费从2002年秋季开学起全面实行“一费制”，规范了收费管理，减轻了农民负担；对13个市的非经营性路桥收费站收费开展了专项检查，纠正了违规行为，完善了相关制度。

2003年全面推行行政事业性收费、政府性基金和罚没收入实行“单位开票，银行代收，财政统管”的征管制度，开展了治理向机动车辆乱收费和整顿道路站点工作，对全省公安交警系统和国土资源系统收取的行政事业性收费、政府性基金收支情况进行稽查，规范政府收费行为。

2004年进一步规范收缴行为，对行政事业性收费和罚没收入凡符合代收条件的，一律实行委托银行代收、款项直接缴入财政专户或国库，在深圳市试行养路费等交通规费委托银行代收；继续做好行政事业性收费清理工作，取消省定行政事业性收费24项；逐步推广以政府公物仓统一管理罚没物品为主的罚没物品管理试点工作；选择收入金额大、涉及群众较多的全省工商行政部门收取的行政事业性收费和罚没收入开展年度稽查。同时，积极推动部门综合预算。将行政事业单位收取的各项非税收入纳入部门预算编制范围，统筹安排预算内外资金，加大非税收入收支脱钩的力度，逐步扩大部门综合预算范围。按照基本支出预算和项目支出预算的管理办法，规范和严格控制非税收入支出管理，促进财政预算收支综合平衡。

（二）开展省直党政机关事业单位经营性资产清理工作

按照省委、省政府以及省清理省直党政机关事业单位经营性资产工作领导小组的统一部署，省清理办组织实施前期准备、清理核查、建章立制、规范和加强管理四个阶段的工作。采取“分片负责、上门服务、网上释疑”等多种形式，积极推进87个省直单位的自查工作；按照“全面核对、突出重点、统一标准、实地核查、重新丈量、拍照存档”的要求，组织了11个核查小组490人次对87个省直单位的自查情况进行了全面的核查；归纳分析出省直党政机关事业单位资产管理中存在的家底不清、产权不清等八大突出问题；深入基层开展政策调研，提出了经营性资产处置的思路、原则，并分富余办公用房、富余职工住房、招待所（培训中心）、闲置土地及其他资产五个专题提出省直党政机关事业单位经营性资产的处置意见；研究起草《广东省省直行政事业单位国有资产管理暂行办法》等省直行政事业单位国有资产管理制度，规范国有资产管理。

（三）规范公务员收入分配秩序，实行统一岗位津贴制度

2002年对省直行政事业单位开展了“四个摸清”工作，基本摸清各单位自行发放补贴的资金来源、支出渠道、银行账户开设情况以及福利补贴的发放水平，为建立透明规范的公务员收入分配制度打下基础。2003年1月，省直机关开始实行统一公务员岗位津贴制度，从源头上防止腐败，解决公务员存在“同工不同酬”、利益分配不均的问题。实施统一岗位津贴后，省财政组织16个核查小组对89个省直机关单位和122个实行公务员管理的事业单位的银行账户进行全面核查，并做好资金清理收缴工作，从源头上杜绝了单位私设“小金库”、滥发补贴的行为。各地也陆续开展了账户清理核查工作，为规范收支管理，统一岗位津贴提供了制度保障。

（四）扎实推进“金财工程”建设

2002年按照广东“金财工程”分步实施计划和三年内全省镇一级财政实现管理信息化的要求，在珠江三角洲7市和山区县三分之一的乡镇开展财政管理和农业税收征管信息化试点，试点地区成立乡镇财政结算中心238个。

2003年各级财政部门加快“金财工程”建设步伐，“金财工程”15个财政业务应用分系统有9个进入试验、试点和开发阶段，其中作为核心业务系统的国库集中支付系统已在47个省级部门预算单位试点运行；全省21个市有17个建立了局域网，大部分县和三分之一的乡镇也建立了局域网，节点数达到15 000个。

2004年加强财政核心业务应用系统的开发、实施和管理工作，启动指标管理和集中支付系统整合工作；开展人大集中支付和部门预算查询系统建设，并实现省财政厅国库支付、部门预算系统与省人大联网；启动政府采购、非税收入、会计信息和人事管理系统的建设；开展财政支出绩效评价及计算机决策支持系统的基础性研究；开展统一标准编码系统（第一期）的建设；启动“金财工程”第一期可行性研究报告。继续推进乡镇财政管理信息化建设，进入全面验收阶段。至2004年底，全省乡镇财政管理信息化建设共发放服务器1 639台，台式计算机（含农税信息化）4 874台，打印机1 612台。

（五）完善财政监督体系，财经秩序进一步规范

2001年组织对省农话局、电力系统和26所中专学校的会计信息质量抽查、56家中介机构执业情况的核查；清理领导干部借用公款，全省共清理出领导干部借用公款或批准借用公款8.24亿元；开展行政事业单位银行账户清理工作，全省共撤销违规银行账户3 988个、预算外收入过渡户1 172个；与省公安厅联合到私彩严重的粤东汕头、潮州、揭阳3个市调查私彩的活动和打击情况，健全彩票市场管理制度；积极开展会计委派试点和派驻财务总监工作，全省各市都开展了会计委派试点，实行会计集中核算的行政事业单位有7 200个，委派人员2 108名；向国有企业和行政事业单位派出财务总监848人，24个重点基建项目也委派了财务总监，实行村账镇管的行政村991个。

2002年继续开展《会计法》执法检查，扩大会计信息质量检查范围，重点抽查了省电力、教育系统和境外企业以及部分会计师事务所的质量检查；加强对中介机构的监管，对年检不合格的7家会计师事务所做出了限期整改、停业整顿的处理，注销了12名注册会计师的执业资格，同时建立了业务报备及谈话提醒制度。

2003年在全省范围内开展会计信息质量检查，加强会计监督，严厉打击做假账行为，全省财政组织了123个检查组对358个单位进行了检查，共查出违纪金额1.91亿元；继续稳步推进会计委派制度试点，完善财务总监相关管理制度。

2004年认真组织对汕头、潮州、揭阳、汕尾、湛江、阳江6市拨付、使用、管理省级财政专项资金情况，以及2003年度省级财政预算安排的科技兴贸资金、企业技术改造资金、贫困家庭子女职工教育经费、林业涵养林建设资金、省属流通龙头企业财政技改贴息资金、欠发达地区消防装备补助资金、地震“十五”计划重点项目经费等省级财政专项资金使用情况的检查工作，总金额达73.48亿元；委托市、县财政部门对省财政拨款的19项重大工程（总金额14.54亿元）进行全过程跟踪监督；建立省级财政内部循环监督体系，进一步完善了财政监督机制；继续开展会计信息质量检查，重点检查发电和省属资产经营公司共8户企业，并对为上述企业出具年报的会计师事务所进行重点监管；加大对注册会计师行业少数社会影响恶劣的违规行为处罚力度，委托有关市财政局对群众投诉的其行政区域内的会计师事务所进行重点检查，整顿和规范会计秩序；加强对全省彩票市场和彩票销售机构的监管。

七、坚持以人为本，加强干部队伍建设

2001年认真开展“三讲”教育和“回头看”活动，制订并落实27条整改措施，建立健全各项规章制度，保证班子决策的规范化、民主化和科学化。

2002年是“转变作风年”，全省各级财政部门认真实践“三个代表”重要思想，按照十五届六中全会提出“八个坚持、八个反对”的要求，结合实际，严格对照检查，针对存在的突出问题，制定切实有效的整改措施，狠抓落实，使全省财政干部队伍综合素质得到进一步提高，工作作风明显转变。

2003年积极开展以“三创新、一优化”为主题的机关作风建设年活动，始终按照 创建“学习型机关”的要求，切实抓紧、抓实、抓好学习教育工作，精心组织好各阶段工作，通过认真的查找、整改，积极推进财政管理制度改革，提高了财政工作的科学性和透明度，增强了服务意识，提高了办事效率。

2004年以行风评议为动力，推动干部队伍建设新发展。根据中共广东省纪委第三次全体会议精神和广东省党风廉政建设责任制领导小组的工作部署，2004年省财政厅

被列为全省行风评议单位。全省各级财政部门把民主评议行风工作纳入2004年重点工作，切实加强领导，紧紧围绕改革、发展、稳定的大局，着力解决影响广东财政改革与发展的突出问题，扎实完成了民主行风评议宣传发动和准备、自查自评、落实整改和接受评议四阶段工作。省财政厅领导高度重视，坚持带头抓理论学习、带头深入基层调研、带头上门走访征求意见、带头落实整改；全省财政系统上下联动，开展形式多样的宣传教育活动；省财政厅通过机关内部自查自评、发放调查问卷、领导带队上门走访等形式，广泛征求和收集社会各界对财政部门的意见和建议，形成各项专题进行整改，进一步深化财政体制改革，推进各项财政工作，提高干部队伍整体素质。省直行评团对省财政厅民主评议行风工作作出了高度评价，经综合考评，省财政厅和各市财政局行风建设均被评为“满意”单位。

（办公室供稿，黄志坚执笔）

财政法制税政工作概述

一、财政法制工作

（一）财政立法

1. 编制财政立法计划。根据财政改革和财政发展的需要，结合各年度的实际情况，省财政厅每年向省法制办报送年度财政立法计划。四年间，立法计划中拟制定的法规、规章立法项目共有5个。其中2004年提请省人大、省政府将《广东省非税收入管理条例》、《广东省政府采购管理条例》列入2005年地方性法规立法计划新制定项目；将《广东省罚没财务管理条例》、《广东省资产评估管理条例》列入修订项目。

2. 组织参与财政部、省人大、省政府的立法工作。四年间，对财政部、省人大、省法制办转来省财政厅征意见的《政府采购法实施条例》、《中华人民共和国企业所得税法》、《广东省失业保险条例》、《广东省省级储备粮管理办法》等150件法律、法规、规章草案稿，及时组织财政厅有关处室、单位进行研究，结合财政工作实际提出立法意见，争取相关立法项目反映广东财政工作实际。

3. 规范省财政厅财政立法工作。2004年制定《省财政厅参与立法与制定规范性文件工作规则》，明确省财政厅参与省地方性法规、规章草拟以及制定省财政厅规范性文件的分工、程序和技术规范，提高相关工作质量。

4. 加强省财政厅规范性文件管理。法规处对厅各处室转来的规范性文件草拟稿严格按规定从确保内容合法和技术规范的角度进行审核。四年间，配合厅有关处室、单位制订规范性文件130余件，并按规定将厅规范性文件制定情况报财政部、省府法制办公室（下简称省法制办）备案。

5. 组织做好贯彻实施《行政许可法》的各项准备工作。2003年8月，《行政许可法》经第十届全国人大常委会第四次会议审议通过，并于2004年7月1日起施行。省财政厅对贯彻实施《行政许可法》的工作非常重视，及时做好实施准备工作。

一是向各市财政部门下发了《关于做好贯彻实施行政许可法有关工作的通知》，在厅内印发《广东省财政厅贯彻实施行政许可法工作安排》，对全省财政系统贯彻实施行政许可法有关工作进行部署。

二是组织召开全省财政系统贯彻实施行政许可法工作会议，提高对实施行政许可法重要意义的认识，积极做好贯彻实施行政许可法的各项准备工作。

三是做好行政许可项目、行政许可规定和行政许可实施机关清理工作。省财政厅的行政审批项目清理，作为行政许可事项保留的有“中外合作经营企业外国合作者税前收回投资”、“资产评估机构资格”、“省属在穗人员申办会计从业资格证”、“会计师事务所设立”、“外国及港、澳、台地区会计师事务所临时办理审计业务”、“政府采购代理机构资格”等6项，1项是否属行政许可项目有待省政府确认，其余项目分别改为按一般业务管理和移交省国有资产管理委员会处理；配合有关业务处室清理涉及行政许可文件，依据《行政许可法》规定进行修订或废止；省财政厅委托或授权其他单位办理3项行政许可工作，因不符合《行政许可法》规定，已终止委托或授权。

四是结合财政行政许可清理工作，在全省财政系统举办辅导讲座9场，培训市、县财政领导干部和有关业务人员1 000多人。

6. 开展财政法规、规章和规范性文件清理。按照《立法法》的规定和加入WTO的要求，有些财政法规、规章及规范性文件全部或部分条款已经不再符合现行规定，省财政厅及时开展有关文件的清理。一是对与省财政厅业务相关的18项地方性法规、政府规章进行清理，提出建议保留13项、需要修订4项、废止1项的清理意见；二是组织对1979年以来省政府、省府办公厅下发的与省财政厅业务相关的44件规范性文件进行了清理，建议保留23件，废止10件，需要修订11件；三是组织对省财政厅从1980～2001年制发的852件规范性文件进行清理，经清理，保留415件、废止419件、需要修订18件，并将清理后保留的规范性文件录入厅财政规范性文件库。

（二）财政执法监督

1. 建立健全行政执法责任制。一是根据《广东省行政执法责任制条例》等有关规定，重新修订《广东省财政厅行政执法责任工作制度》，并制定了《广东省财政厅规范性文件备案制度》、《广东省财政厅重大行政处罚登记备案制度》、《广东省财政厅行政执法人员考评制度》、《广东省财政厅财政执法错案责任追究制度》、《广东省财政厅执法监督检查制度》等配套制度。

二是建立岗位执法责任制，细化执法权责。省财政厅各执法单位根据自身职能和人员调整情况编制年度行政执法岗位责任制，明确岗位职责。2002年，为理顺执法关系，省财政厅与省世界银行贷款业务办公室（下简称省世行办）、省财政厅票据监管中心、省注册会计师协会（以下简称省注协）等厅属事业单位签订了行政执法委托书，对委托行使的行政执法权限及相应责任予以明确，理顺工作关系。2003 年根据财政部的规定，省财政厅终止委托省注协行使的注册会计师行业监管的职能，并重新与省注协办理了委托其行使对资产评估行业进行监管的行政执法委托书。

三是开展年度行政执法考评工作。按照省财政厅行政执法责任工作制度的规定，每一执法年度终了，组织对有财政执法职责的处室单位开展行政执法工作的综合考评，并向省财政厅行政执法责任制领导小组提交全厅行政执法总结。

2. 依法办理行政复议案件。2001～2004 年，省财政厅共收到当事人因不服下级财政部门具体行政行为而向省财政厅提出的行政复议申请 7 件。从案件处理结果看，立案受理的 4 件，裁定不予受理的 2 件，以其他方式处理的 1 件。立案受理案件中，作出撤销决定的 1 件，因申请人自行撤回申请而未作出决定的 2 件，因案件时间跨年度而未审结的 1 件。承办因当事人不服省财政厅具体行政行为向财政部、省法制办提起行政复议的案件 3 件，从案件处理结果看，维持省财政厅具体行政行为的 2 件，申请人自行撤回复议申请 1 件。

3. 认真做好行政诉讼应诉工作。2001～2004 年 发生以省财政厅为被上诉人的行政诉讼案件 3 件，通过认真细致做好案件的答辩、出庭应诉等工作，均取得了胜诉的结果。

4. 依法办理行政处罚案件。2001 年，为规范省财政厅的行政处罚行为，对以省财政厅名义作出的行政处罚决定统一文号、统一文书格式。2001～2004 年，共审核并作出行政处罚决定 37 件，为维护当事人的合法权益和确保省财政厅行政行为依法作出，先后对 2 家会计师事务所和 3 名注册会计师违规执业案件举行 5 场财政行政处罚听证会。

5. 合理调处国有资产产权纠纷。由于机构改革，原由省财政厅负责的企业产权纠纷调处工作，自 2004 年 4 月起划转到省国资委。2001 年至产权纠纷调处职责划转前，省财政厅认真履行产权纠纷调处职责，牵头办理产权纠纷调处案件 1 件，协助财政部、省政府办理产权纠纷处理案件 4 件，在办理案件过程中，注重查摆事实，研究提出解决争议的合理方案，尽力维护当事方权益和国有资产安全。

（三）财政法制宣传教育

1. 做好财政法制宣传教育基础工作。一是制定普法规划和年度学法计划。2001 年，根据财政部以及省委、省政府关于开展普法宣传教育第四个五年规划的要求，结合广东财政系统的实际情况，制定《全省财政法制宣传教育第四个五年规划，明确全省开展“四五”财政法制宣传教育的指导思想、总体目标、主要任务、实施步骤、工作要求等，使普法工作制度化、规范化。2002 年，依据规划制定《广东省财政厅干部法制教育计划》，对财政“四五”普法期间全厅干部各年度学法重点内容，时间安排、学法形式和考核方式提出了指导意见。

二是及时成立全省财政法制宣传教育和依法理财工作领导小组，为财政“四五”普法提供了组织保障。

三是建立学法登记工作制度。按照省普法办的规定，省财政厅建立了学法登记制度。全厅每人一本学法登记本，由法规处在每一学法年度终了后根据各处室执法联络员填报的参加厅集中学法和处室自行组织学法情况进行统一登记，并明确将学法情况作为厅干部考核、任职、定级、晋升的参考依据。

四是组织订购普法学习资料。四年间，为厅干部订购了《财政普法读本》、《财政违法行为处罚处分条例读本》、《中华人民共和国行政许可法教程》、《全面推进依法行政实施纲要辅导读本》等 10 多种学法书籍，全厅干部人手一册，以便于干部学习法律、法规知识。

2. 举办各种形式法制知识培训和专题讲座。一是举办财政法制业务培训班。四年间，省财政厅举办 2 期全省财政法制干部培训班，就 WTO 与财政法制建设问题、国有资产产权纠纷调处、财政法制工作及其基本要求、财政法制工作职责、农村税费改革的主要内容和改革目标、广东省部门预算改革情况、财政国库管理制度改革等内容进行了培训。

二是举办学法专题讲座。2001～2004 年，省财政厅每年有计划地举办学法讲座，共举办 8 场学法专题讲座，具体内容包括广东省预算审批监督条例、财政补贴与行政审批制度改革、行政许可法、宪法、财政违法行为处罚处分条例等，全省各市、县财政部门和厅机关各处室、单位近 3 000 人次参加了学习。

三是 2002 年组织全省财政系统法制干部组团赴德国、法国考察，对两国财政立法、执法、诉讼及行政司法体制作了了解。

3. 开展财政法规知识竞赛活动。一是举办全省财政法规知识竞赛。为加大对财政法规知识的宣传，2001～2002 年，省财政厅分别以 WTO 法律法规、预算法律制度、行政处罚、法律基础知识等学法内容举行全省财政法规知识竞赛；2004 年，为贯彻落实全省财税工作会议精神，积极推进依法理财治税，省财政厅举行全省预算法规知识竞赛，竞赛试题在《南方日报》、省财政厅互联网站及部分市报刊等媒体刊登后，得到社会各界的积极响应。全省财政系统干部和社会各界人士共有 10 万余人参加了上述 3 次法规知识竞赛活动。通过竞赛活动，既检验了财政干部的学法成效，也向社会宣传了财政法律知识，收到较好的普法效果。

二是组织参加全国财政法规知识竞赛。2003 年财政部举办了全国财政法规知识竞赛，省财政厅认真组织全省各级财政部门参赛，由于各级财政部门的重视和措施得力，广东赛区的竞赛活动取得圆满成功。全省共有 5.2 万人参赛，其中财政系统参赛人数二万余人，参赛率百分之百。由于组织工作突出，成绩优异，省财政厅被财政部评为全国财政法规知识竞赛优秀组织奖。

4. 出版法制宣传教育专刊。2001年与省财政科研所联合出版一期《依法行政》专刊，作为全省财政法制宣传教育的辅助材料。

5. 编写典型案例选编，以案说法。广泛收集以广东财政部门为被申请人、被告或一方当事人的行政复议、行政诉讼和民事诉讼案件，以及财政管理工作中依法办事典型事例等方面的情况，汇编成案例选编4期，发送省财政厅机关、所属单位和各市财政部门参阅，通过以案说法，提高学法实效。

（四）开展财政法制服务工作

加强对市、县财政法制基础工作的指导，协助市县财政部门开展集中学法活动和处理涉法问题，密切与厅其他处室单位的工作管理，协助依法处理财政管理事务，对法院等办案单位办理案件中涉及财政管理工作的事项研究提出参考意见。

二、税政关税管理工作

（一）加强税政关税工作基础建设

一是2004年制定贯彻落实财政部关于进一步做好地方财政部门税政工作的意见和关于加强财政部门关税工作的实施意见，进一步明确了广东地方税政和关税工作的职责，要求各市要进一步加强税政队伍建设，在机构设置或指定负责机构、人员配备和经费安排上予以保证。二是建立税政联络员制度。2003年，制定《广东省税政联络员工作制度》和《广东省省直企业税政联络员制度》，定期召开座谈会，加强与有关部门和企业信息互通，初步构建全省税政信息联络网，为贯彻执行国家税收政策和反映国家税收政策执行情况发挥积极作用。

（二）及时贯彻落实国家税收政策

2001～2004年，联合有关部门转发财政部、国家税务总局等部门下发的各类税收政策文件325件，有的结合广东实际情况加具贯彻实施意见，努力确保全省用好用实国家有关税收政策。

（三）积极开展税政调研

税政调研是税政管理的一项基础性工作。2001～2004年，先后对农业税制问题及改革出路、民营企业税收国民待遇问题、软件和集成电路产业等高新技术产业税收政策执行情况的15个专题开展调研，形成调研报告上报财政部，为国家税制改革和税收政策调整提供参考意见。

（四）做好全省企业所得税税源调查

按照财政部税政司的统一部署，2001～2004年，在全省范围开展年度企业所得税税源调查，经过各级财政部门的共同努力和国税、地税部门的积极配合，广东连续四年按时保质超额完成财政部布置的调查任务，并根据收集到的调查数据形成年度企业所得税税源调查分析报告，提出企业所得税税源分析意见和建议上报财政部，为企业所得税税制改革提供参考意见。由于调查工作完成出色，2001年和2002年省财政厅被财政部评为企业所得税税源调查工作先进单位，2003年和2004年被财政部评为企业所得税税源调查工作优秀单位。

（五）开展重点产品国际竞争力调查

2004年，按照财政部关税司的要求，首次在全省组织开展重点产品国际竞争力调查。为做好调查的前期准备工作，主动与省发展和改革委员会、经济贸易委员会、农业厅等部门联系，研究确定全省需要调查的重点产品和被调查企业名单，并于8月12～13日统一召集被调查企业进行集中培训。在全省各级财政部门的共同努力下，完成了128户企业的调查，较好完成了重点产品国际竞争力调查工作任务，受到财政部的表彰。

（六）开展税收执法检查

2003年6月，按照《财政部 国家税务总局关于纠正地方自行制定违规契税政策的通知》要求，组织各市（不含深圳市）认真对本地区契税政策执行情况进行全面的清理检查。经过检查，各市财政部门能够较严格执行《中华人民共和国契税暂行条例》、《广东省契税实施办法》等法规、规章，没有发现以减征或免征购房人应纳契税的方式，对个人购房实行"财政贴费"政策，擅自变通计税方式，变相降低契税的法定税率或税收先征后返等违规现象，较好地维护税法的统一。

（法规处供稿，张文蔚执笔）

财政预算工作概述

一、2001～2004年财政收支情况

2001～2004年，广东继续执行分税分成财政体制。2002年起中央实行所得税分享改革，2002年中央与广东分享比例为5:5，2003年起为6:4。2003年下半年全省推行农村税费改革，取消了屠宰税和农业特产税，降低了农业税税率。2004年珠江三角洲地区取消了农业税，粤东、粤西、粤北地区农业税减半征收。2004年中央开始实行出口退税负担机制改革，出口货物须退付的增值税由改革前中央全额负担改为中央与地方按75:25的比例分担。尽管这四年中央与地方财政体制在不断微调，但广东财政体制基本稳定，财政收入仍保持稳定增长。2001～2004年全省一般预算收支完成情况良好，一般预算收入保持较快增长，一般预算支出结构进一步优化，基本保证了全省经济建设和社会各项事业发展的需要。

（一）2001～2004年财政收入完成情况

1. 2001～2004年全省财政收入完成情况。2001～

2004年全省一般预算收入5 096.15亿元，年均递增6.92%，如按剔除所得税分享政策和出口退税改革因素后的可比口径计算，年均递增15.94%。

2001年全省一般预算收入1 160.51亿元，完成预算的116.29%。

2002年全省一般预算收入1 201.61亿元，完成预算的105.05%，超收57.71亿元，比2001年决算数（按所得税分享改革调整为可比口径）增收172.99亿元，增长16.82%。

2003年全省一般预算收入1 315.52亿元，完成预算的104.66%，超收58.52亿元，比2002年决算数（按所得税分享改革调整为可比口径）增收170.46亿元，增长14.89%。

2004年全省一般预算收入1 418.51亿元，完成预算的107.52%，超收99.21亿元，比2003年增收102.99亿元，增长7.83%；如按剔除出口退税改革因素后的可比口径计算，增收211.35亿元，增长16.07%。

2. 2001～2004年地方财政收入完成情况。2001～2004年，广东省市、县一般预算收入（含深圳市，下同）3 787.30亿元，年均递增率为7.74%。其中2001年为851.18亿元，2002年为881.81亿元，2003年为989.85亿元，2004年为1 064.46亿元。按可比口径计算，2001～2004年的增长率分别为27.45%、16.82%、14.89%、16.07%。2004年全省21个市完成各市人大通过年度预算的106.28%，超收62.90亿元，增收182.9亿元，增长18.48%，其中市本级完成736.90亿元，增长20.80%，县级完成327.56亿元（其中：乡镇级117.06亿元），增长13.64%。

财政收入的地区分布格局基本没有变化，财力仍主要集中在珠江三角洲地区。2001～2004年，珠江三角洲地区一般预算收入完成3 178.45亿元，占全省市、县级一般预算收入的83.92%。其中2001年为719.08亿元，2002年为740.29亿元，2003年为829.32亿元，2004年为889.76亿元，分别占全省市、县级一般预算收入的84.48%、83.95%、83.78%、83.59%。

东西两翼一般预算收入完成304.18亿元，占全省市、县级一般预算收入的8.03%，其中2001年为69.19亿元，2002年为72.77亿元，2003年为79.97亿元，2004年为82.25亿元，分别占全省市、县级一般预算收入的8.13%、8.25%、8.08%和7.13%。

粤北山区一般预算收入完成304.67亿元，占全省市、县级一般预算收入的8.05%，其中2001年为62.91亿元，2002年为68.75亿元，2003年为80.56亿元，2004年为92.45亿元，分别占全省市、县级一般预算收入的7.39%、7.80%、8.14%和8.68%。

2004年，广东开始实施激励性财政机制，按可比口径计算，16个扶贫开发重点县地方财政一般预算收入增长30.01%，高于山区县的24.77%，山区县高于粤东、粤西和粤北地区的23.59%，粤东、粤西和粤北地区高于全省的16.07%。各市、县出现了后进赶超先进的良好态势，县域财政一般预算收入呈现梯级递进增长势头。

3. 2001～2004年省本级财政收入分项目完成情况。2001～2004年省本级一般预算收入1 308.83亿元，其中2001年为309.33亿元，2002年为319.80亿元，2003年为325.66亿元，2004年为354.04亿元，年均递增率为4.60%。按可比口径计算，年均递增9.31%。

2001～2004年增值税地方分成25%部分共完成36.29亿元，主要为电力增值税。其中2001年完成9.45亿元，2002年完成9.25亿元，2003年完成9.02亿元，2004年完成8.57亿元。

2001～2004年营业税共完成544.61亿元。其中2001年完成111.96亿元；2002年完成129.47亿元，比2001年增收17.51亿元，增长15.64%；2003年完成141.70亿元，比2002年增收12.23亿元，增长9.45%，营业税增长率较低，一是受“非典”疫情影响所致，疫情对广东交通、旅游、服务等第三产业的生产经营产生较大影响，二是为扶持受疫情冲击较大的部分行业，中央和省出台了营业税减免政策，三是受金融保险营业税抵扣政策影响，营业税增长受到一定影响；2004年营业税完成161.48亿元，比2003年增收19.78亿元，增长13.96%。

2001～2004年企业所得税共完成349.03亿元。其中2001年完成102.60亿元，2002年完成86.03亿元，2003年完成77.68亿元，2004年完成82.72亿元。

2001～2004年个人所得税共完成145.23亿元。其中2001年完成32.86亿元，2002年完成38.34亿元，2003年完成34.47亿元，2004年完成39.56亿元。

2001～2004年行政性收费收入完成133.11亿元。其中2001完成25.32亿元，2002年完成30.99亿元，2003年完成39.08亿元，2004年完成37.72亿元。

2001～2004年其他收入完成41.79亿元。其中2001年完成14.48亿元，2002年完成11.38亿元，2003年完成7.39亿元，2004年完成8.54亿元。

4. 2001～2004年地方财政收入分项目完成情况。2001～2004年地方增值税完成744.85亿元，营业税完成1 049.03亿元，企业所得税完成465.29亿元，个人所得税完成279.40亿元，农业四税完成240.46亿元，非税收入完成527.44亿元。其中2004年分税种完成情况是：增值税完成160.31亿元，营业税完成323.30亿元，企业所得税完成111.71亿元，个人所得税完成72.01亿元，农业四税完成76.38亿元，非税收入完成169.04亿元。

2002年是所得税分享改革方案开始实施的第一年，由于所得税是广东地方财政的主要收入来源之一，地方一般预算收入结构受所得税分享改革影响较大。

2003年受到“非典”疫情及扶持性减免政策的影响，对营业税收入造成较大的冲击，另外，2003年下半年农村税费改革取消屠宰税、农业特产税的征收，并降低农业税税率，使东西两翼的收入增速有所放缓。

2004年中央出台了出口退税改革体制的措施，影响了地方财政收入增长，全省地方出口退税为108.4亿元，反映到了一般预算收入中，就影响自然口径增长率8.26个百分点。这一政策的出台，除对广东外贸出口及经济增长造成较大影响外，还直接增加各级地方财政负担，给地方财政收支平衡造成很大压力。

（二）2001～2004年财政支出完成情况

1. 2001～2004年全省支出完成情况。2001～2004年全省财政一般预算支出6 390.99亿元，年均递增11.93%。

2001年全省一般预算支出1 321.33亿元，完成预算的113.68%。

2002年全省一般预算支出1 521.08亿元，完成预算的105.84%，比2001年增支199.75亿元，增长15.12%。

2003年全省一般预算支出1 695.63亿元，完成预算的102.33%，比2002年增支174.55亿元，增长11.48%。

2004年全省一般预算支出1 852.95亿元，完成预算的99.85%，比2003年增支157.32亿元，增长9.28%。

2. 2001～2004年地方财政支出完成情况。2001～2004年地方一般预算支出共5 432.58亿元，年均递增14.74%。其中2001年为1 072.70亿元，2002年为1 277.40亿元，2003年为1 461.92亿元，2004年为1 620.56亿元。2004年市本级完成926.72亿元，年均递增11.94%，县级完成693.84亿元（其中：乡镇级185.09亿元），年均递增18.97%。

2001～2004年，珠江三角洲地区一般预算支出完成3 896.38亿元，占全省市、县级一般预算支出的71.72%，其中2001年为784.42亿元，2002年为916.81亿元，2003年为1 042.51亿元，2004年为1 152.64亿元，分别占全省市、县级支出的73.13%、71.77%、71.31%和71.13%。

东西两翼一般预算支出完成743.59亿元，占全省市、县级一般预算支出的13.69%，其中2001年为141.60亿元，2002年为176.20亿元，2003年为205.57亿元，2004年为220.22亿元，分别占全省市、县级支出的13.20%、13.79%、14.06%和13.59%。

粤北地区一般预算支出完成792.61亿元，占全省市、县级支出的14.59%，其中2001年为146.68亿元，2002年为184.39亿元，2003年为213.84亿元，2004年为247.70亿元，分别占全省市、县级支出的13.67%、14.44%、14.63%和15.25%。

3. 2001～2004年省本级财政支出分项目完成情况。2001～2004年省级财政总支出1 595.32亿元（调整后预算数，下同），年均递增率为9.01%。

2001年省级财政总支出完成349.12亿元，完成年初预算的128.66%，超支77.76亿元，主要项目是：安排农业投入27.16亿元，完成年初预算的100%；安排教育投入33.58亿元，完成年初预算的114.30%；安排科技投入10.21亿元，完成年初预算的105.67%；安排环保投入4.48亿元，完成年初预算的104.67%；安排计划生育投入1.27亿元，完成年初预算的145.91%；安排社会保障投入18.44亿元，完成年初预算的100%；安排卫生投入10.13亿元，完成年初预算的100%。

2002年省级财政总支出完成382.81亿元，完成年初预算的104.91%，超支17.91亿元，主要项目是：安排农业投入33.83亿元，完成年初预算的105.57%；安排教育投入47.21亿元，完成年初预算的114.71%；安排科技投入9.66亿元，完成年初预算的101.01%；安排环保投入5.68亿元，完成年初预算的100%；安排计划生育投入1.88亿元，完成年初预算的100%；安排社会保障投入23.3亿元，完成年初预算的110.19%；安排卫生投入14.16亿元，完成年初预算的101.76%。

2003年省级财政总支出完成411.15亿元，完成年初预算的100.13%，超支0.54亿元，主要项目是：安排农业投入35.37亿元，完成年初预算的98.8%；安排教育投入55.94亿元，完成年初预算的103.67%；安排科技投入11.55亿元，完成年初预算的100%；安排环保投入9.36亿元，完成年初预算的100%；安排计划生育投入2亿元，完成年初预算的100%；安排社会保障投入34.78亿元，完成年初预算的99.60%；安排卫生投入17.02亿元，完成年初预算的103.35%。

2004年省级财政总支出完成452.24亿元，完成年初预算的106.87%，超支29.06亿元，主要项目是：安排农业投入39.43亿元，完成年初预算的105.32%；安排教育投入59.41亿元，完成年初预算的106.72%；安排科技投入13.22亿元，完成年初预算的106.27%；安排环保投入9.87亿元，完成年初预算的100.11%；安排计划生育投入2.2亿元，完成年初预算的100%；安排社会保障投入34.51亿元，完成年初预算的100.01%；安排卫生投入17.08亿元，完成年初预算的100.20%。

4. 2001～2004年地方财政支出分项目完成情况。2001～2004年累计完成情况是：基本建设支出完成814.82亿元，农业支出完成131.86亿元，教育支出完成848.86亿元，社会保障补助支出完成114.68亿元，行政管理费完成501.47亿元，公检法司支出完成518.40亿元，其他各项支出完成2 216.90亿元。其中2004年基本建设支出完成228.40亿元，农业支出完成37.67亿元，教育支出完成254.90亿元，社会保障补助支出完成38.90亿元，行政管理费完成156.41亿元，公检法司支出完成161.86亿元，其他各项支出完成625.53亿元。

各市为了改善投资环境，完善城市基础设施建设，加快重点项目建设步伐，连续加大对基建方面的投入。2003年各级财政部门从资金、政策上都大力支持“非典”防治工作，维护了社会稳定，对公共卫生建设资金投入很大。2004年，全省各级财政部门认真贯彻落实科学发展观，紧紧围绕省委、省政府提出要重点抓好的“十件大事”、“十项工程”和“十项民心工程”，认真落实各项任务，积极筹措资金，坚持“收支平衡，略有结余”的原则，进一步优化支出结构，确保重点工作的顺利进行，例如广州大学城建设、珠三角城际轨道交通项目、“三农”问题、国有企业改革、中小学布局调整、山区和贫困地区小学教学危房的改建等投入大量资金。

（三）2001～2004年财政收支平衡情况

2001～2004年，广东省财政总收入（包括一般预算收入、中央税收返还收入、中央补助收入、调入资金收入、上年结转结余收入等）与财政总支出（包括一般预算支出、上解中央支出、增设预算周转金、调出资金等）相抵，各年度年终滚存结余分别为233.87亿元、285.38亿元、388.33亿元、502.41亿元，扣除结转下年度继续使用的各项专款，净结余分别为117.54亿元、115.98亿元、101.59亿元、131.97亿元。

从这四年的执行情况看，全省预算收支执行总体情况良好，保证了各级政府机关正常运转、各项经济建设和事业发展的需要，实现了收支平衡，略有结余。

二、预算管理体制改革

（一）部门预算改革概述

部门预算改革是党中央、国务院贯彻“依法治国”方针、从源头防治腐败，建立与市场经济相适应的公共财政基本框架的重要举措，是对高度集中的传统预算编制体系的一次革命。广东从2000年起实施部门预算改革，在省委、省人大、省政府正确领导下，在各级财政及有关部门的共同努力下，全省部门预算改革进展顺利，在规范预算编制、提高预算透明度、增强预算约束力方面取得了一定进展。

1．部门预算改革基本情况。部门预算改革从2000年开始，按照先易后难、循序渐进的原则，省级在经过两年试点后在2002年编制2003年预算时全面推开。与此同时，各地财政部门也积极开展部门预算改革，到2004年所有市、县都已开展了部门预算改革，其中所有市本级和部分县已全面铺开，改革在全省取得了阶段性的成效。这四年全省的部门预算改革可以概括为四点，即“围绕一个目标、抓住两个环节、突出三个重点、实现四个促进”。

全省部门预算改革紧紧围绕建立市场经济体制下，以部门预算为基础模式的现代预算管理制度这一根本目标，初步建立起符合市场经济要求的年度预算编制框架。

在改革过程中，各地都紧抓预算编制和预算报送两个环节，实现预算编制的细化和科学化，使预算编制的结果置于人大和社会公众监督之下，进而使预算的法制性和公共资源配置的公共性得以实现。

全省部门预算改革突出依法理财、科学理财、民主理财三个重点，从更新理财观念、建立健全各项制度、规范预算管理等方面落实各项改革措施，取得了明显成效。从转变理财观念、增强预算观念、明确预算编制指导思想、规范预算编制工作制度、加强制度建设等方面完善部门预算改革管理制度，推进依法理财。从细化预算编制、正常经费实行定员定额管理、加强项目支出预算管理、试行综合预算、积极推进零基预算、设置部门预算备用金、加强信息化建设等方面不断改进预算编制方法和手段，落实科学理财。从及时报送预算、确保人大必要的审查时间，完善向人大报送的预算材料、增加透明度，落实执行预、决算和重大事项报告制度，加强与人大的联系和沟通、提高服务质量等方面强化人大对预算的监督，促进民主理财。

经过四年的改革，全省按统一、规范、透明的要求，初步建立起编制与执行监督相互制衡的预算制度。总体上实现了四个方面促进。一是促进与市场经济相适应的财政管理运行机制的建立，二是促进了财政预算管理力度的加强，三是促进部门在编制预算中的主体作用的增强，四是促进人大对预算审批监督力度的加强。

2．部门预算改革中存在的问题。从四年的工作实践来看，虽然全省部门预算改革取得了一定成效，但由于部门预算改革仍处于起步阶段，仍面临一些亟待解决的问题。如部分地方特别是县级对部门预算改革的重要性和必要性认识不到位，改革力度不足，改革进展缓慢；预算内外资金安排仍相对独立，未能完全统筹使用；财政支出绩效观念未树立，项目支出预算编审监督须进一步加强；综合定员定额标准较粗，实施范围较窄；预算资金切块分配造成部门二次分配问题突出；政府采购预算还未完全建立和实施。同时，国家部门预算改革还存在缺乏全国性的统一规划和技术规范，相关领域和法律法规配套改革相对滞后等问题，一定程度上影响了广东部门预算改革向纵深推进。

（二）所得税收入分享改革概述

为进一步规范中央和地方政府之间的分配关系，改变按企业隶属关系划分所得税收入级次的做法，并调整地区间利益分配格局，国务院决定从2002年1月1日起实施所得税收入分享改革。省政府结合广东实际情况，印发了《转发国务院关于印发所得税收入分享改革方案的通知》，在执行国务院改革方案的基础上提出了省的具体贯彻意见。

1．中央所得税收入分享改革主要内容。从2002年1月1日起，除少数特殊行业或企业外，对其他企业所得税和个人所得税收入实行中央与地方按比例分享。中央保证地方2001年所得税收入基数，实施增量分成。

分享范围。除铁路运输、国家邮政、四大商业银行和三大政策性银行以及海洋石油天然气企业缴纳的所得税继续作为中央收入外，其他企业所得税和个人所得税收入由中央与地方按比例分享。

分享比例。2002年中央与地方按五五比例分享，2003年起按六四比例分享。

基数计算。以2001年为基期，各地区的地方企业所得税基数以本地区2000年实际完成数为基数，按2001年1～9月份本地区地方企业所得税实际增长率或1999～2000年本地区地方企业所得税年均增长率计算确定；中央企业所得税、个人所得税、储蓄存款利息所得税基数以2001年实际完成数为基础计算确定。按分享范围和比例计算，地方上划的所得税收入大于中央下划的所得税收入的差额部分，由中央作为基数返还给地方。

跨地区经营、集中缴库的中央企业所得税收入，按总资产、经营收入、职工人数等因素在有关地区间分配。

年终考核。将地方企业所得税和纳入分享范围的中央企业所得税结合在一起考核；个人所得税的考核范围不包括银行储蓄存款利息所得税。对各省（区、市）2002年及以后年度的企业所得税和个人所得税完成数达不到中央核定的考核数部分，中央将相应扣减对地方的所得税基数返还。

2. 省对市县贯彻实施办法。省与市财政体制暂不作调整。省与市（不包深圳市，下同）所得税收入划分仍按省政府1995年印发《广东省分税制财政管理体制实施方案》执行，即2002年省、市固定收入部分，地方分享的50%继续作为各级固定收入；省市共享收入部分，地方分享的50%继续实行“四六”分成，即省分享20%，市分享30%。2003年，按中央与地方6∶4分享比例相应调整省与各市分成比例。

中央下划的所得税（包括跨地区经营、集中纳税企业按分配系数分配给广东企业所得税）暂入省库；其收入比2001基期增长或短收影响广东省部分，按属地原则，省与市按“四六”比例分享或弥补，各市应分享的收入或弥补的短收，由省财政通过年终决算专项返还或专项上解办法处理。

保证地方既得利益，省对市实行基数返还的办法。基数的核定以2001年为基期，企业所得税基数按各市2001年1～9月份企业所得税比2000年同期的增长率与1998～2000年的平均增长率，按照就高不就低的原则确定2001年增长率。如果这一增长率与2000年企业所得税完成数的乘积小于2001年企业所得税实际完成数，这一乘积即为2001年企业所得税基数；反之，则以实际完成数作为基数。个人所得税基数按2001年各市实际完成数与代扣代缴手续费之和核定。2002年和2003年按中央与地方分享比例分别计算各市基数返还额。

省对各市企业所得税和个人所得税收入分别进行考核。对2002年及以后年度企业所得税和个人所得税收入完成数达不到省核定的考核数的市，省将扣减该市所得税基数返还额。扣减额根据实际完成数与考核数的差额和当年中央分享比例计算。

（三）出口退税机制改革概述

出口退税机制改革是中央在国家外贸出口快速增长，出口退税负担逐年加重，并对出口退税政策的健康运行造成不利影响的背景下出台的。改革的实施，一方面缓解中央财政压力，实现中央与地方共同负担；另一方面，也有利于出口退税及时足额到位，更好地推动外贸出口长远发展，特别是解决长期拖欠企业出口退税这个困扰外贸出口的大难题。

1. 国务院改革出口退税机制的指导思想，按照“新账不欠，老账要还，完善机制，共同负担，推动改革，促进发展”的原则，对历史上欠退税款由中央财政负担偿还，确保改革后不再发生新欠，同时建立中央、地方共同负担的出口退税新机制，推动外贸体制深化改革，优化出口产品结构，提高出口效益，促进外贸和经济持续健康发展。

改革的具体内容：适当降低出口退税率，本着“适度、稳妥、可行”的原则，区别不同产品调整退税率；加大中央财政对出口退税的支持力度，从2003年起，中央进口环节增值税、消费税收入增量首先用于出口退税；建立中央和地方共同负担出口退税的新机制，从2004年起，以2003年出口退税实退指标为基数，对超基数部分的应退税额，由中央和地方按75∶25的比例共同负担；推进外贸体制改革，调整出口产品结构，通过完善法律保障机制等，加快推进生产企业自营出口，积极引导外贸出口代理制发展，降低出口成本，进一步提升出口商品的国际竞争力。同时，结合调整出口退税率，促进出口产品结构化，提高出口整体效益；累计欠退税由中央财政负担。对截至2003年底累计欠企业的出口退税款和按增值税分享体制影响地方的财政收入，全部由中央财政负担。其中对欠企业的出口退税款，中央财政从2004年起采取全额贴息等办法予以解决。

2. 为确保出口退税负担机制改革在广东顺利推行，2004年省财政厅会同省国税局、中国人民银行广州分行联合下发了《关于我省贯彻出口退税负担机制改革有关问题的通知》，明确省、市、县负担办法及退库操作等问题。在此基础上，省财政认真加强收入分析和监控，提前预拨出口退税基数，根据实际情况及时做好资金调度，保证市、县退税资金需要。同时采取积极措施，扶持外贸发展。

广东贯彻出口退税机制改革的具体内容：从2004年1月1日起（以出口报关单注明的出口日期为准）报关出口的货物需退付的增值税（含出口货物“免、抵”增值税税额），属于出口退税基数部分的退税额，由中央财政负担；超基数部分的退税额，由中央和地方按75∶25的比例分别负担。

地方应负担的出口退税增量25%部分，根据现行体制规定，由市、县财政负担，即由出口退税企业所在地负担。

中央核定广东（不含深圳市，下同）的出口退税基数全部分配给市、县，省级不留基数。

各市基数的核定参照财政部办法，即以2000～2003年各市出口退税应退数占全省应退数的比重，乘以中央核定广东的出口退税基数，计算各市出口退税基数。

2004年及以后年度，各市出口货物退增值税（含出口货物“免、抵”增值税税额）中应由中央财政负担的出口退税基数部分，由省财政返还市财政。但年度各市出口货物退增值税低于基数的，由省财政按实际数返还。

为适应中央外贸扶持政策的调整，支持外贸出口保持稳定增长，2004年省财政适当安排资金，支持外贸出口。实行一般贸易出口商品贴息。2004年由省财政安排资金6亿元，根据企业出口创汇情况实行出口贴息；实行出口退税“以奖代补”政策，2004年由省财政安排2.5亿元，对山区和东西两翼13个市视其出口增长及实际负担退税超基数等情况实行奖励政策；安排科技兴贸专项资金，2004年由省财政安排资金5 000万元，重点用于支持具有自主知识产权的高新技术产品出口和技术出口；安排出口企业国际市场开拓资金；在国家安排中小企业国际市场开拓资金的基础上，2004年由省财政另安排资金1 000万元，支持的范围由中小企业扩大到经国家和省批准或核定的各类拥有进出口经营权或对外经济合作经营资格的企业，对其开拓国际市场的活动给予支持；安排促进投保出口信用保险专项资金。在国家出口信用保险扶持发展资金补助的基础上，2004年由省财政安排资金，对出口企业投保中长期和短期出口信用险，分别按实际缴纳保费的一定比例给予资助；安排外向型民营企业发展资金，2004年由省财政安排2 500万元，推进外向型民营企业发展；安排出口应诉资金，2004年由省财政安排资金830万元，用于支持全省出口企业做好反倾销应诉工作。

三、省对市县转移支付情况

为配合分税制财政体制改革，广东于1996年开始建立了省对市、县财政的一般性转移支付制度。至2004年底，已形成了以一般性转移支付与调资补助为主的转移支付。从2004年起，广东实行激励型转移支付制度，转移支付制度不断完善，对保证经济欠发达地区政府机构的正常运转，促进这些地区各项事业的发展，确保分税制财政体制的平稳运行，起到了非常重要的作用。

（一）转移支付的目标和对象

由于现阶段省级财力的限制，转移支付（指一般性转移支付和调资补助，下同）从建立起就将目标定位为保证市、县政府机构运转所需的必要财力，即保运转、保稳定，并争取保障水平逐年提高。转移支付的对象主要是粤东、粤西和粤北地区的困难市、县。

（二）转移支付的规模和范围

1996～2004年，省财政对市县的转移支付额从5.8亿元增加到77.32亿元，年均递增38.23%；享受省财政转移支付的市（指地级市本级，含区）、县个数从39个增加到77个，即享受转移支付的范围已从粤东、粤西和粤北地区的部分市、县扩大到该地区的全部市、县及珠江三角洲地区的县级市恩平市。2004年转移支付总额77.32亿元，其中一般性转移支付48.78亿元，调资补助28.54亿元。

（三）转移支付的计算办法

从2001年起，一般性转移支付改为“核定基数，按比例递增”的办法。2001年，按照当时省委主要领导同志的指示精神，对全省16个扶贫开发重点县的一般性转移支付补助，省财政改以2000年转移支付总额为基数，按年10%的递增比例确定。同时，为保持全省转移支付办法的统一性，对其余粤东、粤西和粤北地区市、县及恩平市的一般性转移支付补助，也参照扶贫开发重点县的方法确定，但将年递增比例定为8%，突出对扶贫开发重点县的扶持。根据2002年全省山区工作会议决定，从2003年起，16个扶贫开发重点县的年递增比例提高到14%，其余市、县提高到12%，并将执行年限延长至2007年。

（四）2004年起实行激励型转移支付

1. 实行激励型转移支付的背景。由于省财政对市、县一般性转移支付实行“核定基数，按比例递增”的办法，市、县不论收入完成情况好坏，每年的一般性转移支付都按照固定比例递增。这种做法，虽然有利于市、县财力的稳定增长，但容易助长市、县的依赖性，不利于提高市、县增收的积极性，使省级财政不堪重负。针对这种状况，省委、省政府领导明确指出：“财政转移支付必须是一种激励的机制，是促进增长的机制，财政转移支付在新的机制下要加强激励性。”“现在的转移支付是吃大锅饭的体制，要鼓励市、县发展经济，实行奖勤罚懒。”根据上述指示，省财政厅通过调整和完善原财政转移支付办法，建立了新的激励型转移支付机制，既考虑保县级财政基本运转的需要，又注意克服县“等、靠、要”的依赖思想，从制度上激励和促进县级努力开拓财源，充分调动县级发展经济的积极性和主动性。从2004年起，全省开始实行激励型转移支付制度。

2. 激励型转移支付的范围和内容。激励型转移支付的实施范围为享受新增一般性转移支付的粤东、粤西、粤北地区市、县及珠江三角洲地区的恩平市。

实行激励型转移支付后，要确保市、县运转的基本财力需要，确保市、县2003年的转移支付基数。从2004年起，将市、县每年的新增一般性转移支付与财政收入挂钩，每年对市、县的财政收入完成情况进行考核，据此确定所得转移支付的多少。为确保收入的真实可靠，减少弄虚作假，省财政在主要对市、县上划省“四税”收入进行考核的同时，对市、县上划中央“两税”收入与市、县财政一般预算收入进行考核。根据上述三项收入的增长情况核定市、县每年新增一般性转移支付的多少。

3. 激励机制实施后取得的成绩。一年来，市、县领导和各级部门高度重视，积极发展县域经济，努力做好财政增收工作，各县出现了后进赶超先进的良好态势，机制的激励作用初见成效。全省有47个县收入综合增长率超过18%，占享受一般性转移支付的67个县的70.15%，一般性转移支付补助超过未实行激励机制前的数额。享受一般性转移支付的47个山区县中有37个县的收入综合增长率超过18%，占78.72%。市、县上划省“四税”全省平均增长率为20.65%，粤东、粤西和粤北地区平均增长率为25.50%，有47个县超过全省平均增长率，占该地区县数的71.21%。上划省“四税”增长率最高的县超过全省平均水平80.27个百分点。从收入构成情况看，在激励型财政机制影响下，收入增长质量有所提高，作为地方主体税种的省市共享“四税”收入，增长快于一般预算收入近5个百分点。实施效果表明，激励型财政机制对根据经济发展梯度而进行的反向调节作用明显。

四、防范和化解金融风险

2001～2004年期间，省财政按照省委、省政府的统一部署，在防范和化解金融风险工作方面认真履行职责，积极研究，当好参谋，为稳定广东大局作出了应有贡献。

（一）积极筹措资金，努力壮大省级防范化解金融风险准备金规模

通过清收资产变现收入、每年按3%压减省级专项资金、按10%压减政府性基金和行政事业性收费、省级预算单位一般性支出实行零增长、调整支出结构，在预算安排防范化解金融风险金支出等，不断壮大省级防范化解金融风险准备金的规模，基本满足省级防范化解金融风险的需要。

（二）认真做好中央专项再贷款的审核、承诺、使用、归还以及减负等工作

一是严格按照2000年中国人民银行总行、财政部联合制定的《关于地方政府向中央专项借款管理规定》的规定程序向中国人民银行广州分行办理380亿元借款（额度）的审核和承诺等手续，定期做好借款对账和利息核对等工作；二是切实执行省府办公厅1999年印发《广东省地方中小金融机构和农金会金融风险处置实施方案》、《关于专项再贷款借还款问题的实施办法》等有关规定，确保中央专项借款按规范的程序操作、按规定的用途使用；三是认真履行承诺和落实各市还款责任。在2001和2002年，根据2001省政府办公厅印发《广东省归还中央专项借款操作办法》规定，按照省政府领导指示及当时的借款余额，从省级防范化解金融风险准备金中提前偿还了2004年以前的应还款。对各市到期应还的再贷款，在积极催收的基础上，对凡到期不归还的，实施财政扣款，确保按期归还借款；四是根据省政府办公厅印发《关于减轻市县专项再贷款负担实施意见》的通知，在开展专项工作，审计核实资产追收额基础上，详细研究和制定减负方案。报经省政府审定同意后，减轻各市、县中央专项再贷款负担104亿元；五是努力向中央争取延长中央专项借款的延期归还。

（三）统筹安排省级防范化解金融风险准备金，保证省级防范化解金融风险需要

省财政除保证广东省国际信托投资公司破产、广东省华侨信托投资公司、澳门南粤(集团)有限公司、广东粤财信托投资公司及香港粤海企业(集团)有限公司等四家公司偿还外债及重组所需外，还帮助各级政府防范化解除停业整顿中小金融机构和农金会外的其他支付风险，减轻中央专项再贷款及农村义务教育负债等负担。如帮助解决广州、佛山、汕头等城市商业银行防范支付风险以及湛江、茂名两市行业基金会的问题等。

（四）规范和加强地方政府债务管理

一是从2001年开始编报地方政府债务报表，认真做好地方政府债务情况统计和分析工作。通过四年的统计工作，逐步规范政府债务的范围，摸清政府债务的基本情况；二是为加强各级政府债务管理，逐步消化旧债，防止发生新的不合理债务，防范政府债务危机，省财政积极研究分析，为2005年省政府出台加强地方政府债务管理意见和相关措施做好前期准备工作。

（五）其他方面

一是建立省级防范化解金融风险金定期向人大报告制度；二是在省委、省政府的统一领导下，积极参与全省开展的资产追收集中行动，加大依法追债力度。到2001年底，全省追收工作取得明显成效，共保全资产535.03亿元，占应收资产总额的84.91%；已确权资产421.18亿元，占应收资产总额的66.84%；已追收资产191.36亿元，占应收资产总额的30.37%；三是参与省审计厅牵头组织的联合审计组，对全省借用中央专项借款兑付停业整顿地方中小金融机构和农金会合法个人债务的情况进行专项审计，查出违规使用中央专项借款15亿元，收回未兑付结余资金14亿元。

五、财政周转金清理完成情况

在1998年国务院办公厅转发财政部《整顿财政周转金方案》的通知下发后，全省各级财政周转金全部实行清理整顿，一律只收不贷。对到期应还的省级财政周转金，省财政采取边清理、边核实、边回收、边核销的办法进行了清理回收。至2003年底止，省级财政周转金的清理整顿工作基本结束，收回各市周转金借款近24亿元，核销周转金呆账9亿元（含省直单位转增资本金7亿元），撤销周转金账户5个。

（一）各市县清理回收情况

2001年，按照省财政厅2000年印发的《关于按比例回收省级财政周转金的通知》要求，对各市周转金借款余额继续进行按比例回收。到当年年底，针对各市还款积极性不高、回收难度大的问题，改为按扣款回收的办法进行回收。2001年和2002年通过扣款收回省级财政周转金合计近20亿元。为减轻各、市县债务负担，同时也为进一步调动各市主动还款的积极性，经报请省政府批准，省财政厅2002年印发《关于减免省级财政周转金占用费的通知》，对按时归还省级财政周转金本金的市、县，给予免于归还财政周转金占用费的优惠。截至2003年底，已全部收回各市应还的周转金24亿元。

（二）周转金呆账核销情况

1. 各市、县周转金呆账核销情况。2000年，按照省委、省政府的决定，省财政厅组织最后一次的财政周转金呆账核销工作。鉴于本次核销金额较大，为慎重起见，省财政厅领导认为，对申请核销金额在20万元以上的项目，须经省指定的会计师事务所重新审计后才可上报核销。

2001年6月，经政府采购中心招标，确定9家会计师事务所进行重新审计。根据审计报告，确认同意核销金额4亿元。2002年11月，根据省财政厅办公会议的决定，同时也为认真落实2001年广东省审计厅《关于省级财政周转金专项审计的调查报告》中关于财政周转金呆账核销存在的问题，预算处、监督检查办公室（下简称监督办）、监察室再次以联席会议的方式对会计师事务所同意核销的项目进行审核，在报省财政厅领导批准后，同意核销周转金呆账2 000万元，全部作直接冲销基金处理。

2．广东粤财信托投资公司财政周转金转增资本金。2001年根据《省府工作会议纪要(85)》精神，省财政厅在广东粤财信托投资公司的各项财政周转金债权移交广东粤财投资控股有限公司。2002年10月，根据《省府工作会议纪要（29)》，省财政厅批复广东粤财投资控股有限公司，同意其将省级财政周转金借款转增国家资本金，合计8 000万元。

3．其他省直企事业单位转增资本金。根据2001年4月省财政厅办公会议关于省直企业财政周转金呆账转增资本金核销的要求，对借给省直企事业单位的财政周转金，凡属《广东省省属国有企业资产重组总体方案》范围的三大资产经营公司以及20家授权经营企业集团及其所属企事业单位借用的，按2000年底本金及占用费余额一次性转作国家资本金。经审核汇总，于2002年9月发出通知，同意省直16家授权经营企业集团公司及其所属的113家公司以转增国家资本金方式核销省级财政周转金呆账，合计转增金额6.4亿元。

（三）清理整顿结束后财政周转金借款的处理

据监督办统计，截至2003年底，省直单位未归还财政周转金本息仍有近7亿元（不含已转增资本金部分）。对省直单位未收回的借款，各业务处基本建立了辅助账，指定专人负责，并采取多种方法继续追收，直至收回。收回的财政周转金借款比照中央财政的处理办法，纳入当年或以后相应年度的预算，统一用于补充社保基金或平衡预算。

（预算处供稿，沈梅红　周修群　刘木兰　姚　露
邱立新　肖小华　冯宝璇　曾　毅
陈　岚　苏晓鸿　熊　伟执笔）

国库管理工作概述

一、大力推进财政国库管理制度改革

（一）建立健全财政国库管理制度体系

2002年8月，经省机构编制委员会（下简称省编委）批准同意，省财政厅正式成立“广东省财政厅国库支付中心”，对外称国库支付局。参照中央、兄弟省市的做法和成功经验，制订了省级财政国库管理制度改革的一系列具体实施办法，为大力推进财政国库管理制度改革夯实基础，并积极准备，认真做好各项配套工作：

1．为做好省级财政国库管理制度改革试点工作，明确和规范有关部门职责，印发《省级财政国库管理制度改革试点省财政厅相关业务处室职责分工》。

2．参照中央、兄弟省市的做法和成功经验，会同人民银行广州分行制定印发了《广东省省级单位财政国库管理制度改革实施办法》。

3．完善资金支付和银行账户管理制度，先后印发《广东省省级单位财政国库管理制度改革试点资金银行支付清算办法》、《广东省省级政府采购资金财政直接拨付管理暂行办法》、《广东省省级财政国库管理制度改革试点单位银行账户清理规定》、《广东省省级预算单位银行账户管理暂行办法》，确定省级单位财政资金拨付改革的基本原则、国库单一账户体系构成、银行账户使用和管理，规范了财政资金拨付程序，并针对试点单位年终结余资金处理、归垫基本存款户资金、预拨经费管理等有关情况和问题制定了一系列具体的操作办法和管理规定。

（二）对专项资金实行国库集中支付

为了避免某些财政困难地区和单位不能将有限的财政资金优先保证用于行政事业单位人员工资的正常发放而引发的诸多社会问题，从2000年1月开始，以行政事业单位在职人员工资和离退休人员经费实行由财政统一发放为突破口，实施了国库集中支付制度改革，其后逐步延伸到其他专项资金。至2004年底，全省行政、政法、教育等部门在职人员工资和离退休人员经费已基本实现国库集中支付。各级财政负担的基建项目资金、政府采购资金、省属煤矿关闭费用、水库移民等专项资金也已逐步纳入国库集中支付。

（三）系统地进行财政国库集中收付制度改革

2003年1月1日，省政府确定省计委、省经贸委、省科技厅、省财政厅、省水利厅、省环保局、省体育局、省物价局、省府法制办和省社科院等10个首批试点部门开始正式启动改革。同年7月1日，省级试点单位又扩大到40个部门共56个预算单位。各市也积极准备和开展财政国库管理制度改革试点工作。至2003年12月底，全省已有413个部门共748个预算单位纳入试点，纳入国库集中支付试点资金达220亿元，部分市纳入改革试点的资金占本级预算支出60%，省级纳入改革的资金也占省级部门预算资金20%。全省大多数市在2003年内基本实行国库管理制度改革试点，顺利达到中央和全省推进财政国库管理制度改革工作的阶段性要求

（四）完成国库集中支付制度改革的阶段性目标

在省委、省政府的正确领导和大力支持下，在各相关部门的积极配合下，全省财政国库集中支付制度改革工作目标明确，快中求稳，实施力度进一步加大，至2004年底，已顺利实现了两个目标：一是省级完成省政府要求的

2004年省级一级预算单位全部纳入试点的任务，除个别工作性质特殊的部门外，先后将103个部门共169个基层预算单位分四批全部纳入国库集中支付改革试点；二是所有市及14个市辖区在本级开展试点工作。截至2004年年底，全省有1 233个部门共2 263个基层预算单位纳入国库集中支付改革试点范围。2004年全省通过国库集中支付金额达313.38亿元。其中省级财政纳入国库集中支付试点资金规模达57.15亿元，实际支出54.54亿元（不含通过总预算会计直接支付的基本建设支出），试点单位应支未支用款计划额度结余2.61亿元全部留存国库。

（五）指导和推动地方国库集中支付制度改革

省财政通过召开全省改革动员会、工作会议、座谈会和深入基层调研，以及给予经费补助等多种形式，积极推动和引导下级国库集中支付制度改革。对一些改革步伐较慢的地区，省财政厅主管领导亲自带队深入当地调研，同当地党委、政府领导协商研究，提出并制订改革方案。同时，做好改革宣传动员工作，解决好思想认识问题。通过这些举措，确保全省经过一年多的时间就实现了国库改革试点工作在省、市级全面铺开，县级改革试点工作也按计划稳步推进。截至2004年底，全省21个市全部进入改革试点。

（六）加强国库管理信息系统建设

为适应国库集中支付试点范围不断扩大的需要，在财政部的支持下，2003年10月，包括国库集中支付系统、各代理银行接口系统和试点单位联网系统三部分的国库集中支付系统开发工作顺利完成，并进入试运行阶段。2004年4月，全省又开创性地对省级国库集中支付系统和预算指标管理系统进行全面、彻底的整合，实现了指标管理系统、集中支付系统和单位申报系统三者业务和数据共享，从根本上解决了两个系统原来在接收、核销预算指标等方面无法一一对应和顺畅连接的问题。同时，省级国库集中支付系统实现了与省人大财经委的联网，保证省人大对财政预算从编制到执行的全过程监管。省级国库集中支付的试点单位利用政府专网实现网上申报和审核用款计划，大大提高工作效率，方便预算单位，建立起"预算指标—用款计划—资金拨付"的监控机制。至2004年底，省级全部试点单位已实现网上申报用款计划及审核下达。大多数计划审批和下达在1～4个工作日内完成，最快的计划只用一天就可以完成上报、审批及下达整个工作流程。从运行结果来看，通过计划与指标的严格对应控制，真正体现了"指标流控制用款计划、计划控制资金拨付"的监管理念，有效地解决了纸质计划存在的超指标、报送信息不全或格式级次不对等问题，大大减少了错报几率，提高了工作效率，改善了服务质量，规范了业务操作。

二、认真做好总预算会计管理工作

（一）加强财政资金安全管理

2001～2004年，总预算会计以资金安全为生命线，规范日常财政性资金拨付和账务处理、对账工作，特别是克服了由于实行国库集中支付改革后新旧拨款方式暂时并行运作，省级一级预算单位本部和所属的基层单位纳入改革不同步，以及支出科目进一步细化等原因给各项财政性资金拨付、核算、调度等工作带来的困难，严格执行《财政总预算会计制度》、《预算外资金财政专户会计核算制度》、《广东省财政厅内部会计管理制度的试行办法》等有关制度、办法，确保各项会计工作的顺利完成。2003年印发《广东省省级财政资金拨付管理暂行办法》及其补充规定，进一步规范了资金拨付程序；2003年起制定和完善内部会计控制制度，制定了《国库处财务印鉴管理暂行规定》、《国库支付中心财务印鉴管理暂行规定》和《国库处会计组会计工作操作规程》。

（二）努力提高预算会计工作效率

一是于2003年通过拨号方式实现总预算会计与人民银行广州分行省国库联网，省级预算收入日报表等数据通过网上传输，大大地提高了工作效率。二是完善了总预算会计核算系统，于2004年3月1日顺利实现从旧系统到"预算指标管理系统"的过渡，真正实现指标对拨款的实时控制，并初步形成了"拨款—记账—报表"自动化的工作流程。三是完善省级财政专户会计核算系统。2003年省级财政专户会计核算系统在原来单机版的基础上升级为网络版，理顺会计核算业务流程，提高会计工作效率，并实现该系统与各代理银行之间的联网，确保会计数据的安全性和准确性，增强了会计核算工作的规范化和现代化。同时依托会计核算系统数据在省财政厅内部网开放专户查询系统，满足经办处室及时取得相关会计信息的需要。

（三）继续完善总预算会计报告体系

在做好原有报表编制工作的基础上，按照服务领导决策的思路，逐步完善总预算会计报表种类。2003年以后已基本形成省级财政预算收支旬（月）报表、库款存量（季）报表、（年度）拨款进度报告、省级财政决算报表、专项资金专报等全方位的报告体系，较好地为领导决策作参考。

（四）全力做好国库集中支付改革配套工作

在省级财政国库改革试点之前，总预算会计及时制定《广东省省级单位财政国库管理制度改革试点资金会计核算暂行办法》，为改革工作的启动做了必要准备。

（五）建立省级预算单位银行账户规范管理体系

2004年，完成了对省级预算单位银行账户清理规范工作，全年共对791个省级预算单位4 215个银行账户进行了规范清理，其中清理批复单位保留账户3 228个，占账户总数的76.58%，批复单位撤销账户987个，占账户总数的23.42%，同时为规范单位开户行为，建立单位银行账户开立、变更、撤销的财政审批和备案制度，研究开发了单位银行账户管理信息系统，对省级预算单位银行账户实施严格的监督管理，同时注重做好预算单位银行账户管理的指导工作。

（六）规范省级财政资金账户的管理

为规范省级各项财政性资金的管理，确保资金安全，从2003年开始，省财政厅除部分专户仍由经办处室管理外，其余财政性资金银行账户实施由厅国库处统一核算、使用统一印鉴、账户资金统一拨付管理。为加强资金的监管，2003年省财政厅印发了《关于加强省财政厅财政资金银行账户管理的意见》，对财政资金存放的各商业银行就省财政厅财政性资金账户的开设、归并整合、日常服务及资金拨付方面提出了要求，明确了其应尽的职责。

（七）加强对下级财政部门的业务指导

为配合财政国库管理制度改革工作的开展，熟悉和掌握财政总预算会计的理论知识及核算管理要求，全面提高全省财政总预算会计人员的理论水平和实际操作能力，于2004年在东莞市举办了一期全省财政总预算会计培训班，对预算会计理论、总预算会计实务操作和预算外资金财政专户会计核算制度等内容进行培训。参加这次培训班的有全省21个市及部分县、镇（乡）财政部门有关人员。

三、进一步提高预算执行管理水平

（一）积极、主动地做好旬报、月报的编制报送工作，为预算执行分析提供基础数据

一是与省财政厅信息中心共同开发自动生成软件，保证财政收支旬、月报表及时、准确地汇总报送。2004年，对新增加的表格和财政收支分析表开发软件，达到自动生成、自动汇总的效果，提高报表数据的时效性和准确性。二是除按财政部的要求，按时上报地方财政预算收支旬、月报和工资发放情况统计表外，还根据不同部门的需要，将其余报表分别装订，及时分送给省领导、省统计局、省税务局和省人民银行等部门，以及厅、处领导和各处（室），为各级领导的决策和有关业务处（室）进行财政收支分析及时提供信息资料。三是制定并下发《广东省财政预算执行分析评比暂行办法》，从2004年起对各市旬月报、预算执行分析要点、分析报告的报送进行评比，促进各地区提高报表编制和执行分析水平。

（二）改进和加强预算执行分析工作和分析工作方式

一是积极拓展信息交流渠道，加强与税务、银行、统计等有关单位、兄弟省市和厅内有关处（室）的信息交流与沟通，对预算执行中的重点、热点问题进行深入调查研究，编写成专题分析材料，为领导提供有价值的政策建议。二是学习和借鉴兄弟省市以及其他部门的先进经验，逐步改进和完善预算执行分析报告模式。三是改进预算执行分析工作方式。从2004年起，实行上报地方财政预算执行月度分析要点制度，加快了省财政厅与各市预算执行情况的信息交流。四是为了使各级领导能及时监测财政收支动态，更好地为领导决策服务，除了每月编写全省的一般预算执行情况分析外，从2004年8月份起，每旬还编制全省和省级的财政收支累计完成情况表和编写简要分析报告省政府和厅领导。

（三）做好预算执行分析工作

2004年，根据省财政厅党组的要求，国库处草拟了《预算执行分析工作方案》，并按照《预算执行分析工作方案》中的工作职责和分工，认真做好预算执行分析工作小组的日常工作和预算执行分析工作小组成员的联络工作，初步完成了区域经济增长与区域财税收入增长互动关系的分析报告，建立起区域经济增长与区域财税收入增长互动关系分析指标体系及数学模型。

为了配合财政部做好“财政国库执行信息系统”试运行工作，国库处在2004年指定专人负责，选派人员参加财政部举办的“财政国库执行信息系统”培训班，并选择了佛山、韶关、肇庆和阳江市作为广东首批试点单位。同时，为配合财政部2005年在全国推广应用“财政国库执行信息系统”，在12月底举办了全省“财政国库执行信息系统”培训班。

（四）切实做好资金调度工作和用款计划批复工作

2001年以来，国库处切实加强了对省级财政预算周转借款的管理，除按照资金调度计划及时办理资金调度外，还根据《广东省省级财政预算周转借款管理暂行办法》的要求，按照“五个结合”（与财政体制相结合、与资金往来平衡相结合、与发放工资情况相结合、与政府性债务相结合、与防范赤字预算相结合）的原则，进一步规范了对各市预算周转借款，保障财政困难市、县的正常运转。2003～2004年，按照财政国库改革的要求，认真审核批复好每一份用款计划，保证了单位用款的需要和资金的安全。

（五）做好全省财政总决算的编报工作

按照“真实、准确、及时、全面”的原则，做好全省财政总决算的编报工作，并按要求布置下一年度财政决算编审工作。在决算工作中，及时认真总结经验，规范和完善决算编审程序和方法，财政决算质量得到提高。2004年，为了进一步做好全省财政总决算的编报工作，省财政厅修订并下发了《广东省地方财政总决算评比办法》。

（国库处供稿，简　单　许泽辉
李纪桦　张长治执笔）

综合财政工作概述

一、认真做好财政发展规划和财经景气分析工作

（一）认真完成《广东财政“十五”发展规划》编制工作

为提高财政规划的编制质量，增强财政规划的指导性和可操作性，省财政厅组织专门力量，成立了《广东财政“十五”发展规划》编写课题组，撰写了《广东财政“十五”发展规划》。规划指出了“十五”时期广东财政的发展方向，并归纳为：一个思想（建立和完善公共财政的思想），两手抓（一手抓省级、一手抓下级），用三年时间建立四大体系（建立完善的财政收支管理体系、建立完善的财政转移支付体系、建立完善的财政监督体系、建立完善的财政法规体系），实现五项目标（财政管理体制、公共收入、公共支出、财政监督、依法理财目标）。

（二）积极完成财政部布置的三年滚动计划及各项财经研究专题

一是在2002年完成《广东财政“十五”发展规划》编制工作的基础上，根据财政部的部署以及广东省《规划》的实施情况，按时保质完成了《2004～2006年广东财政“三年滚动计划”》的编制工作，获得了财政部颁发的优秀奖。二是根据财政部的要求，做好财政分析改革工作，每季度向财政部报送广东财政经济形势分析情况，同时做好有关课题的研究。结合广东财政系统出现的热点、难点问题，展开调研，先后编写了《广东省2002～2003年财政经济形势分析和展望报告》、《2002年广东财政收入增长结构及2003年趋势分析》、《2003年广东出口退税预测及政策建议》、《2003年广东省解决“三农”问题的财政措施及政策建议》、《2003年广东财政支持和解决社保问题的措施》、《“非典”对广东财政经济影响简析》、《积极促进民营经济良性发展，努力做大经济发展和财政收入“蛋糕”》等，并上报财政部，供领导决策参考。

（三）认真做好深化财政预算执行分析工作

根据省政府的要求以及深化预算执行分析改革方案的统一部署，积极组织《投资、消费、出口三大需求对经济增长的拉动作用》和《非税收入管理变化》两项专题的分析及研究工作。通过建立相关的指标体系，对广东投资、消费、出口三大需求对经济增长的拉动作用和非税收入与财政收入的增长之间的关系进行分析研究。

二、加强非税收入管理，深化“收支两条线”改革

“十五”时期前四年，按照财政部、省委、省政府的有关要求，广东财政系统认真开展了一系列深化“收支两条线”改革和加强财政管理的工作，推行和完善了收费、罚没收入“单位开票、银行代收、财政统管”的征管模式，行政事业性收费、政府性基金和罚没收入已纳入预算管理或实行了财政专户管理，省直和部分市、县逐步推行全口径部门预算。不断丰富“收支两条线”管理的内容，“收支两条线”管理的对象已从原来的行政事业性收费、政府性基金和罚没收入拓展到整个政府非税收入，全省“收支两条线”改革和管理工作取得重要进展。至2004年底，全省行政事业性收费、政府性基金项目委托银行代收，占已实行“收支两条线”项目的94.24%。2001～2004年度全省政府非税收入（不包括国有企业计划亏损补贴，下同）合计3 317.82亿元，其中纳入一般预算管理763.99亿元，占总收入的23.03%；政府性基金收入580.09亿元，占总收入的17.48%，纳入财政专户管理1 973.74亿元，占总收入的59.49%，2001～2004年年均递增16.39%。

2001～2002年广东省非税收入统计表 单位：亿元

年度	合计	纳入一般预算管理收入	政府性基金收入	纳入财政专户管理收入
2001	625.97	151.00	109.38	365.59
2002	783.81	174.91	109.48	499.42
2003	921.07	208.87	182.87	529.33
2004	986.97	229.21	178.36	579.40
累计	3 317.82	763.99	580.09	1 973.74

（一）不断完善和改进非税收入的征缴办法，确保收入及时足额

一是清理执收执罚单位过渡账户，全面推行“单位开票、银行代收、财政统管”的征管模式，从根本上规范行政事业性收费、政府性基金和罚没收入的收缴行为，有力支持了国库集中支付、单一账户制度改革。

二是改进缴费方式，增加缴费网点，最大限度地方便缴费人。从解决汽车养路费等公路规费银行代收网点过于集中的问题着手，2004年8月1日起，在深圳推行缴费人可在任何一家中标的国有商业银行缴费，缴费网点由10多个陆续增加到300个，大大方便了广大缴费人，真正做到了以人为本、便民利民为民，同时又利于财政部门及时监控执收情况，防止资金流失。

（二）着力解决重点难点问题，完善收费的收支管理制度

一是积极规范非经营性收费公路车辆通行费的管理。2001年，省财政厅主动会同公路交通部门开展调研，制定监管办法。从2002年1月1日起，全省非经营性收费公路收取的车辆通行费全面实行“收支两条线”管理，收入必

须全部缴入财政专户，支出主要用于还贷。各级财政综合部门核定收费站收支计划，控制管理费用支出，监控还贷计划执行。全省非经营性收费公路收费长期以来自收自支、还贷缓慢、债务愈还愈重的问题开始得到解决。2001年，全省非经营性收费公路收费34.4亿元，还贷支出21.4亿元；2002年，全省该项收入36.5亿元，比2001年增加2.1亿元、增长5.7%，还贷支出27亿元，比2001年增加5.6亿元、增长26%；2003年，全省非经营性收费公路收费达47.9亿元，比2002年增加11.4亿元，增长31.2%，还贷支出33.89亿元，比2002年增加6.89亿元、增长25.85%。

二是积极研究制定公路养路费和客运附加费管理政策措施。广东公路养路费和客运附加费数额巨大，一直以来都由公路交通部门直接征收和安排使用，存在着收缴不及时、截留、挪用、分配使用过程缺乏外部监督等问题。省财政厅将公路养路费、客运附加费纳入"收支两条线"管理后，以上问题得到解决，有力地支持了交通事业的发展。2003年1月1日起，公路养路费、客运附加费全面委托银行代收，取消各级交通公路部门的过渡户，不仅资金入库进度明显加快，还防止了资金被截留和挪用。2003年公路养路费、客运附加费入库达110.6亿元，比2002年同期增加45.1亿元，增长68%；预收的两费入库进度也明显加快，仅12月份入库数就达39.7亿元，比2002年增加31.1亿元，增长360%。

（三）积极开展非税收入征管的研究和实践，拓展了"收支两条线"管理工作的广度和深度

2000年和2001年，东莞、韶关等市先后引入了"城市资源资本化"的概念，率先将社会公共资源占用和经营收益、增值收入，如私家小汽车吉祥号牌竞价发放收入、户外广告经营权、公共汽车出租线路运营权、道路桥梁、公园广场等城市资源冠名权收入等，纳入了"收支两条线"管理。省财政厅迅速总结以上做法和经验，明确以上收入为政府非税收入，是凭借国家权力、国家资源、国有资产、政府信誉取得的，应体现为公共财政收入，提出了开展非税收入管理的思路和要求，进一步拓展了"收支两条线"管理工作的广度和深度。2004年4月省政府根据省财政厅的请示，下发《关于深化收支两条线改革进一步加强和规范非税收入管理意见》，使全省"收支两条线"管理工作迈上了新的台阶。

（四）积极推动部门综合预算

"收支两条线"管理工作为全省推行全口径预算管理工作奠定了坚实的基础，也为部门预算改革提供了财力保障。一是通过做好各项非税收入资金统筹调剂能力的测算评估，将行政事业单位收取的各项非税收入纳入部门预算编制范围，统筹安排预算内外资金，加大了非税收入收支脱钩的力度，从而逐步扩大了部门综合预算范围。二是依照法律法规规定大力组织非税收入，按照基本支出预算和项目支出预算的管理办法规范和严格控制非税收入支出管理，促进了财政预算收支综合平衡。

推行部门综合预算，收支脱钩，一方面有利于解决部门之间分配不公，"多收多用"、"谁收谁用"、"收费养人"的问题，另一方面也解决了非税收入资金政府管不到、用不上的问题，从制度上堵塞滥设收费、乱开支的漏洞。

（五）加强对罚没物品的管理，促进依法执罚工作

一是做好公物仓的建设和管理。深圳、珠海、中山三市以及佛山市的顺德、南海两区等地区都相继建立起政府公物仓，对全市（区）行政罚没物品由财政部门实施统一管理、统一拍卖、统一销毁，有利于从源头上解决罚没物品管理中存在的问题，促进了依法执罚、依法行政。

二是进一步完善罚没物品管理办法，加快罚没物品处理速度。深圳市财政与市拍卖行合作开发了网上拍卖系统，创新了罚没物品处理方式，2003年举办了全国首例罚没物资网上拍卖会，全年共举行15次网上拍卖会，不仅较好地实现了罚没物品的真实价值，而且体现了罚没物品处理应有的公开、公平、透明的要求，提高了效率，节约了管理成本。

（六）加强财政票据管理

一是结合全省对现行各种行政事业性收费、政府性基金和罚没财物等财政票据进行清理归类，重新改版设计了新的财政票据，改变以前由各市印刷财政票据的做法，由省统一集中印制、发放、核销全省财政票据。从2003年8月1日起正式启用新版财政票据，并对2001年2月13日印发的《广东省行政事业性收费、政府性基金和罚没财物票据管理办法》进行了修订，印发了《广东省财政票据管理办法》。

二是结合财政票据管理等工作，针对存在的问题，进一步明确规范和理顺对非行政事业性收费、政府性基金和罚没财物的有关非经营性收费（收入）票据的发放、使用和管理，2003年与省地税局联合印发了《广东省财政厅、广东省地方税务局〈关于明确有关非经营性收费收入使用票据问题〉的通知》，重新对有关非经营性收费（收入）使用财政、税务票据的范围进行明确。

（七）将监督检查工作制度化，加大对执收、执罚单位收费和罚没收入的财政监管力度

2001年，财政部印发了《行政事业性收费和政府性基金年度稽查暂行办法》，全省各级财政部门按照规定，每年选择1～2项收入金额大、涉及群众利益较多的行政事业性收费、政府性基金和罚没收入开展年度稽查。2002～2004年省财政厅分别对全省公安交警、国土资源和工商行政管理部门收取的行政事业性收费、政府性基金和罚没收入开展年度稽查，纠正了不符合规定的做法，会同监察部门对查出的问题进行处理。

（八）认真落实“非典”时期部分行政事业性收费、政府性基金的减免工作

认真贯彻落实《国务院减轻企业负担部际联席会议〈关于防治“非典”期间对部分行业减免行政事业性收费〉的通知》和《财政部〈关于对受“非典”疫情影响比较严重的行业减免部分政府性基金〉的通知》要求，并结合广东实际提出贯彻意见，制发了《关于对受“非典”疫情影响比较严重的行业减免部分政府性基金暂行征收办法的通知》和《关于对受“非典”疫情影响比较严重的行业减免养路费等交通规费的补充通知》，共减免行政事业性收费20项，减免金额3.18亿元；减免政府性基金12项，减免金额3.43亿元，积极帮助困难企业度过难关，尽快恢复正常的生产和经营秩序。

（九）加强行政执法宣传，强化“收支两条线”管理的监督力度

2002年省财政厅、省监察厅、省纠正行业不正之风办公室联合举办了全省“行政事业性收费和罚没收入两条线管理知识宣传暨竞赛活动”。许多单位通过此次活动对“收支两条线”相关法律、法规和规章有了比较深入的了解和掌握，对严肃财经纪律、加强廉政建设，落实行政事业性收费、罚没收入“收支两条线”管理，进行依法行政、依法收费工作起到极大的推进作用。

三、进一步加强彩票监管工作

（一）严格彩票市场的监管，促进全省彩票市场持续增长

一是严格按规定审核审批彩票游戏规则、销售方式、设奖方案、促销策略、对外宣传和信息披露等事宜，从而比较好地解决了长期存在的彩票机构擅自修改或调整游戏规则，随意设定奖励方案、向外发布消息等问题。二是一手抓市场监管，一手抓市场开拓，对符合国家规定、有利于挖掘市场潜力的，均积极支持。2003年，在全省上半年彩票销量下滑和香港立法会通过赌球合法化议案的情况下，迅速组织彩票机构研究应对策略，并协助财政部领导前往香港调研。三是严格审核“南粤风采”电脑型福利彩票新增自助投注终端机销售方式、增加附加小组合游戏的筹备方案、技术准备方案等，审批设立促销活动方案，既促进了彩票管理制度化进程，又拓展了广东彩票市场。2001～2004年广东福利彩票和体育彩票销售连续居全国首位，销售收入达200.54亿元，为国家筹集公益金70.19亿元。

（二）加强对彩票销售机构的监管

一是加强对彩票机构财务活动的监督，严格彩票销售机构年度预算和收支计划的编报和执行，严控人员费用和日常支出，将发行费重点用于业务支出和事业发展。节约了彩票销售成本，增加了资金积累，成为今后全省彩票事业可持续发展的重要资源。二是加强对彩票机构销售行为的监督，强化了彩票机构的政策制度观念和规则意识，全省彩票机构销售活动逐步能够按程序和规定开展。三是不断完善彩票监管制度，制定了《广东省彩票销售机构工作年度综合考评奖励试行办法》和彩票销售终端机押金管理规定等，进一步规范彩票机构的运作。

（三）积极推动彩票机构管理体制的改革，提高彩票机构的运作效率和发展能力

为有利于彩票事业的长远发展，大力推动彩票销售管理体制的改革。在体育彩票系统试行条块结合、条条为主的管理体制，全省电脑型体育彩票发行费实行省级机构集中缴拨、统筹使用，不确定返还比例、不按比例返拨各市机构，省财政和省级彩票机构依据所批复的年度预算和收支计划分别向省和市彩票机构核拨资金。增强了省级机构的调控能力，便于贯彻落实统一的管理要求，便于集中财力办大事。省级彩票机构把集中管理后节余的资金用于提高全省技术装备水平、扩大宣传、帮助困难地区改善办公条件等，增强了全省发展后劲。

（四）注意协调福利和体育两大彩票系统的关系，保证全省彩票市场的协调发展和共同繁荣

一是坚持每两个月召集两个彩票中心开碰头会，互通情况，一起研究问题，避免矛盾，实现良性竞争。二是推行同一地区的两个彩票系统分别上下半年举办大奖组即开型彩票销售、次年轮换的办法，避免了两个彩票系统在同一地区、同一时间销售大奖组即开票，造成过度竞争，影响各自业绩。以上做法均为全国首创，受到财政部的多次表扬。

（五）加大打击私彩赌博活动力度

积极配合公安部门开展打击私彩赌博活动，会同省公安厅下发了《关于奖励举报“私彩”违法犯罪活动有功人员有关问题的通知》，细化了奖励办法，更便于操作；协助公安部门部署和开展打击非法彩票等赌博活动的专项行动，努力净化广东彩票市场。

四、做好住房改革资金的监管工作

（一）做好住房改革资金的检查工作

委托会计师事务所对省直行政事业单位的住房基金自设立以来历年的收支情况以及银行专户存款余额进行了检查。查实省直机关事业单位未按规定上缴省财政专户的住房基金2.93亿元。通过检查，较为全面地了解了省直行政事业单位住房基金的整体情况以及过去住房基金管理工作中存在的问题，为省财政厅接管住房基金后进一步加强管理提供了工作思路。

（二）认真做好省直行政事业单位人员住房补贴发放工作

一是制定省直行政事业单位住房货币分配资金管理办

法。为加快省直机关事业单位住房货币分配工作，对省直机关事业单位人员参加实物分房及拟参加货币分房的情况进行了调查统计，初步掌握了省直单位住房货币分配工作中住房补贴的需要量及资金来源情况，编制了省直单位住房货币分配资金预算，开发了住房货币分配审核管理应用软件，制定了货币分房的具体实施方案报省政府批准后，与省住房改革领导小组办公室（下简称省房改办）联合印发了《广东省直属机关事业单位住房货币分配管理办法的通知》、《关于省直属机关事业单位住房货币分配有关问题说明的函》、《关于省直属机关事业单位住房货币分配有关问题的通知》、《关于省直属机关事业单位住房货币分配资金实施统一发放的通知》，并于2002年11月实现了省直单位住房货币分配资金实施统一发放，进一步深化省直单位住房改革工作。

二是根据《广东省直属机关事业单位住房货币分配管理办法的通知》规定，会同省房改办、省人事厅、省机构编制委员会办公室（下简称省编制办）联合审核参加省直机关事业单位住房货币分配人员的资格，对符合住房货币分配条件的人员实施货币分房，进一步深化省直单位住房改革工作。

（三）加强单位住房基金的财政管理

针对省直单位公有住房出售收入一直以单位名义存放在银行的情况，为合理筹集省直单位住房补贴资金，加强对单位住房基金的财政管理，与省房改办联合印发了《关于加强住房货币分配资金管理的通知》、《关于省属关闭破产企业使用住房基金有关问题的通知》，把省直单位住房基金纳入省财政管理，保障省直单位住房货币分配工作的顺利进行。

（四）加强对住房公积金管理中心的财政监管

根据修订后的《住房公积金管理条例》规定，与省房改办联合下发《关于我省住房公积金管理中心管理费用有关问题的通知》，规范了全省住房公积金管理中心的财务管理。

（综合规划处供稿，曹远潮执笔）

行政政法财政财务工作概述

2001～2004年，广东省行政政法财政财务管理工作，以“三个代表”重要思想为指导，按照树立和落实科学发展观的要求，围绕保政权运作、保重点支出，推进部门预算和国库集中支付等财政改革措施，加强专项资金管理和公用经费中重点项目经费管理，努力提高财政资金使用效益，较好地完成了各项工作任务。

行政政法财政财务管理包括对各级党委各部门、各级政府各部门、各级人大机关、各级政协机关、各级民主党派和部分社会团体机关、各级公安安全机关、各级检察院法院、各级司法机关的经费核拨和财务管理。使用预算科目主要为行政管理费、公检法司支出。

2001～2004年，广东省行政管理费支出总额638.25亿元，其中人员经费325.11亿元，占支出总额的50.94%，公用经费和专项经费313.14亿元，占支出总额的49.06%；公检法司支出总额617.52亿元，其中人员经费301.85亿元，占支出总额的48.88%，公用经费和专项经费315.67亿元，占支出总额的51.12%。

2000～2004年行政管理费和公检法司支出情况表

单位：万元

年度	行政管理费			公检法司支出		
	小计	人员支出	公用和专项支出	小计	人员支出	公用和专项支出
2000	1 009 542	457 407	552 135	944 016	384 344	559 672
2001	1 203 021	562 307	640 714	1 169 570	481 836	687 734
2002	1 493 804	726 393	767 411	1 405 089	677 310	727 779
2003	1 754 698	878 591	876 107	1 696 994	847 749	849 245
2004	1 931 010	1 083 812	847 198	1 903 531	1 011 564	891 967
年均递增幅度(%)	17.60	24.06	11.30	19.16	27.37	12.36

（一）以推进预算管理制度改革为核心，逐步实行行政政法单位部门预算管理的科学化、规范化

从2002年开始，省级行政政法部门逐步实行部门预算编制，省级各行政政法单位的年度各项收支全部纳入单位部门预算中，经常性支出通过制定科学合理的定员定额进行管理和控制，项目经费核定通过填报全面具体的“项目预算支出申报表”进行申报和逐级审核审批，逐步实现了单位收支预算的科学化、规范化。为进一步做好财政管理和行政政法部门财务管理打造了较好的基础。市、县级财政部门也逐步在市、县级的行政政法部门推广部门预算编制改革。

（二）积极推行国库集中收付制度改革

在2000年实行公务员、政法干警工资由财政统发的国库集中支付改革试点的基础上，2003年和2004年，各级行政政法部门的收支，逐步实行国库集中收付。到2004年底，省级绝大部分行政政法单位实行的国库集中收付，为规范政府收支行为，增强财政收支信息公开性、透明度，提高财政资金使用效率发挥了较大的作用。

（三）规范公务员收入分配秩序，创新、规范公务员收入分配制度

1993～2000年期间，随着广东社会经济的不断发展，1993年工资改革以后形成的公务员收入分配制度逐步显露出其不足之处。一是公务员工资津贴收入偏低，与企业工资收入水平存在明显差距，不利于吸引、挽留和激励合适人才进入公务员队伍；二是部分单位自行发放政策外补贴津贴，造成机关公务员之间收入的不平衡，形成了苦乐不

均；三是工资收入分配制度难以体现收入与责任贡献对等的原则，不利于调动机关公务员的积极性。为解决上述问题，省财政厅、省人事厅根据省委、省政府要求，在省直行政政法部门推行统一公务员岗位津贴制度，大部分市也相应实行了统一公务员岗位津贴制度。

2002年，省财政厅、省人事厅发布了《关于统一省直机关公务员岗位津贴的通知》，从2003年1月1日起，驻穗省直党、政、群机关和人大、政协机关以及依（参）照国家公务员管理，由省财政核拨经费，并实行职级工资制度的事业单位实行统一岗位津贴制度。其主要内容包括三个方面：一是简化工资结构，归并各项补贴。将原工资结构中的“物价补贴”、“福利补贴”、“岗位津贴”、“奖金”等补贴项目统一归并为“岗位津贴”，并取消各部门、单位自行发放的补贴项目。归并后的工资结构分为三部分：基本工资（四项）、岗位津贴、月均年终奖金。二是根据规范化、标准化、公开化的原则，按照责任贡献与收入对等的精神，分四个职级设定岗位津贴标准，职级差平均400元，并且在春节、五一、国庆、元旦四大节日每个节日发放节日补贴1 000元。三是建立正常的岗位津贴增长机制，提出今后每年将视广东经济发展和财政收入等情况，适当调整岗位津贴标准。

同时，为进一步严明统一岗位津贴后的财经纪律和规范单位的资金管理，省财政厅和有关部门相继下发了一系列的配套文件，包括《关于严格执行省直机关统一公务员岗位津贴制度的通知》、《关于省直机关统一岗位津贴后有关经费使用管理的补充通知》、《广东省省级预算单位银行账户管理暂行办法》等。

随后，深圳、珠海、中山、东莞、惠州、江门、汕头、揭阳、韶关、河源等大部分市也陆续出台统一公务员岗位津贴的政策。

（四）以专项工程建设为主要模式，进一步加强对政权运作和涉及社会公众利益等重要事项的经费保障

政权运作和涉及社会公众利益等重要事项的经费保障是公共财政框架下行政政法经费保障的立足点和重要内容。2001～2004年，广东省以“禁毒03工程”、“派出所03工程”为模式，大力提高对政法部门的经费保障和装备建设水平，并对涉及社会公众利益的重要事项加大经费保障力度，为维护社会和谐稳定和促进社会经济的健康发展发挥了重要作用。

1.“禁毒03工程”建设。2003年，根据广东省毒情严重的形势，省委、省政府决定把禁毒作为当年社会治安工作的大事来抓，打一场声势大、力度大、措施到位的禁毒人民战争，坚决把毒品蔓延的势头遏制住、压下去，并将其命名为“禁毒03工程”。根据2003年禁毒工作目标管理责任书的各项任务要求，省财政大大加强了对禁毒工作的投入，为尽快解决长期制约广东禁毒工作开展的一些根本性问题，形成能够长期保持强势禁毒力度的长效机制提供了有力的经费保障。省财政对“禁毒03工程”的经费保障主要包括：

一是明确公安强制戒毒所强制戒毒人员医疗、生活补助办法和补助资金。按省、市、县、三级财政3∶3∶4的比例，落实欠发达地区的该项补助资金。2003年和2004年省财政分别安排该项补助资金650万元和1 185万元。

二是增加投入，加强公安强制戒毒所新建、扩建和迁建的步伐。2003年，省财政厅与省公安厅在充分调研的基础上，经报省委、省政府同意后，省财政厅、省公安厅下发《广东省强制戒毒所增容扩建工作实施方案》的通知，明确了强制戒毒所的扩建范围、扩建标准、经费预算和申请程序，并明确了经济欠发达地区的36个戒毒所的建设经费由省财政与当地财政按1∶1比例共同负担；2004年，省财政预算共安排公安强制戒毒所增容、扩建补助经费1.83亿元。同时，2003年和2004年，省财政分别安排1 000万元用于贫困地区强制戒毒所的修缮。

三是2004年省财政安排2 500万元设立省禁毒基金，专项用于宣传党和政府禁毒工作的方针、政策、法律、法规、目标、任务，引导和推动社会各界关心和支持禁毒工作，资助戒毒科学研究，奖励侦破或举报重大案件的有功集体和个人，慰问抚恤缉毒牺牲烈士的家属子女等。

2.“派出所03工程”建设。2003年，省委政法委召开15个市的派出所办公用房建设工作会议，省委、省政府领导出席会议并作重要讲话，对于困难地区公安派出所没有办公用房或在危房办公问题表现严重的关注，决定实施“派出所03工程”。2003年省财政共安排全省458个派出所的建设补助经费7 600万元。

3．其他政法部门发展和建设保障措施。除上述两个专项工程建设外，省财政还采取了有力措施，在提高现代警务警力装备科技含量，解决贫困县及基层所、队装备落后、办案经费缺乏方面加大投入，促进全面提升公安工作在巩固政权、维护社会安定、保护人民群众生命和财产安全的能力和水平。2000～2003年公安支出年均递增20.42%，高于同期全省财政支出年均递增15.72%的4.7个百分点。在保留省政法专款1.36亿元和贫困地区政法补助专款1.2亿元的基础上，进一步加大了对政法部门经费的投入。一是设立经济欠发达地区民警因公负伤医疗补助基金；二是安排了欠发达地区公安干警服装费补贴8 086万元，分三年列入预算安排；三是一次性安排贫困地区派出所车辆补助经费4 900万元，由省公安厅统一采购后下发各派出所；四是安排第二代身份证制作设备经费6 000万元、出入境办证设备经费4 100万元。

4．努力保障涉及民生和促进社会经济健康发展的工作经费。根据中共广东省委办公厅、省人民政府办公厅《关于进一步解决困难群众生活问题的通知》，2003年和2004年省财政分别安排了1 475万元和1 600万元的专项经费补助，帮助困难群众解决“打官司难”问题，缓解贫困地区法律援助及公职律师事务所的经费困难。

支持职能部门做好维护市场经济秩序、促进社会经济健康发展。专项安排了清理整顿社会市场经济秩序办公室业务经费和《会计法》执行情况检查专项经费；专项安排

省质量技术监督系统打假专项经费、农产品抽查与市场准入标准经费、技术装备建设资金和省工商系统流通商品抽查经费等资金，为职能部门从源头上做好涉及国计民生的商品质量监管工作提供有力的经费保障。

同时为落实省政府2003年重点工作，加快集成电路设计与软件产业发展，与信息产业厅进行了多次协商，采取资助形式，由省财政安排全省集成电路设计与软件产业发展专项资金，带动社会资金的投入，进一步提升广东信息产业的核心竞争力，促进社会经济的发展。

（五）把加强党的执政能力建设，提高公务员素质的培训经费作为重点给予保障

2001～2004年，各级财政十分重视用于加强党的执政能力建设、提高公务员素质的培训经费的保障。省财政2001～2003年安排4 087万元用于全省高层次人才（主要是党政机关和一些事业单位的高层人员）出国进修，2002～2004年安排1 623万元用于举办全省高级公务员公共行政管理进修班（含国内外进修），对其他各类提高公务员素质和能力的培训工作经费，各级财政也给予较好的保障。

（六）规范和加强专项资金及公用经费的管理

为使专项资金和公用经费的管理走向规范化、制度化，使财政资金的使用效益逐步提高，省财政厅制定一系列的制度。

2001年，发布《广东省政法补助专款管理办法（试行）》；2003年，省财政厅发出《关于印发行政政法专项资金管理办法的通知》，该文包括下列管理办法：《广东省政法专项资金管理办法》、《广东省公安拘押场所修缮补助专款管理办法》、《广东省行政政法部门修缮补助费管理办法》、《广东省宗教和少数民族事业补助费管理办法》、《广东省抗震加固补助经费管理办法》、《广东省边境建设事业补助经费分配管理办法》；2003年发布《广东省查办大案要案奖励基金管理办法》；2004年发布《关于加强人防预算外资金管理的通知》。上述管理办法，基本完善和规范了行政政法部门各种专项资金的管理。

在加强和规范公用经费管理方面，2001年发布《关于加强省直国家机关事业单位会议费支出管理的通知》；2002年印发《关于省级领导出访经费开支问题的通知》等。

（七）配合省编委认真做好严格控制机构编制增长的工作

2001～2004年，省财政对严格控制行政事业单位增设机构、增加编制工作十分重视。对一些单位要求增设机构、增加编制，都本着精简、高效的原则提出合理意见。2004年省财政厅制定《关于行政事业编制增编等问题的有关程序》，提出在年度总量控制的前提下，按规定程序审核有关单位增编问题。省财政为严格控制机构增设、编制增加发挥了较好的作用。

（行政政法处供稿，辜初贤执笔）

教科文财务管理工作概述

2001～2004年，教科文处始终坚持按照建立公共财政基本框架的要求，树立和落实科学发展观，全力实施“科教兴粤”和可持续发展战略，充分发挥财政职能作用，大力推进财政管理改革，积极调整财政支出结构，不断加大教科文财政投入力度，有效地促进了教科文各项社会事业的全面协调发展。

一、发挥财政职能，保障重点投入

2004年全省教科文事业费支出348.03亿元，占全省一般预算支出18.78%，其中教育支出287.95亿元，科学支出15.77亿元，文体广播事业费44.30亿元；2004年省级教科文事业费支出46.78亿元，占省级一般预算支出20.13%，其中教育支出33.05亿元，科学支出7.26亿元，文体广播事业费6.47亿元。另外省级宣传文化发展专项资金和文化事业建设费支出2.46亿元。2001年至2004年，全省财政支出年均递增11.93%，其中全省教科文财政拨款1 174.16亿元，2001年至2004年分别为225.43亿元、282.08亿元、318.62亿元、348.03亿元，年均递增15.58%，省直教科文财政拨款166.24亿元，2001年至2004年分别为31.63亿元、42.12亿元、45.71亿元、46.78亿元，年均递增13.93%，各项支出均高于财政收支增长速度。全省教育、科技、文化财政投入总量均位列全国前位。

（一）教育方面

2001年以后，广东教育事业得到了迅速的发展。各级财政部门按照省委、省政府关于建设教育强省的战略目标，把教育放在优先发展的战略地位上，充分发挥财政对社会管理的职能作用，积极稳妥地推进教育管理体制的创新，千方百计地增加对教育的投入，为建设教育强省，逐步实现教育现代化奠定了坚实的物质基础。四年间，全省财政投入教育的经费支出达967亿元，年均递增18.76%，投入总量稳居全国第一。绝对数比全省财政收入年均递增6.92%高出11.84个百分点，确保教育财政拨款的增长高于财政经常性收入的增长，实现省委、省政府提出的“十五”期间，省本级财政支出中教育经费每年有所提高，各市、县也结合实际，提高本级财政支出中教育经费所占比例的目标。2001年6月获得教育部、财政部、国家发展和改革委员会颁发的“全国‘两基’工作先进单位”荣誉称号。

1．增加对基础教育投入，促进全省基础教育快速、健康、协调发展。为巩固和提高广东普及九年义务教育成果，促进全省基础教育均衡协调的发展。省财政不断加大对基础教育的投入，以发展来逐步解决基础教育特别是农村基础教育体制变化后存在的问题。一是为解决农村困难家庭子女“读书难”问题，从2001年起，省财政每年安

排专项资金4亿元，用于全省农村人均年纯收入1 500元以下的困难家庭子女义务教育阶段免收书杂费专项补助，全省免收书杂费受惠的中小学生达103万人。二是加大对中小学校舍建设投入，较好地完成了改造薄弱学校的任务，1998～2002年连续五年全省共投入资金66.33亿元，完成8 036所薄弱学校的改造任务。三是优化资源配置，提高教学质量和办学效益，2001～2003年，省财政共安排中小学布局调整专项资金8.60亿元，用于1 335所中小学校布局调整试点，2004年至2007年，省财政每年安排5亿元，共计20亿元用于中小学校布局调整。四是为促进老区山区教育和经济发展，彻底改造老区山区农村小学危房。2002～2004年，省财政三年共安排山区老区农村小学改造资金9.55亿元，改造山区老区小学3 184所，基本完成山区老区农村小学危房改造。五是为扶持贫困地区提高教学水平，确保全省中小学素质教育全面推进，2001～2007年，省财政每年安排专款3 000万元，用于农村中小学信息技术和英语教育。六是为妥善解决农村义务教育负债，促进农村基础教育健康发展，2003年省财政拨出专款20.25亿元，用于帮助解决农村义务教育负债。

2001～2004年，全省基础教育得到较快发展。义务教育进一步巩固提高，普通高中教育发展步伐加快。2004年小学学龄儿童入学率99.66%，五年保留率100%；小学毕业生升学率97.41%，初中毛入学率100%，三年保留率94.1%；初中毕业生升学率65.13%，高中阶段毛入学率51.86%。办学条件得到较大改善，校舍建设和教学仪器设备有了明显改善。2004年全省生均校舍面积小学为5.87平方米，比2000年增加0.52平方米；普通中学为9.09平方米，比2000年增加1.15平方米。2004年全省中小学技术装备资产总额达到63.71亿元，农村中小学教育信息化发展迅速。至2004年底，全省高中、初中和镇以上小学基本开设了信息课，基础教育专网正向全省市、县和学校延伸，中小学“校校通”正加快实现。

2. 加大高等教育投入，促进高等教育跨越式发展。为改善高校的办学条件，提高高校的办学水平，省财政不断增加对高等教育的投入，促进广东高等教育跨越式发展。一是省财政每年安排“211工程”建设专款1.40亿元，加强重点学科和重点实验室建设，2004～2005年，省财政每年增加投入1亿元，加大对“211工程”的扶持力度。二是为支持中山大学和华南理工大学建设高水平大学，2001～2003年省财政安排“985工程”一期建设配套资金11亿元，其中中山大学9亿元，华南理工大学2亿元。三是为加强高等院校学科与专业建设，从2004年起，省财政每年安排专项资金1亿元，用于高校重点实验室、重点学科、名牌专业及精品课程等建设。四是为加大高校人才引进工作力度，促进教师队伍建设，从2004年起，省财政每年安排高校人才引进专项资金3 000万元。五是从2004年起，省财政设立政府奖学金1 000万元，用于奖励普通高校家庭困难的优秀学生。六是从2001年起，省财政每年安排1 000万元，用于高校困难学生助学贷款贴息，帮助困难家庭大学生顺利完成学业。七是为大力发展职业教育，省财政每年共安排专项经费3 000万元，2004～2005年每年在原有基础上增加3 000万元，用于重点学校及骨干专业设备设施建设。

2001～2004年，广东高等学校数量大幅增加，高等教育规模迅速扩大。2004年全省各类高校总数达到124所，其中普通高校94所，分别比2000年增加31所和42所。高校在校生105.7万人，比2000年增加54.3万人，其中普通本专科生72.7万人，比2000年增加42.7万人。高等教育毛入学率从2000年的11.35%提高到2004年的20%，标志着广东高等教育已经从精英教育阶段迈入大众化教育初始阶段。高校整体实力与综合水平有所提高。有7所高校列入“211工程”建设；中山大学和华南理工大学列入国家“985工程”建设；2004年全省高校博士点297个，硕士点728个；拥有国家级重点学科43个，国家重点实验室3个；全年获国家级科研奖励6项，省部级奖励182项；申请专利928项，获专利授权454项。

（二）科技方面

为贯彻落实科学技术是第一生产力的指导思想，建设科技强省，全省各级财政部门认真执行《科技进步法》和省委、省政府《关于依靠科技进步推动产业结构优化升级的决定》，努力筹措资金支持科技事业发展，投入总量在全国名列前茅。2002年3月获得省科技厅颁发的“广东科技工作先进集体”荣誉称号。

1. 逐步加大投入力度，促进科技事业发展。各级财政部门按照省委、省政府《关于依靠科技进步推动产业结构优化升级的决定》的精神，从2001年起，科技事业费逐年增加，科技对经济的贡献率不断提高，四年间全省财政对科技的投入总量为214.14亿元，年均递增13.44%，高于财政收入的年增长速度。全省科技综合实力位于上海、北京之后，名列全国第三。

2. 不断改善科研条件，提高科技创新能力。为创造良好的科研环境和实验条件，进一步推动产业结构优化升级，增强科技创新能力和科技储备，从2001年起，省财政共安排专项资金1.20亿元，用于93个国家及省级重点实验室和9个省公共实验室的建设。四年间，全省重点实验室完成开发项目1 500项，技术转让项目553项，有60多项成果填补了国内空白或达到国际、国内先进水平。同时，为促进企业成为科技开发投入的主体，加强对重点领域关键技术的科技攻关，省财政从2001年起，每年安排专款5 000万元，重点加强软件、集成电路、生物技术、装备制造、新材料等领域的研究开发和产业化；为重点支持应用基础性研究，提高自主创新能力，培养高层次人才，稳定基础性研究队伍，2001年起，省财政共安排自然科学基金2亿元（含2005年的6 000万元），资助1 200个项目，资助率达20.02%，对全省社会经济发展和重大应用基础研究起到了重大的促进作用。

（三）文体广播事业方面

1. 投入力度不断加大，各项事业全面发展。根据省委、省政府的战略部署，各级财政部门千方百计筹措资金支持文体广播等各项事业发展。四年间全省财政对文体广播等事业的投入增长比例分别为：2001 年为 66.76%，2002 年增长 10.1%，2003 年增长 12.3%，2004 年增长 17.1%，年均递增 13.81%，高于财政收入的年增长速度，有力地促进了全省文体广播等各项事业的快速发展。

2. 加大文化事业经费投入，重点扶持山区文化建设。为了改变山区群众文化生活贫乏落后状况，省财政从 1998 年起每年安排 5 000 万元，用于山区困难地区文化设施建设，至 2003 年全省共投入资金 5.4 亿元，已新扩建图书馆 42 个、博物馆 41 个、群众艺术馆 49 个，新建扩建文化站 786 个，大大改变了山区文化落后的面貌，省财政厅也因此在 2004 年被省政府授予“广东省实施省人大山区文化建设议案先进集体”光荣称号。与此同时，为填补广东世界文化遗产的空白，省财政拨款 2 200 万元，积极支持开平碉楼申报世界文化遗产工作。

为贯彻落实省委、省政府建设文化大省的决定，从 2003 年起，省财政又开始新一轮的财政大投入，六年内将安排投入专款 86.79 亿元用于文化设施建设。一是从 2003 年起，六年内将安排投入专款 76.01 亿元，重点建设广东科学中心、省博物馆、省立中山图书馆改扩建三大标志性文化设施，支持广州地区高校新校区建设和九项重要文化工程建设。2003 年拨出专款 6 000 万元，改善华南成人艺术学院办学条件，拨出专款 6 000 万元建设粤剧艺术大剧院。二是增加省立中山图书馆购书经费 500 万元，省博物馆文物征集费 300 万元，广东美术馆收藏费 200 万元。2004 年在 2003 年的基础上进一步增加投入力度，其中增加省立中山图书馆购书经费 2 000 万元，博物馆文物征集费 1 000 万元。

2001～2004 年，广东省文化系统获得国内外各类专业艺术奖项 241 项，其中歌曲《春天的故事》获首届中国音乐金钟奖金奖，舞剧《风雨红棉》获文华奖最高奖，大型交响乐《东方红日》和《生命交响曲》双获全国高雅音乐奖，实现广东交响乐创作获全国大奖零的突破。

3. 支持广播电视事业发展，丰富人民群众文化生活。针对广播电视事业的发展特点，全省各级财政部门在资金、政策以及管理体制方面积极采取有效措施，扶持广播电视事业发展。四年间全省财政共投入资金 23.22 亿元，使全省接收广播电视人口覆盖率达到 96%。

4. 大力发展体育事业，成功举办九运会。2001～2004 年，各级财政部门抓住第九届全国运动会在广东举办的契机，大力增加对体育事业的投入，共投入资金 66.81 亿元。其中省财政安排备战、承办九运会经费 8.92 亿元，投入场馆建设资金 30 亿元，使广东在九运会取得了金牌、奖牌、总分三个第一的优异成绩，充分展示了广东人民的精神风貌。为确保在第十届全国运动会继续保持竞赛成绩领先地位，2003～2005 年省财政安排备战第十届全运会资金 2.03 亿元。2004 年，广东体育健儿在雅典奥运会上有 7 人获得 6 枚金牌，实现了历史性突破。

5. 落实文化经济政策，加大宣传文化投入。2001～2004 年，省财政安排宣传文化发展专项资金和文化事业建设费 8.29 亿元，用于宣传文化系统重点项目建设，支持文学艺术、新闻出版、广播影视、社科理论方面的优秀作品的创作和奖励，补助文学艺术、社科理论方面重点课题研究和学术活动，奖励为宣传文化事业作出突出贡献和取得优异成绩的单位和个人，扶持宣传文化企业发展生产和技术改造。

6. 加大高层次人才经费投入，构筑广东人才优势。2001～2004 年，省财政不断加大对高层次人才的经费投入，共安排经费 1.45 亿元，有效地改善了高层次人才的生活待遇和科研工作条件。同时，省财政厅根据《中共广东省委、广东省人民政府贯彻〈中共中央、国务院关于进一步加强人才工作的决定〉的意见》，设立省人才资源开发专项资金，此项资金由省财政从 2004 年起至 2007 年，每年投入 3 000 万元，主要用于六大人才培养工程新启动项目、引进高层次人才费用和提高高层次人才生活补贴、南粤功勋奖、创业奖以及扶持山区和经济欠发达地区人才资源开发专项经费等。至 2004 年底，在粤院士达到 45 人，特殊津贴专家 4 931 人，博士后 1 275 人，博士 5 000 人，逐步形成了广东的人才优势，为广东经济发展注入了新的活力。

（四）重点保障计生经费投入，有效控制人口增长

各级财政部门认真贯彻省委、省政府《关于进一步加强人口与计划生育工作的意见》和《广东省计划生育条例》，逐步提高人口与计划生育经费投入的总体水平，四年间全省财政共投入计生经费 41.63 亿元，2004 年全省人均计生事业费达到 17 元，居全国前列。至 2004 年底，广东人口与计划生育工作取得了新的突破，全省人口出生率下降到 13.13‰，人口自然增长率下降到 8.01‰，计划生育率提高到 85%，扭转了计生工作被动局面，达到了全国中等水平。

为建立健全计划生育社会养老保险制度，逐步解决群众老有所养的后顾之忧，从 1999～2002 年，省财政共安排专项经费 1.51 亿元，用于农村独生子女户和纯生二女结扎户的最低养老保险金投保费补助。2004 年起，按照省委、省政府的决定精神，实行部分农村计划生育家庭实施奖励政策，符合条件的补助对象，每人每月补助 80 元，受惠人员达 12 万多人，其中 2004～2005 年省财政共安排专项补助资金 6 552 万元。使广东成为全国首个实施农村计划生育奖励政策的省份，广大农民群众称这项工作为“民心工程”、“德政工程”。

为贯彻国务院《计划生育技术服务管理条例》，落实向农村实行计划生育的育龄夫妻免费提供避孕节育技术服务的要求，省财政从 2002 年起，每年安排计生技术服务经费 6 400 万元。为改变粤东地区计生工作落后的局面、改善粤西和粤北地区计生工作条件，2003 年省财政共安排专款 4 000 万元，用于这些地区的困难补助。与此同时，省财政“十五”期间还安排计生专项经费 1.9 亿元，加大

对困难地区计生经费的投入力度。

二、建章立制，规范管理

（一）加强内部管理

教科文处先后制订了《教科文处党支部关于加强思想政治工作的若干意见》、《教科文处党支部民主生活会制度》、《教科文处党支部组织生活制度》、《教科文处党风廉政建设制度》、《教科文处处务（工作）会议制度》、《教科文处岗位责任制度》、《教科文处公文处理制度》、《教科文处财政资金拨付制度》、《教科文处信息通报交流制度》、《教科文处单位档案管理制度》、《教科文处车辆使用管理制度》、《教科文处文明公约》、《教科文处工作人员业务学习制度》等规章制度，从机制上建立了一整套行之有效的内部管理制度，树立了用制度规范、按制度办事、以制度管人的观念。

（二）规范财政资金及财务管理

教科文处先后制订了一系列专项资金管理办法，主要有《关于省直属学校工作人员工资实行由银行统一发放有关问题的通知》、《关于教师工资实行财政统一发放有关问题的通知》、《关于省属事业单位工作人员工资实行由财政统一支付有关问题的通知》、《省属学校教育收费"收支两条线"管理暂行办法》、《中小学信息技术和英语教育专项资金管理办法》、《建设高水平大学专项资金管理办法》、《省属高校基建贷款及财政贴息资金管理办法》、《中小学布局调整专项资金及项目管理暂行办法》、《广东省中小学教职工编制标准实施办法》、《广东省普通高等学校机构编制管理暂行规定》、《广东省计划生育技术服务专项补助经费管理暂行办法》、《省级计划生育专项补助资金使用管理办法》、《广东省文化信息资源共享工程专项资金管理暂行办法》、《省属高校经费预算管理暂行办法》、《广东省解决农村教育负债实施办法》、《广东省高等院校学科建设专项资金管理暂行办法》等。这些制度的建立，使财政资金分配有章可循，在依法行政、依法理财方面取得了明显的成效。

三、深入有效地开展专项调研，为省委、省政府提供决策依据

为使省委、省政府提出的实施教育强省、科技强省、文化大省和人才大省战略各项改革顺利进行，教科文处以求真务实的工作作风，深入开展了一系列专项调查研究工作，为省委、省政府决策提供了参考依据。

1. 为贯彻落实省委、省政府关于建设教育强省、实现高等教育大众化的决定，推动广东高等教育跨越式发展，省财政厅发起并会同省教育厅、省社科院联合组成"深化改革、开放创新、做大做强广东高等教育"课题组，在广东高等教育发展历史上，首次进行跨系统、跨地区、跨隶属关系的调研，经过多次调研、座谈、论证，主撰了5万多字的专题调研报告；对广东高等教育的现状、目标、对策作出较全面的阐述。该调研报告受到全省教育界的拥护和赞扬，并得到了省委主要负责同志的高度评价和充分肯定，为进一步推动广东高等教育发展提供了重要决策依据，也为省属高校经费预算管理体制改革的实施和国家教育现代化试验省的推动打下了良好基础，促进广东高校全面、协调、快速、健康发展。该报告获广东省政府首届广东省哲学社会科学优秀成果奖一等奖（调研报告类）。

2. 为掌握职业教育的发展现状和存在问题，促进广东职业教育的进一步健康发展，省财政厅会同省政府发展研究中心联合组成"广东省职业教育的现状及发展思路"课题组，对全省职业教育的发展现状进行一次全面的调查，并结合省内外、国内外职业教育发展的先进经验和有益做法，提出了发展广东职业教育的新思路，为下一步全省职业教育改革提供了理论依据。

3. 积极开展事业单位财政财务管理体制改革调研。首先会同省政府发展研究中心联合组成"广东省事业单位国有资产管理研究"课题组，通过调查研究，摸清省属事业单位国有资产的现状（规模、结构、效益），分析存在的问题，结合社会主义市场经济体制的建立完善和公共财政管理体制改革的要求，撰写4万多字的调研报告，提出改革事业单位国有资产管理的新思路和对策建议。其次结合文化体制改革和科技体制改革，按照建立公共财政的要求，通过调查研究，提出改革事业管理体制，转换事业运行机制，转变财政投入方式，优化资源配置的新思路，为事业单位整体改革奠定了基础。

4. 开展解决教师工资拖欠问题调研。为贯彻落实《教师法》的有关规定，保证教师工资及时足额发放，针对部分地区存在不同程度拖欠教师工资的问题，教科文处对全省教师工资发放存在的问题进行了一次全面的调查，并提出了解决教师工资发放的各项措施，建立教师工资发放保障机制。

5. 开展农村义务教育负债情况调研。为全面掌握全省农村中小学教育负债情况，妥善解决农村义务教育发展存在的主要问题，教科文处会同省教育厅、省监察厅对农村中小学负债情况进行了充分的调研，并形成调研报告上报省委、省政府。省委、省政府高度重视，在2002年决定由省财政安排专项资金20亿元，用于解决农村义务教育负债，促进了全省农村中小学教育事业的健康发展。

6. 开展农村中小学校布局情况调研。为贯彻落实中央关于发展农村基础教育的有关决定，配合农村税费改革和乡镇机构改革，优化资源配置，提高办学质量，教科文处对全省近3万所中小学进行了全面的统计、分析、调研，针对农村中小学普遍存在办学规模小、效益低、质量差等情况，提出用三至五年时间实施全省农村中小学布局调整工作方案，以改善办学条件，提高办学质量，优化资源配置，极大地推动了广东基础教育的发展。

7. 开展全省中小学校和高等学校教师人员编制调研。针对广东教育事业财政供养人员过多，教育人员素质偏低，人事编制管理不规范等情况，与省编办、省教育厅、省人事厅联合对全省2万多所中小学和30多所高校的人

员结构情况进行调查，并制定了《广东省中小学教职工编制标准实施办法》和《广东省普通高等学校机构编制管理暂行规定》两个规范性文件，对全省教师人员配备及操作程序作出明确的规定，有力地促进了广东教育事业的快速发展。

四、创新体制，优化财政资源配置，提高资金使用效率

1. 改革中小学教师工资管理体制。根据国家基础教育体制改革中基础教育“以县为主”的有关精神，改革教师工资发放办法，要求各地将农村中小学教师工资的管理上收到县，规定设立“工资专户”。到2001年底，已实现全省教师工资百分之百由财政按月统发的目标。从体制上保证了全省中小学教师工资的及时足额发放，杜绝了拖欠教师工资现象的发生，有效地稳定了教师队伍，极大地促进了基础教育的发展。

2. 推进高校预算管理体制改革。从2004年开始，改革省属高校预算管理体制和经费供给方式，由原来基数加增长的拨款方式，改为按学生综合定额加少量专项资金的预算管理办法。即以实际在校学生人数为基数，实行生均综合定额核定经费，科学合理地安排财政资金，调动高校扩招的积极性，扩大高校办学自主权，促进高等教育的发展。这一改革方案的实施，在制度上建立了省财政对广东高校稳定的投入增长机制，并在2004年普通高校招生中取得了明显的效果，至2004年底，全省高等教育毛入学率已达到20%，高等教育已经从精英教育阶段迈入大众化教育初始阶段。该方案得到了财政部、教育部的大力赞誉和充分肯定，并为广东劳动力素质的整体提高，为广东教育强省、科技强省、文化大省、人才大省的建设，为广东全面、协调、可持续发展奠定了良好的人才培养基础。

3. 配合科技体制改革，推进科研机构的财务管理体制改革。根据省委、省政府《关于依靠科技进步推动产业结构优化升级的决定》，相应改革科研机构财务管理体制。根据科研机构的不同性质，省财政厅将69个省属科研机构重新划分为技术开发类型、咨询服务类型、公益类型三种，并根据不同类型分别按不同的比例逐年减拨经费。2001年底技术开发类型、咨询服务类型的经费已减拨到位，共减拨经费1.5亿元。减拨后的经费实行集中使用，由原来直接下拨经费，改为通过申请承担重大科技项目和研究开发任务等形式获取经费。通过改革，优化了财政科技投入结构，增强了转制科研院所的活力，促进了科技与经济的有机结合。

4. 积极推动文化体制改革。2003年广东被中央确定为全国文化体制改革综合试点两个省份之一，为贯彻落实省委、省政府《关于加快建设文化大省的决定》，增强广东的综合竞争力和发展后劲，发挥文化对经济的支撑作用，主动配合有关职能部门，认真研究各文化单位的体制改革方案，改革经费投入方式，将财政经费从“养人头”为主向“养事业”为主转变，并与省委宣传部等有关部门研究制订了若干增加投入的优惠政策，有力地促进广东文化体制改革的顺利进行。

（教科文处供稿，李树林执笔）

企业财政财务管理和工贸发展工作概述

一、积极参与国有企业改革，推进国有经济结构战略性调整

（一）认真做好省属国有资产重组工作，建立现代企业制度

2000年初，按照省委、省政府办公厅印发的《广东省省属国有企业资产重组方案》的规定，省财政厅认真做好省属国有资产重组工作，将1 546家原分散在政府50个部门管理的企业和军队、武警和政法机关移交的企业进行战略性调整，按照行业改组成为3家资产经营公司和20家国有资产授权经营企业集团。同时做好省属资产经营公司资产与财务管理工作，审批授权经营方案，签订资产经营责任书，落实国有资产保值增值责任，开展经营责任制考核工作。

2002年，省财政厅组织对省属国有企业二次重组的调研和摸底，提出了整合企业集团产业结构、深化企业产权制度改革的意见。认真贯彻落实省委、省政府办公厅印发的《24家省属授权经营企业集团重组方案》，做好二次重组的产权变更、资产划拨、财务审核的组织协调等工作，按照行业特点，以产权为纽带对省属企业进行二次优化组合，形成若干个主业突出、市场竞争力强、经济效益好的新型企业集团。并通过推荐优质企业上市等各种措施，促进国有企业提高经济效益，为做强做大省属企业创造条件。

（二）积极稳妥做好省属国有企业改制工作

省财政厅按照省政府关于“有进有退，由所为有所不为”的精神，积极稳妥地推进省属国有企业产权改革，建立健全现代企业制度，促进企业制度创新和管理创新。认真做好改制企业的清产核资、资产评估、财务审计等基础工作，严格按照财政部和省政府的有关规定办理资产处置。在保证国有资产评估价值客观真实的前提下，鼓励企业内部职工以各种形式出资购买企业产权，促进国有企业改制改组，实现企业产权主体多元化，建立和完善企业法人治理结构。依法妥善处理债权债务，防止变相逃债，悬空银行债务。

（三）促进省属重点行业体制改革

1. 按照省政府的统一部署，抓好省属电力体制改革。2001年，按照省政府的统一部署，及时完成省属电力企业厂网资产分开工作，在全国率先实现了电力企业厂网分

开，为发电企业竞价上网创造条件。各级财政积极深化广东电力体制改革，做好农电体制改革、农网改造、城乡用电同网同价的“两改一同价”和50个代管县供电企业改制工作，配合有关部门理顺南方电网公司、广电公司的管理体制；配合有关部门对电网企业进一步实行主、副业分开，促进供电体制输、配分离。

2．积极稳妥地推进省属煤炭企业关闭破产，确保社会经济稳定。省属煤炭行业是广东三大特困行业之一，由于大多数矿区煤炭资源枯竭，安全生产条件恶劣，经营亏损严重，历史积累的债务严重，职工生活非常困难。根据省政府关于从1998年起，对省属煤矿进行结构调整，使省属煤矿企业尽快摆脱困境的统一部署，省财政厅积极研究政策，按时启动煤矿关闭破产程序，及时安排补助资金，帮助关闭破产煤矿企业分流安置职工，解决省属煤矿企业离退休、特养等人员的医疗保险问题，保证煤矿企业关闭破产工作顺利进行，维护了社会稳定。1998～2004年财政补贴资金共计21.3亿元，共安置煤矿职工41 462人。

3．为扭转部分地区糖业连年亏损的局面，省财政厅根据全省糖业结构调整计划，积极参与对湛江等14个市、县43家糖厂的破产关闭工作，配合有关部门具体指导湛江市15家糖厂进行产权制度改革，及时拨付关闭糖厂补助资金，压减制糖日榨能力，使43家关闭糖厂的2 300多名职工得到妥善安置，扭转了部分地区糖业连年亏损的局面。至2004年年底，共计下拨资金4亿元，用以补助清欠农民的甘蔗款，妥善做好湛江国有糖厂拖欠农民甘蔗款的清理工作。

（四）认真推进国有劣势企业退出市场

2001年，省政府下发《关于加快省属国有劣势企业退出市场的试点意见》，决定用二至三年的时间，通过运用法律、经济和行政的手段，使400多户省属国有劣势企业规范有序退出市场。按照省委、省政府的统一部署，省财政加大了对劣势企业退出的支持力度，2001年和2002年，省财政每年分别安排3亿元专项资金，补助省属国有劣势企业退出的职工安置费用；2003年继续安排专项资金2亿元，用于劣势企业退出市场的扫尾工作。三年间，省财政共安排了劣势企业退出专项补贴资金8.11亿元，对省属18家资产经营公司和企业集团下属的320户企业实行关闭破产，使省属国有劣势企业退出工作顺利完成。经过三年的努力，省属国有经济结构调整效果明显，企业组织结构、资产结构、产业结构和产品结构不断优化升级，国有资产总体质量不断增强，经济效益指标逐步趋向好转。至2003年底，省级国有企业资产总额2 839.81亿元，负债总额1 606.05亿元，所有者权益1 003.46亿元；2003年度，省级国有企业利润总额106.5亿元，净利润52.66亿元，国有资产的整体实力逐渐增强。

（五）做好分离省属企业办社会职能工作，减轻企业负担

党的十五届四中全会明确指出，要分离企业办社会的职能，切实减轻国有企业的社会负担。为加快分离企业办社会的改革步伐，省财政厅积极参与国有企业办社会职能分离工作的政策研究、情况调查，促进广东分离企业办社会职能相关政策的出台。如，做好中石化分离办社会职能试点工作，顺利完成中石化在粤企业所办中小学移交地方政府管理；协助有关部门做好广州铁路集团分离办社会工作。按照规定鼓励有条件的企业利用非主业资产进行改制，多渠道安置分流富余人员，处置不良资产，促进了辅业分离改制。

（六）大力推动全省产权交易市场建设

为加快广东产权交易市场建设，规范产权交易行为，省财政厅将此项工作作为一项重要工作来抓，组织有关部门到江苏、山东、上海等省市考察，组织全省产权市场建设情况调研。2002年6月召开了全省产权交易市场建设工作会议，提出了全省产权交易市场建设规划，研究制定相关政策措施，促进省政府出台《关于国有集体资产进入产权交易市场规范产权交易行为的通知》，确定整合规范广州、深圳、珠海等中心城市的交易中心，整合组建各地产权交易机构，搭建全省产权交易市场架构的工作方案。省财政厅牵头召开了由省有关部门参加的产权交易市场建设座谈会，研究贯彻实施意见。同时加强对国有、集体产权进场交易的监督检查，规范产权交易行为，维护国有资产合法权益。拨付各地产权交易市场建设启动经费1 390万元，加快全省产权交易市场建设步伐。

（七）做好广东卷烟工业企业合并重组工作

广东是烟草消费大省，销大于产，现有烟草生产比较分散，难以形成有效的规模经营和有竞争力的品牌，卷烟工业企业结构调整和改革势在必行。经省政府十届50次常务会议同意，《广东卷烟工业企业合并重组总体方案》将广州卷烟二厂、韶关卷烟厂、梅州卷烟厂、湛江卷烟厂四家卷烟厂与广东中烟工业公司合并重组为一个企业法人单位，成为广东中烟工业公司的生产点。为了认真做好广东卷烟工业企业合并重组工作，省财政厅配合有关部门研究制定了《广东卷烟工业企业税收分配方案》，明确广东卷烟工业企业税收分配体制，对应由各市分享的卷烟工业所得税增量，采取“保存量，分增量”的分配办法，既维护了卷烟工业企业所在地的地方利益，又对扶持全省卷烟工业发展发挥了积极作用。

（八）积极参与国有资产管理体制改革

按照省政府机构改革精神，省财政厅积极参与全省国有资产管理体制改革的调研和方案的制定，结合广东省实际，提出国有资产监管体制改革的建议和意见，并积极参与和配合省经贸委做好省国资委的组建工作，选派精干人员援建省国资委，做好职能的移交和业务的交接，推动国有资产监管工作顺利开展。

二、支持工业交通、商贸流通行业的改革和发展

（一）认真研究支持企业改革与发展的财政政策和措施

四年间，省财政厅紧紧围绕省委、省政府中心工作，按照社会主义市场经济发展和公共财政的要求，积极研究支持企业改革与发展的财政政策和相关措施，调整和优化用于工业交通、商业流通、环境保护、粮食生产等行业的财政资金支出结构，运用有效的财政政策和措施，支持企业改革与发展，促进企业制度创新和管理创新，提高企业经济效益，培植稳固税源，确保财政收入的稳步增长，促进经济可持续发展。

（二）大力促进企业技术改造和技术创新

按照省委、省政府关于"走新型工业化道路"、"用高新技术和先进适用技术改造提高传统产业，大力推进装备制造业"的要求，省财政厅积极配合有关部门，发挥财政职能作用，运用九大产业竞争力研究成果，推进产业结构优化升级。一是落实支持企业技术改造和技术创新财政资金，加强项目计划管理，会同有关单位研究制定《省级财政支持技术改造项目招标投标试行办法》、《广东省重点技术创新项目招标投标管理办法》、《广东省高新产业化项目管理暂行办法》，对财政资金支持项目实现公开招标，完善项目管理制度。二是规范专家评估论证程序，增强财政资金使用的公开性和透明度，提高财政资金安排的科学性。2001～2004 年，省财政共安排企业挖潜改造资金 14.23亿元，促进企业技术改造和技术创新，支持支柱产业技术改造和关键领域核心技术重点突破，推动重大技术装备和重点领域技术创新，扶持企业技术中心建设，提升产业竞争力。

（三）加大科技三项费用投入，支持科技事业发展

为实施科教兴国战略，省财政厅发挥财政资金的引导作用，运用财政预算安排的科技三项费用，支持列入省科技计划，省属部门（环保、卫生、技监等）、省属企业以及市县产学研联合攻关，科研机构基础，共性技术，企业自主研发的项目，支持企业新产品试制、中间试验和重大科研项目，促进企业最新科技成果的及时转化。2001～2004 年共安排科技三项费用 10.46 亿元，扶持的范围涉及集成电路、生物技术、电子信息技术、纳米新材料、新能源、现代农业、山区资源开发利用等领域，有力地促进了广东科技事业的发展。

（四）大力发展现代服务业，提高企业竞争力

贯彻落实省委、省政府《关于大力发展现代流通业的意见》精神，用好省属流通龙头企业财政技改贴息资金，支持流通业的发展。省财政厅积极配合省有关部门做好开拓国内市场工作，2001～2004 年共安排开拓广货市场专项资金5 254万元，大力支持广东企业组团参加经贸合作洽谈会和博览会，全力保证举办泛珠三角区域经贸合作会、山区经贸合作洽谈会等资金需要，帮助企业开拓国内市场。积极筹集和整合现有资金，设立现代服务业发展引导专项资金，扶持和引导全省现代服务业的发展。贯彻国务院关于供销合作社财务挂账处理的有关规定，配合有关部门研究全省供销合作社系统企业改革与发展的相关政策和措施。

（五）研究草拟省属国有资本收益收缴管理规定，多渠道筹集财政资金支持企业发展

在组织对广州、佛山、肇庆等地国有资本收益收缴管理情况的调研的基础上，省财政厅会同有关部门研究制定了《广东省省属国有资产收益收缴管理暂行规定》，积极推动收益收缴规定的出台，研究相关的管理措施，加强省属国有资本收益收缴管理，多渠道筹集企业改革与发展资金，支持企业推进经济结构战略性调整和产业结构优化升级，发展和培育战略产业。

三、积极发挥财政职能，支持民营经济发展

为扶持民营经济发展，省政府决定从 2003 年起连续五年，省财政每年安排扶持中小企业专项资金 2 亿元，重点用于支持民营企业技术创新和技术改造、中小企业信用担保体系建设、中小企业服务体系建设、国家中小企业发展基金和科技型中小企业技术创新基金的配套等。省财政厅认真贯彻落实省委、省政府的决定，研究制定相关政策，发挥财政职能，大力促进和支持民营经济发展。一是清理和修改现行各种不利于民营经济发展的地方性政策法规，研究财税政策，促进民营企业制度创新和管理创新；二是加强中小企业发展专项资金的管理，支持民营企业技术改造和技术创新，重点扶持发展科技型、外向型、吸纳下岗职工就业型和农产品加工型四类民营企业；三是推进中小企业服务体系建设，逐步完善中小企业服务体系；四是推进中小企业担保体系建设，鼓励民营企业依法开展多种形式的互助性融资担保，使中小企业担保体系建设取得实质性进展，逐步解决中小企业融资困难的问题；五是配合有关部门办好第一届中小企业博览会，安排 782 万元支持中小企业博览会，帮助中小企业开拓市场；六是组织国家中小企业发展专项资金的申报工作，发挥财政资金的鼓励和引导作用，加快中小企业发展步伐。

四、加强环境保护工作，落实可持续发展战略

（一）建章立制，加强环保专项资金管理

根据财政专项资金管理的有关规定和广东的实际情况，省财政厅建立和完善环保专项资金管理制度，制定了《广东省环境保护专项资金使用管理办法》、《广东省水污染防治专项资金使用管理办法》、《广东省珠江流域水质保

护专项资金管理办法》等各项资金管理办法，对财政资金的使用范围、申报程序、项目管理、监督检查等作了明确规定，规范了专项资金的管理，提高资金使用效益，使财政资金的使用管理有章可循。

（二）做好各类环保专项资金的支出安排，加大环境污染治理力度

按照各项资金管理办法的规定，省财政厅联合有关部门加强对各市、县上报项目的审核，对申报材料和项目的可行性组织专家进行评审，确定需要扶持的项目，对资金使用进行事前把关工作。对已经安排环保专项资金的项目，认真做好财政资金的审核拨付工作，按预算、国库、政府采购等管理规定及项目进度情况，及时将资金落实到项目承担单位，确保财政资金专款专用；加强环保专项资金的事后跟踪检查，项目竣工时，由有关部门组织或委托有关机构进行项目竣工验收，提高资金使用效益。2001～2004年共安排省级环保资金10.23亿元，支持环保项目414项。

（三）认真贯彻落实排污费改革措施，加强排污费的征收管理

在做好排污费征收管理改革宣传工作的基础上，省财政厅结合广东实际，对国务院2003年颁布的《排污费征收使用管理条例》（以下简称《条例》）提出了贯彻意见，明确了全省排污费按属地原则征收；积极贯彻落实《条例》规定，联合有关部门对《条例》实施以来排污费征收管理改革情况进行跟踪检查和调查研究，摸清全省排污费的征缴情况，严格按规定抓好排污费征缴，认真做到应收尽收；要求各级财政部门要严格按照预算级次收缴入库，杜绝截留中央、省级收入的现象。严格按规定对排污费实行“收支两条线”管理，征收的排污费一律上缴财政，列入环保专项资金进行管理。全部专项用于环境污染防治，运用经济手段促进企业加大对污染的治理力度。2004年全省共征收排污费7.4亿元。

（四）积极参与环境规划的制定和实施，为环保事业发展出谋献策

2001年以后，省财政厅积极配合有关部门，以建设绿色广东为主线，以改善环境质量，维护人民群众环境权益，保障环境安全为根本出发点，积极参与环境保护政策措施的制定，参与《珠江三角洲环境保护规划纲要》、《广东省环境保护规划》等环境规划的编制和实施，配合环保部门开展《2003年广东省环境质量状况报告》、《珠江三角洲空气质量问题的报告》等重点环境问题的专题研究，办理省人大、省政协关于环保工作的建议、提案，对利用世界银行贷款建设珠江水环境自动监测及信息系统、环境管理能力建设资金的安排问题积极提出建议，为环保事业发展出谋献策。

五、认真做好财政粮食工作，确保粮食安全

（一）积极做好省级储备粮的管理工作

积极完善省级储备粮管理制度，对省级储备粮轮换实行竞价销售轮出、招投标补库等试点改革，推行省级储备粮承储库点招标工作；按国库集中支付制度改革要求，改革储备费拨付方式，2005年起省级储备粮有关费用从省级粮食风险基金专户直接拨付到承储单位账户，减少中间环节；配合有关部门做好新增储备任务落实工作，与有关部门联合下发新增地方粮食储备任务的通知，要求各地及时按规定增加地方储备，确保粮食安全；认真做好商粮专项基金的管理工作，按规定安排使用好省级粮食风险基金、主要副食品价格调节基金，做好省级储备粮的日常管理工作。2001～2004年，及时按规定审核拨付省级储备粮利息费用补贴6.5亿元。

（二）对种粮农民实行直接补贴，增加农民收入

2004年，根据党中央、国务院及省委、省政府关于对种粮农民实行直接补贴的决定，省财政厅研究制定了对种粮农民直接补贴的办法，对全省范围内直接从事种植水稻且年播种面积达到30亩以上的种粮农民给予直接补助，调动了农民种粮积极性，促进粮食生产和增加农民收入；在对直补工作情况进行调查了解的基础上，提出完善直补政策的意见报省政府批准，即适当扩大直补面，从2005年起补贴面积标准从播种面积30亩以上调整为20亩以上，使直补政策在对种粮大户倾斜的同时，让更多的种粮农民得到补贴；做好对种粮大户直接补贴的财政财务工作，规范资金申报和拨付管理，做到公开、公平、公正。

（三）积极参与粮食购销市场化改革，加快粮食企业改革进程

研究贯彻国务院和省政府关于深化粮食购销市场化改革的有关规定，配合有关部门制定《关于切实搞好国有粮食企业改革的意见》，加快国有粮食企业改革进程；结合现代企业制度的要求，与有关部门联合批复各市国有粮食企业改革总体方案，推进粮食购销市场化改革；做好粮食企业改革资金的测算工作，及时下拨省政府粮食企业改革资金5.6亿元，并对粮食企业改革资金制定了拨付、使用监督管理办法，保证专款专用；落实好粮食最低收购价的政策，配合粮食行政管理部门做好实施粮食最低收购价的各项前期准备及配套工作。

（四）汇审全省粮食系统新增财务挂账

按照国务院和省政府的要求，省财政厅积极配合审计部门对1998年6月1日至2003年6月的粮食财务挂账进行审计、清理和汇审，复审全省各市粮食系统1998年6月1日至2003年6月30日新增财务挂账审计结果，向省政府提出处理1998年6月至2003年6月粮食政策性财务挂账11.8亿元的意见。

六、加强财政专项资金管理，提高资金使用效率

严格按照财政专项资金管理办法的规定，规范项目的申报、审核，按照职责分工，与有关部门共同组织申报财政专项资金项目的招投标和专家评审工作，严格按照工作程序和要求，严格把好申报项目的审核关。按照规定办理资金的拨付和国库支付手续，加强对财政专项资金的监督检查，逐步建立项目定期报告制度，要求项目承担单位定期报告项目财政资金的使用情况、项目进展情况和存在问题；定期或不定期对项目进行检查，确保财政资金专款专用，提高财政资金使用效益。

七、积极参与财政改革，落实财政改革措施

配合厅业务处室积极推进部门预算改革，做好归口单位部门预算布置、编审和执行工作；贯彻落实综合预算管理政策，保证归口单位按时按质完成预算收支计划；配合做好国库集中支付制度改革、政府采购改革和“收支两条线”管理改革，按照要求规范预算收入和支出管理；配合做好分管单位的经费管理工作，管好归口的工交部门事业费、流通部门事业费、地质勘探费和教育事业费，保证各项工作的顺利开展。

（工贸发展处供稿，林树发执笔）

农业财政管理和农税征管工作概述

一、以促进农业增效、农民增收和农村经济社会发展为目标，不断加大各级财政对农业和农村的投入

根据《农业法》、《预算法》的规定和省委、省政府的部署，全省各级财政积极筹措资金，不断加大对农业和农村的投入，重点支持农业、农村基础设施、科技推广体系、防灾减灾体系、生态建设等公益性、准公益性建设项目，为全省农业和农村经济社会发展提供了强有力的支持。2001～2004年全省各级财政支农支出（7、8、9、28类）共373.37亿元（仅指财政一般预算支出部分，不含基金预算、预算外等支出，下同），比整个“九五”时期增加128.09亿元，增长52.22%。其中省级财政安排182.35亿元，占48.84%。全省支农的财政支出分年度看，2001年74.67亿元，2002年86.53亿元，2003年105.20亿元，2004年106.97亿元，年均递增12.73%，高于经常性财政收入的年均增长幅度。

1. 扶持农业基础设施及服务体系建设。重点支持全省中低产田改造、农业综合开发土地治理、土地开发整理、小型公益设施建设、渔港建设等农业农村基础建设，农业科技推广、农产品质量检测等社会服务体系建设，农业龙头企业、远洋渔业、海洋综合开发利用等农业产业化项目建设，人工鱼礁、渔民转产转业等农业环境保护议案的实施，以及防治禽流感、红火蚁、农业救灾复产等突发事件处置工作。有效地改善了全省农业生产条件，促进了农业持续、稳定发展。

2. 加强水利基础设施建设。重点加强江河整治、水库除险加固等重点水利工程项目建设，以及水利骨干工程、小型农田水利、农村饮水工程等建设项目。省财政按照省委、省政府关于实施“十项民心工程”的决定，努力筹措资金，确保解决农村饮水难、城乡水利防灾减灾工程建设的资金需要；市、县政府通过财政一般预算安排及多渠道筹集资金，进一步加大水利建设投入力度。有效地改善了农村水利基础设施，提高了全省防洪、抗旱能力，保障了人民群众生命财产安全。

3. 大力促进林业事业发展。重点支持了生态公益林效益补偿和建设、自然保护区建设、绿色通道建设、消灭宜林荒山等生态建设，以及林业防灾减灾、野生动植物保护等林业资源保护。有力地促进了林业工作重点从木材生产向生态建设与生态保护转变，为全省林业生态的可持续发展奠定良好的基础。

4. 大力扶持贫困地区脱贫致富。重点支持“大禹杯”竞赛活动、农村安居工程建设、革命老区群众搬迁安置、解决水库移民问题，扶持贫困村发展集体经济，补贴贫困村“两委”（村党支部、村委会）干部等。通过全省各级财政部门的努力，全省财政扶贫工作取得了明显的成效，农村基层政权进一步巩固，贫困地区生产、生活条件有了较大的改善，经济和社会各项事业取得了长足的发展。

二、以公平分配、安全有效运行为目标，努力加强财政支农专项资金管理

全省各级财政部门针对农口资金管理责任不清，存在挤占、挪用甚至截留、骗取财政支农资金等问题，逐步建立健全了各项管理制度，大力推进资金分配、支付方式等改革工作，努力保障资金运行安全、有效。

1. 大力加强制度建设。2001～2004年省财政厅修订完善、制定38项支农专项资金管理制度，如《关于加强省级财政支农专项资金分配的计划性和时效性有关规定的通知》、《广东省农业龙头企业项目贷款贴息资金管理办法》、《广东省生态公益林效益补偿资金管理办法》、《广东省继续解决小型水库安全隐患问题议案实施意见》等。市、县财政部门也根据省的要求制定了一系列管理制度，揭阳市制定了《揭阳市财政支农专项资金管理办法》，清远市制定了《清远市生态公益林效益补偿资金管理办法》，博罗县制定了《博罗县农业综合开发项目和资金管理实施细则》等。

2. 积极推进资金分配制度改革。根据公共财政的要求和公平、公正、公开的原则，积极探索按因素法、标准法分配财政支农专项资金，如解决农村饮水难省级补助资金按分类补助标准，实行人均补助办法，改变以往与工程

投资规模挂钩的分配办法，有效地解决了地区间人均补助标准差别大、欠缺公平的问题。市、县财政部门也积极探索按因素法、标准法分配资金，使财政支农专项资金分配更好地体现公平、公正、公开的原则。

3. 进一步调整优化支出结构。为了解决财政支农资金零散投向与公共财政要求不符等问题，全省各级财政部门进一步调整优化财政支农支出结构，逐步将财政支农重点调整到支持农业基础设施建设，支持农业科技推广、农民专业合作组织、动植物防疫等农业社会化服务体系建设，支持农业生态环境建设、农业防灾减灾以及扶贫开发等方面，逐步减少对竞争性领域和生产环节的投入。省财政厅2003年将林业二次创业专项资金调整为林业防灾减灾专项资金；湛江市财政局配合市农业经济结构调整，及时调整支农资金投向，重点支持治旱、节水农业、生态农业等方面。同时，省财政厅清理归并、整合财政支农资金，在2003年对9大类117项省级财政支农资金进行清理归并，2004年进一步加大了清理归并力度。广州市将40多项交叉重复、结构不尽合理的支农资金调整归并为10大项。

4. 坚决推进资金支付制度改革。为有效防止和遏制管理部门、项目单位骗取、截留、挤占、挪用专项资金的行为，全省各级财政部门积极推进财政支农专项资金实行国库集中支付或财政报账制改革。一是对水利等基建项目资金和部分土地开发整理项目资金实行国库集中支付；二是对不具备国库集中支付条件的财政支农资金实行财政报账制管理。

5. 强化资金使用的监督检查。全省各级财政部门积极采取措施，认真探索监督检查的有效方式，强化对资金使用的监督检查。一是将监督关口前置，加强项目资金事前、事中的审核，省财政厅会同有关市、县财政部门开展了土地异地开发项目、农业综合开发多种经营项目、农业龙头企业资格认定的事前检查和审核。二是引进社会监督机制，充分发挥群众监督的作用。农村饮水工程项目及资金管理实行“八公开”制度，将项目和资金管理全过程置于社会监督之下。三是定期或不定期组织对资金使用情况的检查，深入项目现场，核实项目资金运行情况，及时发现和纠正资金使用中的不规范行为。

三、坚持依法征税，进一步规范农业税收征管

2001～2004年，全省农业“四税”总收入240.46亿元，比整个“九五”时期农业“四税”总收入149.92亿元增加90.54亿元，增长60.39%。其中，2001年42.84亿元，2002年56.76亿元，2003年64.48亿元，2004年76.38亿元，年均递增21.26%。

2001～2004年全省农业税总收入达到26.58亿元，其中2001年为7.06亿元，2002年为8.02亿元，2003年为7.98亿元，2004年为3.52亿元；农业特产税总收入8.55亿元，其中2001年为3.33亿元，2002年为3.35亿元，2003年为1.38亿元，2004年为0.49亿元；耕地占用税总收入25.92亿元，其中2001年为4.16亿元，2002年为5.92亿元，2003年为6.60亿元，2004年为9.24亿元；契税总收入179.41亿元，其中2001年为28.29亿元，2002年为39.47亿元，2003年为48.52亿元，2004年为63.13亿元。2004年全省农业“四税”收入占全省一般预算收入1 418.51亿元的5.38%。

1. 积极稳妥推进农村税费改革工作。广东省2000年在兴宁、四会、徐闻三县进行试点，2002年7月扩大到珠江三角洲地区7个市。从2003年7月1日起，全省农村税费改革试点工作全面展开。全省各级农财、农税工作人员按照当地党委、政府的部署，积极参与、认真配合税改机构重点做好涉及农财、农税方面的工作。一是深入调查研究，认真细致测算，分析有关数据，积极提出相关意见和建议，为党委、政府决策出谋划策；二是按照省委、省政府《关于深化农业税改革的决定》的要求，会同有关部门制定具体实施方案，认真组织实施，确保农业税改革政策不折不扣落实到基层，落实到农户；三是紧密结合广东农村税费改革进程，认真研究和妥善处理税费改革中涉及农业税收征管方面的问题；四是认真做好农业税减免工作。2001～2004年全省共安排农业税减免资金2.86亿元，其中中央财政安排6 156万元，省财政安排18 176万元，市、县财政安排4 256万元，确保了改革的顺利推进。

2. 进一步加强和规范契税、耕地占用税征管。随着全省经济的进一步发展、房地产市场的持续升温和农村税费改革的不断深化，2003年起，全省各级农税征收机关将工作重心逐步转移到加强和规范契税、耕耕地占用税征收管理上来。一是2003年省财政厅及时召开了全省契税征管工作座谈会，研究和部署了契税征管工作；二是部分市、县积极创造条件，将契、耕两税改由财政部门直征。广州市本级及大部分区（市）在2003年底前实行了财政部门直征契、耕两税。湛江市从2002年起，在霞山、赤坎两个中心城区契税实行了财政部门直征；三是根据国家税务总局要求，省财政厅及时转发了国家税务总局《耕地占用税契税减免管理办法》，并提出了广东具体贯彻意见，规范契、耕两税减免行为；四是于2004年开展了全省契税征管质量检查；五是加强与国土资源和房地产管理部门的沟通协作。

3. 进一步改善农业税收征管条件。稳步推进农业税收征管信息化建设。全省各级农业税收征收机关按照省财政厅制订的《广东省农业税收信息化建设实施方案》，积极推进农业税收征管信息化建设，2002年以后，省财政厅安排乡镇财政信息化和农税信息化建设项目资金2.30亿元。全省共配置了信息化软、硬件设备1 401套，举办农业税收征管人员培训班46期，培训了2 300名操作人员。至2004年年底，县、镇两级已经完成了农业税收信息化的电脑配置、征管软件安装和农业税收基础数据的录入工作。此外，省财政2001～2004年还安排了5 944万元征收经费以及200辆征收车辆指标支持困难市、县改善农业税收征管条件。

（农业处供稿，肖映波执笔）

基本建设财政财务管理工作概述

一、贯彻落实中央积极财政政策，成效显著

2001～2004年，省财政厅抓住中央继续实施积极财政政策的机遇，结合广东经济建设的发展需要和财力状况，量力而行，积极配合省有关部门争取中央国债资金，有力地支持了全省的基础设施建设。2001～2004年，在国家发展和改革委员会、财政部的大力支持下，中央安排广东并通过省财政部门管理的国债资金累计达73.21亿元（含深圳市，不含中央单位在广东的直属项目），其中2001年为25.32亿元、2002年为24.67亿元、2003年为13.47亿元、2004年为9.75亿元。全省各级财政及有关部门认真执行国家政策，严格按照国家对国债项目的各项管理规定，在加强工程质量和国债资金使用的管理上狠下功夫，全面推行了工程监理制、合同制、招标投标制和项目法人责任制；严格制止项目建设单位擅自变更项目建设内容，扩大建设规模，无故拖延建设工期及挪用、截留国债资金等行为发生。

在国债资金的支持和带动下，全省基础设施建设得到了加强和完善，产生了较好的社会效益。

二、认真做好省政府“十项工程”财政投资的相关工作，各项财政投资工程建设进展顺利

（一）做好省政府“十项工程”财政投资的相关工作

2003年，省新一届省政府紧抓经济建设，努力推进经济发展，把抓好重点工程建设作为全面贯彻党的十六大和省委九届会议精神、全面建设小康社会、率先基本实现现代化的战略举措，并有针对性地提出抓好“十项工程”的统一部署。“十项工程”涵盖高速公路、能源、天然气、石化、汽车、城市快速交通、环保、高新技术、水利和文化等十个领域的工程建设。“十项工程”中属省财政全额投资或注入项目资本金的工程有高速公路、省博物馆新馆、省中山图书馆、中海壳牌南海石化、广播电视微波改造、珠三角轨道交通、广东科学中心、高等教育扩招、省政法信息网以及省“十五”期间省直粮库建设等十个项目，其中已明确需省财政投资的金额达131.92亿元。

为落实省委、省政府关于突出抓好“十项工程”的工作部署，省财政在通过加大政府投资力度的同时，采用财政贴息、政府出资本金等方式，加快工程进度，大力拓宽和培育民间和社会投资渠道，加快推动科技、文化、教育和交通等领域的基础设施建设，有效地促进全省国民经济持续、快速、健康、协调发展。

1. 结构优化，区域协调。“十项工程”建设，包括了一大批加强东西两翼、山区与珠三角经济联系的重点项目，京珠高速、广惠高速等交通项目的建成进一步加强了粤北、粤东地区与珠江三角洲的经济联系；粤赣、渝湛、龙梅、广梧等新辟高速公路出省通道的建设，将对推进“泛珠三角”的合作发挥重要作用；一批东西两翼和山区能源项目的建设将更有效地促进东西两翼和山区经济的发展。

2. 全面提升基础设施的现代化水平，进一步夯实广东经济社会发展的基础。“十项工程”中，交通能源项目最多，投资规模最大。2004年，全省成功实现所有市通高速公路，形成了以广州为中心，连接全省各市和周边省区，四通八达的高速公路网。

（二）进一步加强省级基本建设财政性资金管理

1. 不断完善省级基本建设财政性资金集中支付制度。2000年，经省政府批准，省级基本建设项目率先实行了财政性基本建设资金集中支付制度。为及时拨付工程款，加快拨款的审核进度，2004年，省财政厅又研究制定了《集中支付拨款审核补充规定》，完善和规范了集中支付的审核行为，缩短了工程款的支付时间，提高了工作效率。

2. 配合有关部门研究实施“禁毒03工程”戒毒场所建设，管好用好专项补助资金。根据省委、省政府关于开展“禁毒03工程”的统一部署，2003年省财政厅与省公安厅研究制定并联合印发《广东省强制戒毒所增容扩建工作实施方案》，确定下拨资金的基本原则和要求。2004年省财政厅会同省公安厅陆续对14个经济欠发达市的公安强制戒毒所工程进展及地方配套资金落实情况进行核实，并对符合省财政补助建设资金条件规定的公安强制戒毒所下达了补助资金。由于省财政厅对此项工作抓得紧，管得实，荣获全省“禁毒03工程”先进集体称号。

3. 加强专项资金的规范管理。按照公共财政的要求，对省财政支持地方项目的专项资金制定规范的管理办法，切实按照公平、公正、公开的原则，把专项资金用好、管好。对“禁毒03工程”公安强制戒毒场所建设资金、中心镇规划专项补助资金、山区信息化项目建设资金、政法信息网补助资金、检察院两房建设补助资金、高速公路建设专项资本金等，均先建立制度，后组织实施，极力争取财政资金投资效益的最大化。

4. 指导和帮助地方积极争取中央财政资金支持地方国家级高新技术开发区的基础设施建设。根据财政部的要求，布置和整理地方上报申请中央基本建设贷款财政贴息资金补助材料，切实帮助地方减轻财政债务负担，2003年和2004年共获得中央安排广东国家级高新技术开发区的基本建设贷款财政贴息资金4 120万元。

5. 充分利用专业机构的优势，做好项目立项的审查把关工作。针对目前政府投资项目投资大、涉及面广的情况，经济建设处以求真务实的态度，委托省财政厅投资审核中心对省消防总队特勤大队基地项目、省电子政务网络平台扩建项目、党政内网信息安全保障支撑平台、松园宾馆一号工程、省委党校公务员培训大楼等申请立项的项目可行性和投资估算进行审查评估，有理有据地提出可行意见供领导参考，并对汕头港口公益性基础设施建设的历史

遗留债务进行了审查。

6. 认真做好清理政府投资项目拖欠工程款的有关工作。一是按照省政府关于清理政府投资项目拖欠工程款工作方案和职责分工要求，对全省财政部门如何抓好解决建筑领域政府投资项目拖欠工程款问题提出具体工作要求。二是认真贯彻全国清理拖欠工程款电视电话会议精神，加大参与清欠工作力度，积极参加全省拖欠工程款清理检查工作，并对省直机关政府投资项目拖欠工程款情况进行调查摸底。三是积极配合有关部门，研究提出财政部门对清理政府拖欠工程款的处理意见和建议。

三、建立和完善基本建设财政财务管理制度，创新财政基建资金管理模式

（一）改革和完善基建资金拨付方式

针对传统基建资金拨付方式中间环节多、滞留时间长、沉淀额度大、资金使用效率不高等种种弊端，为规范省级财政性资金投资项目管理，减少拨付环节，加大财政监管力度，控制政府投资工程造价，提高财政资金的使用效益，2000年省政府印发了《省级基本建设项目财政性资金集中支付暂行办法》的通知，在全国率先实施较为彻底的基建资金集中支付制度改革。具体内容包括财政预算内基本建设资金、财政预算内其他各项支出中用于基本建设项目的资金、纳入财政支出管理的专项基金中用于基本建设项目的资金、财政预算外资金用于基本建设项目的资金以及其他财政性基本建设资金等都纳入了集中支付范围，属建筑安装工程投资的资金按进度直接拨付到施工单位，属设备投资的拨付给供货商，属待摊投资的拨给建设单位。

基建拨款集中支付制度的实行，杜绝了财政资金沉淀、滞留和挪用现象的发生，有力推动和加快了财政国库集中支付制度的改革，得到上级部门的充分肯定。

（二）建立和规范项目财务总监制度

“九运会”场馆建设试行派驻财务总监的成功经验和取得的显著效果引起省政府的高度重视，省政府很快地开展省级财务总监管理制度的建章立制工作。2001年省政府办公厅印发了《广东省省级财政性资金投资基本建设重点项目财务总监管理暂行办法》的通知，对财务总监应具备的条件作了规定，并明确了项目财务总监的具体职责：参加建设项目有关会议，自始至终对基建项目投资实行全过程监督；对建设单位负责人和财会人员在项目建设过程中执行政策、基本建设管理制度、财经纪律和法规情况进行监督；帮助建设单位建立和完善建设项目的内部财务管理制度，对建设项目财务会计资料的真实性、合法性进行审核和监督；监督建设项目预算变动的设计变更；监督建设项目的标底制定和招投标执行；监督建设项目建设工程合同有关拨款、结算等财务条款的签订和执行；监督建设项目的概算、预算执行情况，竣工决算的初步审核；监督建设项目资金使用情况；省财政主管部门授予的其他职权。该办法的出台，标志着省级重点项目派驻财务总监工作形成制度化和规范化。

（三）探索和推行政府投资工程“代建制”办法

为避免建设单位从部门利益出发，片面争上项目、超规模建设的情况，全省一些地方相继开展了政府投资工程实施方式的改革，对政府投资项目实行了“代建制”，即“交钥匙”工程。但现行的计划、预算、财务管理制度、会计核算等不适应政府投资工程管理方式改革和资金支付方式改革的要求。为深入了解“代建制”改革的丰富内涵，及时掌握各地进行改革第一手实践经验，研究解决现行制度与“代建制”改革不衔接、不配套的问题，为上级部门及领导决策提供依据，2003年省财政厅就有关问题在全省范围内展开了一次全面和系统的调研，并对珠海、中山和东莞等市进行实地调查，形成调研报告上报财政部，系统详尽地向上级汇报反映广东个别地方政府投资项目推行“代建制”管理的基本情况、实践经验，以及财务操作上有待解决的问题。

2004年省委常委会议决定，从2005年起，省属行政公益性基建项目推行“代建制”改革。2004年底，省发展和改革委员会（下简称省发改委）会同省财政厅、省监察厅等有关部门起草了《广东省省属行政公益性基建项目代建管理办法（试行）》，该办法着重建立“代建制”项目实行“建、管、用”即事权、财权与使用权相分离，努力开创新的政府投资工程建设管理模式，进一步明晰各职能部门的权、责、利，理顺了各部门的关系，着力于建立各部门在工程管理执行过程中的相互监督机制。

四、建立和完善基建项目投资决策、审批程序以及责任追究等制度，强化对重大工程项目的全过程财务监管

（一）规范财政投资项目审批程序

按照公共财政的要求，为提高政府投资项目决策的科学化、民主化水平，规范政府投资项目财政财务管理行为，2001年省财政厅积极配合省有关部门研究制定了《广东省省级财政性资金投资民用建筑项目管理暂行办法》，并由省政府办公厅印发执行。该办法将省级财政投资的办公用房、业务用房、技术用房、集体宿舍、培训用房、招待用房，文化、教育、科研、医疗、体育等公共设施以及相关的配套设施，大中型基础设施建设或生产性项目的配套服务设施等民用建筑项目均纳入管理审批范围。

该办法明确项目建议书审批、可行性研究报告审批、初步设计审查、概算审批、施工图设计审查等各环节的审批程序。

该办法还规定：“省财政投资项目的确定，由建设单位或由行业主管部门提出项目建议书和使用省级财政基本建设资金建议方案报省发展改革委，由省发展改革委会同省财政厅审查后报省人民政府审定，按基本建设程序办理项目建议书审批手续。”此外，办法对项目概算控制和预

算结算审核、项目计划及资金管理、各部门的监督管理职责和责任以及相应的奖惩措施等也都作了明确的规定。

上述办法的出台，使得省级财政性资金投资项目管理走上制度化、规范化的轨道，形成了一套分工明确、互相制衡的省级财政投资基建项目的审批、决策程序以及责任追究机制，在规范省级财政性资金投资项目管理、有效地发挥财政投资的作用、控制工程造价、提高投资效益等方面发挥了积极作用。

（二）强化对重大工程项目的全过程财务监管

2003年9月26日，省委常委会议决定，为确保省财政拨款兴建的重大工程项目资金的专款专用和经费节约，确保工程质量，确保廉洁，对省财政拨款兴建的重大工程项目要从立项开始到工程建成，均全程实行由省财政厅负责财务监督、省审计厅负责项目审计的办法，要求省财政厅提出具体的加强财务监督的实施意见。根据省委常委会议决定及有关法律法规精神，省财政厅起草了《关于加强省财政性资金建设的重大工程项目财务监督的实施意见》（下称《实施意见》）及其说明，并根据省委、省政府的审查意见反复征求省直有关部门的意见。2004年9月30日，省财政厅将最终修改形成的《实施意见》（送审稿）及其说明上报省委、省政府审核。《实施意见》将进一步确立和提高省财政厅在财政投资重大建设项目中对立项审批、组织实施和竣工验收全过程中的管理职能和监督作用，确保省财政厅能够从源头上加大对建设资金的管理和监控力度，保证建设资金安全、有效使用。

（经济建设处供稿，陈周华执笔）

社会保障财务管理工作概述

2001～2004年，省财政厅社会保障工作围绕各个时期省委、省政府关于社会保障工作的各项部署，充分发挥财政职能，积极主动参与全省社会保障体系的建设和社会保障制度改革，认真做好各项工作，为全省的社会稳定，促进全面建设小康社会作出了积极的贡献。全省财政社会保障资金从2001年的156.41亿元，占当年财政一般预算支出的11.84%，增加到2004年的244.77亿元，占当年财政一般预算支出的13.20%，增加88.36亿元，年均递增16.10%，占当年财政一般预算支出的比重提高1.36个百分点。

一、做好国有企业下岗职工基本生活保障和“三条保障线”的衔接工作，积极促进再就业

按照中共中央、国务院切实做好国有企业下岗职工基本生活保障和再就业工作的要求，全省各级财政部门积极主动地配合有关部门做好这项工作，认真贯彻国务院、省政府要求的“三三制”（即财政预算安排三分之一，企业负担三分之一，社会筹集三分之一）筹资原则，调整财政支出结构，千方百计筹措国有企业下岗职工基本生活保障和再就业资金，较好地解决了国有企业下岗职工的基本生活保障，有力地支持广东国有企业改革的顺利开展。1998～2002年，全省共筹集国有企业下岗职工基本生活保障资金30.02亿元，其中财政安排资金19.03亿元，占63.39%。为加强资金管理，省财政厅制定了《广东省国有企业下岗职工基本生活保障和再就业资金管理暂行办法》、《省级财政拨付地方国有企业下岗职工基本生活保障补助费管理暂行办法》等一系列资金管理办法，并进行监督检查，保证资金专款专用。

各级财政采取各种优惠政策，增加资金投入，支持促进就业和再就业。一是加大对再就业专项资金的投入。2003～2004年全省各级财政安排再就业补助资金18.82亿元。省财政厅制定了《广东省促进再就业省财政补助资金管理暂行办法》、《广东省失业人员职业介绍和职业培训补贴申请和拨付办法》两个规范性文件，并向社会公布了监督举报电话，使再就业资金的使用情况置于社会公众的监督之下。二是2001～2002年省财政安排专项资金3 000万元，支持农村劳动力预备制和劳动力开发、培训、输出工作。三是2003～2004年全省各级财政安排劳动力市场建设资金1.8亿元。全省已有21个市和75个县实现了与省的劳动力市场信息联网。四是2002～2007年省财政安排2.1亿元，资助20 000名农村人均年收入1 500元以下困难家庭子女接受中等技工教育，以达到“培养一人，输出一人，脱贫一户”的目标。

积极支持“三条保障线”的衔接工作，保护劳动者的合法权益和维护广东社会稳定。为促进国企下岗职工向失业顺利并轨，2001～2004年省财政共安排经济补偿金9.24亿元，主要用于帮助困难地区解决国有企业与下岗职工解除劳动关系经济补偿金的问题。为了规范省财政补助贫困地区专项资金的分配，省财政厅制定了《广东省国有企业下岗职工解除劳动关系经济补偿金财政转移支付分配方案》，印发了《广东省省属国有企业下岗职工解除劳动关系经济补偿金省级财政补助资金管理办法》。全省共有26.69万名在中心的下岗职工与企业解除劳动关系，并领取了经济补偿金，全省下岗职工出再就业中心工作已完成。

二、支持公共卫生事业发展，做好“非典”防治经费保障

按照公共财政的要求，省财政厅认真调整财政支出结构，逐年增加卫生投入。全省财政卫生经费支出从2001年的53.99亿元上升到2004年的72.74亿元，年均递增10.45%，达到省委、省政府不低于8%的要求，并重点向农村倾斜。

按照省委、省政府“十项民心工程”和广东公共卫生体系建设的规划，省财政调整财政支出结构和卫生经费支出结构，大力支持农村卫生建设和公共卫生设施建设，筹措了15亿元公共卫生设施建设专项资金。2004年，省财政继续加大公共卫生建设财政支出，安排贫困地区市县疾

病预防控制中心建设专项资金指标4.65亿元，继续安排经济欠发达地区县级突发公共卫生事件医疗救治体系的建设，每县给于80万元专项补助，2003～2004年合计安排8 360万元，并落实经济欠发达地区卫生监督体系建设专项资金3 994万元，其中15个市每市安排200万元、71个县每县配备一部业务车辆合计994万元。安排2 000万元职业病防治专项经费，从2002年起省财政连续三年共计安排职业病防治专项经费6 000万元。2004年安排3 594万元专项经费，落实广东实施的对艾滋病感染者“四免一关怀”举措，加强全省艾滋病防治工作。积极实施省委、省政府“十项民心工程”，在2004年多方筹措资金9 000万元改造乡镇卫生院，其中安排中心乡镇100所卫生院5 000万元，连同2003年安排的100所5 000万元合计1亿元，完成200所中心乡镇卫生院的改造；安排4 000万元用于经济欠发达地区一般乡镇卫生院（即薄弱卫生院）的改造。继续安排2 300万元完成对其余46所县级妇幼保健院的改造建设，至2004年底基本完成全省经济欠发达地区66所县级妇幼保健院的改造建设。另外，安排农村中医卫生专项资金2 080万元，加强中医适宜技术应用及专科建设，促进农村中心卫生院中医科和中药房建设，重点扶持有一定条件的中医医院基础建设和装备重点医疗设备，促进了全省农村中医卫生事业的发展。安排1 000万元专项经费，加大对农村卫生改水改厕的投入。根据全省药监系统上划经费偏低以及业务用房紧张的实际情况，2004年对其行政、事业上划系统经费分别提高5 000元，并筹措1亿元资金解决了省级药监系统业务用房问题。

2003年上半年，广东遭遇了一场突如其来的“非典”疫病灾害。迅速制止“非典”疫情的蔓延，有效救治患病群众，直接关系到广大人民群众的身体健康和生命安全，关系到改革发展稳定的大局。“非典”疫情发生后，全省各级财政部门将抗击“非典”作为最重要的政治任务和业务工作，迅速拟定“非典”防治经费保障工作预案，及时制定防治经费保障政策，实现政策保障、资金安排、措施落实三到位。根据“急事急办”、“特事特办”的原则，及时下达各项“非典”防治经费预算，迅速拨付防治经费，并积极加强“非典”防治资金的管理，将民政、卫生等部门接受的社会捐赠资金纳入财政专户管理，加强对资金使用情况的监督检查。省财政厅建立了报送“非典”防治经费统计日报表，定期向财政部、省委、省政府、“防非”指挥部汇报经费保障的有关情况。截至2003年7月31日止，全省各级政府共筹集“非典”防治资金23.68亿元，其中省财政安排资金6.5亿元。“非典”防治经费的及时安排和拨付，保证了“非典”防治工作的顺利进行，为迅速遏制疫情蔓延，取得抗击“非典”的胜利，保障全省人民群众的身体健康和生命安全发挥了积极的作用。

三、推进新型农村合作医疗制度的建立

根据省人大通过的省政府《关于建立和完善农村合作医疗保障制度议案的办理方案报告》，广东新型农村合作医疗制度从2002年开始实施，省委、省政府把建立新型农村合作医疗制度列入“十项民心工程”，极大地推动了全省农村合作医疗工作的开展。各级财政部门积极落实合作医疗引导资金，2002～2004年，全省共筹集农村合作医疗资金（含救助资金，下同）18.1亿元，其中省财政安排补助资金3.18亿元，地方各级财政安排4.37亿元，农民个人（含村集体）出资10.09亿元。2004年，按照东西两翼和粤北山区参加农村合作医疗农民人均10元的标准，省财政落实扶持资金共1.59亿元。截至2004年底，全省有116个县（市、区）全面铺开建立农村合作医疗制度工作，有1 271个乡镇建立了农村合作医疗制度，参加农村合作医疗人口达到了1 949万人，占全省农村总人口的38%。

2004年，省财政厅对2003年省财政补助资金和市、县、镇三级财政扶持农村合作医疗资金情况进行了调研，并向省政府报送了《关于新型农村合作医疗筹资机制有关问题的请示》，提出市、县、镇三级财政2004年安排农村合作医疗补助资金不低于人均6元，2005年不低于人均8元，2006年达到不低于人均10元的标准的建议，经省政府批准执行。

四、促进社保费征缴体制改革，扩大社保覆盖面

省财政厅根据省政府关于社会保险扩面征收各阶段的工作重点，积极支持、配合有关部门开展工作。为了配合地税部门征收社会保险费，省财政厅报省政府批准下发《广东省地方税务机关征收社会保险费有关经费问题暂行规定的通知》，为地税部门征收社会保险费提供了经费保证，促进了扩面征收工作的开展。同时，经省政府同意，省财政厅还制定了《广东省社会保险经办机构扩面征收奖励暂行规定》，对当年完成省委、省政府扩面征收任务的部门，由当地财政部门按当年社保基金增收额的一定比例安排专项奖励经费，调动了社会保险经办机构扩面征收工作的积极性。

2001～2004年全省五项社会保险基金收入合计1 583.92亿元、支出合计1 048.58亿元、滚存结余779.90亿元，其中企业职工养老保险基金收入1 095.03亿元、支出768.13亿元、滚存结余505.24亿元。至2004年底，全省养老参保人数达到1 222.56万人，比2001年底增加174.52万人，增长16.65%；失业保险参保人数达1 014.04万人，比2001年底增加206.68万人，增长25.60%。

五、积极支持社会保险制度改革

2001年以后，省财政不断调整支出结构，加大对社会保险基金补助的投入，确保企业离退休人员基本养老金按时足额发放。截至2004年底，全省共安排补助资金15.03亿元，其中中央财政安排1.14亿元；省级财政安排13.89亿元。一是从2001年开始，省财政每年安排1亿元资金

用于补助省级养老保险个人账户做实储备金，增强了基金抗风险能力。二是从2002年度起每年由省财政安排8 000万元，专项用于14个经济欠发达的市提高基本养老金发放标准后造成的基金增支缺口补助，确保了困难地区企业离退休人员基本养老金按时足额发放。三是妥善解决华侨农场改革中存在的职工养老保险纳入地方统筹难的问题，2002～2004年省财政专项安排补助资金3.95亿元，对贫困地区17个华侨农场职工养老保险纳入地方统筹一次性补缴统筹金，以及纳入地方统筹后基金每年的收支缺口按比例给予补助，将贫困地区17个华侨农场5.77万名职工及离退休人员养老保险纳入了地方统筹。四是妥善解决了贫困地区农垦企业11.8万职工及离退休人员养老保险纳入地方统筹，2003～2004年，省财政专项安排补助资金10 132万元，确保了农垦企业离退休人员养老金按时足额发放。五是妥善解决全省企业离休干部养老金与机关事业单位离休人员离休费待遇差问题，2002～2004年省财政专项安排补助资金1.52亿元，为省属企业3 400多名离休干部增发三次生活补贴，离休干部待遇月人均提高1 508元。六是解决企业部分早期退休人员生活待遇偏低问题，从2003年起省财政每年安排5 000万元专项资金，提高省属企业部分早期退休人员生活待遇，共解决1.2万人生活待遇偏低问题，养老金月人均待遇提高98元。

按照八届全国人大通过的国民经济和社会发展"九五"计划中建立城镇社会统筹医疗基金和个人账户相结合的医疗保险制度的要求，社会保障处积极推行试点改革，扩大试点改革以至部署全面实施，至2004年12月止，全省21个市实施了职工医疗保险改革，参保人数达868万人。

六、认真解决困难群众生产生活困难

为促进全省城乡居(村)民最低生活保障制度规范化，社会保障处主动参与建立和完善全省城乡居(村)民最低生活保障制度工作。至1998年，全省已建立了覆盖所有城镇和农村的最低生活保障制度。1998～2004年全省各级财政合计安排低保资金23.18亿元，其中省财政安排低保资金9.70亿元，占同期全省全部低保资金支出数的41.85%。为规范低保资金的分配，省财政厅制定了《广东省最低生活保障资金财政转移支付分配方案》，并在全省推广低保金实行银行或邮政社会化发放办法，对支持各地建立和完善最低生活保障制度，促进应保尽保，解决困难人群的最低生活保障起了重要作用。1998～2004年全省共解决了422.73万人次的最低生活保障问题，体现了党和政府对社会弱势群体的关怀，为维护社会和政治的稳定作出了贡献。

提高重点优抚对象生活和医疗补贴标准。根据省委、省政府决定，从2002年起，省财政每年安排1亿元用于补助贫困地区提高重点优抚对象生活和医疗补贴标准，其中烈士家属每人每月提高30元，在乡革命伤残军人生活补贴每人每月提高30元，在乡老复员军人（含抗美援朝老战士)、带病回乡退伍军人定期补助每人每月提高50元。2004年，省财政继续安排提高重点抚恤对象生活补助1亿元，并增加安排带病回乡退伍军人生活和医疗补助资金1 172万元，解决困难地区14.3万重点抚恤对象生活和医疗困难。

大力支持残疾人事业发展。各级财政部门按照广东省残疾人事业发展五年计划纲要要求，积极筹措资金，保障残疾人事业发展所需经费。"十五"期间前四年，各级财政安排6.62亿元，比"九五"时期增长117.82%；同期实际支出11.24亿元，比"九五"时期增长190.95%。省财政厅和省残联制定《关于进一步加强残疾人康复工作落实康复经费意见的通知》，要求各级财政必须将残疾人康复经费列入当地财政预算，提供经费保障。"十五"期间前四年，全省各级财政安排残疾人康复经费6 744万元，比"九五"时期增长202.96%；同期实际支出8 580万元，比"九五"期间增长251.21%。

七、认真做好行政机关离退休人员离退休经费管理工作

根据省政府的要求，从2000年起，省直行政机关财政供养人员个人工资实行由国库集中支付，社会保障处一方面积极配合厅有关部门做好各项准备工作，认真处理新旧制度衔接的各种问题，做好日常的管理工作，保证离退休人员离退休经费的统发工作顺利进行；另一方面，深入到15个市及县布置、指导试点地区开展离退休人员离退休经费统发工作。至2003年底，省直行政、公检法、事业单位离退休经费纳入统发的有176个单位，统发人员18 839人；21个市实行银行统发离退休经费，统发单位23 828个，统发人员364 144人。

2004年针对省直核拨核补事业单位离退休经费缺口越来越大，很多单位无法解决离退休经费单位自负部分的实际情况，以及省直事业单位增加财政拨款提高离退休经费标准的要求，经过测算，省财政厅向省政府提出安排经费6 540万元解决省直核拨核补事业单位离休人员离休费与行政机关拉平，省直非驻穗核拨核补事业单位离休人员离休费参照驻地标准，与驻地市行政机关离休待遇拉平的建议，并获批准从2005年起实施。共可解决2 360名离休人员离休经费缺口，其中非驻穗离休人员315人。

八、加强调查研究，健全财务制度

2001～2004年期间，各级财政对亟须解决的社会保障问题积极开展深入的调查研究工作，在全省范围内集思广议，为全省社保工作提出积极的建议和改革的思路。2001年社会保障处与《广东财政》杂志社联合编辑"广东财政社会保障专刊"一期；2002年在全省范围内开展"社保杯"财政征文大赛，并出版《广东财政社保征文大赛获奖优秀论文集》；另外还完成了《社会保障筹资机制研究》课题工作，先后获得2002～2003年广东省财政科研课题评比二等奖，全省优秀财政理论研究成果一等奖；2003年

参加财政部社保司组织的关于政府在卫生领域职责的课题研究工作，并完成分课题《关于政府在医疗服务领域职责及相关经济政策研究》报告；2004年完成《低收入群体社会保障理论研究》课题工作，获2003～2004年广东省财政科研课题评比二等奖；此外，还结合各时期社会保障中心工作，在《广东财政》推出"城镇医疗保险改革"、"关注社会弱势群体"等专栏，与省劳动和社会保障厅联合开展养老保险精算研究。这一系列的调研工作和研究成果，有力地推动全省财政社会保障工作的开展。

几年来，省财政社会保障工作建立并完善了一系列的管理制度，依法行政，依法理财的水平得到提高。一是逐步规范社会保障支出财政转移支付专项补助管理办法。从2001年开始研究完善省财政对贫困地区社会保障支出财政转移支付专项补助管理办法，按照公式法、因素法的原理，根据公开、公正、公平的原则，制定颁发了《广东省最低生活保障资金财政转移支付分配方案》和《广东省国有企业下岗职工解除劳动关系经济补偿金财政转移支付分配方案》两项制度，规范了财政社会保障支出补助办法。2002年开始建立省财政对部分贫困地区企业离休干部医药费财政专项转移支付办法，规范省财政对部分贫困地区企业离休干部医药费资金分配行为，积极建立离休干部医疗费财政支持机制，较好地解决企业离休干部的后顾之忧。二是建立专项资金管理制度。结合实际工作，制定一系列社会保障财务、资金管理办法，规范大额专项资金的分配。主要有《广东省国有企业下岗职工解除劳动关系经济补偿金财政转移支付分配方案》、《广东省药品监督管理系统经费管理暂行办法》、《广东省省属国有企业下岗职工解除劳动关系经济补偿金省级财政补助管理暂行办法》、《关于促进下岗失业人员再就业资金管理有关问题的通知》、《广东省技工学校智力扶贫资金管理办法》、《广东省促进再就业省财政补助资金管理暂行办法》、《下岗失业人员小额担保贷款管理办法》、《广东省省级劳动力市场供求信息补助资金管理暂行办法》、《广东省卫生专项资金管理办法》、《广东省农村合作医疗资金财务管理暂行办法》等制度。三是建立和完善全省财政社保系统数据分析制度。为及时、准确反映财政社会保障管理的状况、全面分析社会保障预算执行情况，在经过反复的调查研究的基础上，制定了《广东省财政社保系统数据分析制度》，同时，在实施的过程中，根据各地反映的情况，不断进行修改完善，使全省社会保障支出情况的全面分析取得了较好的效果。

（社会保障处供稿，黄林水执笔）

外经金融财务管理工作概述

一、认真抓好外经金融口各项财政非税收入，规范各项财政资金管理

2001～2004年，省财政共组织外经金融口各项财政非税收入21.07亿元，其中2004年收入4.74亿元，另有2.7亿元境外收入结转2005年上缴，每年所组织的收入均超额完成当年收入任务。

1. 认真做好粤港直通车指标费收支管理工作。参与制定省政府《直通港澳运输车辆管理办法》，及时向省政府汇报工作中存在的问题和建议，认真清理和追收欠缴的粤港直通车指标费，规范粤港直通车指标费收缴管理工作，营造公平的粤港运输环境。根据省政府《关于粤港直通（出境）货运车辆缴纳指标有偿使用费问题的复函》精神，从2004年起，对出境车辆也按规定征收粤港直通车指标费。2004年全省粤港直通车指标费收入比2003年增长18.47%，完成年度收入计划的116%。根据省政府批示，2001～2004年省财政从粤港直通车指标费收入中安排口岸建设资金6.33亿元，其中2001年1.51亿元，2002年1.44亿元，2003年1.62亿元，2004年1.76亿元，有力地支持了全省各地改善口岸配套设施建设。

2. 积极做好组织省属外商投资企业场地使用费和代征省管中央级外商投资企业场地使用费入库工作。2001～2004年共组织省属和省管中央级外商投资企业场地使用费入库5 179万元，其中2001年941万元，2002年1 479万元，2003年1 279万元，2004年1 480万元。同时做好外商投资企业所得税入库级次的确认和监缴工作，确保外商投资企业所得税及时足额上缴国库，及时纠正混库、窜库现象。

3. 做好境外企业收入和国有企业转让收入的收缴工作。按照财政资金规范管理的要求，将有关资金账户移交国库处管理。

4. 不断规范外经金融口各项财政资金的管理。一是制定并完善科技兴贸、出口信用保险等一系列扶持外贸发展的资金管理办法，促进外贸出口增长方式的转变；二是制定《广东省旅游景点建设专项资金管理办法》、《广东省旅游扶贫专项资金管理办法》，注重对旅游景点基础设施等公共性支出的投入，重点向东西两翼和粤北山区等经济欠发达地区倾斜，并以此为切入点，调动地方引导内外资发展旅游业的积极性；三是制定《广东省外商投资环境建设补助资金管理办法》，优化外商投资环境，促进提高吸收外资的质量水平；四是及时核拨资金，防范和化解金融风险；五是做好外经金融口财政周转金呆账核销审核工作，重新审核周转金呆账核销材料，对超过20万元的呆账核销材料委托会计师事务所审核。

二、贯彻落实国务院出口退税负担机制改革精神，落实扶持外贸的各项政策，积极鼓励扩大外贸出口

1. 根据2003年10月国务院《关于改革现行出口退税机制的决定》的文件精神，从2004年起，按照"新账不欠、老账要还、完善机制、共同负担、推动改革、促进发展"的原则，在全国实施出口退税负担机制改革，建立中央和地方财政共同负担出口退税的新机制：属于出口退税

基数部分的退税额，由中央财政负担；超基数部分的退税额，由中央和地方按 75:25 的比例分别负担。广东省财政厅及时参与提出贯彻意见，并根据广东的实际情况进一步做好贯彻落实工作，推动全省外贸发展。

2. 按照国务院出口退税负担机制改革方案和省的贯彻意见，认真做好出口退税财政负担分析研究和测算工作。一是与省国税局、省外经贸厅、人民银行建立出口退税联系工作制度，做到事前互通信息，事后通报执行情况；二是就部分市、县退税负担过重以及外购产品出口退税问题开展调研工作，提出政策建议；三是协助做好全省外贸出口、出口退税基数测算等有关基础数据及材料的提供工作。

3. 为贯彻落实国务院出口退税负担机制改革精神，解决粤北山区和东西两翼 13 市 4 县承担出口退税超基数负担过重的问题，根据省政府决定，2004 年省财政安排资金 8.5 亿元，制定并实施“以奖代补”政策及有关外贸扶持办法。

4. 根据中央和省有关文件精神，认真做好有关外贸扶持政策的贯彻落实工作。2001～2004 年共安排中央和省外贸扶持资金 22.07 亿元，其中中央外贸扶持资金 13.81 亿元（其中 2004 年 5 300 万元）；省级外贸扶持资金 8.39 亿元（其中 2004 年 4.74 亿元）。

改进中小企业国际市场开拓资金的有关工作程序，做好该项资金的审核拨付工作。中小企业国际市场开拓资金用于支持年出口额在 1 500 万美元以下的中小企业和为中小企业服务的企业、社会团体、事业单位组织中小企业开拓国际市场的活动。针对以往申报手续繁琐、资金使用率低等问题，广东从 2003 年起，改进中小企业国际市场开拓资金的有关工作程序，从资金额度的分配、项目资金计划的管理、项目资金审核拨付和工作经费等四个方面进行简化、改进，将中小企业国际市场开拓资金项目资金计划和项目资金拨付的审核权，下放给各市外经贸局、财政局，审核结果报省财政厅备案；省财政厅按财政预算级次将资金额度及清算资金分配拨付到各市。及时向商务部、财政部上报项目资金计划和汇报资金使用情况。2001～2004 年共安排资金 1.75 亿元，其中 2004 年 5 300 万元。

做好技术更新改造项目贷款贴息资金和出口产品研发资金的审核、申报和拨付工作。根据 2002 年原外经贸部、财政部《技术更新改造项目贷款贴息资金管理办法》和《出口产品研发资金管理办法》的精神，以及两部关于申报技术更新改造项目贷款贴息资金和出口产品研发资金的通知规定，结合广东实际情况及时转发有关文件，做好全省有关产品技术更新改造项目贷款贴息资金和出口产品研发资金的审核申报工作，并及时核拨财政部安排广东的有关资金。2001～2004 年共安排技术更新改造项目贷款贴息资金 6 103 万元，安排出口产品研发资金 1 380 万元。

做好其他扶持外贸政策文件转发及资金核拨工作。及时转发《中俄森林资源采伐与木材加工合作项目贷款贴息资金管理办法》、《对外承包工程项目贷款贴息资金管理办法》和《出口信用保险扶持发展资金管理办法》等文件，及时拨付中央安排广东的外贸发展基金（2001～2004 年共安排资金 11.25 亿元）和茧丝绸发展风险基金（2001～2004 年共安排资金 634 万元）等。

为贯彻落实全国科技兴贸工作会议精神，进一步做好全省的科技兴贸工作，从 2001 年起，广东设立科技兴贸专项资金，制定并实施《广东省科技兴贸专项资金管理办法》。2001 年省财政安排科技兴贸专项资金 1 000 万元，从 2002 年起，省财政每年安排科技兴贸专项资金 5 000 万元。根据 2003 年 11 月国务院办公厅转发商务部等部门《关于进一步实施科技兴贸战略若干意见》的通知精神，在调查研究的基础上，进一步完善科技兴贸专项资金管理办法，更好地发挥财政资金的政策引导作用。由于实施“科技兴贸”战略成绩突出，2004 年广东省财政厅外经金融处被国务院八部委联合授予全国科技兴贸工作先进单位光荣称号。

根据财政部有关各地可根据实际设置中小企业国际市场开拓资金配套资金的规定，省财政在 2003 年配套安排出口企业国际市场开拓资金 2 500 万元，2004 年安排 1 000 万元，扶持范围为年出口额在 1 500 万美元以上的大型企业。资金资助范围及标准，参照财政部《中小企业国际市场开拓资金办法》及其《实施细则》办理。

为支持外贸企业出口，防范收汇风险，促进出口企业开拓国际市场，2001 年省财政安排资金 2 000 万元，对出口企业所投出口信用保险，按其实际缴纳保费的一定比例予以资助。先后制定了《广东省促进投保出口信用险专项资金管理办法》和《关于广东省促进投保出口信用险专项资金管理的补充通知》。2004 年又增加安排资金 1 810 万元，修改印发了《广东省促进投保出口信用险专项资金管理办法》。及时核拨有关扶持资金，有力地促进了企业积极投保出口信用保险，更好地发挥出口信用保险的政策性功能和扩大出口的扶持作用。

为推动全省出口退税账户托管贷款业务的开展，支持和促进外贸出口，省财政厅先后制定了《广东省出口退税质押贷款贴息资金管理办法》和《关于广东省出口退税账户托管贷款贴息资金管理办法的补充通知》，从 2001 年起，省财政对符合条件的企业，按其实际支付出口退税账户托管贷款利息的一定比例予以资助。2001～2004 年共核拨资金 4.26 亿元，其中 2004 年核拨 2003 年度贴息资金 3.36 亿元。随着国务院出口退税负担机制改革的实施，欠退税问题得到解决，该项政策从 2004 年 1 月 1 日起停止执行。

根据省委、省政府的有关决定，省财政厅及时制定并实施了《广东省外向型民营企业发展资金管理办法》，从 2003 年起，每年安排外向型民营企业发展资金 2 500 万元，用于支持外向型民营企业开拓国际市场的活动。

为鼓励外贸出口和招商引资，省财政在 2001～2004 年每年安排资金用于表彰奖励上年度全省外经贸工作先进单位、大型出口企业以及符合增长条件的省属出口企业。其中 2001 年和 2002 年每年安排 3 000 万元，2003 年和 2004 年每年安排 3 500 万元。2004 年奖励全省外贸工作先进单位和大型出口企业 551 万元，奖励符合增长条件的省属出口企业 2 949 万元。

三、积极参与改革，加强对地方金融机构的财务监管，做好防范和化解金融风险工作

（一）积极参与深化农村信用社体制改革

1. 根据2003年6月国务院《关于印发深化农村信用社改革试点方案的通知》精神，为进一步深化广东农村信用社改革，改善农村金融服务，促进农业发展，逐步推进和完善管理体制和产权制度改革，促进农村信用社加强内部控制，转换经营机制，使农村信用社真正成为自主经营、自我约束、自我发展和自担风险的市场主体，2004年在开展深入调研的基础上，通过积极争取，经2004年8月国务院办公厅《关于进一步深化农村信用社改革试点的意见》批准，广东纳入全国第二批深化农村信用社改革试点范围。为做好全省深化农信社体制改革工作，省财政厅积极参与有关工作，深入调研，认真研究制定改革方案和完善相关制度，从全省财政的角度为省政府出谋献策和算好账、把好关。

2. 积极配合省农村信用社改革领导小组，做好全省农村信用社的清产核资工作，摸清家底，为全省农村信用社下放地方管理做好充分准备。

（二）积极参与全省大力发展资本市场工作

一是为贯彻落实党的十六届三中全会、国务院《关于推进资本市场改革开放和稳定发展的若干意见》和省委九届四次全会精神，大力发展广东资本市场，实现建设金融强省的目标，省财政厅从支持全省资本市场发展的角度出发，提出相关意见和建议，为省委、省政府正确决策提供科学依据；二是积极参与制定《关于大力发展广东资本市场的实施意见》。

（三）积极参与全省中小企业信用担保体系建设

为认真贯彻财政部《关于加强地方财政部门对中小企业信用担保机构财务管理和政策支持若干问题的通知》精神，加强全省各级财政部门对中小企业信用担保机构的财务监管，防范和控制担保风险，省财政厅在对中小企业信用担保机构调查研究的基础上，广泛征求各市财政部门的意见，并草拟了《关于加强地方财政部门对中小企业信用担保机构财务管理和政策支持的实施意见》，报请省政府以省政府名义下发。

（四）认真做好全省财政部门国债资金的兑付和清算工作

根据中央有关精神，对财政国债中介机构进行清理和撤销。一是及时做好全省财政部门国债资金的拨付工作，分别批复了2001年和2002年全省各地国债资金的兑付决算。2001年共核拨国债兑付资金4.68亿元，2002年共拨付国债兑付资金2.80亿元。二是完成对全省2000年度和2001年度财政已兑付国债券和剩余国债定向债券收款单、国债代保管凭证的清理和销毁工作。三是按照财政部的部署和要求，在2002年开展并完成财政国债中介机构的清理和撤销工作，并对有关市为解决场内财政间债务向中央财政借款3.75亿元进行妥善处理。

（五）加强全省金融企业财务监管，做好防范和化解金融风险工作

1. 为化解区域性和系统性金融风险，解决全省城市信用社、农金会和信托投资公司的个人债务和合法外债的兑付以及证券公司的风险问题，1999年以后，省财政厅通过向中央申请专项借款，实施防范化解金融风险的“一揽子”方案，积极采取各种措施筹措省级防范化解金融风险准备金，认真做好清理整顿地方中小金融机构及参与对中小金融机构资产的追收和处置工作，基本解决全省地方中小金融机构的支付风险问题。省财政厅与中国人民银行广州分行、中国证券监督管理委员会广东监管局、中国银行业监督管理委员会广东监管局、广东省金融服务办公室等部门密切合作，有效地防范和化解区域内的金融风险，确保全省金融秩序和社会的稳定，促进了资本市场健康协调发展。

2. 加强对地方金融企业国有资产的管理工作，认真开展全省地方金融机构的国有资产产权登记及年检工作。积极参与做好防范和化解地方金融风险工作。

一是积极开展对省属金融企业借用中央再贷款的管理，参与省政府组织的中央专项再贷款检查工作，做好对再贷款的使用和回收归还等过程的跟踪管理和监控，明确广东华侨信托投资公司的还款责任，要求其在改组过程中做好资产和资金的统筹安排，保证归还借款。

二是积极参与处理广东省国际信托投资公司破产清算过程中遇到的涉及财政职能的问题，审核办理广东省国际信托投资公司借用中央再贷款以支付个人债务等有关资金的支付手续。

三是进一步加强省级金融企业的财务管理，按照财政部的要求，对省级金融企业费用支出实行总量控制，核定6户省属地方金融企业年度的费用率，积极参与省级金融机构规范改制重组工作，解决广东省国际信托投资公司、广东粤财投资控股有限公司、广东证券股份有限公司、广发证券股份有限公司等公司在改制重组过程中遇到的困难和问题。

四是妥善解决全省借用中行特定贷款以解决拖欠中外合资租赁公司租金贷款的归还问题。对各企业借用的特定贷款采取由省财政代垫的办法，减轻地方财政负担。

五是研究解决广东发展银行托管兑付恩平市20家城乡信用社资金缺口及广东发展银行借用中国人民银行10亿元专项再贷款争取豁免等问题。对广东发展银行托管恩平市城市信用社过程中出现的兑付资金缺口问题，根据省政府批示，2001～2003年核拨广东发展银行补助资金3.9亿元，有效地化解了恩平市城市信用社金融风险。

六是做好地方金融企业借用财政周转金的清理工作，根据省政府和省财政厅的有关规定，对地方金融企业借用的财政周转金进行清理，对能收回的已追收入库，对省授

权经营企业集团和广东粤财投资控股有限公司借用的财政周转金作转增国家资本金处理。

七是积极处理中国人民保险公司广东省分公司代办地方企业财产保险业务历史遗留问题。对中国人民保险公司广东分公司提出的对全省代办地方保险业务亏损7.77亿元弥补问题，及时向财政部汇报有关情况，并以《关于我省地方代办保险业务亏损弥补问题的报告》向财政部提出不同意弥补的意见，维护了广东的利益。

八是研究汕头市等地方金融风险的防范和化解，处理茂名有关企业非法集资和湛江市行业基金会历史遗留问题。

（六）做好全省党政机关事业单位用公款购买商业保险清理工作

为进一步加强党风廉政建设，规范财政性资金的管理，防止出现新的分配不公和造成国有资产流失，2004年省财政厅根据财政部的统一部署，对全省党政机关事业单位用公款购买商业保险行为进行清理登记，清理出用公款购买商业保险的单位140户，被保险人数23 698人，已缴保费1 974万元。

在清理过程中，省财政厅不断研究制定规范有关用公款购买商业保险行为及有关清退政策的规定，并根据财政部、监察部《关于印发党政机关及事业单位用公款为个人购买商业保险若干问题的规定》的精神，出台全省贯彻实施意见。

四、认真做好省属境外企业、授权经营企业集团资本与财务管理和外商投资企业财政财务管理工作

（一）加强和规范省属境外企业管理

1. 针对境外企业财政财务管理、国有资产管理存在的问题，2002年2月，省财政厅拟定了《广东省省属企业境外国有资本与财务管理暂行办法》，报经省政府同意后印发执行，为加强和规范省属境外企业管理奠定了基础。

2. 根据《广东省省属国有企业资产重组总体方案》的要求，积极参与做好广东粤港投资控股有限公司、广东粤财投资控股有限公司的清产核资工作。

（二）认真做好外经金融口省属国有企业授权经营、责任制考核、整体改制等工作

1. 根据2000年省委、省政府办公厅印发的《广东省省属国有企业资产重组总体方案》的要求，积极做好省属外经贸、旅游授权经营企业集团的清产核资、产权登记、资产划转、审批授权经营实施方案、托管企业方案等工作。

2. 根据省政府办公厅《关于印发〈广东省省属国有企业资产经营公司资产经营责任制暂行办法〉的通知》及省财政厅《关于印发〈广东省省属国有资产经营公司资产经营责任制考核实施细则（试行）〉的通知》，核定经管的授权经营企业集团资产经营责任制考核基数，签订《资产经营责任书》，完成经管的授权经营企业集团2001～2003年度资产经营责任制客观因素的考核审定，参与做好经管的授权经营企业集团2001～2003年度资产经营责任考核评价。

3. 按照省政府关于《加快省属国有劣势企业退出市场的试点意见》的通知及《省财政对省属国有劣势企业退出企业退出市场的职工经济补偿金补助办法》精神，做好经管企业集团劣势企业退出市场工作及由财政负担部分职工补偿金的核拨工作。

4. 贯彻落实省政府关于深圳华强等4家省属授权经营企业集团整体改制试点的决定，根据财政部2002年7月《企业公司制改建有关国有资本管理与财务处理的暂行规定》等文件精神，认真做好深圳华强整体改制资产清查、核销损失、资产评估等工作。对深圳华强整体改制方案特别是其中关于在职员工、内退人员的经济补偿金和离退休人员移交管理费等，与省经贸委等5个企业监管部门磋商、协调，多次提出具体的修改意见，并报省政府审定。根据省劳动和社会保障厅最后核定的经济补偿金和离退休人员经费，向省政府上报《关于深圳华强集团有限公司整体改制有关问题的请示》，就国有股权的转让价格、企业国有股权转让协议书的签订和保留的国有股权管理进行了请示，并在省政府的授权下，与深圳华强集团公司签订国有股权转让协议书。委托深圳鹏城会计师事务所对深圳华强从评估基准日到新公司设立登记日实现的经营利润进行审计，并及时向国务院国资委上报《关于提请核准深圳华强集团有限公司所持深圳华强实业股份有限公司国有股性质变化的请示》。

5. 根据省政府的决定，积极做好广东中旅集团进行整体改制试点有关工作。委托广东康元会计师事务所并对其出具的广东中旅集团资产清查审计报告中列明的资产损失部分进行审核确认；委托广州中天衡评估事务所对广东中旅集团进行资产评估；指导广东中旅集团编制整体改制方案。积极协助和指导省丝绸集团进行整体改制试点工作。

（三）积极做好外商投资企业财政财务管理工作

1. 认真做好省属外商投资企业财政登记及全省外商投资企业联合年检工作。2001～2004年，累计新办省属外商投资企业财政登记证108户，其中2004年38户；财政登记证变更343户，其中2004年113户；注销财政登记证20户，其中2004年11户。

2. 加强各年检部门之间的协调和配合，研究制定广东省2003年度联合年检办法，与省外经贸厅等8部门向各市转发外经贸部等7部门2004年2月《关于2004年外商投资企业联合年检有关工作的通知》，并做好年度省属外商投资企业的财政年检工作，2001～2004年共办理财政登记证联合年检企业1 149户，其中2004年为288户。

3. 做好外商投资环境建设补助资金审核拨付工作。为进一步提高广东吸收外资的质量和水平，优化外商投资环境，根据《广东省外商投资环境建设补助资金管理办

法》，2001～2004年，共安排各市外商投资环境建设补助资金3 679万元（含中央补助款980万元），其中2004年1 112万元（含中央补助款300万元）。

4. 汇编审核并及时上报财政部年度外商投资企业决算报表，及时布置、汇编并上报财政部年度广东省外商投资企业决算报表，汇编户数（含深圳市）连续七年位居全国第一。通过外资报表，加强了财政基础信息资料的收集、汇总、分析工作，为领导决策提供科学依据。

5. 做好省属外商投资企业会计证办理及工作移交。2001～2004年，外经金融处共办理省属外商投资企业财会人员会计从业资格证书1 747个，共办理会计证年检1 481个，办证单位243个；截至2004年9月，外经金融处清理并移交1 675个会计证档案，正式将省属外商投资企业会计证管理工作移交省财政厅会计处。

五、加强旅游专项资金的财政管理工作，促进旅游业做大做强

1. 为贯彻落实省第九次党代会提出的区域协调发展战略，根据2002年省委、省政府《关于加快山区发展的决定》和2003年1月省政府《关于进一步加强旅游扶贫工作的意见》，省财政厅从2002～2006年每年安排旅游扶贫专项资金3 000万元，根据《广东省旅游扶贫专项资金管理办法》规定，与省旅游局共同审核各市申报项目，并联合上报省政府审定及核拨各市旅游扶贫专项资金。2002～2004年共计安排资金9 000万元，支持旅游扶贫项目67个，带动各地投入旅游建设资金4.46亿元；直接提供就业岗位31 420个，间接提供与旅游相关的服务工作岗位125 680个，吸引游客总数1 729万人次，年平均增长35%；带动旅游景点收入2.1亿元，年平均增长36%；通过景区开发全线吸引旅游投资金额7.69亿元，带动当地招商引资55.4亿元。省旅游扶贫资金的投入，推动山区旅游业迅速发展，有力地促进了广东区域经济的协调发展。

2. 认真贯彻落实支持旅游业发展的政策措施，促进旅游业做大做强。2001～2004年共安排旅游扶持资金1.91亿元。

为加强和规范旅游景点建设专项资金的管理，省财政制定印发了《广东省旅游景点建设专项资金管理办法》，进一步明确和规范资金申报审核程序、项目论证、监管等责任。2001～2004年共安排各市旅游景点建设专项资金1.01亿元，其中2004年安排2 983万元。

做好省旅游企业特定短期贷款贴息资金的审核清算拨付工作。为减轻2003年“非典”疫情对广东旅游行业的影响，帮助企业渡过难关，保持后续发展元气，根据省政府决定，2003年省财政一次性安排全省旅游企业特定短期贷款贴息资金5 000万元，根据《关于广东省旅游企业特定短期贷款贴息有关问题的通知》和《关于公布符合广东省特定短期贷款贴息范围旅游企业名单的通知》，及时预拨资金3 233万元，并通过资金清算足额补拨资金1 767万元。

做好省旅游局旅游宣传促销经费审核及拨付工作。2001～2004年每年审核及拨付省旅游局旅游宣传促销经费1 000万元。

六、实行因公出国机票定点采购改革，严格规范非贸易非经营性购汇人民币限额管理，保证预算内单位的用汇

1. 为加强因公出国机票管理，减少机票采购的中间环节，杜绝因公出国机票购销活动中的不正之风，节约政府开支，规范省直行政、事业单位和社会团体因公出国购买国际机票的行为，省财政通过省政府采购中心公开招标的采购方式，确定广东省中国旅行社股份有限公司等6个单位作为省直因公出国人员购买国际机票的定点单位，体现了“公开、公平、公正、择优、信用”的原则。同时印发《关于加强因公出国国际机票定点采购管理的通知》，规定从2004年7月1日起至2006年6月30日止，省直行政、事业单位、社会团体因公出国人员购买国际机票一律由组团单位统一到中标定点单位购买。《通知》颁布后，严格按规定办理出国用汇，对没有到定点单位实行机票采购的单位，不给予批汇，并不定期地对有关定点采购单位和购汇单位了解执行情况，发现违规现象，及时加以纠正。

2. 积极做好非贸易非经营性用汇的管理工作，规范对预算内行政事业单位的购汇人民币限额审批管理，加强与外事外汇管理部门以及银行的外事外汇监管执行部门的协调和沟通，规范管理措施，对审批和供汇实行双重把关，从严控制出国经费，严格按制度审批，杜绝不正之风。有效地实施监督管理的财政职能，对委托中国银行审批的用汇进行监督指导，方便用汇单位购汇，提高办事效率。按时向财政部上报广东省年度预算内非贸易非经营性购汇人民币限额执行情况和下年度预算内非贸易非经营性购汇人民币限额预算。根据财政部下达给广东的年度购汇人民币限额预算，及时下达各市和省直用汇单位，保证非贸易非经营性用汇的需要。2001～2004年财政部共下达广东购汇人民币限额预算5.25亿元，其中2004年1.56亿元。2001～2004年全省实际使用购汇人民币限额4.79亿元，其中2004年为1.16亿元。

（外经金融处供稿，曾　力执笔）

会计工作概述

四年来，广东省会计管理工作严格依法行政，宣传贯彻会计准则、会计制度，加强诚信建设和继续教育，规范会计从业资格和专业技术资格管理，加大对注册会计师行业行政管理的力度，全面推进乡镇财政管理信息化建设。2001年至2004年连续四年被财政部评为全国会计管理工作一等奖。

一、积极稳妥地做好注册会计师行业行政职能划转交接工作，切实加强注册会计师行业行政监管

（一）稳妥划转注册会计师行业行政职能，认真履行行政管理职能

为切实履行《注册会计师法》，2003 年省财政厅根据 2002 年财政部《关于进一步加强注册会计师行业管理的意见》的精神，将原委托省注册会计师协会行使的行政管理职能收归省财政厅。

省财政厅组织会计处等有部门经过认真研究，广泛磋商，制定了《广东省注册会计师行业理顺管理体制的实施方案》，明确省财政厅各职能处室的职责、移交的具体资料和交接后的有关工作，及时印发了《关于设立会计师事务所申报程序等有关问题的通知》，坚持依法办事，做到规范透明、热情高效，并建立与合伙人谈话制度，确保职能移交后注册会计师行业的日常行政管理工作不松、不乱、不断。

（二）加强注册会计师行业行政管理，认真完成行政审批事项

行政职能移交后，根据财政部《关于进一步加强注册会计师行业管理的意见》精神，坚持依法行政，依法办事，认真履行各项行政审批和日常管理工作。截至 2004 年年底，共审批设立 41 家会计师事务所，审批 91 家香港会计师事务所来内地临时执业，审核一家香港会计师事务所广州代表处申报成立材料，审批 13 家会计师事务所变更主任会计师，审批 27 家会计师事务所更名；退回不符合设立条件的 4 家事务所的申请材料；注销 2 家会计师事务所，注销 1 家会计师事务所广州代表处。

至 2004 年年底，全省共有 330 家会计师事务所（不含深圳市），其中有限责任制事务所 190 家，合伙制事务所 114 家，分所 23 家，涉外会计师事务所 3 家；全省共有注册会计师 5 170 人，注册会计师行业从业人员 16 300 人。

（三）增强服务意识，加强对注册会计师行业的行政监管

根据《注册会计师法》和《行政许可法》的要求，省财政厅制定了《会计师事务所设立条件和申报程序》，明确设立会计师事务所的条件和须提交的申报材料，印成小册子并上网公布，方便申报人了解和查阅。在审批过程中，做到每批复一家，就召集有关人员进行谈话，听取意见和建议，提出要求和希望。

为促进注册会计师行业的健康发展，省财政厅积极开展调研工作，安排有关部门到事务所实地考察，掌握第一手材料，提出改善执业环境的意见和建议，开展注册会计师行业行政管理课题研究。同时，对省人大代表、省政协委员的提案建议进行了认真研究和答复，加强与税务、工商等有关部门的沟通，通过执法检查、学习教育与清理整顿加大行业监管，为全省注册会计师行业创造良好的执业环境。

二、积极开展会计委派制试点工作，全面推进乡镇财政管理信息化建设

（一）继续开展会计委派制试点工作

1998 年以后，全省各级财政部门按照中央纪委、国务院以及财政部、监察部有关试行会计委派制度工作的要求，以党政机关、财政拨款的事业单位及有政府授权收费和罚没职能的事业单位、国有大型企业（集团）为重点，积极稳步开展会计委派试点工作。2002 年，全省 21 个市都开展了会计委派制试点工作。全省纳入会计集中核算的行政事业单位有 7 200 个；采用其他委派制形式的单位有 2 049 个；实行村账镇管的行政村有 991 个。

（二）乡镇财政管理信息化工作的启动

2002 年，省财政厅党组决定在珠江三角洲 7 个市的镇一级财政全面推广应用佛山市南海区西樵镇财政所的财政结算中心管理系统，其余 14 个市选择三分之一的乡镇财政所进行试点，争取用三年左右的时间，基本实现全省乡镇财政管理信息化。

同年 3 月，省财政厅成立由厅办公室、预算处、国库处、农业处、会计处、政府采购办、信息中心各处室单位主要负责人组成省乡镇财政管理信息化工作领导小组，责成会计处牵头并负责落实领导小组交办的各项任务。4 月，省财政厅和省监察厅联合在佛山市南海区西樵镇召开全省财政信息化工作暨乡镇财政管理信息化现场会，对全省乡镇财政管理信息化建设工作作了动员，并对全省乡镇财政管理信息化工作作了具体部署。

（三）乡镇财政管理信息化工作的开展

1. 成立领导机构，落实项目建设资金。为加强对乡镇财政管理信息化工作的领导，省财政厅成立了由蓝佛安副厅长任组长的乡镇财政管理信息化建设工作领导小组，经省政府同意，于 2002 年 9 月与省监察厅、省信息产业厅联合下发了《关于进一步推进全省乡镇财政管理信息化建设工作的通知》。省财政厅领导还多次召开会议，研究解决工作中的难点问题，保证此项工作的顺利开展。全省各地财政部门分别召开动员大会，通过新闻媒体等各种形式，宣传乡镇财政信息化工作。全省 21 个市均成立了相应的领导机构，不少市财政局一把手亲自挂帅、相关科(处)室联合组成工作领导小组。个别市分管相关业务的副市长任领导小组组长、副组长，财政局和监察局领导任副组长；各乡镇均成立了财政结算中心，为落实此项工作提供了组织保证。各级财政部门还多方筹集经费，加强设备管理，为乡镇财政管理信息化建设提供物力支持。根据全省乡镇财政管理信息化工作的总体方案，2003 年，省财政厅编制了乡镇财政管理信息化经费预算作为专项列入政府预算内容，并通过省人大的审议。通过公开向社会招标采

购，方正科技集团股份有限公司成为全省乡镇财政管理信息化硬件供应商。为方便各地领取和使用设备，省财政厅把有关软件装入设备，分批集中发放到各市。省财政厅按计划分三批对每个结算中心发放设备，共发放服务器1 639台，台式计算机(含农税信息化)4 874台，打印机1 612台，并对珠江三角洲以外地区(含珠三角的恩平市)的乡镇补助配套启动资金。同时，要求各地加强设备管理，保证乡镇财政管理信息化的顺利进行。各地也想方设法，积极提供资金支持，为各乡镇添购设备解决部分经费。

2. 强化培训管理，提高人员素质。为保证培训质量，省财政厅按照“统一教材”的要求，组织人员编写教材，经过5次修订完善，于2003年初交由中国财经出版社出版，向社会公开发行，保证了培训工作的需要。

为了做好每一期的培训工作，省财政明确了每一个镇培训一名骨干的要求，对每一期培训进行认真的准备，精心策划，对学员在学期间的考试、生活等提出严格的要求，进行严格的管理。每期培训班，广东省乡镇财政管理信息化领导小组都能派出一名处长代表省财政厅领导到培训点看望老师和学员，实地了解培训的进展和存在的问题。培训过程中，有关部门采取灵活的教学方法，把理论学习和实际操作有机结合起来，把硬件培训和软件培训结合起来，有效地提高了培训质量。至2004年底，全省举办乡镇财政管理信息化骨干培训班32期，培训骨干2 000人。加上各地组织的培训，全省乡镇财政结算中心经过培训的人数达1万人；通过培训，提高了工作人员的财会知识和计算机操作技能。

3. 深入基层调查研究，不断加强工作指导。培训工作初期，针对个别基层领导认识不足，措施不力，工作的难度加大等情况，领导小组成员深入基层调查研究，帮助各地制定实施方案，精心挑选试点乡镇。有的市领导小组同机构编制办公室深入调研，解决结算中心的人员编制。针对个别地区一度出现推行速度缓慢的现象，省财政厅派出调查组分别进行调查，通过了解情况，分析原因，印发了《关于加强乡镇财政管理信息化工作若干问题的通知》等一系列指导性文件，指导各地开展工作。

4. 加强监督检查，确保工程质量。为了确保软件系统和设备的正常运行，及时解决运行中出现的问题，根据省财政厅印发的《广东省乡镇财政管理信息化系统有关软、硬件供应商免费期服务内容》的通知，各地与软、硬件供应商和代理商签订有关协议。2003年9～10月份，由省监察厅、省信息产业厅和省财政厅联合组成8个检查组对全省第一批实行乡镇财政管理信息化工作的试点乡镇进行重点检查。共检查了21个市的43个县和63个试点镇。结果表明，各地乡镇财政管理信息化工作基本符合要求。

5. 部署乡镇财政结算财务管理系统的验收工作。为做好乡镇财政管理信息化的验收工作，省财政厅制定了详细的验收方案，成立由预算处、国库处、农业处、会计处、政府采购办、信息中心有关人员组成的验收审核工作小组，与省监察厅、省信息产业厅联合印发了《关于进一步加强全省乡镇财政管理信息化工作若干意见的通知》、《关于做好乡镇财政管理信息化项目验收工作的通知》等文件，指导各地开展工作。通过政府采购招标验收机构，与验收机构签订项目验收协议；印发了《加强对验收机构的监督》、《广东省乡镇财政管理信息化项目验收审核程序》等规范性文件；各地认真对照文件的各项要求，狠抓落实，迎接验收。至2004年年底，上报验收的乡镇323个，批准验收的乡镇323个，其中已通过验收机构验收的乡镇211个。

6. 对乡镇财政结算财务管理系统进行升级。针对全省乡镇财政管理信息化软件在使用过程中出现的问题，对软件作修改和完善。共计修改问题583个，新增功能131条。同时完成了对第一、第二批发放的设备进行升级安装，并在第三批发放的设备随机装上升级版。为做好系统升级后的推行工作，省财政还举办了乡镇财政管理信息化软件（升级）代理商技术人员培训班。

三、积极宣传贯彻《会计法》、会计制度，加强对会计人员的继续教育

（一）全省各级财政部门继续开展形式多样的《会计法》、会计制度及相关会计准则和会计诚信的宣传贯彻活动

省财政厅多次举办了全省财政系统新准则、新制度师资培训班，对贯彻新准则、新制度提出明确的要求。2004年培训《小企业会计制度》、《民间非营利组织会计制度》和《村集体经济组织会计制度》等3个新会计制度，全年共举办培训班3 495期，全省有228 506名会计人员参加会计准则、会计制度培训，有339 529名会计人员参加《会计职业道德》培训，有434 247名会计人员参加《内部会计控制规范》培训。

各地积极宣传贯彻新准则、新制度，并把新准则、新制度的学习列为会计人员的继续教育内容，作为会计从业资格证的年检条件。四年间，全省有87万会计人员基本上参加了规定的培训。各地通过举办会计知识竞赛、《图说会计法》漫画、现场咨询服务等活动，宣传落实《会计法》。

（二）配合财政部完善会计制度体系，促进新会计制度的贯彻执行

2004年，省财政厅组织有关单位，征求对内部会计控制规范意见稿对外投资、预算、固定资产、存货和筹资等科目的意见，及时将有关意见整理上报财政部。还组织各地财政部门调研座谈，征求对《会计人员继续教育规定(修订)》（征求意见稿）的修改意见，并将有关修改意见整理上报。对小企业和民间非营利组织进行调查，了解小企业和民间非营利组织户数、会计机构设置和会计人员配备等情况，为贯彻落实新会计制度做好基础工作。至2004年年底，全省执行企业新会计制度的股份制公司户数达1 544家；执行企业新会计制度的外商投资企业有33 856家；执行企业新会计制度的国有企业户数达3 765家；执

行金融企业新会计制度的金融机构有486家。

（三）积极开展《会计法》执行情况检查

为进一步规范全省会计工作秩序，全省各级财政部门根据财政部下发的《财政部门实施会计监督办法》、《关于开展〈会计法〉执行情况检查的通知》，从2001年4月起，在全省范围内认真组织开展《会计法》执行情况检查工作。

1. 做好执法检查的组织落实工作。为加强组织领导，确保这次《会计法》执法检查工作在全省顺利实施，省财政厅成立省《会计法》执行情况检查领导小组，领导小组办公室设在会计处，负责全省会计法执行情况检查的组织、协调以及日常的有关工作，监督检查办公室负责会计信息质量抽查的组织实施，法规处负责有关的行政诉讼和行政复议等工作，其他业务处室积极配合。各地财政部门和部分省直单位也相应成立了《会计法》执行情况检查领导小组和办公室，保证全省《会计法》执行情况检查的顺利进行。

2. 加大执法检查的宣传力度，认真做好执法检查人员的培训工作。为检查工作，各地财政部门召开了动员大会，各地充分利用电视、报刊、杂志等新闻媒体采取多种形式进行广泛宣传。省财政厅在《南方日报》上刊登“我省检查《会计法》执行情况”新闻报道，在《广东财政》、《广东财会》等杂志上刊登有关《会计法》执行情况检查工作宣传文章。2001年4月，省财政厅会计处和监督检查办公室联合召开全省会计法执行情况检查和会计信息质量抽查动员会暨培训班。5月上旬，召开省直单位会计法执行情况检查和会计信息质量抽查动员大会，对省直单位开展执法检查进行了动员和部署。

3. 周密部署，措施到位，顺利完成检查工作。为完成自查阶段的各项任务，省财政厅在三水市召开全省新《会计法》实施一周年座谈会，全省各级财政部门制订工作方案，周密部署，采取切实措施，督促、指导各单位做好自查工作，确保全省各单位按照新《会计法》和国家统一的会计制度的规定认真自查自纠，针对存在的问题和薄弱环节进行整改，使自查工作不走过场。

全省有19万多个单位参加了自查，在检查中发现无证（会计证）上岗会计人员26 725人；未建立内部控制制度和内部会计监督制度的单位16 798个；虚列、多列资产的单位89户，金额高达4.54亿元；虚列、多列负债的单位有31户，金额高达3 600万元；虚列、多列所有者权益的单位有44户，金额高达2.52亿元等问题。对改革的热点和社会关注行业、群众举报有问题的单位或自查中问题较突出而整改不认真的单位，进行重点检查，全省重点检查对象有500多户。

对检查中发现的问题，省财政厅严格按照法定程序，给予严肃认真的处理，吊销了一些违法会计人员的会计从业资格证书，对直接责任人员予以罚款。通过行政处罚听证会，省财政厅对10家会计师事务所，36名注册会计师和3名助理人员进行了行政处罚和行业惩戒，对5家单位予以行政处罚，对负责检查的13家省直单位出具了检查结果及处理决定，其中对5家单位出具了财政行政处罚事项告知书和行政处罚决定书。对检查中发现有问题的单位，要求予以整改，并跟进督促落实。

（四）全面开展会计诚信建设和会计职业道德教育

根据2003年财政部《关于开展会计职业道德宣传教育工作的通知》精神，省财政厅确定2003年为广东省会计职业道德建设年，要求各地区、各部门采取灵活多样的宣传形式，营造会计职业道德建设的良好舆论氛围。主要抓了几方面工作：

一是组织各地区、省直各部门开展好会计职业道德宣传和建设活动，把《内部会计控制规范》和《会计职业道德》定为会计人员继续教育的内容；二是组织开展全省会计职业道德教育培训；三是在《广东财会》杂志上开辟“会计诚信建设”专栏，开展征文活动；四是由广东省会计学会设立“对构建会计信用体系问题的研究”、“注册会计师诚信问题分析及公信力提升对策研究”等课题研究。

2003年广州市有5 579人参加网上会计诚信自律宣誓签名活动，在网上开设“会计职业道德建设”专页。肇庆市开展“111”承诺不做假账活动，选择100个单位、1 000名会计人员、承诺不做1笔假账，并进行考核公布。

（五）认真办理省人大代表建议、省政协代表提案

2004年5月，省十届人大二次会议代表第1088号建议，向省财政厅提出优化环境、促进全省注册会计师行业健康发展的建议，省财政厅征求并收集了省工商局、省国税局、省地税局等部门的书面意见后，认真作了答复。同月，对省政协九届二次会议第253号提案中涉及技术开发费的会计核算问题，以及第367号提案关于规范会计执业行为、尽快使会计师事务所转轨实行合伙制等问题作了认真答复。

四、组织学习《行政许可法》，按照民主评议行风工作要求，提高办事效率和服务水平

（一）切实做好《行政许可法》正式实施前的准备工作

2004年3月，省财政厅在中山市举办了《行政许可法》培训班，全省21个市会计行政管理干部参加了学习。在实际工作中，各地主动学习《行政许可法》，熟悉行政许可实施程序，增强法治观念和依法行政的自觉性，配合财政部做好《代理记账管理办法》、《会计从业资格管理办法》等规章制度的征求意见工作，认真组织调研，提出建议，做好会计从业资格管理过渡衔接工作。

（二）贯彻落实民主评议行风工作要求

2004年，省财政厅会计处按照省行评办的统一部署和

要求，在开展民主行风评议活动中，周密谋划，及时发动，认真学习“三个代表”重要思想，认真学习党的十六届三中、四中全会及省委九届五次会议精神。通过加强政治思想教育、职业道德教育、廉政教育、作风建设教育、《行政许可法》教育等活动，提高会计管理能力。通过深入调研，虚心听取意见，积极查摆问题，认真整改，健全制度，规范管理等切实开展工作，提高服务意识和依法行政水平，以优秀的成绩通过广东省民主评议行风团的评议。

各地财政局加强会计服务窗口建设，强化服务意识，提高服务水平，树立了财政部门窗口的良好形象。

（三）加强会计基础管理工作，提高办事效率和服务水平

1. 加强会计从业资格管理，严把会计从业资格发证关。2001 年以后，根据《会计法》和财政部《会计从业资格管理办法》，省财政厅制定了《广东省会计从业资格管理实施办法》、《广东省省属单位会计从业资格管理办法》和《〈广东省会计从业资格管理实施办法〉有关问题解答（一）》、《〈广东省会计从业资格管理实施办法〉有关问题解答（二）》。在各级财政部门的共同努力下，规范了全省会计从业资格证的换发、申领、注册、年检、变更等事项的管理，全面建立会计从业资格持证人员档案，健全培训考试等制度。2004 年，全省共有 133 133 人报名参加会计从业资格会计专业知识考试，实际参加考试有 104 541 人，合格人数为 63 168 人，历年来累计颁发会计从业资格证书 941 263 个。

2. 积极开展会计电算化培训考试，有计划、有步骤地推动全省会计电算化事业的发展。2002 年制定了《广东省会计电算化知识培训和考试管理暂行办法》，先后编写了会计电算化初中级教材和相应的考试管理软件。在继续做好会计人员初级会计电算化培训的同时，全面铺开全省会计人员中级会计电算化培训，实现全省会计电算化考试无纸化。2004 年，全省共有 317 800 名会计人员参加会计电算化知识考试，其中初级考试 234 655 人，有 92 610 人通过；中级考试 83 145 人，有 68 736 人通过。

3. 积极促进会计现代化管理事业的发展，大力推动“广东省会计管理信息系统”建设。指导佛山市财政局积极推进“广东省会计管理信息系统”的试点运行和完善工作，为下一步在全省范围内推广做好准备。

4. 加强会计服务窗口建设。为方便省属单位、中央驻穗单位等有关单位会计人员办理有关手续，提高办事效率，省财政厅积极筹建省属单位会计人员会计从业资格办证大厅，建立会计从业资格管理“一站式服务”窗口。各地财政局非常重视会计服务窗口建设。如中山、肇庆等市财政局加强会计服务大厅的建设和规范管理。珠海、揭阳等市财政局会计服务窗口建设受到好评。珠海市财政局会计科窗口被市妇联授予“巾帼文明示范岗”称号；揭阳市财政局会计科被共青团揭阳市委授予“青年文明号”称号。

5. 省财政厅充分利用广东省财政厅网站和《广东财会》杂志，及时向社会公众公布注册会计师行业管理、会计从业资格管理、会计专业技术资格考试、高级会计师评审、会计制度等方面的信息，公开办事程序，提供会计从业资格办理表格等资料的下载服务；及时细致耐心答复处理会计人员的咨询和投诉信件，2004 年通过电话、网站答复群众来信 200 多封。2002 年还开通了“广东省会计管理工作办事指南电话查询系统”（16842168）。

韶关、中山、茂名、清远等市财政局充分利用电视、网站、报纸、短信、电讯咨询台等多种形式进行信息发布、咨询、解答，方便广大会计人员，提高服务质量和服务效率。

6. 加强代理记账工作的审批和监督，做好会计基础工作规范。省财政厅组织全省会计管理机构负责人积极研究新代理记账管理办法（草案），拟订本地新代理记账管理办法实施细则。各市财政局认真履行职责，依法办理行政许可事项。全省 2004 年新审批代理记账机构 246 个，累计现有代理记账机构 989 个。加强会计基础工作规范的管理，全省共检查 1 982 个单位，达标 1 740 个，累计检查达标数为 34 860 个。

五、加强组织领导，确保全省会计专业技术资格考试顺利进行

为确保全国会计专业技术资格考试的顺利进行，广东省会计专业技术资格考试办公室（下简称省会计考试办）认真组织、指导、督促各市会计专业技术资格考试管理机构改进和加强考务管理工作，严肃考风考纪。省会计考试办在考前召开全省会计专业技术资格考试考务工作会议，传达贯彻全国会计专业技术资格考试办公室考务工作会议精神。严格报名条件，整顿培训市场，加强收费管理。四年间，每年报名人数（12 万左右）和考试用书的征订数都雄居全国榜首。为强化会计专业技术资格考试责任制，省会计考试办与各市会计考试管理机构签订会计资格考试工作责任书。各地会计资格考试管理机构积极配合省会计考试办做好各项考试考务工作，着力抓好考试考务的各个环节，严格按照有关规定精心组织试卷的交接、保管和回收，确保试卷安全保密。考前对工作人员和监考人员进行培训，制订和下发了《会计专业技术资格考试监考操作规程》，规范监考程序。在考试期间，由财政、人事两部门共同派出责任心强、富有经验的干部到各市、县担任巡考，安排专人值班，做到考场纪律严明，秩序良好，四年间未发现重大或被媒体曝光的考风考纪问题。同时严格按规定程序和要求开展评卷工作，严格执行标准答案和评分标准，保证评卷质量。

2001 年，全省初级会计师资格考试出考人数为 55 161 人，全科合格率 26.71%；中级会计师资格考试出考人数为 36 193 人，全科合格率 14.35%。2002～2004 年，初级会计师资格考试中，经济法基础出考人数为 118 487 人，会计实务出考人数为 116 517 人，全科合格率为 26.8%；中级会计师资格考试中，财务管理出考人数为 58 478 人，

合格率 41.55%，经济法出考人数为 67 409 人，合格率 43.1%，会计实务 1 出考人数为 83 943 人，合格率 28.51%，会计实务 2 出考人数为 63 735 人，合格率为 44.93%。

六、认真组织会计从业资格考试，做好高级会计师资格评审工作，推动会计理论研究，抓好会计学会工作

（一）做好会计从业资格考试

2001 年以后，广东每年都组织两次（上下半年各一次）会计从业资格会计专业知识考试，考试科目为《会计基础知识》、《会计实务》、《财经法规》三门课程。为做好这项工作，省财政厅组织专家编写相应科目的辅导教材和习题集，交由中国财经出版社出版发行，并通过省物价局规范考试收费。全省各级财政部门高度重视，严格按照会计专业技术资格考试的标准来组织考试，认真做好试卷保密、试室编排、严肃考场纪律等各个环节的工作，保证考试的顺利完成。

（二）逐步完善高级会计师评审工作

省财政厅精心规划，具体部署，耐心细致地审核和整理申报材料，组建并改建广东省高级会计师资格第一评审委员会评委库。省财政厅每年召开所有入库评委参加评前预备工作会议，集中学习有关评审政策精神，并按规定程序从评委库中抽选评委委员，组成当年高级会计师职称评委会，负责当年省高级会计师资格第一评委会的评审工作。对评委提出严格要求，确保评审工作客观、公平、公正。2004 年 12 月 21 日至 24 日，广东省高级会计师资格第一评审委员会 2004 年度评审工作会议在东莞召开。省财政厅副厅长李朝明、省人事厅副厅长何锦胜亲临会议现场指导工作。经过评审，全省共有 629 人获得高级会计师资格，有 19 人获得正高级会计师资格。

（三）组织推荐会计学会优秀论文评选活动

广东省会计学会每年组织有关大专院校参加东南地区会计学会学术交流会，并推荐了《注册会计师行业行政管理研究》等多篇论文进行学术交流，充分体现了广东会计理论的研究水平。学会每两年组织一次全省会计科研课题的招标评审活动。在 2003 年度会计科研课题已结题的 117 个课题的评审活动中，评出一等奖 6 个，二等奖 12 个，三等奖 23 个；各市会计学会也积极开展会计科研活动，2004 年共收到专业课题 39 个，论文 397 篇，其中优秀论文 292 篇，顺利完成《广东财会》全年六期的编辑、出版、发行工作。

七、积极做好广东代表团参加第十六届世界会计师大会的各项组织工作

第十六届世界会计师大会于 2002 年 11 月 19 日至 21 日在香港召开，这是第一次在中国举办。经过严格的资格审查，广东组织了由李朝明副厅长任团长、有机关管理人员、企事业单位的总会计师、会计机构负责人，以及大专院校的会计学专家、教授 86 人参加的代表团。赴港前，省财政厅专门召开第十六届世界会计师大会广东代表团预备会，对参会的各项管理工作进行细心安排、精心部署，对各代表提出明确要求，提高大家的认识，确保赴港参会万无一失，圆满完成了任务。

八、积极推动粤港澳区域会计服务业合作

为推动《内地与香港关于建立更紧密经贸关系的安排》的贯彻落实，2004 年 2 月 24 日，李朝明副厅长率领“广东省粤港澳会计服务业合作专责小组”成员赴香港，分别与特区政府财经事务与库务局、香港会计师公会交流了两地会计服务业合作的原则意见。4 月 20 日，会计处派员赴港参加粤港双方共同组织的有关服务业合作交流活动，与香港工商及科技局代表团成员进行交流。7 月初，会计处派员赴港参加了“CEPA 服务业咨询会”，就内地会计师事务所、代理记账、会计从业资格等业务申请的相关政策、具体办事程序及方法等进行了交流。2004 年 11 日 29 日，在广州与香港华人会计师公会代表团进行了座谈，介绍了广东财政与会计服务方面的政策。

九、继续加强省会计函授学校和省珠算协会工作

（一）加强对省会计函授学校工作的管理

广东省会计函授学校坚持“从严治学、质量第一”的办学方针，求真务实，开拓进取，较好地完成了各项教学管理任务。主要工作包括：深化教学改革，整合教育资源，增强学生就业竞争力；加强教学管理，重视师资队伍建设；积极开展会计人员各种继续教育培训，会计从业资格和会计专业技术资格考试培训，努力做好会计电算化考试工作；积极做好民主评议行风工作，根据《行政许可法》的要求，规范各环节的工作，完善制度，规范办事程序，推出简化手续等多项便民措施，认真做好会计从业资格管理工作；完成省直会计从业资格档案的移交工作，配合做好省属会计办证大厅的建设工作。全省各级办学单位根据省校的要求，加强组织领导，加大宣传力度，扩大生源，稳定办学规模，提高办学质量。

（二）省珠算协会开展的主要工作

省珠算协会通过加强珠心算教育宣传，开展海峡两岸珠算通信赛和省珠算技术比赛暨珠心算邀请赛，组织珠心算师资培训和少儿珠心算基础知识学习班，调整省珠算普通二、三级鉴定套评办法等工作推动了全省珠算和珠心算事业的发展。截至 2004 年底，全省（不含深圳市）共有 10 172人次参加珠心算等级鉴定，合格的有 7 488 人次。

（会计处供稿，施映民执笔）

财政统计评价工作概述

一、积极采取措施，确保会计决算的数据质量和及时报送

为实现会计信息管理“全面、科学、高效、共享”的工作目标，广东从1999年开始，按照财政部“统一设计、口径一致、一表多用、数据共享”的原则和要求，建立了“统一报表”工作体系，基本上扭转了多年来财政各业务口的年度会计报表（经费决算）各自设计并分别布置、收集、汇总的局面。2001～2004年四年间，省财政厅决算报表工作先后受到财政部和省有关部门的表扬表彰，其中2001年度被省人事厅、省统计局评为先进单位，并受到表彰；2003年度被省统计局授予“广东省依法统计先进单位”，2003年和2004年受到财政部的通报表扬。

（一）实行统一、规范和科学的会计决算报表工作体系

2003年财政部在机构改革中撤销了统计评价司，每年的决算报表工作由原来的一个业务司统一布置汇总，变成了四个业务司分别布置汇总。2004年，省财政厅按照当时财政改革的迫切需要，在全国率先成立了省级的绩效评价职能处室，会计报表决算工作统一归并到绩效评价处，继续实行“统一报表”工作体系，对会计信息集中管理、综合服务，减轻了基层单位工作负担，节省了大量的人力和资源，提高了会计信息的时效性；同时形成了全省统一、完整、规范的会计决算信息收集、汇总工作体系，实现了各类会计信息的统一性和可比性，及时满足政府各管理部门及各方面对会计信息的需要，有效地为政府决策服务。

（二）制定印发工作文件，建立完善报表联席会议制度

四年间，先后制定印发年度报表工作实施方案、报表汇审工作方案、报表工作考核办法、报表封面备用码和备注码编制规定以及编印决算报表编制手册等一系列工作文件，使决算报表工作的规范性进一步加强，对提高会计决算信息质量起到了积极作用。

省财政厅从2000年起建立了报表联席会议制度，由主管副厅长主持，厅各有关业务处分管报表工作的处领导和经办人参加，明确省财政厅各业务处室在决算报表方面的职责分工，指定相关工作责任人，研究贯彻年度会计决算报表工作中的重要事项，及时解决年度会计决算报表工作中发现的问题。2004年，根据财政部机构改革及财政改革深化等情况，对统一报表联席会议制度进行完善，对省财政厅各业务处在决算报表方面的职责分工进行调整，进一步加强了省财政厅各业务处在年度会计决算报表工作中的联系、相互沟通与配合。

（三）及时完成了会计决算报表数据的收集、审核、汇总、上报和整理归档工作

为做好会计决算统计的各项工作，省财政厅在不断总结工作经验的基础上，采取各种有效的数据质量控制措施，确保会计决算信息质量。如举办培训班，讲解各类决算报表和软件操作，明确编报内容、方法和要求；在广东省财政厅网站开通“广东统评”网页，在互联网上建立了“广东省财政厅绩效评价论坛”和“下载专区”，实现网上对共性问题的解答和资料下载，及时收集、查询和传递信息，解决基层填制报表当中遇到的问题，提高了工作效率；建立完善决算报表汇审的工作流程和操作办法，对决算报表报送、审核修改和汇总等工作重点及各环节提出了具体规范要求；加大了决算数据审核力度，增设有关审核公式，方便各地、各部门单位审核和控制质量，采取集中组织汇审的办法，通过相互审核、交叉审核、人机结合审核等多种形式对数据进行集中汇审核对；适应当前国库集中支付改革的变化，完善决算报表报送途径等。

根据财政部要求，2002年广东财政完成了全省1995～2001年七大类报表（行政事业单位类、国有建设单位类、国有企业类、集体企业类、国有金融企业类、集体金融企业类及国有境外企业类）全部数据整理及上网工作，供省财政厅各业务处室查询，实现了数据共享。

（四）积极开展会计信息质量稽核工作

为进一步加强全省会计信息质量的管理，促进提高基层单位会计数据完整性和准确性，2001年，省财政厅拟定了《关于开展2000年度汇总会计信息质量核查的通知》，配合有关部门开展了会计信息质量检查工作。2002年，根据财政部有关规定，省财政厅制定了《关于开展2001年度会计（决算）报表稽核工作的通知》，在全省范围内组织开展预算单位和企业报表质量、数据质量、数据核对及核查等稽核工作。全省共对467户预算单位和391户企业开展了稽核工作，其中未发现问题的有589户，发现有一般问题的有267户，发现有严重问题的有2户。对有严重问题的2户进行了行政处罚，并收缴行政罚款。

（五）注重会计信息分析利用，提高决算报表工作的价值

对七大类报表决算数据进行加工、分析和整理，认真编审，按时汇编成《广东省汇总会计决算数据资料》，为领导决策提供重要依据，也及时满足政府各部门和省财政厅各业务处室的数据需要。抓住广东经济运行中的重点、难点和热点问题进行调查研究和专题分析，与省财政科研所共同完成《广东省财政供养人员的状况与特征分析》、《广东省国有企业资产质量状况分析报告》、《国有企业实施年薪制的年薪核定、依据、考核办法与实施效果》及《加强和完善企业效绩评价工作体系的研究》等专题分析报告，并上报财政部，其中《广东省财政供养人员的状况

与特征分析》获得财政部2002年评比一等奖。

二、开拓创新，推动财政支出绩效评价工作走在全国前列

2003年，省财政厅率先在省一级财政部门开展财政支出绩效评价试点，率先在全国成立省级财政支出绩效评价的专门机构，率先由省政府批准发布《广东省财政支出绩效评价试行方案》，而且在稳步推进项目评价试点的基础上，不断完善一系列相关配套工作制度，走在了全国前列，得到了省委、省政府主要领导的好评和充分肯定，并受到财政部的高度重视。

（一）积极准备，认真开展绩效评价基础研究工作

一是收集整理及研究了解国内外绩效评价有关资料。将财政部2004年青岛绩效预算国际研讨会专家观点及介绍的情况整理汇编成册，加强对财政部关于财政支出效益评价的研究成果和国外绩效预算管理经验的研究了解；对湖北省恩施自治州、福建省等地方财政支出效益评价试点工作情况进行比较分析。二是对财政支出绩效评价理论和实践进行深入研讨。省财政厅组织专业干部前往湖北、河南、安徽和北京等省市进行了充分的调研和论证，了解兄弟省市的一些设想和做法，学习总结兄弟省市的试点经验，为绩效评价工作开展积累实践基础；通过召开“财政支出绩效评价”研讨会，邀请财政部统评司、财政部科研所、省人大、省审计厅、省监察厅等有关单位、财经研究部门代表和高校教授学者以及部分地方财政部门干部，深入探讨广东省开展财政支出绩效评价工作的重要意义、主要思路、意见和建议，为绩效评价工作开展奠定了理论基础。

（二）健全机构，在全国率先成立省级的绩效评价职能处室

在2004年机构改革职能调整中，根据省府办公厅印发《广东省财政厅职能配置内设机构和人员编制规定》的通知规定，省财政厅设立绩效评价处，专司财政支出绩效评价职能。

（三）营造开展绩效评价工作良好的舆论环境和社会氛围

从2003年起，省财政厅组织有关部门和人员先后在《羊城晚报》、《南方日报》、《中国经营报》、《南方》杂志、《法制日报》、《广东财政》等媒体上发表文章，广泛宣传加强和规范财政支出管理、树立绩效观念、提高财政资金使用效益的意义和作用，报道绩效评价工作有关规定与动态，介绍好的经验，推广好的做法，扩大影响，引起社会各界对财政支出绩效评价工作的广泛关注，取得各部门的重视、支持和配合，形成共识，着力引导和推动绩效评价工作的顺利开展。

（四）建立财政支出绩效评价工作制度

为了推动绩效评价工作的开展，省财政厅研究制定了一系列工作文件、工作制度及工作规范，为绩效评价工作的全面实施打下良好基础。一是根据国务院关于加强公共支出改革和管理的部署，以及省委、省政府领导关于加强财政支出管理的批示精神，2003年研究制定了《关于进一步加强财政支出管理的意见》，以省政府办公厅名义转发全省各地、省直各单位贯彻执行。二是在充分调研和论证基础上，组织了专门力量，结合广东实际情况，制定《广东省财政支出绩效评价试行方案》，经省政府同意，由省财政厅、省审计厅、省监察厅、省人事厅四个部门联合印发全省各地、省直各部门实施。三是研究制订了一系列绩效评价相关配套文件、工作规范和管理办法。主要有2004年印发的《财政支出绩效评价内部协调工作制度》、《绩效评价工作流程图》、《绩效评价基础数据审核工作流程图》、《绩效评价现场工作流程图》、《绩效评价资料归档流程图》、《绩效评价自评报告书（范本）》、《绩效评价分析报告书（范本）》以及《中介机构参与绩效评价工作管理办法（试行）》等。

（五）精心组织，稳步推进财政支出绩效评价工作

一是按照“先简后繁，先易后难，由点及面”的原则，以省属财政支出项目绩效评价为突破口，通过试点，总结经验，逐步有序地建立项目—单位—部门—综合等四个层次的评价类型，积极稳妥、循序渐进地推进此项工作。2003年和2004年两年，省财政厅先后组织开展了五个项目的绩效评价试点工作：民营科技园建设补助资金、16个市2 000所山区老区小学改造专项资金（邀请省人大财经委共同进行）、16个重点扶贫县公路建设专项补助资金、“十五”计划高校基本建设贴息贷款项目（邀请省人大财经委共同进行）、省商业企业集团公司资产重组财政专项借款。其中前三个项目评价报告上报省委、省政府后，省政府主要领导的给予好评和充分肯定，并作了重要批示；后两个项目评价报告已于2005年3月上报省委、省政府。此外，省财政厅积极协助省人大财经委开展解决小型水库安全隐患问题的人大议案资金使用绩效监督工作，研究设定该议案资金使用绩效评价的指标，派员随同省人大财经委到有关市现场调查，拟定了《关于解决小型水库安全隐患问题议案资金核实的基本情况的报告》，并向省人大常委会作了汇报。二是为了规范和加强省级部门预算单位财政支出项目管理，使其树立绩效观念，强化自我约束，改变请款的随意性，更加关注提高财政资金使用效益，提高科学理财水平，积极研究并布置省级部门预算单位开展对财政支出项目资金使用情况实行自我绩效评价工作，2004年底省财政厅下达了《关于省级部门预算单位开展财政支出项目自我绩效评价工作有关问题的通知》，标志着全省绩效评价工作已从“游击战”转为了“阵地战”，建立起绩效评价工作的长效机制。

此外，在抓好省级财政支出绩效评价工作的同时，积极指导并逐步推开各地区绩效评价试点工作，2004年开展绩效评价试点工作的有中山、佛山、湛江、惠州、肇庆、梅州、揭阳、潮州等8个市。

三、推行效绩评价，探索建立有效的国有企业激励与约束机制

2000～2002年，省财政厅为支持国有企业改革与发展，积极开展了国有企业效绩评价试点工作，2000年制定印发了《广东省国有企业效绩评价工作试点实施方案》，并经省政府批准实施。

（一）认真做好国有企业效绩评价试点基础工作

一是建立完善了效绩评价工作方法，根据试点实施方案对效绩评价的工作程序、数据采集等作了详细具体安排。2002年省财政厅印发了《关于印发企业效绩评价有关工作计划和基本程序的通知》；研究制定了包括评价基础数据核对、现场操作、评价资料归档等整套评价工作流程图，规范了评价操作，确保评价工作顺利进行。二是成立专门机构，为效绩评价工作的顺利开展打下良好基础。由省财政厅、省委组织部、省经贸委、省人事厅、省劳动和社会保障厅、省监察厅和省审计厅等7个部门组成的企业效绩评价组织领导机构，组织指导效绩评价试点工作。下设评价工作组和专家组，工作组主要由省财政厅统评处工作人员组成，负责评价工作的具体实施；专家组由省内四所高等院校的12位专家组成，参与企业评议指标打分及评价结果研究确定等工作，有力地保证了评价工作的客观、公正。三是广泛宣传。通过电视台、报刊等新闻媒体宣传、报道有关效绩评价工作情况，扩大影响，推动全省企业效绩评价工作全面开展。四是举办业务培训班。2002年，对各资产经营公司、授权经营企业集团公司有关人员进行评价业务培训，讲解效绩评价操作流程规范，明确具体要求。

（二）积极开展国有企业效绩评价试点工作

按照国家开展企业效绩评价工作的总体部署和省委、省政府的指示精神，2001年，省财政厅在省属资产重组企业中选择了省韶关钢铁集团有限公司、广东韶钢松山股份有限公司、省物资集团公司、广东省外商投资企业物资公司、广东中旅集团有限公司、广东中旅集团汽车服务有限公司和广东省高速公路股份有限公司等7家企业作为2000年和2001年省属效绩评价试点企业，并在佛山市、肇庆市同时开展国有企业效绩评价试点工作，为推动效绩评价工作的全面开展积累了经验。在取得初步经验的基础上，省财政厅、省委组织部、省经贸委、省监察厅、省审计厅、省人事厅、省劳动和社会保障厅等7个部门联合下发了《关于省管企业扩大企业效绩评价试点工作的通知》，2002年组织扩大试点工作，扩大试点范围包括省管授权经营的22家企业集团公司，这些公司涵盖了工业、农业、商品流通业、旅游业、基础建设产业、高科技风险投资企业等多个国民经济部门和行业，有助于全面了解广东省国有企业的经营现状。

省属企业效绩评价试点工作的开展，为全省国有企业监管改革，为建立完善企业诊断、激励约束和考核机制，提高企业资产运营效益，进行了有益的探索，积累了经验，为进一步加大政府部门对国有企业的监管力度，促进企业建立完善的现代化企业制度，彻底摆脱国有企业的困境，推动国有企业的有效管理与持续发展奠定了基础。

四、积极开展国有资本保值增值工作，促进提高企业国有资本营运效益

广东省企业国有资本保值增值结果计算及确认工作从2001年开始组织实施，2004年度因机构改革职能调整，财政部门只对地方国有金融企业及省直实行企业化管理并实行工效挂钩的事业单位进行国有资本保值增值结果考核确认工作。

1．明确省财政厅会同省经贸委、省劳动和社会保障厅是全省国有资本保值增值结果计算与确认工作的组织机构，统一部署全省国有资本保值增值结果计算与确认工作。

2．2002年制定下发了关于印发《广东省国有资本保值增值考核确认工作实施意见》的通知，规范国有资本保值增值计算与确认工作；及时向各市和省直主管部门下发年度国有资本保值增值标准值和国有资本保值增值任务参数。

3．2001～2003年三年中，组织实施全省共15 609户企业国有资本保值增值结果计算及确认工作，具体结果如下：

国有资本保值增值结果计算及确认情况　　单位：户

年度	范围	户数	保值企业	增值企业	减值企业	优秀企业	良好企业	中等企业	较低企业	较差企业
2001年	省级及10个地级市	2 927	527	1 098	1 302	147	290	985	609	896
2002年	省级、21个地级市和顺德市	7 020	1 844	2 188	2 988	688	590	2 851	1 237	1 654
2003年	省级、21个地级市和顺德市	5 662	836	2 231	2 595	1 164	459	1 338	984	1 717

4．积极探索保值增值结果在企业监管中的应用途径。保值增值考核确认工作作为国有资本监管的一项基础性业务，只有在企业监管实践中充分运用才有意义。省财政厅积极促进国有资本保值增值结果的应用，一是在2000年与省劳动和社会保障厅、省企业工资改革办公室联合印发了《关于做好省直单位2000年企业工资总额同经济效益挂钩工作的通知》，与省人事厅联合印发《关于有条件的

企业化管理事业单位实行工资总额同效益挂钩有关问题的通知》，明确了将国有资本保值增值完成情况作为工效挂钩企业提取新增效益工资的否决指标，未完成国有资本保值增值的，不得提取新增效益工资。每年由省财政厅重点考核确认80多户省属实施工效挂钩的企业单位。二是根据2001年省政府颁发的《广东省省属国有资产经营公司资产经营责任制暂行办法》和省财政厅、省经贸委印发的《广东省省属国有资产经营公司资产经营责任制考核实施细则（试行）》，将国有资本保值增值考核结果作为资产经营责任制考核的主要依据。

五、改革和创新监管企业的方法，认真做好资产经营责任制考核工作

2002年省财政厅开展了省属国有资产经营公司（含授权经营企业集团，下同）资产经营责任制考核工作，其中2002年和2003年资产经营责任制考核工作由省财政厅、省经贸委共同组织实施；2004年机构改革职能调整后，资产经营责任制考核工作由省国资委牵头、省财政厅协助配合组织实施。

（一）成立资产经营责任制考核领导小组和考核工作小组

省财政厅、省经贸委共同成立由分管领导及处室领导组成的资产经营责任制考核领导小组和考核工作小组，负责组织实施资产经营责任制考核工作。考核工作的基本程序是：资产经营公司按照《资产经营责任书》的内容进行自我评价，考核工作小组以企业报送的年度合并会计报表、会计师事务所的审计报告、国家资本客观增减因素说明、资产经营总结分析报告等材料为依据实施考核，由考核领导小组审定考核结果后，将资产经营责任制考核结果和奖励建议上报省政府审定，兑现对公司董事会成员的基本工资和年度奖励，同时抄送省委组织部、省劳动和社会保障厅，作为对公司董事会成员考核评价的依据。

（二）组织实施省属国有资产经营公司资产经营责任制考核工作

在考核中严格工作程序，明确工作分工，加强工作协调，认真核实基础数据，严格考核质量关。纳入考核范围的是已签订资产经营责任书的22户省属资产经营公司和授权经营企业集团公司，其中2002年度考核范围为20户省属资产经营公司和授权经营企业集团公司，交通集团、华强集团因审计报告有误未能按时考核；2003年度考核范围为19户省属资产经营公司和授权经营企业集团公司，剔除上划中央的广电集团、已整体改制的华强集团和农业集团。

省属国有资产经营公司资产经营责任制考核结果

年度	考核范围	优秀等级	良好等级	中等等级	平均保值增值率（%）	平均保值增值率在全国水平
2001年	22户	13户	7户	2户	112.8	优秀
2002年	22户	19户	3户	——	110.9	优秀
2003年	19户	16户	3户	——	113.5	优秀

（三）开展资产经营责任制考核工作取得良好成效

一是明确和规范政府与监管部门与企业之间的权利、义务、责任和奖惩，有效解决过去政企不分，办事扯皮，干预过多的问题。同时把企业董事会对国有资产保值增值承担的责任，放在突出的位置。二是《广东省省属资产经营公司资产经营责任制暂行办法》中的考核激励机制对加强国有企业管理和效益的提升起积极的促进作用，各资产经营公司真正树立国有资本保值增值的经营理念，并层层落实资产经营责任，调动了企业资产经营的积极性，有效地促进省属企业健康、快速、持续发展。三是实现了国有资本保值增值。

六、结合各项改革和客观发展需要，深入开展清产核资工作

（一）深化国有企业清产核资工作，大力推进国有资产重组

1. 认真做好21家省属资产重组国有企业清产核资资金核实审批和总结表彰工作。为了摸清省属资产重组国有企业“家底”，为国有资产授权经营、国有资本保值增值和效绩评价奠定基础，省财政厅根据省委办公厅、省政府办公厅2000年下发《广东省省属国有企业资产重组总体方案》精神，从2000年起组织实施省属资产重组国有企业的清产核资工作。清产核资以1999年12月31日为基准日，具体工作由各企业集团公司聘请中介机构承担。整个清产核资工作从2000年7月印发工作文件和制定工作方案、进行全面宣传发动和布置、组织清产核资业务培训、聘请有关中介机构组成14个复查小组具体实施清产核资复查、组织省财政厅有关业务处会审共同确认清产核资结果并发文批复，至2002年1月召开总结及经验交流会议，历时一年半。

2001年，省财政厅清产办本着对企业认真负责的态度，对中介机构初审报告与复查小组复查报告意见不一致的资产损失和潜亏挂账，会同省财政厅有关业务处分别找企业、初审中介机构和复查小组了解情况，认真审核和分析判断，实事求是地予以确认，帮助企业解决一些历史遗留问题。至2001年10月，除省通讯集团和白天鹅企业集团因特殊情况没有进行清产核资外，其余21家资产经营公司、授权经营企业集团公司清产核资资金核实批复工作

全面完成。为了总结经验，鼓励先进，巩固和利用清产核资工作成果，防止前清后乱，省财政厅于2002年1月召开了省属资产重组国有企业清产核资工作总结及经验交流会议。会议通报整个清产核资工作情况，各资产经营公司、授权经营企业集团公司总结交流清产核资工作经验，并对清产核资工作中成绩突出的11个先进集体和20个先进工作者给予表彰。2002年2月，省财政厅、省经贸委代表省政府与各集团公司签订了国有资产授权经营责任书。

2. 积极组织开展两家控股公司清产核资工作。为了配合广东粤海（集团）公司和广东粤财信托投资公司改制重组，省政府于2000年批准组建成立并实行国有资产授权经营的广东粤港投资控股有限公司和广东粤财投资控股有限公司两家国有独资公司。2001年6月经省政府批准，省财政厅采取公开招投标的办法委托中标的正中珠江、康元、广州南方及深圳南方民和等四家会计师事务所，以2000年12月31日为基准日对两家控股公司开展清产核资工作。2002年上半年，在会计师事务所完成清产核资户数清理、资产清查等阶段性的工作后，省财政厅组织工作组赴港澳、深圳等地对两家控股公司清产核资工作中反映的重点难点问题进行调查了解、检查核实，并与控股公司交换意见，听取其对清产核资结果核实确认工作的意见和建议，及时研究解决。在此基础上，省财政厅清产办会同厅有关业务处对两家控股公司的清产核资结果进行了联审及批复，保质保量地完成了两家控股公司的资金核实批复工作。

3. 组织开展广晟资产经营公司接收企业清产核资工作。2003年经省政府同意，省财政厅对广晟资产经营公司接收的中央下放有色金属企业、军队移交保障性企业和省对外联络中心原管理企业共66户企业组织开展清产核资工作。清产核资工作由省政府采购中心通过公开招投标，委托中标的羊城会计师事务所进行，省财政厅对清产核资结果进行了审核批复。与此同时，按照省政府领导对省高级人民法院（闸波）法官培训中心移交给广晟资产经营公司的批示精神，及时委托羊城会计师事务所对培训中心进行了清产核资并审核批复了清产核资结果。

此外，省财政厅在2002年组织完成省储备粮管理总公司、省人防建筑研究设计院清产核资审核批复工作。同时根据省领导的批示，草拟《关于分步分类改善省属重组企业资产质量，进一步加强国有企业监管的意见》上报省政府。

省属资产重组国有企业清产核资工作主要特点有：一是领导重视，专项安排清产核资经费。广东省省属资产重组国有企业清产核资工作是按照省委、省政府的部署进行的，省委、省政府对资产重组和清产核资工作作了重要批示，21家资产经营公司和授权经营企业集团公司、两家控股公司以及广晟资产经营公司接收企业的清产核资都安排了专项经费，这是确保清产核资工作顺利完成的重要前提。二是全面引入中介机构参与清产核资工作，以确保清产核资工作质量。三是尝试清产核资招标投标。经省政府批准，省财政厅首次采取公开招投标的办法委托会计师事务所对两家控股公司、广晟资产经营公司接收企业开展清产核资工作，规范了政府清产核资工作行为，确保了清产核资工作质量，成效显著。四是增加清产核资复查工作环节，聘请有关中介机构组成复查小组具体实施清产核资复查工作，确保清产核资结果真实、完整、准确。五是组织省财政厅有关业务骨干进行会审，共同认定清产核资结果，确保清产核资结果客观真实。六是改进资产损失的确认批复办法。省财政厅对企业申报的全部资产损失，不论其是否已资不抵债，是否有能力消化，只要符合国家清产核资政策的，审核后也实事求是地予以批复确认。如无法作核减所有者权益处理的，先作待处理财产损失挂账，留待企业用以后年度利润消化，以帮助企业解决一些历史遗留问题，促使企业轻装前进。七是建立清产核资跟踪检查制度。为了防止清产核资工作走过场，防止前清后乱，省财政厅建立了清产核资跟踪检查制度，对各集团公司清产核资的各项后续工作情况进行检查。

（二）配合部门预算改革，积极做好预算单位清产核资工作

为积极配合财政预算制度改革，省财政厅2000年选择省委办公厅、省府办公厅等7家部门预算编制试点单位组织开展了预算单位清产核资试点工作。2001年2月报经省政府同意，省财政厅在全省范围内组织开展预算单位清产核资工作并作了全面的布置，其中省级预算单位全面铺开，各市结合本地机构改革和预算管理改革实际需要逐步推开，这是广东第一次在全省范围内组织开展的规模较大的预算单位清产核资工作。省级预算单位清产核资以2000年12月31日为基准日，经过组织准备、宣传培训、清查核对、复查核实、审核批复、检查验收、建章健制及总结表彰等工作步骤，至2003年7月全面完成，历时两年多，基本摸清了省级预算单位的“家底”，核清了省级预算单位人员结构状况及各项收支情况，核实及处理了账外资产、资产盘盈、资产损失，查找出省级预算单位财务及资产管理上存在的主要问题，建立和完善了财务、资产管理制度。同时，这次清产核资为测算切合实际的定员定额标准和编制部门预算、细化预算编制提供了基本数据，为规范和加强行政事业单位国有资产监督管理积累了一定的经验。

1. 加强领导，健全机构。省财政厅会同省委办公厅、省政府办公厅、省科技厅、省文化厅、省公安厅、省卫生厅等部门单位共同组成了省直预算单位清产核资工作协调小组，负责省级预算单位清产核资工作的组织领导和工作协调，及时研究解决清产核资工作中的问题，为顺利完成清产核资工作提供了有力的组织保证。

2. 精心组织，充分准备。省财政厅先后制定印发一系列工作方案、办法和规定，使本次清产核资有统一明确的政策依据和工作规范。同时进行了认真培训，于2001年3月底组织召开全省预算单位清产核资工作会议，全面部署和发动全省预算单位清产核资；连续举办四期预算单位清产核资业务培训班，为各部门（单位）培训清产核资业务骨干500多人，还派出人员到下属单位较多的厅、局

进行培训辅导，并对负责检查验收的中介机构进行培训指导，统一政策界限，确保清产核资工作质量。

3. 协调督导，措施落实。一是与各部门（单位）建立工作联系，形成上下联系、渠道畅通的清产核资工作网络，及时掌握各阶段工作情况，对发现的问题及时研究解决。二是充分发挥省财政厅内各职能处室的作用，共同做好清产核资工作。如在检查验收阶段，与有关业务处组成核查小组，深入基层对重大问题进行检查核对；在资金核实中，实行与有关业务处共同审核的办法，严把质量关。三是抓好指导和监督，保证清产核资工作的进度和质量。四是随机抽取部分预算单位进行样本核查，并借助社会中介力量对预算单位清产核资工作结果进行检查验收，确保预算单位清产核资工作结果的客观、真实、可靠。五是部署和指导预算单位做好建章健制工作，推动了各单位内部监督管理机制的建设，以巩固清产核资成果，防止前清后乱。六是全面总结省直预算单位清产核资工作，推广交流先进单位财务资产管理和建章健制经验，督促省直各部门（单位）进一步规范和加强预算资金及资产管理，并对预算单位清产核资 23 个先进集体和 50 名先进个人予以表彰。《南方日报》、《广州日报》、《羊城晚报》和《广东财政》等报刊均报道了该项工作。

与此同时，加强对各市预算单位清产核资工作的督促指导和检查，深入各市宣讲清产核资政策和对报表的填报要求，及时研究解决工作中存在的问题，有效地推动了各市的清产核资工作。此外，组织完成了省属资产重组企业和预算单位清产核资资料数据的整理汇总、分类归档工作。

（三）配合全省文化体制改革，认真做好省文化体制改革试点单位清产核资工作

2004 年上半年，省财政厅积极主动配合全省文化体制改革和文化大省建设，认真组织珠江电影制片公司转制的清产核资工作，拟定并印发了《关于做好省文化体制改革试点单位清产核资工作的通知》，对省文化体制改革试点单位清产核资工作范围、工作内容、工作程序、工作组织等方面进行了规范；批复了珠江电影制片公司和省出版集团公司清产核资工作立项申请，组织政府采购（询价）选定对珠江电影制片公司进行清产核资、财务审计和资产评估的中介机构，使珠江电影制片公司转制工作按计划按要求顺利完成。

（绩效评价处供稿，袁　明执笔）

行政事业资产管理工作概述

一、行政事业资产管理机构沿革

行政事业单位的资产管理，解放后一直实行“国家所有、分级管理”和“谁使用、谁管理”的管理原则，20 世纪 80 年代末以前，主要由财政部门行使管理职能。1990 年 12 月，广东省成立了国有资产管理局（办），主要从组织产权登记、清产核资以及审批资产处置、非经营性资产转经营性资产（下简称“非转经”）等几个方面加强资产管理工作。1998 年中央在机构改革中撤销了国家国有资产管理局，广东省在 2000 年政府机构改革中也随之撤销了国有资产管理局，有关行政事业资产管理职能划入省各级财政部门，财政部门按照资产管理与财务管理相结合的原则将该职能分解到各业务部门（处、科、股）承担。占有使用单位对行政事业资产的管理，主要以实物管理为主。

近年来，广东财政改革步伐加快，各级财政部门按照构建公共财政框架的要求，积极推进部门预算、国库集中支付、政府采购和“收支两条线”管理等改革，取得了显著成绩；但是，行政事业资产管理改革和创新研究、实践探索则相对滞后，尤其是如何把行政事业资产管理与预算管理工作有机结合方面做得还很不够，甚至连原来国有资产管理局已经开展的资产变动、处置和“非转经”管理等工作都有所弱化。从 2000 年开展的省直预算单位清产核资和 2003 年省直党政机关事业单位经营性资产清理情况看，省直行政事业资产管理存在不少问题，主要表现为资产配置不合理，资产使用不规范，资源短缺与闲置并存，调剂整合机制薄弱，资产处置不规范等，导致行政成本很高，资产浪费严重等现象。

省委、省政府及省财政厅党组对行政事业资产管理工作中存在的问题予以高度关注，并采取了一系列重大措施，切实加强行政事业资产管理工作。2003 年，省编制办会同省财政厅组织力量对全省行政事业单位资产管理情况和机构情况进行了专门调查研究，并向省委、省政府提出了成立行政事业资产管理机构的意见和建议。2004 年 4 月，省编委批准省财政厅提交的“三定”方案，赋予省财政厅管理非经营性国有资产职责并同意成立行政事业资产管理处，从职责和机构上保证了行政事业资产管理工作的正常开展。

二、行政事业资产管理工作开展情况

（一）党政机关事业单位经营性资产清理工作

为配合党政机关公务员统一岗位津贴制度，从制度和源头上杜绝私设“小金库”、滥发钱物等腐败现象，省委、省政府在深入调查研究的基础上，决定按照“先省直后地市，先行政后事业，先经营性资产后非经营性资产，先清理后规范”的原则，在全省范围内部署开展党政机关单位经营性资产清理工作。一年多来，在省委、省政府的正确领导下，省直党政机关事业单位经营性资产清理工作取得了阶段性成果。

1. 统一认识，成立机构。2003 年 10 月 16 日省委常委会议之后，省政府随即成立清理省直党政机关事业单位经营性资产工作领导小组，协调和指导省直党政机关事业单位资产清理工作的开展，领导小组由省委常委、常务副省长钟阳胜任组长，副省长谢强华和省财政厅厅长刘昆任

副组长，省发展和改革委员会（下简称省发改委）、省监察厅、省财政厅等8个部门各派一位负责同志组成工作领导小组，领导小组下设办公室（以下简称省清理办），从8个领导小组成员单位共抽调16个人参加办公室工作，省财政厅党组成员、纪检组长、领导小组成员赵军兼任省清理办主任。

为了确保清理工作顺利进行，省委办公厅、省政府办公厅转发了《省纪委、省监察厅关于清理省直党政机关事业单位经营性资产的意见》，明确了清理工作的内容、原则、程序和实施步骤。2003年12月5日，省政府在广州召开了全省党政机关事业单位经营性资产清理工作动员大会，省长黄华华作了动员讲话，常务副省长钟阳胜对开展党政机关单位经营性资产清理工作作了具体部署，统一全省上下的认识。

2. 周密计划，精心组织。为了保证核查工作有计划、有组织地展开，省清理办针对核查工作特点，先是制定了详细、周密的清理工作实施方案，明确清理资产的对象范围是各有关单位采取自营、出租、参股、合作等形式经营，从中获得经济利益的富余办公用房、干部职工富余住房、招待所（含培训中心、山庄、疗养院，下同）等物业和闲置土地；明确了清理工作的实施步骤为宣传发动、清理核查、资产处置、规范管理四个阶段。在此基础上，省清理办聘用了资信好、专业水平高的会计师事务所，组成11个核查小组，对省直87家单位进行核查，每个小组由4～6人组成，领队由省清理办成员担任，组长由注册会计师担任，保证了清理工作队伍的素质。2004年3月1日至5月底，11个核查小组共组织核查达490人次。

3. 全面核查、突出重点。省清理办根据实际情况，对党政机关事业单位采取不同方式进行重点清理。对党政机关资产，重点查清房产、地产等经营性资产现状，剥离经营性资产，解决行政单位“家底不清、配置不均、调剂困难、浪费严重”的问题，使行政单位与富余、闲置资产的经营管理完全脱钩，构建行政单位富余、闲置资产运营新机制，从源头上治理腐败，防止国有资产流失；对事业单位资产，重点是摸清面上情况，寻找共性问题，提出长远的管理思路，防止“产权不清、政事不分、事企不分、重复建设、闲置沉淀、绩效不明、事业发展与经济发展脱节”的弊端。

4. 统一标准，实地核查。省清理办先后制定下发了《核查工作重点及核查程序指引》、《核查资料验收标准》和《核查报告参考格式》，统一了资产核查规范，并制定《核查阶段工作安排表》，按照“先难后易、先大后小”的原则，对被核查单位进行分类，区分四种情况：经营性资产较多且情况复杂的单位、经营性资产较多但情况较清晰的单位、经营性资产较少的单位、没有经营性资产的单位。在安排核查任务时，把重点放在经营性资产较多且情况复杂的单位，从11个核查小组中安排1～2个组负责资产较小的单位，其余各组负责1个资产较大、较难处置的单位，统一查易，集中查难。同时，组织巡查工作队，跟踪了解核查过程中的情况，及时掌握核查动态，解决核查工作中遇到的困难和问题。省清理办按统一标准对核查小组上交的核查报告进行审核后，及时送被核查单位征询意见，确保核查情况的真实、准确。

5. 摸清家底，建立档案。经过一年多的清理工作，省清理办基本摸清了省直党政机关事业单位经营性资产的情况，取得了明显的成效。截至2003年底，87家省直单位占有房地产总面积385.87万平方米，其中办公用房面积125.54万平方米，富余职工住房面积29.85万平方米（4 404套），招待所（培训中心、山庄、疗养院）面积23.19万平方米（47个），闲置土地面积25.84万平方米（17块），其他资产面积181.46万平方米。经营房地产面积68.10万平方米。2002年度经营收入2.04亿元，2003年1～6月经营收入9 605万元。

为了便于资产处置，加强省直党政机关事业单位资产管理，省清理办对核查资料按统一标准，实行一户一档立卷建档，共建立卷宗达252册。档案的内容主要包括：核查报告、核查报告反馈意见、核查表、自查表、自查报告处置意见函、取证材料（含图片、产权资料等）、工作底稿、资料清单以及电子版本的文件资料等。同时，还研究开发了省直党政机关事业单位经营性资产管理数据库，并指定专人负责管理。

6. 开展试点，探索资产管理新模式。在清理工作过程中，省清理办积极配合省财政厅开展资产处置试点工作。如，为解决省委巡视组急需办公用房问题，经省政府批准，将省工商行政管理局旧办公楼7至9层（面积2 052平方米）调剂给省委巡视组使用，并明确了在省工商局旧楼装修期间，调剂省环保局旧办公楼7至9层（面积1 350平方米）作为省委巡视组的临时办公用房。这次资产调剂，不仅及时解决了省委巡视组办公用房的需要，支持和推动了省委巡视工作，而且为省财政节省开支1 000万元，示范效应十分明显，为今后资产管理工作积累了经验。

（二）行政单位非经营性资产和事业单位资产管理工作

1. 制定行政事业单位资产管理工作总体目标。经过认真研究、分析行政事业单位资产管理存在的问题以及今后推进改革、加强管理的思路，省财政厅制定了行政事业单位资产管理工作的总体目标，即建立完善的管理制度和资产管理信息系统，将资产的形成、使用、管理、变更、退出等各环节全面纳入程序化、制度化、规范化轨道，使资产管理的全过程实现公开、公正、透明，做到“产权统一、配置合理、管理科学、使用高效”，构建与社会主义市场经济体制和公共财政框架相适应的资产管理体系。

2. 加强制度建设。一方面，省财政厅认真对中央和地方关于行政事业单位国有资产管理方面的现行文件规章进行清理、分类，并汇编成册，制成光盘，发送到省直各单位及各市、县财政局；另一方面，根据国家和省的有关规定，抓紧研究制定适应广东行政事业单位国有资产管理的有关规定，组织起草了《广东省省直行政事业单位国有资产管理暂行办法》、《广东省省直行政事业单位国有资产登记管理暂行办法》、《广东省省直行政事业单位国有资产处置管理暂行办法》和《广东省省直行政事业单位国有资产收益管理暂行办法》，其中《广东省财政厅关于省直行政单位资产处置管理暂行办法》作为省财政厅的规范性文件已经省府法制办审查同意，并呈报省政府审批，2005年8月1日省府常务会议原则通过了该办法。同时，积极配合财政部研究完善《行政单位国有资产管理办法》、《事业单位国有资产管理办法》、《事业单位清产核资办法》。

3. 推进资产管理信息化建设。首先，在省直行政单位经营性资产清理的基础上，行政事业资产管理处建立了省直党政机关事业单位经营性资产查询管理系统，该系统含括了87个省直部门150户行政事业单位的252册资产档案，以及包括相关的文字和表格及2 000多张实物图片。其次，在省直行政单位资产查询管理系统数据库基础上，行政事业资产管理处通过软件整理和恢复了2000年预算单位清产核资数据。第三，通过办理日常的“非转经”、产权登记工作，及时发现和补上个别单位漏报年度决算数据，补充、完善信息化功能，充分利用掌握的信息有效开展资产调配工作，并与财政其他业务形成互补互动、互相印证机制。

4. 抓好日常工作。一是按照省委、省政府关于省属文化体制改革试点工作的统一部署，认真做好文化体制改革试点单位的清产核资工作，摸清了文化单位的家底，为实施文化单位授权经营奠定基础。至2005年8月底，已批复8家文化体制改革试点单位（星海演艺集团、粤剧艺术大剧院、省粤剧学校、省电影公司、珠江电影制片公司、省出版集团公司、家庭期刊集团及南方日报报业集团）。二是认真完成20个行政事业单位产权变动登记、“非转经”、资产出售、调剂处置等审核工作。在具体业务办理过程中，行政事业资产管理处主动会商省有关部门、省财政厅有关处室，积极探索资产管理与预算财务管理相结合的路子。

5. 加强资产管理理论与政策研究。行政事业资产管理处一成立，就积极配合省政府发展研究中心和省财政厅教科文处开展《广东省事业单位国有资产管理研究》课题研究，积极探索事业资产管理改革的思路。该课题历时五个多月，通过三次大范围论证研讨会，2004年底形成了5万多字的《广东省事业单位国有资产管理改革研究报告》（下简称《研究报告》），《研究报告》阐述了事业单位改革的必要性，分析了现状和原因，结合国内外的做法和经验，提出了改革思路和对策。《研究报告》获得省委、省政府领导的充分肯定，省委书记张德江亲自批示：“事业单位国有资产的管理是个大问题。这方面漏洞很多，潜力也很大。我认为改革事业单位国有资产的投入、管理问题，应该提到日程上来了。‘广东省事业单位国有资产管理改革研究报告’提出了可资借鉴的思路。”省长黄华华、常务副省长钟阳胜也作了重要批示。根据省领导的批示，省财政厅会同省政府发展研究中心、省发改委以及教科文卫主管部门作了进一步的调查研究，初步提出了分类管理的意见。

（三）各市行政事业单位资产管理工作

在2001年全省政府机构改革中，除深圳市外，其他市国有资产管理局（办）均被撤并。之后，各地逐渐认识到加强行政事业资产管理的必要性和重要性，积极采取措施，成立机构，明确职责，建立制度，加强管理。至2005年7月底，全省21个市都成立了专门管理行政事业资产的机构，其中深圳市的管理机构设在市国资委，其他市设在财政局。各市财政局内设管理机构分为两种：一种是成立独立的处、科、室（或管理中心），负责行政事业资产管理（如广州、湛江、韶关、清远等市）；另一种是明确由现行的行政文教、企业等有关科、室负责行政事业单位国有资产管理（如佛山、揭阳、汕尾等市）。

佛山市南海区财政局积极探索行政事业性资产管理新思路，以信息化手段为依托，以规范化管理为基础，采用阳光化管理方式，取得了较好的成效。佛山市南海区行政事业性资产管理的主要做法是：

1. 建立统一集中的管理体制。

2002年初，南海区政府进行机构改革，明确由财政局负责行政事业单位资产的管理。首先是成立领导机构组织协调资产清理工作。2002年5月，南海区委、区政府决定改革南海区行政事业性资产管理体制，出台了《行政事业性资产公建物业清查移交统一管理工作方案》，成立了区属行政事业性资产公建物业清查移交统一管理领导小组，由区长任组长，纪委书记和副区长任副组长，政府办、财政局、审计局、监察局、人事局、国土资源局、规划建设局等单位正职领导为领导小组成员。领导小组办公室设在财政局。其次是统一资产清查移交工作。经清查移交，财政局接收了46个行政单位和局级事业单位近12亿资产，面积100多万平方米（含土地和建筑物），移交产权证509个，移交合同金额每年约600万元。再次是明确管理机构，规范日常管理。按照“产权集中管理，授权单位使用”的总原则，委托财政局统一管理区属行政事业性资产。区财政局制定一系列制度、办法，建立资产管理信息系统，对资产实行规范管理。如，首次对不同单位之间的办公用房进行了重新配置，原来“富有”单位办公大楼的闲置办公室，安排给一些办公场所不够用的单位无偿使用。

2. 建立行政事业资产管理信息系统。

南海行政事业性国有资产信息管理系统覆盖了资产的登记、使用权证的办理、资产出租、资产借出、资产处置等各项业务。通过对行政事业性资产的登记造册，建立起南海区行政事业性资产的大型数据库。资产数据库的建立，使全区行政事业性资产的信息能随时在系统中得到准确显示。领导不管身在何方，只要通过政务网，就能即时获取资产信息，并可以通过“决策分析”模块，辅助决策，实现管理和决策的科学化。南海区行政事业性国有资产信息管理系统的建立，确保了资产管理实现制度化、规范化和流程化，解决了过去行政事业性资产管理中存在的存量不清，账账、账实不符，账外资产量大，资产的报损、报废、转让管理跟不上等问题，使资产的管理更加透明，有效地克服了违规现象，也从源头上抑制了腐败现象的产生。

3. 分类管理，实行市场化运作。

一是授权部门单位使用。对纯粹行政办公用的物业，经统一核定标准后，授权各行政部门使用。各单位在使用过程中发生的维修、装修等支出，在财政局的统一监管下列支。

二是委托相关部门管理，对公益性物业，如体育馆、体育场、游泳场等，由区政府委托主管部门管理。但是现行的部门管理方式与原来的相比有明显不同，不但产权关系发生了变化，而且在“收支两条线”的制度下突显了主管单位的“服务性功能”。

三是引入物业代理机制。在全省范围内公开招聘物业代理，委托有实力的物业管理公司管理一些暂时不能处置的物业（如在用办公楼的出租单位等）。早在2003年，南海区通过物业公司竞聘的方式，为3.5万平方米、价值约1亿元的物业找到了“管家”。

四是探索资本运营。对零散的已出租或闲置物业向社会公开评估拍卖。至2004年底，已拍卖11 546平方米，拍卖收入2 913万元。通过拍卖、委托、租赁、抵押等多种形式进行营运，以实现资产的高效再配置。通过以闲置土地抵押或作为资本投入，成功实现21亿元的融资，支持了南海的城市建设。

三年来的实践证明，这种新的产权集中管理模式，理顺了产权关系，规范了资产的日常管理，提高了资源配置的效率，拓宽了政府理财领域，为南海区继续推进各项财政改革创造了良好的条件。

（行政事业资产管理处供稿，吴金华　洪清阳执笔）

财政监督检查工作概述

一、机构建设

2001～2004年，全省各级财政部门都专设了财政监督检查工作机构。2004年，全省从事财政监督检查工作的干部人员共450人（其中省厅10人，不含深圳，下同）。省财政厅专职从事财政监督检查工作的机构为广东省财政厅监督检查办公室（以下简称省厅监督办）。2001年上半年前，省纪委派驻省财政厅纪检组、省监察厅派驻省财政厅监察室与省厅监督办合署办公，2002年下半年起，省财政厅纪检组、省财政厅监察室分设单独办公，省厅监督办人员配置不变。

二、制度建设

2004年省财政厅制定了《广东省财政厅内部监督检查工作规则(试行)》、《广东省财政厅监督检查办公室财政监督检查工作的组织管理及付费办法(试行)》、《广东省财政部门会计信息质量检查工作规程》、《广东省省级财政专项资金监督暂行办法》、《广东省省级财政内部循环监督工作系统(试行)》。与此同时，各级财政部门根据自身情况，相应制定了加强财政监督管理的制度。这些制度的制定，保证了财政监督检查部门依规检查，规范了检查行为。

三、监督检查

2001～2004年，全省各级财政监督部门紧密围绕财政中心工作，坚持日常监督与专项检查并重，内审外查并举，充分发挥财政监督职能，先后开展了会计信息质量检查、行政事业单位银行账户及资金余额核查工作、财政专项资金检查、财政内部监督检查等监督检查工作，取得一定成绩，对规范财政资金管理，严肃财经纪律，起到积极作用。

（一）会计信息质量检查

2001～2004年，全省共抽调7 008人，组成1 932个检查组，对4 538户企业、行政事业单位进行检查，查出有问题金额48.94亿元，其中，资产不实26.36亿元，所有者权益不实3.01亿元，损益不实3.34亿元，挤占、挪用、滞留、占压财政资金1.45亿元，偷漏中央、地方收入4 191万元。通过检查，追缴回财政资金8.00亿元（含罚款），纠正其他违规金额（含调整账务）17.04亿元，提出处理责任人建议20件，给予党纪政纪处分9人。吊销会计从业资格证书2人，移送司法机关处理7人。

2001～2004年省厅监督办重点检查了省属电信、电力、教育、资产经营公司等部门会计信息质量。

（二）开展清理领导干部借用公款工作

根据2001年省委党风和廉政建设领导小组办公室(下简称省委党廉办)、省财政厅、省审计厅《关于开展对领导干部借用公款问题进行清理的通知》的要求，2001～2002年，由省财政厅负责全省清理领导干部借用公款具体工作。

2001年主要是摸清领导干部借用和批准借用公款的基本情况。截至2001年12月31日止，全省应清理对象人数96 089人，其中厅级2 030人，处级30 400人，科级63 659人。应清理对象中涉及借用公款或批准借用公款的人数2 900人次，占应清理对象人数的3.02%，其中厅级107人次，处级1 315人次，科级1 478人次。全省共清理出领导干部借用公款或批准借用公款8.24亿元。

在2001年清理摸底的基础上，2002年主要对2001年清理出来的问题进行甄别处理。此项工作在各级党委、政府的统一领导下，经过全省各级清理机构及有关部门的共同努力，取得了一定成效。经过甄别核查后，截至2002年6月30日，全省清理出领导干部违规借用和批准借用公款2.64亿元，作出处理2.13亿元，占借款总额的80.68%，其中收回现金1.41亿元，已签订还款责任书3 014万元，财产抵押602万元，结算或呆账处理等559万元，移送司法机关、纪检监察机关处理 84 宗，涉及金额 1 951万元；5 名领导干部受到党纪政纪处分，4 人被依法追究责任。

（三）开展省直机关单位银行账户及资金余额核查工作

2003 年，根据省委常委会议、省长办公会议决定和省政府办公厅转发省财政厅《关于省直机关单位资金清理收缴工作意见》的通知要求，省财政厅会同省监察厅、省审计厅、人民银行广州分行联合开展对省直机关单位银行账户、资金余额的核查工作。2003 年 3 月初至 5 月上旬，省厅监督办牵头组织抽调 137 人，组成了 16 个核查小组，对 89 个省直机关单位和 122 个实行公务员管理的事业单位，截至 2002 年 12 月 31 日的银行账户及资金余额以及 2003 年 1～2 月发放奖金、补贴及实物情况进行全面核查。89 个省直机关单位自报截至 2002 年 12 月 31 日开设银行账户 1 115 个，资金余额总额 95.70 亿元。经核查，银行账户实为 1 690 个，核增 575 个；资金余额总额实为 110.16 亿元，核增 14.46 亿元，核增率 15.11%。2004 年 3～6 月，根据省政府办公厅转发省财政厅《关于省直机关单位资金清理收缴有关工作意见》的通知精神，对各部门、单位资金余额 110.16 亿元进行处理，其中由有关单位继续留用 87.01 亿元，收缴省财政 17.68 亿元，已收缴资金 14.17 亿元。通过核查，比较彻底地掌握了省直机关单位的银行账户开户情况、单位资金存量和财务状况，为推动党风廉政建设、加强财政监督、规范资金管理奠定了基础，也为进一步落实“收支两条线”管理、深化部门预算改革、国库集中支付制度改革等财政管理体制改革以及为省直机关公务员统一岗位津贴制度的实施积累大量的基础数据。在资金核查过程中，还发现各单位存在银行账户管理不规范，账户开设过多过滥；大量资金沉淀，未及时发挥效益；个别单位继续发放补贴、私设“小金库”、涉嫌转移资金；物业管理、饭堂补贴、对外投资及借款管理不规范等一系列问题。

（四）开展财政支出监督检查

1. 全省情况概述。

2001～2004 年全省抽调 1 914 人次，组成 502 个检查组，对 1 579 户单位的教科文、社会保障、支农、基本建设等支出进行检查，通过检查，追缴回部分财政资金并及时纠正了违规行为。

2. 省财政厅开展的重点工作情况。

（1）2003～2004 年，先后对茂名、汕头、潮州、汕尾、揭阳、湛江、阳江 7 个市（含部分县区）财政部门拨付、管理省级财政专项资金情况以及用款单位的资金使用情况进行检查，并对省人口和计划生育委员会(下简称省计生委)、农业厅所经管和使用的省级财政专项资金进行全面检查，对省地震局、省消防总队及部分省属企业个别专项资金使用情况进行重点检查。检查资金量达 80.50 亿元。对分配给 7 个市的财政专项资金，采取对财政部门进行普查、对资金使用单位进行重点抽查的方式进行检查。

从检查情况看，省级财政专项资金分配、拨付、使用及管理主要存在下列问题：项目主管部门或专项资金使用单位挤占、挪用省级财政专项资金；弄虚作假，骗取省级财政专项资金；项目尚未落实即申报省级财政专项资金；配套资金不落实，项目无法按时完成，预期经济效益无法实现；会计核算不规范，相当部分行政事业单位未按国家有关会计制度规定，单独设账核算省级财政专项资金；财政或项目主管部门未及时拨付省级财政专项资金。

（2）根据广东省委常委〔2003〕41 号会议决定事项通知精神，2004 年，对由省财政已拨款 14.54 亿元，在市、县的 19 项重大工程，委托市、县财政部门全过程跟踪监督。监督的重点，一是及时了解项目立项所需财政资金等情况，监督有关部门制定资金管理办法，做到有章可循；二是监督财政资金到位情况，确保按项目进度及时拨付资金；三是全程实行财务监督，跟踪检查，发现问题及时报告，确保专款专用和经费节约。跟踪监督发现，省财政拨款兴建的重大工程主要存在挪用项目资金、配套资金不落实以及支付工程款取得的票据不合法、项目支出超预算等问题。

（3）对部分重点财政专项资金进行检查。

开展防治非典型肺炎专项资金检查。2003 年 6～7 月，省厅监督办对省级财政防治非典型肺炎专项资金（简称“防非”资金）的到位情况进行了检查。经检查，至 2003 年 6 月 18 日，省财政共安排“防非”资金 6.75 亿元（不含社会捐赠和各医院投入），及时拨付省卫生厅等 14 个单位 3.26 亿元。省厅监督办对安排“防非”资金较多的 9 个单位进行重点检查，并延伸检查 8 户实际用款单位，检查金额 3.23 亿元。从检查的情况来看，有关单位资金管理较严格，未发现截留现象，但也发现个别单位资金拨付不够及时、超出规定范围使用“防非”资金、医务人员补助资金结余较大以及一些应上缴财政的捐赠收入未及时上缴财政专户等问题。

对汕头市潮南区开办经费拨付、使用和管理情况进行检查。2003 年 9 月省厅监督办组织开展对省财政补助汕头市潮南区开办经费拨付、使用和管理情况的检查。总体看潮南区政府对省补助资金管理较规范，但也存在资金拨付中间环节过多、会计基础工作不规范、请款、审批资金程序不够规范等问题。

（五）财政收入检查

2001～2004 年全省抽调 1 807 人次，组成 473 个检查组，对 2 551 户单位的财政收入及财税政策执行情况进行检查。查出有问题金额 1.81 亿元。通过检查，追缴回财政资金 9 491 万元（含罚款），纠正其他违规金额5 209万元。

（六）对注册会计师行业的行政监管

根据 2002 年财政部《关于进一步加强注册会计师行业管理的意见》的通知精神，2003 年省财政厅收回原由省注册会计师协会行使的注册会计师行业行政管理职能。按照省财政厅工作分工，省厅监督办负责对注册会计师和会计师事务所的违纪、违规行为进行监督检查和行政处罚。2003年的工作主要是按财政部的要求，完成有关资料的接收工作。

2004年省厅监督办认真履行对注册会计师行业行政监管职责。一是印发了《关于开展全省注册会计师行业自查的通知》，在全省布置注册会计师行业自查工作，并根据自查资料建立会计师事务所基础资料库。二是在自查的基础上对整个会计师事务所的执业状况进行分析，并听取各方对于全省会计师事务所执业状况的分析意见，确定监管工作的方向和重点。三是委托有关市财政局对群众投诉的其行政区域内的会计师事务所进行重点检查。四是结合会计信息质量检查工作，核查个别中小中介机构的执业质量，积累经验，为进一步做好中介机构行政监管奠定基础。

（七）财政系统内部进行的监督检查工作

2001～2004年各级财政监督部门都按规定开展了内部监督检查工作。省厅监督办对省财政厅各处室及厅属单位银行账户进行清理并提出了整改意见。经清理，撤销银行账户8个；布置省财政厅各业务处室对补助下级财政的业务费、培训费、修缮费进行自清自查。在自清自查的基础上制定全厅统一规范的分配管理办法；对厅机关5个处室、3个厅属单位实施内部监督检查；对省本级财政有偿资金进行清理。

四、培训工作

2001年与省财政厅会计处联合举办会计执法检查培训班。培训的对象是各市财政监督机构和会计机构的骨干以及部分会计师事务所负责人；培训的主要内容是学习《中华人民共和国会计法》、查账的技巧、检查工作规则、检查工作纪律等。

2002年举办全省财政监督机构负责人及骨干培训班。培训的主要内容是学习《中华人民共和国会计法》、企业会计制度、查账的技巧、检查工作规则、检查工作纪律等。

2004年举办全省财政监督检查业务培训班，培训对象为全省各市、县财政监督检查机构干部，培训的主要内容为财政专项资金检查、重大工程财务监督、社会中介机构监管、会计信息质量检查等。

（监督检查办公室供稿，杨新枝执笔）

人事管理和教育工作概述

2001～2004年，省财政厅人事教育工作坚持以邓小平理论、“三个代表”重要思想和科学发展观等党的基本理论为指导，认真贯彻执行党的基本路线、方针、政策，按照干部人事制度改革和财政改革的要求，努力深化干部人事制度改革，认真执行《党政领导干部选拔任用工作条例》，积极参与财政改革和管理等中心工作，不断加强和规范省财政厅机关和所属单位人事管理工作，大力加强财政干部教育培训工作，为省财政厅各项工作的顺利开展提供良好服务和组织保障。

一、建章立制、规范程序，为人事教育工作开展奠定良好的制度保证

根据有关管理规定，2001年制定了《省财政厅直属单位人事管理暂行规定》、《关于机关工作人员休假和加强医疗保健工作的试行办法》，2002年制定了《省财政厅干部选拔任用制度改革试行办法》，2003年制定了《省财政厅机关干部选拔任用工作暂行规定》、《省财政厅机关工作人员参加学历、学位教育学习的管理办法》，2004年制定了《省财政厅国家公务员转任工作暂行规定》、《广东省财政厅因公、因私出国(境)工作管理规定》、《省财政厅出国进修人员管理暂行规定》、《省财政厅住房货币分配实施意见》、《省财政厅机关和事业单位实行双向选拔干部学习锻炼的试行办法》、《关于广东财经职业学院干部人事管理有关事项的通知》等管理规定，方便了干部群众办事，增加了工作透明度，提高了服务质量。

同时，为了使人事教育工作进一步做到规范化、程序化、制度化，根据有关管理规定，省财政厅人事教育处于2003年制定了《人事教育处内部管理有关制度》、《人事教育处公文处理制度》、《人事教育处党风廉政建设责任制实施办法》、《人事教育处政治思想工作制度》。

二、适应财政改革需要，做好机构改革工作，逐步理顺有关处室职能和工作关系

（一）结合国有资产改革情况，重新拟定“三定”方案

2004年，结合国有资产管理改革需要，组织拟定省财政厅新“三定”方案和人员调整方案，并上报省政府，省政府于2004年4月6日以《印发广东省财政厅职能配置内设机构和人员编制规定的通知》予以批复。根据新“三定”方案，撤销财务总监办公室，增设行政事业资产管理处，企业处更名为工贸发展处，统计评价处更名为绩效评价处，并对有关职能及人员编制作了调整。

新“三定”方案明晰了厅内部各处室的职能，逐步形成了“统一协调，分工明确，方便单位，管理规范”的财政内部管理机制，达到了省财政厅党组对做好厅机构改革工作的要求。

（二）根据财政改革需要，理顺处室职能

2003年为适应财政管理改革需要，进一步加强和规范省财政资金支出管理工作，会同厅内有关处室到财政部和河北、天津等地对部门预算改革和处室职能划分方式等进

行专题调研，形成了《关于部门预算改革中处室职能调整问题的调研报告》。后又根据改革需要，在广泛征求各处室意见的基础上，结合省财政厅实际和机关作风建设整改意见，按照进一步理顺省财政厅机关部分处室的职能和工作关系的要求，草拟了《省财政厅关于厅机关有关处室职能划分的意见》提交厅党组。

2004年，为适应财政改革需要，进一步克服“多头对口”的问题，对厅原有职能配置、内设机构和人员编制情况进行分析，经反复征求各处室的意见，并借鉴其他兄弟省市的做法，对省财政厅内部各处室职能配置、人员编制进行适当调整，印发了《关于印发厅机关部分处室职能关系划分意见的通知》。

（三）根据财政改革、机构改革需要，加强厅内机构编制管理工作

2001年，核定省财政厅票据监管中心、机关服务中心、省会计函授学校等厅属单位内设机构和领导职数，做好厅托儿所撤销后人员安置工作。做好厅国库处设立工作，根据财政国库管理制度改革的需要，对设立国库处的必要性、主要任务、职责、人员编制等方面进行研究，起草《关于省财政厅内设机构调整的请示》上报省政府，2001年6月，省编委同意省财政厅设立国库处。

2002年，报经省编委同意，增加省政府采购中心事业编制5名、厅机关服务中心事业编制6名。

做好国库支付中心设立的有关工作。根据财政国库管理制度改革的需要，对成立国库支付中心的必要性、主要任务、职能、机构设置、人员编制等方面进行研究，以《关于成立广东省财政厅国库支付中心的函》上报省政府。2002年8月，省编委同意成立省财政厅国库支付中心，核定事业编制45名。其后省人事厅批复同意省财政厅国库支付中心依照国家公务员制度进行管理。

2003年，报经省编委同意，省财政厅投资审核中心和票据监管中心的人员经费由自筹改为省财政核拨。省财政厅机关服务中心10名自筹事业编制改为财政核拨事业编制。

2004年，根据省领导关于探索设立省直机关服务中心，对省直各单位的财务支出集中管理的指示精神，对成立会计服务中心的重要性、法律依据、主要任务、职能、机构设置、人员编制等方面进行了研究，拟定《关于要求成立省财政会计服务中心的请示》上报省政府。2004年11月，省编委同意，省财政厅国库支付中心（局）加挂省财政会计服务中心的牌子，增加事业编制25名。

为建立规范的评估行业管理机制，进一步理顺资产评估行业管理职能，人事教育处与工贸发展处、会计处、监督检查办公室和省注册会计师协会进行协商，就有关问题进行调研，对职能和机构的调整提出建议报厅领导审批，并就单独设立省资产评估协会向省编办提出申请。2004年12月，省编办批复同意省资产评估协会从省注册会计师协会划出，单独设立。

（四）对乡镇财政所机构性质和管理体制进行调研

2004年，按照省财政厅党组会议纪要的有关决定要求，对全省乡镇财政所的机构性质和管理体制进行了调研，形成较为翔实的调研报告，对不同机构性质和隶属关系的财政所人员情况进行分析，总结主要存在问题并提出相关意见建议。

三、按照干部人事管理制度改革的要求，严格执行干部管理的各项政策和制度，认真做好干部人事工作

1. 配合做好厅级干部公选工作。2002年，配合做好省第三次副厅级干部公选工作，省财政厅共有32名处级干部参加笔试，7名同志进入培训面试，4名同志进入考察，其中1名同志被新任命为省财政厅副厅长。

2. 做好处级干部选拔任用工作。根据《省财政厅机关干部选拔任用工作条例暂行规定》，拟订了处级干部选拔任用工作方案并组织实施，经过民主推荐、民主测评、组织考察等环节，做好处级干部选拔任用工作。2001年，选拔任用正处级干部3名，副处级干部9名。2002年，选拔任用处级干部2人。2003年，选拔任用7名正处级干部。2004年，选拔任用12名副处级干部和8名调研员。

3. 做好科级干部提拔任用工作。在广泛听取厅机关干部群众意见的基础上，认真分析厅机关干部状况，及时反映科级干部任免使用情况，并通过民主推荐、考察、厅党组讨论通过等任免程序，做好科级干部提拔任用工作。2002年，提拔任用主任科员14名，副主任科员13名。2003年，提拔任用主任科员16名，副主任科员14名。2004年，提拔任用科级干部19名。

4. 做好厅机关和所属单位的公务员和毕业生招录工作。严格执行《国家公务员暂行条例》，及时做好厅机关和厅属单位公务员招录工作。2002年，招录16名公务员。2003年，招录23名公务员和2名选调生。2004年，招录公务员6名，协助厅属单位办理招录应届毕业生29人。

5. 做好干部轮岗和交流工作。2001年，机关科级以下21位干部交流轮岗。2002年，处级干部轮岗6人，科级以下干部7人。2004年，结合国有资产管理改革，对部分干部进行轮岗和交流，随职能划转到国资委及其他单位工作人员9人、财务总监8人；职能调整后，厅内处室交流轮岗10人。

6. 配合中心工作做好人员调配工作。2001年，配合厅财务总监办做好委派8名财务总监的工作；派出援藏干部1名；扶贫工作队1人；参加省委农村“三个代表”学习督导组2人、办公室1人；省直解决农村突出问题工作队2人、检查组1人；省地方金融资产追收处置工作组3人；省查处骗退税工作组3人；省消防专项检查组6人；省农村“三学”活动回访复查组1人；省公选办2人；省安全生产责任考核组2人。

2002年，办理抽调扶贫工作队、省政府办公厅协助工作、省委赴潮阳工作队、香港工委借调各1人。

2003年，办理抽调扶贫工作队1人、省直党政机关事业单位经营性资产清理办公室8人、省治理整顿土地市场秩序检查组1人、省府金融协调组1人，办理抽调省纪委、省委组织部、省公选办等协助工作9人。

2004年，办理抽调扶贫工作队1人、省税改办6人、省委基层办1人。

7. 协助省有关部门做好干部管理工作。2002年，协助省委组织部对推荐陈继兴同志为十六大代表和省新一届省委委员的考察工作。

2004年，协助省委组织部做好有关厅领导试用期满的考察工作、省劳动和社会保障厅副厅长人选的民主推荐和考察工作以及选拔年轻干部到粤东、粤西和粤北地区的县级党政领导班子任职的选拔推荐工作。

8. 加强对厅属单位干部人事工作管理。加大人事制度改革力度，推进厅属单位中层干部竞争上岗。2001年广东财经职业学院中层干部实施竞争上岗，聘任12名中层正职、12名中层副职上岗；省财政学校对空缺的副校长职位进行竞争上岗，选拔了1名副校长上岗。

9. 认真做好人事管理各项日常工作。及时办理工资调整、人员调配、接收转业干部、职称评审、年度考核、档案管理、工作证发放和计划生育管理等各项工作。协助厅属单位做好考录、招聘人员的有关工作，布置和检查厅属单位的干部人事工作。

四、适应财政改革和经济社会发展需要，加大培训力度，提高干部队伍素质

（一）认真制定干部教育培训计划

根据中共广东省委《2001～2005年广东省干部教育培训规划》、财政部《2001～2005年全国财政干部教育培训规划》和“十五”期间广东财政改革与发展的方向和重点，制定《2001～2005年广东省财政干部教育培训规划》，印发到各地贯彻执行。

（二）大力开展财政系统干部教育培训工作

2002年举办4期镇财政所长培训班，培训所长446人。

2003年与厅办公室共同组织举办市领导干部财税工作培训班。各市市长或分管财税工作的副市长、市财政局局长42人参加培训。培训采取专题讲座的形式，安排从事财税理论研究的教授、专家以及财税实际工作部门的领导讲授有关专题，省长黄华华和常务副省长钟阳胜作了重要讲话，财政部预算司司长张弘力、财政部财政科研所所长贾康及省地方税务局局长吴昇文分别作了专题讲座。

2004年组织举办了两期县财政局长培训班。培训班学习和研讨当前财政工作中的重大理论和现实问题，包括财政管理体制改革、行政许可法、公共财政理论与实践、部门预算、国库集中收付制度改革、服务型政府环境下的公共支出及其绩效评估等，全省128名县财政局长参加了培训学习。

（三）认真抓好厅机关及厅属单位干部教育培训工作

1. 按照省委组织部、省人事厅有关工作要求，开展好干部教育培训工作。2001年，安排中青班学习培训2人；任职培训6人；厅、处级干部电脑培训班19人；出国学习培训1人。

2002年，安排参加厅级领导干部进修班、中青班、出国进修班、高级公务员公共行政管理知识专题研究班各1人，处级任职培训6人，人事处长培训班2人；组织厅机关干部和依照公务员管理单位干部102人进行公务员普通级和初级英语培训，分两批进行公共财政理论专业课培训。

2003年组织人事“四五”普法学习，参加人事部门布置的人事执法考试。并配合省委组织部做好第五批高层次人才出国进修的推荐、选拔和考察等有关工作。

2004年根据省人事厅《关于举办公务员行政许可法培训班的通知》的要求，组织厅机关公务员和依照公务员制度管理的单位中除工勤人员以外的工作人员232人分8期参加了《行政许可法》培训班及相关考试考核。每期脱产学习一个星期。并组织选派省财政厅干部参加省委组织部和省人事厅举办的厅级领导干部进修班、县处级领导干部培训班、公务员任职培训班、公务员初任培训班、人事管理培训班等班次的学习培训。

2. 组织科（处）级干部出国进修学习。2003年参照省委组织部选派高层次管理人才出国进修的做法，结合省财政厅选派人员出国进修计划，经处室推荐、考试选拔和外语培训，选拔3名干部前往澳大利亚进行为期一年的学习培训。

2004年，通过笔试、口语考试，在全省财政系统挑选4名科（处）级干部赴澳大利亚皇家墨尔本理工大学进修。

3. 会同省财政厅有关处室开展好业务培训工作。2004年会同监察室举办兼职审计员业务培训班，50人受训。培训班通过开设《党风廉政教育》、《审计业务》、《内审业务》、《离任审计》等课程，使学员们较好地掌握了监督审计的基本理论和实际业务操作方法，为以后顺利开展工作奠定了基础。

4. 做好厅机关和依照公务员管理的事业单位干部参加学历、学位学习教育的审核报批等管理工作。根据《省财政厅机关工作人员参加学历、学位教育学习管理办法》的规定，及时为符合条件参加学历、学位学习教育的干部办理审核报批手续和学费的补助手续。

（四）大力抓好全省财政系统“两个文明”建设工作

1. 认真制定全省财政系统精神文明建设规划。2001年，根据中共中央关于加强社会主义精神文明建设若干重要问题的决议精神和江总书记对财政工作、财政干部队伍

建设的重要指示精神，结合广东财政系统实际，制定了《2001～2005年广东省财政系统精神文明建设规划》，明确“十五”期间全省财政系统精神文明建设的指导思想、奋斗目标，提出了“十五”期间全省财政系统精神文明建设的主要任务和工作要求。

2. 组织开展好财政系统先进单位、先进个人评选工作。2001年组织开展1998～2000年度全省财政系统文明财政所的评选和表彰工作。在组织评选工作中，严格按照新修订的《广东省财政系统文明财政所条件》进行评选。对各市推荐候选财政所，认真组织检查核实，在此基础上，评选出广州市番禺区潭洲镇财政所等56个单位为“1998～2000年度全省财政系统文明财政所”，并进行通报表彰和奖励。

2002年，会同省人事厅在全省开展财政系统先进集体、先进个人评选表彰工作，共评选表彰全省财政系统先进集体29个，先进工作者30人，其中推荐评选全国财政系统先进集体3个，先进工作者3人。

2003年，为推进乡镇财政两个文明建设健康发展，组织开展了2001～2002年度全省财政系统文明财政所评选活动，全省各级财政部门严格依照《广东省财政系统文明财政所条件》进行评选，经过逐级推荐，实地调查核实，省财政厅决定授予广州市白云区人和镇财政所等56个财政所“2001～2002年度全省财政系统文明财政所”称号，并颁发了奖牌。同时，认真配合完成财政部和共青团广东省委推荐第四届“中国杰出（优秀）青年卫士”工作。推荐东莞市财政局长安分局副局长李志良同志为第四届“中国杰出（优秀）青年卫士”广东财政系统候选人。

3. 积极组织开展精神文明建设活动。2001年，与厅机关党委办公室一起做好财政部《理财赞歌——全国财政战线共产党员风采》一书有关广东财政部门优秀共产党员材料的选定和核实以及该书的订购和发行工作。该书收录了全国财政系统基层党组织和共产党员的先进事迹材料，是财政系统加强“两个文明”建设的成果体现，被财政部确定为“十五”期间全国财政干部教育培训重点教材，广东财政系统有4位同志的先进事迹材料入选此书。

2003年，组织开展征文活动。根据财政部人事教育司《关于举办“辉煌的十年——纪念〈国家公务员暂行条例〉颁布实施十周年”征文活动》的通知要求，积极发动全省财政系统广大干部职工踊跃投稿，共收到20多篇稿件统一上报到财政部人事教育司。

（五）认真配合财政部完成财政系统人事教育统计报表填报工作，创建人才信息库

根据财政部人事教育司的要求，做好全省财政系统人事教育统计报表汇总工作。部署各市上报《全国财政系统职工基本情况年报表》、《地（市）、县级财政局长名单》，对各市报表进行审核汇总，并建立省财政厅副处级以上干部人员库，对全省财政干部队伍状况进行全面分析，提出干部队伍中存在的问题和加强队伍建设的建议，为有关部门和领导决策提供参考。

（六）做好省财政厅属院校日常管理工作

2001年协助广东财经职业学院做好改制的报批和成立挂牌工作。做好省财政学校图书馆、教研楼和旧区改造项目的工程结算审核工作，委托省财政厅投资审核中心负责审核。这些项目的送审金额为3 552.68万元，审定金额为2 853.46万元，核减了699.22万元，核减率为19.68%。

2003～2004年，做好广东财经职业学院办公楼、学生宿舍、体育馆三个工程项目资金的报审、报批等工作，使广东财经职业学院三项工程控制在总投资规模内竣工验收。

2004年，承办广东财经职业学院设立人事管理户头、增设院长助理和调整学院部分内设机构的报批工作。同时，协助两院校完成教师节、建校周年有关庆祝活动。

五、提高认识，坚持不懈抓好安全保卫工作

人事教育处长期高度重视抓好安全保卫工作，得到了有关部门的好评，使省财政厅被省政府授予1999至2001年度消防安全先进单位称号。

2001年，健全值班巡逻制度，落实责任制，做好厅机关日常安全保卫工作，加强节假日期间的安全检查，并举办消防安全培训班。

2002年，采取多种形式积极开展消防安全宣传教育活动，举办消防安全知识讲座和请省、市消防局有关专家对厅所属单位进行指导检查；召开现场会、办公会，及时布置加强安全防范工作。

2003年，在抗击“非典”工作中，与厅有关部门一起落实厅大院和仓边路办公楼的防“非典”措施，确保省财政厅无“非典”个案发生。配合街道做好大院的防火、除“四害”和安全保卫等工作。

2004年，在厅旧办公大楼进行内部装修期间，积极配合厅基建办狠抓施工单位的安全意识。确保整个大楼装修工作能够安全、有序地进行。在办公室搬迁过程中，提前介入前期工作，使在搬迁过程中没有发生文件资料丢失和公共财物被盗的情况。多次对厅大院、仓边路大楼、环市路综合楼进行全面的安全检查。全年全厅没有重大安全事故发生。

六、以人为本，做好人事服务和专项中心工作

（一）做好办证服务工作

在出国（境）访问人员组团时间安排较为集中和参团人数较多的情况下，按时办理有关各项报批、政审、护照、签证等手续，并加强对团组进行外事纪律教育。2004年共办理176人的因公出访的申请报批和签证工作，保障每个团组都按时出访、安全归来；全年还办理外单位邀请的因公出访报批手续63人次和57人的因私出国、赴港澳报批办证工作。办理前往特区边防证131张，新录用人员迁入广州户口12人次。

（二）认真做好有关部门布置的专项中心工作

1. 积极配合扶贫工作队做好各项扶贫联络工作。协助扶贫工作队沟通情况，落实资金，关心扶贫队员的思想、生活情况，为他们排忧解难。

2. 做好援疆、援藏服务工作。按照省委、省政府有关部门要求，积极完成各项中心工作的抽调人员和相关协调工作。

3. 认真开展“树组工干部形象”活动。2003 年根据省委组织部开展“树组工干部形象”教育活动要求，制定了《关于广东省财政厅学习贯彻“三个代表”重要思想开展以公道正派为主要内容的“树组工干部形象”集中学习教育活动的实施方案》。按照胡锦涛总书记关于“四个必须”、“两个满意”的要求，坚持“对己清正、对人公正、对内严格、对外平等”，认真学习《党政领导干部选拔任用工作条例》、《党政领导干部选拔任用工作监督检查办法（试行）》和有关人事工作的各项法规和制度，努力提高人事干部的思想政治素质，转变工作作风，做好干部选拔任用工作和为财政中心工作服务。

4. 认真配合开展行风建设、机关作风建设活动。2002 年，印发了《广东省财政厅关于贯彻十五届六中全会精神加强机关作风建设的意见》，进一步促进机关作风建设。

2004 年，按照厅民主评议行风工作的要求，从实际出发，坚持把行风评议工作作为一件大事来抓，加强领导，明确要求，狠抓落实，充分调动全处同志的工作积极性，开展好本处民主评议行风工作，促进了人事教育工作管理水平的提高。同时，积极配合厅行评办完成好全厅民主评议行风各项工作。

5. 落实党风廉政建设责任制。根据厅机关党委办公室和监察室的统一布置，结合人事教育处实际，狠抓党风廉政建设和纪律教育工作，认真检查落实。进一步规范党员干部从政行为，认真落实党风廉政责任制，完善考核制度。组织干部采取灵活多样的方式进行学习，做到集中学习与个人自学相结合，讨论与交流相结合，联系实际与制定措施相结合，以正面教育为主，深入学习中共中央关于加强党风廉政建设和反腐败斗争的一系列重要指示精神，把党风廉政建设的各项工作落到实处。

（人事教育处供稿，丘晓敏执笔）

机关党建工作概述

2001～2004 年，省财政厅直属机关党委坚持以毛泽东思想、邓小平理论和“三个代表”重要思想为指导，坚持以科学发展观统领全局，认真学习、宣传、贯彻党的十五、十六届全会精神。坚持党要管党、从严治党的方针，紧密围绕省委、省政府的工作部署和省财政厅的中心工作，以践行“三个代表”重要思想、保持共产党员先进性教育、“固本强基”、争创“三有一好”为主题，以加强党的建设为目标，深入开展学习教育活动，不断提高党员的理想信念、理论水平和工作能力；不断加强物质文明、政治文明、精神文明三个文明建设工作，充分发挥各基层党组织的战斗堡垒作用和广大党员的先锋模范作用，为全厅完成各项工作任务提供精神动力和组织保证。

一、加强思想建设工作

思想建设工作是实现党的政治路线的重要保证和基本途径，是民主政治的重要保证，是做好各项工作的前提。省财政厅直属机关党委坚持以思想建设为基础，长抓不懈，取得了较好的成效。

（一）全力抓好学习教育工作，突出理论武装

用“三个代表”重要思想武装党员头脑是全党的使命。省财政厅直属机关党委始终坚持用“三个代表”重要思想武装全体党员的头脑，把政治理论教育和提高党员的政治思想素质作为首要工作来抓，坚持在提高学习质量，学以致用，用有所成上下功夫，努力做到“四个注重”：注重和财政工作实际相结合。紧紧围绕财政工作特点、财政中心工作任务进行，使学习教育工作紧密联系本单位、本部门实际，达到学以致用的效果。注重区分层次，点面结合。学习中始终坚持以领导干部为重点，以理论学习中心组为“龙头”，真正起到领导干部以身作则，以点带面的效果。注重采取多种形式教育相结合，通过集中学习、自学、参观学习、专题讨论等形式，增强学习的趣味性和形象性，加深了理解，增强了学习效果。注重宣传发动与情况交流相结合，充分利用简报、报刊、杂志、网络等各种途径，将学习内容、目标要求、好做法、好经验及时进行宣传交流，以扩大学习影响，营造良好氛围，推动各项学习教育活动顺利开展。

四年间，厅直属机关党委认真组织全厅党员、干部学习第十五、十六届中央委员会全会的有关重要文件精神，学习省委八、九届全体会议精神和江泽民、胡锦涛同志的重要讲话及省委领导的重要讲话等。通过加强政治理论、党的知识和科学技术的学习，较好地帮助财政厅广大党员自觉树立正确的世界观、人生观、价值观，自觉地践行“全心全意为人民服务”的思想，努力做到“立党为公、执政为民”，为财政厅完成各项工作任务创造了良好的工作氛围，提供了良好的精神动力和组织保证。

回顾四年来的工作，除抓好日常的学习教育外，突出抓了如下几项专项学习教育活动。

一是认真学习贯彻党的十六届三中、四中全会精神，深入开展执政能力建设活动。根据党的十六届四中全会和省委九届五次全会精神，把加强党的执政能力建设摆上了重要议事日程，提高认识，统一思想，统一行动，着力解决厅各级党组织和广大党员存在的突出问题，达到加强厅各级党组织的建设，提高厅各级党员干部执政能力的目的。

二是认真组织全厅党员深入学习贯彻“三个代表”重

要思想。通过开展“学习和贯彻‘三个代表’重要思想”、“兴起学习贯彻‘三个代表’重要思想新高潮”等一系列的专题学习教育活动，使广大党员、干部提高了思想认识，进一步增强了学习实践“三个代表”重要思想的自觉性和坚定性，立党为公、执政为民，为民理财的意识有了明显提高，较好地使“三个代表”重要思想贯彻落实到财政的各项工作中。

三是认真学习贯彻胡锦涛同志2003年“七一”讲话、两次视察广东重要讲话和在先进性教育活动报告会上的重要讲话精神，把树立和落实科学发展观、加强执政能力建设、保持共产党员先进性教育活动作为重要的政治任务抓紧、抓好、抓实，有效地帮助广大党员进一步坚定理想信念，从思想上保证了党的各项方针政策和省委、省政府交给的各项工作任务在全厅得到较好的贯彻落实。

四是认真开展学习“抗非典精神”的活动。2003年，为战胜“非典”，确保工作的开展，按照上级部署，认真组织了学习“抗非典精神”的活动，通过活动，提高了干部职工对抗击“非典”意义的认识，激发了大家的政治热情，为全省战胜“非典”提供了良好的财力保障服务。

五是抓好机关作风建设年活动。2003年，厅直属机关党委认真按照省委、省政府的决定，按照省直机关作风建设年活动领导小组的要求，积极做好厅机关作风建设年活动工作，进一步加强机关内部管理，建立健全各项规章制度。在作风建设年活动中，全厅共新修订制度78项，修改完善制度24项。通过作风建设年活动，初步实现了解放思想有新突破、转变职能有新举措、服务水平有新提高、干净干事有新气象的目标，把机关作风建设提高到一个新水平，得到了省委和省直机关工委的肯定和表彰。

六是组织开展“三树立、五落实”主题教育活动。2004年上半年，厅直属机关党委按照省委、省政府的决定和省直工委的布置，认真开展以树立和落实科学发展观为主题的“三树立、五落实”主题教育活动，取得了明显成效。

通过为期半年的“三树立、五落实”主题教育活动，帮助广大党员、干部全面领会和把握科学发展观的精神实质、主要内涵和基本要求，使科学发展观在财政工作中得到贯彻落实，受到了省直“三树立、五落实”主题教育活动领导小组的表扬。

七是积极做好保持共产党员先进性教育活动的前期工作。根据上级党委的部署，2004年5月份开始，厅直属机关党委提早介入，认真做好开展保持共产党员先进性教育活动的各项调查摸底的工作，为全厅开展先进性教育活动打下了思想基础。一是向厅机关各党支部、厅属各单位党组织印发了《关于做好保持共产党员先进性教育活动准备阶段调查摸底工作的通知》，转发了省委组织部《关于抓紧做好保持共产党员先进性教育活动和“理想、责任、能力、形象”教育活动准备工作的通知》，就开展保持共产党员先进性教育活动和“理想、责任、能力、形象”教育活动准备工作作了部署；二是开展了《保持共产党员先进性教育专题调查问卷》活动，根据上级党组织的部署，厅直属机关党委及时在厅机关各党支部、厅属各单位党组织的广大党员中开展了先进性教育的调查问卷活动，并根据省财政厅党组织、党员的情况写出专题汇报，上报省直工委；三是积极配合好省直工委开展保持共产党员先进性教育活动的调研工作，对如何开展先进性教育活动提出意见和建议。通过准备阶段的工作，使广大党员对开展保持共产党员先进性教育活动有了思想上的准备，为开展先进性教育活动打下基础。

八是配合做好民主评议行风工作。2004年，配合厅行风评议领导小组认真组织厅各级党组织、广大党员和干部自觉、主动地投身于民主评议行风工作，为全厅完成行风评议各个阶段的工作作出了努力。

（二）协助厅党组做好中心组学习及其他工作

1. 协助做好厅党组理论学习中心组的理论学习。一是认真协助厅党组拟定年度学习计划，选准学习重点，提出研讨专题；二是认真收集提供学习资料，做好学习的服务工作；三是及时做好学习情况的宣传和汇报工作。2004年12月，省委组织部、省委宣传部会同省直机关工委、省委党校组成的检查考核组，对省财政厅党组中心组学习情况进行了检查考核，对中心组理论学习工作给予了充分的肯定，认为中心组理论学习制度健全、管理规范，结合实际紧、形式灵活，学习简报有特色，学习效果好。

2. 协助厅党组做好思想政治建设工作。一是认真配合厅党组落实好民主集中制原则，推进决策工作的民主、科学，保证党的政策在全厅的工作实践中得到贯彻执行。二是协助落实厅领导班子民主生活会制度，认真配合厅党组做好群众意见收集汇报等工作。

二、加强组织建设工作

加强基层组织建设，是机关党建工作的重点。按照上级党组织关于加强基层党组织建设的总体要求，厅直属机关党委始终把党建工作摆上重要议程，努力做到“四个不放松”。

（一）狠抓厅直属机关党委自身建设工作不放松

按照《中国共产党党和国家机关基层组织工作条例》要求，厅直属机关党委及时充实党委班子。一是根据人员变动及工作的需要，增补厅直属机关党委书记、副书记各一名；二是配齐配强厅党委办公室的工作人员；三是充分发挥厅直属机关党委办公室的职能作用，厅党委办全体同志尽职尽责，做了大量的工作，为厅机关党建工作的顺利开展提供了组织保证和打下了扎实的基础。

（二）狠抓厅各党支部(党委)建设工作不放松

党的支部建设，是党建工作的基础。厅直属机关党委高度重视厅机关及所属单位党支部（党委）的建设。

一是抓好厅各级党组织认真落实“三会一课”制度，按规定过好组织生活；领导干部参加双重组织生活。在过去的四年间，厅直属机关党委在抓好“三会一课”制度落实的同时，认真落实党组成员“除了参加所在支部的组织生活外，还须参加其他非分管单位党组织生活”的决定，协助做好各位厅党组成员参加非分管单位党支部组织生活的工作。2004年9月至年底，六位厅党组成员先后参加了20个非分管单位党组织的支部生活会，与240人次的党员、干部进行了直接交流、沟通，融洽了干群关系。

二是认真召开好基层组织民主生活会。厅直属机关党委按规定认真组织基层党组织召开好民主生活会，通过民主生活会，进一步增强了班子建设，增强了党组织的凝聚力和战斗力。

三是抓好基层党组织换届选举和委员增补工作。一是按规定抓好厅机关各党支部、厅属各单位党组织的换届选举工作。二是及时做好基层党组织的增补工作，做到随缺随补，随调随换，保证了各党支部班子健全、工作到位。四年间，除了各基层党组织进行一次换届选举外，共批准新成立党支部3个，增补支委27人，更改支部名称2个。

四是把好入党质量关，做好组织发展工作。认真做好发展新党员工作，较好地做到“坚持标准、保证质量、改善结构、慎重发展”，成熟一个发展一个。2001～2004年的四年间，在各级党组织的共同努力下，厅直属机关党委共审批新党员46名，批准按期转为中共正式党员56名。

（三）狠抓党员的教育管理不放松

加强对党员的教育和管理是关系到提高党员素质、增强党组织战斗力的重要工作。四年间，厅直属机关党委坚持严格要求、严格管理的原则，切实加大对党员的管理工作力度，认真组织处级党员干部和入党积极分子到省委党校、省直机关党校进行理论培训和脱产学习，四年间，共有处级党员干部培训47人次和入党积极分子培训76人次。通过理论学习、上党课、纪律教育、参观党史教育基地等，使全厅党员受到教育，得到锻炼和提高；较好地帮助全厅党员牢固树立宗旨意识、为民意识、大局意识和政治意识，确保广大党员自觉提高自身素质，认真履行党员义务，正确行使党员权利，党员先锋模范作用得到较好的发挥。

（四）狠抓“创先争优”活动不放松

“创先争优”活动是组织建设的重要内容，厅直属机关党委始终坚持以开展“创先争优”活动激励党组织、共产党员和党务工作者积极向上，努力工作。四年间，全厅各级党组织通过开展“创先争优”活动，共评选出优秀党员165人次，先进基层党组织8个。获得省直工委授予党建工作先进单位1个，“一把手抓党建”先进个人1人，省直机关先进基层党组织2个，省直机关优秀党务工作者称号的2人次，省直机关优秀共产党员称号的3人次。通过“创先争优”活动，树立典型，激发了广大党员学先进、争当先进的热情，形成了“争创三有一好，争当时代先锋”的良好氛围。

三、加强党风建设工作

加强党风建设是党建工作的重要组成部分。厅直属机关党委把党风建设摆上重要议事日程，坚持从实际出发，从领导抓起，从自身做起，紧紧抓住“固本强基”、先进性教育活动、省直机关作风建设年活动、“三树立、五落实”主题教育活动、民主评议行风活动等载体，狠抓党风建设不放松，着力塑造党员新形象。

（一）抓解放思想，不断创新

解放思想、推动创新，是作风建设的首要任务。厅直属机关党委通过开展一系列教育活动，引导全体党员认真落实“三个一切”（一切影响发展的思想都要坚决冲破，一切制约发展的做法和规定都要坚决改变，一切影响发展的体制弊端都要坚决革除）的要求，做到“三破三立”（破除骄傲自满、故步自封思想，树立谦虚谨慎、不骄不躁的优良作风，把“追兵”当标兵，把“对手”当老师，破除安于现状、因循守旧思想，树立敢为人先、创新务实的进取精神；破除享乐主义思想，树立艰苦奋斗、励精图治、勤俭办事的优良作风）和“八个坚持，八个反对”。为省财政厅建设“创新型”机关打下坚实的基础，有力地推进了机关深化改革，转变职能，推动了部门预算、国库集中支付、绩效评价、政府采购、“收支两条线”等改革工作深入开展，为贯彻落实科学发展观，促进全省财政工作上新台阶打下扎实的基础。

（二）抓执政为民，提高服务水平

创建“服务型”机关是党风建设的重要内容。厅直属机关党委从深入开展党的宗旨教育和群众观点教育，加强从政道德建设入手，不断加强全体党员“立党为公、执政为民”、“群众利益无小事”的观念教育，使全体党员做到权为民所用，情为民所系，利为民所谋，不断完善工作制度，规范服务行为。2003年制定了《广东省财政厅机关工作人员为基层及单位服务的工作规范》，使办事工作制度化、规范化，为基层服务、为民理财的意识得到提高。

（三）抓形象，促进干净干事

形象是威信。厅直属机关党委把形象教育作为党风建设的重要内容，抓教育、重成效。坚持以“为民、务实、清廉”、“三有一好”等教育活动为内容，不断增强广大党员的公仆意识，进一步规范职业道德，提高业务素质和服务水平。促使广大党员各方面的素质和谐发展，达到与时代步伐和谐共进，与群众感情和谐交融，与责任义务和谐对称，较好地树立起财政部门良好的精神风貌。

四、加强思想政治工作

厅直属机关党委始终把思想政治工作作为一项重要工作来抓，营造心情舒畅、心齐实干的良好工作氛围。

四年间，厅直属机关党委不断加大思想政治工作力度，改进工作方法，努力提高思想政治工作的针对性、主动性、实效性。

一是明确思想政治工作责任，建立思想政治工作机制。较好地落实了各党支部（党委）书记为思想政治工作第一责任人、各支委分工负责、兼职政工干部协助支部书记具体抓的工作机制，形成了一级抓一级、层层负责抓落实的工作网络。

二是充分发挥兼职政工干部队伍的桥梁纽带作用，认真协助本单位领导了解干部职工思想上存在的问题和群众关心的热点难点问题，增强思想政治工作的针对性，及时解决存在问题，化解矛盾，共同促进工作，为全厅顺利完成各项工作任务打下较好的思想基础。从2000年至2004年年底共聘任兼职政工干部58人次。

三是通过适时召开全厅思想政治工作分析会、全厅思想政治工作经验交流会，加大对各单位思想政治工作的指导力度，增强厅各党支部（党委）书记的责任意识，不断改进工作方法，提高思想政治工作的针对性和有效性。

四是在力所能及、政策许可的范围内帮助干部、群众解决一些实际问题，如对有病住院的同志组织探望、慰问，积极与有关部门、学校、幼儿园联系，协助解决职工子女入学、入托问题等。

五、精神文明建设工作

精神文明建设是建设中国特色社会主义的一个重要目标和任务。厅直属机关党委始终把精神文明建设作为党建工作的重要内容，狠抓落实，为全厅完成各项工作提供智力支持和精神动力。

一是开展“致富思源，富而思进”的专题教育活动，使党员、干部明白“源在何处”，时时牢记“富从何来”，进一步认识“富后何去”，努力做到“富而思进、富而尚勤、富而好学、富而崇德、富而求序”。

二是深入开展爱国主义、集体主义、社会主义及树立正确的世界观、人生观、价值观的教育，激发党员、干部的政治热情，促进党员保持昂扬向上的精神状态。

三是开展丰富多彩的文体活动，凝聚思想，活跃氛围。支持工、青、妇开展形式多样、寓教于乐的文体活动，不断丰富机关文化生活，调动党员、干部工作的积极性和创造性。

四是认真做好评比表彰活动，推动精神文明建设工作的深入开展。四年间，为推动精神文明建设工作的深入开展，厅直属机关党委在抓好精神文明建设各项工作落实的同时，坚持做好评比表彰工作，经评比，省财政厅受省直工委表彰的精神文明先进单位4个，精神文明创建活动积极分子3名。

六、协助厅党组做好干部管理工作

厅直属机关党委坚持党管干部的原则，认真贯彻中共中央组织部和省委有关文件精神，积极协助厅党组做好厅机关和厅属单位的党、群干部管理工作，认真配合厅党组积极稳妥地推进干部人事管理制度改革工作。

（厅机关党委办公室供稿，许琪扬执笔）

财政纪检监察工作概述

根据2001年省纪委、省委组织部、省编办、省监察厅关于印发《关于加强省纪委、省监察厅派驻（出）纪检监察机构管理的意见》的通知和省财政厅党组决定，中共广东省纪委派驻省财政厅纪律检查组、广东省监察厅派驻省财政厅监察室于2001年11月从省财政厅监督检查办公室分离出来，正式独立办公。

2001～2004年，财政纪检监察部门在省纪委和各级财政部门党组的领导下，以邓小平理论和“三个代表”重要思想为指导，根据中央、省委以及财政部党风廉政建设的工作部署，坚持“标本兼治、综合治理，惩防并举、注重预防”的方针，紧紧围绕财政工作的中心任务，认真开展党风廉政建设和反腐败工作，积极构筑教育、制度、监督并重的惩治和预防腐败体系，为推动广东财政改革与发展提供了强有力的保障。

一、贯彻落实上级廉政工作会议精神

省财政厅纪检组、监察室积极协助厅党组认真学习贯彻上级各次廉政会议精神，结合财政工作实际，狠抓任务的落实。每年年初及时召开全厅党风廉政建设工作会议，传达贯彻中纪委、省纪委全会精神，总结省财政厅的党风廉政建设和反腐败工作，并部署工作任务。会议结合财政部门的工作实际，及时部署省财政厅党风廉政建设和反腐败的工作目标、任务，要求各处室、单位把党风廉政建设工作摆上重要位置，认真组织学习会议精神，提高思想认识；领导干部要以身作则，带头严格执行廉洁自律各项规定。为使工作落到实处，省财政厅把党风廉政建设和反腐败的工作目标按业务分工进行细化，以党组名义将《广东省财政厅党风廉政建设和反腐败工作安排》印发至各处室、单位，要求各有关处室根据分工，结合本处室实际，制定相应的措施，把落实党风廉政建设和反腐败工作任务纳入本处室的工作计划，一起部署，一起检查，一起落实，并把落实情况列入年度总结或工作报告报送厅党组。

二、党风廉政建设责任制

党风廉政建设责任制体现责、权的统一，从制度上规定了各级领导干部要挑起“一岗双责”的担子。根据中共中央、国务院《关于实行党风廉政建设责任制的规定》，省财政厅把落实党风廉政建设责任制作为一项严肃的政治纪律认真执行。

2002年，省财政厅把落实党风廉政建设责任制工作纳

入党组民主生活会的内容，群众对此也进行了评议，认为省财政厅各级领导能够把落实党风廉政建设责任制作为一项严肃的政治纪律认真执行，群众对此表示满意。

2003年，省财政厅以开展“机关作风建设年”活动为契机，大力推进机关作风建设，认真落实党风廉政建设责任制，有效推动了党风廉政建设和反腐败工作的深入开展。为使党风廉政建设责任制落到实处，从2003年起，每年年初都结合实际对《广东省财政厅党组和党组成员党风廉政建设责任制具体责任内容》、《广东省财政厅机关及所属单位领导干部党风廉政建设责任制具体责任内容》进行修订，经厅党组批准后，印发给各处室、单位及有关人员。平时，厅纪检组、监察室加强对厅各处室、单位党风廉政建设责任制落实情况的监督检查，一是检查在思想建设上是否落实了对班子、对干部的教育责任；二是检查在党风廉政建设和反腐败工作中是否落实了厅党组赋予的分工责任；三是检查在业务工作中是否落实了党风廉政建设的监督责任。

为做好对各部门党风廉政建设责任制落实情况的督促检查工作，2003年下半年，经厅党组研究决定，建立了省财政厅落实党风廉政建设责任制工作年终汇报制度，每年年终召开落实党风廉政建设责任制情况汇报会。2003年和2004年的年终汇报会召开时，机关各处室和厅属各单位均作了汇报，总的看来情况较好，态度是端正的，工作是认真的，措施是得力的，效果是良好的，全厅及所属单位的党员干部没有因为违反党风廉政建设责任制规定受到党纪政纪处分的。

2004年5月9日至12日，根据省党风廉政建设责任制领导小组的工作安排，省纪委副书记赵振华亲自率考核小组对省财政厅党组执行党风廉政建设责任制规定的情况进行考核。经过几天的考核，赵副书记及考核小组对财政厅领导班子落实党风廉政建设责任制的情况有了基本的了解，并给予了很高的评价。考核小组认为，省财政厅领导班子是一个头脑清醒、很有朝气、进取意识很强的班子，党组成员对贯彻执行中央《关于实行党风廉政建设责任制的规定》的思想认识到位，紧密结合业务工作开展党风廉政建设和反腐败工作，不断深化改革和探索从源头上预防和治理腐败的路子，取得了很大的成绩，对推动全省党风廉政建设和反腐败斗争的深入开展作出了重要贡献。

三、党风廉政教育与宣传

针对市场经济条件下利益主体多元化、人们思想日益活跃的情况，省财政厅把党风廉政教育作为反腐保廉预防体系的基础工程，纳入全省财政系统精神文明建设的整体规划，统一部署，统一实施。在实际工作中，通过抓好教育方式“三个结合”，即抓好理论教育与现实教育相结合，集中教育与分散教育相结合，警示教育与示范教育相结合，增强了教育的实效性和针对性。

2001年，根据省纪委的部署和要求，省财政厅于7月份在全厅范围内开展了纪律教育学习月活动。为了使纪律教育学习月活动扎扎实实地开展起来，厅党组成员、纪检组长熊展瑜代表厅党组在处级干部会议上作了动员讲话。厅纪检组、厅直属机关党委结合厅的具体情况，印发了《关于开展纪律教育学习月活动的通知》，同时将《整顿和规范市场经济秩序学习资料选编》、《反腐倡廉教育读本》发给党员干部人手一册。一方面组织广大党员、干部听动员报告，认真学习邓小平关于党风廉政建设和反腐败的理论，江泽民同志“七一”重要讲话和中纪委、省纪委全会精神及有关“两大整治”（即整治市场经济秩序和整治社会治安秩序）的法律法规。另一方面结合财政工作的实际，开展了一系列党员、干部喜闻乐见的教育活动，组织开展了财政法规知识竞赛等活动，组织观看《守护生命》、《虞德海、黄启恒案件警示录》、《雷霆出击》、《一代廉吏于成龙》等廉政教育片，并以处室、部门为单位组织讨论，谈感想。

2002年，为使廉政教育收到实效，省财政厅首先做到教育活动制度化，使教育工作有计划、有安排、不间断、常抓不懈；其次是做到教育内容具体化，坚持以邓小平理论、“三个代表”重要思想为基本内容，使财政干部牢固树立艰苦奋斗、执政为民、廉洁从政、依法理财的思想；再次是做到教育形式多样化，认真研究新形势下开展廉政教育的方法、措施，如组织观看廉政教育片，开展法规知识考试及竞赛，及时进行正反典型事例教育，用先进事迹激励干部，用反面案例进行警示教育等。

7月份，为了使纪律教育学习月活动扎扎实实地开展起来，厅党组成员、副厅长周高雄代表厅党组在全厅党员干部大会上作动员讲话。8月份，省财政厅举办了纪律教育学习月专题辅导讲座，由厅党组成员、纪检组长赵军向全厅党员、干部作题为《正确认识党风廉政建设和反腐败斗争形势，进一步做好省财政厅党风廉政建设和反腐败工作》的专题辅导报告。在纪律教育月活动中，省财政厅还通过组织党员干部认真学习有关文件精神，转发案件通报，如《转发省委关于梁耀华特大走私受贿案和省纪委关于高州市“东尧陵”事件有关人员责任问题的通报》等，组织观看《沉重的代价》、《超越平凡》、《高墙下的忏悔》、《异化的权力》等廉政教育片，使广大党员、干部普遍受到了生动和深刻的廉政教育，提高了拒腐防变的自觉性。省财政厅参加纪律教育学习月活动的人数占党员干部总数的95%以上。2002年，省财政厅还增加印发了4期纪律教育学习月活动简报。

2003年，省财政厅坚持与时俱进、开拓创新的精神，努力做到教育活动制度、形式、内容的创新，坚持每季度都有一次大的教育活动。第一季度，邀请了省纪委常委、秘书长张宇航到厅作题为《正确认识新形势下的反腐败问题》的专题报告；第二季度组织观看了全省卫生系统在抗“非典”斗争中英模先进事迹报告会；第三季度，结合纪律教育学习月活动的深入开展，厅党组成员、纪检组长赵军作了题为《艰苦奋斗、廉洁从政》的辅导报告；第四季度，邀请省检察院的徐新励到厅作了关于预防职务犯罪的专题报告。

省财政厅还十分重视对年轻同志的廉政教育，9月初，厅监察室派出人员联系财政系统近十年的违纪违法案例给国库支付中心的新同志上了“勤政廉政、从我做起”的廉政教育课，得到了大家的好评。厅党组成员、纪检组长赵军还到广东财经职业学院、投资审核中心等厅属单位讲课、座谈，进行廉政教育。为使教育活动更加生动具体，省财政厅组织党员、干部观看《不朽英魂》、《忏悔与警示》、《为民书记郑培民》、《情系百姓》等专题片，并结合财政系统的案例进行警示教育，通过转发案件通报（如《转发省纪委关于查处雷州市一些单位和个人白拿白要丰收糖业公司产品问题情况通报的通知》、《转发佛山市财政局、梅州市财政局通报邝新、罗坚新等违法违纪问题的通知》）和印发《纪检通讯》等方式，用身边的例子来警醒大家，要求广大党员、干部吸取教训，引以为戒，提高拒腐防变的自觉性。

在2003年的纪律教育学习月活动中，省财政厅紧密结合本系统的实际，重点抓好“五个结合”，确保教育效果。一是把开展纪律教育学习活动与“机关作风建设年”活动相结合，形成联动效应，进一步增强服务意识和服务水平。二是与学习抗击“非典”英雄模范人物相结合。通过观看《全省学习卫生系统党组织和共产党员抗击“非典”先进事迹报告会》和电视诗《天使颂》，医务工作者的敬业精神、献身精神和协作精神，使广大党员、干部的心灵受到了一次震撼和净化，收到了较好的教育效果。三是与开好民主生活会相结合。四是与开展评选财政系统“窗口之星”活动相结合。选出部分先进事迹材料印发给全省财政系统党员、干部学习，以弘扬正气，树立榜样。五是与落实整改相结合。省财政厅参加纪律教育学习月活动的人数占党员干部总数的98%以上，组织观看廉政教育片9场次，编发纪律教育学习月活动简报8期，各处室上报学习体会文章16篇。

2004年，省财政厅把纪律教育学习月活动与民主评议行风活动和“三树立、五落实”主题教育活动结合起来，紧紧抓住三个层次，有针对性地开展不同形式和内容的学习教育。

一是对领导干部着重进行树立正确权力观、自觉接受监督的教育。省财政厅把贯彻执行“两个条例”和遵守“四大纪律八项要求”的情况作为2004年民主生活会的重要内容，要求领导干部紧密联系本单位和个人实际情况，自觉查摆存在的问题，认真整改。

二是对重点岗位、重要部门及执法执纪人员进行反腐倡廉教育。组织观看了《扭曲的人生》、《纵权之祸》、《王怀忠的两面人生》等警示教育片，组织参观了“全国从政警言书画展”，用身边的例子警醒大家，要求党员、干部认真学习，对照检查，吸取教训，引以为鉴，提高拒腐防变的自觉性。另外，还通过一些正面的典型来进行示范教育，组织观看《生死界线》、《执着的追求》、《立党为公执政为民先进事迹报告》、《廉洁工程》等廉政专题片。

三是对广大干部、职工主要进行职业道德教育和保持共产党员先进性教育活动。为进一步加强对干部、职工的职业道德教育，省财政厅邀请华南师范大学政法学院魏则胜教授作职业道德专题报告，使大家对职业道德有了更深的认识。各处室、单位采取集中学习和个人自学相结合的方式，结合实际，丰富和充实学习教育内容，并组织开展学习交流、座谈讨论、上党课等活动，使学习教育更加生动活泼，丰富多彩。在学习活动中，175位同志还结合本单位和个人的实际认真书写了学习心得体会，提高了学习效果。

省财政厅还认真抓好经常性教育活动，通过开展形式多样的活动，达到学习、教育的目的。一是组织观看监察部副部长屈万祥关于学习“两个条例”的辅导报告光盘。二是认真组织“两个条例”知识测试。三是举办民主评议行风暨党风廉政建设知识竞赛活动。结合民主评议行风活动，厅纪检组、监察室认真组织广大干部、职工参加“两个条例”和“四大纪律八项要求”等有关规定的知识竞赛活动，进一步增强了学习廉政知识的主动性和遵守廉政规定的自觉性。四是组织开展全省财政系统先进单位先进个人事迹巡回报告活动。从近几年的先进单位和个人中挑选事迹较为突出的代表组成报告团赴各地财政部门巡回报告，分珠江三角洲、粤北和东西两翼三片进行。自6月21日报告团在佛山市举行首场报告到7月30日在汕头市举行的最后一场报告，全省财政系统先进单位先进个人事迹巡回报告共举办了22场，参加报告会的财政系统干部、职工近1万人次。巡回报告活动在全省财政系统引起巨大的反响。

省财政厅认真做好纪检监察信息交流上报工作，从2002年开始至2004年，共印发《纪检通讯》53期，并不定期向省纪委、省直纪工委上报各种专题纪检监察信息。2003年上报的信息中有四条被上级采用。厅纪检组、监察室被评为2003年度全省纪检监察信息工作先进单位。

四、领导干部廉洁自律

2001年省财政厅严格执行领导干部廉洁自律各项规定和制度，一是认真执行领导干部配偶、子女从业的有关规定。省财政厅对处级领导干部配偶、子女从业情况进行了摸底登记和甄别，未发现违反规定的问题。二是根据省纪委要求，对省财政厅党员、公职人员是否有向地方中小金融机构、农金会借款和担保借款的问题进行了清理、登记、复核，未发现此类问题。三是根据中央和省关于清理两证一照的通知要求，对省财政厅领导干部持有因私护照和本人及其配偶办理的前往港澳通行证（单程证）、外国居留证进行一次全面清理，并将情况及时上报省纪委。四是根据中纪委、省纪委有关文件规定，省财政厅于5～7月份对领导干部接受现金、有价证券、支付凭证等（以下统称“红包”）进行清理。在这次清理中共有67人次上交“红包”，金额累计人民币19万元。

2002年和2003年，省财政厅坚持以“三个代表”重要思想为指导，以干净干事为目标，把落实中央和省委制止奢侈浪费“八条规定”和《廉政准则》、《廉政守则》作为重点，认真抓了以下廉政规定的落实：一是继续落实领导干部不准收受与自己行使职权有关的单位、个人和外商、私营企业主的现金、有价证券、支付凭证的规定。对确实无法拒绝的“红包”要求自觉按照规定缴入省财政厅的廉政账户。每逢重大节日都事先向厅机关、厅属各单位、全省财政系统发出有关勤俭节约、禁止收受“红包”、反对公款吃喝、禁止铺张浪费等的通知，做到警钟长鸣。二是认真落实领导干部不准到企业和单位报销应由本人及其配偶、子女支付的个人费用。对违反规定报销的，责令其退还，并视情况给予党纪政纪处分。对该项工作，省财政厅要求各处室和厅属各单位进行一次清理自查，由厅办公室负责整改。三是继续落实领导干部配偶、子女从业的有关规定。要求领导干部加强对自己的配偶、子女以及身边工作人员的教育和管理，不准默许或授意他们打着领导干部的旗号以权谋私。对放任、纵容他们违法违纪的，追究领导干部的责任。厅党委办、人事教育处和监察室认真负起监督检查责任。四是狠刹奢侈享乐、铺张浪费歪风。省财政厅要求各处室和厅属单位的干部到基层进行公务活动不得接受超标准的接待，也不得用公款进行高消费娱乐和健身活动。五是严禁领导干部参与赌博活动。六是认真清理领导干部违规用车和用公款为干部购买商业性保险。

2003年，省财政厅还强调领导干部不准利用职权干预和插手建设工程招标投标、经营性土地使用权出让、房地产开发与经营等市场活动，为个人和亲友谋取私利。对违反规定的，无论有无以权谋私，一概严肃处理。另外，还转发了《中共中央纪委、监察部关于坚决刹住用公款大吃大喝歪风的紧急通知》，通过《纪检通讯》转发《张德江要求领导干部带头交出干事创业、干净廉洁两份优异答卷》、中纪委《关于刘方仁严重违纪违法案件的通报》和《关于转发中共黑龙江省纪委〈关于绥化市原市委书记马德受贿案件的通报〉的通报》等，使同志们切实提高思想认识，增强拒腐防变能力，做到廉政勤政。

2004年，省财政厅严格执行“四大纪律八项要求”和领导干部廉洁自律各项规定。省财政厅还严格执行领导干部外出请示报告制度，加强领导干部出国(境)证件管理等。2004年11月25日，省纪委、省监察厅召开新闻发布会，重申领导干部廉洁自律“五个不许”：一是不许违反规定收送现金、有价证券和支付凭证；二是不许“跑官要官”；三是不许放任、纵容配偶、子女和身边工作人员利用领导干部职权和职务影响经商办企业或从事中介活动谋取非法利益；四是不许参与赌博；五是不许借婚丧嫁娶之机收钱敛财。省财政厅及时召开厅办公会议传达省纪委有关规定精神，并将“五个不许”的规定转发至厅各处室、单位，要求认真组织干部、职工学习，提高思想认识，树立防微杜渐的意识；要求领导干部要发挥表率作用，带头坚决落实有关规定，切实抓好职责范围内的党风廉政建设和反腐败工作，要把落实“五个不许”作为当前的一项重点工作来抓，常抓不懈，警钟长鸣。会后，省财政厅各处室、单位认真抓落实，对照规定查摆问题，并将对照检查情况上报厅纪检组。从汇报情况来看，各处室、单位均能自觉遵守廉洁自律各项规定，没有违反纪律和规定的情况。

五、廉政制度建设

2001年，为建立健全有关廉政制度，从制度上规范干部的从政行为，省财政厅结合财政业务的特点，制定了抓好党风廉政建设的几项措施：一是制定廉政配套制度。省财政厅先后制定了《广东省财政厅内部会计管理制度试行办法》、《广东省财政厅廉政谈话制度》和《关于规范财政管理，严肃财政工作纪律的暂行规定》等廉政配套制度。厅各处室、厅属单位也根据自身业务特点，制定了有关加强内部管理、监督和廉政建设的规章制度。二是实行廉政承诺制度。省财政厅机关及所属单位副科以上干部都按要求签署《广东省财政厅领导干部不接受和赠送“红包”承诺书》。三是建立廉政账户。党员、干部必须严格遵守纪律，不得接受“红包”，如确实无法拒收退回的，收受者自觉上交“廉政账户”，保证领导干部廉洁从政，依法理财。

2002年，为了规范信访和案件查办工作，省财政厅制定了《财政厅信访案件查办制度》，规定了工作程序和工作纪律，使工作有章可循、有法可依。为加强与授权管理单位的联系，制定印发了《省纪委派驻财政厅纪检组与授权管理单位工作联系制度》，要求各单位把纪检监察工作情况、查办案件情况、信访统计表等及时报厅纪检组（由厅纪检组汇总上报省纪委），以便掌握情况，给予指导。

2003年，为规范办事程序，加强内部管理，省财政厅修改制定了若干廉政制度和办法，对原《广东省财政厅廉政谈话制度》进行修改，制定了《广东省财政厅关于实行谈话制度的暂行办法》；参照省内外行政效能监察相关规章制度，制定了《广东省财政厅行政效能监察实施办法》，得到省纪委领导的好评；结合“机关作风建设年”活动，制定了《“机关作风建设年”活动投诉处理制度》等。

2004年，省财政厅在认真学习有关文件的基础上，注重加强廉政制度建设，以制度规范管理。一是在认真学习“两个条例”的基础上，研究制定了《广东省财政厅关于对贯彻执行〈中国共产党党内监督条例（试行）〉情况进行监督检查的实施方案》；二是制定了《广东省财政厅关于建立廉政档案制度的实施办法》，强化对领导干部的监督，落实对重要部门和岗位的廉政管理，推进依法行政，促进廉洁自律，为使用干部提供了依据；三是根据《中国共产党党内监督条例（试行）》和《广东省财政厅党风廉政建设责任制实施办法》，制定了《广东省财政厅领导干部述廉制度》，增强领导干部落实党风廉政建设责任制和自觉接受监督的意识，完善了监督制约机制；四是为进一步加强审计工作，建立了内部兼职审计员制度，根据《广东省财政厅关于实行干部离任审计制度的试行办法》和《广东省财政厅内部监督检查暂行办法》，制定了《广东省财政厅兼职审计员管理暂行办法》。

根据中纪委、省纪委的有关指示精神，经省财政厅党组研究决定，自2004年8月1日起取消省财政厅设立的“廉政账户”，明确要求厅各处室、单位的党员、干部要坚持廉洁奉公，干净干事，坚决拒收“红包”，因特殊原因未能拒收的，一律于收到之日起10个工作日内上缴厅纪检组。

六、对权力运行的监督制约

省财政厅坚持以领导干部特别是领导班子主要负责人为重点，紧紧抓住易于滋生腐败的重点环节和重点部位，综合运用多种监督形式，努力形成结构合理、配置科学、程序严密、制约有效的权力运行机制。

（一）开展廉政承诺活动

2004年，为增强领导干部廉洁自律意识，省财政厅开展了廉政承诺活动。由厅党组书记、厅长刘昆代表厅党组向社会公开作出6项廉政承诺；厅各处室及所属单位的一把手向厅党组作出廉政承诺；其他干部向本单位一把手作出廉政承诺。

（二）做好廉政谈话工作

按照《广东省财政厅关于实行谈话制度的暂行办法》的规定，厅党组成员、纪检组长赵军2003年对新提拔的7名处级领导干部进行廉政谈话，2004年对新提拔的12名处级领导干部进行廉政谈话。经过相互沟通，大家畅所欲言，就如何做到廉政勤政，抓好党风廉政建设问题交换了意见。厅党组成员、纪检组长赵军要求他们积极主动抓好职责范围内的党风廉政建设和反腐败工作，严格遵守廉洁自律各项规定，在廉政、勤政方面作出表率，并注意处理好五个关系：一是处理好抓工作与抓队伍的关系；二是处理好身教与言教的关系；三是处理好自己抓与大家抓的关系；四是处理好敢抓与善抓的关系；五是处理好抓工作与抓总结提高的关系。

（三）加强效能监察和审计

2002年省财政厅严肃财经纪律，积极开展执法监察工作，完成对4名处级干部的离任审计。2003年完成对2名处级干部的离任审计。

2003年省财政厅同时开展了厅内部审计、干部离任审计和行政效能监察工作，使财政部门的权力运行公开规范，杜绝以权谋私，不断提高公务员工作的质量和效率。根据《广东省财政厅行政效能监察实施办法》（以下简称《实施办法》）和《广东省财政厅2003年内部监督检查方案》，厅监察室会同监督检查办公室、人事教育处于2003年10月22日至12月31日开展了行政效能例行检查工作。厅机关（含依照公务员管理单位）均按规定开展了自查，厅离任审计组和内部审计组在进行经济责任审计的同时对企业处、农业处、监督检查办公室等三个单位进行了行政效能重点检查。总的看来情况良好，态度是端正的，措施是得力的，效果是良好的。各处室都结合实际制定了相关规章制度，内部管理比较完善，没有发现《实施办法》所列举的七种情况。

七、财政部门牵头的反腐败治本抓源头工作

2001～2004年，省财政厅始终按照公共财政的要求，以建立公共财政基本框架为目标，以财政国库管理制度改革为中心，坚持体制创新，不断深化财政体制改革，改变支出管理方式，以适应社会主义市场经济发展的要求。根据中纪委、省纪委各次全会的部署以及广东每年的党风廉政建设和反腐败工作分工，省财政厅纪检组、监察室主动做好组织协调和督促检查工作，做到有布置、有检查、有总结，积极抓好省委、省纪委交给财政部门牵头的反腐败治本抓源头各项工作任务的落实。每年年初，协调有关处室做好《广东省财政厅反腐败治本抓源头工作安排》的制定和上报工作。平时，厅纪检组、监察室加强监督检查，确保财政部门牵头的反腐败治本抓源头各项工作的顺利开展。年底，形成《广东省财政厅反腐败治本抓源头工作总结》，上报省纪委。

2003年，为进一步做好全省财政系统源头治理工作，更好地发挥纪检监察部门的服务作用，厅纪检组、监察室收集摘录有关材料，编辑了《源头治理参考材料》，供各相关单位和处室参考。截至2004年底，印发了12期《源头治理参考材料》。省财政厅在做好反腐败治本抓源头各项工作的同时，注重调查研究，2003年上报参加“广东省反腐败治本抓源头工作研讨会”的两篇论文全部入选。

2004年10月17日至23日，财政部党组成员、纪检组长金莲淑一行6人来广东调研，听取省财政厅的工作汇报后，给予了很高评价。认为广东的财政工作很有起色，不仅反映在财政收入的增长上，更重要的是反映在各项财政管理和财政改革的成效上，几项财政改革的进展可以说是一年一大步，现在都走在全国财政系统的前列。

八、省直党政机关事业单位经营性资产清理工作

省直党政机关事业单位经营性资产清理工作是广东省从源头上防治腐败、巩固统一岗位津贴成果的一项亮点工作，根据省财政厅党组部署，厅纪检组牵头落实此项工作。省委、省政府、省纪委领导对清理工作高度重视，多次听取汇报并作出指示，要求切实把清理工作抓紧抓好并一抓到底。按照省委、省政府、省纪委以及省清理省直党政机关事业单位经营性资产工作领导小组的部署，省直党政机关事业单位经营性资产清理工作按前期准备、清理核查、建章立制、规范和加强管理四个阶段组织开展。这次纳入清理范围的省直一级预算单位99个（包括财政核拨、核补经费的事业单位），87个执行统一岗位津贴的省直单位（以下简称87个省直单位）是这次核查工作的重点。从2004年3月1日起至5月底，省清理办共组织了11个核查小组490人次，按照“全面核对、突出重点、统一标准、实地核查、重新丈量、拍照存档”的要求全面开展核查工作，并将核查报告反馈各单位核对（经核对，误差面积只有50平方米）；同时，在摸清“家底”的情况下，对

核查结果进行汇总分析，并按统一标准一户一档（书面材料及电脑软盘）立卷建档，共建立252册卷宗。经过核查，截至2003年11月30日，87个省直单位拥有房地产面积385.87万平方米，其中有经营性房地产情况的单位74个，经营性房地产面积68.10万平方米，2003年1～6月经营收入9 605万元；有闲置房地产情况的单位55个，闲置房地产面积35.94万平方米。

2004年11月15日，省清理办向省政府上报了《关于省直党政机关事业单位经营性资产清理情况和处置的意见》，重点反映核查中发现的“家底不清、产权不清、单位经营谋利、经营收益管理不规范、闲置物业量大、资产配置苦乐不均、办公用房调剂难、经费超支”等八大问题，以《中共广东省委办公厅、广东省人民政府办公厅转发〈省纪委、省监察厅关于清理省直党政机关事业单位经营性资产的意见〉的通知》确定的基本原则以及常务副省长钟阳胜提出的“尊重历史、照顾现实、依法依规、合情合理”为指导思想，提出着眼长远、立足当前的六条经营性资产处置原则。11月29日，省政府第5次常务会议听取清理工作汇报，会议充分肯定了清理工作，认为清理工作取得很大成绩，会上原则同意六条处置原则。12月16日，省清理办正式向省委报送专题报告。通过这次清理，省直党政机关的不动产状况一目了然，行政事业性资产“家底”清楚，为进一步规范管理打下了坚实的基础，进一步巩固了推行统一公务员岗位津贴制度的成果。

九、民主评议行风工作

2004年，根据省纪委三次全会精神和省党风廉政建设责任制领导小组的工作部署，省财政厅被列为全省行风评议单位。按照省纪委、省政府纠风办的工作要求，全省各级财政部门把民主评议行风工作纳入2004年工作的重点，精心组织，周密部署，注重实效，高标准、严要求，扎扎实实地完成了宣传发动和准备、自查自评、落实整改、接受评议四个阶段的工作，并取得了良好的效果，达到了预期的目标。

一是领导重视，精心组织，全面推动民主评议行风活动的开展。厅党组高度重视民主评议行风工作，及时成立了省财政厅民主评议行风工作领导小组，下设办公室，并多次召开专题会议对如何抓好各阶段工作进行了认真的研究。省财政厅厅长刘昆在北京学习期间多次打电话指示，要精心组织，狠抓落实，确保民主评议行风工作取得明显成效；从北京学习回来之后，在不同场合多次强调，要以民主评议行风工作为契机，进一步提高科学理财、民主理财、依法理财和为民理财水平。为保证民主评议行风工作高质量、高标准地开展，省财政厅党组始终高度重视民主评议行风工作，做到“四个带头，四个抓”，即带头学习理论，抓认识；带头深入基层，抓调研；带头上门走访征求意见，抓问题查摆；带头落实整改，抓成效。

二是加强教育，广泛发动，营造民主评议行风工作良好氛围。在加强学习教育方面，省财政厅努力在“活”字上下功夫，抓好内容丰富与形式多样化相结合，采取集中学习和个人自学相结合、收听收看“两个条例”的辅导报告、组织观看廉政教育片、组织民主评议行风暨党风廉政建设知识竞赛、组织全省财政系统先进单位先进个人事迹巡回报告等多种学习形式，并丰富和充实学习教育内容，使学习教育更加生动活泼。在宣传发动方面，突出一个“动”字，上下联动，通过统一制定宣传标语，在厅互联网站开设专栏，设置“投诉电话”、“行评意见信箱”，编写《行评简报》，出版《广东财政理论与实务（行评专刊)》等形式深入宣传，努力营造工作氛围，使行风评议工作深入人心。

三是自查自评，纠建并举，推进民主评议行风工作深入开展。省财政厅坚持实事求是的原则，结合工作实际，以认真的态度、积极的行动，查找自身存在的问题。在切实抓好机关内部自查自评工作的基础上，采取发放调查问卷、领导带队上门走访征求意见、征求各市财政部门意见、接受电话投诉、开通电话咨询服务热线等多种形式，开诚布公，广泛征求和收集社会各界对财政部门在思想、工作、作风、服务、廉政等方面的意见和建议。在自查自评阶段，征求和收集到的意见和建议共98条。对查找到的问题，省财政厅逐条认真进行梳理，分析原因，研究对策，纠建并举，制定整改方案，落实整改，推进了民主评议行风工作的深入开展。

四是求真务实，狠抓整改，工作效率和服务水平不断提升。在整改工作中，省财政厅紧紧围绕“以分类整改为基础，以专题整改为主线，以重点整改为关键”的工作思路，狠下功夫，对涉及厅各处室及所属单位的意见及建议，进行分类整改；对涉及全厅及厅中心工作的意见和建议，分为十个专题进行整改；对省直行评办、行评团反馈的意见和建议，进行重点整改。对能及时整改的问题，尤其是人民群众关心的重点、难点和热点问题，组织力量集中时间认真进行整改，抓好落实；对一时难以解决的问题，提出了整改计划和步骤。为增强整改工作效果，厅行评办在整改过程中还举办了“八项活动”。

五是接受评议，完善制度，努力建立作风建设的长效机制。省财政厅坚持以“三个代表”重要思想为指导，认真做好相关准备，虚心接受评议，并从制度上积极探索建立作风建设的长效机制。把抓好民主评议行风工作与制度建设相结合，对现有的规章制度进行清理、完善，认真检查在制度建设上是否还存在盲区；对尚未建立的制度及时建立，对不健全的规章加以完善，对过时的规定根据新的形势和新的要求进行修改。在民主评议行风工作中共建立健全有关制度近200项，为建立作风建设长效机制奠定了坚实的基础。

经过共同努力，厅预算处、综合规划处、行政政法处、教科文处、社保处、会计处、国库支付中心、政府采购办、投资审核中心等9个处室、单位以优秀的成绩顺利通过省直行评团的评议，各市财政局也以优秀的成绩通过行评团的评议，经综合考评，省财政厅被评为“满意”单位。在12月28日省直行评办召开的省财政厅民主评议行风情况通报大会上，省直行评团认为，省财政厅民主评议行风工作取得了显著的效果，达到了预期的目标，成效主要表现在“五个进一步”：一是“为民理财”思想进一步得到强化；二是财政管理水平进一步得到提高；三是党风廉政建设责任制进一步得到落实；四是工作质量和服务水平进一步得到提升；五是干部队伍整体素质进一步得到提高。会上，省纪委常委、省政府纠风办主任巫颂平高度肯定了省财政厅的行评工作，认为省财政厅民主评议行风工作取得很好成效，交出了两份优异的答卷：一是交出了财政业务工作的优异答卷，多项财政工作走在全国前列；二是交出了行风建设的优异答卷，广大财政干部、职工以良好的精神面貌投入到工作中去，工作作风得到进一步改善。

十、授权管理单位纪检监察工作情况

根据省纪委授权，十个省直单位的纪检监察工作归属省纪委、省监察厅派驻省财政厅纪检组、监察室管理，十个省直单位分别是：广东省国家税务局、广东省地方税务局、光大银行广州分行、广东发展银行、中信实业银行广州分行、中信华南集团有限公司、广东证券股份有限公司、广发证券股份有限公司、广东华侨信托投资公司、广东民安证券经纪有限责任公司。2001至2004年，各授权管理单位均能按照“三个代表”重要思想的要求，认真贯彻落实上级各次廉政会议精神，做到廉政工作与业务工作紧密结合，上级精神与本单位的实际工作相结合，发扬传统与开拓创新相结合，教育提高与明确规范相结合，紧密联系单位实际，认真开展纪检监察工作，为本单位的中心工作保驾护航，保证了各项任务的完成。

2003年，省国税局开展对“两票”的执法监察，即对发票、税票进行执法监察，上半年在江门市新会区搞了试点工作，下半年在全省铺开检查。省地税局围绕“审批、办文、办事、会议、执法、服务”六个方面开展效能监察试点工作，制定了四项制度、三个办法，成立了行政效能投诉中心等。光大银行广州分行坚持每月组织一次纪检活动，注重防范道德风险，重点抓一把手，抓支行行长，签订责任状，把教育、防范、培训、监督相结合，建立了一个重在防范的纪检网络。广东发展银行成立了全行系统的党委、纪委，制定《党风廉政建设责任制实施细则》、《案件防范工作责任制实施办法》和《案件责任追究制度》，加大了纪检监察工作的力度。中信实业银行广州分行为加强职业道德教育，根据银行的特点，举办了关于金融从业人员职业道德规范的专题讲座，领导班子及管理部门人员还参加了系统组织的风险防范巡回演讲会，认真吸取同业的经验教训。广发证券股份有限公司引进ERP项目，优化了企业资源配置，从源头上规范资金的流动和内部管理，制约了权力的运行。

2004年，省国税局注重制度建设，先后制定了《广东省国家税务局廉政谈话制度（试行）》、《广东省国家税务局关于实行禁酒的规定》、《中共广东省国家税务局党组关于加大责任追究力度促进党风廉政建设责任制落实的意见》等制度，并认真开展巡视工作。省地税局坚持把学习贯彻张德江书记视察广东地税讲话、王华元书记对广东地税党风廉政建设的重要批示精神以及国家税务总局的“1+3”工作思路和省局的“3+1工程”有机结合起来，围绕“带好队、收好税”下功夫，提出《关于进一步深化全省地税系统党风廉政建设工作的意见》30条，并开展刹风整纪活动，取得了较好的成效。广东发展银行加强对分行办案工作的指导力度和与公安、检察等司法机关配合的力度，积极查找业务和内控建设的风险点，总结发案原因，提出堵塞漏洞和加强监督管理的办法。中信实业银行广州分行注重民主生活会的质量，两次召开“领导民主生活会征求意见座谈会”，班子成员对照意见进行检查、思考，制定改正的目标。广发证券股份有限公司下发了《关于加强预算管理实行财务公开和监督的通知》，充分发挥群众的监督力量，有效控制财务风险；开通“有话直说”网上论坛，鼓励员工广开言路，拓展企业的民主管理渠道，创造和谐稳定的内部环境。广东证券股份有限公司邀请省委党校教授作“两个条例”的专题辅导报告，并就学习贯彻“两个条例”提出四个方面的检查内容。

十一、做好对财政系统和授权管理单位纪检监察工作的指导

省财政厅纪检组认真履行派驻组的职责，加强与财政系统及十个授权管理单位的联系，指导其纪检监察工作的开展，注意做好及时传达上级会议精神、及时收集情况和发现问题及时提醒的“三及时”工作。通过召开情况交流会和座谈会、印发《纪检通讯》等方式，及时将上级会议精神和工作部署传达贯彻到全省财政系统及各授权管理单位，及时将各单位的一些好的做法和经验进行总结和交流。平时，采取集中和抽空相结合的办法，到厅内有关处室和所属单位以及授权管理单位指导工作，同时，还结合专项工作到有关市和基层财政部门进行调研，并对他们开展党风廉政建设、落实责任制等工作给予指导。

十二、纪检监察干部队伍建设

为适应新形势、新任务的要求，省财政厅纪检组、监察室注重加强自身队伍建设，加强政治理论、财政专业和纪检监察业务知识的学习，把学习江泽民同志关于反腐倡廉重要论述作为贯彻“三个代表”重要思想的重要内容，并用以武装头脑，指导实践，不断解决党风廉政建设和反腐败斗争中出现的新情况、新问题。省财政厅党组对纪检监察干部队伍建设高度重视，2004年，考虑省财政厅实际情况，增加厅纪检组人员编制1名，并建立了内部兼职审计员制度，按规定从厅各处室、单位选调21名政治思想素质高、业务能力强的科以下党员干部为厅兼职审计员，聘期两年，明确了兼职审计员的条件、任务、职责、要求及工作纪律。12月9～10日，在佛山市南海区举办厅兼职审计员授聘仪式暨业务培训班，取得了良好的效果。

十三、信访举报及案件查处

2001～2004 年，厅纪检监察部门收到群众来信、来访、电话举报共 151 件，分别按照管理权限转办或开展初查工作。对案件查处和信访工作，省财政厅高度重视，按照既立足于教育预防又坚决惩处腐败行为的原则，做到发现一件，就核实调查一件，件件有着落，事事有回音。对群众反映的一些苗头性问题，及时找有关人员谈话，进行提醒教育；对属于错告或诬告的，及时给予澄清。

广东省财政系统 2001～2004 年受处分人员统计表

年度	立案数	结案数	受处分人数	受处分人员职级				
				厅级	处级	科级	一般干部	其他
2001	17	17	21		1	6	14	
2002	18	13	11			3	6	2
2003	21	30	30		2	18	10	
2004	23	24	23		1	11	11	
合计	79	84	85		4	38	41	2

十四、典型案例

（一）佛山市南海区“806”专案

2003 年底，省财政厅党组接到省纪委关于组建财政组配合“806 专案”的指示后，高度重视，迅速行动，立即抽调精兵强将组成调查组集中进点工作。厅党组成员、纪检组长赵军亲自担任组长，及时提出了树立大局、责任、执行、求实、报告、协同、保密、团队等“八个意识”的工作要求。广东省佛山市南海区私营企业主冯明昌涉嫌诈骗银行贷款，造成银行和财政资金损失 20 多亿元。中央纪委、监察部会同有关部门及广东省纪委对此案进行了严肃查处。该案涉及党政机关、金融机构、企业及社会人员 233 人，其中厅级干部 7 人、处级干部 13 人。有关金融机构和地方政府部门共 80 名国家公职人员受到党纪、政纪处分；冯明昌等 69 人因涉嫌犯罪被司法机关依法追究刑事责任。

（二）何忠良受贿案

何忠良，男，1957 年出生，大专学历，1989 年 9 月加入中国共产党，1998 年 6 月任三水市财政局办公室主任。2000 年 8 月，佛山市中级人民检察院对何忠良违法问题立案侦查，2001 年 6 月结案。经查明，何忠良在原三水市农委下属城发房地产开发公司任经理（正科级）期间，于 1993 年下半年至 1995 年 5 月，利用发包该公司商品房等承建工程的职务便利，三次收受工程承包商陆某送的“好处费”共人民币 138 800 元和港币 5 000 元，其中澳门游港币 5 000 元，购房款人民币 100 000 元，房改房装修款人民币 38 800 元。何忠良利用职务上的便利，为他人谋取利益，收受他人贿赂，数额较大，构成受贿罪，被判处有期徒刑六年，被三水市财政局开除党籍和公职。

（三）刘岚敏贪污案

刘岚敏，男，1957 年 10 月 13 日出生于广东省珠海市，汉族，硕士，1974 年 3 月参加工作，1978 年 11 月加入中国共产党，1996 年 4 月任中山市财政局局长。2001 年 5 月至 8 月间，中山市检察院根据中山市经济责任追究办公室移送的线索材料，经初步调查，发现刘岚敏、卢惠川、吴振强、傅锦云、朴元哲等五人有涉嫌贪污和挪用公款的行为，并分别予以立案侦查。经核查，刘岚敏主要犯罪事实和处理情况如下：刘岚敏利用职务之便，以低息将公款人民币 200 万元借给其妻子所在的部门，随即以高息将该款借回，因私人原因而损害了本单位的利益，构成挪用公款罪。1996 年至 2001 年间，刘岚敏与卢惠川共同贪污 8 795 937 元，个人贪污 1 190 738 元。2003 年 2 月 12 日，中山市中级人民法院依法判处刘岚敏无期徒刑，剥夺政治权利终身，并处没收个人全部财产。

（四）邝新贪污案

邝新，男，1936 年 6 月出生，文化程度初中，1954 年 11 月入党，原佛山市财政局局长、党组书记兼社会保险局局长，1996 年 8 月退休。邝新从 1992 年至 1995 年任佛山市财政局副、正局长期间，利用职务上的便利，采取支票转账并通过他人账户提取现金方式，侵吞公共财产，个人贪污 120 万元，伙同儿子共同贪污 83.81 万元，数额巨大，情节严重。2003 年 1 月 9 日，佛山市中级人民法院一审依法判决邝新犯贪污罪，判处有期徒刑十五年，并处没收财产。2003 年 4 月 19 日，邝新被开除党籍和公职。

（五）谭志勤案

谭志勤，男，1963 年 6 月出生，文化程度大专，1993 年 11 月入党，原广州市财政局行政文教处副主任科员。2001 年 3 月 23 日，广州市纪委对谭志勤立案调查，2002 年 11 月 23 日结案。经查明，谭志勤在 1995 年 11 月至 1998 年 4 月期间，利用财政专管员的职务便利，先后将其经管单位的公款反复高息揽存，从中牟取巨额利差 937.6 万元。1997 年 3 月至 1998 年 4 月，谭志勤在办理高息存款的过程中分三次行贿送给广州市群众艺术馆馆长胡某 3.8 万元。1998 年 1 月，将广州市医药研究所赞助给广州市国际象棋协会（谭志勤未经本单位同意任该协会常务副主席）8 万元，骗到与其兄弟共同开办的市华莹公司占为己有；1996 年 1 月、6 月、12 月利用职务之便将部分财政拨款转移到市国际象棋协会共计 55 万元，供其个人购买轿车和移动电话等其他开支使用。谭志勤与其兄弟违规经商办企业。谭志勤利用财政专管员的身份，主动向经管单位提出可为其买控购商品办理控购指标，但要求在办理审批手续后到华莹公司购买，涉案金额共计人民币 1 184.3

万元。谭志勤被判处有期徒刑一年六个月，开除党籍和公职。

（六）罗坚新挪用公款案

罗坚新，男，1963年12月出生，文化程度大专，1995年6月入党，原梅州市财政局社会保障科副科长。罗坚新在梅州市财政局工作期间，利用职务便利，于2001年11月至2002年4月间，采取支票转账支付或通过他人账户提取现金方式，五次挪用其掌管并尚未移交的文教行政科开设在广东发展银行梅州分行账户中的公款，用于购买装修商住房和其个人使用，共计挪用公款人民币839 925元。罗坚新于2002年9月14日主动向梅州市纪委投案自首，如实交代了犯罪事实，并退出了商住房及全部赃款人民币275 825元。2003年1月24日，罗坚新犯挪用公款罪，被判处有期徒刑三年。罗坚新被开除党籍、开除公职。

（七）邹好祥贪污、受贿案

邹好祥，男，1952年2月出生，文化程度高中，1974年7月入党，原梅州市梅县财政局教科文股副股长。邹好祥在担任梅县财政局行财股副股长（兼局工会财务）期间，利用职务便利，于2001年5月至2002年8月间，采取复印领导批示，伪造虚假现金支出凭证的手段，多次骗取公款占为己有；采取复印领导批示，多次进行非法拨款共43.3万元，并从中收受他人财物。2003年2月19日，梅县人民法院依法判处邹好祥犯贪污罪和受贿罪，两罪并处三年有期徒刑，缓刑五年。

（八）许建行挪用公款案

许建行，男，1964年6月出生，文化程度中专，原广州市番禺区财政局桥城区财政分局干部。在2001年7月至2002年1月间，许建行利用负责管理原市桥镇财政所“收支两条线账户”及“外管中心账户”的职务之便，先后20次通过开具现金支票提取现金手段，从“收支两条线账户”及“外管中心账户”中挪用公款共86.4万元用于个人赌博。案发后，归还35万元。许建行被判处有期徒刑十年，开除公职。

（九）何伟开挪用公款案

何伟开，男，1973年9月出生，文化程度中专，1998年12月入党，原佛山市高明区三洲财政所出纳员兼预算内拨款会计。在2001至2003年间，何伟开利用职务之便先后多次在其经手管理的5个账户中私自划转、提取公款63次，合计152.5万元，全部用于非法活动。数额巨大且有87.8万元未退还。何伟开被判处有期徒刑八年，开除党籍和公职。

（十）张绍鹰受贿案

张绍鹰，男，1956年出生，文化程度大专，1996年6月入党，原清远市财政局外经金融科科长。张绍鹰在2000年8月至2003年11月先后任清远市国有资产管理局副局长、清远市财政局外经金融科科长及受清远市政府委派到清远市信用社中心社第三营业部停业整顿工作组兼任组长期间，利用职务之便，为他人谋利益，先后多次收受梁某、杨某、潘某等人给予的人民币共计96.33万元、港币3.1万元。张绍鹰犯受贿罪，被判有期徒刑十年，并处没收个人财产人民币5万元，扣押在案的赃款人民币58.5万元，予以没收，上缴国库。张绍鹰被开除党籍和公职。

（监察室供稿，耿洪波执笔）

离退休人员管理工作概述

省财政厅离退休人员管理处设立于2000年8月，编制7人，现有工作人员7人。省财政厅离退休人员管理处成立以后，在厅党组的正确领导下，坚持“老有所为、老有所教、老有所医、老有所学、老有所乐”的原则，努力实践“三个代表”重要思想，不断更新思想观念，提高为老同志服务的思想意识，认真落实好老同志的政治待遇和生活待遇，较好地完成省财政厅离退休人员管理和服务工作。截至2004年底，全厅离退休人员138人，其中离休干部25人（厅级6人），退休干部93人（厅级9人），退休职工20人。离退休人员中共产党员85人，成立2个党支部——离休党支部和退休党支部。

一、认真落实离退休老干部的政治待遇

（一）定期组织离退休老干部政治学习

组织老干部认真学习党的十六大、十六届三中、四中全会精神，深刻领会“三个代表”重要思想，及时传达党中央、国务院、省委、省政府等有关部门的重要文件。完善党支部组织生活学习的制度，坚持离退休党员每月过组织生活，确定退休党支部每月的8号、离休党支部每月的9号为党员组织生活学习日。定期组织离退休人员到省老干部培训服务中心集中学习培训，并聘请专家学者作辅导报告，同时，还通过组织老干部外出参观学习、开座谈会等多种形式，提高离退休人员思想政治学习积极性。2004年组织各种学习26场，1 300多人次参加，观看电教片3次，观看图片展一次，厅内部工作情况通报会3次。

（二）开展评选和表彰先进工作

为了更好地发挥党组织的战斗堡垒作用和共产党员的先锋模范作用，2004年离退休人员管理处组织离休和退休党支部开展评选离退休优秀党员工作，离休支部选出曾建、曾平两位离休党员为优秀党员，退休支部选出沙荣志、苏涛、邝维泽、冯茵、黄炜真、周绍熹等六位退休党员为优秀党员，省财政厅直属机关党委对优秀党员给予表彰。同时，向省委组织部推荐老干部参加先进老干部评选，省财政厅离休老干部曾建被评为全省老干部先进个人，受到省委组织部表彰。

二、落实离退休老干部的生活待遇

（一）认真做好离退休老干部的日常服务工作

1. 组织老干部参加健康体检，对体检结果逐一分析，发现健康问题催促老干部及时就医，并建立起健康档案130份。

2. 接送有需要的老干部看病、取药、住院、出院。无论节假日或白天黑夜，均能及时送急重病号就医。

3. 定期家访慰问老干部。上门家访制度化，特别是对高龄、长期患病在家的老同志，离退休管理处采取定期重点上门慰问，为老干部排忧解难。2004年1至12月，离退休处探望病人和上门家访共131人次，并对长期病号经常打电话询问情况。

4. 开展谈心活动，关心老干部的家庭和生活情况，建立了老干部基本情况档案。

5. 征订发放各类老干部喜欢阅读的书报杂志，丰富老干部的精神文化生活。

6. 协助家属处理老干部的后事。

（二）开展有益老干部身心健康的文娱体育活动

1. 管好用好老干部活动室，经常组织厅老干部开展唱歌、跳舞、棋牌等多种有益健康的活动，2004年共组织各种活动30多次，300多人次参加。

2. 组织全省财政系统老干部文化体育活动，通过开展丰富多彩、健康有益的活动，努力使老同志老有所乐、安度晚年。离退休人员管理处组织了全省财政系统“老年杯”乒乓球比赛、象棋比赛、歌唱比赛等，厅本部老干部组队参加，荣获全省财政系统“老年杯”乒乓球比赛男女混合团体第三名。

3. 参加省委组织部老干部局举办的老年文化艺术节活动，荣获第三届广东省老年文化艺术节铜奖。

4. 多次组织老干部参加省直机关老年人文化体育协会举办的爬山、郊游、歌舞比赛、象棋比赛等活动。曾荣获广东省老同志讴歌“三个代表”大型文艺汇演优秀节目奖、省直属机关老年合唱大赛风采奖。

（三）开展重大节日庆祝和慰问活动

逢春节和老人节（重阳节）等重大传统节日，离退休人员管理处落实好省财政厅领导向老干部通报财政工作情况、组织老干部开展游园、歌舞汇演、座谈会、家访慰问等庆祝和慰问活动，使离退休人员安度佳节。

（四）组织老干部到外地参观考察

2004年，离退休人员管理处组织离休老干部到福建古田会议旧址，离退休副厅级以上干部到遵义，离退休人员到东北三省、湖南省衡山、粤东等地参观考察；每年组织离休和副厅级以上退休干部到从化疗养；每年两次组织老干部在市内参观游览。2004年组织老同志到省内外考察、参观、游览7批次，人数达到243人次。通过这一系列活动的开展，使全体老同志受到了深刻的思想政治教育，体会到今天能安享晚年，是无数革命先烈经过无数次斗争得来的革命成果，来之不易，加深了对党的历史的了解，进一步坚定理想信念。

三、发挥老同志的作用，做好未成年人思想道德建设工作

1. 以扶贫助学为依托，鼓励老同志“老有所为”，力所能及做好未成年人思想道德建设工作。2002～2004年，在省财政厅关心下一代工作委员会的支持下，利用厅机关办公大楼装修改造淘汰出来的闲置尚能使用的旧电脑、旧空调设备，帮助清远市清城区革命老区学校沙田小学建起了电脑室、语音室，并发动离退休老同志和厅机关工作人员捐款捐书，办起了学校图书室，并帮助该校22名贫困、单亲特困学生解决了书杂费。

2. 2004年暑假期间，离退休人员管理处组织老同志与珠算协会联合举办为期10天的5至11岁儿童的心珠算训练班，共有36人参加，使中国传统的计算工具算盘在这些幼小心灵中得到认可，同时，也初步掌握了心珠算的基本方法，受到了家长的好评。

3. 2004年离退休人员管理处利用暑假期间组织本厅干部、职工的子女小学生组（四年级至六年级在校生）共22人到沙田小学，与当地的小学生一起到农村体验生活，并与他们进行文艺联欢活动，通过实地体验，使参加活动的小学生们珍惜今天幸福生活，激励他们好好学习，做一个对社会有用的人。

4. 2004年离退休人员管理处组织本厅干部、职工的子女中学生组（初中一年级至高中毕业生）共37人到珠海、中山两市参观，通过参观孙中山故居，使学生们对一代伟人孙中山有了进一步的了解，增长了知识。

5. 2004年组织厅关工委领导小组成员王勇干、沙荣志到沙田小学上课，这两位老同志以自己的亲身经历对该校的小学生进行现身说法，进行革命理想教育，培养下一代树立为科技强国而学的志向。

四、完善离退休人员管理工作制度

离退休人员管理处修订了《广东省财政厅离退休人员管理工作制度》，并制定了厅离退休人员管理处工作人员职责分工，印发了工作人员电话联系卡，方便了服务工作联系，落实了岗位责任制。

（离退休人员管理处供稿，吴瑞萍执笔）

机关服务中心工作概述

近几年来，机关服务中心在任务重、服务项目多的情况下，努力提高工作效率，认真做好服务工作，较好地完成了省财厅的后勤服务工作。①狠抓安全生产，完善各项

值班制度。②加强水电设施设备的管理，各项公共设备运转正常。③办公和生活秩序保持良好，大院的环境卫生和美化绿化工作得到加强。

（一）服务中心机构设置及人员配备情况

省财政厅机关服务中心是厅下属的事业单位，成立于1995年7月，主要职能是为厅机关提供后勤服务，并受厅办公室委托管理有关厅属物业。

厅机关服务中心为正处级单位，核定财政核拨事业编制38名，配主任1名，副主任2名，内设行政秘书部、车辆管理部、水电设备管理部、物业管理部、经营管理部、维修工程部、文印服务部；省财政厅招待所是厅机关服务中心下属国有企业；广东粤财服务部也是隶属于厅机关服务中心管理的国有企业单位。厅机关服务中心现有员工142人，其中财政核拨事业编制人员35人，所属企业合同制职工43人（粤财服务部23人、招待所20人），临时合同工64人。

人员学历构成，研究生1人，本科学历4人，专科学历15人，高中学历以下122人。

（二）服务中心管理的厅属物业和设备情况

1. 物业情况。根据《关于厅机关后勤事务职责划分问题的补充意见》，除厅机关办公场地的使用分配仍由厅办公室管理外，其他物业全部委托给机关服务中心负责管理，主要是空置和已出租的物业（含住宅楼房）。

2. 设施、设备情况。厅大院3号楼于2000年交付使用；环市东路322号综合大楼于1987年建成使用；仓边路26号大院2001年修装后重新启用。厅属主要设备有电梯15台，高低压电房、弱电房、中央空调、发电机组、消防烟感喷淋、电子保安监控、巡更系统、停车场电子收费系统等重要设备。

（三）经费情况

1. 服务中心经费的主要来源：包括厅办公室定额补助、服务中心（服务部、招待所）管理运营所得收入。

2. 35名事业编制人员经费由财政核拨。粤财服务部人员工资由财政厅定额补贴。

3. 招待所属于企业管理，职工工资按基本工资加利润提成，与经营效益挂钩，工资水平与粤财服务部职工基本持平。

4. 机关服务中心的大宗设施设备开支，由服务中心向厅办公室提出维修项目，按程序报批，批准后由厅办公室安排资金。

5. 司机班管理的车辆。中心负责编制人员管理，其维修费及驾驶员出差补助等费用由厅办公室负责开支。

（厅机关服务中心供稿，黄大权执笔）

广东政府采购工作概述

在省委、省政府的领导下，广东各级财政部门和政府采购机构认真贯彻《政府采购法》以及其他与政府采购相关的制度和政策法规，坚持“公开透明、公平竞争、公正和诚实信用”的原则，积极扩大政府采购规模，不断完善以集中采购和公开招标采购为主的采购方式，完善制度，规范采购，强化监督管理，几年来，广东省政府采购工作取得了长足发展。

一、规范机构建设

广东省政府采购机构建设以《政府采购法》出台前后为界，主要分为以成立“政府采购中心”为主的早期机构建设和在《政府采购法》实施后开展的“规范机构建设”两个阶段。

（一）早期机构建设

广东省推行政府采购制度改革最早的是深圳市。1997年，深圳探索开展政府采购工作，采购范围包括公务用车及其定点加油、维修、保险服务，政府机关的信息管理工程和城市绿化工程等。1998年深圳市财政局成立了全省第一个政府采购机构“深圳市政府物料供应中心”，这是广东开展政府采购的创新尝试。同时，根据国务院、财政部关于建立政府采购制度的精神，1998年下半年省政府出台了《省直行政事业单位大宗物品招标采购暂行规定》。1999年省财政厅转发财政部制定的《政府采购管理暂行办法》，并与有关部门部署开展政府采购试点工作。全省在1999年和2000年开展机构改革时，逐步建立了以财政部门为主管部门的政府采购机构——各级政府采购中心。

2000年，省财政厅在机构改革中组建成立了“广东省政府采购中心”，核定事业编制10名，实行公务员管理，内设管理部、采购一部和采购二部。由于当时《政府采购法》还没出台，在职能设置上采购中心“既是裁判员又是运动员”，监督管理和采购操作职能集中在各级政府采购中心。到2002年，省、市、县三级政府采购中心的机构框架初具规模，至年底全省21个市和顺德市都成立“政府采购中心”，珠海市政府采购中心设在市政府机关管理局，其余20个市和顺德市的“政府采购中心”设在财政部门。一些市还成立了政府采购领导小组或推行政府采购联席会议制度，广州、深圳、佛山、东莞等市还单独设立政府采购管理机构（政府采购管理办公室或政府采购管理处、科），大多数县也成立了政府采购中心。各级机构在财政等部门的领导下积极地参与财政体制改革，为政府采购制度发展开展了卓有成效的工作。

（二）依法规范机构建设

从2000年开始，广东就一直努力探索规范政府采购机构建设工作，特别是2002年6月29日《政府采购法》的颁布，标志着政府采购制度步入法治轨道。按照《政府采购法》关于“财政部门是负责政府采购监督管理的部门”和政府采购监管机构与执行机构分设和职能分离的规定，广东加大了依法规范机构建设力度，把2003年的中心工作明确为“机构建设年”。根据政府采购的发展形势和《政府采购法》规定，在省财政厅党组的正确领导和有关部门支持下，省财政厅和省监察厅联合以《关于健全我省政府采购机构的请示》发文，向省政府提出完善政府采购制度和政府采购监管机构与操作机构分离、分设等请示。2003年3月26日，省编办下发了《关于省政府采购中心更名为省政府采购管理办公室等问题的函》，批准同意将原来设在省财政厅的“省政府采购中心”更名为“省政府采购管理办公室”（下简称省采管办），主要职能任务是“负责政府采购的监督管理工作”。实行事业单位公务员管理，核定政府采购管理办公室事业编制12名。2003年4月30日，省财政厅向全省各级财政部门和省直单位印发《关于广东省政府采购中心更名为广东省政府采购管理办公室的通知》，部署全省各级财政部门依法规范机构设置，理顺管理职能，并在5月8日召开的全省政府采购工作会议时具体部署了落实意见，要求全省各级财政部门依法加强对政府采购工作的领导，做好宣传和监督管理。各市财政部门应在2003年6月底之前，按照有关审批程序，设立政府采购管理机构，充实人员，明确职责。各县财政部门也要明确负责政府采购管理的内设机构和人员。原隶属各级财政部门的集中采购机构——政府采购中心应在2003年6月底前与财政部门分离。

同年12月11日，省编委印发《关于印发广东省机械设备成套局机构编制方案的通知》，批准在广东省机械设备成套局另行设立“广东省政府采购中心”（正处级事业单位，核定事业编制50名），作为广东省省级政府采购执行机构。明确采购中心主要任务：“负责组织实施省级政府集中采购目录中属于通用的政府采购项目的采购；负责接受采购人委托代理其他政府采购项目的采购；承办省级政府采购的其他事务；协助指导各市政府采购中心的业务工作。”

通过各级财政部门的共同努力，到2004年9月，全省21个市财政局都成立了政府采购监督管理机构，机构建设全部依法规范到位，实现全省地级以上政府采购机构设置规范、合法。

二、拓宽政府采购范围和规模

在采购范围上，省财政厅结合广东实际，按照从易到难、逐步扩大的原则，根据政府采购政策和法规制定印发了《政府采购目录》，并逐年增加或调整《政府采购目录》的品目范围。为保证政府采购政策落实，发挥部门在政府采购中的监督管理作用，从2003年开始，采购目录分别用政府集中采购目录和部门集中采购目录规范，同时明确制定政府采购限额标准；政府采购品目从前几年的“大宗物品”车辆、计算机、复印机、空调的几大件发展到2004年底的“货物类、工程类和服务类”三大类近130个项目。政府采购制度覆盖面由省、市、县延伸到镇、街道，由国家机关、事业单位、团体组织延伸到企业单位。

在各级财政部门和政府采购工作人员的不懈努力下，几年来全省在加强基础管理和统计工作上取得了成效，2003年还受到财政部表彰、广东省财政厅被授予政府采购信息统计分析先进单位，全省采购规模也一年一个台阶。2000年以后采购规模一直位列全国各省市前茅，2002年到2004年采购规模连续三年位居全国各省市第一位。从2000年到2004年的五年共完成政府采购规模508.20亿元，节约资金64.95亿元，为国家节约了巨额财富，政府采购取得显著的效益，从机制上推进了财政支出改革的发展。

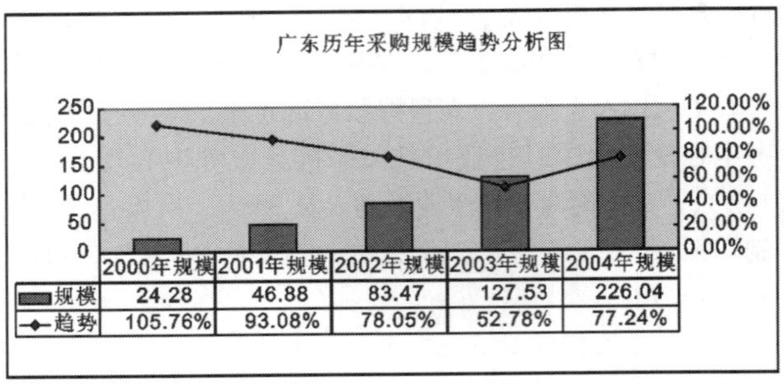

其中：2000年完成政府采购24.28亿元，比1999年增长105.76%，节约资金2.21亿元；2001年为46.88亿元，比2000年增长93.08%，节约资金6.54亿元；2002年为83.47亿元，比2001年增长78.05%，节约资金13.42亿元；2003年为127.53亿元，比2002年增长52.78%，节约资金17.12亿元。2004年全省完成采购226.04亿元，比2003年增长77.24%，节约资金25.66亿元。

三、建立了协议供货制度

按照《政府采购法》规定，政府采购组织形式（模式）主要是集中采购和分散采购，采购方式主要有公开招标、邀请招标、询价、竞争性谈判和单一来源五种方式。实际工作中，按照五种采购方式来规范操作，对批量采购，体现“三公”原则，实现规模效益是行之有效的，但对经常发生的数量少、时间紧又急需等通用定型产品项目的采购要求矛盾突出，存在时间长效率不高等缺陷，与保证需求和高效服务的实际情况不相适应。

为解决这个问题，广东从2001年开始，积极探索、研究对计算机、车辆保险、加油、维修等采购经常发生、急需的通用定型产品和服务类型的项目实行协议供货制度。2002年对复印纸、计算机、服务器、扫描仪、碎纸机、空调和车辆统一投保等项目实行协议供货制度，印发了《关于省直单位复印纸、计算机等项目政府采购有关事宜的通知》、《关于2002年度省直行政事业单位机动车辆统一投保有关事项的通知》。在此基础上，为进一步扩大协议供货范围，2003年重新制定印发了《关于省直单位公务用车协议维修的通知》、《关于省直单位公务用车协议加油的通知》。2004年制定《关于2004年度省直单位采购计算机等日常办公用品实行协议供货办法的通知》和《关于增加部分品牌车辆实行协议供货的通知》等文件，使办公自动化协议供货范围由2002年和2003年的17个品种扩大到34个品种，由硬件扩大到软件。车辆协议供货覆盖全省，由5个品牌扩大到11个品牌。较大缩短了采购时限，提高了工作效率，方便了采购单位。

四、加强制度建设

制度建设是政府采购工作长期而艰巨的中心任务。广东省从1999年试行政府采购制度开始，就把制度建设作为政府采购改革的一项重点工作来抓。1999年转发了《中华人民共和国财政部政府采购管理暂行办法》等文件。2000年到2001年转发了《政府采购招标投标管理暂行办法》、《政府采购信息公告管理办法》、《政府采购运行规程暂行规定》、《关于当前政府采购工作若干事宜》、《关于进一步加强推行政府采购工作的通知》、《关于做好2001年政府采购信息统计工作的通知》，制定印发了《广东省2001年政府采购目录》、《关于上报2001年政府采购工作方案的通知》等制度文件。

2002年初，省政府采购中心拟订了《广东省省直单位政府采购管理暂行办法》，并按省政府办公厅的要求征求省直单位的意见，于同年3月报送省政府审定、备案。当年分别出台了《关于进一步加强省级政府采购工作的通知》、《广东省省级政府采购2002年集中采购目录》、《关于编报政府采购计划的通知》、《关于省直单位政府采购申报办法的通知》、《关于开展2002年度政府采购招标业务代理机构登记备案工作的通知》、《广东省省级政府采购供应商登记管理暂行办法》、《广东省省级政府项目评审专家管理暂行办法》等制度文件。

2003年是《政府采购法》实施的第一年，省财政厅按照财政部《关于全面推进政府采购制度改革的意见》，在加强机构建设的同时加强制度建设，制定印发了《广东省省级2003年政府采购目录》、《关于制定政府采购目录的通知》、《关于印发政府采购方式及采购程序的通知》、《转发财政部2003年度政府采购招标业务代理机构登记备案工作的通知》、《关于统一开发建立广东省政府采购网的通知》、《关于省直单位公务用车协议维修的通知》、《关于招聘政府采购评审专家的通知》等制度办法，使政府采购工作有章可循。

2004年是广东省政府采购“制度建设年”，省财政厅把政府采购制度建设作为规范政府采购活动的重点。一方面，印发了《2004年我省政府采购工作要点》、《广东省省级2005年政府集中采购目录及采购限额标准》、《关于做好2004年政府采购信息统计工作的通知》、《关于报送2004年政府采购工作总结和2005年工作计划的通知》等。另一方面，成立由省采管办、采购中心和广州、江门、佛山、肇庆等市组成的“制度建设工作小组”，多次召开办公会议研究讨论，制定印发了《广东省政府采购公开招标采购方式实施暂行规程》、《广东省政府采购非公开招标采购方式实施暂行规程》、《广东省政府采购评审委员会组建暂行办法》、《广东省政府采购评审委员会工作暂行规程》、《广东省政府采购信息公告管理暂行办法》、《广东省政府采购项目档案管理暂行办法》、《广东省政府采购合同监督管理暂行办法》、《广东省政府采购计划管理暂行办法》、《广东省政府采购当事人行为规范》等9个政府采购制度办法。

几年来地方各级政府采购机构也把制度建设放在各项工作的首位。各市通过从建立和完善制度上着力规范政府采购管理体制，特别是深圳市在政府采购制度创新过程中，始终坚持法制先行，坚持依法制抓改革，依法制促规范，依法制求发展，使政府采购有法可依、有章可循。珠海、佛山、江门、东莞、中山、湛江、茂名、广州等市为使政府采购工作有章可循、采取措施健全规章制度、填补制度空白，加快制定或重新研究制定、修订了与《政府采购法》相配套、具体化、操作性强的制度、办法。这些措施既保证了采购工作公平、公正、公开和规范运作，又提升了广东省政府采购管理水平，提高了采购效率和采购质量。

各市也加强了内部制度建设，通过加强制度建设和内部管理，为政府采购制度化、规范化管理奠定了基础，为全省政府采购制度的改革沿着法制化轨道向纵深发展提供了制度保障。

五、加强规范管理

广东政府采购工作大致经历了探索、全面推行和按照《政府采购法》规范依法管理这三个阶段。为了切实依法履行对政府采购活动的监督管理职责，全省采取措施着重从以下几方面认真加强监督，规范管理。

首先是加强建设与《政府采购法》相配套的制度办法，用制度来规范政府采购行为。以此为基础进一步加强政府采购当事人的监督管理。一是明确政府采购当事人，即采购人、供应商、采购代理机构的行为规范；二是通过对供应商的资格审查，加强对供应商的管理；三是严格采购代理机构的考核，促进政府采购规范操作、健康发展。

其次，严格评审专家的监督管理。为此，省采购办制定了《广东省政府采购评审委员会工作规程》、《广东省政府采购组建评审委员会暂行办法》、《广东省政府采购评审专家评审纪律》，加强了政府采购评审专家的管理，保证了政府采购“三公”原则的落实。

第三，进一步完善健全内部管理制度，切实加强政府采购内部管理。省采管办进一步完善了《广东省政府采购管理办公室工作人员守则》、《广东省政府采购管理办公室考勤办法》、《广东省政府采购管理办公室工作人员“十不准”纪律规定》、《广东省政府采购管理办公室学习制度》、《广东省政府采购管理办公室公文处理办法》等14个内部管理规章。建立了内部的政治业务学习制度，修订完善了《广东省政府采购管理办公室廉政建设规定》。并加强考核，增强政府采购工作人员的廉政意识、法律意识和纪律观念，提高服务质量。

第四，加强对政府采购制度执行情况的监督检查。通过“走出去”、“请进来”，向有关政府采购工作的社会各界发出民主评议政府采购行风邀请函等方式，深入基层征求群众意见，接受社会监督，并分别到有关市、县就政府采购工作在制度建设、基础工作、监督管理、执行操作、采购效率、服务水平等问题，特别是政府采购难点、热点、焦点问题进行调查研究，征求各基层单位的意见和建议，认真整改。

各市也切实加强了监管工作，如佛山市与监察部门密切配合，进一步加强对重要项目组建评委会、公开评标和履行合同情况等环节的监督，及时查处多宗来信投诉，维护政府采购法规的严肃性；审计部门也积极开展政府采购的事后监督检查工作，财政部门和政府采购中心还不定期邀请人大、各民主党派和新闻媒体对政府采购活动进行监督。

广州市改进管理方式，根据采购活动的实际需要和财政部门开展监督管理工作的要求，建立了具有计划、信息、项目、评审专家、协议供应商和数据管理六大功能的网络管理信息系统，政府采购管理工作实现十个方面监督管理自动化，对集中采购和分散采购、月度采购计划、项目登记表、采购公告备案、电话和短信通知抽取专家、显示专家抽取结果、中标金额备案、政府采购通知书、各类统计报表、跟踪各采购环节时间等十个环节进行自动化处理，形成管理链条。

这些措施加强了对采购当事人依法采购的监督力度，规范了政府采购运作。经过这几年的努力，社会从不了解政府采购制度到逐步了解政府采购，认识逐步提高，监管和操作也不断规范，全省政府采购工作得到迅速发展。

六、积极推进建立“两个竞争机制”和“一个制约机制”

2003年初，省财政厅厅长刘昆提出了建立政府采购“两个竞争机制”和“一个制约机制”的设想，即推进建立政府采购代理机构竞争机制、供应商竞争机制以及采购人、代理机构、供应商之间的制约机制。省采管办进行了积极探索：一是培育和扩大社会招标代理机构，制订科学合理的政府集中采购目录，规范采购人自行选择政府采购代理机构代理采购业务的权力，推进政府采购代理机构竞争机制；二是推进建立供应商竞争机制。通过加强对政府采购信息发布的监管，扩大信息发布覆盖面，建立供应商库，建立制定非招标方式供应商产生办法，提高广大供应商参与政府采购竞争的积极性。加强对招标文件技术指标的审查，组织资深专家进行论证，保证招标文件的公平性，确保供应商之间的公平竞争；三是推进建立采购人、供应商、政府采购代理机构的制约机制。对政府采购招标业务流程和操作环节进行规范，对招标采购的品牌竞争、流程中各环节的时间计划、招标和预中标公告、质疑、投诉途径及处理、评标委员会组建等作出规定，逐步建立采购人、供应商、政府采购代理机构的制约机制。

七、网络信息化建设取得新突破

随着广东政府采购范围和规模的扩大，必须运用信息技术来提高政府采购的效率和服务，用信息技术加强监管和规范操作，实现采购项目网上申报、网上审批、网上采购等功能，提升全省政府采购工作整体运作水平。

2001年，省政府采购中心提出了“构建全省统一的政府采购电子平台”的设想。省财政厅在2002年加快了建设省政府采购网络系统的步伐，按照“总体规划、分步实施、先行试点、全面推行”的原则，把政府采购网络系统建设列入了“金财工程”规划，并在2002年10月开通“广东政府采购网”。此后在工作中进一步完善了“广东政府采购网”评标专家管理系统、信息公告管理系统等，并实现网上随机抽取评委、供应商网上注册等功能。2003年和2004年，又采取措施加快政府采购网络系统的建设。

1. 2003年3月印发了《关于统一开发建立广东省政府采购网的通知》，对全省政府采购网络化建设作出部署。

2. 省采管办经与省财政厅信息中心多次反复研究，决定在完善“广东省政府采购网”信息发布、专家抽取、协议采购等系统的基础上正式启动政府采购其他管理系统的开发工作。

3. 指导省政府采购中心研究开发广东省政府采购执行平台的建设，逐步实现网上采购功能，推行网上采购，采购人可通过“网上申报、下订单、网上审批、签合同”等形式实现实时采购，缩短采购时间，提高效率。

地方各市也把信息网络化建设作为推进政府采购工作的重要措施。深圳市建设了网上政府采购系统，实现了网络采购，全市政府采购搭上了信息公路快车，政府采购达到高效、经济、透明。珠海市把加强信息化建设放在十分突出的位置，全面实行信息化带动策略，全面升级“珠海政府采购网站”，优化“政府采购银行卡管理系统”并扩大网上采购范围，尝试开展网上询价采购和网上投标。广州市实行了“政府采购语音咨询”、“专家随机抽取自动通知”、“网上申报采购计划”。佛山、江门、东莞、中山等市通过政府采购信息网络化建设，提升了政府采购的质量和效率，为进一步推进全省政府采购工作打下了基础。

八、统一规范程序，提高服务效率

1. 简化程序和手续，提高采购效率。2004年省采管办结合贯彻执行《行政许可法》，印发了《关于政府采购业务委托代理实施意见的通知》，对集中采购和部门集中采购分别进行规范分类，凡是通用类项目由省政府采购中心实施，专业性较强项目由部门依法实施部门集中采购，进一步简化程序和手续，缩短时间，方便工作，提高工作效率。

2. 依法审批选择采购方式和明确工作时限。根据具体采购项目情况，依法审批采购方式，并明确批复采购计划原则上在4个工作日内办理完毕。其中属省采管办职权范围内的事项，应当在2个工作日内办理完毕。

3. 规范政府采购工作程序和操作规程，明晰具体运作流程指引。制订印发《广东省政府采购公开招标采购方式实施暂行规程》、《广东省政府采购非公开招标采购方式实施规程》，明确、细化了政府采购规程。

4. 承诺公布采购程序和采购时间。修订编制了《广东省省级政府采购指南》，明晰了政府采购的运作流程，明确了政府采购项目的申报、受理、组织实施的步骤，时间需求和时间要求，方便政府采购当事人按照规范性指引来提高政府采购效率。明确向社会承诺公布采购程序和采购时间，公开招标、邀请招标采购方式包括采购人12个工作日和信息发布20个工作日在内，一般要在42个工作日内完成。竞争性谈判、询价、单一来源采购方式包括采购人12个工作日在内，一般要20个工作日内完成。汽车、办公自动化等协议采购项目一般在2个工作日内完成。

（广东省政府采购管理办公室供稿，梁杰贤执笔）

外债管理工作概述

2001～2004年，面对国际金融组织贷款和外国政府贷款业务出现的新情况、新特点，广东财政部门坚持以“三个代表”重要思想为指导，牢固树立和落实科学发展观，积极探索与其应对的发展新思路，以务实、科学的态度开展新项目，开拓新业务，开创了国际金融组织及外国政府贷款管理工作的新局面。

一、2001～2004年利用国际金融组织贷款管理工作

（一）广东利用国际金融组织贷款的基本情况

截至2004年12月31日止，全省利用国际金融组织贷款项目共29个，协议总额为116 170万美元。其中：世界银行（以下简称世行）贷款项目共有25个，在建项目9个，已经结束的项目16个，签约总额合计103 370万美元；亚洲开发银行（以下简称亚行）贷款项目4个，贷款签约总额为48 622万美元；国际农业发展基金项目1个，签约总额为1 490万美元；广州抽水蓄能电站（二）利用亚行、法国政府贷款项目1个，签约总额为6 300万美元。

2001～2004年，广东列入国家利用世行贷款备选项目共有4个，贷款总额4.74亿美元；财政部与世行完成谈判的项目有2个，贷款总额为1.74亿美元。

（二）落实科学发展观，努力推动环保、内河航道、交通等新项目上马

广东利用世行贷款的珠江流域综合治理项目及内河航道新项目取得了突破性进展。一是2001年珠江流域综合整治一期（广州）列入国家利用世行贷款计划，至2004年，顺利完成世行贷款珠江流域综合整治一期（广州）项目的所有前期准备工作并于2004年11月30日生效。二是获全球环境基金1 000万美元的赠款，2004年底启动，用于鼓励城市间环境保护区域合作的项目。三是促进珠江流域综合整治二期（深圳）项目的准备工作，该项目已列入国家世行贷款计划，世行专家已初步完成前期鉴别，即将进入可行性研究阶段；同时，积极推动珠江三角洲城市环境整治三期（佛山、江门）项目的立项申报工作，项目建议书已完成国内审批程序，获美国贸易发展署赠款31万美元。四是推进全球环境基金（GEF）广东牲畜废物管理项目的开展，确定了博罗县为项目示范点，在省农业厅成立了项目办公室，落实了项目的配套资金，由世行、联合国粮农组织（FAO）派出的代表团已对项目进行了预评估。

（三）勇于进取，努力开拓国际金融组织贷款新业务

1. 探索做好私营部门发展项目。2004年5月，在世行美国执行董事及中国执行董事访粤期间，组织广东省18家私营企业与贵宾座谈，探讨世行与广东民营企业加强合作的可行性；10月份世行国际金融公司与财政部在安徽省联合举办了“公共部门与民营部门合作论坛”。省世界银行贷款业务办公室（下简称省世行办）组织了珠三角城际轨道项目、佛山市天然气管道项目及湛江市城市基础设施等项目参会展览，拓展与国际金融机构及外国投资者沟通渠道，为这些项目融资打造平台。

2. 围绕建设广东文化大省的战略，积极探讨世行和广东省在文化领域的合作。2004年10月21日，广东省政府副省长雷于蓝会见世行城市发展局局长VARMA先生一行时，双方就广东省利用世行贷款进行文物保护工作展开广泛会谈。

3. 开拓新业务，积极引进全球环境基金业务。2003年6月，经努力争取，世行为广东申请了1 000万美元全球环境基金赠款，其中800万美元用于珠三角区域合作项目，200万美元用于水质监测和信息系统项目。这是广东首次获得全球环境基金赠款。此外，与泰国、越南共同参与利用全球环境基金700万美元赠款的东亚牲畜废物管理项目，也于2004年通过了预评估。

（四）围绕财政部门全过程管理的中心目标，加强在建项目的资金、财务、债务及实施过程的监督管理

1. 加强在建项目的监督管理工作。认真做好在建项目的贷款支付，计收息费和会计核算工作。通过报账支付、项目现场检查，掌握项目实际进度与资金投向，加强项目贷款资金使用监控，保证贷款资金合理、高效运用。全程参加世行代表团检查工作，掌握项目实施管理中存在的问题，指导和协助项目单位及时解决；并组织项目年终会计决算汇总，检查全省在建项目会计信息质量，对存在问题，制定了整改措施；规定项目单位接受审计部门的审计，向世行提交审计报告。与此同时，还注重加强项目资金管理，及时处理项目剩余贷款，节约资金成本、对项目

设计变更、市场行情变化引发的剩余贷款主动组织项目单位和世行协商，通过调整支付类别、增加建设内容，或取消部分贷款等措施，解决项目剩余贷款问题。

2. 强化债务意识，确保国家主权债务按时足额偿还，维护广东对外信用的声誉。认真做好国际金融组织贷款项目还本付息付费的计算工作，及时、准确地向债务人发出通知单。强化项目单位债务意识，加大催收力度，确保国家主权债务按时足额地偿还；建立良好的还款机制，对项目管理好、还本付息及时的项目市进行奖励，对项目管理差和拖欠本息的项目市严把上马新项目的关口，做到奖罚分明。

建立国际金融组织贷款还贷准备金，及时偿还主权外债，化解财政风险。从2000年开始，广东按照财政部的有关规定建立了省级财政国际金融组织贷款还贷准备金。还贷准备金的建立，对保证广东国际金融贷款债务及时足额偿还发挥了重要的作用。加强资金管理，提高资金的使用效率，控制汇率风险和利率风险，及时完成息费返还申请工作。完善各项财务制度，积极配合财政部对还贷准备金执行情况的调查以及省审计厅对世行贷款利费奖励、政府外债项目管理体制专项调查。

3. 采取措施，加大力度处理逾期周转金历史遗留问题。及时跟踪欠款单位资产状况，加大对企业周转金的催款力度，采取必要的法律措施维护财政部门利益。到2004年底，财政周转金基本清收完毕。

广东对世行贷款项目紧紧把握资金、财务和债务的主线，严格按世行和财政部的要求对包括前期准备、实施和后续管理的整个项目周期进行全方位和规范化的管理，取得显著成绩。1999～2002年，广东连续四年获财政部国际金融组织贷款债务报表评比特等奖；2003～2004年获财政部国际金融组织贷款管理综合评比特等奖。

（五）积极创新，科学理财，开创理财新思路

1. 切实关心企业利益，敢于创新，为企业减低财务成本。省高速公路公司因深汕、佛开高速公路建设的需要，利用世行贷款2亿美元，还贷期为二十年，贷款利率在当时属优惠低息贷款。但随着国际金融市场的变化，特别是1998年国家调整国内经济政策后，国内金融贷款的利率和条件已明显优于当年利用的世行贷款。为了降低企业财务成本，省世行办对国内外金融、资本市场走势进行分析，在与企业反复研究协商后，决定进行贷款置换、债务重组，确定以国内金融贷款提前归还世行贷款的新思路。经过与企业紧张策划、反复测算和与权债双方艰辛谈判，最终在2002年2月6日以当时市场利率融入低息美元贷款，置换了利率较高的世行总库制贷款。通过此次债务重组，为省高速公路公司每年节约了3 000万元的财务费用，大大降低生产成本，有力地支持广东的高速公路建设。

2. 关注国际金融市场的走势，注意研究和有效操作，降低风险成本。根据对美元、特别提款权、美元兑人民币之间汇率的长时间跟踪、测算，结合资金调度情况，于2002年7月动用自有还贷资金提前归还广东农业项目本息6 021万美元。按归还日的汇率折算，节约资金约400万美元。

3. 积极应用金融工具，提高项目单位科学理财意识。应用金融工具规避汇率和利率风险是国际金融组织贷款工作的新尝试，也是科学理财的一部分。积极鼓励、引导和协助项目单位应用金融工具。多次邀请金融公司有关专家介绍国际上最新的金融工具，受到项目单位的欢迎。一些项目单位在现有政策允许的前提下，做了一些尝试，收到了明显的效果。

二、利用外国政府贷款管理工作基本情况

至2004年12月31日止，广东实际利用日本、德国、法国等18个国家或金融机构提供的政府贷款金额累计19亿美元，实施165个项目。通过利用外国政府贷款，不仅加强了全省基础设施的建设，改善环境状况，同时对促进广东经济结构的合理调整，提高经济总量，增加财政收入等方面都起到了较好的作用。

2001～2004年，广东列入国家利用外国政府贷款备选项目共有6个，贷款金额2 860万美元；签订转贷协议的外国政府贷款项目共有10个，协议金额3 537万美元。

广东利用外国政府贷款工作管理职能划转财政部门后，各级财政部门结合全省的实际情况，采取了一系列切实可行的办法或措施，不断改善利用外国政府贷款管理。一是在选新项目时，能从公共财政的角度出发，选择符合公共需要的项目，而不是单纯追求上项目的数量。二是在参与项目的前期准备时，发挥财政部门的优势和管理经验，对项目的可行性进行认真的研究和分析，落实项目的配套资金和还贷来源，积极配合有关部门做好前期准备工作。三是通过调查摸底工作，在2002年基本上摸清了全省利用外国政府贷款的规模、现状、分布、债务构成等情况；在此基础上，实行规范管理，做好建章立制工作，制定、转发了一系列相关的文件和规定，如《广东省外国政府贷款项目管理工作规程》、《广东省外国政府贷款项目采购管理暂行规定》等。四是做好项目的财务管理及债务清理、催收及归还工作，维护广东利用外国政府贷款的良好信誉。至2004年底，全省共偿还外国政府贷款本息44 400万美元（本金34 610万美元，利息9 790万美元），其中借款人偿还35 654万美元，通过财政扣款偿还8 746万美元。截至2004年底，全省利用外国政府贷款余额为61 892万美元（包括1999年后新增的11个贷款项目2 904万美元，其中已到还款期的项目还款情况良好）。

通过采取上述措施，有效地解决了以前存在的盲目上项目、缺乏风险意识、还债观念淡薄、“重上轻管”等问题，初步建立了全省利用外国政府贷款工作的“借、用、还”管理体制，基本走上规范、有序的轨道。

三、加强队伍建设

2001～2004年，省世行办积极开展各项培训工作。多

次举办对省级主管部门、财政系统和项目管理单位的人员进行有关国际金融组织贷款业务知识的培训。2000至2001年，省世行办与澳大利亚国际培训公司联合举办4期“项目管理与高级财务管理培训班”，每期一个月，共120人次参加培训。到2004年底，省世行办共派5人赴国外学习进修，其中选派2人参加财政部组织的赴英国学习进修半年，1人赴澳大利亚学习进修9个月，2人由省财政厅选派赴澳大利亚学习进修一年。同时，每年都协助组织项目单位出国考察、学习。各市、县财政部门也采取了多种多样的业务培训活动。经过培训，提高了各级主管部门和项目单位管理人员的素质和业务管理水平，有力地保证了项目的顺利实施。

2001～2004年广东列入备选项目的世界银行贷款项目统计

项目名称	金额（亿美元）
广东珠三角城市环境项目一期	1.28
广东珠三角城市环境项目二期	2
广东珠三角城市环境项目三期	1
中国第四批内河航道项目	0.46
合计	4.74

2001～2004年广东完成谈判的世界银行贷款项目统计

项目名称	金额（亿美元）
广东珠三角城市环境项目一期	1.28
中国第四批内河航道项目	0.46

2001～2004年广东省（不含深圳市）申报并获财政部同意项目统计表

项目名称	贷款来源国家或组织	申请贷款金额（万美元）
中山大学第三附属医院	以色列	450
广州医学院第一附属医院	以色列	499
富海兰血液制品项目	德 国	491
红塔仁恒造纸生产线	德 国	480
穗东高密度聚乙烯大口径缠绕管	德 国	450
阳江职业技术学院教学设备项目	西班牙	490

2001～2004年广东省（不含深圳）签订转贷协议项目统计表

项目编号	项目名称	贷款来源国家或组织	协议金额		转贷协议签约时间
			原币	折万美元	
1	佛山第二污水处理厂	奥地利	347.42万欧元	451.65	2001年
2	江门甘化制浆废液利用	加拿大	304.00万美元	304.00	2001年
3	广州开发区东区污水处理	奥地利	422.66万欧元	549.46	2001年
4	中山大学第三附属医院	以色列	450.00万美元	450.00	2003年
5	湛江非金属矿精选	丹 麦	198.51万美元	198.51	2001年
6	珠海拱北污水处理厂	意大利	471.22万欧元	612.59	2001年
7	茂名污水处理厂	丹 麦	490.00万美元	490.00	2002年
8	梅州人民医院	加拿大	34.50万美元	34.50	2001年
9	清远人民医院	加拿大	33.15万美元	33.15	2001年
10	广州医学院第一附属医院	以色列	413.64万美元	413.64	2004年
	合 计			3 537.50	

（省世界银行贷款业务办公室供稿，
何 环 孙志曦执笔）

政府投资审核工作概述

一、与时俱进，顺应改革，组建广东省财政厅投资审核中心

为适应社会主义市场经济发展和财政支出管理新机制的要求，广东省财政厅按照财政部的要求收回了原来由建设银行代行的财政投资评审职能。为进一步加强财政管理，健全财政职能，特别是加强广东基本建设项目的管理工作，切实履行财政部门对政府基本建设资金的管理、监督，做好基本建设项目概算、工程预（结）算、竣工决算的审查工作，提高财政资金使用效益，省编办1999年6月15日发文《关于成立广东省财政厅投资审核中心的批复》，同意成立广东省财政厅投资审核中心（下简称投资审核中心），核定为正处级事业单位，编制20人，人员经费自给。2000年7月省级机关机构改革时，正式成立了投资审核中心，同年11月挂牌运行，内设综合部、业务一部、业务二部、计财部和复审室。

2003年8月18日，省编办复函省财政厅《关于调整

广东省财政厅投资审核中心和票据监管中心经费供给渠道的函》，批复投资审核中心在编人员经费由自筹调整为财政核拨。经费供给渠道改变后，为理顺工作关系，审核中心原内设的部（室）称谓改为：综合科、一科、二科、三科、复审科。

二、财政投资评审工作成效显著

（一）履行职责，认真开展财政评审工作

投资审核中心自成立以后，积极服务于财政和财政改革工作，以求真务实的精神开展财政投资项目的评审工作，核减了大量的不合理资金，为省级财政编制项目的预算，审批项目的决算，为合理安排和有效使用财政资金，保证财政资金规范性、安全性和有效性作出了重要贡献，也为财政投资支出的监管和财政资金的绩效评价探索了成功的经验。

投资审核中心从成立至2004年底，共完成各类审核项目1 327项，评审金额185.69亿元，审定为169.88亿元，核减金额（包括不拨或缓拨）15.81亿元，核减率8.51%。审核内容包括：省级财政投资项目评审408项、集中支付资金883笔，评审金额112.79亿元，审定为99.27亿元，核减金额（包括不拨或缓拨）13.52亿元，核减率11.99%；中央委托评审项目36项，评审金额72.90亿元，审定为70.61亿元，核减金额2.29亿元，核减率3.14%。其中：2004年，共完成各类审核项目169项，集中支付资金197笔的评审，评审金额39.65亿元，审定金额36.34亿元，核减3.31亿元（包括不拨或缓拨），核减率8.34%。

2001～2004年投资审核中心以求真务实的精神，积极开拓进取，在工作中遵循“公开、公正、透明、高效”的宗旨，扎扎实实地开展审核工作，评审了涉及农业、水利、教育、卫生、文化、体育等行业的重大项目。九运会场馆作为广东“九五”计划的重点建设项目，其建成为广东省成功举办第九届全国运动会发挥了重要的作用。整个项目的送审金额21.69亿元，审核金额21.64亿元，审定18.15亿元，核减金额3.49亿元，核减率为16%；飞来峡水利枢纽工程竣工决算项目会计期间跨度长达十年，任务重，事项多，审核中心积极想办法克服各种困难，圆满完成了项目的审核。该项目在审核中心完成了竣工结算审核的基础上（送审结算28.14亿元，审定27.01亿元，净核减1.13亿元），最终送审竣工决算金额49.99亿元，审定金额49.49亿元，核减金额4 918万元；还完成广东省人民医院保健楼和门诊住院楼，中山大学、广东工业大学、广东外语外贸大学等高校的图书馆、学生公寓和行政楼，广东女子监狱监舍，广东省委珠岛宾馆“东一号”工程以及广东省宣传干部培训中心等一批重点项目的审核。

投资审核中心除积极完成繁重的省级审核任务外，还统筹兼顾，合理安排，认真完成财政部委托的审核任务。

1. 完成国债资金安排的湛江市区道路项目、肇庆污水处理工程、中山污水处理工程、潮州韩江南北堤和广东省飞来峡水利枢纽工程竣工决算5个建设项目的审核。

2. 完成福建省科技三项费用、福建省内中央2001年200亿斤国家储备粮库项目及第三、第四批储备粮入库成本的专项核查。这些任务时间要求紧，地域跨度大，核查人员对以上项目进行了全面的核查，获得了完整、翔实的第一手资料，按时完成了专项核查任务，受到被核查单位的一致好评。

3. 完成广西自治区的柳州、南宁、桂林、防城港4市总投资为3.5亿元的世行贷款粮食流通项目竣工决算审核，审定金额为3.05亿元，核减4 453万元，核减率12.72%。

4. 完成中央直属储备库江门粮食储备库、汕尾粮食储备库等15个粮食储备库项目工程结（决）算审核的组织、协调、质量把关工作。

（二）做好国库集中支付资金的审核工作，为财政部门拨付资金提供依据

根据2000年省人民政府《省级基本建设项目财政性资金集中支付暂行办法的通知》的规定，投资审核中心围绕国库集中支付制度改革，在按项目进度拨款方面积极探索了“先评审、后拨款”的工作机制。依照“按年度投资计划、按预算、按合同、按进度”的原则，2001～2004年四年间，共审核了集中支付项目883笔，送审金额达34.86亿元，经审核实际拨付29.22亿元，不拨或缓拨金额5.64亿元，核减率达16.18%。对保障财政资金高效、安全的运行起到了积极作用，使国库集中支付的项目资金拨款做到及时、准确，减少财政资金在建设单位的积压，避免建设单位多付工程款及项目资金被挪用、截留、浪费等问题的发生，提高了资金的使用效率。广东实行国库集中支付资金的审核，在全国财政系统中为加强财政体制的改革探索了一条成功的经验。

三、不断拓宽评审范围，在财政支出管理中发挥作用

财政投资评审是财政资金分配延伸和财政监督细化的交汇点，也是财政业务和工程造价业务的交汇点。因此，财政投资评审工作发挥专业优势，以服务财政支出预算管理为目标，对财政投资项目的评审关口前移，并贯穿于事前、事中的监督。

1. 投资审核中心在扎实完成基本建设投资项目评审的同时，逐步拓宽评审范围，积极参与财政监督管理相关环节的工作，逐步加大其他专项资金评审力度，开展对财政预算经费、财政专项资金以及大型项目可行性研究的评审等。2004年对农口资金——土地开发整理项目的专项检查和预算的审核；广东省山洪灾害防治经费的审核。对广东省政府电子政务平台扩展功能项目建议书、广东省消防特勤大队基地项目建议书、广东省党政内部网安全保障支撑平台（一期工程）投资估算项目可行性研究报告、汕头港口基础设施建设债务的审核。对广东科学馆改造工程以

及省委新一号工程等重点项目的合同审核，为财政支出预算管理提供专业性、技术性的依据。

2. 加强对评审工作实践的理论研究，注重与全国其他省市的信息交流，探索财政评审工作的科学规律，促进财政评审工作水平的提高。

2002 年 12 月召开了全省财政投资审核工作经验交流会，通过各市的经验交流和研讨，进一步拓宽了全省财政评审工作的思路，统一了思想，达到了预期的目的。

为了进一步加强财政评审工作的宣传，2003 年 2 月与广东省财政科学研究所、广东省财政学会、《广东财政》杂志社联合举办“政府公共投资评审座谈会”。与会的财政部投资审核中心和省财政厅的领导、全国有关省市投资审核中心的代表以及专家学者就政府公共投资评审在公共财政框架建设中的作用与意义、评审的范围、评审中心职能定位等问题进行了探讨。

四、建立健全财政投资评审的制度建设

财政投资评审是一项全新的工作，投资审核中心在实践中不断总结经验，按“公开、公正、规范、高效”的原则建立和完善财政评审工作控制和约束机制，落实岗位责任制，确保评审质量和效率。从加强内控、规范管理出发，建立了一整套行之有效的行政管理、人事管理、业务审核、廉政建设等方面的规章制度。

1. 为加强内部管理，修改完善了《投资审核中心各科工作职能和岗位职责》、《工作人员行为守则》、《廉政建设规定》、《日常工作制度》以及车辆、档案、办公用品管理等 12 个内部管理制度。

2. 规范评审业务行为，确保评审质量。提升审核工作质量，以全面管理的理念、目标管理的要求，逐步形成一套标准化、规范化、系统化的评审模式。根据评审工作实际，印发了《项目评审工序管理表》，对项目的评审要求按严谨的评审程序进行，从接受任务开始至发出结论，实行全过程监管，并注重完善各个环节的互相监督和衔接。通过建立健全审核、复核、复审、审批四级质量控制体系，严格机构、人员的管理，对评审人员加强全方位的业务培训等多种方式，有力地保证了审核工作的质量；印发了《投资评审工作质量考核试行办法》，以全面管理的理念，按目标管理的要求，以提高评审人员素质为基础、完善内部监督制度为手段、减少或避免评审质量风险为目的建立内部控制体系，初步形成一整套激励机制、约束机制、监督机制，使能者上、庸者下、平者让、劣者汰的竞争机制真正实施。修改和完善了《评审业务工作统一格式》、《审核流程图》、《建设单位接受审核须提供的资料》、《完成评审项目工作时间规定》、《复审工作规定》、《复核会审规定》、《评审业务档案管理规定》、《业务收件管理规定》等制度，建立以完善内部监督管理、减少或避免评审质量风险为目的的控制体系和工作业绩、工作质量的考核、评价体系，以进一步提高评审工作效率，强化依法评审的理念。同时，为加强重大项目的管理，制定了《关于加强重点审核项目管理的规定》，对重点项目实行全过程动态管理。

五、加强廉政建设，组建一支过硬的审核队伍

1. 为规范投资审核中心各项工作的管理，强化服务意识，投资审核中心实行严格的内部管理，以保证各项工作有序地、规范地进行。2004 年建立了“廉政承诺”保证书制度，中心第一把手向厅长承诺，其他人员向中心主要负责人承诺，以规范审核中心全体人员行为，提高其廉洁奉公、依法审核的自觉性；规范了到施工现场勘察项目的要求，到现场必须填写《现场勘察申请表》；制定了《处理来访等工作暂行办法》，并设立了咨询投诉电话，以加强审核中心对来访、来电、来函的管理工作，促进本单位改进工作作风，提高审核质量。

2. 建立能进能出，能上能下的人事管理制度，把好人员进出关，保证队伍的综合素质。

3. 加强政治思想教育，通过学习党的方针政策和上级文件、组织参观、小组讨论、写学习心得等多种形式的廉政教育，做到警钟长鸣；同时，充分发挥党员在廉政工作中的模范作用，加强了纪律作风建设。

六、全省各级财政投资评审工作取得可喜的成绩

（一）财政投资评审机构逐步建立

2000 年财政部门机构改革后，全省各市相继成立了评审机构。到 2004 年底止，全省市级评审机构 18 个，其中依照公务员管理的事业单位 4 个，全额拨款的事业单位 5 个，差额拨款的事业单位 1 个，自收自支的事业单位 8 个。实有人数 289 人。还没成立评审机构的市也在财政局内设科（处）中设立了财政评审业务。

县级评审机构有 85 个，其中依照公务员管理的事业单位 8 个，全额拨款的事业单位 44 个，差额拨款的事业单位 3 个，自收自支的事业单位 30 个。县级机构实有人数 401 人。

（二）各级财政投资评审机构专业队伍逐步壮大

通过多种形式的业务培训、经验交流，专题研讨，不断提高评审人员的政策和业务素质；建立良好的人才引进机制，招聘各类人才充实评审队伍，加强评审力量，初步建立评审专家人才库，至 2004 年底，全省已有专业技术人员 358 人，评审专家人才库 30 人。

（三）各级财政投资评审工作成效显著

2001 年全省各级财政投资评审机构（不包括省级，下同）共完成各类审核项目 5 365 项，评审金额 142.14 亿元，审定金额 119.94 亿元，核减金额 22.20 亿元，核减率为 15.62%。

2002 年全省各级财政投资评审机构共完成各类审核项目 5 724 项，评审金额 136.18 亿元，审定金额 122.98 亿

元，核减金额13.20亿元，核减率为9.69%。

2003年全省各级财政投资评审机构共完成各类审核项目8 012项，比2002年增长39.97%；评审金额194.46亿元，比2002年增长42.80%；审定金额172.33亿元，核减金额22.13亿元，核减率为11.38%。

2004年全省各级财政投资评审机构共完成各类审核项目12 610项，比2003年增长57.39%；评审金额346.11亿元，比2003年增长77.99%；审定金额312.18亿元，核减金额33.93亿元，核减率为9.80%。

（投资审核中心供稿，谭捍卫　任锡英执笔）

财政票据监管工作概述

一、票据监管中心基本概况

1. 编制、人员、经费。为加强广东省非税收入管理，配合财政非税收入“收支两条线”的源头监管暨财政票据的监管工作，根据《关于省财政厅所属事业单位机构改革方案的批复》，省财政厅于2000年6月组建广东省财政厅票据监管中心（以下简称票据监管中心）。

票据监管中心为广东省财政厅直属正处级事业单位，核定事业编制8人，人员经费从收费收入中解决。票据监管中心配主任1名，副主任1名，内设综合科和业务科。

2003年8月18日，根据《关于调整省财政厅投资审核中心和票据监管中心经费供给渠道的函》，省财政厅票据监管中心的人员经费由自筹改为省财政核拨。

2. 财政票据管理。票据监管中心成立初期，除各市财政自行印发的票据外，省管财政票据有95类260种。主要供给省直单位及部分省垂直管理单位和省属医院、学校。各市来省购领的票据主要有：①统一收据（部分市）；②人民法院诉讼费收据；③车辆管理费收据；④残疾人就业保障金收据；⑤水资源费收据；⑥散装水泥专项资金收据；⑦车辆通行费收据等。车辆通行费的收费分省管站和市管站，如属省管由省公路局来领购后分发各市公路局收费站，如属市管则由各市财政局领购后分发到各地收费站。

2003年省财政按照《行政事业性收费和政府性基金票据管理规定》（以下简称《规定》），收回了各市的印票权，由省统一印制和发放财政票据。

同时，①按照“尽量通用、减少专用”的原则，将全省财政票据进行了归类、合并和改版，从原来的95类260种归并为34类127种。②科学地统一了全省财政票据的规格、尺寸，方便了统一招标和大批量、轮转式、高速印制的要求。③增加了票据原纸的可视及荧光彩纤（已得到财政部认可，并在全国推广）等防伪措施。

3. 财政票据的监制。由于财政收费票据和税务发票同是单位财务收支的法定凭证和会计核算的原始凭证，也是财政、审计等部门进行检查监督的重要依据，属有价证券类。所以，一直以来省财政厅票据监管中心对票据印刷厂的要求，始终按照财政部的《规定》严格审查，除具备必要的“保密资质”以外，还有“ISO－9002”国际标准质量体系认证和“防伪印刷”能力以及良好的服务记录。并自2000年起，从过去的指定印刷厂，到逐步将标准公开，至2005年走向所有票据全面由政府采购（第六次）公开招标。

票据的公开招标印制，有效地抑制了成本虚高和腐败现象的滋生；也统一了票据的印刷规范，提高了票据的印制和配送服务质量。招标以后票据印制成本下降了20%～50%，使全省每年节约票据费用数百万元。

二、票据监管中心工作概况

1. 建章立制，完善相关制度和规定。除考勤登记、文件管理、请示汇报、印章管理、财务管理、仓库管理、票据印审、资产管理、廉政建设等制度，还制订了购票须知、服务承诺、责任追究、首问办结以及职业道德准则等相关制度和规定。

2. 普及计算机管理票据。至2004年，全省21个市和部分区、县及镇，基本上都使用计算机管理财政票据，票据监管中心的大部分人员用电脑管理票据的水平逐步提高，办事效率得到明显地提高。同时，票据监管中心利用广东省“非税收入网”和“自动答询电话（020－83346416）”宣传财税法规和财政票据使用须知，指导用票单位正确使用财政票据，减少违规和错误使用财政票据情况的发生，提高了社会效益，受到群众的好评。

3. 为加强对财政票据使用的管理，把好财政非税收入“收支两条线”的源头监管，使票据管理工作制度化、规范化，根据《规定》要求，票据监管中心对再次购领财政票据的省属各单位，实行“凭证购领、分次限量、票款一致、验旧领新”的原则。

单位在购领新票据时，须出据《票据购领证》和使用过的票据存根等进行核销；每次限售三个月的用票量；对收费收入须缴入财政专户或国库的票据，每本逐份核实金额，并查验银行进账单（复印件），对统一收据或内部往来结算收据，也逐份审查是否符合使用规定或超范围使用。对违规行为进行必要的纠正和处理。

4. 严把票据核销关。旧票核销是票据监管工作的重要环节，只有对各单位使用过的票据进行认真的核销，才能发现问题（如收费标准、罚没项目是否符合规定，填写的金额和票据起讫号码是否正确，存根是否齐全等），并对其票据进行有效的监管，督促单位依法合规地使用财政票据。

通过多年的实践，票据监管中心根据《规定》和有关文件，绘制了购领广东省财政票据流程图，以方便用票单位购票。

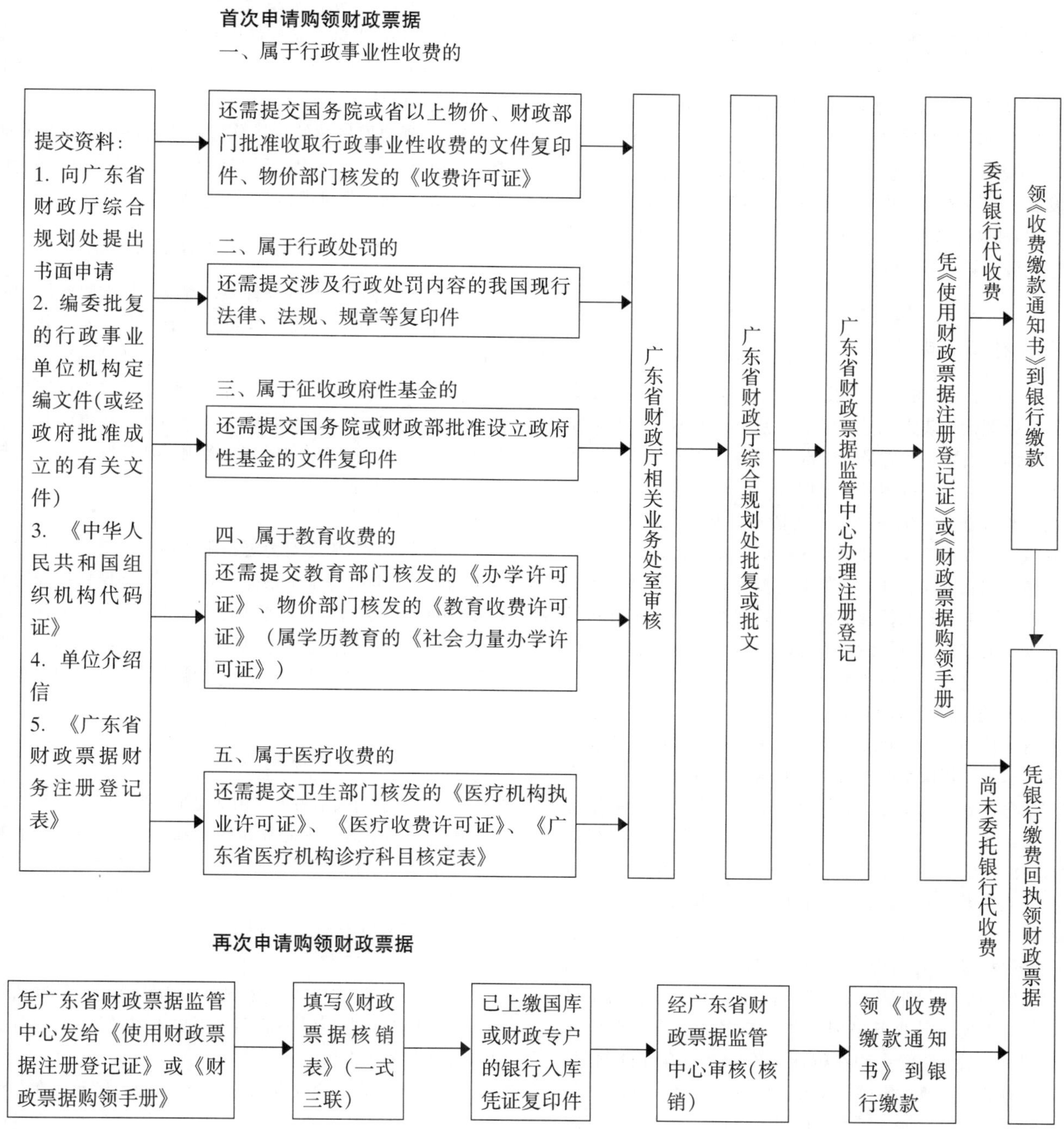

购领广东省财政票据流程图

5. 除对财政票据采取和定期更新必要的防伪措施以外，积极配合公安等有关部门严厉打击制贩假票的不法行为，及时对群众和有关部门送检的票据进行甄别和鉴定(每年数十起)，维护了财政票据的严肃性和权威性。

6. 截至2005年9月，票据监管中心累计办理票据新开户784户，印制票据79.56亿份（成本2.32亿元），发放各类票据82.25亿份，总销售3.38亿元，总核销票面金额944.84亿元（27.1亿份），核实总入库金额456.22亿元，查处违规金额169万元。

	2003～2005年9月	1996～2002年
总印制	3 211 457 510份 126 667 321元	4 745 406 850份 105 954 397元
总销售	3 127 594 710份 201 046 638元	5 098 535 400份 136 768 656元
总核销	2 489 589 150份 77 422 612 931元	221 229 825份 17 062 593 992元
总入库	45 622 327 945元	129 684元

三、票据监管中心 2004 年情况

2004 年，票据监管中心在省财政厅党组的正确领导下，认真学习贯彻落实党的十六届三中、四中全会精神和“三个代表”的重要思想，及省财厅关于开展“三树立、五发展”的主题教育大讨论和民主评议行风活动的要求，结合中心的实际情况，使各项工作朝着标准化、规范化和程序化迈上了一个新的台阶。

（一）开展“三树立、五发展”主题教育和民主评议行风活动

1. 开展“三树立、五发展”主题教育活动。中心支部坚持以理论武装为先导，以求真务实为根本，以促进发展为目的，引导全体党员、干部、职工充分认识科学发展观的指导意义，坚持用科学发展观、正确政绩观、科学人才观的要求查找影响发展的各种障碍，坚持用“五落实”的要求衡量各项工作，继续推动观念、服务创新。

通过“三树立、五发展”主题教育大讨论活动，使全体干部、职工深刻地领会了科学发展观的核心、实质和根本要求，更加深刻地认识到坚持以提高党的执政能力建设为重点、立党为公，执政为民的重大意义。

2. 开展民主评议行风活动。年初，票据监管中心根据省直行评办和省财政厅关于《广东省财政厅民主评议行风工作意见及建议整改方案》的要求，坚持以邓小平理论和“三个代表”重要思想为指导，围绕广东财政发展稳定的大局，紧紧扣住“三创新、一优化”的主题，使思想观念有新的突破。票据监管中心把民主评议行风活动和“三树立、五发展”主题教育活动有机地结合起来，有条不紊地开展下去。民主评议行风活动经过了宣传发动、自查自评、整改和接受评议四个阶段。通过民主评议行风活动的学习，中心全体干部职工为推动创新、加快发展扫清了思想障碍，积极加强业务培训，进一步提高队伍的整体素质。同时，票据监管中心在行评工作中针对存在的问题，制定了有效的整改方案进行整改，取得了明显的成效。

为了巩固民主评议行风的成果，以制度管事、以制度管人，票据监管中心先后建立健全了各种规章制度，如《首问首办制度》、《服务承诺制度》、《限时办结制度》、《责任追究制度》、《会议制度》、《请示汇报制度》、《文件管理制度》、《印章管理制度》、《资金管理制度》、《财产管理制度》、《库存票据管理制度》、《票据印制审批制度》、《廉政制度》等。

（二）加强票据监管工作

票据监管中心为了加强票据监管工作，积极协调、努力加强和改进工作，紧密联系工作实际，深入基层调查研究，及时研究和解决在票据监管工作中出现的新情况、新问题，做到为民、务实、清廉，既方便用户，又有利于监管，确保票据监管的各项工作顺利进行。

1. 加强对票据质量的监管。中心对票据印刷质量及供应纸张的管理，实行定期和不定期的抽查，坚持“质量第一，信誉第一”的要求，严格监督，严格检查，一经发现质量问题，立即给予纠正。截至 2005 年 9 月，未发现较大的质量问题。

2. 加强票据发放管理工作。严格程序，认真核对收费项目和范围，实行“凭证购领、票款一致、分次限量、验旧换新”，努力做到严格监管，以票管费。

（三）更新服务理念，提高服务水平

票据监管中心紧紧围绕省委、省政府和省财政厅中心工作任务，结合本单位的工作特点，有计划、有步骤地实行政务公开，增加工作透明度，努力创建廉洁高效、运转协调、行为规范的运行机制，树立良好的财政部门窗口形象，更新服务理念，提高服务水平。为此，票据监管中心公开了办事程序、依据和标准，换领了新的经省物价局核发的《收费许可证》；认真执行“首问负责、服务承诺和限时办结”等制度。

由于票据监管中心努力更新服务理念，努力提高服务水平和服务质量，保证了票据印刷质量，确保票据及时到位。2004 年，票据监管中心签订合同 132 份（合同印制金额 4 238 万元），监制票据 9.95 亿份，发放各类票据 11.22 亿份，保证了用票单位的票据正常使用，得到了用票单位的好评。

（四）加强票据核销工作

1. 加大票据核销力度。由于 2003 年广东财政票据改版，因此，票据监管中心规定对 2003 年 8 月底以前的和未使用的旧版票据一律核销，并重点核销了教育和工商行政管理等部门使用的票据。2004 年共核销票据 9.98 亿份，票面金额 533.11 亿元；分别是上年核销财政票据份数的 354 倍和金额的 12 倍。

2. 在核销过程中查处违规金额 169 万元，票据监管中心将发现的问题，以书面形式报告省财政厅有关部门，请相关部门依法进行处理。

3. 组织核查非税收入入库资金 356.85 亿元。在非税收入“收支两条线”的管理上，实现了从源头上治理乱收费行为的“以票管费”的源头监管作用。

4. 积极配合有关部门严厉打击制贩假票的不法行为，及时协助有关部门对群众举报的假票 4 260 张进行鉴定，破获印制假票案 7 起，维护了财政票据的尊严。

（五）强化现代化办公手段，提高办事效率

加大现代化办公设备投入，强化现代化办公手段，举办电脑管理票据培训，采取不定期辅导，使全省 21 个市和部分区、县及镇，基本上都能使用计算机管理财政票据，中心的大部分人员用电脑管理票据的水平逐步提高，办事效率得到明显的提升。同时，加快网站建设，利用广东非税收入网站宣传财税法规，宣传财政票据的有关业务，指导用票单位正确使用财政票据，减少违规使用票据的情况发生等，提高了社会效益，受到社会公众的好评。

四、创先争优，服务社会，做好公仆

财政票据是指国家机关、事业单位和代行政府职能的社会团体及其他组织依法收缴的政府非税收入的法定缴款凭证和单位财务收支、会计核算的原始凭证，是财政、审计等部门进行监督检查的重要依据。票据监管中心行使的财政票据监管职责，是国家、政府赋予的职能。它不仅代表了国家和政府的形象，是国家财政部门的窗口，也维系着千千万万个单位和百姓们的权益。

因此，为了服务社会、稳定国家非税收入，构建和谐广东，贯彻落实好党的十六大，十六届三、四、五中全会精神，票据监管中心全体人员要认真学习业务，把握好政策，与时俱进，积极服务于财政和财政改革工作，求真务实，始终遵循“为民、务实、廉洁、高效”的原则，努力开拓进取，使票据监管的各项工作朝着标准化、规范化和程序化进行，为全省各市、省直机关用票单位提供优质的服务，为加强非税收入管理和“收支两条线”工作作出应有的贡献。

（票据监管中心供稿，吴文春执笔）

财政信息系统建设工作概述

为进一步加快广东省财政改革的步伐，规范财政资金管理，加强廉政建设，转变政府职能，实现依法理财，提高全省财政管理科学化、规范化水平，从2001年起，省财政厅信息中心（下简称信息中心）根据全省财政工作的需要，积极稳妥地开展广东省的财政信息化建设，并于2002年根据财政部对全国“金财工程”建设的指导意见，全面启动全省的“金财工程”建设。

为适应财政信息化改革的需要，信息中心从以下几方面组织开展全省财政信息化建设。

一、积极稳妥地开展“金财工程”建设

“金财工程”建设是信息中心的工作重心。从2002年起，信息中心围绕这项核心工作开展了一系列的调研和建设，并在建设过程中不断完善建设思路，积极稳妥地推进全省的“金财工程”建设。

（一）认真做好“金财工程”规划工作

为确保广东省财政改革的顺利进行，信息中心以“服务财政、抓住重点、确保主体、稳步推进”为指导思想，根据“金财工程”五统一的建设原则，于2002年完成了《广东省“金财工程”建设总体规划》的设计方案，明确了全省“金财工程”建设的总体目标、技术标准和实施策略。该方案由省信息化工作领导小组2003年批复同意后，于2003年4月23日报省计划委员会申请立项。同时，信息中心还根据财政部的要求组织编报了《2003～2008年“金财工程”实施方案》，并报财政部“金财工程”建设领导小组审定。

（二）认真抓好“金财工程”的机构和制度建设，加强全面管理

1. 成立“金财工程”建设领导小组。2002年8月全国财政系统“金财工程”建设座谈会后，厅党组非常重视“金财工程”建设，成立了“金财工程”建设领导小组，负责“金财工程”的领导和重大问题的决策，由省财政厅厅长刘昆任省“金财工程”建设领导小组组长，省财政厅副厅长蓝佛安任副组长。领导小组下设办公室（简称金财办），具体负责“金财工程”建设的规划、组织、协调和管理工作。

2. 制定规章制度，从制度上保证“金财工程”建设的实施。为明确“金财工程”有关管理职责，信息中心制定了《广东省财政厅“金财工程”建设领导小组办公室的职责》；为规范“金财工程”设备采购，按照政府采购法，制定了《广东省“金财工程”省本级设备采购管理暂行办法》；为加强“金财工程”建设中的软件开发管理，制定了《广东省“金财工程”系统软件开发应用管理暂行办法》。

3. 成立“金财工程”建设联络小组。为加强与省电子政务建设的沟通和协调，与省信息产业厅、省信息中心三家单位共同成立了“金财工程”建设联络小组，就“金财工程”建设的有关问题进行研讨。

4. 组建“金财工程”业务调研小组。为了更好地开展“金财工程”建设工作，进一步了解省财政厅有关业务工作流程，理清各项财政业务间的关系，明确“金财工程”建设工作的业务应用需求，组建了“金财工程”业务调研小组，在厅各有关业务处室开展业务调研。

5. 定期召开全省“金财工程”建设领导小组会议。信息中心定期向领导小组汇报省财政厅“金财工程”建设进展情况、存在问题和下阶段的工作思路，明确了“金财工程”建设按照“三夯实、五统一”的工作开展原则，并对下一步省“金财工程”建设进行了规划和部署。同时根据实际工作效果调整“金财工程”建设领导小组和“金财办”职责，完善“金财工程”业务联络小组机构与职能，进一步加强对全省“金财工程”建设的全面领导和管理。

（三）根据五统一原则，先行开展“金财工程”的基础性研究工作

1. 开展“金财工程”可行性研究工作。为全面启动广东“金财工程”建设，按照信息工程立项的程序、省计划委员会对省财政厅“金财工程”立项的要求，以及其他部门电子政务系统实施的经验，考虑到“金财工程”实施任务的紧迫性和项目本身的复杂性，信息中心决定按轻重缓急的原则，分步组织实施立项及相关可行性研究。2004年，信息中心已展开广东省“金财工程”可行性研究（第一期）的工作。

2. 开展“金财工程”统一标准编码系统的建设工作。

为解决全省“金财工程”建设过程中原有几个业务系统间编码不统一而形成了各自为政的“信息孤岛”局面，保证今后各业务系统在统一标准和基础平台下建设，信息中心于2004年5月份启动了广东省“金财工程”统一标准编码系统（第一期）的建设工作。

（四）重点保障财政业务应用系统的开发管理与实施

1. 组织国库集中支付管理系统的开发实施。国库集中支付系统是全省国库业务的重要支撑系统。在“金财办”组织管理下，由国库处、国库支付中心、信息中心及有关软件开发公司的技术人员组成国库集中支付项目开发实施小组，完成了几项重大任务。

(1) 组织对省财政厅国库集中支付业务进行需求调研及分析，并根据实际应用情况对财政部要求统一使用的兴财国库集中支付软件进行修改完善；

(2) 组织开发代理银行的接口和预算单位网上申报子系统；

(3) 组织系统运行所需的主要设备及系统软件的招标采购；

(4) 组织搭建连接代理银行及各试点单位的国库集中支付运行网络；

(5) 组织厅有关业务处室、试点单位业务和技术人员的系统使用培训。

2. 预算指标管理系统的开发、实施及与集中支付系统的整合。在“金财办”组织领导下，预算处和信息中心共同开发了省级预算指标管理系统，该系统于2003年5月份基本开发完成，并在省财政厅有关处室进行了试运行，并于2003年6月1日起在全厅正式启用。该系统的成功开发和实施，提高了工作效率，促进了预算管理工作的科学化、规范化。

为进一步推进省级预算指标管理和国库集中支付改革，实现指标管理系统和国库集中支付系统的无缝衔接，达到用指标流控制资金流的目的，信息中心在预算处、国库处的配合下启动了指标管理系统与国库集中支付系统的整合工作。整合系统于2005年1月1日全面上线使用。该项整合工作，在全国财政系统中是一个突破，使相对孤立的部门预算、指标管理与国库集中支付系统实现了联动，实现了指标流控制资金流，规范了管理，提高了效率。

3. 组织开发国库集中支付省人大查询系统。2004年9月，为积极配合省人大对财政的监督工作，根据省财政厅领导批示，信息中心积极采取各种措施，在较短的时间内完成了省人大集中支付查询系统的建设，实现省人大对集中支付数据的实时查询。该系统包括实现省财政厅与省人大的网络专线连接，完成省人大国库集中支付查询系统的开发，及系统在省人大的安装实施等工作，系统的部分功能现已在省人大正式投入使用。该项目的顺利实施，使财政支出更加透明，使财政廉政建设迈出了一大步。

4. 非税收入管理系统建设。随着“收支两条线”等财政改革的进一步推进，非税收入管理的难度和业务量大大增加，急需一套完善的非税收入管理系统，实现省财政厅对全省行政事业单位的日常非税收入的信息化管理，使得省财政厅可实时在线监控全省所有行政事业单位的非税收入情况。2004年，在“金财办”组织下，综合处与信息中心共同组织开发了一套全省使用的非税收入管理系统。截至2004年底，信息中心已在综合处的配合下对该系统作了全面的系统调研分析和实施前的准备，于2005年初在省直单位开展试点工作。

5. 会计信息管理系统建设。为加强和完善会计管理工作，统一办事程序，更好地服务于会计从业资格持证人员，从根本上提高财政部门对外服务的效率和水平，并克服当前会计管理机构人手不足等问题，实现对全省范围的会计人员信息统一、全面、标准和规范化的计算机信息化管理，急需建设和应用一套具有较强管理功能的会计信息管理系统。会计处与信息中心根据顺德和佛山会计管理信息系统的试点运行情况确定了全省会计信息系统的建设思路。会计处已在信息中心的配合下对该系统作了较全面的系统调研分析和实施前期准备工作，信息中心同时积极配合仓边路会计大厅的建设，参与了大厅网络综合布线的方案设计和有关信息系统的需求调研和设计工作。

6. 政府采购管理系统建设。根据李长春书记2002年7月视察了省政府采购管理办公室（下称省采购办）的指示精神，结合政府采购工作的实际需要，根据省财政厅领导的批示，信息中心会同省采购办从2002年开始着手研发“省政府采购信息网络管理系统”，并构建了广东省政府采购网络管理系统网站（www.gdgpo.gov.cn）。该系统将政府采购实际操作过程电子化，使用户、评委、供应商、采购执行机构均能通过网络实现电子采购，并且监管机构能够对采购活动实现在线监督。截至2004年底，信息中心已在省采购办的配合下对该系统进行了全面的系统调研、分析和前期开发工作。

7. 开发及完善部分其他财政业务应用系统。2001年起，为适应省财政厅各业务处室改革的需要，信息中心积极配合各处室开发完善了一系列财政业务应用系统。主要包括：

(1) 配合国库处编制了年度财政旬、月报报表的格式和代码，按时完成国库旬、月报数据的收集、汇总工作，及时将全省财政收支情况报送国库处，并按照国库处的要求，及时将数据上报财政部；

(2) 配合预算处、农业处、法规处等做好部门预算编制系统、指标管理系统、农业四税征管系统、法规查询系统等软件的技术支持和推广维护工作；

(3) 配合社会保障处，组织广东省社会保障信息系统财政接口管理系统的开发。

（五）组织建设广东“金财工程”网络平台

1. 省财政厅互联网站的建设工作。根据省政府《广东省政府门户网站建设方案》精神和省财政厅领导的批示，结合全省“金财工程”建设总体规划的要求，信息中心从2003年4月开始，对省财政厅各业务处室及厅属单位的业务需求进行了调查，着手对原厅互联网站进行改版。根据省财政厅领导的意见及办公会议议定的分工，信息中心、办公室、省财政科研所在对方案进行修改完善后，于2003年8月启动该项工作，9月底基本完成厅互联网站建设。

2. 省财政厅网络与数据处理中心机房建设。由于省财政厅机房网络及硬件设备购置较早，部分设备陈旧、功能落后并长期处于超负荷运转状态，随着各业务应用系统的逐步上马，原有机房和设备已不适业务发展的需求，迫切需要重新建设机房，更新完善有关设备，以保证对业务工作正常开展的支持。根据省财政厅领导的指示，信息中心于2004年4月份起全面启动机房建设的前期准备工作，并于8月份组织了机房建设的设计单位和监理单位的招标。在经过深化设计后，信息中心于12月份通过公开招标选定了承建单位，机房工作正按计划顺利实施。厅机房的建设将直接影响到"金财工程"的推进速度，有了设施完备、稳定可靠的机房，将为各项业务系统的顺利开展提供良好的硬件环境。

3. 省级网络平台的建设工作。为解决省财政厅内部网络设备的升级改造和"金财工程"省本级虚拟专用网络系统的建设工作，全面支撑省本级核心业务应用系统（部门预算编审系统、国库集中支付系统、非税收入管理系统等）的运行，根据《广东省"金财工程"总体规划书》和国家《"政府财政管理信息系统"网络建设技术标准》，结合全省的实际情况，信息中心及时制定了《广东省"金财工程"省级网络建设实施方案》，并通过了省信息产业厅组织的专家论证。省级网络建设实施方案拟建成一个覆盖省级财政部门、预算单位、国库支付分支机构、人民银行各级国库、支付代理商业银行和分支机构以及各相关职能部门的大型网络通信系统平台。经省财政厅领导批准，信息中心于2004年启动该项目的前期准备工作。考虑到该项目投资较大，技术复杂，中心内部做了大量需求调研、技术研究和方案制订等工作，招标工作于2004年底开始进行。省级网络建设的全面完成将为财政信息化建设提供有力的网络保证，同时在很大程度上推进财政业务改革的步伐。

4. 完成省级国库管理工作改革试点单位的联网工作。为配合全省省级国库集中支付改革试点工作，2003年2月份，在省电子政务网络内网上，省财政厅和省信息中心联合搭建了纳入第一批试点的10个一级预算单位和省财政厅的联网系统；同年6月份，又制定了第二批30个一级预算单位、16家二级预算单位以及4家相关业务代理银行和省财政厅之间的联网方案，并组织了工程的实施工作。至2003年6月27日，完成了全网线路的测试工作并投入使用。为使全省电子政务网络覆盖国库集中支付系统运行的要求，信息中心联合省信息产业厅于2003年中开始对省电子政务基础网络平台的网络节点进行扩充。截至2004年底，绝大部分一级预算单位已经全部接入电子政务网，与省财政厅实时相连，确保了财政业务系统在电子政务平台上的顺畅运行。

（六）开展安全保障体系的建设工作

1. 开展网络安全的自查诊断与防范工作。按照省信息化领导小组办公室的通知要求，2003年中，信息中心在全厅范围内对电子政务的信息网络、应用系统、数据中心、计算机房以及信息安全管理制度等进行了全面检查，查找安全漏洞，明确安全隐患，进一步落实安全措施和安全责任。根据自查情况，省财政厅采取了相应的措施从几方面保障信息系统的安全。

（1）在省财政厅和预算单位、代理银行两大网络出口之间加设了硬件防火墙，对进入省财政厅局域网的用户进行过滤；

（2）加强了省财政厅内部局域网的防病毒工作；

（3）对省财政厅现有的WINDOWS操作系统和SQL数据库系统进行一次全面的系统漏洞补丁升级工作；

（4）开始了入侵检测系统（IDS）产品的选型工作。

2. 开展省级"金财工程"安全平台的建设工作。在对省财政厅现有安全漏洞进行封堵的同时，信息中心还须充分评估安全隐患，合理设计全省的安全平台，以从根本上保障信息流与资金流的安全。2003年8月底，信息中心选派人员参加了全国财政系统"金财工程"安全建设研讨会；并邀请部分网络安全集成商就"金财工程"安全建设问题进行了探讨。信息中心按照政府财政管理信息系统安全技术标准，规划建立网络安全体系，包括认证中心、加密体系和安全管理体系，同时根据已开展和将开展的应用系统的要求，有步骤地开展网络安全建设，包括局域网、广域网的防病毒、入侵检测、漏洞扫描、防火墙、加解密、CA认证等安全措施。与此同时，安装磁盘阵列和磁带机，并对数据安全、中心机房备份等工作进行规划。这部份工作结合在省级网络建设中开展，前期的技术分析和方案设计正在有序地进行。

二、规划、管理、实施全省财政系统的信息化建设

（一）完成全省乡镇财政信息化建设的实施工作

2002年4月，全省乡镇财政信息化暨全省财政信息管理工作会议将乡镇财政信息化建设作为全省"金财工程"的一部分。按照会议要求，信息中心及时制定了有关计算机设备和系统软件的采购技术标准，并经省采管办同意，完成了乡镇信息化所需的操作系统、数据库、办公软件的采购和计算机设备公开招标采购工作以及第一期设备的发放工作。

为保证全省乡镇财政信息化设备的质量，信息中心于2003年召开了设备验收前的预备会议，统一部署验收方法、步骤及要求，并组织中心技术人员到东莞市对所有发往全省各乡镇的计算机、打印机等设备作严格的抽样检查和测试验收，将抽样检查和测试的每一台机器设备的数据、结果、资料等填表备查，并形成了服务器、台式电脑、打印机的验收报告，最终圆满地完成了验收工作。同

时对梅州、河源、江门等市的乡镇开展了财政信息化的检查工作，保证乡镇财政信息化按时按质完成。

从2002年至2004年的三年内，信息中心将1 639套服务器、4 888套台式电脑、1 612台打印机按时、按质、按量发送到各市财政局，确保了乡镇财政信息化建设的圆满完成。

（二）组织对地方“金财工程”建设情况调研，加强对地方业务系统建设的指导工作

为加快地方“金财工程”建设的步伐，有针对性地调动各级财政部门的积极性，进一步加强对地方“金财工程”建设的指导，信息中心与预算处、国库处、省财政科研所一起，对省内部分市“金财工程”建设的情况进行调研，了解各地信息化建设的进展情况、建设的需求、存在的主要问题和困难，为下阶段全省“金财工程”建设开展打下基础。

（三）启动地方“金财工程”国库集中支付系统选型及补助工作

为配合并支持全省国库集中支付改革工作，信息中心组织了对部分市“金财工程”建国库集中支付系统业务需求的调研，并结合考虑部门预算系统下一步推广实施工作的需要，信息中心参考财政部支持地方信息化建设的做法，组织各市进行系统和设备的选型工作，根据各市要求择优统一谈判并采购全省地方国库集中支付系统软件、核心硬件和支撑软件，以降低地方的实施建设成本。

（四）开展方正版国库集中支付系统的试点工作

为加快珠海市财政国库支付改革的步伐，根据珠海市的申请，信息中心将珠海市确定为方正版国库集中支付系统的试点市，全面推行新版国库支付系统。信息中心组织珠海市财政局及中心技术人员赴北京方正春元公司参加系统培训，并于2004年10月开始正式启动系统上线工作，信息中心的技术人员全程参与该项工作，确保了系统上线的顺利完成。该系统于2005年1月开始试运行。珠海试点工作是广东国库集中支付系统的一个有益尝试，为“金财工程”在全省的全面铺开积累宝贵的经验。

三、建设完善省财政厅内信息化办公环境

2001年起，为满足省财政厅办公需要，信息中心从基础网络及办公系统等几方面对厅内信息化办公环境进行了完善。

（一）厅办公系统的研发工作

开发完善厅办公自动化系统，新增和优化了部分功能，同时增加了与财政部中心网络连接功能，使各业务处室及厅属单位与财政部之间的邮件可以实时收发，及时获取财政部内部网的各类信息。

（二）厅内部信息网络与安全基础设施建设工作

为满足电子办公需要，信息中心安排人员完成了厅大院各楼宇及仓边路办公大楼网络综合布线工作，同时完成了厅局域网与财政部、省政府的网络联接工作以及仓边路部分厅属单位和厅机关局域网的联网工作。

（三）厅机关外网平台建设

为解决省财政厅机关日常办公连接互联网的需要，并规范连接互联网的操作，中心一方面严格执行省保密局对于政府上网等方面的有关规定，另一方面着手制定厅办公上外网的方案。厅机关上网问题的解决将使厅机关在不违反规定的情况下，提高办公便利性与效率。

截至2004年底，全省财政信息化建设全面铺开，形成从上至下、从内至外、从核心业务到边缘业务的建设大潮。在此过程中，信息中心始终站在最前端，不断总结经验，克服不足，探索前进，为全省财政改革保驾护航。

（省财政厅信息中心供稿，夏　铮执笔）

财政科研宣传工作概述

2001～2004年，财政科研宣传工作以“三个代表”为指导，坚持“为中心工作服务，为现实服务”（下称“两为”）的宗旨，紧紧围绕财政工作的热点、难点问题，开展财政科研课题管理、课题研究工作；努力办好《广东财政》杂志，把握舆论导向；充分发挥财政学会的桥梁、纽带作用，形成群体合力优势，推动了科研宣传工作的深入开展。经过艰苦的努力，取得了显著成绩。

一、开展财政科研课题管理工作，推进全省财政科研工作逐步规范化和制度化

作为“三讲”教育成果，省财政厅党组制定了《广东省财政厅加强调查研究工作的规定》，提出了财政科研课题管理的任务，科研所据此工作精神拟订了《广东省财政科研课题管理办法》，从2000年起，发动全省各市、省财政厅各业务处室和部分高校参与广东省财政科研课题研究，至2004年，全省共下达科研课题130项，完成课题研究报告84份。其中2000～2001年度，下达科研课题37项，完成课题研究报告14份；2001～2002年度，下达科研课题31项，完成课题研究报告22份；2002～2003年度下达课题37项，完成课题研究报告26份；2003～2004年度，下达科研课题25项，完成课题研究报告22份。通过狠抓财政科研课题管理工作，为全省财政系统科研工作建立了新的运作机制，从而注入了新的活力，取得了一定的成效。具体体现在：

1. 通过科研组织形式上的突破，调动全省财政系统参与财政科研的积极性。《广东省财政科研课题管理办法》的制定，通过严格课题研究的工作程序，对“课题选题—

课题申报—课题立项—课题研究—课题验收”等整个过程均实行了 规范化和制度化的管理，着重从研究规范和研究方法方面把关，为提高课题研究质量奠定了基础。

2. 通过树立和强化“精品”意识，使全省财政系统的科研能力和水平实现了新的跨越。在具体的课题管理工作中，注重逐步从“广度”向“深度”发展，在充分调动各地参与全省科研课题研究，不断扩大课题研究参与面的同时，注重逐步提高课题研究报告的质量。整体看来，各年度的研究报告理论较扎实，数据与实践资料较充分，论证较严密，对解决现实中的重大问题提出了符合实际的新思路和对策。

3. 通过坚持“两为”的科研宗旨，从根本上提高了财政科研成果的实用性和可操作性。按照科研工作必须立足与“为中心工作服务、为现实服务”的方针，课题管理紧紧围绕财政中心工作和经济运行中出现的热点和难点问题开展研究，主要体现在以下三方面：一是严格把好各年度科研课题的选题关，较好地实现了全国财政学会协作课题、省各阶段财经工作重点和各地区（部门）财政工作和财政改革难点三方面的结合；二是注重课题的日常管理与财政实际工作紧密结合；三是注重提高研究成果的实用性和可操作性。

二、围绕重点，结合热点，认真开展课题研究

省财政科研所结合经济改革和社会发展的热点，结合全省财政经济工作重点，结合经济发展的规律，继续坚持财政科研的“两为”方针，认真开展课题研究，较好地实现了理论和实践的有机融合，切实发挥了财政科研为领导决策服务的作用。

1. 认真完成省委、省政府布置的研究任务。2003 年省委中心工作分解立项“确定生产要素按贡献参与分配的原则，完善按劳分配为主体、多种分配方式并存的分配制度”课题研究；省委政策研究室、省发改委 2003 年有关完善社会主义市场经济体制之《深化财政体制改革》研究任务；2004 年根据省领导和厅领导对省委办公厅粤办信息（专报）第 207 期的批示要求，开展的“现行财政管理体制与山区经济发展”专题调研，以实现提高财政管理水平为目标，对现行财政管理体制在地方经济发展中的作用进行全面系统评估。

2. 坚持“为中心工作服务，为现实服务”的科研工作方针，完成省财政厅领导布置的大量课题研究任务。主要包括：

（1）参与制定和编写《广东财政“十五”发展规划》、《广东财政 2004～2006 年滚动预算》。

（2）参与省财政厅 2003 年九大重点课题研究中的省内外调研、讨论与修改，分别是《做大做强广东高等教育》系列、《完善广东省部门预算研究》、《广东省财力分布特点及趋势研究》、《完善纵向转移支付和建立横向转移支付研究》及《完善广东省低税收入群体保障研究》。

（3）2004 年积极参与省财政厅预算执行情况分析工作，承担分析经济增长与财税收入增长互动关系，以及建立三次产业分别与财税收入增长关系的分析研究指标体系等项工作，完成《广东省财政收入与经济增长的互动影响研究》和《关于广东省财政收入增幅低于全国平均水平原因的研究》两份研究报告。

3. 积极配合相关处室开展课题研究。主要有：2002 年农业处《南亚热带水果竞争力分析和财政政策》课题研究和统评处《广东省财政供养人员的状况和特征分析》、《广东省国有企业资产质量状况分析》、《加强和完善企业绩效评价工作体系的研究》等系列课题研究。2003 年预算处牵头的财政部预算司《做大“蛋糕”，壮大地方财力》研究；财政部农业司和省农财研究会《促进优势农产品出口政策研究》课题；综合规划处“广东省路桥收费管理体制改革研究”课题。2004 年农业处的《建立农民减负增收机制研究》、预算处的东莞市依法理财、加强预算管理工作经验总结。

4. 认真参与中国财政学会协作课题研究。主要包括：2001 年《地方财政或有负债研究》；2002 年《政府支出改革中的难点问题研究》和《基础性教育支出标准、责任问题研究》；2003 年《完善省以下财政体制研究》；2004 年《地方财政支出绩效评价》。认真完成了组织协调工作，保证了课题研究顺利进行和课题研究质量，多份研究报告在全国评比中获奖，得到财政部科研所领导的肯定。

5. 参与横向课题研究。主要完成的研究任务有：

（1）与财政部科研所组成联合课题组，在 2003～2004 年度广东省重大决策咨询研究课题社会招标中一举中标，承担《建立与市场经济体制相适应的地方公共财政管理体制研究》课题。

（2）承担 2001～2002 年度广东省哲学社会科学规划项目《广东省地方政府或有负债研究》课题，并通过结项和验收。

（3）多年来一直承担《广东经济发展白皮书》和《广东省经济蓝皮书》财政部分的写作。

（4）2002 年参与省科技厅关于组建广东省科技集团的课题研究，完成《关于组建广东省农业等三家省属科技企业集团的总体方案》和 8 个系列分报告。

（5）2003 年就佛山市南海区行政事业单位资产管理经验，完成《公共部门资产管理改革：南海的案例》。

6. 组织编印《决策参考》，为领导决策提供最新的理论研究成果。五年间共编印《决策参考》50 期，其中《财政部门设立中小企业信用担保机构令人担忧》一文得到了省政府领导的重要批示，要求立即发文明确，后省政府办公厅下发了题为《关于地方各级政府暂停设立中小企业信用担保机构的通知》，要求各级政府立即停止设立新的中小企业信用担保机构，已设立的地方立即暂停新的担保业务。

7. 多项科研成果在各项评比中获奖。《地方财政或有负债研究》和《完善省以下财政体制研究》分别获全国财政协作研究课题评比三等奖，《义务教育财政支出责任与支出标准问题研究》获 2002 年全国财政协作研究课题一等奖，《广东省地方政府收费规范化研究》获第四次全国

优秀财政理论研究成果评选一等奖。

三、努力办好《广东财政》杂志

《广东财政》杂志坚持“立足财政，面向财经，服务社会”和“关注政府经济行为，关心百姓生活福利”的宗旨，准确把握舆论导向，围绕公共财政管理与财政的宏观经济调控政策开展宣传报道工作，取得了可喜的成绩。2001年，《广东财政》杂志在中国财政学会举办的第三次全国财政系统刊物评选活动中，以总分第一的好成绩获得一等奖。2001～2004年，主要做了几项工作：

1. 做好杂志编辑出版工作，努力办好中心栏目。围绕热点，突出重点，完成好中心栏目的各类专题，包括“脑力激荡”、“ 社会保障”、“国库集中支付制度”、“公共工程监管”、“为了‘阳光下的交易’”、“首批省属国企财务总监走马上任”、“国有股减持”、“不做假账”、“个税，锁定高收入者”、“支持基础教育好戏连台”、“关注公共财政”等专题，并重点报道了全省财政工作会议，在出刊200期特刊中，对《广东财政》走过的历程进行了回顾，总结经验，展望未来。完成了“入世对财政的影响及对策”、“广东财政公共职能凸现”等13期专题报道；完成了“政府公共投资评审”专题中通过纵横交错的报道和详细案例的剖析，立体式地报道了投资评审，极大地丰富了专题的报道内容，推进了专题的宣传报道效果，真正起到了为政府投资评审“呐喊助威”的作用。在“行政事业性资产管理”专题中，采用多种报道方式，既有专家座谈，又有权威观点；既有调研报告，又有各方访谈；既有案例剖析，又有相关介绍，同时针对公共财政改革中的要点、难点和热点选题，获得各方的好评。在“财政支出绩效评价”专题中加大对财政支出绩效评价战略性、现实性和前瞻性等问题的宣传力度，同时出版“财政投资审核”、“农村税费改革”和“社保杯”征文大赛获奖论文专集等专刊，反映了《广东财政》杂志编辑们独具匠心的法治情结；2004年，策划和组织采编了11期中心栏目和一期“预算法”专刊，突出了中心栏目重点，保证杂志内容的高质量。

2. 编好副刊，加强通联、采访、出版工作。2001～2004年出版《财税、财会法规制度副刊》，组织法规制度疑难问题的解答，做好财税、财会政策法规的宣传和咨询服务工作，受到省财政厅领导的表扬。同时加强通联工作，制定了《广东财政》杂志通联工作制度，在各市财政局设立通联组，建立起覆盖全省财政系统的通联网络，确保《广东财政》的采访、编辑、出版、征订发行工作的顺利开展。

3. 组织征文大赛。先后与省财政学会合作，组织了“肇财杯”、“东莞杯”、“社保杯”、“梅财杯”、“清远杯”等全省征文大赛活动，共收到参评论文2 837篇，活跃了全省财政科研气氛。其中，2001年与肇庆市财政局联合举办了全省性征文大赛，参评论文559篇，文章质量比2000年有明显提高，不少市、县局长带头撰写，起模范作用，涌现出一大批新的善观察、肯动脑、能分析的基层理论研究爱好者。2001年还与《财政研究》、《中国财政信息资料》和东莞市财政局联合举办“东莞杯”全国征文大赛，参评论文572篇。2002年，与广东省财政学会、省财政厅社会保障处联合举办的“社保杯”征文大赛，参评论文300多篇；2003年与梅州市财政局联合举办“梅财杯”征文大赛，参评论文740多篇，是举办征文大赛以来收到论文最多的一次，评出一等奖4篇，二等奖10篇，三等奖30篇。2004年，与清远市财政局联合举办“清远杯”征文大赛，参评论文666篇。同时为配合预算法宣传工作，共收到“预算法”征文大赛参评论文205篇，参加全国第十六届研讨会征文29篇。

4. 建立健全工作管理制度。制定《广东财政杂志广告财务管理办法》、《广东财政编务管理概要》等一系列工作制度，为办好《广东财政》杂志提供了制度保障。

《广东财政》杂志从2004年起改为内部刊物，更名为《广东财政理论与实务》，继续坚持“为中心服务，为现实服务”的方针，强化中心栏目，充实丰富杂志内容，保持杂志在全国财政系统刊物中的领先地位。

四、发挥财政学会作用

2001～2004年省财政科研所充分发挥财政学会的作用，推动财政科研工作再上新台阶。主要做了几项工作：

1. 举办财经专家学术报告会。2002年，举办了贾康“省以下财政体制调整”、苏明“中国入世与财税政策调整”、倪红日“2003年宏观经济及财政税收政策的选择”等三期经济学家学术报告会，组织省财政厅干部职工、各市县财政部门干部参加，每期人数300人以上，取得了良好效果。2003年，组织举办了张馨“关于公共财政问题”、杨灿明“民营经济与财税政策”、刘尚希“关于公共财政的几个问题”、卢中原“当前宏观经济若干热点问题”、汤敏“中小企业融资难的问题”和彭龙运“特型财政政策的实证分析”等六个财经专家学术报告会，省委、省人大、政府各部门和各市、县财政部门的人员参加，每期300人以上，并开展了形式多样的学术沙龙活动，活跃了广东财政理论研究和学术探索。

2. 与学会合作，举办全省性、群众性有奖征文大赛活动，取得了可喜成效。

3. 组织全省财政科研宣传，表彰先进单位和先进个人。2002年3月，在全省财政系统开展科研宣传先进集体和先进个人评选表彰活动。评选出广东省财政科研宣传工作先进集体10个，广东省科研宣传先进工作者19名，对18名曾为广东省财政科研宣传工作作出贡献的授予“广东省财政科研宣传工作荣誉奖”，对27个单位和32位个人给予通报表扬。

4. 组织指导各市财政局编辑出版《广东财政》内部（市县）版，已完成6期。

5. 组织各市财政科研工作者、通讯员到省外考察学习活动，提高业务水平。

五、做好图书馆资料工作

为提高省财政厅干部职工思想文化素质和业务素质，丰富精神文化生活，积极提供丰富的科研工作参阅资料。2001年7月建成了省财政厅图书馆。图书馆藏建设在注重财经科学书刊的基础上，全面购置收藏了马克思主义、列宁主义、毛泽东思想、邓小平理论的经典著作以及哲学、宗教；社会科学总论；政治、法律；军事；经济；文化、科学、教育、体育；语言、文字；文学；艺术；历史、地理；自然科学总论；数理科学、化学；天文、地球科学；生物科学；医药、卫生；农业科学；工业技术；交通运输、航空、航天；环境科学、安全科学和综合性图书等22类书籍，47种报刊、4类199种杂志，馆藏书刊达4万余册，使用方正—文祥300型计算机进行图书借阅管理。四年间，主要做好以下几项工作：

1. 制定了一系列规章制度，保证图书工作规范和高效运作，向全体干部职工提供良好的读书环境及借书、报刊阅览、上网、资料查询等方面的优质服务。

2. 建立财经资料信息库。将每天收到的报刊财经信息，情报资料分类收集、整理，形成资料档案，并通过扫描录入电脑使之电子化，建立起信息情报资料库，为省财政厅的互联网站以及研究、业务工作提供了大量的信息资源。

3. 编辑《财经情报资料》，及时向省财政厅领导及有关处室，提供最新的财经信息和最新的理论动态，为工作和决策提供了参考。

4. 做好省财政厅互联网站的维护和资料更新工作，使厅网站得到更好地运转，资料不断更新，为财政的政务公开打下了基础。

5. 积极承担各处室、单位的会议、活动的摄影、录像、宣传报道工作。

（省财政科研所供稿，黄史臣执笔）

注册会计师和注册资产评估师行业管理工作概述

截至2004年12月，全省共有会计师事务所375家、资产评估机构258家，执业注册会计师4 925人、执业注册资产评估师1 627人；遍布工商、金融、证券、政府部门和学术界、教育界等诸多领域的非执业注册会计师8 000余人、非执业注册资产评估师500余人。2004年，全省注册会计师行业业务收入超17亿元，比2003年同期增长16.4%；全省资产评估行业业务收入达2.26亿元，比2003年同期下降13.13%。

一、会员管理工作

（一）机构资质管理

1. 新设立机构审批。2001～2004年，全省新审批会计师事务所共93家（含分所16家），其中2001年12家（含分所5家），2002年18家（含分所8家），2003年17家（含分所2家），2004年46家（含分所1家）。新审批资产评估机构66家（含兼营资产评估机构34家、分所9家），其中2001年18家（含兼营资产评估机构8家、分所3家、乡镇资产评估机构换发资产评估执业资格证书6家），2002年19家（含兼营资产评估机构7家、分所2家），2003年22家（含兼营资产评估机构15家、分所3家），2004年7家（含兼营资产评估机构4家、分所1家）。

2003年6月起，根据财政部的决定精神，省财政厅按照依法行政的要求，收回原委托省注册会计师协会（下简称省注协）行使的会计师事务所审批等行政监管职能，理顺了广东省注册会计师行业行政管理和行业自律管理职能。

2. 机构资质年检。①会计师事务所年检。2002年组织2001年度全省会计师事务年检，324家年检合格（其中深圳68家）。之后，由于行政职能划转，年检制度取消。②资产评估机构年检。2000年度，全省共有182家资产评估机构年检合格；2001年度年检合格225家；2002年度年检合格231家。由于2004年财政部组织开展资产评估行业全面检查，2003年度年检工作临时取消。

（二）人员资格管理

1. 注册会计师注册与年检。2001～2004年，全省共批准办理注册会计师注册2 154人，其中深圳699人；各年度情况为：2001年406人，2002年532人，2003年616人，2004年600人。全省注册会计师年检合格情况为：2000年3 616名，2001年3 912名，2002年4 296名，2003年4 925名。

2. 注册资产评估师注册与年检。2001～2004年，经审核批准，全省共办理了510名注册资产评估师注册。其中，2001年187人（含32乡镇注册资产评估师换发注册资产评估师证书），2002年127人，2003年132人，2004年64人。2002年起组织实施上年度全省注册资产评估师年检工作，年检合格情况为：2001年1 336人，2002年1 416人。

（三）非执业会员管理

2001～2004年，经审查并报中国注册会计师协会（下简称中注协）、中国资产评估协会（下简称中评协）审核，共批准中国注册会计师非执业会员3 385人、中国资产评估协会非执业会员444人。

二、业务监管工作

2001年以后，针对国内证券市场上发生的审计、评估业务虚假事件频繁曝光所引发的注册会计师、注册资产评估师等行业的诚信危机问题，广东不断加大了对注册会计师、注册资产评估师行业的行政和行业自律性监管力度，惩处了一批违法违规的会计师事务所、资产评估机构以及注册会计师、注册资产评估师个人；特别是加大了对会计信息质量检查和行业内常规性年度业务质量检查中存在问题的处罚力度，从而使行业违法违规行为得到有效遏制，行业的执业质量有了明显提高。

各年度会计师事务所业务质量检查情况为：2001 年检查会计师事务所 100 家，其中深圳市 17 家，共抽查业务报告 965 份；2002 年检查会计师事务所 133 家，其中深圳市 12 家，共抽查审计、验资报告 1 168 份；2003 年检查会计师事务所 113 家，其中深圳市 17 家，抽查审计报告 987 份、验资报告 394 份；2004 年检查会计师事务所 69 家，其中深圳市 31 家，抽查审计报告 781 份、验资报告 673 份。

全省资产评估机构执业质量检查方面：2002 年组织全省资产评估机构业务质量检查，采取“机构自查自纠、协会重点抽查”的检查方式，以 2001 年和 2002 年出具的评估报告为检查重点，共抽查资产评估机构 18 家；2004 年度，根据财政部的统一部署，组织开展全省资产评估行业全面检查工作，共检查资产评估机构 174 家（不含证券资格机构）、占全省资产评估机构总数 95.6%，抽查评估报告 940 份、平均每家抽查 5.6 份。

2001～2004 年，省财政厅对 10 家会计师事务所 15 名注册会计师进行了行政处罚。省注协对 5 家会计师事务所、30 名注册会计师进行了行业惩戒。省资产评估协会（下简称省评协）也先后对 3 家资产评估机构和 3 名注册资产评估师进行了行业惩戒。

2004 年 11 月，省物价局、省财政厅印发《广东省会计师事务所业务收费管理办法（试行）》，规定广东会计师事务所业务收费实行市场调节价，并明确发挥省注协在加强行业价格自律管理等方面的作用，2005 年 1 月 1 日起开始执行。1986 年制订并实施了十九年之久的以政府指导价为主的会计师事务所业务收费办法同时废止，标志着全省会计师事务所业务收费真正走向市场化阶段。

三、注册会计师全国统一考试广东考区工作

2001～2004 年，全省报考注册会计师的人数累计达 104 106 人，其中 2001 年为 49 050 人，2002 年为 54 985 人，2003 年为 58 286 人，2004 年为 51 785 人。

另外，主动与省人事厅考试中心沟通，协助组织全省注册资产评估师执业资格考试报名及辅导教材订购和考试工作。2001～2004 年，全省报考注册资产评估师人数累计达 11 000 余人。

四、后续教育培训工作

2001 年以后，广东注册会计师、注册资产评估师的后续教育培训工作力度明显加大，培训工作制度日趋规范。特别是 2002 年实施的《广东省市级注册会计师协会、会计师事务所、资产评估机构组织脱产培训管理办法（试行）》，不仅标志着全省注册会计师、注册资产评估师行业分层次培训管理体系的初步建立，而且大大提高了行业培训工作的针对性和时效性，培训效果明显提高。

（一）注册会计师后续教育

2001 年省注协共组织举办新会计准则、会计制度、新验资公告和指南等后续教育培训班 9 期，1 500 人次注册会计师参加学习培训；2002 年共组织举办不同层次、不同类型的培训班 15 期，培训学员 2 700 人次；2003 年共举办后续教育培训班 11 期，参加培训学员 2 200 人次；2004 年共举办 10 期后续教育培训班，培训注册会计师 2 200 人次。2001～2004 年，深圳市注册会计师协会累计举办培训班 32 期，培训注册会计师 4 300 人次。

期间，全省共选派主任会计师及副主任会计师 1 400 人次参加中注协在北京国家会计学院、上海国家会计学院组织举办的各类后续教育培训班。

（二）注册资产评估师后续教育

2001 年共举办无形资产评估准则培训班两期，450 名注册资产评估师参加培训。2002 年共举办后续教育培训班 3 期，培训学员 800 人；2003 年共举办注册资产评估师后续教育培训班 4 期，培训学员 1 000 人；2004 年共举办注册资产评估师两个基本准则和实务操作培训班 4 期，共培训注册资产评估师 1 100 人次。

期间，全省共选派资产评估机构负责人或评估项目负责人 500 人次参加中注协（中评协）在北京国家会计学院、上海国家会计学院组织举办的各类后续教育培训班。

五、对外宣传与交流工作

2001～2004 年，为适应国际形势和行业发展的需要，省注协加大了行业对外交流与宣传工作，主动采取“请进来、走出去”的策略，特别是组织业界人士到境外考察培训学习或通过举办交流研讨活动等多种形式，不仅了解国外同行的发展动态，学习借鉴其先进管理经验和理念，扩展视野、增长见识，而且建立了稳定的交往关系，有效地促进广东注册会计师、注册资产评估师行业在国际会计职业界的影响力。

2001 年 7 月，组织业界代表赴澳门参加“粤、港、澳会计专业研讨会”，与港澳同行进行广泛交流；11 月份，在澳大利亚举办 1 期国际会计审计培训班，并拜会澳大利亚会计师公会及当地知名会计师事务所。

2002 年上半年，省注协先后接待了新加坡贸易发展局考察团和由香港贸易发展局、香港会计师公会组织的香港会计专业服务代表团的到访；8 月份，组织赴西欧举办 1 期主任会计师培训班，期间拜访安永会计师事务所等；9 月份，组织赴香港举办 1 期“中小型会计师事务所主任会计师培训班”；11 月份，组团赴香港参加“第十六届世界会计师大会”，期间，参加香港会计师公会中小型执业所委员会举办的“国际会计师联合会对中小型会计执业会计

师提供服务与援助”专题交流研讨会；12月份，与香港华人会计师公会在广州举办“粤港注册会计师迎新年联谊会”。

2003年8月份，组团考察欧洲注册会计师行业；10月份，协助特许公认会计师公会（ACCA）在广州举办“积极进取，放眼国际——会计师事务所发展涉外业务研讨会”；12月份，在香港举办1期资产评估机构负责人培训班，组团考察美国评估行业。

2004年9月份，组织行业代表团考察日本、韩国注册会计师行业；10月份，组织行业代表团赴俄罗斯、丹麦进行评估行业考察学习；11月份，组织广州、佛山、东莞等市部分主任会计师代表与香港华人会计师公会在广州举办迎新年晚宴；12月份，组团考察澳洲评估行业。

《审计与评估》和“广东省注册会计师协会网站”作为广东注册会计师、注册资产评估师行业对外宣传、交流、服务的窗口，先后于2003年10月和2004年7月创刊、开通。这些都标志着全省注册会计师、注册资产评估师行业的宣传、信息化建设上了一个新台阶。

六、行业诚信建设工作

自2002年中注协确立了“以诚信建设为主线”的工作思路以后，广东积极配合，并主动采取有效措施大力推进全行业的诚信建设，努力提升全省注册会计师、注册资产评估师行业的公信力。

四年间，广东注册会计师、注册资产评估师的行业建设取得了可喜的进步。一是与中国证监会广州证券监管办公室在广州联合召开“广东省会计师事务所、资产评估机构诚信自律倡议大会”，省内7家具有证券业务相关资质机构负责人共签倡议书，向社会发出诚信自律倡议，创造诚信建设良好社会氛围。二是全面贯彻落实《注册会计师、注册资产评估师行业诚信建设纲要》，建立谈话提醒、业务报备等一系列执业质量监督管理机制，推动建立注册会计师职业责任保险制度，完善行业诚信档案库等建设。三是组织发动各地区签定行业自律公约，积极参与各项有利于提升行业形象的公益活动，多渠道、多途径开展行业正面宣传，推进全省行业诚信建设的深入开展。

七、行业自律体制建设工作

（一）完善理事会、常务理事会等行业自律管理架构

2004年省注协成功召开第四次全省会员代表大会，圆满完成理事会换届工作。会上，审议通过了《广东省注册会计师协会第三届理事会工作报告》和新修订的《广东省注册会计师协会章程》，投票选举了第四届理事会和常务理事会，投票选举产生了新一届理事会会长、副会长、秘书长、副秘书长等。第四届理事会（100名理事）、常务理事会（27名常务理事）组成人员中，注册会计师代表的比重较往届大大提高，分别占六成和七成以上，从组织上体制上保障了行业决策的制定和实施能够代表广大会员的愿望和要求，标志着全省注册会计师行业自律管理体制建设的不断迈进。

2003年省评协调整并增补常务理事会组成人员，常务理事会名额由原27名增加为29名。其中，业界代表占常务理事会成员一半以上，组成结构更趋合理。

（二）健全专门和专业委员会建设

2004年新组建成立了省注协专业指导、维权、事务所内部治理、宣传等4个专门委员会，调整完善惩戒委员会并将原后续教育咨询委员会更名为教育培训委员会；制订印发了6个专门委员会工作规则，为专门委员会的规范运作提供制度保障。6个专门委员会的82名委员中，政府相关部门代表10名，占12%；大专院校代表10名，占12%；业界代表66名，占76%，充分体现了注册会计师行业的专业特性和自律管理特色，奠定了全省注册会计师行业专业化管理的基础。

2002年全省资产评估行业专家库建设工作也基本建立，并在逐步完善之中。

（三）秘书处组织建设

2001～2004年四年间，省注协和省评协秘书处继续合署办公。期间，省注协（省评协）秘书处内设职能部门先后进行了两次调整，其中2002年为个别调整，2004年作了较大调整，由原6个部门压缩、精简为5个部门，调整后的部门职责更加清晰、明确，部门运作更加顺畅。与此同时，相应调整员工工作岗位，实行轮岗制度，员工工作积极性明显提高。四年来，秘书处的员工队伍也有了一定程度的充实，队伍的年龄、知识结构进一步改善。

自2001年以后，秘书处先后建立完善了包括人事、考勤、职称聘任、内部财务、车辆管理、临时工、公文运作、办公会议等一系列内部管理制度，内部运作管理进一步透明和规范。

2001～2004 年广东省会计师事务所、专营资产评估机构业务收入情况表

年度	会计师事务所				专营资产评估机构		备注	
	户数	业务收入（万元）	执业注册会计师（人）	从业人员（人）	户数	业务收入（万元）	全省资产评估机构总数	全省执业注册资产评估师数
2001	318	114 960	3 616	10 956	74	13 985	220	1 336
2002	329	124 614	3 912	11 554	83	13 733	235	1 416
2003	340	142 759	4 296	12 720	89	13 580	231	1 449
2004	375	173 287	4 925	14 398	96	10 301	258	1 627
合计		555 620				51 599		

2001～2004 年注册会计师全国统一考试广东考区情况统计表

年度	报名人数	成绩合格人数						当年累计全科合格人数	历年累计全科合格人数
		会计	审计	财务管理	经济法	税法	五科合计		
2001	49 050	729	731	718	736	774	3 688	568	5 506
2002	54 985	1 282	1 866	623	3 103	1 221	8 095	647	6 204
2003	58 286	1 315	403	805	1 142	1 364	5 029	698	6 851
2004	51 785	1 389	517	723	1 046	1 036	4 711	747	7 598
合计	104 106	4 715	3 517	2 869	6 027	4 395	21 523	2 660	

2001～2004 年注册会计师全国统一考试广东考区单科成绩情况统计表

年度	会计			审计			经济法			税法			财务管理		
	出考人数	合格人数	合格率（%）	出考人数	合格人数	合格率（%）	出考人数	合格人数	合格率（%）	出考人数	合格人数	合格率（%）	出考人数	合格人数	合格率（%）
2001	16 318	729	4.47	6 295	731	11.61	9 173	736	7.83	13 035	774	5.94	9 173	718	7.83
2002	15 824	1 282	8.10	6 073	1 866	30.73	10 741	3 103	28.89	13 385	1 221	9.12	8 619	623	7.23
2003	15 840	1 315	8.30	6 051	403	6.66	9 848	1 142	11.60	13 679	1 364	9.97	8 569	805	9.39
2004	13 037	1 389	10.65	5 296	517	9.76	8 679	1 046	12.05	11 444	1 036	9.05	6 757	723	10.70

2001～2004 年广东省会计师事务所业务收入分项目统计表　　单位：万元

序号	项目＼年度	2001 年	2002 年	2003 年	2004 年
1	审计收入	81 301	85 981	98 889	121 411
2	验资收入	12 509	13 808	15 490	14 700
3	兼营资产评估收入	10 984	12 123	12 597	12 251
4	咨询服务收入	3 874	5 463	7 138	11 249
5	培训收入	243	361	288	355
6	税务代理收入		1 878	4 145	8 172
7	其他主营收入	6 048	4 999	4 212	5 149
8	合计	114 959	124 613	142 759	173 287

2001～2004 年广东省会计师事务所业务收入、注师分地区情况统计表

地区	2001 年		2002 年		2003 年		2004 年	
	业务收入（万元）	注册会计师数（人）	业务收入（万元）	注册会计师数（人）	业务收入（万元）	注册会计师数（人）	业务收入（万元）	注册会计师数（人）
广州	40 304.6	1 141	48 254.3	1 338	52 872.0	1 435	73 562.0	1 876
深圳	41 048.0	989	38 389.4	1 042	49 189.6	1 148	56 383.5	1 236
珠海	5 376.0	161	5 638.9	210	5 829.7	280	5 756.7	237
汕头	2 611.2	145	3 249.9	157	3 483.5	153	3 757.5	153
韶关	527.0	39	647.5	37	661.7	28	663.5	37
佛山	7 298.9	218	7 677.1	215	8 276.0	256	9 176.1	290
江门	2 369.2	87	2 572.8	90	2 508.9	93	2 963.8	108
湛江	1 389.0	79	1 644.6	78	1 610.3	90	2 040.5	105
茂名	540.5	38	619.9	37	684.0	36	682.5	32
潮州	672.4	39	742.7	38	778.0	37	743.5	38
揭阳	454.3	54	369.9	48	293.3	55	293.1	54
肇庆	840.2	53	962.1	43	1 033.8	60	1 057.1	43
惠州	1 552.5	67	2 232.7	67	2 149.5	72	2 552.2	83
梅州	400.7	42	422.4	39	498.7	37	514.6	38
汕尾	198.5	28	273.6	33	296.0	36	308.3	35
阳江	390.5	20	415.9	25	449.8	30	412.3	28
清远	524.9	63	522.0	54	549.8	47	537.8	42
东莞	5 429.4	209	6 297.5	219	7 488.6	248	7 586.0	327
中山	2 474.9	86	3 104.6	84	3 425.3	91	3 616.1	96
云浮	332.6	29	314.7	28	352.1	33	369.0	36
河源	224.7	29	261.6	30	328.2	31	310.6	31
合计	114 960.0	3 616	124 614.0	3 912	142 759.0	4 296	173 287.0	4 925

（广东省注册会计师协会供稿，张俊生执笔）

农村税费改革工作概述

2000～2004 年，按照党中央、国务院的统一部署，广东积极推进农村税费改革试点工作。省委、省政府心系农民，始终把减轻农民负担放在首位，切实加强对改革的领导。经过全省各级党委、政府和各有关部门以及广大农民群众的共同努力，党中央、国务院提出的“减轻、规范、稳定”原则和“三个确保”目标已基本实现，改革取得了重要的阶段性成效，有力促进了农村经济社会的发展。

一、广东省农村税费改革主要进程

广东省农村税费改革试点工作按照“积极试点、积累经验、稳健实施、深化改革”的要求，由点到面，逐步推进，从 2000 年局部试点、2002 年扩大试点、2003 年全省全面推开到 2004 年深化农业税改革，不断积累经验，完善政策，把改革逐步推向深入。

（一）先行试点，探索经验

2000 年根据《中共中央、国务院关于进行农村税费改革试点工作的通知》的要求，省委、省政府选择三种不同类型地区——兴宁、四会和徐闻三个县（市）作为农村税费改革的先行试点县，探索改革经验。3 月，省委、省政府下发了《关于在兴宁、徐闻、四会三市（县）开展农村税费改革试点工作的通知》，对改革试点工作作出具体部署。三个试点县认真落实“三取消、两调整”政策，取消了农村教育费附加、优抚、计生、水利维修建设、乡村道路建设等统筹收费和村提留、教育集资，取消了统一规定的农村义务工和积累工，取消了屠宰税；调整了农业税和农业特产税税率。同时，积极探索配套改革。改革后当年，四会、兴宁、徐闻三个县的农民人均负担分别比改革前减少了 91 元、69 元和 130 元，减负率分别为 65%、77%和 61%。三个先行县的试点工作为全省农村税费改革提供了宝贵的经验。

（二）扩大试点，积累经验

为进一步完善政策，积累经验，省委、省政府于 2002 年决定将农村税费改革扩大到珠江三角洲地区的广州、深圳、珠海、佛山、江门、中山、东莞7个市及其所属的28个县（市、区）进行试点。2002年5月15日，省政府召开珠江三角洲地区农村税费改革试点工作动员会，对扩大试点工作进行具体部署。珠江三角洲地区认真执行“三取消、两调整”政策，扩大试点改革工作进展顺利，并取得明显成效。扩大试点地区改革后的平均减负率达50%以上，其中广州市农民人均负担从改革前的108元下降到29元，减负73%；中山市农民人均负担由改革前的137元减少到50元，减负63%。扩大试点改革为全省全面推开改革试点工作积累了重要经验。

（三）稳健实施全省农村税费改革试点工作

2003年按照《国务院关于全面推进农村税费改革试点工作的意见》的要求，省委、省政府下发《关于开展农村税费改革试点工作的决定》，从当年的7月1日起，全省全面开展以“五取消、一种税、一改革”为主要内容的农村税费改革试点工作。全面取消了乡镇统筹费、农村教育集资等专门面向农民征收的行政事业性收费和政府性基金、集资，取消了屠宰税，取消了农民劳动积累工和义务工。对在农业税计税土地上生产的农业特产品，除烟叶外，对农民只征收农业税，不再征收农业特产税，不再随农业税征收附加。改革村内资金筹集办法，实行村内事务依法自治管理，农民人均负担“一事一议”的资金全年最高不超过15元。改革后当年，全省的减负率达83.73%，大幅度减轻了农民负担，促进了农村经济社会的健康发展。

（四）深化农业税改革

为进一步减轻农民负担，调动农民种粮积极性，增加农民收入，2004年全省继续推进农村税费改革工作。省人民政府下发《关于深化农业税改革的决定》，决定从2004年起，珠江三角洲地区自费进行免征农业税改革。东西两翼及粤北山区的农业税税率由6%降低到3%，各地由此减少的农业税收入，由省财政通过转移支付帮助解决。深化农业税改革后，珠江三角洲地区全面免征了面向农民征收的农业税，其他地区进一步减轻了农民负担。深化农业税改革，全省减免农业税5.61亿元，其中珠三角地区7市减免农业税3.11亿元，其余14个市减免农业税2.50亿元。至此，广东省农民每年负担总额为3.57亿元，比农村税费改革前的55.5亿元减少负担51.93亿元，农民人均每年负担由农村税费改革前的106.93元减少为6.77元，人均减负100.16元，减负率达93.67%。

二、广东省农村税费改革的主要措施

（一）加强领导，健全机构

省委、省政府一直高度重视农村税费改革工作，切实加强对税改工作的领导。2000年年初，省委、省政府就成立了省农村税费改革领导小组，由常务副省长王岐山任组长、副省长欧广源任副组长，省府副秘书长周炳南及省财政厅、省农业厅、省农办、省地税局、省物价局为成员，省农办、农业厅负责日常工作。2001年5月为加强对农村税费改革工作的领导，由省长卢瑞华担任组长，常务副省长欧广源、副省长李容根任副组长，领导小组成员单位由原来的5个扩大到16个单位，领导小组下设办公室。根据省政府办公厅《关于派员组成广东省农村税费改革办公室的函》的决定，广东省农村税费改革领导小组办公室（下简称省税改办）分别从省直10个部门抽调18名干部在省财政厅集中办公，开展具体工作。2002年，新一届省委、省政府组成后，及时调整了省农村税费改革领导小组，由省长黄华华任组长，副书记欧广源、常务副省长李鸿忠（后调深圳，由常务副省长钟阳胜接任）、副省长李容根任副组长，并且把农村税费改革工作作为农村头等大事、“十项民心工程”之一，要求各级党政一把手亲自抓、负总责。

各市、县直至乡镇均按照党政一把手负总责的原则，相应成立了农村税费改革领导机构和办事机构，由党政主要领导任组长，切实加强领导，并从人力、财力、物力方面优先保证了办公室的正常运作需要。从2000年在四会、兴宁、徐闻三县开始试点到2004年12月全面推开，全省共有2 277人集中到省、市、县各级农村税费改革办公室开展具体工作。由于领导重视，健全机构，为农村税费改革的顺利进行提供了强有力的组织保证。

（二）科学决策，民主决策

在认真总结试点经验的基础上，省委、省政府始终坚持科学决策、民主决策，结合广东实际，不断完善改革政策。在制定《广东省农村税费改革试点方案》（以下简称《方案》）的过程中，中共中央政治局委员、省委书记张德江，省长黄华华多次对这项工作作出批示。省领导、省农村税费改革领导小组副组长欧广源、钟阳胜、李鸿忠、李容根多次主持召开会议，听取部分市、县、镇党政领导意见，征求省人大有关部门及其代表、省政协有关部门及其代表，省级原分管农业的部分老同志的意见。《方案》经过十二次重要修改，经省政府十届六次常务会议和省委常委九届十七次会议审议后，由省政府上报国务院，得到了国务院及时批准。2004年继续深化农业税改革，珠江三角洲地区全面免征面向农民征收的农业税，东西两翼及粤北山区的农业税税率由6% 降低到3%。各市、县直至乡镇也自觉遵循科学决策、民主决策原则，结合本地实际制定了实施方案，为农村税费改革提供了充分的政策依据。

（三）深入发动，广泛宣传

在改革进程的各个重要阶段，省委、省政府都十分重视深入发动、广泛宣传工作。2000年3月2日，省政府召开全省农村税费改革试点工作座谈会，对试点工作进行动员部署。2002年5月15日，省政府召开珠江三角洲地区农村税费改革试点工作动员会，对扩大试点工作进行动员部署。2003年6月16日至17日，省委、省政府召开全省农村税费改革试点工作动员大会，对全省全面开展改革工作进行动员部署。中共中央政治局委员、省委书记张德江在会上作了重要讲话，省委副书记、省长黄华华作动员报告。全省动员大会之后，各市、县直至乡镇纷纷召开类似的动员大会，进行广泛、深入的发动。

全省动员大会之后，全省各地掀起了宣传农村税费改革的高潮。在粤的各大新闻媒体全文刊登了《中共广东省委、广东省人民政府关于开展农村税费改革试点工作的决定》和省政府《致全省农民的公开信》，省税改办统一印制的1 260万份公开信同时发放给全省农户，各县、镇、村都统一按照要求，悬挂、张贴宣传标语，并采取多种形式做好宣传工作，充分利用电视、电台、报刊等媒体广泛宣传农村税费改革政策。2003年7～8月，省委宣传部、省税改办、团省委、省教育厅等六个部门联合组织了“广东大学生农村税费改革政策宣传志愿服务队宣传月”活动，60支志愿服务队分赴各县，到镇进村入户，宣传农村税费改革政策，把中央和省委、省政府的改革政策原原本本地交给农民，受到农民群众的热烈欢迎。对改革过程中各地涌现出好的经验和做法，省税改办都及时通过《广东省农村税费改革简报》或新闻媒体及时进行宣传，2002～2004年，共出版25期《简报》。在2004年2月，省税改办与省委宣传部、团省委、广东电视台联合举办了“春暖大地——广东省农村税费改革文艺晚会”，以小品、猜奖、游艺竞赛、歌曲等多种形式，从各方面宣传实施农村税费改革的意义，讴歌税改政策暖民心，合民意。深入、广泛、持久地农村税费改革政策宣传，为全省改革的顺利开展打下了良好的群众基础。

（四）培训干部，掌握政策

为提高基层干部的政策水平和业务素质，省各级领导十分重视培训工作。在开展三个县改革试点和珠江三角洲地区扩大改革试点时，结合全省会议，采取以会带训的形式，加强对从事税费改革工作的人员进行业务培训。在全省全面开展农村税费改革之前，省税改办于2003年5月分别在惠州市和阳江市举办了两期培训班，对全省各市、县财政部门主管农村税费改革工作的领导和业务骨干进行了培训。各市、县也纷纷举办了多种类型的培训班，向下延伸培训各级干部。在8月，省税改办编印了《广东省农村税费改革指南》70 000册，发给省直有关部门及各市、县、镇、村，并在2002年、2003年和2004年，分别将国务院税改办编印的《农村税费改革试点方案及配套文件选编》、《农村税费改革知识问答（修订本）》、《2003年农村税费改革政策专题培训讲座》、《农村税费改革的若干问题》等文件及资料发给市、县、镇税改办，把政策交给税改工作一线的干部。另外，省税改办还积极组织干部参加国务院税改办的全国农村税费改革政策培训班学习，提高干部的政策理论水平。通过培训，使广大干部尤其是基层实施改革的干部，熟悉掌握政策，为全省全面推进农村税费改革打下了较扎实的政策基础。

（五）精心组织，实施改革

一是认真确定实施方案。全省动员大会以后，各地按照省委、省政府《关于开展农村税费改革试点工作的决定》的要求，结合当地实际，认真制定本地的改革实施方案并及时上报省审批。经省政府授权，省税改办于2002年和2003年对21个市及所属县上报的农村税费改革实施方案进行了认真审核，严格把关，及时批复。各市、县按照省的批复要求，围绕“三个确保”目标，对方案进行认真修改、完善并及时公布组织实施。

二是认真执行“五取消、一改革、一种税”政策。从2003年7月1日起，各地严格按照中央和省委、省政府的要求，依照改革方案行事，认真执行改革政策，把中央和省明确取消的农民负担项目切实减下来，并停止出台涉农收费项目，规范涉农收费行为，使农民负担立即得到明显减轻。

三是扎实做好农业税计税要素和农民负担明白卡进村入户工作。各地在实施改革方案过程中，严格执行政策，规范操作程序，科学、合理地把农业税计税面积、常年产量和农民负担数额分解、落实到村组和农户。为了让农民对改革后所负担的税费有一本明白账，省农业厅、省税改办重新制定了《广东省农民负担监督卡》，由各地按照统一格式印制并按要求填写好发放给农民，一户一本。在具体落实中，各地普遍采取了计税面积、常年产量和农业税征收金额“三公开”，表、册、账、卡“四相符”，县、镇、村、组、户“五对口”的做法，以村组为单位，张榜公示、农户签名认可，从而确保了改革政策进村入户的顺利进行。

（六）实施转移支付，增强财力保障

广东省属自费改革的省份之一。为确保基层政权运转，保证适度的财政性教育投入和农村义务教育基本需求，确保农民负担不反弹，根据各地政府财力对农村税费的依赖度和财政困难情况，按照“规范科学、公正合理、公开透明”的原则，省财政厅制定了农村税费改革转移支付办法。省级财政转移支付充分考虑了各地改革前镇村两级办学、计划生育、优抚、镇村道路修建、民兵训练、水利修建、村级基本经费等支出需要。2003年省级财政按半年安排转移支付12亿元，2004年起每年安排22亿元，深化农业税改革又增加安排2.5亿元。省级财政对粤东、粤西、粤北14个市平均转移支付补助的比例为70%，少数困难大的县转移支付补助比例达到90%～95%。各地统筹兼顾，调整财政支出结构，积极按照省统一的要求落实当地收支缺口10%的专项资金。由于实施强有力的转移支付，确保了全省改革的顺利进行。

（七）积极推进配套改革

农村税费改革不仅是国家与农民收入分配关系的调整，也涉及农村上层建筑的重大变革。广东省在开展农村税费改革的同时，制定和完善了《关于调整我省乡镇行政区划的通知》、《关于广东教育结构调整优化的实施意见》、《广东省村级范围内筹资管理实施办法》、《广东省农村税费改革转移支付办法》、《关于试行我省农业税征收管理有关规

定的通知》、《关于加强对农村税费改革试点工作监督检查的通知》等配套改革措施，协调推进各项相关配套改革。各地在认真开展农村税费改革，确保减轻农民负担的同时，积极稳妥地推进“并镇、并村、并校、减人”的工作。

（八）加强监督，严肃纪律

广东省十分重视加强对农村税费改革的监督，采取有效措施，确保各项改革政策的贯彻落实。中共中央政治局委员、省委书记张德江在省人大、省政协有关会议上要求省人大、省政协对省委、省政府开展的农村税费改革工作加强监督检查。同时省委、省政府领导还率先垂范，带头监督检查农村税费改革工作，对发现的问题，督促各地及时予以解决。2003年全省重点组织实施了四个层次的监督检查活动：一是省税改办的专项检查；二是省人大开展的各级人大上下联动、依法监督农村税费改革试点工作；三是省政协组织的对全省农村税费改革视察；四是省政府组织开展的减轻农民负担专项检查。2004年省人大继续组成检查组对全省农村税费改革开展专项检查监督。

在开展专项检查的同时，省税改办建立完善的督查工作制度，制定了《广东省农村税费改革试点工作督查方案》、《广东省农村税费改革信访工作制度》，促使监督检查工作制度化、经常化；在加强日常监督的基础上，密切注意各地改革动态，不定期地开展明查暗访工作，对执行政策走样，对违反农村税费改革政策行为，及时调查核实并建议有关部门给予严肃处理。

2004年暑假，省税改办、团省委等部门联合组织了大学生对农村税费改革政策落实情况的督查活动。组织了20支志愿者服务队分赴20个县开展督查工作。在活动期间，每支志愿者服务队到5个乡镇，进村入户，完成500份以上的农户情况表调查。通过督查活动，全面了解和掌握全省各地落实农村税费改革政策情况。

三、广东省农村税费改革试点的主要成效

在2001～2004年的四年间，经过全省各级党委、政府和各有关部门及广大农民群众的共同努力，农村税费改革取得了阶段性重要成果。

（一）遏制了“三乱”，大幅度减轻农民负担

农村税费改革，取消了“三提五统”（“三提”是指村级收取的三项提留费，用于村一级维持或扩大再生产、兴办公益事业和日常管理开支费用的总称；“五统”是指乡镇政府收取的五项统筹费，用于镇村两级办学、计划生育、优抚、镇村道路修建、民兵训练费用的总称）和农村教育集资等专门面向农民的各种收费，清理整顿各种摊派，加强对涉农经营服务性收费的管理，有效遏制了农村“三乱”现象。2003年全面推开农村税费改革后，全省农民每年负担总额为9.17元，比改革前的55.5亿元减少负担46.33亿元，农民人均每年负担由改革前的106.93元减少为17.40元，人均减负89.53元，减负率达83.73%。2004年深化农业税改革后，全省又减免农业税5.60亿元，农民人均每年负担由改革前的106.93元减少为6.77元，人均减负100.16元，减负率达93.67%。珠江三角洲地区免征农业税后，实现了农民税赋零负担。

（二）规范了制度，改善了干群关系

农村税费改革，确立了以农业税和村内“一事一议”筹资为主要内容的新的农村税费制度框架，逐步形成了农民负担的刚性、透明约束机制，初步理顺了农村分配关系。同时，划分调整了基层政府事权与财权，规范了各种涉农行政行为，增强了基层工作的透明度，减少了农村的干群矛盾，密切了党群、干群关系。

（三）解放和发展了农村生产力

农村税费改革，有效维护了农民的应得利益、现实利益和未来利益。改革政策深入人心，让农民吃下“定心丸”，极大地激发了广大农民劳动致富的积极性，解放和发展了农村生产力，有力地促进农业增值、农民增收。2004年全省粮食播种面积4 185万亩，比2003年增长0.6%，在连续四年下降后首次出现增加的好势头；粮食总产1 390万吨，在大旱之年保持总产稳定。2004年全省实现农业总产值（现价）2 146亿元，增加值1 242亿元，分别比2003年增长5.5%和4.4%；农村居民人均纯收入4 350元，同比增长4%，农民收入实现了十二年来最大增幅，其中出售农产品现金收入创1998年以后历史新高，农民人均家庭经营现金收入扭转了连续六年负增长的局面。

（四）促进农村民主法制建设

在农村税费改革工作中，各级党委、政府深入发动、广泛宣传，把改革政策原原本本地交给群众，农业税计税面积、常年产量与农民见面，得到农民认可，并张榜公布。农民手中有一张农民负担明白卡，心中有一本明白账，依法自我保护意识增强。同时，农村税费改革确立了“一事一议”制度，实行村内事务依法自治管理，村内进行农田水利基本建设、修建村级道路、植树造林等集体生产、公益事业，实行“一事一议”，由村民会议民主讨论决定，使村内事务做到“大家事、大家议、大家管”，促进了农村集体事务的规范管理和农村民主法制建设。

（五）推动农村其他改革

为了实现“三个确保”目标，农村税费改革带动了镇村区划调整、基层政府职能转变、农村义务教育管理体制、建立覆盖农村的公共财政等多方面改革。截至2004年12月止，全省在撤并中减少乡镇386个，占全省乡镇数的24.3%；全省村委会总数由原来的21 382个减少为19 884个，实际调整撤并1 498个，其中撤并村委会1 089个，“村改居”409个，调整撤并比率为7%。全省初步建立起“以县为主”的农村义务教育管理体制，积极调整农村中小学校布局。按照三年并校四分之一的要求，2003年全省撤并减少中小学校2 457所，2004年撤并减少2 696

所，两年减少中小学总数的18.27%。

四、广东省农村税费改革效应评价

（一）农民热烈拥护

广东省农村税费改革，根据中央政策，结合广东实际，加大了改革力度，大幅度减轻了农民负担，使全省广大农民从改革中得到了近52亿元的实惠，广大农民热烈拥护并积极支持、参与改革。2003年10月27日，中共中央政治局委员、省委书记张德江到阳东县平地村考察农村税费改革工作，70岁高龄的老农民郑辉旭送给张书记两句诗："税费改革顶呱呱，农民心里乐开花。"充分表达了广大农民拥护税改的心情。2004年暑假，大学生志愿者的督查活动中，通过对11 975户农户的调查表明，农户表示没有乱收费、乱集资和搭车收取税费的比例分别为99.87%、99.72%和99.42%；有《农业税纳税通知书》的农户占96.82%；有《农民负担监督卡》的占95.12%；计税面积和常年产量张榜公布的占93.42%；计税面积和常年产量经本人认同的占96.99%；开具农业税完税证明的占96.82%；"一事一议"按范围和程序进行的为97.96%；97.77%的农户对农村税费改革表示满意。改革后，农民气顺了，生产积极性提高了，党群干群关系密切了，党和政府在农民群众中的威信增强了，有力地促进了全省农村社会的稳定和发展。

（二）基层干部理解支持

开展农村税费改革，不仅仅是从数量上减轻农民负担，更重要的是在农村建立健全依法行政的管理制度，用制度规范农村分配行为，理顺国家、集体与农民的分配关系，从源头上遏制加重农民负担，促进农村物质文明、精神文明、政治文明的发展，提高党在农村的执政能力。通过农村税费改革，使基层干部懂得该干什么，不该干什么，依法约束自己，为农民着想，真正保护农民的利益，维护农村社会稳定，在基层干部中牢固树立起法制观念、人权观念、增强服务意识，有利于增强基层党组织、政府的凝聚力、号召力与战斗力。广大基层干部几乎来自农民，是农民的代表，他们在改革中重新认识改革的重大意义及其对自身工作带来的积极作用，进而更加理解、支持农村税费改革工作。

（三）基层政权组织正常运作

农村税费改革取消了"三提五统"等非税收入，基层财力出现很大的支出缺口。为确保基层政权组织的正常运转，各市、县主动承接经济负担，及时调整财权关系，积极帮助镇村解决实际困难。在安排农村税费改革转移支付资金时，明确重点用于农村教育和其他农村支出，同时调整支出结构，加大对基层的一般性转移支付。各镇在自身十分困难的情况下，也千方百计想办法，帮助村级组织解决实际困难。2003年全省农村税费改革转移支付安排乡镇运转的比例达23%，确保1 330个乡镇的正常运转；安排村级运转比例为11%，全面落实村干部的报酬和办公经费补助，解决村干部的后顾之忧。

（四）农村义务教育健康发展

农村义务教育直接关系广大农民群众的长远和根本利益，也是判断农村税费改革成功与否的一个重要标志。省委、省政府对此高度重视，采取有力措施，确保农村义务教育健康发展。通过农村税费改革，实行了"以县为主"的管理体制和以"保工资、保运转、保发展"的经费保障制度，农村义务教育经费支出纳入各级财政预算管理，在安排财政预算和财政转移支付资金时，重点保证教育经费支出，并及时将资金拨付到位，尤其是省、市农村税费改革转移支付资金按省财政厅和省教育厅核定的农村教育收支缺口占总收支缺口的比例以上安排教育补助资金，使农村义务教育经费在原有水平基础上都得到增加，确保了农村义务教育经费的正常需要。同时通过依法治编，调整农村中小学布局，妥善处理教育负债等措施，优化了教育资源，提高了教育质量，促进了农村义务教育的健康发展。

（五）社会各界高度称赞

农村税费改革是一项牵一发而动全身的系统工程，涉及农村经济、事业发展和上层建筑改革、建设的各个方面。广东省农村税费改革试点工作根据中央精神，结合本省的实际，加大了改革力度，而且统筹兼顾，实现了"三个确保"的目标，有力地促进了全省农村社会的稳定和农村各项事业的发展，促进了"和谐广东"的建设，得到了社会各界的高度称赞。不少参加全省视察、检查的人大代表、政协委员都说，广东省农村税费改革是动真情、动真格的，成效也是真实的。

（六）中央满意

2003年是不平凡的一年，省委、省政府按照党中央、国务院的统一部署，坚持一手抗"非典"，一手抓改革，发扬"抗非精神"，积极调整农村税费改革思路，加大改革力度，认真推进全省农村税费改革，得到了中央的高度赞扬。

2004年年初，国务院农村税费改革检查组对广东省进行了专项检查。检查组听取了工作汇报，并随机到德庆、郁南两县进行了明察、暗访。检查组共抽查4个镇8个村和4所小学，走访近50户农民，召开乡村干部座谈会，与农村中小学教师进行交谈。检查组对广东省农村税费改革的各项工作及取得的成效给予充分肯定，认为广东农村税费改革基本实现了"三个确保"，既大幅度减轻了农民负担，又确保镇级机构和村级组织正常运转，确保农村义务教育经费正常需要。检查组最后认为，广东对待农村税费改革的态度是积极的，各项工作的力度是强大的，成效是显著的。在国务院召开的全国农村税费改革试点工作会议上，温家宝总理对广东农村税费改革所取得的成效和2004年深化农业税改革工作给予了高度赞扬。

（省税改办供稿，陈昭永　刘伯新执笔）

第四部分

各市财政工作概况

各市财政工作概况

广 州 市

2001～2004 年，广州市国民经济持续快速增长，GDP 从 2 685.76 亿元增加到 4 115.81 亿元，每年增幅均保持在两位数，2004 年增幅超过 15%。产业结构继续向“二、三”产业并重、“一、二、三”产业共同发展的方向调整优化，第一产业增加值从 97.28 亿元增加到 115.50 亿元，第二产业增加值从 1 125.06 亿元增加到 1 817.71 亿元，第三产业增加值从 1 463.42 亿元增加到 2 182.60 亿元。固定资产投资保持适度增长，全社会固定资产投资从 978.21 亿元增加到 1 321.96 亿元。外贸进出口总额从 230.36 亿美元增加到 447.96 亿美元。物价基本保持稳定，2004 年城市居民消费价格总指数比 2003 年上涨 1.7%。经济增长有效带动了财政收入的增加，全市财政收入从 246.2 亿元增加到 302.9 亿元，其中市本级从 130.7 亿元增加到 156 亿元。全市财政支出从 292.6 亿元增加到 408.3 亿元，其中市本级从 140 亿元增加到 167.3 亿元。上划中央和省各种税收收入从 247.8 亿元增加到 479.5 亿元。

一、努力做大财政“蛋糕”，财政支出管理进一步规范

广州市始终把组织收入、建立稳定的收入增长机制放在重要位置，努力克服“非典”疫情、所得税分享改革等因素的影响，采取措施推进财政收入增长。由市财政局牵头，会同税务部门和中国人民银行广东分行国库逐月跟进分析，定期向市委、市政府报告财政收入形势，针对出现的问题及时采取对应措施，确保收入进度；足额安排税务部门征收经费和其他专项经费，支持税务部门改善工作条件和为纳税人提供良好的服务环境，加强税收征管，加大协税护税力度，做到应收尽收；切实做好契税征收工作，健全管理制度，简化办事程序，完善硬件设施，不断提高征管服务质量。

进一步加强非税收入管理，落实“收支两条线”规定，加大国有资产收益征缴力度。对部门预算外收入实行收支脱钩和收缴分离，促进行政执收执罚部门切实履行职责。2004 年，针对第一季度罚没收入大幅下降的问题，及时提出建立非税收入征管绩效考评、从收入增量中给征收部门安排奖励经费的措施，报市政府批准后实施，有效调动了执收部门的积极性，从 8 月起罚没收入同比连续增长并恢复到正常水平。积极会同有关部门将户外商业广告牌位经营权由行政审批改为公开拍卖、有偿使用，有效拓宽了财政收入的来源渠道。同时加大对招商、留商工作的支持力度，通过转移支付方式，支持各区、县级市改善投资环境，引进了一大批外商投资企业，为财政收入的持续增长打牢基础。

经过努力，2004 年全市财政一般预算收入首次突破 300 亿元大关；广州地区全年组织的财政收入达到 1 308 亿元，占全国总量的 1/20。

在财政收入稳步增长的同时，广州市严格财政支出管理，切实提高财政资金的使用效益。2003 年初，市本级除人员工资、科技、教育、重点建设支出、帮助困难群众解决生产生活问题的支出以及其他法定支出外，对一般性支出一律压减 5%；2003 年 8 月，又压减政府属下行政事业单位后 4 个月公用经费和专项经费支出额的 5%。2004 年，对除法定支出和重点支出外的其他各项支出继续实行零增长，集中了资金投向；严格执行《预算法》，预算批复后非经法定程序坚决不作调整和零星追加，确保预算刚性。广州市扎实开展财政投资评审工作，从工程概、预、结算延伸到土地开发成本、危房改造、廉租房建设等财政投资领域，提高了财政资金的效益，2004 年，市本级审核工程概、预、结算及土地开发成本项目 733 个，审核金额 120.44 亿元，核减不合理、不必要开支 7.2 亿元，核减率达 6%，得到了财政部有关领导的充分肯定。针对市本级财政支出总体进度偏慢的问题，广州市积极协调主管部门落实财政支出管理责任，督促其跟踪项目用款进度；加强财政资金的追踪问效问责，对因项目计划尚未下达而影响正常拨付的专项经费，根据支出进度实施综合平衡，纳入预算重新统筹安排；对连续两年无法按预算确保支出进度的部门，相应调减其下一年度预算。通过努力，市本级财政支出进度逐步提速。

二、积极运用财政手段，推动经济社会协调发展

广州市积极调整优化支出结构，集中财力办大事，保障了重点支出和重点项目的需要。

法定支出得到有效保障。认真贯彻“科教兴市”战略，确保年度财政支出中教育经费所占比例不低于 15%。2004 年市本级教育支出 11.44 亿元，比上年增长 41.13%；市、区（县级市）示范性普通高中建设资金基本到位，市本级继续安排示范性普通高中专款 4.8 亿元，拨付教育信息化建设资金 1 亿元，老市区的“麻雀学校”

综合改造工程基本完成；教育扶贫的投入继续增加，在实施减免贫困家庭子女义务教育阶段书杂费的基础上，又增加了寄宿补贴。不断增加对科技事业的投入，主要用于科普、科研所转制、科研实验室等项目的建设，2004年市本级科技三项费用支出4.16亿元、科学支出2亿元，比2003年分别增长19%和25.85%；下达科技三项费用项目495个，增强了广州市的科研实力和科技创新能力。按照创建文化强市的要求，优先安排了大中型公共文化体育设施项目，促进了市第二少年宫、广州雕塑院、广州歌剧院等一批项目的建设，对群众文化、艺术团体、文物维护等文化事业的投入也不断增加。加强卫生事业的建设。2003年"非典"疫情发生后，广州市安排"非典"专项资金2.56亿元，当年实际拨付1.99亿元；2004年，市本级卫生支出5.34亿元，比2003年增长31.8%，使用外国政府贷款500万美元引进先进医疗设备，提高了广州市医疗卫生水平，促进了基层卫生医疗机构、社区卫生服务机构、疾病防控网络的建设。

促进农村经济发展和农民增收。2002年，广州市在全省率先完成农村税费改革，全市农民总体减负73%。2003年，广州市农业税税率由上年的7%降为6%，并取消农业税附加。2004年，市本级一般预算安排支农资金6.74亿元，比上年增长28%，并取消农业税，又为农民减负5 699万元。免征农业税后，市本级在每年预算安排6 650万元的基础上，2004年再增加1 947万元资金（含省转移支付资金），对困难较大的区、县级市适当给予转移支付，保障了镇村正常支出需要。广州市还清理废止涉农收费项目12项，降低涉农收费标准27项；拨付资金1亿元推进中心镇村建设，拨付4 550万元促进农村通水、通路工作，安排400万元补贴农户购置先进适用农业机械，拨付1 540万元用于农村富余劳动力培训，拨付农产品质量安全监测资金1 043万元，并从2004年起每年按照参加新型合作医疗的农民人数安排专项补助资金。

城市建设继续保持高强度投入。对推进"三年一中变"、举办"九运会"等不断改善城市环境的项目建设，给予了强有力的财政支持。市本级对大学城一期工程征地和市政建设累计投入（含垫支）68亿元，其中2004年投入12.46亿元，有效保障了全国一流的现代化大学园区的建成。2004年，广州市拨付地铁建设和偿债资金47亿元，保证了地铁建设按计划推进，财政资金的放大作用收到明显成效；拨付43.16亿元用于市政道路、污水处理、绿化等基础设施建设。从2003年起，市本级累计投入采石场整治复绿到位资金1.2亿元，改善了城市生活环境。广州市还从2003年起实施危房改造工程，市本级拨付危房改造资金7 423万元，全市提前三个月完成对2002年在册的18.8万平方米危房的改造任务。2004年，广州市与世界银行签订协议，使用贷款1.28亿美元、赠款1 000万美元用于污水处理厂和危险废物处置项目建设。由于财政资金的保障，一批大型基础设施项目如期建成，城市创业和生活居住环境得到进一步改善，广州市申办2010年亚运会等重大工作目标得以圆满实现。

确保社会保障支出需要。广州市从2001年起，将再就业专项资金纳入财政预算安排，2001～2004年市本级该资金安排年均增长78.57%，2004年安排资金达1.5亿元。广州市还及时安排下岗职工基本生活保障资金，设立了下岗失业人员小额担保贷款基金。2004年，市本级社保支出达15.72亿元，重点资助特困下岗失业人员、农转居民、零就业家庭和"4050"人员再就业，确保企业下岗人员基本生活费、离退休人员基本养老金、城镇居民最低生活保障金按时足额发放，并适当提高社会保险参保人员待遇。全市城镇登记失业人员实现就业16.48万人，就业率达68.15%，广州市被评为全国再就业先进单位，财政的有力保障成为重要因素。

积极扶持企业改革与发展。市财政集中资金支持有竞争优势的企业和带动性强、见效快的挖潜改造、技术创新项目。2004年，市本级拨付扶持企业发展专项资金1.14亿元，转拨国债技改资金862万元，拨付挖潜改造和扶持中小企业发展等资金1.29亿元。大力发展现代商贸流通业，对室内肉菜市场、中高档批发市场和第三方物流企业等138个项目升级改造投入资金4 759万元。出台促进外贸发展的财政措施，全年拨付支持外贸发展专项资金1.02亿元。合理安排中小企业信用担保专项资金，推进中小企业融资担保工作。此外，广州市还拨付9.9亿元用于129家关闭、破产企业58 697名职工安置；针对部分企业退休职工参加基本医疗保险缴费的困难，为42 751名困难企业退休人员参加基本养老医疗保险垫资5 750万元，为国企改革、社会和谐创造了有利条件。

规范收入分配。2001年8月起，市本级实现行政在职人员、教师工资津贴和离退休人员离退休费由财政统发。2004年，制订出市属中小学教师岗位津贴调整方案，经市政府批准从7月1日起实施，保证教师总体收入不低于现行公务员收入水平。广州市还制订了参（依）照公务员管理的处级事业单位发放工作岗位津贴的方案，已批准部分市直执行类事业单位统发工资和岗位津贴。

三、稳步推进财政改革，管理体制日趋完善

广州市围绕建立健全公共财政目标，继续深化各项财政改革，在规范管理、切实解决问题上下工夫，多项举措继续处于全国、全省领先水平。

部门预算改革进一步细化经费标准，将公用经费定额由"两类五档"细化为"两类六档"，对事业单位首次采取按性质划分经费标准的做法，规范了财政供养范围；对车辆经费定额标准，也根据单位的工作性质加以区分，使之更加符合实际。为了规范部门预算编制，广州市制定了《预算管理规程》和《广州市本级项目支出预算管理试行办法》，对部门预算编制分工和时间等要求明确，使之有章可循。2001～2004年，广州市上报人大审议的部门预算单位从5个（基层单位164个）增加到30个（基层单位441个）。广州市推进预算管理改革的经验在全省财政预算管理经验交流会上作了介绍。为加强与人大代表的沟通，

市财政局专门安排向人大常委会和部分代表讲解部门预算编制过程，人大会议期间还就部门预算编制有关情况编写了《答人大代表问》的小册子，使人大代表进一步理解和支持财政改革工作。

广州市从2002年起正式启动财政国库管理制度改革试点，在行政事业单位人员经费、基本项目支出、政府采购支出三个项目实行财政直接支付的基础上，对预算单位逐步实行财政国库集中支付试点，试点部门从15个增加到70个，超过市本级一级预算单位的半数。广州市通过财、税、库、行、预算单位联网，简化预算单位用款申请程序，提高资金拨付效率。2004年，市本级通过国库单一账户体系集中支付资金173.18亿元，占预算内、外综合财政支出的57.3%，受到财政部的表扬。财政国库管理制度的实施，对财政部门及时跟踪支出状态，确保财政支出进度正常发挥了重要作用。针对基本建设支出偏慢的情况，2004年，广州市不仅采取多项措施加快支出进度，还根据财政部关于财政国库管理制度改革的有关规定，按权责发生制的原则将部分基建资金作列支处理，使市本级一般预算支出同比增长9.1个百分点。

政府采购监督管理工作按照“上规模、抓规范、促效率”的要求继续推进，全市集中采购目录从2001年的41项增加到2004年的86项，对因公出国机票等项目还采取相应措施确保集中采购。全市政府采购规模从2001年的12.28亿元增加到2004年的37.5亿元，节约率保持在10%以上。为提高采购效率，广州市对市属两个集中采购机构负责的采购项目作了分工，以充分发挥其专业特长，同时要求改进采购方式，对急需常用项目试行网上快速询价采购，方便了用户。为规范采购监督管理工作，市财政局分别组织人员到几十家党政机关、代理机构和供应商调查了解情况，听取意见，制定了采购预算编制、自行采购指南、投诉处理规程等办法；对已录入到专家库的专家档案重新审核甄别，以确保质量；认真做好投诉处理，确保政府采购的公平、公正、公开。2002年，时任中共中央政治局委员、广东省委书记的李长春同志在视察中对广州市政府采购工作给予了充分肯定，认为广州市政府采购工作成效显著，走在全省前列，为全省政府采购工作提供了有益的经验。2003年，财政部在广州市财政局召开全国部分省市政府采购专家管理经验交流现场会，对广州市政府采购工作给予了高度评价。2004年广州市政府采购额37.5亿元，同比增长49.2%，节约资金4.46亿元，节约率10.6%，其中市本级政府采购额26.04亿元，同比增长49%，节约资金3.08亿元，节约率10.57%。

不断完善市对区的财政体制。2001年，针对分税制财政体制存在的问题，广州市重新形成市与区、区与区之间更为完善的收入分配机制。2004年，调整了花都、番禺两区财政体制，实现了市对区财政体制的规范、统一。同时，根据实际情况对老八区的城市维护建设税、教育费附加转移支付方案及部分区共享收入增量分成比例作了适当调整，这些措施有效促进了区域的协调发展。2004年各区、县级市财政收入均超额完成任务，原来比较困难的区的增长幅度达20%～30%，财力不平衡的问题有所缓解。

继续完善和加强国有资产管理。2003年，广州市提出改革国有资产管理工作方案，制订了《广州市企业国有产权交易管理暂行规定》，推动企业改组，规范国有产权转让。2004年，市财政局牵头草拟了香港越秀集团经营者薪酬管理意见，对机电等5家授权经营机构董事长2003年度年薪进行清算，做好新组建授权经营机构国有资产经营数额的核定工作，积极帮助有关上市公司做好重组工作。广州市还大力推进国有企业执行新的《企业会计制度》，通过政策讲解、宣传培训、规范程序等工作，全市大部分国有企业已完成新旧会计制度的转换，经批准执行新《企业会计制度》的企业数达462家，约占应申报家数的80%，规范了企业财务会计行为，摸清了企业家底，为国有资产保值增值和开展绩效评价奠定了基础。产权交易市场化程度明显提高，2004年办理产权交易事务206项，增幅超过50%，项目总成交额同比增长77%，非市属企业进场交易项目大幅增加，占挂牌项目的15.34%。进一步扩大财务总监派驻范围，从原来3家扩展到14家，基本涵盖全市大型骨干国有企业，促进了企业依法依规管理。

财政信息化建设取得重要进展。部门预算系统新增了基础信息库、项目库两个子系统，启动了财、税、库、行、预算单位联网二期工程建设；政府采购实现了全市联网，区、县级市集中采购项目实现了远程在线报送，广州财政网与政府采购网、会计网完成了多网合一，省信息产业厅计划将市财政局政府采购网列为全省电子政务示范点；镇级财政信息化初见成效，参加首批验收的镇全部达到优秀；市财政局OA系统日趋成熟，得到省、市信息管理部门的肯定。

四、切实加强财政监督，依法理财水平不断提高

2001～2004年，广州市逐步改变以往财政管理重收入、轻支出，重分配、轻监督的状况，不断加大财政监督的力度。通过财政检查发现部门单位违规资金15.94亿元，其中应上缴财政资金1.14亿元。2004年，财政监督工作明显增强了计划性和针对性，监督方式实现了多样化、经常化。为促进检查资源共享，市财政局精心选择检查对象，凡审计等部门年内进行检查的，不作重复检查，据此选择专项检查项目25个，重点检查了危房改造、宣传文化、林业建设、残疾人就业保障金等9项专项资金，查出违规资金5.14亿元、应上缴财政资金3 065万元，工作力度为历年之最。为了提高检查的实效性，首次依法对会计师事务所执业质量实施检查，治理会计信息失真问题的工作已溯及源头。通过对部分行政事业单位统发纪律的执行、财务管理的情况、“收支两条线”的落实、政府采购的实施，以及部门预算的执行进行检查，进一步规范了财政管理。

在按计划进行检查的同时，2001年，广州市对行政事业单位银行账户进行清查，撤销银行账户3 292个，解决

了单位账户管理中的突出问题。2004年，对领导干部借用公款及全市行政事业单位用公款购买商业保险进一步清理；对全市统一着装问题进行了清理，整顿后有12 701人脱装，整顿统一着装工作基本完成；对财政性借款进行新一轮确权，2004年回收借款2.35亿元，其中现金还款4 400万元，核销借款1.41亿元，以物抵债1 000万元，财政抵扣4 004万元；还选择了“麻雀学校”改造专项资金、农村“通水、通路”专项补助作为绩效评价工作的前期准备试点。

继行政审批制度改革之后，市财政以《行政许可法》的实施为契机，积极推进依法理财。经过全面清理，市财政局只保留了两项行政许可事项；在办公场所和广州财政网上公开财政行政许可的法律依据、办理程序和期限、受理机构、投诉电话等内容，方便行政相对人办理手续并进行监督；清理了2003年底以前制定，2004年仍在施行的317份财政规范性文件，对直接涉及行政许可的文件作出处理，公布废止了31份文件；对不符合法律规定的收费项目停止收费；结合财政监督和会计信息质量检查，加强对行政相对人从事行政许可活动和经办机构实施行政许可的检查，发现问题及时解决，使各项规定落到实处。

市财政局还大力加强内部监督管理，利用内部信息系统开展网上监督，发现并纠正了系统建设、内部管理中的问题；结合对外检查，对支出处室工作情况进行监督，促进了财政内部管理的规范化。

五、大力加强财政机关建设，行风建设取得明显成效

2001～2004年，市财政局结合机构改革，进一步加强财政队伍的建设，财政干部的年龄和知识结构不断优化；大力推进政务公开，规范了机关服务行为。在2002～2003年度广州市基层评议机关活动中，市财政局荣获“建设机关，服务基层”最佳单位奖。

行风评议工作是全市财政部门2004年的中心工作之一。各级财政局坚持实事求是、真抓实干、不走过场，通过全市财政工作者的积极努力，取得了明显的成效，达到了预期的目标，市和区、县级市行评团对各级财政部门行风建设评议均为“满意”。

在开展行风评议工作中，各级财政局高度重视，及时召开动员大会，成立工作领导小组，广泛宣传发动，制定工作方案，认真自查自纠，切实落实整改。市财政局领导分别带队赴14个区（县级市）财政局、11个镇财政所和7个财政系统窗口单位进行“明查暗访”，按照“原汁原味”的要求整理出财政管理、服务质量、服务效率、政务公开和廉政建设等方面的肯定意见89条以及问题建议109条，对自查自纠查找出来的问题，主动进行整改。

根据市行评团和市社情民意调查中心提出和收集的意见、建议，市财政局整理了需要重点整改的九个方面问题，并制定了具体的整改措施，做到有建议及时研究，有投诉及时调查，有问题及时整改，有结果及时反馈，确保各项整改意见、建议落到实处。

全市财政部门行风建设工作得到社会各界的认可，市行评团在评议报告中对此给予很高评价；在民意调查中，全市财政部门的服务态度、服务质量、工作作风、依法行政、办事公开等方面获得的满意度均在八成以上；省财政厅专门推介了广州市行风建设工作的经验。

行风评议工作焕发了干部职工良好的精神风貌，提高了干部职工主动服务的自觉性，增强了干部职工依法行政的意识，有效推动了财政各项工作的开展。按照市的部署，市财政局对财政、国有资产管理职能进行了分解，重新拟定了职能配置、内设机构和人员编制，完成了机构改革前期工作；认真落实《党政领导干部选拔任用工作条例》，调整、充实了机关中层干部和局属单位领导班子，进一步完善后备干部工作；积极实施“固本强基”工程，推进各级党组织建设，党组织的凝聚力不断增强；认真贯彻《中国共产党党内监督条例》、《中国共产党纪律处分条例》，党风廉政建设责任制得到进一步落实；以“为民、务实、清廉”为主题的党风廉政教育，增强了领导干部执行四大纪律八项要求和廉洁从政的自觉性；全年举办6期财政“理论讲坛”，多种形式的业务培训提高了干部素质；离退休干部管理得到老同志的充分肯定，机关文化生活出现新的面貌，后勤服务工作质量有新的提高。市财政局办文效率和质量受到市政府办公厅的表扬，被推荐向全市政府系统秘书长、办公室主任会议介绍经验，广州注册会计师协会荣获“全国先进民间组织”称号，市财政局还获得“全省会计管理工作先进一等奖”等14项省、市奖励，一批同志被表彰为先进个人。

（广州市财政局供稿，李芳春　刘昕执笔）

深圳市

一、财政收支

（一）财政收入

2004年，深圳市认真贯彻中央宏观调控的各项经济政策，坚持有保有压，按照能快则快、稳中求快的原则，实现了经济的持续、平稳、健康发展。在经济发展的带动下，深圳市财政收入也实现了快速增长。2004年，深圳市实现国内生产总值3 422.8亿元，比上年增长17.3%，其中，第一产业增加值14.18亿元，下降19.8%；第二产业2 108.14亿元，增长21.3%；第三产业1 300.48亿元，增长11.3%。2004年，全市完成财政一般预算收入321.47亿元，比2003年增长20.19%。2004年全市地方预算内财政收入主要项目完成情况如下：增值税332.408亿元，增长21.83%；营业税1 400.768亿元，增长18.24%；企业所得税423.118亿元，增长11.04%；个人所得税330.048亿元，增长21.19%；房产税12.60亿元，增长24.07%；印花税6.8亿元，增长32.45%；行政性收费

10.7 亿元，增长 35.76%；罚没收入 11.8 亿元，增长 54.54%。

（二）财政支出

2004 年，深圳市根据客观经济形势和经济发展战略，制定了积极稳妥的财政支出政策，努力提高财政资金使用效益，规范分配秩序。全年完成财政一般预算支出 377.57 亿元，比 2003 年增长 8.20%。主要支出项目完成情况是：基本建设支出 103.07 亿元，比 2003 年同期下降 6.54%；企业挖潜改造支出 8.2 亿元，比 2003 年增长 21.83%；科技三项费用支出 18.84 亿元，比 2003 年增长 26.85%；教育支出 41.9 亿元，增长 7.83%；行政管理费支出 29.50 亿元，增长 10.88%；公检法司支出 37.0 亿元，增长 12.68%；医疗卫生支出 12.9 亿元，下降 0.69%。其他支出 55.9 亿元。

2004 年，深圳市连续二十四年实现收支平衡、略有结余的目标。

二、财政改革

（一）及时总结，研究解决财政改革中的难点问题

针对部门预算的深化以及与国库支付改革的协调推进问题，成立了改革研究小组，系统深入地分析了近年来财政有关改革的成果和存在问题，通过学习调研，认真论证，提出了建立新的预算指标管理系统的设想和初步方案。同时，研究完善了新的定员定额标准，为科学、合理地编制部门预算打下了坚实的基础。

（二）落实国库集中支付，构筑财政资金“高速路网”

在首批国库集中支付试点取得阶段性成果的基础上，深圳市集中支付扩大试点改革于 2004 年 8 月 1 日正式铺开，市本级 50%的行政事业单位已实行了国库集中支付。深圳市先后完善了国库单一账户体系，制定出台了《市本级单位财政国库管理制度改革试点资金支付管理办法》等三个规章制度，确定了有关运行规则。在此基础上，加强了人员培训和跟踪服务，组织人力分 7 批对试点单位的 500 多名财务人员进行培训和考试，建立了国库集中支付试点改革业务联系人制度及反咨询制度。增加了代扣代缴、银行卡和备用金 3 种功能，还设置专门岗位加强对授权支付资金的监管。采用多种技术手段确保系统的运行安全，初步形成了财政资金的“高速路网”。截至 2004 年 12 月 31 日，全市通过国库集中支付系统共批复用款计划 11.34 亿元，支付资金 10.42 亿元，其中，直接支付资金 1.68 亿元，授权支付资金 8.74 亿元。

（三）加大对政府集中采购机构的监管力度

改善采购计划执行运行系统，将“中农网”与“政府采购网”合并，实现了采购计划的调整和申报执行在同一系统上运行。2004 年政府采购计划的编报、下达与部门预算同步进行，采购数据可由财政局、采购中心、采购单位、供应商四方共享，对年初已编制采购计划的项目可直接向采购中心申报采购，采购工作效率得到明显提高。同时，加大了对违规当事人的处罚力度，对严重违规的供应商分别给予一至三年禁止参加深圳市政府采购活动的处罚，并在网上公示。重点抓好重大项目、敏感项目和协议采购项目的落实工作。对市民中心停车场招标、直饮水招标以及民防办系统招标等项目进行全程重点跟踪。重点实施了公务用车定点保险、加油、维修的招标组织工作。

（四）积极推进综合财政预算改革

2004 年深圳市对预算单位所有行政事业性收费和其他预算外资金收入实行收支脱钩，纳入部门预算管理，编制综合财政预算。预算内外资金统筹安排，归口管理，提高了财政资金的利用率。对经费自给事业单位的收费实行收支计划管理，参照部门预算的编制方法，制定年度收支计划，资金的核拨严格按计划审理，规范了对经费自给事业单位的支出管理。2004 年纳入预算的市级执收部门（单位）共有 50 家，资金总额为 172 818 万元（其中纳入预算内指标管理 7 亿元），资金规模比 2003 年增长了 28.69%；纳入收支计划的经费自给事业单位共有 32 家，资金总额为 85 873 万元，比 2003 年（同口径统计）增长 34.10%。对政府性基金（专项资金）实行“专款专用，收支两条线”管理。年初根据各部门编制的基金收支计划，由财政部门审核后报市政府，由市政府批复下达基金收支计划。2004 年纳入预算管理的政府性基金（专项资金）达 4 亿元。对非税收入实行统筹管理，使全市综合财政预算的工作向前迈进了一大步。

三、财政管理

（一）进一步强调体制的约束刚性，规范财政支出行为

在年度预算执行中，对一些区和市属有预算分配职能的部门提出的涉及资金安排的意见或政策，严格按照《预算法》和市区财政体制，对凡涉及市区分担事项或财力分配问题，都要求在现行体制框架内解决，以在源头上规范财政支出管理。针对全市财政支出管理中存在范围交叉、职责不明，重分配、轻管理等问题，经反复研究，多次征求有关方面意见，草拟了关于贯彻省财政厅进一步加强财政支出管理的意见，以市政府办公厅规范性文件印发。加强对资金安排和使用情况的反馈，促进部门单位提高依法理财的积极性和自觉性。2004 年深圳市对所有临时性请款实行资金安排信息反馈制度，对部门单位请款事项、申请金额、核拨金额、批准依据、核准率等向市领导定期报告，在强化各单位依法理财的自觉性方面取得了积极的效果。财政部门还加强内部协调，对部分专项资金使用情况进行了绩效考评，并积极利用考评结果，为今后实施绩效评价进行了有益的探索。

（二）整合财政资金，发挥集聚效应

深圳市针对科技和产业发展专项资金管理上存在的弊端，对科技三项费用、软件产业发展专项资金、出国留学人员创业资金进行整合，对产业技术进步资金、民营及中小企业发展专项资金的使用进行规范，出台了《整合使用科技产业发展专项资金意见》、《深圳市科技研发基金管理暂行办法》，《深圳市现代物流业扶持资金管理暂行办法》、《深圳市民营及中小企业发展专项资金管理暂行办法》，通过整合资金，聚集财力，突出重点，做到扶大、扶强、扶优、扶新，实现了科技创新环境的优化。同时规范审批和发放程序，坚持审批拨付的公开、公平、公正原则，实行专家评审、社会公示、政府决策制度，增加资金使用的透明度。资金整合既有利于避免资金使用的交叉，避免资金的闲置，又有利于集中财力办大事，大大提高了资金的利用效益。

（三）完成了市国土基金管理职能的移交工作

从2004年起，深圳市对国土基金管理方式进行了重大改革，实行了国土基金由财政部门“统一管理，统一核算，统一调度”的管理模式，2004年新立项目由市财政局直接支付，2005年国土基金收支计划由市财政局牵头组织编制，2004年各项移交工作顺利完成，保证了国土基金的正常运作。

（四）积极推进“金财工程”建设，提高信息化水平

基本完成全市预算执行系统（一期）工程的设计和开发工作，搭建了统一技术平台，初步实现了管理流程的上下衔接和数据共享目标。编写了深圳市“金财工程”实施方案和可行性研究报告，这在全国财政系统尚属首家，保障了项目建设的合法性和资金落实。对机房进行了较大规模的改造，使其成为全市财政系统的网络中心、数据中心、设备中心。

（五）加大了会计工作管理力度

修订了《深圳经济特区会计管理条例》。修订后的《深圳市会计条例》适用范围扩大到特区外，解决了一市两法的问题，有利于会计法规的统一实施和监管。同时，结合深圳实际和行政许可法的要求，精减了部分内容和条款，加大了处罚的力度。采用社会公示、专家咨询与政府决策相结合的审批模式，放开了对新会计师事务所的设立申报，批准新设了20家会计师事务所，使审批过程更加规范、公开、透明，社会评价较好。在注册会计师管理方面，对全市64家会计师事务所合伙人执业年龄和执行业务报告双签制度的情况进行了检查，加大了对会计中介机构的监管。

（六）认真评议行风，加强财政干部队伍建设

深圳市财政局按照省财政厅和市委、市政府的部署，由市行评办开展行风评议。行风评议分自查、征求意见、整改和检查验收四个阶段，通过学习发动，认真自查，严格自评，召开服务对象座谈会和发放问卷调查，广泛征求了群众意见。深圳市财政部门根据服务单位和群众提出的问题，召开专门会议，深刻分析存在的问题及原因，并要求努力抓好整改，逐条落实，件件有回复，事事有结果，并通过了市行评办和服务对象“面对面”的质询，得到了认可和好评，队伍建设上了一个新的台阶。

（深圳市财政局供稿，杨　翔执笔）

珠海市

2001～2004年，珠海市各级财政部门立足于改革与发展大局，开拓创新，艰苦奋斗，扎实工作，以依法组织收入为中心，以构建公共财政体制框架为主线，以财政调控为手段，以提高人民生活水平为根本出发点，全面推进财政改革，强化财政监督管理，财政工作取得了较大成绩。

2004年，珠海市实现国内生产总值546.28亿元，比2001年增长49%，其中，第一产业增加值18.63亿元，增长22.56%；第二产业增加值311.44亿元，增长53.57%；第三产业增加值216.20亿元，增长45.49%，一、二、三产业占GDP比重分别为3.4%、57%、39.6%。全市固定资产投资179.6亿元，比2001年增长71.21%；进出口总额218.13亿美元，比2001年增长122.51%；社会消费品零售总额179.89亿元，比2001年增长40.1%。在国民经济持续快速健康增长的基础上，财政收入保持了较快增长，2001～2004年，珠海市财政总收入累计188.3亿元，年均增长14.6%；财政总支出累计183亿元，年均增长13.8%。全市财政连续十年实现了收支平衡，略有节余。

一、财政收入持续快速增长，财政保障能力不断增强

2001～2004年，珠海市一般预算收入累计130.44亿元，上划中央“两税”和所得税累计156.5亿元，上划省财政“四税”累计29.3亿元，海关代征税累计167.7亿元。一般预算收入加上划中央和省的税收以及海关代征税，珠海市四年间累计创造的财税收入为483.94亿元。2004年，珠海市财政总收入56.1亿元，比2001年39.6亿元增长41.67%，首次跨过50亿元新台阶，其中，一般预算收入为34.46亿元，比2001年增长9.05%。

珠海市在促进财政收入增长方面采取的措施主要是：

（一）市财政系统积极采取各项有效措施

一是在市与区之间实施以财权和事权相统一为核心内容的财政管理体制改革，其中市对香洲区实行收入共享分成，对斗门区、金湾区和其他管理区按辖区界定收入范围；二是定期召开财税联席会议，分析财政经济形势和收

入征管过程中出现的新情况、新问题，提出增收节支的各项具体措施；三是成立部门预算监审小组和预算分析小组，强化财政收支的监管，研究分析预算执行情况；四是出台10条减轻“非典”影响的税收优惠政策，执行对饮食业、旅店业的减免政策，以及对从事客运交通业给予减征25%的政策，积极促进经济发展；五是积极落实促进下岗失业人员、残疾人就业税收优惠政策，为下岗失业人员和吸纳下岗失业人员的企业减免税收；六是出台八条扶持民营企业和高新技术企业发展的新措施；七是与市国经局共同核定新的国有资产收益分配方案，完善收益目标责任制；八是强化“收支两条线”管理，扩大非税收入征管范围；九是制定了对罚没物资处理的有关规定，完善罚没物资处理程序，及时组织罚没收入入库；十是就出口退税政策的变化采取有效措施，减轻珠海市出口退税压力；十一是抓好财政债权的追收工作，盘活政府物业和沉淀资金。

（二）市国税、地税系统强化税收征管和稽查

在征管方面，一是税收信息化建设取得重大进展。2003年开通了国税、地税网站，建立了纳税服务中心，开通了12366税务咨询热线，推广应用了电话申报、邮寄申报、银税一体化及防伪税控系统网络版。同时开发和推广了税控发票管理系统，推行了新版网上报税系统。二是推进增值税申报纳税“一窗式”管理，实现抄税、认证、申报“三合一”。三是实行工作进度、宣传口径、计算方法、系数设定、测试、调整幅度等“八个统一”，推行个体商业双定户电脑核定定额管理。四是市地税系统采取了对建筑安装行业推行代扣代缴、对外籍人员设立档案进行纳税登记等针对性较强的征管措施。五是市国税系统按属地征收原则对全市税收征管范围进行重新划分，西区范围内的企业由西区相应分局负责征管，市区范围内的企业按经济性质由市区内相应分局负责征管；同时强化对年纳税额500万元以上的重点税源的跟踪管理，并加强对零散税源的管理，抓大不放小。

在稽查方面，市国税部门重点抓好打击骗取出口退税和虚开增值税发票偷骗税案件的查处；市地税部门重点开展了房地产企业税收专项检查；另外，有效地开展反避税工作，对30家企业进行了税收调整，并对过往年度调整过的企业进行跟踪管理；市国税部门还为587家企业建立了转让定价档案。

（三）积极争取中央和广东省对珠海市的支持

2001年，广东省对原定珠海市每年上缴的科技教育治安资金1.43亿元调减为6 720万元，调减了7 580万元。2002年，中央和广东省给予横琴大桥还贷资金补助9 000万元；并从2003年开始，广东省每年将给予拱北口岸固定性补助2 000万元。2002年中央实施所得税收入共享改革时，市财政局积极向国家财政部、审计署反映情况，使以前没有政策依据而珠海市已列作收入的中央企业所得税2亿多元免被抵扣。

二、合理调度资金，确保重点支出

四年期间，珠海市各级财政部门把发展作为财政工作的第一要务，按照“有保有压，确保重点，兼顾一般”的理财原则，多方筹集资金，合理调度，确保了珠海市经济社会改革和发展的资金需要。

（一）支持经济和社会的发展

一是落实“实业旺市”和“工业西进、城市西拓”发展战略。加大对金湾、斗门两区的财政补助，四年间共安排转移支付资金6亿元，建设资金1.8亿元；加大对高新区、保税区、临港区以及斗门、金湾区六个新设工业园区的投入，四年来共安排建设资金18.1亿元；此外，还协助市政府通过融资筹措基本建设资金，取得了国家开发银行等金融机构对高新区、保税区、南屏科技园等项目的11.8亿元专项贷款。二是支持“科教兴市”、“文化盛市”发展战略。四年来，安排科技资金5.38亿元，促进高新技术产业发展，推动经济结构的优化升级；安排教育经费21.4亿元，建设了珠海市一中、斗门一中等四个国家级示范型高中，在斗门、金湾区建设了7所标准化小学，其教师工资三年内由市统发；安排了电视中心、报业大楼、基层文化站等文化设施建设资金3.9亿元；2004年，珠海市安排科技资金1.8亿元，支持企事业单位科技三项费用的项目208个；安排教育经费7.58亿元，同比增长18.6%；同时成功地举办了跳水、赛车等世界级赛事，较好地提升了珠海市的城市品位和国际知名度。三是支持“环境强市”发展战略。2004年，珠海市安排污水管网改造资金1.5亿元，提高了污水处理率。四是支持建设“法治珠海”和“平安珠海”。四年来，预算内安排公检法司支出23.6亿元，主要用于购置现代化技术设备，加大缉毒、反恐、防暴、反邪教等专项经费投入，完善狱政基础设施和基层司法所建设，进一步增强了保障社会治安和处置突发事件能力。其中，2004年安排公检法司支出7.22亿元，比2003年增长15.7%，有力地支持了公检法司各项事业的发展，维护和营造良好稳定的社会环境。

（二）着力解决好人民群众关心的热点难点问题

一是面对2003年上半年突如其来的“非典”疫情，市财政局紧急拨款1 600万元，当年安排公共医疗卫生事业经费1.2亿元。二是四年期间，及时兑现了国家两次调增工资的政策，并调剂资金兑现了以前年度欠发的离退休人员特区津贴接近6 000万元；2002年实施了“暗补变明补”的工资结构调整方案，建立了透明公开的收入分配制度，较好地解决了单位之间分配苦乐不均的问题。三是2003年安排资金4.33亿元，用于医疗资源整合、横坑大桥建设、白蕉联围海堤除险加固达标首期工程以及全市防灾减灾体系的建设。四是从2004年起免征农业税，彻底减轻农民负担，同时安排专款对本市农民种植水稻按每亩每年20元标准实行直接补贴；2004年安排村间公路硬底

化及危桥改造工程建设973万元，实施农村富余劳动力转移就业工程258万元等。五是四年来千方百计筹措资金偿还了历史工程欠款和征地青苗补偿款共10.4亿元，同时安排9亿元财政资金为政府化解了超过19亿元的债务。

（三）努力做好社会保障和就业再就业工作

一是加大社会保障投入，会同有关部门制定措施提高社保对象的补贴标准，使社保对象的生活待遇与经济发展水平相适应。四年期间，共安排社会保障资金14亿元。其中，民政抚恤、最低生活保障、下岗职工再就业、解决困难群众“看病难”的资金1.3亿元，安排了红旗、平沙华侨农场职工危房改造资金5 832万元，不断改善和提高人民群众的生活水平。二是认真筹措资金，大力推进农村合作医疗改革，在农民合作医疗的补助资金方面，珠海市人均补助数额高于省规定标准的1.5倍，至2004年底，全市参保农民人数13.5万人，覆盖率达70%以上。三是制定相关政策帮扶困难学生，解决困难家庭子女上大学难的问题等。四是积极促进就业再就业工作开展，制定和落实了包括资金筹集和管理、设立小额担保贷款、贷款贴息、再就业财政补贴和税费减免等一系列财政扶持政策。2004年，全市共筹集再就业资金4 187万元。

（四）保障了支持部队和口岸事业发展的资金需要

市财政每年都从驻军生活补助、特区津贴、设备购置、随军家属安置、口岸水电管理费以及年终慰问等方面，对部队和口岸联检单位给予大力支持。四年间，每年安排的经费都在1亿多元，共达6.3亿元。珠海市也多年连续被评为“双拥模范城”。

三、深化财政体制改革，创新财政运行机制

四年间，珠海市各级财政部门与时俱进，深化各项财政改革，进一步理顺财政分配关系，推动财政工作全面进步。

（一）积极稳妥推行会计集中核算和会计委派制度改革

2001年6月，珠海市成立了“市政府会计结算中心”，挂靠市财政局管理。市政府会计结算中心在工作方法上采取“集中统管为主，分散委派为辅”的模式。至2004年底，将204个市直行政事业单位的会计核算业务纳入“集中报账、统一管理”，设立账套225个；对市卫生局、接待处、公、检、法等部门实行了会计委派，会计委派方式由最初现场委派核算和审核监督会计监管方式转变为非现场、监督检查两种方式。2002年，全市各级区、镇都设立政府会计结算中心，并推行“村账镇代管”。另外，还建立健全了财务总监管理制度，对珠光公司、临港工业区等11个单位委派了财务总监。

（二）积极推进国库集中支付制度改革

2002年8月，市政府会计核算中心更名成立市财政国库支付中心，实行“一个机构、两个职能”（即同时履行会计集中核算和国库集中支付的职能）。2004年，获准在珠海市试点推行财政部与方正春元公司合作开发的集中支付系统（2005年1月1日正式运行），建立了更具科学性和操作性的集中支付业务平台。对所有市属预算单位的工资支出、预算内政府采购支出、基建支出和转移支付支出等较大项目实行了集中支付。其中直接支付占68%，授权支付占32%。随着国库集中支付制度改革的深入开展，进一步增强了政府对财政资金的宏观调控能力，提高了财政资金的使用效益。

（三）全面推行市级部门预算改革，提高预算编制透明度

珠海市从2001年开始实行部门预算改革的试点工作，至2004年年底，市本级所有单位推行了部门预算。2004年，在编制2005年市本级财政收支预算草案的过程中，成立了以人大、政协、纪委、审计等部门组成的监审小组，监督预算编制全过程，经过“二上二下”的编制程序，圆满完成了2005年市本级财政收支预算草案的编制工作，此举被媒体和人民群众誉为“玻璃钱柜”、“阳光预算”，进一步提高了预算编制的科学性和透明度。

（四）积极推行政府采购改革，政府采购基本实现制度化、规范化操作，采购规模和范围不断扩大

2003年《政府采购法》实施后，市编委批准在市财政局成立了政府采购管理办公室，实行了彻底的管办分离，理顺了管理体系。政府采购管理办公室成立以来，新制定了《珠海市政府采购工作程序》，并与监察、审计等部门共同建立了“政府采购联席会议审批制度”，完善了管理机制。每次开标、评标均邀请包括人大代表在内的各界人士作为政府采购现场监督员，使采购工作更公开、透明。四年间，全市政府采购资金总量达27.39亿元，平均节约率为12.14%，共节约资金3.78亿元。

（五）全面推进农村税费改革，规范和减轻农民负担

按照省委省政府的统一要求，珠海市的农村税费改革工作从2003年7月1日起在全市全面铺开。一是做好宣传发动工作，通过电台、报社等媒体以及印发宣传手册等方式宣传农村税费改革政策，并先后举办了4期培训班，召开了11次座谈会。二是对计税土地、水稻产量、农民负担情况进行测算、核实。三是印发了市、区两级政府的《农村税费改革试点方案》，并制定了相应的配套措施。农村税费改革后，至2004年底，全市农民税费已全部减免。四是市本级从2004年起每年安排1 302万元弥补农村税费改革后出现的资金缺口，并及时把省级补助划转到各区，

确保改革补助资金的落实。

四、强化财政监督管理，整顿和规范财经秩序

四年期间，珠海市各级财政部门按照“转变职能、突出重点、依法行政、强化监督”的总体思路，不断加强财政监督，维护财经秩序，优化财政管理，提高财政资金使用效益。

（一）财政监督体制改革成效显著

一是减少了对企业的具体财务审批和检查事项。结合珠海市行政审批制度改革，市财政局把审批、核准和备案事项从29项减至11项，精简了62%，简化了办事程序。先后取消了税收财务大检查，对工业、交通、基建企业的财务决算审批，以及对金融企业呆账核销审批等具体审批事项。二是改进财政监督方式。财政监督工作实现了四个转变：由年终突击性大检查转变为全年日常性监督检查；由侧重企业财务收支检查转变为参与经济建设宏观调控；由主要开展三大检查转变为有针对性地开展专项检查；由单纯的对外检查转变为内外并重。三是开展财政专项资金的绩效评价。2004年，市财政局会同市科技局对珠海市2000～2002年地方财政科技三项费用2.7亿元、248个项目的投入—产出从经济效益、导向效应、劳动投入效应等多方面进行了综合评价。

（二）完善非税收入“收支两条线”管理

一是完善收费、罚款委托银行代收工作。重点抓好学校教育收费管理，对市属19所中小学、9所大中专院校的教育收费统一实行委托银行代收。二是制定了《珠海市医疗机构药品收支结余实行“收支两条线”管理暂行办法》，把医疗机构的药品收支结余纳入了“收支两条线”管理。三是把在本市发行的福利彩票、体育彩票纳入财政监管。四是把商用土地交易费、建设工程招标手续费等公共资源收益和垄断性经营服务收入，行政事业单位的经营性物业收入逐步纳入财政专户管理。

（三）加强财政监督检查

四年期间，先后组织对市财政安排的农业、林业、水利、民政、社保、教育费附加等财政专项资金进行了跟踪问效检查；对财政投入功能区建设的基建资金也进行了专项检查；对教育、医疗、交通、路桥、垃圾处理等收费项目的“收支两条线”管理情况进行了检查，规范了资金管理。2001年，联合市纪委、审计等部门开展了清理行政事业单位“小金库”和银行账户的专项检查，全面清理了个别单位存在的“小金库”问题，并对市级274个行政事业单位共开设的1 168个账户全部清理取消，资金划转至市政府结算中心统一开设的银行账户。2004年，对市本级199个行政事业单位的经营性资产进行清理。

五、加强财政干部队伍建设和行风建设

四年期间，市财政局坚持“以人为本”，做到“理财先理思想，管钱先管队伍”，切实加强财政干部队伍建设，大力提高财政干部的综合素质。

一是通过举办培训班、外出参观学习、听辅导报告、召开学习交流会等形式，认真学习十六大以来文件精神和“三个代表”重要思想等，提高广大党员干部的政治理论水平。二是认真贯彻执行《党政领导干部选拔任用工作条例》，积极推行后备干部培养，竞争上岗、交流轮岗、戒免制度等。三是加强党风廉政建设，实行领导干部述职述廉制度和执行党风廉政建设责任制情况的年度考核制度。四是加强机关行风建设。2004年，遵照省、市要求，市财政局开展了行风民主评议工作，将行风建设与开展机关作风建设、纠风专项治理、政务公开、党风廉政建设等工作紧密结合起来，使市财政系统的工作作风、廉政建设、财政整体形象明显转变，队伍素质明显提高，树立了财政系统“为民、务实、清廉”的良好形象，市财政系统在全市行风评议总评中取得了最高满意率的好成绩。五是采取有力措施切实提高服务质量和工作效率，从规范政府行为和维护政府良好形象的高度努力造就一支“事业型、学习型、服务型、创新型”的财政干部队伍。

四年期间，珠海市财政改革和发展取得的成绩，是市委、市政府正确领导和各级财税部门广大干部职工共同努力的结果，也是珠海市综合财力显著增强、经济运行质量和效益不断提高的集中体现。财政实力的增强，有力地促进了珠海市国民经济和社会事业的蓬勃发展，保障了各项重大改革措施和重要方针政策的实施，也为战胜各种困难和风险提供了重要物质基础。

（珠海市财政局供稿，郭志饶　李金校执笔）

汕头市

2001～2004年，汕头市实现国内生产总值从463.76亿元增加到603.76亿元，2001年是负增长，2002年增长5.6%，2003年增长8.8%，2004年增长11.1%。第一产业增加值从44.92亿元增加到50.97亿元，第二产业增加值从217.64亿元增加到303.79亿元，第三产业增加值从201.2亿元增加到249亿元。全社会固定资产投资总额从102.97亿元增加到131.96亿元。进出口总额从13.41亿美元增加到41.79亿美元。全社会消费品零售总额从224.16亿元增加到292.05亿元。2004年居民消费价格水平比2003年上升3.0%。经济增长带动了财政收入的增加，汕头市财政收入从2001年的20.56亿元增加到2004年的24.65亿元，其中，市本级从8.47亿元增加到11.89亿元；财政支出从2001年的30.15亿元增加到2004年的44.54亿元，其中市本级从12.71亿元增加到16.30亿元。上划中央和省各种税收收入从18.31亿元增加到28.49亿

元。

2004年，经过各级财税部门的共同努力，全市财政收入扭转近年持续低位徘徊的状况，增幅创1996年以来最好水平。

一、抓增收，补缺口

汕头市各级财税部门以增收节支为中心，以开源节流为重点，千方百计抓现税，清欠税，查偷税，打击骗取出口退税。

加强沟通协调，调动各级理财积极性。2004年，受中央实行出口退税机制改革，农业税税率从6%调低至3%，以及落实再就业优惠政策、增值税提高起征点等政策性减收增支因素影响，收入形势比较严峻，市财政局及时向市领导汇报，得到市领导高度重视，建立起财税联席会议制度，加强分析协调，实行征管目标考核奖励，为财税工作提供了有力保障。市财政局及时跟踪分析各地收入进度，分配下达收入任务，加强与省财政厅、市国税、地税、中国人民银行及各区县财政的沟通联系，及时分析解决财政运行中存在的问题。2004年1月1日，调整完善中心城区财政体制，完善财政资金往来结算方式，落实征管责任，引入激励机制，调动各级政府发展经济的积极性和主动性，努力挖掘增收潜力，采取多种措施，推动地方财政工作走上良性发展的轨道。

加大农税征收力度。各级农税征收部门抓早抓主动，积极开展税源调查，强化征收，依法征税，规范管理，加快清理遗留问题，追欠补漏。2004年，全市契税收入18 095万元，增长41.84%，增收5 338万元，市本级堤围防护费收入7 000万元，增长10.18%，创历史新高。

挖掘非税收入潜力。2004年，市财政局拟订《进一步加强财政性资金管理的意见》，采取有效措施，加强国土资金、住房基金管理，把原由市住房公积金管理中心管理的政府住房基金纳入财政预算管理。开展国有资产经营收益收缴工作，拟订《市直企业国有资产收益收缴管理实施办法》，全面清理和摸查企业情况，分解落实任务，深入企业催缴。2004年，市本级非税收入29 785万元，增长23.30%，其中国有资产经营收益2 116万元，为上年的35倍，完成年度任务的2.11倍。加强政府房产物业管理，上缴财政收入158万元。

积极争取上级支持。2002年，在地方金融风险转嫁于财政、全市面临发不出工资的情况下，积极开展工作，争取省财政借款6.65亿元，保证了工资正常发放，维持了政权机关的正常运转。2003年，向省财政借款9亿元用于工资发放。2004年，面对省财政扣款造成市财政的资金压力，积极向省财政厅反映情况，经过多方努力，省对市原已抵扣的调资转移支付补助予以返还，并适当增加临时周转借款，在一定程度上缓解了资金运转困难。

努力消化遗留问题。2001年，圆满完成省政府提出的在三年内消化新增粮食财务挂账的工作。2004年，市本级拨付以前年度欠拨资金18 362万元。开展政府欠拨工程款与施工企业拖欠市商业银行贷款对冲处置工作，办理账务对冲5 844.83万元。

二、抓节支，保平衡

在减收增支因素增多，省对市地方金融专项再贷款转为对财政扣款，财政资金非常困难的境况下，汕头市各级财政部门统一思想，分工协作，把“保工资，保稳定，支持改革，促进发展”作为头等大事来抓，全方位压缩非工资性支出，压缩政府性基金、预算外资金和列收列支的行政事业性收费经费，把有限的资金用在刀刃上，对重点项目加以倾斜，确保了行政事业单位工资正常发放，确保了及时兑现调资，确保了政权机关正常运转，确保了紧急救灾、扶危济困、社会保障等稳定社会的重点支出。面对严峻的支出压力，市财政局坚持从紧当家理财，加大支出管理力度，同时做好对各单位的宣传解释工作，共同维护改革稳定发展大局。

严格控制追加支出。2004年，除党政重大决策外，原则上不办理行政事业单位追加拨款。严格审核把关，从严控制各类会议、购置、评比、表彰、考察等活动经费，全年市直文教行政部门比上年减少追加支出1.57亿元，下降71%。

竭力保障重点支出。2001年，市本级财政拨出国有企业下岗职工基本生活保障、特困职工粮油燃料补助、居民最低生活保障、低保对象基本医疗保障等社会保障支出5 300万元；拨出小型水库除险加固、防汛安全抢修工程等水利项目建设资金4 550万元；光华桥、乌桥改造资金4 000万元；关心弱势群体，拨出专款5 450万元，分两批落实住房1 086套，分别赶在强台风“尤特”来临之前和国庆节前夕，让危房户、落实侨房腾退户搬迁使用；拨出专款80万元对农村特困户翻修住房进行补助，以保障人民群众生命财产安全。2002年，市财政围绕市委、市政府为民办实事的八大重点项目，通过争取省专项补助及市本级预算安排，全年落实为民办实事资金2.21亿元，其中落实水改资金1.2亿元。对水改资金使用情况进行监督检查，保证专款专用，提高资金使用效益，切实解决部分地区“饮水难”问题。2003年，按照特事特办原则，市财政通过压缩其他项目，紧急筹措、拨付防治“非典”专项经费2 300万元；会同市国税、地税、物价部门制订实施贯彻国家、省防治“非典”疫情税费措施的意见以及对受“非典”影响较严重的相关行业的扶持措施；兑现国家暂时退还旅行社部分质量保证金的有关规定。2004年，做好企业离退休人员基本养老金发放、社会救助、促进再就业、困难企业军转干部生活补贴等资金安排保障工作，推进卫生系统改革，对市级医疗机构逐步采取定项补助办法，全年市本级社会保障、政策性补贴支出增长25.23%和39.91%；会同有关部门拟订扶持农业龙头企业、渔业龙头企业、家禽业发展等政策措施，全年市本级农业支出增长20.97%；落实扶持中小企业、外贸、旅游业发展等政策措施，参与市直国有企业改革、粮食企业改革，加强国有资本金管理和企业财务管理工作，落实企业改革解困资金和下岗职工再就业扶持政策，全年市本级拨出省、市再就业补助资金5 786万元，有2 988人次享受各项再就业补贴政策，审核拨付中央、省、市外贸扶持资金2 154万元。

三、抓管理，促效益

汕头市财政局上下齐心规范财政管理，进一步健全规章制度，加强内监外查，加强业务档案管理，财政监督和财政法制建设取得新的进展。

加强财政监督检查。2002年，市财政局对59个项目和单位进行检查，查处违纪金额6 084万元，应入库1 551万元。2004年，结合会计信息质量检查，分析各单位执行财税政策情况，经检查后补缴入库534.2万元。

清理公共资产，规范资金运作。2001年，清理全市820个行政事业单位的办公用房及主要由财政性资金投入的公共建设项目，针对使用管理中存在的问题，采取调剂余缺、拍卖变现、办理抵押贷款、经营权招标等方式，盘活资产，明晰产权，发挥其应有的社会效益和经济效益。2002年，市财政局按照上级部署，选择15个乡镇作为示范点，启动“金财工程”建设，推进财政管理的科学化、现代化。2004年，进一步规范资金运作，完善市与区县财政资金往来结算方式。对专项资金单独核算，专款专用，解决以往财政体制执行中存在的区县该上解没有及时上解、市该返还没有及时返还、不同性质资金互相占用的问题。

加强“收支两条线”管理。2001年，在全市范围开展预算外资金专项检查，查出应缴未缴财政专户款2 495万元，全部上缴财政专户；开展行政事业性收费项目、预算外资金账户、行政事业性收费和罚没收入票据清理工作，把“收支两条线”管理向乡镇一级、交通车辆收费、药品收入、涉农收费等领域推进；对国土资金、彩票公益金实行“收支两条线”管理。2002年，市财政局积极参与制定实施中小学收费“一费制”，加大力度落实教育收费“收支两条线”管理，确保教育收费专项用于学校日常教学支出，保证学校正常运转。

加强财政投资项目预结算审核把关。对国债专项资金、上级下达给市的基建专项资金进行管理监督，会同有关部门，做好开发银行贷款项目的工作。2004年，通过预决算审核及拆迁补偿资金审核，核减财政资金21 976万元。

加强财政法制建设。对地方立法、财政规范性文件审核、财政法制税收调研等工作高度重视，加强行政执法监督，规范行政许可的设定和实施，开展普法宣传教育，组织全市财政会计人员参加全国财政法规知识竞赛，开展普法宣传教育，促进依法行政、依法理财。2001年，汕头市财政局被财政部评为全国财政“三五”普法先进单位。

加强会计管理。做好会计培训、会计专业技术资格和注册会计师考试、会计管理事项调查、日常办证等工作，努力提高会计管理服务水平。加强会计中介机构行业管理，做好行业自律监管工作，对资产评估行业的设立条件、内部管理制度、质量控制制度、注册资产评估师职业道德情况进行检查。

加强业务档案管理。2003年1月，市财政局档案综合管理顺利通过省、市档案评审组的考评验收，被评定为档案综合管理“省特级”单位。

四、抓改革，促发展

汕头市财政局以建立公共财政基本框架为目标，不断推进各项财政改革，努力提高财政资金使用效益。

实施市区税收征管改革。从2002年1月1日起，市财政、国税、地税、工商四部门计算机联网，实现市区企业工商登记和税务登记信息资源共享，防止漏征漏管现象，促进依法征税。从4月1日起，市区实行税收属地征管，并相应调整财政体制，从源头上遏制互拉税源现象，净化了税收征管环境，调动了各区发展经济的积极性，促进了税收收入良性增长。

实行财政统发工资。从2001年10月1日起，市财政对全市党政机关公务员、政法干警、教师工资和离退休人员离退休费实行财政统发，当年有1 575个单位纳入工资统发范围，人数是72 150人，占全市财政供养人数的68%。2003年7月1日起，市直机关实行公务员统一岗位津贴和离退休人员统一生活补贴制度。

推进农村税费改革。汕头市农村税费改革试点工作从2003年7月1日起全面推开。2003～2004年市财政每年给予各区县农村税费改革一般性转移支付补助5 000万元，比省财政厅要求的高出15.55%。2004年，落实农业税税率调低政策，农民人均负担由税改前的100.09元下降至7.3元，减负率达92.7%，切实减轻了农民负担，维护了基层政权的稳定。

推进部门预算改革。2004年，市财政局成立预算改革领导小组和办公室，学习借鉴外地改革经验，制定了《2005年汕头市本级部门预算改革方案》，在市直党政机关、依照参照公务员管理单位、财政全额拨款事业单位全面编制部门预算，进行部门预算支出标准测算，制定部门预算规范文本，举办软件操作培训，按照“二上二下”程序编审预算，提高预算透明度，使政府预算编制科学合理、规范透明。

推进国库集中支付制度改革。2002年6月1日，市国库支付管理中心挂牌运作。首批纳入改革试点的10个市级行政事业单位，6～12月份支出进度比总指标减少549万元，占总指标的25.4%。2004年，全市共有316个单位纳入国库集中支付管理，其中市直纳入试点单位102个。市直试点单位支出进度比总指标减少8 882万元，占总指标的18.9%。

推进政府采购工作。制定政府采购信息公告制度，落实公开、透明原则，加强政府采购规范化管理，进一步扩大政府采购规模和范围。2002年，市财政局在全省财政系统首先发布了政府集中采购目录，实现政府集中采购目录管理，进一步扩大政府集中采购范围，从原来的货物类采购拓展到交通运输、电信、修缮、装饰、印刷、信息系统开发设计、园林绿化、道路保洁、集中支付代理银行等工程类、服务类采购。全年完成实际采购金额6 244万元，比上年增长68.2%，节约资金808万元，节约率11.46%。2004年，全市政府采购预算金额10 432万元，实际采购金额9 400万元，节约资金1 032万元。

开展派驻财务总监工作。2001年，市财政局报经市政府同意，对市金凤大桥—西港高架桥项目和市金源资产经营公司派驻财务总监，对汕头超声仪器研究所变更财务总监。财务总监对派驻单位的财务事项履行稽核监督职责，实行联签制度，确保财政资金的专款专用，保证国有资产的安全完整。2003年，对41街区中小学基建项目进行稽核，审核节约财政资金646万元。

开展财政支出绩效评价试点。市财政局对2002年、2003年改造山区老区小学财政专项补助资金、2004年度汛前抢修危险水利工程财政专项补助资金和南澳县创建4A级旅游区财政专项补助资金进行绩效评价。经评价，这些项目都达到预期目标。

五、抓行风评议，促进机关作风转变和干部队伍建设

民主评议行风是2004年财政工作的重中之重，汕头市财政局党组高度重视，把财政系统行风评议工作摆上重要议事日程，切实加强领导，成立领导小组及办事机构，制定《汕头市财政系统2004年民主评议行风工作方案》，明确行风评议活动的指导思想、目标、主要内容和方法，及时召开动员大会，对全市财政系统行风评议工作进行总动员，并做工作部署。通过层层动员，使全市财政系统干部职工充分认识开展行风评议的重要性，增强了积极参与行风评议的自觉性，统一了思想，提高了认识，明确了目标，为推进行风评议工作打下坚实的思想基础。

全市各级财政部门始终坚持开门整风，把行风评议工作的落脚点放在虚心接受社会评议和监督上，深入查找在行风建设方面存在的突出问题。市财政局领导分头带队，主动上门走访，与市五套班子、市直行政局、企事业单位、各区县财政部门等65个单位代表座谈，召开行风义务监督员、有关服务对象座谈会，诚恳征求意见、建议。向全市有关部门、单位及区县财政部门发放问卷调查表600份，广泛征求社会各界的意见、建议。设立公布汕头市财政局行风评议举报监督电话和行风评议意见信箱，诚恳接受社会和群众对财政工作的监督。分析评议阶段，市财政局组织自评互评、学习讨论会100场次，形成自查报告37份、个人自查报告124份，召开各类型座谈会14场，走访服务对象97家。通过“自己找、社会提、群众点”，整理归纳四个方面16条意见、建议。对查找出来的问题，认真组织讨论，剖析问题实质，写好自查报告，既排出了行风建设上存在的突出问题，又提出了整改方案，并把整改意见、建议落到实处，受到市纠风办和评议团的充分肯定。

市财政局还与各区县财政部门、局各科室负责人签订《汕头市财政局民主评议行风工作责任书》，制定具体学习计划，设立专门学习记录本，举办专题讲座，参观预防职务犯罪图片展，观看教育片，参加知识竞赛，聆听先进事迹报告会，组织到爱国教育基地进行再教育。充分利用《汕头日报》、汕头电视台、汕头电台等新闻媒体，及时报道行风评议工作的进展情况和活动动态，宣传财政工作，营造浓厚的行风评议氛围。7月9日起，《汕头日报》对财政工作及市财政局开展行风评议活动情况作系列报道，赢得了社会各界对财政工作的关心、理解和支持。

全市各级财政部门行风建设工作得到社会各界的认可，市行评团给予高度评价，认为汕头市各级财政部门实事求是、真抓实干、不走过场，行风评议工作取得了明显成效，达到了预期目标，干部职工的精神面貌和工作作风发生了明显改变，有力地促进了当前财政工作的开展。市和各区县财政局均以“满意”的成绩通过行风评议。

（汕头市财政局供稿，廖赞燊执笔）

佛山市

2001～2004年，佛山市国民经济继续保持持续协调健康发展和社会全面进步。2004年全市生产总值实现1 653.70亿元，比2000年增长72.8%。其中，第一产业82.31亿元，增长24.6%；第二产业959.15亿元，增长89.6%；第三产业612.24亿元，增长58.9%。全年社会消费品零售总额542.19亿元，增长60.6%。居民消费价格总指数102.7%，增长0.1%。全社会固定资产投资565.40亿元，增长184.2%。全市进出口总额216.87亿美元，增长109.9%，其中出口138.31亿美元，增长141.1%，进口78.56亿美元，增长71.2%。居民生活水平稳步提高，全市城镇居民可支配收入16 045元，农村人均纯收入7 048元，剔除价格因素，分别增长34.0%和23.9%。

2004年全市财政实现收支平衡，略有结余。全市一般预算收入完成95.29亿元，按可比口径比2000年增收60.54亿元，增长120.87%。全市一般预算支出完成（不含省补助支出，下同）125.76亿元，为年初各级人大通过预算的106.90%，按可比口径比2000年增长84.78%。其中市级一般预算收入完成15.87亿元，增长95.52%，支出完成19.43亿元，增长48.5%。2001～2004年，佛山市每年接受省财政转移支付2430万元。2004年全市财政上划中央两税和省的税收收入总额为1 163 359万元，其中上交中央906 071万元，上划省252 788万元，分别比2000年增长57.6%和75.1%。

一、狠抓收入，深化发展，促进财政增收节支

2001～2004年，佛山市经济保持了良好的发展势头，

但受部分支柱产业经济效益下滑、电力能源紧缺、原材料价格上涨、税收清欠潜力减弱、出口退税机制改革、“非典”疫情、农村税费改革以及该市刚性支出快速增长等因素影响，减收增支矛盾突出，全市财政预算执行遇到巨大压力。面对困难，佛山市各级财政部门根据市委、市政府的工作部署，及时更新理财观念，坚持收支两手抓，采取强有力的措施，加强收入征管，强化支出管理，确保落实建设产业强市、文化名城和现代化大城市及保社会稳定、保运转的各项资金支出，顺利完成了各年预算任务。

（一）狠抓收入征管，确保财政收入稳定增长

一是佛山市财政系统与税务部门共同依法治税，加强重点税源、重点税种的征管，大力清缴陈欠，严格控制新欠，确保应收尽收。二是紧密与税务部门沟通协调，加强税收征管监控，坚持执行收入情况通报制度，建立健全财政收入联席会议制度，落实税收考核任务，及时做好分析和调查研究工作，共同采取措施，确保税收任务的完成。三是市财政局深入各区和市直企事业单位调查研究，跟踪各区收入完成情况，落实各区收入任务。及时召开全市收入分析会，分析收入情况，制定增收节支措施，统一思想认识，狠抓收入组织。同时建立全市财政收入情况通报机制，及时了解、分析全市财政收入情况，督促各区财政部门加强收入组织工作。四是全市各级财政部门采取措施，强化征管，严格执行“收支两条线”管理规定，确保农业税类和非税收入的大幅增长。

（二）优化财政支出结构，确保公共支出需要

佛山市财政系统严格控制一般性支出，压缩日常经费开支。全市各区推行公务用车制度改革，大量缩减公务用车费用，严格“人、车、会”的支出管理，减轻财政支出压力。严格预算执行，采取有力措施，把好支出审核关，控制超预算追加支出，按计划、按时间、按进度拨付资金。逐步减少了生产性和经营性领域的支出，增加教育、科技、农业、社保等领域的社会公共事业支出，加大对城建、交通等基础设施建设的投入，全市财政支出结构日趋合理。

二、充分发挥财政职能作用，促进经济和社会协调发展

（一）运用财政政策，积极支持外贸扩大出口

外贸出口是佛山市经济增长的重要因素，“经济决定财政，财政反作用于经济”，佛山市财政部门充分利用财政杠杆，认真贯彻落实省政府鼓励外贸扩大出口和利用外资的精神，积极促进外贸扩大出口。一是认真贯彻落实国家出口退税新机制，对超基数地方负担的25%部分及时足额退付给企业，同时密切跟踪改革的实施情况，采取措施，应对新机制改革对佛山市地方财力造成的影响，保证出口退税机制改革的顺利进行。二是安排扶持外贸出口专项资金，对符合出口贴息奖励条件的外贸企业和企业先进领导班子给予奖励，充分调动外经贸企业的积极性，增强佛山市外经贸企业的国际市场竞争力。三是贯彻鼓励外贸扩大出口的精神，扩大出口企业退税账户托管贷款贴息范围，对2001～2004年由国有出口企业扩大到具有法人资格和进出口经营权的出口企业，市级在省资助的基础上再增加20%的资助，缓解外贸企业出口资金困难。四是佛山市财政局、佛山市对外贸易经济局、中国人民银行佛山分行及国税等部门于2003年联合印发了《关于进一步推动我市出口退税账户托管贷款业务的若干意见》，规范、促进出口退税账户托管贷款业务的开展，减轻企业资金压力，促进外贸出口。五是积极向省争取中小企业开拓国际市场资金，简化资金申报审批手续，加强项目资金管理，提高资金使用效率，支持中小企业开拓国际市场。2001～2004年，在出口退税率下调、原材料涨价、电力不足等不利因素的影响下，佛山市外贸出口仍然保持高速增长态势，2004年全市外贸出口总值实现138.31亿美元，比2000年增长141.1%。

（二）支持企业改革发展，培植财政后续财源

一是积极采取政策措施，促进招商引资。佛山市财政局与外经贸部门联合制定了《佛山市招商引资奖励试行办法》，高明区制定了《佛山市高明区外资和民营企业财政扶持若干规定》，三水区通过设立经济扶持发展资金、实行财政贴息和降低土地税费标准等政策措施，较好地促进了招商引资工作，加快了外资对佛山市的投入。2004全市合同利用外资18亿美元，实际利用外资17亿美元，分别比2003年增长42.2%和38.7%。至2004年，投资佛山的世界500强跨国公司累计29家，新落户9家。二是发挥财政资金的杠杆作用，以财政资金带动社会资金的投入。按照科技兴市的发展战略，增加科技发展专项资金、产学研专项资金、挖潜改造资金的投入，支持和鼓励企业技术改造和科技创新，调整产业结构，提高佛山市经济发展的科技含量。三是继续推进国有企业改革和产业结构调整，妥善安置下岗人员。发挥国有资产管理的职能作用，强化国有资产管理，从政策上和资金上积极支持企业重组。重点推进了佛陶集团、纺织集团、塑料集体联社、健力宝等重点企业的改制重组工作，促进国企改革发展。四是配合有关部门做好全停产企业职工安置遣散工作，认真把好全停产企业的财务负债状况审核关，严格执行有关政策规定，保证职工遣散费用的落实。与有关部门联合制定《佛山市再就业社会保险补助办法》等10多项促进再就业的政策措施，内容包括税费减免、小额担保贷款、社会保险补贴、职业培训补贴等多方面的措施。在加大投入的同时，加强对资金的监督检查，加大对工作的督检力度，确保各项政策措施的落实。

（三）进一步完善社会保障体系，推进社会保障事业发展

佛山市将社会保障体制改革作为当前经济建设和财政工作的一个重点。积极推动农村合作医疗制度的建立。

2003～2006年从市财政每年安排465万元补助农村合作医疗制度改革。在对单位医药费开支情况和财政、社保的医药费负担情况进行全面细致的调查统计，对门诊费用、住院医疗费用、平均处方值、人均住院费用、就医次数等大量指标进行测算的基础上，佛山市财政局配合社会保障局等部门，制定了《佛山市城镇职工基本医疗保险暂行规定》以及其实施细则、《佛山市市直国家公务员医疗补助暂行办法》、《佛山市市直离休干部医疗保障试行办法》等规定和办法，实施医疗改革。通过改革切实保证了医疗保障水平，消除了医疗“大锅饭”的弊端，减轻了财政负担，各地的医疗改革取得了初步成效。全市各级财政部门从政治和社会稳定的高度，调整财政支出结构，加大投入，强化管理，做好社会保险的“扩面增收”和及时足额发放各项社会保障资金等工作，逐步完善社会保障体系。在加大投入的同时，加强对社会保障资金的监督检查，加大对社保工作的督检力度，确保各项政策措施的落实，确保各项资金安全使用，依时足额划拨。

（四）以财政资金为导向，促进农业经济的发展

2003年，佛山市财政用于农业投入的支出达到97 198万元，2004年更达到116 058万元。这些资金的投向包括了农业经济发展的各个方面：一是积极提升农村工业化水平，支持园区建设。2004～2005年预算资金安排农业现代化园区建设市级配套资金1 500万元，重点扶持该市农业现代化园区的建设。落实500多万元继续支持农业综合开发项目的建设，推进农业标准化建设。二是落实资金，确保动物疫病防治工作的顺利开展。佛山市财政系统将防治工作列入财政重点工作，把相关资金作为重点资金安排，拨款进入特殊紧急拨款渠道，确保了资金的足额、及时到位，确保了佛山市无一病例发生。三是落实资金，确保农产品安全。市财政在2003年投入近千万元建立了市农产品安全检测中心的基础上，2004年落实了日常检疫检测资金500万元，确保了日常检疫所需的仪器及经费的投入。四是落实资金，继续支持农业综合开发。农业综合开发是促进农业产业化建设的重要手段，因此，市财政非常重视农业综合开发项目建设。2004年初预算落实了500多万元的农业综合开发配套资金，同时做好资金使用的监督管理工作，促进了农业综合开发工作的开展。五是落实农村义务教育的投入。确保农村税费改革后农村义务教育的投入不低于改革前乡镇统筹中的农村教育附加、经国家批准的农村教育集资以及正常财政投入的总体水平，逐步增加农村义务教育投入。如2004年，农村税费改革取消了农业税，市、区两级利用转移支付的方式投入农村义务教育的资金达到22 782万元。此外，佛山市还安排资金用于农田水利建设、生态公益林建设等方面，改善了生产条件，提高了农业生产的效益，促进了农民的增收；同时广泛投向于林业生态公益性建设、扶持农村股份制改革、农产品流通网络建设以及清远、西藏等革命老区和边疆地区的扶贫建设，充分发挥了财政资金作为公共建设开支的政府职能作用。

（五）清理追收债务和资产，防范化解金融、财政风险

一是积极筹集防范化解金融、财政风险的专项资金，做好拨付工作，化解金融、财政风险。2001～2004年累计安排防范化解金融财政风险资金达到11.17亿元，财政风险专项资金1.86亿元，并及时归还中央专项再贷款，维护了佛山市良好的信誉，逐步化解金融财政风险。二是积极追收地方中小金融机构债务，归还中小金融机构专项再贷款，有效化解金融风险。三是集中精力、抓住重点，大力追收财政周转金。根据实际情况，佛山市各级财政部门集中力量，以实施债权债务转移和以物抵债为主的方式清收周转金，超额完成任务，进一步化解财政风险。四是加强对地方金融机构的财务和资产管理，对市级金融企业费用支出实行总量控制，建立健全重大基础设施建设项目还本付息机制和政府债务统计制度，最大限度消除财政风险。五是加速抵债资产的处置，对不同的抵债资产采取不同的处置方式，及时回收资金，处理债务，减少损失。

三、加快财政改革的步伐，逐步建立起公共财政体制框架

（一）深化部门预算改革

一是深入调查研究，认真做好综合预算指标定额分析，细化预算编制，按标准化、规范化、货币化、公开化的原则编制行政事业单位人员经费预算，预算编制落实到个人，提高预算编制的科学性。公用经费按单位性质划分档次，根据单位所属档次，核定各部门、各单位公用经费，实现公用经费落实到部门和单位。按照公共财政的理财思路，按“有所为，有所不为”的原则，调整优化财政支出结构，保证重点，兼顾一般，编制专项资金预算。二是实施部门预算，开展部门预算试点工作，强化部门收支管理，初步实现预算编制的统一性和预算管理的规范化，增强预算透明度，提高资金的使用效益。部门预算是一项新的工作，牵涉面广，工作要求高，佛山市在2000年实行完全的零基预算的基础上，自2001年起开展部门预算试点工作，2003年市级部门预算全面铺开，编制了72个部门共164个单位的部门预算。市财政局及时指导督促各区开展工作，除禅城区由于是新成立的区还在进行试点外，2004年部门预算已在区一级行政事业单位全面铺开，为2005年在该市全面铺开部门预算改革奠定了坚实的基础。为加强政策法规宣传，佛山市财政局编印下发了《佛山市预算编制规章汇编》，指导单位开展预算编制工作，提高预算编制的质量。在此基础上，深入调查研究，广泛征询意见和建议，加强部门预算信息化建设工作，提高部门预算的透明度，增强部门预算的规范化，提高预算的科学性。

（二）稳步推进国库集中支付改革

2001年10月，佛山市在省规定的时间内全面实行了

机关和全额拨款事业单位人员工资由银行统一发放，同时推行政府采购资金和基建专项资金直接拨付给商品供应商和直接拨付给项目承建单位的试点工作。通过调查分析试点单位的运作情况和有关市国库支付改革情况，进一步建立健全各项改革的配套制度和措施。佛山市财政局于2003年上半年制定了财政国库管理制度改革方案，逐步建立财政国库管理的各项规章和制度，于2004年印发了《关于明确国库集中支付试点单位财政资金直接支付范围的通知》，明确纳入财政直接支付的支出范围，为改革的顺利推进打下良好的基础。在开展调查研究的基础上，佛山市财政系统积极开展国库支付中心的筹建工作，在人员、机构、制度上保证了改革试点工作的顺利进行。2003年下半年，佛山市财政局在不断完善管理制度和操作规程的同时，迅速建立财政国库信息管理系统，11月份正式启动了试点工作。至2004年8月底，市级试点单位扩展到7个（财政局、地震局、农业局、统计局、民政局、环保局和教育局）。10月份，各区积极筹备，先后开展了试点工作。

（三）积极推进政府采购制度改革

佛山市、区财政部门充分发挥政府采购管理职能作用，从健全制度，规范管理，提高采购效率和质量入手，不断扩大政府采购的规模和范围，节约财政资金，提高财政支出的使用效益。2001～2004年，全市累计实际采购规模达28.8亿元，累计节约资金4.0亿元，节约率达13.9%（2001年采购规模及节约资金数字不含原顺德市）。为了加强政府采购的监督管理，进一步建立和健全政府采购管理机制，明确政府采购和政府采购管理的工作职责，佛山市财政局先后制定了《佛山市政府采购供应会员制度管理暂行规定》、《佛山市政府采购主要操作环节及工作时限》、《关于佛山市政府采购网上询价采购的暂行规定》、《政府采购管理暂行办法》、《2003年市政府集中采购目录》、《市政府集中采购评标管理暂行办法》，修订《佛山市直政府采购业务操作基本程序》和《佛山市直政府采购资金运行程序》，制定《2004年佛山市直政府集中采购目录》，编制《佛山市直政府集中采购办事指南》、《佛山市直政府协议定点采购办事指南》和《佛山市直政府集中采购变动办事指南》等，进一步完善了政府采购资金管理、报批备案、业务操作、信息公告、市场准入等制度和管理办法，规范了政府采购行为，促使政府采购工作向程序化、规范化、科学化发展。同时，佛山市财政局开通了“政府采购快速通道”（办公用品、车辆保险、汽车维修等协议定点采购），并加大政府采购宣传力度，多次组织政府采购法宣传和业务座谈活动，指导各区开展采购监管机构和采购中心的建设工作，较好地促进了该市政府采购工作。政府采购改革的推进，强化了预算约束，节约了财政资金，促进了反腐倡廉工作。到2004年11月底，全市实现了采购管理与执行机构分离，走在全省政府采购机构建设工作的前列。

（四）大力推进农村税费改革

按照省的统一部署，佛山市于2002年全面铺开农村税费改革。在深入调查、反复测算、分析研究的基础上，市、区制定了切合实际的改革实施方案，对农村税费改革作了总体规划，制定了农业税征收管理办法、农村村内“一事一议”制度等多项配套措施，突出“减轻农民负担”这一改革目标，狠抓核实计税土地面积和产量两个关键，在核实土地问题上坚持实事求是，在核实常年产量过程中按照“就低不就高”的原则，让利于农民，进一步减轻农民负担，改革取得了新的成效。农村乱收费、乱集资、乱摊派、乱罚款的“四乱”现象得到有效遏制，农民负担切实减轻。2004年，佛山市出台了《佛山市深化农业税改革实施意见》，进一步减轻农民负担，切实防止农民负担反弹，决定从2004年1月1日起，在全市范围内实行免征农业税，对于2004年已征入库的农业税给予退库，全年减收农业税6 300多万元。农业税停征后，佛山市取消了所有专门面向农业的行政性收费和税收，实现农民零负担，极大地调动了农民的积极性，有效地增加了农民收入。同时，做好配套改革工作，2004年以来，各地农村税费改革领导小组办公室积极配合党委、政府及主管部门推进并镇、并村和农村教育改革，至2004年11月底，全市设镇、街道办事处50个，比改革前的62个减少12个，撤并率达19%。农村学校593所，比改革前减少222间，撤并率为27%。除了并镇和整合教育资源外，配套改革的重点放在并村工作上，特别是三水、高明。按照政府批准的并村方案，高明区将由原来的156个村委会（居委会）撤并为82个，撤并率为47%，三水区也由原来的133个村、居委会撤并为70个，撤并率也达47%。原来配套改革步伐相对落后的南海区也即将启动并镇。在并镇、并村、并校的过程中，财政部门充分履行职责，重点做好了国有、集体资产的清产核资和资产移交的各项工作。同时，发挥财政结算中心的作用，为镇、村管好财，让农民放心。通过撤并镇、村、学校，实行资源大整合，使资源得到充分利用，有效节约了财政开支，防止因财力不足乱开收费口子，也防止农民负担的反弹。

（五）开展财政支出绩效评价试点工作

按照张德江书记、黄华华省长关于加强财政支出管理的重要批示，佛山市积极探索开展财政支出绩效评价工作，成立了专门的工作机构，制定了工作方案，并召开全市财政效绩评价试点工作会议，积极开展财政支出绩效评价试点工作。一是举办财政支出绩效评价的专题讲座，宣传、讲解相关业务知识，并拟定《佛山市财政支出绩效评价试行方案》，指导、督促各区按计划选好试点，开展绩效评价工作。二是根据实际情况研究、挑选新项目进行试点。市级带头示范，完成了对2001～2003年佛山市农业综合开发项目财政资金的绩效评价；南海区对信息化专项支出进行了预算绩效评价，将绩效评价提前到支出安排之前，把财政支出的管理关口前移，提高财政资金分配的科学性和有效性；高明区于2004年8月就完成了对该区2003年“打击传销活动”和区卫生局2003年“防治非典型肺炎”专项资金的绩效评价。

（六）加强和完善“收支两条线”管理

四年间全市先后开展了对收费罚没项目、政府性基金、银行账户、财政票据的清理工作；取消法院诉讼费、国土出让金财政专户管理制度，实行直缴国库，全额纳入预算管理；公安四项收费、计划生育收费等实行由财政直缴省财政管理；将应纳入预算管理的行政事业性收费全额纳入预算，规范行政事业性收费管理；开展年度检查工作，清理行政事业性收费项目，有效遏制乱收费现象，规范政府收费行为。2001年首次编制了基金预算，报市人大通过并执行，逐步建立“政府管决策，单位管实施，财政管资金”的管理模式，增强政府对资金的调控能力，全面落实中央“收支两条线”管理工作的要求，先后将政府性基金、彩票公益金、社会福利基金、非经营性路桥收费、市级工会收费收入、房管的租房租金收入和地名标志广告收益、探矿权使用费等纳入“收支两条线”管理，市级将政府住房基金、价格调节基金纳入管理，规范城市建设附加费的征收和国土出让收入的管理，实行彻底的“收支两条线”管理。预算外资金管理达到了省的“三个百分之百”（即县以上的执收执罚单位百分之百实行收支两条线管理；行政事业性收费和罚没项目百分之百纳入财政管理；应解缴资金百分之百及时解缴财政专户）的要求。对行政事业性收费和政府性基金、专项收入等全面推进委托银行收款，实行票款分离，规范收支管理。市、区在2000年工作的基础上，继续加强教育收费“收支两条线”管理工作，加大管理力度，相继将教育收费纳入财政管理。认真做好全市财政票据的统一领购和发放工作，强化票据领购、发放和核销管理，把票据管理与“收支两条线”管理紧密结合起来，以票促管。

四、加强财政监督，推动财政管理逐步法制化和规范化

（一）积极开展财政专项监督检查，整顿财经秩序

一是持续开展会计信息质量检查。通过会计信息抽查制度，实现对企业、单位国有资产、财务会计管理以及社会审计机构审计质量的“三位一体”式的检查，打击会计领域造假行为，严肃查处违反财经法纪的单位和个人。同时，为发挥行业主管部门的管理职能，加强对中介机构的管理和指导，开展注册会计师行业自查工作，提高会计信息质量，整顿会计秩序。二是创新财政监督机制。推行行政事业单位集中财务核算和财务总监制度，充分发挥财务总监一线监督作用，规范重点单位和专项工程的财务管理，重点加强了省运会重点工程项目、交通、市政基础设施建设项目的监督管理，确保资金的安全，促进现代化大城市各项重要基础设施的建设顺利进行。三是加强财政性投资基建工程审核工作，2001～2004年累计审核工程规模136.27亿元，核减不合理工程费用11.54亿元，年均核减率10.21%，极大地提高了财政资金使用效益，对财政支出实施了有效的监控。四是加强日常财政监督检查，开展对企事业财务管理、行政事业收费、社保资金、农税减免、支农专项资金、法院诉讼费、“清污合一”资金，以及清理“小金库”和公款信用卡供个人使用等的专项检查，严肃查处违反财经法纪的单位和个人，维护该市良好的财经秩序。

（二）严格加强财政内部监督管理，财政管理工作日趋完善和规范

1. 切实加强财政系统内部监督管理，强化内部监督机制。一是召开全市财政监督工作会议，总结财政监督工作，推广禅城区财政局在加强财政监督管理方面的工作经验，推进全市财政监督工作的开展。二是以规范财政监督管理，确保财政资金安全为目标，在全市财政系统开展财政资金管理和规章制度检查工作。在自查的基础上，成立专门的工作机构，对全市的财政监督管理工作进行检查整改。三是继续加强制度建设，促进依法行政。各级财政部门根据工作的实际情况，继续完善规章制度，从制度上规范财政部门的行政行为，加强干部依法行政的意识和责任感。2004年市财政局制定了《佛山市财政局关于进一步简政放权 简化办事程序 提高工作效率的实施意见》、《佛山市财政局贯彻实施行政许可法的工作意见》、《佛山市财政局局领导审批事项》和修订了《佛山市财政局经费管理暂行办法》等规章制度，并坚持领导班子廉政建设岗位责任制、首问责任制、重大事项报告制度、领导干部述职报告制度、干部轮岗换岗制度、任前公示制度等制度，不断完善自身建设。禅城区在不断加强循环监督体系建设的同时，逐步推进财政循环监督体系向镇级延伸。南海区印发了《关于加强和规范镇级财政管理制度建设的通知》，针对管理上存在的一些问题，采取九项有力措施，完善了《南海区财政资金审批办法》、《南海区财政局预算资金管理暂行办法》等一系列规章制度，建立了重大事项集体决策等工作制度，加强了制度建设。四是加强内部稽查，规范财政管理。各级财政部门按照内部监督检查的制度和计划，开展内部稽查。对内部科室和下级财政部门的政策执行情况以及财政财务收支行为进行检查监督，及时发现问题，堵塞漏洞，规范财政管理，提高理财水平。

2. 加强区级财政监督管理，不断完善财政管理制度。开展省级财政专项资金的清理检查，重点对下拨给各区的科技兴贸专项资金、企业挖潜改造资金、贫困家庭子女技工教育经费和林业涵养林建设专项资金等资金进行检查。吸取石湾“5·18”案和南海“806”案中区财政局人员涉案造成财政资金重大损失的沉痛教训，认真查找财政管理的薄弱环节，制定并印发了《佛山市财政局关于进一步加强区级财政管理的若干意见》，通过建立区级财政重大事项报告制度、健全民主决策机制、完善财政监督检查和财政信息报告等制度，进一步建立健全了财政监督制约机制，堵塞漏洞，提高区级财政的管理水平。

五、贯彻落实科学发展观，全面加强执政能力建设，努力提高干部队伍素质

（一）深入基层，积极开展调查研究工作，提高执政水平

佛山各级财政干部以“三个代表”重要思想为指导，认真贯彻上级制订的各项政治、经济政策，适应佛山建设第三大城市的新形势，抓住财政工作的热点、难点问题，调查研究，真抓实干，在思想作风、党风、工作作风、领导作风等方面都有了明显的进步。市财政局党组成员与各市、区建立联系点，深入财政工作的第一线，掌握预算收支情况、农村税费改革、部门预算、财政信息化建设等财政工作的第一手资料，及时掌握、分析当前财政工作存在的主要问题，研究解决问题的方法，力所能及地为各市、区解决财政工作上的一些困难。市财政局各科室亦与有关单位建立工作联系点，指导、督促单位规范财务管理，提高单位财务管理水平，解决财政工作的实际问题。各级财政部门还采取多种形式，积极开展财政科研工作，为财政的改革与发展出谋献策。佛山市取得的财政调研成果屡屡获得上级的肯定和支持，成为该市财政工作屡创佳绩的理论基石。

（二）转变机关工作作风，实行全面政务公开，提高执政效率

一是进一步深化行政审批制度改革。在1999年第一轮行政审批制度改革的基础上，于2004年全面清理压缩行政审批事项，审批、核准事项由原来的31项减少到19项，减幅达38.7%。同时，以提高审批效率、方便群众办事为目标，简化审批手续、限定工作时限、规范办事程序，并接受社会监督，逐步实现公开、规范、依法审批。二是适应我国加入世贸的新形势，对财政部门的政策措施、规范性文件进行全面的清理。凡与国家法律、法规相抵触的以及与WTO规则不一致的，都按要求进行了修改或废止。三是全面实行政务公开。按市委、市政府的部署，从财政的实际出发，采取灵活多样的方式，将政务公开与行政审批改革、财政管理信息化建设、实施“高效优质服务”活动和加强党风廉政建设、机关作风建设结合起来。各项财政业务、行政审批事项、办事程序、办事时限、单位和科室职能范围、相关的财经政策法规文件等，都已通过政府网站、触摸屏、政务公开栏、财政业务电话查询系统等向全社会公开。通过政务公开工作，加强了财政业务的监督管理，提高了办事效率和透明度。

（三）推进机构改革工作，建立用人新机制

在市委、市政府的正确领导下，佛山市财政局在机构改革中始终坚持公开、公平、竞争、择优的原则。经过宣传发动、“三定”、中层领导干部竞争上岗、双向选择定员定岗、人员分流等程序，市财政局顺利地完成了2001和2003年的机构改革工作。在机构改革中，共有42名干部通过竞争走上了中层领导岗位。各区亦积极开展了机构改革，初步建立了能上能下、能进能出的用人新机制，提高了干部的业务素质，为继续做大做强佛山市财政工作打下了坚实的基础。

（佛山市财政局供稿，王潇楠执笔）

韶关市

2001～2004年，韶关市国民经济持续快速增长，2004年全市实现国内生产总值325亿元，比2001年的219.42亿元增长48.12%，年均递增13.99%。其中，第一产业增加值56.9亿元，比2001年的49.81亿元增长14.23%，年均递增0.45%；第二产业增加值161.03亿元，比2001年的96.66亿元增长66.59%，年均递增18.55%；第三产业增加值107.09亿元，比2001年的72.95亿元增长46.8%，年均递增13.65%。2004年全市完成固定资产投资129.17亿元，比2001年的78.2亿元增长65.2%，年均递增18.21%；消费品零售额实现129.37亿元，比2001年的93.84亿元增长37.86%，年均递增11.30%；实际利用外资3.72亿美元，比2001年的1.94亿美元增长91.75%，年均递增24.24%；外贸出口3.06亿美元，比2001年的1.13亿美元增长170.8%，年均递增39.38%。2004年末金融机构各项存款余额（含外币）404.36亿元，比2001年的276.39亿元增长46.3%，年均递增13.52%。其中，城乡居民储蓄存款余额280.04亿元，比2001年的183.25亿元增长52.82%，年增递增15.18%。

2001～2004年，全市财政运行情况良好。财政收入持续稳定增长，财政实力明显增强。全市地方一般预算收入四年累计完成54.58亿元，其中2004年全市一般预算收入完成16.4亿元，比2001年的11.1亿元增长47.75%，年均递增13.9%。与县（市、区）级财政收入情况对比，市级财政收入增长速度明显较快，2004年市级完成一般预算收入8.26亿元，比2001年的4.97亿元增长66.2%，年均递增18.45%；上划中央收入完成19.38亿元，比2001年的8.95亿元增长116.54%，年均递增29.37%；上划省收入完成0.85亿元，比2001年的0.62亿元增长37.1%，年均递增11.09%。全市地方财政收入形成了以增值税、营业税、企业所得税和个人所得税为主体，农业“四税”、行政性收费和罚没收入等为补充的多元化收入结构。全市财政收入（地方一般预算收入+上划中央收入+上划省收入）占GDP的比重逐年提高，由2001年的13.06%上升到2004年的14.74%，初步扭转了财力分散的格局，增强了财政宏观调控的能力。随着全市财政收入持续稳定增长，韶关对中央、省的贡献不断增大。2001～2004年韶关市上划中央收入累计完成87.7亿元，其中2004年上划中央收入完成28.83亿元，比2001年的15.69亿元增长83.74%，年均递增22.48%。上划省收入累计完成8.99亿元，其中2004年上划省收入完成2.67亿元，比2001年的1.86亿元增长43.55%，年均递增12.81%。

四年间，随着财政收入的持续快速增长，财政保障水平逐年提高，确保了社会重点事业支出，支持了社会各项改革，促进了国民经济和社会事业的发展。2001～2004年全市地方一般预算支出累计完成131.28亿元，其中2004年达到42.77亿元，比2001年的24.49亿元增长74.62%，年均递增20.43%。市级2004年一般预算支出完成17.69亿元，比2001年的8.7亿元增长103.33%，年均递增26.69%。在财政支出规模扩大的同时，支出结构日趋合理，逐步减少了竞争性和经营性领域的支出，保证了工资发放、政权运转及农业、教育等社会重点事业支出，支持了社会保障、国有企业改革等，促进了全市经济社会各项事业协调发展。四年间，市级和各县（市、区）级财政均实现了收支平衡，且略有结余。

一、建立健全收入征管制度，确保财政收入持续稳定增长

2001～2004年，韶关市受所得税分享改革、农村税费改革及电价下调、"非典"、五十年一遇的干旱天气等制约财政收入增长因素的影响，财政收入在时间进度和县域之间很不平衡。为把国民经济中的税收含量及时转化为现实财力，确保财政收入及时足额入库，韶关市财政局在巩固支柱税源、培植新的增长点的同时，高度重视财政增收工作。加强与税务部门和基层财政部门的联系，建立健全了财税收入完成情况分析联席会议制度、月度预算收支执行情况分析制度和局领导分片抓收入制度等一系列征管制度，严格依法治税，加大稽查力度，堵塞税收漏洞，努力做到应收尽收。积极组织非税收入，将应纳入预算管理的行政事业性收费和罚没收入，足额纳入预算管理，增加政府可用财力。四年间，韶关市地方一般预算收入均在上半年完成情况不理想的情况下，实现了全年财政收入持续稳定增长的目标，四年年均递增13.9%，较好地完成了人代会通过的年度预算收入计划。地方一般预算收入不但数量逐年增大，而且收入的质量也得到了保证，税收收入占一般预算收入比重均保持在90%。

二、实施了市对县（市、区）财政增收激励机制，加大了对县（市、区）财政支持力度

省委、省政府为促进县域经济加快发展，决定从2004年起改进和完善原来执行的转移支付制度，引进激励机制，建立省对市县激励型转移支付制度，促进区域协调发展。为配合省委、省政府这一举措，韶关市改革了执行多年的财政平衡奖励办法，出台了市对县（市、区）级财政增收奖励政策，把财政增收作为考核重点，对县（市、区）级领导班子和党、政一把手个人进行考核，鼓励先进，促进县域财政经济有效增长。奖励政策的实施，调动了全市各级政府和财政部门组织财政收入的积极性。2004年全市县（市、区）级实现地方一般预算收入8.16亿元，同比增长11.69%，实现了两位数的增长，比2003年同期的9.3%增加2.39个百分点。按省实施财政激励型机制的口径计算，韶关市南雄、翁源、乳源、始兴、新丰等5个县（市）的综合增长率均超过18%，乐昌、仁化综合增长率分别为17.77%和17.56%，接近18%。设立粤北工业开发区财政分局，加强了对粤北工业开发区的财税管理。2004年粤北工业开发区完成税收收入5 132万元，比上年同期增长51.6%，完成一般预算收入2 486万元，同比增长40.7%。适应市区行政区划调整的需要，研究制定了市对区的财政体制，兼顾各方利益，为实现市、区各级财力基本同步增长，推动市区财政经济的较快发展打下了良好的基础。与此同时，为促进全市经济的协调发展，2001～2004年市对县（市、区）财政资金支持累计达6.46亿元。其中2004年市对县（市、区）财政补助资金22 057万元，比2001年的13 537亿元增长62.94%，年均递增17.67%，市级财政不断加大对县（市、区）级财政支持力度，为解决全市县域间经济发展不平衡及缓解县乡财政困难问题发挥了较大的作用。

三、贯彻落实各项财政政策，促进经济持续快速发展

一是在"十五"规划前期贯彻落实中央实施的积极财政政策，扩大内需，加强基础设施建设，拉动经济增长。2001～2003年，全市争取国债资金18 146万元，主要用于路桥、河堤等基础设施建设和农网改造，对于促进全市经济发展发挥了一定的作用。2004年落实中央宏观调控政策，促进国民经济协调发展。二是贯彻落实市委提出的招商引资、城市建设、民营经济三大战略重点，积极筹措招商引资专项经费，扶持工业园区基础设施建设；按照"统管资产、融资运作、经营生财、滚动发展"的思路搞活城市经营，为韶关市成功创建"中国优秀旅游城市"和"省文明城市"提供了财力支持。2004年全市取得城市经营收益2亿多元，通过预算安排和筹融资用于城市建设资金8.1亿元，比2001年增加近3亿元，加大了城市建设投入，推进城市化进程；清理各种收费，降低收费标准，2004年安排民营经济发展资金2 323.4万元，促进了民营经济的发展。三是贯彻落实中央"多予、少取、搞活"的农村政策，开展了农村税费改革，减轻了农民负担。2003年开展的全市农村税费改革，全市核减计税耕地面积25.6万亩，安排财政专项转移支付资金1.5亿元，全市农村人均减负80%，亩均减负76.8%。2004年减半征收农业税，又减少农民负担2 000多万元，农民负担进一步减轻。2001～2004年全市加大农业投入，农业产业化进程加快，山区扶贫工作取得新进展。四是贯彻落实中央出口退税负担机制改革，积极鼓励扩大外贸出口。2004年全市地方财政负担出口退税1 056万元，外贸出口比上年增长52.1%。

四、积极推进财政支出结构调整和改革，加强支出管理

2001～2004年，全市各级财政部门按照公共财政的要

求和“有所为、有所不为”的原则，大力调整支出结构，压缩竞争性和经营性领域支出，重点保证了教育、科技、农业、社保、计生等公共支出的需要。为加强支出管理，开展了多项财政改革。一是部门预算改革，从2001年开始试点，2003年在市直全部财政供给的行政事业单位全面实施，细化了预算编制，预算安排的科学性和资源配置效率得到提高。2004年各县(市、区)按照市的统一部署进一步扩大了部门预算试点范围，预算编制改革进展顺利。二是国库集中支付制度改革，全市在2001年9月底之前完成了行政机关、公检法司、中小学教师以及这三类离退休人员的工资统发工作，确保了全市财政供给人员的工资按时足额发放。项目资金实行国库直接支付，确保了专款专用，节省了财政资金。市级国库集中支付中心在2004年开始运转，当年通过中心集中直接支付资金1.6亿元。各县(市、区)在扩大财政直接支付资金规模的同时，对乡镇财务实行了集中结算办法，进一步加强了财政资金管理。三是实施政府采购制度，把政府采购执行职能与管理职能分离，加强了对政府采购行为的监管，扩大了政府采购范围和资金规模。2004年全市完成采购预算6.36亿元，比2001年的4 377万元增加5.92亿元，节约资金17 265.37万元，比2001年的540万元增加1亿多元。在规范货物采购的同时，工程项目采购规模进一步扩大。四是加强对财政性资金投资工程的审核，严把工程预决算审核关，有效防止了基建资金的浪费。2004年全市审核财政性投资工程项目513个，节约资金4 768.4万元；审核清单项目18个，核减金额967.2万元。五是推进机关后勤服务社会化，从2003年开始改进了市直行政机关后勤人员的财政供给办法，对空编人员实行经费包干，增强了机关单位当家理财的意识。

五、加强国有资产管理，支持国有企业改革

一是积极参与国有企业转制工作，促进全市国有企业“两个退出”。2004年全市多渠道筹集资金28 348.3万元，做好企业退出职工安置工作，安置职工15 286人次。二是筹集粮食风险基金，促进粮食企业改革。2001年筹集粮食储备费用和消化粮食企业亏损转账资金5 667万元，完成了消化粮食新增财务挂账的任务。2004年按粮食目标责任考核办法，市级筹集粮食风险基金1 502万元，保证了粮食储备任务的完成。三是积极配合协助韶关卷烟厂兼并南雄卷烟厂的工作，制定了兼并后市对南雄的税收返还办法。针对广东卷烟工业合并重组对韶关市既得利益的影响，开展了对韶关卷烟厂2000～2004年生产经营和税收、利润缴交情况的调查，提出了确保韶关市地方政府合法利益有关问题的意见。四是安排科技资金、企业发展基金、环保资金促进企业技术进步。按照规定办理企业增值税退库工作，2004年对16家企业退付增值税1 900万元，减轻企业负担，支持企业发展。五是认真做好产权登记和资产评估、清产核资工作，设立国有产权交易机构，规范产权交易行为，2004年全市完成产权交易126宗，转让金额43 680.8万元，增值10 411.9万元，防止国有资产流失。

六、积极推进社会保障制度改革，支持社会稳定

认真做好社会保险扩面征收和社会保险费征收体制改革工作，大力推进城乡居民医疗保险制度和医药卫生体制改革，认真落实“两个确保”，建立“三条保障线”。2004年全市财政安排社会保障补助支出56 498万元，比2001年的8 303万元增加48 195万元，四年共支出99 170万元，年均递增89.5%；行政事业单位离退休人员支出35 911万元，比2001年的20 912万元增加14 999万元，四年共支出114 941万元，年均递增19.75%；抚恤和社会救济支出10 109万元，比2001年的5 262万元增加4 847万元，四年共计32 633万元，年均递增24.31%；卫生事业费支出23 875万元，比2001年的13 882万元增加9 993万元，四年共计74 503万元，年均递增19.81%，不断增加社会保障资金投入。落实资金做好防疫工作，夺取了防治“非典”、抗击禽流感工作的胜利。安排救灾资金帮助灾民重建家园，开展生产自救。加强住房公积金管理，改革市、县住房公积金管理体制，加大住房公积金归集力度，2001～2004年全市归集住房公积金82 478万元，提高住房公积金个人贷款额度，开展混合贷款业务，解决了城镇居民购房资金困难，为困难家庭提供了购房资金保障。

七、支持科教兴市战略，促进教育布局调整

2001～2004年，全市各级财政部门发挥财政投入主渠道作用，安排教育事业费支出24.93亿元，重点解决了义务教育阶段薄弱学校的改造和中小学校布局调整及老区山区学校校舍改建，增加了农村和市区困难家庭子女上学书杂费专项补助。其中2004年教育事业费支出73 920万元，比2001年的46 514万元增长了58.92%，年均递增16.7%。全市解决农村教育债务15 502万元，减轻了基层财政负担。四年共计安排文体广播事业支出3.64亿元，安排科技事业费和科技三项费用支出1.11亿元，各项投入的大幅度增长，确保了科教兴市战略顺利实施，有力地支持了教科文各项事业的发展。

八、统管行政事业单位资产，加强预算外资金管理

2001～2004年，全市启动公共资产管理工作，城市经营取得实质性进展。盘活城市公用事业资产，转换事业单位经营机制，以韶关剧院改造建设为试点，事业项目投资改革有新突破。2003年市级已统管市直95个财政全额供给的行政事业单位资产12.6亿元，接收政府控股、参股企业资产8.95亿元。资产统管后，通过连环置换的方式顺利解决市科技馆用房及相关单位办公场所的问题，节约

行政成本，提高了资源配置效率。继续加大对行政事业收费、罚没收入、专项资金（基金）及其他非税收入的征收管理力度，较好地完成了年度收入计划，预算外资金管理得到加强。除对列入部门预算的单位编制综合预算外，对市直自收自支事业单位及专项资金也参照部门预算编制办法进行细化项目编制，明确资金用途。稳步推进收支脱钩管理办法，不断完善预算外资金管理程序。以票据核销为重点，强化票据管理工作。将机动车停车占道费、户外广告经营收入等政府垄断性经营服务收益和其他公共资产经营收益纳入财政专户管理，拓宽了理财空间，丰富了“收支两条线”管理内容。

九、积极筹集资金，做好防范化解金融风险工作

为防范化解金融风险，韶关市财政部门积极采取措施，通过压缩支出和预算安排、加大财政周转金回收力度、筹集部分预算外资金、调整优化支出结构等措施，建立防范化解金融风险准备金。同时，积极开展地方中小金融机构资产追收工作，2001 年底，全市停业整顿金融机构资产保全额 28.65 亿元，资产确权额 21.96 亿元，资产追收额 9.73 亿元。2002 年全市当年停业整顿金融机构资产保全额 1 151.8 万元，资产确权额 7 901 万元，资产追收额 13 556.6 万元。2003 年争取省核减了韶关市金融再贷款债务 9.4 亿元，较好地解决了地方中小金融机构的支付风险，减轻了财政负担。把住房公积金纳入财政管理，狠抓到期住房公积金购房贷款回收工作，确保城镇职工在购建、大修自住住房及调离、退休时及时足额领取住房公积金，防范了财政风险，韶关市住房公积金管理水平走在全省前列。采取行政、法律、经济等各种手段，千方百计催收财政周转金，及时足额完成了省下达的还款任务，维护了韶关市的信誉。

十、加强财政监督管理，确保财政资金安全

2001～2004 年，韶关市各级财政部门牢固树立为民理财、依法理财、科学理财的思想，不断加强财政管理和监督工作：一是制订了市级预算资金拨付、市级财政专项资金管理等多项制度，健全了财政内部监督约束机制，财政内部实行了资金账户由国库科统管，规范了收支缴拨程序，成立了预算追加审批小组，规范预算支出管理。二是开展了以强化会计基础管理和依法建账为中心内容的会计规范化活动，加强了对会计中介机构的管理，规范会计秩序。完成了资产评估机构大检查工作，建立保证金制度，加重违规处罚，推进韶关市注册会计师、注册资产评估行业的诚信建设。加强会计培训工作，2004 年后续教育培训 12 062 人，发放会计上岗证 9 870 个，核发珠算技术等级证书 349 本，为确保会计信息准确提供了技术支持。三是对执收执罚单位和政府控股、参股企业派驻财务总监，指导派驻单位的财会工作，加强了对重点部门和重点项目的财务管理和财政监督。四是大力开展财政监督检查工作，组织了对公路建设扶贫资金、国债资金、再就业资金、农业综合开发资金等专项资金使用情况的检查，对检查出来的问题提出了整改意见。配合有关部门清理了市直行政事业单位银行账户，开展了部门预算单位国有资产收益使用情况和统一发放津贴执行情况大检查，对统一着装进行了清理整顿。五是对部分财政支出试行了绩效评价，探索进一步提高财政资金使用效益的新途径。协助省财政厅完成了山区老区农村小学补助资金和扶贫重点县公路建设补助资金项目的财政支出绩效评价工作，对省安排给韶关市的 160 所山区老区农村学校补助资金 4 800 万元及省 2002、2003 年安排给韶关市两个贫困县的公路建设补助资金投入后的经济、社会、政治效益进行绩效评价，草拟了《韶关市财政支出绩效评价试行方案》，为进一步推进财政支出绩效评价试点工作打下了基础。六是加强了对基层财政部门的管理和检查力度，堵塞管理漏洞。

十一、加强财政法制建设，推进依法理财

2001 年机构改革时增设法规科，与办公室合署办公，并在原有依法治局工作小组的基础上，成立了行政执法责任制工作小组，加强对依法理财工作的领导。2001～2004 年的四年期间，全市各级财政部门认真抓好财政“四五”普法宣传教育活动，逐步提高财政干部的法律素质。参加了《宪法》、《行政许可法》、《预算法》、《财政违法行为处罚处分条例》等一系列法律法规的学习讲座。组织了财政法规知识考试，内容包括《宪法》、《行政许可法》、《预算法》、《预算法实施条例》、《行政处罚法》、《行政诉讼法》、《国家赔偿法》等各个方面。开展了对《预算法》、《会计法》、《政府采购法》等法律法规贯彻执行情况的清理检查，对检查发现的问题提出了整改意见和建议。积极配合审计部门对财政预算收支开展审计，采取有效措施及时改正工作方式，定期或不定期向人大常委会报告预算外资金“收支两条线”管理工作，自觉接受人大监督。按照《行政许可法》的要求清理了财政审批事项，规范行政审批、许可行为。明确执法职责，推行带证执法，韶关市财政局有 58 人领取了《广东省人民政府行政执法证》。推进政务公开，增加财政工作透明度，方便社会各界对财政工作的了解和监督，大力推进财政管理科学化、规范化和制度化。

十二、加强财政队伍建设，不断提高干部综合素质

2001～2004 年，全市各级财政部门深入学习党的十六大、十六届三中、四中全会和市委有关会议精神，努力实践“三个代表”的重要思想，牢固树立科学发展观，不断增强政治敏锐性和鉴别力。成立了机关党委，三个党支部和 8 个党小组积极开展组织活动，规范党员管理，加强党建工作，党员的先锋模范作用得到进一步体现。举办了各种类型的培训班，学习公共财政知识，努力提高业务水

平，不断增强财政干部科学理财能力。改革了干部人事制度，推行干部竞争上岗，干部队伍的知识结构和年龄结构进一步优化。以全省财政系统开展民主评议行风活动为契机，深入查找问题，认真加以整改。经综合考评，韶关市财政局和各县（市、区）财政局行风建设均被评为“满意”单位。始兴、曲江、仁化、乐昌、翁源、新丰等财政局获得第一名。通过开展民主评议行风和纪律教育月活动，全市财政系统加强了机关作风和廉政建设，财政部门内部管理水平得到提高，廉政观念和服务意识得到增强，依法行政、依法理财的观念逐步深入人心。“金财工程”进展顺利，全市46个脱离手工记账的乡镇已通过省财政厅验收。财政部门办理建议提案的质量有所提高，信访工作有所加强，创建省文明财政所活动进展顺利。财政宣传的力度进一步加大，财政信息和财政调研工作得到加强。

（韶关市财政局供稿，刘剑城执笔）

河源市

2001～2004年，河源市国民经济步入新一轮加速增长平台，经济发展逐步呈现出“速度加快、结构优化、效益提高、后劲增强”的良好发展态势。2004年实现生产总值(GDP) 173.06亿元，按可比价格计算比2003年增长17.9%，其中第一、二、三产业分别完成增加值47.22亿元、65.82亿元和60.01亿元，分别比2003年增长4.3%、34.2%和14.8%。全市完成固定资产投资76.56亿元，比2001年（33.8亿元）增加了42.76亿元，增长226.5%，年均增长31.3%。全市完成外贸进出口总值34 537万美元，比2001年（17 800万美元）增加了16 737万美元，增长194%，年均增长24.7%；其中外贸出口完成1 9741万美元，比2001年（9 300万美元）增加了10 441万美元，增长212.3%，年均增长28.5%；外贸进口完成14 796万美元，比2001年（8 500万美元）增加了6 296万美元，增长174.1%，年均增长20.3%。2004年全市社会消费品零售总额601 178万元，比2001年（377 600万元）增加了223 578万元，增长159.2%，年均增长16.8%。2004年居民消费价格总指数为102.8%，商品零售价格指数为103%。

2001～2004年，在国民经济稳定、快速、健康发展的基础上，全市财政收支形势良好。2004年全市财政一般预算收入完成58 629万元，实现了38.16%的高速增长，比2001年（31 429万元）增收27 200万元（不考虑口径变化，下同），年均增长23.1%。全市一般预算支出完成299 846万元，比2001年（170 155万元）增加支出129 691万元，年均递增20.78%。2004年市直财政一般预算收入完成16 088万元，实现了38.8%的增长，比2001年（7 315万元）增收8 773万元，年均递增30.45%；市直一般预算支出完成49 871万元，比2001年增加支出25 849万元，年均递增27.57%。2001～2004年，全市及市级财政均实现了收支平衡。

一、贯彻落实科学发展观，积极培植壮大财源，努力做大财政“蛋糕”

2001年以后，全市经济特别是工业经济发展较快，全市各县区呈现出“众马争先，竞相发展”的良好态势。但是，由于河源市经济总量小、经济基础差、经济底子薄，主要经济指标仍然在全省处于“后无追兵”的境地，财源建设仍然没有实现质的突破。2001～2004年，地方财政一般预算收入占GDP的比重分别为3.07%、2.98%、3.19%和3.39%，远远低于全国、全省同期的平均水平。为逐步改变这种现状，壮大财政实力，河源市委市政府提出财政一般预算收入要在2005年比2002年翻一番，2008年比2005年又翻一番，即实现六年翻两番的奋斗目标。同时，省政府从2004年起实施激励型财政政策等等，都给河源财政工作提出了新的要求，带来了新的压力。全市财政干部职工化压力为动力，进一步解放思想、振奋精神，克服“等、靠、要”思想，及时转变“就财政论财政”的陈旧理财观念，坚持和贯彻落实科学发展观，增强发展信心，增强追兵意识，抢抓发展机遇，坚持以税为准，以效益为中心，以发展市直和县域经济为重点，按照市委市政府提出的目标要求，充分发挥财政职能作用，从政策上、资金上大力支持国民经济，特别是工业经济的发展，不断培植壮大财源税源，积极应对财政激励政策。在政策上，河源市财政部门大力贯彻落实《关于对各县区经济指标的考核试行方案》等考核奖励政策，对县区党政和乡镇的主要领导实行考核奖励，充分调动县区和乡镇发展经济的积极性；继续依法实行各种优惠政策，将各项优惠政策落到实处，全力打造投资“成本洼地”；大力贯彻《关于促进民营经济发展的决定》，完善中小企业投融资体制，拓宽民营企业的融资渠道，降低市场准入门槛，放宽民营企业经营领域范围，鼓励扶持民营经济加快发展；鼓励扶持大型骨干企业、支柱企业和发展潜力好的高新技术企业进行技术创新，提高企业产品技术含量，提高市场竞争力。在资金筹集上，充分发挥财政职能多渠道、多形式筹集资金，特别是通过向国家开发银行广东省分行签订授信贷款合同，筹集资金投入到工业园区基础设施建设中去，建设完善水、电、路等基础设施，增强招商引资的吸引能力和接纳能力。到目前为止，全市投入工业园区建设的资金5亿元，仅市直单位就投入3亿元。同时，加大固定资产投资建设力度，开工建设了河龙、龙梅、粤赣高速公路等，加快城乡电网改造和输变电站建设，逐步改善了河源市的投资发展环境，使河源市成为“麻烦少、身体好、赚钱多”的投资热土。2004年国民经济结构进一步优化，三大产业比例由2003年的30.3∶32.3∶37.4优化为27.3∶38∶34.7，第二产业占GDP的比重首次超过1/3，对全市经济增长的贡献率进一步提高。

二、努力建设大财政，巩固和壮大财政实力，增强政府的宏观调控能力

坚持依法治税，确保税收收入稳定增长。2001年以后，河源市财政减收增支因素较多，如企业所得税改革、新的出口退税政策、农业税税率改革、全市发电量大幅下降等已影响到该市地方财政收入增长。为了保证财税收入的稳定增长，河源市财政部门严格按照税收征管“十六字”方针，坚持依法治税，健全税收征管网络，加大税收征管力度，全面清理拖欠税，力争“期税期清，月税月清”，保证税款及时足额缴入国库，不收“过头税”，不吃“来年粮”。继续加强对税源企业的监管，特别是加强对重点税源企业和重点税种的专项检查，如对“粤赣、河梅、河龙”等高速公路实行一户一档监控，加强建筑安装行业营业税和增值税的监管，在全市开展契税征管质量检查和企业所得税税源调查，认真做好所得税汇算清缴工作，坚决打击各种偷、逃、骗税行为。继续完善各种税收征管机制，加强沟通协调，加强预算收支执行分析，及时掌握收入变化原因，查找存在的问题，并采取相关的措施进行解决，努力挖掘税收增收的潜力。

加强非税收入管理，集中政府财力。针对大量财政性资金滞留在部门单位账户，财政不能统筹管理和实行有效的监督，财政的职能被肢解，政府的宏观调控能力被削弱的现象，河源市财政部门不断拓宽理财领域，在“统财、聚财”上想办法，下工夫，逐步加强对非税收入的管理。一是认真贯彻落实省政府《关于深化“收支两条线”改革，进一步加强和规范非税收入管理的意见》的文件精神，并结合河源实际，制定了加强和规范非税收入管理的若干实施办法，如制定《河源市矿产资源采矿权招标拍卖实施办法》等制度，逐步健全政府垄断性、公共资源占用经营收入等非税收入纳入收支两条线管理。二是根据市委市政府的安排部署，在市直机关事业单位中全面开展资产清理活动，全面摸清单位的“家底”，在此基础上按照财经纪律的规定提出资产处置意见报市委市政府，规范资产的管理，将分散在部门的资源集中起来，由政府统筹安排。三是确实经营好城镇土地，建立“一个口子进水、一个池子蓄水、一个龙头放水”的土地储备供应机制，实现土地的最大增值。2004年，全市上划中央“两税”完成35 925万元，比2003年决算数增加7 496万元，增长26.4%；上划省“四税”完成13 813万元，比2003年决算数增加5 068万元，增长58%。2004年全市五个县综合增长率是：连平为85.39%、龙川为59.87%、东源为54.37%、和平为51.96%、紫金为42.20%，在全省67个市县中分别排在第1、3、4、5、8位。按省激励型财政政策计算，全市各县区全部可以拿到省三项奖励资金，比未实行激励转移支付政策增加补助7 851万元，在全省奖励资金总额中占1/3多。

三、调整支出结构，严格控制支出，保障重点项目支出，确保人民群众的根本利益

财政支出的方向和结构，体现党委政府的各项方针政策。为了实现好、维护好、发展好人民群众的根本利益，全市各级财政牢固树立过“紧日子”思想，厉行节约，量入为出，严格预算追加程序，规范政府领导资金审批行为；不随意增开预算支出“口子”，对必须追加支出的项目按照《预算法》和《广东省预算审批监督条例》的有关规定进行严格审查，办理财政预算追加、调整手续，维护预算的严肃性和权威性。严格按照有保有压的原则，优先保证行政事业单位财政供养人员工资的足额、及时发放，解决干部职工的吃饭问题。在此前提下，积极调整财政支出结构，严格控制会议费、接待费、车辆费用等一般性支出，减少本级组织的专项活动经费支出，减少会议表彰支出，将有限的财政资金用到工业园区、教育、农业等重点领域和重点项目支出上，坚持少花钱多办事，尽可能地提供更多公共产品和公共服务，满足经济社会发展的需要和人民群众实际生活的需要。

首先是加大对基础设施建设投入，改善发展环境。河源市各级财政积极筹集资金扩建改建城市道路、建设市体育馆和污水处理厂，加快村村通乡道硬底化道路建设和城乡电网改造等，增强了招商引资吸引力和接纳能力。2001～2004年，河源市财政累计安排基本建设资金33 849万元，年均增长50.2%。

其次是增加对“三农”的投入，发展农村经济。围绕农民增收、农业增效，积极筹集资金增加对农村水利等基础设施建设投入，积极扶持农业龙头企业发展，促进农业产业化经营；大力贯彻落实对种粮大户的补贴政策，对符合标准的种粮大户实行财政补贴，增加农民收入，促进农村经济的稳定发展。2001～2004年，河源市财政累计安排“三农”资金147 210万元，年均增长21.5%。

第三是加大对教育的投入，发展教育事业。积极筹集资金为农村义务教育负债减负，改善农村中小学布局调整，完善农村教育基础设施建设。筹集资金增加对创办示范性中学的投入，建设新教学大楼、改善教育设施，兴建河源职业技术学院，积极发展职业技术教育等。2001～2004年，河源市财政累计安排教育资金220 408万元，年均增长23%。

第四是增加对社会保障和公共卫生的投入。扩大城镇居民最低生活保障的范围，将23 208户家庭和50 304人纳入最低保障，提高城镇居民最低生活保障标准，全年发放“低保”资金1 800多万元，基本解决困难群众的生活问题；增加对国有企业下岗职工解除劳动关系经济补偿和再就业培训投入，基本解决市直国有企业下岗职工经济补偿问题，投入大量资金帮助下岗职工提高劳动技能实现再就业；增加对新型农村合作医疗体系建设的投入，解决农民就医问题。2001～2004年，河源市财政累计安排社会保障和公共卫生支出资金84 799万元，年均增长25.3%。

四、以构建公共财政为目标，加快推进财政管理各项改革，提高财政预算管理水平

加快部门预算改革。为做好部门预算改革工作，全市财政把部门预算作为一项规范资金分配，从源头上、制度上反腐保廉的重要措施来抓，不断加大改革力度。从2001年开始，市直财政就开始了部门预算改革试点，2002年扩大到11个部门，2003年扩大到52个部门，2004年在市直单位中全面铺开部门预算改革，市直所有184个预算单位全部实行了部门预算改革。各县区也先后选择单位进行了部门预算改革。通过改革试点，全市各级财政逐步改变了“基数加增长”和财政代部门编预算的传统做法，增加预算的完整性、公开性、准确性和透明度。

扩大国库集中收付管理制度改革试点。抓好国库改革，可以有效地规范财政资金拨付，减少了资金被截留、挤占、挪用的机会，提高资金的使用效益，从源头上、制度上预防和治理腐败。2003年以后，河源市各级财政在建立机构、充实人员的基础上，制定了一整套国库改革的规章制度，如市财政制定了《河源市市级单位财政国库管理制度改革实施办法》等，全面规范国库改革的原则、程序、办法等，保证国库改革有规可循。通过委托市政府采购中心公开招标，确定市工商银行为代理银行，健全国库改革网络系统，采用先进的改革软件使国库指标的录入、审核、批复和记账、会计核算都在网上进行，为国库改革提供先进的技术支持。从2004年5月起选择市财政局等十个预算单位正式进行国库改革试点。在初步取得成功经验的基础上，10月份再增加了10个预算单位，进一步加快国库改革步伐。实行国库改革后，试点单位用款计划编制、资金支付都能在短时间内完成，极大地方便了单位的用款，规范了资金的支付行为，提高了资金使用效益。

深化政府采购改革。政府采购改革是防治和治理腐败的重要措施。全市各级财政继续深化政府采购改革，按照《政府采购法》规定，不断健全政府采购的规章制度，对采购的方式、采购的程序和监督检查各个环节进行规范，确保政府采购行为规范、透明；进一步理顺了政府采购管理与执行机构的关系，加强对政府采购的监督管理，不断扩大政府采购的规模，将部门单位用财政预算内外政府采购资金、自有“拼盘”采购资金全部统一监管；逐步扩大政府采购的范围，采购项目从一般办公用品设备扩大到特殊办公设备、公共基建项目、服务项目。2004年政府采购额达到5 153万元，节约率为11.4%，取得了显著的经济效益。

继续抓好农村税费改革。自2003年实行农村税费改革以后，河源市农民的税费负担大幅下降。为进一步减轻农民负担，维护农民的合法权益，市财政局根据省政府《关于深化农业税改革的决定》精神，将农业税的税率从6%下调到3%，重新调整农业税收任务，并组织工作人员深入乡镇农村宣传贯彻，加强对基层财政的监督检查；同时，严格执行种粮大户财政补贴政策，认真核实种粮大户数量和实际面积，维护农民的合法利益，确保将农业税改革政策落到实处。

启动财政统一岗位津贴改革。市财政局联合市人事局、纪委监察局按照市委市政府的要求，经过积极调研，综合分析，反复论证，制定了统一岗位津贴实施方案，经市委市政府批准，从2005年1月1日起实施统一岗位津贴制度。

五、加强财政监督管理，整顿规范财经秩序，保障财政资金的安全和提高资金使用效益

健全完善监督管理制度。为达到用制度“管钱管物管人”的目的，建立财政监督管理的长效机制，市级财政不断完善监督管理制度。我们根据形势发展的需要和财政工作的要求，对各种需要修改的制度进行清理修改，对需要新制定的制度结合各自实际及时制定，逐步建立起一套对外监督与对内监督，事前、事中监督与事后监督，经常性监督与专门监督有机结合的监督管理制度，如市财政制定《河源市省属水电厂水库移民资金管理办法》、《河源市土地储备专项资金管理办法》、《河源市财政局领导干部重大事项报告制度》、《河源市财政局限时办结制度》、《河源市财政局实行“首问负责制”的规定》、《河源市财政局关于实行谈话制度的暂行办法》、《河源市财政局公开承诺制度》等18个规章制度，涉及财政管理的各个环节，做到了有章可循。

加强资金拨付内部监督检查。严格按照有关规定审核拨付资金，把好监督检查的第一道关。对预算安排的正常经费拨付，实行请拨款制度，由预算单位每月提出资金拨付申请书，经财政主管业务科室审核无误后再按照均衡性原则办理资金拨付手续；对工程建设等专项资金实行严格的审查制度，由预算单位提出资金拨付申请，经财政主管业务科室审查后报局领导审核，报市政府主管领导同意后办理资金拨付手续。贯彻落实好《河源市财政局财政性资金支出稽核制度》，由“财政性资金稽核小组”在每月终了7天内对各业务科室的财政资金拨付情况进行及时稽核，并将检查结果报告局主要领导，强化财政内部监督，有效防止各种不规范操作，保证了财政资金的安全。

加强对专项资金的监督检查。针对专项资金监督管理的薄弱环节，河源市财政部门根据实际情况采取有效措施加强监管。对水库移民资金、土地储备资金、河源职业技术学院建设资金等专项资金，由财政批准设立财政专户，实行“双印签”管理，专户上每一笔资金的收付都要经过财政的严格审核，审核无误后加盖财政印章和审核意见拨付资金，实现了全程、动态的跟踪；同时，对使用这些专项资金建设的重点项目派驻财务总监，将审核的“关口”前移，由财务总监对资金的支付提出审核意见，规范资金的分配使用，确保专款专用。加大对省财政拨付的各项专项资金的监督检查，将监督检查的重点放到基层财政。市财政每年都要组织骨干力量，开展各项专项资金监督检查活动，将监督检查的“触角”延伸到专项资金使用的每一

个环节，确保专款专用。

加强对基本建设项目监督。为了节约工程建设成本，堵塞管理漏洞，河源市财政部门不断加强对财政性投资工程项目的监督，将所有财政投资的基建项目工程预（结）算、竣工决算都纳入了市财政投资评审中心评审范围。坚持“公开、公平、公正、合理定案”的原则，按法律、法规及国家有关政策、规定、定额、标准进行项目评审，严格把好项目预算、竣工项目财务决算等各个环节，确保工程造价公正合理。2004 年，全市受理工程评审项目 376 个，送审金额 48 426 万元，审定金额 43 053 万元，节约率为 11.09%，其中市直投资评审中心受理送审项目 110 个，审核金额 24 207 万元，审定金额 21 320 万元，核减率为 11.93%，有效地遏制了高估冒算现象，堵塞工程项目资金管理上的漏洞，节约了大量财政资金，取得了良好的社会效益和经济效益。

加强对会计管理的监督检查。加强会计管理的监督检查，是提高会计信息质量、保证资金收付安全的有效手段。为了提高会计工作质量，河源市财政部门认真宣传贯彻《会计法》，派出检查组对广东烟草河源市有限公司等单位的会计电算化和会计基础工作进行考核验收，规范了会计工作秩序；积极推进乡镇财政管理信息化建设，举办了 12 期全市乡镇财政结算中心软件培训班，共培训人员 280 人，组建了 76 个乡镇财政结算中心，大大提高了乡镇会计核算的规范性；加强对会计从业人员的资格管理，开展《内部控制制度》等新会计制度培训，提高会计人员的业务素质。

六、加强财政队伍建设，提高财政干部职工的综合素质

一是抓好思想政治教育和党风廉政教育。河源市财政局要求全体干部职工严格遵守党风廉政建设的有关规定，认真学习各种反腐倡廉的材料和文件，邀请市检察院检察长为全体干部职工上预防职务犯罪警示教育课；邀请省财政厅法规处专家举行《行政许可法》讲座；邀请了市委党校和市纪委的老师和领导分别进行了理想信念、纪律作风、廉洁从政专题教育学习讲座，并组织全体干部职工到连平监狱接受现场警示教育，听服刑人员的现身说法，加强对干部职工正反两方面教育。通过深入开展教育活动，全局干部职工进一步树立了正确的权力观、地位观、利益观和政绩观，深刻认识到手中的权力是人民赋予的，是要用来为人民和政府服务的，不是用来谋取私利、贪赃枉法，进一步巩固了思想道德防线，拧紧了理想信念的“总开关”。二是抓好财政业务知识和业务技能的教育培训。加大对财政系统干部职工的培训力度，先后举办多期乡镇财政干部、全市财政系统股级以上干部的培训班，以公共财政、财政改革、财税政策等方面的新知识、新业务为主要培训内容，全面提高财政业务素质和业务技能；积极宣传财经法律法规，组织开展法律法规竞赛活动和干部学法考核，举办《行政许可法》培训，扎实推进法制教育，增强干部职工的法律意识，做到依法行政、依法理财。三是抓好财政系统机关作风建设工作。2004 年，全市各级财政大力开展民主评议行风活动，坚持做到“五个到位”，即领导机构到位、措施到位、查摆问题到位、检查督促到位和整改到位，精心组织，周密安排，扎实开展，保证了民主评议行风的扎实、有效开展，并取得了实实在在的成效，确保了各级财政被综合评议为满意单位。同时，按照“巩固、提高、延伸、辐射”的要求，积极开展全市文明财政所创建工作，评比先进、鼓励先进、表彰先进，在全市财政系统掀起争先进、比先进、赶先进的新高潮，财政干部的工作作风和服务意识明显增强。

（河源市财政局供稿，李桂生执笔）

梅 州 市

一、经济和社会发展情况概述

2001～2004 年，梅州市委、市政府以邓小平理论和“三个代表”重要思想为指导，按照党的十五大和十六大精神，树立和落实科学的发展观，认真执行中央和省委、省政府各项方针政策，大力实施“开放梅州、工业梅州、生态梅州、文化梅州”的“四个梅州”发展战略，发愤图强，励精图治，深化改革，扩大开放，大力调整经济结构，转变经济增长方式，国民经济保持持续稳定快速发展，社会各项事业全面进步。

2004 年全市完成国内生产总值 271.64 亿元，比 2003 年增长 12.3%，是十年来发展速度最快的一年，比 2001 年增长 34.33%。其中，第一产业增加值 69.52 亿元，比 2001 年增长 9%；第二产业增加值 115.37 亿元，比 2001 年增长 57.2%；第三产业增加值 86.75 亿元，比 2001 年增长 32.7%。2004 年，全市人均国民生产总值 7 019 元，比 2001 年增长 31.5%。2001～2004 年，全市国内生产总值年均增长 10.3%，三次产业比例由 2001 年的 30.4∶35.8∶33.8 调整为 25.6∶42.5∶31.9，第一、三产业比重有所下降，第二产业比重明显上升。固定资产投资大幅增长，2004 年全社会固定资产投资 115.07 亿元，比 2001 年增长 106.26%。对外经济活跃，2004 年全市实际利用外资 24 598 万美元，比 2001 年增长 118.73%；2004 年全市进出口总额 3.59 亿美元，比 2001 年增长 127.2%，其中出口 2.49 亿美元，比 2001 年增长 121.2%，进口 1.1 亿美元，比 2001 年增长 142.5%。市区居民消费价格总指数为 103.4%，比 2001 年上涨 2.1 个百分点，居民生活水平不断提高，2004 年市区居民人均可支配收入 8 049 元，农民人均纯收入 4 109 元，分别比 2001 年增长 9.12% 和 12.95%。

二、财政概况

2001～2004 年，梅州市财政部门高举邓小平理论和

“三个代表”重要思想的伟大旗帜，树立和落实科学发展观，认真实施“四个梅州”发展战略，坚持“生财有道、聚财有方、用财有规”的原则，积极探索理财用财新思路，贯彻落实生财聚财新举措，大力支持经济建设，积极组织财政收入，完善公共财政体制，强化财政监督管理，财政收入保持快速增长，支出得到合理控制。

（一）财政收入持续增长，财政实力显著增强

2001～2004 年，全市财政经济步入一个新的发展阶段，财政收入大幅增长。2001 年全市财政总收入275 583 万元，到 2004 年达到 427 649 万元，是 2001 年的 1.55 倍。2001 年全市地方财政一般预算收入为 82 838 万元，到2004 年全市地方财政收入首次突破 10 亿元，实现124 912万元，是 2001 年的 1.5 倍。其中：2004 年市本级地方财政一般预算收入 43 213 万元，比 2001 年增长134.59%，年均增长 10.41%。

2001～2004 年，全市上划收入逐年增加，对中央和省的贡献越来越大，2004 年上划收入首次突破 30 亿元，为 314 460 万元。

2001～2004 年梅州市上划收入情况表 单位：万元

年度	上划中央收入		上划省	合计
	两税	所得税	“四税”收入	
2001	76 722		18 458	95 180
2002	92 530	13 039	18 281	123 850
2003	115 682	18 249	18 411	152 342
2004	261 436	29 112	23 912	314 660

2001～2004 年，全市获得省转移支付补助 306 716 万元，对促进全市经济和社会各项事业发展、维护社会稳定起到了重要的作用。

2001～2004 年梅州市省财政转移支付补助表 单位：万元

年度	2001 年			2002 年			2003 年			2004 年		
转移支付补助	一般性补助	调资补助	农村税费改革补助	一般性补助	调资补助	农村税费改革补助	一般性补助	调资补助	农村税费改革补助	一般性补助	调资补助	农村税费改革补助
	40 071	20 692	3 313	36 138	27 858	3 313	40 941	25 759	11 122	47 716	28 924	20 989
合计	64 076			67 309			77 822			97 629		

四年来，全市地方财政收入结构趋于多元化，特别是2003 年梅州市大力实施“四个梅州”发展战略，扩大招商引资，发展工业经济，全市经济结构调整取得新的成效：

1. 第二产业加快发展，卷烟、建材、电力等支柱行业仍然是税收的主要来源，机电、煤炭等税源也有明显的增长，全市增值税占地方财政收入的比重由 2001 年的23%上升到 2004 年的 28.3%，保证了地方财政收入的持续发展。

2. 第三产业迅猛发展，旅游和服务等行业繁荣兴旺，营业税稳步增长。四年间，营业税增长了 56.1%，年均增长 16%。

3. 受经济快速发展影响，企业生产经营良好，股份制企业和外商投资企业效益提升，企业所得税收入大幅增长。2004 年全市企业所得税收入完成 7 081 万元，比 2003 年增收 3 526 万元，增长 99%。

4. 个人所得税由于分配制度改革、个人收入大幅度提高以及加强个人所得税的宣传和征管等因素影响而大幅增长。2004 年全市个人所得税收入完成 5 505 万元，比2003 年增收 1 464 万元，增长 36%。

（二）支出结构逐步优化，财政保障能力提高

随着财政实力的增强，全市财政支出规模不断扩大，财政的保障能力有了明显提高，有力地支持了社会经济各项事业的全面协调可持续发展。2001 年全市财政一般预算支出 270 198 万元，到 2004 年全市财政一般预算支出首次突破 40 亿元，完成 420 428 万元，是 2001 年的 1.6 倍，年均增长 15.88%。其中 2004 年市本级财政支出 83 096 万元，比 2001 年增长 56.5%，年均增长 16.11%。

四年来，由于受调资增资、配套资金安排、农村税费改革等政策性增支因素影响，加上逐年加大城建、“创优”等重点工程和重点项目投入，地方财政支出直线增长。财政支出的重点及其变动情况如下：

1. 经济建设支出方面。城市维护费支出 2001 年为6 702万元，至 2004 年达 20 681 万元，增长两倍多。主要是梅州市委、市政府大力实施“四个梅州”发展战略，不断改善投资环境，加大城市建设与改造的力度，城市建设投入逐年加大。

企业挖潜改造资金支出，2004 年为 3 989 万元，是2001 年 1 712 万元的 2.3 倍，主要用于支持国有企业技术改造和经济结构调整。

农林水气象方面投入也呈逐年增长趋势。2001 年为35 936万元，至 2004 年为 53 362 万元，增长 48.4%，主要是加大农田水利建设、农技推广和培训经费投入，以及救灾方面的支出。

2. 科教文卫事业费支出方面。2001 年 80 463 万元，至 2004 年为 133 391 万元，增长 66%。主要是人员经费、

农村义务教育、改善办学条件、公共卫生建设、疾控中心设备购置、科技普及等方面增支。

3. 行政管理费及公检法支出。2001 年为50 473万元，至 2004 年为 65 181 万元，增长 22.6%，增支原因主要是增人增资和大幅度提高生活补贴、通讯费补贴，以及增加设备购置等支出。

（三）财政收支平衡，略有结余

四年来，全市财政部门积极通过抓收入、控支出、重管理、保平衡，顺利实现财政收支平衡、略有结余的目标。2001～2004 年全市财政净结余依次为：838 万元、971 万元、1 569 万元、1 834 万元，其中市本级财政净结余依次为：838 万元、838 万元、138 万元、168 万元。

三、财政主要工作

2001～2004 年，梅州市财政部门在市委、市政府的正确领导下，在财政厅的大力支持下，坚持以经济建设为中心，大力组织收入，保证重点支出，深化财政改革，加强财政监督，财政各项工作取得新的成效。

（一）做大财政“蛋糕”的能力明显增强

梅州市财政部门始终把抓收入作为头等大事，紧紧抓住税收征管工作不放松，不断加强与税务部门协作配合，加大税收执法和稽查力度，依法治税，应收尽收。同时，认真抓好财政部门直接征管的农税收入，加强农业税收政策宣传，增强广大群众纳税意识，完善农业税征收制度，抓大不放小，严防“跑、冒、滴、漏”，减少收入流失。特别是 2004 年，全市上下一心，大力实施“四个梅州”发展战略，经济建设出现强劲的发展势头，财政部门乘势而上，顺势有为，下大决心，深入实际，摸清税源，突出重点，加大宣传，强化征管，清欠堵漏，挖掘潜力，猛抓收入，把握收入主动权。落实收入责任制，挂钩督查抓进度，提高综合增长率，确保全市各县（市、区）获得省财政新增转移支付补助，并有 6 个县区获得省“四税”超全省平均增幅的奖励。

（二）财政支持经济建设的能力明显增强

坚持发展是第一要务，解放思想谋财政，更新观念促发展，着眼于促进经济增长与财政增收的良性互动，建立健全扶持经济发展的激励机制，扶持有突出贡献的企业，扶持经济薄弱的乡镇，采取政策引导、资金支持、改善环境、信息服务等手段，多管齐下，培育财源，增强后劲，形成了财政加大力度支持经济发展的良好氛围，效果日益显现。一是培植支柱财源，制定《关于对市直企业创税大户给予财政奖励的暂行办法》，激励企业发展壮大。二是支持招商引资，加大工业园区建设资金投入，制订《梅州市鼓励东升工业园、蕉华工业园招商奖励办法》，改善投资环境，发展民营经济。三是促进县域经济发展，制订梅州市加快县域经济发展的财政激励措施，加大对县镇财政的支持力度，实行县镇级财政收入增长奖励政策。2004 年全市有 7 个县和 52 个镇共获得市财政奖励 2 295 万元（其中县级 1 521 万元、镇级 774 万元）。四是支持企业转制，坚持“扶优限劣”原则，全面推进企业战略性改组，实施产权转让，盘活国有资产，增强企业活力。五是支持科技进步，不断加大企业挖潜改造资金和科技投入，促进高新技术产业发展和产业产品结构优化升级。六是积极筹集资金，加大基础设施建设力度。2004 年全市共争取国债专项资金投资项目 63 个，投资金额 79 096 万元，比 2001 年增长 384%，有力地支持公路、水利防洪、城市供水、林业育种、生态环境、公检法等部门基础设施项目建设，对改善投资环境，拉动经济增长起到了积极的作用。

（三）财政保障能力明显增强

按照公共财政要求，坚持有保有压、有促有控的原则安排资金，优化支出结构，强化预算约束，合理调度资金，保证了工资及时发放、政权正常运转、社会保障以及各项改革等重点支出需要，保证了农、科、教、文、卫支出的合理增长。不断加大对社会管理、公共服务、宏观调控以及市委、市政府确定的重点项目的支持力度，并做到少花钱、多办事、办好事，厉行节约，减少浪费。同时，大力压缩一般性支出，逐步减少对竞争性、经营性领域的资金投入，强化支出管理，严格控制人、车、话、会等一般性支出和零星追加支出。特别是在 2004 年，在支出安排上做到了“五个支持”和“两个关心”：

“五个支持”：一是支持国有企业改革，重点抓好粮食企业和市直外经贸企业的改革转制，2004 年共有 130 家国企顺利转制。二是支持“三农”，拓宽支农领域，实施种粮补贴，落实小型水库议案资金，将公共财政阳光逐步覆盖农村，农业支出完成 27 143 万元，比 2003 年增长 15.6%。三是支持“文化梅州”，加快教育事业发展，调整中小学校布局，教育支出完成 97 288 万元，比 2003 年增长 10.1%。四是支持政法建设，加大对公检法司的投入，为创造良好的法制环境提供财力保障，公检法司支出完成23 309万元，比 2003 年增长 3.7%。五是支持卫生建设，加大卫生投入，医疗卫生支出完成 21 858 万元，比 2003 年增长 20%。

“两个关心”：一是关心弱势群体，完善社会保障制度，贯彻落实再就业扶持政策，妥善安置下岗职工，社会保障支出完成 96 836 万元，比 2003 年增长 3%（如剔除上年省追加不可比因素，实际增长 14.4%）。二是关心群众疾苦，建设民心工程，努力把人民群众的利益维护好、落实好、发展好，全市共投入 79 163 万元，确保十项民心工程建设顺利进行。

（四）财税改革促发展的能力明显增强

1. 部门预算改革不断深入。从 2001 年起试编市级部门预算，2002 年选择 8 个部门作为部门预算编制试点单位，至 2004 年市直 98 个部门的预算编制工作全面铺开，细化部门预算，加强定员定额经费管理，增加了预算的透明度，增强了预算的严肃性。

2. 国库集中支付稳步推进。从2001年开始探索国库集中支付改革，通过设立国库工资专户、签订消化工资拖欠责任制等一系列措施和全面推行财政委托银行统一发放工资的办法，较好地解决了拖欠工资问题。2004年进一步加大国库管理制度改革步伐，选择市直三个单位和市直财政性建设项目资金、农口项目资金作为试点，实施国库集中支付，逐步建立以国库单一账户为基础的国库集中支付制度。

3. 政府采购行为逐步规范。不断扩大政府采购规模，完善管理制度，简化操作流程，规范政府采购行为，提高政府采购的透明度，确保采购商品质优价低，使政府采购形成“阳光作业”，取得了较好的社会效益和经济效益。2001年的政府采购金额3 573.6万元，至2004年政府采购资金规模已达14 163.6万元，是2001年的3.96倍，四年平均节约率达17.9%。

4. 财政投资审核力度不断加大。2001年7月成立市财政投资审核中心，严格按照“客观、公正、廉洁、保密、高效”的审核原则，对项目工程费、材料价格、定额和费率套取等进行综合审查，对政府投资的财务活动进行有效监管，逐步实行“先审核后批复、先审核后拨款”，推动财政投资评审工作制度化和规范化，既促进工程优质建设，又节约政府投资。2001年全市共完成各类送审工程投资额25 575.8万元，到2004年已达89 525.6万元，四年共为国家节约资金20 343万元，平均核减率达到10%。

5. 产权交易不断完善。2003年3月成立梅州市产权交易所，制定《梅州市国有（集体）产权交易管理规定》，要求全市国有（集体）产权一律进场交易，促使国有（集体）产权实现公开、公平、公正交易，为产权交易各方提供高效快捷的服务，做到程序规范，过程公开，价格合理，公平竞争。通过依法转让、引资开发等盘活闲置资产和不良资产，规范国有（集体）产权交易行为，实现保值增值。

6. 深化“收支两条线”管理改革。通过收费项目、银行账户、财政票据“三清理”，严格实行“单位开票、银行代理、财政统管”，不断完善票款分离的征管体制；通过制定政策，规范了非税收入管理；通过逐步改变预算外资金收支挂钩的办法，减少财政核拨比例，增强了政府统筹能力。

7. 继续开展派驻财务总监工作。不断加强行政事业单位财务监督，制定《梅州市市级行政事业单位财务总监管理办法》，把委派财务总监工作纳入规范化轨道。至2004年，全市共有71个行政事业单位派驻财务总监59人，加强了财务管理，加强了财政监督。

8. 农村税费改革成效显著。2001年，在兴宁市开展农村税费改革试点的基础上，从2003年7月1日起，按照省委、省政府统一部署，全面实施农村税费改革，精心制定方案，加强组织领导，广泛宣传发动，深入开展调研，认真做好“五取消、一改革、一种税”，以及常年产量核定、计税土地面积调整、农民负担测算和户户减负等基础工作。同时，积极做好减半征收农业税、深化机构改革、撤镇并村并校等配套改革工作。通过实施农村税费改革，全市农民负担明显减轻，全市核定新的农业税负担2 341万元，比税改前农民税费总负担31 240万元减少负担28 899万元。全市改革前人均负担84元，改革后人均负担减至6.5元，减负率92.5%。

（五）财政监管能力明显增强

不断加大财政监管力度，坚持做好内审外查。一是抓好财政内部交叉审计工作，坚持对预算内外资金收支情况和内部业务经费收支情况进行定期检查，并对财政资金预算、拨付、使用、效益评价的全过程实行制度化管理，对国库集中支付和财政内部执行财务制度等进行审计监督。二是抓好外部监督检查，努力构建涵盖整个预算内外管理、财务会计管理等领域的监督体制，实现事前审核、事中监控检查、事后绩效评价，建立财政资金追踪问效和反馈机制。加强财政票据、财务会计、教育收费、专项资金监督检查，开展财政资金绩效评价，开展会计信息质检，加强对注册会计师执业质监，保证各项数据真实准确完整。加大财政周转金和世行贷款的追收力度，成立领导小组，实行专人负责，将周转金欠款整体打包依法追收，得到了法院的大力支持，实行“立、审、执”一条龙办案，把死钱变活钱，维护了财政的合法权益。加强行政事业单位资产管理，制定《梅州市国有资本保值增值考核办法》；坚持每年开展产权登记年度检查和行政事业单位国有资产管理法规执法情况检查，强化非经营转经营性资产管理，对专项资产实行重点监管，有效保护行政事业单位资产；2002年为配合预算制度改革，实施部门预算，进行了一次全面清产核资，摸清了资产分布情况。

（六）财政队伍整体战斗力明显增强

坚持以人为本，通过建立健全竞争激励机制，实行目标管理，调动干部职工干事创业的积极性和主动性。通过加强理论学习、思想教育、业务培训和创先争优，建立健全机关管理制度，强化廉政建设和作风建设，保持廉洁从政，优化政务环境，提高行政效能，树立财政新风。不断研究生财聚财理财之道，提高财政执政能力。2004年全市财政系统行风建设被评为“满意”单位，顺利通过检验，市县两级财政部门均被评为作风建设先进单位，市财政局还在市直机关作风建设评比中获得第一名。

（梅州市财政局供稿，蔡力成执笔）

惠州市

2001～2004年，惠州市国民经济持续快速增长，GDP从476.39亿元增加到685.14亿元，年递增率11.7%。产业结构继续向“二、三”产业并重、“一、二、三”产业共同发展的方向调整优化，第一产业增加值从69.16亿元增加到83亿元，第二产业增加值从273.29亿元增加到

390.96亿元，第三产业增加值从133.94亿元增加到211.19亿元。固定资产投资保持适度增长，全社会固定资产投资从84.42亿元增加到297.16亿元。外贸进出口总额从88.29亿美元增加到166.35亿美元。物价基本保持稳定，2004年城市居民消费价格指数为102.11。经济增长有效带动了财政收入的增加，全市财政收入从28.41亿元增加到50.69亿元，其中市本级地方一般预算收入从7.17亿元增加到8.77亿元；全市财政支出从25.89亿元增加到45.87亿元，其中市本级地方一般预算支出从8.94亿元增加到14.47亿元。上划中央“两税”收入从13.8亿元增加到21.1亿元；上划省与市共享“四税”收入从4.7亿元增加到7.6亿元。

一、树立科学理财观，做大做实财政“蛋糕”

惠州市贯彻落实科学理财观，始终把组织收入、建立稳定的收入增长机制作为中心工作来抓，牢固树立依法治税的观念，按照应征尽收、不收“过头税”的原则，抓住税源监控这个关键环节，统筹推进各项管理工作，促进税源管理、征收管理、稽查管理的协调配合，强化征管，提高征管水平，依法足额及时征税，提高税收质量和效率。加强对收入的监督和检查，建立收入监督和检查机制，落实各项监督措施，加强对重点税源的跟踪检查，防止“跑、冒、滴、漏”，确保税收及时足额征收入库，确保财政收入稳定有效增长和预算任务圆满完成。

拓宽理财领域，加强非税收入管理。落实“收支两条线”管理规定，加大国有资产收益征缴力度；对部门预算外收入实行收支脱钩和收缴分离，促进行政执收执罚部门切实履行职责；逐步对垄断性经营服务性收入和社会公共资源的占用经营收益全面实行“收支两条线”管理，推进依法行政，提高政府宏观调控能力，更好地发挥财政集中资金促进经济和社会事业发展的作用。2002年，对30个市直行政事业性收费、具有垄断性的经营服务性收费和罚没大户进行重点检查，撤销了一批违规收费项目和违规账户，纠正违规收费行为，并将16项收费和专项资金纳入“收支两条线”管理或财政专户管理。2003年，继续深化“收支两条线”改革，不断拓宽管理范围，将公路、水路运输管理费纳入“收支两条线”管理，对全市摩托车、手扶拖拉机养路费实行银行代收；严格执行财政部有关规定，将法院等部门的44项行政事业性收费和11项政府性基金纳入财政预算管理。2004年，市政府专门出台了《进一步加强和规范非税收入管理》的文件，进一步规范非税收入征缴和支出行为。在加强行政事业单位经营服务性收费收入管理的同时，市各级财政部门积极探索社会公共资源的占用经营收益的管理方式，重点抓好城市户外广告拍卖、矿产资源出让、车辆牌照（号）拍卖等收入管理；把非税收入纳入预算管理，实行部门综合预算。

二、集中财力办大事，推动经济社会协调发展

惠州市积极调整优化支出结构，集中财力办大事，保障了重点支出和重点项目的需要。

加大支持“三农”力度，促进农村经济发展和农民增收。2003年，惠州市各级财政部门全面推进农村税费改革，切实减轻农民负担。认真执行“五取消、一改革、一种税”政策，加强检查督促，协调推进税改各项工作。市财政安排税费改革配套资金751万元用于保障镇（乡）、村两级正常运转和农村义务教育的经费。税改后使全市农民人均年负担税费由111.11元降至13.25元，减负率为88.07%，高出全省平均水平4.34个百分点。2004年，根据省政府的统一规定，继续深化农村税费改革，理顺农村分配关系，做好农业税率下调的基础性工作，全市农业税率由上年的6%下调至3%，农民负担进一步减轻，全市农民人均负担由税改前的111.11元降低到6.63元，减负率94.03%。

2003年，市财政安排174万元用于贫困村干部的工资补贴；投入1 257万元支持农业龙头企业、调整农业结构和推进农业产业化；投入1 139万元用于中小型水库除险加固及水利建设、水毁工程维修；投入2 377万元用于发展林业和加强林业生态保护；投入288万元用于人工鱼礁建设。2004年进一步加大支农力度，全年支农支出46 893万元，比上年增加10 733万元，支持和推动农村经济的发展；市财政安排省县道改造资金2 079万元，村道建设资金3 000万元，推进县道、村道硬底化建设，解决农村“行路难”问题。

支持城市基础设施建设，不断改善城市环境。2001年，积极争取国债支持，为市重点建设项目惠澳铁路注入国债转贷资金8 500万元。从预算内、外筹集12 550万元，用于争创国家卫生城市、园林城市和环保模范城市3块金牌。2002年，根据市委、市政府创建文明城市的部署和目标，市财政部门从预算内、外筹集资金45 002万元，继续加大城市基础设施建设，改造和新建了一批市政工程。投入8 276万元加快市体育馆的建设；投入900万元启动市图书馆、市疾病预防控制中心的基建工程；拨付5 781万元使北门直街小区改造按时完成拆迁安置任务；筹集3 000万元支持仲恺大道改造；筹集、调度5 800万元支持数码工业园的开发建设；争取国债资金7 630万元（其中无偿资金1 630万元，惠澳铁路有偿资金6 000万元）支持惠澳铁路建设，使惠澳铁路按计划全面铺通。2004年，投入24 745万元推进惠州大道四期、先科大道、惠淡大道一期工程建设；投入2 630万元用于西湖环境综合整治、东江水资源保护等一批环境项目建设。

确保社会保障支出需要。2003年，各级财政部门继续完善社会保障体系，支持城乡最低生活保障制度建设。发放最低生活保障金1 662万元，将35 723人纳入低保范围；安排再就业资金1 327万元，使8 563个下岗失业人员实现了再就业；市财政拨付退市专项资金1 820万元，妥善解决了30家退市企业的职工安置；积极支持华侨农场改制工作，安排100万元用于杨村华侨农场改制补助资金；安排327万元用于潼湖华侨农场改制补缴职工养老金。2004年，为解决农村“看病难”问题，市财政安排资金434万

元用于农村新型合作医疗配套补助；安排1 300万元用于市、县（区）疾控中心建设和补助；安排300万元用于乡镇卫生院建设。全市发放低保资金1 756万元，新增低保对象571户1 254人；安排资金1 304万元用于850户农村贫困户的危房改造；全市筹集再就业资金2 054万元（其中市财政安排1 139万元）；安排1 000万元用于社会保险市级统筹的信息网络系统建设。此外，市财政专项安排700万元用于解决企业军转干部和处级干部生活待遇偏低问题。

积极扶持企业改革与发展。惠州市集中资金支持有竞争优势的企业和带动性强、见效快的挖潜改造、技术创新项目。2004年，市财政安排1 000万元支持TCL集团高新科技产品的研制和开发；拨付退市专项资金2 476万元，解决28家退市企业958名职工的安置。此外，市本级将机关事业单位和国有企业资产转让纳入市产权交易所挂牌交易，拍卖或协议转让公务用车366台，回收资金2 959万元。

三、积极推进财政改革，规范财政支出管理

惠州市围绕建立健全公共财政目标，积极推进部门预算、国库集中支付、政府采购等财政改革，不断完善市区、乡镇财政管理体制，进一步规范支出管理，推进科学理财、依法理财、民主理财。

部门预算改革从2002年选择市中级法院、计生局、海洋与渔业局、卫生防疫站等4个单位开始试点，通过改革预算编制方法，采用因素法，细化预算编制内容，提高了预算的透明度，增强了预算的约束力和严肃性。在取得经验的基础上，扩大试点范围，将市委办、市府办、市公安局等8个单位定为2003年的部门预算试点单位。2004年进一步增加试点单位，将市监察局、市农业局等19个单位纳入部门预算试点。也就是说，2002～2004年，惠州市上报人大审议的部门预算单位从4个增加到30个。各县（区）亦按规定在具有一定代表性的财政供给的党政部门开展部门预算试点工作。

惠州市从2002年起正式启动财政国库管理制度改革试点，市财政把国库集中支付范围扩大到政府采购和部分大宗基建项目；着手建立以国库单一账户体系为基础，资金拨付以国库集中支付为主要形式的财政国库管理制度的改革试点。2003年，市本级组建了国库集中支付中心，在实行统发工资的基础上，稳步推进国库集中支付制度改革。进一步扩大国库集中支付范围，选择了26个党政机关单位分期分批进入国库支付中心运作，对40多个城建项目4.3亿元资金实行国库集中支付，减少了拨款环节，确保了资金的专款专用。2004年，市直分四批将市委办、市检察院等26个行政单位进入国库集中支付中心运作，市级国库管理制度改革试点单位增至30个，集中支付总金额64 730万元。加强国库集中支付系统建设，开发了国库集中支付、各代理银行接口和试点单位联网三套子系统，实现市财政局、代理银行、试点单位联网运行。各县（区）财政部门为确保在2005年实施国库集中支付试点，认真做好各项前期准备工作。

市财政部门按照先易后难、逐步铺开的原则，大力推行政府采购制度，扩大采购范围，2001年将电脑、网络、汽车、园林绿化工程、电梯和空调等纳入政府采购范围。把采购范围从初期单一的货物扩大到货物、工程、服务三大领域，共有14大项123子项。在此基础上，从2001年6月份开始实行政府采购资金通过政府采购资金专户直接拨付给中标供应商，减少中间环节，规范政府采购行为。2004年，推进政府采购机构建设，理顺采购管理部门与采购执行部门的关系，扩大政府采购范围，将市政道路、园林绿化等政府公共工程纳入政府采购管理。2004年全市完成政府采购总额31 447万元，比2003年增加18 997万元，增长153%，比采购预算节约3 230万元，资金节约率9.31%。其中市本级政府采购金额24 814万元，节约财政资金2 771万元，资金节约率10.04%。

改革和完善乡镇财政管理体制。2002年，市政府印发了《关于改革和完善乡镇财政管理体制实施意见》，各县（市、区）按《意见》确定的原则，结合实际地研究制定改革的具体方案并付诸实施。市财政部门加强对乡镇财政体制改革的检查监督和具体指导。使全市乡镇财政管理体制改革得以顺利实施，从而理顺和规范了县（市、区）与乡镇的财政利益分配关系，调动了县和乡镇发展经济，培植财源的积极性。2004年，市财政局调整和完善乡镇财政管理体制的内容，重新制定《关于进一步完善乡镇财政管理体制的意见》，对不同类型的乡镇采取不同的财政分配措施，从体制和制度上加大对经济基础薄弱乡镇的激励和政策扶持力度，调动乡镇发展经济、培植财源、组织财政收入的积极性和主动性，促进区域经济发展。

推进市与辖区财政体制改革。2003年，制定了《惠州市对惠城区财政体制改革实施方案》，从2004年1月开始实施。改革后，实行税收属地统一征管、划分税种、比例分成的财政管理体制，市与惠城区的财政分配关系得到了理顺和规范，合理调整了相应事权，初步建立起“水涨船高、利益共享、风险共担”的激励机制。

四、强化财政监督，开展绩效评价

2001～2004年，惠州市逐步改变以往财政管理重收入、轻支出，重分配、轻监督的状况，不断加强财政监督力度。2003年，开展会计信息质量检查，加强会计监督，打击做假账行为；加强对会计事务所、资产评估机构等中介机构的监管，规范中介机构的执业行为，强化行业自律；加强对支农、社保、农村中小学教育等专项资金使用情况的监督检查；对惠州大道四期等九个重点基建项目委派财务总监，实行全过程监督；强化财政性基建工程预结算审核。2003年全年全市完成审核工程预结算660宗，送审金额154 217万元，核减15 732万元，核减率10.2%。2004年，对全市老区、山区123所小学财政专项补助资金和市级农业龙头企业贷款贴息资金开展绩效评价。

创新监督管理办法，实行内部监督与外部监督相结合，重点监督与经常性监督相结合。市财政局贯彻落实省财政厅《关于进一步加强财政资金管理的通知》的各项规定，定期对业务科的银行账户、银行对账单余额、库存现金及请拨情况进行内审；加强对水利建设资金、扶贫开发资金、粮食风险资金、社会保障资金、国债转贷资金以及财政性基建资金等专项资金开展检查，将监督工作贯穿于财政资金分配、使用的每一个环节，确保财政资金合法、合理、安全和使用有效，最大限度地发挥财政在促进发展中的杠杆作用。

五、转变机关作风，加强队伍建设

2001～2004年，惠州市财政局高度重视干部队伍的建设，切实加强思想政治教育，促进党风廉政建设；全面展开学习业务培训，及时进行知识更新；把财政科研活动、财政调查研究与人才培养、队伍建设紧密地联系在一起，用财政理论研究和财政调研来带动业务素质的整体提高，打造出一支思想过硬、业务精良的财政干部队伍。

2004年，以行风评议为契机，市、县(区)财政局围绕“转变工作作风，密切干群关系，为人民群众办实事，创造一个良好的政务环境”的要求，开展民主评议行风活动，把民主评议行风与“万众评公务”活动相结合，在思想作风、工作作风、依法理财、服务水平和廉政建设等方面认真查找存在问题，深刻剖析原因，落实整改措施，制定和落实办事程序和限时办结制，改进机关作风，提高工作效率，取得了明显的成效，得到社会各界的认可，市、县和区级行评团对各级财政部门行风建设评议均为“满意”。

（惠州市财政局供稿，陈远扬执笔）

汕尾市

2001～2004年，汕尾市国民经济迅猛发展，生产总值实现220.1亿元，比2001年增长15%，创九年来的最高增幅。其中，第一产业增加值59.57亿元，增长6%；第二产业增加值82.26亿元，增长25.5%；第三产业增加值78.28亿元，增长12%。全年社会消费品零售总额126.53亿元，比2001年增长14.3%。全社会固定资产投资73.4亿元，比2001年增长28.8%。全市外贸出口4.05亿美元，比2001年增长52%；合同利用外资2亿美元，比2001年增长31.5%；实际利用外资2.12亿美元，比2001年增长21.2%。城镇居民人均可支配收入8 056元，人均消费支出7 068元，分别比2001年增长9.3%和10.6%。农民人均纯收入3 746元，比2001年增长3.9%。第三产业发展良好，全年旅游总收入12.7亿元，比2001年增长2.1%，创汇403万美元，比2001年增长5.8%；流通业、服务业稳定发展，房地产、广告信息、中介服务业等有新的发展。

2001～2004年汕尾市财政运行基本正常，收支完成情况良好。全市地方一般预算收入完成53 734万元，为市代编预算的103.47%，比2003年增长17.95%，比2001年增收8 869万元，增长19.77%，加上税收返还、各项补助和调入资金、上年结转、结余等收入总计206 941万元；全市一般预算支出完成166 145万元，比2001年增加支出56 661万元，增长51.75%，加上解支出、增设预算周转金、拨付国债转贷及结余等，支出总计169 268万元；全市财政收支相抵，结转结余37 673万元，其中净结余1 122万元。实现财政收支平衡，略有结余。

2004年市本级地方一般预算收入完成12 741万元，比2001年增加1 198万元，增长10.38%，加税收返还、上级补助、上年结转结余、调入资金等，收入总计53 483万元；一般预算支出完成30 359万元，比2001年增加支出9 989万元，增长49.04%，加上解支出、补助县区支出等，支出总计37 014万元，收支相抵，结转结余16 469万元，其中净结余226万元。

一、拓宽财税收入渠道，增强财政调控能力

（一）加强财税征管

各级财政部门主动配合税务部门加强税收征管，积极协助税务等部门解决税收征管中遇到的困难和问题，进一步提高征管效率和服务水平。特别是2003年实行税收月分析制度、财政国地税季联席会议制度和财税部门领导分工包片责任制度等“三项制度”以后，各级财税部门领导落实工作责任制，对财税工作任务实行定岗、定量、定时完成，力促税收应收尽收。2004年全市地方税收收入完成33 013万元，比2001年增加5 982万元，增长22.13%。全市上划中央“两税”收入21 860万元，上划中央所得税收入11 340万元，合计33 200万元，比2001年增加20 463万元，增长160.66%；全市上划省“四税”收入9 450万元，比2001年增加2 915万元，增长44.61%。

（二）组织非税收入

2004年，全市完成非税收入20 721万元，比2001年增加2 887万元，增长16.19%。其中，2004年市级完成非税收入6 014万元。在加强财税征管的同时，各级财政部门加大政府非税收入征管力度。一是认真做好行政事业性收费、罚没收入催收清缴工作，加强日常监督管理，并结合行政事业性收费年审和票据管理工作，催促执收执罚单位将收入及时足额解缴入库，对收入不及时上缴的单位发出“催缴通知书”进行催缴。2004年全市行政性收费缴入国库8 847万元，比2001年增加2 235万元，增长33.80%；罚没收入缴入国库3 058万元，比2001年减少1 023万元，下降25.07%。二是加强政府资源管理，拓宽财政收入渠道。首先，加强国有土地出让金收入的规范化管理，积极探讨土地储存管理模式，通过充分调研，采取由国土资源局筹集资金，市财政支持的办法，将市区范围可以征用的土地，以政府名义征用，并进行平整，作为土

地储存。市财政密切配合国土资源、城市规划等部门，周密搞好国有土地拍卖工作，2004 年市级组织了 5 次拍卖，国有土地出让金收入缴入财政 3 541 万元。其次，加强贝类资源、户外广告和出租车牌照经营等管理，规范政府资源的使用和管理，拓宽财政增收渠道，2004 年市级通过加强这方面的管理，取得收入超过 1 000 万元。

（三）催收逾期周转金和金融资产处置

各级财政部门与有关部门紧密配合，成立逾期周转金追收领导机构，加大逾期财政周转金的追收力度，通过落实责任制，增强了工作人员的积极性和责任感，同时采取财政扣款、法律起诉等方式，积极催收到期财政周转金，取得了一定的成效。2004 年，全市共收回周转金 3 825 万元，其中市财政局回收周转金 2 661 万元，减轻了由于上级扣款而造成的财政运转困难。同时，加大处置和追收金融资产力度，累计处置和追收资产金额 5 837 万元，其中市本级追收资产金额 3 161 万元，增强了财政可调控资金能力。

二、调整优化支出结构，确保重点支出需要

（一）加强支出管理

坚持“量入为出、收支平衡、略有节余”的理财原则，大力压缩一般性支出，严格控制追加新的支出项目，严格审批程序，特别控制会议费、出国费用、汽车费用等支出，连续两年实行专项经费预算零增长，把有限的财政资金用到改革和建设最需要的点上，坚决反对大手大脚、铺张浪费。

（二）确保重点支出

各级财政按照公共财政体制的要求，着力调整支出结构，努力保障了涉及改革、发展和稳定的重点支出需要。一是确保工资性支出需要，保证各级党政机关、事业单位人员工资的如期足额发放。二是确保社会保障支出需要，优先安排就业和再就业资金以及城镇居民最低生活保障金及时足额到位。三是确保法定支出项目增长，加大对农业、教育、科技等重点项目的投入，全市 3 个项目合计投入 4.3 亿元，占当年地方财政增支额的 34.52%。四是确保重点项目工程开工上马，全年共投入市区汕马路综合改造、海汕公路综合改造等重点项目建设资金 1.77 亿元。

（三）加大科技教育投入

2004 年，全市投入科技三项费用 1 562 万元、教育事业费支出 41 070 万元、科学事业费支出 445 万元、文体广播事业费支出 5 544 万元，分别比 2001 年增加 985 万元、15 322 万元、191 万元和 2 035 万元，增长 170.71%、59.5%、75.1%和 57.99%，有力地促进了科技文化事业的发展。

三、积极推进财政体制改革，建立和完善财政管理机制

（一）深化部门预算改革

一是实行综合财政预算，将预算内外资金全部纳入部门预算范围，同时采取零基预算编制方法，保证部门预算的真实、科学和透明。二是细化预算，专项经费编制到部门和项目，根据单位行政管理或事业发展的需要，结合财力可能，优先安排重要和紧急项目。三是人员经费实行定员定额标准，按人事部门核定的编制和标准计算。四是严格预算编制程序，采取“两上两下”的预算编制程序，保证部门预算能充分反映各方面的意见，增强预算编制的科学性和可行性。五是采取以点带面办法，根据地方财政和单位实际，以“区别对待，逐步铺开”的方式，循序渐进地推进部门预算改革工作。截至 2004 年，全市执行部门预算的单位共 486 个，其中市级、城区、红海湾开发区和华侨管理区已全面实行部门预算，基本实现了“一个部门一本预算”的目标。

（二）推进国库集中支付改革

一是出台了《汕尾市市级预算单位财政国库集中支付改革实施办法》、《汕尾市市级预算单位财政国库管理制度改革会计核算暂行办法》等规章制度，为改革试点工作提供了制度保证。二是采取统筹规划、分步实施、先试点、后推广，稳步推进改革原则，2004 年 1 月 1 日，市级国库集中支付试点工作从市级 4 个预算单位开始，至 2004 年 12 月，市级部门集中支付试点单位已扩展到 35 个预算单位（其中一级预算单位 24 个），纳入国库集中支付用款指标额 1.76 亿元，实际通过零余额账户支付金额 1.47 亿元。县（市、区）基本落实国库集中支付机构的设置和人员配备。三是纳入试点单位的所有财政性资金和未纳入试点范围的其他单位的工资支出、政府采购财政性支出、财政预算内基建资金等都纳入国库单一账户体系进行管理。四是不断规范内部操作规程，改进和简化用款计划的编制、审核、批复等程序，方便了财政内部操作和试点单位的及时用款。五是建立了联系和定期走访制度，加强了财政与试点单位的交流，保证了国库集中支付工作的顺利进行。

（三）完善政府采购制度改革

市级完成政府采购管理机构和执行机构分离，初步建立起政府采购监督制约机制。2004 年，全市开展采购业务 469 宗，采购金额 4 204 万元，节省资金 477 万元，资金节约率为 10.19%，其中市级开展采购业务 228 宗，采购金额 2 303 万元，节约资金 221 万元，资金节约率为 8.75%。

（四）规范财政投资管理

2004 年，全市各级投资评审中心审核工程预结算 259 宗，审核工程造价 3.41 亿元，核定造价 3.09 亿元，核减

造价3 162万元，核减率为9.28%，其中市投资评审中心审核工程预结算36宗，审核工程总造价10 760万元，核定造价9 408万元，核减造价1 352万元，核减率为12.57%，提高了财政投资效益。

（五）积极开展契税管理改革

海丰县于2004年8月份开始，在全市率先开展由财政部门直接征收契税的管理模式，市级紧接着于2004年底在财政收费大厅设立契税征收点，直接征收契税，改变了原来契税征收工作委托国土、房管等部门代征的模式，标志着汕尾市契税管理进入新的时期。

（六）深化会计管理改革

汕尾市于2001年开始实施会计委派和财务总监管理体制，该制度的实施对派驻单位在资金监管等方面起到一定的效果。一是理顺了关系，各委派会计人员与其派驻单位在工作方面密切配合，共同做好财务管理工作，发挥委派会计的职能作用；二是以各种形式（包括召开座谈会等）对派驻单位进行调查了解，及时掌握派驻单位的财务管理和资金的使用情况；三是加强对重点建设项目派驻财务总监，确保建设资金的安全使用，提高资金的使用效益，2004年新增加的建设项目包括市防洪建设工程、市法院大楼、汕马路综合改造、海汕公路综合改造等建设工程均派驻了新的财务总监，在资金管理方面发挥了较好的效益。

（七）加快乡镇财政信息化建设

为落实省财政厅关于加快金财工程建设的方案，切实抓好汕尾市乡镇财政管理信息化建设，在对全市乡镇财政的基本情况进行全面的调查了解的基础上，2002年4月份，市财政局制订了《汕尾市乡镇财政信息化建设实施方案》，对该市乡镇财政信息化建设工作进行具体部署，确保2005年6月份前全市乡镇财政信息化工作全面铺开，乡镇财政记账工作全部脱离手工，进行电脑操作。汕尾市财政局通过组织五期电脑培训，使全市51个乡镇财政所的工作人员能够熟练掌握电脑操作技术，基本上都能按信息化管理的要求进行正常的运作。至2004年底止，全市已实行电脑记账的乡镇有27个（其中，通过省验收的13个，未申请验收的14个），另外24个乡镇正在着手进行电脑记账前期准备工作。

（八）深化农村税费改革

2003年6月初开始，汕尾市按照上级的统一部署，全面开展农村税费改革工作，层层贯彻上级会议精神，级级成立领导机构，制订细致的工作方案，开展广泛的宣传培训和调查测算，进行土地面积和常年减少量的检查，并把减轻农民负担的政策落实到每家每户。通过贯彻落实农村税费改革各项政策，实施“五取消、一种税、一改革”，使农民负担得到了大幅度的减轻，改革前全市农民负担总额2.07亿元，至2004年底止，减轻农民负担1.82亿元，农民人均负担从改革前的98.3元下降到8.7元，减负88.5%，2005年起全部取消农业税。

四、千方百计筹措资金，加快各项基础设施建设

（一）固定资产投资

2004年，汕尾市贯彻落实中央继续扩大内需，加强基础设施建设，保持固定资产投资适度增长的方针政策，认真推进投融资体制改革，简化审批手续，减少审批环节，放宽社会投资领域，引导民间投资，进一步优化投资环境，千方百计推动全社会固定资产投资快速增长。抓住时机，利用国家投资政策和省区域协调发展战略的扶持政策，积极争取国债资金、上级专项补助资金、金融贷款等建设资金，千方百计启动社会资金，加大对交通电信、电力能源、市政环保、农林水利等基础设施，以及文化教育、园区建设的投资力度，以重点项目和“六大战役”项目建设为龙头，掀起投资热潮，资金到位率高，投资规模不断扩大和实施项目不断增加。2004年完成全社会固定资产投资47.55亿元，比2003年增长54.9%，为1994年以来最高增长幅度，其中基础建设投资28.23亿元，比2003年增长75.7%；更新改造投资4.31亿元，比2003年增长4%；其他投资13.57亿元，比2001年增长62.7%；房地产投资1.42亿元，比2003年下降33.5%。

（二）重点项目建设投资

依法加强对重点建设项目的管理，切实把重点项目建设作为龙头来抓，加强领导，精心组织，落实责任，合力推进。严格执行国家规定的基建程序，落实项目法人责任制、招标投标制、工程进度、工程质量、资金使用的监督检查；强化协调，扩大服务，解决问题，排除干扰，创造良好的建设环境；多渠道筹措资金，推进重点项目建设，确保重点项目建设进展顺利。2004年确定的21个重点建设项目，其中：交通项目6个，电力能源项目3个，市政环保项目5个，水利项目4个，社会事业项目3个（包括汕尾电厂一、二号机组工程、省道S242线埔边至汕尾段改造工程、汕马路西洋哨所至长沙湾高速路口段、滨湖路、奎山路改造等项目），总投资13.4亿元，占年度计划的67%。

（三）国债资金投入

积极争取中央国债资金，加快汕尾市基础设施建设步伐。2001年，中央安排汕尾市国债资金12 010万元（其中有偿6 400万元，无偿5 610万元），用于市区海滨大道工程、汕尾渔港避风塘续建工程和水库堤围加固项目等建设。2002年，新增国债资金6 380万元（其中市级4 400万元），投入市区“七路一桥”及白沙湖海堤、陆丰龙潭水库等21个项目建设。2003年又增加国债资金8 825万元（其中市级720万元），投入市区垃圾场、陆河自来水、陆丰五里牌水库、海丰东关联安围、城区凤山至捷胜公路一

期工程、华侨农场学校危房改造等26个建设项目，完成部分堤围水库除险加固工程和部分基础设施建设。2004年，新增国债资金790万元（其中市级600万元），主要投入市区防洪工程建设，加强了市区防洪抗灾能力。

五、多渠道筹集社会保障资金，大力推进社会保障体系建设

（一）开展社会保险扩面征收工作

以建立资金筹集多元化、保障制度规范化、管理服务社会化的社会保障体系为目标，认真按照有关政策规定，积极参与社会保障改革，多渠道筹措社会保障资金，努力探索切合汕尾市实际的社会保障资金管理运行办法，规范保障资金财务管理，加强资金使用监督。2004年全市征收企业养老基金9 638万元，比2003年增收1 746万元，其中市直征收3 541万元，比2003年增收1 057万元；全市参加养老保险人数155 400多人，比2003年增加4 185人。同时，积极争取省级养老保险调剂金1 550万元，保证了汕尾市企业离退休人员按时足额领取养老金，2004年全市发放企业离退休养老待遇15 335万元，其中，市直3 354万元。

（二）落实最低生活保障应保工作

积极配合民政部门对城乡特困居民最低生活保障和特困人员基本医疗情况进行调查核实，至2004年底止，全市21 891户52 433人得到了最低生活保障和医疗救助。全市已投入资金2 124万元，确保了全市特困人群及时获得政府的救助，充分体现了政府对人民群众的关怀和温暖。同时，为缓解市县财政压力，积极争取省财政厅的大力支持，通过省财政转移支付安排汕尾市最低生活保障资金和特困人员基本医疗救助金1 243万元，确保救助资金及时、足额发放。为规范最低生活保障资金运作，全市基本上已实现了社会化发放最低生活保障资金，有效推进了汕尾市城乡居（村）民最低生活保障工作向纵深发展。

（三）完善农村合作医疗制度

积极配合卫生部门做好农村合作医疗工作。根据上级的文件精神，汕尾市把建立和完善农村合作医疗保障制度的工作当作为群众办好事、办实事的“民心工程”和“德政工程”来抓，2004年，全市农村参加医疗保险人数49万人，已有3 930人享受了医疗救助，救助金额436万元，缓解了农村困难群众看病难和因病致贫、因病返贫的问题。

（四）筹集资金支持国有企业改革

认真履行职责，多渠道筹措资金，解决国有企业改革中职工解除劳动合同给予一次性经济补偿金问题，为国有企业改革铺平道路。2004年，市财政拿出563万元，对市粮食企业集团公司、汕尾酒厂、市机场办等企业职工进行了安置补偿，使该市国有企业体制改革工作顺利进行。

六、加强财政检查监督和管理，进一步规范财经秩序

（一）完善内部预算资金管理

一是明确年度预算收支计划以及部门预算编制的时间要求、编制程序和批复时限。二是加强预算指标管理，明确一般预算支出指标、超预算指标、收入退库指标、省下达的预算追加等的管理职责、使用程序及对账办法。三是完善预算资金的审批拨付办法，规定预算内资金、临时追加资金、上级预算追加或追减支出、其他资金的报批程序、拨款手续。

（二）完善财政专项资金管理

为发挥财政监督检查机构对财政性专项资金的监督职能，提高财政专项资金的使用效益，市财政根据省市有关专项资金管理的通知精神，于2004年初在全市开展了2003～2004年财政性专项资金的自查工作。在自查的基础上，汕尾市财政局检查了12家项目单位，查出违规金额270万元，并对违规行为进行了通报。2004年6～9月份，省专项资金检查组重点检查了市级、海丰县和陆丰市各级财政部门和使用单位的省级专项资金拨付、使用和管理情况。通过检查，规范了对各级财政性专项资金的申请和审批程序。为完善管理，汕尾市财政局明确了5万元以上专项资金统一建档模式制度，进一步完善了全市财政性专项资金的管理工作。

（三）做好“收支两条线”管理

一是落实“收支两条线”规定工作。严格执行行政事业性收费和罚没收入“收缴分离、罚缴分离”、“收支脱钩”的要求，以全面推行委托银行代收作为落实“收支两条线”的工作重点，规范行政事业性收费、罚没收入收支行为，并贯彻落实财政部颁发的《行政事业性收费政府性基金年度稽查暂行办法》。二是进一步完善收费管理工作，加强收费大厅管理，扩大银行代收费点，2004年市级窗口收费资金（包括委托银行收费点）收入2 537万元。三是加强财政专户日常管理工作，做到该上缴的及时上缴，不断完善各项管理制度。

（四）清理干部拖欠公款

为了进一步规范党政领导干部的从政行为，严格财务管理，根据广东省财政厅、广东省监察局《转发财政部、监察部关于对党政领导干部拖欠公款进行清理的通知》的工作要求，汕尾市开展了对全市党政领导干部拖欠公款清理工作，对每一个单位的每一笔领导干部批借公款进行分类、核查，审查有关材料的真实性、合法性，界定其批借公款的性质，并部署了进一步清理和核查拖欠公款工作。通过核查清理，全市党政领导干部共拖欠公款35.46万元，已责令各个借出公款单位在2004年底前全额收回，并拟建立长期有效的监督管理机制，杜绝新的违规借款发生。

（五）做好内部监督检查

内部监督检查是财政监督检查部门的一项重要工作，2004年以来，汕尾市各级财政部门均不同程度开展了内部监督检查工作。一是建立财政内部的监督稽核制度，定期或不定期对预算、国库、支付中心以及业务科财政资金的拨付、管理情况进行检查，规范了对财政性资金支出的管理和监督；二是积极参与对各项政府采购招投标的监督，促使政府采购全过程有序、公开、公正、公平地进行；三是加强对内部财务制度的监督和检查，完善财务管理，规范会计基础工作，促进财政系统的廉政建设。

（六）加强国有资产管理

认真贯彻执行《汕尾市国有资产处置审批暂行规定》，加强国有资产处置、资产评估和确认、国有资产产权年度检查登记和国有资本金管理，积极参与破产企业的清算工作，并实行一条龙服务和全过程监督，对转让、拍卖的资产进行评估，资产处置收入实行“收支两条线”管理，防止国有资产在改革、改制中流失。密切配合有关单位做好国有企业的改制工作，为企业脱钩改制，建立产权清晰、政企分开、科学管理的现代企业制度提供良好的服务和政策指导。通过做好各项调研工作，于2004年下半年开始，着手对市本级行政事业单位的资产进行调查摸底，积极探索行政事业单位国有资产管理的新思路。

（七）强化财政票据管理

汕尾市票据管理中心自2001年9月成立以后，逐步规范票据管理制度，严把财政票据审核关，有效地堵塞了票据管理过程中出现的漏洞。至2004年底止，票据中心向用票单位发出各类收费、罚没等票据32万本，其中各县（市、区）28.5万本，市直用票单位3.5万本。一是规范票据管理制度。依据《广东省票据管理办法》相关规定，结合汕尾市实际，相继出台了《购票注册登记制度》、《购票审核制度》、《票据核销制度》、《购领财政票据核算制度》、《财政票据年度核销制度》、《核票信息反馈工作制度》等一系列工作制度，从而完善和规范了票据入库、出库发放、库存、核销管理制度和会计核算制度。二是严把财政票据审核关。票据中心实行“核量领用、定期核销、验旧换新”的管理模式，严格把好票据的领用、核销关。对不按时缴交款项的单位坚决停发票据，从源头上加强了财政监督，纠正杜绝了一些单位为逃避财政监督，跨年度核票而拖欠、截留财政资金的行为，确保了当年应缴财政的票据资金及时足额入库。2004年，票据中心对市直150个用票单位核票34 715本，应入财政专户票面资金26 967万元，发现违规现象66宗，违规金额425万元，应交未交财政专户资金389万元，及时通报汕尾市财政局有关业务科室，同时积极配合追收入库。三是提供优质供票服务。票据中心在用票单位办理购票过程中，对于手续齐全的，做到随到随办；对于手续不齐全的，做到一次性告知所需补齐的全部资料；对于购票量较大的单位如公安、交通、教育、代办网点等单位，坚持加班加点，事先准备好票据的数量、号码，尽量缩短出票时间，提高出票效率；同时还上门进行核票或指导，帮助用票单位建立完善票据管理和核算制度。为提高全市财政票据监管质量和效率，2004年底，各县级财政都统一安装了票据管理网络软件，实行财政票据电脑化管理，为今后从票据管理源上促进政府非税收入管理，加强对政府非税收入的财政票据购领、核销的监督，提高财政票据管理质量起着重要的作用。

七、加强行业作风建设，提高财政队伍综合素质

一是抓好廉政建设。全面落实党风廉政建设责任制，严格执行廉洁自律各项规章制度，认真抓好“万众评公务”、“纪律教育月”等活动，在干部职工中树立“两个务必”、廉洁从政、依法理财的思想，促进党风廉政建设落到实处。二是加强学习和培训。为适应新形势对财政工作的要求，汕尾市财政局先后组织全市财政系统全员参加“四五”普法讲座，并多次举办会计知识培训班，提高了干部队伍的综合素质，努力建设一支“学习型”、“创新型”、“服务型”的队伍。三是强化勤政建设。汕尾市财政局全员工作实行首问制、社会服务承诺制和行政执法过错责任追究制，促使广大干部职工牢固树立执政为民的公仆意识，提高依法行政、依法理财、依法办事水平。2003年，汕尾市财政局被广东省委评为“广东省依法治省工作先进单位”。四是加强行风建设。根据省市的部署，2004年，汕尾市财政系统开展民主评议行风活动。在各级党组织的正确领导下，行风评议工作成效显著，促使广大财政干部职工思想和工作出现“四个新的明显进步”：即是在谦虚谨慎、文明服务上有新的明显进步；在各项工作和体制创新上有新的明显进步；在认真负责、讲求效率上有新的明显进步；在艰苦奋斗、廉洁从政上有新的明显进步。在社会上赢得了良好的声誉，树立了财政系统文明理财、依法行政、勤政廉洁的行业作风。

（汕尾市财政局供稿，蔡振钦执笔）

东莞市

一、全市基本经济状况简述

2001～2004年，东莞市各级政府坚持以邓小平理论和“三个代表”重要思想为指导，全面贯彻党的十六大、十六届三中、四中全会精神，树立和落实科学发展观，坚持立党为公、执政为民，解放思想，与时俱进，按照“一网两区三张牌”和“一城三创五争先”的发展战略和工作思路，在经济建设、城市建设、文化建设、党的建设等各个方面努力争取新的突破，开创了改革开放和现代化建设的新局面。2004年，东莞市生产总值突破千亿大关。全市完

成生产总值1 155.3亿元，比2001年增长99.56%。其中，第一产业增加值27.7亿元，下降12.24%；第二产业增加值640.6亿元，增长103.71%；第三产业增加值487亿元，增长109.85%。固定资产投资增长较快，全社会固定资产投资总额427.84亿元，比2001年增长240.92%。进出口贸易额持续上升，全市进出口总额645.18亿美元，比2001年增长87.26%；其中出口总额351.92亿美元，增长85.33%，进口总额293.25亿美元，增长89.62%。全市实际利用外资30.34亿美元，比2001年增长63.96%。全社会消费品零售总额389.03亿元，比2001年增长98.36%。居民收入稳步提高，2004年城镇居民人均年可支配收入20 526元，比2001年增长21.18%。

2001～2004年，东莞市财政部门通过严格依法理财，努力增收节支，深化各项财政改革，整顿和规范财经秩序，财政工作取得了显著的成绩，财政收支保持了持续快速增长。2004年全市三级预算总收入达到2 591 086万元（含海关税收），比2001年增收1 331 425万元，三年翻了一番多，年均递增27.18%。其中：上划中央收入1 457 735万元，比2001年增长128.64%；上划省级收入306 962万元，比2001年增长78.24%；市地方财政收入826 389万元，比2001年增收376 226万元，年均递增22.44%。2004年市地方财政收入加上中央及省税收返还89 086万元、上级补助收入50 263万元、预算外收入109 218万元、一般预算收入上年结余23 131万元、基金收入139 753万元、其他调入资金20 775万元，市可支配财力为1 258 615万元。2004年市地方财政支出1 160 584万元，比2001年增支586 947万元，增长102.32%；省追加支出10 598万元，专项上解2 529万元，出口退税超基数市负担25%部分27 310万元。收支相抵，结余57 594万元（其中：一般预算结余7 774万元，基金预算结余49 820万元）。

二、财政主要工作

（一）积极支持经济建设，培植壮大地方财源

东莞市着力从经济发展全局出发，充分发挥财政职能作用，努力运用财政手段促进经济发展，培植和壮大地方财源，为财政收入的增长奠定了坚实的基础。一是按照市委“一年一大步，五年见新城”的总体部署，不断加大对城市基础设施建设的投入力度。依靠自身财政实力，不借银行一分钱，从2001年下半年至2004年12月底，市本级财政累计投入108.22亿元，全面推进城市建设，一大批重大基础设施工程相继竣工，城市功能日趋完善，不仅起到鼓励投资，拉动经济增长的作用，而且提升了东莞城市形象，增强了经济发展后劲和城市竞争力。二是积极支持松山湖科技产业园和虎门港开发建设，打造外源带动的新载体，并发挥企业技术改造资金、科技兴贸专项资金、中小企业发展基金等的激励作用，促进高新技术产业迅猛发展，提高东莞的集约发展水平。三是充分发挥财政资金“四两拨千斤”的放大效应，从2003年4月至2004年12月底，累计为11个欠发达镇的18.78亿元扶贫贷款提供财政贴息8 654万元，支持欠发达镇发展工业，增强欠发达镇的造血功能。仅仅两年时间，11个欠发达镇的投资环境明显改善，发展能力明显增强，财政状况出现明显好转，有力地促进了区域经济均衡协调发展。2004年，11个经济欠发达镇工商税收平均增长43.2%，比全市平均水平高21.1个百分点。四是认真落实中央出口退税改革政策，确保出口退税及时足额退付到企业，有效缓解了出口企业资金紧张状况，调动了企业出口的积极性，推动了全市外贸出口的快速增长。

（二）狠抓收入征管，千方百计做大财政蛋糕

雄厚的财政实力是加强党的执政能力建设的重要物质基础。东莞市委、市政府十分重视财税工作，要求全市各级财税部门必须紧紧围绕全市中心工作，加强对财税收入的征收管理，做大财政蛋糕。在全市经济持续快速健康发展的基础上，财政部门一是加强对经济和财政收支形势的分析和监控，突出抓好收入监管，积极配合税务部门加强税收征管，确保应收尽收。二是按照市委“城市资源资本化”的要求，积极拓宽理财领域。从2001年起对实行“总量控制”的特种经营行业和垄断性经营行业，引入市场竞争机制，将过去由主管部门审批给予经营权的做法，改为以公开竞投的形式发放有偿使用权和经营权，拍卖所得收益全部纳入地方国库或财政专户，实行“收支两条线”管理，既增加了地方财政收入，又维护了市场经济的正常秩序，促进了党风廉政建设。税务部门坚持依法治税，加强税法宣传，不断增强全社会自觉纳税和依法纳税意识；坚决贯彻“加强征管，堵塞漏洞，惩治腐败，清理欠税”的方针，不断加大稽查力度，积极开展专项和专案检查，推行税务质疑约谈，提高征管水平。2001年以来，东莞市财政收入年年超额完成预算任务，年均增长速度达到27.18%。

（三）调整优化支出结构，保证了各项重点社会事业全面发展

东莞市按照公共财政的要求，逐步加大对教育、农业、扶贫、社会保障和社会治安综合治理等关系国计民生的社会公共项目的投入力度，对群众关心的涉及预算收支的重大问题都作出了恰当的安排，社会反应较好。2001～2004年，东莞市教育总支出36.84亿元，为全市309所中小学统一配置了多媒体网络计算机教室，普及了校园网络，积极支持农村小规模学校联合办学，加快市属学校布局调整，优化教育资源配置，中小学教育整体水平有了新的提高；大力支持高等教育发展，重点支持了东莞理工学院专升本及新校区建设，改善了办学条件，提高了办学规模和水平，促进了全市教育水平的提升。在农业方面，累计总支出16.16亿元，使一大批江海堤围等水利基础设施得到除险加固、达标升级，提高了抵御自然灾害的能力，同时改善了农业生产条件，提高了农业综合生产能力，巩固了农业的基础地位。在扶贫方面，从2003年起，市财

政每年按上一年度本级地方财政收入的2%安排扶贫专项资金，重点用于加强欠发达地区的基础设施建设，改善欠发达地区群众的基本生产生活条件。2003～2004年，市财政共为欠发达地区发放扶贫专项资金4 850万元，支持欠发达村修建水泥公路22.34公里，铺设自来水管道110.22公里，更换陈旧老化水管632.27公里，新建及修缮卫生站7个，较好地解决了一大批欠发达地区农民的“行路难”、“饮水难”和“看病难”问题。社会保障四年累计总支出15.25亿元，按照市委提出的“加快农民向市民、农村社会向城市社会、农村管理体制向城市管理体制转型”的要求，积极构建城乡一体化的社会保障体系。在确保市民最低生活保障金、农民养老金和企业离退休人员基本养老金足额发放的基础上，帮助了特困户解决住房难和低保对象家庭子女读书难的问题。2003年按照“农民为主、政府补贴、集体扶持”的工作方针，以“保大病、保重病、保住院”为目标，市财政投入1 552万元建立了有103.5万名农民参加的农村合作医疗保障制度，确保了农民的基本医疗需求；2004年6月，又参照现行的城镇职工基本医疗保险制度，全面推行了全市统筹的农(居)民基本医疗保险制度，有效解决农民因病致贫、因病返贫的问题，保障了广大农民群众的根本利益。加大公共卫生资金投入，支持公共卫生三大体系建设，增强了市镇两级疾病预防控制能力、应急救治能力和应对突发公共卫生事件的能力。认真落实就业和再就业的各项扶持政策，支持就业服务、就业培训和就业岗位开发，创造就业机会，帮助了一大批农村富余劳动力和城镇下岗失业人员实现就业或再就业。2001～2004年，累计投入公检法司经费33.69亿元，坚持“科技强警”和“从优待警”的原则，不断充实警力，改善装备，提高了政法系统防范和打击犯罪的能力，为有效遏制违法犯罪行为，维护社会稳定发挥了积极的促进作用。

（四）坚持改革创新，大力推进财政各项改革

1. 积极推行部门预算改革，规范预算编制。东莞市从2001年起推行部门预算改革，当年上报市人民代表大会（下称市人大）审议的有市公安局、市教育局等6个试点单位。2002年把上报范围扩大到政府所有组成部门共33个单位。2003年，全市所有预算单位都编制了部门预算，其中，上报市人大审议的试点单位扩大到政府组成部门及检察司法机关共38个单位。2004年，市财政又根据《中共中央关于完善社会主义市场经济体制若干问题的决定》中关于完善财税体制的要求，对预算单位实行了全口径的预算管理，实现一本预算反映单位的所有收支，同时将上报市人大会审议的单位进一步扩大到市直机关，参照及依照公务员制度管理的单位和市直学校共138个单位，占全部预算单位总数一半以上，支出内容涵盖政府职能活动、社会事业发展的方方面面。

经过四年的实践，东莞市市级财政已初步建立起符合市场经济要求的年度预算编制框架，在编制形式上实现了一个单位一本预算，在编制内容上实现了全口径预算，在编制方法上实现了定员定额和零基预算，在编制程序上实现了“两上两下”。预算细化程度不断提高，除按规定将支出预算按国家预算科目编列至“类—款—项”外，还按部门分基本支出、项目支出的形式逐项反映，详细列明部门预算各项支出的安排标准、安排理据等，使整个部门预算做到明晰易懂，内容详尽，更通俗直观和接近实际情况，方便了人大代表的审议和监督，提高了部门预算的透明度，促进了财政资金分配的公正和公平。同时，东莞市还根据社会和人民关注的热点问题，向人大公开预算的执行情况，促进民主理财。比如，为增强发展后劲，完善城市功能，从2001年起，东莞市对城市基础设施及其他相关配套建设工程加大财政资金投入力度，基建的支出和效益情况成为社会普遍关注的焦点。2004年，市财政部门主动将2001年以后市财政在重点基建工程方面的执行情况汇总成书，详细清楚地反映每项工程的投入、项目实施、竣工结算情况，大至组成项目、工程预算总额，小至一棵树的购置价格和购置点，都一一详细列明，连同预算草案一并送人大审议，得到人民代表和社会各界的广泛称赞。

2. 稳步推进国库管理制度改革。为减少财政资金拨付的中间环节，规范财政支出管理，提高资金使用的透明度和效率，东莞市从2001年1月起实行全市机关工作人员、市直教师工资和离退休人员离退休费由财政统发，2001年9月全面实施由镇财政对镇办中小学公办教师实行统发工资的办法，解决了个别办学单位拖欠教师工资现象，解除了广大教师的后顾之忧。2003年，在对市级预算单位的银行账户进行全面核查，并做好资金清理收缴工作，撤销单位违规银行账户的基础上，选择市发展计划局等8个单位作为国库集中收付制度改革的第一批试点单位，将单位所有财政性资金全部纳入国库单一账户体系管理，收入直达国库或财政专户，财政支出都通过国库单一账户体系实行直接支付或授权支付，加强了财政资金的统一调度和管理，防止单位截留、挤占、挪用财政资金等违规行为的发生，提高了预算管理水平。在总结试点经验的基础上，2004年将所有政府组成部门及其下属单位均纳入国库集中收付制度改革试点范围，进一步提高了财政收支的透明度，保障了财政资金的有效使用。同时，开发建设了涵盖财政资金运行全过程的预算国库信息系统，为实现数据共享和全面掌握财政资金运行状况提供了技术支撑。

3. 积极推行规范化的政府采购制度。东莞市从1999年开始推行政府采购，通过制定《东莞市政府采购制度实施办法》，下发《关于实施政府采购制度若干问题的通知》和《东莞市政府采购目录》等规范性文件，从制度上规范了政府采购的范围和程序，为政府采购工作的开展提供了基本行为规范。2002年底，以《政府采购法》颁布为契机，依法把政府采购监督管理机构与具体执行机构彻底分开，理顺了机构设置关系，解决了财政部门在政府采购过程中既当“裁判员”又当“运动员”的问题，完善了监督管理机制。随着近年来东莞经济的快速发展，镇区财政实力不断增强，镇级政府采购的规模也越来越大。为了切实加强对镇区财政资金的支出管理，东莞市按照“三个有利

于”的原则，因地制宜，于2003年9月在全市各镇区成立了镇区一级政府采购中心，把政府采购制度全面、深入地推向镇区。2004年又进一步完善了政府采购招投标管理、专家管理、代理机构管理以及投诉处理等八个方面的管理制度，进一步堵塞了管理漏洞，规范了政府采购各个环节的工作程序和各当事人的行为。同时注重加强对政府采购经办人员的业务培训，提高他们的政策和业务水平，使政府采购工作逐步走向规范、专业、高效。从2001年起，政府采购部门围绕“政府采购效率得到较大提高，确保机关正常运转需要，真正做到‘公开、公正、公平’，做好阳光下的交易”的目标，积极组织政府采购活动。至2004年，市、镇两级政府采购部门共成功进行了政府采购5 786次，采购总金额达到32.79亿元，对比单位预算节约5.73亿元，节约率达14.88%。

4. 规范非税收入“收支两条线”管理制度。一是对行政事业单位的银行账户进行了全面清理，全部取消收入过渡账户，收费当日清缴财政，有效防止了单位私设“小金库”。二是认真开展市直预算单位清产核资工作，基本摸清市直预算单位各类财产、家底，对清产核资中发现的问题，有针对性地制定政策，堵塞了资产流失漏洞。三是从2001年起，逐步将出租小汽车经营权、客运线路经营权、小汽车号牌使用权、大型户外广告牌经营权、娱乐服务场所经营权、采石场采矿权等政府公共资源的使用引入市场竞争机制，通过公开竞价、价高者得的方式发放。拍卖所得收益全部纳入地方国库或财政专户管理，取得了很好的经济效益和社会效益。不但增加了地方财政收入，提高了政府资源的配置效率，还加强了政府部门的廉政建设，得到了群众的支持。

5. 不断深化农村税费改革，确保农民负担切实得到减轻。为了从根本上减轻、规范农民负担，统筹城乡经济协调发展，东莞市从2002年起，取消绿化费、农田水利费、教育统筹费等七种收费项目，对原来主要由农民个人负担的项目（如：最低生活保障费、优抚统筹款、民兵训练费等）进行了调整，改由市、镇区、村共同负担，直接减轻农民负担2 169.43万元；取消屠宰税，直接减轻农民负担908万元。2003年，按照省委、省政府《关于开展农村税费改革试点工作的决定》的精神，进一步深化农村税费改革，取消农业特产税，把农业税税率从7%调整为6%，不再随农业税征收附加，并对税改后农民负担比税改前加重的部分给予照顾减免，全年合计减征税款4 507.95万元。两年来，东莞市农村税费改革直接减轻农民负担7 585.38万元，对比2001年减负86.31%。2004年，根据中央一号文件精神，经省人民政府批准，东莞市实行免征农业税，从此结束了几千年延续下来的农民都得交“皇粮”的历史，农民实现了税费零负担。

6. 不断完善市与镇区财政预算管理体制。为实现市、镇两级政府事权与财权相统一，充分调动镇区理财的积极性，促进和帮助后进镇区发展经济，2001年东莞根据实际情况，遵循“比例适当，集散有度”的原则，完善了市与镇区的财政分配体制，取消了镇区税收基数，实行工商税收市与镇区五五分成。这种激励型的财政体制既调动了各镇区增收节支、加快经济发展的积极性，又使市财政能够集中一定的财力办大事，实现了“双赢”。2004年，东莞市可支配财力为125.86亿元，比2000年增长了205.12%；其中，镇区税收分成及包干经费比2000年增长了167.79%。

7. 积极推行镇区“三个集中”财政管理模式，推动镇区财政管理上新台阶。为了建立适应社会主义市场经济体制和农村城市化发展需要的城镇公共财政管理机制，东莞市按照“高度集中财力，强化支出管理，加强财务监督”的理财指导思想，从2000年下半年起在全市32个镇区全面实施了“三个集中”（集中财力、集中支付、集中核算）财政管理模式。具体做法是：以“收支两条线”为突破口，抓源头、清账号，实施一个窗口收费，变财政资金部门化分散管理为财政集中管理，把镇属预算内、外财政收入全面纳入财政监管，实现“财力集中”；通过改革和优化预算编制方法，试行部门预算，把个人经费、公用经费和专项经费进行分类细化管理，逐步建立公共财政支出体系，实现“支出集中”；通过改革会计管理方式，完善财务管理制度，对行政事业单位、镇属企业和村（居）委会分别实施集中记账和会计委派，实现“核算集中”。经过不断完善和提高，“三个集中”财政管理模式比较彻底地解决了镇区财力分散不集中，支出管理不规范，经费开支标准不统一，财政监督不到位、不及时等一系列问题，健全了政府对财政经济运行的监督管理机制，促进了基层党风廉政建设。

（五）完善财政监督体系，大力整顿和规范财经秩序

1. 成立市会计核算中心，负责基建工程会计核算和财务管理，其中，对市城建工程管理局组织实施的所有重点工程实行会计委派，对市财政投资的200万元以上的一般基建工程实行会计集中核算。为了做好这项重要工作，东莞市先后制定了《东莞市城市建设工程总指挥部财务管理办法》、《东莞市财政性资金投资基建工程项目会计集中核算管理暂行办法》、《工程用款管理八项原则》、《基建工程请款审核工作流程》、《工程项目拆迁补偿监督管理工作细则》和《工程项目招投标监督管理工作细则》等法规文件，对工程项目从立项、报建、工程变更到工程款拨付等都作出明确的规定，实行事前、事中、事后的全过程监督。在实际工作中，严格把好各个环节，对基本建设财政资金按“预算控制、合同支付、集中审批、部门联审、专账核算、直接支付、专项审计、社会监督”八大财务原则进行管理，保证了财政资金安全、有序运作。

2. 成立了市财政投资审核中心，加强对财政性投资项目的工程概（预）算、工程结算和竣工财务决算的审核力度，控制财政投资项目的建设成本，提高财政资金使用效益。东莞市财政投资审核中心于2002年4月挂牌成立，经过两年的不断充实力量，已初步建立起一支拥有50名较高素质专业技术人员的评审队伍。市财政投资审核中心

成立后，坚持把财政投资评审工作作为预防职务犯罪的一项重要措施来抓，遵循“客观、公正、科学、合理”的原则，不断加大对财政性投资工程项目的概（预）算、结算、竣工决算和最高限价的审核力度，严防工程高估冒算，规范政府投资行为。2002～2004年，对涉及公共设施、道路交通、江河治理等领域的工程项目进行了审核，共核减不合理支出12.26亿元，有效控制了工程造价，提高了财政资金使用效益，促进了党风廉政建设。在做好市财政投资基建工程项目投资评审工作的同时，该中心还针对东莞各镇区财政投资规模不断扩大的实际，积极构建市、镇（区）两级财政投资评审体系。按照统筹规划、分类指导的原则，鼓励有条件的镇区大力开展财政投资评审业务。目前，东莞已有常平、万江、莞城、长安等8个镇区成立了镇区财政投资评审中心，并开展财政投资评审业务，取得了一定的成效。

3. 制定加强财政资金拨付管理的规章制度，完善内部监督制约机制。一是制定《东莞市财政拨款印鉴管理暂行办法》，规定市财政在金融机构开设的账户，必须使用相关科室专用公章及局长或主管副局长印章作为预留印鉴；预留印鉴使用的公章由相关业务科专人保管，拨款用的局长印章统一由法规与监督科专人保管；各科长作为财政资金拨付的审核人，审核时要以签名为凭；对于拨出东莞市外的财政资金拨款，除按一般拨款审批程序办理审批手续由主管副局长及账户主管科科长在“预算拨款凭证”上签名外，还要求有局长的签名。二是制定了《东莞市财政资金拨付工作流程图》，对基本支出经费、项目经费、镇区包干经费及税收分成、追加经费、市级农业税收征收经费、政府性资金、工本费、缴省及代征手续费等财政资金的拨付管理权限作出明确的规定，并在拨付过程中实行经办人、科长、副局长、局长岗位责任制，使整个拨款流程工作一环扣一环，各部门之间可以互相监督，防止财政资金被挪用或侵吞。

（六）坚持以人为本，抓好财政干部队伍建设，提高财政管理、服务水平

东莞市财政部门围绕努力建设一支“事业型、学习型、创新型、服务型”的财政干部队伍的要求，狠抓队伍建设，增强财政事业发展后劲。一是不断加强思想作风建设，坚持不懈地用“三个代表”重要思想武装全体财政干部职工，强化党性、道德、纪律教育，确保全体财政干部职工正确对待工作与权力，处理好个人与整体的关系，增强贯彻落实党和政府方针、政策的自觉性和坚定性，牢固树立高度的事业心和责任感，树立为人民理财、做人民公仆的观念，想问题、办事情、安排收支始终从大局出发，积极主动发挥公共财政的职能作用，说实话、办实事、算实账、求实效，当好人民的管家。二是切实抓好财政机关党建工作，从2002年起把党支部建立在科室上，充分发挥了全体党员干部在财政工作中的先锋模范作用。三是坚持与时俱进，积极组织干部职工学习新的专业知识，为推动创新、加快发展扫清思想障碍。四是大力推进机关行业作风建设，坚持立党为公，执政为民，诚心诚意为人民服务，深入基层、深入群众，从基层、群众的角度去思考他们要解决什么问题，想群众之所想，急群众之所急，解群众之所难，时刻把人民群众的安危冷暖放在心上。东莞市财政局连续多年被市委、市政府评为市直机关两个文明建设先进单位，并在2004年全市民主评议行风活动中，获得满意和基本满意率100%的成绩。

（东莞市财政局供稿，刘惠林执笔）

中山市

2001～2004年，中山市的国民经济继续以较快的速度发展。四年间实现地区生产总值累计1 886.61亿元。其中，第一产业增加值108.44亿元，第二产业1 163.01亿元，第三产业615.15亿元。三次产业的比重调整为5.0∶65.0∶30.0，第二产业占主导地位。投资规模继续扩大，2001～2004年全社会固定资产投资总额累计950.27亿元，各年度投资总额依次是：177.99亿元、218.93亿元、262.06亿元、291.29亿元。各年度固定资产投资额均比上年增加，四年间年均增长17.8%。四年来全市外贸进出口总额累计达452.43亿美元，年均增长29.8%。

2004年，实现地区生产总值610.14亿元，比2003年增长18.7%，增幅居全省第三位；工业总产值2 004.39亿元，增长27.8%；固定资产投资291.29亿元，增长11.2%；外贸进出口总值156.21亿美元，增长19.0%；国地两税收入98.23亿元，增长23.12%；年末各项存款余额达959.72亿元，比年初增长13.6%。按购买力平价法及常住人口计算，全市人均生产总值达12720美元，增长17.7%；单位土地生产总值平均为409.5万美元，增长21.7%。其中单位土地生产总值首次达到了协调发展评价标准的中等水平，处于加速发展期的起点。全市经济社会发展总协调度为73.4%。

一、财政收入保持较快增长，财政实力进一步增强

2001～2004年，中山财政经济步入一个新的发展阶段，全市财政收入增长较快，收入结构发生明显变化，财政运行与经济发展的协调性进一步增强。四年来，面对所得税分享改革、出口退税调整、减免农业税等政策性减收增支因素的影响，通过大力组织税收收入，挖掘非税收入潜力，拓宽财源，增收节支，保持财政收入稳定快速增长，较好地保障了全市经济社会发展的需要。2004年，全市地方财政一般预算收入为34.54亿元，比2001年25.55亿元增长了35.19%，年均递增10.5%；人均地方财政一般预算收入达到2 477元，比2001年1 895元增加582元，年均递增9.3%；全市地方可支配财力为47.41亿元（按照2003年口径计算），是2001年27.33亿元的1.73倍，年均递增20.15%。

四年间地方财政一般预算收入总额达到127.94亿元，其构成分别是：国地两税收入90.26亿元，占70.55%；农业类税收收入21.51亿元，占16.82%；其他类收入（指行政事业性收费、罚没收入、专项收入、其他收入）16.17亿元，占12.63%。收入结构中第二产业仍然是税收的主要来源，农业税收比例有所下降，第三产业提供的税收增长明显。财政收入形成了以增值税、营业税、所得税为主体，包括农业四税、行政性收费和罚没收入等多元化的收入结构。其中，增值税占财政一般预算收入的比重四年依次是29.43%、29.90%、30.28%、11.23%。营业税占财政收入的比重依次是17.95%、19.04%、19.46%、25.99%。个人、企业所得税占财政收入的比重依次是24.62%、10.50%、9.44%、14.02%。收入来源的多元化，既保证了财政收入的稳定增长，也反映出经济结构调整的新成果。与此同时，镇级财政收入增长迅速。2001年，全市财政收入过亿元的镇区6个，2004年财政收入过亿元的镇区18个，超过2亿元的镇区达到8个，财政基础日益稳固。地方财政对中央和省的贡献也不断增大。2001～2004年全市上划中央和省的税收收入累计达到190.6亿元，年均递增43%。

二、财政支出规模不断扩大，支出结构逐步优化

2004年全市财政一般预算支出43.18亿元，比2001年实际增长61.24%，年均递增22.4%。2001～2004年全市财政一般预算支出总量达到144.78亿元，比“九五”期间增加74.39亿元。

财政一般预算支出构成是：经济建设支出33.88亿元，占总额的23.40%；行政事业经费支出62.51亿元，占43.17%（其中，教育事业费25.73亿元，占17.77%；行政管理费9.31亿元，占6.43%；其他部门事业费27.47亿元，占18.97%）；社会保障支出（含卫生、离退休经费、抚恤救济、社会保障补助）12.74亿元，占8.80%；政策性补贴支出1.38亿元，占0.96%；其他类支出34.27亿元，占23.67%。财政支出较快增长，一方面是因为经济社会加快发展，各项事业投入增加；另一方面是增人增资等刚性支出增长以及结构性调整因素，不同程度地影响到财政支出的增长及支出结构的变化。

2001～2004年，各级财政部门积极推进财政支出管理改革，逐步清理规范财政支出范围，财政支出结构不断得到调整和优化，逐步向公共财政的方向迈进。财政支出调整重点包括以下领域：一是基本建设投入持续扩大，财政对经济的支持作用明显。四年来城市建设投资累计35亿元，主要用于南外环路、北外环路等“五纵五横”的城市主干道重点项目建设，取得良好的社会效益和经济效益。二是切实保证了农业、科技、教育支出的法定增长。四年来全市财政用于农业的支出达15.97亿元，比“九五”时期增加了8.08亿元，年均增长17.59%。全市财政对科技、教育方面的总投入分别达到5.03亿元和35.06亿元，比“九五”时期分别增加3.92亿元和17.1亿元，年均增长37.31%和17.93%，高于同时期财政收入的增长幅度，有力地促进了“科教兴市”战略的实施。三是大幅度提高社会保障能力。2001～2004年社会保障投入总量比“九五”时期增长了一倍，年均增长23.9%，为维护社会稳定发挥了重要作用。

三、财政改革取得重大进展，公共财政框架逐步建立

2001～2004年，中山市的财政工作以体制创新为核心，以实行部门预算制度、建立国库集中收付制度、深化政府采购制度、推行市与镇区分税分成体制等财政改革为主要内容，逐步向建立公共财政基本框架的目标迈进。

1. 改革预算管理制度，编制部门预算。2001年，首先选择了环保局、司法局、中山市第一中学等6个单位进行部门预算试点，2002年，又将预算范围扩大到29个市直单位，并向人大常委会提交部门预算草案。2004年完成184个预算单位的部门预算编制工作，做到一个单位一本预算提交人大审议。在预算编制过程中，按“两上两下”和“细化预算”的要求，将预算指标细化到具体项目和单位，并根据部门差异，分类分档制定了定员定额标准，改变以往公用经费标准一刀切的做法，从严控制财政开支，基本上改变了过去行政事业单位内外资金“各自为政”的局面。通过实行部门预算细化了预算编制，体现了公正、公开、透明的原则，增强了预算编制的科学性和规范性及可预见性。

2. 加大财政直接支付力度，实施国库集中收付制度改革。2001年全面完成市直党政机关和公安司法机关、教育部门工资财政统管、委托银行发放工作。2002年，在完善银行统发工资的基础上，正式展开国库集中支付试点工作。一是设立国库集中收付管理和执行机构，在财政局增设了国库科和国库集中支付中心，为财政国库管理制度改革提供了机构保障。二是建立完善相关制度，规范工作程序。出台了《中山市市级财政国库管理制度改革实施办法》、《中山市市级财政国库管理制度改革试点资金会计核算暂行办法》等一系列规章制度，对财政资金的支付管理作出了系统性规范。三是确定了改革试点部门，选择了市委办、市府办、人大办、政协办、纪委、财政局等试点单位分批纳入国库集中支付管理。四是清理整顿各预算单位的银行账户，构建国库单一账户体系。至2004年底共99个市级预算单位纳入国库集中收付。国库集中支付制度的实施，使财政资金的支付管理发生了根本性的改变。不但解决了财政资金拨付环节多、流转时间长、使用效率低的问题，而且规范了用款单位行为，有效避免了资金的截留、挤占、挪用等现象发生。

3. 逐步扩大政府采购规模和范围，提高财政资金使用效益。自2001年以来，本着“节减支出、防止腐败”的宗旨，在市镇两级全面推行政府采购制度，引入竞争和监督机制，增加政府采购的透明度，实现采购资金直接拨付

和编制采购预算两项突破。政府采购规模不断扩大，采购范围从最初的办公设备类扩大到专用设备、交通工具和其他货物类采购，2004年延伸到工程类和服务类采购，四年间政府采购金额达20.9亿元，节约财政资金2.4亿元，节约率为10.3%。其中，2004年全市共组织政府采购2 735宗，完成采购金额11.03亿元，比2001年增长838.8%；镇区政府采购金额6.95亿元，比2003年增加3.62亿元，增长率达108.85%，大大提高了财政资金的使用效益。全市政府采购规模占GDP的比重由2001年的0.32%，迅速拉升到2004年的1.82%。

4. 强化“收支两条线”管理，规范政府非税收入。自2001年所有行政事业性收费已全部纳入“收支两条线”管理，在此基础上继续加强经营服务性收入、罚没收入、政府性基金等纳入财政专户管理，进一步规范单位收支管理，实现了“收支两条线”管理工作“三个百分百”目标。镇区政府非税收入管理工作也得到进一步落实。2004年，进一步加强对政府非税收入资金的管理力度，强化政府非税收入资金征缴，完善票据管理等内外信息管理系统建设。扩大非税收入管理范围，将水上加油站项目经营使用权的拍卖所得全额纳入财政专户管理，制定私车号牌和出租小汽车经营使用权管理方案，制定2004年度经营性收费收入超收奖励办法，促进各部门应收尽收，增加财政收入来源。

5. 进一步规范市与镇区财政分配关系，完善转移支付体系。2003年起，打破已实施多年的“基数返还，超收五五分成”财政体制，积极实施所得税收入分享改革，实施市与镇区财政管理新体制，科学、合理划分各级政府的事权与财权，增强市级财政宏观调控能力，初步建立了市、镇(区)财源共生共享、共同发展、风险共担的财政运行机制，基本形成了体制补助、专项补助的转移支付体系。

四、公有企业改革取得突破，资产管理工作不断加强

2001～2004年，中山市财政局国有资产管理部门按照公有资本要“有所为、有所不为”的方针，以企业产权制度改革为突破口，积极推进公有资产管理体制改革。一是通过产权转让、赎买、股份制改组、关停等多种形式，推动市属公有企业转制并取得重大进展，顺利完成改革攻坚任务及营运机构撤并重组等工作，达到两个“基本实现”：第一，基本实现市属公有企业从一般竞争性领域退出的战略目标，企业转制面达97%；第二，基本实现公有资本结构优化和布局调整的目标，完成市属营运机构从“3+4”向“1+1+1”转变①。这两个“实现”，一方面改变了政府“缺位”和“越位”的角色，企业通过改制获得新生，政府也有更多的财力搞好公共财政建设，从而促使全市经济稳定、健康、快速发展；另一方面，通过营运机构整合重组，大力调整市属公有经济布局和结构，盘活存量资产，保障了公有资产的安全。2004年，市属公有企业的资产负债率为74.46%，净资产收益率为0.173%；60家正常经营的市属公有企业，全年实现利润总额约1亿元，上缴财政收益2 800万元。

二是顺利完成行政事业单位及其下属企业的脱钩改制，使政府能集中财力保证行政事业费的正常支出。从2001年10月开始，按照“政事分开、事社分开、事企分开”的原则，对94家脱钩改制事业单位分类实施撤并或企业化改造，到2002年底已基本完成脱钩改制工作。通过实行政事、事企分开，调整职能，该撤并的撤并，该企业化改造的实施改造，分类管理，解决了财政供养人员过于庞大，财政承受压力重的问题，从而理顺了财政供给范围，使政府能集中财力加大对事业单位运转的投入力度，保证人员工资和重点项目的支出。2003年，又进行了事业单位机构改革，进一步精简了机构。根据事业单位性质、职能和运作的不同特点，把事业单位划分为执法监督型、行政管理型、社会公益型、社会服务型和经营服务型五大类型，建立起符合事业单位自身发展规律、充满生机活力的机制。

三是通过清资减债，较好地解决了几个历史遗留问题。首先，解决公有企业改革遗留的债务问题。市属各营运机构承接减债基数110多亿元，为了加快清减债务工作步伐，有关部门积极与金融债权人协商，或经由法律程序解决，通过现金还款、实物抵债和合同偿还等方式清减债务88亿元。其次，解决经济高速发展时期带来的集资问题。通过财政借款以及企业筹资方式，共解决市属企业集资8亿多元。此外，化解了地方中小金融风险问题。共向省借入中央再贷款39亿元，用于解决华投、信托、农金会等个人存款的兑付。至2004年底，已归还贷款24亿元，尚剩15亿元，并认真清退和治理机关事业单位和国有企业各类逾期借款、违规贷款，采取切实措施追缴、清收单位和个人所欠各种规费，确保公有资产安全。

五、农村税费改革取得阶段性成果，农民负担进一步减轻

2002年中山全面推行了农村税费改革，取消了专门面向农民征收的行政事业性收费和政府性基金、集资，取消了屠宰税、劳动积累工和义务工等项目，农民直接负担比实施农村税费改革前（2001年）人均减负105元。2003年，进一步调整农村税费改革方案，合并农业税和农业特产税的征收，下调农业税率，取消农业税20%的附加征收等。2004年，全面停止征收农业税。三次减负政策的实施，共减少农民负担16 141万元。人均减少负担175元，减负率达100%。为了保证镇村两级政权的正常运转，市级财政专项安排和转移支付了8 206万元用于解决因农村税费改革后镇区财政收入减少而造成的资金缺口，有效保

① “3+4”即：3个投资有限公司（兴中、冠中、裕中投资有限公司）+4个集团（中山市公用事业集团、中山市实业集团、中山火炬集团、中山旅游产业集团）；“1+1+1”即：中山公用事业集团有限公司、中山火炬集团有限公司、岐江发展有限公司。

证农村税费改革工作的顺利进行。

六、发挥财政杠杆调节作用，有效拉动经济增长

四年来，中山财政以促进经济增长为宗旨灵活运作，并通过发展经济壮大了财源，强大了财政，促进了财政和经济良性循环发展。一是充分运用财政贴息政策，促进高新技术产业化，培植了新的财源。加大科技三项费用、技改贴息的投入，2001～2004年累计安排科技三项费用35 385万元，技改贴息8 800万元。二是创新财政资金运作方式，促进了工业立市和工业园区的发展。通过转移支付和财政税收返还专户托管贷款，大力支持镇区工业园区建设。协助镇区获得工业发展贷款8亿元，财政贴息5 000万元。三是促进外贸出口，积极支持“外向带动”战略。落实支持外贸出口各项政策，通过兑现出口企业商品贴息、拨付出口退税托管贷款贴息和科技兴贸专项资金，帮助企业扩大出口贸易。四年来共拨付18 361万元，支持外贸企业发展。四是拓宽融资渠道，促进城市建设。充分盘活城市可经营性资源，筹集城建资金。2004年，财政安排7亿元，其他渠道融资17.8亿元，加大城市建设投资力度，为提高城市品位，进一步优化投资环境提供了财政支持。

七、社会保障体系进一步完善，推动社会和谐发展

2001～2004年，以实施社会养老保险、社会医疗保险为改革突破口，建立起养老、医疗、工伤、失业、女工生育五大险种为主体，覆盖全社会的社会保障体系。财政积极做好三条保障线工作，加强国有企业下岗职工基本生活保障资金、失业保险基金、基本养老保险基金、居民最低生活保障资金的管理工作，严格管理，实现了“两个确保”和一个“低保”，为维护社会稳定发挥了重要作用。2002年以来，每年安排促进就业经费800万元，对农村富余劳动力、新成长劳动力实行免费职业培训。积极开展下岗失业人员小额贷款担保工作，鼓励下岗人员自主创业。加快建立和完善农村合作医疗保障制度及医疗保障救助制度，2004年农村参保人数达97.41万人，覆盖率95.52%，市级财政补助资金达934.43万元。实施农村合作医疗保障救助金1∶2配套制度，财政拨款100万元，各镇区筹集救助金达243万元。推进农村养老保险制度的建立，制定落实财政补贴资金拨付的相关办法。2004年安排5 000万元弥补城镇养老保险基金统筹赤字，继续优先确保最低生活保障、优抚金、社会救助等各项社会福利事业经费，使政府“利益下移”的工作方针得到进一步贯彻落实。

八、财政监督体系不断健全，依法理财水平得到提高

四年来，加大了财政监督力度，构建内外并重的监督体系。认真开展本部门、本系统内部监督检查工作。通过对重点部门、重点领域的财政资金、专项资金管理使用情况进行专项检查，对财政系统银行账户进行清理合并，积极探索内部决策、执行、监督相分离的管理体制，提高了财政管理水平。2002年，市纪委监察局向财政局派驻行政监察组，建立全方位的监督制约机制，有效发挥外部监督职能，促进了财政管理工作的深入开展。为加强对困难镇区财政支出的管理和监督，2004年派驻财政专员，对民众、阜沙等7个二类镇区的各项补助资金、财政性借款等实行“三专”管理（设立专户、专人联签、专款专用）。确保镇区基本支出、优化项目支出，先保吃饭，后搞建设。并以建立财政支出绩效评价体系为切入点，选取全民健身广场、镇区厂房、宿舍物业建设贴息资金以及镇区危桥建设补助资金等三个项目为绩效试点，开展财政支出绩效评价。通过加强完善财政管理，强化监督制约机制，使财政系统依法行政、依法理财的能力和水平不断提高。

（中山市财政局供稿，张巧云执笔）

江门市

一、全市经济概况

2001～2004年，全市人民以邓小平理论和“三个代表”重要思想为指导，全面落实科学发展观，抢抓机遇，开拓创新，经济社会快速健康协调发展，多项主要经济指标均创近年新高。2004年全市生产总值834.56亿元，比上年增长12.20%，增幅创近八年新高。其中第一产业增加值73.97亿元，比上年增长3.5%；第二产业增加值413.15亿元，比上年增长14.60%；第三产业增加值347.44亿元，比上年增长11.20%。2004年生产总值比2001年增加310.97亿元，年均递增16.81%。2004年三大产业结构的比例由2001年的11∶48∶41调整为8.9∶49.5∶41.6。固定资产投资保持快速增长。全市完成固定资产投资197.88亿元，增长22.82%，增幅创近十年新高。外贸出口大幅增长。2004年对外贸易增长势头良好，海关进出口总额78.40亿美元，增长33.50%，其中进口总额27.65亿美元，增长24.60%，出口总额50.74亿美元，增长38.90%。市场消费稳中见旺。全市社会消费品零售总额仍保持稳步增长，全年累计完成311.57亿元，增长12.10%。城镇消费增幅稍快于农村消费，城镇消费品零售总额158.40亿元，农村消费品零售总额153.17亿元，分别增长12.80%和11.50%。物价总指数出现回升。居民消费价格总指数102.50%，上升2.50%，其中服务项目价格指数为100.90%，上升0.90%。消费品价格总指数103.10%，上升3.10%。

二、财政概况

2001～2004年，江门市财政工作以“三个代表”重要

思想和科学的发展观为指导，全面贯彻党的十六大，十六届三中、四中全会精神和中央实施宏观调控的各项政策措施，坚持“理好财，管好钱，带好队”的工作思路，紧紧围绕市委、市政府的中心工作，抓落实，促发展，依法理财，依法行政。2001～2004年，全市财政一般预算收入累计109.01亿元，按可比口径计算，年均增长17.27%。2003年、2004年连续两年实现全市地方财政一般预算收入增长高于全省平均水平。特别是2004年，全市财政一般预算收入增长18.41%，达到十年以来的新高。

四年来的财政收支：2001～2004年财政全市地方财政一般预算收入分别为249 550万元、257 406万元、293 745万元、289 408万元（剔除出口退税负担机制改革因素后为347 830万元）；其中，市本级2001～2004年地方财政一般预算收入分别为：53 480万元、56 567万元、65 377万元、66 631万元（剔除出口退税负担机制改革因素后为79 258万元）。2001～2004年财政全市地方财政一般预算支出分别为314 209万元、364 372万元、412 755万元、475 778万元；其中，市本级2001～2004年地方财政一般预算支出分别为：68 797万元、78 339万元、98 761万元、109 007万元。

在2001～2004年间，市本级和全市各市（区）均实现财政收支平衡，略有结余。

2001～2004年江门市财政一般预算收支平衡情况表

单位：万元

项目＼年份	2001年	2002年	2003年	2004年
总收入	344 505	383 316	447 065	510 955
总支出	325 813	367 445	421 892	484 414
年终结余	18 692	15 871	25 173	26 541
其中:净结余	3 109	4 122	5 476	6 990

2001～2004年江门市本级财政一般预算收支平衡情况表

单位：万元

项目＼年份	2001年	2002年	2003年	2004年
总收入	83 350	95 586	127 317	135 423
总支出	74 499	85 401	110 859	122 544
年终结余	8 851	10 185	16 458	12 879
其中：净结余	1 145	1 308	1 383	2 245

备注：总收入含本年收入、上级补助收入、税收基数返还、上年结余等收入。

总支出含本年支出、专项上解支出、其他支出等。

（一）财政收入

四年间，江门市财政收入形成了以增值税、营业税、企业所得税和个人所得税四大主体税种为主，各地方税种、非税收入为辅，共同发展的多元化收入结构。2001年全市财政一般预算总收入34.45亿元，到2004年达到51.09亿元，平均每年增长14.04%。2001～2004年，财政收入呈现的趋势和特点主要有以下方面：

1. 地方经济的良性发展是财政增收的源泉。2001～2004年，在坚持扩大内需方针及积极、稳健的宏观经济政策的强有力支持下，江门市抓住入世、CEPA，“泛珠三角”战略实施等有利区域发展机遇，宏观经济保持了稳定持续增长的好形势，投资、出口、消费快速增长，为全市财政收入的较快增长提供了有力保证。重点税源行业保持稳定发展，保证全市增值税现税收入来源。四年间，全市增值税收入完成25.07亿元，按可比口径计算，年均增长15.19%。重点税源行业发展态势较好，电力、机械及交通运输设备、建材产品、化工产品等行业增长较快，但制糖业、有色金属、纺织品行业出现负增长。

2. 整体经济运行质量水平提高，带动企业所得税的增长。随着产业结构调整优化，企业效益水平整体提高，2004年全市企业所得税实现2.45亿元，按可比口径比2001年增长18.56%。外资民资富市的发展战略取得显著成效，股份制企业所得税增幅最大，同比增长147.77%，而涉外企业所得税和私营企业所得税则同比分别增长49.82%和40.93%。

3. 第三产业迅速发展，营业税稳步增长，四年间，增长了14.64%，占财政收入比重提高了5.45个百分点。

4. 加强税收征管，确保地方税收收入的稳定性。一是强化税源调查和监控工作，开展对各行业的专项检查；二是巩固“以票控税”管理办法，加强对营业税征收的管理。三是通过理顺企业和行政事业单位的扣缴制度等措施，促进个人所得税较快增长。四是严格执行税收政策，完善土地增值税等地方税种的征收管理。

5. 农业税收政策调整，增减各异。2002年，珠三角地区开展农村税费改革试点，取消屠宰税，调整农业税政策；2003年取消农业特产税，全市政策性减收1 064万元；2004年实施免征农业税改革，全市政策性减收6 398万元。契税收入方面，由于房地产业活跃及加强契税征管等因素影响增长较快，2004年契税收入19 052万元，比2001年的9 226万元，增长106.50%；耕地占用税收入4 874万元，比2001年的1 788万元增长172.60%。

6. 非税收入保持稳定增长，主要是加强对行政事业性收费和罚没收入“收支两条线”管理。

7. 镇级财政收入稳步增长。2004年，江门市镇级财政收入累计完成11.50亿元，比2003年增长16.91%，占全市财政一般预算收入的39.75%，但城关镇与农村镇财政收入差距较大。全市85个镇（含街道办事处、经济管理区），其中城关镇23个，占镇总数的27%，地方财政一般预算收入为6.75亿元，占镇级财政收入的58.7%；农村镇62个，占镇总数的73%，地方财政一般预算收入为4.75亿元，占镇级财政收入的41.3%。全市镇级地方财政一般预算收入在1 000万元以上的镇36个，占镇总数的42%；镇级地方财政一般预算收入在1 000万元以下的镇49个，占总数的58%。

（二）财政支出

2004年，全市财政一般预算总支出为48.44亿元，比2001年增长48.68%，年均递增14.13%。全市各级财政部门按照公共财政的要求，大力调整支出结构，在保证工资依时发放和机关正常运作的同时，加大对重点事业的投入。

财政支出重点及其变动情况：

1. 基本建设支出逐年增加。2001年，江门市在城市基础设施方面共投资5.33亿元，包括政府投入的预算内外资金、国债补助资金等。2004年，江门市在城市基础设施方面共投资6.53亿元，年均递增6.99%，四年累计投资24.58亿元。

2. 科技三项费用，2004年支出达到7 685万元，四年累计2.36亿元，年均递增23.64%。主要是紧紧围绕江门市高新技术及产业的发展和全社会的科技进步、重点支持项目给予重点保障。

3. 全市支持农业方面的支出，2004年达到4.54亿元，四年累计支出15.38亿元，平均年递增10.96%。

4. 文化教育方面的支出，2004年达到10.29亿元，四年累计支出35.67亿元，平均年递增10.98%。

5. 社会保障方面的支出，2004年达到6.82亿元，四年累计支出18.69亿元，平均年递增29.44%。

6. 公共卫生方面的支出，2004年达到2.23亿元，四年累计支出7.06亿元，平均年递增15.50%。

（三）上划中央和省的各种税收及接受上级转移支付的情况

1. 上划中央和省的各种税收收入情况。

单位：万元

项目＼年份	2001年	2002年	2003年	2004年
国内增值税75%	185 186	217 959	241 209	316 615
国内消费税	9 791	17 336	23 925	54 120
省市“四税”共享40%部分	53 143	50 075	56 098	70 362
上划中央所得税		38 351	59 638	88 699

2. 2001～2004年全市接受省财政转移支付情况。2001年省财政对江门市转移支付补助共7 541万元，其中：转移支付基数3 892万元，专项转移支付3 649万元。

2002年省财政对江门市转移支付补助共17 328万元，其中：一般性转移支付4 349万元，调整工资专项转移支付补助2 907万元，专项转移支付10 072万元。

2003年省财政对江门市转移支付补助共16 929万元，其中：过渡期转移支付补助4 733万元，调整工资专项转移支付补助2 626万元，农村税费改革专项转移支付补助9 570万元。

2004年省财政对江门市转移支付补助共18 366万元，其中：过渡期转移支付补助5 122万元，调整工资专项转移支付补助2 887万元，农村税费改革专项转移支付补助9 570万元，免、减农业税转移支付补助787万元。

三、财政主要工作

2001～2004年，在市委、市政府的正确领导和省财政厅的指导下，江门市各级财政部门认真贯彻落实党和国家的财政政策，树立和落实科学的发展观，坚持“生财有道、聚财有方、用财有规”的原则，围绕建立公共财政基本框架，以加强财政支出管理为重点，积极推进各项财政改革，强化财政监督，促进依法科学理财。

（一）加强收入监管，确保财政收入稳定健康增长

全市各级把增收节支工作列入政府的工作目标，各级财政部门积极组织财政收入，抓好收入任务的分解落实，完善征收管理，积极克服“非典”疫情对财政收入和经济的影响等不利因素，努力实现应收尽收。在国家宏观经济政策调整的新形势下，加强经济发展趋势的预测分析和宏观政策的调查研究，积极应对政策调整因素，促进经济平稳发展。认真测算研究所得税分享改革、农业税改革等财政政策调整和出口退税机制改革对地方财政的影响，合理安排预算，采取有效措施，使出口退税负担机制改革和农业税改革对财政的影响控制在可承受范围之内。同时，加强财税协调，强化服务、沟通和检查监督，依法理财治税，从而保证了财政收入的较快增长。另一方面，抓好非税收入管理，加强对行政事业性收费、罚没收入和专项收入等的收缴和监管，以制度完善管理，并落实统筹市直行政事业单位账户清理资金和经营服务性收费收入。

（二）科学配置资源，支持经济和社会持续发展

1. 坚持为民理财，科学配置资源。全市各级财政部门按照公共财政的要求，在确保收支平衡的基础上，调整支出结构，集中财力落实各级党委的各项决策和确保重点项目支出需要，财政资金重点向“三农”和社会发展等方面倾斜，充分体现依法理财、促进发展的新思路。同时，严格规范支出管理，优化支出结构，把好资金审核关，大力压缩一般性开支。在按规定严格管理的前提下，进一步简化审批手续，保证按进度均衡支出，及时将资金安排到位。

2. 贯彻落实积极财政政策，促进经济发展。始终坚持服务经济建设中心不动摇，积极发挥财政调节经济的作用。一是加大对基础设施和公共领域的投入。重点投向市区交通、环保、绿化、休闲广场、市容市貌整治等项目建设。同时，为江门市创建“中国优秀旅游城市”、“国家园林城市”、“国家卫生城市”、“国家环保模范城市”提供资金保障，积极筹集资金，投入支持北新区、滨江大道、高新区（工业园）建设，为全市经济发展创造良好的投资环境。二是落实各项财税政策，发挥财政杠杆作用。认真抓好落实中央和省有关减免税、费、基金措施，重点扶助受

"非典"疫情影响较严重的集贸市场、餐饮、旅店、娱乐、旅游、客运、出租车等行业，帮助经营者渡过难关，确保经济的持续健康发展。按照市委、市政府的决定，安排扶持工业发展、民营经济、招商引资及外贸出口"三个一千万"专项资金，组织制定切实可行的贴息与补助办法，支持民营、私营企业技术改造、技术创新和扩大出口。以财政资金带动社会力量，建立中小企业服务体系，尽力帮助中小企业解决融资难的问题。三是支持和参与各项改革，促进全市经济社会全面发展。四年来，江门市各级财政部门积极参与国有企业改革，落实国有企业职工下岗和再就业专项资金，解决困难职工群众基本生活保障问题，改善群众生活。安排专项资金用于下岗职工的技术培训、补贴企业雇用下岗人员、为市直下岗失业人员提供小额担保贴息贷款等；开展三个华侨农场的改革，落实地方配套资金3 382万元，解决了华侨农场职工的经济补偿和养老保险问题。四是加大对"三农"的投入力度，促进城乡协调发展。全市各级财政部门进一步加大财政支农力度，积极实施农村税费改革，争取省对江门市农村税费改革给予专项转移支付补助，有效地缓解了各级政府财政收支矛盾，保证基层政权正常运转和农村各项事业平稳发展。落实免征农业税政策，减轻农民负担；落实对种粮农民直接补贴的政策，促进粮食生产。与此同时，积极筹措资金，落实十项民心工程，努力为群众解决"行路难、读书难、就医难、饮水难、住房难"问题，以及落实解决拖欠工程款和农民工工资及补偿农民征地款等关系群众切身利益的问题；安排补助资金，推动建立农村合作医疗制度。

3. 进一步完善财政体制，理顺分配关系。根据市委、市政府的要求，在充分调研的基础上，2003年制定实施了《调整市区财政管理体制试行方案》。改变了过去按隶属关系征收的做法，在市本级和蓬江区、江海区范围内，将一般预算收入中的所有税收，全部由市与两区共享，并确立了"属地征收，税收共享；一区一率，比例分成；确保基数，激励增收"的原则，并结合实际逐步调整完善市本级与蓬江、江海两区的财政分配关系，充分发挥财政体制的调节作用，调动各方加快发展的积极性，共同发展。各市（区）进一步完善对镇（街）财政管理体制，有效促进各镇经济发展。

（三）坚持制度创新，积极推进各项财政改革

江门市各级财政部门坚持以改革为动力，按照财政部和省的要求，积极开展公共财政实践探索，转变理财模式，建立适应地方社会经济发展需要的公共财政体系。在市委、市政府的领导和支持下，制定并实施了《建立江门市本级公共财政基本框架的实施方案》。经过几年的努力，部门预算、国库集中支付、政府采购、收支两条线、规范公务员收入等各项改革措施取得重大进展。

1. 推进部门预算改革。从2001年起开展部门预算改革试点工作，在稳步扩展的基础上，不断改进预算编制方法。按照收支平衡的原则，统筹安排一般预算、基金预算、预算外收支预算，初步探索建立综合预算的编制方法和管理模式，增强了综合调控能力和财政资金的综合运用能力，增加预算透明度，提高科学性。2004年，市本级已将90个部门、208个预算单位全部纳入了部门预算编制范围，实现了一个部门一本预算，并运用科学的手段编制预算，开发和应用部门预算编制系统软件，预算单位使用统一软件编报预算和逐级汇总，实现全过程计算机监管。下属各市（区）已全部铺开部门预算编制的试点工作，试点面超过60%。

2. 稳步实施财政国库集中支付制度改革。2002年底，江门市财政国库支付中心正式挂牌成立并试运行，市直首批12个试点单位纳入中心试行财政性资金集中支付。同年，江门市教育部门会计核算中心挂牌运作。从2003年1月1日起，正式开展财政国库集中支付试点工作。其中市直依照"先试点、后推行、分步实施"的原则，在认真清理市直行政事业单位银行账户的基础上，设立财政直接支付零余额账户，建立市直财政国库集中支付信息系统，在2003年分三批将市直77个一级预算单位和111个基层预算单位实行财政国库集中支付。市直财政国库集中支付系统不断完善，到2004年已有200多个预算单位作为试点单位纳入财政国库集中支付范围。各市（区）也加快开展国库集中支付试点工作。

3. 推行政府采购制度。江门市政府采购从2000年开始实施，经过几年的实践，政府采购规模和范围不断扩大。到2004年，江门市累计采购资金预算额12.60亿元，实际支付金额11.03亿元，节约资金1.57亿元，平均节约率达12.46%。政府采购已扩展到涵盖货物、工程和服务三大类共100多个品种。同时，根据《政府采购法》的有关规定，实施了政府采购管理机构与执行机构分离，将市政府采购中心由原隶属市财政局管理更改为市政府直属事业单位，理顺了市政府采购中心的隶属关系。各市（区）也按《政府采购法》的要求，积极推进政府采购制度改革的开展。江门市以扩大政府采购规模、规范政府采购行为为重点，积极推进政府采购工作。

4. 深化收支两条线改革。切实做好对行政事业性收费和罚没项目清理工作，取消了一批违规的行政事业性收费（基金）和罚没项目，降低过高的收费标准，整顿和规范银行开设账户行为，大力推行委托银行代收、罚缴分离、票款分离制度，坚决落实"收支两条线"规定。全市各项行政事业性收费、罚没收入和基金均纳入财政"收支两条线"管理。2001年，全市实现行政事业单位人员工资及离退休人员工资纳入财政统发。2002年，在不断完善财政统发工资的基础上，对市直行政机关和部分事业单位建立了规范公务员岗位津贴制度，并将市直中小学教师也纳入了规范化津贴的范围。所辖的蓬江、江海两区对区直机关也实行了规范公务员岗位津贴制度。

5. 加强财政信息化建设。各级财政部门积极推进乡镇财政管理信息化建设，全市85个镇（含街道办事处、经济管理区）都已成立结算中心，将镇级行政事业单位财务收支活动集中管理，统一核算。同时，市本级和各市（区）财政部门开展机关办公自动化的建设和应用计算机

管理财政业务的探索，以先进的技术手段提高财政管理水平。

（四）加强监督，提高依法理财、依法行政水平

江门市各级财政部门认真贯彻执行《预算法》、《会计法》、《注册会计师法》、《政府采购法》等法律法规，积极发挥财政监督职能作用，使财政监督贯穿聚财、理财等领域，促进依法行政。

1. 加强财政收支监督，进一步提高财政运行质量。在财政收入监督方面，进一步加强对本级预算收入征收部门征管质量的检查，2003 年，结合对市区纳税大户开展会计法执法检查，着重进行了税收征管质量专项检查，查控税收额度达 13 012 万元，共查补税收收入 1 423 万元，达到了查控税收的预期目标，较好地促进财政收入的有效增长。强化非税收入的监督管理，认真贯彻上级关于进一步加强和规范非税收入管理的意见，落实加强各项非税收入的监管。清理市直行政事业单位银行账户工作取得显著成效，清查审核账户 1 248 个，审核撤并账户 156 个，进一步规范了银行账户管理，摸清了预算单位家底，为建立国库单一账户体系打下良好基础。财政、物价、审计部门联合对市直行政事业单位及其下属事业单位 2001 年度、2002 年度的经营服务性收费收支管理情况进行调研，在此基础上，委托社会中介机构对市广电系统、市房产局、江门日报社、市殡仪馆等 4 个部门 8 个单位的经营服务性收费收支管理情况进行全面核查，并从 2004 年起，对上述四个部门的经营服务性收费收入进行适当统筹。在财政支出监督方面，对重大工程项目委派财务总监，加强对重大工程项目和建设资金的跟踪检查。加强专项资金的监管，重点对农业、水利等专项资金进行检查，通过完善制度，认真整改，进一步加强对农业综合开发资金和水利专项资金等财政性资金的监督管理。按照先易后难，由点及面的原则，市本级选择部分科技、农业、教育、社会保障、旅游促销等专项资金开展绩效评价试点。积极配合市人大，选择市教育局和市农业局作为 2004 年部门预算监督试点单位，实行绩效评价和全程监督。配合对市发展小学进行绩效审计，进一步加强财政分配资金的合规性、合理性和有效性的研究，并以此作为今后预算安排的依据。认真开展整顿统一着装工作，各级财政部门、纠风办及相关部门联合开展清理整顿工作。全市共清理违规着装部门人数 3 087人，收回制服 7 539 套（件）。

2. 进一步加强内部监督，不断完善财政管理。强化财政内部的业务和资金监管，完善对大额资金需求安排以及财政资金账户的监督检查和制衡机制。成立预算编制工作领导小组研究和审查重要的预算安排，对部门的资金需求进行审核。有效开展内部审计工作。每年都安排对业务科室以及下属单位进行内审检查。抓好镇级财政财务检查工作，加强镇级财政财务管理。

3. 加强会计信息质量检查。2004 年，对全市 15 家会计师事务所的执业质量开展检查，规范会计中介机构执业行为，督促其自觉遵守行业自律，促进注册会计师行业执业质量的提高，整顿和规范市场经济秩序。同时，深入开展会计职业道德教育和宣传活动，组织全市会计职业道德知识竞赛，扩大影响，在社会上营造会计诚信的氛围。

4. 加强政府债务管理，各市（区）均建立了防范化解金融风险准备金制度以及相关的规定和审批程序，严格控制新增政府债务，并按照地方债务消化计划的进度要求，清偿直接显性债务。同时，加强财政性债权追收，努力消化历史债务。

（五）加强内部建设，提高队伍素质

一是搞好机构改革和中层干部竞争上岗，优化干部队伍结构。2001 年，江门市局根据市的统一部署，及时开展了机构改革工作，调整了内部科室设置，增加了适应形势发展的职能机构，精简了编制。同时，严格按照财政干部队伍“四化”方针和德才兼备的用人标准，坚持公开、平等、竞争、择优的原则选拔优秀干部。通过竞争上岗，达到了选拔和培养人才的目的，促进了财政队伍的结构优化。二是改进机关作风，加强队伍建设。抓好落实党风廉政建设责任制，全市财政系统通过认真开展民主评议行风、纪律教育月和机关作风建设等活动，转变作风，增强服务意识，提高工作效率，实现以党风廉政建设和作风建设促进依法理财、科学理财和职能转变，干部队伍在精神面貌、思想认识、工作作风上有了新气象，干事创业的积极性、开拓性明显提高。全市各级财政部门在民主评议行风活动中均被评为满意单位。三是加强制度建设，以制度管人管事。重点抓了以政务公开、制度建设、廉政建设、科室和个人考核为重点的管理工作，机关工作作风进一步转变，工作效率得到明显提高。按照市的统一部署，积极推进 ISO 9001:2000 质量管理体系导入工作，以标准化理念管理财政工作，提高工作效率。

（江门市财政局供稿，邝世铭执笔）

阳 江 市

2001～2004 年，阳江市国民经济保持了持续、快速、健康发展。全市国内生产总值实现 897.7 亿元，年均增长 11.4%，其中，2004 年全市国内生产总值实现 273.9 亿元，比 2003 年增长 12.6%。四年间，第一产业增加值 298.9 亿元，年均增长 6.1%，其中 2004 年实现 83.4 亿元，比 2003 年增长 8.88%；第二产业增加值 312.3 亿元，年均增长 15.4%，其中 2004 年实现 103.9 亿元，比 2003 年增长 27.8%；第三产业增加值 286.5 亿元，年均增长 12.9%，其中 2004 年实现 86.6 亿元，比 2003 年增长 15.47%。全市社会消费品零售总额 400.5 亿元，年均增长 12.3%，2004 年实现 109.8 亿元，比 2003 年增长 1.67%。2001～2004 年的居民消费价格指数分别为负增长 1.48%、负增长 2.3%、增长 2.86% 和 2.19%。全市社会固定资产投资总额 212.7 亿元，年均增长 12.5%，2004 年实现 65.5 亿元，比 2003 年增长 13.91%。全市实际利

用外资3.71亿美元，其中2004年实际利用外资0.58亿美元（采用新口径，与往年不可比）。全市进出口总额29.45亿美元，其中：出口24亿美元，年均增长15.7%；进口5.46亿美元，年均增长32.7%。2004年全市进出口总额10.7亿美元，比2003年增长32.1%，其中：出口8.4亿美元，比2003年增长21.74%；进口2.3亿美元，比2003年增长91.67%。2004年全市农村人均纯收入4 420元，扣除价格因素，比2003年增长4.7%。

2001～2004年，全市财政运行基本正常，预算收支执行情况良好。全市一般预算收入完成22.72亿元，年均增长17.54%，其中2004年按可比口径计算完成7.4亿元，比2003年增长12.6%。全市一般预算支出完成65.68亿元，年均增长18.09%，其中2004年全市一般预算支出完成20.5亿元，比2003年增长14.34%。市本级一般预算收入完成7.85亿元，年均增长17%，其中2004年按可比口径计算完成2.38亿元，比2003年增长12.63%；一般预算支出完成16.87亿元，年均增长6.23%，其中2004年完成4.68亿元，比2003年增长8.55%。四年来，全市和市本级财政皆实现了收支平衡。2004年，全市税收收入上划中央和省级财政收入分别为7.5亿元和2.4亿元；全市接受省财政补助和转移支付资金7.5亿元，比2003年增长35.45%。

一、发挥财政职能作用，推动经济发展和维护社会稳定

（一）落实调整收入分配政策，切实解决行政事业单位拖欠工资问题

2001～2004年，中央和省先后多次出台调资政策，全市各级财政部门按照中央和省有关文件精神，努力增收节支，筹措资金，基本保证按调整收入标准和时间兑现给个人。为切实解决部分县(市、区)因资金周转困难而拖欠工资的问题，各级财政部门按中央和省委、市委的要求，把保证机关事业单位人员工资发放作为头等大事来抓，积极采取措施，认真落实消化拖欠工资责任制，清理工资标准和补贴项目，千方百计筹措资金，建立工资发放专户，实行财政统发工资制度，至2001年底，基本解决了存在多年的拖欠工资问题。为了解决市直干部职工生活补贴偏低的问题，2002年和2003年，市财政部门会同有关部门经过认真调研，经市委、市政府批准，在政策允许的范围内，较大幅度提高了市直干部职工的生活补贴，缩小了与发达地区的差距，极大地调动了干部职工的工作积极性。

（二）积极利用国债资金促进经济发展

2001～2004年，市财政部门会同有关部门努力争取到国债资金57 245万元，并认真落实地方配套资金，加快了阳阳铁路、市区新江路、石湾路及渔港海堤等一大批基础设施的建设步伐，进一步改善了投资环境，拉动了需求，推动了经济发展。

（三）大力推进社会保障制度改革

全市各级财政部门严格按照中央和省的要求，千方百计筹措资金，确保最低保障、下岗职工基本生活费、失业救助及困难群众的生产和生活费用的及时发放，2001～2004年，全市财政发放国有企业下岗职工基本生活保障资金10 495万元，仅2004年就发放了3 000万元；基本养老保险从2001年起实行100%社会化发放；社会保险扩面征收工作也得到了全面加强，全市已初步建立了社会保障制度基本框架。2004年，全市筹措社会保障资金35 762万元，用于保证最低保障，国有企业下岗职工基本生活保障金、离退休人员养老金及时、足额发放；全市落实再就业资金2 919万元，为下岗失业人员创业和再就业减免税费542万元，净增就业岗位33 863个；农村群众看病难问题得到了缓解，农村合作医疗制度已初步建立。

（四）积极支持国有企业的改革和发展

全市各级财政部门认真贯彻中央、省、市委、市政府关于国有企业改革和发展若干重大问题的决定和意见，从资金和政策上支持国有企业脱困和国有企业下岗职工再就业工作；按照三级营运的设想，市财政配合有关部门制定了《阳江市市属国有企业资产重组总体方案》，并抓紧实施，加快了阳江市国有企业改革和发展的步伐。2004年，全市积极筹措国有企业改制资金2 767万元，确保了国有企业改革工作的顺利进行。大力支持“工业发展活动年”工作，向上级部门争取资金1 924万元，专项用于支持民营企业发展、技术创新和创名牌战略等工作。

（五）支持创建中国优秀旅游城市、省卫生城市和文明城市工作

在财力较紧张的情况下，市财政分别安排“创优”资金300万元，创省卫生城市、文明城市资金485万元，使阳江市创建优秀旅游城市工作和创省卫生城市工作分别于2001年和2002年顺利通过验收，创省文明城市工作也于2003年下半年取得成功。

二、狠抓预算管理，确保收支平衡

阳江市经济基础差，财政堆头小，财力捉襟见肘。为确保实现政府职能的资金需要，市财政部门严格按照《预算法》办事，花大力气抓好增收节支工作。一方面，狠抓收入征管，确保收入预算任务的完成。财政部门把组织财政收入作为财政工作的首要任务来抓，年初及时把任务下达给各征收单位，并层层落实责任制，加强与税务部门的协调，建立各级财税联席会议制度和收入通报制度，加强对预算执行情况的分析研究，同时又建立财税部门领导专人负责分片抓收入制度，指导和督促各县（市、区）强化收入征管；严格税收征管，加大依法治税的力度，严厉打击各种税收违法行为，加快推进税收征管体制改革的步伐。通过全市财税人员的共同努力，2001～2004年，全市

一般预算收入年均增长17.54%，市本级年均增长17%。另一方面，优化支出结构，严格支出管理，保障重点支出。为确保收支平衡，四年间，在支出管理上，按公共财政的要求，坚持“保重点”和“有所为，有所不为”的原则，加大调整支出结构的力度，切实确保公共需要，在资金安排上优先确保国家公职人员工资、政权机关正常运作所需经费和社会保障、农业、教育、科技、计划生育以及市委、市政府决定的重大活动等重点支出项目最低限度的投入。在合理安排支出的基础上，严格支出管理，对各种临时请款认真调查，严格控制，坚持市（县、区）长一支笔审批制度，严把“人、会、车、话”支出口子，切实加强对财政支出的稽核和检查，提高财政资金的使用效益。由于措施得力，四年间，全市和市本级财政每年皆实现收支平衡，略有结余。

三、积极推进各项财政改革

深化财政改革是新时期加强财政管理、完善财政职能的重要手段。财政部门把推进财政改革贯穿于各项实际工作中。一是进一步完善了市对县（市、区）“水涨船高”的财政管理体制。为了鼓励各县（市、区）到市区办企业，经市政府批准，各县（市、区）在市区办的企业所产生的税收实行市与县（市、区）五五分成。二是积极推进国库集中收付制度改革。从统发工资开始，逐步把各项财政性资金纳入国库集中收付。至2004年底，工资发放、财政性资金基本建设投资、“收支两条线”收入已实行了国库集中收付。三是大力推进部门预算改革。2003年始，市财政选择市直部分单位编制部门预算，进行部门预算改革试点，细化部门预算，增加资金使用的透明度，为全面推行部门预算进行了有益的尝试。四是实行政府采购制度。2001年下半年成立了政府采购中心，制定了《阳江市政府采购管理暂行办法》和《阳江市政府采购目录》等规范性文件，对各种政府办公用品正式推行政府采购制度，实行“阳光下的交易”。2002年，又制定了《阳江市市级政府采购供应商资格登记管理暂行办法》，进一步规范了政府采购管理，并将采购项目扩大到工程项目、车辆保险和学校校服等项目。为进一步规范管理，2003年7月，经市编委批准，成立了市政府采购管理办公室，正式把政府采购管理和执行机构分离。2004年，全市政府采购实际金额13 649万元，对比单位预算价节约资金1 833万元，节约率11.8%。五是深化“收支两条线”管理制度改革。通过努力，“收支两条线”管理的范围进一步扩大，从2001年起，市直大中专学校的教育收费和广播、电视部门的广告收入已分别纳入“收支两条线”管理。2003年，行政强制性、垄断性经营服务性收费收入、户外广告经营权、使用权以及国有资源开发权等社会公共资源的占用收益也已分别纳入“收支两条线”管理。在收缴制度上，实行收缴分离，“单位开票，银行代收、财政统管”的征管制度已全面铺开，单位的经费由财政部门根据执收执罚单位的实际情况安排支出。六是积极推进农村税费改革。为了彻底解决“三农”问题，按照省、市的统一部署，2003年7月1日，全市农村税费改革全面铺开，按照“减轻、规范、稳定”的方针，坚决落实“五取消、一改革、一种税”，将全市农民负担减轻81.2%，达到了省规定的要求。2004年又对农业税实行减半征收，大大减轻了农民负担，增加了农民的收入，维护了全市广大农村的稳定，促进了农村的发展。

四、加强财政监督，维护财经秩序

加强财政监督是财政工作的一项重要内容，是维护财经秩序、促进经济工作正常有序开展的重要手段。一是大力加强对财政专项资金的监督管理。对财政专项资金设立的时间、依据、来源、分配标准、审核程序、使用情况不定期进行检查，并实行追踪反馈制度，保证了专项资金能专款专用，发挥其经济效益。二是建立和完善财务总监制度。制定了《阳江市财务总监管理办法》《阳江市市属国有资产经营公司财务总监管理暂行办法》和《阳江市市级财政性资金投资基本建设重点项目财务总监管理暂行办法》等文件，向有预算外资金的行政事业单位、八家授权经营公司和有财政性资金投资的重大项目单位派驻财务总监，加强了对派驻单位财政性资金及收支活动的财务监督。三是加大了财政投资审核工作的力度。对财政性投资项目的概、预、决（结）算进行独立审核，防止在工程预结算中出现高估冒算行为，有效地控制了工程造价，节约了财政资金。2004年，市财政审核工程项目85项，送审造价4亿多元，经审核定案造价3.7亿元，核减0.34亿元，核减率8.4%。四是加强会计监督。以宣传新《会计法》为契机，在全市范围内开展了以会计基础工作规范化和依法建账为中心的会计信息质量检查，切实整顿财会秩序，规范社会中介机构行为，完善了以《会计法》为中心的会计法规体系，把会计监督落到实处。五是加强对国债资金的财务管理和监督。不定期地对国债资金的使用、配套资金的落实和工程进度情况进行检查，发现问题及时处理，确保国债资金的使用安全和发挥效益。六是加强财政内部监督。进一步完善了财政内部监督机制，制定了《关于进一步加强财政资金管理的若干规定》，完善了财政资金事前审核、事中监控与事后检查、稽核相制约的监督机制，保障了财政资金的安全。

（阳江市财政局供稿，周华青执笔）

湛江市

2001～2004年，湛江市国民经济平稳发展。2004年全市实现生产总值608.16亿元，按可比价格计算，比2001年增长32.8%，其中，第一产业增加值124.63亿元，增长12.4%；第二产业增加值270.18亿元，增长47.8%；第三产业增加值213.35亿元，增长30.2%。全社会固定资产投资152.94亿元，比2001年增长80.3%。实际利用外资 0.71 亿美元。外贸进出口总额 18.87 亿美元，比 2001 年增长 73.1%。其中，进口总额 9.09 亿美元，增长 32.1%；出口总额 9.78 亿美元，增长 143.2%。全年社会消费品零售总额达到 231.66 亿元，比 2001 年增长 36.8%，扣除物价因素，实际增长 33.9%。全市居民消费价格总水平比 2001 年上涨 2.2%。城市居民人均可支配收入 8 919 元，比 2001 年增长 18.6%；农民人均纯收入 3 964元，比 2001 年增长 15.1%。

2004 年湛江市实现地方财政总收入 51.70 亿元，比 2001 年增长 60.91%，一般预算收入 18.34 亿元，按自然口径，比 2001 年增长 32.11%；一般预算支出完成 48.46 亿元，比 2001 年增长 55.53%。全市上划中央“两税”完成 21.95 亿元，比 2001 年同期增加 7 亿元，增长 47.17%；上划中央共享所得税收入完成 3.67 亿元；上划省共享“四税”收入完成 3.75 亿元，比 2001 年增长 18.81%。市直地方财政一般预算收入完成 9 亿元，比 2001 年增长 39.95%；一般预算支出完成 14.0 亿元，比 2001 年增长 53.85%。按现行财政体制结算，2004 年，湛江市一般预算实现收支平衡，略有结余。

一、全力组织财政收入，壮大政府财政实力

2001～2004 年，围绕“工业立市、以港兴市”的经济发展战略，湛江市实行积极财政政策，强化税收征管，做大财政蛋糕，财政收入逐年增长。2004 年，受农村税费改革、出口退税负担机制改革等政策性减收因素影响，市财政收入面临很大压力和困难，仅农业税减半征收的政策就减少农业税收入 5 557 万元，影响了地方一般预算收入增长近 3 个百分点。在市政府的领导下，市财政部门深入调研，积极采取各项有效措施，超额完成收入任务。

（一）实行分片挂点抓收入制度

湛江市将财政收入任务分解，要求市财政局领导班子成员及有关业务科室到各县(市、区）财政局挂点抓收入，每月至少到所挂点 1～2 次，调查掌握县(市、区）财政收入完成情况，及时帮助县(市、区）解决组织收入工作中遇到的实际问题，落实税收征管责任制，督促县（市、区）财政部门抓好收入工作。2004 年，全市财政一般预算收入增长了 17.45%，超过全省平均增幅（16.14%）1.31 个百分点。

（二）协调财税部门关系，及时掌握税源情况

一是加强财政部门与税务部门的联系与协调。坚持每月向各县（市、区）政府及财税部门通报财政收入情况，每季度召开一次财税部门联席会议，分析掌握全市财税收入进度，研究加强征管措施。二是财税部门联合开展湛江市区税收情况调查，重点对市直及各区纳税企业结构、税收结构、税种结构等情况进行详细调查和分析，掌握全市税源、税基分布情况和发展动态，加强对重点税源的监控。

（三）拓宽非税收入领域，加强非税收入征管

湛江市认真贯彻落实省政府进一步加强和规范非税收入管理的要求，不断拓展利用政府公共资源增值的非税收入领域。2002 年，贯彻市政府提出的经营城市战略，市财政局制定了《湛江市土地储备资金财务管理办法》，着手开展建立土地储备库的前期工作。2003 年，市财政局与市政府政策研究室、市建设局、市规划国土资源局等有关部门联合组织调查小组对各单位非税收入进行调查摸底，构建相应的管理模式。同年进行第一批户外广告经营权拍卖，拍卖所得 48.5 万元及土地储备收入 2 530 万元、市政设施冠名权收入 200 万元等非税收入全额纳入财政专户管理。2004 年，湛江市加快了第二批户外广告经营权拍卖、向省有关部门申请进行小汽车车牌有偿竞投等工作进度；重点监控土地出让金和市政建设配套费等主要非税收入来源；将市直行政事业单位的经营服务性收费和利用政府职能取得的各项收入、保证金纳入财政收支两条线管理。2004 年，全年市直非税收入完成 7.8 亿元，比 2001 年增加 3.3 亿元。

（四）依法治税，加强对增长空间大的税种的征管

一是加强契税征管。对近年增长较大的契税税种，财政等有关部门加大宣传力度，表彰纳税大户，实行先征税后办证的办法，提高办税效率。2004 年市本级完成契税收入 6 076 万元，比上年增长 37.81%。二是加强个人所得税征管。财税部门强化了对纳税大户、赢利大户的监控，重点加强对高收入行业的高等学校教师、医师个人所得税的征管。2004 年，全市个人所得税收入地方库完成 8 877 万元，比 2003 年增长 15.29%。三是安排资金支持税务部门开展“即开即奖”发票抽奖活动，防止税源的流失。

（五）利用激励型财政政策，增强政府可支配财力

根据省实行转移支付激励机制改革的形势，湛江市要求各级财政部门充分理解“三保三定三奖”的财政激励型机制，提高全市财政综合增长率，促进县域经济发展，增强政府可支配财力。2004 年，湛江市财政综合增长率达 18.62%，一般性转移支付增长率达 12.16%；省财政对市的一般性转移支付补助达 51 074 万元，比 2003 年增加 5 480万元。

二、坚持为民理财，优化支出结构，维护社会稳定和支持各项事业发展

（一）加大对“三农”的投入，促进农村经济社会的发展

湛江市把支持农业和农村经济发展、增加农民收入、维护农村社会稳定放在财政支农工作的首位，巩固农业基础地位，调整农村经济结构，初步缓解农村“看病难”、

"住房难"、"行路难"等问题。

一是加大资金投入，促进农业及农村社会经济发展。2002～2004年，省、市、县三级财政共投入农业资金13.54亿元（其中2004年投入3.74亿元），支持农田水利（治旱）、农业生态环境、生态公益林、人工鱼礁、水库除险加固等项目建设；安置水库移民，扶持渔民转产转业；发展老区经济，扶持全市10多家农业龙头企业发展以及支持农业6条产业链建设；改善农村生活环境，至2004年止，农村安居工程全面启动，有5 392户贫困户住上新居；全市106宗饮水工程全面开工，基本解决61万人的饮水难问题。

二是落实对种粮大户的直接补贴政策。按照省府有关文件规定，对种粮大户每亩补贴20元，其中省级财政补贴10元，市级财政补贴5元，县级财政补贴5元。2004年湛江市财政安排补助资金296万元，对全市种粮大户补贴6元/亩，减轻县级财政压力。同时，制订《湛江市种粮农民直接补贴暂行办法》，将农民领取补贴的情况张榜公示，规范补贴资金的管理。

三是支持公共卫生体系建设，建立新型农村合作医疗保障制度。安排专项资金用于乡镇卫生院建设、农村改水改厕、健康教育宣传等，推动农村医疗卫生事业发展。加大农村合作医疗工作力度，扶持农民参加农村合作医疗，从2004年起，湛江市将扶持标准市级财政部分由原来的1元/人增加到了2元/人。截至2004年12月31日，全市参加农村合作医疗人口达917 467人，占农业总人口的17.18%。

四是支持农村基础设施建设，改善乡村交通条件。2002～2004年，市财政共安排县通镇二级公路补助6 330万元，乡镇乡道硬底化资金2 482万元，解决农村的"行路难"问题。

（二）积极实施民心工程，逐步完善社会保障体系

2001～2004年，湛江市社会保障支出保持较快的增长，2004年，全市社会保障四项支出11.36亿元，比2003年同期增支2亿元，增长21.9%，占一般预算支出的23.3%。

一是认真贯彻落实济困助残工程，切实做好"一个低保，两个确保"工作。保障全市贫困居民的最低生活水平，2004年省、市财政安排低保资金支出4 505万元，救济低保对象37 746户113 332人；筹集资金，确保国有企业下岗职工基本生活费和企业离退休人员养老金的及时足额发放；市财政安排了专项资金1 314万元，解决拖欠企业军转干部的工资、基本生活费问题，发放生活困难长效机制补助，保障军转干部的最基本生活；安排供养经费，保障五保户的基本生活；投入839万元，用于残疾人事业，如兴建市残疾人康复中心和购置设备等，使全市残疾人士和残疾儿童享受到不同类型的康复训练与服务。

二是认真贯彻落实再就业工程。2004年，全市各级财政安排再就业资金2 004万元用于增加就业岗位、加强再就业培训等。全市城镇新增就业岗位48 534个，劳务输出17.6万人，全市下岗失业人员实现再就业26 699人，再就业率达67%。同时，落实下岗失业人员小额担保贷款制度，截至2004年底，全市发放下岗失业人员小额担保贷款162笔，资金277万元。

三是认真贯彻落实全民安康工程。各级财政在加快建立新型农村合作医疗制度的基础上，加大对疾病预防控制体系、卫生监督体系和农村预防疾病体系建设的资金投入。2003年，全市各级财政落实防治"非典"经费1 805万元，2004年安排资金3 790万元建设市疾病预防中心；同时，加大资金投入，建立健全以县级疾控机构为中心，依托县级医院、乡镇卫生院的农村预防疾病体系。

（三）努力保障重点支出，促进社会各项事业加快发展

一是建设教育强市，促进基础教育事业发展。2001～2004年，湛江市逐年加大对教育专项资金的投入，创办国家级示范性高中和实施市区中小学校"改薄"工程；投入专项资金全面实施中小学布局调整和老区农村小学改造，完善改造资金管理办法；加强农村中小学公用经费管理，出台《关于进一步加强我市教育经费管理工作的意见》，规范教育财务行为。开展教育债务的核实确认工作，兑付教育负债4 473万元，逐步解决中小学校教育负债问题。免收农村困难家庭子女书杂费，为城市特困户解决"读书难"的问题，改善湛江市特殊教育学校办学条件。2004年湛江市安排教育支出10.46亿元，比2003年同期增加1.11亿元，促进了全市加快实施基础教育发展战略。

二是建设文化大市，丰富群众精神文化生活。开展湛江市精神文明创建活动，进行市区文化和困难地区农村生态文明村建设。举办"湛江市第六届艺术节"、"霞赤两地开心广场"、"城市变化摄影大赛"等活动，丰富市民业余文化生活；促进广播事业发展，更新湛江电视台设备，兴建广电中心；成功举办2003年中国艺术舞狮邀请赛，支持湛江师范学院承办广东省第六届大学生运动会，承办2004年世界第三区亚澳滑水锦标赛、"市十运会"等，推进湛江市体育事业的发展。开展全市文化市场整治，进行重点文物维护，支持市级文博事业发展。积极支持部队建设和做好拥军优属工作，为湛江市连续两年荣获"全国双拥模范城"的称号创造条件。安排资金开展禁毒工作，改善47个基层派出所的基础设施。

三是规范市政建设资金的投入和管理，加快旅游业发展。2002～2004年湛江市政建设资金共支出12.56亿元，建成了赤坎污水处理厂、椹川大道、机场路、寸金路、湖光路、金沙湾观海长廊一期工程、南桥公园、北桥公园等一批项目，建设中的项目有疏港大道、渔港公园、广电中心等。新一批市政项目的建成，完善了湛江市的城市基础设施，美化了市容市貌，改善了城市投资环境，有利于经济发展。同时，对市政建设资金的管理机制进行改革。从工程项目的源头管起，全过程监管，狠抓资金支出各个环节的审核、监督和管理。进一步完善派驻财务监理的制

度，实行国库集中支付，严格按工程进度拨款，确保市政建设资金能发挥最大社会效益和经济效益，进一步加强旅游业的开发，省市财政加大旅游专项资金投入，安排“创优”经费，促进旅游景点建设、旅游宣传和旅游企业贴息，扶持旅游企业的发展。经过努力，2004年火山公园湖光岩成功被评为国家地质公园、国家“AAAA”级旅游景点，并开始申报世界地质公园；湛江市继2003年荣获“中国优秀旅游城市”称号后，继续紧锣密鼓地迎接创建国家园林城市的验收。

四是支持人口与计划生育工作。向农村提供计划生育技术服务、奖励农村部分计划生育家庭，为农村计生家庭提供养老保障；安排计生专项经费，建设计生信息网络、宣传计生教育和管理流动人口等。

（四）支持国有企业改革，做好职工安置工作

一是继续和完善粮食企业改革工作。2004年，财政部门与粮食、劳动保障部门和审计部门密切配合，协助市中正会计师事务所对市属34家国有粮食企业进行清产核资审计和资产评估工作，并分户出具审计报告，为粮食企业改革提供资料依据。制定《湛江市国有粮食企业改革总体方案》《湛江市国有粮食企业职工安置和资产重组方案》，要求市级粮食企业改革于2004年12月底完成，县级在2005年上半年完成。

二是认真做好市粮食单位政策性财务挂账审计工作。与审计部门配合，审计粮食单位政策性财务挂账情况，经省审计厅批复，核定市粮食系统1998年6月1日至2003年6月30日的政策性财务挂账总额为2.01亿元（市级1 498万元）。根据省审计厅批复的结果，湛江市按照省有关文件规定逐步做好账务处理和消化工作。

三是认真做好农民甘蔗款兑付工作。2000年，省财政厅确认湛江市10家关闭的糖厂拖欠农民甘蔗款的总额为3.3亿元。为兑现政府对群众的承诺，湛江市各级财政将兑付农民甘蔗款列入重点工作，每年安排一定专项资金实现兑付。在省财政厅的大力支持和经贸、农信社等部门的配合下，到2004年12月止，各级财政共兑付甘蔗款33 013万元，占应兑付总额的100%，按时完成了全市关闭糖厂拖欠农民甘蔗款的兑付任务。2004年2月省确认15家改制糖厂拖欠农民甘蔗款的总额为86 959万元。在有关各方的重视和积极解决下，有9家改制糖厂的甘蔗款兑付工作，于2004年12月底接近尾声，另外6家改制糖厂的兑付工作进入了具体操作阶段。至此，湛江市糖业改革基本完成。

四是支持国有企业改革，加强国有资产收益管理。配合和参与有关部门对三星公司等关闭、破产的国有企业资产处置、债务处理及职工安置工作，加强对国有企业资产处置的监督管理，规范操作程序和收益管理，将收益所得用于帮助企业化解历史债务和职工安置。2004年通过市产权交易中心挂牌转让的国有资产共21宗，交易额达10 341万元，全部收益用于安置企业下岗工人。

（五）落实出口退税政策，支持企业发展

一是鼓励科技创新，支持企业提高市场竞争力。支持科技发展，拨款开展工业、农业和自然科学等方面的项目研究；支持工业园建设、鼓励企业创建名牌。帮助企业进行技术创新和更新改造，促进企业竞争力的提高和品牌战略的实施。2004年，市财政分别拨付科技三项资金和企业挖潜改造资金2 640万元和1 700万元，

二是认真做好出口退税改革，落实外贸出口扶持政策。按照中央、省有关文件规定，制定了全市出口退税超基数负担和退库操作的具体办法，以及落实“以奖代补”的外贸出口扶持政策，确保了出口退税负担机制改革顺利推行。支持企业开拓国际市场，对出口先进大户和个人实施奖励，扩大外贸出口。

（六）统发工资、统一岗位津贴，确保工资正常发放

一是切实采取措施，努力解决拖欠工资问题。2001年，湛江市政府批转《关于切实解决县区财政拖欠工资问题的意见》，市财政与人事部门联合下发《关于解决拖欠工资和实行财政统发工资的意见》，把解决拖欠工资问题、确保当年工资正常发放作为财政工作的头等大事来抓，采取强有力的措施，如削减地方性补贴、清理财政供养人员等，基本消化了历年拖欠的工资3.7亿元。

二是实行县（区）财政全额供养人员工资市级统发。2002年，湛江市为贯彻落实李岚清副总理提出的“不拖欠工资是第一政绩”的指示精神，市财政在实行工资统发的基础上，又出台了县（市、区）财政全额供养人员工资市级统发的办法。到2002年12月底止，全市（除开发区外）统发人员111 688人，月统发工资额10 404万元。

三是实行市直行政机关及依公管理事业单位统一岗位津贴发放。2004年，根据省政府要求，湛江市参照省财政厅做法，按省直单位岗位津贴60%的标准，统一市直行政机关及依公管理事业单位公务员的岗位津贴。统发津贴消除了不同单位公务员之间岗位津贴差距较大的现象，促进了市直党政机关依法行政和党风廉政建设。

四是大力解决拖欠教师工资问题。由于财政困难，县（市、区）政府拖欠教师工资问题一直未能解决。2004年，在争取到省财政的大力支持下，湛江市按“分步走”原则解决全市6 197名“民转公”教师和大中专师范毕业生的编制及工资待遇问题。要求各级政府从2005年9月起，一律严格按国家规定的工资标准发放教师工资，不能再出现拖欠情况。

三、推进财政改革，提高管理水平

（一）完善部门预算编制改革，提高预算管理完整性

湛江市从2000年开始试编5个单位的部门预算，在试点基础上，总结经验，制定方案，明确部门预算的编制

原则，规范编制程序，逐年扩大试点范围。2004年将部门预算范围扩大到市直行政机关和依公管理的事业单位，全面试编收支脱钩管理形式的综合预算，实行预算内外综合拼盘，增强了综合财力，规范了预算管理，提高了预算管理的完整性。

（二）全面推进国库集中支付改革

湛江市国库集中支付中心于2003年9月正式成立。按照积极稳妥和循序渐进的原则，在一年内，支付中心将81个市直行政单位（含依公管理的事业单位）分三批纳入了国库集中支付范围。国库集中支付管理强化了财政资金调度能力，实现了对单位资金支出的有效监控，提高了财政支出的透明度。2004年办理授权支付资金额度29 603万元，直接支付资金6 377万元。

（三）规范政府采购监管，扩大政府采购范围

湛江市逐步深化政府采购改革。全面编制市直单位政府采购预算，建立政府采购信息平台，建立和完善政府采购专家库。实行政府采购执行机构与监督机构相分离，建立管理机构与集中采购机构相互协调的工作机制。进一步完善政府采购流程、政府采购资金管理、信息发布、供应商投诉等一系列管理制度。逐步扩大政府采购范围，在货物、服务类、市政设施、建筑工程、设备租赁、市政工程的主要材料及苗木等领域实行了政府集中采购。采购金额逐年增加，2001～2004年市直政府采购规模约为6亿元，比预算节约7 000万元左右；其中2004年，全市共完成政府采购金额26 035万元，节约金额2 262万元，节约率7.99%。

（四）积极扩大财政支出绩效评价试点范围

2003年，湛江市在全省范围内率先开展了对2002年老区农村小学改造资金、2000～2002年挖潜改造资金的效益评价工作。2004年在市人大财经工委的指导和参与下，开展了对观海长廊、北桥河整治一二期工程的基建支出绩效评价工作，对全面提高财政资金使用的社会效益和经济效益进行了积极的探讨，也得到了社会各界和省财政厅的高度肯定，为全面开展对财政支出进行绩效评价积累了经验。

（五）农村税费改革工作取得成效

湛江市农村税费改革从2003年7月1日起全面铺开，工作进展情况良好，获得省的肯定。税费改革后，按照农业税减半征收政策，农民的减负率提高到94.5%，人均减负143.95元，负担明显减轻。全市乡镇和中小学校布局进行了调整合并，完成撤并乡镇15个，2003年撤销中小学和教学点81所，新建扩建学校100所，其中22所已完成，78所在建。2004年要撤并初中27所、小学22所。2003～2004年共拨付了省市农村税费改革转移支付资金48 350万元（其中市财政安排5 262万元），确保了对五保户、优抚对象、计生干部、教师、镇村干部等的经费按时拨付，保证了镇村机构的正常运转。税改后，县域经济发展加快，农村社会事业稳步发展，乡镇行政服务水平和农村财务管理水平得到提高，乡镇干部依法行政意识和农民维权意识明显增强，农民收入增加。

（六）全面开展“金财工程”建设

从2001年开展乡镇财政信息化建设至今，湛江市全市111个乡镇财政结算中心已全部挂牌，拥有了电脑、服务器、打印机、刻录机、不间断电源等一批设备，基层财政的办公条件大为改善。为提高结算中心财政人员的业务水平，湛江市财政局分批组织了111个乡镇260多名基层财政所工作人员进行为期14天，内容为会计基础工作、事业单位会计制度和乡镇财政信息化软件操作的培训，并统一为第一批示范乡镇的财政结算中心集中采购网络版杀毒软件，为其顺利通过省级项目验收创造条件。2004年，湛江市财政局根据省厅要求开始对第一、第二两批80个乡镇实施省、市两级验收。符合验收标准并确认合格的乡镇财政结算中心有12个。

四、完善财政监督机制，提高资金使用效益

（一）开展了市直行政事业单位公有房屋及土地清理工作

2003～2004年，湛江市开展党政机关事业单位公有房屋及土地资产的清理工作。通过各单位对自己的资产进行自查自报，中介机构根据自报资料进行清理核查，对核查资料进行总结三个步骤，基本摸清了全市行政事业单位的存量资产，为开展行政事业单位公有资产管理改革，盘活全市行政事业单位资产、优化资源配置、减少行政营运成本、促进党风廉政建设打下良好的基础。

（二）加大对中央、省、市财政专项资金和国债的清理检查力度

湛江市财政局严格贯彻执行《湛江市财政专项资金使用和管理试行办法》，加大对中央、省、市财政专项资金的专项检查力度。对全市500万元以上的国债项目资金使用情况进行了全面的检查，并配合省财政厅开展了省级财政专项资金的专项检查，确保省市财政专项资金的安全和专款专用，提高资金的使用效益。

（三）逐步建立和完善财政监督制度，全面细化项目管理办法

出台《关于进一步加强财政资金管理的意见》、《关于进一步加强我市教育经费管理工作的意见》、《湛江市财政报账制资金管理暂行规定》等一系列规章制度，进一步加强对违反财政法规的处罚力度，强化对财政资金各个环节的监控。

（四）加强会计信息质量检查

2001～2004年，湛江市财政局每年都对机关单位会计

信息质量进行抽查，对发现问题的单位责令整改，并逐年扩大抽查范围。2004年，对市直行政机关和事业单位会计信息质量进行全面检查。为进一步加大检查力度，采取委托中介机构检查的办法，以公开招标的方式选定中介机构。

（五）加强财政性投资工程审核工作，严把工程预结算审核关

认真开展工程造价审核工作，有效节约财政基建资金的支出。2001～2004年全市共审核市级工程1 435项，送审造价22.29亿元，核减4.23亿元，核减率18.26%；其中2004年共审核市级工程591项，送审造价8.02亿元，审定造价6.59亿元，核减1.43亿元，核减率17.87%。

五、坚持科学依法理财，加强队伍组织建设

（一）加强思想政治教育和业务培训，提高队伍素质

湛江市财政局把加强队伍组织建设作为一项重要工作来落实。一是加强思想政治教育。组织全体干部职工认真学习"三个代表"重要思想、十六大精神等政策理论，增强财政干部的公仆意识、纪律意识和大局意识。二是开展党风廉政教育。经常组织干部职工学习中央、省、市三级纪委会议精神、"两个条例"等党纪条规，建立健全党风廉政建设责任制，建设清正廉洁、作风优良的干部队伍。三是采取"三结合"学习教育方式，把党组中心组学习与中层干部学习结合起来，把全局集中学习与分组学习讨论结合起来，把"请进来"与"走出去"学习结合起来，使教育切合实际，富有成效。四是开展形式多样的业务学习和培训，提高干部队伍综合素质。

（二）加强机关作风建设和政务公开工作，提高服务质量

一是利用民主评议行风的契机，围绕树立勤政、务实、廉洁、高效的财政机关形象，努力树立廉洁从政、依法理财的行业新风尚，提高财政工作的服务质量和办事效率。二是按照市委工作部署，安排11名同志驻点雷州市英利镇、白沙镇和南兴镇开展固本强基工作，认真开展"四看四想四促进"活动，帮助当地群众解决困难。三是进一步完善内部管理规章制度，组织各科室、单位对财政承办的审批事项、业务事项进行整理，制订公开办事制度和服务承诺，依法行政，提高财政工作透明度，把依法理财、文明服务落到实处。

（三）抓好普法教育，增强法律意识，制订每年普法教育具体计划，认真开展"四五"普法教育工作

通过采取召开法律讲座、开展法律知识竞赛、上街宣传、集中学习和个人自学相结合等形式，树立依法行政、依法理财观念，增强干部队伍的法律意识。

（四）开展全市财政系统内部干部双向交流工作

为达到锻炼干部、培训人才的目的，市财政局开展市局财政干部与基层县（市、区）财政局干部"一对一"的交流工作：即市财政局抽调1名干部到县财政局工作，所在的县财政局也相应抽调1名干部到市财政局下派人员所在的科室工作。通过双向交流，使财政干部开阔了视野、磨炼了意志、积累了基层工作经验。

（五）顺利完成局机关的机构改革，优化了财政干部队伍

2001年竞争上岗后，正科长平均年龄由44岁降为41岁，副科长平均年龄由42岁降为37岁；正副科长中大专以上文化程度由原来的77.8%提高到90.8%；科级轮岗面达到55%，中层干部的结构得到合理调整，达到了优化干部队伍的目的。

（六）扎实开展老干工作，主动关心离退休干部生活

市财政局以高度政治责任感开展老干工作。每年初拟定老干工作计划，每月组织老干部集中学习，定期上门慰问关心老干部生活；经常组织老干部开展各种文体活动，充实老干部的晚年生活。贯彻老干部工作的各项政策，落实老干部待遇，真正做到从政治上尊重、思想上关心、生活上照顾老干部。

（湛江市财政局供稿，王晓立执笔）

茂名市

2001～2004年，茂名市以邓小平理论和"三个代表"重要思想为指导，全面贯彻党的十六大、十六届三中和四中全会精神，落实科学发展观，以"把茂名建设成为粤西经济强市"为目标，深入实施"工业立市"、"四大跨越"发展战略，全市国民经济持续快速协调发展，社会事业全面进步。2004年，全市完成生产总值750.34亿元，比2001年增长38.9%（以下增长率除有说明者外，均是与2001年相比）。其中，第一产业增加值190.86亿元，增长27.2%；第二产业增加值267.27亿元，增长29.2%；第三产业增加值292.21亿元，增长59.2%，占全市GDP的38.9%。全市社会消费品零售总额260.21亿元，增长35.4%。全市完成固定资产投资120.30亿元，增长39.8%。全市金融机构存、贷款余额分别为479.92亿元和250.93亿元，分别增长38.3%和17.0%。人民生活水平继续提高，城镇居民人均可支配收入8 268.6元，与2003年相比增长9.8%，农村居民人均纯收入4 360元，增长14.3%，城乡居民储蓄存款余额增长39.1%。

2001～2004年，全市财政工作以科学发展观为统领，以促进发展、做大经济财政"蛋糕"为主题，以坚持以人为本、构筑公共财政为基础，以实施适时的财政政策、推

动改革为动力，以坚持依法行政、依法理财为保障，逐步建立适应公共财政要求的财政运行机制，全市财政状况呈现出健康发展的良好态势。2004年全市财政一般预算收入完成17.76亿元，增长24.6%，同口径则增长26%，高出全国平均增幅6.4个百分点，高出全省平均增幅9.86个百分点。与2001年的10.59亿元相比，增长67.7%。全市一般预算收入加上税收返还款和各项补助、调入资金、上年结余等，全市财政总收入为43.62亿元，比2003年增长23%，与2001年的24.4亿元相比，增长78.3%。全市财政一般预算支出41.95亿元，比2003年增支7.39亿元，增长21.4%。全市财政一般预算支出加上上解支出、调出资金、增设预算周转金支出等，财政总支出为42.49亿元，比2003年增长21.2%。总收入与总支出相抵，实现平衡。市级和各县（市、区）均实现收支平衡。

2004年市级一般预算收入9.60亿元，比2003年实绩增长35.8%，同口径比2003年增长36.4%，比2001年的4.71亿元增长103.8%，实现了“三年翻一番”。市级一般预算支出11.03亿元，同比增支2.07亿元，比2003年增长23.1%。一般预算收入加上税收返还款和各项补助、上年结余、调入资金等，财政总收入为15.43亿元，比2003年增长34.9%。一般预算支出加上上解支出、调出资金、增设预算周转金支出等，财政总支出14.65亿元，比2003年增长31%。总收入与总支出相抵，实现平衡。

一、做大财政“蛋糕”，实现财政收入的可持续增长，提高财政促进社会经济稳定发展的能力

（一）完善财源建设机制，提升财政收入增长能力

一是通过各种渠道，积极筹措资金，引导和支持茂名市重点项目建设。如投入8 900多万元，积极融资推进博贺新港区的建设。投入7 000万元作为茂名石化工业园区资本金，并继续从政策上、资金上积极支持茂名石化工业园区建设，使茂名石化工业区和博贺新港区建设渐显热潮。在该市财政局的支持下，众和化塑等一批项目顺利投产，100万吨/年乙烯改扩建、热电厂30万千瓦机组、西南和珠三角成品油管道等工程建设步伐加快，博贺电厂等大型重化工业项目的筹备工作顺利推进，工业财源正成为茂名市财源的主要增长点。二是积极支持民营经济发展。从2003年起连续5年每年安排1 500万元用于支持市属中小企业发展，主要是用于信用担保体系建设、构建中小企业服务体系、贴息贷款、三级工业园区建设。对长期以来制约该市中小企业和民营经济发展的资金短缺问题的解决，产生了积极作用。在“广东省首届百强民营企业”排名中，茂名市有3家企业荣登百强金榜。三是争取国债资金的支持，促进茂名市经济和社会事业发展。2001～2004年新争取国债项目28个，涉及农林水利、城市基础设施、环境保护、卫生、交通等多个基础设施部门，新增国债转贷资金7 400万元，新增中央专项补助14 972万元，带动地方配套资金的投入，为促进茂名市的发展发挥了积极作用。2001～2004年，积极争取国债资金、世行贷款和省的资金，切实落实地方配套资金，促成茂名市污水处理厂的建成投产，改善了茂名市的环境。四是加大财政科技三项费用和技改资金的投入力度。2004年市级财政安排科技三项费用开支1 856万元，增强茂名市科技创新能力，为发展科技产业奠定良好基础。五是积极申报项目，配合有关部门争取资金支持茂名市经济发展。2004年省科技创新和扶持补助资金2 600多万元，扶持项目60个，缓解资金投入不足局面，增强茂名市企业科技创新和产品更新换代能力。高州水库除险加固工程共投资4.1亿元，中央和省财政已明确给予支持。六是积极配合，认真做好茂石化公司企业分离办社会职能工作，为地方争取合理利益。与市政府、茂石化和有关部门共同努力，积极向财政部、省财政厅汇报反映情况，将茂名市中央企业分离办社会职能工作纳入了试点范围。七是积极筹资支持“三所一队”建设工程、市新图书馆建设工程、小东江整治工程和电茂干渠建设工程等项目的建设；运用财政贴息，支持市人民医院综合大楼、茂名学院等方面的建设，拉动投资，促进经济发展。

（二）强化收入征管，努力实现财政收入增收

茂名市财政工作以壮大综合财力为目标，强化收入征管，整合财政资源，努力做大财政蛋糕，满足茂名市不断扩大的资金需要。一是坚持财税联席会议和预算执行情况定期分析制度，认真落实财税收入目标责任制，积极协助税务部门加快税银企联网，加强税源监控，抓好税收征管，确保应收尽收，不留尾欠。认真贯彻执行《税收征收管理法》和国务院关于“加强征管，堵塞漏洞，惩治腐败，清缴欠税”的工作方针，大力整顿和规范税收秩序。二是为进一步完善市、县（市、区）两级财政体制，开展了调查研究和反复测算，并从2005年起实施市对县（市、区）新的财政体制，充分调动县（市、区）生财、聚财的积极性，发挥新一轮财政体制激励增收作用，实现市、县“双赢”。三是不断完善契税自征等财政征管措施。严格执行政策，认真抓好农村税费改革后农业税的征管，在2004年农业税减半征收和2005年全面取消农业税的不利预期等因素影响下，2004年全市农业税征收入库7 419万元，完成年度任务的125%，既增加了收入，也为2005年的改革打下了基础。加强契税收入征管，收回了契税征收职能，成立了机构，并将于2005年1月起正式投入运作，将进一步增加来自契税方面的收入份额。四是切实加强非税收入管理，实行财政综合预算，收支彻底“脱钩”。2004年，市级纳入“收支两条线”管理的单位有106个，完成行政事业性收费、政府性基金、罚没收入30 250万元，其中：行政事业性收费7 861万元，政府性基金（养路费）7 608万元，罚没收入2 367万元，教育收费12 414万元。除个别自收自支单位由于未编制综合部门预算，收费、罚没由财政专户按规定的比例直接返还给单位外，其余编制综合部门预算单位的收费（基金）收入按规定代计提各项基金（收费）及政府统筹后，余额全部缴入国库，

纳入单位部门预算管理；罚没收入则采取代计提各项基金（收费）后，余额全部上缴国库。行政事业性收费及罚没收入均实行了彻底的“收支脱钩”。同时，贯彻省政府《关于深化收支两条线改革规范非税收入管理的通知》扩大“收支两条线”管理范围，对未纳入财政专户管理的行政强制性、垄断性服务收入和社会公共资源的占用收益纳入财政专户管理，努力做到“颗粒归仓”。五是积极探索增加收入的新途径，使土地收益、国有资产转让、城市经营等成为财政增收的新亮点。尤其是积极探索城市建设投资主体和经营主体多元化的方式，以地生财，以财建城，以城聚财，加快城镇建设，使城镇化成为全市财政增收的新动力。

二、调整和优化财政支出结构，集中财力保重点，提高财政促进构建和谐社会的能力

（一）加强支出制度建设，努力节支

按照公共财政要求，规范财政供给范围，优化支出结构，科学配置财政资金，建立和完善重点支出的保障机制，厉行节约，严控支出，缓解支出矛盾，达到收支平衡。2001～2004年，制定出台了《关于进一步加强我市财政支出管理的实施意见》、《茂名市本级财政性资金投资项目管理暂行办法》、《茂名市级财政专项资金管理办法》等一系列规范性文件，进一步规范了财政支出管理。在预备费的使用管理方面，由市政府印发了《关于加强市级财政资金管理的若干规定》，实行“限额制”、“联签制”、“必审制”和“备案制”规范临时性支出的审批制度。牢固树立“节支也是增收”的观念，按“保工资、保办公、保重点、保稳定”的要求，大力压缩一般性支出，加强对“车、会、话”重点支出项目的管理，科学合理界定各部门各单位的公用、人员经费标准，提高对行政机关的保障程度，确保政权正常运转。积极推行信息网络设施共建，实现资源共享，节约财政支出。

（二）建立工资发放保障机制，努力做好工资发放工作

坚持把工资作为第一支出，年初足额安排工资预算。在财政压力较大的情况下，积极筹措资金保证中央和市委、市政府调资和增发岗位津贴、生活补贴政策的落实。努力争取上级财政的支持，帮助各县（市、区）及时发放工资。继续推进财政统发工资改革，实现县乡应统发工资人员和应统发额两个百分之百，强化工资发放约束机制。

（三）筹集资金保重点，解决好事关人民群众切身利益的突出问题

1. 加大社保投入，构筑社会安全网。一是不断加大农村合作医疗的投入，强化农村合作医疗资金的管理。至2004年底，全市参加农村合作医疗1 227 367人，覆盖率达23.4%，有14 446人得到住院补偿，住院报销1 220万元，人均受惠845元，大大缓解了农民看病难问题。二是努力做好社会保障和再就业工作。2004年城市低保对象的医疗救助金实行在定点医院看病门诊费定额包干，住院费一次性救助的管理办法，得到省、市人大的充分肯定。2004年市级筹集城镇居民最低生活保障资金972万元（含省补助209万元），医疗救助金182万元（含省补助32万元）。市级城镇居民最低生活保障享受人数已达4 004户11 839人。市级投入再就业资金690万元，大力支持了茂名市下岗失业人员免费培训、免费职业介绍、小额担保贷款、智力扶贫等促进再就业政策的实施。三是筹措资金加大扶贫力度，在解决人畜饮水困难、对受灾群众实施救济和因灾减免、解决离休干部医疗费拖欠和水库移民生活困难、对家庭困难学生实施帮助等方面做了大量有效的工作。如大力支持市级技工学校免费招收困难家庭子女就读技工学校300人。2004年市级财政再安排老区饮水工程资金100万元，用于解决分散、偏远山区老区群众的饮水难问题。四是各级财政加大对公共卫生建设的投入，为抗击“非典”，应对乙脑、狂犬病疫情等提供经费保障，确保了人民群众身体健康和生命安全。

2. 认真贯彻落实中央一号文件精神，进一步加大财政支持“三农”的力度。全市各级财政部门按照“新增财政资金重点向‘三农’倾斜”的要求，继续调整和优化支出结构，加大农业投入，突出支农重点。2004年支农支出规模3亿元，确保了“三农”的热点、难点问题进一步得到解决，巩固了农业的基础地位。一是按照中央的文件精神以及《农业法》的有关规定，加大了农业基础设施、农业生态保护和建设、农业科技等方面的投入，重点保障了十项民心工程、城乡防灾减灾工程、江河整治、小型水库除险加固等一批重点项目资金支出需要。二是调整和完善财政支农支出结构。继续做好农口专项资金清理检查工作。对9大类100多项支农资金进行了清理。积极引导有关部门把支出重点逐步转移到符合“绿箱”政策的农业项目上来，逐步减少支持生产环节方面的资金。2004年重点安排了水利、农田基本建设、农村吃水困难等农业基础建设和农村小型公益设施建设资金；特大防汛、动植物病疫防治经费等抗灾救灾资金；农业科技推广、农产品安全监测和农村市场信息服务网络等社会化服务体系建设资金；生态公益林补偿、自然保护区建设资金和水土保持等公益型、准公益型的农业项目资金，有效地促进茂名市农业生产、农村经济的发展和农村的稳定。三是切实做好财政扶贫、贫困村“两委”干部补贴、水库移民等资金的筹集和管理工作。

3. 大力支持科教事业发展。2004年，全市各级财政部门加大财政支持教育科技事业的力度，努力建设教育强市。2004年全市预算内教育事业费支出11.5亿元，科学支出0.78亿元，有力推动了茂名市科教事业迈上新台阶。并在市级教育费附加中安排了640万元，用于扶持市对口扶贫学校和老山穷地区农村小学；继续加强对2004年142所老区小学改造资金的监督和管理，与各县（市、区）财政局签订了改造资金管理责任书，保证了省补助资金的及时到位和资金的安全；从2003年起财政分四年每年安排

200万元左右的资金，带动全市投资1 700元改造农村薄弱学校教学楼防雷设施，解决雷雨季节农村中小学师生的人身安全问题。为了支持茂石化做大做强，按照中央和省的要求，将茂名市石化中小学校移交列入中央试点范围，顺利接收了14所中小学校。对省补助2003年农村中小学教育布局调整资金实行市级专户集中支付管理，将工程进度款直接支付到工程承建商的账户，减少了专项资金的拨付环节，提高资金的使用效益。切实保障农村计划生育专项配套资金，2004年安排了农村计生技术服务市县配套资金1 800万元，农村计生家庭奖励金市县配套资金160万元，为构建和谐茂名作出贡献。

4. 支持国企改革。经过多次谈判和多方面的努力，顺利完成了茂名永业（上市公司）国有股权的转让工作，目前该公司发展势头良好，并实现了扭亏为盈。同时，成功转让了南洋油脂化工厂，并在停业多年后恢复了生产。对茂名市茂港电力设备厂和茂名市联合运输公司进行股份合作制改制，实行职工全员持股，一次性购买企业产权。经市政府同意，对市直物资系统16家企业实行了破产。实现了茂名腈纶公司的破产，并成功整体拍卖，并复产。全面完成市直国有企业经济补偿金发放工作，安置企业职工11 863人（不含腈纶公司），拨付安置资金12 720万元。

（四）抓好债务回收，防范化解金融风险

2004年加大对农金会、城信社、信托投资公司资产处置、变现力度，回收现金1 627万元，查封、保全资产3 966万元；建立激励机制，加强考核，采取经济、行政、法律的手段，切实抓好财政周转金清理回收工作，累计回收周转金3 580万元，成绩显著。积极筹集资金帮助个别县（市、区）解决非法集资兑付问题。认真抓好各项债务的减负工作，经过努力，省核减了茂名市中央专项再贷款数额为13.2亿元，大大缓解了茂名市财政的压力。积极向省反映地方的实际困难，争取省以最优惠的方式了结了茂名市财政局担保腈纶贷款7.2亿元债务问题。至2003年10月止，茂名市欠省财政周转金已全部处理完毕。其他一些大额债务的化解工作也正在努力争取中。

三、深化改革，构建公共财政体系，提高财政促进资源合理配置的能力

茂名市财政工作以建立适应社会主义市场经济要求的公共财政基本框架为目标，全面推进财政改革。一是财政预算管理改革进一步深化。在预算编制中，深入贯彻公共财政、零基预算、综合预算、集中财力办大事的原则，形成了比较科学的预算分配决策机制。2004年起，在市级90个部门全面推行部门预算。实施《茂名市级预算管理试行办法》，调整了财政部门内设科室的职责分工，基本实现了财政局一个业务科对口一个部门进行预算管理和资金拨付，规范了管理，提高了效率。二是国库集中支付改革稳步推进。按照“整体规划、分步实施”的原则，扩大国库集中支付改革试点工作。国库集中支付改革从2004年7月1日起新增10个试点部门，试点部门数由原来的5个增加到15个，基层单位由原来的5个增加到31个。市级政府采购资金和统发工资也分别在2003年11月份和2004年6月份纳入了国库支付中心集中支付。三是政府采购基本实现制度化、规范化运作，采购规模和范围不断扩大。组建了政府采购网站，修订完善了政府采购预算编制、评审专家管理和招投标管理等制度。2004年全市组织采购601宗，实现采购金额16 914万元，增幅为37%，节约金额1 558万元，节约率为8%。四是深化“收支两条线”管理改革。完善“单位开票，银行代收，财政统管”的预算外资金管理制度，实行收支脱钩、收缴分离，为治理乱收费、乱罚款提供制度保障。五是深化农村税费改革。至2004年底，农村税费改革成效明显，农民人均年负担农业税6.24元，减负率达94.6%。并争取到省农村税费改革转移支付和专项补助每年26 922万元，市财政每年安排配套专项补助4 009万元。重点做好防止负担的反弹，加强专项资金的检查，配合推进实施改革的其他配套措施，农村税费管理开始步入法制化、规范化轨道。深化粮食补贴环节改革（其中市负担5元/亩），全面推行农民种粮直补工作，努力增加农民收入，保护农民种粮积极性，促进粮食生产。六是继续积极稳妥推进乡镇财政管理信息化建设，至2004年底止，茂名市117个乡镇已全部配备了电脑，电白、信宜、茂港已全面推行财政结算中心管理模式，高州33个镇已有10个镇成立了结算中心，茂南9个镇中有3个也已开始推行，化州也正着手在全市所有镇中推行财政结算中心管理工作。

四、加强财政监督，规范财经秩序，提高财政部门依法理财的能力

茂名市财政工作以建立内外监督相结合、行政监督与社会监督相结合以及事前审核、事中监控、事后检查相结合的财政监督工作新机制为目标，着力加强财政监督。一是加强制度建设。按照“预算编制、执行、监督相互分离、相互制约、合理分工”的原则，制定了《关于切实加强财政监督工作的意见》、《茂名市财政局监督检查操作办法（试行）》、《茂名市财政局财政检查工作纪律》、《茂名市财政监督检查办法》等工作制度，召开了专门会议，逐步建立起内外监督相结合、行政监督与社会监督相结合以及事前审核、事中监控、事后检查相结合的财政监督工作新机制。从而促进了财政监督检查工作的规范化和制度化建设，扩大了财政监督的影响力。二是加大对财政支出资金分配、拨付、使用、管理情况的监督检查，逐步建立财政支出的有效监控机制。对省级财政安排给我市的科技兴贸、企业挖潜改造资金、贫困家庭子女技术教育经费、林业涵养林建设以及农村税费改革转移支付资金等专项资金的分配、使用和管理情况进行了专项检查。三是认真开展了《财政部门内部监督检查暂行办法》的宣传落实工作，并补充制定了具体的实施规定，初步建立了财政内部检查制度，使内部检查工作规范化、制度化。四是发挥财务总

监“服务、监督、桥梁”的作用，不断健全完善派驻单位的财务管理制度，规范财务开支行为，2004 年派驻 20 个行政事业单位的财务总监节约资金 529 万元，提高了资金的使用效益。五是加强基建项目和重点工程项目管理。联合计划、建设部门争取市政府出台了《茂名市本级财政性资金投资项目管理暂行办法》，对规范茂名市本级财政性资金投资项目的管理，严控工程造价，确保工程质量，提高投资效益具有重大意义。坚持重大建设项目派驻财务总监制度，严格把关，加大对基本建设重点项目的财务监督力度，控制支出。发挥财政审核机构职能作用，2004 年累计完成投资项目（包括非财政投资项目）审核 184 项，其中概（预）算项目 65 项，审定概（预）算金额 25 758 万元；审核结算项目 119 项，送审结算金额 22 682 万元，审定结算金额 19 370 万元，核减金额 3 312 万元，核减率为 14.6%。六是加强会计基础管理。全面实施了会计从业资格管理制度，建立会计从业人员电脑信息库，并对会计从业资格证实行考试准入制度。加强对会计人员的继续教育，2001～2004 年共举办后续教育培训班 25 期，培训会计人员 3 860 人次。七是积极探索绩效评价工作。对安排给民营工业园区建设的 3 000 万元财政专项资金和 2002 年、2003 年改造山区老区小学财政专项补助资金 6 810 万元开展了初步的效益评价。八是配合监察、审计、人行（人民银行）等有关部门完成了市直党政机关经营性资产和银行账户的清理工作。通过清理，摸清了底子，为下一步规范管理打下基础。

五、加强干部队伍建设，树立“科学、为民、务实”的部门形象，提高财政为民理财的能力

（一）加大培训力度，提高队伍素质

根据形势发展、队伍现状和公务员管理制度，广开渠道，开展全方位、多层次的培训，优化干部知识结构，有效地提高干部队伍的整体素质，为圆满完成各项任务提供智力支持。2001～2004 年全市财政系统所有人员都参加过各种不同类型的培训。一是把开展多种形式的正规学历教育作为培训干部的基本渠道。全系统依靠省、市党校、电大和社科院等办学机构，选送推荐共 860 多人参加大专以上层次学习。二是把开展岗位培训作为培训干部的主要内容。积极选派人员参加省市各类培训，举办了全市财政系统财政所长培训班、预算总会计培训班、办公室秘书培训班共计 50 期，有 400 人次参加学习。三是把举办各种不同类型的短期培训班作为培训干部的重要形式。通过请进来、走出去的办法，适时举办了预算管理改革、国库集中支付等各种不同类型的短期培训班 96 期，共有 1 208 人次参加。四是把开展各种业务评比竞赛活动作为培训干部的有效途径。适时举办了全市财政系统计算机应用技能竞赛、业务讲座、知识测验、单项评比、岗位练兵、经验交流等活动，营造良好的学习气氛。

（二）抓好机关内部制度建设，打造服务型机关

建立健全、修改完善了车辆管理、财务管理、公务运作、公文处理、调查研究、督办督查等内部管理制度，规范管理，做到有章可循，推行标准工作规范，努力实现机关运作透明、快速、顺畅。抓好局机关政务公开工作，建成茂名市财政局办事大厅，政务公开工作走上了规范化、制度化轨道，先后两次在全市政务公开会议上作了经验介绍。

（三）开展精神文明创建活动，营造和谐理财环境

一是强化激励机制，树立典型，营造积极向上的氛围。组织开展了全市财政系统先进集体和先进个人的“双先”表彰活动，共评出全市财政系统先进工作者 35 名，先进集体 15 个，树立了学习的榜样。坚持每两年组织开展全市财政系统市级文明财政的评选活动。二是扎实开展民主评议行风工作。2004 年全市财政系统民主评议行风获得全面丰收。市财政局、各县（市、区）财政局总评均取得优异成绩，均被评为“满意单位”，均在当地当年开展民主评议行风的三个部门中名列前茅。其中茂名市财政局 97.68 分，创造了市级部门历年民主评议行风的最高得分。通过深入开展民主评议行风工作，全市财政状况呈现出健康发展的良好态势，依法行政和依法理财观念得到加强，各项改革不断推进，内部管理日益规范，工作作风明显改善，服务意识进一步增强，开创了财政事业改革和发展的新局面。

（茂名市财政局供稿，欧辉执笔）

肇 庆 市

2001～2004 年，肇庆市国民经济呈平稳快速发展态势。全市国内生产总值分别实现 411.02 亿元、450.22 亿元、501.15 亿元和 548.51 亿元，分别比上年增长 8.2%、10.3%、11.2% 和 13.2%。2004 年，全市第一、第二、第三产业分别完成增加值 151.04 亿元、195.51 亿元和 201.96 亿元，分别比上年增长 5.7%、18.6% 和 13.7%；全社会固定资产投资完成 144.71 亿元，比上年增长 26.1%；外贸进出口总额 19.03 亿美元，比上年增长 21.7%，其中出口总额 12.4 亿美元，增长 12.9%，进口总额 6.63 亿美元，增长 42.9%；全社会消费品零售总额 193.91 亿元，比上年增长 13.3%；居民消费价格总水平上涨 3.1%。

2001～2004 年，肇庆市财政运行情况良好，财政收入稳步增长，重点支出项目基本得到保障，财政预算连续四年实现收支平衡。2001～2004 年，全市地方财政一般预算收入（实际入库数，下同）分别完成 12.29 亿元、12.98 亿元、14.44 亿元和 15.80 亿元，按可比口径（下同）分别比上年增长 12.1%、14.3%、13.0% 和 19.0%，其中市直地方财政一般预算收入分别完成 3.49 亿元、3.35 亿元、3.59 亿元和 3.69 亿元，分别比上年增长 9.0%、10.5%、9.7% 和 19.3%；全市地方财政一般预算支出（决算数，

下同）分别完成22.64亿元、26.96亿元、31.90亿元和35.53亿元，分别比上年增长15.9%、19.1%、18.3%和11.4%，其中市直地方财政一般预算支出分别完成5.13亿元、5.91亿元、7.23亿元和7.45亿元，分别比上年增长-4.6%、15.2%、22.3%和3.0%。一般预算收入加上中央、省税收返还、各项补助款和上年结余，减去一般预算支出以及专项上解等款项后，2001～2004年，全市及市直财政预算实现了收支平衡，略有结余。

一、加大增收节支力度，确保全市财政平稳运行

1. 加大收入组织力度，确保财政收入稳步增长。2001～2004年，肇庆市各级财政部门一是认真做好协税工作，通过加强重点税源变化情况的跟踪和分析，协助税务部门强化对主体税种的征收管理，确保作为财政收入主要来源的税收收入平稳增长。2004年，在全市地方一般预算收入中，税收收入完成10.00亿元，比上年增长17.9%；二是积极探索行政事业性资产及政府公共资源管理的新路子，不断拓展财政收入新领域。2004年，市财政组织了行政事业单位清产核资工作，为摸清“家底”、盘活行政事业性资产创造了条件；同时，对城区道路车辆停放场点经营权、部分县区河砂开采权等公共资源实行公开竞投，通过市场有效配置，使政府公共资源取得更大收益。2004年，全市非税收入实现5.80亿元，比上年增长21.1%。三是建立端州城区财政管理新体制，通过统一征管、合理分成的方式，改善营商环境，实现资源共享，保证了市、区两级财源的平稳增长。

2. 优化支出结构，确保重点、应急支出的资金需求。2001～2004年，肇庆市各级财政部门一是大力压减年初预算一般性专项支出，严格控制会议开支、接待费、差旅费等消费性支出标准，确保将有限的财政资金用到“刀刃”上；二是强化预算约束，规范预算拨款程序，严格控制超预算拨款或追加新的支出项目；三是优先保障农业、教育、社保、就业等事关群众切身利益的支出和市委市政府重点工作支出的需要，2004年全市农业、教育、社保支出总额达17.60亿元；四是确保抗洪救灾等突发性事件的支出需要，2004年积极安排抗旱资金，支持怀集、广宁、封开、德庆等地的抗旱工作，帮助旱区农户解决生产生活困难。

二、科学调度安排资金，促进经济社会协调发展

2001～2004年，肇庆市各级财政部门在财政资金相对紧张的情况下，积极化解不利因素，通过科学调度安排资金，有力地支持了全市社会经济实现跨越发展和协调发展。

1. 支持招商引资和外贸出口。2004年，全市共投入资金1 900万元，用于支持招商引资工作。其中，投入资金1 180万元用于粤台经贸洽谈会和肇庆金秋经贸洽谈会等重大招商项目。此外，因应出口退税负担机制的改革，全市还积极安排专项资金用于支持企业的出口退税工作。

2. 支持企业的改革与发展。一是加大科技投入力度，2004年全市共投入科技三项费用6 814万元，促进高新技术产业发展和产业结构的优化升级。二是大力扶持民营企业的发展。根据市政府有关政策，对获省名牌产品、省著名商标称号及被评定为省级、市级工程技术研究开发中心等民营企业给予奖励，鼓励民营企业创立自主知识产权、开展品牌经营及加强技术研发，推动民营经济发展。三是为市直企业的改革与发展提供资金支持。2004年，通过土地出让金返拨为市直企业改革和职工安置提供了资金4 329万元；通过国企改革专户投入资金11 398万元，用于支持市直企业改革。

3. 支持解决“三农”问题。2001～2004年，肇庆市各级财政部门持续加大对农业的投入，积极支持农业和农村经济发展。2002年，全市各级财政累计安排农业生产、农业综合开发和部门事业费支出共25 900万元，有力地支持了地方农林水利建设的发展。2003年，农村税费改革后，全市投入农口建设资金达29 694万元，主要用于农业产业化经营、“三高”农林项目、农业科技推广等方面。2004年，全市农口方面支出35 780万元，同时，按省减半征收农业税的规定，减征农业税2 710万元，为农业和农村经济的发展创造了良好的环境。

4. 支持建设教育强市。一是着力做好中小学布局调整工作。2002年，全市在中小学布局调整方面投入资金8 859万元，纳入中小学布局调整试点示范学校59所，其中中学13所，小学46所，新建项目173个。2003年，通过省争取中小学布局调整专项资金10 080万元，进一步优化了教育资源配置。二是不断加大教育方面的投入。2003年、2004年，全市教育方面支出分别达70 267万元和70 804万元，“科教兴市”战略的推动力度进一步加大。

5. 支持社会保障事业。2001～2004年，肇庆市加快完善社会保障体系，积极保障低收入群体的基本生活。2004年，全市社会保障共支出58 568万元，主要用于市直国有困难企业军转干部生活补助、企业离退休补助、解决劳模看病难问题等方面，社会保险资金的及时、足额拨付，维护了社会稳定的大局。在统筹方面，全市实现了社会保险市级统筹，全市九个县（市）区的养老、失业、医疗、工伤、生育保险都纳入了社会保险统筹范围，实现了市财政部门统一核算和管理。

三、深化财政制度改革，加快建立公共财政体系

2001～2004年，肇庆市各级财政部门大力推进财政各项改革，努力建立科学、规范、法治的财政运行机制。

1. 部门预算改革进展迅速。在前几年试点工作的基础上，2004年市级部门预算编制工作按省财政厅的进度要求，实现了全面铺开的改革目标。市级部门预算编制单位从2001年的20个，增至2004年底的130个，部门预算的内容也较往年更详细、更具体、更透明。各县（市）区的

部门预算改革也已陆续铺开。

2. 国库集中支付改革试点工作正式启动。经过充分酝酿，2004年底，选取了市委组织部、市财政局等5个市直单位，开展了国库集中支付的改革试点工作，今后还将继续扩大试点范围，逐步建立科学规范、符合肇庆实际的财政国库管理制度。

3. 农村税费改革进一步深化。肇庆市的农村税费改革工作自2000年开展试点以来，于2003年7月份在全市范围内全面铺开。改革后农民的负担明显减轻，人均减负率达82.37%；农村的税费制度明显规范，“三并一减”配套改革得到有效落实；农村各项事业发展加快，经济增长加速，社会更加安定团结。

4. 统一公务员津贴和单位公用经费工作取得突破。在精心准备及反复测算推敲的基础上，肇庆市财政局会同市监察局、市人事局向政府提出了统一市直机关公务员岗位津贴及单位公用经费标准的改革建议，获市政府采纳，并决定从2005年1月起正式实施。这是肇庆市机关公务员管理和财政分配领域的重大改革，有利于加强财政资金管理、促进党风廉政建设及规范公务员收入分配秩序。

5. 端州城区财政管理体制改革政策得到落实。为了建立规范有序、资源共享、能够充分调动市区两级政府积极性的端州城区财政管理体制，肇庆市财政局拟定了《肇庆市端州城区财政管理体制改革暂行办法》，经市政府同意，从2004年1月1日起实施。新体制核心内容是将市直和端州区以往按企业隶属关系划分财政收入的做法，改为按税种划分财政收入，双方将增值税、营业税、企业所得税等主要税种划定为共享收入，实行比例分成，并由此结成发展经济、培植财源的利益共同体。为了充分调动双方招商引资的积极性，新体制还建立了税收倾斜激励机制，具体为：引进注册资本金额在1 000万元人民币以上的外来企业，头五年的税收全额归引资方政府财政。在新体制运行期间，肇庆市财政局着重抓了税政移交、跟踪分析等后续工作，同时加强与国库、外贸、税务等部门的沟通协调，到2004年止，新体制运行情况良好，城区统一、公平的营商环境逐步形成，市、区两级财政收入实现了同步稳定增长。

四、强化财政监管，规范财经秩序

1. 加强预算外资金征管，深化“收支两条线”管理。一是完善预算外资金收缴制度。进一步理顺财政、银行、各执收单位、交费对象之间关系，继续完善“银行代收款”管理办法，使操作办法更加完善、便民、高效。2004年，市本级、高新区及7个县（市）区实行了“委托银行代收款”办法，比2003年增加了2个，另有1个县实行“一个窗口收费”办法。二是规范预算外资金支出管理。建立预算外资金预、决算制度，将预算外资金预算执行情况定期向市人大常委会报告，接受市人大监督；取消“收支挂钩”政策，将预算内外资金统筹使用，统一编制部门综合财政预算。三是拓展“收支两条线”管理的深度和广度。2004年，肇庆市在对非税收入进行调研的基础上，制定相关规章制度，通过拍卖或招投标方式，将行政事业单位及其关联单位以经营服务性收费形式获取的国有资产（资源）有偿使用收入，及带有行政垄断性的收入纳入财政专户管理，增加政府非税收入，提高公共资源配置效率。四是从票据着手，以票管费，治“乱”控“源”，切实加强行政事业性收费管理，为做好“收支两条线”管理工作奠定基础。

2. 加强基建资金管理，确保资金使用安全。一是加强基建资金特别是国债资金的集中管理力度。在资金管理上实行专户储存，专户核算，统一集中支付，严格按照工程进度拨款。这一做法得到了国家审计署驻广州特派办的充分肯定。二是加强资金拨付审核力度，确保基建工程项目资金及时到位和安全合理使用，保证基建项目顺利完成。

3. 加强专项资金监管，落实跟踪问效制度。2001～2004年，肇庆市各级财政部门重点对单项50万元以上的财政专项资金进行了追踪检查，对各项专项资金是否及时拨付到位、是否专款专用、账务处理是否正确、项目是否按计划实施、项目配套资金是否到位等情况进行实地了解，发现问题及时纠正，增强了资金使用的透明度，提高了资金使用的效率。此外，肇庆市财政局还先后多次配合中央及省的专项资金检查，会同有关单位对相关项目实施情况进行跟踪检查，确保财政专项资金依法依规使用。在绩效评价方面，2004年肇庆市财政局配合省财政厅开展了山区老区小学教育补助资金绩效评价工作，并对北岭山林分改造等三个项目进行了绩效评价试点，为今后财政绩效评价工作的扩展和深化打下了基础。

4. 创新储备粮采购制度，规范粮食管理。2003年，肇庆市财政局委托华南粮食中心批发市场举办专场竞买会，分两次成功采购了7 682吨市级储备粮，首次在粮食采购环节建立了公开竞买的制度；2004年，肇庆市财政局又以专场竞卖会的形式，在轮换环节建立了公开竞卖制度。公开竞买竞卖制度的建立，改变了过去储备粮轮换协议买卖的方式，既增加了轮换的透明度，又节约了轮换成本。此外，肇庆市财政局还采取多项举措规范地方储备粮管理，包括对市级储备粮的入库数量、质量及储备库的财务情况进行实地检查，对县（市）、区的粮食风险基金到位情况进行督促落实等等。

5. 强化基础管理，促进会计工作规范化。一是规范会计培训机构管理。肇庆市财政局印发了《肇庆市会计从业资格考试培训机构管理办法》，对会计专业知识培训、会计电算化培训、继续教育培训单位的管理作出了明确规定，规范了全市会计培训市场。二是对外商投资企业执行《企业会计制度》情况进行调查，了解有关企业对实施和执行《企业会计制度》的意见和建议，促进《企业会计制度》在全市的贯彻实施。三是对辖区范围内的3家会计师事务所和2家资产评估机构进行了执业质量检查，促进了中介机构执业水平的提高。

6. 创新工作机制，构筑循环监督体系。2004年，肇庆市财政局创新财政监督机制，形成了“内部监督—管理监督—外部监督”三位一体的循环监督体系雏形。一是强化了内审机制。通过完善有关内审工作制度，进一步拓宽了范围，加深了深度，规范了程序，明确了责任，使一年一度的内审成为强化机关内部管理、确保财政资金和财政人员不出问题的有力保障。二是整合财政监督职能。针对过去一段时期存在的财政监督职能分散和弱化的情况，2004年肇庆市财政局在实施监督检查时加强了有关业务科室的横向配合，形成了工作合力。三是加强外部监督。自觉接受人大、审计、纪检监察等部门的监督；通过聘请财政社会监督员、开展问卷调查、举办咨询活动等形式，加强财政部门与社会的沟通与互动，及时获取外界对财政部门的反馈意见和信息，并据此对存在的问题进行整改和提高。

五、加强机关作风建设，提高财政干部队伍素质

1. 财政行风建设取得实效。2004年，肇庆市各级财政部门加大行风建设力度，财政工作实现了“四个新”，即思想观念有新转变，机关服务水平有新提高，依法理财能力有新增强，财政工作有新发展。全市财政系统的服务意识和服务水平得到了行评办和社会群众的认可，在2004年纠风办组织的行风评议活动中，全市财政系统均被当地行评团评为满意单位，市局和8个县(市)、区财政局在当地的参评单位中名列第一。

2. 干部队伍素质进一步提高。2004年，肇庆市各级财政部门结合工作实际，狠抓了对干部职工的教育培训，政治学习与业务培训并举，取得了良好效果，干部职工求真务实、立党为公、执政为民、干净干事、拒腐防变的自觉性和全心全意为人民服务的宗旨意识明显增强，整体素质有了新的提高。为了给广大干部职工创造良好的学习条件，肇庆市各级财政部门除鼓励干部职工自行参加在职学历教育外，还积极与上级财政部门联系，促成财政部科研所研究生部与广东商学院共同在肇庆市举办在职人员研究生课程进修班，到2004年止，全市财政系统现已有27人在该班就读。研究生课程进修班的成功举办，将为肇庆市财政系统提供更多更优秀的财政专业人才。

（肇庆市财政局供稿，谢景洪执笔）

清 远 市

2001～2004年，清远市国民经济迅猛发展，全市国内生产总值分别实现161.9亿元、171.4亿元、196.8亿元、248.2亿元，2004年与2001年相比，增长率为53.3%。其中，2004年第一产业实现76.6亿元，与2001年相比，增加值为11.96亿元；2004年第二产业实现103.4亿元，与2001年相比，增加值为54.5亿元；2004年第三产业实现68.2亿元，与2001年相比，增加值为19.8亿元。2001～2004年全社会固定资产投资总额分别为49.5亿元、57.3亿元、105.9亿元、141.8亿元，2004年与2001年相比，增长率为186.46%。2001～2004年进出口总额分别为3.83亿美元、4.46亿美元、6.18亿美元、11.93亿美元，2004年与2001年相比，增长率为211.49%。2001～2004年社会消费品零售总额分别为80.7亿元、87.1亿元、96亿元、110.5亿元；2004年与2003年相比，商品零售价格指数为101.8，居民消费价格指数为103。

2001～2004年全市财政运行基本正常，收支完成情况良好。2001～2004年全市财政收入分别为5.8亿元、6.6亿元、7.97亿元、9.77亿元，2004年与2001年相比，增加3.97亿元，增长率为68.44%。市本级财政收入分别为1.17亿元、1.53亿元、1.86亿元、2.37亿元，2004年与2001年相比，增加1.2亿元，增长率为102.56%。2001～2004年全市财政支出分别为18.21亿元、23.56亿元、28.22亿元、31.44亿元，2004年与2001年相比，增加13.23亿元，增长率为72.65%。2001～2004年市本级财政支出分别为2.55亿元、3.55亿元、3.91亿元、5.02亿元，2004年与2001年相比，增加2.47亿元，增长率为96.86%。全市实现了收支平衡，略有结余。2001～2004年省对清远市转移支付分别为8.28亿元、6.76亿元、7.63亿元、8.76亿元，2004年与2001年相比，增加0.48亿元，增长率为5.80%。2001～2004年上划中央两税分别为5.08亿元、5.51亿元、6.36亿元、7.75亿元，2004年与2001年相比，增加2.67亿元，增长率为52.56%。上划省四税收入分别为1.33亿元、1.52亿元、1.79亿元、2.43亿元，2004年与2001年相比，增加1.1亿元，增长率为83.71%。

一、切实抓好财政各项工作，发挥财政职能，促进经济社会发展

（一）注重收入监管，严抓预算管理工作

一是抓收入，确保财政正常运行。依法组织财政收入，是财政工作的首要环节，事关预算平衡、经济发展和社会稳定大局。清远市始终把组织收入作为重中之重，其一，抓好收入任务分解、落实，使各部门及相关单位明确责任。其二，抓好组织收入的协调工作，定期召开由国税、地税、中国人民银行清远市中心支行等部门参加的财税会议或碰头会，及时沟通情况，分析问题，并研究提出解决问题的措施，确保组织收入工作的顺利开展。在市直、清城区、清新县继续实行中心区域利益共同体财政管理体制，提高了各级政府增收节支的积极性。2004年，中心区域利益共同体收入与2003年相比增长28.3%，比全市平均增长水平高出1.85个百分点，收入占全市比重达46.67%，比2003年同期提高0.68个百分点。严格控制支出，统筹兼顾，确保全年预算平衡。通过硬化预算约束，规范预算追加行为等各项措施，使清远市在被省抵扣各项政府债务、资金调度困难、支出压力加大的情况下，仍能保持正常运转，并重点保障了农村税费改革经费、最低生活保障、下岗职工基本生活补助、失业救济及困难群

众的生产和生活等支出，维护了社会稳定。2004年，清远市一般预算收入增长26.37%，增幅在全省21个地级市中排第五位，高于同期GDP增幅6.77个百分点；来源于清远的财税总收入达24.5亿元，同比增长27%，高于同期GDP增幅7.4个百分点，保持了财政收入快速增长的势头。为确保收入任务的完成，市财政局主要抓了五个方面的工作：一是坚决贯彻落实各个季度国民经济运行监测预测联席会议精神，认真分析财政收入预算执行情况，研究财税政策调整和出口退税政策执行情况，进一步加强财税部门的沟通和协调，把收入征管任务落实到具体工作中。二是建立领导抓收入的制度。市财政局负责对8个县（市、区）的收入监控工作，并明确了各业务科在重点税源监控方面的责任。根据每月收入情况及时指导和督促出现异常的地区和税源，并进行调查分析，查找问题，研究对策，确保财政收入稳定增长和预算任务的完成。三是进一步改进预算执行分析工作。每月对预算执行情况进行通报，促请各级党委、政府及主要负责人关注本地区的财政收入增长情况，促使收入落后地区挖掘潜力争超收，促使收入较高的地区克服麻痹思想，做到应收尽收。四是不断加强非税收入管理。认真贯彻市委《关于深化收支两条线改革进一步加强和规范非税收入管理的意见》，在巩固"收支两条线"工作成果的基础上，进一步拓宽理财领域，把未纳入财政管理的非税收入，尽快纳入"收支两条线"管理范围，壮大地方财力，增强政府宏观调控能力。五是配合市人大开展的《预算法》和《广东省预算审批监督条例》执法检查工作，加强财政法制宣传，深入开展学习贯彻和落实《预算法》的宣传活动，促进依法理财、科学理财，确保预算收入的完整、真实、可靠。

（二）加大资产追收力度，化解财政风险

清远市有16家城市信用合作社（下称城信社），其中由中国人民银行广东清远市中心支行组建和地方组建的各占8家；有农金会3家。为了加大对政府债务的追收力度，2002年底市政府批准成立了清远市地方金融资产管理办公室（下称金管办），挂靠市财政局。金管办不仅建立健全了一系列相关管理规章制度，还修改完善了工作组费用支出管理规定，做到有章可循，既节约了费用开支，又提高了办事效率。2004年全市城信社和农金会应收资产总额202 005万元，资产追收保全额189 005万元，已确权额170 760万元，追收资产额75 198万元。其中：追收现金18 847万元，资产追收保全、资产确权和追收资产比例分别为93.56%、84.53%和37.23%。市属四家地方组建的城信社和农金会应收资产总额102 414万元，全市资产追收保全额89 210万元，已确权额79 987万元，追收资产额34 518万元，其中：追收现金6 733万元，资产追收保全、资产确权和追收资产比例分别为87.11%、78.10%和33.70%。市属四家地方组建的城信社和农金会通过追回或资产变现或出租收入等收回现金1 970多万元，上缴财政1 500万元，并保全了部分有效资产。

（三）加大社会保障投入，促进就业和再就业工作

着重优化财政支出结构，解决困难群众的生活问题。2004年全市四项社会保障支出为65 609万元，占一般预算支出的20.87%，比上年同期增支10 803万元，增长19.71%。加强社会保险费的征缴管理，积极配合地税、社保部门采取多种措施做好社会保障基金的征收工作，规范、严格管理基金支出。积极配合社保部门实行市级统筹工作，会同有关部门扩大社会保障覆盖面，继续加大社会保险费征缴力度，确保社会保险费的稳定增长。努力促进就业和再就业工作。加强社区劳动市场平台建设，积极推进企业退休人员社会化管理服务工作。对下岗失业人员及大龄就业困难对象进行扶持，认真分析在贯彻落实再就业政策中存在的问题，并采取有效措施，确保各项优惠政策的全面落实。加大再就业资金支持力度，管好用好省、市补助的再就业资金。2004年全市净增就业岗位45 375个，下岗失业人员实现再就业15 566人，全市城镇登记"4050"（女40岁，男50岁）人员失业率为3.09%，比上年下降0.21%。

（四）加大农业投入，促进农村经济发展

全市各级财政部门把增加农业投入作为农村工作的首要任务来抓。2004年安排支农支出预算1 908万元，比2003年增加206万元，增长12.1%，市财政安排的支农生产建设支出(含省追加)和农林水气象部门事业费38 795万元，比2003年同期增加1 522万元，增长4.08%。着力优化支农支出结构，提高资金使用效益，加大水利基础设施建设，2004年安排市级配套资金80万元。推进农业产业化经营，支持农业龙头企业的发展，通过"公司＋基地＋农户"的模式使广大农民积极参与产业化经营，并制定了《清远市扶持农业龙头企业专项资金管理办法》，通过财政融资1 000万元解决市级农业龙头企业的技术改造和创新。加强生态公益林补偿费的使用和效益监督，确保专款专用。支持生物防火林带工程建设，在财力紧张的情况下安排配套资金30万元，促进了生物防火带建设。提高农业科技含金量，安排技术推广专项资金10万元，并加强农业社会化服务体系建设，投入资金20万元。

二、与时俱进，开拓创新，积极推进财政各项改革

（一）开展国库管理制度改革

积极开展市级单位财政国库管理制度改革试点工作，会同人民银行清远市中心支行共同拟定有关开展国库集中支付改革的政策性文件，制定了《清远市市级财政国库管理制度改革工作方案》、《清远市市级单位财政国库管理制度改革暂行办法》、《清远市市级单位财政国库管理制度改革试点资金银行支付清算办法》、《清远市市级单位财政国库管理制度改革试点资金会计核算暂行办法》、《清远市市

级财政资金拨付管理暂行规定》等。选定市文联、市档案局作为市级单位财政国库管理制度改革试点单位，并在2004年12月开始实施。加强统发工资管理工作，扩大统发工资范围。根据部门预算的编制要求，全市公务员及教职员的工资全部纳入了财政统发范围。进一步加强了公教人员的工资管理，保证了人员工资的足额及时发放。市直公务员的地方统一岗位津贴于2004年12月份全部实行由财政委托银行代发，津贴直接划到个人开设的银行存折中，兑现了市政府制定的统一公务员岗位津贴的政策。加强财政资金收入、支出管理的同时，调整了资金拨付程序，简化了审批程序，从而提高了办事效率。

（二）深化“收支两条线”管理改革

深化“收支两条线”管理改革，既是构建公共财政框架的重要内容，也是整顿和规范财政秩序，推进廉政建设的重大措施，2001～2004年，清远市不断加强和改进预算外资金管理，取得了成效。从2002年起，清远市直单位实行收支脱钩和收缴分离的措施，在6个原已确定实行部门预算试点的基础上，陆续增加多个执收执罚部门并实行部门综合预算试点，到2004年预算外收入全部实行收支脱钩。按规定收取的行政事业性收费、政府性基金和罚没收入，全额上缴市财政，支出由市财政按年初下达部门综合预算指标及时拨付，确保经费供给。为了进一步规范清远市政府非税征缴和支出行为，充分发挥非税收入效用，制定出台了《关于大力组织政府非税收入和严格规范非税收入管理的意见》，从源头上深化“收支两条线”改革，从管理制度上规范和加强非税收入管理，解决财政的实际困难，确保经济持续快速发展。

（三）稳妥推进政府采购改革

为推动政府采购制度改革，清远市按照《政府采购法》的要求，做到政府采购管理和执行机构相分离。并按照国库集中支付的要求，对所有利用财政性资金采购的，均实行国库集中支付。制定出台了《政府采购实施细则》、《供应商资格登记办法》、《招标代理机构管理办法》、《评审专家登记办法》、《评审专家管理办法》、《采购资金支付管理办法》、《采购预算和采购计划编报办法》等，开设了政府采购网站，将法律、法规、采购信息公众化。按照《清远市政府采购供应商资格登记备案管理暂行办法》，对供应商进行分类管理，规范供应商的政府采购行为。同时积极聘请政府采购评审专家，以充实政府采购专家库人员，为采购项目的“公开、公正、公平”原则打好基础。进一步明确了纪检监察对政府采购的监督重点、方式和方法，发挥纪检监察部门在监督方面的优势，强化对政府采购行为的约束。扩大政府采购规模，2004年全市采购规模上了一个新台阶，采购规模突破2亿元。全市实施采购的预算为20 430万元，采购规模为18 132万元，节约预算资金2 298万元，资金节约率为11.83%，采购规模比2003年同期11 192万元增长62%，超额完成省采购办下达的采购规模比2003年增长50%的指标。市本级采购规模为6 260万元，占全市采购规模的34.52%，比2003年同期的4 671万元增长34%；各县（市、区）实现采购规模11 872万元，比2003年同期的6 520万元增长82%。

（四）积极推进国有企业转制

根据市委、市政府《关于清远市市属国有企业改革实施的意见》，加强了与市属国有企业改革领导小组办公室的沟通、配合，进一步规范和完善了国有企业转制改革的财政审批程序。积极协助市属国有企业改革领导小组办公室制订规范国有企业改革转制的政策，促进市属国有企业以产权改革为核心的多种形式改革，及时筹集和划拨职工遣散安置资金，维护社会稳定。2004年共筹集国有企业发展与改革专项资金3 374万元，其中筹集企业资产变现收入3 020万元，市本级财政资金354万元。全年国有企业发展与改革专项支出3 980万元，其中通过银行向企业职工发放一次性经济补偿金1 522人次，共计1 579万元。并拟定审核资产评估报告20份，审计报告10份。

（五）深化农村税费改革

按照省委、省政府的统一部署，2003年7月1日，清远市全面推行农村税费改革，减轻了农民负担，全市各县（市、区）的减负率都在80%以上。2004年，全市农业税率在6%的基础上再调低到3%。全市农村税费改革后，农民年人均负担从原来的100.49元下降到8.35元，人均减负92.14元，减负率达91.69%。在减轻农民负担的同时，有条不紊地进行了各项配套改革，重点开展了“并镇”工作，合并比例达23.78%，总体超过省要求年底前合并镇15%的要求，得到了省的高度评价。省税改办《广东省农村税费改革简报》对该市的税改情况作了专门报道，并向全省各地进行经验推广。

（六）推进新型农村合作医疗制度的建立

进一步巩固农村合作医疗，规范农村卫生事业补助的范围和方式，提高农村卫生机构的服务能力。努力推进新型农村合作医疗制度的建立，在预算中安排了必要的农村医疗救助经费，支持建立以重大疾病统筹为主的新型农村合作医疗制度工作，切实解决农民因病致贫、因病返贫问题，促进了清远市农村公共卫生和农村合作医疗工作的顺利开展。2004年全市共筹措农村合作医疗资金3 118万元，其中：地方财政安排农村合作医疗补助资金551万元；省补助1 160万元；农村集体92万元；农民个人缴纳1 315万元。共有1 302 447人参加农村合作医疗，占农业总人口的42%；48 926人次获得补偿，累计支付金额2 442万元，累计滚存结余1 522万元。

三、加强财政监督，建立健全财政监督机制

全市各级财政部门从加强党风廉政建设和反腐败抓源头的高度出发，不断调整工作思路和工作重点，坚持加强财政监督与规范财政管理、深化财政改革相结合，提高了

财政资金使用的规范性、安全性和有效性。

(一) 落实"收支两条线"规定，规范政府收费行为

一是继续做好行政事业性收费清理工作。按照市政府部署，结合贯彻落实《行政许可法》，配合有关部门在2004年7月1日前做好清远市行政事业性收费清理工作，对拟取消或保留的收费项目提出了审核意见。二是重新对市直行政事业性收费编码进行编排，使用新编码建立了财政代收费系统，增加了收费的透明度和可监管性。

(二) 加强财政专项资金的监督检查

认真组织对清远市13个项目涉及1.01亿元的公路建设专项资金进行检查。对检查中发现的问题，提出了合理意见和建议。督促辖区内的非经营性路桥收费站收取的车辆通行费纳入专户管理。

(三) 加强内部监督制度建设

先后制定了《清远市财政局内部监督检查工作规则(试行)》、《清远市财政局关于建立约束机制加强内部监督的规定》和《清远市财政局内部审计制度》等一系列规章制度，进一步完善了财政资金事前审核、事中监控与事后检查、稽核相协调的监督机制，保障了财政资金的安全，保证了财政资金分配的公平与效率。

四、注重行风建设，民主评议行风工作取得显著成效

2004年，按照清远市纪律检查委员会、市政府纠正行业不正之风办公室和市直纪律检查工作委员会的工作要求，全市各级财政部门把民主评议行风工作列入年度工作的重点，切实加强领导，紧紧围绕民主评议行风工作的指导思想和工作目标，把民主评议行风工作与财政改革和发展紧密结合起来，立足实际，注重实效，高标准、严要求，精心组织，周密部署，狠抓落实，扎扎实实地完成了宣传发动、自查自评、落实整改和接受评议四个阶段的工作。市直行评团对市财政局民主评议行风工作作出了高度评价，经综合考评，市财政局和各县（市、区）财政局行风建设均被评为"满意"单位，顺利通过检验。民主评议行风工作的开展，促进了"三个代表"重要思想在财政工作的贯彻落实，促进了财政管理水平的进一步提高，促进了工作效率和服务水平的不断提升，促进了党风廉政建设，廉洁自律意识的明显加强，促进了队伍建设，财政干部队伍整体素质得到较大提高。

五、坚持以人为本，抓好新时期财政干部队伍建设

全市各级财政部门认真实践"三个代表"重要思想，进一步落实党风廉政责任制，建立健全教育制度、监督并重的惩治和预防腐败体系，继续加强思想道德教育，全面规范服务行为，树立行业新风，加强文化建设，改善工作环境，优化服务手段。同时，不断提高财政工作水平和能力，提高财政部门贯彻落实市委、市政府重大方针政策，支持经济发展，创新机制、体制，财政可持续发展，为民理财，依法理财，依法监督七个方面的能力，努力造就一支奋发向上、朝气蓬勃、务实高效、清正廉洁的队伍，力争通过创建文明行业活动，进一步营造清远市和谐的理财环境。组织全体党员干部认真学习、贯彻党的十六大会议精神，局党委中心理论学习组带头进行了六个专题的学习。抓好了党风廉政建设和领导干部廉洁自律工作，积极开展纪律教育学习月活动和廉政教育反腐败的宣传工作，制定出台了《清远市财政局的谈话制度》，组织全局干部职工参加廉洁从政知识测试和观看四部廉政宣传片，从正反两面教育干部职工。制定出台了《清远市财政局行政执法责任工作制度》、《清远市财政局行政执法错案责任追究制度》，进一步规范了行政执法行为，预防和减少了财政执法错案的发生。发动和组织清远市全体财政干部和社会人士参与全国财政法规知识竞赛活动。全市参赛人数1 345人，其中：财政系统1 050人，参赛率达100%；社会各界人士295人。英德市财政局、清新县财政局获得省财政厅"广东赛区优秀组织奖"。同时还组织开展了财政预算法规知识竞赛活动。全市参赛人数1 703人（其中财政系统1 018人，参赛率达100%），并获得省厅颁发的"组织奖"。认真组织干部"四五"普法学习和参加市"12·4"法制宣传日活动。加强《行政许可法》的宣传和培训，并积极开展行政许可清理工作。通过制定各项规章制度和开展各类培训活动，切实提高了财政干部的综合素质。

（清远市财政局供稿，桓丽霞执笔）

潮州市

2001～2004年，潮州市国民经济保持了持续快速健康发展，2004年实现国内生产总值256.9亿元，比2003年增长11.1%，比2000年增长42.4%。其中，第一产业增加值34.14亿元，比2003年增长1%；第二产业增加值125.25亿元，比2003年增长15.4%；第三产业增加值97.53亿元，比2003年增长9.2%。三次产业结构由2000年19.7:46:34.3调整为2004年13.3:48.8:37.9。全社会固定资产投资总额75.42亿元，比2003年增长57.5%。全年外贸进出口总值15.34亿美元，比2003年增长31.8%。其中，出口首次突破十亿美元大关，达11.79亿美元，增长25.4%。全年消费品零售总额91.2亿元，比2003年增长11.5%。全年居民消费价格总指数102.5，比2003年上涨2.5%。城乡居民生活水平稳步提高，市区居民人均可支配收入8 351元，比2003年增长7.6%；农民人均纯收入4 123元，比2003年增长4.1%。

2004年全市地方一般预算收入52 514万元，比2003

年增长17.63%，比2000年增长86.54%（以2000年口径计算增长率）；上划中央增值税和消费税70 442万元，上划省共享四税14 633万元，省财政转移支付41 428万元；全市地方一般预算支出188 779万元，比2003年增长9%；按现行财政体制结算，实现收支平衡略有结余。市本级地方一般预算收入24 533万元，比2003年增长20.11%，市本级一般预算支出51 166万元，比2003年增长5.61%，按现行财政体制结算，实现收支平衡。

一、加强征收管理，财政收入实现新突破

潮州市财政部门按照市委、市政府的统一部署，牢固树立科学发展观，坚持以发展为第一要务，继续实行积极稳健的财政政策，依法行政、依法治税、依法理财，采取切实可行的措施，通力合作，挖掘增收潜力，狠抓财政征收工作，积极组织收入，使全市财政摆脱了多年低速徘徊增长的局面，步入持续快速增长时期，有效地促进了全市经济和社会各项事业的发展。全市财政运行正常，预算执行情况良好。一是科学安排财政预算，按照发展是第一要务的原则调整工作思想，按照做大财政蛋糕的要求确定收入目标，牢固树立做大财政蛋糕的理财观念，改变了怕基数大影响上级补助，怕增长快，今后增长难度大的思想，把增加财政收入作为财政工作重中之重。抓住当前经济增长方式转变时机，建立经济与财政联动增长机制，全面强化收入征管，挖掘增收潜力，努力扩大财政收入总量，着力提高财税机关组织收入的能力，促成全市各县区把经济发展成果及时反映到财政增收上来，2001～2003年，全市地方一般预算收入分别为5.08亿元、5.23亿元、5.9亿元，按可比口径计算分别增长10.53%、13.73%、15.67%，呈逐年上升之势。2004年全市地方一般预算收入按2003年口径计算完成71 239万元，比2003年同期增长20.83%；首次突破7亿元大关，净增额也突破亿元大关，达到12 280万元。二是进一步加强预算外资金管理，及时清理各项收费项目和罚没项目，继续完善委托银行代收款工作，对预算外资金实行“收支脱钩，收缴分离”制度，保证收入及时入库；努力拓宽政府非税收入新渠道，加强对政府资源占用收益收入、垄断性经营收入的征收管理，把这两项专项收入纳入“收支两条线”管理。认真抓好财政票据管理，严格执行“验旧领新”制度，堵塞征收漏洞。进一步加强银行账户管理，严格新增和更换账户的审查审批。与此同时，进一步规范政府非税收入的征收管理，确保行政事业性收费、政府性基金和罚没收入全面纳入预算管理。2004年，全市非税收入达到44 979万元，比2003年增长3.8%。三是认真贯彻落实省委、省政府《关于促进县域经济发展财政性措施的意见》，研究制定方案，转变了原来收入少、总量少、增幅低的理财思路，不断提高做强做大财政蛋糕的自觉性。充分发挥财政职能作用，大力支持发展特色经济、文化经济、港口经济、县域经济和民营经济，培育地方财源，促进全市经济健康发展，努力实现财政有效增长，使潮州市的潮安、饶平两县成为2004年贯彻落实省委、省政府关于加快县域经济发展有关规定的真正得益者，全年综合增长率分别达到25.85%和28.77%。通过采取各种积极的措施，使潮州市各级财政走上经济增长、财政增收、后劲增强的良性循环轨道。

二、充分发挥职能作用，促进社会经济协调发展

全市财政部门充分发挥财政职能作用，多渠道筹集资金，集中财力办大事，基本保证了与改革、发展、稳定大局密切相关的资金需要，促进了经济的协调发展。

（一）认真落实中央积极的财政政策

2001～2004年，潮州市共争取中央国债资金2.46亿元，通过国债投资，加快了农林水利基础设施建设、交通、城市建设步伐，拉动了需求。市财政在财力紧张的情况下，多渠道筹集资金，保证了市中心广场、潮州大道改造和污水处理厂等工程的顺利建设。认真贯彻中央调整收入分配政策，及时兑现国家调资政策；从2002年开始，市委市政府决定适当增加市直机关事业单位干部职工的生活补贴和职务补贴，市财政积极筹措资金，保证市委、市政府决策的落实，逐步提高市直机关事业单位工作人员待遇。加强与国家开发银行的合作，努力拓宽城市建设的融资渠道，积极组建韩江投资开发集团有限公司，盘活、运营好城市资源。认真履行职责，加强对国家开发行贷款的监管，努力降低偿债风险，确保贷款资金发挥应有效益，促进了全市经济快速发展。

（二）推进社会保障制度建设

一是努力筹措资金，确保国有企业下岗职工基本生活费和企业离退休人员养老金按时足额发放。企业养老保险待遇得到调整提高，2004年发放养老金2.29亿元，发放养老金全部通过银行、邮政实行按时足额100%社会化发放。二是配合有关部门做好国有企业下岗职工解除劳动关系工作，对解除劳动关系的下岗职工给予适当的经济补偿。三是做好促进再就业工作，加大职业创业培训力度，拨出专款建设创业培训基地和对下岗职工进行再就业培训，提高他们的劳动技能；认真做好下岗失业人员再就业优惠政策和小额担保贷款制度的落实。四是落实城乡最低生活保障制度，逐步扩大低保覆盖面，全市共有4.12万人得到最低生活保障，占全市总人口的比例为1.7%。五是做好医疗保险制度改革，积极推行城镇职工基本医疗保险制度；加快农村合作医疗制度建设，认真落实配套资金支持农村合作医疗建设，2002～2004年市财政安排200万元，解决农民看病难问题。到2004年底全市参加农村合作医疗人数107.5万人，参加率55.9%。六是大力推进社会保险费征缴体制改革。组织实施新的社会保险费征缴办法，加大社会保险基金的征缴力度，2004年全市养老、失业、工伤、医疗四项保险基金实际征收3.47亿元，比

2003年增长44.5%，全市基本实现社保基金收支综合平衡。七是在财政比较困难的情况下，多方筹措500多万元，用于解决部分困难企业军转干部的生活问题，有力地维护了社会稳定。

（三）加强农业的基础地位

认真做好“三农”工作，继续加大对农业的投入，大力支持水利设施建设和农业生态环境建设，积极扶持农业龙头企业发展生产，2003年和2004年分别筹措支农资金1.57亿元、1.9亿元，有力地支持潮州市的农业农村工作。大力扶持农业“龙头企业”发展规模化生产，重点扶持金都、雅士利、华海等企业，以充分发挥它们的龙头带动作用，推动潮州市农业的产业化经营和农业生产结构调整。从2003年7月1日开始在全市范围内推行农村税费改革，农村税费改革是党中央为加强农业基础、保护农民利益、维护农村稳定而推行的一项重大改革。按照省的统一部署，潮州市财政局认真做好组织协调工作，拟订工作方案，开展政策宣传和检查督促，潮州市的农村税费改革进展顺利，通过税费改革农民每人每年减负99.2元，减负率达90.5%，全市农民每年减负额达1.8亿元。从2004年1月1日起，潮州市农业税税率由6%降低到3%，全市农民进一步减轻负担874万元。为保证各地税费改革的顺利进行，在省安排农村税费改革转移支付资金的基础上，潮州市积极筹集资金，增加农村税费改革转移支付资金，2004年农村税费改革转移支付资金达600万元，有力地促进了各地改革工作顺利开展。继续推进各项配套改革，认真落实种粮农民直接补贴政策，充分调动农民种粮积极性，切实保护粮食生产能力，增加农民收入。继续加大撤并乡镇和学校的工作力度，全市已撤并乡镇6个，撤并中小学52所。

（四）加大对教育的投入

积极筹集资金，确保对教育的投入，2003年、2004年全市预算内教育支出分别达4.17亿元、4.2亿元，教育设施建设得到加强，山区薄弱学校的改造和学校布局调整步伐加快；进一步落实省政府关于贫困家庭子女义务教育阶段免收书杂费的规定，全市共有26 349人受到资助，资助金额985万元。

（五）支持企业发展与改革

紧紧围绕国有企业改革这个中心，大力推进国有企业转机建制，促进国有资产优化配置，实现保值增值；改革国有资产管理方式，探索建立新型的国有资产管理体制；积极参与国有企业改革和支持企业发展，推进国有企业改组、改革、改造，推动国有企业建立现代企业制度。顺利完成市糖厂、第二机械厂、市直八家粮食企业、市虫胶厂、电信发展公司、厚婆坳矿、商业大厦等国有企业的改制工作。积极筹集资金支持企业发展，2004年全市安排企业挖潜改造资金和科技三项费用2 931万元，支持潮州市企业进行技术改造和科技创新。同时，积极帮助企业向省财政争取企业挖潜改造、科技三项费用和环保治污等项目资金，促进地方企业发展。认真落实各项外贸扶持政策，支持企业扩大出口。2004年为外贸企业办理出口退税质押贷款贴息1 050万元，办理并拨付中小企业国际市场开拓资金92万元和外向型民营企业发展资金90万元，拨付扶持外贸出口贴息款2 005万元，促进了外贸出口的有效增长。继续加强对粮食企业亏损补贴的管理，深化粮食流通体制改革，不断完善和规范储备粮的管理。

（六）继续做好化解金融风险工作

根据省委、省政府的决定，按3%～5%的比例在预算内外资金中筹集防范化解金融风险准备金，增强我市抵御财政风险的能力。积极配合有关部门做好中小金融机构资产保全、追收、盘活工作，充分运用法律手段，加大地方金融资产的追收力度，确保国有资产的安全。切实加强对地方金融企业的监管，认真做好财政周转金的清理、回收工作。

三、加大改革力度，创新财政管理体制

潮州市财政部门以建立适应社会主义市场经济的公共财政基本框架为目标，坚持体制创新，不断深化改革，改变支出管理方式，各项财政改革迈出了新的步伐。

（一）深化部门预算改革

把部门预算改革作为财政改革的突破口，改变传统粗线条的预算编制方法，以部门为单位编制部门预算，坚持先试点后推行的改革方法。2002年选择5个单位作为试点，2003年全市有27个单位进行部门预算改革，2004年全市共有87个单位实行部门预算改革。在改革过程中潮州市财政部门努力在扩大部门预算编制改革范围和提高预算资金安排及使用的透明度方面下工夫，不断深化改革。通过部门预算编制改革，预算的完整性增强，预算编制的内容更加细化，预算的约束力不断强化，有效地规范了政府、财政及其他部门的行为，提高了预算的完整性及财政资金分配的透明度。

（二）继续推行政府采购工作

认真抓好政府采购工作的制度建设，修订《潮州市政府采购中心运作方案》、《潮州市政府采购中心工作人员守则》，结合《政府采购法》的颁布实施，进一步修订完善潮州市政府采购的规章制度。坚决贯彻执行《政府采购法》，大力推行监管分离的管理体制，2003年政府采购中心成建制划归市政府管理，市财政局只履行政府采购监督管理职能，使该市的政府采购工作已经实现监督和执行相分离。在加强监督管理的同时，在服务上下工夫，不断扩大政府采购范围，把采购范围扩大到绿化、建筑装修装饰工程及新闻广播系统等；采购规模也逐步扩大，2003年全市共组织227批次招投标采购，采购预算资金总额6 888万元，节约718万元，节约率10.4%。2004年共完成政

府集中采购238批次，采购预算金额9 345.5万元，采购合同价8 406.8万元，节约资金938.7万元，节约率为10.05%。

（三）开展国库集中支付试点改革

潮州市高度重视国库集中支付改革，坚持以稳步推进的方法开展国库集中支付改革。2001年10月底，全市行政、政法、教师队伍的在职人员工资和离退体人员养老金100%通过银行统发，保证了机关事业单位人员工资按时发放。在做好统发工资的基础上，积极探索国库集中支付改革，同时认真做好改革的各项准备工作，2004年，市财政局成立改革筹备小组和国库集中支付中心，拟订市直财政国库集中支付制度改革工作方案，并选择市农机管理处、市残联、市法制局、市档案局等四个单位为2004年市级财政国库管理制度改革试点单位，改革工作进展顺利。国库集中支付制度的改革，有效地提高财政资金使用的透明度、资金拨付效率和规范化程度，促进了预算单位财务管理意识水平的提高。

（四）推行财政支出绩效评价工作

为切实加强支出监管，提高专项资金的使用效益和财政支出管理水平，潮州市积极探索开展财政支出绩效评价工作，把财政支出绩效评价作为2004年财政改革的重点，研究拟订了《潮州市财政支出绩效评价实施试行方案》，制定评价工作具体操作规程。同时选择市污水处理厂首期工程、东凤引韩水闸除险工程、农村合作医疗投入等三个项目作为试点，开展绩效评价，综合评定财政资金的支出效益，为调整和优化财政支出结构提供科学依据。

四、加强财政监督，维护正常的财经秩序

潮州市财政部门紧紧围绕财政中心工作，按照“理清思路、依法行政、收支并举、监管并重”的方针，认真履行职责，切实加强财政监督检查工作。

（1）开展《会计法》执法检查，组织力量对全市单位执行《会计法》情况进行检查，同时积极开展行政事业单位会计信息质量检查，对检查中发现的问题及时进行处理，通过检查，严肃了财经纪律，使单位的财务管理走上制度化、规范化的轨道。

（2）加强财政监督制度建设。针对潮州市财政性专项资金管理存在“重拨轻管”、跟踪监管不到位和个别单位挪用、截留专项资金等问题，为进一步规范办事程序，提高财政管理水平，潮州市财政部门及时制定了《潮州市财政局财政专项资金管理暂行办法》，对财政专项资金的范围、分配原则、申请审批程序、检查监督办法、违规处理办法予以明确。通过制度建设，加强了财政性专项资金管理，提高了财政资金使用效益。为建立健全内部监督制约机制，加强财政机关内部监督检查工作，潮州市财政局制定出台了《潮州市财政局机关内部监督检查暂行办法》，逐步建立预算编制、执行、监督三分离的监督机制。

（3）加强财务检查，强化财政监督。组织开展财政资金使用管理情况的监督检查，2004年共检查15个单位，查出违纪金额2 143万元，对查出的违纪违规问题，给予相应的处罚，并限期进行整改。积极配合省检查组对该市2002～2003年度省级财政专项资金使用情况进行检查。通过检查，加强了财政专项资金的管理，确保了资金的安全并发挥其效益。另外受省财政厅的委托，组织对韩江水利枢纽工程项目实施全过程财务监督。

（4）加强政府投资工程的管理。对政府投资重点基建项目加强管理、加强监督，对建设资金实行全过程监控，严格控制工程的投资规模。集中力量抓好市重点建设工程项目的预算审核，2003年共完成工程预结算项目149项，送审金额5.34亿元，核减6 465万元，核减率为12.1%。2004年累计完成财政性资金及其他资金工程预结算195项，送审造价119 876万元，核定造价106 582万元，核减金额13 294万元，核减率为11.09%，有效地节约了财政资金。

（5）认真落实市人民政府关于《潮州市市直财务总监管理暂行规定》的精神，积极探索建立财务总监委派制度，在市财政局内部挑选部分骨干力量兼任财务总监，从2001年开始向建设工程派驻财务总监，到2004年底共向省道S 233线潮州路段、韩江东岸市区防洪工程、中心广场等19个工程项目派驻财务总监。各财务总监积极履行职责，以财务监督为核心，对派驻单位的财务收支情况及大额资金的使用进行监督管理，取得了初步工作成效。

五、加强作风建设，提高干部队伍素质

按照“廉洁、勤政、务实、高效”的要求，切实加强机关效能建设。不断深化行政审批制度改革，完善政务公开，建立信用体系，建立健全廉政建设责任制和各项内部监督制约机制。按照市委、市政府的统一部署，潮州市财政局开展了“企业评机关”和“群众评机关”活动，让机关的服务对象和人民群众对机关的作风和机关效能进行评议；2004年还开展民主评议行风活动，全市各级财政部门把民主评议行风活动作为一项重点工作来抓，及时成立工作机构，制订工作方案，并以民主评议行风、群众评机关和纪律教育月活动为契机，进一步加强干部队伍建设，教育广大干部职工牢固树立为人民服务的正确思想，坚持求真务实、说实话、算实账、办实事、求实效，不断提高办事效率，努力树立财政队伍的新形象。通过民主评议行风活动，进一步增强财政干部职工的宗旨意识、服务意识、效率意识和创新意识，提高了财政机关的效能。经过评议团的综合评定，全市财政部门均被评为“满意”等次。同时继续抓好财政领导班子和干部职工的思想政治工作和党风廉政建设，在建立健全党风廉政责任制和内部监督机制的基础上，不断开展反腐倡廉的教育活动，提高大家拒腐防变的自觉性，切实解决自身建设中存在的突出问题，保持干部队伍的纯洁，努力做到为民、务实、高效、清廉，不断提高财政部门依法理财、廉洁奉公、快速高效的服务

水平，把党和政府的执政理念，及时转化到执政理财的成效上。

（潮州市财政局供稿，王文颖执笔）

揭阳市

2001～2004年，揭阳市财政工作以十五大、十六大精神为指导，认真学习贯彻党的十六届三中全会、四中全会、中央经济工作会议、省委九届四次、五次全会精神，努力实践“三个代表”重要思想，按照立党为公、执政为民的要求，树立和落实科学发展观，坚持“生财有道、聚财有方、用财有规”的原则，严格依法征税，做到应收尽收；全面推进农村税费改革，减轻农民负担；继续调整和优化支出结构，保障重点支出需要；坚持制度创新，大力推进各项改革；强化财政监督，促进全市经济和社会各项事业实现全面、协调、可持续的发展。

2004年，全市完成国内生产总值540.53亿元，比2001年增长31.35%。其中，第一产业增加值96.24亿元，比2001年增长21.12%；第二产业增加值278.62亿元，比2001年增长35.49%；第三产业增加值165.67亿元，比2001年增长31.05%。全年社会消费品零售总额185.24亿元，比2001年增长39.97%。居民消费价格指数上升2.3%。全社会固定资产投资86.43亿元，比2001年增长21.73%。全年实际利用外资8393万美元，比2001年下降45.56%。全市进出口总额12.3亿美元，比2001年增长162.3%。其中出口9.5亿美元，增长219.9%，进口2.8亿美元，增长62.8%。居民生活水平稳步提高，全市城镇居民人均可支配收入8481元，农村人均纯收入3 949元，扣除价格因素，比2001年分别增长27.8%和10.28%。2004年全市人均国内生产总值9 067元（快报数），比2001年增长24.4%。2001～2004年，全市国内生产总值年均增长8.1%，三次产业结构比例由2001年的17.8:51.5:30.7调整为19.4:50.1:30.5。

2004年，全市一般预算收入完成81 200万元（2001年口径109 433万元），按2001年口径（忽略农村四税因素），比2001年增长11.32%，年均增长3.64%。2004年上划中央所得税23 960万元，其中上划增值税、消费税65 311万元，比2001年增长50.30%。全市一般预算支出完成292 664万元，比2001年增长40.34%，年均增长11.96%。

一、加大力度，积极组织财政收入

1. 依法组织税收收入。2001～2004年，揭阳市财政局认真按照国务院关于完善和稳定税制、加强征管的要求，认真贯彻《税收征管法》及其实施细则，增强执法刚性，严格依法治税，克服麻痹思想，在做到应收尽收的同时，积极与税务部门协作，加强对税收增长和征缴情况的分析，加大稽查力度，严厉打击各种偷、骗、逃、漏税，确保全市税收收入及时足额入库。2004年，全市共完成税收收入66 656万元（按2003年收入可比口径），比2001年增长35.96%，年均增长10.78%。

2. 加强对非税收入的征管，规范和完善预算外资金管理，进一步扩大“收支两条线”的管理范围。一是严格执行“收支两条线”的管理规定。2001年，开始落实“收支两条线”的管理制度，逐步实行了“单位收费（罚款），银行代收，财政统管”的收支两条线管理方式；2003年，市直所有的行政事业性收费、罚没收入全额缴入财政专户，实行“收支两条线”管理制度。二是完善管理，严格执行收费基金和罚没收入“票款分离，罚缴分离”的规定，实行“单位开票，银行代收，财政统管”的征管制度。2004年，揭阳市市直行政性收费基金实行委托银行代收的有348项，罚没收入项目全部委托银行代收，确保了应收尽收。三是规范收费行为。进一步清理各类行政事业性收费、基金项目，对不合法的项目坚决予以取消，对不合理的收费标准予以纠正，确保各执收执罚单位都能按照财政、物价部门核发的《罚没财物许可证》、《行政事业性收费许可证》所核定的项目标准进行收费和罚没，并做到亮证收费、公开收费；四是加强财政票据的管理，从源头上规范收费罚没行为。严格按照省财政厅关于财政票据管理的有关规定，认真做好票据发放、核销、检查和监督管理工作。从2003年开始，按照省新的票据管理办法，采用新版财政票据，市财政局下发了《关于对旧版财政票据进行清理核销的通知》，一方面集中人力、精力，对各种旧票据进行全面清理；另一方面严格票据的限量供应。进一步明确财政票据的使用范围，做到违规项目不供票，委托银行代收的项目停止供票，经营性项目使用税票，规范了单位的收支行为，有力地促进“收支两条线”管理工作开展。同时，认真做好票据的清理工作，严格执行“验旧换新”制度，对财政票据领购单位的票据进行全面的清查，不仅从票据上核对，而且从收费项目、收费标准、收入金额、上缴入库等进行核对，达到以票促管的目的。及时纠正有关单位非税收入管理政策执行过程中的违规行为，确保国家有关政策的贯彻落实，从源头上、制度上预防和治理乱收费行为。

3. 狠抓农业税收的征管工作。结合2003年7月1日全省的农村税费改革，在农业税收征管工作中，紧紧围绕省委、省政府以及市委、市政府农村税费改革的中心任务，积极开展工作，一手参与农村税费改革工作，一手抓好农业税的征管工作，做到改革和征收两不误，较好地完成了农村税费改革工作和农业税收的征收入库任务。2004年，由于受农村税费改革的影响，全市共完成农业税收收入2 326万元，比2001年的农业税和农业特产税收入下降50.05%。

二、积极筹措资金，加大财政投入，促进社会经济协调发展

认真贯彻落实财政政策，多渠道筹集资金，集中财力

办大事，采取一系列措施加大投资，刺激消费，扩大出口，稳定社会，促进经济增长。一是积极争取国债资金，集中财力支持重点工程和基础设施建设。2004年，全市共筹集基础设施建设资金43 253万元，比2001年增长61.9%。二是认真落实有关政策，加大财政对农业、科技、教育的投入。2004年，全市共安排财政支农资金24 692万元，比2001年增长37.05%，有效地促进农村经济发展；2004年，共投入文教、卫生、科技等事业资金109 089万元，比2001年增长41.5%，大力地支持文教、卫生、科技等事业的发展。三是加大财政投入，进一步完善社会保障制度，促进全市社会保障事业平稳发展。四年来，全市共投入公共卫生和新型农村合作医疗制度建设资金30 514万元，有力地保障了全市公共卫生建设、提高医疗救治水平、改善乡镇卫生院医疗救治条件的资金需要；共支出低保资金约15 226万元，有效保障困难群众的基本生活；共投入6 753万元，确保再就业工作落到实处。四是积极帮助县（市、区）财政渡过难关。针对全市财政困难状况，市财政局在大抓增收节支的同时，积极争取省财政厅的理解和支持，至2004年底，省财政给予预算周转借款3.62亿元，大大缓解了各级财政资金紧缺的压力，确保各级政府的正常运转。五是落实出口退税负担政策，促进外贸出口增长。2004年，共落实出口退税额51 358万元。

三、支持国有企业的改革和民营经济的发展，增强发展后劲

1. 支持国有企业的重组改革，促进国有经济结构的调整。积极做好国有企业下岗职工安置工作，及时发放补偿款；积极推动揭阳市产权交易市场建设，2004年12月揭阳市产权交易所挂牌成立，对促进该市交易市场建设，深化企业产权制度改革，完善国有资产监管体系，防止国有资产流失具有十分重要意义；参与粮食企业改革，严格按照规定的用途及时拨付粮食风险资金，保证粮食改革和资金及时到位。

2. 管好用好科技三项费用，技术改造资金。2001～2004年，市级科技三项费用支出5 569万元。报省科技项目185个，省补助项目98个，补助资金3 497万元。

3. 大力扶持民营经济，促进县域经济的发展。2003年共投入科技园建设资金3 000万元。

四、加强支出管理，从严控制支出

继续贯彻“调整结构，有保有压，厉行节约，严格管理”的原则，采取多项措施，加强支出管理。

一是调整支出结构，提高资金使用效益。按照“保吃饭，保重点”的要求，保证国家政权建设、科技、教育、农业、文化卫生等领域的支出需要，保证最低生活保障，下岗职工基本生活费，困难群众的生产和生活等关系社会稳定方面的支出。严控追加经费，压缩一般性支出。二是强化预算约束，严格预算执行。按照部门预算改革的总体思路，加快了部门预算的编制工作，扩大部门预算单位的试点范围，2004年揭阳市市直行政事业单位全面实行部门预算。通过实行部门预算，进一步强化了预算管理和约束。三是加强基建支出管理，堵塞基建资金流失漏洞。通过提前介入参与工程的前期工作，严格把好资金计划，严格控制工程预结算审核工作，工程资金的使用效益得到提高。2001～2004年，市级审核各类投资结算项目192项，送审造价89 807万元，核减14 100万元，核减率15.7%。四是加强和完善政府采购，逐步扩大政府采购范围。四年间，全市共完成政府采购项目1 281宗，采购额21 647万元，比市场价节省了2 253万元，平均资金节约率10.48%，有效地提高了资金的使用效益。

五、坚持制度创新，大力推进各项改革

1. 积极推进财政制度改革和创新。从2001年开始，着力推行部门预算、国库集中支付、政府采购、“收支两条线”管理制度等各项改革，初步建立了与社会主义市场经济相适应的公共财政体制。至2004年底，揭阳市市直行政事业单位全面实行部门预算，国库集中支付试点范围扩大到36个单位，政府采购已于2004年3月份实行管理机构和执行机构彻底分离，“收支两条线”的管理范围进一步扩大，2004年，市直所有的行政事业性收费、罚没收入全额缴入财政专户，都纳入“收支两条线”管理。

2. 加强预算审核、把好财政资金分配关。一是在确保工资及时足额发放的基础上，按照公共财政的改革要求和“小钱小气，大钱大方”的理财思路，不断优化支出结构，重点保障政权的正常运转和各项事业的顺利发展，支持关系国计民生的重点行业、关键领域的发展。二是实施对政府部门所有收支全面审核的制度，提高预算透明度。三是建立和完善预算编制基础信息库和项目库制度，制定科学合理的预算支出定额和标准，提高资金分配的透明度、科学性和合理性。

3. 继续深化农村税费改革。从2003年7月1日开始，全市实行农村税费改革试点工作。取消乡镇统筹费、村提留、农村教育集资等方面向农民征收的行政事业性收费和政府性基金集资；取消劳动积累工和义务工；取消面向农民征收的农业特产税；取消农业税附加。改革农村经费筹集和管理。一事一议筹资，实行上限控制，农民负担每年每人最高不超过15元。改革后，全市农民人均年负担20.42元，比改革前人均减负73.63元，减幅达78.29%。税费改革后，全市农民每年得益34 685万元。

4. 加快财政信息化建设步伐。从2003年开始，按照“金财工程”建设的目标和总体规划，市财政局认真做好财政财务信息化建设工作。2003年，设立市财政互联网站；在完善互联网和局域网的基础上独立自主开发了办公自动化软件并投入使用，并在局机关中全面实现办公自动化；开展乡镇财政信息化建设，启动全市的金财工程，配合县（市、区）完善计算机网络平台，实现市县网络互

联。2004年底，全市9个县（市、区）财政局的办公自动化系统实施工作已全面完成。全市90个乡镇已全面完成网络平台建设、系统调试、账号建立等初始化工作。2004年6月份，市财政局自主开发的“揭阳市财政系统内部办公系统”通过了由揭阳市科技局主持的科技成果鉴定。鉴定会的专家组给予了“达到国内同类系统先进水平”的良好评价。

六、依法理财，强化财政监督

1. 抓好党风廉政建设工作，落实党风廉政建设责任制，建立健全制约机制，加强内部监督工作力度。实行了每年对局内各科室及局属事业单位年度收支情况进行内部审计，确保资金安全。

2. 开展清理预算外资金账户工作。四年间，认真按照国家对银行账户管理的有关规定，组织人力对各单位设立和使用银行账户的情况进行清理，加强资金收支管理，切实解决银行账户过多过滥，预算外资金收入应缴不缴，坐支挪用，私设“小金库”等问题。

3. 完善财政监督机制，加强对社保、扶贫、教育等关系人民群众切身利益的资金使用的监督检查。为保证专项资金的专款专用，采取正常检查与重点检查相结合的方法，配合省财政厅、市纪委、监察等部门对2002～2003年度省级财政安排的专项资金的拨付、使用及管理情况进行检查，及时发现问题，解决问题，有效地提高资金的使用效益，确保财政资金的安全。

4. 进一步加强会计监督，提高会计信息质量，保证会计核算的真实性。四年间，先后开展了全市会计信息质量检查工作，全市共派出264人组成87个检查组，分别对247个企事业和行政单位进行会计信息质量检查。检查中发现有问题的单位107个，占被检查单位的68.8%。检查出违规金额3 571.6万元。全市共处理没收、罚款6 993万元、补交税金38.98万元、上缴财政专户69.93万元。

5. 认真开展对市直单位借用公款的清理检查。根据《关于印发〈关于市直有关部门落实党风廉政建设和反腐败工作部署的分工意见〉的通知》精神，在市党廉办的领导下，由市财政局牵头，市审计局配合，从2001年至2004年底，对市直有关部门领导干部借用公款和批准借用公款问题（单位）进行全面认真的清理。至2004年底，共收回借出公款14.87万元。

6. 充分发挥财务总监的职能作用。2002～2004年，市财政局共招聘了6名财务总监人员，分别派驻市教育局、建设局、揭阳技术学院等9个市直单位（市政工程项目）加强财务管理工作。对市直财务总监的管理工作，严格执行《揭阳市财务总监管理暂行办法》及《关于印发财务总监管理制度的通知》，定期召开会议，了解派驻单位的资金使用、财务管理情况，对派驻单位的财务活动实行事前、事中和事后的全面监督，协助派驻单位合理安排和使用资金，提高财政资金的使用效益。

七、继续做好财政周转金清收和防范、化解地方金融风险工作

积极配合有关部门，继续加大财政周转金的清收力度，做好对欠款单位的起诉工作，争取早日完成周转金的清收工作。积极配合市金融资产处置领导小组，做好各县（市、区）再贷款专户核算、管理工作。

八、加强干部队伍建设，提高机关工作效率和服务质量

四年间，揭阳市财政局着力抓好干部队伍建设，加强干部职工的政治思想教育和业务知识的培训，不断提高财政干部职工政治理论和业务工作水平。一是组织广大干部职工认真学习党的十五大、十六大、十六届三中全会、四中全会、中央经济工作会议、省委九届四次、五次全会精神，中共中央《关于加强和改进党的作风建设的决定》、《国家公务员行为规范》和“四大纪律、八项要求”、《中国共产党党内监督条例（试行）》和《中国共产党纪律处分条例》、《公民道德建设实施纲要》及《国家公务员行为规范》，学习《预算法》、《会计法》等有关财政法律法规政策，提高广大党员干部职工的政治理论水平和依法理财能力。二是积极开展纪律教育学习月活动、机关政务公开和机关效能工作、民主评议行风活动等，增强广大财政干部职工的服务意识和服务质量，提高机关工作效率。在2002年市直属单位机关作风建设测评活动中，共有68个参评单位，揭阳市财政局取得了好成绩，受到市委、市政府、市纠风办的肯定，得到社会的好评。2004年，在财政、民政、计生三个部门开展的民主评议行风活动中，揭阳市财政局以综合得分第一的成绩被评为满意单位。三是着力开展精神文明建设，争创精神文明建设单位。四年间，揭阳市财政局认真按照市直工委《关于在市直单位开展精神文明创建和评选活动的通知》精神，把精神文明创建活动作为一项重要议事日程来抓，坚持“两手硬、两手抓”的方针，采取积极有效措施，着力抓好物质文明、政治文明和精神文明建设，取得了较好成果，受到市直工委的充分肯定，2004年被市直工委评为“精神文明单位”。揭阳市财政局党支部被市直工委评为先进党支部，财政局局工会女工委被市总工会评为先进女工组织。四是加强业务培训，不断提高干部职工的业务水平和工作能力 。四年间，多次组织业务人员参加《预算法》、《会计法》等各类业务培训班。同时，为适应新形势发展的需要，除了加强对本局干部职工的计算机知识培训外，2004年，揭阳市财政局还举办了揭阳建市后的首次县（市、区）财政局长培训班，对全市各县（市、区）的财政局长进行电脑知识和办公自动化系统应用知识培训，使各县区局的主要领导加深了对财政系统信息化的认识，提高了对各自管辖单位信息化工作的支持力度。举办了大型的乡镇财政信息化培训活动，对揭阳市辖内的90个乡镇和9个县（市、区）财

政局的200多名业务人员进行乡镇财政系统应用技术培训，为揭阳市的乡镇财政建设提供了技术保障。五是切实做好中层科级干部竞争上岗工作。按照“公平、平等、竞争、择优”的原则，四年期间，选拔了年轻的中层科级干部到重要岗位上担当重任。

（揭阳市财政局供稿，袁丽玉执笔）

云浮市

云浮市国民经济快速发展，2001～2004年全市国内生产总值分别实现180.2亿元、196.2亿元、214.7亿元、257.6亿元，2004年与2001年相比，增长率为42.9%。其中，2004年第一产业实现76.3亿元，与2001年相比，增加值为16.5亿元；2004年第二产业实现104.2亿元，与2001年相比，增加值为40.1亿元；2004年第三产业实现77.1亿元，与2001年相比，增加值为20.8亿元。2001～2004年全社会固定资产投资总额分别为37.2亿元、41.6亿元、59.4亿元、93.98亿元，2004年与2001年相比，增长率为125.87%。2001～2004年进出口总额分别为2.7亿美元、3.7亿美元、4.8亿美元、6.02亿美元，2004年与2001年相比，增长率为122.96%。2001～2004年社会消费品零售总额分别为60.6亿元、66.04亿元、74.25亿元、85.56亿元；2004年居民消费价格指数为101.9。

2001～2004年全市财政运行态势良好。2001～2004年全市财政一般预算收入分别为4.01亿元、4.64亿元、5.92亿元、7.18亿元，2004年与2001年相比，增加3.17亿元，增长率为79.05%。市直财政一般预算收入分别为0.89亿元、1.17亿元、1.67亿元、2.25亿元，2004年与2001年相比，增加1.36亿元，增长率为152.8%。2001～2004年全市财政一般预算支出分别为11.42亿元、14.29亿元、17.27亿元、19.99亿元，2004年与2001年相比，增加8.57亿元，增长率为75.04%。市直财政一般预算支出分别为1.97亿元、2.48亿元、3.23亿元、3.68亿元，2004年与2001年相比，增加1.71亿元，增长率为86.8%。全市实现了收支平衡，略有结余。2001～2004年省对我市转移支付及专项补助分别为4.72亿元、5.93亿元、7.43亿元、7.86亿元，2004年与2001年相比，增加3.14亿元，增长率为66.5%。2001～2004年上划中央两税分别为2.77亿元、3.1亿元、3.56亿元、4.54亿元，2004年与2001年相比，增加1.77亿元，增长率为63.89%。上划省四税收入分别为0.85亿元、1.21亿元、1.34亿元、1.49亿元，2004年与2001年相比，增加0.64亿元，增长率为75.29%。

一、落实和发挥财政职能，促进经济社会发展

（一）加强收支监管，强化预算监督

一是抓收入，从狠抓收入和提高支出效益两方面入手，在确保财政收支平衡的基础上更好地发挥财政对社会经济的调控作用。大力组织收入，努力培植财源。财政部门注意与税务部门多沟通，注意分析出口退税机制改革、农村税费改革等因素对云浮市收入的影响。特别是2001～2004年随着所得税分享改革及各项税收政策的调整，地方主体税源不断被削弱，增长后劲受到较大影响，云浮市财政部门及时做好与税务部门政策信息方面的沟通，确保市级财政的稳定收入。二是加强支出管理，确保收支平衡。要继续调整支出结构，盘活存量，调整增量，集中财力保障重点领域支出需要。进一步加强支出管理，重点抓好资金分配环节、资金流转环节及资金使用绩效评价环节的工作，提高财政资金使用的规范性、有效性和安全性。进一步调整财政支持方式，促进企业技术进步、推动国有企业提高创新能力和市场竞争力，大力扶持非公有制经济发展。三是强化预算约束，严格预算执行，优先保证财政供养人员的工资发放，按照有保有压，确保重点支出的原则，区分轻重缓急，统筹安排预算。优先保证部门正常运转的基本支出以及市委、市政府决定事项、人大议案等重点支出需要。加强综合预算管理，逐步改变预算外资金收支挂钩的做法，加大预算内外资金统筹安排力度。四是要厉行节约，严禁铺张浪费。通过强化管理，堵塞支出漏洞，配合纪检、监察等其他部门严肃查处挥霍浪费财政资金的行为。继续稳步推进财政各项改革。

（二）加大社保投入，促进就业和再就业工作

着重优化财政支出结构，解决困难群众的生活问题。2004年全市四项社会保障支出为26 323万元，占一般预算支出的13.16%，比2003年增支4 259万元，增长19.3%。加强社会保险费的征缴管理，积极配合地税、社保部门采取多种措施做好社会保障基金的征收工作，规范、严格管理基金支出。积极配合社保部门实行市级统筹工作，会同有关部门扩大社会保障覆盖面，继续加大社会保险费征缴力度，确保社会保险费的稳定增长。努力促进就业和再就业工作。加强社区劳动市场平台建设，积极推进企业退休人员社会化管理服务工作。对下岗失业人员及大龄就业困难对象进行扶持，认真分析在贯彻落实再就业政策中存在的问题，并采取有效措施，确保各项优惠政策的全面落实。

加大再就业资金支持力度，管好用好省、市补助的再就业资金。2004年全市企业参加社会养老保险132 793人，新参保8 859人；参加失业保险126 732人，新参保7 654人。全年共收社保费3.5亿元，增长20%。按时足额发放企业离退休人员的养老金，社会化发放率100%。12月份领取失业保险金人数为6 027名。城镇职工基本医疗保险参保人数达到96 788人，净增7 166人。落实就业和再就业政策。新增就业岗位3.4万个。集中安置136名残疾人就业，有劳动能力的残疾人就业率达85%，比上年提高3个百分点；下岗失业人员再就业9 910人，再就业率64.7%，其中“4050”（女40岁，男50岁）人员实现再就业3 531人。城镇登记失业率为3.3%。市、县两级劳

动力市场实现与省联网，街道乡镇劳动保障事务所服务质量不断提高。

切实维护职工合法权益。受理投诉案件 1 125 宗，涉及人数 8 210 人，结案率 97%：责令补签劳动合同 3 867 份、补发欠薪 5 632 万元，其中兑付拖欠的农民工工资 5 278万元。劳动争议仲裁机构案外调解 586 宗 823 人，立案受理 155 宗 715 人。

继续实施智力扶贫工程。市、县两级财政拨出专款对城乡贫困人员和下岗失业人员进行免费技能培训。安排 430 人进入省、市技工或中专学校接受学历教育；选送了 139 名贫困户子女到省级技工学校勤工俭学培训班学习。全年举办农科知识讲座和短期技能培训班，参加人数分别为 57 000 多人次和 3 800 多人次。

残疾人康复受惠面进一步扩大。新建社区康复服务指导站点 12 个，培训社区康复员 26 名。开展复明扶贫活动，完成白内障复明手术 1 333 例。新收训聋哑儿童 38 名，帮助 25 人实施肢体矫治，为 31 名贫困残疾者免费安装假肢。全市 3 746 名残疾人纳入低保。精神病人、脑瘫病人和弱智儿童的救助、康复工作得到加强。

（三）切实解决“三农”问题，促进农村经济发展

全市各级财政部门把增加农业投入作为农村工作的首要任务来抓。按照中央、省、市关于发展农业的要求，结合自身实际，积极争取上级的支持，筹措资金确保农业的稳定发展。支持云浮市农业结构调整、农业产业化、粮食自给工程、农业综合开发、农业技术的推广应用，以及江河治理、农田水利基本建设、生态公益林的营造和保护等，增强农业的抗灾防灾能力。2004 年全市财政的支农生产建设支出（含省追加）9 861 万元，比 2003 年增加 2001 万元，增长 25.45%。着力优化支农支出结构，提高资金使用效益，加大水利基础设施建设，2004 年安排市级配套资金共 953 万元。通过财政对农业基础设施的投入引导社会各方面增加对农业的投入，调动了农村集体和农民的生产积极性，体现了政府财政对农业、农村、农民的关心和支持，收到了良好的社会效益和经济效益。积极推进农业产业化经营，支持农业龙头企业的发展，通过“公司＋基地＋农户”的模式使广大农民积极参与产业化经营，并制定了相关管理办法，通过财政贴息解决市级农业龙头企业的技术改造和创新。加强生态公益林补偿费的使用和效益监督，确保专款专用。支持生物防火林带工程建设，在财力紧张的情况下安排配套资金 36 万元，促进了生物防火带建设。提高农业科技含金量，安排技术推广专项资金 10 万元，并加强农业社会化服务体系建设，投入资金 20 万元。

加大了解决“四难”问题的力度。政府补助 863 万元，减免 23 082 名贫困学生的学杂费，外来人口适龄子女已全部安排入学就读；解决了 67 户城镇特困户的住房问题。投入 676 万元，扶助 978 户农村贫困户新建住房，已建成 583 户。办理法律援助案件 685 件。投入 120 万元改建了市救助管理站，救助 82 人。完成 78 所山区老区小学残危教学楼的改造。政府投入 375 万元，兴建 100 宗重点饮水工程，解决了 5.6 万农民的饮水难问题；投入3 063万元，帮助 18 个水库移民村、673 户水库移民解决住房、行路难等问题。

加大对贫困村的帮扶力度。全市落实 97 名市县党政领导，安排 1 654 名干部驻镇、村，330 多个市、县直单位对口帮扶贫困村发展集体经济，共投入帮扶资金 1 865 万元，建成或在建集体经济项目 308 个，集体经济年纯收入超过 3 万元的村增加 59 个。认真解决灾区群众的生产、生活问题，共发放救灾款 357 万元，帮助受灾群众 5.6 万人次。

二、牢固树立和贯彻落实科学发展观，积极推进财政各项改革

（一）积极开展国库集中收付管理制度改革

首先，积极开展市级单位财政国库管理制度改革试点工作。一是建立单一账户体系，所有财政性资金都纳入国库单一账户体系管理。二是规范收入收缴程序，取消税收收入、非税收入等各种收入过渡户，将现行的收入就地缴库、集中缴库和自收汇缴三种形式简并为直接缴库和集中汇缴两种方式，保证预算内、外的资金收入全部直接缴入国库或财政专户。三是财政性资金支出通过国库单一账户体系集中支付到商品和劳务供应者或用款单位。会同人民银行云浮市中心支行共同拟定有关开展国库集中支付改革的政策性文件，制定了《云浮市市直单位财政国库管理制度改革实施办法》、《云浮市财政国库管理制度改革资金银行支付清算办法》、《云浮市市级单位财政国库管理制度改革试点资金会计核算暂行办法》、《云浮市市级财政资金拨付管理暂行规定》等。选定市财政局、市水务局等 10 个单位作为市级单位财政国库管理制度改革试点单位，并在 2004 年 10 月开始实施。其次，加强统发工资管理工作，扩大统发工资范围。根据部门预算的编制要求，全市公务员及教职员的工资全部纳入了财政统发范围。进一步加强了公务员和公教人员的工资管理，保证了人员工资的足额及时发放。市直公务员的地方统一岗位津贴于 2004 年 10 月份全部实行由财政委托银行代发，津贴直接划到个人开设的银行存折中，兑现了市政府制定的统一公务员岗位津贴的政策。在加强财政资金收入、支出管理的同时，调整了资金拨付程序，简化了审批程序，从而提高了办事效率。

（二）继续完善“收支两条线”管理制度

“收支两条线”管理改革，既是构建公共财政框架的重要内容，也是整顿和规范财政秩序，推进廉政建设的重大措施。云浮市从 1996 年起在全市全面实施“收支两条线”管理，收费、罚没收入推行“单位开票、银行代理、财政统管”的征管体制，努力从体制上防止截留、挤占、挪用预算外资金。在巩固发展“收支两条线”改革成果的

同时，进一步规范行政事业性收费，凡能纳入预算的都要纳入预算管理，从体制上防止截留、挤占、挪用预算外资金。2002年，云浮市又按照省政府的规定，及时将公安、法院、工商、环保、计划生育、广播电视等执收执罚部门的预算外收入实行上缴国库，纳入预算管理。对涉农、涉企、涉教收费实行公示制度，并推行“两证一票一卡”（收费许可证、收费员证、统一票据和企业、农民交费登记卡）管理办法，对中小学收费实行“一费制”。执收执罚单位按规定收取的行政事业性收费、政府性基金和罚没收入，全额上缴市财政，支出则由财政部门按年初部门综合预算指标及时拨付，确保经费供给。实施全面的“收支两条线”管理，从源头上深化“收支两条线”改革，从管理制度上规范和加强非税收入管理，解决了当前财政面临的实际困难，确保了经济持续快速发展。

（三）稳妥推进政府采购制度改革

为推动政府采购制度改革，云浮市按照《政府采购法》的要求，实现了政府采购管理和执行机构相分离。并按照国库集中收付的要求，对所有利用政府财政性资金采购的，均实行国库集中支付。制定出台了《云浮市政府采购管理暂行办法》《政府采购目录》和《政府采购管理程序》。政府采购实施细则、供应商资格登记办法、招标代理机构管理办法、评审专家登记办法、评审专家管理办法、采购资金支付管理办法、采购预算和采购计划编报办法等，切实加强对采购机构人员的教育、管理，维护政府采购的信誉。初步构建了政府采购市场信息库、专家资料库等，通过政府公众网站，发布政府采购法律、法规、采购信息等信息，实现政府采购信息公众化。按照《云浮市政府采购供应商资格登记备案管理暂行办法》，对供应商进行分类管理，规范供应商的政府采购行为。同时积极聘请政府采购评审专家，以充实政府采购专家库人员，为采购项目的“公开、公正、公平”原则打好基础。进一步明确了纪检监察对政府采购的监督重点、方式和方法，发挥纪检监察部门在监督方面的优势，强化政府采购行为的约束。扩大政府采购规模，2004年全市共完成11 410万元的采购，与采购预算相比节约率为8.8%。

（四）积极推进国有企业转制

根据云浮市市委、市政府的要求，加强了与云浮市振云资产经营公司的沟通、配合，进一步规范和完善了市直国有企业转制改革的财务审批程序。积极协助市振云资产经营公司制定规范国有企业改革转制的政策，促进市属国有企业以产权改革为核心的多种形式改革，及时筹集和划拨职工遣散安置资金，维护社会稳定。加大对国有企业的资产重组、转让、关闭、破产力度，支持云浮市国有企业的改革。特别是对国有资产产权的转移，认真做好评估资料审核、审批和备案工作，并按公开拍卖的形式处理。2003年市直国企以各种形式转制的企业77户（其中破产28户，职工赎买15户，租赁、承包11户，实行资产处置、遣散人员方式20户，其他形式转制2户）。通过多种形式转移、偿还和核销债务15.18亿元，多渠道筹集资金1 213万元，用于改制企业下岗职工的遣散安置和振兴工业园建设，安置职工5 783人。2004年全市185家国有企业中，已改制的有174家，改制率94.1%。经市政府批复市国资部门备案处置的资产产权转让22项，缴入专户资金4 058万元，返拨处置单位2 947万元。同时，努力建立和健全了以产权为纽带的国有资产管理、监督和运营机制，确保了国有资产的保值增值。主动与企业主管部门、环保、旅游、科技等部门配合，结合企业实际将云浮市的环保、旅游、中小企业开拓国际市场、科技三项和科技创新项目等10个实际问题及时研究立项，将可行性项目及早上报省有关部门，共争取上级支持2 800多万元，其中技改项目1 200多万元，环保专项1 000万元。

（五）深化农村税费改革

按照省委、省政府的统一部署，2003年7月1日，云浮市全面推行农村税费改革，减轻了农民负担。据统计，全市农村税费改革后，市农民人均负担由135.26降至26.15元，减少109.11元，全市各县（市、区）的减负率都在80.7%以上。2004年，全市农业税率在6%的基础上再调低到3%。在减轻农民负担的同时，有条不紊地进行了各项配套改革，重点开展了“并镇、并村、并校”工作，镇合并比例达到省的15%的要求，规划调整中小学1 218所，2004年云浮市政府出台了《关于进一步落实税费改革后农村五保供养、优抚对象优待和低保工作的通知》，各级财政部门根据通知要求，筹措保障资金，做到“应保尽保”。2004年全市低保对象达到22 259户38 050人，其中：城镇居民2 497户5 711人，农村居民19 762户32 339人。财政部门累计发放保障金1 430.75万元。

（六）新型农村合作医疗制度快速推进

为进一步巩固农村合作医疗，规范农村卫生事业补助的范围和方式，提高农村卫生机构的服务能力，快速推进新型农村合作医疗制度的建立，认真落实市政府《关于印发云浮市建立和完善新型农村合作医疗制度实施方案的通知》、《关于印发云浮市农村居民住院补充医疗保险方案的通知》等一系列农村医疗保障政策法规，进一步完善了云浮市的农村合作医疗制度，在市级预算中按人均2元配套安排了云浮市农村合作医疗经费，支持建立以重大疾病统筹为主的新型农村合作医疗制度工作，切实解决农民因病致贫、因病返贫问题，促进了该市农村公共卫生和农村合作医疗工作的顺利开展。全市参加新型合作医疗和补充医疗保险覆盖率分别达到79.3%和64.4%。有23 767人获得新型农村合作医疗住院补助，金额2 216.6万元；2 515人获得补充医疗保险住院补助，金额430.8万元；577人获得合作医疗救助，减免78.9万元；为66 053名特困人员减免医疗费66.3万元。完成了2005年度新型合作医疗的发动缴费工作，参加合作医疗159.5万人、补充医疗保险128.2万人，覆盖率分别为82.9%和66.7%。

三、强化财政监督，促进依法理财和依法行政

全市各级财政部门从加强党风廉政建设和反腐败抓源头的高度出发，调整工作思路和工作重点，坚持加强财政监督与规范财政管理、深化财政改革相结合，提高了财政资金使用的规范性、安全性和有效性。

（一）落实“收支两条线”规定，规范政府收费行为

一是继续做好行政事业性收费清理工作。按照省政府部署，结合贯彻落实《行政许可法》，配合有关部门切实做好我市行政事业性收费清理工作，对拟取消或保留的收费项目提出了审核意见。二是逐步推广以政府公物仓统一管理罚没物品为主的罚没物品管理试点工作。三是按照财政部《行政事业性收费和政府性基金年度稽查暂行办法》的规定，选择了收入金额大、涉及群众较多的行政部门收取的行政事业性收费和罚没收入开展年度稽查，对违反“收支两条线”管理规定的，按规定严肃查处。至2004年底，全市共实现财政管理收入入库69 134万元，其中市直完成占33 309万元；在市直收入中纳入预算管理完成8 741万元（分别为行政性收费收入2 928万元，罚没收入2 040万元，政府性基金收入2 317万元，专项收入1 456万元），纳入财政专户管理完成24 568万元（分别为：一般预算外收费收入12 494万元，基金收入1 032万元，专项资金收入11 042万元）。纳入财政专户管理的预算外资金收入24 568万元，比2003年的14 501万元增收了10 067万元，增长达69.42%，有效地增强了政府的调控能力。

（二）加强财政专项资金的监督检查

云浮市财政局加强了对国债资金使用情况的检查监督。配合市监察局、市计划局，对农网改造、铁路、水利等国债资金进行专项检查，及时指出在国债管理方面存在的问题，努力防止国债资金的挪用、截留和置换，确保国债安全。同时落实国债还款资金来源，确保按期归还国债转贷资金本息。加强对云浮市基本建设资金的集中管理，强化其监督。根据《云浮市基本建设项目财政性资金和自筹资金集中支付暂行办法》，进一步加大基建资金的管理力度。对财政性建设资金的审核也进一步拓展。2004年，市财政投资审核部门对市直126个工程预结算项目进行预结算审核，送审金额13 564万元，净核减金额1 834万元，核减率13.52%。

（三）加强财政监督的制度建设

2004年，针对当前财经领域存在的问题，从加强党风廉政建设和反腐败抓源头的高度，各级财政部门在积极推进各项改革的同时，健全制度，加强管理，确保了财政的平稳、健康、有序运行，进一步推进财经秩序的好转。积极开展财政专项资金的监督检查。同时，加强对省、市财政拨款兴建的重大工程项目的财务监督、跟踪检查。加强内部监督制度建设。先后制定了《云浮市财政局内部监督检查工作规则（试行）》、《云浮市财政局关于建立约束机制加强内部监督的规定》和《云浮市财政局内部审计制度》等一系列规章制度，并严格按照《广东省省级财政内部循环监督工作系统（试行）》、《广东省财政厅内部监督检查工作规则（试行）》、《广东省省级财政专项资金监督暂行办法》、《广东省财政部门会计信息质量检查工作规程》等一系列规章制度，进一步完善了全市财政监督办法，建立了市级财政内部循环监督体系，进一步完善了财政资金事前审核、事中监控与事后检查、稽核相协调的监督机制，保障了财政资金的安全，保证了财政资金分配的公平与效率。

四、加强行风建设，民主评议行风工作成效显著

按照云浮市纪委、市政府纠风办、市直纪工委的工作要求，云浮市各级财政部门把民主评议行风工作列入年度工作的重点，切实加强领导，紧紧围绕民主评议行风工作的指导思想和工作目标，把民主评议行风工作与财政改革和发展紧密结合起来，立足实际，注重实效，高标准、严要求，精心组织，周密部署，狠抓落实，扎扎实实地完成了宣传发动、自查自评、落实整改和接受评议四个阶段的工作。市直行评团对市财政局民主评议行风工作给予了高度评价，经综合考评，市财政局和各县（市、区）财政局的行风建设均被评为“满意”单位，顺利通过检验。民主评议行风工作的开展，促进了“三个代表”重要思想在财政工作中的贯彻落实，促进了财政管理水平的进一步提高，促进了工作效率和服务水平的不断提升，促进了党风廉政建设，廉洁自律意识的明显加强，促进了队伍建设，财政干部队伍整体素质得到较大提高。

五、坚持以人为本，抓好新时期财政干部队伍建设

全市各级财政部门认真实践“三个代表”重要思想，进一步落实党风廉政责任制，建立健全教育制度、监督并重的惩治和预防腐败体系，继续加强思想道德教育，全面规范服务行为，树立行业新风，加强文化建设，改善工作环境，优化服务手段。同时，不断提高财政工作水平和能力，提高财政部门贯彻落实市委、市政府重大方针政策，支持经济发展，创新机制、体制，财政可持续发展，为民理财，依法理财，依法监督七个方面的能力，努力造就一支奋发向上、朝气蓬勃、务实高效、清正廉洁的队伍，力争通过创建文明行业活动，进一步营造云浮市和谐的理财环境。组织全体党员干部认真学习、贯彻党的十六大会议精神，局党委中心理论学习组带头进行了六个专题的学习。抓好了党风廉政建设和领导干部廉洁自律工作，积极开展纪律教育学习月活动和廉政教育反腐败的宣传工作，制定出台了《云浮市财政局的廉政谈话制度》，组织全局干部职工参加廉洁从政知识测试和观看四部廉政宣传片，

从正反两面教育干部职工。制定出台了《云浮市财政局行政执法责任工作制度》、《云浮市财政局行政执法错案责任追究制度》，进一步规范了行政执法行为，预防和减少了财政执法错案的发生。发动和组织云浮市全体财政干部和社会人士积极参与全国财政法规知识竞赛活动。认真组织干部“四五”普法学习和参加市“12·4”法制宣传日活动。加强《行政许可法》的宣传和培训，并积极开展行政许可清理工作。通过制定各项规章制度和开展各类培训活动，切实提高了财政干部的综合素质。

（云浮市财政局供稿，王彦响执笔）

第五部分

统计资料

2001年广东省财政一般预算收支决算总表

单位：万元

预算科目	预算数	决算数	预算科目	预算数	决算数
一、增值税	1 724 793	1 724 793	一、基本建设支出	2 242 007	1 924 571
二、营业税	3 181 606	3 181 606	二、企业挖潜改造资金	310 122	209 739
三、企业所得税	2 669 119	2 678 119	三、地质勘探费	23 421	22 376
四、企业所得税退税	－9	－9	四、科技三项费用	280 243	236 139
五、个人所得税	1 173 630	1 178 630	五、流动资金	6 846	2 659
六、资源税	9 603	9 603	六、支援农村生产支出	306 218	281 956
七、固定资产投资方向调节税	6 737	6 737	七、农业综合开发支出	56 671	48 075
八、城市维护建设税	354 286	354 286	八、农林水利气象等部门的事业费	407 484	365 486
九、房产税	287 375	287 375	九、工业交通等部门的事业费	71 077	64 833
十、印花税	147 806	147 806	十、流通部门事业费	20 018	19 219
十一、城镇土地使用税	42 154	42 154	十一、文体广播事业费	363 465	334 967
十二、土地增值税	40 398	40 398	十二、教育事业费	1 865 186	1 802 758
十三、车船使用和牌照税	49 730	49 730	十三、科学事业费	137 181	116 525
十四、屠宰税	17 639	17 639	十四、卫生经费	574 796	539 932
十五、筵席税			十五、税务等部门的事业费	776 884	682 427
十六、农业税	70 604	70 604	十六、抚恤和社会福利救济费	193 803	178 904
十七、农业特产税	33 333	33 333	十七、行政事业单位离退休经费	554 674	546 047
十八、牧业税			十八、社会保障补助支出	411 339	299 266
十九、耕地占用税	41 558	41 558	十九、国防支出	13 158	13 012
二十、契税	282 855	282 855	二十、行政管理费	1 291 350	1 203 021
二十一、国有资产经营收益	70 637	70 637	二十一、外交外事支出	8 467	6 820
二十二、国有企业计划亏损补贴	－52 048	－52 048	二十二、武装警察部队支出	37 101	37 016
二十三、行政性收费收入	488 865	488 865	二十三、公检法司支出	1 185 726	1 169 570
二十四、罚没收入	474 892	474 892	二十四、城市维护费	753 448	638 734
二十五、海域场地矿区使用费收入	1 027	1 027	二十五、政策性补贴支出	219 581	187 703
二十六、专项收入	257 016	257 016	二十六、支援不发达地区支出	61 538	51 159
二十七、其他收入	217 520	217 520	二十七、海域开发建设和场地使用费支出	450	440
			二十八、专项支出	295 046	237 762
			二十九、其他支出	2 323 129	1 992 198
			三十、总预备费		
本年收入合计	11 591 126	11 605 126	本年支出合计	14 790 429	13 213 314
本年收入		11 605 126	本年支出		13 213 314
中央补助收入		2 524 869	上解中央支出		372 626
省补助计划单列市收入			计划单列市上解省支出		
			增设预算周转金		44 577
地方向国外借款收入			地方向国外借款安排的支出		
			地方向国外借款还本付息支出		
国债转贷收入		197 192	国债转贷收入安排的支出		167 711
国债转贷资金上年结余		38 400	国债转贷收入结余		67 881
上年结余收入		1 741 068	调出资金		34 479
调入其他资金		132 629	年终滚存结余		2 338 696
总计		16 239 284	总计		16 239 284

2002 年广东省财政一般预算收支决算总表

单位：万元

预算科目	调整预算数	决算数	预算科目	调整预算数	决算数
一、增值税	2 057 370	2 057 917	一、基本建设支出	2 574 550	2 115 315
二、营业税	3 748 249	3 748 773	二、企业挖潜改造资金	256 918	242 406
三、企业所得税	1 819 944	1 820 682	三、地质勘探费	25 119	25 119
四、企业所得税退税			四、科技三项费用	396 815	376 918
五、个人所得税	1 004 056	1 004 266	五、流动资金	3 288	3 288
六、资源税	12 309	12 343	六、支援农村生产支出	353 775	329 078
七、固定资产投资方向调节税	803	808	七、农业综合开发支出	58 415	56 583
八、城市维护建设税	421 076	421 643	八、农林水利气象等部门的事业费	459 788	428 793
九、房产税	366 318	366 778	九、工业交通等部门的事业费	99 375	94 306
十、印花税	109 973	109 701	十、流通部门事业费	24 323	23 386
十一、城镇土地使用税	52 089	52 372	十一、文体广播事业费	379 111	348 988
十二、土地增值税	82 336	82 872	十二、教育事业费	2 424 117	2 331 205
十三、车船使用和牌照税	58 362	58 375	十三、科学事业费	148 427	140 613
十四、屠宰税	18 832	19 128	十四、卫生经费	664 762	644 192
十五、筵席税			十五、其他部门的事业费	945 377	831 930
十六、农业税	79 441	80 191	十六、抚恤和社会福利救济费	262 353	252 053
十七、农业特产税	33 251	33 495	十七、行政事业单位离退休经费	706 018	705 446
十八、牧业税			十八、社会保障补助支出	501 318	374 256
十九、耕地占用税	58 956	59 188	十九、国防支出	15 998	15 998
二十、契税	390 371	394 740	二十、行政管理费	1 552 673	1 493 804
二十一、国有资产经营收益	118 582	119 271	二十一、外交外事支出	6 557	6 557
二十二、国有企业计划亏损补贴	−56 416	−56 199	二十二、武装警察部队支出	48 916	47 440
二十三、行政性收费收入	651 712	653 888	二十三、公检法司支出	1 462 724	1 405 089
二十四、罚没收入	489 760	489 853	二十四、城市维护费	712 089	683 263
二十五、海域场地矿区使用费收入	1 605	1 605	二十五、政策性补贴支出	146 188	124 315
二十六、专项收入	297 068	297 316	二十六、支援不发达地区支出	54 156	50 868
二十七、其他收入	186 693	187 120	二十七、海域开发建设和场地使用费支出	1 474	1 319
			二十八、专项支出	327 545	278 596
			二十九、其他支出	2 309 576	1 779 668
			三十、总预备费	10	
本年收入合计	12 002 740	12 016 126	本年支出合计	16 921 755	15 210 792
本年收入		12 016 126	本年支出		15 210 792
中央补助收入		3 889 964	上解中央支出		344 960
省补助计划单列市收入			计划单列市上解省支出		
			增设预算周转金		56 462
国债转贷收入		138 417	拨付国债转贷资金数		172 143
国债转贷资金上年结余		67 881	国债转贷资金结余		34 155
上年结余收入		2 338 696	调出资金		30 228
调入其他资金		251 494	年终结余		2 853 838
总计		18 702 578	总计		18 702 578

2003年广东省财政一般预算收支决算总表

单位：万元

预算科目	调整预算数	决算数	预算科目	调整预算数	决算数
一、增值税	2 336 000	2 336 835	一、基本建设支出	2 965 848	2 408 689
二、营业税	4 157 000	4 158 122	二、企业挖潜改造资金	262 721	220 378
三、企业所得税	1 699 000	1 700 183	三、地质勘探费	31 199	30 684
四、企业所得税退税			四、科技三项费用	402 537	364 417
五、个人所得税	947 000	947 674	五、流动资金	3 095	3 095
六、资源税	15 000	15 274	六、农业支出	480 884	416 297
七、固定资产投资方向调节税	1 900	1 976	七、林业支出	129 976	114 954
八、城市维护建设税	476 000	477 462	八、水利和气象支出	481 327	428 841
九、房产税	455 000	455 607	九、工业交通等部门的事业费	137 416	117 926
十、印花税	141 000	141 344	十、流通部门事业费	53 145	39 310
十一、城镇土地使用税	58 000	58 690	十一、文体广播事业费	436 773	381 087
十二、土地增值税	83 000	84 434	十二、教育支出	2 746 223	2 652 474
十三、车船使用和牌照税	65 000	65 869	十三、科学支出	157 815	152 589
十四、屠宰税	6 600	6 710	十四、医疗卫生支出	821 616	735 442
十五、筵席税			十五、其他部门的事业费	1 071 572	908 202
十六、农业税	79 000	79 777	十六、抚恤和社会福利救济	321 449	304 539
十七、农业特产税	13 700	13 801	十七、行政事业单位离退休支出	839 734	837 492
十八、牧业税			十八、社会保障补助支出	533 021	370 069
十九、耕地占用税	65 700	66 007	十九、国防支出	20 661	20 588
二十、契税	479 800	485 211	二十、行政管理费	1 820 162	1 754 697
二十一、国有资产经营收益	206 000	207 825	二十一、外交外事支出	6 125	6 057
二十二、国有企业计划亏损补贴	－28 600	－28 582	二十二、武装警察部队支出	55 579	53 898
二十三、行政性收费收入	873 000	876 579	二十三、公检法司支出	1 774 454	1 696 994
二十四、罚没收入	448 000	448 339	二十四、城市维护费	688 750	634 956
二十五、海域场地矿区使用费收入	12 700	12 774	二十五、政策性补贴支出	125 029	124 757
二十六、专项收入	334 700	335 068	二十六、支援不发达地区支出	103 538	91 898
二十七、其他收入	207 000	208 172	二十七、海域开发建设和场地使用费支出	3 750	2 341
			二十八、债务利息支出	275	275
			二十九、专项支出	377 980	305 155
			三十、其他支出	2 529 605	1 778 223
			三十一、总预备费	16	
本年收入合计	13 131 500	13 155 151	本年支出合计	19 382 275	16 956 324
本年收入		13 155 151	本年支出		16 956 324
中央补助收入		4 433 356	上解中央支出		359 750
省补助计划单列市收入			计划单列市上解省支出		
			增设预算周转金		56 743
国债转贷收入		59 589	拨付国债转贷资金数		76 868
国债转贷资金上年结余		34 155	国债转贷资金结余		16 876
国债转贷转补助					
上年结余收入		2 853 838	调出资金		28 539
调入资金		342 287	年终结余		3 383 276
总计		20 878 376	总计		20 878 376

2004年广东省财政一般预算收支决算总表

单位：万元

预算科目	调整预算数	决算数	预算科目	调整预算数	决算数
一、增值税	1 695 961	1 688 797	一、基本建设支出	3 079 096	2 541 273
二、营业税	4 814 336	4 847 764	二、企业挖潜改造资金	315 385	226 959
三、企业所得税	1 757 714	1 944 269	三、地质勘探费	33 548	32 865
四、企业所得税退税			四、科技三项费用	467 292	406 516
五、个人所得税	1 086 925	1 115 740	五、流动资金	2 715	2 715
六、资源税	19 336	19 573	六、农业支出	513 120	416 013
七、固定资产投资方向调节税		232	七、林业支出	151 978	136 780
八、城市维护建设税	547 433	552 389	八、水利和气象支出	525 370	395 912
九、房产税	547 847	547 713	九、工业交通等部门的事业费	236 424	195 375
十、印花税	197 930	198 600	十、流通部门事业费	70 761	32 632
十一、城镇土地使用税	70 389	70 368	十一、文体广播事业费	509 825	442 981
十二、土地增值税	91 883	94 499	十二、教育支出	3 091 605	2 879 522
十三、车船使用和牌照税	72 325	71 767	十三、科学支出	166 323	157 747
十四、屠宰税	224	157	十四、医疗卫生支出	880 513	729 099
十五、筵席税			十五、其他部门的事业费	1 220 855	1 016 108
十六、农业税	38 030	35 150	十六、抚恤和社会福利救济	365 646	336 839
十七、农业特产税	4 862	4 862	十七、行政事业单位离退休支出	949 366	945 966
十八、牧业税			十八、社会保障补助支出	552 418	435 836
十九、耕地占用税	78 923	92 377	十九、国防支出	26 982	26 423
二十、契税	613 246	631 259	二十、行政管理费	1 992 969	1 931 009
二十一、国有资产经营收益	187 771	187 595	二十一、外交外事支出	5 978	5 901
二十二、国有企业计划亏损补贴	－21 361	－22 599	二十二、武装警察部队支出	65 281	64 588
二十三、行政性收费收入	929 575	949 476	二十三、公检法司支出	2 042 403	1 903 531
二十四、罚没收入	500 914	497 651	二十四、城市维护费	919 867	861 050
二十五、海域场地矿区使用费收入	2 672	6 898	二十五、政策性补贴支出	129 548	128 274
二十六、专项收入	389 490	440 758	二十六、支援不发达地区支出	143 340	121 045
二十七、其他收入	199 289	209 761	二十七、海域开发建设和场地使用费支出	6 912	3 675
			二十八、车辆税费支出	6 966	334
			二十九、债务利息支出	890	890
			三十、专项支出	444 283	362 140
			三十一、其他支出	3 401 936	1 789 502
			三十二、总预备费	762	
本年收入合计	13 825 714	14 185 056	本年支出合计	22 320 357	18 529 500
本年收入		14 185 056	本年支出		18 529 500
免抵未调库归还收入		521 112	上解中央支出		337 593
中央补助收入		5 531 495	计划单列市上解省支出		
省补助计划单列市收入					
			增设预算周转金		90 384
国债转贷收入		58 695	拨付国债转贷资金数		50 010
国债转贷资金上年结余		16 876	国债转贷资金结余		25 561
国债转贷转补助					
上年结余收入		3 383 276	调出资金		38 275
调入资金		398 879	年终结余		5 024 066
总计		24 095 389	总计		24 095 389

2001年广东省财政

预算科目	决算数合计	省 级	地 级	其中		县 级	乡镇级	其中镇
				地级直属乡	地级直属镇			
一、增值税	1 724 793	94 453	1 099 064		224 191	305 422	225 854	225 512
二、营业税	3 181 606	1 119 632	1 536 108		160 715	373 069	152 797	152 349
三、企业所得税	2 678 119	1 026 047	1 288 109		116 317	271 013	92 950	92 879
四、企业所得税退税	−9					−9		
五、个人所得税	1 178 630	328 577	654 904		83 777	129 358	65 791	65 700
六、资源税	9 603		1 425		220	2 853	5 325	5 300
七、固定资产投资方向调节税	6 737	6 737						
八、城市维护建设税	354 286		255 283		23 795	54 314	44 689	44 539
九、房产税	287 375		183 390		19 601	67 165	36 820	36 769
十、印花税	147 806		115 201		8 124	26 622	5 983	5 973
十一、城镇土地使用税	42 154		14 246		4 138	18 178	9 730	9 703
十二、土地增值税	40 398	16 186	16 953		2 675	4 994	2 265	2 265
十三、车船使用和牌照税	49 730		22 596		5 782	16 772	10 362	10 336
十四、屠宰税	17 639		3 632		2 282	3 630	10 377	10 358
十五、筵席税								
十六、农业税	70 604		10 438		9 820	5 297	54 869	54 378
十七、农业特产税	33 333		5 601		4 743	5 566	22 166	21 827
十八、牧业税								
十九、耕地占用税	41 558		21 193		14 879	13 727	6 638	6 637
二十、契税	282 855		215 178		26 526	49 870	17 807	17 806
二十一、国有资产经营收益	70 637	43 891	18 427			8 316	3	3
二十二、国有企业计划亏损补贴	−52 048	−6 445	−30 304			−15 299		
二十三、行政性收费收入	488 865	253 175	143 047		1 051	79 273	13 370	13 368
二十四、罚没收入	474 892	61 784	260 526		4 704	140 345	12 237	12 225
二十五、海域场地矿区使用费收入	1 027	864	163					
二十六、专项收入	257 016	3 544	189 936		7 410	53 707	9 829	9 815
二十七、其他收入	217 520	144 845	43 533		271	23 200	5 942	5 942
本年收入合计	11 605 126	3 093 290	6 068 649		721 021	1 637 383	805 804	803 684

一般预算收支决算分级表

单元：万元

预算科目	决算数合计	省级	地级	其中		县级	乡镇级	其中镇
				地级直属乡	地级直属镇			
一、基本建设支出	1 924 571	264 810	1 472 539		57 057	163 483	23 739	23 722
二、企业挖潜改造资金	209 739	2 692	163 241		14	42 288	1 518	1 518
三、地质勘探费	22 376	21 781	595					
四、科技三项费用	236 139	13 627	177 586		2 094	41 887	3 039	3 037
五、流动资金	2 659	2 300	359					
六、支援农村生产支出	281 956	14 140	92 116		21 228	100 770	74 930	74 412
七、农业综合开发支出	48 075	5 226	12 969		376	22 033	7 847	7 768
八、农林水利气象等部门的事业费	365 486	98 477	120 749		18 370	107 866	38 394	38 276
九、工业交通等部门的事业费	64 833	24 207	29 641		534	10 715	270	270
十、流通部门事业费	19 219	9 524	4 093			5 490	112	112
十一、文体广播事业费	334 967	70 327	160 560		8 217	84 477	19 603	19 359
十二、教育事业费	1 802 758	200 573	640 023		187 707	471 261	490 901	487 319
十三、科学事业费	116 525	45 408	50 021		1 152	17 840	3 256	3 206
十四、卫生经费	539 932	71 075	287 446		28 673	143 602	37 809	37 562
十五、税务等部门的事业费	682 427	135 310	327 871		5 372	182 780	36 466	36 195
十六、抚恤和社会福利救济费	178 904	6 673	70 860		8 006	81 230	20 141	20 038
十七、行政事业单位离退休经费	546 047	80 541	172 051		14 246	196 618	96 837	96 057
十八、社会保障补助支出	299 266	71 832	167 181		454	58 496	1 757	1 757
十九、国防支出	13 012	6 835	3 075			3 089	13	13
二十、行政管理费	1 203 021	265 797	491 687		44 546	325 595	119 942	118 841
二十一、外交外事支出	6 820	1 000	5 495			325		
二十二、武装警察部队支出	37 016	18 586	15 462			2 794	174	174
二十三、公检法司支出	1 169 570	193 246	588 499		57 977	335 902	51 923	51 784
二十四、城市维护费	638 734		410 807		90 203	190 193	37 734	37 729
二十五、政策性补贴支出	187 703	96 788	37 654		54	51 343	1 918	1 913
二十六、支援不发达地区支出	51 159	1 190	32 612		2 019	10 572	6 785	6 712
二十七、海域开发建设和场地使用费支出	440		250			190		
二十八、专项支出	237 762	412	131 170		24 796	92 675	13 505	13 502
二十九、其他支出	1 992 198	763 961	939 790		44 887	219 074	69 373	68 437
本年支出合计	13 213 314	2 486 338	6 606 402		617 982	2 962 588	1 157 986	1 149 713

2002年广东省财政

预算科目	决算数合计	省 级	地 级	其中		县 级	乡镇级	其中镇
				地级直属乡	地级直属镇			
一、增值税	2 057 917	92 461	1 247 799		217 062	457 640	260 017	259 722
二、营业税	3 748 773	1 294 654	1 777 799		204 400	470 184	206 136	205 786
三、企业所得税	1 820 682	860 330	747 240		70 934	160 082	53 030	53 016
四、企业所得税退税								
五、个人所得税	1 004 266	383 428	480 028		48 691	96 653	44 157	44 003
六、资源税	12 343		1 795		196	3 496	7 052	7 046
七、固定资产投资方向调节税	808	808						
八、城市维护建设税	421 643		299 729		29 038	66 876	55 038	54 828
九、房产税	366 778	77	231 278		22 271	89 652	45 771	45 726
十、印花税	109 701		65 027		7 654	36 703	7 971	7 968
十一、城镇土地使用税	52 372		18 299		3 736	21 413	12 660	12 606
十二、土地增值税	82 872	33 155	30 223		6 970	13 195	6 299	6 299
十三、车船使用和牌照税	58 375		25 992		5 046	20 192	12 191	12 190
十四、屠宰税	19 128		5 587		1 979	3 328	10 213	10 197
十五、筵席税								
十六、农业税	80 191		14 722		7 433	5 546	59 923	59 673
十七、农业特产税	33 495		3 569		1 712	6 851	23 075	22 890
十八、牧业税								
十九、耕地占用税	59 188		31 881		1 861	17 107	10 200	10 220
二十、契税	394 740		317 889		7 124	58 364	18 487	18 644
二十一、国有资产经营收益	119 271	40 331	50 680			28 259	1	1
二十二、国有企业计划亏损补贴	−56 199	−19 825	−23 131			−13 243		
二十三、行政性收费收入	653 888	309 886	216 696		31	110 989	16 317	16 315
二十四、罚没收入	489 853	83 707	261 620		57	133 405	11 121	11 116
二十五、海域场地矿区使用费收入	1 605	1 279	326					
二十六、专项收入	297 316	3 981	214 434		157	65 019	13 882	13 872
二十七、其他收入	187 120	113 766	40 852		68	30 267	2 235	2 235
本年收入合计	12 016 126	3 198 038	6 060 334		636 420	1 881 978	875 776	874 353

一般预算收支决算分级表

单元：万元

预算科目	决算数合计	省级	地级	其中		县级	乡镇级	其中
				地级直属乡	地级直属镇			镇
一、基本建设支出	2 115 315	167 018	1 576 595		95 820	284 694	87 008	86 994
二、企业挖潜改造资金	242 406	6 348	119 751			114 867	1 440	1 440
三、地质勘探费	25 119	24 421	698					
四、科技三项费用	376 918	12 380	286 344		7 448	61 144	17 050	17 050
五、流动资金	3 288	2 300	988					
六、支援农村生产支出	329 078	18 744	105 954		27 179	121 908	82 472	82 308
七、农业综合开发支出	56 583	5 974	11 481		96	32 275	6 853	6 839
八、农林水利气象等部门的事业费	428 793	124 524	146 125		22 482	120 167	37 977	37 872
九、工业交通等部门的事业费	94 306	33 327	41 338		679	18 261	1 380	1 380
十、流通部门事业费	23 386	12 882	4 634		3 141	5 573	297	297
十一、文体广播事业费	348 988	52 869	173 271		6 816	100 152	22 696	22 489
十二、教育事业费	2 331 205	307 063	783 202		231 159	642 524	598 416	595 111
十三、科学事业费	140 613	61 239	48 921		958	24 621	5 832	5 814
十四、卫生经费	644 192	95 896	330 093		36 219	173 652	44 551	44 265
十五、其他部门的事业费	831 930	187 781	369 500		11 668	235 784	38 865	38 646
十六、抚恤和社会福利救济费	252 053	8 285	98 662		10 213	116 116	28 990	28 920
十七、行政事业单位离退休经费	705 446	130 483	199 363		11 969	260 044	115 556	115 025
十八、社会保障补助支出	374 256	139 308	146 201		1 643	80 628	8 119	8 119
十九、国防支出	15 998	10 415	2 788			2 779	16	16
二十、行政管理费	1 493 804	346 485	580 600		79 894	418 337	148 382	147 487
二十一、外交外事支出	6 557	1 348	4 685			490	34	34
二十二、武装警察部队支出	47 440	26 278	17 084			3 905	173	173
二十三、公检法司支出	1 405 089	224 042	728 015		58 551	393 627	59 405	59 344
二十四、城市维护费	683 263		400 008		39 025	241 927	41 328	41 328
二十五、政策性补贴支出	124 315	52 991	46 257		21	24 600	467	467
二十六、支援不发达地区支出	50 868	1 661	26 610		2 847	14 584	8 013	7 915
二十七、海域开发建设和场地使用费支出	1 319	38	680			556	45	45
二十八、专项支出	278 596	3 537	153 357		49 343	106 790	14 912	14 901
二十九、其他支出	1 779 668	379 201	1 010 277		57 658	332 850	57 340	56 505
本年支出合计	15 210 792	2 436 838	7 413 482		754 829	3 932 855	1 427 617	1 420 784

2003年广东省财政

预算科目	决算数合计	省级	地级	其中		县级	乡镇级	其中镇
				地级直属乡	地级直属镇			
一、增值税	2 336 835	90 223	1 465 281		157 867	393 975	387 356	386 991
二、营业税	4 158 122	1 416 951	1 978 754		152 045	455 757	306 660	306 428
三、企业所得税	1 700 183	776 753	693 049		43 716	149 872	80 509	80 462
四、企业所得税退税								
五、个人所得税	947 674	344 729	459 690		33 381	84 643	58 612	58 510
六、资源税	15 274		1 883		32	4 777	8 614	8 609
七、固定资产投资方向调节税	1 976	1 976						
八、城市维护建设税	477 462	32	321 096		16 579	64 908	91 426	91 237
九、房产税	455 607		285 104		19 305	98 854	71 649	71 592
十、印花税	141 344		84 895		7 784	41 002	15 447	15 435
十一、城镇土地使用税	58 690		18 080		1 322	22 074	18 536	18 490
十二、土地增值税	84 434	33 796	23 665		979	12 632	14 341	14 327
十三、车船使用和牌照税	65 869		26 711		2 219	23 208	15 950	15 946
十四、屠宰税	6 710		725		138	1 664	4 321	4 310
十五、筵席税								
十六、农业税	79 777		6 299		930	6 331	67 147	66 970
十七、农业特产税	13 801		1 011		465	4 170	8 620	8 583
十八、牧业税								
十九、耕地占用税	66 007		28 416		2 790	28 056	9 535	9 535
二十、契税	485 211		339 975		12 302	122 932	22 304	22 304
二十一、国有资产经营收益	207 825	36 700	134 870			33 063	3 192	3 192
二十二、国有企业计划亏损补贴	－28 582	－1 985	－16 039			－10 558		
二十三、行政性收费收入	876 579	390 779	285 194		426	185 321	15 285	15 283
二十四、罚没收入	448 339	82 930	220 049		92	134 825	10 535	10 533
二十五、海域场地矿区使用费收入	12 774	5 873	6 895			6		
二十六、专项收入	335 068	3 989	225 191		340	85 838	20 050	20 030
二十七、其他收入	208 172	73 883	98 879		85	34 175	1 235	1 235
本年收入合计	13 155 151	3 256 629	6 689 673		452 797	1 977 525	1 231 324	1 230 002

一般预算收支决算分级表

单元：万元

预算科目	决算数合计	省级	地级	其中		县级	乡镇级	其中镇
				地级直属乡	地级直属镇			
一、基本建设支出	2 408 689	152 460	1 925 338		81 733	243 596	87 295	87 295
二、企业挖潜改造资金	220 378	9 604	140 681			68 481	1 612	1 612
三、地质勘探费	30 684	30 012	672					
四、科技三项费用	364 417	12 504	261 179		38	77 656	13 078	13 078
五、流动资金	3 095	2 300	795					
六、农业支出	416 297	45 709	132 378		15 792	163 034	75 176	75 014
七、林业支出	114 954	15 656	27 761		2 035	55 029	16 508	16 336
八、水利和气象支出	428 841	115 653	100 522		28 670	169 968	42 698	42 595
九、工业交通等部门的事业费	117 926	33 753	54 426		2	27 943	1 804	1 804
十、流通部门事业费	39 310	12 960	14 398			11 821	131	131
十一、文体广播事业费	381 087	49 550	176 539		11 466	116 634	38 364	38 189
十二、教育支出	2 652 474	339 128	851 326		259 919	782 900	679 120	677 454
十三、科学支出	152 589	68 411	46 982		219	29 831	7 365	7 364
十四、医疗卫生支出	735 442	123 576	348 133		39 357	209 724	54 009	53 823
十五、其他部门的事业费	908 202	164 083	399 476		13 443	292 822	51 821	51 624
十六、抚恤和社会福利救济	304 539	10 702	100 462		5 713	150 128	43 247	43 169
十七、行政事业单位离退休支出	837 492	160 285	229 868		9 317	315 423	131 916	131 733
十八、社会保障补助支出	370 069	74 617	202 921		8 164	84 869	7 662	7 662
十九、国防支出	20 588	13 316	3 251		3	3 923	98	98
二十、行政管理费	1 754 697	388 639	685 668		68 721	496 341	184 049	183 065
二十一、外交外事支出	6 057	1 179	4 403			459	16	16
二十二、武装警察部队支出	53 898	22 057	24 754			6 573	514	514
二十三、公检法司支出	1 696 994	288 856	824 372		53 860	520 896	62 870	62 852
二十四、城市维护费	634 956	250	366 161		61 197	214 408	54 137	54 077
二十五、政策性补贴支出	124 757	49 078	49 011		19	26 050	618	618
二十六、支援不发达地区支出	91 898	3 014	46 072		4 115	25 820	16 992	16 803
二十七、海域开发建设和场地使用费支出	2 341		1 186			1 101	54	54
二十八、债务利息支出	275		133			142		
二十九、专项支出	305 155	2 282	161 098		30 655	112 252	29 523	29 508
三十、其他支出	1 778 223	147 472	1 117 836		49 018	404 073	108 842	108 385
本年支出合计	16 956 324	2 337 106	8 297 802		743 456	4 611 897	1 709 519	1 704 873

2004年广东省财政

预算科目	决算数合计	省　级	地　级	其中		县　级	乡镇级	其中镇
				地级直属乡	地级直属镇			
一、增值税	1 688 797	85 661	1 091 768		130 274	258 451	252 917	252 651
其中：出口货物退增值税	−1 083 613	−191	−712 340		−64 671	−198 156	−172 926	−168 879
二、营业税	4 847 764	1 614 756	2 339 155		199 451	549 144	344 709	344 524
三、企业所得税	1 944 269	827 175	814 488		59 397	189 891	112 715	112 707
四、企业所得税退税								
五、个人所得税	1 115 740	395 624	552 148		49 566	100 154	67 814	67 803
六、资源税	19 573		3 001		242	6 556	10 016	9 960
七、固定资产投资方向调节税	232	232						
八、城市维护建设税	552 389		396 598		19 503	68 928	86 863	86 834
九、房产税	547 713		342 567		32 623	119 991	85 155	85 133
十、印花税	198 600		114 280		8 026	62 777	21 543	21 536
十一、城镇土地使用税	70 368		22 285		3 175	26 795	21 288	21 283
十二、土地增值税	94 499	37 828	31 834		1 566	9 716	15 121	15 121
十三、车船使用和牌照税	71 767		31 096		2 556	23 392	17 279	17 278
十四、屠宰税	157		157		61	−6	6	6
十五、筵席税								
十六、农业税	35 150		733		219	3 703	30 714	30 340
十七、农业特产税	4 862		5			1 550	3 307	3 287
十八、牧业税								
十九、耕地占用税	92 377		38 192		4 317	40 227	13 958	13 958
二十、契税	631 259		486 306		28 952	121 651	23 302	23 301
二十一、国有资产经营收益	187 595		109 975		3 012	70 571	7 049	7 049
二十二、国有企业计划亏损补贴	−22 599	−2 285	−12 983			−7 331		
二十三、行政性收费收入	949 476	377 170	368 242		362	185 404	18 660	18 660
二十四、罚没收入	497 651	73 168	263 592		29	145 956	14 935	14 935
二十五、海域场地矿区使用费收入	6 898	4 226	2 668			4		
二十六、专项收入	440 758	41 476	284 583		440	93 355	21 344	21 341
二十七、其他收入	209 761	85 383	88 347		132	34 146	1 885	1 885
本年收入合计	14 185 056	3 540 414	7 369 037		543 903	2 105 025	1 170 580	1 169 592

一般预算收支决算分级表

单元：万元

预算科目	决算数合计	省级	地级	其中		县级	乡镇级	其中
				地级直属乡	地级直属镇			镇
一、基本建设支出	2 541 273	257 322	1 937 826		77 673	261 763	84 362	84 300
二、企业挖潜改造资金	226 959	7 059	148 322		1 468	62 098	9 480	9 480
三、地质勘探费	32 865	31 695	670			500		
四、科技三项费用	406 516	10 518	308 813		29 985	75 607	11 578	11 548
五、流动资金	2 715	2 300	415					
六、农业支出	416 013	39 349	137 550		19 454	159 656	79 458	79 369
七、林业支出	136 780	12 435	34 675		4 053	70 758	18 912	18 842
八、水利和气象支出	395 912	91 121	108 634		37 059	149 630	46 527	46 406
九、工业交通等部门的事业费	195 375	58 232	83 880		16 927	50 398	2 865	2 865
十、流通部门事业费	32 632	8 473	12 952		183	11 065	142	142
十一、文体广播事业费	442 981	64 691	197 137		16 690	131 278	49 875	49 726
十二、教育支出	2 879 522	330 504	934 892		240 526	917 597	696 529	695 751
十三、科学支出	157 747	72 570	55 246		444	26 286	3 645	3 643
十四、医疗卫生支出	729 099	74 466	351 956		31 925	241 554	61 123	61 024
十五、其他部门的事业费	1 016 108	179 876	460 163		24 231	318 639	57 430	57 314
十六、抚恤和社会福利救济	336 839	11 622	101 252		8 886	163 728	60 237	60 185
十七、行政事业单位离退休支出	945 966	172 531	258 213		11 233	369 476	145 746	145 487
十八、社会保障补助支出	435 836	46 841	261 345		2 098	112 480	15 170	15 170
十九、国防支出	26 423	18 475	3 343			4 446	159	159
二十、行政管理费	1 931 009	366 930	801 605		92 371	557 200	205 274	204 601
二十一、外交外事支出	5 901	1 081	4 566			252	2	2
二十二、武装警察部队支出	64 588	22 156	32 040			9 507	885	885
二十三、公检法司支出	1 903 531	284 903	958 446		69 947	590 608	69 574	69 566
二十四、城市维护费	861 050		553 102		187 341	255 880	52 068	52 068
二十五、政策性补贴支出	128 274	52 675	47 520		45	27 467	612	612
二十六、支援不发达地区支出	121 045	4 202	49 135		4 092	39 444	28 264	28 141
二十七、海域开发建设和场地使用费支出	3 675	100	597			2 778	200	200
二十八、车辆税费支出	334		330			4		
二十九、债务利息支出	890		382			508		
三十、专项支出	362 140	10 285	196 328		38 537	121 443	34 084	33 684
三十一、其他支出	1 789 502	91 535	1 225 841		56 675	355 456	116 670	116 464
本年支出合计	18 529 500	2 323 947	9 267 176		971 843	5 087 506	1 850 871	1 847 634

2001年广东省地(市)县级

地区	收入								
	收入合计	增值税	营业税	企业收入	其中：企业所得税	个人所得税	城市维护建设税	农业五税	其他各项收入
地（市）县级总计	8 511 836	1 630 340	2 061 974	1 633 206	1 652 072	850 053	354 286	428 350	1 553 627
地（市）本级合计	6 068 649	1 099 064	1 536 108	1 276 232	1 288 109	654 904	255 283	252 410	994 648
县级合计	2 443 187	531 276	525 866	356 974	363 963	195 149	99 003	175 940	558 979
广州市小计	2 461 941	443 213	540 075	463 400	483 421	254 892	152 739	115 541	492 081
本级	1 492 629	274 836	280 753	280 817	301 152	155 275	136 369	71 661	292 918
县级小计	969 312	168 377	259 322	182 583	182 269	99 617	16 370	43 880	199 163
从化市	30 543	4 749	8 565	4 210	4 107	3 687	1 770	1 801	5 761
增城市	49 206	11 280	12 068	3 791	3 791	4 468	2 352	5 497	9 750
越秀区	59 310	4 881	14 313	14 822	14 822	7 824			17 470
东山区	79 688	7 512	23 139	15 352	15 352	15 298			18 387
海珠区	76 242	14 354	24 477	11 623	11 423	7 523		1 152	17 113
荔湾区	52 440	10 334	12 896	13 276	13 276	5 257			10 677
天河区	99 534	14 814	32 152	17 773	17 773	12 609		352	21 834
白云区	102 435	24 936	31 440	16 807	16 807	9 558		2 748	16 946
黄埔区	55 774	14 259	11 554	11 484	11 484	6 601		385	11 491
芳村区	36 455	8 462	8 321	8 041	8 041	3 560		171	7 900
花都区	47 371	9 248	12 810	3 850	3 839	5 244	2 948	6 244	7 027
番禺区	28 0314	43 548	67 587	61 554	61 554	17 988	9 300	25 530	54 807
深圳市小计	2 624 944	293 835	893 731	659 135	646 174	359 851	17 771	34 841	365 780
本级	2 624 944	293 835	893 731	659 135	646 174	359 851	17 771	34 841	365 780
珠海市小计	315 631	84 776	59 702	63 158	59 894	19 009	12 564	20 374	56 048
本级	232 060	58 538	40 156	49 757	46 893	13 384	8 600	17 739	43 886
县级小计	83 571	26 238	19 546	13 401	13 001	5 625	3 964	2 635	12 162
斗门区	22 265	9 343	4 245	1 062	1 062	940	901	2 132	3 642
香洲区	46 404	11 194	11 866	10 451	10 051	3 648	2 523	94	6 628
金湾区	14 902	5 701	3 435	1 888	1 888	1 037	540	409	1 892
汕头市小计	205 597	44 064	41 495	33 214	33 414	13 747	9 929	16 446	46 702
本级	84 744	16 813	18 906	14 590	14 559	7 382	4 156	6 155	16 742
县级小计	120 853	27 251	22 589	18 624	18 855	6 365	5 773	10 291	29 960
澄海市	24 887	7 070	3 749	2 721	3 012	1 359	1 117	2 923	5 948
潮阳市	35 155	6 612	5 255	4 344	4 335	1 858	1 407	4 050	11 629
南澳县	2 247	282	403	191	140	90	53	377	851
龙湖区	21 918	3 620	6 670	5 163	5 163	1 071	932	1 019	3 443
金园区	16 891	4 393	2 946	2 633	2 633	881	1 187	822	4 029
升平区	11 706	3 351	1 390	1 530	1 530	759	799	586	3 291
达濠区	6 518	1 473	1 976	1 508	1 508	308	241	445	567
河浦区	1 531	450	200	534	534	39	37	69	202
韶关市小计	110 958	38 986	18 464	18 102	18 849	6 459	7 714	7 260	13 973
本级	49 679	18 537	5 546	11 732	11 774	3 187	3 694	598	6 385
县级小计	61 279	20 449	12 918	6 370	7 075	3 272	4 020	6 662	7 588

财政一般预算收支情况表

单位：万元

支				出				
支出合计	基本建设支出	支援农村生产支出	农林水气事业费	教育事业费	社会保障补助支出	行政管理费	公检法司支出	其他各项支出
10 726 976	1 659 761	267 816	267 009	1 602 185	227 434	937 224	976 324	4 789 223
6 606 402	1 472 539	92 116	120 749	640 023	167 181	491 687	588 499	3 033 608
4 120 574	187 222	175 700	146 260	962 162	60 253	445 537	387 825	1 755 615
2 926 284	497 907	49 355	29 526	305 538	99 181	219 943	288 571	1 436 263
1 632 840	348 958	5 660	16 347	76 708	89 944	96 519	124 938	873 766
1 293 444	148 949	43 695	13 179	228 830	9 237	123 424	163 633	562 497
47 409	3 750	5 909	1 467	10 163	150	2 744	4 058	19 168
64 474	75	4 814	1 217	16 673	212	6 381	6 838	28 264
96 484	7 546			16 526	194	7 997	16 267	47 954
124 927	23 293			20 705	259	10 355	16 257	54 058
120 928	7 631	1 569	1 455	23 888	1 985	11 894	16 431	56 075
96 926	6 295			16 963	208	8 154	14 462	50 844
122 555	9 933	1 132	671	17 490	796	16 881	17 124	58 528
131 888	835	11 612	2 375	28 912	774	14 141	19 385	53 854
68 250	4 234	2 215	466	12 517	521	6 428	10 153	31 716
57 739	3 581	964	264	7 445	374	6 471	7 978	30 662
59 937	2 672	4 289	1 121	12 465	94	6 512	4 626	28 158
301 927	79 104	11 191	4 143	45 083	3 670	25 466	30 054	103 216
2 537 019	864 816	20 030	12 773	273 612	11 957	137 592	209 439	1 006 800
2 537 019	864 816	20 030	12 773	273 612	11 957	137 592	209 439	1 006 800
373 535	37 999	4 505	10 567	32 711	4 469	24 824	42 061	216 399
257 699	36 699	2 054	4 956	11 733	3 619	11 086	37 529	150 023
115 836	1 300	2 451	5 611	20 978	850	13 738	4 532	66 376
35 409		1 662	2 449	6 085	791	2 289	3 174	18 959
54 784	1 100	165	1 316	8 575		6 708	1 225	35 695
25 643	200	624	1 846	6 318	59	4 741	133	11 722
301 512	5 810	5 204	16 624	67 209	8 301	38 088	34 282	125 994
127 118	4 624	727	7 628	8 577	6 324	17 232	17 067	64 939
174 394	1 186	4 477	8 996	58 632	1 977	20 856	17 215	61 055
37 289	200	1 293	2 444	11 720	542	4 794	2 784	13 512
60 583	700	2 419	4 085	20 377	1 090	3 975	6 723	21 214
7 132	130	304	373	1 548	174	1 527	800	2 276
20 299		140	999	5 245	123	3 609	1 865	8 318
19 557	6	6	221	8 279	8	2 491	2 170	6 376
16 691		35	170	7 506		2 121	1 681	5 178
8 988	150	123	469	3 003	32	1 543	858	2 810
3 855		157	235	954	8	796	334	1 371
244 871	11 427	11 611	11 805	46 514	8 303	24 200	13 079	117 932
86 983	6 448	911	2 845	7 035	6 409	6 449	3 315	53 571
157 888	4 979	10 700	8 960	39 479	1 894	17 751	9 764	64 361

续表

地区	收入								
	收入合计	增值税	营业税	企业收入	其中：企业所得税	个人所得税	城市维护建设税	农业五税	其他各项收入
曲江县	14 014	7 880	2 495	530	530	816	522	486	1 285
始兴县	3 445	789	484	274	274	169	177	1 151	401
南雄市	8 355	1 800	629	1 077	1 077	350	966	2 399	1 134
仁化县	6 711	2 554	892	610	757	272	456	455	1 472
乐昌市	6 309	1 741	1 881	781	1 121	230	311	573	792
翁源县	3 904	776	1 074	153	177	353	175	813	560
新丰县	3 118	771	780	495	622	243	150	382	297
乳源县	7 163	2 340	1 485	1 669	1 736	301	440	320	608
北江区	2 154	445	1 002	130	130	121	197	20	239
浈江区	2 570	577	771	214	214	161	318	50	479
武江区	3 536	776	1 425	437	437	256	308	13	321
河源市小计	31 429	6 979	6 624	2 046	2 252	2 259	1 634	4 063	7 824
本级	7 315	2 130	1 761	874	908	534	476	221	1 319
县级小计	24 114	4 849	4 863	1 172	1 344	1 725	1 158	3 842	6 505
紫金县	5 383	861	918	209	152	432	232	923	1 808
龙川县	5 895	712	1 048	346	410	366	305	1 150	1 968
连平县	3 991	1 347	667	371	396	219	137	495	755
和平县	2 543	368	662	76	82	134	99	621	583
东源县	3 506	844	832	133	133	193	192	589	723
源城区	2 796	717	736	37	171	381	193	64	668
梅州市小计	82 838	19 065	16 057	4 941	8 180	6 232	6 727	6 924	22 892
本级	18 421	6 658	2 671	1 242	2 068	942	2 871	715	3 322
县级小计	64 417	12 407	13 386	3 699	6 112	5 290	3 856	6 209	19 570
梅　县	18 930	2 933	5 233	2 509	2 782	2 434	864	1 292	3 665
蕉岭县	5 773	1 585	971	344	402	290	318	447	1 818
大埔县	5 516	1 690	1 203	－263	402	368	332	793	1 393
丰顺县	5 210	1 027	804	1 018	1 229	201	313	412	1 435
五华县	6 383	1 022	800	－799	80	341	811	740	3 468
兴宁市	14 630	2 213	2 799	711	908	978	722	1 920	5 287
平远县	3 607	989	597	－3	127	237	207	357	1 223
梅江区	4 368	948	979	182	182	441	289	248	1 281
惠州市小计	182 792	43 947	36 097	24 669	25 274	13 955	6 274	10 399	47 451
本级	81 631	23 880	14 205	15 382	15 829	6 579	2 327	3 424	15 834
县级小计	101 161	20 067	21 892	9 287	9 445	7 376	3 947	6 975	31 617
惠阳市	31 439	5 701	7 701	4 629	4 883	2 582	1 274	1 779	7 773
惠东县	13 650	2 733	2 510	797	797	1 020	457	1 163	4 970
博罗县	23 754	4 987	4 899	1 851	1 711	1 487	687	1 813	8 030
龙门县	4 429	1 225	922	327	371	322	297	506	830
惠城区	27 889	5 421	5 860	1 683	1 683	1 965	1 232	1 714	10 014
汕尾市小计	44 865	4 229	6 602	3 542	3 744	1 998	2 195	2 852	23 447
本级	12 873	854	1 623	1 382	1 386	561	352	300	7 801
县级小计	31 992	3 375	4 979	2 160	2 358	1 437	1 843	2 552	15 646
海丰县	12 260	1 618	2 460	1 255	1 489	891	499	712	4 825
陆丰市	11 753	1 001	1 252	417	367	205	1 086	951	6 841

支出								
支出合计	基本建设支出	支援农村生产支出	农林水气事业费	教育事业费	社会保障补助支出	行政管理费	公检法司支出	其他各项支出
24 373	730	988	1 042	5 909	462	1 732	976	12 534
13 438	795	806	713	3 524	115	1 425	936	5 124
19 096	392	823	887	5 925	202	1 915	1 249	7 703
15 621	1 119	896	726	3 059	93	2 169	616	6 943
21 411	653	1 674	2 050	6 393	480	2 306	911	6 944
15 390	54	615	706	4 298	122	2 354	926	6 315
15 791	352	2 032	1 230	3 793	235	1 534	1 032	5 583
18 093	304	2 573	1 400	3 721	107	1 994	1 137	6 857
4 420	10	40	64	830	34	730	682	2 030
4 687		148	80	982	16	871	691	1 899
5 568	570	105	62	1 045	28	721	608	2 429
170 155	3 177	17 629	7 635	37 037	5 289	24 992	11 503	62 893
24 022	898	1 432	2 617	1 807	719	5 347	2 202	9 000
146 133	2 279	16 197	5 018	35 230	4 570	19 645	9 301	53 893
27 731	692	1 478	949	7 922	755	4 152	2 066	9 717
33 423	83	2 499	923	8 621	1 315	3 310	1 857	14 815
21 484	5	2 808	1 018	4 885	792	2 932	1 459	7 585
22 009	162	1 180	846	5 391	559	4 166	1 608	8 097
28 856	907	6 299	522	6 096	768	3 115	1 886	9 263
12 630	430	1 933	760	2 315	381	1 970	425	4 416
270 198	18 338	20 361	14 511	56 646	7 490	31 172	19 301	102 379
53 083	15 490	1 638	3 228	2 815	2 557	5 575	2 912	18 868
217 115	2 848	18 723	11 283	53 831	4 933	25 597	16 389	83 511
37 090	4	5 093	2 232	8 680	573	3 387	2 224	14 897
17 222	1 128	1 231	1 413	3 485	375	2 021	1 274	6 295
25 696	604	1 819	917	7 475	582	2 836	1 750	9 713
27 004	15	1 241	1 471	7 385	950	3 555	2 098	10 289
37 122	225	3 505	2 194	9 035	760	4 463	2 884	14 056
46 303	855	3 675	2 311	10 786	939	6 407	3 800	17 530
14 139	14	1 805	425	3 211	427	1 701	1 059	5 497
12 539	3	354	320	3 774	327	1 227	1 300	5 234
258 858	6 423	9 261	12 287	40 420	3 879	29 064	24 175	133 349
101 621	4 416	2 186	5 837	8 161	1 489	11 548	7 497	60 487
157 237	2 007	7 075	6 450	32 259	2 390	17 516	16 678	72 862
40 515	62	1 521	1 754	7 418	627	4 045	3 128	21 960
27 306	437	2 205	1 344	7 239	691	3 052	2 433	9 905
37 156	66	1 364	1 435	8 166	825	4 962	4 239	16 099
17 320	113	1 276	1 347	4 828	131	2 285	1 292	6 048
34 940	1 329	709	570	4 608	116	3 172	5 586	18 850
109 484	6 015	5 141	5 748	25 748	1 949	15 699	9 093	40 091
24 644	1 648	1 362	1 149	2 252	619	6 490	2 365	8 759
84 840	4 367	3 779	4 599	23 496	1 330	9 209	6 728	31 332
26 474	916	1 391	1 375	6 403	726	3 118	1 300	11 245
34 333	3 341	910	2 063	10 367	352	3 136	3 474	10 690

续表

地区	收入合计	增值税	营业税	企业收入	其中：企业所得税	个人所得税	城市维护建设税	农业五税	其他各项收入
陆河县	2 642	331	323	208	120	73	114	210	1 383
城区	5 337	425	944	280	382	268	144	679	2 597
东莞市小计	450 163	130 811	87 124	93 709	93 802	32 708	21 185	21 008	63 618
本级	450 163	130 811	87 124	93 709	93 802	32 708	21 185	21 008	63 618
中山市小计	255 508	75 181	45 864	31 227	31 137	15 849	11 730	38 591	37 066
本级	255 508	75 181	45 864	31 227	31 137	15 849	11 730	38 591	37 066
江门市小计	249 550	61 729	45 532	30 150	27 837	14 843	14 657	19 855	62 784
本级	53 480	11 060	9 782	7 987	7 607	3 526	3 050	3 902	14 173
县级小计	196 070	50 669	35 750	22 163	20 230	11 317	11 607	15 953	48 611
恩平市	12 652	2 421	2 840	888	697	596	645	1 156	4 106
开平市	38 078	9 475	6 186	5 308	5 681	2 283	3 589	2 326	8 911
鹤山市	22 876	5 788	4 173	2 526	2 526	1 103	971	1 916	6 399
台山市	37 452	6 970	7 727	1 958	2 033	2 702	1 792	4 083	12 220
新会市	59 893	18 919	9 384	7 499	5 439	2 971	2 926	5 651	12 543
江海区	9 339	2 712	1 786	1 723	1 593	310	683	570	1 555
蓬江区	15 780	4 384	3 654	2 261	2 261	1 352	1 001	251	2 877
佛山市小计	517 172	134 217	86 589	111 226	112 612	33 667	35 407	36 731	79 335
本级	143 199	29 730	22 400	38 686	40 522	8 356	7 605	13 552	22 870
县级小计	373 973	104 487	64 189	72 540	72 090	25 311	27 802	23 179	56 465
三水市	44 553	13 020	8 243	9 038	9 038	2 761	2 076	3 817	5 598
高明市	25 251	8 949	4 463	2 203	2 203	1 724	1 479	1 592	4 841
南海市	253 688	66 491	41 724	51 518	51 068	17 564	19 958	17 658	38 775
城区	15 523	4 109	3 630	2 544	2 544	996	1 310		2 934
石湾区	34 958	11 918	6 129	7 237	7 237	2 266	2 979	112	4 317
阳江市小计	47 660	14 223	9 776	1 796	5 304	4 546	3 290	5 726	8 303
本级	17 435	3 206	5 880	1 821	2 279	1 281	1 099	914	3 234
县级小计	30 225	11 017	3 896	-25	3 025	3 265	2 191	4 812	5 069
阳东县	8 500	3 732	712	206	1 234	616	459	1 851	924
阳西县	4 170	788	858	39	253	466	201	1 260	558
阳春市	9 940	3 448	1 583	-516	897	878	802	1 369	2 376
江城区	7 615	3 049	743	246	641	1 305	729	332	1 211
湛江市小计	138 845	36 296	28 787	4 528	6 817	13 240	8 844	13 779	33 371
本级	74 589	21 111	13 703	2 566	4 229	7 280	6 536	3 455	19 938
县级小计	64 256	15 185	15 084	1 962	2 588	5 960	2 308	10 324	13 433
徐闻县	7 763	1 479	1 828	286	295	499	306	2 220	1 145
雷州市	9 655	2 312	2 148	-104	255	614	379	2 930	1 376
遂溪县	7 601	2 228	1 481	122	122	338	402	1 478	1 552
廉江市	9 643	2 399	1 321	390	390	921	527	1 721	2 364
吴川市	7 566	2 018	1 480	223	451	1 181	309	772	1 583
赤坎区	6 128	1 257	2 325	275	287	1 011	57	22	1 181
霞山区	8 219	2 017	2 802	651	669	1 002	121	65	1 561
麻章区	3 952	1 028	1 199	58	58	210	89	456	912
坡头区	3 729	447	500	61	61	184	118	660	1 759
茂名市小计	105 859	17 129	17 518	7 730	9 195	7 653	18 131	10 367	27 331

支出								
支出合计	基本建设支出	支援农村生产支出	农林水气事业费	教育事业费	社会保障补助支出	行政管理费	公检法司支出	其他各项支出
13 888	100	1 175	611	4 245	197	1 701	1 081	4 778
10 145	10	303	550	2 481	55	1 254	873	4 619
478 646	119 692	20 067	8 890	85 544	8 566	28 961	59 633	147 293
478 646	119 692	20 067	8 890	85 544	8 566	28 961	59 633	147 293
267 802	17 084	18 774	7 247	44 553	1 990	17 714	25 083	135 357
267 802	17 084	18 774	7 247	44 553	1 990	17 714	25 083	135 357
314 209	9 232	17 995	11 976	69 083	2 227	36 889	26 961	139 846
68 797	7 164	751	3 520	10 178	726	8 660	6 542	31 256
245 412	2 068	17 244	8 456	58 905	1 501	28 229	20 419	108 590
21 378	126	662	1 123	5 707	432	2 476	1 439	9 413
43 545		2 082	1 300	12 122	74	4 855	4 346	18 766
30 803	221	2 349	1 069	7 403	340	3 751	2 919	12 751
47 075	1 631	5 842	2 184	12 101	93	3 584	2 266	19 374
69 542	90	6 148	1 950	16 709	492	7 078	5 295	31 780
12 305		135	352	1 638	23	2 836	1 406	5 915
20 764		26	478	3 225	47	3 649	2 748	10 591
600 611	10 839	4 871	18 329	90 860	6 090	51 813	65 427	352 382
173 961	8 266	149	3 410	23 896	1 818	16 861	19 056	100 505
426 650	2 573	4 722	14 919	66 964	4 272	34 952	46 371	251 877
61 597	650	683	3 520	10 039	45	5 557	4 928	36 175
31 157	500	1 312	1 809	4 961	235	3 457	3 536	15 347
274 573	790	2 427	8 975	46 631	3 618	18 574	28 440	165 118
19 617	213		22		34	3 216	4 258	11 874
39 706	420	300	593	5 333	340	4 148	5 209	23 363
119 872	1 324	4 644	9 369	27 956	6 840	18 133	6 748	44 858
39 700	584	920	4 547	2 920	5 158	7 675	1 961	15 935
80 172	740	3 724	4 822	25 036	1 682	10 458	4 787	28 923
20 873	740	781	1 397	5 860	465	2 420	1 020	8 190
14 876		775	1 560	4 462	319	1 828	857	5 075
29 700		1 863	1 372	10 169	674	4 119	1 817	9 686
14 723		305	493	4 545	224	2 091	1 093	5 972
311 564	13 253	10 305	14 404	67 159	16 886	39 161	24 396	126 000
111 740	11 648	4 189	4 289	6 603	4 883	13 934	11 009	55 185
199 824	1 605	6 116	10 115	60 556	12 003	25 227	13 387	70 815
29 477	105	1 896	1 976	8 358	1 695	3 136	1 513	10 798
35 079	133	1 036	2 276	10 542	2 547	5 193	1 641	11 711
26 900	79	1 029	1 442	8 212	2 897	3 696	1 177	8 368
38 588	258	977	2 415	12 233	2 438	3 913	1 807	14 547
26 078	216	537	853	9 967	1 124	3 121	1 299	8 961
10 064	20	12	18	2 223	248	1 441	1 425	4 677
12 501	332	57	71	3 382	200	1 379	1 512	5 568
9 219	230	334	512	2 245	577	1 544	897	2 880
11 918	232	238	552	3 394	277	1 804	2 116	3 305
239 415	6 776	7 657	8 749	59 914	10 696	33 442	14 385	97 796

续表

地区	收入								
	收入合计	增值税	营业税	企业收入	其中：企业所得税	个人所得税	城市维护建设税	农业五税	其他各项收入
本级	47 133	4 234	8 059	3 849	5 117	2 914	14 623	910	12 544
县级小计	58 726	12 895	9 459	3 881	4 078	4 739	3 508	9 457	14 787
高州市	17 708	4 628	2 496	1 395	1 395	1 337	547	2 809	4 496
化州市	9 401	1 905	1 049	555	555	598	1 021	1 796	2 477
信宜市	8 515	1 941	1 442	649	749	1 067	329	1 399	1 688
电白县	11 169	2 374	2 068	519	523	1 048	508	2 066	2 586
茂南区	9 201	1 302	1 642	648	741	583	997	1 145	2 884
茂港区	2 732	745	762	115	115	106	106	242	656
肇庆市小计	122 927	23 098	19 485	14 250	12 749	5 888	5 541	12 341	42 324
本级	36 379	8 097	7 322	6 851	6 963	2 169	1 870	1 601	8 469
县级小计	86 548	15 001	12 163	7 399	5 786	3 719	3 671	10 740	33 855
高要市	19 709	3 374	2 559	2 114	1 816	710	694	1 896	8 362
四会市	13 706	2 186	2 322	2 113	894	663	567	2 017	3 838
广宁县	8 917	1 225	589	110	270	371	233	998	5 391
怀集县	10 457	1 152	964	645	655	557	233	1 536	5 370
封开县	8 087	1 532	831	529	259	310	248	1 629	3 008
德庆县	7 249	1 377	993	604	608	241	482	1 265	2 287
端州区	13 892	3 420	3 048	1 219	1 219	612	962	615	4 016
鼎湖区	4 531	735	857	65	65	255	252	784	1 583
清远市小计	58 028	16 400	12 877	7 785	8 747	3 188	2 432	5 869	9 477
本级	13 484	3 434	3 854	2 239	2 784	619	275	1 086	1 977
县级小计	44 544	12 966	9 023	5 546	5 963	2 569	2 157	4 783	7 500
英德市	8 978	1 960	1 893	533	541	469	402	1 183	2 538
佛冈县	6 403	2 461	1 452	911	911	398	143	401	637
阳山县	6 022	1 509	797	1 636	1 834	279	291	529	981
连州市	8 267	3 094	860	1 521	1 639	425	661	615	1 091
连山县	1 263	302	282	41	86	82	79	306	171
连南县	2 587	1 060	285	419	467	95	194	181	353
清新县	5 108	1 232	1 502	391	391	367	46	811	759
清城区	5 916	1 348	1 952	94	94	454	341	757	970
潮州市小计	50 810	15 721	9 753	2 692	5 567	4 113	2 690	4 926	10 915
本级	26 104	7 938	6 100	2 451	3 309	2 589	1 169	1 727	4 130
县级小计	24 706	7 783	3 653	241	2 258	1 524	1 521	3 199	6 785
饶平县	8 550	2 331	1 070	−83	383	280	366	1 449	3 137
潮安县	9 512	3 706	1 262	149	1 276	636	632	1 446	1 681
湘桥区	6 644	1 746	1 321	175	599	608	523	304	1 967
揭阳市小计	98 304	14 449	12 088	9 373	8 983	3 973	3 215	8 659	46 547
本级	22 029	3 716	4 499	3 461	3 143	1 071	1 126	1 632	6 524
县级小计	76 275	10 733	7 589	5 912	5 840	2 902	2 089	7 027	40 023
揭东县	14 677	2 240	2 074	412	629	323	295	2 159	7 174
揭西县	5 753	1 445	732	−156	276	350	249	641	2 492
普宁市	40 018	3 987	2 946	3 658	3 023	1 400	909	2 121	24 997
惠来县	5 102	690	1 045	−105	215	136	220	713	2 403
榕城区	10 725	2 371	792	2 103	1 697	693	416	1 393	2 957
云浮市小计	40 095	9 185	7 377	619	2 206	3 969	2 248	3 731	12 966
本级	8 930	1 658	1 812	560	560	833	1 030	311	2 726
县级小计	31 165	7 527	5 565	59	1 646	3 136	1 218	3 420	10 240
罗定市	11 333	2 228	1 477	493	493	791	501	1 137	4 706
新兴县	8 455	2 710	1 597	−964	622	1 228	370	888	2 626
郁南县	4 770	1 285	898	139	140	443	257	585	1 163
云安县	2 610	628	489	69	69	214	90	380	740
云城区	3 997	676	1 104	322	322	460		430	1 005
顺德市小计	315 920	102 807	60 357	45 914	45 914	28 014	7 369	28 067	43 392
本级	315 920	102 807	60 357	45 914	45 914	28 014	7 369	28 067	43 392

支出								
支出合计	基本建设支出	支援农村生产支出	农林水气事业费	教育事业费	社会保障补助支出	行政管理费	公检法司支出	其他各项支出
82 526	6 307	1 689	2 393	3 175	6 719	12 568	6 078	43 597
156 889	469	5 968	6 356	56 739	3 977	20 874	8 307	54 199
38 825	350	2 138	1 489	13 847	912	5 351	1 581	13 157
32 968		956	1 459	13 132	840	5 092	1 640	9 849
32 151	75	1 635	1 730	11 185	852	4 405	1 472	10 797
30 891		924	1 347	12 072	912	3 052	1 613	10 971
16 912		226	268	4 738	233	2 010	1 638	7 799
5 142	44	89	63	1 765	228	964	363	1 626
226 443	2 186	9 655	13 138	45 944	3 695	30 548	17 989	103 288
55 883	296	813	3 918	5 557	1 448	11 034	5 024	27 793
170 560	1 890	8 842	9 220	40 387	2 247	19 514	12 965	75 495
31 439	202	2 458	1 059	5 047	351	2 262	1 640	18 420
26 246	907	1 652	2 361	6 325	274	2 683	1 666	10 378
21 033	103	673	2 074	5 379	360	1 956	1 661	8 827
25 758	127	1 407	546	8 533	279	2 749	1 876	10 241
19 321	210	869	1 025	5 050	295	2 544	1 312	8 016
19 357	8	1 315	1 312	5 363	172	2 784	1 460	6 943
19 828	333	149	170	3 627	343	3 237	2 699	9 270
7 578		319	673	1 063	173	1 299	651	3 400
182 136	1 058	10 513	10 740	53 331	4 352	24 146	12 190	65 806
28 778	305	690	1 751	3 339	1 574	5 679	1 776	13 664
153 358	753	9 823	8 989	49 992	2 778	18 467	10 414	52 142
28 977	63	2 058	1 413	11 306	598	3 146	1 536	8 857
15 778	3	440	590	4 895	270	2 642	1 305	5 633
20 444	12	1 986	533	7 455	176	2 324	1 225	6 733
22 241	4	1 391	491	7 621	511	2 028	1 059	9 136
10 879	412	1 265	305	2 381	241	1 561	1 124	3 590
14 438	2	1 088	2 196	2 942	434	1 652	973	5 151
24 078	256	1 289	2 155	7 476	397	3 542	1 402	7 561
16 523	1	306	1 306	5 916	151	1 572	1 790	5 481
125 596	12 256	3 663	7 889	27 944	3 860	15 399	7 119	47 466
43 166	6 046	691	3 231	3 190	1 978	6 922	2 872	18 236
82 430	6 210	2 972	4 658	24 754	1 882	8 477	4 247	29 230
35 097	3 310	1 569	2 573	10 040	954	3 677	1 598	11 376
34 557	2 500	1 252	1 550	11 190	533	3 074	1 779	12 679
12 776	400	151	535	3 524	395	1 726	870	5 175
208 532	9 870	5 188	11 895	62 141	3 620	28 821	20 144	66 853
44 562	7 821	1 028	2 307	4 137	1 537	8 174	4 729	14 829
163 970	2 049	4 160	9 588	58 004	2 083	20 647	15 415	52 024
31 470	300	547	2 814	11 155	51	4 521	2 846	9 236
30 330		1 554	2 860	10 600	995	4 477	2 651	7 193
60 439	251	1 220	1 589	23 356	136	6 870	7 497	19 520
26 757	1 498	644	1 557	8 819	655	2 508	1 554	9 522
14 974		195	768	4 074	246	2 271	867	6 553
114 151	1 266	5 380	6 144	29 537	1 176	15 107	9 135	46 406
19 729	316	348	1 103	1 447	529	4 151	1 862	9 973
94 422	950	5 032	5 041	28 090	647	10 956	7 273	36 433
28 812	10	997	831	9 375	203	2 777	2 734	11 885
20 455	250	1 617	959	6 046	176	2 229	1 062	8 116
21 887	150	1 301	1 330	5 880	201	2 829	1 650	8 546
11 691	280	509	1 168	3 044	24	1 654	1 028	3 984
11 577	260	608	753	3 745	43	1 467	799	3 902
346 083	3 013	6 007	16 763	52 784	6 618	51 516	35 610	173 772
346 083	3 013	6 007	16 763	52 784	6 618	51 516	35 610	173 772

2002 年广东省地(市)县级

地区	收入								
	收入合计	增值税	营业税	企业收入	其中：企业所得税	个人所得税	城市维护建设税	农业五税	其他各项收入
地（市）县级总计	8 818 088	1 965 456	2 454 119	1 002 918	960 352	620 838	421 643	567 614	1 785 500
地(市)本级合计	6 060 334	1 247 799	1 777 799	774 789	747 240	480 028	299 729	368 061	1 112 129
县级合计	2 757 754	717 657	676 320	228 129	213 112	140 810	121 914	199 553	673 371
广州市小计	2 458 737	526 377	613 161	261 163	236 416	159 684	164 892	136 393	597 067
本级	1 261 580	219 042	268 980	128 224	122 371	81 971	140 326	80 984	342 053
县级小计	1 197 157	307 335	344 181	132 939	114 045	77 713	24 566	55 409	255 014
从化市	31 140	5 590	9 327	3 339	3 239	2 371	1 911	1 768	6 834
增城市	64 592	16 178	19 766	2 212	2 212	3 025	3 518	5 582	14 311
开发区	193 951	93 570	26 887	33 545	20 711	13 358	3 399	2 464	20 728
保税区	10 611	2 879	3 043	1 456	1 456	1 149	485	110	1 489
越秀区	50 302	4 953	15 356	6 473	6 473	5 857			17 663
东山区	72 377	7 343	24 301	9 605	9 605	9 093			22 035
海珠区	74 784	15 498	27 599	5 869	5 869	4 615		478	20 725
荔湾区	47 040	10 154	13 680	7 555	5 523	3 058			12 593
天河区	99 564	16 717	33 461	9 903	9 903	8 849		1 952	28 682
白云区	103 425	28 781	33 011	8 731	8 731	6 417		3 314	23 171
黄埔区	58 071	21 612	11 027	10 454	7 551	3 368		783	10 827
芳村区	35 027	10 498	8 828	4 441	3 428	1 763		333	9 164
花都区	70 041	21 107	16 725	3 890	3 878	3 143	4 059	9 605	11 512
番禺区	286 232	52 455	101 170	25 466	25 466	11 647	11 194	29 020	55 280
深圳市小计	2 659 287	402 379	1 021 602	458 948	439 981	293 069	20 862	107 990	354 437
本级	2 659 287	402 379	1 021 602	458 948	439 981	293 069	20 862	107 990	354 437
珠海市小计	312 326	101 100	58 795	34 997	31 759	14 399	15 088	20 223	67 724
本级	229 696	74 510	39 034	27 089	23 851	10 408	10 641	16 753	51 261
县级小计	82 630	26 590	19 761	7 908	7 908	3 991	4 447	3 470	16 463
斗门区	22 332	7 557	4 328	832	832	642	914	2 973	5 086
香洲区	45 466	13 299	11 249	6 199	6 199	2 680	3 014	51	8 974
金湾区	14 832	5 734	4 184	877	877	669	519	446	2 403
汕头市小计	200 650	45 647	42 920	15 977	14 716	9 073	11 064	18 876	57 093
本级	91 961	17 331	18 849	6 256	6 169	4 402	6 703	9 973	28 447
县级小计	108 689	28 316	24 071	9 721	8 547	4 671	4 361	8 903	28 646
澄海市	28 289	7 456	4 918	2 565	1 488	997	1 813	3 190	7 350
潮阳市	34 774	6 512	5 326	1 729	1 729	1 242	1 677	4 428	13 860
南澳县	2 238	276	503	186	89	59	67	400	747
龙湖区	15 185	3 856	6 004	2 116	2 116	910	223	155	1 921
金园区	13 458	4 573	3 144	1 572	1 572	802	291	194	2 882
升平区	7 689	3 249	1 802	668	668	350	209	44	1 367
达濠区	5 290	1 722	2 121	721	721	260	66	177	223
河浦区	1 766	672	253	164	164	51	15	315	296
韶关市小计	127 816	43 711	23 497	10 163	10 215	4 768	15 396	8 659	21 622

财政一般预算收支情况表

单位：万元

支	出							
支出合计	基本建设支出	支援农村生产支出	农林水气事业费	教育事业费	社会保障补助支出	行政管理费	公检法司支出	其他各项支出
12 773 954	1 948 297	310 334	304 269	2 024 142	234 948	1 147 319	1 181 047	5 623 598
7 413 482	1 576 595	105 954	146 125	783 202	146 201	580 600	728 015	3 346 790
5 360 472	371 702	204 380	158 144	1 240 940	88 747	566 719	453 032	2 276 808
3 266 738	565 935	51 783	31 405	355 791	54 888	269 976	372 446	1 564 514
1 416 204	247 843	10 225	16 455	77 108	41 885	101 068	165 467	756 153
1 850 534	318 092	41 558	14 950	278 683	13 003	168 908	206 979	808 361
53 736	3 447	5 986	2 090	12 576	157	3 361	5 185	20 934
87 379	1 009	5 400	1 098	19 844	115	10 563	7 352	41 998
270 342	85 845			3 956	366	5 576	6 296	168 303
14 856	11 163					440	50	3 203
108 708	8 892			17 768	113	9 571	19 775	52 589
124 544	10 264			23 763	795	12 554	19 941	57 227
135 935	10 396	25	656	27 628	2 016	13 321	20 915	60 978
103 187	8 495			18 309	360	9 088	16 430	50 505
137 882	8 007	787	650	21 754	1 443	21 814	24 611	58 816
148 610	2 626	11 348	1 974	32 784	469	15 270	24 236	59 903
80 641	6 000	1 830	256	15 216	224	9 214	10 889	37 012
61 862	2 766	2 797	149	8 816	691	7 920	8 660	30 063
87 102	1 170	4 702	1 411	20 105	214	10 261	8 162	41 077
435 750	158 012	8 683	6 666	56 164	6 040	39 955	34 477	125 753
3 077 761	975 608	19 721	17 171	321 830	10 691	184 477	244 007	1 304 256
3 077 761	975 608	19 721	17 171	321 830	10 691	184 477	244 007	1 304 256
418 030	59 206	4 215	10 566	44 115	6 750	29 091	53 034	211 053
287 956	56 583	1 831	7 436	15 753	5 905	12 883	50 113	137 452
130 074	2 623	2 384	3 130	28 362	845	16 208	2 921	73 601
39 847	200	1 688	1 630	9 895	788	3 553	1 069	21 024
61 310	1 220	115	879	10 600		7 582	1 389	39 525
28 917	1 203	581	621	7 867	57	5 073	463	13 052
382 812	10 508	7 137	18 667	95 737	12 079	48 302	41 422	148 960
142 054	5 771	686	6 969	8 445	7 978	20 223	26 152	65 830
240 758	4 737	6 451	11 698	87 292	4 101	28 079	15 270	83 130
54 095	1 526	1 012	6 170	14 912	992	6 811	4 058	18 614
96 885	710	4 105	3 114	41 430	2 286	5 282	7 421	32 537
12 976	2 312	708	486	2 139	246	1 852	925	4 308
20 457		100	440	5 982	462	4 432	963	8 078
21 717		20	369	9 686	45	3 217	565	7 815
17 955		66	359	8 279	14	2 787	672	5 778
12 260	189	321	545	3 769	28	2 797	526	4 085
4 413		119	215	1 095	28	901	140	1 915
304 503	13 281	11 812	14 594	59 798	18 350	28 252	14 210	144 206

续表

地区	收入								
	收入合计	增值税	营业税	企业收入	其中：企业所得税	个人所得税	城市维护建设税	农业五税	其他各项收入
本级	58 424	21 069	6 933	5 880	5 623	2 472	9 824	1 905	10 341
县级小计	69 392	22 642	16 564	4 283	4 592	2 296	5 572	6 754	11 281
曲江县	20 908	8 585	3 484	2 184	2 184	626	1 734	582	3 713
始兴县	3 714	850	617	286	286	111	185	1 186	479
南雄市	6 913	1 489	769	497	497	247	453	2 365	1 093
仁化县	6 635	2 764	973	297	294	175	556	363	1 507
乐昌市	6 610	2 105	2 227	－120	166	200	578	564	1 056
翁源县	4 117	868	1 299	72	98	197	242	792	647
新丰县	3 018	913	725	126	126	142	206	486	420
乳源县	7 297	2 905	2 055	510	510	221	479	320	807
北江区	2 447	510	1 184	118	118	88	283	20	244
浈江区	2 899	675	1 166	66	66	89	305	52	546
武江区	4 834	978	2 065	247	247	200	551	24	769
河源市小计	34 720	8 061	8 249	980	1 209	1 603	1 976	4 717	9 134
本级	9 038	2 594	2 488	612	612	545	536	808	1 455
县级小计	25 682	5 467	5 761	368	597	1 058	1 440	3 909	7 679
紫金县	5 479	819	1 077	181	181	232	254	961	1 955
龙川县	6 058	827	925	129	191	210	367	1 150	2 450
连平县	4 194	1 407	686	－11	14	177	219	540	1 176
和平县	2 783	403	778	47	55	97	146	581	731
东源县	3 839	946	1 177	92	92	90	217	593	724
源城区	3 329	1 065	1 118	－70	64	252	237	84	643
梅州市小计	85 652	21 915	19 754	－160	4 209	4 105	8 357	7 741	23 940
本级	19 177	7 852	2 599	－282	993	840	4 188	727	3 253
县级小计	66 475	14 063	17 155	122	3 216	3 265	4 169	7 014	20 687
梅　县	20 080	3 394	7 193	1 210	1 452	1 356	1 109	1 780	4 038
蕉岭县	6 407	1 867	1 226	－115	206	210	381	987	1 851
大埔县	5 567	1 918	1 465	－640	242	301	340	546	1 637
丰顺县	5 032	1 256	1 244	254	620	208	350	370	1 350
五华县	6 558	972	1 054	－912	44	178	756	804	3 706
兴宁市	14 519	2 315	2 894	269	466	579	688	2 037	5 737
平远县	3 583	1 054	601	－66	64	152	192	370	1 280
梅江区	4 729	1 287	1 478	122	122	281	353	120	1 088
惠州市小计	197 153	55 480	45 567	14 364	15 028	11 449	7 289	11 859	51 145
本级	86 983	27 606	18 846	8 694	9 132	6 536	2 886	3 954	18 461
县级小计	110 170	27 874	26 721	5 670	5 896	4 913	4 403	7 905	32 684
惠阳市	33 439	8 511	8 634	2 904	3 158	1 592	1 399	1 978	8 421
惠东县	14 833	3 900	3 588	474	474	628	533	1 317	4 393
博罗县	25 029	6 221	5 735	977	827	949	838	2 203	8 106
龙门县	4 819	1 369	1 199	59	181	217	283	603	1 089
惠城区	32 050	7 873	7 565	1 256	1 256	1 527	1 350	1 804	10 675
汕尾市小计	45 088	4 896	7 218	1 595	1 600	1 591	2 852	2 999	23 937
本级	12 275	1 026	1 624	384	318	502	682	269	7 788
县级小计	32 813	3 870	5 594	1 211	1 282	1 089	2 170	2 730	16 149

支	出							
支出合计	基本建设支出	支援农村生产支出	农林水气事业费	教育事业费	社会保障补助支出	行政管理费	公检法司支出	其他各项支出
98 439	9 440	912	3 859	7 737	8 837	7 234	3 878	56 542
206 064	3 841	10 900	10 735	52 061	9 513	21 018	10 332	87 664
34 943	345	1 394	1 529	7 244	441	3 427	887	19 676
16 069	100	956	845	4 544	192	1 834	978	6 620
23 581	335	1 014	543	8 665	236	2 059	1 232	9 497
16 971	300	780	1 281	3 884	86	1 816	829	7 995
33 287	687	1 569	2 313	8 330	5 726	3 054	1 360	10 248
20 188	228	738	1 002	5 810	209	2 701	918	8 582
18 284	180	1 907	1 541	5 125	220	1 473	1 010	6 828
21 731	1 001	2 172	1 156	5 148	215	2 327	1 209	8 503
7 405	40	78	53	939	2 180	821	749	2 545
5 225	30	168	47	1 052		761	529	2 638
8 380	595	124	425	1 320	8	745	631	4 532
219 803	8 975	20 478	9 279	50 628	5 319	28 920	14 554	81 650
35 182	5 089	1 376	2 204	2 041	754	6 654	3 573	13 491
184 621	3 886	19 102	7 075	48 587	4 565	22 266	10 981	68 159
35 080	434	2 284	1 354	10 465	689	5 480	2 414	11 960
43 177	560	3 320	1 557	10 693	1 653	3 227	2 410	19 757
26 027	110	3 039	1 544	6 753	577	2 796	1 588	9 620
28 347	225	1 815	835	8 991	640	4 508	1 931	9 402
36 574	2 407	6 591	916	8 825	627	3 779	1 983	11 446
15 416	150	2 053	869	2 860	379	2 476	655	5 974
341 697	28 522	23 331	16 064	71 766	9 389	36 670	22 087	133 868
79 758	27 244	1 964	5 114	3 756	3 979	6 341	3 855	27 505
261 939	1 278	21 367	10 950	68 010	5 410	30 329	18 232	106 363
48 039	109	6 248	1 992	10 261	653	4 032	2 353	22 391
18 475	256	1 479	797	4 185	741	2 230	1 673	7 114
29 689	538	2 298	1 340	7 802	535	3 367	2 179	11 630
34 189	13	1 992	1 018	10 072	1 025	3 586	2 524	13 959
46 187	10	3 538	2 494	12 503	705	5 499	3 215	18 223
53 514	113	3 361	2 335	14 775	1 022	7 895	4 133	19 880
17 302	233	1 986	705	4 242	390	2 073	1 045	6 628
14 544	6	465	269	4 170	339	1 647	1 110	6 538
330 094	10 871	13 765	14 519	58 175	19 061	38 094	28 256	147 353
127 504	8 800	3 064	8 005	11 163	10 505	15 534	9 970	60 463
202 590	2 071	10 701	6 514	47 012	8 556	22 560	18 286	86 890
50 282	18	2 194	1 487	11 053	648	5 597	3 509	25 776
36 014	611	2 252	1 566	9 985	423	4 152	2 852	14 173
48 596	221	3 224	1 369	11 641	6 334	5 437	4 415	15 955
22 408	208	2 127	1 288	6 798	541	3 016	1 480	6 950
45 290	1 013	904	804	7 535	610	4 358	6 030	24 036
137 883	4 395	6 865	7 157	34 766	2 746	20 329	11 463	50 162
33 424	1 411	1 063	2 218	3 892	878	7 625	3 996	12 341
104 459	2 984	5 802	4 939	30 874	1 868	12 704	7 467	37 821

续表

地区	收入								
	收入合计	增值税	营业税	企业收入	其中：企业所得税	个人所得税	城市维护建设税	农业五税	其他各项收入
海丰县	12 197	1 754	2 851	852	852	600	518	864	4 758
陆丰市	13 299	1 138	1 454	196	196	130	1 362	1 028	7 991
陆河县	3 072	391	353	120	48	52	124	213	1 819
城区	4 245	587	936	43	186	307	166	625	1 581
东莞市小计	552 933	173 965	172 004	47 525	46 851	25 832	32 684	21 782	79 141
本级	552 933	173 965	172 004	47 525	46 851	25 832	32 684	21 782	79 141
中山市小计	312 128	93 331	59 438	23 502	20 302	12 485	14 975	61 550	46 847
本级	312 128	93 331	59 438	23 502	20 302	12 485	14 975	61 550	46 847
江门市小计	257 406	72 652	52 715	17 381	14 629	9 709	16 631	20 954	67 364
本级	53 567	12 875	11 631	3 665	3 285	3 264	3 178	3 286	15 668
县级小计	203 839	59 777	41 084	13 716	11 344	6 445	13 453	17 668	51 696
恩平市	13 938	2 435	3 144	1 004	404	324	799	1 664	4 568
开平市	37 931	11 367	6 650	2 868	3 241	1 309	3 106	2 537	10 094
鹤山市	23 996	6 781	4 743	1 203	1 123	630	1 291	2 662	6 686
台山市	38 599	8 544	7 835	1 417	1 112	1 368	2 237	3 924	13 274
新会市	64 940	22 444	12 295	4 600	3 140	1 876	3 786	6 254	13 685
江海区	9 331	3 335	1 964	1 069	769	238	1 015	466	1 244
蓬江区	15 104	4 871	4 453	1 555	1 555	700	1 219	161	2 145
佛山市小计	547 139	150 331	126 607	60 030	60 508	24 500	40 618	34 515	110 538
本级	139 566	33 196	29 870	22 405	22 883	6 634	9 699	9 339	28 423
县级小计	407 573	117 135	96 737	37 625	37 625	17 866	30 919	25 176	82 115
三水市	50 252	14 217	11 346	4 610	4 610	2 101	2 763	5 510	9 705
高明市	25 364	9 300	4 757	1 567	1 567	1 134	1 357	1 887	5 362
南海市	275 388	75 833	65 613	26 015	26 015	12 699	21 780	17 739	55 709
城区	18 104	4 340	4 736	1 651	1 651	503	1 348		5 526
石湾区	38 465	13 445	10 285	3 782	3 782	1 429	3 671	40	5 813
阳江市小计	53 717	16 778	13 141	268	3 605	3 461	4 574	6 786	8 709
本级	20 748	3 863	7 700	1 578	2 265	1 255	1 496	1 254	3 602
县级小计	32 969	12 915	5 441	－1 310	1 340	2 206	3 078	5 532	5 107
阳东县	10 380	5 003	941	－258	424	415	1 257	1 985	1 037
阳西县	4 133	838	1 072	－50	155	289	213	1 190	581
阳春市	10 938	4 006	2 263	－943	470	635	846	1 970	2 161
江城区	7 518	3 068	1 165	－59	291	867	762	387	1 328
湛江市小计	154 814	42 366	33 028	3 138	3 977	8 522	12 168	16 307	39 285
本级	82 302	26 026	15 884	2 308	2 305	4 990	7 291	3 432	22 371
县级小计	72 512	16 340	17 144	830	1 672	3 532	4 877	12 875	16 914
徐闻县	8 400	1 405	2 019	90	90	305	496	2 762	1 323
雷州市	10 793	2 690	2 256	－336	223	358	662	3 319	1 844
遂溪县	9 230	2 569	1 865	139	139	226	670	1 930	1 831
廉江市	10 212	2 484	1 677	89	208	452	771	2 046	2 693
吴川市	8 453	2 052	1 718	145	286	690	611	1 268	1 969
赤坎区	7 883	1 526	2 599	196	211	659	480	14	2 409
霞山区	9 432	1 941	3 456	384	392	602	690	138	2 221
麻章区	4 575	1 100	1 024	104	104	132	349	491	1 375

支出								
支出合计	基本建设支出	支援农村生产支出	农林水气事业费	教育事业费	社会保障补助支出	行政管理费	公检法司支出	其他各项支出
31 535	1 234	2 093	1 539	7 777	803	4 043	1 744	12 302
43 822	670	2 313	2 142	15 234	732	4 720	4 028	13 983
17 128	38	1 070	895	5 008	157	2 403	1 299	6 258
11 974	1 042	326	363	2 855	176	1 538	396	5 278
649 606	165 283	20 663	16 685	120 195	10 492	43 678	69 216	203 394
649 606	165 283	20 663	16 685	120 195	10 492	43 678	69 216	203 394
349 706	32 625	25 800	8 015	63 004	2 828	21 342	32 807	163 285
349 706	32 625	25 800	8 015	63 004	2 828	21 342	32 807	163 285
364 372	5 454	20 479	13 385	83 235	2 504	42 670	31 333	165 312
78 339	2 895	886	3 282	11 053	914	9 331	10 786	39 192
286 033	2 559	19 593	10 103	72 182	1 590	33 339	20 547	126 120
30 260	673	715	1 078	8 039	515	3 603	2 188	13 449
50 236		2 149	2 154	14 807	79	5 715	5 057	20 275
37 618	1 790	2 412	1 124	8 222	303	4 739	3 221	15 807
54 106	88	6 834	2 484	15 771	79	3 873	3 153	21 824
81 793	8	7 284	2 338	19 611	530	8 168	5 510	38 344
12 301		144	485	2 013	36	3 218	657	5 748
19 719		55	440	3 719	48	4 023	761	10 673
679 215	7 345	4 532	18 255	106 554	7 333	62 389	81 648	391 159
180 109	5 374	413	4 263	28 482	2 207	19 701	23 461	96 208
499 106	1 971	4 119	13 992	78 072	5 126	42 688	58 187	294 951
69 852	210	497	2 268	12 383	68	8 324	7 544	38 558
35 060	100	1 493	1 103	6 255	258	4 073	3 984	17 794
320 742	521	2 129	9 997	52 685	4 247	19 684	35 545	195 934
25 154	940				22	3 659	5 246	15 287
48 298	200		624	6 749	531	6 948	5 868	27 378
152 555	1 830	6 515	11 688	37 745	4 319	21 955	7 042	61 461
48 595	300	1 475	5 355	3 860	2 719	9 535	2 050	23 301
103 960	1 530	5 040	6 333	33 885	1 600	12 420	4 992	38 160
28 616	1 400	1 284	2 169	7 696	370	2 855	1 011	11 831
18 945	130	1 085	2 022	6 212	319	2 001	1 167	6 009
38 527		2 015	1 651	14 021	739	5 207	1 650	13 244
17 872		656	491	5 956	172	2 357	1 164	7 076
385 798	19 706	18 443	14 161	85 012	23 225	49 715	25 436	150 100
130 320	13 777	5 913	4 067	7 818	8 504	16 984	11 754	61 503
255 478	5 929	12 530	10 094	77 194	14 721	32 731	13 682	88 597
38 820	1 145	3 380	2 435	9 646	3 043	3 342	1 543	14 286
44 158	509	3 013	1 743	14 460	3 178	6 550	1 508	13 197
35 600	189	1 924	1 844	11 647	3 170	4 554	1 342	10 930
50 690	3 249	2 517	1 948	14 482	2 475	5 130	1 806	19 083
33 572	162	670	1 200	12 081	1 446	4 733	1 581	11 699
12 866	528	18	26	2 944	246	2 337	1 525	5 242
15 114	15	94	18	4 072	202	1 802	1 794	7 117
11 679	9	632	583	3 143	627	2 288	947	3 450

续表

地区	收入								
	收入合计	增值税	营业税	企业收入	其中：企业所得税	个人所得税	城市维护建设税	农业五税	其他各项收入
坡头区	3 534	573	530	19	19	108	148	907	1 249
茂名市小计	121 962	29 080	19 033	2 914	4 593	3 804	19 176	12 770	35 185
本级	55 754	13 113	9 049	1 162	2 559	1 345	14 305	1 136	15 644
县级小计	66 208	15 967	9 984	1 752	2 034	2 459	4 871	11 634	19 541
高州市	18 858	5 902	2 512	639	639	706	906	3 020	5 173
化州市	9 777	2 246	1 256	287	287	318	1 177	1 652	2 841
信宜市	9 573	2 416	1 688	295	480	464	779	2 066	1 865
电白县	13 407	2 426	1 873	179	183	487	441	3 438	4 563
茂南区	10 565	1 895	1 881	300	393	384	1 229	930	3 946
茂港区	4 028	1 082	774	52	52	100	339	528	1 153
肇庆市小计	129 842	24 708	25 087	8 258	5 919	4 434	6 088	13 745	47 522
本级	35 339	7 283	9 298	2 211	2 256	1 710	1 964	2 576	10 297
县级小计	94 503	17 425	15 789	6 047	3 663	2 724	4 124	11 169	37 225
高要市	20 993	3 503	2 927	1 347	1 035	568	817	1 954	9 877
四会市	15 574	3 090	2 862	2 213	653	526	854	2 064	3 965
广宁县	10 179	1 498	1 052	443	208	253	242	1 056	5 635
怀集县	10 903	1 498	1 248	306	386	399	293	1 645	5 514
封开县	8 613	1 561	935	657	300	193	302	1 544	3 421
德庆县	8 160	1 497	1 153	307	307	207	337	1 183	3 476
端州区	15 065	3 789	4 526	692	692	431	1 004	1 025	3 598
鼎湖区	5 016	989	1 086	82	82	147	275	698	1 739
清远市小计	66 023	18 094	16 840	4 043	4 916	2 401	4 811	6 611	13 223
本级	15 347	3 784	5 012	1 095	1 640	596	975	962	2 923
县级小计	50 676	14 310	11 828	2 948	3 276	1 805	3 836	5 649	10 300
英德市	9 627	2 317	2 180	324	332	302	965	1 264	2 275
佛冈县	8 043	2 890	2 132	568	568	281	328	893	951
阳山县	6 490	1 997	1 095	635	895	196	590	715	1 262
连州市	8 331	2 437	1 454	818	833	259	765	592	2 006
连山县	1 446	378	287	17	62	63	102	377	222
连南县	2 727	1 080	366	300	300	70	244	242	425
清新县	6 229	1 492	1 833	192	192	340	281	811	1 280
清城区	7 783	1 719	2 481	94	94	294	561	755	1 879
潮州市小计	52 280	17 147	10 695	828	3 700	2 843	3 353	4 962	12 452
本级	27 275	9 017	6 743	1 227	2 135	1 902	1 324	2 052	5 010
县级小计	25 005	8 130	3 952	-399	1 565	941	2 029	2 910	7 442
饶平县	7 582	2 338	1 076	-101	371	139	416	1 152	2 562
潮安县	10 541	3 995	1 682	-324	798	426	978	1 444	2 340
湘桥区	6 882	1 797	1 194	26	396	376	635	314	2 540
揭阳市小计	99 145	15 747	12 858	5 744	4 737	2 774	3 340	9 006	49 676
本级	22 348	3 976	5 081	1 771	1 174	1 084	1 148	1 793	7 495
县级小计	76 797	11 771	7 777	3 973	3 563	1 690	2 192	7 213	42 181
揭东县	15 352	2 353	1 838	133	333	204	357	2 360	8 107
揭西县	5 874	1 506	843	-289	144	193	287	703	2 631
普宁市	39 588	4 515	2 958	2 406	2 064	819	880	2 590	25 420
惠来县	5 520	781	1 259	-153	162	80	249	661	2 643
榕城区	10 463	2 616	879	1 876	860	394	419	899	3 380
云浮市小计	46 368	10 309	8 950	1 881	2 103	2 859	2 701	4 102	15 566
本级	11 704	2 579	2 174	1 156	1 156	713	1 294	469	3 319
县级小计	34 664	7 730	6 776	725	947	2 146	1 407	3 633	12 247
罗定市	11 370	2 320	1 789	288	268	486	570	1 091	4 826
新兴县	11 123	2 536	2 134	69	391	865	441	1 047	4 031
郁南县	5 097	1 291	921	86	75	297	285	575	1 642
云安县	2 827	811	589	130	61	127	111	374	685
云城区	4 247	772	1 343	152	152	371		546	1 063
顺德市小计	302 902	91 382	62 960	29 379	29 379	17 473	12 748	35 067	53 893
本级	302 902	91 382	62 960	29 379	29 379	17 473	12 748	35 067	53 893

支出								
支出合计	基本建设支出	支援农村生产支出	农林水气事业费	教育事业费	社会保障补助支出	行政管理费	公检法司支出	其他各项支出
12 979	123	282	297	4 719	334	1 995	1 636	3 593
295 242	5 891	8 859	12 280	86 511	11 454	45 243	18 070	106 934
90 266	3 636	1 537	2 295	6 441	7 615	14 300	7 645	46 797
204 976	2 255	7 322	9 985	80 070	3 839	30 943	10 425	60 137
48 928	620	2 417	2 766	18 838	914	6 764	2 213	14 396
45 703	800	1 272	2 733	19 252	748	7 842	1 628	11 428
41 779	775	1 626	1 801	15 150	865	5 140	1 662	14 760
39 415		1 456	1 821	14 990	1 008	5 872	2 552	11 716
19 018	60	225	610	7 230	258	2 999	2 029	5 607
10 133		326	254	4 610	46	2 326	341	2 230
269 594	4 062	11 586	13 027	57 826	5 038	34 488	20 081	123 486
62 607	379	719	4 367	6 748	2 641	11 409	6 922	29 422
206 987	3 683	10 867	8 660	51 078	2 397	23 079	13 159	94 064
35 988	105	2 641	1 108	6 627	46	2 598	1 773	21 090
30 072	1 609	1 981	1 735	7 211	313	3 097	1 457	12 669
26 982	10	1 181	2 100	7 911	801	2 521	1 667	10 791
34 785	17	1 450	758	10 762	506	4 195	2 203	14 894
22 639	123	1 243	1 186	6 049	185	2 525	1 120	10 208
25 055	811	1 971	964	6 702	168	3 241	1 724	9 474
22 612	1 007	46	105	4 533	220	3 380	2 711	10 610
8 854	1	354	704	1 283	158	1 522	504	4 328
235 588	3 102	11 899	11 280	66 465	9 314	28 050	13 837	91 641
35 512	840	763	2 216	2 501	3 643	6 306	2 110	17 133
200 076	2 262	11 136	9 064	63 964	5 671	21 744	11 727	74 508
42 121	1 330	1 842	1 409	15 259	3 060	2 956	1 439	14 826
20 245	10	512	518	5 337	200	3 474	1 397	8 797
26 162	134	2 467	1 288	8 960	216	2 800	1 453	8 844
26 746	14	1 507	472	9 536	637	2 292	1 284	11 004
13 630	16	1 111	416	3 329	551	1 403	1 113	5 691
18 008		1 050	2 508	3 784	191	2 183	1 089	7 203
31 160	652	2 276	1 497	10 090	630	4 055	1 647	10 313
22 004	106	371	956	7 669	186	2 581	2 305	7 830
151 241	8 400	4 317	9 339	35 823	3 657	18 871	8 080	62 754
50 023	3 010	746	5 208	4 056	2 137	7 988	3 052	23 826
101 218	5 390	3 571	4 131	31 767	1 520	10 883	5 028	38 928
42 121	2 060	1 781	2 328	13 449	770	4 555	2 031	15 147
44 500	3 330	1 635	1 625	13 974	371	4 334	2 057	17 174
14 597		155	178	4 344	379	1 994	940	6 607
256 059	11 696	7 361	12 769	80 651	4 970	33 344	20 900	84 368
52 568	5 925	1 117	3 807	5 435	2 304	10 014	4 124	19 842
203 491	5 771	6 244	8 962	75 216	2 666	23 330	16 776	64 526
37 077	5	1 057	1 598	15 803	288	4 823	2 825	10 678
38 209	220	1 970	2 763	12 987	959	5 708	3 085	10 517
69 773	1 571	1 169	1 701	28 624	376	6 839	7 474	22 019
39 761	3 970	1 840	2 476	13 314	740	3 466	2 249	11 706
18 671	5	208	424	4 488	303	2 494	1 143	9 606
142 945	2 602	6 086	7 996	38 093	2 570	18 833	10 199	56 566
24 837	1 762	393	1 167	1 462	814	5 343	2 158	11 738
118 108	840	5 693	6 829	36 631	1 756	13 490	8 041	44 828
37 252	110	1 041	1 992	12 389	958	4 384	2 957	13 421
27 502	150	1 710	1 129	8 766	188	2 649	1 484	11 426
25 217	530	1 157	1 777	7 161	377	2 914	1 595	9 706
14 426		785	1 198	3 953	51	1 865	1 158	5 416
13 711	50	1 000	733	4 362	182	1 678	847	4 859
362 712	3 000	4 687	15 967	70 422	7 971	42 630	40 919	177 116
362 712	3 000	4 687	15 967	70 422	7 971	42 630	40 919	177 116

2003年广东省地(市)县级

地区	收入合计	增值税	营业税	企业收入	其中：企业所得税	个人所得税	城市维护建设税	农业五税	其他各项收入
地（市）县级总计	9 898 522	2 246 612	2 741 171	1 067 958	923 430	602 945	477 430	644 796	2 117 610
地（市）本级合计	6 689 673	1 465 281	1 978 754	811 880	693 049	459 690	321 096	375 701	1 277 271
县级合计	3 208 849	781 331	762 417	256 078	230 381	143 255	156 334	269 095	840 339
广州市小计	2 747 707	581 898	650 119	369 158	268 360	153 080	173 452	192 684	627 316
本级	1 611 703	343 962	327 354	249 293	166 288	90 775	150 897	106 760	342 662
县级小计	1 136 004	237 936	322 765	119 865	102 072	62 305	22 555	85 924	284 654
从化市	33 230	7 319	9 110	3 447	3 367	1 845	2 139	2 058	7 312
增城市	85 602	19 242	23 973	2 902	2 902	3 794	4 377	11 834	19 480
越秀区	51 270	5 430	15 134	6 322	6 249	5 362			19 022
东山区	72 501	8 180	25 073	7 850	7 850	8 751			22 647
海珠区	82 159	16 683	30 783	6 245	6 245	4 434		1 554	22 460
荔湾区	51 384	10 636	12 945	11 306	4 330	2 815			13 682
天河区	114 819	17 529	39 373	20 002	20 002	8 172		173	29 570
白云区	110 451	29 975	36 876	9 993	8 093	6 392		1 391	25 824
黄埔区	67 008	23 928	12 523	14 073	7 624	3 269		1 850	11 365
芳村区	37 953	10 735	9 162	6 371	4 056	1 679		123	9 883
花都区	109 126	31 655	24 022	5 925	5 925	3 395	4 442	21 866	17 821
番禺区	320 501	56 624	83 791	25 429	25 429	12 397	11 597	45 075	85 588
深圳市小计	2 908 370	497 891	1 184 728	402 061	380 418	272 348	26 793	106 313	418 236
本级	2 908 370	497 891	1 184 728	402 061	380 418	272 348	26 793	106 313	418 236
珠海市小计	348 215	113 722	64 890	34 298	27 547	14 528	16 076	22 492	82 209
本级	252 429	81 937	42 602	26 421	20 745	10 255	11 316	20 242	59 656
县级小计	95 786	31 785	22 288	7 877	6 802	4 273	4 760	2 250	22 553
香洲区	49 159	12 524	11 844	6 037	5 062	2 809	3 064	43	12 838
金湾区	20 441	8 721	5 387	989	989	773	645	232	3 694
斗门区	26 186	10 540	5 057	851	751	691	1 051	1 975	6 021
汕头市小计	207 785	49 197	42 161	15 908	15 245	8 956	12 005	17 184	62 374
本级	107 393	18 846	18 613	6 168	6 128	3 933	8 317	11 500	40 016
县级小计	100 392	30 351	23 548	9 740	9 117	5 023	3 688	5 684	22 358
南澳县	2 371	340	461	187	61	56	82	228	1 017
金平区	17 832	6 903	5 449	1 891	1 891	1 438		75	2 076
龙湖区	16 093	4 794	6 349	1 687	1 687	1 114	25	341	1 783
澄海区	29 515	8 252	4 729	3 446	2 949	975	1 792	2 438	7 883
濠江区	6 033	2 578	1 753	857	857	216		82	547
潮阳区	18 673	4 248	3 830	1 179	1 179	817	1 233	1 620	5 746
潮南区	9 875	3 236	977	493	493	407	556	900	3 306
佛山市小计	954 359	252 001	208 803	91 113	85 868	41 651	68 465	81 032	211 294
市级	156 644	39 903	31 776	18 966	18 626	6 398	10 731	10 817	38 053
县级小计	797 715	212 098	177 027	72 147	67 242	35 253	57 734	70 215	173 241
禅城区	87 555	23 435	18 662	10 939	10 939	3 758	6 302	959	23 500

(表头：收入)

财政一般预算收支情况表

单位：万元

支出											
支出合计	基本建设支出	农业支出	林业支出	水利和气象支出	教育支出	科学支出	医疗卫生支出	社会保障补助支出	行政管理费	公检法司支出	其他各项支出
14 619 218	2 256 229	370 588	99 298	313 188	2 313 346	84 178	611 866	295 452	1 366 058	1 408 138	5 500 877
8 297 802	1 925 338	132 378	27 761	100 522	851 326	46 982	348 133	202 921	685 668	824 372	3 152 401
6 321 416	330 891	238 210	71 537	212 666	1 462 020	37 196	263 733	92 531	680 390	583 766	2 348 476
3 700 911	863 883	87 368	13 602	12 728	377 126	20 827	165 605	75 522	300 884	407 239	1 376 127
1 892 321	596 230	18 015	3 556	3 412	86 105	16 918	87 747	60 392	116 812	158 775	744 359
1 808 590	267 653	69 353	10 046	9 316	291 021	3 909	77 858	15 130	184 072	248 464	631 768
59 730	2 292	4 091	1 132	1 820	14 097	36	3 419	366	3 793	5 184	23 500
117 179	2 436	4 277	4 049	2 539	24 097	129	3 759	323	6 213	11 621	57 736
104 479	6 090				18 707	48	6 359	479	8 261	20 036	44 499
124 491	8 507				21 055	460	7 769	955	12 932	22 460	50 353
137 137	5 276	735		255	26 817	420	5 208	2 218	15 415	24 795	55 998
108 864	9 355		3		18 555	149	7 583	1 066	8 760	16 876	46 517
159 673	8 248	626	855		24 059	656	6 806	701	25 549	31 654	60 519
161 767	762	10 560	1 305	1 433	34 694	86	7 713	479	17 450	27 710	59 575
84 474	9 581	68	476	318	15 098	253	2 939	89	12 190	13 060	30 402
65 362	2 800	1 757	22	136	11 138	223	3 705	445	8 388	9 878	26 870
127 282	2 120	5 250	829	1 161	23 985	261	4 592	103	16 283	16 156	56 542
558 152	210 186	41 989	1 375	1 654	58 719	1 188	18 006	7 906	48 838	49 034	119 257
3 489 526	967 480	35 938	4 753	13 850	389 452	15 274	129 977	22 703	266 062	329 012	1 315 025
3 489 526	967 480	35 938	4 753	13 850	389 452	15 274	129 977	22 703	266 062	329 012	1 315 025
453 492	37 865	7 746	1 382	7 126	56 572	2 808	18 021	5 000	30 213	62 373	224 386
310 155	37 095	5 471	1 002	4 452	20 934	2 150	12 646	4 556	16 777	58 739	146 333
143 337	770	2 275	380	2 674	35 638	658	5 375	444	13 436	3 634	78 053
66 991	770	224	125	447	13 669	653	2 840	55	4 810	1 662	41 736
32 998		739	125	785	9 953		1 137	351	4 742	1 020	14 146
43 348		1 312	130	1 442	12 016	5	1 398	38	3 884	952	22 171
447 542	8 839	14 527	2 404	31 191	101 308	4 734	24 930	13 484	58 105	38 655	149 365
149 693	5 501	4 864	910	3 085	9 594	1 054	12 636	10 110	25 405	21 974	54 560
297 849	3 338	9 663	1 494	28 106	91 714	3 680	12 294	3 374	32 700	16 681	94 805
13 261	255	789	215	2 009	2 151	26	753	189	2 058	1 000	3 816
42 927	60	125	32	784	18 141	3 050	2 382	130	5 671	929	11 623
26 250	60	445	5	852	8 794	40	974	210	5 759	856	8 255
59 054	1 063	2 507	131	5 948	13 129	132	3 146	822	7 485	5 640	19 051
15 378	150	654	118	739	4 962	94	775	100	2 791	626	4 369
78 991	600	2 918	411	16 631	26 824	241	2 454	1 390	4 731	4 511	18 280
61 988	1 150	2 225	582	1 143	17 713	97	1 810	533	4 205	3 119	29 411
1 204 456	13 091	26 745	3 124	18 535	192 510	21 713	52 753	15 492	132 313	144 927	583 253
186 747	7 616	3 470	604	1 409	17 848	951	12 436	4 621	30 561	32 103	75 128
1 017 709	5 475	23 275	2 520	17 126	174 662	20 762	40 317	10 871	101 752	112 824	508 125
124 451	200	487	1	1 515	22 427	182	5 000	949	15 090	17 494	61 106

续表

地　　区	收　　　　　入								
	收入合计	增值税	营业税	企业收入	其中：企业所得税	个人所得税	城市维护建设税	农业五税	其他各项收入
南海区	279 888	71 907	58 537	29 836	25 295	12 337	18 013	23 446	65 812
顺德区	342 595	91 511	80 358	25 092	25 092	15 648	28 519	36 888	64 579
高明区	30 128	9 344	6 703	1 732	1 368	1 287	1 626	2 849	6 587
三水区	57 549	15 901	12 767	4 548	4 548	2 223	3 274	6 073	12 763
韶关市小计	142 875	48 104	25 429	9 674	7 575	4 702	19 077	10 073	25 816
本级	68 538	25 010	7 446	5 549	3 091	2 348	12 668	2 533	12 984
县级小计	74 337	23 094	17 983	4 125	4 484	2 354	6 409	7 540	12 832
乐昌市	8 098	2 482	2 635	-19	303	232	629	700	1 439
南雄县	7 312	1 546	744	758	758	219	399	2 380	1 266
仁化县	6 940	2 757	858	382	392	162	626	369	1 786
始兴县	3 954	1 008	726	181	181	148	212	1 099	580
翁源县	4 886	1 041	1 507	22	49	201	310	989	816
新丰县	3 313	1 067	700	91	91	120	275	357	703
曲江县	19 943	7 692	3 994	1 298	1 298	656	1 785	1 251	3 267
乳源县	8 280	3 029	1 783	648	648	208	946	318	1 348
北江区	2 820	736	1 326	88	88	86	285	12	287
浈江区	3 094	674	1 252	140	140	130	317	50	531
武江区	5 697	1 062	2 458	536	536	192	625	15	809
河源市小计	43 544	9 458	10 171	1 630	1 793	1 850	2 575	5 476	12 384
本级	12 314	2 944	3 412	1 046	1 046	794	761	950	2 407
县级小计	31 230	6 514	6 759	584	747	1 056	1 814	4 526	9 977
东源县	4 901	1 166	1 543	70	70	120	290	824	888
和平县	3 248	488	837	51	63	116	179	791	786
龙川县	7 209	989	871	259	273	145	550	1 090	3 305
紫金县	6 466	1 123	1 178	223	223	209	244	1 041	2 448
连平县	5 114	1 496	763	48	54	193	250	670	1 694
源城区	4 292	1 252	1 567	-67	64	273	301	110	856
梅州市小计	94 629	26 212	20 341	-832	3 555	4 041	11 251	9 752	23 864
本级	25 130	8 962	2 963	-88	737	1 131	6 148	1 984	4 030
县级小计	69 499	17 250	17 378	-744	2 818	2 910	5 103	7 768	19 834
兴宁市	12 408	2 402	2 902	219	395	438	699	1 866	3 882
梅　县	22 284	5 110	6 795	1 124	1 378	1 186	1 385	1 921	4 763
平远县	3 874	1 200	757	-148	51	124	249	535	1 157
蕉岭县	7 102	2 403	1 224	109	161	225	530	715	1 896
大埔县	6 037	2 111	1 492	-1 497	162	267	452	1 302	1 910
丰顺县	5 450	1 448	1 356	74	498	256	488	380	1 448
五华县	6 908	1 056	1 143	-759	39	146	874	917	3 531
梅江区	5 436	1 520	1 709	134	134	268	426	132	1 247
惠州市小计	241 238	62 964	60 174	17 053	15 346	14 619	8 890	15 207	62 331
本级	112 024	29 243	27 206	11 555	9 993	9 454	3 655	4 878	26 033
县级小计	129 214	33 721	32 968	5 498	5 353	5 165	5 235	10 329	36 298
惠东县	17 283	4 319	4 539	599	599	690	703	1 571	4 862
博罗县	29 130	8 211	7 011	755	605	962	1 042	1 944	9 205
龙门县	5 564	1 461	1 293	393	144	186	383	492	1 356

支出											
支出合计	基本建设支出	农业支出	林业支出	水利和气象支出	教育支出	科学支出	医疗卫生支出	社会保障补助支出	行政管理费	公检法司支出	其他各项支出
352 366	230	7 243	914	5 399	56 789	14 204	12 900	6 354	24 076	34 602	189 655
420 749	3 000	10 548	305	7 354	71 832	6 190	15 295	3 326	46 043	46 853	210 003
41 182	400	2 874	844	1 313	7 664	77	2 032	242	4 599	4 609	16 528
78 961	1 645	2 123	456	1 545	15 950	109	5 090		11 944	9 266	30 833
335 728	15 624	9 498	7 612	8 751	69 031	670	19 609	16 019	34 533	18 924	135 457
112 819	10 334	1 600	891	523	9 772	309	7 002	13 519	9 817	6 997	52 055
222 909	5 290	7 898	6 721	8 228	59 259	361	12 607	2 500	24 716	11 927	83 402
30 015	993	709	980	1 899	9 065	29	1 614	587	3 827	1 379	8 933
27 030	335	579	748	766	9 172	39	1 608	330	2 338	1 371	9 744
18 347	520	1 136	642	1 018	4 014	31	1 288	199	2 219	950	6 330
18 459	387	1 007	733	374	4 889	52	1 430	189	2 327	1 067	6 004
23 505	383	1 530	617	485	6 824	35	1 629	223	2 977	1 082	7 720
20 167		587	901	1 473	5 995	17	1 331	235	1 800	1 096	6 732
37 024	1 038	859	1 142	781	8 084	20	1 496	568	3 675	1 178	18 183
26 437	1 134	1 212	813	1 267	7 010	17	1 341	141	2 637	1 225	9 640
6 152		68	23	63	1 093	36	309	1	940	964	2 655
6 192		147	78	61	1 340	50	256	2	1 023	736	2 499
9 581	500	64	44	41	1 773	35	305	25	953	879	4 962
255 588	10 926	11 159	7 123	7 321	63 805	1 274	9 414	5 379	32 340	16 702	90 145
41 949	6 308	1 429	1 508	807	2 830	281	1 967	969	7 548	4 682	13 620
213 639	4 618	9 730	5 615	6 514	60 975	993	7 447	4 410	24 792	12 020	76 525
42 485	1 612	1 501	967	1 533	11 714	341	1 593	834	4 313	2 334	15 743
34 315	245	1 394	925	1 130	10 913	234	1 151	713	4 706	2 048	10 856
49 100	60	2 158	1 467	1 213	12 963	132	1 462	1 257	4 334	2 893	21 161
42 540	2 239	1 804	1 298	1 045	13 929	203	1 383	849	6 173	2 478	11 139
27 730	110	2 341	728	913	7 987	31	1 257	442	2 598	1 712	9 611
17 469	352	532	230	680	3 469	52	601	315	2 668	555	8 015
385 415	15 353	23 489	8 625	14 860	88 371	797	18 238	23 478	38 083	22 479	131 642
84 868	12 855	2 773	871	1 599	4 746	291	3 069	17 228	7 528	4 339	29 569
300 547	2 498	20 716	7 754	13 261	83 625	506	15 169	6 250	30 555	18 140	102 073
57 971	539	4 920	700	2 244	18 058	92	1 855	1 615	6 742	3 466	17 740
53 811	142	7 038	1 439	1 141	11 400	42	3 097	777	4 244	2 163	22 328
21 195	104	1 427	673	1 603	4 700	58	1 531	632	2 520	1 275	6 672
22 613	278	1 038	800	1 121	5 246	52	1 306	780	2 529	1 436	8 027
34 099	359	1 476	1 049	682	10 029	59	1 901	482	3 697	2 654	11 711
39 963	319	1 206	1 248	2 475	12 597	124	2 374	940	3 423	2 494	12 763
54 042	254	3 175	1 529	3 657	17 251	54	2 039	657	5 767	3 410	16 249
16 853	503	436	316	338	4 344	25	1 066	367	1 633	1 242	6 583
387 786	6 238	12 852	6 819	10 698	70 696	1 798	19 522	9 855	47 977	39 564	161 767
149 644	4 652	4 728	2 406	4 372	11 472	1 077	8 786	5 683	21 389	17 509	67 570
238 142	1 586	8 124	4 413	6 326	59 224	721	10 736	4 172	26 588	22 055	94 197
44 531	180	1 143	1 444	1 660	11 748	205	1 447	1 131	5 626	3 367	16 580
57 001	300	2 914	800	2 144	16 456	218	3 280	503	6 451	5 454	18 481
24 060	205	1 343	639	706	7 187	98	1 313	225	2 671	1 994	7 679

续表

地　区	收入合计	增值税	营业税	企业收入	其中：企业所得税	个人所得税	城市维护建设税	农业五税	其他各项收入
惠城区	50 549	14 139	12 327	2 104	2 104	2 215	1 854	3 864	14 046
惠阳区	26 688	5 591	7 798	1 647	1 901	1 112	1 253	2 458	6 829
汕尾市小计	50 532	5 675	7 345	1 742	1 684	1 478	3 348	2 783	28 161
本级	13 874	1 247	1 602	441	465	401	817	306	9 060
县级小计	36 658	4 428	5 743	1 301	1 219	1 077	2 531	2 477	19 101
陆丰市	14 994	1 196	1 526	143	143	144	1 476	682	9 827
海丰县	13 393	2 024	2 950	895	895	603	494	1 075	5 352
陆河县	3 535	474	339	218	38	88	194	247	1 975
城区	4 736	734	928	45	143	242	367	473	1 947
东莞市小计	674 461	196 645	180 210	51 768	48 268	31 603	34 141	38 952	141 142
本级	674 461	196 645	180 210	51 768	48 268	31 603	34 141	38 952	141 142
中山市小计	366 327	110 919	71 272	23 625	20 825	13 747	18 403	51 836	76 525
本级	366 327	110 919	71 272	23 625	20 825	13 747	18 403	51 836	76 525
江门市小计	293 745	80 403	59 670	18 937	15 086	9 827	17 766	21 671	85 471
本级	65 377	16 735	13 936	3 800	3 420	2 598	4 149	2 896	21 263
县级小计	228 368	63 668	45 734	15 137	11 666	7 229	13 617	18 775	64 208
台山市	38 599	8 295	8 616	1 360	975	1 498	1 907	3 156	13 767
开平市	44 348	13 136	7 764	3 191	3 191	1 465	2 947	2 389	13 456
鹤山市	27 609	8 321	5 274	1 126	1 023	559	1 330	2 935	8 064
恩平市	15 233	2 441	3 400	2 224	661	313	713	1 530	4 612
蓬江区	26 519	7 751	7 931	1 694	1 694	1 465	2 170	1 164	4 344
江海区	10 736	4 414	1 607	904	744	318	744	1 008	1 741
新会区	65 324	19 310	11 142	4 638	3 378	1 611	3 806	6 593	18 224
阳江市小计	65 878	19 535	15 841	2 870	4 742	3 394	5 549	5 858	12 831
本级	23 796	4 351	7 744	2 328	2 704	1 288	1 726	825	5 534
县级小计	42 082	15 184	8 097	542	2 038	2 106	3 823	5 033	7 297
阳春市	15 208	4 985	2 932	37	610	666	1 269	2 020	3 299
阳东县	13 380	5 655	2 056	476	835	534	1 326	1 592	1 741
阳西县	4 873	1 095	1 659	－36	168	223	281	982	669
江城区	8 621	3 449	1 450	65	425	683	947	439	1 588
湛江市小计	168 226	50 458	35 164	3 454	3 599	7 700	13 036	15 078	43 336
本级	90 694	32 767	16 496	2 209	1 873	4 432	7 166	3 843	23 781
县级小计	77 532	17 691	18 668	1 245	1 726	3 268	5 870	11 235	19 555
雷州市	11 131	2 872	2 317	－283	74	382	828	3 062	1 953
廉江市	10 897	2 691	1 776	190	200	379	914	2 051	2 896
吴川市	8 704	2 287	1 965	281	387	526	711	1 072	1 862
遂溪县	9 347	2 426	1 925	115	115	274	618	1 920	2 069
徐闻县	7 759	1 384	1 944	69	64	332	401	1 698	1 931
赤坎区	9 037	2 016	2 722	324	337	571	838	97	2 469
霞山区	11 857	2 148	4 077	343	343	568	906	442	3 373
麻章区	5 050	1 173	1 132	152	152	146	392	390	1 665
坡头区	3 750	694	810	54	54	90	262	503	1 337
茂名市小计	142 547	43 855	19 477	2 870	3 713	4 067	21 184	8 679	42 415
本级	70 645	23 813	9 166	1 132	2 087	1 903	14 552	1 309	18 770

支出											
支出合计	基本建设支出	农业支出	林业支出	水利和气象支出	教育支出	科学支出	医疗卫生支出	社会保障补助支出	行政管理费	公检法司支出	其他各项支出
65 975	901	1 449	1 076	772	15 658	64	2 937	1 884	5 552	7 792	27 890
46 575		1 275	454	1 044	8 175	136	1 759	429	6 288	3 448	23 567
159 514	7 478	5 966	2 238	7 071	37 220	695	7 745	2 676	21 403	13 195	53 827
37 590	1 078	1 732	348	697	3 133	384	1 664	789	8 290	5 318	14 157
121 924	6 400	4 234	1 890	6 374	34 087	311	6 081	1 887	13 113	7 877	39 670
49 437	2 621	1 296	517	2 947	16 087	28	2 650	847	5 390	3 947	13 107
36 399	1 306	1 305	950	1 702	8 585	149	1 547	343	3 717	2 329	14 466
19 789	400	955	383	1 247	5 672	84	1 251	336	2 453	1 200	5 808
16 299	2 073	678	40	478	3 743	50	633	361	1 553	401	6 289
765 190	201 077	11 411	2 727	27 026	163 390	1 280	21 532	20 165	50 022	79 405	187 155
765 190	201 077	11 411	2 727	27 026	163 390	1 280	21 532	20 165	50 022	79 405	187 155
398 741	33 520	18 732	2 496	16 407	67 596	1 311	12 257	12 072	24 759	33 000	176 591
398 741	33 520	18 732	2 496	16 407	67 596	1 311	12 257	12 072	24 759	33 000	176 591
412 755	4 003	23 608	3 791	10 010	85 215	2 194	18 359	11 159	52 481	45 878	156 057
98 761	2 220	2 109	982	1 451	12 299	1 465	5 136	3 877	12 248	19 008	37 966
313 994	1 783	21 499	2 809	8 559	72 916	729	13 223	7 282	40 233	26 870	118 091
56 407	305	6 138	904	1 298	15 855	13	1 806	314	5 968	4 477	19 329
58 210		3 873	745	1 432	15 372	146	2 615	836	6 157	6 481	20 553
37 821	200	3 055	389	1 354	8 738	68	1 669	3 188	5 419	3 490	10 251
32 814	286	619	272	383	7 582	207	2 069	1 474	4 104	3 364	12 454
32 491	362	392	17	348	6 786	81	878	177	7 067	1 113	15 270
13 943	100	125	16	620	2 176	130	399	55	3 836	815	5 671
82 308	530	7 297	466	3 124	16 407	84	3 787	1 238	7 682	7 130	34 563
179 315	5 449	8 364	2 694	7 958	40 538	586	7 585	5 362	24 289	10 207	66 283
52 636	3 972	2 976	501	2 009	4 346	157	2 611	3 721	8 576	3 667	20 100
126 679	1 477	5 388	2 193	5 949	36 192	429	4 974	1 641	15 713	6 540	46 183
48 286	243	2 137	1 195	2 090	14 801	170	2 102	608	6 430	2 120	16 390
35 037	759	1 654	518	1 557	7 500	67	1 212	400	4 359	1 535	15 476
22 673	175	1 138	420	1 489	7 110	108	1 064	503	2 241	1 450	6 975
20 683	300	459	60	813	6 781	84	596	130	2 683	1 435	7 342
441 062	21 920	15 715	1 847	26 574	94 549	851	19 309	17 765	54 619	31 637	156 276
146 512	14 421	5 715	775	2 454	14 599	634	8 703	5 213	19 610	13 762	60 626
294 550	7 499	10 000	1 072	24 120	79 950	217	10 606	12 552	35 009	17 875	95 650
56 737	500	1 980	162	8 932	15 135	22	1 439	3 299	5 704	1 982	17 582
56 280	1 055	1 888	217	4 894	17 024	28	1 653	2 178	5 501	2 228	19 614
37 350	368	1 326	141	3 021	11 706	46	1 322	1 376	4 660	1 929	11 455
38 758	783	1 388	198	1 879	11 651	49	1 848	3 093	4 645	1 571	11 653
39 975	3 897	2 204	233	2 869	8 650	18	1 550	1 451	4 896	2 704	11 503
14 898	246	61	1	42	3 105	23	842	209	2 223	1 736	6 410
19 233	30	104	3	147	4 678	10	803	176	2 282	2 377	8 623
14 959	220	794	44	1 030	3 242	17	538	513	2 678	1 681	4 202
16 360	400	255	73	1 306	4 759	4	611	257	2 420	1 667	4 608
345 610	9 131	12 369	3 697	15 217	93 014	737	11 935	10 556	46 621	22 028	120 305
104 322	6 140	2 401	874	2 377	7 294	281	5 423	5 138	14 002	9 088	51 304

续表

地区	收入								
	收入合计	增值税	营业税	企业收入	其中：企业所得税	个人所得税	城市维护建设税	农业五税	其他各项收入
县级小计	71 902	20 042	10 311	1 738	1 626	2 164	6 632	7 370	23 645
信宜市	9 295	2 651	1 448	316	296	434	806	1 187	2 453
高州市	20 925	7 246	2 738	715	526	600	1 085	1 941	6 600
化州市	11 459	3 000	1 124	222	222	271	1 615	1 370	3 857
电白县	13 221	3 020	2 056	181	185	421	1 006	1 683	4 854
茂南区	12 207	2 577	2 147	237	330	356	1 751	904	4 235
茂港区	4 795	1 548	798	67	67	82	369	285	1 646
肇庆市小计	144 425	27 067	26 735	9 630	5 383	4 722	6 571	13 715	55 985
本级	38 355	7 797	9 235	1 978	1 811	1 971	1 911	3 153	12 310
县级小计	106 070	19 270	17 500	7 652	3 572	2 751	4 660	10 562	43 675
四会市	17 644	3 346	3 151	2 749	653	472	875	1 695	5 356
高要市	23 387	4 036	3 202	1 304	1 050	602	883	1 711	11 649
广宁县	11 453	1 830	1 198	660	240	276	267	1 059	6 163
德庆县	9 288	1 554	1 416	248	248	222	327	1 246	4 275
封开县	10 026	1 668	947	1 447	277	184	381	1 195	4 204
怀集县	11 830	1 669	1 355	271	351	391	351	1 646	6 147
端州区	16 887	3 807	5 063	900	680	450	1 205	1 282	4 180
鼎湖区	5 555	1 360	1 168	73	73	154	371	728	1 701
清远市小计	79 650	20 956	21 037	3 828	4 481	2 491	6 074	7 928	17 336
本级	18 626	4 209	6 578	333	933	674	1 472	1 863	3 497
县级小计	61 024	16 747	14 459	3 495	3 548	1 817	4 602	6 065	13 839
英德市	11 583	2 802	2 826	593	601	289	878	1 520	2 675
连州市	9 596	3 096	1 663	728	728	272	1 345	779	1 713
佛冈县	9 564	3 093	2 366	632	632	198	403	490	2 382
清新县	7 751	1 851	2 553	245	245	372	398	725	1 607
连山县	1 731	467	376	50	95	66	109	206	457
连南县	3 080	1 104	485	227	227	74	241	177	772
阳山县	7 848	2 285	950	559	559	214	602	987	2 251
清城区	9 871	2 049	3 240	461	461	332	626	1 181	1 982
潮州市小计	58 959	19 671	11 584	743	3 679	2 765	4 375	5 193	14 628
本级	31 128	10 565	7 485	1 129	2 120	1 849	1 900	2 383	5 817
县级小计	27 831	9 106	4 099	－386	1 559	916	2 475	2 810	8 811
饶平县	7 635	2 397	1 164	－254	218	138	486	1 090	2 614
潮安县	12 703	4 797	1 760	－94	986	495	1 199	1 571	2 975
湘桥区	7 493	1 912	1 175	－38	355	283	790	149	3 222
揭阳市小计	105 821	18 142	14 182	5 434	3 834	2 441	4 690	8 066	52 866
本级	25 130	4 664	5 420	1 465	770	814	1 548	1 633	9 586
县级小计	80 691	13 478	8 762	3 969	3 064	1 627	3 142	6 433	43 280
普宁市	40 185	5 332	3 484	1 894	1 484	714	1 467	2 261	25 033
揭东县	16 381	2 824	1 734	535	625	225	536	2 324	8 203
揭西县	6 473	1 510	1 018	－305	128	173	380	692	3 005
惠来县	6 242	931	1 442	－172	143	127	220	449	3 245
榕城区	11 410	2 881	1 084	2 017	684	388	539	707	3 794
云浮市小计	59 229	11 839	11 838	2 994	2 429	2 935	3 709	4 824	21 090
本级	16 715	2 871	3 510	701	701	974	2 025	725	5 909
县级小计	42 514	8 968	8 328	2 293	1 728	1 961	1 684	4 099	15 181
罗定市	12 892	2 584	2 425	725	441	376	637	1 048	5 097
新兴县	12 899	2 409	2 214	689	567	713	540	1 369	4 965
郁南县	6 005	1 430	1 096	157	157	256	356	524	2 186
云安县	4 583	1 255	1 016	389	248	178	151	464	1 130
云城区	6 135	1 290	1 577	333	315	438		694	1 803

支　　出											
支出合计	基本建设支出	农业支出	林业支出	水利和气象支出	教育支出	科学支出	医疗卫生支出	社会保障补助支出	行政管理费	公检法司支出	其他各项支出
241 288	2 991	9 968	2 823	12 840	85 720	456	6 512	5 418	32 619	12 940	69 001
46 750	480	1 034	800	2 326	17 262	95	1 099	1 321	5 468	1 762	15 103
60 699	520	2 710	699	3 108	21 848	62	1 557	1 638	7 448	2 650	18 459
47 966	450	2 073	447	2 500	18 916	44	1 346	621	8 185	2 197	11 187
47 766	1 010	1 843	778	2 980	15 826	52	1 443	1 068	5 962	3 354	13 450
23 750	421	1 249	72	797	6 870	35	741	533	3 651	2 098	7 283
14 357	110	1 059	27	1 129	4 998	168	326	237	1 905	879	3 519
318 983	6 160	12 287	7 578	9 783	70 267	3 390	10 788	7 494	38 796	26 489	125 951
77 132	1 038	2 889	734	2 118	7 038	2 200	4 313	3 578	12 143	9 356	31 725
241 851	5 122	9 398	6 844	7 665	63 229	1 190	6 475	3 916	26 653	17 133	94 226
33 002	2 248	1 745	518	1 920	7 331	48	840	570	3 200	2 060	12 522
44 028	489	2 186	585	1 229	11 961	344	1 274	657	3 539	2 257	19 507
31 980	84	625	2 422	1 078	8 954	160	452	1 060	2 761	2 063	12 321
29 202	546	1 517	1 027	448	7 136	445	626	283	4 813	2 134	10 227
28 962	1 049	2 009	1 039	611	7 627	43	784	267	2 903	1 686	10 944
40 887	107	748	1 125	1 671	12 864	31	1 571	515	5 062	2 783	14 410
23 589	599	186	29	27	5 498	59	732	260	2 858	3 312	10 029
10 201		382	99	681	1 858	60	196	304	1 517	838	4 266
282 151	4 162	9 479	8 783	14 793	80 492	1 087	14 236	8 632	30 202	19 429	90 856
39 082	1 045	1 612	515	1 892	1 699	359	2 901	2 497	5 811	3 417	17 334
243 069	3 117	7 867	8 268	12 901	78 793	728	11 335	6 135	24 391	16 012	73 522
52 542	1 007	1 380	2 120	2 431	17 919	41	1 118	2 847	3 452	2 709	17 518
33 971	404	1 051	1 143	2 235	9 912	56	1 990	1 423	2 516	1 912	11 329
23 380	154	813	493	375	6 493	22	916	136	4 419	1 990	7 569
38 283	285	1 691	1 038	2 837	13 511	93	2 143	829	4 091	1 970	9 795
15 235	206	837	582	394	4 271	23	947	231	1 834	1 246	4 664
19 137	1 007	569	538	825	5 041	38	1 450	274	2 047	1 267	6 081
34 149	53	734	2 180	3 089	11 787	84	1 918	283	2 944	1 964	9 113
26 372	1	792	174	715	9 859	371	853	112	3 088	2 954	7 453
173 195	6 011	6 655	1 770	13 590	41 708	209	9 331	3 967	22 427	10 031	57 496
57 139	3 683	1 348	305	3 250	6 303	24	3 233	1 913	10 079	4 578	22 423
116 056	2 328	5 307	1 465	10 340	35 405	185	6 098	2 054	12 348	5 453	35 073
48 579	570	2 411	682	7 977	14 040	92	2 150	823	4 815	2 021	12 998
50 360	1 308	2 717	650	2 319	16 706	81	3 011	618	5 445	2 175	15 330
17 117	450	179	133	44	4 659	12	937	613	2 088	1 257	6 745
309 509	14 020	8 820	2 481	31 415	90 053	660	12 965	5 652	37 075	23 715	82 653
70 668	7 290	2 346	567	6 493	9 301	212	2 568	2 934	11 300	6 861	20 796
238 841	6 730	6 474	1 914	24 922	80 752	448	10 397	2 718	25 775	16 854	61 857
87 140	290	2 058	678	13 424	29 249	95	2 458	1 392	6 777	7 300	23 419
40 965	260	1 277	516	737	16 532	64	1 812	123	5 562	3 387	10 695
44 256	200	1 611	514	5 844	14 505	108	2 814	486	6 692	2 908	8 574
45 727	5 675	1 283	158	4 764	15 823	73	2 343	77	3 846	1 900	9 785
20 753	305	245	48	153	4 643	108	970	640	2 898	1 359	9 384
172 749	3 999	7 860	3 752	8 284	40 433	1 283	7 755	3 020	22 854	13 249	60 260
32 307	1 783	819	436	839	1 575	370	1 526	1 243	6 929	2 782	14 005
140 442	2 216	7 041	3 316	7 445	38 858	913	6 229	1 777	15 925	10 467	46 255
44 336	352	1 583	702	2 738	13 005	52	2 171	613	4 553	4 040	14 527
32 032	771	2 592	839	975	9 672	330	1 370	427	3 028	1 991	10 037
28 632	760	846	815	1 189	7 427	17	1 083	500	3 725	1 850	10 420
19 300	102	1 060	477	1 717	4 764	453	766	95	2 731	1 442	5 693
16 142	231	960	483	826	3 990	61	839	142	1 888	1 144	5 578

2004年广东省地(市)县级

地区	收入									
	收入合计	增值税	其中：出口货物退增值税	营业税	企业收入	其中：企业所得税	个人所得税	城市维护建设税	农业五税	其他各项收入
地（市）县级总计	10 644 642	1 603 136	－1 083 422	3 233 008	1 284 375	1 117 094	720 116	552 389	763 648	2 487 970
地(市)本级合计	7 369 037	1 091 768	－712 340	2 339 155	911 480	814 488	552 148	396 598	525 236	1 552 652
县级合计	3 275 605	511 368	－371 082	893 853	372 895	302 606	167 968	155 791	238 412	935 318
广州市小计	3 028 692	528 365	－179 962	793 520	408 369	326 556	167 379	199 990	223 526	707 543
本级	1 881 348	356 139	－93 435	395 713	246 141	202 754	99 134	190 280	183 957	409 984
县级小计	1 147 344	172 226	－86 527	397 807	162 228	123 802	68 245	9 710	39 569	297 559
从化市	40 205	6 737	－1 953	10 923	7 081	5 923	1 651	2 766	2 167	8 880
增城市	103 672	16 749	－5 332	28 431	7 444	7 443	3 545	5 444	20 919	21 140
越秀区	53 558	－4 266	－10 774	22 526	8 966	7 490	6 287			20 045
东山区	92 550	1 708	－7 173	29 118	28 686	9 686	9 135			23 903
海珠区	89 153	14 702	－3 019	33 887	7 016	7 016	4 723		369	28 456
荔湾区	56 771	10 240	－3 326	17 963	6 082	5 235	3 360			19 126
天河区	134 044	16 952	－4 452	48 352	17 016	17 016	9 521		68	42 135
白云区	112 890	24 670	－6 602	39 465	10 379	10 379	6 706		985	30 685
黄埔区	57 916	19 995	－3 266	13 424	6 820	6 633	3 291		187	14 199
芳村区	39 547	8 068	－3 514	9 364	8 538	6 699	1 947		42	11 588
花都区	94 615	26 769	－4 946	30 604	7 759	7 759	4 355		5 098	20 030
番禺区	272 423	29 902	－32 170	113 750	46 441	32 523	13 724	1 500	9 734	57 372
深圳市小计	3 214 680	332 408	－273 561	1 400 768	451 877	423 118	330 048	34 130	131 107	534 342
本级	3 214 680	332 408	－273 561	1 400 768	451 877	423 118	330 048	34 130	131 107	534 342
珠海市小计	344 559	62 570	－58 878	83 238	38 672	30 604	18 401	17 459	28 836	95 383
本级	247 832	46 282	－34 720	54 731	26 932	21 312	12 596	12 077	26 923	68 291
县级小计	96 727	16 288	－24 158	28 507	11 740	9 292	5 805	5 382	1 913	27 092
香洲区	46 556	6 503	－9 214	14 946	6 772	5 286	3 390	3 305		11 640
金湾区	24 656	7 197	－4 581	7 045	3 353	2 591	1 367	862	1	4 831
斗门区	25 515	2 588	－10 363	6 516	1 615	1 415	1 048	1 215	1 912	10 621
汕头市小计	214 042	22 917	－32 491	45 708	26 140	18 768	10 650	13 989	20 944	73 694
本级	106 706	10 318	－12 199	20 631	9 310	7 194	4 803	5 606	16 000	40 038
县级小计	107 336	12 599	－20 292	25 077	16 830	11 574	5 847	8 383	4 944	33 656
南澳县	2 561	373		493	252	97	54	91	177	1 121
金平区	21 943	3 452	－3 485	5 828	2 426	2 426	1 796	2 028	32	6 381
龙湖区	17 438	861	－3 940	6 232	3 113	1 513	1 156	1 449	44	4 583
澄海区	29 221	1 999	－7 143	5 224	6 918	4 168	1 298	2 221	2 294	9 267
濠江区	6 583	2 137	－708	1 502	821	800	222	207	123	1 571
潮阳区	18 942	2 369	－2 752	4 619	2 630	1 900	816	1 487	1 281	5 740
潮南区	10 648	1 408	－2 264	1 179	670	670	505	900	993	4 993
佛山市小计	952 864	137 154	－153 391	218 969	121 458	107 376	49 815	68 270	108 912	248 286
市级	158 668	21 914	－21 950	35 108	20 813	19 964	7 400	12 778	13 179	47 476
县级小计	794 196	115 240	－131 441	183 861	100 645	87 412	42 415	55 492	95 733	200 810

财政一般预算收支情况表

单位：万元

支	出										
支出合计	基本建设支出	农业支出	林业支出	水利和气象支出	教育支出	科学支出	医疗卫生支出	社会保障补助支出	行政管理费	公检法司支出	其他各项支出
16 205 553	2 283 951	376 664	124 345	304 791	2 549 018	85 177	654 633	388 995	1 564 079	1 618 628	6 255 272
9 267 176	1 937 826	137 550	34 675	108 634	934 892	55 246	351 956	261 345	801 605	958 446	3 685 001
6 938 377	346 125	239 114	89 670	196 157	1 614 126	29 931	302 677	127 650	762 474	660 182	2 570 271
4 083 373	893 236	64 516	31 410	14 521	452 103	24 791	187 482	53 102	321 722	444 825	1 595 665
2 090 172	604 791	13 977	5 193	4 611	121 774	20 521	98 585	39 280	122 159	163 379	895 902
1 993 201	288 445	50 539	26 217	9 910	330 329	4 270	88 897	13 822	199 563	281 446	699 763
69 650	2 542	4 834	3 890	865	16 589	52	3 479	594	4 669	6 889	25 247
131 843	2 872	4 879	1 843	2 004	25 177	201	4 762	534	9 684	14 495	65 392
112 024	2 395		4		19 143	60	8 628	987	10 003	20 653	50 151
151 816	20 989		90		23 329	522	7 705	1 036	14 200	25 317	58 628
147 346	5 482	291	7	177	27 232	462	5 264	1 571	16 003	28 423	62 434
107 596	450		33		18 448	151	7 913	1 060	9 715	17 803	52 023
189 535	20 599	703	681	6	28 655	667	9 460	972	27 216	36 113	64 463
190 010	1 910	13 765	9 691	1 669	34 606	134	7 152	865	18 338	30 926	70 954
90 402	5 686	293	1 632	328	16 948	217	3 018	329	13 838	14 242	33 871
75 885	5 193	1 015	15	180	11 681	265	4 016	479	8 992	10 862	33 187
144 946	5 033	6 904	2 219	1 862	26 055	372	4 933	361	20 350	22 042	54 815
582 148	215 294	17 855	6 112	2 819	82 466	1 167	22 567	5 034	46 555	53 681	128 598
3 775 720	1 030 730	33 521	6 628	14 840	419 957	13 754	129 078	36 152	295 003	370 732	1 425 325
3 775 720	1 030 730	33 521	6 628	14 840	419 957	13 754	129 078	36 152	295 003	370 732	1 425 325
508 902	31 762	7 588	2 119	7 272	68 377	4 280	19 484	3 850	33 843	72 160	258 167
350 481	30 294	5 078	1 511	5 898	26 834	3 576	13 751	3 406	18 679	67 604	173 850
158 421	1 468	2 510	608	1 374	41 543	704	5 733	444	15 164	4 556	84 317
72 511	1 368	227	182	317	15 361	704	2 714	75	5 362	1 925	44 276
38 903		991	197	448	11 126		1 212	126	5 604	1 409	17 790
47 007	100	1 292	229	609	15 056		1 807	243	4 198	1 222	22 251
445 431	4 543	16 223	2 368	9 572	112 475	1 847	23 678	16 615	66 447	57 103	134 560
162 960	2 874	5 890	793	2 054	13 000	838	10 141	12 661	29 455	38 201	47 053
282 471	1 669	10 333	1 575	7 518	99 475	1 009	13 537	3 954	36 992	18 902	87 507
10 721	20	1 042	173	269	2 021	34	594	171	2 133	939	3 325
44 440		218	35	213	18 823	117	2 138	527	6 653	1 336	14 380
31 662	258	600	3	1 033	10 150	101	836	322	7 328	1 277	9 754
61 660	381	2 985	133	2 170	14 297	261	4 338	1 068	10 177	6 304	19 546
17 584	100	621	109	764	5 203	83	976	269	2 721	892	5 846
68 312	310	2 621	562	1 540	29 428	274	2 615	919	4 565	5 132	20 346
48 092	600	2 246	560	1 529	19 553	139	2 040	678	3 415	3 022	14 310
1 309 263	19 452	24 353	3 522	39 996	212 581	16 962	49 800	29 154	152 005	167 323	594 115
205 455	14 120	2 747	702	2 927	19 722	1 031	13 188	5 004	36 923	35 402	73 689
1 103 808	5 332	21 606	2 820	37 069	192 859	15 931	36 612	24 150	115 082	131 921	520 426

续表

地区	收入									
	收入合计	增值税	其中：出口货物退增值税	营业税	企业收入	其中：企业所得税	个人所得税	城市维护建设税	农业五税	其他各项收入
禅城区	88 217	12 870	-12 890	20 619	14 275	11 725	4 346	7 505	1 141	27 461
南海区	290 408	50 246	-30 735	65 846	37 263	28 880	15 595	19 841	30 539	71 078
顺德区	322 691	35 642	-78 308	75 671	39 126	39 126	18 346	22 504	54 841	76 561
高明区	30 398	3 586	-6 012	8 195	4 746	2 446	1 517	2 019	2 647	7 688
三水区	62 482	12 896	-3 496	13 530	5 235	5 235	2 611	3 623	6 565	18 022
韶关市小计	164 127	55 143	-3 780	30 039	9 254	6 476	5 523	21 065	9 932	33 171
本级	82 572	30 586	-2 310	8 990	4 861	1 861	2 889	14 370	2 887	17 989
县级小计	81 555	24 557	-1 470	21 049	4 393	4 615	2 634	6 695	7 045	15 182
乐昌市	9 192	2 841	-408	2 731	321	543	287	692	595	1 725
南雄县	8 077	1 772	-58	833	1 114	1 114	322	356	2 540	1 140
仁化县	7 849	3 051	-40	1 035	319	319	224	775	213	2 232
始兴县	4 424	888	-133	962	265	265	175	225	1 202	707
翁源县	5 398	1 172	-24	1 983	77	77	221	325	680	940
新丰县	3 770	1 121	-47	892	109	109	147	272	295	934
乳源县	9 111	2 231	-463	2 812	550	550	255	660	700	1 903
曲江区	18 812	7 901		3 718	439	439	557	1 744	672	3 781
浈江区	7 461	2 315	-151	2 737	509	509	224	816	60	800
武江区	7 461	1 265	-146	3 346	690	690	222	830	88	1 020
河源市小计	58 629	10 323	-1 558	15 814	3 882	3 143	2 396	3 314	6 318	16 582
本级	16 088	2 239	-999	4 632	1 937	1 937	927	961	1 860	3 532
县级小计	42 541	8 084	-559	11 182	1 945	1 206	1 469	2 353	4 458	13 050
东源县	6 833	1 274	-230	2 524	157	157	203	404	661	1 610
和平县	3 933	587	-35	1 445	74	86	129	307	536	855
龙川县	9 738	1 186		1 750	1 023	342	268	498	1 210	3 803
紫金县	8 633	1 301	-57	1 784	292	292	268	317	1 126	3 545
连平县	7 461	2 477		1 606	190	190	266	416	576	1 930
源城区	5 943	1 259	-237	2 073	209	139	335	411	349	1 307
梅州市小计	124 912	35 635	-4 223	25 061	4 621	7 082	5 505	20 342	7 386	26 362
本级	43 213	15 344	-1 934	3 308	1 156	2 388	1 906	14 684	522	6 293
县级小计	81 699	20 291	-2 289	21 753	3 465	4 694	3 599	5 658	6 864	20 069
兴宁市	13 201	3 142	-293	3 232	725	921	555	917	1 391	3 239
梅　县	26 571	5 575	-844	8 678	1 445	1 728	1 324	1 577	1 864	6 108
平远县	4 754	1 744	-102	977	27	157	172	404	466	964
蕉岭县	8 968	3 409	-9	1 182	281	273	281	708	644	2 463
大埔县	7 795	2 252	-117	1 987	-308	397	356	465	1 116	1 927
丰顺县	6 376	1 039	-851	1 718	555	614	298	671	415	1 680
五华县	7 116	1 447	-14	1 593	70	434	291	385	838	2 492
梅江区	6 918	1 683	-59	2 386	670	170	322	531	130	1 196
惠州市小计	254 208	34 199	-33 658	74 510	19 580	19 619	19 857	10 673	18 951	76 438
本级	121 126	15 632	-16 254	37 097	9 628	10 139	12 469	4 697	7 429	34 174
县级小计	133 082	18 567	-17 404	37 413	9 952	9 480	7 388	5 976	11 522	42 264
惠东县	20 093	2 052	-1 908	5 624	999	999	888	857	1 338	8 335
博罗县	30 655	4 697	-3 878	8 202	1 809	1 559	1 324	1 272	2 110	11 241

支出											
支出合计	基本建设支出	农业支出	林业支出	水利和气象支出	教育支出	科学支出	医疗卫生支出	社会保障补助支出	行政管理费	公检法司支出	其他各项支出
135 376		558		1 516	24 405	339	4 993	1 307	16 631	20 341	65 286
391 581	300	6 266	1 192	9 546	64 993	8 437	11 858	9 005	33 703	43 703	202 578
444 147	3 000	9 019	366	23 841	75 037	6 894	11 797	12 300	47 569	50 859	203 465
45 156		2 903	836	1 304	10 127	83	2 638	659	6 615	5 078	14 913
87 548	2 032	2 860	426	862	18 297	178	5 326	879	10 564	11 940	34 184
427 667	11 138	11 633	7 322	11 968	73 920	1 075	23 875	56 498	40 502	22 081	167 655
176 882	6 400	2 573	435	529	9 910	570	8 706	50 939	12 083	6 685	78 052
250 785	4 738	9 060	6 887	11 439	64 010	505	15 169	5 559	28 419	15 396	89 603
36 948	1 287	943	897	1 746	10 199	86	1 877	1 932	4 398	1 795	11 788
31 334	507	1 549	766	1 717	9 188	39	1 978	208	2 561	1 442	11 379
19 445	218	655	717	245	4 501	76	1 583	189	2 192	1 074	7 995
21 754	618	1 195	777	685	5 476	68	1 733	208	2 651	1 179	7 164
27 952	272	1 387	670	1 981	7 586	71	2 087	115	3 084	1 180	9 519
21 856	280	678	960	1 196	5 977	17	1 341	157	2 165	1 376	7 709
24 858	403	1 153	680	2 057	6 380	27	1 512	292	3 202	2 325	6 827
35 492	48	1 011	866	1 190	8 554	12	1 896	328	4 269	1 616	15 702
18 427		384	268	551	3 645	82	736	2 022	2 595	2 207	5 937
12 719	1 105	105	286	71	2 504	27	426	108	1 302	1 202	5 583
299 846	10 771	11 001	7 982	12 734	68 938	1 100	11 238	7 579	36 803	20 281	111 419
49 871	3 903	1 519	1 506	1 237	5 243	315	1 807	693	8 450	6 268	18 930
249 975	6 868	9 482	6 476	11 497	63 695	785	9 431	6 886	28 353	14 013	92 489
52 433	2 314	1 281	980	2 208	11 635	104	1 717	1 334	4 793	2 584	23 483
34 641	283	780	827	960	10 098	330	1 901	566	4 768	2 341	11 787
59 039	1 799	1 928	1 515	3 553	15 252	97	2 071	2 904	5 580	3 029	21 311
45 546	1 212	2 086	1 230	1 604	13 753	133	1 675	745	6 227	2 829	14 052
34 899	1 260	2 753	1 656	1 806	8 555	60	1 280	1 116	3 089	2 252	11 072
23 417		654	268	1 366	4 402	61	787	221	3 896	978	10 784
420 428	2 283	27 143	9 291	16 892	97 288	1 050	21 858	13 970	41 872	23 309	165 472
83 096	1 096	3 126	942	1 353	7 204	630	3 665	8 110	9 727	5 305	41 938
337 332	1 187	24 017	8 349	15 539	90 084	420	18 193	5 860	32 145	18 004	123 534
63 403	9	5 312	1 344	3 485	18 176	101	2 570	1 203	5 708	2 827	22 668
63 583	4	8 911	1 343	3 156	12 813	32	3 628	700	4 531	2 507	25 958
24 114	24	1 585	621	857	6 197	47	1 791	600	2 999	1 428	7 965
26 274	503	1 225	787	2 240	6 159	52	1 374	420	3 132	1 656	8 726
38 766	329	1 557	1 064	1 042	11 128	21	2 150	780	4 046	2 416	14 233
41 655	204	1 439	1 241	1 454	12 213	103	2 791	1 114	3 268	2 803	15 025
60 610	109	3 509	1 636	2 792	18 572	49	2 938	595	6 822	3 493	20 095
18 927	5	479	313	513	4 826	15	951	448	1 639	874	8 864
459 451	11 329	16 637	6 910	13 221	85 647	1 700	24 707	14 682	58 325	48 701	177 592
183 730	9 269	5 604	2 398	3 514	11 493	869	10 199	12 509	25 886	27 933	74 056
275 721	2 060	11 033	4 512	9 707	74 154	831	14 508	2 173	32 439	20 768	103 536
53 091	171	1 794	920	2 583	13 621	200	1 739	170	7 639	4 604	19 650
73 247	303	3 635	1 460	3 298	19 249	251	3 997	1 103	8 942	6 815	24 194

续表

地区	收入合计	增值税	其中：出口货物退增值税	营业税	企业收入	其中：企业所得税	个人所得税	城市维护建设税	农业五税	其他各项收入
龙门县	7 577	1 660	-84	1 479	515	293	232	348	655	2 688
惠城区	47 125	7 618	-8 772	13 268	4 428	4 428	3 585	2 101	4 292	11 833
惠阳区	27 632	2 540	-2 762	8 840	2 201	2 201	1 359	1 398	3 127	8 167
汕尾市小计	53 734	5 510	-1 751	9 862	2 842	2 884	1 652	3 538	2 685	27 645
本级	14 486	1 183	-537	2 470	779	943	470	750	594	8 240
县级小计	39 248	4 327	-1 214	7 392	2 063	1 941	1 182	2 788	2 091	19 405
陆丰市	15 196	1 015	-287	1 711	134	134	169	1 717	655	9 795
海丰县	14 763	2 030	-541	3 599	1 026	1 026	645	633	1 041	5 789
陆河县	3 900	561	-46	684	374	175	87	151	182	1 861
城区	5 389	721	-340	1 398	529	606	281	287	213	1 960
东莞市小计	721 959	144 149	-104 431	192 525	74 667	68 104	41 748	37 553	52 384	178 933
本级	721 959	144 149	-104 431	192 525	74 667	68 104	41 748	37 553	52 384	178 933
中山市小计	345 413	38 774	-93 686	89 766	32 756	29 931	18 498	22 538	63 166	79 915
本级	345 413	38 774	-93 686	89 766	32 756	29 931	18 498	22 538	63 166	79 915
江门市小计	289 408	35 924	-58 422	68 604	29 026	24 504	11 935	21 544	23 926	98 449
本级	66 631	6 842	-12 627	16 202	6 159	5 526	2 894	4 737	4 928	24 869
县级小计	222 777	29 082	-45 795	52 402	22 867	18 978	9 041	16 807	18 998	73 580
台山市	37 972	3 855	-7 774	9 451	4 616	4 231	1 768	3 093	1 433	13 756
开平市	40 448	4 663	-8 625	8 348	4 280	4 280	1 682	3 111	3 594	14 770
鹤山市	24 993	2 714	-6 702	6 364	1 527	1 399	736	1 834	2 154	9 664
恩平市	16 068	1 989	-1 175	3 638	2 537	631	394	914	729	5 867
蓬江区	26 160	2 574	-6 689	9 128	2 856	2 856	1 596	2 443	2 108	5 455
江海区	10 763	2 624	-2 147	1 997	1 309	1 039	405	898	1 538	1 992
新会区	66 373	10 663	-12 683	13 476	5 742	4 542	2 460	4 514	7 442	22 076
阳江市小计	59 902	5 866	-14 304	17 689	5 448	5 965	3 506	5 846	6 099	15 448
本级	17 729	-4 961	-9 318	8 333	2 706	2 704	1 609	2 422	1 078	6 542
县级小计	42 173	10 827	-4 986	9 356	2 742	3 261	1 897	3 424	5 021	8 906
阳春市	14 989	4 036	-1 804	2 834	996	816	663	1 408	1 775	3 277
阳东县	13 837	4 091	-1 532	2 143	1 442	1 652	507	928	1 804	2 922
阳西县	4 774	692	-614	2 013	31	210	254	360	648	776
江城区	8 573	2 008	-1 036	2 366	273	583	473	728	794	1 931
湛江市小计	183 434	38 503	-14 149	42 266	12 370	5 802	8 877	15 019	14 544	51 855
本级	101 480	25 662	-8 199	20 284	9 315	3 118	4 967	8 312	4 288	28 652
县级小计	81 954	12 841	-5 950	21 982	3 055	2 684	3 910	6 707	10 256	23 203
雷州市	10 920	2 489	-441	2 619	-209	141	469	961	2 733	1 858
廉江市	10 569	1 331	-1 435	2 495	402	402	456	801	1 598	3 486
吴川市	9 253	2 004	-514	2 029	568	556	546	799	833	2 474
遂溪县	9 739	2 213	-181	2 269	248	248	359	906	1 667	2 077
徐闻县	8 890	1 239	-231	2 081	214	64	397	377	1 938	2 644
赤坎区	10 580	1 252	-907	3 410	397	411	704	974	284	3 559
霞山区	13 187	1 459	-1 073	4 946	1 129	556	695	1 044	458	3 456
麻章区	5 001	592	-667	1 200	210	210	146	555	497	1 801
坡头区	3 815	262	-501	933	96	96	138	290	248	1 848

支出											
支出合计	基本建设支出	农业支出	林业支出	水利和气象支出	教育支出	科学支出	医疗卫生支出	社会保障补助支出	行政管理费	公检法司支出	其他各项支出
28 042	178	1 631	794	713	8 112	138	1 742	132	2 773	2 377	9 452
68 720	1 253	1 840	889	2 076	21 323	125	4 532	303	7 175	1 878	27 326
52 621	155	2 133	449	1 037	11 849	117	2 498	465	5 910	5 094	22 914
166 145	2 555	5 587	1 939	8 075	41 070	445	7 977	7 206	22 991	12 868	55 432
36 860	1 008	1 809	330	271	3 025	162	1 364	4 507	8 465	4 817	11 102
129 285	1 547	3 778	1 609	7 804	38 045	283	6 613	2 699	14 526	8 051	44 330
47 185	666	1 237	149	1 419	16 141	26	2 534	965	5 646	3 351	15 051
41 342	311	1 429	835	2 704	10 640	96	1 752	1 016	4 034	2 914	15 611
23 546	390	680	394	3 332	6 085	120	1 813	223	2 914	1 343	6 252
17 212	180	432	231	349	5 179	41	514	495	1 932	443	7 416
941 554	179 039	16 169	5 932	31 754	139 337	6 421	9 605	14 452	84 798	113 541	340 506
941 554	179 039	16 169	5 932	31 754	139 337	6 421	9 605	14 452	84 798	113 541	340 506
431 797	32 234	19 776	3 330	18 770	82 150	1 638	13 405	5 906	29 296	37 054	188 238
431 797	32 234	19 776	3 330	18 770	82 150	1 638	13 405	5 906	29 296	37 054	188 238
475 778	6 681	26 720	4 296	14 409	93 113	2 879	22 295	25 238	57 605	51 322	171 220
109 007	1 890	2 830	717	2 790	15 254	1 877	5 613	4 108	13 145	21 336	39 447
366 771	4 791	23 890	3 579	11 619	77 859	1 002	16 682	21 130	44 460	29 986	131 773
66 726	1 476	7 432	887	1 544	15 303	27	2 691	4 020	6 430	4 489	22 427
58 689	100	3 834	738	1 762	15 632	133	2 774	929	6 876	6 691	19 220
48 071	80	2 801	574	1 777	8 961	76	2 499	10 654	5 340	4 387	10 922
39 456	540	830	657	1 079	8 464	211	2 645	4 089	4 234	3 559	13 148
39 044	761	518	190	349	7 503	315	1 076	273	7 838	1 309	18 912
16 483	259	139	17	495	2 425	115	445	138	4 142	965	7 343
98 302	1 575	8 336	516	4 613	19 571	125	4 552	1 027	9 600	8 586	39 801
205 020	3 161	11 193	2 955	6 022	45 482	699	9 335	12 315	28 888	10 727	74 243
53 502	356	2 649	489	729	6 534	353	2 150	4 828	10 233	2 928	22 253
151 518	2 805	8 544	2 466	5 293	38 948	346	7 185	7 487	18 655	7 799	51 990
61 600	705	2 271	1 359	2 597	16 221	30	3 031	5 778	7 296	2 643	19 669
38 331	997	2 963	543	1 102	7 673	78	1 774	335	5 844	2 030	14 992
27 085	475	1 973	461	1 065	7 386	147	1 288	1 154	1 975	1 630	9 531
24 502	628	1 337	103	529	7 668	91	1 092	220	3 540	1 496	7 798
484 590	14 190	19 735	1 598	11 985	101 437	1 094	21 009	28 178	65 799	36 176	183 389
173 263	8 163	5 821	734	2 221	10 900	720	9 575	17 125	25 858	16 471	75 675
311 327	6 027	13 914	864	9 764	90 537	374	11 434	11 053	39 941	19 705	107 714
57 028	770	2 827	199	1 186	17 048	41	1 888	2 889	7 537	2 358	20 285
61 785	1 227	2 662	208	2 924	18 594	52	1 783	1 396	7 640	2 783	22 516
38 350	278	1 470	81	1 694	12 976	61	1 107	1 329	5 124	1 810	12 420
43 312	931	2 335	129	792	13 263	57	2 238	2 971	4 724	2 176	13 696
38 004	1 549	2 156	126	1 786	9 234	22	1 630	1 361	4 304	2 929	12 907
17 010	472	185		59	4 478	55	822	151	2 582	1 699	6 507
22 352		867	1	198	5 857	23	823	110	2 408	2 690	9 375
16 133	250	1 146	48	884	3 701	29	506	561	2 746	1 590	4 672
17 353	550	266	72	241	5 386	34	637	285	2 876	1 670	5 336

续表

地　区	收　入									
	收入合计	增值税	其中：出口货物退增值税	营业税	企业收入	其中：企业所得税	个人所得税	城市维护建设税	农业五税	其他各项收入
茂名市小计	177 631	53 921	-1 931	21 917	5 473	5 418	4 445	26 655	7 408	57 812
本级	95 961	39 855	-404	9 543	1 521	2 749	2 008	19 599	1 842	21 593
县级小计	81 670	14 066	-1 527	12 374	3 952	2 669	2 437	7 056	5 566	36 219
信宜市	11 188	1 660	-810	1 635	821	311	452	1 047	818	4 755
高州市	22 863	3 617	-194	2 928	1 832	1 207	765	1 273	1 674	10 774
化州市	13 211	2 604	-25	1 864	237	237	279	1 158	776	6 293
电白县	14 863	2 366	-234	2 572	621	380	437	1 060	851	6 956
茂南区	13 975	2 324	-180	2 347	364	457	392	2 251	833	5 464
茂港区	5 570	1 495	-84	1 028	77	77	112	267	614	1 977
肇庆市小计	157 979	15 335	-13 859	32 804	15 152	7 956	5 943	8 621	14 686	65 438
本级	40 439	1 731	-6 665	12 476	2 413	2 253	2 062	2 963	5 620	13 174
县级小计	117 540	13 604	-7 194	20 328	12 739	5 703	3 881	5 658	9 066	52 264
四会市	19 496	2 681	-992	3 695	3 817	835	499	1 080	1 556	6 168
高要市	24 950	2 622	-1 497	3 405	1 650	1 499	847	1 097	1 783	13 546
广宁县	13 870	1 959	-239	1 519	2 107	624	399	458	406	7 022
德庆县	10 656	1 122	-512	1 502	637	637	351	453	892	5 699
封开县	11 689	1 349	-350	1 102	2 709	539	212	381	738	5 198
怀集县	14 014	1 669	-264	1 731	309	389	448	418	687	8 752
端州区	16 706	988	-2 924	5 797	1 397	1 067	938	1 398	2 224	3 964
鼎湖区	6 159	1 214	-416	1 577	113	113	187	373	780	1 915
清远市小计	92 906	20 696	-4 839	27 539	6 045	6 098	3 454	6 829	6 274	22 069
本级	21 897	3 253	-1 844	8 661	1 527	1 527	1 022	1 758	1 589	4 087
县级小计	71 009	17 443	-2 995	18 878	4 518	4 571	2 432	5 071	4 685	17 982
英德市	14 300	3 880	-36	3 653	759	767	348	1 116	1 284	3 260
连州市	11 126	3 788	-114	2 065	913	913	392	698	389	2 881
佛冈县	11 039	2 842	-986	2 843	870	870	285	535	943	2 721
清新县	8 946	1 330	-913	3 456	394	394	538	519	803	1 906
连山县	2 013	497		447	58	103	54	122	82	753
连南县	3 481	1 072	-32	628	186	186	69	262	85	1 179
阳山县	9 028	2 431	-5	1 520	586	586	243	953	478	2 817
清城区	11 076	1 603	-909	4 266	752	752	503	866	621	2 465
潮州市小计	52 514	4 742	-18 725	13 366	2 622	5 986	3 689	5 386	5 911	16 798
本级	26 620	570	-11 494	8 758	2 127	3 357	2 446	2 313	3 191	7 215
县级小计	25 894	4 172	-7 231	4 608	495	2 629	1 243	3 073	2 720	9 583
饶平县	6 169	896	-2 104	1 403	-89	383	180	703	611	2 465
潮安县	13 414	3 209	-2 854	1 891	549	1 859	697	1 600	1 758	3 710
湘桥区	6 311	67	-2 273	1 314	35	387	366	770	351	3 408
揭阳市小计	81 200	8 895	-12 840	14 781	8 104	7 051	3 211	5 432	6 260	34 517
本级	21 644	358	-5 551	5 229	2 492	1 946	1 238	1 892	1 581	8 854
县级小计	59 556	8 537	-7 289	9 552	5 612	5 105	1 973	3 540	4 679	25 663
普宁市	25 330	3 080	-3 242	3 810	3 120	2 265	971	1 549	1 527	11 273
揭东县	11 757	1 940	-1 594	1 794	774	974	260	586	1 646	4 757
揭西县	6 182	1 322	-294	1 063	57	461	174	460	406	2 700
惠来县	6 779	1 112	-71	1 772	258	573	131	287	258	2 961
榕城区	9 508	1 083	-2 088	1 113	1 403	832	437	658	842	3 972
云浮市小计	71 849	12 107	-2 983	14 262	6 017	4 653	3 584	4 196	4 393	27 290
本级	22 545	3 490	-222	3 930	2 363	1 663	1 014	2 178	1 111	8 459
县级小计	49 304	8 617	-2 761	10 332	3 654	2 990	2 570	2 018	3 282	18 831
罗定市	15 246	2 880	-438	3 288	1 229	694	500	814	820	5 715
新兴县	13 438	617	-2 069	2 801	1 069	1 016	1 100	622	1 357	5 872
郁南县	6 942	1 468	-141	1 104	302	302	289	360	273	3 146
云安县	6 033	2 085	-13	1 401	305	229	228	222	204	1 588
云城区	7 645	1 567	-100	1 738	749	749	453		628	2 510

支出											
支出合计	基本建设支出	农业支出	林业支出	水利和气象支出	教育支出	科学支出	医疗卫生支出	社会保障补助支出	行政管理费	公检法司支出	其他各项支出
419 544	8 091	13 677	3 638	13 391	115 280	782	14 589	14 087	55 357	29 782	150 870
134 845	3 752	3 249	969	3 038	13 034	328	6 063	9 416	17 989	11 288	65 719
284 699	4 339	10 428	2 669	10 353	102 246	454	8 526	4 671	37 368	18 494	85 151
56 106	402	1 129	851	1 056	23 129	109	1 698	1 400	5 498	2 270	18 564
77 071	470	2 646	709	3 910	24 696	78	2 399	1 401	11 997	4 995	23 770
55 136	811	2 734	430	1 867	21 841	72	1 737	429	7 585	3 182	14 448
52 718	1 522	1 508	545	1 547	18 436	64	1 461	940	5 719	4 117	16 859
26 470	544	1 205	87	580	8 515	108	822	249	4 379	2 873	7 108
17 198	590	1 206	47	1 393	5 629	23	409	252	2 190	1 057	4 402
355 309	6 800	14 046	5 622	15 665	70 804	1 543	11 341	20 092	44 901	28 309	136 186
92 269	2 873	3 947	455	2 480	8 648	519	3 737	15 023	14 123	9 608	30 856
263 040	3 927	10 099	5 167	13 185	62 156	1 024	7 604	5 069	30 778	18 701	105 330
36 622	1 970	1 990	532	2 436	7 639	120	1 532	590	3 784	2 378	13 651
46 435	107	2 357	621	3 195	9 609	344	1 693	454	4 468	2 577	21 010
33 859	3	967	996	1 889	9 144	174	745	1 720	3 028	2 033	13 160
32 756	509	1 286	792	1 790	7 558	98	844	396	4 703	2 234	12 546
29 932	1 030	2 225	875	967	6 671	60	935	625	3 601	1 504	11 439
42 511	8	736	1 129	1 651	12 835	84	1 013	399	5 944	2 802	15 910
27 928		164	56	97	6 715	47	634	548	3 332	4 348	11 987
12 997	300	374	166	1 160	1 985	97	208	337	1 918	825	5 627
314 371	2 857	9 647	9 100	15 122	86 341	864	16 275	10 350	33 573	21 855	108 387
50 240	30	1 828	407	1 953	3 693	378	2 833	3 222	7 019	3 595	25 282
264 131	2 827	7 819	8 693	13 169	82 648	486	13 442	7 128	26 554	18 260	83 105
56 702	533	1 163	1 989	2 461	18 623	59	1 661	3 703	5 325	2 977	18 208
36 261	4	1 156	1 119	1 899	11 010	74	2 482	902	2 567	1 956	13 092
27 754	272	633	498	1 323	7 489	19	1 641	324	3 972	2 331	9 252
42 148	241	1 737	1 117	3 639	12 931	108	1 862	900	4 525	3 280	11 808
16 219	402	818	686	996	4 402	33	1 081	268	1 546	1 302	4 685
18 183	307	412	608	60	5 106	33	1 500	244	2 073	1 445	6 395
34 656	370	961	2 179	809	12 101	85	2 220	472	3 171	2 239	10 049
32 208	698	939	497	1 982	10 986	75	995	315	3 375	2 730	9 616
188 779	2 852	7 868	1 676	10 136	49 704	454	10 996	3 491	26 546	10 616	64 440
60 359	1 957	1 496	223	5 012	6 968	67	3 351	2 019	11 368	4 447	23 451
128 420	895	6 372	1 453	5 124	42 736	387	7 645	1 472	15 178	6 169	40 989
49 988	550	3 543	723	2 417	16 437	139	2 885	736	6 095	2 202	14 261
58 203	195	2 701	666	2 667	20 288	227	3 655	498	5 894	2 404	19 008
20 229	150	128	64	40	6 011	21	1 105	238	3 189	1 563	7 720
292 664	6 239	9 770	2 808	12 114	86 097	870	13 026	12 252	39 805	22 785	86 898
68 268	1 886	2 429	603	1 976	7 871	294	2 819	10 217	12 653	7 036	20 484
224 396	4 353	7 341	2 205	10 138	78 226	576	10 207	2 035	27 152	15 749	66 414
68 072	1 656	1 839	569	2 127	25 421	166	2 104	564	6 690	5 861	21 075
41 360	1 014	1 863	393	1 265	14 860	57	1 786	242	5 080	3 299	11 501
47 307	328	1 468	549	5 240	15 825	114	2 860	462	7 824	2 841	9 796
46 577	1 205	1 975	669	1 388	16 905	120	2 423	433	4 692	2 499	14 268
21 080	150	196	25	118	5 215	119	1 034	334	2 866	1 249	9 774
199 921	4 008	9 861	3 899	6 332	46 917	929	13 580	3 826	27 998	17 078	65 493
36 845	1 161	1 512	378	677	2 341	385	2 321	1 768	8 293	4 816	13 193
163 076	2 847	8 349	3 521	5 655	44 576	544	11 259	2 058	19 705	12 262	52 300
52 401	878	1 900	831	1 671	15 323	87	4 069	615	6 199	4 539	16 289
36 650	1 157	3 038	870	1 463	10 803	38	2 304	433	3 410	2 137	10 997
32 973	492	1 004	915	1 215	8 592	108	2 248	521	4 085	2 204	11 589
21 820	127	1 103	507	761	5 374	207	1 514	248	3 487	1 858	6 634
19 232	193	1 304	398	545	4 484	104	1 124	241	2 524	1 524	6 791

全省国有企业资产总额

年份	全省		省级		地方	
	汇编企业户数（户）	资产总额（亿元）	汇编企业户数（户）	资产总额（亿元）	汇编企业户数（户）	资产总额（亿元）
2001	11 537	11 089.3	1 580	3 508.1	9 957	7 581.2
2002	10 379	11 098.9	1 516	3 809.5	8 863	7 289.4
2003	9 291	10 379.7	1 573	2 839.8	7 718	7 539.9
2004	8 515	11 303.0	1 634	3 297.5	6 881	8 005.5

全省国有企业资产主要项目构成

单位：亿元

项目	2001 年	2002 年	2003 年	2004 年
流动资产	5 575.4	5 300.2	5 176.3	5 177.3
长期投资	935.9	1 258.9	1 111.1	1 250.9
固定资产	4 144.4	4 139.8	3 695.5	4 508.4
无形资产	252.0	212.1	215.3	217.5
递延资产	106.6	102.5	91.2	86.3
其他资产	72.2	82.7	87.5	59.8
递延税款借项	2.8	2.7	2.7	2.8
资产合计	11 089.3	11 098.9	10 379.6	11 303

全省国有企业负债总额

年份	全省		省级		地方	
	汇编企业户数（户）	负债总额（亿元）	汇编企业户数（户）	负债总额（亿元）	汇编企业户数（户）	负债总额（亿元）
2001	11 537	7 753.7	1 580	2 071.8	9 957	5 681.9
2002	10 379	7 531.8	1 516	2 207.3	8 863	5 324.5
2003	9 291	7 309.2	1 573	1 836.3	7 718	5 472.9
2004	8 515	7 856.2	1 634	2 078.3	6 881	5 777.9

注：负债总额中含少数股东权益。

全省国有企业负债主要项目构成

单位：亿元

项目	2001 年	2002 年	2003 年	2004 年
流动负债	5 423.9	5 101.7	4 731.7	4 576.6
长期负债	1 712.1	1 835.4	1 814.0	2 365.7
递延税款贷项	1.7	1.9	1.7	1.8
少数股东权益	616.0	592.8	761.8	912.1
负债合计	7 753.7	7 531.8	7 309.2	7 856.2

全省国有企业所有者权益总额

年份	全省		省级		地方	
	汇编企业户数（户）	所有者权益总额（亿元）	汇编企业户数（户）	所有者权益总额（亿元）	汇编企业户数（户）	所有者权益总额（亿元）
2001	11 537	3 335.6	1 580	1 436.3	9 957	1 899.3
2002	10 379	3 567.1	1 516	1 602.1	8 863	1 965.0
2003	9 291	3 070.5	1 573	1 003.5	7 718	2 067.0
2004	8 515	3 446.8	1 634	1 219.2	6 881	2 227.6

全省国有企业所有者权益主要项目构成

单位：亿元

项目	2001 年	2002 年	2003 年	2004 年
实收资本（股本）	2 149.6	2 167.3	1 655.3	1 759.5
资本公积	1 131.7	1 348.8	1 320.9	1 520.6
盈余公积	595.0	694.7	586.7	606.4
未确认的投资损失	-6.6	-6.2	-8.2	-16.2
未分配利润	-533.3	-637.2	-483.9	-418.0
外币折算差额	-0.8	-0.3	-0.3	-0.5
减：资产损失	*	*	*	5.0
所有者权益合计	3 335.6	3 567.1	3 070.5	3 446.8

全省国有企业资产主要指标

单位：亿元

项目	2001年	2002年	2003年	2004年
汇编企业户数（户）	11 537	10 379	9 291	8 515
资产总额	11 089.3	11 098.9	10 379.7	11 303.0
净资产总额	3 335.6	3 567.1	3 070.5	3 446.8
销售收入	4 924.1	4 999.6	4 822.5	5 218.7
利润总额	220.8	306.6	275.1	301.3
资产负债率（%）	64.37	62.52	63.08	61.44
净资产利润率（%）	2.54	3.7	3.67	3.5
国有资产总额	3 478.3	3 569.6	3 176.7	3 164.4

全省地方国有企业资产总额

单位：亿元

地区	2001年		2002年		2003年		2004年	
	汇编企业户数（户）	资产总额	汇编企业户数（户）	资产总额	汇编企业户数（户）	资产总额	汇编企业户数（户）	资产总额
广州	2 156	2 509.3	2 004	2 515.1	2 002	2 743.6	1 888	3 277.3
深圳	692	1 947.5	656	1 821.5	593	1 922.9	634	1 887.6
珠海	248	370.6	212	299.1	213	310.0	258	398.1
韶关	488	131.4	424	99.3	342	80.2	224	80.9
汕头	407	190.9	385	205.9	391	208.5	383	194.0
河源	246	41.7	254	32.6	243	28.9	133	20.3
梅州	775	110.1	682	94.4	323	64.0	199	61.5
惠州	824	406.5	752	447.6	677	477.9	587	443.2
汕尾	194	22.3	192	23.6	170	21.5	169	23.2
东莞	57	78.1	14	33.8	10	19.9	8	15.4
中山	15	74.9	46	118.3	27	140.5	63	189.3
阳江	262	56.7	262	60.5	230	46.4	183	41.3
江门	552	317.1	468	320.2	334	259.5	267	227.9
佛山	381	494.3	291	487.7	244	623.3	161	588.8
湛江	482	240.4	412	167.5	358	143.7	335	130.1
茂名	392	78.7	354	72.7	318	65.5	305	70.5
肇庆	674	274.0	458	297.1	389	216.6	301	196.4
清远	246	84.4	179	46.3	138	43.5	120	40.9
潮州	213	48.7	196	51.1	180	42.2	199	43.8
揭阳	310	45.3	308	44.7	306	46.9	306	47.7
云浮	343	58.3	314	50.4	230	34.4	158	27.3

全省地方国有企业销售收入

单位：亿元

地区	2001 年		2002 年		2003 年		2004 年	
	汇编企业户数（户）	销售收入	汇编企业户数（户）	销售收入	汇编企业户数（户）	销售收入	汇编企业户数（户）	销售收入
广州	2 156	1 163.3	2 004	1 207.6	2 002	1 431.5	1 888	1 707.2
深圳	692	766.0	656	782.9	593	800.8	634	787.7
珠海	248	200.1	212	92.1	213	255.6	258	296.3
韶关	488	49.4	424	38.3	342	44.1	224	31.8
汕头	407	68.4	385	64.6	391	72.1	383	82.3
河源	246	14.7	254	11.0	243	11.7	133	8.2
梅州	775	57.6	682	30.0	323	33.8	199	39.3
惠州	824	128.9	752	240.0	677	264.3	587	185.5
汕尾	194	7.8	192	8.2	170	8.1	169	6.5
东莞	57	89.4	14	21.5	10	1.3	8	0.1
中山	15	28.3	46	22.3	27	14.7	63	17.3
阳江	262	19.2	262	16.6	230	16.6	183	14.6
江门	552	151.2	468	130.1	334	113.8	267	107.5
佛山	381	184.6	291	167.5	244	151.5	161	149.2
湛江	482	75.9	412	72.8	358	73.7	335	71.5
茂名	392	40.3	354	39.8	318	38.5	305	44.8
肇庆	674	94.7	458	96.4	389	88.0	301	82.3
清远	246	21.6	179	14.6	138	13.5	120	14.0
潮州	213	11.6	196	12.2	180	13.0	199	11.9
揭阳	310	21.0	308	18.9	306	19.2	306	20.1
云浮	343	20.2	314	17	230	14.8	158	13.7

全省地方国有企业利润总额

单位：亿元

地区	2001年		2002年		2003年		2004年	
	汇编企业户数（户）	利润总额	汇编企业户数（户）	利润总额	汇编企业户数（户）	利润总额	汇编企业户数（户）	利润总额
广州	2 156	52.4	2 004	55.9	2 002	73.0	1 888	103.4
深圳	692	57.3	656	55.8	593	76.6	634	83.2
珠海	248	3.3	212	7.0	213	8.0	258	9.8
韶关	488	0.7	424	-1.7	342	0.3	224	-0.4
汕头	407	-2.3	385	-1.7	391	-0.4	383	0.4
河源	246	-0.9	254	-1.2	243	-0.7	133	-0.2
梅州	775	-0.3	682	-1.2	323	-0.6	199	0.6
惠州	824	2.6	752	10.6	677	12.3	587	7.1
汕尾	194	-0.6	192	-1.0	170	-0.6	169	-0.6
东莞	57	0.4	14	0	10	0	8	0
中山	15	0.9	46	2.3	27	2.3	63	1.8
阳江	262	-3.2	262	-1.1	230	-1.2	183	-0.6
江门	552	-1.9	468	-2.2	334	-0.4	267	1.4
佛山	381	0.7	291	6.8	244	8.0	161	6.2
湛江	482	-7.9	412	-4.2	358	-3.6	335	-2.4
茂名	392	-1.5	354	-1.1	318	-1.5	305	-0.4
肇庆	674	-4.5	458	1.5	389	-0.7	301	1.4
清远	246	-0.9	179	-0.1	138	-0.6	120	-0.2
潮州	213	-0.1	196	-0.4	180	-0.7	199	-0.4
揭阳	310	-0.1	308	-0.1	306	0	306	0.1
云浮	343	-7.8	314	-7.2	230	-0.9	158	0.1

全省地方国有企业资产负债率

单位：%

地区	2001年		2002年		2003年		2004年	
	汇编企业户数（户）	资产负债率	汇编企业户数（户）	资产负债率	汇编企业户数（户）	资产负债率	汇编企业户数（户）	资产负债率
广州	2 156	62.77	2 004	62.11	2 002	61.65	1 888	62.96
深圳	692	58.49	656	56.46	593	52.41	634	48.76
珠海	248	62.77	212	62.94	213	62.90	258	67.02
韶关	488	76.34	424	89.32	342	85.94	224	84.26
汕头	407	87.78	385	83.98	391	82.46	383	85.22
河源	246	87.30	254	83.32	243	90.82	133	87.37
梅州	775	83.98	682	84.21	323	77.54	199	72.18
惠州	824	84.68	752	83.36	677	80.84	587	76.37
汕尾	194	90.63	192	95.61	170	91.45	169	93.79
东莞	57	73.61	14	60.16	10	29.49	8	17.11
中山	15	67.79	46	62.09	27	65.66	63	71.87
阳江	262	93.76	262	95.18	230	93.11	183	92.39
江门	552	94.75	468	92.83	334	87.69	267	85.34
佛山	381	76.79	291	68.18	244	75.16	161	71.04
湛江	482	91.07	412	92.62	358	88.75	335	89.00
茂名	392	86.74	354	85.09	318	84.53	305	80.13
肇庆	674	78.96	458	74.81	389	74.77	301	74.05
清远	246	96.77	179	82.66	138	87.47	120	83.19
潮州	213	90.80	196	86.19	180	86.35	199	80.61
揭阳	310	76.22	308	76.01	306	78.25	306	77.28
云浮	343	95.47	314	95.87	230	90.15	158	90.75

全省地方国有企业净资产利润率

单位：%

地区	2001年		2002年		2003年		2004年	
	汇编企业户数（户）	净资产利润率	汇编企业户数（户）	净资产利润率	汇编企业户数（户）	净资产利润率	汇编企业户数（户）	净资产利润率
广州	2 156	3.22	2 004	1.45	2 002	2.20	1 888	2.83
深圳	692	4.29	656	3.79	593	5.98	634	6.63
珠海	248	0.58	212	6.14	213	5.73	258	4.84
韶关	488	0.20	424	-17.39	342	-2.94	224	-4.44
汕头	407	-11.60	385	-6.51	391	-2.86	383	-1.49
河源	246	-19.80	254	-19.30	243	-17.18	133	-13.16
梅州	775	-3.44	682	-8.66	323	-5.56	199	1.17
惠州	824	1.10	752	4.20	677	8.45	587	6.76
汕尾	194	-33.80	192	-95.44	170	-40.16	169	-37.28
东莞	57	0.70	14	-0.27	10	0.38	8	-0.03
中山	15	1.13	46	4.44	27	4.33	63	2.73
阳江	262	-91.80	262	-35.25	230	-31.76	183	-20
江门	552	-17.10	468	-11.64	334	-2.89	267	1.89
佛山	381	-0.85	291	3.34	244	3.57	161	2.57
湛江	482	-42.10	412	-32.27	358	-21.69	335	-15.68
茂名	392	-15.70	354	-11.63	318	-14.77	305	-6.11
肇庆	674	-13.90	458	1.43	389	-3.93	301	2.33
清远	246	-40.60	179	-4.67	138	-13.86	120	-5.88
潮州	213	-3.17	196	-6.97	180	-13.84	199	-6.00
揭阳	310	-2.15	308	-1.88	306	-1.27	306	-0.79
云浮	343	-297.00	314	-131.10	230	-25.38	158	-0.77

全省地方国有企业国有资产总额

单位：亿元

地区	2001年		2002年		2003年		2004年	
	汇编企业户数（户）	国有资产总额	汇编企业户数（户）	国有资产总额	汇编企业户数（户）	国有资产总额	汇编企业户数（户）	国有资产总额
广州	2 156	718.7	2 004	760.3	2 002	912.3	1 888	1 083.4
深圳	692	527.0	656	525.9	593	609.1	634	612.3
珠海	248	106.3	212	102.0	213	95.5	258	131.0
韶关	488	25.1	424	18.3	342	17.8	224	13.0
汕头	407	60.7	385	66.4	391	71.4	383	64.1
河源	246	8.0	254	7.5	243	5.2	133	4.1
梅州	775	22.9	682	20.4	323	16.2	199	15.9
惠州	824	78.5	752	68.3	677	74.8	587	97.3
汕尾	194	4.8	192	5.2	170	5.1	169	6.2
东莞	57	23.9	14	13.8	10	14.0	8	12.7
中山	15	20.0	46	35.9	27	43.3	63	47.7
阳江	262	11.4	262	11.8	230	10.4	183	8.6
江门	552	44.3	468	48.7	334	43.8	267	44.3
佛山	381	97.3	291	118.8	244	123.0	161	153.8
湛江	482	29.1	412	36.7	358	33.8	335	32.3
茂名	392	14.4	354	12.7	318	14.6	305	15.3
肇庆	674	47.1	458	60.5	389	43.1	301	32.5
清远	246	12.1	179	10.6	138	11.6	120	8.1
潮州	213	8.5	196	9.4	180	7.3	199	12.5
揭阳	310	12.5	308	12.9	306	12.8	306	13.6
云浮	343	10.5	314	9.1	230	6.4	158	5.5

第六部分

地方财经法规选编

广东省预算审批监督条例

广东省第九届人民代表大会第四次会议通过
2001年2月19日颁布

第一章 总 则

第一条 为了加强预算的审批监督，规范预算行为，确保预算的执行，保障经济和社会各项事业健康发展，根据《中华人民共和国预算法》和有关法律、法规，结合本省实际，制定本条例。

第二条 本条例适用于本省县级以上各级人民代表大会及其常务委员会对预算的审批监督。

第三条 县级以上各级人民代表大会（以下简称各级人民代表大会）审查本级总预算草案和本级总预算执行情况的报告；批准本级政府预算（以下简称本级预算）和本级预算执行情况的报告；改变或者撤销本级人民代表大会常务委员会关于预算、决算的不适当的决议；撤销本级政府关于预算、决算的不适当的决定和命令。

各级人民代表大会常务委员会监督本级总预算和本级预算的执行；审查和批准本级预算调整方案；审查和批准本级政府决算（以下简称本级决算）；撤销本级人民政府和下一级人民代表大会及其常务委员会关于预算、决算的不适当的决定、命令和决议。

第四条 经本级人民代表大会批准的预算，非经法定程序，不得改变。

第五条 公民或者组织对违反预算法律、法规和预算的行为，有权向各级人民代表大会及其常务委员会或者其他有关国家机关进行检举、控告，任何人不得压制和打击报复。

第二章 预算的审查与批准

第六条 各部门、各单位必须依法编制部门预算和单位预算。

县级以上各级人民政府（以下简称各级人民政府）必须依法编制本级总预算草案和本级预算草案，本级预算草案应当分为一般预算草案和政府基金预算草案。

本级预算草案必须列至款级预算科目，逐步列至项级预算科目，经常性支出应按本级一级预算单位编制，建设性支出、基金支出以及对下级的补助支出应按类别以及若干重大项目编制。

本级预算草案应当在财政年度开始前编制完毕。

第七条 各级人民代表大会财政经济委员会或者人民代表大会常务委员会财政经济工作委员会（包括经济建设工作委员会、计划预算工作委员会等负责预算审查监督的工作机构，下同）应及时了解预算草案编制情况和调查了解有关部门对预算安排的意见。

第八条 各级人民政府财政部门应在同级人民代表大会会议举行的四十五日前，向同级人民代表大会财政经济委员会或者人民代表大会常务委员会财政经济工作委员会汇报预算草案编制情况，提交本级总预算草案和本级预算草案，并提交以下与本级预算草案相关的材料：

（一）科目列至款、重要的列至项的一般预算收支表和政府性基金收支表；

（二）各部门预算表；

（三）建设性支出、基金支出的类别表和若干重大的项目表；

（四）按类别划分的上级财政返还和对下级财政补助支出表；

（五）农业、教育、科技、环境保护、计划生育、社会保障支出表；

（六）本级人民代表大会常务委员会指定的项目表。

前款各项材料均应附上有关说明。

第九条 省、市（地级以上，下同）人民代表大会财政经济委员会或者人民代表大会常务委员会财政经济工作委员会应在收到预算草案二十日内对预算草案进行初步审查，并提出审查意见。人民代表大会财政经济委员会或者人民代表大会常务委员会财政经济工作委员会对预算草案提出的初审意见送达同级人民政府财政部门后，财政部门应当在十日内将采纳初审意见的情况向人民代表大会财政经济委员会或者人民代表大会常务委员会财政经济工作委员会报告。

县级人民代表大会常务委员会应在收到预算草案二十日内对预算草案进行初步审查，并提出初审意见送达同级人民政府。人民政府应当在十日内将采纳初审意见的情况向人民代表大会常务委员会报告。

第十条 对预算草案，主要审查以下内容：

（一）遵守预算法和有关法律、法规的情况；

（二）各项收支依据；贯彻量入为出、收支平衡原则的情况；是否符合国民经济和社会发展计划以及有关的财政经济政策；

（三）贯彻预算收入与经济增长相适应的原则的情况；是否隐瞒、少列按规定必须列入预算的收入；

（四）预算支出结构情况；是否贯彻勤俭节约的方针，确保重点，统筹兼顾，在保证政府公共支出合理需要的前提下，妥善安排其他各类预算支出；

（五）群众关心的涉及预算收支的重大问题是否做了恰当安排；

（六）其他重要问题。

在审查预算草案的同时，还应当审查人民政府为实现预算拟采取的各项措施是否合法可行。

第十一条 各级人民政府应于同级人民代表大会会议举行的十日前时，向大会筹备处提交本级总预算草案、本级预算草案和关于预算草案的报告。预算草案和关于预算草案的报告印发全体代表。

第十二条 人民代表大会会议审议预算草案时，人民代表大会代表可以就有关问题提出询问，人民政府及其有关部门负责人应当到代表中听取意见，回答询问。

人民代表大会代表十人以上联名，可以就与预算有关的问题书面提出对本级人民政府及其所属部门的质询案。

第十三条 在人民代表大会会议期间，人民代表大会财政经济委员会或者人民代表大会预算委员会应根据代表的审议意见和有关委员会的意见对预算草案作进一步审查，并作出审查结果的报告，经大会主席团通过后，印发全体代表。

第十四条 大会主席团、人民代表大会常务委员会、人民代表大会各专门委员会、人民代表大会代表十人以上联名，可以书面提出预算草案修正案。预算草案修正案必须对所提议的事项、理由作出详细说明；提出增加支出的修正案，必须相应提出增加收入或减少其他支出的具体方案。

大会主席团、人民代表大会常务委员会、人民代表大会各专门委员会提出的预算草案修正案，由大会主席团决定提交大会审议，或者先交人民代表大会财政经济委员会或者人民代表大会预算委员会审议，提出审议意见，再由大会主席团审议决定，提交大会审议。

人民代表大会代表十人以上联名提出的预算草案修正案由大会主席团决定是否列入大会议程，或者先交人民代表大会财政经济委员会或者人民代表大会预算委员会审议，提出是否列入会议议程的意见，再由主席团审议决定是否提交大会审议。

对交付表决的预算草案，有修正案的，先表决修正案，再就关于预算的决议草案进行表决。修正案通过后，同级人民政府应按照决议修改预算。

第十五条 人民代表大会批准预算的决议和决议中同意的财政经济委员会或者预算委员会的审查报告，应一并向社会公布。

第十六条 人民代表大会批准预算后，人民政府财政部门应当自批准之日起三十日内批复本级各部门预算，并将批复的部门预算抄报同级人民代表大会财政经济委员会或者人民代表大会常务委员会财政经济工作委员会。

第十七条 各级人民政府应当在本级人民代表大会闭会后三十日内将本级人民代表大会批准的预算报上一级人民政府备案。

各级人民政府应当将下一级人民政府上报备案的预算汇总，报本级人民代表大会常务委员会备案。

各级人民政府对下一级人民政府报送备案的预算，认为有同法律、法规相抵触或者有其他不适当之处，需要撤销批准预算的决议的，应当提请本级人民代表大会常务委员会审议决定。

第三章 预算执行的监督

第十八条 人民代表大会常务委员会对本级预算执行进行监督的主要内容：

（一）预算收支的平衡情况；

（二）为实现预算采取的各项措施落实情况；

（三）预算收入依法征、缴情况，有无擅自减征、免征或者缓征，有无截留、占用或者挪用；

（四）按照批准的年度预算和用款计划及时、足额拨付预算资金情况；

（五）预算收入和支出的依法管理情况，有无违法将预算收入和支出转为预算之外，有无随意把预算外收入和支出转为预算之内；

（六）有无违反国家规定将预算资金有偿使用，有无违法将上级返还或者补助的款项擅自改变用途，有无将预算周转金挪作他用；

（七）有无违反专款专用原则，扣减或挪用上级补助的事业专项资金；

（八）法律、法规规定的有关项目预算执行情况；

（九）预算执行中发生的其他重大问题。

第十九条 在本级预算执行中遇有下列预算收支变化之一的，人民政府财政部门应及时向同级人民代表大会财政经济委员会或者人民代表大会常务委员会财政经济工作委员会汇报：

（一）预计预算总收入减少额超过预算额5%的；

（二）人民代表大会批准预算决议中强调确保的预算支出项目预计需要调减指标的；

（三）农业、教育、科技、环境保护、计划生育、社会保障预算支出预计需要调减的；

（四）调增调减预算收支涉及科目超过预算科目30%以上的；

（五）人民代表大会常务委员会主任会议认为应当报告的其他收支变化情况。

前款第（二）项、第（三）项、第（四）项所列预算收支变化，必须报经本级人民代表大会常务委员会审查批准，审查批准程序依照本条例第二十二条、第二十三条规定。

第二十条 人民代表大会财政经济委员会或者人民代表大会常务委员会财政经济工作委员会听取同级人民政府财政部门关于预算收支变化情况汇报后，应当向本级人民代表大会常务委员会主任会议报告。经主任会议决定，可提请人民代表大会常务委员会会议听取人民政府的有关报告并进行审议。

人民代表大会常务委员会认为同级人民政府有关调增或者调减本级预算支出安排不适当的，可以责成同级人民政府按人民代表大会批准的预算执行支出安排。

第二十一条　在本级预算执行中，需要动用超收收入追加支出的，应当编制超收收入使用方案，人民政府财政部门应及时向同级人民代表大会财政经济委员会或者人民代表大会常务委员会财政经济工作委员会通报情况。人民政府应向同级人民代表大会常务委员会作预计超收收入安排使用情况的报告。

第二十二条　在本级预算执行中，需要对预算进行调整的，人民政府应编制预算调整方案，列明调整预算的原因、项目、数额、措施及有关说明，提请同级人民代表大会常务委员会审查批准。

第二十三条　人民政府财政部门应在同级人民代表大会常务委员会会议举行的三十日前，将预算调整方案、说明及有关的详细材料提交同级人民代表大会财政经济委员会或者人民代表大会常务委员会财政经济工作委员会进行初步审查。

第二十四条　在预算执行中，因上级人民政府返还或者给予补助而引起的预算收支变化，人民政府应当每半年向同级人民代表大会常务委员会报告有关情况。

第二十五条　在预算执行中，人民代表大会常务委员会主任会议可以要求同级人民政府责成审计部门进行专项审计。各级人民政府应当责成审计部门及时进行审计，并向本级人民代表大会常务委员会报告审计结果。

审计部门在日常审计工作中，对预算执行中的重大问题，应及时向同级人民代表大会财政经济委员会或者人民代表大会常务委员会财政经济工作委员会汇报。

第二十六条　各级人民政府财政部门应按月向同级人民代表大会财政经济委员会或者人民代表大会常务委员会财政经济工作委员会报送预算收支报表。人民代表大会财政经济委员会或者人民代表大会常务委员会财政经济工作委员会还可要求人民政府财政部门按季度汇报有关情况。

各级人民政府有关部门应及时向同级人民代表大会财政经济委员会或者人民代表大会常务委员会财政经济工作委员会提交落实人民代表大会关于预算决议的情况，政府债务、社会保障基金等重点资金收支执行情况，有关经济、财政、金融、审计、税务等综合性统计报告、规章制度及有关资料。各级人民政府应将其制定的有关预算的规章或规范性文件，及时报送同级人民代表大会常务委员会备案。

第二十七条　省人民政府应在每年第三季度向省人民代表大会常务委员会报告预算执行情况；市级以下各级人民政府应每年至少一次向同级人民代表大会常务委员会报告预算执行情况；各级人民政府在预算年度终结后应向同级人民代表大会报告全年预算执行情况。

人民代表大会常务委员会会议审议预算执行情况时，省、市人民代表大会常务委员会组成人员五人以上，县级人民代表大会常务委员会组成人员三人以上，对预算执行中同一问题提出疑问或者具体要求的，人民代表大会财政经济委员会或者人民代表大会常务委员会财政经济工作委员会应当将意见综合向常务委员会主任会议汇报，经主任会议决定，可以要求人民政府或者人民政府财政部门作出答复。人民政府或者人民政府财政部门应当提交书面答复并印发常务委员会全体组成人员。

第四章　预算的审查与批准

第二十八条　预算年度终结后，各级人民政府财政部门应及时编制本级决算草案，报本级人民政府审定后，由本级人民政府提请同级人民代表大会常务委员会审查批准。

本级决算草案应当列至项级决算科目。

第二十九条　对本级决算草案，主要审查以下内容：

（一）遵守预算法和有关法律、法规的情况；

（二）预算年度内预算收支完成情况；

（三）重点支出完成及收效情况；

（四）预备费使用情况；

（五）预算超收的使用情况；

（六）预算结余、结转情况。

第三十条　人民政府审计部门应在同级人民代表大会常务委员会会议举行的三十日前，向同级人民代表大会财政经济委员会或者人民代表大会常务委员会财政经济工作委员会汇报对本级预算执行和其他财政收支的审计结果，并提交有关材料。

人民政府财政部门应在同级人民代表大会常务委员会会议举行的三十日前，向同级人民代表大会财政经济委员会或者人民代表大会常务委员会财政经济工作委员会汇报本级决算草案编制情况，并同时提交本级决算草案及与本条例第八条所列的预算材料相对应的决算材料。

第三十一条　人民代表大会财政经济委员会或者人民代表大会常务委员会财政经济工作委员会应对本级决算草案进行初步审查，并向同级人民代表大会常务委员会提出审查报告。

第三十二条　各级人民政府应当在同级人民代表大会常务委员会举行会议十日前提交本级决算草案、关于本级决算草案的报告，同时提交对本级预算执行和其他财政收支的审计工作报告。

审计工作报告应如实反映对预算执行和其他财政收支的审计工作情况、对预算执行和其他财政收支的审计评价、预算执行和其他财政收支中存在的问题以及审计机关的处理情况，并提出改进财政工作的意见、建议。

第三十三条　人民代表大会常务委员会举行会议时，常务委员会组成人员依照法定程序就决算中的有关问题提出询问或者质询，人民政府或者人民政府财政部门必须及时给予答复。

第三十四条　人民代表大会常务委员会可以就决算中

的重大事项组织听证会或者依法进行特定问题调查，并根据调查结果作出相应的决议。

第三十五条　决算经审查批准后，各级人民政府财政部门应当自批准之日起二十日内向本级各部门批复决算，并将批复的部门决算抄报同级人民代表大会财政经济委员会或者人民代表大会常务委员会财政经济工作委员会。

第三十六条　各级人民政府应当自本级人民代表大会常务委员会批准本级决算之日起三十日内，将本级决算及下一级人民政府上报备案的决算汇总，报上一级人民政府备案。上级人民政府对报送备案的决算认为有同法律、法规相抵触或者有其他不适当之处，需要撤销批准该项决算的决议的，应当提请本级人民代表大会常务委员会审议决定；经审议决定撤销的，该下级人民代表大会常务委员会应当责成本级人民政府依法重新编制决算草案，提请本级人民代表大会常务委员会审查和批准。

第五章　附　则

第三十七条　乡、民族乡、镇政府预算的审批监督，参照本条例执行。

第三十八条　本条例自 2001 年 5 月 1 日起施行。

广东省省级财政性资金投资民用建筑项目管理暂行办法

广东省人民政府办公厅发布(粤府办〔2001〕4号)

一、总　则

第一条　为规范省级财政性资金投资项目管理，有效地发挥财政投资的作用，控制工程造价，提高投资效益，根据国家和省的有关规定，制定本办法。

第二条　本办法所指省级财政性资金，包括省级财政预算内基本建设资金、预算内其他各项支出中用于基本建设项目的资金、纳入财政支出管理的专项基金中用于基本建设项目的资金、财政预算外资金中用于基本建设项目的资金和其他财政性基本建设资金。

本办法所指省级财政性资金投资项目（以下简称“省财政投资项目”）为省直机关、企事业单位使用省级财政性资金，全额投资或部分投资、资本金投入等形式投资的民用建筑项目。

本办法所指民用建筑项目包括：办公用房、业务用房、技术用房、集体宿舍、培训用房、招待用房；文化、教育、科研、医疗、体育等公共设施以及相关的配套设施；大中型基础设施建设或生产性项目的配套服务设施中的民用建筑项目。

第三条　省财政投资项目的建设，必须严格执行基本建设程序。有关部门要切实加强项目审批、概算控制、预算结算、自筹资金落实、财政资金拨付等方面的管理和监督。

利用省级财政性资金投资民用建筑项目，如属重大事项，应按《广东省各级人民代表大会常务委员会讨论决定重大事项规定》提请省人大常委会审议，或向省人大常委会报告。

第四条　省财政投资项目，必须严格按照批准的投资计划执行，计划一经确定，任何单位和部门都不得突破建设规模和投资额。

二、项目的审批程序

第五条　省财政投资项目审批阶段依次是：项目建议书审批、可行性研究报告审批、初步设计审查、概算审批、下达新开工投资计划、施工图设计审查。

第六条　项目建议书、可行性研究报告、概算和新开工的审批由省计委负责；初步设计和施工图设计的审查由省建设厅负责；项目预算和结算的审核由省财政厅负责。

第七条　项目建议书的审批。

（一）项目建议书由建设单位或主管部门按程序上报审批，必须具备如下内容：

1. 项目建设的必要性和依据；

2. 初步确定的建设规模、建筑面积、建设标准等建设方案，提出估算总投资及资金来源依据；

3. 初步确定建设用地规模、选址及环保要求；

4. 按要求必需的其他内容。

（二）省财政投资项目的确定。由建设单位或由行业主管部门提出项目建议书和使用省级财政基本建设资金建议方案报省计委，由省计委会省财政厅审查后报省人民政府确认，按基本建设程序办理项目建议书审批手续。

第八条　可行性研究报告的审批。

项目的可行性研究和可行性研究报告的编制必须委托有相应资质的咨询机构进行。重要项目由审批单位委托有资质的工程咨询单位或工程造价咨询单位进行论证评估后审批。

可行性研究报告的内容按本规定附件一的要求进行，

如国家另有要求的按国家有关规定规程要求编制。

对大中型基础设施建设或生产性项目的配套服务设施中的民用建筑项目应分别列出单项工程的建设地点、具体用途、建筑面积和投资额。

技术、经济方案比较简单，估算总投资在5 000万元（不含5 000万元）以下的项目，可将项目建议书和可行性研究报告合并报批。

第九条　初步设计和施工图设计的审查。

（一）初步设计和施工图设计由有相应资质的设计单位进行，由建设单位或其主管部门上报省建设厅审查。

（二）初步设计和施工图设计文件必须符合国家有关部门颁发的有关建筑工程设计文件编制深度的规定。

（三）省计委负责审定建筑项目投资的总规模及项目具体建设内容和功用，省建设厅在省计委批准的项目建设规模和投资规模内审查初步设计和施工图设计。初步设计确定的建设总规模、建设标准和建设内容不得超过可行性研究报告批复的范围，并详列各单项工程或单位工程的规模与标准、征地规模、主要材料和设备选定等，审查后的投资额加总不得超过省计委批准的投资总规模，凡超过总规模的，一律无效。

（四）对总投资在500万元以下的项目，免去初步设计审查程序，项目概算总投资由省计委核定。

第十条　新开工投资计划的下达。

项目完成规划、征地、施工图设计、三通一平、报建等前期准备工作，建设资金全部落实，具备施工条件后，下达新开工投资计划，发放固定资产投资项目投资许可证。

大中型基础设施建设或生产性项目的配套服务设施在批复的初步设计中只列单项工程内容、投资额的，需另单独下达投资计划，明确建设地点和按规定重新审核建设规模。

三、概算控制和预算结算审核

第十一条　概算控制。

（一）概算总投资包括项目建设所需的各项费用，不得超过可行性研究报告审定的估算总投资。凡概算总投资超过可行性研究报告批准估算总投资10%的，项目可行性研究报告必须重新报批。

（二）编制概算总投资的依据是本省建设标准定额。省建设厅会同省计委、财政厅制订、修订本省建设标准定额。

（三）委托中介组织进行概算审查的，中介组织必须具有工程咨询资格等级证书或工程造价咨询单位资质证书，其费用参照省物价局粤价〔1998〕72号文中“受委托复核审查工程预结算”收费标准计算。由省财政预算资金全额投资的项目，审查费用在省计委统筹安排的省级财政预算内基建投资中列支，其余的项目在项目投资中列支。

（四）项目总概算由省计委组织审核，省财政厅参加，最后由省计委确定。总概算确定后，以此为依据按规定的程序安排财政性资金，严格控制。

（五）省财政投资项目申报调整概算总投资的，应先委托省计委重大项目稽查特派员办公室对该项目原批概算的执行情况进行稽查。

第十二条　预算结算审核。

（一）工程预算、结算由省财政厅组织审核，省计委参加。属委托审核的，审核费用标准参照省物价局粤价〔1998〕72号文规定执行。

（二）工程预算编制所依据的施工图设计必须严格按审定的初步设计的规模、单项工程或单位工程内容、建设标准进行，禁止擅自扩大规模和提高标准。

（三）若预算超过经审定的项目概算总投资的，由建设单位通知设计单位压缩规模、降低建设标准或重新报批可行性研究报告。

第十三条　工程施工招投标的适用范围按国家和省有关规定进行。项目未完成全部施工图设计和工程预算编制的，不得进行工程施工招投标。施工工程决算以中标合同价作为依据。

四、项目计划及资金管理

第十四条　省级财政预算内资金的使用需经法定程序提请省人民代表大会审议批准。省级财政性资金投资的年度计划安排，由行业主管部门向省计委提出经批准项目的年度投资计划建议，由省计委商省财政厅后下达年度投资计划。

第十五条　省财政厅根据省计委下达的年度投资计划和年度支出预算，并按照工程进度安排财政性资金，具体资金拨付办法按照《省级基本建设项目财政性资金集中支付暂行办法》执行。

第十六条　省财政投资项目自筹资金管理。

（一）省直机关、事业单位拨款项目，由建设单位自行筹措部分资金的，在项目可行性研究报告审批阶段必须按照《广东省固定资产投资（自筹）项目前期工作或新开工计划申请表》（附件二，略）要求，出具经过金融机构和省财政、审计等部门审查的自筹资金证明。

（二）省财政投资项目部分拨款项目原则上先使用自筹资金：

总投资1 000万元以下的项目，自筹资金全部投入项目建设后，方可向省计委和省财政厅申请使用财政资金；

总投资超过1 000万元的项目，自筹资金部分投入达到50%后，再按比例申请财政资金。

第十七条　省财政投资项目前期费用安排。

（一）项目前期费用指项目征地、三通一平、规划、勘探、设计、报建等费用；

（二）财政全额投资的项目，在批准项目建议书后，可要求从经批准安排的项目资金来源渠道预拨部分前期费用，以支付征地、勘探、设计等支出；

（三）财政部分投资的项目，用自筹资金支付前期工作费用。

第十八条 项目开工后，建设单位要落实造价和工程质量控制措施，编制单项工程投资进度计划自行监督，抄送省计委、财政厅备案。

第十九条 决算。

（一）省财政投资项目完工后三个月内要办理决算工作。

（二）省财政投资项目的竣工财务决算，主管部门要报省财政厅审核。经审核建设项目超过批准安排投资的，缺口资金财政不予追加。

五、监 督

第二十条 项目监督管理。

（一）省计委负责监督检查省财政投资项目计划的执行，并向省政府报告计划执行情况。

（二）省财政投资项目，由审计机关对项目的预算执行情况和决算进行审计监督，对重大项目要进行专项审计和跟踪审计。大中型项目竣工验收前，要经过竣工决算审计方可验收。对审计发现的违纪问题，要依法处理。

（三）省财政投资项目实行稽查制度。具体工作按照省人民政府《关于我省重点建设项目稽查工作问题的批复》（粤府函〔1999〕198号），由省计委重大项目稽查特派员办公室执行。

（四）省财政厅要按《预算法》规定加强对省财政投资项目的财务监督管理工作，施行对重要项目派驻财务总监的制度。

六、责 任

第二十一条 明确责任。

（一）属投资包干的项目，按确定的总投资组织实施，签订设计和施工合同时在条款中明确：如属工程部分发生超投资，由包干企业承担全部超支工程款。违反合同规定或故意拖延的，由资格认定单位取消其设计和施工资质。

（二）概算、预算漏项由编制概算、预算的单位和建设单位负责。

（三）施工图设计必须在勘明地质情况下进行，施工过程如因勘察、设计的质量不符合要求造成增加投资的，由勘察人、设计人继续完善勘察、设计，减收、免收勘察、设计费并赔偿所有损失。

第二十二条 整改与处罚。

（一）建设单位有下列行为之一的，责令限期整改，并由省监察厅负责查处，依法追究建设单位负责人和直接责任人的行政责任，情节严重的，撤销其行政职务，禁止其三年内负责财政性资金投资项目的管理工作；构成犯罪的，依法追究其刑事责任。

1. 未经批准擅自开工的；

2. 未经批准擅自提高建设标准，扩大投资规模的；

3. 未依法组织招标的；

4. 转移、侵占或者挪用建设资金的；

5. 未经竣工验收或者验收不合格即交付使用的；

6. 其他严重违反本办法和其他法律、法规规定的行为。

（二）咨询机构在对项目建议书、可行性研究报告、初步设计进行咨询评估时弄虚作假或者评估结论意见严重失实的，根据其情节轻重，给予通报批评，禁止其三年内从事财政性资金投资项目的咨询评估工作；造成损失的，依法承担赔偿责任；构成犯罪的，依法追究刑事责任。

（三）政府有关部门有下列行为之一的，责令限期纠正，并由省监察厅负责查处，依法追究部门主要负责人和直接负责人员的行政责任；构成犯罪的，依法追究刑事责任。

1. 违反本办法规定批准可行性研究报告或者设计文件的；

2. 违反本办法规定批准开工报告的；

3. 违反本办法规定拨付建设资金的；

4. 其他严重违反本办法和其他有关法律、法规规定的行为。

（四）省财政性资金投资项目发生重大质量事故的，除依法追究建设、勘察设计、施工和监理单位及其法定代表人和直接责任人的法律责任外，并依法追究有关行政领导人在项目审批、执行建设程序和工程建设监督管理方面的行政责任；构成犯罪的，依法追究刑事责任。

（五）国家机关及有关单位的工作人员在省财政性资金投资项目建设过程中滥用职权、玩忽职守、徇私舞弊、索贿受贿的，没收非法所得，并依法追究其行政责任；构成犯罪的，依法追究刑事责任。

第二十三条 本办法由省人民政府负责解释。本规定自2001年1月1日起执行。与本办法有不符的按本办法执行。

关于减轻市县专项再贷款负担的实施意见

广东省人民政府办公厅发布(粤府办〔2002〕81号)

为贯彻落实《中共广东省委、广东省人民政府关于加快山区发展的决定》(粤发〔2002〕13号),减轻市县政府"中央专项再贷款"(以下简称再贷款)负担,防范地方财政风险,特制定本实施意见。

一、减负项目

这次减负的项目是,由市县(区)政府承借的,用于处置地方中小金融机构和农金会支付风险的再贷款。省安排100亿元专项用于减轻以山区为重点的再贷款负担。

二、减负原则

(一)追收资产效绩大的多减,效绩小的少减。即与市县(区)实际追收资产的工作效绩挂钩。

(二)财政承受能力弱的多减,承受能力强的少减。即东西两翼和粤北地区多减,珠江三角洲较发达地区少减,一般地区适当减负。

(三)债务压力大的多减,压力小的少减。即根据市县(区)再贷款总额占其可支配财力的不同比重考虑减负金额。

(四)省和市县共同负担。即省对市县(区)减负金额最高不超过再贷款总额的80%,最低确保10%。省对市县(区)的减负资金从省级防范化解金融风险资金中解决。

(五)专款专用。市县(区)各级政府按本意见获得的减负金额必须专项用于偿还再贷款。

三、计算公式

以市县(区)为单位计算:

减负金额=资产追收额×减负比例×减负系数

再贷款总额×10%≤减负金额≤再贷款总额×80%

四、因素确定

(一)资产追收额。为截至2001年底止,各市县(区)实际追收的资产数额。资产追收额须经专项审计并报广东省地方中小金融机构和农金会风险处置工作协调小组和省财政厅确认。

(二)减负比例。按照不同经济类型地区及地方财政状况,将各市县(区)划分为不同的档次,设定相应的减负比例。有关具体办法,由省财政厅研究拟订方案报省政府审定同意后执行。

(三)减负系数。按再贷款占所在市县(区)2001年实际可支配财力比例确定减负系数。再贷款占2001年实际可支配财力1倍以下的系数为1;1倍以上的系数为实际倍数。

(四)再贷款总额。再贷款总额须经专项审计剔除剩余及违规使用部分,并报广东省地方中小金融机构和农金会风险处置工作协调小组和省财政厅确认。

五、本意见由省财政厅负责解释并实施

转发国务院关于印发所得税收入分享改革方案的通知

广东省人民政府发布(粤府〔2002〕26号)

各地级以上市、顺德市人民政府,省府直属有关单位:

现将《国务院关于印发所得税收入分享改革方案的通知》(国发〔2001〕37号)转发给你们,并结合我省实际情况,就所得税(包括企业所得税和个人所得税,下同)分享改革后,2002年我省所得税地方分享收入的划分等问题进一步明确如下,请认真遵照执行。

一、2002年省与市财政体制暂不作调整。2002年省与市(各地级以上市、顺德市,不包深圳,下同)所得税收入划分仍按省政府《印发〈广东省分税制财政管理体制实施方案〉的通知》(粤府〔1995〕105号)执行,即:省、市固定收入部分,地方分享的50%继续作为各级固定收入;省市共享收入部分,地方分享的50%继续实行"四六"分成,即省分享20%,市分享30%。

二、中央下划的所得税（包括跨地区经营、集中纳税企业按分配系数分配给我省的企业所得税）暂入省库；2002年，中央下划所得税收入比基期增长或短收影响本省部分，按属地原则，省与市按“四六”比例分享或弥补，各市应分享的收入或弥补的短收，由省财政在2002年决算时，通过专项返还或专项上解办法处理。

三、保证地方既得利益，省对市实行基数返还的办法。以2001年为基期，按改革方案确定的分享范围和比例计算，各市分享的所得税收入，如果小于地方实际所得税收入，差额部分由省作为基数返还给各市。即：将基期年各市所得税实际入库数（决算数），与按改革后口径计算的基期年各市所得税入库数相比较，差额部分由省作为基数返还。具体计算办法由省财政厅另行通知。

四、依法征税，加强所得税征管。

（一）各市应严格依法征税，凡属各市违反税收征管规定，人为抬高收入基数，或将应属中央、省的所得税收入混入市县国库等，一经查出，省将相应扣减对各市的基数返还。

（二）中央统一制定的所得税优惠政策，原则上由中央、省、市按分享比例分别承担。各市不得自行出台所得税优惠政策，否则，一经发现，将如数扣回影响中央和省的财政收入。

（三）改革方案实施后，如果某市以后年度的所得税收入完成数达不到2001年数额，省将相应扣减对该市的基数返还。

五、2002年，各市应在严格执行中央和省统一规定的所得税分享办法的基础上，根据自身实际情况相应明确市、县所得税分享办法。

六、本通知自2002年1月1日起执行。各市今年已入库所得税与本通知规定不符的，应及时进行调库。

关于省直单位进一步推行政府采购制度的实施意见

广东省人民政府办公厅发布（粤府办〔2003〕17号）

根据《中华人民共和国政府采购法》和国务院办公厅有关文件精神，在总结两年来省级政府采购工作经验的基础上，现就省级国家机关、事业单位和团体组织（下称省直单位）进一步推行政府采购制度，提出如下实施意见：

一、总体目标和原则

省直单位推行政府采购制度的总体目标是：建立符合社会主义市场经济体制要求和省直单位实际的政府采购管理体制，规范采购行为，强化财政支出管理，提高财政资金使用效益，维护国家利益和社会公共利益，促进廉政建设。

省直单位推行政府采购制度遵循以下原则：

（一）合理分工、相互制衡，政府采购管理部门与集中采购机构分开、集中采购机构与项目采购部门分开。

（二）兼顾效益与效率，合理确定集中采购目录和政府采购限额标准。政府采购活动，应当符合采购价格低于市场平均价格、采购效率更高、采购质量优良和服务良好的要求。

（三）公开、公平、公正，严格工作程序，规范采购行为，建立健全监督机制。

（四）分步实施，先易后难，稳步推进，逐步扩大实施范围。

二、管理与组织实施

省直单位政府采购工作实行统一管理，分部门组织实施。各部门要加强本部门政府采购的管理，制定本部门政府采购管理办法，加强政府采购的计划性；按照规定编报政府采购年度预算，加强政府采购预算管理；按规定编报政府采购实施方案，制订具体执行计划；落实专职人员组织实施本部门政府采购，加强对所属单位政府采购工作的指导监督。

（一）政府采购管理

省财政厅是省直单位政府采购工作的监督管理部门，主要履行下列职责：制定省级政府采购管理规章制度；编制政府采购计划；按省政府授权，拟定、公布政府集中采购目录、集中采购限额标准和公开招标数额标准；负责集中采购资金的缴拨管理；负责省直单位政府采购业务的社会招标代理机构的登记备案；负责集中采购机构的业绩考核；管理政府采购信息的统计和发布工作；负责政府采购管理人员的培训；按法律规定权限对政府采购活动进行监督；受理政府采购活动中的投诉事项；办理其他有关政府采购管理事务。

（二）集中采购的组织实施

省直单位使用财政性资金（包括预算内和预算外资

金）购买集中采购目录的货物、工程、服务项目，应当委托政府采购业务代理机构实行集中采购。

政府采购业务代理机构包括省政府采购中心和经国务院有关部门或者省级人民政府有关部门认定资格的采购业务代理机构。

省政府采购中心接受省直单位委托，负责组织实施省直单位集中采购项目的采购（受理的集中采购项目，不得再委托其他政府采购业务代理机构）。其主要职责是：受省直单位委托，制定集中采购的具体操作方案并组织实施；直接组织招标活动；根据省直单位委托的权限签订或组织签订采购合同并督促合同履行；制定完善内部操作规程；负责采购操作业务人员的培训；接受省直单位委托，代理省直单位集中采购目录以外项目的采购，办理其采购事务。

（三）各部门自行采购的组织实施

省直单位采购集中采购目录以外的采购项目，由各单位按照法律和有关规定自行组织采购，可以实行部门集中采购或分散采购。部门集中采购可以由部门自行组织，也可以委托省政府采购中心或其他政府采购业务代理机构采购。

三、政府采购方式

政府采购采用以下方式：公开招标、邀请招标、竞争性谈判、询价、单一来源采购和财政部确定的其他采购方式。

省直单位的集中采购活动要按有关法律规定确定采购方式，达到公开招标数额标准以上的要实行公开招标采购，其中采购货物和服务达到公开招标数额但由于特殊情况需要采用其他方式采购的，要报省财政厅批准。公开招标要执行有关法律、法规和部门规章的规定。政府采购工程进行招标投标的，适用《中华人民共和国招标投标法》。

四、集中采购工作程序

（一）编制政府采购预算

省直各单位要按有关规定编制政府采购预算，列明采购项目及资金预算，并按照预算管理权限汇总上报省财政厅审核。

（二）制定政府采购计划

省直各单位依据省财政厅批复部门预算中的政府采购预算和年度执行中追加的政府采购预算，按采购项目和资金，分解为季度政府采购计划，由一级预算单位按季汇总编制本部门政府采购具体实施计划（主要包括政府采购项目、数量、资金来源、实施时间等），报送省财政厅加具审核意见后，由省财政厅政府采购管理机构根据各部门报送的政府采购实施计划，单项或汇总各部门同类品目，确认采购形式和采购方式，下达一级预算单位执行，并抄送省政府采购中心。

（三）组织采购

各部门根据省财政厅下达的政府采购计划，一般于一个月内将列入集中采购目录的采购项目向省政府采购中心报送采购清单，实施集中采购。其主要内容包括采购项目名称、技术规格、数量、使用要求、配送单位名单和交货时间等。省政府采购中心根据各部门报送的采购清单，制定具体操作方案，并报省财政厅备案。对列入集中采购目录的采购项目，因项目的特殊要求，经省财政厅批准，可委托其他政府采购业务代理机构代理采购。

各部门与政府采购业务代理机构应当签订委托代理协议，确定委托代理事项，约定双方的权利和义务。

各部门政府采购项目实施公开招标采购的，应当在有关部门指定媒体上公布招标信息，在省级专家库随机确定评标专家，按程序进行评标、签订合同。

（四）履行合同

政府采购合同，应报省财政厅政府采购管理机构备案。省政府采购中心或采购部门负责验收，需要时应请质检部门或其他有关单位参加验收。

（五）支付采购资金

根据国库集中支付的规定，属于财政直接支付资金的采购项目，采购部门应按照签订的合同和省财政厅有关规定，填报采购资金支付申请书并报省财政厅。省财政厅审核无误后，按合同约定将资金支付给供应商；不属于财政直接支付的采购项目，由采购部门按现行资金管理渠道和合同规定付款。

五、监督检查

省财政厅负责对政府采购中心和采购当事人执行有关政府采购的法律、法规和规章的情况进行监督检查，并按法律规定受理政府采购活动中的投诉。对政府采购中心的采购价格、资金节约效果、服务质量、信誉状况、有无违规行为等进行考核，并定期公布结果。对违规行为予以通报批评，情节严重的按有关规定给予处理。

省监察厅负责对省直参与政府采购活动的国家机关、国家公务员和国家行政机关任命的其他人员实施监察，查处政府采购活动中的违纪违法行为。

省审计厅负责对政府采购进行审计监督。政府采购监督管理部门、政府采购各当事人有关政府采购活动，应当接受审计机关的审计监督。

省直各单位和政府采购中心要加强内部规章制度建设和工作队伍建设，实行项目责任制度、人员轮岗制度和回避制度，建立健全内部监督制约机制。

任何单位和个人都有权检举和控告政府采购活动中的违法违纪行为。

六、配套措施

（一）进一步深化财政管理制度改革，加大实行部门预算和国库集中支付工作力度。进一步细化部门预算项目，提高政府采购预算的可操作性，扩大采购资金财政直接支付的规模。

（二）积极做好政府采购的基础性工作，加强相关规章制度建设。要建立政府采购专家信息库和供应商信息库，完善政府采购信息公告制度，研究制定办公设备和家具的配备标准、公务用车配备管理办法等。

关于进一步加强财政支出管理的意见

广东省人民政府办公厅发布（粤府办〔2003〕100号）

改革开放以来，我省财政工作取得了长足进展，建立了以分税制为核心的收入管理体制，推进了部门预算、国库集中支付、政府采购、投资评审等支出管理形式的改革，形成了适应市场经济要求的财税体制基本框架，为我省经济稳定、快速发展提供了有力的保障。与此同时，我们也清醒地看到日常财政工作中存在的问题和不足，突出表现为支出管理相对滞后。长期以来，财政资金管理中普遍存在着“重收入、轻支出”、“重分配、轻管理”的现象，各地、各部门把大量时间和精力放在争项目与争资金上，而忽视了资金的使用效益。长此下去，财政工作将陷入困境，必将制约我省经济社会持续稳定健康地发展。为此，根据国务院关于加强公共支出改革和管理的部署及省委、省政府领导同志关于加强财政支出管理的批示精神，提出如下意见：

一、充分认识加强财政支出管理的重要性

多年来，随着经济的高速增长，我省财政收入也高速增长，财政收入增长速度高于GDP增长速度。然而，由于财政收入不可能长期高于GDP增长速度，财政收入增长将趋于相对稳定状态。相比之下，随着财政收入高速增长而扩大的财政支出却具有明显的刚性特点。按照省委九届二次会议和三次会议确定的发展战略及中央对我省“当好排头兵”的要求，我省财政工作的责任更大、财政担负的任务将更加繁重，今后一个时期我省财政收支的矛盾将突出体现在财政支出继续扩张与财政收入有限增长的矛盾上。各级政府必须未雨绸缪，树立忧患意识，要从实践“三个代表”重要思想和大力发展市场经济的高度来认识财政支出管理工作的重要性，坚持“立党为公、执政为民”，切实加强对财政支出管理和改革工作的领导。由省财政转移支付的市县，要量入为出，坚持财政支出增长要与财政收入增长平衡，不得超收入编制预算支出。各部门要统一思想，顾全大局，积极配合财政部门履行各项财政职能。各级财政部门要紧紧围绕政府的中心工作，坚持公共财政的改革方向，加强财政支出全过程的管理，重点抓好资金分配、资金流转及资金使用评价等环节的工作，为广东经济社会的“加快发展、率先发展、协调发展”和“当好排头兵”提供坚强有力的财力保障。

二、加强预算审核，把好财政资金分配关

预算审核是资金分配的基础环节，也是政府预算编制的基础性工作。为此，财政部门要着力抓好以下几方面工作：一是要按照公共财政的改革要求和“小钱小气，大钱大方”的理财思路，不断优化支出结构，重点保障政权的正常运转和各项事业的顺利发展，支持关系国计民生的重点行业、关键领域的发展。二是实施对政府部门所有收支全面审核的制度，全面推行部门预算，编制综合预算，增强预算约束力，逐步推进预算公告制度，提高预算透明度。三是各级财政部门要建立和完善预算编制基础信息库和项目库制度，制定科学合理的预算支出定额和标准，推行财政资金分配的因素化、标准化、数量化测算工作方式；对预算数额较大或者专业技术复杂的项目，省财政厅可以组织专家或委托中介机构进行评审；要提高资金分配的透明度、科学性和合理性。

政府各部门要严格按照国家和省颁发的部门预算文件的有关规定申报部门支出预算建议数，基本支出要按照相应的定员定额标准测算，项目支出要按照项目支出预算管理要求测算。情况复杂的项目要经过可行性研究，其内容应该包括项目目的、必要性和可行性、项目目标、预期效

益（经济社会效益）、资金使用计划和项目实施计划等，资金数额较大或者专业技术复杂的重大项目须附专家评审意见。经批准后的部门预算申请及可行性报告，将作为今后财政支出绩效评价和财政审计的主要依据。

三、加强监督管理，保证财政资金运行的安全与完整

对财政资金运行实施监督管理是法律、法规赋予政府及财政部门的职责，也是维护财政资金运行安全与完整的重要制度保证。近几年我省推行了国库集中支付、政府采购、投资审核等多项改革措施，有效地促进了财政支出执行的监督管理和公共财政制度建设。随着市场经济的深入发展和政府职能的转变，各方面对财政支出管理工作要求越来越高。各地要进一步加大支出管理的改革力度，努力把各项改革措施寓于日常监督管理之中。一是要完善国库集中收付制度。到 2005 年，省级预算单位要全面推行国库集中支付制度，各地也要加快此项改革的步伐，提高集中支付资金的比重。二是要进一步规范政府采购程序和政府采购中介机构的运作，扩大采购范围，提高政府采购支出占预算支出的比重，不断提高政府采购管理的效率。三是要完善政府投资的监督管理机制，严格基本建设审批立项程序，建立和健全基建投资项目招投标制度，充分发挥财政投资审核在政府投资监督管理中的作用。对经营性项目的投资要改无偿拨款为有偿使用。四是建立资金分配与使用的责任追究制度，加强对各项支出改革措施的协调，明确资金管理使用者的权利、义务及责任。五是建立财政资金运行的检查制度。财政部门每年要按一定比例对各项财政资金拨付和使用情况、预算单位账户设置进行检查，对重大项目可试行委派财务总监制度，对中小规模资金或项目可以尝试委托中介机构审计的做法。六是建立健全财政资金运行公开制度，加强财政资金运行过程特别是支出管理的监督。

四、开展绩效评价，提高财政资金使用效益

开展财政支出绩效评价工作，对资金使用实施“跟踪问效”，可以明确用款单位的责任，验证和考核预算分配目标完成情况，有利于确保资金的安全与完整，有利于提高资金的使用效益，有利于推进绩效预算制度的建立，有利于提高资金分配的科学性和有效性。当前，要着重做好以下几项工作：一是各级政府要把财政支出绩效评价工作列入重要的议事日程，切实加强对此项工作的领导与协调。二是建立工作责任制。财政部门是负责财政支出绩效评价的主管部门，政府各部门要积极配合做好部门范围内的绩效评价工作，以促进部门内部资金使用的监督管理。三是要抓紧制定财政支出绩效评价制度、办法并组织实施。省财政厅将按照省委、省政府领导同志有关指示精神，结合我省实际制定财政支出绩效评价指标体系，并逐步完善。四是积极运用绩效评价结果。今后，各级政府要把财政支出的连续性项目或大额事业费的使用效益评价结果在一定范围内予以公布，并明确责任。对资金使用效果差劣的单位，要予以通报批评。各级政府及财政预算部门要把绩效评价结果作为今后预算安排的重要依据。

省级财政支出项目绩效评价工作的具体实施方案，由省财政厅另行制定。

关于深化收支两条线改革进一步加强和规范非税收入管理的意见

广东省人民政府发布（粤府〔2004〕40号）

为贯彻落实《国务院办公厅转发财政部关于深化收支两条线改革进一步加强财政管理的意见的通知》（国办发〔2001〕93 号）精神，规范非税收入征缴和支出行为，规范政府收入分配秩序，充分发挥非税收入作用，促进部门预算改革，提高政府宏观调控能力，从源头上预防和治理腐败，推动党风廉政建设深入开展，必须深化“收支两条线”改革，进一步加强和规范非税收入管理。现结合我省实际，提出如下意见：

一、按照建立公共财政要求，切实加强非税收入管理

目前，非税收入已成为各级财政收入的重要组成部分。按照国务院和中纪委有关规定，我省认真开展了一系列深化“收支两条线”改革和加强财政管理的工作，行政

事业性收费、政府性基金和罚没收入已纳入预算管理或实行财政专户管理；推行和完善了收费、罚没收入实行“单位开票、银行代收、财政统管”的征管模式；省直和部分市、县逐步推行综合财政预算，预算内外资金统筹安排。全省“收支两条线”改革和管理工作取得了明显的成效。但是，此项工作仍存在一些问题，比较突出的是：收费和罚没行为不规范；个别部门仍然存在“谁收谁用，多收多用”，脱离财政监督，随意截留、挪用资金现象；个别单位存在应收不收或应收未尽收行为，造成财政资金流失；预算外资金底子不清，没有真正体现其作为财政性资金应由政府财政部门调控、管理的属性。随着“收支两条线”改革的不断深化，按照财政部、国家发展改革委、监察部、审计署的要求（财综〔2003〕29号），各级政府及有关部门在积极推进“收支两条线”改革的同时，必须从建立和完善公共财政体制出发，进一步提高认识，统一思想，加强组织领导，认真落实措施，切实加强非税收入的管理。

二、非税收入的性质与范围

非税收入是指除税收以外，国家机关、事业单位、具有行政管理职能的社会团体、企业主管部门（集团）和其他组织，依据国家法律法规以及利用国有资产（资源）、政府投资，凭借国家赋予的垄断职能、政府信誉，获取的各种财政性资金，包括已纳入财政管理或未纳入财政管理的下列收入：

（一）行政事业性收费；

（二）政府性基金（资金、附加）；

（三）罚没收入；

（四）利用国有资产（资源）取得的收益；

（五）土地、海域、矿区、场地等有偿使用收入；

（六）对公共资源开发权、使用权、冠名权、广告权、特许（垄断）经营权等进行招标拍卖的收益；

（七）按照国家规定集中的非财政预算安排的收入（包括主管部门提取的管理费、收入分成、下级上解资金等）；

（八）以政府名义获得的各种捐赠资金；

（九）除上述所列项目之外的法律、行政法规规定的其他非税收入；

（十）上述第（一）至第（九）项的利息收入。

上述收入属应纳税的，其依法纳税后的余额为政府非税收入。

政府和政府部门主办的广播电台、电视台、报社等事业单位直接收取的广告收入，实行年度收支计划管理；社会保障资金、住房基金、彩票收入和政府债务收入等非税收入，因其分别具有独立的运行管理体系，故不在本管理意见范围内。对这些非税收入，各级财政、审计、监察等有关部门要各司其职，依法加强对其管理、使用的监察、审核。

三、建立、健全非税收入征管机制

非税收入是政府财政收入的重要组成部分，各地要确保非税收入按政策规定应收尽收，及时足额上缴国库或财政专户。

（一）健全征管体系，把政府公共资源有偿使用收入纳入“收支两条线”管理范围

为整顿和规范市场经济秩序，使政府公共资源的开发和利用有序发展，对直接或间接利用政府公共资源所取得的收入应纳入财政规范管理，统筹社会财力，为公众提供更多、更好的公共产品或服务。

对直接或间接利用政府公共资源，应遵循“谁使用谁付钱”的原则，按市场经济规律纳入市场运行机制运作。城市公共设施资源、城市道路营运权资源、带有垄断性经营牌照资源及其他政府管理的资源等等，应通过拍卖或招标方式出让开发权、使用权、冠名权、广告权、经营权等，所取得的收入上缴财政。

各地和各有关部门要结合当地实际情况，制定严格的操作程序，坚持以社会、环境效益的综合优化和可持续发展为目的，科学规范政府公共资源有偿使用的招标拍卖行为，把此类行为严格控制在合理的范围和适当的额度之内，确保收入征收管理的每一个环节都处在政府的有效控制和监督之下。

（二）完善非税收入收缴制度，提高非税收入征管水平

1．全面推行行政事业性收费、政府性基金和罚没收入实行“单位开票，银行代收，财政统管”的征管制度。各地要严格执行收费、基金和罚没收入“票款分离、罚缴分离”的规定，从根本上规范收费、基金和罚没收入收缴行为，杜绝资金的截留、挤占、挪用和坐收坐支。除按要求实行委托银行代收的收费、基金、罚没收入外，对其他非税收入，按照有利征收、方便缴款的原则，采取不同的征收方式：随税收征收的各种附加仍由税务部门代为征收；原由征收对象直接缴入国库的预算收入维持原缴交方式不变；其他非税收入数额大或征收对象在县以上城镇的，原则上实行委托银行代收；零星的非税收入或不具备委托银行代收条件的，由财政部门委托征收单位征收，然后由征收单位按规定要求汇缴到同级国库或财政专户。各级财政和征收部门要充分利用电子网络技术，不断提高非税收入征管水平和服务质量。

2．结合国库单一账户制度改革，加大对非税收入汇缴过渡户的清理工作，整顿和规范银行账户管理。凡具备委托银行代收款条件的非税收入，征收部门开设的各类收入过渡账户要一律取消，改由应缴交有关款项的单位或个人，根据征收部门发出的缴款通知，直接将款项缴入指定的财政专户。对暂不具备委托银行代收款条件的非税收

入，由同级财政部门核准给予设立收入汇缴过渡账户，专门用于非税收入收缴，不得用于征收单位支出。

3. 建立健全非税收入票据管理制度。除应依法纳税的非税收入使用税票外，凡需出具票据收取的非税收入，应强化财政票据的印刷、保管、领购、审验、核销和监督管理，统一使用省级财政部门印制的票据，从源头上根治乱收费、乱集资、乱罚款行为。

4. 理顺非税收入缴拨关系。凡是涉及上下级分成的所有非税收入的上缴下拨业务，要全部通过各级国库或财政专户运作。各部门、各单位征收的非税收入，必须全额缴入同级国库或财政专户，应上解或下拨的非税收入，必须通过财政部门逐级拨付，部门上下级之间不得直接对非税收入实行集中、提取及分成。各级财政部门要按规定做好资金拨付工作，不得隐瞒、截留应缴上级财政的非税收入，否则，上级财政部门可等额扣减其财力，并按有关规定追究直接责任人的责任。

（三）建立非税收入征管绩效考评机制

各级政府要建立非税收入征管绩效考评机制，将非税收入征管纳入征收部门政绩考核，通过考核制约，增强征收部门责任感，自觉规范征收行为。各级财政部门要加强对非税收入征收管理，监察、审计等有关部门要加强对此的监督检查。

四、建立综合财政预算管理模式，加强非税收入支出管理

非税收入属于政府财政性资金，必须按照综合财政预算的要求，把非税收入形成的可用财力纳入统一的政府预算体系。

（一）各级财政部门要进一步规范非税收入使用管理

除有规定用途或需补偿征收成本支出外，非税收入原则上不得与有关部门的支出挂钩，不再实行结转部门下年度使用。非税收入按照资金性质实行分类管理：一是对各种具有专项用途的专项收费和政府性基金（附加、资金）等，实行预算编制专款专用的办法，资金结余实行结转下年度使用；二是用于执收单位基本支出和项目支出的收入，逐步实行收支脱钩管理；三是政府公共资源有偿使用招标、拍卖等所取得的收入，除安排相应的手续费（佣金）和补偿征收成本、管理费支出外，其余由政府统筹安排。

（二）深化部门预算改革，积极推行综合财政预算

按照《转发国务院办公厅转发财政部关于深化收支两条线改革进一步加强财政管理意见的通知》（粤府办〔2002〕24号）关于“从2003年起，省直部门、地级以上市要全面实行部门综合预算改革，各县（市、区）也要积极实行部门综合预算改革”和省纪委关于“县以上政法、行政执法部门要全面推行部门预算，实现部门预算内外资金统一管理”的规定，各级财政部门要按照建立社会主义市场经济条件下公共财政基本框架的要求，编制综合财政预算，把非税收入形成的可用财力与其他财政收入形成的可用财力，一同纳入部门预算编制范围，并根据各单位履行职能的需要，科学定员定额，统筹安排财政支出，严格加强监督管理，使部门预算更加科学、合理、规范，实行真正意义上的综合财政预算。

五、建立非税收入监督机制，加大违规处罚力度

各级财政、物价、审计、监察等有关部门要切实按照《违反行政事业性收费和罚没收入收支两条线管理规定行政处分暂行规定》（国务院令第281号），加强监督检查。对非税收入征收部门不履行职责，应收不收，应罚不罚的有关单位和责任人员，必须依法依规严肃查处。各部门要坚持依法行政，严格执法，做到应收尽收，及时足额入库。在国家、省未有明文取消征收项目、降低征收标准的情况下，非税收入无故出现明显下降，造成财政收入流失的，财政部门可根据收入减少的数额相应扣减有关部门支出。

关于深化农业税改革的决定

广东省人民政府发布（粤府〔2004〕76号）

为了继续推进农村税费改革，进一步减轻农民负担，调动农民种粮积极性，保障粮食安全，增加农民收入，促进全面建设小康社会，根据《中共中央国务院关于促进农民增加收入若干政策的意见》（中发〔2004〕1号）、《财政

部农业部国家税务总局关于2004年降低农业税税率和在部分粮食主产区进行免征农业税改革试点有关问题的通知》（财税〔2004〕77号）的精神，结合我省实际，现就进一步深化我省农业税改革决定如下：

一、从2004年1月1日起，珠江三角洲地区原则上自费进行免征农业税改革试点；全省其他地区对种粮农户农业税税率降低3个百分点，由此减少的税收，由省财政通过转移支付加以解决。具体转移支付方案由省财政厅另行制定并报省政府批准后下达。

二、自费进行免征农业税改革试点的珠三角地区，要妥善处理有关遗留问题，做好善后工作，今年已征收的农业税要办理退库，兑现到农户；降低农业税税率3个百分点的其他地区，要重新调整今年农业税征收任务，并落实到农户，已征收的农业税超过3%税率的部分应及时退还给农户。

三、深化农业税改革，是省委、省政府为统筹城乡协调发展，加快农村、农业发展，进一步促进农民减负增收，调动农民种粮积极性采取的重大措施，各地要高度重视，切实加强领导，精心组织实施，注意发现和解决深化农业税改革工作中出现的新情况、新问题，确保改革政策不折不扣地落实到基层，落实到农户。同时要采取有力的措施，进一步加强和规范农业税征管工作，切实保护广大农民的合法利益，杜绝涉税恶性事件和案件的发生。重大情况及时向省政府报告。

四、各地要充分利用新闻媒介等多种宣传途径，及时宣传深化农业税改革的政策，真正做到进村入户，家喻户晓，深入人心，把党和政府的关怀送到农户。

五、各市要根据本决定精神，结合实际，制定具体实施方案并报省人民政府备案。

关于促进县域经济发展财政性措施的意见

广东省人民政府办公厅发布(粤府办〔2004〕37号)

改革开放以来，我省县域经济取得了较大发展，县域经济总体实力不断增强。为确保县级（县和县级市，下同）机构运转的基本财力需要，促进县域财政经济发展，近年来省不断加大对市县的转移支付力度，1996～2003年，省对市县转移支付补助从5.8亿元增加到67.9亿元。但是，从目前情况看，我省县级财力还较为薄弱，全省68个县（市）中，2002年一般预算收入不到1亿元的有40个县，不到0.5亿元的有14个县，有些基层财政运转十分困难。现行省对市县转移支付补助政策也缺乏激励性。因此，必须对现行转移支付制度进行调整改革，建立激励机制，提高转移支付的效率，促进县域经济发展。根据省委、省政府关于加强财政转移支付的激励机制，鼓励市县发展经济以及奖励先进、鞭策后进的指示精神，现对促进我省县域经济发展的财政性措施提出如下意见：

一、指导思想

从2004年起，省财政对县级财政按照确保既得利益、促进收入增长、实行奖励先进、鞭策后进的原则，建立“确定基数，超增分成，挂钩奖罚，鼓励先进”的“三不减、三确定、三奖励”的财政激励机制，一定四年不变。通过调整和完善财政转移支付制度，充分调动县级政府发展县域经济的积极性和主动性，从机制上激励和促进县级财政努力开拓财源，达到经济增长、财政增收、后劲增强，实现全省经济加快发展、率先发展、协调发展的目的。

二、确保既得利益，实行“三不减”

（一）转移支付基数不减。1996年我省实行分税分成财政体制以来，省与市县政府之间财权和事权按照体制划分规定执行。省对县级财政补助，原则上通过与体制配套的财政转移支付方式规范进行。转移支付基数不减，就是全省山区工作会议确定的省对市县实行比例增长的转移支付基数不减。

（二）调资专项补助不减。保证行政机关和事业单位工作人员基本工资的发放，是各级政府的基本职能。省对市县转移支付基数外的调资专项转移支付补助，仍按现行政策执行。

（三）省配套增设预算周转金力度不减。继续实行省帮助县级财政增设预算周转金的政策，从资金调度上保障县级预算支出资金需要。即在县级财政按预算法规定增设预算周转金的基础上，省财政按一定比例系数配套增设，并适当调整配套办法。一是将省配套增设预算周转金的范围定为粤东、粤西、粤北地区所属县（市）及从化市；二是将省配套增设预算周转金的县（市）分档及补助系数确定为：

第一档：16个扶贫开发重点县，配套系数1:1；

第二档：山区县（不含16个扶贫开发重点县），配套系数1:1.5；

第三档：其他县，配套系数1∶1。

三、考核指标“三确定”

（一）确定以市县上年上划省的营业税、土地增值税、非国有企业所得税和个人所得税（简称“四税”）等省与市共享收入为基数环比考核，作为省与市县计算分成和奖励返还的指标。

（二）确定以上年省对市县实行比例增长的转移支付额为基数，基础增长率16个扶贫开发重点县为6%，其他为4%，作为计算省对市县转移支付稳步增长的幅度。基础增长率环比计算。

（三）确定以市县上年各项收入完成数为基础，按10%综合增长率（综合增长率由三个指标构成，其中：各市县上划省“四税”收入增长率权重为60%，上划中央“两税”收入增长率权重为25%，一般预算收入增长率权重为15%），作为计算省对市县转移支付激励补助的考核指标。2003年为基期年，各项考核指标的基数分别按2003年实际完成数确定。

四、建立确定基数，超增分成，挂钩奖罚，鼓励先进的财政激励机制

确定基数考核指标之后，为了促进县域经济发展，增加财政收入，奖励先进、鞭策后进，采取三项奖励政策。

（一）超增分成

为了鼓励县域经济的发展，对粤东、粤西、粤北地区所属县（市）实行鼓励收入增长的特殊奖励政策，按照就低不就高的原则，对这些县（市）执行省市共享收入增幅超全省或粤东、粤西、粤北地区平均水平的，省分成部分分档次按超额累进办法给予返还奖励，即上划省“四税”超平均增长率部分在20个百分点以内（含20%）的，按60%给予返还奖励；在20～40个百分点之间（含40%）的，按70%给予返还奖励；在40～60个百分点之间（含60%）的，按80%给予返还奖励；在60个百分点以上的，给予100%返还奖励。返还奖励在年终决算后通过批复办理。同时停止执行原实现财政自给县分税制影响返还政策。

粤东、粤西、粤北地区市本级（含所属区），执行对省市共享收入增幅超全省或粤东、粤西、粤北地区平均水平的，省分成部分给予返还奖励的办法，即上划省“四税”超过平均增长率的部分，在年终决算后给予40%返还奖励。各市的市本级应把省返还奖励主要用于所属区的经济发展，具体办法由各市制定。

对珠三角地区各市继续执行上划省“四税”超过全省平均增长率的部分，在年终决算后给予20%返还奖励的办法。

（二）挂钩奖罚

1. 调整现行省对市县按比例递增的新增转移支付兑付办法，实行新增转移支付兑现与收入挂钩奖罚。对粤东、粤西、粤北地区的市本级和所属县（市）及恩平市，分档实行激励性奖罚措施：

（1）若市县考核收入能维持上年水平不下降，即综合增长率大于或等于零，即可获得稳步增长的新增转移支付补助。对16个扶贫开发重点县在上年的基础上按基础增长率6%增加新增转移支付补助；对粤东、粤西、粤北地区的市本级和其他县按基础增长率4%增加新增转移支付补助。

（2）若市县考核收入低于上年水平，即综合增长率小于零，就要对当年稳步增长的转移支付补助进行扣减。综合增长率每降1个百分点，就扣减0.5个百分点的转移支付补助。但扣减后当年所得转移支付总额不低于2003年基数。

（3）若市县综合增长率为零，则所得激励机制部分的新增转移支付为零。若综合增长率在10%以内的（含10%），市县所得激励机制部分的新增转移支付按1∶0.6的系数确定，即综合增长率每增加1个百分点，就可获得0.6个百分点的新增转移支付补助；如市县综合增长率超过10%的，除了得到6个百分点新增转移支付补助外，综合增长率每增1个百分点，可另增加0.25个百分点的新增转移支付补助。

市本级所得激励性转移支付补助，应主要用于所属区保障政权运转需要。

2. 继续对实现当年财政预算收支平衡的县级实行分档奖励办法，县级档次划分和奖励标准调整为：

第一档：16个扶贫开发重点县，奖励120万元；

第二档：山区县（不含16个扶贫开发重点县），奖励100万元；

第三档：其他县，奖励80万元。

（三）鼓励先进

为了鼓励县域经济发展快、财政任务完成好的县级领导班子，对获得省给予的上划省“四税”返还奖励的县级，由省财政按其所得返还奖励额的50%给予奖励。奖励最高不超过500万元，具体奖励办法由县级党委、政府制定，报上级财政部门批准后执行。

五、附　则

（一）经国务院批准新成立的市辖区，从批准成立的第二年起，三年内保留县的转移支付待遇。

（二）年终决算对上划中央和省各项共享收入的考核仍按现行体制规定执行。

（三）上述意见，从2004年1月1日起执行。

广东省对种粮农民直接补贴暂行办法

广东省人民政府办公厅发布(粤府办〔2004〕42号)

第一条　为调动农民种粮积极性，促进粮食生产和增加农民收入，确保粮食安全，根据省委、省政府关于将通过流通环节的粮食间接补贴改为对种粮农民实行直接补贴（以下简称种粮直补）的决定，以及《财政部关于印发〈实行对种粮农民直接补贴调整粮食风险基金使用范围的实施意见〉的通知》（财建〔2004〕75号）精神，结合我省实际，制定本办法。

第二条　种粮直补的基本原则：

——保护种粮农民的利益，增加农民收入，补贴向种粮大户倾斜；

——加强农业的基础地位，确保粮食安全；

——统一标准，简便易行，便于监督；

——公开、公平、公正、透明。

第三条　种粮直补的对象：广东省范围内直接从事种植水稻且年播种面积共30亩以上（含30亩）的种粮农民（含承包土地种植水稻的种粮农民）。

第四条　种粮直补的标准：种植水稻的播种面积每亩每年补贴20元。

第五条　种粮直补资金的筹措。省财政每年从省级粮食风险基金中安排每亩补贴10元。各市、县（区）统筹安排每亩补贴10元，其中地级以上市本级安排给所辖县（市、区）不少于每亩补贴5元，所需资金从各市、县（区）粮食风险基金中安排，不足部分由各市、县（区）财政预算安排。

第六条　种粮直补资金的申报。种粮直补资金按逐级上报的原则申报。乡镇人民政府于每年4月15日和8月15日前分早晚两造向农户发放《广东省种粮补贴申报表》（格式附后），收集并核实申报表的有关内容后，上报县级农业、财政部门。各市、县（区）农业部门会同财政部门逐级核实汇总上报，于每年7月15日和10月15日前联合上报到省农业、财政部门。

省农业部门于每年10月底前，核实、汇总各市上报的《广东省种粮补贴汇总表》（格式附后），核定省对各市的补贴金额，省财政部门复审后，会同省农业部门将资金联合下达到各市。

第七条　种粮直补资金的拨付和管理。

（一）各县（市、区）财政部门在当地农业发展银行（或代理行）设立种粮直补资金专户，各乡（镇）财政所在当地农业银行或农村信用社开设种粮直补资金专户。对种粮直补资金实行专户管理，专款专用，任何人不得截留、挤占和挪用。

（二）省农业部门于每年10月底前对各市申报的种粮直补情况进行审核，核定省对各市的补贴金额。

省财政部门对省农业部门提供的省对各市的补贴金额进行审核后，一次性将省的补贴资金拨入各地级以上市财政部门在农业发展银行开设的粮食风险基金专户。

（三）各地级以上市财政部门于每年11月上旬将省下拨的补贴资金和市本级应补贴各县（市、区）的补贴资金，一次性拨入所属各县（市、区）财政部门在农业发展银行（或代理行）开设的种粮直补资金专户。

（四）各县（市、区）财政部门于每年11月中旬将上级财政安排下拨的补贴资金和本级应安排的补贴资金一次性拨入所属各乡（镇）财政所在当地农业银行或农村信用社开设的种粮直补资金专户。

第八条　种粮直补资金的兑付：下一年度3月底前，各乡（镇）财政所必须将省、市、县（区）拨付的种粮直补资金，按核定的种粮农民补贴情况，从当地农业银行或农村信用社开设的种粮直补资金专户中，分解存入每户种粮农民在当地农业银行或农村信用社开设的账户，种粮农民凭领取补贴通知和本人身份证到乡（镇）财政所签名领取存折。

种粮补贴不得由村集体集中代领或转付。农民补贴的兑付和农业税的征收实行“缴归缴、补归补”的办法，不得直接抵扣农业税及“一事一议”筹资款。

第九条　对种粮农民的直接补贴，要做到公开、公平、公正。种粮补贴资金发放前，必须将符合补贴条件的种粮农民的补贴情况在各自然村张榜公布，接受群众监督。

第十条　各县（市、区）农业和财政部门，乡（镇）人民政府必须设立种粮直补举报电话，各级农业、财政部门及其他相关部门接到种粮直补署名举报，要及时处理和核实，并将核实情况和处理意见答复举报人。

第十一条　各市、县（区）、乡（镇）政府及农业、财政部门，要定期或不定期对种粮补贴的申报、拨付等情况进行监督检查，发现问题及时纠正。审计部门对补贴资金实行全程监督审计，确保补贴资金如数兑现给符合补贴条件的农民。

第十二条　对截留、挤占、挪用和克扣补贴资金，以及弄虚作假、虚报冒领、套取国家补贴资金的，要追究有关单位领导和责任人的责任，触犯刑律的移交司法机关依法处理。对骗取补贴的种粮农民，除追回补贴款外，三年内取消种粮直补。

第十三条　种粮直补工作直接相关的工作经费，如宣传费、资料费、纸张印刷费、核实水稻播种面积所需的必不可少的经费，不得在种粮直补资金中列支，原则上由地方财政预算另行安排。地方财政预算安排有困难的，在从紧控制的前提下，可从地方粮食风险基金中列支。

第十四条　本办法由省财政厅负责解释。

第十五条　本办法自颁布之日起实施。

预算单位清产核资资金核实办法

广东省财政厅2001年3月28日印发(粤财清〔2001〕9号)

为认真做好预算单位清产核资资金核实工作，根据省财政厅《转发财政部关于印发〈预算单位清产核资办法〉的通知》(粤财清〔2000〕2号）和财政部《关于印发〈中央预算单位清产核资资金核实办法〉的通知》（财清字〔2000〕4号）的有关规定，制定本办法。

一、预算单位清产核资的资金核实，是指预算单位在对资产及债务进行清查登记和对收入、支出情况进行详细核对的基础上，对各项资产盘盈、财产损失和资金挂账进行核实清理，并根据本办法的有关规定和审批程序，确认预算单位占用的各项资产价值总额和净资产、收入支出的真实状况。

二、凡根据省财政厅《关于在全省范围内开展预算单位清产核资工作的通知》(粤财清〔2001〕4号）的规定，组织进行清产核资工作的预算单位，都应根据本办法做好资金核实工作，省直预算单位须经主管会计单位审核汇总后，向省财政厅清产办办理资金核实申报手续；市县地方预算单位则按财务隶属关系报当地财政部门（清产核资部门）申报。

三、资金核实申报内容包括：预算单位清查后的资产负债、收入支出状况，以及清理出的各项资产盘盈、财产损失和资金挂账情况，单位负责人要对将资金核实申报材料真实性、完整性负责。

四、预算单位要在认真做好资产清查等基础工作的前提下，对清理出来的各项资产盘盈、财产损失和资金挂账情况，经逐笔审核、分类归纳，按照现行财务会计制度和清产核资的有关政策规定提出相应的处理意见，办理资金核实申报手续。

五、预算单位对于清理出的各项资产盘盈（含账外资产)，应按照现行财务会计制度的有关规定确定价值（无法直接确定价值的，可按规定组织重估)，并在资金核实申报报告中予以说明，经同级财政部门（清产核资部门）核实批复后调整有关账目。

（一）根据国家清产核资有关政策，预算单位在清产核资中清查出的各类账外资产，只要积极主动清查和及时入账的，不再追究单位违纪责任。

（二）在清产核资中清查出的产权属于系统内其他单位，而预算单位拥有长期实际使用权的单项金额较大的固定资产（如办公用房、交通运输工具等)，凡不属于纪检、监察部门规定应清退范围的，且当事双方均为预算单位，在当事双方协商一致的前提下，可在办理资金核实手续时申报无偿划拨。

（三）在清产核资中查出的预算单位长期占用（借用、赠送）其他预算单位的一般办公设备（如计算机、复印机、传真机等)，凡连续占用一年以上的，且不属于纪检、监察部门规定应清退范围的，应在本单位财产清查登记时及时入账管理，并通知对方单位核销。

（四）在清产核资中清查出的已投入使用但尚未办理移交手续的固定资产，可先按估计价值入账，待确定实际价值后再调整账目。

（五）在清产核资中清查出的因历史原因而无法入账的无主财产（如房产)，应根据《民法通则》的有关规定和程序，依法确认为国有资产，及时入账，纳入本单位国有资产管理范围。

六、预算单位对于清查出的各项财产损失应在取得具有法律效力的凭证或合法手续后，按规定权限核销或在办理资金核实手续时申报核销处理。各项财产损失主要包括应收账款坏账损失、存货和固定资产的盘亏、毁损、报废损失。

（一）应收账款中由于债务人破产或死亡以其破产财产或遗产清偿后仍然不能收回的账款，在取得债务人破产或死亡及其破产财产或者遗产进行清偿的法律文件后，确认为坏账损失。

应收账款逾期三年以上不能收回的，应当认真核查、分类排队，由于债务人连续亏损三年以上、虽未破产但已资不抵债而不能收回的账款，在取得证明债务人连续亏损的近三年财务报表、证明三年内未发生任何往来业务的近三年催收记录后，可以确认为坏账损失。

对于经批准核销的坏账损失，预算单位仍有追偿的责任，并应积极催收。

（二）流动资产中存货由于盘亏（库存损耗、丢失错账)、毁损（霉变锈蚀、拆零残损)、报废（强制淘汰、自然淘汰)，以及产成品削价、遭受重大自然灾害或意外事故造成的损失，应当在本单位资产清查小组确认审核后，办理资金核实手续申报核销处理。

（三）其他应收款等债权无法收回、认定为损失的，比照应收账款的有关规定进行确认。

（四）固定资产中由于盘亏、毁损报废、强制淘汰及因遭受重大自然灾害或意外事故造成的损失，应当根据损失原因分别取得经本单位资产清查小组鉴定确认的固定资产清查盘点表（盘亏损失），或国家强制淘汰设备的文件和有关技术部门的鉴定报告（毁损报废及其他原因），或保险公司和有关责任人的理赔单据（自然灾害、意外事故）。

省直预算单位单项固定资产损失金额小于5万元的，经本单位负责人批准后核销；单项固定资产损失金额等于或大于5万元，小于10万元的，经本单位负责人批准，并报经主管会计单位同意后核销；单项固定资产损失金额等于或大于10万元的，应按照清产核资资金核实工作要求逐级上报，经省财政厅批准后核销处理；各地可根据实际情况制定相应资产损失核销审批权限与标准。

七、预算单位对于清查出的有关资金挂账，在取得具有法律效力的凭证和合法手续后，可在办理资金核实手续时申报核销处理。

（一）属于按国家规定组织实施住房制度改革，职工住房账面价值、固定基金应冲减而未冲减的挂账，在按国家规定办理房改有关合法手续、移交产权后，应按规定核销。

（二）属于对外投资中由于所办企业按国家要求脱钩等政策性因素造成的损失挂账，在取得国家关于企业脱钩的文件和产权划转文件后，可在办理资金核实手续时申报核销处理。

属于对外投资中由于被投资单位破产、关闭，以其破产财产或清算财产清偿后仍然不能收回的投资损失挂账，在取得被投资单位破产清偿或工商注销登记等法律文件后，可在办理资金核实手续时申报核销处理。

（三）属于基本建设项目实际投资支出超过基本建设概算数的挂账，在取得基本建设项目竣工决算报告和竣工决算审计报告后，可在办理资金核实手续时申报确认，并在以后年度自行消化。

（四）事业单位在转为企业化管理过程中固定资产没有按照规定核定净值、造成固定资产净值账面价值和实际价值背离较大的，可以按照规定对固定资产净值重新估价，即按使用年限和已使用年限重估固定资产净值。

八、预算单位对于清查出的收支情况反映不实和由于经费间相互挤占造成账务处理不当的情况，特别是清查出的账外收入和各单位私设的“小金库”及虚列支出等情况，应在本次资金核实中如实申报，经批准后可以调整有关账目，并纳入规范管理范围。

九、预算单位清产核资资金核实的申报程序如下：

（一）预算单位在完成资产清查登记等基础工作的基础上，要对清理出的各项资产盘盈、盘亏和收支情况不实等实际情况，分别提出处理意见，对清产核资后的资产负债、收入支出数额进行核实，并据此填报《资金核实申报表》、《资产盘盈、财产损失原因明细表》，编写资金核实申报报告（详见附件，略）。

（二）预算单位填报上述的资金核实申报材料，由法定代表人签字后，上报主管会计单位。主管会计单位应对下级预算单位报送的申报材料进行认真审核，对申报的资产盘盈和财产损失应按原因和处理方式分类排队、归纳整理和汇总，提出初步审核意见，对申报的国有资金数额进行核对确认。

（三）省直预算单位的资金核实申报材料，经主管会计单位审核同意，并按照财务隶属关系汇总后，于2001年9月31日前一式三份上报省财政厅清产核资办公室，由清产办会同有关业务处审核确认批复；市县地方预算单位报送时间由同级财政部门（清产核资部门）确定。

（四）主管会计单位依据财政部门的资金核实批复文件，层层批复到基层预算单位，并据此批复调整相关账目。

十、预算单位对清查出的各项资产盘盈，按本办法规定的权限审批后，作如下处理：

（一）对于流动资产盘盈，在核增流动资产的同时，行政单位相应核增结余；事业单位相应核增事业基金中的一般基金。

（二）事业单位对清查出的对外投资。在核增对外投资的同时，相应核增事业基金中的投资基金。

（三）预算单位对清查出的对外投资。在核增固定资产的同时，相应核增固定基金。

十一、预算单位对清查出的各项财产损失和资金挂账，按本办法规定的权限审批后，作如下处理：

（一）对于流动资产损失，在核减流动资产的同时，行政单位相应核减结余；事业单位相应核减事业基金中的一般基金。

（二）事业单位对清查出的对外投资挂账损失，在核减对外投资的同时，相应核减事业基金中的投资基金。

（三）预算单位对于固定资产损失，在核减对外投资的同时，相应核减事业基金中的投资基金。

十二、企业化管理事业单位的资金核实工作参照省财政厅《省属资产重组国有企业清产核资工作方案》（粤财清〔2000〕1号）的有关规定执行。

十三、按照清产核资“账销案留”政策，预算单位对清产核资核销的应收账款、长期投资、存货等资产损失要设立备查账户登记，并指定专门部门或专人负责对核销的资产损失进行积极的追收。

广东省省属国有资产经营公司财务总监与公司董事长、总经理联签工作制度（试行）

广东省财政厅2001年5月10日印发(粤财总监〔2001〕7号)

第一条　为加强我省省属资产经营公司的财务管理和监督，确保国有资产的安全完整，充分发挥财务总监的监督作用，根据省政府办公厅印发的《广东省省属国有资产经营公司财务总监管理暂行办法》（粤府办〔2001〕27号）等有关规定特制定本工作制度。

第二条　本制度所称资产经营公司，包括授权经营的企业集团公司。

第三条　财务总监与公司董事长或总经理联签，是指按《广东省省属国有资产经营公司财务总监管理暂行办法》第十二条规定必须经公司董事长或总经理和派驻公司财务总监共同审核及签署书面意见，公司才能按照有关规定报批或执行的国有资产变动和大额资金流动。

第四条　财务总监与董事长、总经理联签的国有资产变动包括：

（一）资产经营公司及其所属全资、控股企业的改制、兼并、破产、解散、关闭、资产（产权、股权）转让；

（二）资产经营公司及其所属全资、控股企业对外投资；

（三）资产经营公司及其所属全资、控股企业的发行债券方案；

（四）资产经营公司及其所属全资、控股企业对外贷款担保业务。

第五条　财务总监与董事长、总经理联签的资产经营公司大额资金流动包括：

（一）较大数额的资金、现金调拨和支付；

（二）资产经营公司对外举债；

（三）资产经营公司借款给非所属全资、控股企业。

第六条　具体的联签金额标准，由资产经营公司董事会和财务总监根据工作的实际情况另行商定，报省财政厅备案。

第七条　为确保联签工作制度的顺利进行，以维持联签的严肃性，凡属工作制度规定联签范围的有关事项，资产经营公司的有关部门及工作人员，在董事长、总经理审核签字后，应送财务总监联签。

第八条　对违反本制度逃避、抵制联签工作的，将依资产经营公司的有关规定追究有关人员的相关责任；造成严重后果、构成犯罪的，依法追究其刑事责任。

第九条　实行联签工作制度后，财务总监必须按规定对所派驻公司送签的有关文件进行认真的审查，并及时签出。对公司符合国家法律、法规的决策，不得无理拒签。

财务总监对联签内容认为依据不足的事项，要作出书面说明，并请董事长、总经理责成有关部门迅速将有关依据补齐，再行送签。对违反国家有关法律、法规、公司章程、董事会决议的事项财务总监应先行进行劝阻，在劝阻无效时方可予以拒签。

企业董事长、总经理认为财务总监拒签的理由不充分，或基于某些原因需要将其决定付诸实施的，财务总监应及时向省财政厅及有关部门报告。

第十条　财务总监违反本规定，使国有资产或资产经营公司的经营受到损失，由省财政厅按《广东省省属国有资产经营公司经营责任制暂行办法》及有关规定追究其责任。

第十一条　资产经营公司对派驻财务总监在联签工作中，有不正确履行职责行为时，应及时向省财政厅财务总监办公室反映。

第十二条　财务总监在实行联签工作制度后，对在联签工作中发现重大财务、经济问题，应按《广东省省属国有资产经营公司财务总监报告工作制度》及时向省财政厅报告。

附件：**广东省省属国有资产经营公司财务总监报告工作制度（试行）**

第一条　为有利于财务总监委派单位及时掌握省属国有资产经营公司大额资金流动和国有资产变动等重大财务活动情况，规范财务总监的工作程序，根据省政府办公厅印发的《广东省省属国有资产经营公司财务总监管理暂行办法》（粤府办〔2001〕27号）等有关规定特制定本工作制度。

第二条　本制度适用于派驻省属国有资产经营公司、授权经营的省属大型企业集团公司的财务总监。

第三条　财务总监报告包括定期报告和重大事项专题报告。

第四条　定期报告分为季度报告和年度报告。

第五条　季度报告在季度终了后三十天内，由财务总监向省财政厅提交公司资产状况和财务状况的评价报告。

第六条　年度报告在年度终了后四个月内，由财务总监向省财政厅提交公司的如下报告：

（一）公司的财务会计制度执行情况的报告；

（二）公司的年度财务会计报告和财务总监审核报告；

（三）公司的资产营运、国有资产变动及保值增值情况报告；

（四）公司的重大项目的实施情况的报告；

（五）其他履行职责的情况。

第七条　重大事项要求事前报告和事后报告。

第八条　财务总监在收到公司董事会议通知后五天内，必须对公司及其属下全资、控股企业发生的以下重大事项提出审核意见，并向省财政厅报告：

（一）资产经营公司及其属下全资、控股企业的资产重组；

（二）资产经营公司及其属下全资、控股企业解散、关闭、破产和变更公司形式等情况；

（三）资产经营公司及其属下全资、控股企业发行债券；

（四）资产经营公司增减资本；

（五）资产经营公司单项超过净资产10%或者5000万元以上的对外投资；

（六）资产经营公司单项超过净资产10%或者5000万元以上的对外担保；

（七）对全资、控股企业以外提供贷款担保和资产抵押；

（八）资产经营公司及其属下全资、控股企业的国有产权、股权转让。

第九条　资产经营公司及其属下全资、控股企业发生的以下重大事项，财务总监必须在事后十天内向省财政厅报告：

（一）第八条所列重大事项的执行情况及结果；

（二）董事、经理、会计人员在经营过程中重大违反财经法律、法规以及企业章程情况；

（三）省财政厅要求报告以及财务总监在实际工作中认为需要报告的其他事项。

第十条　财务总监报告应以书面形式提交省财政厅。如遇特殊紧急情况来不及作出书面报告的，可先用电话等形式报告，五天内再向省财政厅补交书面报告。

广东省环境保护专项资金使用管理办法

广东省财政厅2001年6月26日印发（粤财企〔2001〕208号）

第一条　广东省环境保护专项资金（下称“专项资金”）由省财政设立。为加强专项资金的使用管理，规范环保投资项目管理，提高资金的使用效益，根据专项资金管理的有关规定，特制定本办法。

第二条　专项资金坚持专款专用原则，实行无偿补助。

第三条　专项资金优先安排列入省环境保护规划、计划的重点项目和重大科研项目、重大环境管理能力建设项目，用于解决我省环境保护存在的重点问题。专项资金使用的范围包括：

1．污染综合整治及跨区域污染整治示范项目和省政府批准的专项规划、计划中的项目补助；

2．省重点污染源治理、“三废”综合利用和清洁生产示范工程贴息；

3．环境监测、监理、宣传、教育、统计、信息等环境管理技术能力建设项目补助；

4．重要的环保立法项目和政策研究项目补助；

5．重大环保科技项目补助或贴息；

6．自然生态恢复和保护项目补助；

7．环保产业技术与新产品的研究开发示范项目补助；

8．省人大、省政府决定安排的项目。

第四条　专项资金的申报程序。申请专项资金的单位，应向同级环保、财政部门提出申请（省直单位向其主管部门申请），经其进行初审，对符合条件、自筹资金落实的项目提出审查意见，编制专项资金年度计划，逐级上报，由各地级以上市、顺德市的环保局、财政局或省直主管部门将本年度全市或行业的专项资金项目进行审核，综合平衡后编制专项资金年度计划，连同项目申请表、附件等材料于当年4月底前上报省环保局和省财政厅。凡未列入计划的项目一概不予受理。属申请环保产业技术与新产品的研究开发示范项目补助的项目，申报过程还须有各级经贸委的审查意见。

第五条　专项资金项目的申报材料要求：

申请项目填写《广东省环境保护专项资金申请表》（格式可从省环保局网站 http：//www.gdepb.gov.cn 上取得），并附上所须的附件材料。

重大的污染综合整治项目、环保技术示范项目、自然生态恢复与保护项目、环境管理能力建设项目和省环保局确定的其他重大项目，必须经领有国家颁发相应资格证书的机构进行技术和经济可行性评估，并在申报时一并附上有关材料。

污染综合整治示范项目、自然生态恢复与保护项目须附的材料包括已经项目设立审批部门（地级市以上）同意的项目立项批复文件、可行性研究报告和自筹资金证明书等材料。

工业污染源治理、技改、综合利用、清洁生产等申请贴息的项目须附的材料包括已经项目设立审批部门（地级市以上）同意的项目立项批复文件、贷款合同、初步设计方案等材料。

自筹资金证明书由当地财政部门或建设单位的主管部

门出具。

项目可行性研究报告、初步设计和工程初步设计方案须由有相应资质的单位编制。

第六条　属固定资产投资的项目，应纳入省或地方的固定资产投资年度计划。属于基本建设用途的，必须纳入省级基本建设投资计划管理。

第七条　环保专项资金由省环保局会同省财政厅按《省级财政专项资金管理办法》的有关规定报省领导审批。省领导审批后由省财政厅会同省环保局下达环保专项资金使用计划。财政厅按预算资金管理规定拨款。

第八条　各级环保、财政部门要监督检查本地区、本部门专项资金项目的进展情况，于次年2月份将上年度项目进展情况及资金使用情况书面分别报省环保局和省财政厅。

第九条　逾期未完成任务的项目，项目承担单位应及时向省环保局和省财政厅作出详细的书面报告。当地环保部门应责令承担单位限期完成。省环保局、省财政厅不再受理该部门或单位下一年度的环保专项资金项目的申请。

第十条　专项资金必须专款专用，任何部门、单位和个人不得挤占、挪用及擅自改变资金用途。项目承担单位如有以下情况，财政部门应停止拨款或收回资金，并按有关财政管理规定处理，同时，省不再受理该部门或单位下一年度的环保专项资金项目的申请：

1. 违反财经纪律，不按规定使用专项资金；

2. 项目计划下达后，六个月内不动工，不向上级环保、财政部门报告的；

3. 管理不善、损失浪费严重的；

4. 项目建设进展缓慢，迟迟不能竣工投产的；

5. 不按期报送项目工程进展情况的。

第十一条　专项资金单笔补助金额100万元以上的项目，项目承担单位要与省环保局签订责任合同。该工程竣工时，由省环保局和财政厅组织或参与该项目的竣工验收，并应结合建设项目环保设施验收工作同时进行。项目单位应向省环保局提出项目竣工验收申请，并提交项目竣工验收申请报告、项目试行运行报告、项目竣工验收监测报告、项目财务报告等材料。

其他小型项目的竣工验收，参照上款要求，由省环保局委托市环保部门或省直主管部门组织验收，并在验收后一个月内将项目竣工验收报告报送省环保局和省财政厅备案。

第十二条　各市设立的环保专项资金可参照本办法实行。

第十三条　本办法自颁布之日起施行。1997年颁布的《广东省环境保护专项资金使用管理办法》(粤财工〔1997〕194号）同时废止。

广东省科技兴贸专项资金管理办法

广东省财政厅2001年7月18日印发(粤财外〔2001〕82号)

第一章　总　则

第一条　为加强对科技兴贸专项资金的管理，提高资金使用效益，进一步鼓励和扶持高新技术产品出口和技术出口，改善和优化出口商品结构，特制定本办法。

第二条　深圳市可参照本办法，结合本市实际情况，制定对所辖出口企业的科技兴贸专项资金管理办法，所需资金由本市负责解决。

第三条　科技兴贸专项资金（以下简称“专项资金”）是根据省政府《关于设立科技兴贸专项资金问题的批复》设立，由省财政安排用于支持高新技术产品出口和技术出口的专项资金。

第四条　专项资金的管理和使用应遵循公开透明、专款专用、科学管理、加强监督的原则。

第五条　省外经贸厅负责拟定专项资金中长期规划和年度使用计划，确定专项资金的支持重点，审核资金使用项目。

第六条　省财政厅负责专项资金的财务管理，编制专项资金年度预算，审核和拨付专项资金，并对资金的使用和项目进行跟踪管理。

第二章　适用范围和申请条件

第七条　专项资金适用范围：

1. 符合科学技术部、对外贸易经济合作部、财政部、国家税务总局、海关总署编制的《中国高新技术产品出口目录》所确定的高新技术产品出口；优先支持拥有自主知识产权的高新技术产品出口和软件产品出口；

2. 企业以贸易的形式出口国家许可的技术，优先支持技术带成套设备出口项目；

3. 向国外申请专利及实施国际质量体系认证；

4. 拓展高新技术产品出口和技术出口市场；

5. 省外经贸主管部门组织的科技兴贸课题研究；

6. 省组织的实施拓展高新技术产品出口和技术出口活动。

第八条 依法登记注册，具有法人资格和进出口经营权，在外经贸业务、财务、出口退税、外汇管理、海关监管等方面两年内无违规行为的我省各类出口企业（含承担我省出口任务的中央驻穗企业，以下简称“企业”），符合以下条件之一者，可以按上一年度的出口实绩或评定结果申请专项资金：

1. 按海关统计数，一般贸易年出口200万美元以上，其高新技术产品出口增长比例达到当年省政府预定出口增长目标的；

2. 按海关统计数，一般贸易出口具有自主知识产权高新技术产品50万美元以上的；

3. 经省外经贸主管部门批准的技术和技术带成套设备的出口（包括在境外竞标中标的工业项目以及以技术和成套设备作为投资办厂等）；

4. 符合国家有关规定，一般贸易出口软件产品及提供相关技术服务10万美元以上的；

5. 国家认定的名牌出口产品获得国外专利及商标注册的；

6. 通过ISO 9000、ISO 14000及CMM二级以上（含二级）认证的；

7. 经省外经贸厅、省财政厅认定为“高新技术产品出口先进企业”的。

第三章 申报程序

第九条 符合本办法第七、第八条规定的企业，应于每年4月15日前按以下程序申报：

1. 归口省政府授权经营的资产经营公司或企业集团管理的企业，由资产经营公司或企业集团汇总后向省外经贸厅、省财政厅申请；其他省属和中央驻穗企业直接向省外经贸厅、省财政厅申请。

2. 各市、县所属企业按本办法有关规定向所属市、县外经贸主管部门、财政部门申报。各市外经贸主管部门、财政部门应按本办法第七条、第八条的规定，对本地区企业的申报材料进行联合初审，并编制《申请科技兴贸专项资金汇总表》（格式附后），于每年4月30日前向省外经贸厅和省财政厅申报。

第十条 出口企业申请专项资金，应按规定填写《广东省科技兴贸专项资金申请书》（格式附后），并提供以下资料：

1. 企业书面申请报告；

2. 企业营业执照；

3. 企业上一年度高新技术产品出口和技术出口情况；

4. 属技术出口的企业，需提供《技术出口合同批准证书》；

5. 属获得国际质量体系认证、高新技术出口产品国外专利的企业，需附相关批准文件及证书；

6. 属技术贸易市场开拓、课题研究的，需附有关批准文件。

第十一条 对拓展高新技术产品出口和技术出口市场的费用以及高新技术产品出口先进企业奖励金，由省外经贸厅每年4月30日前向省财政厅提出年度预算。

第四章 资金拨付和财务处理

第十二条 专项资金经省外经贸厅和省财政厅联合审批后拨付。其中省属和中央驻穗企业由省财政厅直接拨付企业；各市企业专项资金由省财政厅拨付各市财政部门，各市财政部门在收到专项资金后于五个工作日内拨到县级财政部门或所属企业。

第十三条 省财政厅对省外经贸厅提出的拓展高新技术产品出口和技术出口市场的费用以及高新技术产品出口先进企业奖励金年度预算进行审核，并根据专项资金使用情况进行拨付。

第十四条 出口企业收到专项资金，应按财务制度规定作冲减有关费用处理。

第五章 监督与管理

第十五条 使用专项资金的企业或单位，应制定严格的管理制度，规范办事程序，确保资金的专款专用，发挥资金的最佳效益。

第十六条 使用专项资金的企业或单位须在专项资金划拨当年年底将使用情况报省外经贸厅和省财政厅，其中市、县企业由所属市外经贸主管部门、财政部门汇总后上报。

第十七条 省财政厅负责对资金的财务管理工作进行监督检查，也可委托社会中介机构对资金使用情况进行财务检查和审计，并会同省外经贸厅对违反规定的行为进行查处。

第六章 对违规使用专项资金的处理

第十八条 专项资金必须专款专用，不得有以下违规行为：

1. 违反专项资金使用原则，擅自改变使用范围的；

2. 挪用、截留、侵占专项资金的；

3. 违反有关规定，用于个人福利、奖励及消费性开支或用于补充行政经费不足的；

4. 利用虚假材料和凭证骗取专项资金的；

5. 其他违反本办法及国家有关法律、法规的行为。

第十九条 对违反本办法第十八条规定的企业，省财政厅有权追回已经拨付的款项；省外经贸厅可取消其申请资格，并在三年内不允许其申请使用专项资金；情节严重的，建议有关部门对负有直接责任的主管人员和直接责任人给予行政处分；构成犯罪的，将由司法部门依法追究刑事责任。

第七章　附　则

第二十条　省财政厅和省外经贸厅每年可根据全省高新技术产品出口和技术出口发展的需要，联合制定专项资金的具体计拨办法和标准。

第二十一条　本办法由省财政厅会同省外经贸厅解释。

第二十二条　本办法自2002年1月1日起实施。

广东省省属煤矿关闭费用集中支付办法

广东省财政厅2001年8月18日印发（粤财企〔2001〕271号）

第一条　为规范和加强对省属煤矿关闭费用的管理，保证资金合理、有效使用，根据《中华人民共和国预算法》和《中华人民共和国预算法实施细则》，制定本办法。

第二条　省属煤矿关闭费用是指省财政安排的专门用于省属煤矿关闭的有关费用（以下简称关闭费用），包括拨付到个人的部分如职工分流安置费用，井下农民轮换工、家属工、临时工清退费，进中心、离岗休养及工残、长病人员生活费等，以及公共费用如补缴保险、公安费用、维持费、医院补助费、不可预见费等。进入再就业服务中心的下岗职工的基本生活费和社会保险费由省级下岗职工基本生活保障资金中支付，不在省级煤矿关闭费用支付之列。

第三条　关闭费用经省政府批准后列入省财政预算支出计划。

第四条　关闭费用由省财政厅委托银行或企业所在地财政部门统一集中支付（以下简称“受托单位”），省财政厅负责与受托单位签订服务协议（格式另附）。省经贸委、省劳动与社会保障厅、省财政厅、省广业资产经营有限公司、省煤炭工业总公司等有关部门和单位，应按各自的工作职责分工负责、协调配合，在省政府的领导及省煤炭资源枯竭矿山关闭破产工作小组的组织协调下共同做好省属煤矿关闭的各项工作。

第五条　省属煤矿关闭破产中费用的测算及具体费用的申领，由省煤炭工业总公司送省广业资产经营有限公司初审，省广业资产经营有限公司在收到文件之日起的三个工作日内将初审意见连同省煤炭工业总公司的报告分别送省经贸委、省劳动与社会保障厅、省财政厅。其中属于支付给个人的补偿安置费用的申领要按照实际解除劳动关系人员造表，具体列出工作单位、姓名、性别、年龄、工龄（注明井上、井下工龄）、分流安置类型、补偿（安置）费用标准、金额以及职工本人身份证号码，并录入电脑软盘。

第六条　省经贸委、省劳动与社会保障厅在收到初审意见之日起的四个工作日内将复审意见送省财政厅。

第七条　省财政厅在收到复审意见之日起的五个工作日内对所需费用进行审定并通知有关单位办理资金拨付手续。

第八条　省财政厅将煤矿关闭费用拨付给个人或单位按下列办法：

（一）属于解除劳动关系的补偿金、安置费用，按经省财政厅审核确定的金额直接由银行支付给个人；

（二）属农田水利赔偿性质的，按有效赔偿合同或协议，直接拨给受赔单位；

（三）属于关闭单位暂留岗、工残、长病、抚恤人员以及下岗进中心人员生活费，由关闭单位分类造表，由受托单位按经省财政厅等有关部门审核后的金额拨给关闭单位具体发放，受托单位应进行发放后的监督核对；

（四）属于应缴的失业、养老、医疗保险费用由关闭单位列表并附交费人员名单，按省财政厅审定的金额直接支付给收缴部门；

（五）除上述几项费用以外的关闭费（不可预见费、医药费、办公费等）由关闭单位持季度用款计划，经省有关部门审核后，按季度拨付给关闭单位。

第九条　关闭煤矿和受托单位应编制关闭费用支出月报和年报，报送省财政厅和省煤炭工业总公司审查。

第十条　对经省财政厅复核审定符合拨款条件的款项，有关银行或企业所在地财政部门应在收到省财政厅审核同意拨款通知单后的三个工作日内及时足额拨付。对克扣、挪用关闭费用的，省财政厅将按《服务协议》的规定予以处罚；对虚报冒领的，要如数追回有关款项，追究经办人和单位负责人的责任。

第十一条　有下列情况之一的，省财政厅可暂缓或停止拨付资金：

（一）擅自提高补偿标准的；

（二）不按规定报送报表和有关资料的；

（三）不接受省经贸委、省劳动与社会保障厅、省财政厅、省广业资产经营有限公司、省煤炭工业总公司等部门和单位监督的。

第十二条 省财政厅应对煤炭关闭费用的具体使用进行检查和监督，对检查中发现的问题，分清责任，严肃处理。对造成国家资金损失的，要追究当事人和有关领导的责任；构成犯罪的，移交司法机关追究刑事责任。

第十三条 本办法由省财政厅负责解释。

第十四条 本办法自颁发之日起执行。

广东省政法补助专款管理办法(试行)

广东省财政厅2001年9月5日印发(粤财行〔2001〕102号)

第一章 总 则

第一条 为加强广东省政法补助专款（以下简称省专款）的管理，充分发挥专款的使用效益，根据财政部《中央政法补助专款管理办法》（财公字〔1999〕547号）和《中央政法补助专款项目管理办法（试行）》(财行〔2001〕19号)，结合我省的实际情况，制定本办法。

第二条 省专款是为了帮助贫困地区提高政法机关的经费保障程度，实现全省地区间政法机关工作环境和工作条件的基本平衡，由中央政法补助专款和省政法专项补助专款共同组成的专项转移支付资金。

第三条 省专款的使用原则是：根据政法机关业务工作的总体目标和年度工作任务，突出重点，集中投入，定期完成，保证效益。

第四条 省专款的投向是：贫困县；享受省财政转移支付的困难县（市）及经费保障能力较低的其他困难县(区)。

第五条 省专款的使用范围：上述县（区）的政法机关（公安、法院、检察院、司法四部门，下同）及其派出(派驻）机构的刑侦、通讯、交通等业务装备补助、办案经费补助，业务、技术用场所的维修补助。

第六条 省专款的分配原则：公开、公正、效率，兼顾社会效益和经济效益，体现国家政法工作发展规划、工作重点和财政支付能力的协调平衡。

省专款采用“因素法”进行分配，即根据各地的财政状况、政法业务工作量、工作成本、工作实绩等客观因素确定补助各地的专款数额。

第七条 省专款的管理方式。省专款按照用途划分为装备补助专款、维修补助专款和办案补助专款三类，其中：前两类专款（以下简称项目专款）实行项目管理。

第二章 项目管理范围、原则和程序

第八条 项目管理是指通过对项目三年一次规划，集中安排项目，分批下达资金，逐年分项实施，规范项目资金的分配和使用，并对资金分配和使用的全过程进行监督、检查、评估、考核及奖惩，保证资金有效使用。

第九条 项目管理范围：省专款中的装备补助专款、维修补助专款及其相应的地方配套资金。

第十条 项目管理原则：统筹规划、科学立项、分级负责、严格管理、追踪问效。

第十一条 项目管理程序：省级财政部门将专款预分配方案及地方配套资金数额计划分配下达市级财政部门，市级财政部门按照省里下达的专款预分配方案及有关要求对所辖县（市）进行布置落实，并审核汇总所辖县（市、区）的项目，编制项目规划书报省级财政部门，省级财政部门审核汇总后报财政部审批，项目批准后各级严格执行。具体分为前期准备、申报审批、执行、检查评比四个阶段。

第十二条 鼓励共建项目。对政法部门实施的优化资源配置、实行资源共享的共建项目，各地应优先申报，省财政厅将优先安排。共建项目包括：同级各政法部门之间的共建项目；同一政法部门内部及上下级之间的共建项目；跨区域政法部门之间的共建项目。

第三章 项目管理责任

第十三条 项目管理实行中央、省、市、县四级负责制。各级财政、政法部门按分工负责、通力合作、密切配合的原则共同承担项目管理责任。

第十四条 省级部门责任：

（一）省级财政部门负责确定本级和市级项目管理责任；审核各申报的项目，建立省级项目库，确定全省项目并向财政部申报；安排省级配套资金及各市配套资金比例；审核省级政法部门拟定的部门项目建设发展规划；向市级财政部门下达项目预算；督促市级财政部门落实配套资金；组织（指导）项目的政府采购工作；对违反规定使用资金进行处理。

（二）省级政法部门负责本部门（包括系统，下同）项目管理的行业指导；拟定全省部门项目建设发展规划；对市级部门申报的项目进行评估、论证并向省级财政部门提出建议。

（三）省级财政部门会同省级政法部门协调解决项目建设的有关问题；监督、检查、验收项目执行情况；向财政部和中央政法部门报告资金落实和项目进展情况。

第十五条　市级部门责任。

（一）市级财政部门负责确定本级和市辖县（含县级市、区，下同）级项目管理责任；建立市级项目库；确定全市项目并向省财政厅申报；安排市级配套资金；审核市级政法部门拟定的部门项目建设发展规划；向县级财政部门下达项目预算；组织拟定共建项目实施方案；组织（指导）项目的政府采购工作；对违反规定使用资金进行处理。

（二）市级政法部门负责本级部门项目建设发展规划；对本级和管辖县申报的项目进行评估、论证并向市级财政部门提出建议。

（三）市级财政部门会同市级政法部门协调解决项目建设的有关问题；监督、检查、验收项目执行情况；向省财政厅和省级政法部门报告资金落实和项目进展情况。

第十六条　县级部门责任：

（一）县级财政部门根据上级要求确定本级项目管理责任；建立县级项目库；确定全县项目并向市级财政部门申报；安排县级配套资金；审核县级政法部门拟定的部门项目建设发展规划；拨付项目资金；组织拟定共建项目实施方案；组织（指导）项目的政府采购工作；对违反规定使用资金进行处理。

（二）县级政法部门负责本级部门项目建设发展规划；对部门申报的项目进行评估、论证并向县级财政部门提出建议。

（三）县级财政部门会同县级政法部门协调解决项目建设的有关问题；监督、检查、验收项目执行情况；向市级财政和市级政法部门报告资金落实和项目进展情况。

第四章　项目前期准备

第十七条　建立项目库。

（一）县级财政部门根据上级下达的配套资金比例和规划要求，布置县政法部门编制中央专款项目规划，对部门申报的项目进行筛选，建立县级项目库，落实项目配套资金，并从项目库中挑选项目编制项目规划书，向市级财政部门上报项目规划书。

（二）市级财政部门收到县级财政部门上报的项目规划书后，将规划书同时送市级政法部门征求意见，根据市级政法部门的意见和上级要求，筛选建立市级项目库，落实项目配套资金，并从市级项目库中筛选项目编制市级项目规划书，上报省财政厅。

（三）省级财政部门收到市级财政部门上报的项目规划书后，组织政法部门对拟进入项目库的项目进行可行性研究，将符合要求的项目纳入省级项目库，并从省级项目库中筛选项目编制省级项目规划书，上报财政部。

第十八条　项目库的管理。

（一）纳入项目库的应符合当地政法工作的实际，在确保基本需要的基础上，按照量力而行、统筹规划、合理布局、突出重点、保证急需的原则，分年度进行排序。

（二）项目库的项目分别来自同级政法部门申报的项目、政法部门的共建项目和下级财政部门上报的项目。项目内容包括：当地政法部门发展规划、项目名称、投资概算和资金来源渠道、主要用途、完成项目所需时间、达到目标等。

（三）项目库实行开放管理、滚动调整。纳入项目库的项目，可根据实际需要进行调整。

第十九条　项目资金。

（一）项目资金由省专款和地方配套资金组成。省专款是指省财政厅分配下达的项目专款。地方配套资金是指由地方财政部门安排并纳入项目管理范围的资金。

（二）省级财政部门结合财政部中央专款预分配方案，向各市下达项目专款预分配方案及配套资金。地方配套资金由地方财政部门根据要求负责筹措，省级财政部门负责监督落实。

第五章　项目申报审批

第二十条　项目申报。各市级财政部门收到省级财政部门下达的项目专款预分配方案后，根据项目规划期第一年核定的项目专款预分配方案及地方配套资金数额，组织编制三年期项目规划，并从项目库中按排序依次选定项目填报项目规划书（附一，略），在省项目专款预分配方案下达后三十天内报省级财政部门。

第二十一条　项目审批。

（一）省级财政部门在收到各市级财政部门报送的项目规划书后，会同省级政法部门结合全省项目建设规划，对项目进行筛选和确定后，报财政部审批。

（二）省级财政部门在收到财政部批复的项目规划书后，批复各市级财政部门的项目规划书。项目规划书一经批准，各地必须严格执行。

（三）市级财政部门可根据项目执行及政法工作重点变化情况，商相关政法部门后，对项目规划书中的年度项目进行适当调整。调整的项目资金总额不得超过项目规划书年度项目资金总额的8%。调整的项目要及时报省级财政部门备案。

第六章　项目执行

第二十二条　执行部门。各级财政部门和政法部门为项目执行部门。财政部门按照确定的预算和项目进度及时拨付资金，并对资金的使用进行监督检查；政法部门主要负责项目实施和日常管理工作。

第二十三条　项目执行。项目资金按用途分为装备购置和设施维修两类分别执行。

（一）装备购置。省级财政部门根据批准的装备购置项目，在省一级统一组织采购，以实物方式配发到各项目单位，并对各项目单位配备数量和价值进行登记，作为今后考核及确定新项目的参考。

（二）设施维修。省级财政部门根据项目规划书确定的维修金额和维修项目，将资金直接下达到项目单位所在的同级财政部门。财政部门收到资金后，会同政法部门按有关规定进行公开招标，确定项目施工单位。

第七章 项目监督、检查和评比

第二十四条 项目监督。

（一）各级财政部门要建立健全项目规划工作的内部管理制度，加强对项目规划工作的组织领导。

（二）各级政法部门应按照本办法及其他有关规定的要求，认真做好项目的组织、实施工作，主动接受财政部门的监督检查，如实提供有关资料。

第二十五条 项目检查。

（一）各级财政部门要加强对项目的检查。在项目执行期间，财政部门要会同政法部门对项目执行情况进行不定期检查，发现和解决项目执行中可能出现的问题。

（二）每年度各项目市财政及政法部门要对项目执行情况进行检查，并在每年结束后两个月内向省级财政部门和政法部门提交项目年度情况报告（附二，略）。

（三）三年规划期结束后，项目市财政及政法部门要在两个月内向省级财政和政法部门报送项目验收及总体完成情况报告（附三，略）。

第二十六条 项目评比。省级财政部门将组织对项目执行情况进行评比。

（一）评比内容包括：各市报送的材料是否全面、及时、准确；是否严格执行项目规划书，按期完成项目；项目的管理水平；项目资金是否按规定使用；配套资金是否按要求到位；项目产生的社会、经济效益。

（二）项目评比分为年度评比及三年规划期综合评比。年度评比在项目各年度结束后进行。省级财政部门将根据评比结果适当调整项目市下一年度的项目规划和省项目专款数额。三年规划期综合评比在三年规划期结束后进行，由省级财政部门根据三年规划期项目总体执行情况及各年度评比情况产生评比结果。评比将作为下一规划期省项目专款的分配因素之一。

第八章 办案补助专款的管理和使用

第二十七条 办案补助专款采取统一管理、保证重点、据实核拨的办法。省级财政部门结合中央下达的办案补助专款，按照上一年度政法办案情况、工作实绩和当地财政状况等因素确定补助数额，下达到各地财政部门。对特殊地区、重点地区及开展专项斗争等重点工作给予重点倾斜。各地要结合当地财力统筹安排，专款专用。

第二十八条 各市财政部门要在年度结束后两个月内，向省级财政部门报送办案补助专款使用情况（附四，略）。省级财政部门将会同省级政法部门对此项专款的使用情况进行抽查。

第二十九条 省级财政部门将根据各市办案补助专款的使用情况及抽查结果调整下一年度各市办案补助专款的分配数额。

第九章 附 则

第三十条 各市级财政部门可根据本办法制定具体实施办法。

第三十一条 本办法由省财政厅负责解释。

第三十二条 本办法自印发之日起执行。

广东省计划生育技术服务专项补助经费管理暂行办法

广东省财政厅2002年10月28日印发（粤财教〔2002〕122号）

第一章 总 则

第一条 为了加强对省计划生育技术服务专项补助经费（以下简称专项补助经费）的管理，提高经费使用效益，支持和促进我省计划生育事业的发展，根据《计划生育技术服务管理条例》（国务院第309号令）、《国家计生委、财政部、卫生部、国家计委关于落实向农村实行计划生育的育龄夫妻免费提供避孕节育技术服务的通知》（国计生发〔2001〕127号）和《落实国家计生委、财政部、卫生部、国家计委关于落实向农村实行计划生育的育龄夫妻免费提供避孕节育技术服务的通知》（粤计生委〔2002〕55号），结合我省计生工作的实际情况，特制定本办法。

第二条　省级专项补助经费是为了贯彻中央关于落实向农村实行计划生育的育龄夫妻免费提供避孕节育技术服务政策，支持欠发达地区开展此项工作而设立专项补助经费。

第三条　各级财政要将计划生育技术服务经费纳入本级财政预算中安排，市、县应按一定比例分担计划生育技术服务经费。省级专项补助经费主要是扶持困难地区，并按一定比例分担。

第四条　计划生育技术服务经费必须接受财政、审计和上级计划生育等有关部门的监督和检查。

第二章　经费开支范围及分配办法

第五条　计划生育技术服务经费开支的免费技术服务项目包括：

（一）查环查孕、避孕药具、放取宫内节育器、皮下埋植术、绝育术、人工终止妊娠，以及技术常规规定的各项医学检查。

（二）计划生育手术并发症的诊治。

（三）符合政策的输卵管复通术、输精管复通术。

第六条　各地应根据上一年度计划生育技术服务经费支出总额，确定计划生育技术服务经费分担比例。省级专项补助经费按以下原则分配：

（一）连南县、连山县、阳山县、清新县、乳源县、新丰县、连平县、和平县、东源县、紫金县、龙川县、五华县、大埔县、丰顺县、陆河县、揭西县等16个困难县，按计划生育技术服务经费支出总额由省补助50%，所在市、县（市、区）按15%和35%的比例分别分担。

（二）珠江三角洲（不含斗门、恩平）以外的县（市、区），计划生育技术服务经费支出总额由省补助25%，所在市、县（市、区）按15%和60%的比例分别分担。

（三）珠江三角洲地区各市计划生育技术服务经费分担比例由各市根据实际情况自行确定。

第七条　各地应根据省规定的计划生育技术服务项目结算标准，认真准确测算本地区免费提供避孕、节育技术服务所需的经费，在确保计划生育工作顺利开展的前提下，结合预算内外资金情况，统筹考虑，认真落实计划生育技术服务的经费来源，确保经费及时到位。

第三章　管理与监督检查

第八条　各地要将向农村实行计划生育的育龄夫妻免费提供避孕、节育技术服务工作作为人口与计划生育目标管理责任制的重要内容，并建立考核制度严格进行考核。

第九条　省财政厅和省计生委将加强对省级专项补助经费的财务管理，定期或不定期进行监督检查。各地要实行追踪问效，定期检查，确保资金专款专用，并于每年3月底以前，将上一年度经费安排使用情况、监督检查情况书面报省财政厅和省计生委。该报告将作为考核各地对省级专项补助经费管理工作的一项重要内容和分配省级补助经费的参考依据。

第十条　凡有下列行为之一，省财政厅和省计生委将视情况减少、缓拨或暂停省级专项补助经费：

（一）截留省级专项补助经费的。

（二）擅自改变计划生育技术服务经费开支范围的。

（三）因管理不善，给国家财产和资金造成损失和浪费的。

（四）其他违反本办法行为的。

第四章　附　则

第十一条　各市可根据本办法，制定本地区的具体实施办法。

第十二条　本办法由省财政厅和省计生委负责解释。

第十三条　本办法自发布之日起实施。

广东省水污染防治专项资金使用管理办法

广东省财政厅2001年11月1日印发(粤财企〔2001〕375号)

第一条　“广东省水污染防治专项资金”（以下简称“水污染防治资金”）由省财政设立。为规范和加强水污染防治资金的使用管理，提高资金的使用效益，根据省财政专项资金管理的有关规定和我省的水污染实际情况，特制定本办法。

第二条　水污染防治资金坚持专款专用原则，实行无偿补助。

第三条　水污染防治资金主要用于粤东及其他经济欠发达地区的城市生活污水处理设施建设项目及江河污水综合治理项目补助。优先安排列入省政府《关于加强水污染防治工作的通知》、《广东省碧水工程计划》和《广东省环境保护“十五”计划》的重点项目，适当补助对改善水质效果明显的污水处理设施建设项目。申请项目的建设资金以地方为主，省适当补助。

第四条 水污染防治资金的申报程序。申请水污染防治资金的单位，应向同级环保、财政部门提出申请，经其进行初审，对符合条件、自筹资金落实的项目提出审查意见，编制专项资金年度计划，逐级上报，由各地级以上市环保、财政部门进行审核、汇总，经综合平衡后编制本市水污染专项资金年度计划，连同项目申请表、附件等材料于当年4月底前联合上报省环保局和省财政厅。其中属城市生活污水处理设施建设项目，申报过程还须有各级建设部门的审查意见。不按要求上报的项目，不列入当年计划。

第五条 水污染防治资金项目的申报材料要求：

申请项目填写《广东省水污染防治专项资金项目申请表》（格式可从省环保局网站 http：//www.gdepb.gov.cn上取得），并附上所须的附件材料。

附件材料包括地级以上市的项目审批部门批复的立项文件、可行性研究报告、初步设计、自筹资金证明书和评估意见等材料。

属于省重点建设项目、污水处理厂建设项目，或总投资额3 000万元以上的项目，需在银行设立建设资金专户，由银行出具自筹资金证明书，其他项目的自筹资金证明书由当地财政部门或建设单位的主管部门出具。项目可行性研究报告、工程设计方案须由有相应资质的单位编制。江河水污染综合整治项目，必须根据国家《工程咨询单位资格认定暂行办法》由省级以上工程咨询协会认定资质的咨询评估机构进行技术和经济可行性评估。

第六条 属于基本建设的项目，必须纳入省级基本建设投资计划管理。属于城市生活污水处理设施建设项目，必须经地市级建设部门审核，报省建设厅统一编制年度计划，再送交省环保局。

第七条 水污染防治资金由省环保局会同省财政厅按《省级财政专项资金管理办法》的有关规定报省领导审批。省领导审批后由省财政厅会同省环保局下达水污染防治资金使用计划。省财政厅按预算资金管理规定拨款。

第八条 各级财政、环保部门要加强水污染防治资金项目的管理和监督检查。财政部门应重点负责资金的使用管理，环保部门重点负责工程项目的有关工作（包括工程项目进度、效益、验收等）。

各地级以上市的环保、财政部门要监督检查本地区水污染防治资金的管理及项目的进展情况，于次年2月份将上年度项目进展情况及资金使用情况联合报省环保局和省财政厅。

第九条 逾期未完成任务的项目，项目承担单位应及时向省环保局和省财政厅作出详细的书面报告。当地环保部门应责令承担单位限期完成。省环保局、省财政厅不再受理其下一年度的水污染防治资金项目的申请。

第十条 水污染防治资金必须专款专用，任何部门、单位和个人不得挤占、挪用及擅自改变资金用途。项目承担单位如有以下情况，财政部门应停止拨款或收回资金，并按有关财政管理规定处理，同时，省不再受理该地区下一年度的水污染防治资金项目的申请：

1. 违反财经纪律，不按规定使用专项资金；

2. 项目计划下达后，六个月内不动工，不向上级环保、财政部门报告的；

3. 管理不善、损失浪费严重的；

4. 项目建设进展缓慢，迟迟不能竣工投产的；

5. 不按期报送项目工程进展情况的。

第十一条 水污染防治资金单项补助金额100万元以上的项目，项目承担单位要与省环保局签订责任合同。该工程竣工时，由省环保局和省财政厅组织或参与该项目的竣工验收，并应结合建设项目环保设施验收工作同时进行。项目单位应向省环保局提出项目竣工验收申请，并提交项目竣工验收申请报告、项目试行运行报告、项目竣工验收监测报告、项目财务报告等材料。

其他小型项目的竣工验收，参照上款要求，由省环保局委托市环保部门或省直主管部门组织验收，并在验收后一个月内将项目竣工验收报告报送省环保局和省财政厅备案。

第十二条 本办法自颁布之日起施行。

广东省非经营性收费公路车辆通行费“收支两条线”管理办法

广东省财政厅2001年12月19日印发（粤财综〔2001〕117号）

一、总 则

第一条 为规范我省非经营性收费公路项目的财务管理，确保“贷款修路、收费还贷”政策的贯彻执行，更好地解决我省交通、公路等部门债务偿还的问题，根据《中华人民共和国公路法》、国务院《关于加强预算外资金管理的决定》、《批转财政部、国家计委等部门〈交通和车辆税费改革实施方案〉的通知》等有关规定，制定本办法。

第二条 非经营性收费公路项目是经省人民政府批准设立，由政府部门通过贷款或按照国家的有关规定有偿集资兴建的，以还清贷款（含有偿集资）本息为目的而收取车辆通行费的项目。

第三条　非经营性收费公路项目在还贷期间，未经省政府批准，不得转为经营性收费公路项目。

第四条　非经营性收费公路项目的收费站（以下简称“收费站”）收取的车辆通行费属行政事业性收费，按照行政事业性收费管理的规定，全额纳入财政专户，实行“收支两条线”管理，使用省财政厅印制的票据。

第五条　收费站车辆通行费的“收支两条线”管理，按以下原则实行分级管理：

（一）有省资金投入的收费站由省公路局直接管理，收取的车辆通行费全额纳入省级财政专户，实行“收支两条线”管理，由省级财政部门核定收支，监督还贷。

（二）地级以上市（以下简称“市”）交通公路部门负责对其主管的不包含有省资金投入，由市县（包括市、县（区）、镇三级）自行筹集资金投资（贷款和有偿集资）的收费站进行管理，收取的车辆通行费全额纳入市级财政专户，实行“收支两条线”管理。

（三）车辆通行费实行“收支两条线”管理后，项目债务人原承担的债务关系和还款责任不改变，直至还清贷款或集资后，解除债务关系。

第六条　收费站收取的车辆通行费，专款用于该收费项目的管理和还贷，除经省人民政府批准外，不能统筹用于其他项目的还贷。

第七条　收费站不论其主管部门属何性质，均应执行省统一规定的财务管理办法及会计核算规定。

二、车辆通行费的收缴

第八条　收费站必须按国家的有关规定，在国有或国有控股商业银行开设一个车辆通行费收入汇缴账户，该账户除了办理车辆通行费收入划缴财政专户支出外，不得发生其他支出业务。未经财政部门批准，收费站及开户银行不得擅自更改收入汇缴账户。条件允许的地方，可对车辆通行费实行委托银行代收。

第九条　收费站必须定期将当月收取的车辆通行费全额上缴财政专户。

第十条　按规定纳入财政专户管理的车辆通行费，属财政性资金，必须按规定直接缴入省市两级财政专户，各贷款商业银行不得以任何理由扣押。

三、车辆通行费的支出范围

第十一条　收费站车辆通行费的支出范围包括：

（一）还贷支出（包括本金和利息）。

（二）根据《广东省收费站管理办法》规定内提取的收费站必要的管理费用。

（三）省交通厅会同省财政厅核定的公路小修保养费。

（四）省政府规定的水利基金。

（五）经省交通厅会同省财政厅批准的专项费用。

收费站车辆通行费除前款所列的支出项目外，不得用于弥补经常性财政支出的不足。

四、资金的拨付

第十二条　财政部门应根据计划的进度及时向省市交通公路部门拨付收费站管理费用。在正式计划未下达前，可预拨正常的管理经费和还贷资金，以保障收费站的正常运行。

第十三条　财政部门核定收费站的年度还贷（含有偿集资）计划总额度时，若该路桥项目存在两级或三级政府部门贷款投资的情况，财政部门必须按各级未偿还债务的比例对还贷计划额度进行分配。还贷资金应逐月拨付到省市交通公路部门账户，省市交通公路部门应设立还贷专户，还贷资金必须专款专用，由省市交通公路部门按核定的还贷计划代项目业主还贷。

五、报表的编报和决算批复

第十四条　省市交通公路部门负责所管辖收费站年度车辆通行费的收支计划的编制，收支计划编制后按分级管理的隶属关系送省、市财政部门审批。财政部门按照有关规定对计划进行审批并送省公路局备案。对含有地方贷款投资成分的省直管收费站，省财政部门在批复年度收支计划时，同时将计划抄送贷款投资方所在地级市的财政部门。

第十五条　各收费站的征收、统计、会计等月报表按分级管理的隶属关系分别报省、市交通公路、财政、物价部门。市交通公路部门需将其管理的收费站报表汇总上报省公路局和同级审计部门备案。

第十六条　建立收费站的中介机构审计制度。各收费站车辆通行费的年度决算必须由省市交通公路部门委托具有法定资格的会计师事务所进行审计后，再送财政部门审批并抄省公路局备案。

对含有地方贷款投资成分的省直管收费站的年度决算，省财政审批后抄送地方财政备案。

第十七条　省审计部门可定期对各级财政车辆通行费财政专户和交通部门的还贷专户进行审计监督。并依法对收费站财务收支进行审计监督。

六、票据管理

第十八条　收费站收取车辆通行费统一使用省财政厅印制的行政事业性收费收据 。车辆通行费的票据按分级管理的原则由各交通公路主管部门分别向省、市两级财政部门领用。车辆通行费票据管理规定另行制定。

七、还贷监督

第十九条　收费站的还贷情况同时接受省市两级财政、交通、审计、物价、监察部门的监督。

第二十条　交通公路部门应建立健全所管辖收费站的档案管理制度，对收费站的还贷情况进行及时跟踪。

第二十一条　收费站必须亮证收费，实行收费公示制度。每年由省交通厅会同省财政厅、省物价局将全省各地收费站的公路里程、投资规模、开始收费日期、年度还贷计划、至本年底的收费额、管理费开支、已还贷本息、还贷余额等向社会公布一次，接受社会监督。

第二十二条　还清贷款后的收费站要进行清产核资，公路及公路设施无偿移交给交通公路部门，其余资产拍卖后，所得的资金按投资比例上缴各级财政部门，统筹用于公路建设。

八、附　则

第二十三条　对违反本管理办法规定的单位和个人，按国家和省的有关规定处理。

第二十四条　广东省非经营性收费公路车辆通行费“收支两条线”管理办法实施细则由省财政厅和省交通厅另行制定。各市财政和交通主管部门可根据本办法和实施细则的有关规定，制定地方管辖收费站“收支两条线”的具体实施办法，并同时抄送省财政厅和省交通厅备案。

第二十五条　本办法自2002年1月1日起试行，由省财政厅商省交通厅负责解释。

广东省耕地开垦费征收使用管理办法

广东省财政厅2001年12月30日印发（粤财农〔2001〕378号）

第一条　为贯彻执行十分珍惜和合理利用土地，切实保护耕地的基本国策，严格控制非农业建设占用耕地，确保我省实现耕地占补平衡目标，根据《中华人民共和国土地管理办法》、《广东省实施〈中华人民共和国土地管理法〉办法》等法律法规，结合我省实际情况，制定本办法。

第二条　凡在本省行政区域内从事非农业建设占用耕地的单位和个人，没有条件开垦或开垦的耕地不符合要求的，应当按照规定缴纳耕地开垦费。缴纳的耕地开垦费或用于开垦耕地的费用应当作为建设用地成本列入建设项目总投资。

本办法所指非农业建设，是指除直接为农业生产服务的农田水利、田间农用道路和从事农、渔、林、牧业生产以外的建设。

第三条　耕地开垦费属行政事业性收费纳入预算管理，收费单位应到当地物价部门申领《广东省行政事业性收费许可证》，统一使用省级财政部门印制的收费收据，接受当地物价、财政、审计部门的监督检查。

第四条　耕地开垦费按如下标准缴纳（按每平方米计）：

1. 广州、深圳市及其他地级市辖区（不含所辖县级市、县）为20元；

2. 县级市辖区内15元；

3. 县辖区内10元；

经国务院批准占用基本农田保护区内耕地的，加收15元。

第五条　耕地开垦费60%留给负责补充耕地的县使用，上交省、市各20%作为全省及全市为实现占补平衡目标统一调剂使用。

第六条　耕地开垦费由占用耕地的单位和个人按本办法规定标准，并按照农地转用、征用土地等新增建设用地的审批程序缴纳。具体程序为：

1. 省人民政府及国务院审批的建设用地项目，经省国土资源厅对用地材料进行审查、会审，同意上报时，由省国土资源厅下达《耕地开垦费缴款通知书》（以下简称《通知书》）。

2. 市、县人民政府土地行政主管部门根据《通知书》核定的缴款额和缴款时间，催促用地单位和个人直接到同级财政部门指定的银行代收网点缴纳耕地开垦费，银行代收网点根据财政部门的授权三天内按规定的比例分别缴入省、市、县三级财政专户，其中上缴省的部分缴入省财政指定专户。

3. 省国土资源厅根据加盖银行收讫章的缴款凭证，办理用地审批手续。

第七条　属于单个建设项目的用地，必须在缴清耕地开垦费后，方可办理建设用地批文。

属于按土地年度计划分批（次）办理农地转用（征用）的，须缴清耕地开垦费或与省国土资源厅部门签订缴费计划后，方可办理建设用地批文。对于上一批（次）耕地开垦费未全部缴清的，停止办理土地转用（征用）手续。

未按规定缴纳耕地开垦费的，省国土资源厅不予办理用地手续。

第八条　新增建设项目占用耕地，除国家另有规定外，一律不得减免耕地开垦费。

第九条　各级国土资源行政主管部门耕地开垦工作所需的业务工作经费，由同级财政部门按不超过缴入财政专户耕地开垦费的3%据实核拨。

业务工作费主要用于耕地开垦工作中的选址、勘察、测量、论证、竣工验收、耕地保护信息与监督系统建设。

第十条　耕地开垦费应专项用于耕地开发整理项目、灾毁基本农田垦复、基本农田日常管理维护等。

第十一条　耕地开垦费的使用由国土资源行政主管部门拟定使用计划和支出预算，经同级财政部门审核同意后，共同下达使用计划和支出预算，由同级财政部门将资金拨至项目承担单位。需申请上一级耕地开垦费的，应由国土资源行政主管部门会同同级财政部门联合逐级上报，由上一级国土资源行政主管部门汇总，经同级财政部门审核同意后，共同下达投资计划和支出预算，由同级财政部门将资金拨至项目承担单位。国土资源行政主管部门负责组织实施耕地开发整理。耕地开发整理完成后，按规定程序验收。

第十二条　为落实“先补后占”的政策，可用自筹资金进行易地开发补充耕地。易地开发补充耕地的具体管理办法由省财政厅、省国土资源厅另行制定。

第十三条　用地单位使用项目所在地市、县的耕地储备指标实现先补后占的，应按本办法第四条规定的标准，向当地地级市国土资源行政主管部门缴纳开垦耕地费用，作为储备耕地的补偿。

第十四条　对擅自降低或提高耕地开垦费征收标准，挤占、挪用、截留耕地开垦费的，由省国土资源厅会同省财政、物价、审计等部门依法查处，并追究有关责任人的责任。

任何单位或个人不得擅自批准减免耕地开垦费。对擅自减免的，由省国土资源厅会同省财政厅查处，追回擅自减免的耕地开垦费，并追究有关责任人的责任。情节严重、构成犯罪的依法追究刑事责任。

第十五条　对贯彻执行本办法成绩显著的单位和个人，由省国土资源厅和省财政厅联合给予表扬和奖励。

第十六条　本办法由省财政厅、省国土资源厅负责解释。

第十七条　本办法自2002年1月1日起实施。

广东省建设高水平大学专项资金管理暂行办法

广东省财政厅2002年2月7日印发(粤财教〔2002〕5号)

第一章　总　则

第一条　为促进我省高水平大学建设的顺利健康发展，充分发挥政策的扶持作用，提高财政资金使用效益，根据省政府的有关决定精神和财政资金管理的有关规定，特制定《广东省建设高水平大学专项资金管理暂行办法》(以下简称《办法》)。

第二条　本《办法》所指建设高水平大学专项资金(以下简称专项资金)是指经广东省委、省政府批准同意，由省财政安排，专项用于扶持中央部属高等院校建设成为国内外知名高水平大学的资金。

第三条　专项资金在安排使用上，应重点用于重点学科、重点实验室的建设和创新人才的引进和培养，充分提高学校的教育质量和科研水平。

第四条　专项资金实行集中支付，由省财政厅按用款计划及有关规定直接拨付。

第二章　专项资金的申请及拨付

第五条　学校在申请拨款前，应依据高水平大学建设要求制定重点建设项目及经费投入规划报省人民政府审定。学校根据审定的规划，制定分年度、分项目用款计划报送省财政厅和省教育厅，省财政厅按预算资金有关管理办法分别给予拨款。

第六条　学校申请拨款时，应按以下要求办理印鉴卡手续：

(一)学校提出书面申请，经省财政厅主管业务处审核同意后，填写省财政厅统一印制的《预算拨款印鉴卡》一式四份，单位自留一份，经费主管业务处和经费相关业务处及预算处(国库处)各留一份。

(二)印鉴卡中要求填写的内容如：账户名称、开户银行、账号、行号、地址、电话、单位公章、单位领导和财务负责人印章等，必须填写齐全，字迹工整，印模清晰，便于查验。

(三)印鉴卡内容如有变更，应及时向省财政厅提出变更的书面申请，办理更换印鉴手续。

第七条 专项资金中属事业费拨款部分，由学校根据用款计划，按规定填写《预算经费请拨单》送省财政厅主管业务处，经审核后，由省财政厅直接拨付给学校。

属政府招标采购的经费拨款，须附上招标合同书，按规定核拨。

第八条 专项资金中用于基本建设项目的，按照省政府《省级基本建设项目财政性资金集中支付暂行办法》（粤府〔2000〕41号）和省府办公厅《广东省省级财政性资金投资民用建筑项目管理暂行办法》（粤府办〔2001〕4号）及省财政厅的有关规定办理。

第三章 专项资金的使用和管理

第九条 专项资金应按指定的项目认真组织实施，实行专款专用，学校应单独核算，单独设账反映。

第十条 学校利用专项资金购买属于政府采购目录规定范围内的货物、工程和服务，应按规定实行政府采购。

第十一条 专项资金使用建立定期报告制度。每年度终了后十五天内，学校应将专项资金的使用情况上报省财政厅和教育厅。省财政厅将会同有关部门对专项资金的使用情况进行检查。在扶持期限结束后，学校应写出总结报告，对项目实施、资金使用及效益情况作出说明报告省政府。

第十二条 学校应建立健全专项资金内部管理制度。单位的主要领导和财务主管人员要对资金使用的合法性、合理性和有效性实施全面监督。凡截留、挪用专项资金的，一经发现，按法律法规处理。

第四章 附 则

第十三条 本《办法》由省财政厅负责解释。

第十四条 本《办法》自印发之日起实施。

广东省新增建设用地土地有偿使用财务管理暂行办法

广东省财政厅2002年3月29日印发(粤财综〔2002〕4号)

第一章 总 则

第一条 为加强和规范新增建设用地土地有偿使用费（以下简称土地有偿使用费）的财务管理，根据《新增建设用地土地有偿使用费收缴使用管理办法》(财综字〔1999〕117号)、财政部 国土资源部关于印发《新增建设用地有偿使用费财务管理暂行办法》的通知（财建〔2001〕330号)、省财政厅 国土资源厅转发财政部 国土资源部关于印发《新增建设用地土地有偿使用费收缴使用管理办法》的通知（粤财基费〔1999〕103号）及预算管理的有关规定制定本办法。

第二条 本办法适用于上缴各级财政部门的土地有偿使用费的财务管理。对新增建设用地土地有偿使用费的收缴工作仍按省财政厅 国土资源厅《转发财政部 国土资源部关于印发（新增建设用地土地有偿使用费收缴使用管理办法）的通知》(粤财基费〔1999〕103号）文件执行。

第三条 土地有偿使用费纳入预算管理，坚持“先收后支、量入为出、统筹规划、专款专用”的原则。

第四条 土地有偿使用费实行预决算管理，预、决算的编制办法和具体报表格式按有关规定执行。

第二章 支出范围

第五条 土地有偿使用费专项用于耕地开发项目支出、耕地信息与监督系统建设支出、灾毁基本农田垦复、基本农田日常管理维护支出，以及与土地有偿使用费使用有关的其他支出。

第六条 耕地开发项目是指中央和省确定的耕地开发整理重点项目、经中央和省批准的耕地开发整理示范项目及补助地方的耕地开发整理项目。

耕地开发项目实行全成本核算。成本开支范围为组织、实施和管理耕地开发项目所发生的各项成本、费用支出，包括前期工作费、工程施工费、竣工验收费、必要设备的购置费、必要的管理费及不可预见费等。

耕地开发项目预算编制及资金管理的具体实施办法由省财政厅和国土资源厅另行制定。

第七条 耕地信息与监督系统建设支出是指用于土地利用信息动态监测系统建立及运行等方面的支出，包括设备购置和维护费、网络运行费、数据处理费、信息系统软件开发费等。

第八条 新增建设用地土地核查、耕地开发项目审核论证、土地有偿使用费等级标准与土地开发整理预算定额的修订等与土地有偿使用费使用有关的费用，由国土资源管理部门根据实际需要编制资金使用预算，报同级财政部门审定后，从土地有偿使用费中列支。

第三章 预算编制和下达

第九条 每年11月份各级国土资源管理部门依据经批准的土地利用总体规划、年度用地计划，对项目投资计划和项目预算建议进行评审，根据编制的耕地开发整理项目和耕地信息与监督系统建设项目投资计划和项目预算，并结合本年度土地有偿使用费收支预算执行情况及下一年度收支增减因素，提出下一年度土地有偿使用费收入和支出预算，报同级财政部门审核后，由财政部门编入下一年度本级预算，编制项目支出预算，共同下达项目投资计划和支出预算。

第十条 耕地开发项目和耕地信息与监督系统建设项目的投资计划和项目预算建议由项目承担单位按规定的程序编报。

项目承担单位隶属于省属部门的，由项目承担单位直接向国土资源厅报送项目投资计划和项目预算建议；项目承担单位隶属于地方的，由当地地级市（含顺德市）国土资源管理部门、财政部门于每年5月底以前，联合向省国土资源厅、省财政厅报送下一年度项目投资计划和项目预算建议。

第十一条 省国土资源厅负责对项目投资计划和项目预算建议进行评审，编制全省耕地开发项目和耕地信息与监督系统建设项目投资计划和项目预算草案，报省财政厅审批。

第十二条 省财政厅负责对全省耕地开发项目、耕地信息与监督系统建设项目的投资计划和项目预算草案进行审核和下达。属于省属部门承担的项目，由省财政厅将项目支出预算下达到国土资源厅；对地方承担的项目，由省财政厅和省国土资源厅将项目投资计划和支出预算联合下达到各地级市财政局和国土（资源）局。

第十三条 土地有偿使用费项目支出预算一经下达，原则上不作调整。如有特殊情况确需调整的，应按规定的程序报经省财政厅和省国土资源厅批准。

第四章 项目和资金管理

第十四条 土地有偿使用费项目由国土资源管理部门负总责，会同财政部门研究安排；财政部门负责按规定程序办理土地有偿使用费项目资金的拨付，并监督资金的安排和使用，国土资源管理部门负责组织实施具体项目。

第十五条 土地有偿使用费项目承担单位要严格按照批准下达的项目计划和支出预算，合理安排项目资金的使用，不得擅自扩大支出范围，不得用于与项目无关的其他支出。耕地开发项目完成后，应及时办理项目竣工验收和结算，结余经费应按原来拨款渠道缴回本级财政部门。

第十六条 各级财政部门、国土资源管理部门、审计部门要加强对土地有偿使用费收缴、使用的管理和监督检查，确保土地有偿使用费及时、足额收缴和专款专用。按事前审核、事中监控、事后检查的要求，建立健全土地有偿使用费监督检查制度，定期或不定期地开展土地有偿使用费资金使用的专项检查，追踪问效。项目承担单位要自觉接受财政、国土、审计、监察等部门的监督检查。

第十七条 对土地有偿使用费，任何部门、单位或个人均不得截留、挤占、挪用、坐支，不得用于平衡财政预算，年终结余可以结转下年继续使用。

对违反规定的单位和个人，要按照有关法律、法规进行处理。

第五章 附 则

第十八条 土地有偿使用费的收入、支出预算科目，按财政部印发的年度政府预算收支科目的规定执行。

第十九条 本办法由省财政厅、国土资源厅负责解释。

第二十条 本办法自发布之日起执行。

广东省省属企业境外国有资本与财务管理暂行办法

广东省财政厅2002年5月20日印发（粤财外〔2002〕65号）

第一章　总　则

第一条　为加强和规范省属企业境外国有资本与财务管理和监督，维护国家所有者和投资单位的合法权益，根据国家有关法律、法规的规定，制定本办法。

第二条　本办法适用于进行境外投资的省属国有企业、国有控股有限责任公司、国有控股股份有限公司（以下简称投资单位）。

本办法所称的境外投资是指投资单位在港澳台地区和其他国家（地区），投资设立独资、合资、合作企业（以下统称境外企业）和购买股票（或股权）等投资行为。

本办法所称“境外国有资本”，是指投资单位在港澳台地区和其他国家（地区）各种形式的投资和投资所形成的权益，以及依法认定为国家所有的其他权益。

第三条　境外国有资本与财务管理实行统一政策、分级管理、授权经营、分工监管的原则。按照“谁投资、谁拥有产权，谁负责”的原则，规范管理境外企业国有资本与财务管理。省级财政部门根据省人民政府赋予的职权，负责省本级境外国有资本与财务管理和监督；投资单位按照国家、省有关国有资本与财务管理规定，承担境外国有资本保值增值的责任。

第二章　管理职责与权限

第四条　省级财政部门对境外国有资本和财务管理应履行以下职责：

（一）制定境外国有资本与财务管理实施办法，并负责组织实施和检查监督。

（二）监管投资单位境外国有资本营运及资本变动；按规定组织投资单位对境外企业进行国有资产产权界定、产权登记、资产评估等工作，监督境外国有资产安全完整、保值增值。

（三）监管投资单位境外投资收益分配，监缴境外投资国有资本收益。

（四）指导和督促投资单位建立健全境外国有资本与财务管理实施办法，监督检查投资单位对境外投资资本和财务管理情况，负责向省政府提出国有资本与财务管理工作报告及对违规、违纪问题的处理建议。

（五）办理省政府授权的其他有关事项。

第五条　投资单位对境外国有资本与财务管理履行以下职责：

（一）贯彻执行国家和省有关境外国有资本与财务管理规定，建立健全境外国有资本与财务管理实施办法和重大事项报批、备案制度；协助所属境外企业制定企业内部资本与财务管理制度。

（二）确定所属境外企业国有资产的法定代表人，管理独资、控股企业的董事会、监事会和经营班子，与法定代表人签订境外企业国有资产保值增值责任书，制定考核办法。

（三）向境外国有独资、控股公司或通过境外企业董事会向拥有控制权的境外企业委派财务总监或配备综合素质较好的财务负责人。财务总监的委派方式参照省有关规定执行。

（四）组织境外企业清产核资和产权界定；及时、足额缴纳境外投资税项和收益，并承担清缴责任。

（五）按规定权限办理境外国有独资或控股企业的重大事项和处置各项资产。

（六）按照规定的权限管理境外投融资、对外担保事项。

（七）依法审定境外国有独资或控股企业税后分配和弥补亏损事宜；按照国家和省有关规定，制定所属境外企业工资管理办法，报省级财政部门备案。

（八）按规定向省级财政部门报送《境外国有资产产权登记表》、年度财务合并报表和境外企业财务报表。

（九）对连续三年发生亏损或者严重亏损的境外企业进行重点检查，并根据情况按省有关规定采取相应的措施。

（十）其他有关境外企业国有资本与财务管理的职责。

第六条　境外企业应履行的职责：

（一）遵守所在国家或地区的法律规定，执行国家有关管理规定，维护国家利益和投资者合法权益。

（二）按规定办理境外国有资产产权登记，自觉接受投资单位和省级财政部门的监督检查。

（三）建立健全企业内部资本与财务管理制度，经投资单位审核后报省级财政部门备案，并严格遵守，规范运作。

（四）真实反映企业财务状况，及时申报企业的重大事项，按时报送年度财务报告。

（五）按时缴交税款和国有资本收益。

（六）投资单位授权管理的其他事项。

第七条 投资单位对境外国有资本的安全、完整、保值和增值负责，投资单位应具体落实境外企业法定代表人对境外国有资本的安全、完整和保值增值的责任。

第八条 投资单位应建立境外企业法定代表人定期向投资单位报告境外企业国有资本营运情况的述职制度。

第九条 境外企业有以下重大事项的，须按产权关系经其投资单位审核后报省级财政部门审批或报有关部门批准后方可实施：

（一）境外发行公司债券、股票等融资行为。

（二）所属控股企业（涉及集团外部）合并、分立、转让、股份有限公司国有股权转让等涉及境外国有资本变动，导致投资单位产权（或持有股权）变化。

（三）法律、法规规定的其他对国家和投资者利益有重大影响的事项。

对于按规定需要报省级财政部门审批的重大事项，应以书面形式报送，并附送相关资料。

第十条 境外企业有以下事项时，须按产权关系报其投资单位审批，并报省级财政部门备案：

（一）单项投资达到企业净资产5%的。

（二）因违法、违规经营或经营失误及其他原因造成国有资产损失超过企业净资产5%以上的。

（三）所属控股企业（涉及集团内部）分立、合并、兼并、转让等涉及国有资本变动的事项以及终止、破产、清算和解散。

（四）经营外汇、期货、有价证券和房地产等高风险业务。

（五）要求备案的其他事项。

第十一条 投资单位对所属境外企业行使出资者职能，必须建立规范的法人治理结构，明确企业内部决策、执行、监督职能部门的职责，建立对重大事项集体决策和可追溯个人责任议事制度以及境外投资风险的预警和内部控制机制，严禁法定代表人及其他任何人越过董事会和职能部门，对境外企业采用个人单线联系方式进行管理。

第三章 境外投资管理

第十二条 投资单位向境外投资，应按国家和省的有关规定，报经国家授权部门批准，并办理境外权属关系，承担有限责任。

第十三条 按国家有关规定，投资单位可以用现金、实物、工业产权和非专利技术等向境外直接投资；经国家授权机关批准，也可以采用购买股票或股权的形式向境外投资。

属于国家指令经营的进出口商品、应收外汇账款、应收回国内的国外资产、国家专项储备物资等，不得用于境外投资，但按照有关规定经批准的除外。

未按规定报经批准，不得擅自向境外划拨资产和权益；投资到境外企业的外汇资金、实物以及无形资产等权益（含境外分得的利润）必须报外汇管理部门审批，并接受检查监督。

第十四条 境外设立企业应以“有限责任”形式注册登记，并以企业的名义办理产权登记注册。确需以个人名义注册的，须经投资单位审核后报省级财政部门批准，由投资单位（委托人）与境外国有资产产权代表人（以下简称受托人）签订《境外国有资产以个人名义持股委托协议书》，并经委托人所在地公证机关公证。受托人在按企业所在地法律办理产权登记手续的同时，还必须办理具有法律效力的“股权声明书”和“股权转让书”。产权代表人变动时，要重新办理产权代表人审批、公证和有关法律手续。境外企业在购置房地产等物业也须按照上述原则办理，否则，一律不得将国有资产以个人名义在境外办理产权注册。办理的公证和法律手续证明原件须存放在投资单位，副本须报省级财政部门备案。

第十五条 境外企业对国有资产的增减变化须有详细记载。境外企业购置或者由国内调人的固定资产、有价证券和专利权、商标权、商业信誉等有价权益，必须取得具有法律效力的凭证文件，并逐项设账登记，确定有价权益的所有权。

第十六条 境外投资国有产权登记按照统一政策、分级管理、分级登记的原则，由投资单位按境外企业的产权关系组织实施。

凡占有、使用国有资产的境外企业，必须按《境外国有资产产权登记管理暂行办法》和《境外国有资产产权登记管理暂行实施细则》规定，属于省授权资产经营集团公司的，向投资单位办理产权登记手续，并由投资单位负责将所属境外企业的产权登记表报送省级财政部门备案；其他境外企业，必须经投资单位提出审核意见后由投资单位到省级财政部门办理产权登记手续。

国有资产产权登记证（表）是境外投资经营国有资本的法律凭证。

第四章 资本营运管理

第十七条 投资单位必须按照坚持资金适度筹措的原则，注意防范财务风险，建立以现金流为核心的内部资金管理制度，对所属境外企业明确资金调度的权限、程序和责任。

第十八条 除国家允许经营担保业务的金融机构外，投资单位要严格控制境外企业对外担保，如确需对外提供担保的，须经投资单位批准，并按以下规定执行：

（一）境外企业对所属全资子公司可自行决定提供担保，但对非全资子公司应当根据出资比例提供担保。

（二）为其他中资企业提供担保前，除按规定经批准外，还必须取得被担保人的资信证明，签署具有法律效力的反担保协议书。

（三）为其他企业提供担保前，除按规定经批准外，还必须取得被担保人的财产抵押，并签署具有法律效力抵押担保协议，提供担保的金额不得超过抵押财产重估价的60%。

（四）被担保人不得是亏损企业，也不得是本企业的借款人。

第十九条　投资单位为境外企业对外借款和对外提供担保（或其他各种形式的或有负债），应当按企业内部管理制度规定的程序、权限审议决定，并须按中国人民银行《境内机构对外担保管理办法》和国家外汇管理局《境内机构借用国际商业贷款管理办法》等有关规定办理审批和登记手续。企业对外提供的各种类型的担保，要设置备查簿逐笔登记，统一纳入投资单位外债监管范围，实行跟踪核查。

第二十条　投资单位应根据国家和省有关规定并结合实际情况，建立和完善考核奖惩办法，制定所属境外企业的工资管理制度，明确责、权、利关系，所制定的工资制度应符合所在国或地区的法律规定，并比照所在国或地区同类企业职工工资水平核定，但工资总额增长幅度不得超过本企业经济效益增长幅度。

境外企业内派人员的养老和失业保险，由投资单位负责。医疗、工伤等保险按所在国或地区的有关法律规定执行。投资单位应定期对境外企业的工资总额、工资分配、社会保险实施情况进行督促检查。

第二十一条　境外企业合并、分立、整体出售、撤资、解散或破产时，需报经投资单位审批，并及时成立清算机构，对企业财产和债权、债务及时全面清算，应当归其所有的财产和资金要及时足额调回，不得以任何名义或者借口截留；对遗留的债权和债务应责成专人负责。投资单位在对其境外企业清算完毕后，应向省级财政部门报送清算机构出具的经所在国或地区法定机构验证的清算报告，并按规定办理境外国有资产产权注销登记。无法收回或偿付的坏账，应在取得合法依据或按规定经批准后，列作投资单位当期投资损益。

第二十二条　境外企业发生对外投资、合并、分立、转让等行为，投资单位必须要求该境外企业委托合法的中介机构进行资产评估，并以评估价值作为确定资产交易价格的基础。

第二十三条　除国家另有规定外，投资单位必须禁止境外企业有以下行为：

（一）开设的银行账户转借个人或者其他单位使用。

（二）设立和保留账外资产（现金）。

（三）未经批准，擅自对外担保。

（四）未经投资单位批准，用公款购买各种会员证。

（五）代开信用证。

（六）未经投资单位和省级财政部门批准，核减国家资本。

（七）将境外企业的公司信用卡用于个人支出或提取现金。

第五章　投资收益管理

第二十四条　投资单位应按《企业财务通则》、《企业会计准则》及分行业的财务会计制度要求，及时、准确、全面反映因境外投资引起的境外资产及投资收益的变动。

第二十五条　境外投资收益是投资单位在境外投资过程中所获得的各项净收益，具体包括：

（一）境外独资企业各项经营业务的税后利润。

（二）从股份制企业或合资、合作企业中分得的利润，包括股息红利等，以及其他投资收益。

（三）投资到期收回或转让资本取得款项高于账面价值的差额。

（四）企业清算后的净收益。

（五）未以境外企业名义购置或专项存储而应属境外企业的其他资产所获得的各项净收益。

（六）购买境外股票取得的股息、红利等。

（七）其他净收益。

第二十六条　投资单位必须按规定合并境外投资收益，其境外投资收益按税法有关规定进行纳税和调整。境外企业税后所得额按投资单位投资比例所占的份额上缴境外国有资本收益，具体办法由省财政厅另行制定。

任何单位或个人无权截留、挪用境外投资收益。投资单位拥有两个以上境外企业时，不得以其中一个境外企业收益弥补另一个境外企业的亏损。

第六章　一般财务原则

第二十七条　投资单位必须要求所属国有独资和控股企业，对一切财务往来和现金收支建立负责人“联签”制度。在企业任职的直系亲属必须回避，不得“联签”。

第二十八条　投资单位应当对所属境外国有独资和控股企业的法定代表人建立离任审计制度；境外企业财会人员变动时，应在规定时间内按国家有关规定办理交接手续。

第二十九条　投资单位必须要求所属国有独资和控股的境外企业建立和完善账户管理制度，在资信可靠的银行开设账户。

第三十条　境外企业与投资单位的资金往来关系应遵守国家有关规定，符合清晰、规范的原则，并严格分清以下界限：

（一）投资单位对境外企业拨付的资本金与借款的界限。

（二）境外企业在国内投资经营取得的收益，向投资单位上缴的税款和往来款项的界限。

（三）投资单位与境外企业经营业务往来的资金与用

于合作投资的收益的界限。

第三十一条　投资单位应督促境外企业按规定及时报送年度财务报告，包括年度会计报表和财务情况说明，其中年度会计报表包括资产负债表、损益表、现金流量表及有关对境外资产变动、境外投资收益影响较大的事项的说明。

由投资单位合并报表后，报送省级财政部门，境外企业所在国或地区法定机构出具的核数报告及境外企业财务报告作为附件报送。选定以外国货币为记账本位币的，在上报财务报表时，应按规定的货币单位折算编制。

第三十二条　投资单位应当督促和协同境外企业，按照所在国或地区法律和国家有关规定，建立健全企业会计核算制度。

第七章　责　任

第三十三条　投资单位凡有下列行为之一的，由省级财政部门根据有关法律、法规规定予以处罚，并可以根据不同情节给予通报批评、责令限期纠正、追回损失或者没收非法所得、建议审计部门专项审计、纪检、监察部门立案审查。触犯刑律的，移送司法机关依法追究刑事责任。

（一）未经政府或政府授权部门批准擅自向境外投资、担保的。

（二）对所属境外企业国有资产流失情况不掌握，不报告，不处理的。

（三）对所属境外企业不明确管理职能机构及工作职责，造成管理失控的。

（四）向境外投资时，弄虚作假，逃避审批，擅自转移资产或不按规定进行资产评估的。

（五）企业取得的资产不按规定办理手续造成资产损失的。

（六）企业违反规定，隐瞒、截留境外投资收益，或拖延应缴境外国有资本收益的。

（七）未经可行性论证，盲目决策，导致国有资产遭受损失的。

（八）按规定应审批、报告、备案事项而不按要求办理的。

第三十四条　境外企业中方法定代表（负责）人，因下列行为之一导致国有资产损失的，由省级财政部门会同省有关部门根据有关法律、法规规定予以处罚，重大案件交由审计部门专项审计或纪检和监察部门立案审查。

（一）对规定报告、报批、备案事项不按规定办理，隐瞒真实情况的。

（二）未经政府有关部门批准或未办理有关法律手续，将国有资产产权以个人名义注册的。

（三）未经批准向外方担保，造成国有资产流失的。

（四）未经批准在境外发行股票的。

（五）未按规定权限购建、处置国有资产的。

（六）未经批准擅自对外投融资的。

（七）代开信用证的。

（八）逃避监督、检查，私立账户、保留账外资产、转移资产的。

（九）发生境外人员携款潜逃事件，造成国有资产损失的。

第三十五条　投资单位和境外企业编制、对外提供虚假的或隐瞒重要事实的财务会计报告的，或者拒绝省级财政部门对财务会计报告监督检查的；未按规定建立并实施内部会计监督制度，或不按规定报送财务会计报表的，按照《中华人民共和国会计法》、《企业财务会计报告条例》的规定予以处罚。

第三十六条　企业不按规定办理境外国有资产登记的，由省级财政部门根据《境外国有产权登记管理暂行办法实施细则》的规定予以处罚。

第三十七条　省级财政部门有权对投资单位和境外企业执行本办法的情况进行监督检查，对违法、违规行为依法进行处罚，对负有直接责任的主管人员和其他人员，可建议有关部门给予经济、行政的处分；构成犯罪的，移交司法机关追究刑事责任。

第三十八条　省级财政部门工作人员在监督境外国有资本与财务管理工作中滥用职权、玩忽职守、徇私舞弊或者泄露国家机密、商业秘密的，由省级财政部门给予行政处分。构成犯罪的，移送司法机关依法追究刑事责任。

第三十九条　投资单位对省级财政部门或省有关部门处罚不服的，可以依法申请行政复议，或者向人民法院起诉。

第八章　附　则

第四十条　本办法施行前已设立的境外企业，投资单位应当自本办法印发后三个月内，向省级财政部门补办《境外国有资产产权登记表》手续。

第四十一条　除国家和省另有规定外，投资单位在港澳台地区和其他国家（地区）设立的非经营性机构，境外企业在港澳台地区和其他国家（地区）设立的经营实体，参照本办法执行。

第四十二条　各地可以根据本办法，结合本地实际情况制定实施办法，并报省人民政府备案。

第四十三条　本办法自公布之日起施行。本省以前有关境外国有资本与财务管理的规定与本办法有抵触的，以本办法为准。

广东省省级单位部门预算试行办法

广东省财政厅2002年7月22日印发（粤财预〔2002〕105号）

第一章　总　则

第一条　为进一步规范省级单位部门预算编制，明确部门预算编制程序、要求、职责及编制方法等，实现部门预算科学性，依据《中华人民共和国预算法》，参照财政部《中央部门基本支出预算管理试行办法》、《中央部门项目支出预算管理试行办法》等有关规定，特制定本办法。

第二条　本办法所指部门预算是部门依据国家有关政策规定及其行使职能的需要，由基层预算单位编制，逐级上报、审核、汇总，经财政部门审核后提交立法机关依法批准的涵盖部门各项收支的综合财政计划。

第三条　部门预算改革的指导思想。

部门预算改革的指导思想是，要通过部门预算改革，逐步建立符合社会主义市场经济体制要求的，具有中国特色的财政预算管理体制；要通过部门预算改革，充分提高预算管理水平，增强预算透明度，提高预算管理的法制化程度，实现预算管理公开、公正、公平的基本要求。

第四条　省级部门预算编制原则。

（一）合法性原则。部门预算的编制要符合《预算法》和国家其他法律、法规，充分体现国家有关方针、政策，要在法律赋予部门的职能范围内编制。具体而言：一是收入要合法合规；二是各项支出要符合财政宏观调控的目标和现行的各项财务规章制度。

（二）真实性原则。部门预算收支的预测必须以国家社会经济发展计划和履行部门职能的需要为依据，对每一收支项目的数字指标运用科学合理的方法测算，力求各项收支数据真实准确。

（三）稳妥性原则。部门预算的编制要做到稳妥可靠，量入为出，收支平衡，不得编赤字预算。收入预算要留有余地，没有把握的收入项目和数额，不要列入预算；预算要先保证基本工资、离退休费和日常办公经费等基本支出，项目预算的编制，要以收定支，量力而行。

（四）重点性原则。部门预算编制要做到合理安排各项资金，本着“一要吃饭，二要建设”方针，在兼顾一般的同时，优先保证重点支出。预算安排要先保证基本支出，后安排项目支出；先重点、急需项目，后一般项目。

（五）完整性原则。编制预算时，要将部门依法取得的包括所有财政性资金在内的各项收入以及相应的支出作为一个有机整体进行管理，对各项收入、支出预算的编制做到不重不漏，不得在部门预算之外保留其他收支项目。

（六）公开、公平、公正性原则。通过统一编制部门预算、实行综合预算管理，增加财政资金分配透明度，进一步规范各部门的经费来源渠道，解决部门间经费苦乐不均的问题，实现资金分配公开、公平、公正。

第五条　省级部门预算编制范围。

（一）编制单位范围。第一，省级部门预算编制单位原则上是省级一级预算单位。凡是有上级主管部门的单位，无论其财务关系是否独立，也应归入其主管部门统一编制部门预算。但如果该单位本身为财政供给的二级预算单位，其上级主管部门为企业集团等自负盈亏单位，则该二级预算单位可作为独立的部门编制部门预算。第二，省级部门预算编制单位应是财政部门通过预算内或财政专户安排经费、与财政部门有经常性经费领拨关系的行政事业单位。对于部分只是由财政安排少量专项经费或临时性经费的企事业单位，如企业集团等，不作为部门预算编制单位。

（二）编制资金范围。部门预算涵盖了部门所有的收入和支出，不仅包括财政预算内资金收支，还包括各项预算外资金收支、经营收支以及其他收支；既包括一般预算收支，还包括政府性基金收支，体现了综合预算原则。

第六条　省级部门预算的构成。

省级部门预算分为收入预算和支出预算两部分。其中，收入预算包括财政拨款、预算外资金、纳入预算管理的政府性基金和其他收入等；支出预算包括基本支出和项目支出，而基本支出又分为人员支出、日常公用支出、对个人和家庭的补助支出；项目支出又分为基本建设项目支出、一般专项支出。

第二章　省级部门预算编制规程

第七条　部门预算编制程序。

部门预算编制按照“两上两下”的程序编制。具体程序为：

（一）一上。省财政厅按照各部门职责特点及人员构成等因素分别制定各部门的定员定额标准。省直部门根据省财政厅的要求，按照初步确定的定员定额标准和本年度支出需要，提出本部门的预算建议计划，报送省财政厅。

（二）一下。省财政厅对部门上报的部门预算建议计划进行审核，按照相应的定员定额标准结合部门的基础数据和相关资料计算部门基本预算支出，按照项目预算管理办法审核部门项目预算支出，对部门预算建议计划进行调整并上报省政府。经省政府同意后，向省直部门下达预算控制数。

（三）二上。省直各部门根据省财政厅下达的部门预算控制数，调整本部门预算建议计划，形成预算建议草案，报送省财政厅。

（四）二下。部门预算建议草案经省人大批准后，由省财政厅按规定在三十日内批复到各部门。

第八条　部门预算编制具体流程。

省级部门预算编制的具体步骤及时间安排为：

（一）布置预算编制工作。

每年7月份，由省财政厅将编制预算的通知、要求、表格、软件等布置各试点部门，同时将定员定额经费参考标准下达各试点部门。

（二）编制并上报部门预算建议计划。

各试点部门根据财政部门要求、预算年度的业务计划和上年实际完成情况编制部门预算。部门预算从基层会计核算单位编起，逐级汇总形成本部门预算建议计划，于8月中旬前按统一规定的表格样式并附文字说明报送省财政厅。

（三）预算建议计划的审查。

省财政厅收到部门预算建议计划后，按初步确定的定员定额标准，对单位报送的基本支出计划进行审核，并在考虑部门支出需要及项目的合理性、合法性、轻重缓急程度等因素的基础上对部门专项支出计划进行审核调整，并将部门预算指标控制建议数及部门专项支出预算审核意见上报省政府。经省府常务会议研究同意后，向省级部门下达预算指标控制数，并将专项支出预算审核调整意见回复省级预算单位。

（四）试点部门调整预算建议计划。

各试点部门在接到预算指标控制数后，及时对部门预算建议计划进行调整，形成部门预算草案上报省财政厅。

（五）审核、汇总并上报部门预算草案。

对试点部门上报的预算草案，省财政厅进一步审核后上报省政府。经省政府审议通过后，由省财政厅正式提交省人大审批。

（六）批复部门预算。

省人大审批通过后，即由省财政厅按《预算法》要求于一个月内将预算批复到各部门。各部门自省财政厅批复本部门预算之日起十五日内批复所属单位的预算。

第三章　省级部门收入预算的编制

第九条　省级部门收入预算编制的内容。

省级部门预算收入包括行政事业单位的财政拨款、预算外资金、纳入预算管理的政府性基金和其他收入等。

（一）财政拨款收入。是指由财政部门拨款形成的部门收入。财政部门根据预算单位的基本支出预算、项目支出预算以及各方面收入来源情况，综合核定对某一单位的年度财政拨款额。

（二）预算外资金。是指行政单位为履行政府职能，依据国家法律、法规或具有法律效力的规章收取或提取，纳入财政预算外专户管理或按规定程序批准留用的财政性收入（包括纳入专户管理的政府性基金）。

（三）政府性基金。是指按国务院或财政部审批的项目和标准向企事业单位和个人征收、募集或以政府信誉建立的具有特定用途并纳入预算内管理的各种基金（资金、附加收入）。

（四）其他收入。包括事业收入（不含预算外资金）、事业单位经营收入、上级补助收入、附属单位上缴收入、用事业基金弥补收支差额等。

第十条　省级部门收入预算编制的要求。

（一）合法性。省级各部门的收入应符合有关法律法规的规定。特别是预算外资金收入和纳入预算管理的政府性基金收入应符合国家的法律、法规政策，按照国家和有关政策规定的项目和比例征收上缴或留用，不得擅自增加收费项目，也不得随意提高征收比例。

（二）完整性。首先是要保证收入项目的完整性，即部门各类收入均应编入收入预算。其次是要保证收入数额的完整性。各部门应该如实测算各项收入，不能隐瞒或少报预算外资金收入和政府性基金收入。要足额编制单位经营收入。

（三）准确性。财政拨款数要严格按照省财政厅下达的预算拨款控制数填列。预算外资金收入和纳入预算管理的政府性基金收入应依据上年、当年收入数和下年的政策变化及其他收入增减因素测算。收入预算既要积极，又要稳妥，没有把握的收入项目和数额，不要列入部门预算。

第四章　省级部门基本支出预算的编制

第十一条　省级部门基本支出预算的内容。

基本支出是行政事业单位为保障其机构正常运转和完成其日常工作任务所必须的支出，具体包括人员支出、日常公用支出及对个人和家庭的补助支出。

基本支出预算的具体项目按照财政部《政府预算收支科目》规定的目级科目设置。其中，人员经费包括基本工资、津贴、奖金、福利费等项目；日常公用支出包括办公费、会议费、差旅费、水电费、交通费、邮电费、维修费、招待费、租赁费、物业管理费、专项业务费、专用材料购置费等项目；对个人和家庭的补助支出包括离退休支出、退职（役）费、抚恤金、救济费、住房公积金、助学金、医疗费等项目。

第十二条　基本支出预算编制的要求。

编制基本支出预算的基本要求为：

（一）优先满足基本支出的需要。部门预算的编制要根据财力可能，结合单位的行政事业工作任务需要，合理安排和使用各项资金。预算资金的安排，首先要保证单位基本支出的合理需要，以维持行政事业单位日常工作的正常运转。在此基础上，本着量财办事的原则，安排各项事业发展所需的项目支出。

（二）以定员定额方法为主编制预算。基本支出采取“以定员定额管理为主，单项核定为辅”的方法。对暂时不宜实行定员定额管理的事业单位，也要逐步改进和规范预算分配方法，采取其他科学合理的方式。

第十三条 基本支出预算编制方法。

制定定员定额标准既要依据国家方针政策和财务制度的有关规定，又要考虑各部门职责特点和人员构成，以及实际支出因素的变化。应严格按照国家的工资制度和有关政策规定的开支范围、开支标准核定。

省级基本支出预算，由定员定额标准计算的基本支出预算和单项核定的基本支出预算两部分组成。其中，按定额标准计算的基本支出预算又分为人员经费和日常公用经费两部分，分别按省财政核定的定额标准及人数计算核定；单项核定的基本支出预算一般集中在公用经费安排上，主要用于解决单位因特殊工作需要而支出、无法通过定员定额经费解决的专用材料及一般设备购置费、招待费、日常修缮、部门会议费等公用经费开支。

第五章 省级部门项目支出预算的编制

第十四条 项目支出预算的主要内容。

项目支出是指行政事业单位为完成特定行政工作任务或事业发展而发生的支出。省级部门项目支出具体包括：行政事业性支出中的大型会议、大型修缮和其他行政事业性项目，以及基本建设支出、企业挖潜改造资金、科技三项费用、农业综合开发、支援不发达地区、政策性补贴等支出项目。有关项目支出范围的界定标准由省财政厅根据实际情况另行核定。

第十五条 项目支出预算编制程序。

省级项目预算编制需经过项目前期准备、申报审批、组织实施等三个阶段。

（一）项目前期准备。

项目的前期准备是指项目列入预算计划之前的准备工作，包括编制项目建议书和可行性研究。前期工作由政府主管部门或项目申请部门组织完成。

1. 项目初选。为完成部门的总体目标和规划，部门提出项目设想，收集项目所涉及的自然资源、部门经济数据、社会经济数据、市场等有关资料，初步确定项目的规模、总投资和资金筹措来源。

2. 编制可行性研究报告。对选定的项目进一步从技术、资金筹措、成本费用、组织管理、经济社会影响等方面进行详细的可行性分析，评定项目的可行性或不可行性，并写出可行性研究报告。

（二）项目申报审核。

1. 一般专项支出项目预算申报审核。

每年上报部门预算建议数时，各部门应按照省财政厅的统一要求向省财政厅提出项目支出预算申请报告，并详细填写部门预算报表中有关项目支出的内容，报送省财政厅审核确定。

省财政厅根据有关经济政策、国民经济和社会发展规划、申报项目的紧迫程度，结合申报项目的可行性研究情况，重点从预算支出费用方面对部门申报的项目进行审核，根据审核结果综合排序，并将排序结果列入项目库。编制年度预算时，省财政厅将根据预算年度收入水平和支出能力，确定项目支出限额。在项目支出限额范围内，按项目库的排序确定项目支出预算。

2. 基本建设项目支出预算申报审核。

各部门在每年上报建设项目支出预算建议数时，按照省财政厅的统一要求提出项目支出预算申请报告，并详细填写部门预算报表中有关项目的支出内容。

按省政府办公厅粤府办〔2001〕4号文的审批程序规定，各部门提出的部门预算建议草案中申请使用财政预算内、外资金的基建项目，必须是项目建议书已经省计委会同省财政厅审核后报省人民政府审批确认的项目。

中央部门补助地方基建项目要求省级财政配套资金的，除国务院文件规定的外，项目实施部门提供已根据中央部门的相关文件向省政府确认由省级财政解决配套资金的批件，并须提供中央部门的相关文件；如申报财政预算内资金配套的，需提供国务院文件、财政部与有关部门联合下发的文件，或各部门已报经省政府确认由财政解决配套资金的批件。

省财政厅根据项目前期准备工作或工程进度情况，将符合要求的基建项目纳入年度部门预算安排，省人大审议通过后，由省计委纳入年度投资计划。

（三）项目组织实施。

1. 对列入当年项目支出预算的项目，项目主管部门要按照经批准的项目支出预算督促项目承担单位积极筹措资金，与有关单位签订项目实施协议或合同，实施项目计划。

2. 省财政厅按照确定的预算计划和项目进度及时拨付资金。对于其中的基本建设项目，应根据《省级基本建设项目财政性资金集中支付暂行办法》（粤府〔2000〕41号）规定，实行国库集中支付。集中支付的范围包括基建项目资金来源中的财政拨款和纳入财政专户管理的预算外资金。具体集中支付的程序及办理要求等按粤府〔2000〕41号文执行。

3. 对跨年度的项目，主管部门应在财政年度末向省财政厅提供项目进度报告。项目进度报告一般应包括项目简述、项目的总体进展情况、项目资金的筹措与使用情况、项目的组织与管理情况、项目执行中出现的问题及处理意见的建议、根据实际情况对项目进度的调整情况等内容。

4. 对项目年度实际支出超过年度预算总额并需相应增加财政拨款的情况，项目主管部门要向省财政厅写出报告，阐述理由，省财政厅进行了解核实后，提出处理意见。对项目支出预算总额不变，因项目进度调整或其他特殊原因确需改变预算年度之间的财政资金安排数额的情况，主管部门需报告省财政厅同意后进行调整。对项目实际支出总额少于原确定预算总额而相应结余或节约的资金，原则上由省财政厅将其中的财政拨款和专户核拨的预算外资金收回另作统筹安排。

属基本建设项目，需经省计委商省财政厅提出调整投资计划和支出预算，报省政府同意后方可进行调整。

5. 项目主管部门在项目完成后要写出项目实施报告书报省财政厅。

第六章　附　则

第十六条　本办法由省财政厅负责解释。

第十七条　本办法自发布之日起实施。

广东省技工学校智力扶贫资金管理办法

广东省财政厅2003年4月2日印发（粤财社〔2003〕38号）

第一条　为了加强我省技工学校智力扶贫资金的管理（以下简称智力扶贫资金），确保智力扶贫工作顺利实施，特制定本办法。

第二条　智力扶贫资金是指遵照省委、省政府智力扶贫的决定，专门用于资助我省技工学校按学籍管理规定录取的贫困学生完成学业的预算内专项资金。

第三条　贫困学生是指农村家庭人均年收入 1 500 元以下的应届初、高中毕业生。贫困学生资格由各级扶贫部门审核确定。

第四条　本办法适用于承担智力扶贫计划的各技工学校。

第五条　智力扶贫资金对每名贫困学生每年资助3 500元，未达到省物价部门批准的技工学校收费标准部分，由承担扶贫任务的技工学校补足。智力扶贫资金用于支付贫困生在校就读期间的全部学杂费、住宿费、实习实验费。伙食费及物价部门批准的代收代支费用由贫困学生自付。

第六条　省财政厅依照国家预算内资金管理有关规定，负责对智力扶贫资金进行监督管理。

第七条　省劳动和社会保障厅是全省技工学校的主管部门，智力扶贫招生计划由省劳动和社会保障厅会省财政厅、省扶贫办共同下达。

第八条　智力扶贫资金的审核拨付程序。

（一）承担扶贫计划的技工学校，于每年 10 月 15 日前将本校按计划完成招收贫困生人数花名册和资金申请报告，经当地地级市以上劳动部门、扶贫部门和财政部门审核后，上报省劳动和社会保障厅，同时抄送省扶贫办。

（二）省劳动和社会保障厅根据各技工学校实际招收贫困生人数、所学专业、学制等，汇总和编制智力扶贫资金申请方案，于每年 10 月 30 日前送省财政厅审核。

（三）省财政厅根据审定的人数，将智力扶贫资金分配下达 各级财政部门。各级财政部门收到省财政厅下拨的资金后要在一个月内拨付到承担智力扶贫任务的有关技工学校。

第九条　智力扶贫资金必须专款专用，各级财政部门不得以任何理由截留、挪用智力扶贫资金。技工学校不得用于弥补学校的亏损和偿还银行贷款。凡承担智力扶贫任务的技工学校，要单独核算，指定专人负责管理，做到账账相符、账表相符。

第十条　承担智力扶贫任务的技工学校要保证本校培养的贫困生百分之百安排就业，如贫困生不能实现就业的，技工学校要退回省财政补助的智力扶贫资金。

第十一条　贫困生中途辍学或因违纪被处理退学，学校要及时上报省劳动和社会保障厅，由省劳动和社会保障厅汇总后送省财政厅，在下一年度资金分配时如数核减（在校不满半年的按半年结算，超过半年的按一年结算）。

第十二条　承担智力扶贫任务的技工学校要做好智力扶贫资金的报表工作。年终技工学校按照财政、劳动部门的有关规定，将本学校智力扶贫资金使用情况上报省劳动和社会保障厅，由劳动和社会保障厅审核汇总后，送省财政厅。报表要求内容完整、数字准确，不得虚报、漏报。

第十三条　建立智力扶贫资金检查跟踪制度，省劳动和社会保障厅、省财政厅、省扶贫办联合有关部门每年共同组织对智力扶贫资金使用情况进行检查和评估。

第十四条　智力扶贫资金的管理使用情况应接受各级审计部门的监督检查。

第十五条　凡单位和个人采用欺骗手段骗取智力扶贫资金或贪污、挪用、克扣、截留智力扶贫资金，由各有关部门根据各自职能对责任人视情节轻重给予政纪党纪处分，构成犯罪的依法追究刑事责任。

第十六条　本办法由省财政厅、省劳动和社会保障厅、省扶贫办负责解释。

第十七条　本办法自颁布之日起执行。

广东省财政票据管理办法

广东省财政厅2003年5月6日印发(粤财综〔2003〕59号)

第一章 总 则

第一条 为加强财政性资金的管理，进一步规范财政票据的印制、发放、购领、使用、保管及核销工作，制止乱收费、乱罚款现象，维护国家利益，保护公民、法人和其他组织的合法权益，依据财政部《行政事业性收费和政府性基金票据管理规定》、《广东省罚没财物管理条例》和《广东省预算外资金管理办法》的规定，制定本办法。

第二条 本办法所称“财政票据”是指国家机关、事业单位、社会团体、具有行政管理职能的企业主管部门和政府委托的其他机构（以下简称“部门（单位)”)，为履行或代行政府职能，依据法律、法规、规章和具有法律效力的其他政策措施，在收取行政事业性收费、政府性基金、行政罚没款和其他非税收入，向被收取单位或个人开具的财政部门印制的收据。财政票据是单位财务收支的法定凭证和会计核算的原始凭证，是财政、审计等单位进行检查监督的重要依据。

第三条 除国家法律、法规、规章另有规定外，广东省财政票据的印制、发放、购领、使用、保管、核销和稽查，适用本办法。

第四条 广东省财政厅（以下简称省财政厅）是我省财政票据管理的主管机关，负责制定财政票据的政策和管理办法并监督实施。

省财政厅委托广东省财政厅票据监管中心（以下简称“省票据中心”）负责全省财政票据的印刷、发放、核销和稽查的具体实施工作。各级财政部门或财政部门设立的票据监管机构（以下简称“财政票据监管机构”）负责本地区财政票据的发放、核销和稽查的具体实施工作。未经省财政厅批准，任何单位和个人不得自行印制、发放、出售、核销和销毁财政票据。

第五条 财政票据的购领对象必须是符合使用财政票据规定的具有独立核算、会计制度和专职财会人员健全的部门（单位)，其所属非独立核算的单位或派出机构使用的财政票据，一律由主管单位财务部门统一购领、保管和分发。

第六条 实行委托银行代收的行政事业性收费、政府性基金、罚没收入等，所使用的财政票据由各级财政票据监管机构向承办银行发放。

第二章 财政票据的种类及适用范围

第七条 财政票据分为通用票据、专用票据两类。

通用票据是指满足一般收费特点，具有通用性质的票据，适用于收取普通行政事业性收费和政府性基金（资金）以及其他非税收入；

专用票据是指为适应某一种收费或基金的需要而制定的具有特定式样的专用票据；专用票据又分为定额和非定额票据两种。

通用票据和专用票据一般设置为三至五联，根据工作需要，财政票据可印制为手写票和电脑票。手写票据和定额票据适用于经批准的现场执收的部门（单位）使用，电脑票据一般适用于委托银行代收或有条件的经批准的直接执收的部门（单位）使用。

第八条 除法律、法规和规章另有规定外，部门（单位）实施行政事业性收费、政府性基金和罚没财物以及收取其他非税收入，一律按本办法使用省财政厅印制的财政票据。凡不按本办法使用票据的，被收费、处罚的单位或个人有权拒绝付款，财务部门不得作为报销凭证。

第九条 各类财政票据之间不得相互串用、混用，也不得转让、转借、代开。

第三章 财政票据的印制

第十条 省财政厅负责制定财政票据的种类、式样、规格、联次、内容和财政票据印制章的形状、规格和印色等，并实行不定期换版制度。

第十一条 省票据中心根据省财政厅的要求，负责印制全省的财政票据。

第十二条 财政票据的印刷企业应进行公开招标确定，每个标书印刷期限一般为两年，最长不超过三年。对参与招标的印刷企业，由省票据中心进行严格审查，对符合要求的报省财政厅审核后通过公开招标确定，并由省财政厅发给财政票据准印资格证书。

财政票据的印刷应由省票据中心与印刷企业签订印刷合同，印刷企业应确保财政票据在印刷、运输、保管等各个环节的安全，并妥善保管好票据印制章和防伪设施。

省票据中心应当按照印刷合同的约定对财政票据印制

企业履行合同的能力和合同义务履行情况进行监督，对其违反合同约定的行为，应当及时依法追究其违约责任，直至取消其印制财政票据的资格，并收回发给的财政票据准印资格证书。

未经省财政厅批准，任何单位和个人不得印制财政票据。禁止在境外印制财政票据。

第四章　财政票据的购领和核销

第十三条　符合使用财政票据的部门（单位），应按照财务隶属关系购领省票据中心负责发放全省的财政票据。省级单位和各地级以上市财政票据监管机构以及驻粤的中央单位（除财政部有专门规定外）和驻各市、县的省级单位统一到省票据中心购领；地级市的部门（单位）和所属县（市、区）财政部门统一到地级市财政票据监管机构购领；县（市、区）部门（单位）和乡镇财政所到县（市、区）财政票据监管机构购领。

第十四条　符合使用财政票据的部门（单位），首次购领财政票据，除向同级财政部门提出书面申请，并提交编委批复的行政事业单位机构定编文件（或经政府批准成立的有关文件）、《中华人民共和国组织机构代码证》、单位法人资格证、单位介绍信外，还应分别不同情况按下列要求提交有关文件和资料，经财政部门批准后，根据所使用的票据种类，到财政票据监管机构办理注册登记。所注册项目、标准调整变更时，应重新办理批文、注册登记或注销手续。

（一）属于行政事业性收费（或教育、医疗收费）的，还需提交国务院或省以上物价、财政部门批准收取行政事业性收费的文件复印件、物价部门核发的《收费许可证》。

（二）属于行政处罚的，还需提交涉及行政处罚内容的我国现行法律、法规、规章等复印件。

（三）属于征收政府性基金的，还需提交国务院或财政部批准设立政府性基金的文件复印件。

（四）属于教育收费的，还需提交教育部门核发的《办学许可证》、物价部门核发的《教育收费许可证》（属学历教育的《社会力量办学许可证》）。

（五）属于医疗收费的，还需提交卫生部门核发的《医疗机构执业许可证》、《医疗收费许可证》、《广东省医疗机构诊疗科目核定表》。

第十五条　委托银行代收费的部门（单位）应根据财政部门批准的委托银行代收批文到财政票据监管机构办理《使用财政票据注册登记证》，并购领《收费缴款通知书》。财政票据监管机构根据财政部门批准的委托银行代收批文和单位办理的《使用财政票据注册登记证》，通知委托的代收银行办理相关购领和核销财政票据衔接手续。代收费的银行不得擅自将财政票据交由第三者使用。

第十六条　经财政部门批准尚未实行委托银行代收费项目和水上、边远地区等需现场执收的部门（单位），财政票据实行分次“限量购领”和“验旧换新”的制度。

（一）经同级财政票据监管机构审查符合规定后，发给《使用财政票据注册登记证》和《财政票据购领手册》。单位凭证购领财政票据。

（二）再次购领财政票据时，除保留上次购领的少量票据备用外，应按照“验旧换新”的原则，出示《财政票据领购手册》和填写《财政票据核销表》一式三联（第一联用票单位留存，第二联票据监管机构核票，第三联财政主管处、科、室备查），内容包括已使用的票据名称、领购时间、册数、起止号码、收取资金的数额和已划缴财政金额、未缴财政金额等，并附已上划缴国库或财政专户的银行入库凭证复印件，经同级财政票据监管机构审核，原则上须确定其所收取的资金与已上缴国库或财政专户的资金相符后，方可继续购领票据。如票款不符或资金未上缴国库或财政专户的，财政票据监管机构有权停止供应票据。

第十七条　使用财政票据的部门（包括委托银行代收），已开具的财政票据存根，应妥善保管，保管期一般五年。个别用量大的财政票据存放五年确有困难的，经同级财政部门批准，可适当缩短保存期限。保存期满需要销毁的票据，经有关部门（单位）登记造册报同级财政票据监管机构核准，省级单位的由省财政票据监管中心销毁，省以下单位的由各地级以上市财政票据监管机构负责汇总造册其本地区应销毁的财政票据，报省财政票据监管中心批准后进行销毁，核销委托银行代收的财政票据时须与财政专户进行核对账目。

第十八条　使用财政票据的部门（单位）撤销、改组、合并以及改变隶属关系的和收费、基金、罚没项目已被明令取消的，部门（单位）应在十五日内，向原登记购领财政票据的财政票据监管机构，办理《使用财政票据注册登记证》和《财政票据领购手册》的变更或注销手续，同时对已使用的和尚未使用的财政票据，由部门（单位）登记造册报同级财政票据监管机构批准后核销。任何部门（单位）不得私自转让、销毁财政票据和《财政票据领购手册》。

第五章　财政票据的管理和监督

第十九条　各级财政票据监管机构应当建立健全票据管理制度，加强票据管理机构建设，配备必要的人员和设备。做到专人、专责、专账、专库管理，严格领、用、存和核销手续。同级财政部门应加强监督和管理。

第二十条　使用财政票据的部门（单位）应建立财政票据使用登记制度，设置财政票据登记簿，定期向同级财政票据监管机构报告财政票据的购领、使用、结存情况。

（一）财政票据在起用前，应当检查票据是否有缺号、缺联、重号等情况，一经发现，应及时向财政票据发放机构报告。使用时，票据填写必须内容完整，字迹工整，印章齐全。如填写错误应加盖作废戳记，保存其各联备查，不得以红书填写财政票据和拆本使用财政票据。如发生票据丢失，应及时在地级以上的报刊登载声明作废，查明原因，写出书面报告，并于事发后十五日内报同级财政票据监管机构处理。

（二）使用财政票据的部门（单位），在每本票据用完后，必须按规定在封面上填写清楚整本票据开出的金额，票据起讫号码，并由经手人签章后，交单位财务审核，在财政票据监管机构规定的核销票据时间内查验核销，票据存根封存至销毁。

第二十一条 各级财政票据监管机构应建立财政票据稽查制度。根据实际情况和管理需要，对财政票据的购领、使用、核销、保管等情况进行定期或不定期检查。被查单位应如实反映情况，提供资料，接受监督和检查，不得拒绝检查、隐瞒情况或弄虚作假。

第六章 罚 则

第二十二条 下列行为属于违反财政票据管理规定的行为：

（一）未经批准，擅自印制和使用财政票据的。

（二）私自刻制、使用和伪造票据印制章的。

（三）伪造、制贩假财政票据的。

（四）未按规定使用财政票据及故意隐瞒，不及时向财政部门报告的。

（五）擅自转借、转让、代开、买卖、销毁、涂改财政票据的。

（六）利用财政票据乱收费乱罚款或收取超出规定范围和标准的行政事业性收费、政府性基金和罚没财物的。

（七）互相串用各种财政票据的。

（八）不按规定接受财政部门及其委托票据管理机构的监督管理或不按规定提供有关资料的。

（九）管理不善，丢失毁损财政票据的。

（十）其他违反本规定行为的。

第二十三条 对有第二十二条规定行为的单位和个人，责令改正，并依照《违反行政事业性收费和罚没收入收支两条线管理规定行政处分暂行规定》、《广东省罚没财物管理条例》等有关法规、规章予以行政处罚或行政处分；涉嫌犯罪的，依法移送司法机关处理。

第二十四条 对违反财政票据管理的行为予以行政处罚，应当按照《行政处罚法》及其他有关规定作出行政处罚决定。

被处罚人对行政处罚决定不服的，可以在规定的期限内依法申请行政复议或提起行政诉讼。

第二十五条 财政票据监管人员在履行财政票据监管职责中有违法违纪行为的，依照有关法律、法规、规章和财政部门内部管理制度的规定追究其法纪责任。

第七章 附 则

第二十六条 本办法由省财政厅负责解释。各地级以上市财政部门可结合本地实际，制定具体操作办法并报省财政厅和省财政票据监管中心备案。

第二十七条 本办法自2003年8月1日起执行。广东省财政厅2001年2月13日印发的《广东省行政事业性收费、政府性基金和罚没财物票据管理办法》（粤财综〔2001〕11号）同时废止。

广东省国有高新技术企业股权激励试点工作实施办法

广东省财政厅2003年5月13日印发（粤财企〔2003〕84号）

第一章 总 则

第一条 为了贯彻落实《国务院办公厅转发财政部科技部关于国有高新技术企业开展股权激励试点工作指导意见的通知》、《财政部 科技部关于实施〈关于国有高新技术企业开展股权激励试点工作的指导意见〉有关问题的通知》，做好我省国有高新技术企业股权激励试点工作，特制定本实施办法。

第二条 国有高新技术企业开展股权激励试点，应坚持效率优先、兼顾公平、风险与收益对等、激励与约束相结合的原则，有利于调动企业科技人员、经营管理人员的积极性和创造性，有利于国有资产的保值增值。

第三条 本办法所称国有高新技术企业，是指按照《中华人民共和国公司法》设立，并经省级以上科技行政部门认定为高新技术企业的国有独资公司和国有控股（国有股权在50%以上）的有限责任公司、股份有限公司（上市公司除外）。

第四条 广东省国有高新技术企业股权激励试点的审批和管理工作由省财政、科技行政部门组织实施。

第二章　申请条件

第五条　申请开展股权激励试点的国有高新技术企业（下面简称试点企业），必须具备以下条件：

（一）产权清晰，法人治理结构健全。

（二）近三年来，每年用于研究开发的经费占企业当年销售额5%以上，研发人员占职工总数10%以上，高新技术主业突出。

（三）近三年税后利润形成的净资产增值额占企业净资产总额的30%以上。

（四）建立了规范的员工效绩考核评价制度、内部财务核算制度，财务会计报告真实，近三年没有违反财经法律法规的行为。

（五）企业发展战略和实施计划明确，经专家论证具有高成长性，发展前景好。

第三章　申请与审批程序

第六条　符合第五条规定的国有高新技术企业均可提出申请，逐级上报，向省财政、科技行政部门报送申请材料。

第七条　申请试点的企业须报送如下文件与材料，一式五份：

（一）《广东省国有高新技术企业股权激励试点申请表》（格式见附件二，略）。

（二）企业的股本（资本总额）、股权（份）结构及出资方式，近三年经济效益状况及净资产增值情况，未来三年经济效益状况及资产保值增值预测等情况的说明。

（三）股东大会或董事会审议通过的股权激励方案，包括股权激励的范围、条件和方式，股权（份）来源，股本设置及股权（份）处置，企业财务考核与评价，出售股权的价格系数，有关人员效绩考核的评价、具体持股数量及持股期限等。

（四）企业营业执照副本复印件、企业国有资产产权登记证复印件。

（五）企业主管部门或授权投资机构同意其参与试点的文件。

（六）省级以上科技行政部门认定为高新技术企业的相关文件。

（七）企业近三年审计报告、资产评估报告及相关的核准备案文件，企业的年度审计报告应说明净资产增值部分是否属于税后利润形成。

（八）试点工作的组织领导和工作方案，试点工作时间进度安排等。

（九）企业员工效绩考核评价制度、发展战略和实施计划。

（十）采用技术折股方式的，应提交相关的专利证书或专家评审意见。

（十一）企业技术创新能力、技术储备以及主营产品技术水平和市场竞争力的有关证明材料。

（十二）省财政、科技行政部门要求的其他文件和资料。

第八条　省财政、科技行政部门应当在收到按第七条规定的有效文件和材料之日起六十日内，作出审批结论。

第四章　操作规则

第九条　股权激励的对象是指对试点企业的发展作出突出贡献的科技人员和经营管理人员（以下简称“有关人员”）。具体范围由试点企业股东大会或董事会决定。

（一）对企业的发展作出突出贡献的科技人员，是指企业关键科技成果的主要完成人，重大开发项目的负责人，对企业主导产品或核心技术作出重大创新或改进的主要技术人员。

（二）对企业的发展作出突出贡献的经营管理人员，是指参与企业战略决策、领导企业某一主要业务领域、全面负责实施某一领域业务工作并作出贡献的中、高级经营管理人员。

第十条　试点企业股权激励方式包括奖励股权（份）、股权（份）出售、技术折股。

（一）奖励股权（份）是指企业按照一定的净资产增值额，以股权方式奖励给对企业的发展作出突出贡献的科技人员。

（二）股权（份）出售是指根据对企业贡献的大小，按一定价格系数将企业股权（份）出售给有关人员。价格系数应当在综合考虑净资产评估价值、净资产收益率及未来收益等因素的基础上合理确定。

（三）技术折股是指允许科技人员以个人拥有的专利技术或非专利技术（非职务发明），作价折合为一定数量的股权（份）。

第十一条　试点企业根据实际情况选择采用上述股权激励方式。用于奖励股权（份）和以价格系数体现的奖励总额之和，不得超过试点企业近三年税后利润形成的净资产增值额的35%，其中，奖励股权（份）的数额不得超过奖励总额之和的一半；要根据试点企业的发展统筹安排，留有余量，一般在三到五年内使用。采用技术折股的，可以评估作价入股，也可按该技术成果实施转化成功后为企业创造的新增税后利润折价入股，但折股总额应不超过近三年该项技术所创造的税后利润的35%。

第十二条　试点企业应当建立规范的员工效绩考核评价制度，设立考核评价管理机构。员工效绩考核评价制度应当包括员工岗位职责核定、效绩考核评价指标和标准、年度效绩责任目标、考核评价程序和奖惩细则等内容。

试点企业股东大会或董事会应当根据考核结果确定有关人员并实施股权激励，防止平均主义。

第十三条　试点企业有关人员持有的股权（份）在规

定的期限内不能转让。经营管理人员所持有股权（份）的期限应不短于其任职期限；限制期满，可按规定依法转让。

第十四条　实施股权激励时应当按照《财政部关于印发〈企业国有资本与财务管理暂行办法〉的通知》（财企〔2001〕325号）和《财政部关于印发〈企业公司制改建有关国有资本管理与财务处理的暂行规定〉的通知》（财企〔2002〕313号）等相关法规规定的程序和权限报请核准，涉及国有股权设置方案的，由财政部门核准。

第十五条　试点企业应于每年度结束后六十日内，将上年度试点工作情况上报省财政、科技行政部门。

第十六条　各级财政、科技行政部门及试点企业，要严格按照本实施办法进行试点。严禁无偿量化，随意处置国有资产的行为。对弄虚作假、侵害国有资产权益的，要依法追究有关责任人的责任，对造成国有资产流失的要依法查处。

第五章　附　则

第十七条　部分试点企业经省财政、科技行政部门审批同意后，可以按照国家有关政策、法规的规定，探索采用股份期权的激励方式。

第十八条　本办法自颁布之日起执行。

第十九条　本办法由省财政厅、科技厅负责解释。

广东省农业龙头企业项目贷款贴息资金管理办法

广东省财政厅2003年5月29日印发（粤财农〔2003〕122号）

第一条　为了扶持我省100家重点农业龙头企业做强做大，推进我省农业产业化经营，根据《中共广东省委关于大力推进农业产业化经营的决定》（粤发〔2001〕8号）和《关于印发广东省重点发展100家农业龙头企业实施方案的通知》（粤府办〔2001〕101号）的要求，省财政从2003年起，连续五年每年安排4 000万元，用于省重点农业龙头企业和培育对象企业的贷款贴息。为加强贷款贴息资金管理，特制定本办法。

第二条　贷款贴息对象。经省政府批准确认的省重点农业龙头企业或省重点农业龙头企业培育对象。经考核不合格，取消"省农业龙头企业"或"省重点农业龙头企业培育对象"称号的企业，不再享受贷款贴息。

申报当年贷款贴息的企业，其前三年由省财政安排的无偿资金（不包括省财政安排的贴息资金）累计超过300万元的企业，不予贴息。

第三条　贷款贴息的范围。企业用于下述项目建设和经营活动的贷款，可以申请贴息。

（一）企业农产品生产基地或加工设备及社会化服务设施建设。

（二）畜牧、园艺、水产、蔬菜产品的包装、储藏、保鲜等关键技术的研制、引进和提高。

（三）创办技术科研机构及技术研制、开发，先进技术和名、优、新品种的引进。

（四）季节性强的农产品收购资金贷款。

（五）省重点农业龙头企业到山区和东西两翼办农产品加工企业或基地的贷款。

不属于上述范围的企业贷款不予贴息。

第四条　贷款贴息资金的用途。贷款贴息资金主要用于企业贷款项目的投入、经营、研发和技术引进以及归还银行贷款利息等，不得用于补充经费和接待等开支。

第五条　贷款贴息额的确定。符合贴息条件的企业在上年度所发生的符合第三条规定的贷款均可享受贴息。各企业的贴息额按其符合贴息条件的银行贷款额占全省符合贴息条件的全部企业贷款总额的比重，确定其占贴息资金总额的比重和额度（某企业的贴息额＝某企业符合贴息条件的银行贷款额÷全省符合贴息条件的全部企业贷款总额×年度财政贴息资金总额）。每个企业年贴息总额不超过100万元。企业的贷款额，依据银行出具贷款合同和有效凭据予以认定。

第六条　贷款贴息资金的申请程序。申请上年度贷款贴息资金的企业必须按以下程序办理。

（一）企业填报"广东省重点农业龙头企业贷款贴息申请表"一式四份，并提供企业与银行签订的贷款合同（或协议）和有关银行贷款有效凭据（银行拨款单）的复印件，并经贷款银行盖章确认后，向当地农业局、财政局申报，经当地农业局汇总并会同级财政局审核，由农业局和财政局联合行文逐级向省农业厅、省财政厅申报。

（二）省属的重点农业龙头企业，直接向省农业厅、省财政厅申报。

（三）省重点农业龙头企业到山区、东西两翼办农产品加工企业或基地的贷款申请贴息，必须由承担投资所在地农业局、财政局出具审核意见，再按第（一）项规定申报。

（四）省重点农业龙头企业的子公司和控股公司的贷款贴息统一由省重点农业龙头企业申报，分别注明子公司或控股公司的企业名称和贷款数量。

（五）对于未经当地市县农业主管部门和财政部门审核同意的申请报告，一律不受理。

第七条　材料申报和资金下达时间。各市和省属重点农业龙头企业在每年3月30日前向省农业厅、省财政厅报送申报上年度贷款贴息材料，逾期将不予受理。省农业厅在每年4月30日前向省财政厅报送贴息资金安排计划，经省财政厅审核后，在每年5月底前下达贴息资金。

第八条　资金管理。

（一）贴息资金属于财政专项资金，必须专款专用。各级农业局、财政局要密切配合，互相支持，认真落实贴息政策，严格把关，杜绝虚报、冒领贴息资金现象。

（二）各市农业局、财政局于每年的3月份将已享受贷款贴息的企业上年度财政贴息资金使用管理的情况报省农业厅和省财政厅。未能及时按要求上报的，省将扣减或者不安排当年的贴息资金。

（三）各级财政部门要及时拨付贴息资金，不得截留，不得转作他用。

（四）如发现企业有虚报、假报情况的，财政部门有权停止拨款或追回已拨资金，取消企业三年享受财政贷款贴息的资格。

第九条　本管理办法自印发之日起实施。原有的规定和办法，与本办法相抵触的，执行本办法。

第十条　省扶持扶贫农业龙头企业的贷款贴息资金，参照本办法实施管理。

第十一条　本管理办法由省财政厅负责解释。

广东省旅游扶贫专项资金管理办法

广东省财政厅2003年6月11日印发（粤财外〔2003〕33号）

第一条　为贯彻落实省政府《关于进一步加强旅游扶贫工作的意见》（粤府办〔2003〕1号），规范我省旅游扶贫专项资金的使用和管理，充分发挥旅游扶贫专项资金的作用，促进我省区域性经济协调发展，根据《省级财政专项资金管理办法》等有关规定，特制定本办法。

第二条　省旅游扶贫专项资金（以下简称“扶贫资金”）是指经省政府批准，由省财政预算安排用于我省贫困地区和山区等弱势群体相对集中地区旅游公共基础配套设施建设的专项资金。

第三条　扶贫资金使用管理原则：

（一）项目化管理原则。通过申请、立项、可行性研究、审核、审批、监督实施、决算等项目管理程序，对扶贫资金实施有效管理，各级旅游和财政主管部门应根据全省旅游规划，推荐和确定旅游扶贫重点项目。

（二）突出重点，兼顾一般的原则。资金侧重于16个贫困山区县旅游公共基础设施配套的支出，避免资金过于分散和低水平重复建设，提高扶贫资金效益。

（三）引导激励原则。发挥政府资金对旅游扶贫项目建设的引导作用，对旅游扶贫项目建设的投入，以单位自筹和地方配套资金为主，省级财政扶持为辅。

（四）追踪问效原则。各级财政和旅游主管部门应对专项资金的拨付、使用管理情况进行监督检查，确保扶贫资金专款专用。

第四条　扶贫资金的使用范围：

（一）旅游景点的公共基础配套设施建设。

（二）旅游规划设计编制经费补助。

（三）为旅游区特色旅游商品销售提供购物设施配套建设。

第五条　扶贫资金申请的条件：

（一）申请的项目符合广东省旅游发展总体规划的要求，旅游资源有特色、开发条件较好，预期扶贫效益显著，并已纳入省确定的旅游扶贫重点项目范围。

（二）项目审批程序完整，建设配套资金落实。

（三）基层申请用款单位具有完备的项目法人资格及其组织机构。

第六条　扶贫资金的申报程序：

（一）由旅游和财政主管部门推荐所在地旅游扶贫项目，提交书面申请及可行性研究报告或项目建议书，并联合逐级上报。

报送的项目可行性研究报告或项目建议书，其内容应包括：项目名称、申请数额、项目自筹和地方配套资金落实情况、项目总体规划、专家论证情况、项目实施方案、经济和社会效益等内容。

（二）地级市旅游和财政主管部门根据扶贫资金使用管理的原则对县区的项目进行筛选后，连同所属项目可行性研究报告等材料，于每年4月底前联合向省旅游局和省财政厅申报。省旅游局和省财政厅不直接受理县区一级的申请报告。

省旅游局和省财政厅提出扶贫资金分配方案，联合上报省政府审批。

第七条　根据省政府批准的扶贫资金分配方案，省财政厅直接发文追加预算并拨付资金给有关市财政局，市财政局收到文件后，按照规定负责对用款单位或有关县区财政局办文和拨款，拨付文件抄送当地旅游主管部门。

地级市财政局应在收到省财政厅扶贫资金追加预算文件的1个月内，与旅游主管部门共同确定旅游扶贫项目资金使用计划，并报送省旅游局和省财政厅审定。用款单位必须严格按省审定的资金使用计划执行。因特殊原因需变更项目资金使用计划的，要经当地市旅游和财政部门同意后，报省旅游局和省财政厅审定。

第八条 财政部门应按照专项资金管理规定，以及具体扶贫项目资金使用计划，按工程进度及时拨付资金；旅游和财政主管部门应加强对项目执行的指导和监督。

第九条 建立跟踪反馈制度。省安排扶贫资金项目所在地市旅游、财政主管部门，应在年度终了后一个月内分别向省旅游局和省财政厅提交项目建设资金使用和工程进度等有关情况的报告。

第十条 项目用款单位必须按照《中华人民共和国招标投标法》和《中华人民共和国政府采购法》等有关规定，实行工程招标等方式确定工程建设单位，并严格按批准的扶贫资金项目进行施工。项目用款单位要对扶贫资金设置专门会计科目核算，防止挪作他用。

第十一条 各级财政和旅游主管部门要根据国家有关法律、法规和规章，负责扶贫资金管理和监督。省财政厅和省旅游局将定期对扶贫资金的使用进行检查。检查的主要内容有：

（一）根据批准的项目及审定的项目资金使用计划，对扶贫资金的支出范围和使用情况进行审核检查。

（二）财政部门按照财政专项资金管理规定，按工程进度将资金及时拨付到位的情况，旅游和财政主管部门对项目进行监管指导的情况。

（三）项目的用款单位按照有关规定实施招标、项目工程进度、使用资金和建账核算的情况。

（四）旅游扶贫项目信息的反馈情况。

第十二条 未按本办法规定使用和管理扶贫资金的，省财政厅、省旅游局经调查核实后，收回项目资金，作出停止实施或整改后实施的决定；涉及违反财经法规的，依照有关法律、法规进行处理；涉嫌触犯刑律的，移交司法部门处理。

第十三条 本办法自发布之日起施行。

第十四条 本办法由省财政厅和省旅游局负责解释。

广东省残疾人事业专项资金管理办法

广东省财政厅2003年6月17日印发（粤财社〔2003〕114号）

第一条 为了规范和加强残疾人事业专项资金的管理，保障广东省残疾人事业五年计划纲要的顺利实施，特制定本办法。

第二条 残疾人事业专项资金，主要来源于各级财政拨款和福利彩票公益金、残疾人就业保障金、企事业单位赞助等项资金。

各地应按照“地方投入为主、省级补助为辅”的原则，多渠道筹集资金，确保广东省残疾人事业五年计划纲要规定任务的按期完成。

第三条 残疾人事业专项资金使用范围，主要包括：

（一）康复。用于残疾人康复、残疾预防、康复救助和残疾人用品用具供应服务的补助。

（二）教育。用于残疾人高等教育和职业教育补助。

（三）就业。用于对残疾人的就业服务、职业培训，扶持残疾人就业和残疾人就业服务机构的补助。

（四）扶贫。用于农村贫困残疾人实用技术培训和农村残疾人扶贫服务机构工作的补助；残疾人就业培训基地或就业示范点的专项补助。

（五）文化体育。用于残疾人特殊艺术活动补助；残疾人运动员选拔、训练、比赛，运动器材购置，残疾人体育运动基地补助，社区残疾人文化体育活动、特奥活动补助等。

（六）其他。经同级财政部门审核同意的残疾人事业支出。

第四条 各级残疾人联合会应根据五年计划纲要确定的任务指标和预算编制要求，按时编制残疾人事业专项资金年度收支计划，报同级财政部门审核。

第五条 省财政安排补助贫困地方的残疾人事业专项资金由省财政厅商省残疾人联合会下达给地级以上市财政部门，拨款文件抄送地级以上市残疾人联合会。

第六条 省财政安排补助贫困地方的残疾人事业专项资金主要依据各地残疾人人数、各级残疾人联合会承担的五年计划纲要任务指标和各级财政可支配财力进行分配。补助项目和标准由省残疾人联合会商省财政厅共同制定。

省财政安排补助贫困地方的残疾人事业专项资金的分配，按以下公式计算。

某市残疾人、任务指标系数＝该市残疾人人数、任务指标数÷各市残疾人人数、任务指标数之和。

某市财政可支配财力系数＝1—该市人均可支配财力÷各市人均可支配财力之和。

财政可支配财力系数公式表示，当某市人均可支配财力越高，其财政可支配财力系数则越小，享受的补助便越少。相反亦然。

某市可分配的财政转移支付补助数＝财政转移支付总额×∑（该市三项转移支付系数×权重之和）。

第七条 各级财政部门、残疾人联合会应根据上级补助资金和社会筹集资金情况安排相应资金。

第八条　各级地方财政部门、残疾人联合会接到上级补助资金后应及时分配和下达，不得截留和任意改变资金用途。

第九条　残疾人事业专项资金可以结转下年使用。对未完成工作任务的，将根据情况扣减下一年度补助经费。

第十条　各级残疾人联合会应按五年计划纲要的要求按时完成任务指标，按省财政厅粤财社〔2003〕80文的要求及时编报残疾人事业专项资金决算报表，并经同级财政部门审核后逐级汇总上报。

第十一条　残疾人事业专项资金必须纳入各级残疾人联合会财务部门统一管理，单独建账，单独核算。

第十二条　用残疾人事业专项资金购置的材料、物资和设备等属于国有资产的，要严格执行国有资产管理有关规定，加强管理。

第十三条　省财政厅、省残疾人联合会对残疾人事业专项资金的使用情况进行不定期抽查。对弄虚作假、截留、挪用和挤占专项资金等违反国家财经纪律和财务制度法规的，要严肃处理；构成犯罪的，依法追究其刑事责任。

第十四条　各地财政部门和残疾人联合会应根据本办法制定实施细则，并报省财政厅和省残疾人联合会备案。

第十五条　本办法由省财政厅、省残疾人联合会负责解释，自发布之日起施行。

关于进一步做好财政投资工作促进经济发展的通知

广东省财政厅2003年6月17日印发（粤财建〔2003〕66号）

各地级以上市财政局：

为了克服“非典”疫情对我国经济发展的不利影响，更好地发挥投资对经济增长的拉动作用，根据全国做好投资工作促进经济发展电话电视会议要求，各地当前要进一步加大力度做好投资工作，促进经济持续快速增长。省委、省政府对我省如何切实做好投资工作，实现2003年全省经济发展的既定目标提出了具体的工作要求。财政工作与投资工作密切相关，各级财政部门要采取更加积极的措施，促进本地经济发展。现提出要求如下：

一、加快政府性投资项目的资金投入。各级财政部门对财政性资金投资的在建项目，要积极主动采取措施，保证按照原定的年度投资计划和支出预算，加快资金拨付工作，满足工程建设需要。在项目建设过程中，投资评审机构对工程款支付审核要集中力量，提高审核效率，缩短审核时间；涉及需报批的政府采购工程和设备，政府采购管理机构要简化审批手续，保证建设单位及时开展采购工作。

二、抓紧下达专项资金计划。财政部门要主动与有关部门联系，抓紧做好与促进经济发展密切相关的企业挖潜改造、科技、教育、环保和水利等专项资金安排的审批工作，尽快下达今年专项资金使用计划和安排支出预算，及时拨付资金，充分发挥投资拉动经济增长的作用。

三、积极稳妥地调整财政投资项目的建设资金拨付时序。对确定由财政资金投资的建设项目，财政部门应密切配合有关部门和单位抓紧对项目的前期研究，加快项目审批进程，积极创造条件，争取项目提前动工建设。凡是具备条件可提前开工的项目或可加快建设速度的在建项目，在批准的投资规模内的所需资金没有纳入今年预算的，财政部门可适当调整拨款时序，通过预拨建设资金方式满足项目的建设需要。国库管理机构应千方百计调度财政资金，保证建设资金的支付。

四、抓住机遇争取中央国债等资金支持。今年以来，国家已安排我省水利、政法、高新技术、医疗应急处理、农村公路、战备公路等方面国债资金7亿多元，财政部门要加大力度督促国债项目的配套资金落实到位，加快国债项目的建设进度，争取项目提前建成使用。同时，主动配合计划部门继续做好申报和衔接工作，争取更多的中央国债资金和预算内基建资金的对我省公共设施建设的支持。

五、财政部门应切实转变工作作风，树立更高、更强的服务意识，主动与相关部门沟通合作，提高工作质量和办事效率，简化拨款审核审批程序，加快拨款速度，缩短项目拨款时间。同时，要加强对基本建设等财政资金的后续管理和监督，确保专项资金专款专用，充分发挥资金投资效益。

广东省农村合作医疗资金财务管理暂行办法

广东省财政厅2003年6月18日印发(粤财社〔2003〕91号)

第一章　总　则

第一条　为加强对农村合作医疗资金的财务管理，根据《国务院办公厅转发卫生部等部门关于建立新型农村合作医疗制度意见的通知》和省的有关规定，结合我省实际，制定本办法。

第二条　本办法适用于由政府组织、引导、支持，农民自愿参加，通过个人、集体和政府多方筹集建立的农村合作医疗基金，以及财政安排和向社会募集的农村合作医疗救助基金。

农村合作医疗基金和农村合作医疗救助基金统称为农村合作医疗资金。

第三条　农村合作医疗资金按照统筹级次，实行分级管理，统筹安排，合理使用。

第二章　资金筹集

第四条　农村合作医疗基金来源包括：

（一）农民个人缴纳；

（二）集体经济扶持；

（三）政府（财政）资助；

（四）农村合作医疗基金利息收入。

第五条　农民个人缴费标准每年每人不应低于10元，珠江三角洲地区可根据当地农村经济状况适当提高农民个人缴费标准。

集体经济扶持要量力而行，不得向农民摊派。

第六条　各级政府（财政）要安排资金对参加新型农村合作医疗农民给予资助。市、县、乡镇财政对参加新型农村合作医疗的农民补助要力争达到每年人均10元，珠江三角洲地区的标准可根据当地实际适当提高。

省财政对东西两翼和粤北山区农民参加新型农村合作医疗给予补助。省财政的补助资金根据实际参加新型农村合作医疗农民人数和地方各级财政补助资金的到位情况，通过财政专项转移支付方式下达。

第七条　县级农村合作医疗救助基金来源：

（一）各级财政安排；

（二）社会捐赠资金；

（三）县级农村合作医疗救助基金利息收入。

第三章　资金使用

第八条　农村合作医疗以保大病、保住院为主，各农村合作医疗举办地区要制定农村合作医疗资金使用办法（章程）。

农民医疗补偿资金的报销要从方便群众、简便操作出发，农村合作医疗的补偿范围和补偿比例要适当合理。

第九条　农村合作医疗基金除了按规定用于补偿农民医疗费支出外，不得用于其他任何方面的开支和投资营运。

第十条　各级农村合作医疗经办机构，不得在农村合作医疗基金中提取任何费用，其经费由同级财政安排。

第十一条　各级农村合作医疗经办机构要实行公开办事制度，并列入政府政务公开的考核内容。农村合作医疗基金的筹集、管理、使用情况，要定期向社会公布，接受群众的监督。

第十二条　县级农村合作医疗救助基金，用于补助农村特困人口缴纳合作医疗保障金部分的减免、大额医疗费的减免和用于调节农村合作医疗资金运作风险。

各县（市）要制定农村合作医疗救助基金使用管理办法，规范农村特困人口缴纳合作医疗保障金减免、大额医疗费减免的具体实施办法，确保农村特困人口参加农村合作医疗。

第十三条　对参加农村合作医疗的农民，其年内没有享受农村合作医疗补偿的，可根据实际情况对其进行一次常规性检查。

第四章　资金管理

第十四条　农村合作医疗基金是由农民自愿缴纳、集体扶持、政府资助的民办公助社会性资金，按照以收定支、收支平衡和公平、公开、公正的原则进行管理，纳入专户管理，专款专用，任何单位和个人不得挤占挪用。

农村合作医疗救助基金要单独设立专户，专账管理，专款专用。

第十五条　省、市、县（市）财政部门安排农民参加农村合作医疗补助资金，由县（市）财政部门拨入举办地（不含村一级）农村合作医疗基金专户，不得拨给农民个人；省、市、县（市）财政部门安排的农村合作医疗救助基金，由县（市）财政部门拨入县农村合作医疗救助基金专户。

第十六条　农村合作医疗经办机构要规范内部管理制度，要设立专门的会计、出纳人员。会计和出纳不得一人兼任。

要完善会计、统计报表制度。会计、统计报表要如实反映各级农村合作医疗的开展和资金筹集、使用及管理情况。

第十七条　各级财政安排的农村合作医疗补助资金，要按照公开、公平、公正的原则制定规范的资金分配办法。

第五章　资金的监督和检查

第十八条　要加强对农村合作医疗资金的监督、检查。财政部门负责对资金的日常财务监督、检查，农村合作医疗经办机构要自觉接受监察、审计部门和上级农村合作医疗管理部门对资金收支和管理情况进行的监督检查。

第十九条　农村合作医疗经办机构工作人员在农村合作医疗资金管理中，不得玩忽职守、营私舞弊，弄虚作假，违者按有关规定处理，构成犯罪的，交司法机关查处。

第六章　附　则

第二十条　建立和健全农村合作医疗资金的票据管理和监督制度。农村合作医疗经办机构向农民个人收缴的农村合作医疗基金和向农村合作医疗救助基金捐赠的资金要使用广东省财政厅统一印制的财政票据。

第二十一条　各地应根据本地实际情况制定具体的实施办法。

第二十二条　本办法从2003年7月1日起实施。

广东省省级部门项目支出预算管理试行办法

广东省财政厅2003年7月1日印发（粤财预〔2003〕63号）

第一章　总　则

第一条　为规范和加强省级行政事业单位项目支出预算管理，提高资金使用效益，促进行政工作任务和事业发展，依据《中华人民共和国预算法》并参照财政部《中央本级项目支出预算管理办法（试行）》，特制定本办法。

第二条　本办法适用于省级行政事业单位的项目支出预算管理。

第三条　项目支出预算是省级部门预算的组成部分，是行政事业单位为完成其特定的职责和目标，在基本支出预算以外，按指定的用途和对象编制的预算支出计划。

第四条　省级部门项目支出预算管理的基本原则。

（一）规范管理原则。列入预算的项目在管理程序上需经过项目申报、审核、核定预算和组织实施、监督检查和绩效评价等四个阶段，按规定的程序和要求规范运作。

（二）综合预算原则。项目支出预算要充分体现预算内外资金统筹安排的要求。

（三）公共财政原则。项目安排要充分体现公共财政的要求。

（四）科学论证、合理排序、量财办事原则。对申报的项目应当进行充分的论证和严格审核，分轻重缓急排序后视当年财力状况择优进行安排。

（五）追踪问效原则。省财政厅和省级部门对预算安排的项目的实施过程及其完成结果进行绩效评价、追踪问效。

第二章　预算项目的分类

第五条　项目按照其性质分为基本建设支出类项目、行政事业类项目和其他项目三大类。

（一）基本建设类项目，是指按照国家和我省关于基本建设管理的规定，用基本建设资金安排的项目。基本建设项目要纳入国民经济和事业发展计划，严格按国家基本建设项目规定的范围确定。

（二）行政事业类项目，是指省级行政事业单位由行政事业费开支的项目。主要包括：事业发展专项计划、基金项目（以下简称专项计划项目），专项业务项目，大型修缮、大型购置、大型会议和其他项目。

专项计划项目，是指经批准设立的有关事业发展的专项计划、基金等项目，包括科学、教育、文体、农业、水利、社会保障等事业性发展项目。

专项业务项目，是指省级行政事业单位为履行其职能、在开展专业业务活动中持续发生、在基本支出以外开支的特定支出项目，包括大宗印刷、专项培训、专项考察调研、专项事务管理、专用设备运转维护等项目。

大型修缮项目，是指省级部门及其所属单位按照国家有关规定，经有关部门鉴定需要对其危险性房屋、建筑物及附属设施的系统性修缮和大型成套专业设备修理的项目。

大型购置项目，是指省级部门及其所属单位按照国家有关规定，在基本支出以外的设备购置项目，包括购置交通工具、专用设备、批量办公设备。

大型会议项目，是指符合一类大型会议规格的会议，包括人大、政协代表大会和部门以省委、省政府名义召开、要求各地级市领导参加的一类大型会议。

其他项目，是指省级部门由行政事业费开支的、不在上述项目之外的支出项目。

（三）其他类项目，是指除基本建设类和行政事业类项目之外发生的支出项目。主要包括用科技三项费、农业综合开发、政策性补贴、对外援助、支援不发达地区等资金安排的项目。

第三章 项目申报

第六条 申报条件。

申报的项目应当同时具备以下条件：

（一）符合国家和省有关方针政策和财政资金支持的方向、范围。

（二）属于本部门行政工作和事业发展需要安排的项目。

（三）有明确的项目目标、预期效益、组织实施计划和科学合理的项目预算，并经过充分的论证，情况复杂的项目经过可行性研究。

（四）省财政厅统一制定项目申报文本、项目支出预算报表体系。省级部门按照编制年度部门预算的要求，统一汇总向省财政厅申报项目支出预算。

（五）项目按照申报要求分为新增项目和延续项目。

（六）基本建设项目申报，应按省政府办公厅粤府办〔2001〕4号文件规定的程序办理，项目建议书应经过法定程序批准立项。

新增项目，是指本年度新增的需列入预算安排的项目。

延续项目，是指以前年度批准的、需在本年度预算中继续安排的项目。

第七条 申报要求。

（一）项目申报必须按照要求填报项目申报书并附相关材料。

（二）省级部门应当按照财政厅规定的时间报送项目申报材料，材料内容必须真实、准确、完整。

（三）项目预算单位应当按照管理级次申报项目，不得越级上报。

（四）省级部门对下属单位申报的项目审核后，将符合条件的项目统筹考虑，择优分类排序后汇总向省财政厅申报。

第四章 项目审核

第八条 项目审核的内容主要包括：

（一）项目申报单位及所报的项目是否符合规定的申报条件。

（二）项目申报书是否符合规定的填报要求，相关材料是否齐全等。

（三）项目的申报内容是否真实可靠，项目论据是否充分，项目预算是否合理。

（四）申报项目排序是否合理。

第九条 财政部门审核后，对符合条件的项目，分类排序统筹考虑。

第十条 对预算数额较大或者专业技术复杂的项目，省财政厅可以组织专家或委托中介机构进行评审。

第五章 项目支出预算的核定和项目实施

第十一条 省财政厅根据国家和省的有关方针政策和省级部门的行政工作任务和事业发展目标，确定当年省级部门项目安排的原则和重点，并根据当年财力状况和项目排序，安排支出预算，列入省级部门年度预算。

第十二条 省财政厅依法在规定的时间内，对省级部门报送的预算进行审核汇总，上报省政府审定。经省人民代表大会批准后，及时向省级部门批复。

第十三条 省级部门要按照批复的项目支出预算组织项目的实施，并责成项目单位严格执行项目计划和项目支出预算。

第十四条 项目支出预算一经批复，部门和项目单位原则上不得自行调整。预算执行过程中，如发生项目变更、终止、调整预算的，必须按程序报批。

第十五条 项目完成后，结余资金属于财政拨款和专户核拨的预算外资金的，原则上由省财政厅收回另作统筹安排，国家和省另有规定的，从其规定。

第十六条 按规定实行政府采购的项目，应当按照省财政厅转发财政部《关于印发〈政府采购品目分类表〉的通知》规定，纳入政府采购预算，并按国家和省关于政府采购的有关办法规定执行。

第六章 项目的监督检查与绩效评价

第十七条 省财政厅、省级部门和项目单位等要对项目的实施过程和完成结果进行监督检查，对违反有关法律、法规和财务规章制度的，依法进行处理。

第十八条 项目完成后，项目单位要及时组织验收和总结，写出项目实施报告书报主管部门，部门要将项目实施完成情况汇总报省财政厅。对跨年度项目，项目单位应在年度末写出项目进度报告，由主管部门汇总报省财政厅。

第十九条　省级部门和省财政厅要对项目实行绩效评价，并以此作为以后年度审批立项的参考依据。

第七章　附　则

第二十条　基本建设类项目以及科技三项费用等项目，按照国家和省的有关规定及本办法规定的原则进行管理。

第二十一条　本办法由省财政厅负责解释。

第二十二条　本办法自发布之日起实施，原办法同时废止。

中心镇规划补助资金管理办法

广东省财政厅2003年7月1日印发(粤财建〔2003〕70号)

第一章　总　则

第一条　为支持和推动各地中心镇做好规划编制工作，省财政预算安排了专项资金，用于中心镇规划编制经费的补助。为加强中心镇规划补助资金的管理，提高财政资金使用效益，特制定本办法。

第二条　中心镇应当从2003年起三年内完成新一轮总体规划修编，并编制和国民经济与社会发展“五年”计划同步的近期建设规划。中心镇规划成果应当符合《城市用地分类与规划建设用地标准》和《广东省中心镇规划指引》的要求。

第二章　资金的补助范围

第三条　中心镇规划补助资金的安排范围是：粤东、粤西和山区的中心镇，及珠江三角洲地区2002年可支配财力低于3 000万元的中心镇。

第四条　省财政补助资金对粤东、粤西和山区的各中心镇规划编制的补助最高不超过该镇总体规划编制费的二分之一，对珠江三角洲地区2002年可支配财力低于3 000万元的部分中心镇规划编制的补助最高不超过该镇总体规划编制费的三分之一。中心镇总体规划编制费以该镇人民政府与城市规划编制单位签订的、并经上级中心镇规划主管部门审核的总体规划编制合同为参考依据。

第五条　凡申请省财政中心镇规划补助资金的中心镇，应按照《国务院关于加强城乡规划监督管理的通知》(国发〔2002〕13号）的要求，把规划编制经费纳入公共财政预算，落实地方自有资金。

第三章　补助资金申请、审查和下达

第六条　2002年以来完成中心镇总体规划编制的中心镇，按以下程序申请补助资金：

（一）中心镇人民政府持以下材料报地级以上市中心镇规划主管部门和财政部门。

1．镇人民政府申请省中心镇规划补助资金的报告；

2．规划编制合同、规划成果及审查报告或规划批文；

3．县（市、区）财政部门审查中心镇规划经费的地方自有资金已落实的证明文件。

县城镇申请规划补助资金的，由县人民政府提交申请报告并办理报批。

（二）地级以上市中心镇规划主管部门会同财政部门对中心镇规划成果及申请资料初审后，形成该市中心镇规划补助资金的申请报告报省建设厅，同时抄报省财政厅。

第七条　正在开展或准备编制中心镇总体规划的中心镇，按照以下程序申请补助资金：

（一）中心镇人民政府持以下材料报地级以上市中心镇规划主管部门和财政部门：

1．镇人民政府申请省中心镇规划补助资金的报告；

2．总体规划编制合同；

3．县（市、区）财政部门审查中心镇规划经费的地方自有资金已落实的证明文件。

县城镇申请规划补助资金的，由县人民政府提交申请报告并办理报批。

（二）地级以上市中心镇规划主管部门会同财政部门对中心镇的申请资料初审后，形成该市中心镇规划补助资

金的申请报告（具体到镇）报省建设厅，同时抄报省财政厅。

第八条 省建设厅根据当年各市申请中心镇规划补助资金的报告，提出当年补助资金分配方案（具体到镇），报省财政厅审定后，由省财政厅下达预算到地级以上市财政部门，并抄送省建设厅。

第四章 补助资金的使用和监督管理

第九条 地级以上市财政部门会同中心镇规划主管部门按照省当年的补助资金分配方案，及时将省专项补助资金预算下达到县（市、区）财政部门，由县（市、区）财政部门会同本级中心镇规划主管部门按照中心镇规划编制的进度一次或分次拨给中心镇政府，但补助给县城镇的规划经费，由地级市财政部门参照以下程序向县政府核拨资金：

（一）2002年以来已完成总体规划编制的中心镇，在按照《广东省中心镇规划指引》的要求补充完善相关内容，并在规划成果获地级市人民政府批复后，县（市、区）财政部门一次性拨给中心镇规划补助资金。

（二）正在开展或计划开展修编总体规划的中心镇，按照以下进度由县（市、区）财政部门分次拨给规划补助资金。

1．完成规划纲要编制，并通过地级以上市中心镇规划主管部门组织的评审后，先拨给中心镇二分之一的补助资金。

2．规划成果获地级以上市人民政府批复后，再拨给中心镇余下补助资金。

第十条 地级以上市中心镇规划主管部门应加强对中心镇规划编制工作的指导和监督，于每年3月底前向省建设厅提交工作报告，并将经审批的中心镇规划成果报省建设厅备案。

第十一条 各级财政部门要切实加强对专项资金使用的监督检查，督促中心镇人民政府和有关单位严格按照国家和省的有关财务规定，管理和使用中心镇规划补助资金，确保资金专项用于中心镇规划的编制。

第十二条 各级财政部门、中心镇规划主管部门和中心镇政府不得以任何理由、任何形式截留、挪用省中心镇规划补助资金。对违反规定的，将取消任何形式的补助，直至取消该镇中心镇的资格，并在一定范围内对违规部门和单位予以通报批评。对中心镇规划经费的地方自有资金不落实，弄虚作假骗取省中心镇规划补助资金的，省财政将视情节轻重，责令市、县（市、区）财政部门缓拨、减拨、停拨、直至扣回省的专项补助资金，而且今后省将不再给予任何形式的规划经费补助。

第五章 附 则

第十三条 本办法由省财政厅和省建设厅负责解释。

第十四条 本办法自发布之日起实施。

广东省外向型民营企业发展资金管理办法

广东省财政厅2003年7月7日印发（粤财外〔2003〕38号）

第一条 为加强外向型民营企业发展资金的管理，提高资金的使用效益，鼓励和扶持我省外向型民营企业开拓国际市场，扩大外贸出口，推动我省经济发展，特制定本办法。

第二条 外向型民营企业发展资金（以下简称“发展资金”），是根据《中共广东省委、广东省人民政府关于加快民营经济发展的决定》（粤发〔2003〕4号），自2003年起连续5年，省财政每年安排2 500万元，用于扶持我省外向型民营企业开拓国际市场的专项资金。

第三条 发展资金的管理应遵循公开透明、专款专用、科学管理、加强监督的原则。

第四条 申请企业的条件。

在我省（不含深圳）登记注册的具有法人资格、依法取得对外贸易经营权，在外经贸业务、财务、出口退税、外汇管理、海关监管等方面无违规行为，并通过进出口经营资格年审合格的民营进出口企业。

第五条 资助的范围。

1．企业参加境外及港、澳、台国际展销会；

2．企业采用国际标准取得质量管理体系、环境管理体系和各类产品认证；

3．企业取得国外知识产权，含出口产品商标国外注册和国外专利等；

4．企业建立国外营销网络和研发机构；

5．外经贸主管部门组织或委托举办的进出口业务培训活动。

第六条 资助的标准。

1．对参加经国家商务部批准享有外展经营资格的国内机构组织举办或组团参加的境外国际展销会的企业，对其摊位费给予定额补助；

2．对采用国际标准取得质量管理体系、环境管理体系和各类产品认证；取得国外知识产权的企业，按一定的比例补助；

3. 对建立国外营销网络和研发机构的企业，按年检的评定等级给予定额补助；

4. 对民营企业进出口业务培训，实行定额补助。

以上各项补助的具体标准，由各市根据各自掌握的可分配资金额度等实际情况自行确定。

第七条　省财政厅、省外经贸厅每年根据各市上年度民营企业的出口实绩、一般贸易出口实绩、进出口企业数量、有出口业绩的企业数量、在国外建立营销网络和研发机构数量、发展资金实际使用情况等因素，确定各市资金分配额度，由省财政厅按预算资金管理规定发文并拨款。

第八条　资金的申报按属地原则。企业在经贸活动完成后直接向当地外经贸主管部门申请，外经贸部门审核后，送当地财政主管部门审定。符合规定条件的，由当地财政部门直接将补助资金拨付到企业。有进出口业务培训的，由主办单位按以上程序径直申请。

发展资金实行超支不补，结余滚存使用的原则。

第九条　申报须提交的材料。

1. 参加境外及港、澳、台国际展览会，企业需提供《进出口资格证书》、任务批件、摊位费发票；

2. 采用国际标准取得质量管理体系、环境管理体系和各类产品认证；取得国外知识产权，企业需提供获得的有关证书及费用发票，或已取得同类项目的中央中小企业国际市场开拓资金支持项目的证明材料；

3. 建立国外营销网络和研发机构，企业需提供省外经贸主管部门核发的国外营销网络和研发机构《年检证书》等；

4. 举办进出口业务培训班，主办单位需提供培训文件及培训收费发票等相关资料。

第十条　申请单位收到发展资金，应按财务制度规定进行会计核算，并确保专款专用，发挥最佳效益。

第十一条　各市财政、外经贸部门应根据本办法，结合当地工作实际，制定具体的发展资金管理实施细则，并报省财政厅、外经贸厅备案。

第十二条　各市财政、外经贸部门要负责监督检查本地区、本部门发展资金使用情况。各市外经贸局每年2月底前要对本市上年度资金使用的情况进行总结，会当地财政局后报省外经贸厅；省外经贸厅每年3月底前将上年度资金使用的汇总情况抄送省财政厅。

第十三条　省财政厅负责对各市资金的财务管理进行定期的监督检查，也可委托社会中介机构对资金使用情况进行财务检查，并会同省外经贸厅对违反规定的行为进行查处。

第十四条　发展资金必须专款专用，任何部门、单位、个人不得挤占、挪用及擅自改变资金用途。如有违反财经纪律、不按规定使用发展资金；出具虚假材料、凭证骗取发展资金等违规行为，将采取停止拨款或收回资金，不再受理该部门或企业下一年度发展资金的申请，并按有关规定进行处理；涉嫌触犯刑律的，移交司法部门依法处理。

第十五条　本办法由省财政厅、省外经贸厅解释，自2003年1月1日起实施。

广东省省属水电厂水库移民资金管理办法

广东省财政厅2003年7月31日印发(粤财农〔2003〕32号)

第一章　总　则

第一条　为管好用好省属水电厂水库移民专项资金(以下简称移民资金)，提高移民资金的使用效益，切实解决省属水电厂水库移民遗留问题，根据《中华人民共和国预算法》，《大中型水利水电工程建设征地补偿和水库移民安置条例》(国务院令1991年第74号)，中共广东省委、省人民政府《关于加快山区发展的决定》(粤发〔2002〕13号)及省人民政府办公厅印发《关于调整省属七座水库利益分配和工作责任的实施意见的通知》(粤府办〔2002〕82号)，结合本省解决省属水库移民遗留问题的实际情况，特制定本办法。

第二条　本办法所称省属水电厂水库移民(以下简称水库移民或移民)是指省属新丰江、枫树坝、南水、长湖、流溪河、长潭、青溪七座水电厂水库移民。

第三条　本办法所称移民资金是指省及各级人民政府为实施国家和省政府关于水库移民工作的有关规定，通过各种渠道筹集的，用于解决省属七座水电厂水库移民遗留问题的专项资金。

第四条　省属七座水电厂水库移民实行属地化管理和地方政府负责制。市、县(区)政府要采取“一村一策”的办法，制定切实可行的措施，力争用五年时间基本解决省属七座水库移民遗留问题。

第二章 资金来源和使用范围

第五条 移民资金的来源包括：

（一）五座省属水电厂提高上网电价实现的部分税后利润。从2003年1月1日起，新丰江、枫树坝、南水、长湖、流溪河水电厂的上网电价提高至0.25元/千瓦时（含税），长潭、青溪水电厂上网电价维持不变，税后利润实行省市二八分成。各地级以上市每年应得的八成税后利润由省粤电公司按1.05亿元包干，于每年5月、10月底前分别按包干数的50%上缴省财政，省财政于每年5月底前将各地级以上市按包干数计算应分得的利润专项转移支付给各有关地级以上市，由地级以上市财政设立省属水库移民资金专账管理。

（二）税收返还资金。从2003年起，省属七座水电厂按现行财政管理体制缴纳给省级财政的税收，由省财政根据经税收征管部门确认的各水库水电厂纳税的情况，于每年5月底前专项转移支付给各有关地级以上市，由地级以上市财政设立省属水库移民资金专账管理。

增值税和所得税按分享比例属地缴入市、县国库的，有关市、县财政部门在税款入库后一个月内安排相应支出，拨入同级省属水库移民资金专账管理。

省属水电厂利润和税收的具体缴交办法，由省财政部门另文制定。

（三）开征两费。从2003年起，向省属七座水库水电厂按0.5分/千瓦时的标准分别征收水土保持费和水资源费。由水库所在地级以上市政府征收，各水库水电厂于每季度终了后十五日内将水土保持费和水资源费上缴水库所在地级以上市财政。两费除中央规定用途外，其余纳入各地级以上市省属水库移民资金专账管理，用于扶持库区和水源区移民应承担的水土保持和水源涵养费用。

（四）省财政每年安排的省属水库移民专项资金1亿元。

（五）市、县（区）财政安排的水库移民专项资金。

（六）其他方面筹集用于解决水库移民遗留问题的资金。

第六条 各地级以上市应将直接征收的上述利润、税收、水土保持费和水资源费以及省财政下拨的专项转移支付、专项补助等资金，根据所辖县（市）、区移民人数、生产生活条件等情况，于每年6月底前专项转移支付给各有关县（市）、区，由县（市）、区财政设立省属水库移民资金专账管理。

第七条 地方从上述扶持措施获得的资金在水库移民遗留问题未解决之前必须用于解决水库移民问题，不得挪作他用。

第八条 移民资金的使用范围。

（一）重点用于解决目前仍居住在残危泥砖房、茅草房及人均不足18平方米居住面积的省属水库移民住房难问题。政府用于补助水库移民解决住房难的资金不少于第五条规定筹集资金总额的70%。

（二）兼顾解决下列方面存在的突出问题：

1. 没有达到人均半亩“保命田”或1亩替代地（坡改梯）的移民生产的突出问题。

2. 移民村缺乏人畜饮用水源和水源水质不符合饮用水标准的突出问题。

3. 移民劳动技能、生产技术培训费用，移民工程项目规划设计、监理、技术咨询与评审费用。

第三章 移民资金补助方式

第九条 移民住房难问题按移民自筹为主，政府补助为辅方式解决。政府补助移民建房资金应按一定标准补助到移民农户。具体补助标准由地级以上市人民政府制定，报省移民主管部门和省财政部门审核。

移民农户的建房补助，经当地移民管理部门签证后，由同级财政部门通过国库集中支付方式直接支付给移民农户。

第十条 各市、县（区）政府应统筹规划，制定切实可行的方案，解决移民缺少土地问题。应安排资金，支持和鼓励移民青壮劳力参加职业技术培训，输出移民劳力，减少对土地的需求。有条件的市、县（区）应结合实施耕地“占补平衡”政策，从易地开发的土地中优先调剂给移民使用。

对介绍、培训移民劳动力就业的中介组织的补助采取国库集中支付方式。

第十一条 移民饮水难问题，主要由各级政府纳入解决农村人畜饮水计划统筹解决。对申请移民资金修建集中蓄（引）水工程解决饮水困难的移民村，各县应按移民安置村为单位以及饮水难的人口核定补助标准，具体补助标准由地级以上市人民政府制定，报省移民主管部门和省财政部门审核。

第十二条 各市、县（区）政府应将移民村基础设施差的问题纳入社会发展的整体规划，结合各级政府安排的交通、电力、电信、教育和医疗等专项资金统筹解决。

第十三条 培训费、项目咨询与评审及管理费的使用与管理。

（一）省、市、县（区）培训费不得超过当年本级预算安排的移民资金总额的1%，实行报账制。省级资金由省移民主管部门在编制部门预算时提出用款计划，经省级财政部门核定，按报账制的规定从移民资金中支付。市、县（区）级的培训费使用管理参照省的规定执行。

（二）省、市、县（区）项目咨询与评审费不得超过当年本级预算安排的移民资金总额的0.8%，实行报账制。省级资金由省移民主管部门在编制部门预算时提出用款计划，经省财政部门核定，按报账制的规定从移民资金中支付。市、县（区）级的项目咨询与评审费的使用管理参照省的规定执行。

（三）省级管理费不得超过当年省级预算安排的移民

资金总额的0.3%，市、县（区）级管理费不得超过当年本级预算安排的移民资金总额的2%，实行报账制。省级资金由省移民主管部门在编制部门预算时提出用款计划，经省财政部门核定，按报账制的规定从移民资金中支付。市、县（区）级管理费的使用管理参照省的规定执行。

第四章　移民资金的使用管理

第十四条　计划编制。

（一）移民资金的计划管理实行政府领导、分级管理的原则。地级以上市、县（市、区）移民主管部门会同财政部门编制五年总体规划并根据总体规划编制年度实施计划，经同级人民政府批准，报省移民主管部门和省财政部门审核。

（二）省财政安排的移民专项资金，重点补助没有享受省属水电厂利润、税收等利益的惠州市和安置移民较多、移民贫困面较大的河源市及韶关市、梅州市。每年年初由省移民主管部门会省财政部门提出资金分配计划，报省政府批准后，由省财政转移支付给有关地级市财政。

（三）省安排资金补助的项目，在每年6月底前，由县（市、区）移民主管部门会同财政部门，根据省下达的资金补助计划制定实施计划，经同级人民政府批准，由地级以上市移民主管部门会同财政部门汇总审查，经地级以上市人民政府批准后，报省移民主管部门和省财政部门审核。

第十五条　项目实施。各级移民主管部门、财政部门要切实加强移民资金项目实施的管理。项目实施，实行合同管理，按照项目进度及质量控制资金拨付。县（市、区）移民主管部门，定期检查项目的实施情况，发现问题及时处理，并及时上报省、市主管部门。

（一）年度项目计划一经审定批准，必须按项目计划组织实施，不得任意变更，确需变更，必须按照原审批程序报批。每年年底，县（市、区）的移民主管部门必须将项目安排实行公示制度张榜公布，接受移民群众的监督。

（二）项目实施前，必须按照批准的年度项目计划，由县移民主管部门或镇政府与移民村委会或村民小组签订项目合同书，移民户的建房项目要有户主签名。合同书签订后，按本办法有关规定拨付资金。

（三）项目实施完成后，由地级以上市、县（市、区）移民主管部门组成验收小组。以自然村为单位对照项目合同书进行验收，填报项目验收表，编制验收报告，建立项目验收资料档案，健全固定资产账户，加强固定资产的管理，防止移民资产流失。省移民主管部门每年组织有关部门进行抽查验收，对没有按时完成合同任务或验收不合格的市、县（区），予以通报批评并实施相应的经济处罚。

（四）每年年终，各地应对全年项目计划执行情况进行总结，按规定编报年度统计报表。并于次年2月底前报送省移民主管部门和省财政部门。

第五章　移民资金的监督管理

第十六条　各级政府有关职能部门、各项目单位必须加强对移民资金的财务监督与管理，严格按照有关制度规定，规范财务管理和会计核算。移民资金必须实行专账核算，专款专用，保证资金及时足额到位。

第十七条　移民资金的使用管理应接受各级人大及财政、监察、审计等部门的监督。各级审计部门应定期对移民资金进行审计。移民资金实行“两公开、一监督”制度，用途和结果公开，到户资金张榜公布，接受移民群众监督。

第十八条　任何单位和个人都不得以任何理由截留、挤占和挪用借用移民资金。移民资金不得用于购买各种有价证券、支付各种摊派；不得用于发放各级移民机构的人员工资、福利、奖金；不得用于补充各级移民机构的业务经费。

第十九条　凡违反财经纪律的单位或个人，依照有关规定严肃处理，并追究主管领导、单位领导和直接责任人的责任，构成犯罪的由司法机关依法追究刑事责任。

第六章　附　则

第二十条　本办法自下发之日起执行。2000年12月30日经广东省人民政府批准下发的《关于广东省省属水电厂水库移民资金使用管理办法》（粤府函〔2000〕209号）及关于扶持新丰江、南水水库“两缺”移民和“淹田不淹屋”贫困农民资金分配的有关规定同时废止。

第二十一条　本办法由省财政厅负责解释。

广东省财政支持民营企业科技三项费用管理办法

广东省财政厅2003年9月29日印发（粤财企〔2003〕222号）

第一章 总 则

第一条 为贯彻落实《中共广东省委 广东省人民政府关于加快民营经济发展的决定》（以下简称《决定》）的精神，发挥财政资金在推动民营科技工作及专业镇技术创新等方面的作用，加强经费使用管理，特制定本办法。

第二条 本办法所指支持民营企业科技三项费用（以下简称“民科费用”）是指根据《决定》，省财政从2003年起连续五年，在原有基础上每年增加安排的5 000万元科技三项费用。

第三条 民科费用必须按照国家有关法律、行政法规、财务规章制度，坚持科学评估，择优支持，公正透明、保证重点、专款专用的原则。

第二章 资金使用范围、方式和条件

第四条 民科费用主要用于以下方面：

（一）民营科技企业关键技术、共性技术的研发与中试。

（二）民营科技企业工程技术研发中心建设。

（三）省级民营科技园规划、技术创新平台和服务体系建设。

（四）专业镇技术创新平台建设。

（五）民营企业知识产权保护工作。

第五条 民科费用的使用方式：实行无偿使用。对第四条所列范围的科技项目，经审核批准后给予资助。

第六条 申请资助应依据省科技厅每年度发布的科技计划项目申报指南，并具备以下条件：

（一）符合《决定》的精神，紧密结合我省经济建设的实际，直接为我省经济发展、社会进步和提高我省科技水平服务。

（二）符合国家和省有关科技计划项目管理规定的要求。

（三）申报单位必须是省科技厅认定的省级民营科技园或园内的企业、省级民营科技企业、专业镇或镇内企业，或省科技厅、省计委、省经贸委共同认定的民营科技企业工程技术研发中心。

（四）申报单位必须自筹有申请资助经费额等量以上的配套资金。

第三章 项目申报、审查和下达

第七条 省科技厅会同省财政厅于当年初根据相关要求编制申报指南，通过“广东省金科信息网”向社会公开发布，申报单位按《广东省科技计划项目申报（任务）书》或省科技厅编制的其他格式计划申报书要求与其他省级科技计划项目同一时间、相同渠道申报。

第八条 各市科技局会同财政局对本市申报项目进行审核汇总后，联合向省科技厅、财政厅推荐。研究开发类项目将按现行科技项目管理办法并入其他科技计划一并组织专家评审，民营科技园技术创新平台和服务体系建设、专业镇技术创新平台建设以及民营科技企业工程技术研发中心建设项目将由省科技厅组织专家进行论证或评审。

第九条 省科技厅在专家评审论证结果的基础上，根据择优支持的原则，对申请项目进行筛选，提出审核意见会省财政厅集中审批。

根据审批结果，省财政厅会省科技厅下达项目资金计划并划拨资金。与此同时，省科技厅按科技计划项目管理要求，与项目承担单位签订项目合同书。

第四章 资金使用、管理和监督

第十条 承担单位收到资金后，保证配套资金到位，保证项目资金专款专用，确保项目按时按质完成。

第十一条 项目完成后，项目承担单位应按省科技计划管理有关规定及时申请验收。并按三项费用管理的有关规定报送财务决算报表，对属于按规定准予核销的费用，根据项目合同约定冲销拨款，结余经费留给承担单位继续用于技术研究和开发活动。

第十二条 凡在研（未完）项目，年度结束前，需向省科技厅、省财政厅报送项目年度执行情况报告。

第十三条 因各种原因需要中止、撤销或变更的项目，承担单位应及时以书面形式报省科技厅、省财政厅，经省科技厅、省财政厅审查并提出处理意见后，项目承担单位必须作出经费决算，连同固定资产购置情况一并报省科技厅、省财政厅核准。剩余经费全部缴回省财政厅。

第十四条 对因管理不善等原因造成项目中途停止或

拖期不完成的，省科技厅有权撤销项目，追回拨款，转入下一年度民科费用合并使用。

第十五条　项目资金必须专款专用，严禁截留、挪用。项目单位要对专项资金实行专账核算、管理。对弄虚作假、截留、挪用等违反财经纪律的行为，将予以通报，被通报的项目单位三年内不得申报项目。

第十六条　省科技厅和省财政厅对经费的使用进行监督管理，定期或不定期进行专项检查，保证经费的使用效果。

第五章　附　则

第十七条　本办法由省财政厅、省科技厅负责解释。

第十八条　本办法自发布之日起实施。

广东农垦原水库移民危房改造实施办法

广东省财政厅2003年11月1日印发(粤财农〔2003〕353号)

为了解决安置在农垦的原水库移民人口住房中的危房问题，改善移民的居住条件，根据广东省人民政府办公厅《转发省财政厅省水利厅关于广东省面上水库移民议案专项资金管理办法的通知》（粤府办〔2003〕37号）精神，结合垦区水库移民人口住房的实际情况，制定本实施办法。

一、移民危房改造工作目标

垦区水库移民危房改造工作，在省政府的扶持和省移民主管部门的统一规划指导下，利用省财政移民专项资金和垦区配套资金以及移民的自筹资金，统一规划，分步实施，争取用五年时间（即从2003～2007年）基本解决移民住房中的危房问题。

二、移民危房改造资金的来源和使用范围

垦区水库移民危房改造资金，包括省财政移民专项资金、垦区安排的配套资金和移民的自筹资金。省财政移民专项资金，从2003～2007年每年扶持2 000万元。垦区按省财政移民专项资金额的40%配套每年800万元，其中省农垦总局和有关农垦局各负担一半。不足部分由移民户自筹解决。

移民危房改造资金用于安置在垦区的原水库移民人口的危房改造和移民安置点的道路环境、饮水工程等建设，以及支付移民危房改造项目的规划设计、管理等费用。

三、移民危房改造资金补助对象

20世纪50年代中后期和60年代兴建、县级以上水利部门管理的大中型水库安置到农垦农场的原水库移民及其后代，以1999年底户籍在农场、现住危房的，可享受危房改造资金补助。

四、移民危房改造资金补助标准

（一）移民人口中的五保户（不包括农场已集中安置供养的人员）现住危房的，安排建筑面积30平方米以内的公房，按每平方米综合造价350元计算，总造价10 500元，其中省财政移民专项资金补助7 500元，垦区配套资金补助3 000元。

（二）危房改造移民户，每户人口4人及其以下的，省财政移民专项资金补助7 690元，垦区配套资金补助3 080元；4人以上的每增加1人省财政移民专项资金增补750元（超计划生育人口补375元），垦区配套资金增补300元（超计划生育人口补150元）。

（三）集中改造的移民安置点的“四通一平”（安置点内通路、通水、通电、通排水道和平整宅基地）等基础工程费用，按安置点内建房户数计算，户均补贴5 000元以内，其中省财政移民专项资金补贴3 572元，垦区配套资金补贴1 428元，不足部分由移民户自筹解决。这部分资金必须以安置点为单位统一安排使用，不得分配到户或到个人。

五、移民危房改造的管理

（一）做好移民危房改造的五年规划和年度计划。有

关农场要在调查摸清本单位移民危房改造数量的基础上，根据上级扶持资金的额度和移民自筹资金筹集到位的情况，区别缓急，按照急需改造而又资金筹集到位的先予安排的原则，提出本场的五年改造规划和年度改造计划草案，经所在农垦局和省农垦总局综合平衡，报省财政厅和省移民主管部门审批后实施。

（二）做好移民危房改造选址工作。移民安置点的选择要因地制宜，有利于移民的生产生活，并与农场小城镇建设规划相衔接。原则上应在原移民队就地改造建设，有条件的单位也可引导和安排移民集中到场部小城镇建房。但不管采取哪种选址方式，都必须得到移民的同意。

（三）规范移民危房改造报批程序。

1. 在同一安置点集中改造建设住房的移民户，在各户自筹资金全部落实并经户主签名后，由安置点单位统一向农场提出改造申请；零星建房的移民户，自筹资金落实后，自行向农场提出改造申请。农场核实无误后，将其纳入年度改造计划上报。

2. 年度改造计划批准后，有关农场按批准的计划与移民户签订危房改造合同。

（四）做好项目施工管理和验收工作。

1. 有关农场要根据批准的计划认真组织实施，加强对移民危房改造的监督管理，保证房屋建设质量，确保移民群众的安全。新建的移民住房质量标准必须是混砖结构平顶房以上。

2. 危房改造工程完成后，各农垦局和有关农场要共同组织验收；验收合格后，按照统一的格式和要求填写验收表格，经省农垦总局审核后报省财政厅和省移民主管部门备案。

3. 农场、农垦局、省农垦总局在每年年终，应逐级对全年移民危房改造计划执行情况进行总结，按照规定编报年终统计报表，全垦区的年度统计报表，由省农垦总局报省财政厅和省移民主管部门。

（五）移民危房改造实行“公开、公平、公正”原则。农场要组织有关管理人员和移民代表逐户逐人对移民人口进行确认，组织有关技术人员、管理人员和移民代表或聘请质检机构逐户做好移民危房鉴定工作。移民人口的确认和移民危房的鉴定，要实行公开，接受群众监督。补助对象和补助标准、金额要张榜公布，三榜定案；物资招标采购和设计单位、建筑队伍的选择确定要有移民代表参加。

（六）实行解决水库移民危房问题销号制度。移民危房改造完成经验收合格并发足补助款后，移民危房问题即已解决，农场应与移民户签订合同，实行销号，解决一户销号一户。

六、移民危房改造资金的拨付

移民危房改造资金的拨付，按《广东农垦水库移民危房改造资金管理办法》办理。

七、移民危房改造工作的组织领导

移民危房改造工作关系到移民人口的切身利益，对于改善移民住房条件，提高移民生活水平，保持垦区的稳定，促进垦区企业的改革和发展，具有重要意义，是垦区今后五年的一项重要工作任务。而且，垦区移民危房数量较大，涉及人口较多，情况比较复杂，政府扶持的资金有限，处理起来有一定难度。因此，垦区各级要十分重视，切实加强对移民危房改造工作的领导。总局、有关农垦局和农场都要成立移民人口危房改造工作领导机构，落实人员负责资金筹集、管理，制订项目五年规划、年度计划及具体实施，检查督促和指导等工作。各级领导机构由党政主要领导挂帅。在省财政厅和省移民主管部门的指导下，总局、有关农垦局和农场分级负责，总局负责与省有关部门的沟通协调，资金筹集管理，全垦区的规划、计划综合协调，实施工作的检查督促和指导；有关农垦局负责本垦区的资金筹集、管理，项目规划、计划综合协调，实施工作的检查督促和指导；有关农场负责移民危房改造实施的各项具体工作。

广东农垦原水库移民危房改造资金管理办法

广东省财政厅2003年11月1日印发（粤财农〔2003〕335号）

第一条 水库移民危房改造资金（以下简称“移民专项资金”）必须设立专账核算，专款专用，保证资金及时到位。有关农垦局和农场的财务部门必须加强移民专项资金的财务管理，按照财政部颁布的有关制度，规范财务管理和会计核算。

第二条 资金拨付。

（一）省农垦总局财务处按批准的年度移民危房改造资金计划，在确认农垦局配套资金到位后，将省移民专项资金和总局的配套资金下达到农垦局。农垦局财务部门按批准的年度移民危房改造资金计划，在确认相关农场移民户自筹资金到位后，将省、总局和本级配套的移民专项资金下达到农场。

（二）移民安置点或个人按批准的年度项目计划和补助标准向农场财务部门请拨款，移民工作主管部门核实项目实施情况并签证，财务部门审核后予以报账或统一集中支付资金。

（三）移民专项资金的补助可采取实物补助和现金补助方式。补助实物的，如水泥、钢筋、砖瓦等应按相应的资金额度通过招标采购后分发给移民。补助现金的，应有完备的手续，作为报账依据。

（四）农场同施工单位及移民群众签订的合同，支付预付款最多不得超过合同金额的20%，工程基本完工前，工程进度款支付不得超过合同额的60%（即累计支付不能超过合同额的80%），其余款待工程竣工验收合格后才能支付。

（五）培训费、项目规划设计、监理、咨询与评审及管理费按规定的标准实行报账制。

第三条　项目实施完成后，各级财务部门要参与项目的验收，及时编制竣工决算报表，并上报总局财务处。同时，要建立健全移民集体固定资产账户，加强对公用固定资产（如公路、水井等）的管理。

第四条　每年年终，各级财务部门要对当年移民专项资金使用情况进行总结，按规定编报年终统计报表。

第五条　各级移民工作主管部门和财务部门要加强移民项目实施与资金使用管理的检查监督，严格执行“三公开两监督”制度。对当年没有按时完成合同（协议）任务或验收不合格的农垦局、农场，总局将酌情调减次年的移民专项资金。

第六条　任何单位和个人都不得以任何理由截留和挪用移民专项资金。凡违反财经纪律的单位或个人，依照有关规定严肃处理，并追究单位领导和直接责任人的责任，构成犯罪的由司法机关依法追究刑事责任。

关于省查办大案要案奖励基金管理办法的通知

广东省财政厅2003年11月28日印发（粤财行〔2003〕245号）

省纪委办公厅，省委反腐败协调小组办公室：

根据省领导批示，省财政已设立省查办大案要案奖励基金。现结合省委反腐败协调小组印发的《省纪检监察和政法机关查办大案要案奖励办法》（粤反腐协字〔2003〕3号），对该项基金提出如下管理方法：

一、该项基金由省财政厅根据人民银行有关存款管理规定在国有商业银行存储。

二、该项基金的存款利息用于符合《省纪检监察和政法机关查办大案要案奖励办法》规定范围的表彰奖励开支。

三、省财政厅根据省反腐败协调小组要求上报该项基金存款利息收入情况，一般每年上报一次。需要安排查办大案要案奖励开支时，由省反腐败协调小组办公室在不超过当时累计的存款利息收入总额内向省财政厅列报开支预算，并提供有关依据；省财政厅根据省反腐败协调小组办公室提供的预算和依据，审核安排表彰奖励所需经费，拨入省纪委行政经费账户。

四、省纪委办公厅、省反腐败协调小组办公室对省财政拨付的表彰奖励经费实行专款专用、专项核算，并按有关财务会计制度规定做好管理核算。年终向省反腐败协调小组和省财政厅列报支出情况。

五、省审计厅和其他有关监督部门对该项基金和利息的收支实施监督。

上述管理办法自发文之日起执行。

广东省省属高校经费预算管理暂行办法

广东省财政厅2004年1月8日印发（粤财教〔2004〕1号）

为贯彻落实省委、省政府关于建设教育强省的决定，推进广东高等教育加速发展跨越发展，按照高等教育改革和发展的要求，特制定本办法。

一、总体思路

按照高等教育改革的总体目标，改革现行高校经费基数加增长的拨款方式，实行学生综合定额加少量专项资金的新的预算管理办法，科学合理地安排财政资金，调动高校扩招的积极性，扩大高校办学自主权，促进高等教育的发展。

二、指导思想

（一）高校经费的增长要与高校扩招的增长相适应。

（二）高校经费供给方式要与高校改革发展要求相适应。

（三）高校经费需求要与财政承受能力相适应。

三、改革原则

适应发展，促进改革；先易后难，分步实施；整体推进，重点突破。

四、改革内容

从2004年开始，改革现行高校经费基数加增长的拨款方式，按照学生综合定额加少量专项的办法，即按学生不同层次和专业折算的学生当量，以学校不同类型的生均定额标准核定高校正常经费，清理归并现有各项专款，重新设立少量专项资金。

（一）学校范围

省属普通高校、部委属学校和省市共建学校，不包括省属高职院校、成人院校和部门办学。具体包括：20所省直属普通本专科学校、3所部委属学校和5所省市共建学校。

（二）专业、层次分类和折算系数

学生按专业分为文科、理科、工科、农林（含民族）、医学（含体育）、艺术、师范七类，各专业的折算系数以文科0.9、理科1、工科1.15、农林（含民族1.7）1.4、医学（含体育）1.25、艺术1.8、师范1.03；按层次分为留学生、博士生、硕士生、本专科生和中专生五类。各层次的折算系数以本专科生1、留学生3、博士生2、硕士生2、中专生0.5。

（三）计算方法

1. 省属高校（包括省市共建学校）。

鉴于各学校2003年正常经费基数水平差距较大，为使改革工作平稳过渡，同时又逐步缩小各学校原基数之间的差距，正常经费核定实行经费基数按学制逐年递减，新增经费按生均定额核定的办法。具体为：

（1）以2003年为基点，即以2003年正常经费为基数，按学校的学制逐年递减。普通高校为四年学制，经费分四年逐年递减，年均减少四分之一；专科学校为三年学制，经费分三年逐年递减，年均减少三分之一。

（2）按2003年学校招生人数的学生当量，以生均定额核定2004年新增的正常经费。学生人数指全日制在校生（不包括民办生、成教生），省市共建学校的学生人数按共建时确定的省供给的学生范围核定，按不同专业、不同层次相对应的系数折算成“学生当量”。根据2002年高校经费生均支出水平，并考虑省级财政的承受能力，核定2004年新增的正常经费生均基准定额为6 300元/生。省属普通高校执行生均基准定额，专科学校下浮10%。

2. 部委属学校。

考虑到部委属学校经费已由中央财政按生均定额核拨，目前省财政对3所院校的支持实行政策性补贴加少量专项的实际情况，为鼓励学校扩大招生规模，支持学校建设创新强校，省财政资金按生均政策性补助核定正常经费，同时安排专项资金予以支持。正常经费核定实行列入中央财政拨款的学生按生均政策性补助核定，未列入中央财政拨款的学生按省属生均定额核定的办法，具体为：

（1）存量部分：根据省财政对部委属学校政策性补贴按省补助标准的60%计算的做法，核定生均政策性补助标准为3 800元/生。以2003年中央财政拨款的全日制在校学生人数当量，按生均政策性补助标准核定2004年省政策性补助经费。

（2）增量部分：2003年未列入中央财政拨款范围的全日制学生，按省属学校生均定额标准上浮10%核定2004年新增经费。

（四）核定公式

1. 省属高校（包括省市共建学校）。

2004年学校正常经费=2003年招生学生当量×2004年生均定额+2003年经费基数×3/4（专科学校为2/3、五年制医类学校为4/5）

2005年学校正常经费=（2003年招生学生量+2004年招生学生当量）×2005年生均定额+2003年经费基数×2/4（专科学校为1/3、医类学校为3/5）

以后年度以此类推。

2003年前入学的在校学生毕业以后，即普通高校四年、专科学校三年以后，高校经费全部按学校的全日制在校生人数核定，具体核定公式为：

n年学校正常经费=（$n-1$）年在校生当量×n年生均定额

2. 部委属学校。

n年学校正常经费=（$n-1$）年中央财政拨款的在校学生当量×生均政策性补助+（$n-1$）年中央财政不拨款的在校学生当量×n年生均定额

（五）专项设置

高校经费实行学生综合定额加少量专项的预算管理办法以后，对现有专项资金进行清理归并，重新设立少量专项资金。一是按中央和省有关规定的要求设立专项资金；

二是为实现我省高等教育跨越式发展，建设创新强校工程，设立学科与专业建设专项资金；三是按照部门预算要求，设立备用金，用于不可预见的开支。

（六）预算编报程序

高校经费预算管理改革后，高校经费预算编报相应调整。在编制下一年度预算前，学校按要求准确填列有关数据，报省教育厅、省财政厅审核，省财政厅结合财力可能并考虑学校当年的增支因素，商省教育厅确定下一年度的生均定额，在此基础上核定并下达学校的正常经费预算控制数，学校据此编制年度预算，报省教育厅审核后送省财政厅核定。

关于加快推进下岗失业人员小额担保贷款工作的通知

广东省财政厅2004年1月17日印发（粤财社〔2004〕2号）

各地级以上市财政局、劳动保障局，中国人民银行广东省内各中心支行、广州分行直属支行，广东省内国有独资商业银行分行，股份制商业银行总行（分行），广州市商业银行，广州市农村信用合作社联合社：

加快启动下岗失业人员小额担保贷款工作，是中央再就业工作督查组对我省提出的意见和要求。目前，仅有深圳、珠海、韶关、肇庆、云浮五个市正式启动了这项工作。我省小额担保贷款工作进展缓慢，其主要原因，一是担保机构不落实，二是经办银行承贷的积极性不高，三是担心资金风险。为了进一步贯彻落实省政府《关于印发中央督查组对我省再就业工作督查情况和意见的通知》（粤府办〔2003〕86号）的精神，尽快全面启动小额担保贷款工作，现就有关问题通知如下：

一、尽快确定担保机构。各地要根据当地的实际情况，按照省财政厅粤财社〔2003〕106号文的规定，尽快确定小额担保贷款机构，确保在2004年1月底前全面启动小额担保贷款工作。

二、简化手续、提高效率。劳动、担保机构和银行等部门要密切配合，采取多种服务形式，简化手续，减少程序，为下岗失业人员提供“一站式”服务。凡符合小额贷款申办条件者，从申请填表到贷出款项，以最便捷的方式将资金贷到下岗失业人员手中。

三、各承办下岗失业人员小额担保贷款业务的商业银行不得拒绝办理下岗失业人员小额担保贷款业务，并要切实提高办事效率，为下岗失业人员申请小额担保贷款提供便利。如经办银行没有贷款审批权限的，要及时向上一级商业银行报送申请材料，上一级商业银行要在五个工作日内办结审批手续。

四、健全小额担保贷款风险防范机制。担保机构和经办银行要切实加强对下岗失业人员小额担保贷款的管理。可采取个人信用保证担保、质押担保和担保机构担保等方式降低风险。对生活困难的下岗失业人员，不得强制要求提供个人质押担保和第三方担保。如实行抵押、质押或第三方担保的，不得向下岗失业人员收取任何费用。

五、做好小额担保贷款的统计上报工作。各地财政、劳动、经办银行要按照有关规定，互相沟通，共同做好小额担保贷款统计工作。各地各部门向省上报的统计报表中贷款数额、贷款笔数均要准确一致。

六、各地要建立下岗失业人员小额担保贷款联席会议制度。联席会议由财政、劳动保障、人民银行等部门组成，定期研究和协调解决小额担保贷款工作中出现的具体问题。

广东省城镇建设或购买廉租住房专项资金管理办法

广东省财政厅2004年5月14日印发(粤财农〔2004〕81号)

第一章　总　则

第一条　为实施省委、省政府十项民心工程，支持各地建设或购买廉租住房，加快解决城镇特困户（指人均收入低于当地政府公布的最低生活保障标准，人均居住面积低于6平方米，并有城镇居民常住户口的住户）住房，省财政设立了用于补助困难地区城镇建设或购买廉租住房的专项资金（以下简称“专项资金”）。为加强专项资金的管理，提高财政资金使用效益，特制定本办法。

第二条　各市要按照省委、省政府关于实施十项民心工程的部署和省建设厅《实施十项民心工程解决城镇特困户住房实施方案》的要求，做好调查摸底，落实2003年底当地城镇住房特困户数量并逐一造册登记（包括市区和所属各县（市）城镇），制定具体实施方案。

第二章　专项资金的补助范围

第三条　专项资金的补助范围是：粤东、粤西和山区地区市。

第四条　筹集解决城镇特困户住房资金的主要责任在市、县政府。省级专项资金实行包干使用，即由省财政给困难地级市按其城镇特困户户数及总人数等因素补助一定额度的专项资金，其余由地方负责筹集。

第五条　困难地区市应按照省建设厅《实施十项民心工程解决城镇特困户住房实施方案》的要求，制定当地解决城镇特困户住房的具体实施方案，落实资金。

第三章　专项资金的申请、审查和下达

第六条　专项资金按如下程序申请：

（一）地级以上市房管部门会同市财政部门报经市人民政府同意后将专项资金申请报告及有关材料报给省建设厅和省财政厅。

（二）省建设厅根据各市申请专项资金的情况，于8月底前提出专项资金分配方案，报省财政厅审定后，由省财政厅下达到市财政部门，并抄送省建设厅、有关市建设局或房管局。

第七条　申请专项资金应提供如下材料文件：

1. 申请报告；

2. 经当地民政部门核准的2003年底城镇住房特困户名册（按附表格式）；

3. 廉租住房建设项目立项批准文件，购买住房的提供市人民政府批准购买的证明文件；

4. 市财政部门出具的建设或购买廉租住房资金筹集情况的证明文件；

5. 经市人民政府批准的实施十项民心工程解决城镇特困户住房具体实施方案。

第四章　专项资金的使用和监督管理

第八条　市财政部门会同房管部门按照省财政厅下达的专项资金分配方案，提出当地专项资金分配方案，经市政府同意后，由市财政部门在廉租住房建设项目开工后，或者在购买廉租住房买卖合同签订后，划拨给廉租住房项目建设单位或者廉租住房卖方。

第九条　市房管部门应加强对当地建设或购买廉租住房进展情况的检查监督，并于每年的6月和12月将当地建设或购买廉租住房的进展情况以及廉租住房的分配情况向省建设厅和财政厅报告。省建设厅和省财政厅也将定期对各市实施解决城镇特困户住房方案实施情况进行检查。

第十条　各地建设或购买廉租住房及廉租住房的分配，由当地房管部门组织实施，廉租住房产权归政府所有，并纳入房管部门直管公房管理。当地房管部门负责廉租住房建设项目或者购买廉租住房的竣工验收、移交等工作，保证房屋用于解决城镇特困户住房。

第十一条　省级和地级以上市审计、监察、财政和房管部门要切实加强对专项资金使用的监督检查，做到按照国家和省的有关财务规定，管理和使用专项资金，确保专款专用。

第十二条　任何单位和部门不得以任何形式骗取、挤占、挪用、截留专项资金，违者将根据有关规定严肃查处，直接追究有关单位领导和直接责任人的责任，构成犯罪的由司法部门追究法律责任。

第五章　附　则

第十三条　本办法由省财政厅和省建设厅负责解释。

第十四条　本办法自颁布之日起实施。

关于认真贯彻落实省政府《关于深化收支两条线改革进一步加强和规范非税收入管理意见》的通知

广东省财政厅2004年5月13日印发(粤财综〔2004〕99号)

各市、县（区）、自治县财政局：

最近，省人民政府印发了《关于深化收支两条线改革进一步加强和规范非税收入管理的意见》（粤府〔2004〕40号，以下简称《意见》）。为切实加强非税收入管理，现提出以下要求，请结合当地实际情况，全面贯彻落实粤府〔2004〕40号文件精神。

一、精心组织，加强领导，积极开创我省非税收入管理工作新局面

省人民政府印发的《意见》，从规范政府收入分配，提高政府宏观调控能力，从源头上预防和治理腐败，推动党风廉政建设深入开展的高度，对新形势下深化“收支两条线”改革，加强和规范非税收入管理提出了新的更高要求。各级财政部门必须认真组织学习，结合当地实际情况和当前财政各项改革工作，从建立和完善公共财政体制的战略高度，进一步提高认识，精心组织，加强领导，全面贯彻落实。“收支两条线”既是财政重要的工作，也是从源头上预防和治理腐败的重要举措，各地要以贯彻《意见》为契机，在巩固“收支两条线”管理工作已有成果的基础上，进一步拓宽理财视野，按照《意见》要求，把目前还未纳入财政管理的非税收入（包括具有强制性、垄断性的中介服务收费），尽快纳入“收支两条线”管理范围，壮大地方财力，增强政府宏观调控能力，开创非税收入管理工作新局面。

二、积极探索加强非税收入管理的新办法、新方式

各级财政部门要按照《意见》要求，针对不同非税收入，采取新的征管办法、方式，争取最佳经济效益和管理效果。财政部门应与有关职能部门共同研究制定严格、科学、规范的国有（政府）公共资源有偿使用具体办法，将国有土地使用权、矿产资源开采权、城市户外广告经营权，带有垄断性（特许）经营牌照资源及其他政府管理的资源等等，按市场经济规律纳入市场运行机制运作，通过拍卖或招标方式出让，所取得的收入全额上缴财政。2004年重点要抓好国有土地使用权、矿产资源开采权、城市户外广告经营权、汽车号牌的拍卖和招标所得收入的管理。

三、进一步规范非税收入支出管理

各地要按照《意见》要求，按照综合财政预算管理要求，把非税收入形成的可用财力纳入统一的政府预算体系；征收部门的正常经费，由财政部门按该部门履行职能的需要核定，纳入部门预算，确保经费供给，实行收支脱钩管理。为调动征收部门的征收积极性，各地要在建立非税收入征管绩效考评机制的基础上，对通过加强征收管理（不含征收标准提高的政策因素）超收的部门，财政部门可从超收中安排一定比例的征收奖励经费，纳入其部门预算管理、统筹使用。

四、加强检查督促，抓好工作落实

各地财政部门要切实加强对征收部门贯彻落实《意见》精神的检查、督促，对非税收入不按规定实行“收支两条线”管理的，要认真按照《意见》精神和国务院令第281号文予以严肃处理。省财政厅将于今年下半年对贯彻执行《意见》的情况进行检查和调研，各地级市财政局应于今年9月底前将当地贯彻落实《意见》的情况以书面形式报省财政厅（综合规划处）。

广东省对种粮农民直接补贴实施方案

广东省财政厅印发2004年5月24日（粤财企〔2004〕135号）

一、种粮直补工作的指导思想、基本原则

（一）指导思想：以“三个代表”的重要思想为指导，坚决贯彻执行中央关于“三农”工作的方针、政策，通过对种粮农民实行直接补贴，调动农民种粮积极性，促进粮食生产，增加农民收入，确保粮食安全。

（二）基本原则：

——保护种粮农民利益，增加农民收入，补贴向种粮大户倾斜；

——加强农业的基础地位，确保粮食安全；

——统一标准，简便易行，便于监督；

——公开、公平、公正、透明。

二、种粮直补工作的实施步骤

第一阶段：宣传发动。各地要认真组织，充分利用各种宣传媒体，采取多种形式，广泛深入地宣传对种粮直补工作的重要意义、目的、内容和各项政策，基层宣传要做到进村入户，张贴上墙，使之家喻户晓，深入人心。

第二阶段：认真制定实施方案。各地要按照本方案的要求，根据《广东省对种粮农民直接补贴暂行办法》的规定，在深入调研和认真测算的基础上，结合本地实际制定具体实施方案。

第三阶段：组织实施。各市要严格操作程序，规范操作办法，制定详细的分阶段计划，精心组织，整体推进，积极稳妥地组织实施。各乡镇要切实做到“五个到户”：政策宣传到户、清册编制到户、张榜公布到户、通知发放到户、资金兑付到户。严格做到“六个不准”：不准擅自改动补贴通知书的数额；不准以补贴抵扣当年农业税等任何款项；不准截留、挤占和挪用补贴资金；不准村、组集体代领补贴；不准拖延补贴兑付时间；不准以任何理由借机增加农民负担。

第四阶段：督查和总结。各市在种粮直补实施过程中，要进行督查和总结，对在改革过程中出现的新情况、新问题，要积极研究探索解决的办法和途径，重大问题及时报告省财政厅、省农业厅。同时每年年度终了后，各市要将本地区种粮直补工作实施情况、资金使用效果、存在问题以及建议上报省财政厅、省农业厅。省直有关部门将根据种粮直补工作进度情况，对部分地区的种粮直补工作进行监督检查，对工作不到位和政策执行有偏差的及时进行纠正，对违反政策的将严肃查处。

三、职责分工

各级农业部门、财政部门负责对种粮农民直接补贴工作的组织实施。财政部门负责对补贴资金的筹集、拨付、审核和监督。农业部门负责种粮大户面积的汇总和核定工作，以及对补贴资金使用效果的监督、检查和总结。

四、2004年种粮直补资金的拨付

5月下旬，省财政预拨2004年种粮直补资金，6月底前各市、县（区）要将省预拨的种粮补贴以及应由市、县（区）配套预拨的种粮补贴，兑付给符合补贴条件的种粮农民。

省应拨有关市2004年的种粮补贴资金，由有关市农业部门会同财政部门在2004年10月15日前，将种粮补贴情况逐级核实汇总上报省农业厅、省财政厅后，再进行结算，多退少补。

五、几点要求

（一）要高度重视，切实加强组织领导。

种粮直补工作与广大农民的利益息息相关、涉及面广、情况复杂，因此，在时间紧、任务重、难度大的情况下，各地要从讲政治的高度充分认识做好种粮直补工作的重要意义，各地农业部门、财政部门要建立一把手亲自抓、负总责的工作制度，加强领导，明确责任。

（二）要通力合作，认真组织实施。

各地财政、农业部门要加强联系，密切合作，积极做好种粮直补工作。农业部门、财政部门要按时汇总上报种粮大户面积。要求县（市、区）农业局、财政局于每年6月15日和9月15日前，分别对早、晚造水稻种植大户面积进行审核、汇总，单位负责人签名、盖章后，一式三份

报市级农业局、财政局。每年6月25日和9月25日前由地级以上市农业局、财政局审核汇总，经单位负责人签名、盖章后，一式三份报省农业厅（种植业管理处）、省财政厅（企业处）。

（三）积极筹措资金，保证配套资金足额到位。

1. 按照《广东省对种粮农民直接补贴暂行办法》和本方案的规定，各地要及时从粮食风险基金中安排种粮补贴配套资金，粮食风险基金不足部分要在财政预算中优先安排，确保在2004年6月底前将省预拨的种粮补贴资金以及应由市、县（区）配套预拨的种粮补贴资金，足额兑付给符合补贴条件的种粮农民，确保将省对种粮农民实行直接补贴的方针政策贯彻落实到种粮农户。

2. 在兑付种粮补贴资金时，各地要按兑付种粮补贴资金的规定，及时足额发放，做到公开、公平、公正、透明；要加强督促，防止截留、拖延兑付时间。

（四）加强监督检查，切实做好补贴面积的核查工作。各级农业部门、财政部门要严格执行《广东省对种粮农民直接补贴暂行办法》的规定，认真核查各乡镇上报的对种粮大户面积情况，设立投诉电话，防止弄虚作假。对虚报面积或拼户面积等行为，要及时组织查处。对编取补贴的种粮农民，除追回补贴款，三年内取消种粮补贴外，并追究有关领导和责任人的责任。

（五）建立档案，加强管理。各县农业局、财政局要建立种粮大户农民档案，对列入补贴的种粮大户逐户登记，立档管理，为核查种粮大户面积和补贴资金提供依据。

关于加强因公出国国际机票定点采购管理的通知

广东省财政厅2004年6月15日印发(粤财外〔2004〕44号)

省直各有关单位，各定点售票单位：

根据财政部、中国民航总局《关于加强因公出国机票管理的通知》（财外字〔1998〕283号）要求，以及广东省财政厅《关于加强因公出国机票管理的通知》（粤财外〔1998〕206号）精神，为加强因公出国机票管理，减少机票采购的中间环节，杜绝因公出国机票购销活动中的不正之风，节约政府开支，规范我省省直各行政、事业单位和社会团体因公出国购买国际机票的行为，现将有关事项通知如下：

一、为体现“公开、公平、公正、择优、信用”的原则，省财政厅委托省政府采购中心通过采取公开招标的采购方式（招标编号：GDGPC042005FG003J），确定了以下6个单位作为我省因公出国人员购买国际机票的定点单位：

1. 广东省中国旅行社股份有限公司；
2. 广州广之旅国际旅行社股份有限公司；
3. 广东国际旅行社股份有限公司；
4. 广州招商国际空运有限公司；
5. 广东羊城之旅国际旅行社有限公司；
6. 广州纬航经济发展有限公司。从2004年7月1日起至2006年6月30日止（以省外办等部门批件日期为准），省直各行政、事业单位、社会团体因公出国人员购买国际机票一律由组团单位统一到上述定点单位购买。两年期满时，省财政厅将另行招标，重新确定并公布新一期国际机票定点单位。

二、为鼓励国内航空运输业的发展，因公出国团组应优先购买国内航空公司运营的国际机票。确因无国内民航航班等特殊情况需购国外航班机票的，应经定点售票单位负责人签字同意后方可购买国外航班机票。如属特殊航线，定点售票单位均无法满足的，应由定点售票单位出具证明，报省财政厅确认后，组团单位方可到非定点单位购票。

三、因公出国人员应本着节省费用开支的原则选定出访航线和定点售票单位，并实行询价制度。具体程序如下：

（一）询价。因公出国人员在确定出国日程后，应将拟出访的国别、日期、活动路线、舱位等级以及对航空公司、直航、转机等要求告知至少两家定点售票单位并向其询价。

（二）报价。定点售票单位受理询价事宜时，要按照用户要求提供1～2个报价方案供选择（所报价格包括不同航空公司、直航机和转航机的价格），并将《因公国际机票询价单》传真给询价人员或询价单位。

因公出国人员到省财政厅（或中国银行广东省分行）办理出国用汇手续时，应提供定点售票单位出具的《因公国际机票询价单回执》。省财政厅（或中国银行广东省分行）对未提供《因公国际机票询价单回执》的，不予批汇。

四、因公出国人员购买国际机票时应以人民币支票（或银行汇款）结算，不得以现金支付。回国后，在办理财务报销手续时应将机票有关费用发票和其他出访费用发票分开，对机票有关发票的管理要求是：需提供由定点售票单位开具的正式发票及机票原件。各单位财务部门要加强对因公出国人员出国费用报销凭证的审查，对不按规定提供报销单据或单据不齐全的，应不予报销。

五、各定点售票单位要严格遵守其价格和服务承诺，按照热情周到、方便快捷、价格公道的原则提供优质服务并自觉接受省财政厅等管理部门和客户的监督。定点售票单位所出售的机票价格不得超过其从航空公司（或其他渠道）取得机票成本价加上中标所报的加价幅度，并提供市区内免费送票服务。各定点售票单位应主动提供每一季度主要航线的价位，以供因公出国团组参考，并应于每季度终了后五日内将《因公出访国际机票销售情况表》（附件二，略）报省财政厅。

六、省直各行政、事业单位和社会团体应按本通知的规定到定点购票单位购买国际机票，不得擅自到其他非定点单位购买国际机票。因公出国人员在购买国际机票时，不得向定点单位提出给予回扣或虚开、增开发票等要求。如有违反，省财政厅将按《中华人民共和国政府采购法》及有关规定严肃处理。

七、省财政厅将定期或不定期对定点售票单位的售票情况、票价、服务质量进行监督检查。对定点售票单位的违规行为，省财政厅将依据国家有关规定和定点购票合同的规定取消其定点资格，且三年内不准其进入国际机票采购定点招标市场。各购票单位在购买机票过程中如发现定点售票单位有违规行为的，可向省财政厅举报。举报电话：83367359、83365585。

八、本通知自2004年7月1日起执行，并由省财政厅负责解释。

广东省省财政帮助县级财政增设预算周转金办法

广东省财政厅2004年6月16日印发（粤财预〔2004〕56号）

按照《中华人民共和国预算法》和《中华人民共和国预算法实施条例》，各级财政应设置预算周转金。按照省政府常务会议决定事项通知（粤办会函〔2004〕8号）和省政府办公厅《印发关于促进县域经济发展财政性措施意见的通知》（粤府办〔2004〕37号），现对省财政帮助县级财政增设预算周转金办法修订如下：

一、省配套增设预算周转金的范围

省配套增设预算周转金的范围为粤东、粤西、粤北地区所属县（市）及从化市。

今后县（市）改区建制的，从批准年的下一年起不再属于本范围之列。

二、省配套增设预算周转金的要求

（一）增设预算周转金规模

根据《中华人民共和国预算法实施条例》设置各级财政预算周转金。凡当年预算周转金规模达不到本级年度财政一般预算支出4%的县（市），首先必须根据本级结余情况增设部分预算周转金，省在县（市）增设数额的基础上，按一定比例系数配套增设。凡县（市）不自行增设预算周转金的，省也不配套增设预算周转金。

（二）配套增设预算周转金的档次及系数

第一档：16个扶贫开发重点县，配套比例为1:2。

第二档：山区县（不含16个扶贫开发重点县），配套比例为1:1.5。

第三档：其他县，配套比例为1:1。

（三）列报决算要求

各县（市）按照上述规定，计算出省配套增设预算周转金数额后，在编报当年决算时列增上级补助收入和增设预算周转金支出。省在批复各市财政决算时给予确认。

三、本文从2004年起执行

粤财预〔1996〕108号《关于帮助县级财政增设预算周转金的通知》同时废止。

广东省治污保洁专项资金使用管理办法

广东省财政厅2004年7月26日印发(粤财企〔2004〕179号)

根据《中共广东省委、广东省人民政府关于实施〈十项民心工程〉的通知》(粤发〔2003〕13号)精神，省财政安排资金设立了广东省治污保洁专项资金(下称“治污保洁专项资金”)。为规范专项资金的管理，提高资金的使用效益，根据省财政专项资金管理的有关规定和我省治污保洁工程的实际，制定本办法。

第一条　治污保洁专项资金的来源。

治污保洁专项资金由省政府财政预算安排资金设立。

第二条　治污保洁专项资金的安排原则。

专款专用，服从国家环保基本政策和治理环保污染的需要。

地方申请省治污保洁专项资金的项目，必须以自筹资金为主，省补助为辅。

治污保洁专项资金由省环保局、省建设厅会同省财政厅安排。

第三条　治污保洁专项资金的使用范围。

治污保洁专项资金主要安排用于列入省《治污保洁工程实施方案》(粤办发〔2004〕8号)的项目，重点支持山区、经济欠发达地区。资金使用范围包括：

(一)流域综合整治项目。

(二)城镇污水处理设施建设项目。

(三)城镇生活垃圾卫生填埋、无害化、资源化处理项目。

(四)大气和噪声污染治理项目。

(五)危险废物处理处置项目。

(六)生态保护建设项目。

(七)省委、省人大、省政府确定安排的其他治污保洁项目。

第四条　治污保洁专项资金的申报。

治污保洁专项资金由地方环保部门、建设部门会同级财政部门提出书面申请，连同《广东省治污保洁专项资金申请表》(下称《申请表》)、附件等材料上报省，其中城镇生活垃圾卫生填埋、无害化、资源化处理项目上报省建设厅和省财政厅；其他项目上报省环保局和省财政厅。

治污保洁专项资金的申报材料包括：

(一)申请项目填写《申请表》(格式可从互联网政府部门网站省建设厅 http://www.gdcic.net、省环保局 http://www.gdepb.gov.cn或省财政厅 http://www.gdczt.gov.cn上下载)并经有关部门审核同意盖章。在上报书面材料的同时要发送一张填写内容与书面表格相一致的《申请表》电子表格到省指定的电子邮箱。

(二)各地级以上市环保部门、建设部门会同财政部门的联合上报文。

(三)立项审批部门对项目建议书和可行性研究报告的批复文件。

(四)项目可行性研究报告、初步设计书(污水处理厂项目需提供)、环境影响评价文件(按建设项目环境保护分类管理要求)及批复文件和可行性咨询评估意见。项目可行性研究报告、初步设计和环境影响评价文件须由有相应资质的单位编制。项目可行性咨询评估意见须由省级以上工程咨询协会认定资质的咨询评估机构出具。

(五)项目资金证明书。

1. 项目已投入资金证明书。

2. 项目自筹资金证明书。

项目已投入资金证明书和项目自筹资金证明书由申请单位出具，申请单位的主管部门会同财政部门审核盖章确认。

第五条　治污保洁专项资金的审批、拨付和管理

省环保局、省建设厅会同省财政厅按规定对申请治污保洁专项资金的项目进行审核，提出治污保洁专项资金安排方案报主管的省领导审批并经常务副省长、省长确认。省环保局、省建设厅会同省财政厅下达项目计划，省财政厅按预算管理规定下达预算支出指标及拨付款项。

省治污保洁专项资金下达后，项目承担单位的同级财政部门应会同环保部门、建设部门，按预算、国库、政府采购等管理规定及项目进度情况，及时将资金落实到项目承担单位。

省环保局、省建设厅和省财政厅向省治污保洁工程联席会议报告治污保洁专项资金的安排使用情况。

第六条　治污保洁专项资金的监督。

各级财政、环保、建设部门要对本地区使用省治污保洁专项资金项目的实施过程加强监督检查。各地级以上市财政、环保、建设部门每半年应向省治污保洁工程联席会议办公室报告治污保洁专项资金使用和项目进展情况，在年度终了一个月内将资金使用情况书面报告省财政厅、省建设厅和省环保局。

治污保洁专项资金必须专款专用，任何部门、单位和个人不得挤占、挪用及擅自改变资金用途。项目承担单位如有以下情况，财政部门应停止拨款或收回资金，并按财政管理有关规定处理：

(一)不按规定使用治污保洁专项资金的。

(二)项目计划下达后，六个月内不动工，不向省报告的。

（三）项目建设进展缓慢，迟迟不能竣工投产的。

（四）不按期报送项目工程进展情况的。

省治污保洁专项资金支持的项目未能按项目设计书的要求完成，应由项目承担单位同级环保、建设、财政部门向省作出详细的书面报告，并采取积极措施完成项目。

治污保洁专项资金补助的项目竣工时，地方环保、建设部门应向省环保局、省建设厅提出项目竣工验收申请，并提交项目竣工验收申请报告、项目试行运行报告、项目竣工验收监测报告、项目财务报告等材料，由省环保局、省建设厅和省财政厅组织或委托有关机构进行项目竣工验收。委托验收的项目，在验收后一个月内将项目竣工验收报告报送省环保局、省建设厅和省财政厅备案。项目竣工验收程序按《广东省环境保护治污保洁专项资金安排项目竣工验收办法》进行。

第七条　本办法由省财政厅负责解释。

第八条　本办法自颁布之日起施行。

广东省珠江流域水质保护专项资金使用管理办法

广东省财政厅2004年7月26日印发（粤财企〔2004〕180号）

根据《中共广东省委、广东省人民政府关于加强珠江综合整治工作的决定》（粤发〔2002〕16号）精神，省财政安排资金设立珠江流域水质保护专项资金（下称“水质保护专项资金”）。为加强专项资金的使用管理，提高资金的使用效益，特制定本办法。

第一条　水质保护专项资金的来源。

水质保护专项资金由省政府财政预算安排资金设立。

第二条　水质保护专项资金的安排原则。

专款专用的原则；

地方自筹资金为主，省适当补助为辅的原则。

水质保护专项资金由省环保局会同省财政厅、省建设厅安排。

第三条　水质保护专项资金的使用范围。

水质保护专项资金主要安排用于列入广东省珠江水环境综合整治实施方案的项目，重点支持我省珠江上游地区和经济欠发达地区的流域水质保护。资金使用范围包括：

（一）城市污水处理设施建设项目。

（二）重点区域综合整治项目。

（三）流域内危险废物、固体废物处理项目。

（四）生态保护建设项目。

（五）水环境管理能力重点建设项目。

（六）省委、省人大、省政府决定安排的其他珠江流域综合整治项目。

第四条　水质保护专项资金的申报。

水质保护专项资金由市（县）环保部门会同级财政部门、建设部门提出书面申请，连同《广东省珠江流域水质保护专项资金申请表》、附件等材料逐级上报到省环保局和省财政厅。

水质保护专项资金的申报材料包括：

（一）申请项目填写《广东省珠江流域水质保护专项资金申请表》（格式可从互联网政府部门网站省环保局 http：//www.gdepb.gov.cn、省财政厅 http：//www.gdczt.gov.cn 或省建设厅 http：//www.gdcic.net 上下载）并经有关部门审核同意盖章。在上报书面材料的同时要发送一张填写内容与书面表格相一致的《申请表》电子表格到省指定的电子邮箱。

（二）各地级以上市环保、财政部门编制本市珠江水环境综合整治工程年度计划，联合上报省环保局和省财政厅。

（三）项目设立审批部门同意项目建议书和可行性研究报告的批复文件。

（四）项目可行性研究报告、初步设计书（污水处理厂项目需提供）、环境影响评价文件（按建设项目环境保护分类管理要求）及其批复文件和可行性咨询评估意见。项目可行性研究报告、初步设计和环境影响评价报告书须由有相应资质的单位编制。项目可行性咨询评估意见须由省级以上工程咨询协会认定资质的咨询评估机构出具。

（五）项目资金证明书。

1. 项目已投入资金证明书；

2. 项目自筹资金证明书。

项目已投入资金证明书和项目自筹资金证明书由申请单位出具，申请单位的主管部门会同同级财政部门审核盖章确认。

第五条　水质保护专项资金的审批、拨付和管理。

省环保局会同省财政厅、省建设厅按规定对申请水质保护专项资金的项目进行审核，提出水质保护专项资金安排方案报主管的省领导审批并经常务副省长、省长确认。省环保局会同省财政厅下达项目计划，省财政厅按预算管理规定下达预算支出指标及拨付款项。

省水质保护专项资金下达后，项目承担单位的同级财政部门应会同环保部门，按预算、国库、政府采购等管理规定及项目进度情况，及时将资金落实到项目承担单位。

省环保局和省财政厅向省珠江综合整治工作联席会议报告水质保护专项资金的安排使用情况。

第六条　水质保护专项资金的监督。

各级财政、环保、建设部门要对本地区使用省水质保护专项资金项目的实施过程加强监督检查。各地级以上市财政、环保、建设部门每半年应向省珠江综合整治工作联席会议办公室报告水质保护专项资金使用和项目进展情况，在年度终了一个月内将资金使用情况书面报告省财政厅、省环保局和省建设厅。

水质保护专项资金必须专款专用，任何部门、单位和个人不得挤占、挪用及擅自改变资金用途。项目承担单位如有以下情况，财政部门应停止拨款或收回资金，并按财政管理有关规定处理：

（一）不按规定使用水质保护专项资金的。

（二）项目计划下达后，六个月内不动工，不向省报告的。

（三）项目建设进展缓慢，迟迟不能竣工投产的。

（四）不按期报送项目工程进展情况的。

省水质保护专项资金支持的项目未能按项目设计书的要求完成，应由项目承担单位同级财政、环保、建设部门向省作出详细的书面报告，并采取积极措施完成项目。

水质保护专项资金补助的项目竣工时，地方环保部门应向省环保局提出项目竣工验收申请，并提交项目竣工验收申请报告、项目试行运行报告、项目竣工验收监测报告、项目财务报告等材料，由省环保局会同省财政厅、省建设厅组织或委托有关机构进行项目竣工验收。委托验收的项目，在验收后一个月内将项目竣工验收报告报送省环保局和省财政厅、省建设厅备案。项目竣工验收程序按《广东省环境保护水质保护专项资金安排项目竣工验收办法》进行。

第七条　本办法由省财政厅负责解释。

第八条　本办法自颁布之日起施行。

广东省省直行政执法部门罚款收缴暂行办法

广东省财政厅2004年8月2日印发（粤财综〔2004〕163号）

第一章　总　则

第一条　为规范实施罚款决定与罚款收缴分离，保证罚款及时上缴国库，根据《中华人民共和国行政处罚法》、《罚款决定与罚款收缴分离实施办法》、《中华人民共和国国家金库条例》等有关法律、法规的规定，结合省级实际情况，特制定本办法。

第二条　具有行政处罚权的省直行政机关及法律、法规授权或依法受行政机关委托实施行政处罚的组织（以下称执罚单位）其罚款的收缴，适用本办法。

第三条　除依照《中华人民共和国行政处罚法》规定，可以当场收缴罚款之外，其余凡作出罚款决定的执罚单位应当与收缴罚款的机构分离。

第四条　广东省省级罚款收缴工作由广东省财政厅（以下简称省财政厅）委托中国农业银行广东省分行（以下简称省农行）指定的下属驻粤机构承办。省农行直属机构和各市、县分支机构组成代收罚款网络（代收罚款网点见附件一）。

第五条　省农行广州市越秀支行（以下简称越秀支行）为省级罚没收入的主办行，负责罚款的收纳、报解入库。

第六条　罚款收缴实行编码管理。罚款的编码由部门代码和科目编号组成。其中：部门代码由5位阿拉伯数字组成（见附件二，略），如07800代表省交通厅；科目编号由6位阿拉伯数字组成（见附件二，略），如省交通厅罚没收入的科目编号为：430200，部门代码加科目编号组成11位项目编码：如07800430200。

第七条　为提高工作效率以及方便当事人缴款，除按规定可现场收缴的罚款外，凡当事人直接到银行缴交的罚款，均以经收款银行盖章后的省财政厅统一印制的“广东省省级罚没收入专用缴款书”（格式见附件三，略，以下简称“专用缴款书”）第一联作罚款收据。

“专用缴款书”一式六联：第一联（收据），缴款人开户（或经收）银行盖章后退缴款人的罚款收据；第二联（记账凭证），缴款人开户（或经收）银行作记账传票；第三联（收入凭证），收款国库主办银行作收入传票；第四联（收款凭证），收款国库作收入传票；第五联（报查），收款国库随收入日报表送省财政厅；第六联（回执），缴款人开户（或经收）银行盖章后由缴款人送回开出处罚决定书单位的回单。

“专用缴款书”既是财政罚款收据，也是本省各商业银行及金融机构统一使用的银行特种现金或转账凭证，是单位会计核算的合法原始凭证。

第二章　现场收缴罚款的处理

第八条　依照《中华人民共和国行政处罚法》第四十七条、第四十八条规定：依法给予20元以下的罚款的；不当场收缴事后难以执行的；或在边远、水上、交通不便地区，当事人向指定银行缴纳罚款确有困难的，可由执罚单位及其执法人员当场收缴罚款。当场收缴的罚款，必须向当事人开具省财政厅统一印制的罚款收据，不出具省财政厅统一印制的罚款收据的，当事人有权拒绝交罚款。

执法人员当场收缴的罚款，应当即日交至执罚单位财务部门；在水上当场收缴的罚款，应当自抵岸即日交至执罚单位财务部门；执罚单位财务部门必须在两日内填写“专用缴款书”直接到农业银行代收网点办理缴库。

第三章 省直执罚单位罚款收缴的处理

第九条 省直执罚单位依照有关规定作出行政罚款决定，开具行政处罚决定书时一并开出“专用缴款书”，通知当事人及时将罚款缴到省财政厅指定的账户，各执罚单位必须明确告知当事人罚款缴交的具体事项以及使用现金缴款的银行代收网点相关情况，以方便当事人缴款。各执罚单位开出“专用缴款书”时，应完整填写部门代码、罚款项目编码、与执罚单位罚没收入相对应的预算科目和罚款金额；在“专用缴款书”右上角填写处罚决定书字号，在收款银行栏内开户行填写农行广州市越秀支行，根据缴款人不同的缴款方式（现金或转账）填写不同的账号，使用现金缴款的，账号为：44－036301943000004；使用转账方式缴款的，账号为：44－036301040002172。当事人可使用现金或转账等方式缴交罚款。

（一）使用现金缴款。当事人应到当地各农行代收网点缴款，当事人将现金、“专用缴款书”一并交银行出纳柜台，银行工作人员审核缴款书、清点现金无误后，在“专用缴款书”各联上加盖“现金收讫章”，并将盖章后的第一、六联“专用缴款书”退当事人，“专用缴款书”第一联作为当事人的罚款收据，第六联由当事人交回执罚单位办理后续手续；第二联作银行记账传票，第三、四、五联交换到农行广州越秀支行，资金同时划出。

（二）使用转账缴款。当事人可在本单位开户银行使用转账方式缴款，当事人应将加盖单位印鉴的“专用缴款书”交开户银行柜台。银行工作人员审核上述相关单据无误后，在“专用缴款书”各联上加盖“转讫章”，并将盖章后的第一、六联“专用缴款书”退当事人，“专用缴款书”第一联作为当事人的罚款收据，第六联由当事人交回执罚单位办理后续手续；第二联作开户银行记账传票，第三、四、五联交换到农行广州越秀支行，资金同时划出。

第十条 省直执罚单位在广州市区外进行行政处罚时，罚款收缴手续比照第九条。但各经办行将资金上划农行越秀支行时，由于无法使用同城票据交换方式，只能采用电汇等电子方式上划，致使无法将第三、四、五联交换至农行越秀支行，所以在上划凭证摘要栏必须注明执罚单位部门代码和项目编码，以便于主办行进行资金归集对账，同时第三、四、五联经办行留存备查。

第十一条 对账和报表。

省农行越秀支行于月终后三日内打印本月“代收××单位省级罚没收入对账表”一式二份，分送执罚单位核对。执罚单位根据当事人送回的“专用缴款书”第六联做好统计工作，并据此做好每月对账工作。执罚单位核对无误后，两日内将加盖公章和核对意见的对账清单一份退越秀支行。越秀支行依据核对无误的“代收××单位省级罚没收入对账表”汇总“省级罚没收入汇总表”（分执罚单位）一份送省财政厅（综合规划处）。

第四章 资金上划和归集

第十二条 广州市辖区内或市区以外各代收网点代收的省直执罚单位罚款应于当天直接划入农行广州市越秀支行，越秀支行收纳的省级罚没收入，应使用“待结算财政款项”科目下的“待报解预算收入（罚没收入）”专户核算，经核对清楚后按有关预算收入报解程序于当日办理上缴省国库，同时将“专用缴款书”第四、五联送达省国库；当日来不及办理的，应于次日（节假日顺延）办理，不得以任何借口延解占压省级罚没收入。

第五章 附 则

第十三条 “专用缴款书”和现场执法用的罚款收据由省级各执罚单位统一向省财政厅票据监管中心领购。省级各执罚单位要严格按照《广东省财政票据管理办法》（粤财综〔2003〕59号）规定，建立、健全“专用缴款书”和罚款收据领购、使用、结存、缴销等制度。

凡不具备现场执罚条件的，一律不得使用罚款收据。原已领购的（包括已使用或未使用）应立即到省财政厅票据监管中心办理核销。

第十四条 各农业银行代收网点和相关商业银行以及金融机构应积极配合做好省级罚没收入的收缴入库工作，不得拒办，并应及时办理款项划转。

第十五条 各罚款代收网点只办理罚款的代收和将款项上划省财政指定账户，凡错缴和多缴的罚款，以及经行政机关复议后不应处罚的罚款，如需退回给单位（个人）时，应由作出处罚决定的执罚单位凭“专用缴款书”第一联和有关证明文件复印件提出书面申请，报经省财政厅审核批准，由省财政厅开具《收入退还书》，从省分库给予退付，代收网点不得在罚款收入中自行冲减。

第十六条 省级执罚单位应自觉接受省财政厅对罚款收缴情况的监督检查，对拒不执行罚款决定与罚款收缴分离规定，截留、挪用应缴罚款收入的，按国务院关于《违反行政事业性收费和罚没收入收支两条线管理规定行政处分暂行规定》（国务院令第281号）以及省纪委、监察厅作出的具体规定给予纪律处分。

第十七条 本暂行办法由省财政厅会同中国人民银行广州分行负责解释。

第十八条 本暂行办法从2004年10月1日起实行。广东省财政厅、中国人民银行广州分行《关于印发〈广东省省级罚款收缴办法实施细则〉的通知》（粤财基费〔1999〕58号）同时废止。

广东省财政支出绩效评价试行方案

广东省财政厅2004年8月5日印发(粤财评〔2004〕1号)

为加强财政支出管理，改革和建立科学、规范、高效的财政资金分配、管理体系，贯彻实施好省政府办公厅《转发省财政厅关于进一步加强财政支出管理意见的通知》（粤府办〔2003〕100号），逐步探索和建立我省财政支出绩效评价制度，特制订本方案。

一、工作原则

财政支出绩效评价工作应当遵循以下原则：

（一）经济性、效率性、有效性原则。即把财政支出行为及其过程的实际情况，通过对其经济性、效率性、有效性的比较和评价分析，判断支出的行为过程和执行的业绩、效果优劣。经济性、效率性与有效性是一个相辅相成的统一整体。

（二）定量分析与定性分析相结合的原则。以定量分析为主，定性分析为辅，定量分析建立在支出项目的财务数据采集分析上，定性分析通过对项目支出的全面、综合因素分析，结合相关专家的意见，与定量分析共同评价支出项目的效果，以更加合理、准确反映支出的实际绩效。

（三）真实性、科学性、规范性原则。真实性是保证财政支出绩效评价公正客观的基础，科学性是以项目的实际情况为主，兼顾国家、国际比较标准，将预算标准和实际相结合，普遍适用和个别选择相结合，充分考虑财政支出的特点和运作过程，以真实反映和衡量不同资金使用受益单位（部门）管理和使用财政资金的能力。规范性是评价行为和结果始终贯穿和反映财政资金运作的全过程，强化、规范公共支出项目的选项、审批、监管、审核功能，增强财政资金分配和使用的责任制，使绩效评价对公共支出和预算管理起到激励和约束作用。

二、基本方法

财政支出绩效评价方法包括：

（一）成本—效益比较法。针对财政支出确定的目标，在目标效益额相同的情况下，对支出项目中发生的各种正常开支、额外开支和特殊费用等进行比较，以最小成本取得最大效益为优。

（二）目标预定与实施效果比较法。通过比较财政支出所产生的实际结果与预定的目标，分析完成（或未完成）目标的因素，从而评价财政支出绩效。

（三）摊提计算法。研究某项支出通过年度盈余得以回收的时限，即计算投资回收期或投资风险。摊提时间越短，风险越小。

（四）最低成本法。在某项公共支出不易观测或计算其效益大小的情况下，可采取比较多个功能和目的相近的方案，评价和选择成本最低的方案。

（五）因素分析法。通过列举分析所有影响收益及成本的内外因素，综合分析评价的方法。

（六）历史动态比较法。将历史上各时期的公共支出按一定原则和类别分类排列，分析比较，确定公共支出效率变化的情况。

（七）横向比较法。将相同或近似的支出项目通过比较其在不同地区间的实施执行情况来分析判断支出的绩效。

（八）专家评议与问卷调查法（公众评判法）。通过若干相关领域的专家对财政支出绩效进行分析，同时，设计不同的调查问卷，发给一定数量人员填写，最后汇总分析各方意见进行评价判断。

（九）财政部、省财政部门制订的其他方法。

在实施绩效评价时，根据支出项目的不同情况可以只采用一种方法，也可以多种方法同时进行。

三、指标体系

财政支出绩效评价指标包括两大类：一类是基本（通用）指标，一类是个性（选定）指标。基本指标包括基本财务指标、国家（国际）通行指标、公众关注指标等被普遍应用在公共支出项目绩效评价的指标。个性指标是在确定具体评价对象后，通过了解、收集相关资料、信息，结合评价对象不同特点和目标来设置（选定）的特定指标。

个性指标包括绩效指标和修正指标。绩效指标根据财政支出的不同功能和类型，同时兼顾绩效评价工作的可操作性分为九大类，每类设立支出类型评价“指标库”，针对不同项目的绩效评价内容选取一定比例的指标。为满足评价工作的要求，还可以结合具体需要临时设置一些补充指标（绩效评价指标及计算公式详见附件，略）。

四、组织管理

财政支出绩效评价工作由财政部门统一组织管理，财政、主管部门、项目单位分级实施。财政部门作为财政预算分配的主体，负责安排各项财政支出并对财政资金使用进行监督，是财政支出绩效评价的主管部门，负责研究制定财政支出绩效评价体系、评价标准，统一规划评价工作并组织实施，指导各地、各部门开展财政支出绩效评价工作。各主管部门、支出项目单位是财政支出评价工作的具体组织者，负责本部门、本项目财政支出绩效评价工作。

财政支出绩效评价，实行分类管理的办法。日常绩效评价，由省财政厅组织实施；省委、省政府指定的重要项目，由省委、省政府指定的牵头单位或由省财政厅、审计厅、监察厅共同组织实施；对省直部门或一级预算单位的整体支出绩效评价，由省人事厅、财政厅会同审计、监察部门组织实施。

进行绩效评价必要时可以邀请各级人大专门委员会、人大代表、政协委员等参加。

五、工作程序

财政支出绩效评价工作必须遵循严格、规范的工作程序，从而减少误差，保证评价结果的客观公正。财政支出绩效评价一般工作程序主要包括：

（一）前期准备

1. 绩效目标申报。

(1) 财政基本支出的绩效目标，包括按定员定额标准计算的基本支出绩效目标和单项核定的基本支出绩效目标，由财政部门根据有关规定和标准确定。

(2) 预算单位在申报支出项目时，必须提交项目可行性方案，明确提出项目资金使用的绩效目标。预算数额较大或者专业技术复杂的项目，可行性方案必须有科学的论证和专家意见。

可行性方案中，绩效目标包括以下内容：申报单位基本情况、项目概况、项目必要性、项目所要达到的预期绩效目标、前景预测、条件论证、内容和规模、资金来源渠道及比例、资金使用进度、相关经济社会效益等。

省级财政支出项目申报必须按《广东省省级部门项目支出预算管理试行办法》（粤财预〔2003〕63号）规定的申报条件、程序和规范文本格式申报。省级部门（单位）在报送预算支出项目申报材料时，加报一份给省财政厅绩效评价部门备案。省财政厅对省级部门提交的可行性方案，要进行严格的审核。一般性支出项目可以按规定的例行程序审核，重大项目可由省财政厅组织成立专家组进行评审。

2. 确定评价对象，下达评价通知书。根据公共支出绩效目标以及绩效预算管理的要求，有针对性确定评价目标和对象并下达评价通知书。评价通知书应载明评价任务、目的、依据、评价人员、评价时间和有关要求等。

3. 成立评价组织机构。确定评价目标后，应根据目标的具体情况，成立评价组织机构，负责评价工作的组织领导、制订评价实施方案、选择委托评价机构，审核评价结果报告。

4. 制订评价实施方案。评价组织机构根据评价工作规范，针对评价对象，拟定评价工作具体方案，成立评价工作组，选定评价指标，确定评价标准和评价方法。

（二）现场评价

1. 收集基础数据和资料。评价工作组根据评价工作要求，到评价对象现场采取勘查、问卷、复核等方式收集、整理基础数据和资料，包括评价对象的基本情况、财政资金使用情况、评价指标体系需要的相关资料。

2. 核实、分析基础数据并计算评价结果。评价实施机构根据被评价单位提供的基础资料，核实基础数据的全面性、真实性以及指标口径的一致性，根据实际情况对指标和标准进行必要的调整，并辅助以专家问卷等定性指标的分析计算出评价结果。

（三）撰写报告

1. 形成初步评价结论。评价工作组根据计算的初步评价结果，撰写评价分析报告，并在必要时候将初步评价结果反馈被评价单位，核实相关调整事项，评价分析报告按规定格式和要求（具体格式和要求由省财政厅另行制订），内容完整，分析透彻，逻辑清晰，用语准确，并报请评价组织机构审核确认或备案。

2. 总结建档。评价工作完成以后，应进行工作总结，将评价有关问题和建议形成书面材料上报评价组织机构，并将评价项目建立工作档案备查。

六、分类实施

（一）财政支出绩效评价类型分为项目实施过程评价和项目完成结果评价。项目实施过程评价，是指对项目实施过程中阶段执行情况或者跨年度项目支出绩效的评价。项目完成结果评价是指项目完成后总体绩效的评价。

（二）财政支出绩效评价具体实施主体分为部门（单位）自我评价和财政部门组织评价。

1. 部门（单位）自我评价。

财政支出项目统一实行部门（单位）对资金使用情况自评制度。

(1) 项目完成后评价。所有预算项目支出完成后一个月内，资金使用单位必须对项目支出的绩效和预定目标的实现情况进行绩效自我评价，并向财政部门提交绩效评价自评报告备案。

(2) 项目中期评价。对跨年度项目支出实行项目中期绩效自我评价制度。每个预算年度结束，项目资金使用单位都要对资金使用绩效情况实施一年一评的中期评价制度，自评报告报财政部门备案。

(3) 支出项目绩效自评报告应该包括：与申报的可行性方案进行比较分析、资金使用情况、项目完成情况（项目阶段完成情况）、绩效结果等（具体格式和规范文本由省财政厅另行制订）。

(4) 抽样复核。财政部门对项目资金使用单位报送备案的绩效自评报告进行抽样复核、审查，抽查面逐步达到每个预算年度支出项目的5%以上。

2. 财政部门组织评价。

(1) 重点项目评价。财政部门将会同有关部门，在每个预算年度筛选部分有影响和有代表性的重点支出项目进行综合绩效评价。综合绩效评价由财政部门在项目资金使用单位自评的基础上，根据各方面材料和基础数据，对项目评价采取定量和定性分析、判断，综合专业意见，对项目支出的经济、社会、政治绩效进行全面的评价。

(2) 项目中期评价。对影响较大或者所跨年度较长的项目，由省财政厅组织进行绩效评价。

（3）支出预算中按定员定额标准计算的基本支出和单项核定的基本支出，由财政部门根据实际情况组织实施评价。

财政部门组织评价可以委托下一级财政部门和具有资质的社会中介机构实施评价（具体办法由省财政厅另行制定）。

七、实施范围和步骤

（一）重大支出项目。省级500万元以上（含500万元）的支出项目试行支出绩效评价。项目实施单位，应按《方案》的规定和要求对支出绩效进行自评，上报自评报告，财政部门对自评报告进行抽查和复核。对其中的重大项目和社会影响较大的项目，可由财政部门委托或组织评价。

（二）一般性支出及小额请款。暂不实行支出绩效评价，待绩效评价制度全面建立后，再结合部门预算编制和部门综合评价一并实施。

（三）跨年度支出项目。全部按《方案》规定实行自我评价。项目单位对资金使用进度和阶段效果形成自评报告，报财政部门备案。对所跨年度较长的项目，可由省财政厅组织进行绩效评价。

（四）一般性转移支付资金。一般性转移支付资金属财力性转移支付，纳入地方预算收入综合平衡。由接受转移支付的地方财政部门结合各地具体实际情况组织实施绩效评价。

（五）专项补助资金。可以采取省财政部门组织评价，也可以由省委托市、县的财政部门或中介机构进行绩效评价。

八、结果应用

财政支出绩效评价结果的应用包括：

（一）对项目支出资金使用单位报送备案的绩效自评报告进行核实和抽查。逾期不报送项目资金绩效自评报告的，视同项目支出绩效目标没有达到。

（二）对跨年度实施中期评价的项目支出，在提交年度评价报告之前，财政部门不再拨付资金，并可以根据评价报告的结果，对长期项目资金作中期调整，以使项目资金发挥最大的效益。不按规定提交评价报告的，必须向本级政府提出书面申请，经同意后方可拨款。对绩效差劣的项目要进行通报，对同类项目下一预算年度不再安排资金。

（三）重点支出项目经过综合绩效评价，财政部门可根据评价结果向本级政府报告，对后续资金拨付提出处理意见，经政府批准调整支出预算。同时，提请有关部门对重点项目资金进行重点审计和事后审计，加强对重点项目的财政和审计监督。

（四）财政项目支出绩效评价结果将作为下年度安排部门预算的重要依据。综合评价结果还可以判断财政资金配置的合理性，准确把握财政决策和政策效应，控制财政风险。

（五）根据财政支出绩效评价结果分析诊断单位内部的管理问题和部门的主要政绩水平，加强财政资金的监控，提高支出项目的管理水平。对绩效良好的项目通报表扬，并对下年度的同类项目优先安排。

（六）财政支出绩效评价结果经报请本级政府同意后，将在一定范围内公布，以加强部门财政资金运用和部门行为监督，体现和增加公共支出公正性和透明度。

九、本方案自省人民政府批准之日起执行，各市要结合本地区实际情况，开展财政支出绩效评价工作。

十、本方案由省财政厅负责解释。

广东省财政社会保障补助资金管理监督暂行办法

广东省财政厅2004年8月26日印发（粤财社〔2004〕107号）

第一条　为进一步完善省财政社会保障补助资金的管理，规范资金管理程序，有效开展资金使用监督，提高资金的使用效益，加强廉政建设，进一步支持我省经济欠发达地区各项社会保障事业的发展，特制定本办法。

第二条　省财政社会保障补助资金（以下简称补助资金）是指省财政根据省级财力情况安排的主要用于支持我省经济欠发达地区发展各项社会保障事业（包括卫生医疗、就业和社会保障、优抚和社会救济等事业）的补助经费。

第三条　管理原则：统一上报、统一审核；综合平衡、合理安排；分级管理、专款专用；注重成效、集中反馈。

第四条　补助范围：我省经济欠发达地区的卫生医疗、就业和社会保障、优抚和社会救济事业等国家和省重点倾斜和支持的项目。

第五条　资金分配：省财政厅根据省级财力和我省经济欠发达地区各项社会保障事业的发展情况，按照公平、公开、公正的原则，按照财政专项转移支付办法，综合考虑各地人口、人均可支配财力、各项事业发展情况以及上年度资金使用情况等因素，合理分配补助资金。

第六条　项目申报程序：各市、县财政局应根据本地社会保障事业发展的实际情况和财力状况，对申报项目逐项审核严格把关，所上报项目要说明项目实施时间、各级财政安排或单位自筹资金情况、要求省补助金额及依据，并提出审核意见上报省财政厅。

要求有关主管部门提供资金审核意见的，应会同有关主管部门，根据当地的实际情况，按轻重缓急对项目进行可行性研究，经筛选和确定后编列项目计划及报告，逐级上报省财政厅和省有关主管部门。省财政厅会同省级主管部门，对所报的项目计划进行筛选、论证后将符合要求的项目纳入省级项目库，综合平衡。

对不按照上述程序和规定请款的报告不予受理。

第七条　资金下拨。对各市审核上报省的请款项目计划及报告，省财政厅或会省有关主管部门进行汇总、审核，严格按照资金分配原则，按规定程序报批后将补助资金下拨到有关市，有关市财政部门应及时将资金拨付给项目使用单位。

第八条　管理与监督：各市、县财政部门要切实负起责任，加强对补助资金全过程的监督检查，逐步规范和加强补助资金的支出管理，对省下拨的补助资金，各市、县财政应及时足额将资金拨付给使用单位，专款专用，不得拖欠、截留或挪用。对违反法律法规的，要依照有关规定严肃处理，涉嫌犯罪的，移送司法机关处理。

项目完成后如有资金结余，用款单位应及时上缴其主管部门，由主管部门报财政部门审核批准后用于与该项目有关的业务工作，并报省财政厅和主管部门备案。

第九条　资金项目要实行公开招标和逐步实施集中支付，属于设备购置的项目要按照《政府采购法》和我省政府采购管理的有关规定，通过公开招标形式统一采购。

第十条　建立绩效评价制度。省财政厅将通过对大宗专项补助资金的绩效评价，加强对补助资金支出的监督管理，保证省财政资金的安全，发挥省财政资金的最大效益。各地级市财政局每年选择1～2个专项补助资金进行绩效评价，并将情况上报省财政厅，省财政厅以此作为下一年度资金安排的参考指标。对不按规定项目使用省补助资金或挪用、截留资金的地区，省财政厅将在下一年度取消其享受补助资格或抵扣其有关资金。

第十一条　各市、县财政部门可根据当地的实际情况，研究制定社会保障补助资金管理办法，加强对补助资金的管理和监督。

第十二条　省财政安排的社会保障补助资金，已经制定专项资金管理办法的，可按原办法执行。

第十三条　本办法由省财政厅负责解释。

第十四条　本办法自印发之日起实施。

广东省政府采购公开招标采购方式暂行实施规程

广东省财政厅2004年9月21日印发(粤财采购〔2004〕17号)

第一章　总　则

第一条　为规范政府采购公开招标程序，根据《中华人民共和国政府采购法》、《中华人民共和国招标投标法》及《广东省实施〈中华人民共和国招标投标法〉办法》，制定本规程。

第二条　本规程适用于广东省政府采购货物、服务类项目的公开招标活动。

使用财政性资金的政府采购工程，应纳入政府采购管理，适用《中华人民共和国招标投标法》和省有关建设工程招标投标管理规定。

第三条　政府采购公开招标活动应当遵循公开透明原则、公平竞争原则、公正原则和诚实信用原则。

第二章　招标委托

第四条　采购人在办理委托前，应编制详细的用户需求书。

用户需求书包括采购预算（一般应包括市场参考单价）、商务要求、技术需求和服务要求等。商务要求包括合格投标人条件、交货期、货款结算方式、履约保证金、货物安装调试、检验及验收、保险以及争端的解决等；技术要求包括采购项目名称、数量、技术规格、质量保证等；服务要求包括产品配送地点、质保期、售后服务等。

用户需求书中不得列入限制、排斥潜在供应商的商务、技术条款；不得列入某一品牌特有的规格技术标准及其他有违公平竞争的条款，不得以不合理的注册资本金、销售业绩以及资格条件（含特别授权条款）等条款对潜在供应商实行歧视或差别待遇。

第五条　采购人应当根据同级政府集中采购目录，按以下原则确定采购代理机构。

（一）采购属于政府集中采购目录通用类的政府采购项目，必须委托集中采购机构组织实施。

（二）采购属于政府集中采购目录部门集中采购类，达到公开招标数额标准以上的采购项目，应当委托集中采购机构或其他政府采购代理机构组织实施。

第六条　采购人应与采购代理机构签订委托代理协议，依法确定委托代理事项，约定双方的权利、义务和收取代理费的标准等。

第三章　组织招标

第七条　下列条件之一的采购项目，除法律法规要求保密外，采购人或采购代理机构应当发布招标信息预告，就采购标准是否有倾向性、歧视性征集潜在供应商意见。

（一）对有可能影响公平竞争的项目。

（二）国家或省、市重点建设项目。

（三）政府采购项目金额较大的。金额标准由各地级以上市政府采购监督管理部门根据本地的政府采购情况制定。

（四）政府采购监督管理部门认为应当进行招标预告的其他采购项目。

招标预告的内容应当包括：采购人或采购代理机构名称；项目名称、用途、数量、规格、技术要求和交货日期；对供应商的资格要求；联系人及联系方式。

采购人或采购代理机构对潜在供应商公正、合理的意见应予采纳。

第八条　采购代理机构根据采购人的用户需求书依法编制招标文件。

采购代理机构在收到采购人提供的用户需求书后，应当及时编制招标文件。招标文件主要内容应当包括：投标邀请、投标人须知、评标方法、评标标准、评标细则及无效投标条款、用户需求书、合同条款及格式、投标书格式。

招标文件要充分体现公平、公正的原则，不得要求或者标明特定的制造商和代理商，商务、技术和服务等条款的要求不得有倾向性和歧视性。

货物或服务类采购项目，技术指标或供应商的资质应当有三个以上品牌或三家符合资质要求的供应商完全响应。同一品牌的产品可有多家代理商参与竞争，但只作为一个供应商计算。

第九条　下列条件之一的采购项目在编制招标文件过程中，应当进行招标文件论证：

（一）招标信息预告期间，潜在供应商对采购标准有质疑的。

（二）国家或省、市重点建设项目。

（三）政府采购项目金额较大的。论证项目金额标准，由各地级以上市政府采购监督管理部门根据本地的政府采购情况制定。

（四）政府采购监督管理部门认为应当进行招标文件论证的其他采购项目。

招标文件论证小组由采购人代表和专家组成，成员人数为三人以上单数，专家人数不得少于论证小组成员总数的三分之二。

论证小组主要对招标文件中投标人资质条件、商务条款、技术指标参数、评标标准及办法等进行论证，并出具书面论证意见，确保潜在供应商之间的公平竞争。

第十条　采购代理机构在招标文件编制完成后提交采购人审核，采购人一般在收到文件之日起三个工作日内提出审核、确认意见。

第十一条　招标文件经确认后，采购代理机构应按《广东省政府采购信息公告管理暂行办法》的规定发布招标公告。

对供应商进行资格预审的采购项目，资格预审的程序及细则应当在招标公告中明确。采购人或采购代理机构应当接受供应商报名，并按照招标公告公布的资格预审程序及细则，对供应商进行资格审查，并将资格审查结果函告所有参加资格预审的供应商。

第十二条　采购代理机构应当对获取招标文件的供应商登记备案。招标文件的售价按有关规定执行。

第十三条　招标文件需进行澄清或修改的，应在规定投标截止时间十五日前，以书面形式通知所有获取招标文件的供应商。供应商收到澄清修改文件后，应当以书面形式确认。澄清修改的内容为招标文件的组成部分。

澄清或修改时间不足十五日的，采购人或采购代理机构在征得已获取招标文件的供应商同意并书面确认后，可不改变投标截止时间。

第四章　开标、评标和定标

第十四条　实行公开招标的政府采购项目，采购人或采购代理机构应依法组建评标委员会。

评标委员会原则上在开标前一个工作日内组建，专家成员一般从省级政府采购监督管理门认可的专家库中随机抽取确定。采购人或采购代理机构应当派代表（原则上派监察人员）到现场监督抽取专家过程。特殊原因不能参加的，应向负责抽取专家的机构出具书面函件。评标委员会名单在中标结果确定前应当保密。

特殊的采购项目，经同级政府采购监督管理部门批准可直接确定专家成员。

评标委员会由采购人代表和有关技术、经济等方面的专家组成，成员人数为五人以上单数，其中技术、经济等方面的专家不得少于成员总数的三分之二。采购人代表由采购人书面授权确定。

第十五条　采购人或采购代理机构应在招标文件规定的投标地点和截止时间前，接受投标人递交的密封完好的投标文件。投标截止时间后递交的投标文件一律不予接受。

第十六条　采购人或采购代理机构应在招标文件确定的时间和地点组织开标。一般遵循以下程序：

（一）开标会由采购人或采购代理机构主持。

（二）在招标文件规定的投标截止时间到点时，主持人应当宣布投标截止时间已到，以后递交的文件一律不予接受。

（三）主持人宣读开标大会会场纪律。

（四）开标时，应实行现场监督。现场监督人员应当是采购人、采购代理机构的监察人员或政府采购监督管理部门、监察机关、公证机关的派出人员。评标委员会专家成员不参加开标大会。

（五）投标文件的密封情况应由监督人员确认并当众拆封，并按招标文件规定的内容当众唱标。

（六）开标会记录人应在开标记录表上记录唱标内容，并当场公示。如开标记录表上内容与投标文件不一致时，投标人代表须当场提出。开标记录表由记录人、唱标人、投标人代表和有关人员签字确认。

第十七条　采购人或采购代理机构负责评标会场组织工作，并采取有效措施，保证评标在严格保密的情况下进行。一般遵循以下程序：

（一）宣读评标纪律。组织评标工作的人员应在评标前宣读评标纪律，并要求评标委员会成员及工作人员签字确认。依法应该回避的，评标委员会成员和其他工作人员应当主动提出回避。

（二）评标现场监督。评标时，应实行现场监督。现场监督人员应当是采购人、采购代理机构的监察人员或政府采购监督管理部门、监察机关、公证机关的派出人员。

（三）评标委员会评标与出具评标报告。评标委员会应当根据招标文件规定的评标标准和方法，严格按照招标文件的评标程序，对投标文件进行系统的评审和比较，依法出具评标报告并推荐中标候选人，或按采购人的授权直接确定中标供应商。招标文件中没有规定的标准和方法不得作为评标的依据。

评标委员会在评标过程中一致认为招标文件表述不明确或需说明的其他事项，可请采购人代表或采购代理机构工作人员解释说明，但不得发表带有倾向性或其他影响评审公证性的意见。

（四）投标人的澄清或说明。评标委员会可以以书面形式要求投标人对投标文件中含义不明确、对同类问题表述不一致或者有明显文字和计算错误的内容作出必要的澄清、说明或者补正。澄清、说明或者补正应当采取书面形式，但不得超出投标文件的范围或者改变投标文件的实质性内容。

（五）参加评标会议的所有工作人员应当对评标过程和评标结果保密。

第十八条　采购人一般应在五个工作日内按照评标委员会推荐的中标候选人顺序依法确定中标供应商。

采购人或采购代理机构应当按规定将中标结果进行公示，公示期为三个工作日。

第十九条 采购人或采购代理机构应依法向中标供应商发出中标通知书，向未中标的投标人发出招标结果通知书。

属采购代理机构组织的采购项目，采购代理机构应同时向采购人发出招标结果通知书。

第二十条 供应商有质疑和投诉的，按照《中华人民共和国政府采购法》和《政府采购供应商投诉处理办法》规定处理。

第五章 签约与验收

第二十一条 采购人与中标供应商应当自中标通知书发出之日起三十日内，按照招标文件和中标供应商投标文件的约定签订政府采购合同，合同条款不得与招标文件和中标供应商投标文件内容有实质性偏离。

采购合同自签订之日起七个工作日内，采购人应将合同副本报同级政府采购监督管理部门和有关部门备案；委托采购代理机构代理采购的，采购人还应将采购合同副本送采购代理机构归档。

第二十二条 采购人或采购代理机构应分别按下列情况，退回投标供应商的投标保证金：

（一）在确定中标供应商后五个工作日内，退回未中标供应商的投标保证金。

（二）在签订合同后五个工作日内，退回中标供应商的投标保证金。投标保证金转为履约保证金的，按合同约定办理。

（三）在投标有效期内不能确定中标供应商的，在投标有效期满后五个工作日内，退回所有投标人的投标保证金。

第二十三条 采购人或其委托的采购代理机构应当组织对供应商履约的验收。大型或者复杂的政府采购项目，应当邀请国家认可的质量检测机构参加验收工作。验收方成员应当在验收书上签字，并承当相应的法律责任。

采购人组织对供应商履约验收的，双方应按规定完成验收工作。如有异议不能验收的，应提请其委托的采购代理机构协商；协商未果的，提请政府采购监督管理部门协调；协调未果的，按有关法律法规办理。

第六章 附 则

第二十四条 采购人或采购代理机构应当按照《中华人民共和国政府采购法》和《广东省政府采购项目档案管理办法》，对每项采购活动的采购文件妥善保存，不得伪造、变造、藏匿或销毁。

第二十五条 政府采购监督管理部门及有关部门可以通过抽查、现场监督等方式对公开招标采购活动进行检查、监督，采购当事人应当积极配合。

第二十六条 本规程由广东省财政厅负责解释。

第二十七条 本规程自发布之日起施行。

广东省政府采购非公开招标采购方式实施暂行规程

广东省财政厅2004年9月21日印发(粤财采购〔2004〕18号)

第一章 总 则

第一条 为规范政府采购非公开招标采购方式实施程序，根据《中华人民共和国政府采购法》和《中华人民共和国招标投标法》，制定本规程。

第二条 本省内采用非公开招标方式的政府采购活动适用本规程。采用邀请招标方式采购的工程项目，同时适用《中华人民共和国招标投标法》和省有关建设工程招标投标管理规定。

第三条 本规程所称非公开招标采购方式是指《中华人民共和国政府采购法》规定的邀请招标、竞争性谈判、单一来源和询价。

第二章 确定采购方式

第四条 广东省政府采购项目采用非公开招标方式的，应当依照下列情形确定具体采购方式：

（一）达到公开招标数额标准以上政府采购项目，采用非公开招标方式采购的，应当在采购活动开始前获得同级政府采购监督管理部门的批准。

（二）属于政府集中采购目录通用类的政府采购项目，未达到公开招标数额标准的采购项目，由集中采购机构依法确定采购方式。

（三）属于政府集中采购目录部门集中采购类，未达到公开招标数额标准的采购项目，由采购人主管部门依法确定采购方式。

（四）属于政府集中采购目录以外，政府采购限额标准以上的分散采购项目，未达到公开招标数额标准的，由采购人依法确定采购方式。

第五条　符合下列情形之一的政府采购项目，可以采用邀请招标方式采购：

（一）具有特殊性，只能从有限范围供应商处采购的。

（二）采用公开招标方式的费用占政府采购项目总价值比例过大的。

第六条　符合下列情形之一的政府采购项目，可以采用竞争性谈判方式采购。

（一）招标后没有供应商投标或者没有合格标的或者重新招标未能满足用户急需的。

（二）技术复杂或者性质特殊，不能确定详细规格或者具体要求的。

（三）采用招标所需时间不能满足用户紧急需要的。

（四）不能事先计算出价格总额的。

第七条　符合下列情形之一的政府采购项目，可以采用单一来源方式采购：

（一）只能从唯一供应商处采购的。

（二）发生了不可预见的紧急情况不能从其他供应商处采购的。

（三）必须保证原有采购项目一致性或者服务配套的要求，需要继续从原供应商处添购，且添购资金总额不超过原合同采购金额10%的。

第八条　采购的货物规格、标准统一、现货货源充足且价格变化幅度小的政府采购项目，可以采用询价方式采购。

第三章　确定供应商名单

第九条　确定供应商名单应当遵循公开透明原则、公平竞争原则、公正原则和诚实信用原则。

采购货物类项目，合格供应商条件，除法律、行政法规规定的条件外，只需该产品的经销代理权，在确定供应商名单之前不得设置特别授权条款。

对重大的货物采购项目，为保证货物质量和售后服务，在确定供应商名单后，可要求制造商出具该项目的特别授权。

第十条　确定供应商家数应当符合以下规定：

（一）采购货物类项目，符合采购人需求的品牌至少应当达到三家以上；同一品牌的产品可由多家代理商参加竞争，但只作为一家供应商计算。

（二）采购工程、服务类项目，符合资格条件的供应商至少应达到三家以上。

第十一条　确定供应商名单应当符合以下规定：

（一）在采购文件编制完成之后确定供应商名单。

（二）在采购文件中明确规定供应商产生的方式。

（三）采购货物类项目，应当有三个以上品牌参与竞争，每一品牌的供应商应当从公开报名或供应商库中以随机抽取方式确定一个或多个供应商名单。采购工程、服务类项目，应当从公开报名或供应商库中以随机抽取方式确定三家以上供应商名单。

第十二条　采取公开报名方式确定供应商名单的，应当遵循以下程序：

（一）采购人或采购代理机构应当按照《广东省政府采购信息公告管理办法》规定，在指定媒体公开发布采购信息，接受供应商报名。

（二）对报名的供应商进行资格审查。

（三）确定供应商名单。

第十三条　从供应商库中确定供应商名单的，应当遵循以下程序：

（一）采购人或采购代理机构向政府采购监督管理部门认可的供应商库的设立机构进行用库登记。

（二）由供应商库设立机构确定符合资格条件的供应商名单。

（三）确定供应商名单。

第十四条　采用随机抽取方式从供应商库中确定供应商名单的，供应商库中相关行业的供应商数量应当达到需抽取供应商数量的三倍以上；经报政府采购监督管理部门审核，采购人或采购代理机构可以推荐符合资格条件的供应商录入供应商库。

第十五条　采用随机抽取方式确定供应商名单的，应在采购人、采购代理机构的监察人员或政府采购监督管理部门、监察机关、公证机关的派出人员的监督下，由采购人和采购代理机构代表抽取产生。采购人代表因故不能参加的，须有书面的函件说明。

第十六条　确定供应商名单后，应当填写“确定供应商名单登记表”并由现场监督人员、抽取人员签名确认，以存档备查。

第十七条　采购文件发出后，因故出现参与竞争的供应商不足三家的，应当依照本规程规定补充供应商家数。

第十八条　单一来源采购的供应商由采购人依法确定，并报同级政府采购监督管理部门备案。

第四章　采购程序

第十九条　政府采购项目采用非公开招标方式的，按以下程序实施：

（一）属于政府集中采购目录以内通用类的采购项目，采购人必须委托集中采购机构组织实施。

（二）属于集中采购目录部门集中采购类和采购限额标准以上的采购项目，采用邀请招标方式采购的，采购人应当委托集中采购机构或者其他政府采购代理机构组织实施。

（三）属于政府集中采购目录部门集中采购类，采用竞争性谈判、单一来源、询价采购方式的，采购人主管部门可依法自行采购，也可委托采购代理机构组织实施。

（四）属于政府集中采购目录以外，政府采购限额标准以上的分散采购项目，采用竞争性谈判、单一来源、询价采购方式的，采购人可依法自行采购，也可委托采购代理机构组织实施。

第二十条 采用邀请招标采购方式的，应当按照《广东省政府采购公开招标采购方式实施规程》实施，并按本规程确定被邀请的供应商名单。

第二十一条 采用竞争性谈判采购方式的，应当遵循以下程序：

（一）成立谈判小组。

谈判小组由采购人或采购代理机构代表及有关专家等共三人以上的单数组成。采购人或采购代理机构代表应当具备相应的采购专业技能，并经采购人或采购代理机构授权；有关专家根据采购项目的具体技术规格和性能特点邀请。其中技术专家人数不得少于谈判小组成员总数的三分之二。

（二）制定谈判文件。

采购人或采购代理机构制定谈判文件。谈判文件应当明确以下事项：

1. 谈判的程序：包括谈判的轮次以及每个轮次谈判的重点等。

2. 谈判的内容：包括采购项目的技术规格、价格、服务等。

3. 合同草案：包括合同当事人的权利和义务、履约期限和方式、资金支付方式、验收标准等。

4. 评定成交的标准，明确谈判小组应当考虑的具体因素及相关要求。

（三）确定参加谈判的供应商名单。

1. 按规定的供应商资格条件，依本规程规定确定参加谈判的供应商名单。

2. 采购人或采购代理机构向被邀请参加谈判的供应商发出谈判文件。

3. 谈判文件规定有保证金的，供应商应按规定提交保证金。

（四）开展谈判。

1. 主持人宣布评审纪律，谈判小组所有成员及相关工作人员签名确认。

2. 谈判小组所有成员应当集中与单一供应商就有关技术、价格、交货期、付款方式、售后服务等问题分别进行一轮或多轮的谈判。在谈判中，谈判小组及有关当事人应当严格遵循保密原则，任何人不得透露与谈判有关的供应商的技术、价格和其他信息。

3. 谈判小组可以修改谈判文件，但涉及实质性变动的，应当以书面形式通知所有参加谈判的供应商。

（五）确定成交供应商。

1. 谈判小组在谈判结束后，要求所有参加谈判的供应商在规定的时间内提出最后报价及作出有关承诺。

2. 谈判小组按照谈判文件规定的评定标准，对供应商提供的最后报价及有关承诺进行评审。

3. 谈判小组完成谈判工作后，出具谈判报告，推荐成交候选人。

4. 采购人从成交候选人名单中按照符合采购需求，质量和服务相等且报价最低的原则确定成交供应商。

（六）发出成交通知书。

采购人或采购代理机构向成交供应商发出成交通知书，并将结果通知所有参加谈判的未成交供应商。

属采购代理机构组织的采购项目，采购代理机构应同时向采购人发出成交结果通知书。

第二十二条 采用单一来源采购方式的，采购人与供应商应当依法在保证采购项目质量和双方商定合理价格的基础上进行采购。应当遵循以下程序：

（一）成立谈判小组。

由采购人或采购代理机构依法组建。

（二）组织单一来源谈判。

1. 采购人或采购代理机构主持人宣布评审纪律，谈判小组所有成员及相关工作人员签名确认。

2. 谈判小组与供应商进行谈判达成一致意见后，出具谈判报告，所有谈判小组成员签名确认。

（三）确定成交供应商。

1. 采购人对谈判小组意见进行确认，并确定成交供应商。

2. 采购人或采购代理机构向成交供应商发出成交通知书。

属采购代理机构组织的采购项目，采购代理机构应同时向采购人发出成交结果通知书。

第二十三条 采用询价采购方式的，应遵循以下程序：

（一）成立询价小组。

按本规程第二十一条规定组建。

（二）制定询价文件。

采购人或采购代理机构编制询价文件。询价文件应当明确采购项目需求、价格构成以及评定成交的标准。

（三）确定询价供应商名单。

1. 询价小组从符合资格的供应商中依照本规程的规定，确定询价供应商名单。

2. 采购人或采购代理机构向被询价的供应商发出询价文件。

3. 询价文件要求交纳保证金的，应邀参与询价的供应商按规定交纳保证金。

（四）询价。

1. 主持人宣布评审纪律，询价小组所有成员及相关工作人员签名确认。

2. 询价小组要求被询价的供应商在规定时间内一次报出不得更改的价格。询价小组不得与某一供应商就其报价进行谈判。

（五）确定成交供应商。

1. 询价小组完成询价工作后，形成询价报告，推荐成交候选人。

2. 采购人根据符合采购需求、质量及服务相等且报价最低的原则确定成交供应商。

（六）发出成交通知书。

采购人或采购代理机构向成交供应商发出成交通知书，并将结果通知所有参加询价的未成交供应商。

属采购代理机构组织的采购项目，采购代理机构应同时向采购人发出成交结果通知书。

第二十四条　采购人与中标、成交供应商应当在中标、成交通知书发出之日起三十日内，按照采购文件确定的事项签订政府采购合同。

合同条款不得与采购文件和成交供应商的报价文件内容有实质性偏离。

采购合同自签订之日起七个工作日内，采购人应将合同副本报同级政府采购监督管理部门和有关部门备案；委托采购代理机构代理采购的，采购人还应将采购合同副本送采购代理机构归档。

第二十五条　采购人或采购代理机构应当按照《广东省政府采购公开招标采购方式实施规程》的有关规定退还供应商的保证金。

第五章　附　则

第二十六条　采购人或采购代理机构应当按照《中华人民共和国政府采购法》和《广东省政府采购项目档案管理办法》，对每项采购活动的采购文件妥善保存，不得伪造、变造、藏匿或销毁。

第二十七条　各级政府采购监督管理部门可以通过检查、现场监督、抽查调阅档案资料等方式对非公开招标采购活动进行监督，采购当事人应予积极配合。

第二十八条　本规程由广东省财政厅负责解释。

第二十九条　本规程自发布之日起施行。

广东省旅游景点建设专项资金管理办法

广东省财政厅2004年11月3日印发（粤财外〔2004〕59号）

第一条　为规范我省旅游景点建设专项资金管理，充分发挥财政资金的引导作用，推动我省旅游事业的全面发展，根据省级财政专项资金管理有关规定，制定本办法。

第二条　省旅游景点建设专项资金（以下简称“景点资金”）是省财政预算安排用于我省（不含深圳市）旅游景点基础设施建设和促进“走出去及假日经济”发展的专项补助资金。

第三条　景点资金分配原则。

按照突出重点，兼顾一般的原则，重点用于纳入符合省市旅游规划的旅游景区配套公共基础设施建设，同时兼顾自然旅游资源丰富、具有旅游开发价值的景区配套公共基础设施建设和政府部门开展的“走出去及假日经济”活动等旅游宣传促销工作。

第四条　景点资金申请条件。

（一）申请的项目符合省及地级以上市旅游统一规划并通过项目论证的要求，纳入省级旅游发展规划范围的项目优先安排。

（二）项目申报程序符合要求，开发条件具备，配套建设资金落实。

（三）基层申请单位具有完备的项目法人资格及其组织机构。

（四）政府部门组织开展的“走出去及假日经济”活动。

第五条　景点资金申报程序。

（一）用款项目单位提交的书面申请及项目规划书，送主管部门加具意见，报同级财政部门进行初审后逐级上报。

报送的项目规划书内容包括：项目名称、申请数额、项目自筹和地方配套资金落实情况、专家论证情况、项目实施方案、经济和社会效益评价、政策法规研究、旅游资源调查、客源市场分析等。

（二）各地级以上市财政局根据景点资金使用管理原则对所属县区报送的项目筛选后连同项目规划书等材料，于每年4月底前向省财政厅（外经金融处）申报。按照公平、公正、公开的原则，省财政厅对申请项目资金100万元以上的可采取委托专家组对申报项目在目标定位、客源市场分析、旅游资源利用、规划合理性、开发项目投资的经济效益、对环境影响评估等方面进行论证，并按省财政专项资金管理审批程序，最后确定支持的项目。省财政厅不直接受理县区财政局的申请报告。每年各县（区）原则上可申报一个景点项目。

第六条　项目确定后，省财政厅向有关地级以上市财政局发文追加预算并拨付景点资金，地级以上市财政局收到文件后按规定负责对有关单位或县区财政局办文和拨款。

第七条　用款项目单位须按照批准的用途和项目实施进度使用景点资金，单独建账核算，并将资金使用情况报同级财政部门。

第八条　各地级以上市财政局应在次年3月底前，将专项资金使用情况报送省财政厅。

第九条　省财政厅和各级财政部门根据国家有关法律、法规和财务规章，监督检查景点资金的拨付、使用管理情况。

第十条　未按本办法规定使用和监管景点资金的，省财政厅经调查核实后，收回项目资金，作出停止实施或整改后实施的决定；涉及违反财经法规的问题，依照《中华人民共和国预算法》、《国务院关于违反财政法规处罚的暂行规定》等法律、法规进行处理；触犯刑律的，移交司法部门处理。

第十一条　本办法自发布之日起施行。

第十二条　本办法由省财政厅负责解释。

广东省用于农业土地开发的土地出让金收入和使用管理办法

广东省财政厅2004年11月9日印发(粤财综〔2004〕186号)

第一条　根据《国务院关于将部分土地出让金用于农业土地开发有关问题的通知》(国发〔2004〕8号)和财政部 国土资源部关于印发《用于农业土地开发的土地出让金收入管理办法》的通知(财综〔2004〕49号)和《关于印发〈用于农业土地开发的土地出让金使用管理办法〉的通知》(财建〔2004〕174号)的规定，从2004年1月1日起，将部分土地出让金用于农业土地开发。为规范用于农业土地开发的土地出让金的收入和使用管理，加强对各地用于农业土地开发的土地出让金情况进行检查、监督和考核等工作，特制定本办法。

第二条　本办法所称用于农业土地开发的土地出让金是指省、市、县(区)、自治县从土地出让金中按规定比例划出的专账管理的资金。

第三条　根据广东省人民政府《转发国务院关于将部分土地出让金用于农业土地开发有关问题的通知》(粤府〔2004〕59号)规定，我省从各市、县(市、区)土地出让金平均纯收益中划出20%用于农业土地开发，其中：70%作为本级农业土地开发资金，30%集中到省统一使用。

从土地出让金划出的农业土地开发资金计算公式为：

从土地出让金划出的农业土地开发资金 = 土地出让面积× 土地出让平均纯收益征收标准(对应所在地征收等别)×各地规定的土地出让金用于农业土地开发的比例(20%)。

第四条　本办法所称土地出让平均纯收益征收标准是指地方人民政府出让土地取得的土地出让纯收益的平均值。财政部、国土资源部已根据全国城镇土地等别、城镇土地级别、基准地价水平、建设用地供求状况、社会经济发展水平等情况进行了制定、联合发布，并根据土地市场价格变动情况适时调整。土地出让平均纯收益征收标准附后(略)。

第五条　各级国土资源管理部门根据办理的土地出让合同，按季统计土地出让面积送同级财政部门，同时抄报省级财政部门、国土资源管理部门。同级财政部门根据国土资源管理部门提供的土地出让面积、城镇土地等别、土地出让平均纯收益征收标准和省政府规定的土地出让金20%用于农业土地开发的比例，计算应从土地出让金中划缴的农业土地开发资金。

第六条　根据财政部规定，调整现行政府预算收支科目，将“基金预算收入科目”第85类“土地有偿使用收入”下的850101项“土地出让金”取消；增设850103项“用于农业土地开发的土地出让金”，反映从“土地出让金财政结算专户”中划入的用于农业土地开发的资金；增设850104项“其他土地出让金”，反映从“土地出让金财政结算专户”中扣除划入农业土地开发资金专账后的土地出让金。在“基金预算支出科目”第85类“土地有偿使用支出”下增设8503款“农业土地开发支出”，反映从土地出让金中划出的农业土地开发资金安排的农业土地开发支出。

第七条　按本办法第五条计算应从土地出让金中划出的农业土地开发资金，按照专账管理的原则和土地出让金缴交情况，由财政部门在次月5日前办理土地出让金清算。清算时，按预算级次分别开具缴款书，办理缴库手续，将属于本市、县(区)用于农业土地开发的土地出让金收入20%部分中的70%缴入同级国库用于农业土地开发的土地出让金收入专账；30%部分按就地缴库方式缴入省国库用于农业土地开发的土地出让金收入专账，上划时请使用“一般缴款书”(收款单位全称：广东省财政厅；预算级次：省级；收款银行：国家金库广东省分库；账号：2550001-23)，预算科目填列政府性基金预算收入科目第85类第850103项“用于农业土地开发的土地出让金”。

第八条　用于农业土地开发的土地出让金纳入财政预算，实行专账核算管理。各级财政部门应严格按照国家对部分土地出让金用于农业土地开发的规定，保证土地出让金专户资金优先足额划入用于农业土地开发资金专账，按照规定的使用范围进行专款专用，不得截留、坐支和挪用，并实行社会公示制度。

第九条 本办法所称的农业土地开发主要包括：土地整理和复垦、宜农未利用地的开发、基本农田建设以及改善农业生产条件的土地开发。

土地整理和复垦是指：按照土地利用总体规划和土地开发整理专项规划，有组织地对农村地区田、水、路、林及村庄进行综合整治；对在生产建设过程中挖损、塌陷、压占及污染破坏的土地和洪灾滑坡崩塌、泥石流、风沙等自然灾害损毁的土地进行复垦。

宜农未利用地的开发是指：在保护和改善生态环境、防治水土流失和土地沙漠化的前提下，对滩涂、盐碱地、荒草地、裸土地等未利用的宜农土地进行开发利用。

基本农田建设是指：采取相应措施对基本农田进行改造、改良和保护，促进基本农田综合生产能力提高和持续利用。具体包括：经国务院有关主管部门或者县级以上地方人民政府批准确定的粮、棉、油生产基地内的耕地的建设；有良好的水利与水土保持设施的耕地建设；对中低产田的改造；蔬菜生产基地建设；国务院和各级人民政府规定应当划入基本农田保护区的其他耕地的建设等。

改善农业生产条件的土地开发是指：为改善农业生产条件而独立进行的农田道路、电力通讯、水源、给排水等生产设施的建设。

第十条 各级国土资源部门负责组织农业土地开发专项资金的项目预算编制、初审、申报。各级财政部门负责农业土地开发专项资金的项目预算的审核批准、下达、资金的拨付和资金的使用监督管理工作；国土资源部门负责项目实施的监督检查及竣工验收等管理工作。

第十一条 省财政厅和国土资源厅会同省监察厅、审计厅等有关部门，对用于农业土地开发的土地出让金的提取比例、预算管理、支出范围等进行定期或不定期的监督检查。对于违反规定的，除通报外，对提取比例不足的，负责督促其限时足额划入，督促未果的，依法强行划入专账；对于违反专账管理的，负责督促其在七个工作日内予以纠正；对于违反支出范围的，除负责督促其在七个工作日内纠正外，应将超出本办法规定支出范围的资金收回专账；对挪用专账资金的，由省财政厅负责追缴，并报省监察厅追究有关人员责任。

各级财政部门和国土资源部门要开展对用于农业土地开发的土地出让金进行定期或不定期检查。对检查出的问题要及时采取措施予以纠正。

第十二条 各级财政部门、国土资源部门要对土地出让金征收和使用情况每年两次进行统计填报。“土地出让金征收和使用情况表”于上半年（6月）终了后20日（即每年7月20日）和年度终了后20日（即次年1月20日）前以地级市为单位（分县、区）上报省财政厅和省国土资源厅。

第十三条 本办法自2004年1月1日起实行。

第十四条 本办法由省财政厅会同省国土资源厅负责解释。

广东省高等院校学科建设专项资金管理暂行办法

广东省财政厅2004年11月12日印发（粤财教〔2004〕145号）

第一条 为加强我省高等院校学科与专业建设，做强做大广东高等教育，推动广东高等教育跨越式发展，省财政设立高等院校学科建设专项资金（以下简称为“学科建设专项资金”）。为加强和规范专项资金管理，提高资金的使用效益，保证项目顺利实施，根据财政专项资金管理有关规定，特制定本办法。

第二条 学科建设专项资金的适用范围为广东省普通高等院校。

第三条 学科建设专项资金的使用原则：

（一）有利于做大做强我省高等教育，推动高等教育跨越式发展。

（二）有利于提高资金分配的科学性、有效性、合理性，集中资金办大事。

（三）有利于提高资金的使用效益，推进专项资金绩效评价制度的建立。

第四条 学科建设专项资金的使用范围：

（一）重点实验室建设（含教学和科研实验室）。

（二）重点学科、名牌专业及精品课程建设。

（三）人文社科基地建设。

（四）高水平科研和教学改革项目。

（五）科技成果转化项目。

第五条 学科建设专项资金的申请及审批程序：

（一）学校申报。凡申请学科建设专项资金的院校，应按专项资金使用范围，先确定项目实施目标，根据项目实际需要和自身资金能力，提出申请专项资金补助数额，并按规定的格式填写学科建设专项资金项目申请书（详见附件，略）。项目申请院校于每年6月30日前提出下年度的学科建设专项资金项目申请书，报送省教育厅和省财政厅。

（二）专家评估。省教育厅、省财政厅根据各院校报送的《项目申请》组织专家组进行评审。评审内容包括：学科及专业建设的目标、内容、实施计划、资金安排、资金筹措方案、预期效益分析等，重点评审项目目标及资金安排、资金筹措方案、项目实施及相关的保障措施。

（三）审核批准。根据专家组对学科建设专项资金项目申请书提出的评审意见，结合本年高等教育发展的重点，省教育厅审核后，报省财政厅审批。经批准的项目由省财政厅和省教育厅以书面形式通知有关项目学校。

（四）项目管理。学科建设专项资金实行项目管理。项目学校必须按照批准的项目内容及资金数额进行学科与专业建设，确保项目的顺利实施。经批准的项目必须在规定的时间内完成或达到预期的目标，如确因特殊情况项目当年未完成，其项目经费可结转下年度继续使用，不得挪作他用。

第六条　学科建设专项资金的使用管理和监督：

（一）学科建设专项资金年度项目预算一经审定，必须严格执行，原则上不得调整。若确需调整，必须按规定的程序报省教育厅和省财政厅批准后执行。

（二）各高等学校对学科建设专项资金应专款专用，实行专项管理，不得挪作他用，不得提取任何项目管理费。

（三）省教育厅和省财政厅负责学科建设专项资金的监督管理。各项目学校每年要将学科建设及专项使用管理情况书面报告省教育厅和省财政厅。并自觉接受审计、财政等部门的监督检查。

第七条　实行学科建设专项资金管理的绩效评价制度，并相应建立项目奖惩和管理责任追究制度。省教育厅和省财政厅将组织人员对学科建设专项资金的使用情况进行不定期的检查，重点检查资金使用的规范性、有效性及学校配套力度，并对学科建设专项资金实行绩效评价，绩效评价结果作为下一年度安排专项资金项目的重要依据。对严格按照本办法管理使用资金，学科与专业建设得力、成效显著的学校，予以表扬，并在下一年度优先安排项目及专项资金。对工作不力，管理不严，挪用、挤占、截留专项资金的学校，实行缓拨、减拨、停拨直至追回学科建设专项资金，并追究有关责任人的责任。

第八条　本办法由省财政厅、省教育厅负责解释。

广东省省级财政扶持农村安居工程专项资金管理办法（试行）

广东省财政厅2004年11月15日印发（粤财农〔2004〕286号）

第一条　为加快推进我省农村安居工程实施，提高财政扶贫资金使用效益，根据省委、省政府《关于实施〈十项民心工程〉的通知》（粤发〔2003〕13号）精神和省委办公厅《全民安居工程工作协调会纪要》（粤委办〔2003〕115号）以及省扶贫开发领导小组《广东省农村安居工程实施方案》要求，特制定本办法。

第二条　广东省省级财政扶持农村安居工程专项资金（以下简称“专项资金”）是指省级财政从2004年起至2010年每年安排3 000万元，专项用于年收入在1 500元以下的贫困农户危房改造的补助资金。

第三条　省委、省政府决定，从2004年起，用七年左右时间帮助农村15万户（不含水库移民及纳入边远分散老区搬迁安置部分农户，下同）贫困农民开展危房改造，逐步改善贫困农民的居住条件。根据事权与财权相结合的原则，农村贫困户危房改造工作主要由市、县两级政府负责，除完成省下达各地专项资金安排扶持的示范村（点）贫困户危房改造任务以外，市、县两级政府必须相应安排专项资金，完成面上贫困农户危房改造任务，确保全省农村安居工程任务顺利完成。

实施全省农村贫困户危房改造工程，必须充分尊重农民意愿，坚持农民自愿的原则，所需建设资金以农民自筹为主，政府补助为辅，通过各级财政补一点、亲友借一点、社会捐一点、银行贷一点的办法，多形式、多渠道筹集资金，逐村逐户解决贫困农户的安居问题。

第四条　资金使用范围：专项资金主要用于扶持边远山区、欠发达地区、革命老区、少数民族地区至今仍居住在残危房、茅草房和泥砖房的贫困农户进行残危房改造。

广州、深圳、珠海、东莞、中山、佛山、江门7市不列入省专项资金扶持范围，但要按照省的统一部署自行安排本级及辖下县（市、区）农村农民安居房建设专项资金，开展此项工作，并纳入全省规划，由省统一检查验收。

第五条　资金使用原则。

（一）分类指导、突出重点的原则。按照省委、省政府关于扶持农村安居工程要“突出重点，适当平衡面上”的精神，专项资金重点扶持16个扶贫开发重点县，兼顾扶持危房改造任务较重、经济困难较大的县（市）。

（二）分期分批、先易后难的原则。按照省“农村安居工程”实施方案要求，省根据各市、县上报危房改造年度计划，结合各地工作积极性以及自筹资金落实到位情况，综合平衡后分年度下达贫困户危房改造任务和资金计划。

（三）整村推进、逐村解决的原则。专项资金将集中扶持示范村（点）贫困户危房改造，具体以贫困行政村为项目实施单位，以贫困户为资金核算单位，整村推进，逐村逐户解决危房改造任务。

第六条　资金下达方式与补助标准。

（一）下达方式。专项资金由省财政厅按照现行财政资金管理程序逐级下达到县，并由县级财政集中支付到户。具体办法是：县扶贫办按贫困户建房进度汇总补助清单会同财政部门，报同级政府审批后，由县财政局直接支付到户或委托乡镇财政所直接支付到户。

（二）补助标准。根据省级财政扶持农村危房改造专项资金总量和任务要求，对纳入省年度危房改造计划的贫困户，由省财政每户补助 4 000 元。

第七条　项目与资金管理。

（一）项目管理。

1. 实行项目申报制。全省“农村安居工程”实行项目从下到上逐级申报。先由贫困户自愿申报，村委会集体讨论，张榜公布，由镇政府审核汇总报所在县扶贫办、财政局，经县政府审核同意后于当年 4 月前报市扶贫办、财政局汇总，由市扶贫办、财政局联合于 5 月上旬前报省扶贫办、省财政厅。

2. 建立“农村安居工程”项目库。各地扶贫部门在认真调查摸底的基础上，建立自愿申请改造安居房的贫困户家庭基本情况档案，将贫困户危房改造情况录入到广东省扶贫数字化管理系统进行跟踪管理。

3. 设立项目管理经费。全省实施农村安居工程的责任主体在市县两级政府，各地要安排一定的农村安居工程项目管理经费，专项用于扶贫部门调查摸底、建立建房户档案等业务支出。

（二）资金管理。

1. 建立专账。对省级下达扶持农村贫困户危房改造专项资金，各县财政局要建立专账、专人负责、专款专用。专项资金不得用于弥补机构经费，不得用于与扶持范围不相符的开支。

2. 实行定期结算制。县财政局、扶贫办于每年底前对当年省级扶持资金进行结算，结算情况分别报省财政厅、省扶贫办。对当年有计划但仍未支付的资金，结转下年继续使用。专户存储所得利息，全额转作农村危房改造专项资金，继续用于贫困户危房改造建设。

3. 实行分配公示制。专项资金下达到有关县，各县扶贫办会同有年度计划任务的镇政府，将贫困户危房改造资金的分配情况在所在贫困行政村的公示栏中张榜公布，设立并公开投诉电话，接受群众监督。省扶贫办、省财政厅将全省农村危房改造建设计划任务及省级补助资金安排情况，按年度在“广东省农业信息网”上公开。

（三）检查监督。

1. 各级财政、扶贫部门要加强专项资金的监督检查，积极配合审计和纪检等部门做好审计、检查工作。对截留、挤占、挪用专项资金的，依法对单位和直接责任人员进行处罚。构成犯罪的，移交司法部门依法追究刑事责任。

2. 各市、县必须严格按照省下达的危房改造计划组织实施，按规定用途使用资金，有关市、县扶贫办、财政局对省批准实施的农村危房改造计划，实行全过程的检查监督，如发现有不按规定使用资金的，财政部门及时予以纠正，并停止拨款，以保证专款专用。

3. 凡使用省级农村安居工程专项资金的市、县，应在每年 3 月底前将上年度省下达的扶持资金使用情况书面报告省财政厅和省扶贫办。

4. 省下达各有关县农村贫困户危房改造计划任务和补助资金后，对各地的进展情况进行跟踪检查。每年年底前，由省扶贫办牵头，组织省有关单位对全省开展农村安居工程建设情况进行检查验收。根据检查验收结果，对积极组织开展工作规划好、行动快的市、县给予通报表扬；对开展进度较慢、完成任务较差的市县进行通报批评，并相应调减该市、县下一年度危房改造计划任务和补助资金。

第八条　本办法由省财政厅会同省扶贫办负责解释。

第九条　本办法自发文之日起执行。

广东省政府采购当事人行为规范

广东省财政厅2004年12月22日印发（粤财采购〔2004〕33号）

第一章　总　则

第一条　为维护国家和社会公共利益，保护政府采购当事人的合法权益，规范政府采购当事人在政府采购活动中的行为，根据《中华人民共和国政府采购法》（以下简称《政府采购法》），制定本规范。

第二条　本规范适用于广东省政府采购当事人在政府采购活动中的行为。

第三条　本规范所称政府采购当事人包括采购人、供应商和采购代理机构。

第四条 政府采购当事人在政府采购活动中，必须按照《政府采购法》等国家法律法规和广东省政府采购有关规定，依法开展政府采购活动。

第五条 政府采购当事人在政府采购活动中，应当遵循公开、公平、公正和诚实信用原则，维护政府采购信誉。

第二章 采购人行为规范

第六条 采购人要加强本部门政府采购管理，明确内部政府采购职能机构，建立本部门政府采购管理制度，组织实施本部门的政府采购工作。

第七条 采购人应按规定编制政府采购预算，按时编报政府采购计划，及时、全面、准确报送政府采购信息统计报表及其他政府采购信息。

第八条 采购人采购公开招标数额标准以上的政府采购项目，应当采用公开招标方式采购，不得将依法应当公开招标的采购项目化整为零或者以其他任何方式规避公开招标。

第九条 采购人采购公开招标数额标准以下，属政府集中采购目录中部门集中采购项目和采购限额标准以上的政府采购项目，依法选择采购方式，并按照法定程序组织实施。

第十条 采购人采购纳入政府集中采购目录内通用类的政府采购项目，必须委托集中采购机构代理采购；采购属于政府集中采购目录中部门集中采购项目以及限额标准以上的政府采购项目，可以委托集中采购机构或具有政府采购代理资质的采购代理机构代理采购。

政府集中采购目录的通用类政府采购项目以各地级以上市公布的政府集中采购目录为准。

采购人在办理委托时，应当向采购代理机构提交详细的用户需求书，配合采购代理机构编制采购文件，并及时确认采购文件。

第十一条 采购人不得在采购文件或向采购代理机构提交的用户需求书中列入限制、排斥潜在供应商的商务、技术条款；不得列入单一品牌的规格技术标准及其他有违公平竞争的条款，不得以不合理的注册资本金、销售业绩以及资格条件等条款对潜在供应商实行歧视或差别待遇。

第十二条 采购人应当接受咨询专家对采购文件的审核意见，不得随意更改咨询专家的审核意见或擅自对已审定的采购文件作出修改。

第十三条 采购人应当依法组建评审委员会，并确保评审过程在公正、安全、保密的情况下进行；发现违规违纪行为的，应及时向有关部门报告。

第十四条 在评审过程中，采购人应如实记录评审委员会的评审意见，不得在评审记录中篡改评审委员会的评审意见和评审结论。

第十五条 在评审过程中，采购人代表不得发表影响评审委员会公正评审的倾向性、歧视性言论。与供应商有利害关系的，应当主动回避。

第十六条 采购人必须按照评审委员会依法推荐的中标、成交候选人顺序确定中标、成交供应商，并在五个工作日内向采购代理机构出具书面确认函。不得擅自在评审委员会推荐的中标、成交候选供应商之外确定中标、成交供应商。

第十七条 采购人应当依据《政府采购法》相关规定，及时对供应商的询问作出解释，对供应商的质疑作出书面答复。

第十八条 采购人不得在招标采购过程中与投标人及其他供应商进行协商谈判。

第十九条 采购活动一经开始，采购人不得随意中止或终止采购活动。

第二十条 采购人应当公开采购标准，公布采购结果。

第二十一条 采购人在政府采购活动中，应依法遵守相关保密规定，不得泄露以下信息：

（一）已获取采购文件的供应商名单。

（二）评审委员会成员名单。

（三）评审过程情况及尚未公布的评审结果。

（四）有关法律法规规定的保密事项。

第二十二条 采购人在采购过程中不得索取或接受供应商贿赂或获取不正当利益；不得与供应商、采购代理机构相互串通损害国家利益、社会公共利益和其他相关人的合法权益。

第二十三条 采购人与中标、成交供应商应当在中标、成交通知书发出之日起三十日内，按照采购文件确定的事项签订政府采购合同。不得无故拒绝与中标、成交供应商签订政府采购合同；不得与中标、成交供应商签订有悖于合同实质内容的协议或补充合同；不得擅自变更或终止政府采购合同。

第二十四条 政府采购项目的采购合同自签订之日起七个工作日内，采购人应当将合同副本报同级政府采购监督管理部门备案。属采购代理机构代理采购的，还需将采购合同副本送采购代理机构归档。

第二十五条 采购人应严格按照生效的政府采购合同及时办理项目验收、资金支付事宜，不得在办理项目验收、资金支付时设置障碍，谋取不正当利益。

第二十六条 采购人对每项采购活动的采购文件应当按照《政府采购法》及《广东省政府采购项目档案管理暂行办法》的相关规定进行建档保存。

第二十七条 采购人应当积极配合、自觉接受政府采购监督管理部门、监察机关、审计机关的监督检查，并如实反映情况，提供有关材料。

第二十八条 采购人应当对本部门政府采购活动进行监督检查。

第三章 供应商行为规范

第二十九条 在政府采购活动中，供应商应当诚实信用，不得弄虚作假，骗取政府采购供应商资格；不得以任何手段诋毁、排斥其他供应商参与竞争；不得提供虚假资料谋取中标或成交。

第三十条 供应商不得与采购人、采购代理机构及其工作人员和其他供应商串通，损害国家利益、社会公共利益和其他相关人的合法权益。

第三十一条 供应商不得向采购人、采购代理机构及其工作人员、评审委员会成员及其他相关人员行贿或者采取其他不正当手段谋取不合法利益。

第三十二条 供应商应当在规定的时间内对采购人或采购代理机构要求确认的澄清修改文件进行书面确认。

第三十三条 在招标采购过程中，供应商不得与采购人进行协商谈判。

第三十四条 供应商中标、成交后，应当按规定与采购人签订政府采购合同，并严格履约，为采购人提供符合规定质量标准的货物、工程和服务，不得销售伪劣、冒牌、走私商品。

供应商不得拒绝与采购人签订采购合同，不得擅自变更或者终止政府采购合同。

第三十五条 供应商应当主动积极配合政府采购项目的验收工作。

第三十六条 供应商应按照有关规定实名书面向采购人或采购代理机构质疑，实名书面向政府采购监督管理部门投诉，不得进行虚假、恶意的质疑与投诉，阻碍政府采购活动的正常进行。

第三十七条 供应商应当接受政府采购有关部门的检查，并如实反映情况和提供材料。

第四章 采购代理机构行为规范

第三十八条 采购代理机构依法接受采购人的委托，遵循公开、公平、公正和诚实信用原则，按照确定的采购方式和法定的程序组织实施。

第三十九条 采购代理机构可以依据物价部门的有关规定收取代理服务费用。

第四十条 采购代理机构不得弄虚作假骗取政府采购业务代理资格，不得采用任何方式阻挠和限制供应商自由进入本地区和本行业政府采购市场。

第四十一条 采购代理机构应当建立健全内部监督管理制度，明确采购代理活动的执行程序，并相互监督、相互制约。

第四十二条 采购代理机构的工作人员应当具有相关职业素质和专业技能，符合政府采购监督管理部门规定的专业岗位任职要求。

采购代理机构对其工作人员应当加强教育和培训；对工作人员的专业水平、工作实绩和职业道德状况定期进行考核。工作人员经考核不合格的，不得继续任职。

第四十三条 采购代理机构应当在采购人委托的范围内办理政府采购事宜。不得向采购人行贿或者采取不正当手段谋取代理业务。

第四十四条 采购代理机构不得与采购人、供应商和评审专家串通，采取任何方式暗箱操作，内定中标、成交供应商。

第四十五条 采购代理机构及其工作人员在政府采购活动中，应依法遵守相关保密规定，不得泄露以下信息：

（一）已获取采购文件的供应商名单。

（二）评审委员会成员名单。

（三）评审过程情况及尚未公布的评审结果。

（四）有关法律法规规定的保密事项。

第四十六条 采购代理机构不得在采购文件中列入限制、排斥潜在供应商的商务、技术条款；不得为迎合采购人列入单一品牌的规格技术标准及其他有违公平竞争的条款；不得以不合理的注册资本金、销售业绩及资格条件等条款对潜在供应商实行歧视或差别待遇。

第四十七条 采购代理机构要按有关规定在指定的媒体上发布采购信息，并按采购信息发布的时间、地点接受供应商报名。

第四十八条 采购代理机构应当将采购项目的澄清修改文件按规定时间发送给所有已获取采购文件的供应商。

第四十九条 采购代理机构应当依法组建评审委员会，并确保评审过程在公正、安全、保密的情况下进行；发现违规违纪行为的，应及时向有关部门报告。

第五十条 在评审过程中，采购代理机构应如实记录评审委员会的评审意见，不得发表影响评审委员会公正评审的倾向性、歧视性言论；不得在评审记录中篡改评审委员会的评审意见和评审结论。

第五十一条 采购代理机构应当按规定公示采购结果，公示期期满，未发现有违法违规行为的，应当向中标、成交供应商发出中标、成交通知书，向未中标、成交供应商发出招标结果、谈判结果或询价采购结果通知书。

第五十二条 采购代理机构应当按照《政府采购法》相关规定，及时对供应商的询问作出解释，对供应商的质疑作出书面答复。

第五十三条 未按规定程序报批，采购代理机构不得随意更改经政府采购监督管理部门确定的采购方式。

第五十四条 采购代理机构对每项采购活动的采购文件应当按照《政府采购法》及《广东省政府采购项目档案管理暂行办法》的相关规定进行建档保存。

第五十五条 采购代理机构应积极配合政府采购监督管理部门及其相关部门的监督检查，并如实反映情况，提供有关材料。

第五十六条 采购代理机构应当及时、全面、准确地向政府采购监督管理部门报送政府采购活动的业务信息。

第五章 附 则

第五十七条 政府采购当事人违反本规范的，按照《中华人民共和国政府采购法》及政府采购有关法律法规规定进行处理。

第五十八条 本规范由广东省财政厅负责解释。

第五十九条 本规范从发布之日起执行。

第七部分

财经文选

开展绩效评价　提高财政资金使用效益

广东省财政厅厅长　刘　昆

深化财政改革的一个重要任务是加强财政支出管理。财政支出管理重点要抓好三个环节的工作：一是资金分配环节，要加强预算审核，对资金的性质、用途、标准、拨付严格把关；二是资金流转环节，要加强财政监督，防止资金被截留、挪用、侵占；三是资金的使用环节，要对资金投入的效益进行评价，也就是进行绩效考评。这三个环节的工作是辩证统一、相互影响、环环相扣、密不可分的，涵盖了财政支出工作的全过程。资金分配的目的是为了满足社会公共需要，保障政权运转和社会各项事业的发展，以取得较好的政治效果、社会效益和经济效益；财政监督是为了保证资金到位及时、运行有序、安全完整，避免资金呆滞流失；而效益评价是对预算分配目标的完成情况进行验证，看看钱花出去，有没有花到点子上，有没有做到多快好省，有没有达到预期的目的，效益评价反过来又影响资金的分配决策。

当前，财政支出管理三个环节中，对资金使用情况的考核是一个相对薄弱的环节。长期以来，财政工作都普遍存在着“重收入、轻支出”，“重分配、轻管理”，资金分配只讲数量、不问效果的现象，这与计划经济体制下延续下来的粗放型的管理模式有关，这种管理模式容易导致管理不严、支出失控，导致行政成本加大和公共资源的浪费，客观上制约了财政分配效益的提高。这是财政管理中一个很典型的问题，必须采取措施加以解决。财政部门是政府经济管理的综合部门，在公平地进行再分配的同时，也要讲求效率，确立效益观念和效率意识。对财政支出，不仅要“视其所以、观其所由”，而且要“察其所安，考其所为”（《论语》）。“考其所为”就是要进行效益评价，也就是通过相关的指标和标准，对资金的使用效果进行对比分析，对资金的使用绩效进行客观的判断。通过对财政资金使用的追踪问效，强化效率意识和效益观念，重视资金分配的绩效预算和充分的可行性研究，减少和避免资金分配的随意性和盲目性。因此，探索开展财政支出效益评价、加强资金使用效益管理，建立规范、科学、高效的资金管理体系是一项很迫切、很必要的工作。

随着我省上下全面树立发展新观念，形成发展新思路，掀起发展新高潮，发挥排头兵作用的要求，必然会赋予财政职能新的内容和更高的要求。财政工作要紧紧围绕省委省政府定下的发展思路和目标，不断调整和优化支出结构。一是要加大保障力度，满足公共支出需要；二是提高财政宏观调控能力，充分运用预算、贴息、加快政府性投资项目的资金投入进度等手段，集中财力办大事，对涉及我省长远发展的基础性、战略性重大项目大力支持，拉动经济发展；三是运用财政调节社会分配手段，通过财政补助和转移支付加快欠发达地区发展，推进农村税费改革，减轻农民负担，实现社会分配领域的效率和公平等等。财力有限性和需求无限性的矛盾将长期存在，需要用有限的财力解决好社会经济发展的关键问题。在这种新的形势下，提高财政资金使用效益是我省加快发展、率先发展、协调发展源源不断的动力，也是广东继续当好排头兵的重要保障。必须按照“加快发展、率先发展、协调发展，发挥好排头兵作用”这一新的发展观，突出强调发展速度、结构与质量、效益的统一，体现在财政工作和管理上，就是要在抓增长速度的同时，也要讲求质量和效益，财政支出不讲求效益，加快发展就没有后续的动力。

经过二十多年改革开放，我省经济财政取得了高速发展。但是，我们也要清醒地看到，目前的增长速度与沿海兄弟省市的差距正在拉大，在计划经济向市场经济过渡的过程中，由于分配秩序的规范和国家二次分配比重的提高，形成了一定时期财政收入增长高于GDP增长，社会经济总量增加到一定程度后，经济增长速度趋缓，财政收入增幅也相应趋缓，然而，财政资金需求在这个时期还是处于持续扩张状态，支出刚性相当强，财政供求的矛盾十分突出。要加快发展，必须在存量资金管理上做文章，向管理要效益、要增量，比如从原来的花一分钱办一分事或办不了事，到少花钱多办事，花一分钱办更多更好的事，从提高效益的途径上挖掘加快发展的潜力。必须按照公共财政的理财思路，建立支出效益评价制度，探索开展支出效益评价，通过对财政支出的经济、社会、政治、环境综合效益进行评判，判定支出行为和支出结构的合理性和有效性，并据此不断根据形势的变化调整、优化财政支出结构，一方面促进提高财政资金投入的综合效益，另一方面也有利于建立财政支出约束和调整机制，使财政支出紧紧围绕省委、省政府的发展决策，使财政资金的配置和运行达到合理、高效。用规范的财政支出效益评价制度，分析财政支出的综合效益，从而提高财政决策水平，更好地为我省当好排头兵提供服务。

一些西方国家开展公共支出效益评价已经有了几十年的发展历史，但财政支出效益评价在国内是一项新工作，这方面的研究和试点也是刚刚起步。广东一直处在改革开放的前沿，经过了多年的实践形成了敢为人先、务实进取的精神。我们要进一步解放思想，大胆探索，增强发展的紧迫感，继续在观念创新和制度创新方面走在前面。要按照“解放思想有新突破，转变职能有新举措”的精神，结合我省实际情况，充分调研，先易后难，克服无先例可循、没有经验可借鉴的困难，逐步开展这项工作。今年省里首先选择对安排粤东粤西粤北14个市支持民营科技园建设补助支出项目进行效益评价，通过这个项目评价摸索熟悉方法，总结经验，建立数据分析，树立支出效益评价的样本。同时，相继对其他支出项目进行评价，探索推行支出效益评价工作，率先建立起支出效益评价制度，把加强监管和提高效益有机结合起来，向管理要效益，以效益保障加快发展、率先发展、协调发展，当好“排头兵”，继续为全省、全国财政改革和管理提供更多有益的经验。

（原载《广东财政》2003年第八期）

以科研促改革　以宣传助发展
实现广东财政科研宣传工作新跨越

广东省财政厅厅长　刘　昆

以发展的眼光，全面理解和正确认识财政科研宣传工作在我省财政改革和发展中的重要地位

对于财政科研宣传工作在促进财政改革和发展中的重要作用，要站在讲政治、实践“三个代表”重要思想的高度去认识。做好财政本职工作是财政部门讲政治的最好体现，科研宣传工作作为财政改革和发展的有力支撑，其重要性就显而易见了。具体可以从以下几方面来理解：

——财政决策科学性和规范性提高的要求。

大家可以注意到新一届中央政府、中央领导是从一个相当高的高度来认识政府决策科学化、民主化的，有两个比较突出的例子：一个是国务院总理温家宝今年年初主持召开新一届国务院第一次全体会议的时候提出“实行科学民主决策”；另一个例子是新制定的《国务院工作规则》当中突出强调“实行科学民主决策、坚持依法行政、加强行政监督”。由此我们不难引申出今后政府改革的方向应该是在如何进一步提高政府工作效率的基础上，提高政府决策的科学化和民主化，实现政府管理现代化。

落实政府管理现代化、决策科学化和民主化，具体到财政部门就更显重要。首先从财政作为政府综合职能部门看，财政是促进经济发展和社会进步，贯彻落实党的路线、方针、政策，落实和执行省委省政府重大决策和发展战略目标的重要部门，这是财政部门在实际工作中实践“三个代表”重要思想的重要体现，财政部门要从资金使用、管理上有效推进广东经济社会的“加快发展、率先发展、协调发展”，加速实现建设经济强省和文化大省的战略目标，就必须提倡决策的科学化和民主化，只有决策科学，才能把有限的财力用到社会经济发展最需要的地方，才能使有限的财政资金发挥最大经济效益、社会效益。其次从财政工作的性质看，财政作为一个关系国计民生的重要政府职能部门，每项财政改革都牵涉方方面面的利益关系，每项财政工作都和广大人民群众的切身利益息息相关，所以财政既是一个比较敏感的部门，更是保持社会稳定的重要部门。财政部门的管理水平和行政决策水平直接关系到广大人民的根本利益，关系到民生问题，因而对其决策的科学性和规范性要求更高，每一个决策都不能掉以轻心。最后，从财政部门参与改革的历程看，如果说过往的财政改革由于无经验可循，只能“摸着石头过河”，因而在改革中出现失误是正常的，但在已积累相当改革经验的今天来说，这已经不能成为一个理由，而且改革的本质含义就是抛弃以前的运作方式，重新建立一种新的运行规范，本来就无经验可借鉴，所以我觉得这不能成为改革中碰到难题、出现失误的借口，唯一的原因只能是我们在推进某项改革之前的研究和论证不到位，只能是我们的决策水平没有跟上形势发展的步伐，只能是我们的决策方式仍然存在不足，所以在财政改革当中要非常注意这个问题。在社会主义民主化进程当中，财政是一个最受关注的部门，人民对政府的监督将会首先表现在对财政预算的监督上，因为财政预算最直观、最全面，看得见、摸得着。接受监督是一种必然，我们财政部门一定要注意这种形势。如果因为在这方面没有研究而在被监督的时候觉得难以接受，就会出现问题。

因此，要接受监督的挑战，要实现财政管理现代化，提高财政管理的科学性、规范性，做到财政政策出台适时、调控力度适度，使财政部门在政府决策中扮演更主动、更积极的角色，就必须有科学的财政理论为指导，以严谨、规范、深入的调查研究为决策基础，使财政科研在财政决策中发挥重要作用。

——争当全国财政改革排头兵的要求。

从财政的发展规模来看，得益于政策优势和地缘优势，广东积聚了雄厚的经济发展实力，从而也支撑了财政收入的快速发展。到2002年，我省一般预算收入约占全国地方一般预算收入的七分之一，地方一般预算支出占全

国地方一般预算支出的十分之一，财政收支规模连续十二年居全国各省、市、自治区首位，今年虽然增幅有所放缓，但绝对也是第一位，税收总收入连续十一年居全国第一位。所以广东的“排头兵”地位在以后的若干年还不会改变，但是增长趋势明显放缓，今年1～10月份，我省一般预算收入增幅出现了1998年以来的最低水平，如果拿1～11月份的增幅与部分省市和全国平均水平相比，我省比增幅最高的上海（34.7%）低20.5个百分点，比全国平均水平（20.8%）低6.6个百分点，“排头兵”的地位受到空前的挑战，如果要保持总量第一的地位，就要对我们以后的工作做出深入的研究，进行综合的分析。我们长期的超高增长现在已经不可能维持，最终财政收入和GDP会出现同步，即弹性系数趋向于1，而在同样的背景条件下，其他地方还在高速发展。广东的经济发展很不平衡，一方面收入已经多年高速增长，但目前背景条件还没有改变，我们仍处于工业化后期，有些地方甚至还是农业地区，所以机制无法转向西方经济理论中的“高增长、高消费”阶段，也就是说第三产业还没有上去。但上海的发展阶段已经超过了我们，已经进入了消费的高增长时期，第三产业高速发展的时期，这自然就会促进其地方财政收入的高速增长。相对而言，广东就没有这种条件，广东主要经济增长总量主要集中在三角洲，第三产业发展最好在广州，其他珠江三角洲外围地区基本上还处在低增长阶段，甚至于还未达到工业化后期的阶段，还处在早期或者中期。在这种情况下，我们要保持“排头兵”的地位，就要推动欠发达地区的经济增长，让它进入高速增长的轨道，这个问题是值得我们深入研究的。

因此，广东今后要在财政改革中敢为人先，继续把握财政经济发展的先机，巩固“排头兵”的地位，就必须善于吸收、借鉴、总结外国、外省财政改革实践经验和教训，而要把这一系列吸收、借鉴和总结的工作做好，离不开财政科研工作。

——塑造一支业务熟练、作风优良的财政干部队伍的要求。

21世纪已经进入了知识经济时代，是一个信息化、网络化的时代，知识更新速度不断加快，特别是中国加入WTO后，财税工作将面临更多的新问题和新挑战。作为制定和执行政府宏观经济政策的重要部门，如果财政干部的知识层次、政策水平和时代发展步伐脱节，就不可能实现对宏观经济的有效调控。所以，十六届三中全会的决定中明确提出要建设学习型社会，具有深刻的现实意义，财政干部就是要通过进行财政科研，不断学习、吸取最新的财政经济知识，更新知识结构、提升政策水平、培养工作能力、增强创新能力，通过不断在实际工作中思考、在思考中加强学习这么一个良性循环过程，使财政干部实现提高充实自己的目的。我们厅党组的观点是，财政科研不仅是科研所的工作，而且也是全厅的工作。科研所是从事财政科研工作最重要的部门，但科研工作厅里每个部门都要做，要在工作中进行科学研究，并把研究尽量接触到工作中去，使财政理论和财政实务不至于脱节。总的来讲，厅党组想创造这样一个环境，使财政科研对外不单靠自己的力量，而是靠社会上的力量、靠大专院校的各位教授、靠兄弟部门的专家一起来进行，我们平时主要做实务工作，对理论领域的最新成果介入不深，对外，只有吸收社会上真正的专家、学者的力量，才能让我们的财政科研站到时代的最前沿；对内，科研所应该依托财政各个部门的力量，一方面让科研成果更接近当前实际，另一方面让各个部门从事业务工作的同志能够通过科研提高自己的知识水平。所以说，科研工作绝不仅是厅里分管科研的同志抓的，而是要党组的全体同志一起抓，我们会进一步努力，把这个工作抓好。

——公共财政公正性、公开性的要求。

随着建立公共财政基本框架进程的不断推进，随着政府改革的不断深入，特别是加入WTO后，政府部门的角色在不断转变当中，财政部门更多地体现出一种社会管理者的职能，更多地体现为社会公众、为企业提供公共服务。与此同时，从另外一方面看，随着时代的进步，社会公众文化水平和个人素质在不断提高，参政、议政和监督意识也在不断强化中，希望更多地了解财政部门如何支配纳税人的钱。以上两方面都要求各项财政工作进一步公开化、透明化，更自觉地接受公众的监督。要更好地配合财政部门的这一角色转换，就必须发挥财政宣传的作用。通过对财政改革和财政工作的宣传，开拓一个展示财政部门形象的窗口，让社会公众了解我们正在推进的各项财政改革，为财政改革鸣锣开道，营造一个和谐的改革氛围，让社会公众真正理解认识财政改革，从而支持财政工作。

随着财政改革不断推进，财政管理完全不同于以往，特别是直接由财政部门控制的范畴，已经基本上做到规范化。我们总的机制是弹性越来越小，公开度越来越高，但包括领导层在内，这种状况不是每个人都了解的，所以我们一定要多做宣传工作，让我们的成绩公开化，让社会对我们的监督直接化，让公众了解我们的工作。财政宣传要切实加强，一方面可以通过各种新闻媒介和兄弟单位对我们的财政工作做一些披露，比如财政工作的调整可以先在报纸上进行适当的宣传；另一方面可以通过与各政府部门的日常沟通把我们的工作宣传出去；第三要在互联网时代加强我们自身的宣传力量，利用信息手段和老百姓沟通，和各个部门沟通，把服务跟上去，以适应公开化、透明化的要求。我厅的网页还要不断完善，服务也要跟上去。作为自我宣传，我们还要加强，虽然现在《广东财政》停刊了，但是我们要改为内部刊物《广东财政理论与实务》继续办下去，希望大家继续共同努力把它做好。

与时俱进，创新财政科研宣传工作思路

——科研立足点的创新。

“定位”现在已经成为一个企业或机构成功的关键词

之一，财政科研也要找准自己的定位，很明显，财政科研就是要充当财政部门甚至包括整个政府部门决策服务的“智囊团”和“思想库”。财政研究作为社会科学的一个研究门类，其存在的根本意义在于财政实际工作发展的需要，财政部门的科研的立足点、出发点和归依点就是要贴近财政实际工作、贴近财政改革，离开了这种需要，财政科研就一钱不值。所以财政科研从选题—研究开展—成果形成的整个过程都必须坚决贯彻“两为”、“两结合”的工作方针，服从于、服务于财政中心、重点工作，主动和有关业务部门配合、联系、交流，善于从财政实际工作中发现问题，并进一步研究，进而从理论上作出回答。

——科研方式的创新。

树立唯实的科研风气，推进财政科研工作方式的转变，从选题到观点形成、对策建议提出，一切从实际出发，不唯上、不唯虚。

坚持高度的政治判别力和政策敏锐性，提出调研课题。

我们财政部门的科研，最关键是不能就财政论财政，我们搞财政科研，必须研究经济的发展规律，研究改革发展的规律，为了密切配合我们的实际工作，我们还要研究领导人的思路，领导机关的政治走向，为什么这样说呢？因为财政是基于经济的，不研究经济的发展规律，就没有办法研究好财政的发展规律，我们的财政改革正在进行，我们的科研就要研究改革发展的规律，毕竟改革的进程还是有规律可循的，我们要根据改革发展的规律对我们的研究课题进行布局，这样我们走的每一步才能切合当时的需要。为什么要研究领导人的思路和政府决策机构的政策走向呢？因为我们是为领导以及政府决策服务的，在科研上我们应该走在前面，如果是走在后面，上级领导提出的要求，你就做不到。今年我们财政厅，专门对全省的财力分布和全省的财政收入的发展走向，这个省级预算收入的构成做好了基础性的调研工作，而且也做了分析研究，这样领导同志一提出要做，我们马上所有的数据都是现成的。所以在研究方面要有先见性，只有先介入，才能主动，如果后介入，等到领导提出后再重新去做，周期将拉得非常长。科研的最终目的是应用，作为财政部门的科研工作，我觉得应该抓应用，要从应用着手，来进行财政科研。毕竟很多高深的理论研究是在高校，由专家学者去做，我们可以直接应用他们的成果。作为财政部门的科研工作，应该从应用入手，急用先行，如果财政部门的科研工作不抓应用，那是无源之水，我们的科研只会沦落为三流的论文，上不了大雅之堂。所以，我们一定要把科研应用于实务，作为财政科研工作的一个侧重点。在选题方面，我们应该有所侧重。省、市、县三级的科研选题可以考虑有所侧重，在进行与实际密切联系的应用性研究的大前提下，省级可以在一些理论性研究方面有所突破，更多地关注全省和全国的改革趋势；市、县级应注重结合本地的实际业务，解决本地区财政发展中碰到的实际问题，和一些财政实际业务工作如何开展。

坚持理论联系实际的工作方法，认真开展研究。

这里有四方面的含义：首先通过联系实际掌握第一手材料，没有调查研究就没有发言权，深入基层作认真细致的调查研究是必不可少的一步。我们财政部门的科研工作，其实是具有得天独厚的优势，从来财政数据都是封闭的，所以说大专院校的理论工作者做研究的难度比我们大得多，我们之间的信息是很不对称的，但是我们财政部门的科研工作者处于信息不对称里有利的一方，我们能掌握信息。所以，调查研究，掌握数据，我们应该把它做好，为我们的财政科研工作服务，另外也可以提供给大专院校的专家学者，总体上来提高我们的财政科研水平。二是提出的对策建议必须具有可操作性，要把握好财政理论和财政实际的有机结合，切忌从理论到理论，空话、套话连篇累牍，同时防止就财政论财政的倾向，要把具体的财政问题放到宏观经济大背景中去研究和思考。三是研究成果必须具有前瞻性，不一定要前瞻得很远，我们财政部门的科研工作，能前瞻三五个月也算一个前瞻，也算一个水平，这样就可以和实际工作相结合。要把财政改革进程中必然碰到的长远、深层次问题与现阶段的重点、热点、难点问题结合起来考虑。四是课题的研究必须具有宏观性和全局性的观点，我们财政部门的科研，要站在地方政府首长的角度来考虑问题，财政工作涉及到政府工作的方方面面，涉及到社会经济的各个层面，那如果只研究财政部门的问题，那绝对会出现大问题，包括我们的财政政策，财政支出措施，我们在研究的时候，都要站在地方党委一把手和政府一把手的立场来做。

要从地方政府决策者的角度考虑问题，要从本地区的实际经济发展情况出发，这是单纯理论研究和实际工作调研的本质区别。

把握财政改革和发展的脉搏，明确我省今后财政科研宣传工作重点

——当前我省财政改革发展中需要关注和研究的几个问题。

建立各级财政部门紧紧围绕本地区财政中心工作和经济运行中出现的热点和难点问题开展研究，但总的研究方向，我认为还是需要围绕以下三方面：

如何支持经济发展，做大经济和财政收入“蛋糕”。

做大“蛋糕”是财政工作的永恒主题，是今后五年财政工作中的重中之重，做大财政“蛋糕”，首先要做大经济“蛋糕”，所以这是经济工作的重点，也是财政工作的重点。因而必须开展有针对性的研究，讨论如何在我省财政工作中体现和实现这一工作重点。这里具体可细分为这么几个问题：一是界定财政支持发展的领域，通过研究在我省如何进一步构建和完善公共财政基本框架，将制约我省经济发展的公共性问题作为财政发挥职能的着力点。二是转变财政支持发展的方式，探索直接投入、贴息、担保等切合广东经济发展实际，并有利于资金效益发挥的财政

投入机制。财政担保应该慎之又慎，这些年我一直是反对财政直接担保的，但是财政发挥杠杆作用，以某种方式去间接的担保，也是值得探讨的问题。财政可以安排一部分资金来支持企业，甚至无偿拨给它做担保资金，但是担保企业的责任应该由它自己负，财政绝对不应该去为企业承担无限责任，防止把经济上的无限风险引入财政中来。三是完善发展的财税环境，在地方政府的财税政策空间里，进一步完善相关支持民营经济发展和国有企业改革的财税优惠政策体系。十六届三中全会里有一条，就是要逐步给地方一些税权，像物业税可以研究一下。实际上，在城镇发展大纲里，建设厅就提出以物业税的形式，来探索城市发展的资金来源，这些都值得我们去做有些前沿性的研究。

如何提高财政管理的现代化水平，为切好“蛋糕”提供制度保证。

十六届三中全会的《决定》明确指出，今后要深化部门预算、国库集中收付、政府采购和收支两条线管理改革，建立预算效绩评价体系。这几项改革目前在我省已经有了一定的基础，今后要继续深化推进，必须及时总结前阶段实践经验，从预算编制、执行到绩效考评等各个环节对政府预算管理制度进行改革和创新，突破目前的改革瓶颈。

深化部门预算改革的研究。

部门预算改革是同财政自身的改革联系在一起的，除了部门预算编制体系和编制方法要逐步完善之外，财政系统内部管理改革配套也还需一段过程。比如，增强预算的计划性就意味着减少执行中的主观随意性，这对于原有财权的支配行为是一种制约，当前这种阻力和矛盾仍然十分突出。长期形成的粗放管理的传统习惯，转变需要一个过程。又如，各部门的资产配置不合理，由于历史问题造成的这种资产的差异，即使现在公开、公正、规范的分配也很难改变。再如，零基预算方法和绩效预算方法如何结合，相关的制度法规、财务管理制度、会计制度方面还需要修改。等等。以上这些问题都需要我们去研究，提出完善的对策建议。

深化国库集中收付改革的研究。

集中收付是值得研究的，就是如何去做，比如说，如何逐步扩大授权支付的范围，这就是一个课题。现在总是财政集中支付也不对，我们要通过这种改革，逐步的推进制度建设，提高授权支付的比重，降低直接支付的比重，这样才能给单位提供方便。那么，要做到这一点，那么我们就有一系列的事情，包括科目、制度设计等都要跟上，财政科研工作就有很多内容要去做了。

具体来说，一是集中收付本身的问题，需要进一步完善；二是相应财务制度的配套改革问题，例如人员编制、工资标准、收入来源等等；三是预算单位财务统一的问题，例如内部财权分立、多头开户等；四是信息系统建设滞后，国库集中支付制度建立之后，手工操作已不能实现庞杂的业务处理，要实现网上申请、审核和支付；五是集中支付容易实现，集中收入由于跨部门，实现将较为困难。除此之外，国库集中支付要顺利推行，外部环境建设至为关键问题。广东省级部门国库集中支付得以顺利推行，我觉得在理论上，我们可以进行研究。

深化政府采购制度改革的研究。

在今后的探索中，应该着重注意研究以下几个问题：一是如何进一步扩大政府采购的范围和规模，突出研究政府工程和政府服务采购的运作规范；二是如何进一步界定政府采购管理机构和执行机构的职责；三是在政府采购中如何引进竞争机制，这一竞争机制包括两方面，首先是建立政府采购业务代理机构的竞争机制，对集中采购目录的项目采购，允许采购人在省、市政府采购中心之间选择委托；对部门集中采购目录和采购限额标准以上的项目采购，允许采购人自主选择委托代理机构。其次是是建立健全供货商竞争机制，主要通过信息的公开、透明来完成；四是如何建立采购人、代理机构、供货商的制约机制，提高效率，防止作弊。

深化收支两条线管理改革的研究。

我省“收支两条线”改革虽然震动很大，但很有成效。预算外资金收入在实行收支两条线后状况基本良好，收入情况基本平稳，总体上没有出现收入滑坡。通过改革，工商、法院等司法、行政部门的收费项目纳入预算管理，由利于执收、执罚部门从分钱等繁杂事务中解脱出来，使部门能够集中精力用于工作开展，促进了政府职能的转变，有利于保证公正执法。编制了综合预算，增加了财政体制的透明度，提高了财政资金的使用效率。特别是有利于从源头上、制度上防止腐败现象的发生。今后要继续深化这项改革，我认为除了提高个别部门对“收支两条线”改革意义的认识，督促有关部门严格执行有关规定，保证预算外收缴制度和配套措施能够完全到位等等工作之外，关键要研究采取什么对策措施，使财政部门能够在若干年内，将各种非税收入，包括行政收费、事业收费、罚没收入、资源收入、垄断性收入，全部纳入财政管理，如何实行分门别类不同的管理方法，实现管理的科学化。

其次，搞“收支两条线”，我们可以考虑如何把费改为税，来征收物业税，这也是值得我们去研究的问题。物业税也可以搞一些地方的税种，当然，地方的税权不可能很大，我们要清楚的认识到这一点，永远只能是一个补充。不过，我们能够做到这个程度，就可以在理论上去探讨一下。

建立预算绩效评价体系问题的研究。

对政府预算分配和执行结果进行绩效评价，可以促使预算单位提高预算资金使用效果，也有利于预算单位进一步优化预算编制和执行，进一步加强预算管理。目前我省的财政管理现状看，今后做好财政绩效评价工作必须对以下问题进行深入研究：一是如何在财政支出科学分类的基础上，建立系统科学的绩效评价指标体系和评价标准，从而形成一个基本的绩效评价框架，具体包括请款的可行性研究；用款单位资金使用效果的自我评价；重点项目、重要资金安排的财政评价机制等方面内容。二是如何在预算编制上引入绩效预算方法，在预算执行上建立科学评价指标体系和评价标准，从而建立一个比较完善的财政资金绩效评价系统。

建立和完善财政支出绩效评价体系是不容易的，我的观点是先易后难，先把容易的做了，然后从点到面，一点点做，最后面上的工作也将逐步完成。但是，理论要先行，理论研究要跟上，在面的层次上指导点上的工作。

——从深度和广度拓宽财政宣传的领域，同时创新财政宣传的手段和方式。

财政宣传工作我认为有两方面的含义，一是如何把财政的声音传播出去；二是如何发挥宣传的教育功能，提高财政干部的理论修养，争取社会方方面面对财政工作的理解和支持。

对于财政宣传工作的原则和重点，我认为在积极宣传党的路线、方针、政策的同时，要注重报道的真实性，既不夸大，也不缩小，实事求是。既要报喜，也要报忧，要坚持两点论，用全面、联系、发展的观点去分析、宣传财政问题。做到讲成就要实事求是，讲发展要代表主流，讲先进要起到引导和示范作用，讲问题要抓住要害。只有进一步从深度、广度和实效方面进行挖掘，及时把握我省财政改革的新动向，宣传工作才可能到位，也才可能给财政实际工作锦上添花。

对于财政宣传方式和手段，作为实现宣传效果的一个重要方面，首先，通过各种媒体，及时把财政实际工作部门，特别是最基层的声音传递出去。其次是积极发挥财政刊物的宣传功能，我看财政部的两刊理论层次和水平很高，可以作为政府部门干部提高财政理论修养的教材，应该鼓励积极订阅。有条件的可以由财政部门免费赠阅，省级已经采取这种做法，通过这一方式能够达到很好的宣传效果，有利于今后财政工作的开展，在推行财政改革的过程中，起码不用花时间给相关部门“上课”了，因为通过阅读这些刊物，有关干部对各项改革已经有相当了解了。同时对于改版后的《广东财政》，希望各地市继续给予支持。最后，继续办好广东财政厅网站，当今社会已经进入网络化、信息化时代，利用网站宣传也是财政宣传工作与时俱进的一个突出体现，借助这一现代化手段，财政的声音能够传播得更多、更远，所以希望各地市积极支持，借助省厅网站达到宣传本地区财政改革发展风貌的目的。

当前财政工作改革任务重、政策性强、业务技术性高，希望财政科研宣传工作能够提升财政业务工作的理论含量、提升财政决策的科学性、规范性，真正成为财政改革的助推器。希望广大财政科研宣传工作者能够一如既往地积极、勤恳工作，为我省财政经济跨越式发展做出应有的贡献。

（原载《广东财政理论与实务》2004 年第一期）

依法理财　加强预算管理

广东省财政厅厅长　刘　昆

财政资金取之于民、用之于民，为人民当好家、理好财，这是实践“三个代表”重要思想，立党为公、执政为民的具体体现。党的十六届四中全会作出了加强党的执政能力建设的决定，其目标包括使党成为立党为公、执政为民的执政党，成为科学执政、民主执政、依法执政的执政党。作为取之于民的公共资源，财政资金是我们坚持立党为公、执政为民的经济基础；加强和规范预算管理，管好用好财政资金是巩固和加强党的执政地位的根本要求，是加强党的执政能力的重要保证。各级政府和财政部门要从实践“三个代表”重要思想的高度，从加强党的执政能力的高度，充分认识依法加强和规范预算管理的重要性和紧迫性，努力提高预算管理水平。

围绕依法理财、加强预算管理的基本目标，我省各级财政部门坚持从实际出发，创新理财思路，积极稳妥地推进各项财政改革，财政预算管理日趋科学、透明、规范，逐步建立起预算编制、执行、监督等各环节相互独立、相互制约的预算管理机制，增强了财政宏观调控能力，有力地促进了我省的经济发展和社会稳定。总结近几年加强预算管理的经验，我们着重抓了以下六个方面的工作：

以建立公共财政基本框架为目标，更新理财观念

建立与市场经济相适应的公共财政基本框架，是我省财政改革和预算管理工作的基本目标。围绕这一目标，我省各级财政部门及时更新理财观念，树立公共财政思想，合理界定财政支出范围，坚持有所为，有所不为，着力解决财政支出“缺位”和“越位”问题。从对经济社会的大包大揽，到逐步退出竞争性领域；从注重财政收收支支到运用好财政预算手段为党委政府中心工作服务；从多头决策、分散投入到集中财力办大事，保重点领域需要，从重分配轻管理到绩效观念的引入，无不体现公共财政下理财观念的更新。在更新理财观念的过程中，有些地方探索形成了具有自身特色的公共财政体系。如东莞在建立城镇公共财政管理机制方面，积极推行镇区“三个集中”财政管理模式，逐步形成了“三个集中”，即集中财力、集中支

付、集中核算的镇区财政管理思路。佛山市在推行统发工资、“收支两条线”管理及财务结算中心财银联网的基础上，配合国库集中支付改革，开发国库集中支付管理系统，实现了财、税、银行三家联网，资源共享。南海区西樵镇财政所运用信息化手段进行庞大的资金和数据处理，实现乡镇财务管理信息化。所有这些制度、机制和方法的创新，无不体现着建立公共财政框架，满足社会公共合理需要的基本思路。

树立法制观念，以制度管人理财

——学习贯彻《预算法》，树立法制观念。《预算法》和《广东省预算审批监督条例》颁布后，全省各级财政部门高度重视，及时在财政部门内部和有关单位中开展学习活动，并通过报纸、电视等传播媒体加强对《预算法》和《广东省预算审批监督条例》的宣传，使依法理财的观念深入人心。省财政厅多次举办了《预算法》和《广东省预算审批监督条例》专题学习讲座，并通过组织知识竞赛等形式进行《预算法》宣传，使全省财政干部对财政部门在预算管理工作中的定位有了准确认识，提高了依法理财的自觉性和积极性。

——大力建章立制，规范管理。完善制度、建章立制是实现规范管理的基础。近年来，我省各级财政部门在建立健全财政管理制度、规章方面做了大量工作，初步建立了一套事前有制度、事中有监督、事后有评价的公共财政管理规章体系。各项财政制度覆盖收入管理、预算编制、预算执行、资金拨付程序、指标管理规程、预算支出和专项资金管理、监督评价及财政内部监督检查等各环节。如省财政最近制定的《广东省省级财政内部循环监督工作系统》，通过对财政业务处室、监督处室职责的界定，初步建立了财政系统内部监督、财政对预算单位监督以及外部对财政监督三方面相互结合、相互制约的全方位监督体系，实现了对财政资金从预算审核、拨付、使用、核算、评价到决算等各环节的有效监督，切实保障了财政资金安全。上述各项制度、办法的建立，实现了以制度管人，以程序约束行为，保证了预算管理工作在合法、合规的框架下运行。

坚持发展是执政兴国第一要务，促进财政收入有效增长

——调整和完善省以下财政体制，建立收入稳定增长机制。按照建立公共财政基本框架和分税制改革的要求，我省从1996年开始实施分税分成财政体制，在明确各级政府事权的基础上按税种划分了财权，建立了稳定的政府间分配关系，调动了地方生财、聚财的积极性，实现了省、市、县三级财力同步增长，并通过转移支付制度的建立，逐步实现地区间财力均衡发展，促进了资源的优化配置和产业结构的合理调整，形成了收入增长内在机制和地区间财力平衡的协调机制，有效地推动了我省各级财政的发展，取得了令人瞩目的成绩。1996～2003年，广东省地方一般预算收入从479.45亿元增加到1 315.51亿元，按可比口径年均递增18.87%，高于同期GDP年均增长率7.97个百分点。

——引入激励机制，增强山区发展动力，推进区域协调发展。按照省委、省政府促进县域经济发展战略，从2004年起，省财政对县级财政实行激励型财政机制。这项措施执行的意义不仅在于促进财政增收，更重要的是引导市县关注自身发展，主动调整产业结构、推进均衡增长。各地也很重视，普遍采取了应对措施，有些地方还出台了配套办法，如韶关市和河源市根据县（市）的收入完成情况另行制订了奖励政策。从目前执行情况看，激励机制的积极作用初步显现。据统计，2004年1～10月份全省一般预算收入增长率18.07%，粤东、粤西、粤北地区有26个县（市）一般预算收入增长率高于全省增长率。其中以粤北等地区收入增长速度提高最为明显，河源、梅州、清远三市继续保持良好的发展势头，河源市5个县增长率都在20%以上，梅州市有4个县收入增长率比去年同期有较大提高。

——创新机制，不断拓宽理财领域。在落实好所得税分享改革、农村税费改革、出口退税改革的同时，我省各级财政逐步拓展理财空间，在生财上谋出路，增强财政调控能力。如韶关市创新公共资产管理体制，实行城市公共资源有偿使用，明确政府所有的公共资产是国有资产，产权属政府所有，并规定将行政事业单位和政府性资金投资形成的公共资产（房屋所有权证、国有土地使用证、股权等）划转到市公共资产管理中心的名下，利用这些资产筹措城市建设资金，促进山区经济发展。

以改革为动力，大力推进公共支出改革，实现科学理财

近年来，按照财政部统一部署，各级财政部门大力推进公共支出改革，部门预算、国库集中支付、政府采购、“收支两条线”、绩效评价、统一岗位津贴、清理银行账户、清理行政事业单位资产等各项改革措施，在推进科学理财方面取得了重大进展，成效显著。部门预算改革、统一岗位津贴、政府采购、国库集中支付、绩效评价等项改革都走在全国前列，得到了上级和社会各界肯定。

在推进部门预算改革方面，我省各级财政部门在稳步扩面的基础上，不断改进预算编制方法，提高科学性，初步建立起符合市场经济要求的架构合理、程序规范、科目细化、内容完整、方法科学、涵盖基本支出和项目支出预算的年度预算编制框架。一是不断改进预算编制方法，加强定员定额及项目支出预算管理，同时逐步细化预算编

制，增强预算透明度，强化预算监督。如广州、东莞市建立健全了基础资料库，动态掌握各预算单位人员、车辆、银行账户等基础数据，为科学核定定员定额标准、合理编制部门预算奠定了基础。二是积极推进综合预算和零基预算。通过综合预算改革，加大预算内外资金统筹安排力度，为实现预算资金分配的公平、合理，解决部门间支出水平差距悬殊问题创造条件；通过引入零基预算编制方法，解决"基数法"下部门间分配关系固化的问题，提高预算编制的科学性。如省财政近年在推行零基预算方面进行了一些尝试，包括改变对事业费基数加增长的切块安排办法，重点支出按法律法规规定增长的部分，统筹用于国家和省委、省政府确定的新增支出项目；对高校试行按生均定额加少量专项核定经费；对部门实行彻底的"收支两条线"管理，收入由银行代收入库，支出实行预算制。

在统一公务员岗位津贴方面，佛山市率先进行了尝试，目前我省有许多县市都已开展了这项工作。通过统一津贴，实现了国家公务人员"同工同酬"，较好地规范了公务员收入分配，为从源头上防止腐败创造了条件。同时，在统一津贴改革中，财政部门进一步摸清了行政事业单位收入来源、支出去向、银行开户、单位补贴、奖金和福利发放等情况，为科学制定经费定额标准，合理编制预算奠定基础。

在政府采购改革方面，广州市走在全国前列，率先开发了政府采购评审专家管理软件，提高政府采购透明度。建立了拥有 200 类近 3 000 人次的政府采购评审专家库，可做到随机抽取专家身份证号码和语音电话自动通知等，消除了采购人和投标人担心评委"黑箱操作"的疑虑。制定了《评审专家抽取规则》，明确凡实行政府采购的项目（单一来源采购方式除外）都必须从专家库中随机抽取评审专家。该市还建立制度化的"理论讲坛"，立足于改革和发展的实际问题的理论思考，学习新知识，研究新问题，探索新办法。

在推进国库集中支付改革方面，各级财政部门经过试点已积累了许多有益的经验，目前改革步伐正逐步加快，资金拨付程序日趋规范，预算执行管理大为加强，为确保财政预算的严格执行，实现预算编制与执行平稳衔接铺平了道路。如省财政建立了包括国库集中支付系统、各代理银行接口系统和试点单位联网系统三个子系统的国库管理信息系统，实现财政内部审核流程全部网上进行，代理银行对有关支付信息实时处理和反馈，试点单位用款计划网上申报和支付信息网上查询，并实现与人大联网。

在开展绩效评价方面，省财政近年进行了一些尝试，2003 年对省财政扶持 14 个市各 3 000 万元民营科技园建设补助资金进行使用效益评价，在总结经验的基础上制定了《广东省财政支出绩效评价试行方案》，初步建立了财政支出效益评价工作制度，并将绩效评价作为预算安排的重要依据，为合理编制并严格执行预算创造了条件。

以增收节支为中心，在优化结构中挖潜力，在聚财有方上做文章

我省财政收入经过连续高速增长后已开始放缓，加上中央各项改革和税收政策的调整，地方财政收入增长潜力不断削弱。与此同时，各项事业对财政资金的需求日趋强烈，财政支出继续扩张与财政收入有限增长的矛盾日益突出。为切实解决收支矛盾，实现财政平稳运行，我省各级财政部门以增收节支为工作中心，坚持收支两手抓，确保财政收支平衡。

——重视组织收入工作。各级财政部门及时转变只抓支出，轻视或者不抓收入的观念，充分认识到加强税收管理的重要性，在加强与税务部门协调沟通的基础上，做好收入分析工作，支持税务部门依法治税，应征尽收，确保财政收入稳定有效增长。如省财政近年在抓收入方面采取了一系列措施，包括建立财税部门联席会议制度，实行厅长分片抓收入，深入重点税源地区调研，及时了解、分析财政经济运行情况及存在问题，研究发展经济、增加财政收入的措施等，为保证预算任务的顺利完成奠定了基础。

——加强支出管理。按照公共财政改革方向，各级财政部门大力优化支出结构，盘活存量，调整增量。一方面逐步减少对竞争性领域的投入，严格控制行政事业经费支出增长；另一方面集中财力保障教育、科技、农业、环保和社会保障等重点领域支出需要，将有限的财政资金集中投入到社会经济发展的关键领域，支持关系国计民生的重点行业和领域的发展，支持关系人民群众生产生活问题资金的落实。在加强支出管理方面，东莞市有一些好的做法值得学习。如该市在细化基建工程项目预决算管理的基础上，2004 年主动将近几年市财政在重点基建工程方面的执行情况汇总成书向人大公开，详细清楚地反映每项工程的投入、项目实施、竣工结算情况，大到组成项目、工程预算总额，小到一棵树的购置价格和购置点，都一一详细列明，连同预算草案一并送人大审议，得到人民代表和社会各界的广泛好评。

以公开透明为基础，加强预算监督，落实民主理财

加强人大对预算的监督是落实民主理财、实现预算公共性的有效方式。我省人大的预算监督工作一直走在全国前列，2001 年率先出台了《广东省预算审批监督条例》，成为其他省市纷纷效仿的范本。人大预算监督工作的超前，是我省民主和法制进步的标志，同时也对我省预算管

理工作提出了更高的要求。为落实人大加强预算监督的要求，近年我省各级财政部门以配合人大预算监督工作为重点，推动财政预决算公开工作向实质化方向迈进。一是认真落实人大各项决议和议案，确保预算安排最大限度地体现社会公众意志。二是落实预决算报告制度，做好例行事项及临时事项的报告工作，实现从预算的编制、执行到决算等各环节，所有财政资金的安排、预算的调整、资金的使用等都及时向人大报告。三是落实重要事项报告制度，如部门预算改革进展情况、激励型机制制定情况、防范化解金融风险准备金使用情况和“非典”压支政策等。四是在推进部门预算改革的基础上不断细化报送人大预算报告的内容。如2004年省财政报送人大审议的部门预算草案涵盖了省直所有100多个部门，厚达500多页，数千个预算项目。同时省财政还开发了面向人大代表的预算查询系统，使人大代表能够随时查询了解部门预算安排情况，被人大代表誉为“敞开了电子钱柜”。可以说，近年我省财政预决算公开的步伐已走在全国前列。

（原载《广东财政理论与实务》2004年第十二期）

行风评议是我厅作风建设的里程碑

广东省财政厅厅长　刘　昆

2004年的民主评议行风工作，是在深入学习贯彻十六届三中、四中全会精神和掀起学习贯彻“三个代表”重要思想新高潮的新形势下开展的，标准高、要求严、力度大。经过九个多月的共同努力，省财政厅的行风建设顺利通过了省直行评团的检验，被评为“满意”单位。这是省纪委、省府纠风办、省直纪工委正确领导和鼓励鞭策的结果，是省直行评办、行评团直接指导和关心支持的结果，也是全省财政系统齐心协力和辛勤工作的结果。行评团对我厅行风建设作出了客观的评价，既实事求是地肯定了成绩，又十分中肯地指出了存在问题。为我厅今后的行风建设指明了方向，我们要结合财政工作实际，不折不扣地贯彻落实。

民主评议行风工作是推进广东财政改革与发展的强大动力

今年，在我省财政系统开展民主评议行风活动，充分体现了省委、省政府对财政工作的高度重视，对财政干部的关心和爱护。九个月来，我厅的民主评议行风工作以思想作风建设为重点，以优化服务为主线，以提高科学理财、民主理财、依法理财和为民理财水平为关键，以群众满意不满意为标准，以接受评议为契机，紧紧围绕我省改革、发展、稳定大局，着力解决影响广东财政改革与发展的突出问题，民主评议行风工作实现了五个促进，取得了显著成效，达到了预期的目标。

——促进了“三个代表”重要思想在财政工作的贯彻落实，人民群众关心的热点、难点问题逐步得以解决。通过民主评议行风工作，财政干部队伍进一步增强了宗旨意识和服务观念，“立党为公，执政为民”、“群众利益无小事”、“换位思考”、“急民所急，想民所想”的观念进一步深入到广大财政干部职工的思想中，为人民群众办好事办实事呈现了新的气象，“三个代表”重要思想在财政工作中进一步得到贯彻落实。

——促进了财政管理水平的进一步提高。我厅把民主评议行风工作和加强财政管理有机地结合起来，进一步提高了财政管理水平。发扬艰苦奋斗的工作作风，今年第一季度被动的财政形势得到较好的扭转；自觉接受监督，依法理财取得新的突破；开拓创新意识进一步增强，财政改革不断深化，理财水平不断提高，多项财政工作走在了全国的前列。

——促进了工作效率和服务水平的不断提升。我厅结合民主评议行风工作的开展，进一步加强机关内部管理，建立健全各项规章制度，不断提高工作效率和服务水平。进一步加大了政务公开工作力度，工作透明度不断增强，行政效能和服务水平得以提高；建立健全了规章制度，内部管理进一步规范；推出了一系列便民、利民的措施，办事流程和程序不断简化；加强了厅机关的工作协调，改进办公自动化系统，办文效率进一步提高，厅机关运转更加高效高质。

——促进了党风廉政建设，廉洁自律意识明显加强。在民主评议行风工作中，我厅通过深入开展党风廉政教育，使广大财政干部职工努力捍卫了全心全意为人民服务的宗旨，自觉提高了接受监督，拒腐防变能力，廉洁自律的意识明显加强。通过开展廉政承诺活动，党风廉政责任制得到进一步落实，有关配套制度得以不断完善，营造了干净干事的政务环境；通过加强财政内部监督检查，规范了办事程序，加强了对财政资金的监管，防止了腐败问题的发生。

——促进了队伍建设，干部队伍整体素质得到较大的提高。通过不断地学习和提高认识，广大财政干部职工牢固树立了“为民、务实、清廉”的思想，公仆意识不断增强，职业道德进一步规范；通过切实查找问题和落实整改，广大财政干部职工努力做到“内强素质，外树形象”，业务素质和服务水平进一步提高；通过建立健全各项制度，并狠抓落实，广大财政干部职工依法行政、依法理财和遵守各项制度规定的自觉性进一步提高。

我厅民主评议行风工作取得的成绩充分表明，民主评议行风工作确确实实促进了财政工作的开展，进一步提高了我厅科学理财、民主理财、依法理财和为民理财水平，加强了班子建设和队伍建设，树立了财政部门新形象，展现了财政部门新风貌，民主评议行风工作成为推进广东财政改革与发展的强大动力。通过民主评议行风工作，广大财政干部职工以更高的标准来要求自己，以更快的步伐来发展自己，适应新形势、分析新问题、解决新矛盾的能力进一步增强，广大财政干部职工亲身感受到民主评议行风工作所带来的强大精神动力。

以民主评议行风工作成果为新起点，乘势而上，推动我厅机关作风建设更上一个新台阶

这次民主评议行风工作对我厅的作风建设具有里程碑意义，但对民主评议行风工作所取得的成绩，我们决不能骄傲自满、盲目乐观。要充分认识到，行风建设是一项长期艰巨的工作，是队伍建设的“基础工程”，在此，我代表省财政厅党组郑重表态，我们将以“三个代表”重要思想和党的十六届四中全会、省委九届五次全会的精神为动力，以这次民主评议行风工作成果为新起点，乘势而上，坚持标本兼治，长抓不懈，不断以新的思路、新的成绩、新的突破推动我厅机关作风建设更上一个新台阶。

——以“三个代表”重要思想和加强执政能力建设为指导，进一步认识行风建设的重要意义，树立长期抓的思想。

“三个代表”重要思想是我们党的立党之本、执政之基、力量之源，也是党风廉政建设的重要指导思想，其落脚点是维护人民群众的根本利益。加强执政能力建设的重要指导原则之一就是必须坚持立党为公、执政为民，始终保持党同人民群众的血肉联系，要牢记全心全意为人民服务的根本宗旨，牢记“两个务必”，坚决惩治腐败，坚持权为民所用、情为民所系、利为民所谋，实现好、维护好、发展好最广大人民的根本利益，保证人民群众共享改革发展的成果。财政工作关乎国计民生、情系千家万户。加强财政部门行风建设，其实质就是不断改进工作作风，倾听民意，坚决纠正侵害群众利益的问题，保持和人民群众的密切联系。因此，我们一定要站在实践“三个代表”重要思想和提高执政能力的高度，深刻认识开展行风建设的重要性，并努力抓好行风建设，要树立长期抓的思想，要以民主评议行风工作成果为新的起点，长抓不懈，进一步开创财政部门行风建设的新局面。

——坚持以人为本，确实做好明年“回头查”工作。

按照省府纠风办的要求，2005 年我厅要开展民主评议行风“回头查”工作，这是对民主评议行风工作的进一步深化，是对民主评议行风工作成果和后续的整改效果的全面检查。全体干部职工一定要高度重视，坚持做好“三个结合”，确实把民主评议行风“回头查”工作抓实抓好。一是要坚持“回头查”与完善制度相结合。要进一步完善内部管理各项制度，在提高制度的合理性、针对性和可操作性上下功夫，做到与时俱进，紧跟形势的发展和时代的要求。二是要坚持“回头查”与创新服务相结合。要进一步解放思想，大胆实践，创新服务，在服务观念上，不断强化服务意识，牢固树立管理就是服务的思想；在服务手段上，不断推进财政管理信息化建设；在服务方式上，不断加强窗口单位建设，推行一系列便民、利民服务措施。三是要坚持“回头查”与落实整改相结合。整改工作要继续在坚持“以人为本”上下功夫，要围绕为老百姓办实事、办好事进行，切实解决人民群众关心的问题，把财政资金用好。

——加强监督，有效把行风建设引向纵深发展。

要认真贯彻“党风建设必须标本兼治”和“监督是关键”的精神，进一步拓宽监督渠道，继续完善监督工作机制。一是要进一步完善党内监督机制，建立健全党内各项责任制及追究机制，建立完善对各级党员干部勤政廉政的监督机制，加强党员干部的互相监督机制包括各级领导成员的互相监督、上级机关与下属单位的互相监督。二是要进一步拓宽监督渠道，完善和扩大社会监督网络。要在继续完善现有的电话监督、电话举报投诉、群众信访等制度的基础上，进一步提高接受人大、纪检、监察、审计、舆论等社会监督的自觉性，使我们的行政行为更符合法律和人民群众的要求。三是要进一步加强财政系统自身的纪检监察力度，进一步加强效能监察。

——进一步提高我厅的文明程度和干部队伍的整体素质。

财政部门是党和政府联系广大人民群众的重要桥梁之一，财政工作和财政改革与人民利益息息相关。因此，提高我厅的行政水平、服务质量和文明程度，进一步维护好人民群众利益的意义重大。我们要以行评成果为新的起点，继续加强思想道德教育，全面规范服务行为，树立行业新风，加强文化建设，改善工作环境，优化服务手段，努力造就一支奋发向上、朝气蓬勃、务实高效、清正廉洁的队伍，力争通过创建文明行业活动进一步扩大我厅精神文明和行风建设的成果。

通过民主评议行风工作，使我们对我厅的行风现状有了一个比较客观、真实的认识，这是最大的收获。从社会各界的评议来看，近几年来，我厅的行风不断进步，行风建设的主流是好的。但也要深刻认识到，行风建设和纠风工作是一项长期而艰巨的任务。今后，我们要以邓小平理论和“三个代表”重要思想为指导，全面贯彻落实党的十六大、十六届四中全会和省委九届五次全会精神，进一步提高认识，统一思想，振奋精神，扎实工作，以民主评议

行风工作成果为新起点，把我厅的行业作风建设推上新的水平，开创我省财政改革与发展的新局面，为实现我省加快发展、率先发展和协调发展，当好“排头兵”和建设和谐广东作出新的贡献！

（原载《广东财政理论与实务》2005年第一期）

统一思想 勇于实践 务求实效

广东省财政厅纪检组长 熊展瑜

一、统一思想，充分认识试行会计委派制度的重要意义

会计委派制度，是指政府部门、产权单位向其所属单位委派会计人员，并授权会计人员监督所在单位会计行为和其他经济活动的一种制度。其目的是强化监管，建立健全适应社会主义市场经济要求的会计监督约束机制，从源头上预防和治理腐败。

从1998年下半年开始，广东部分地区先后开展了会计委派制度试点工作。截至2000年10月底，全省已有17个市、18个县（区）、1 966个单位开展了直接委派会计人员、会计集中核算、集团公司内部委派、委派财务总监和村账镇记等多种形式的会计委派制度试点工作。试点范围包括行政单位、财政拨款的事业单位、国有企业、乡镇集体企业和农村集体经济组织等。加快会计管理体制改革步伐，建立和完善会计监督和管理机制，提高会计信息质量和会计人员素质，是当前会计管理工作一项重要而紧迫的任务。

党的十五届五中全会提出，“积极探索国有资产管理的有效形式，建立规范的监督机制”。我认为，试行会计委派制是加强国有资产管理、完善监督机制、规范会计秩序的有益尝试。特别是在当前，会计监督乏力，会计信息失真的状况比较严重，国有资产流失，预算外资金管理失控等违法违纪现象屡禁不止的情况下尤为必要。试行会计委派制度的重要意义主要体现在以下几个方面：

（一）试行会计委派制是规范市场经济秩序的需要

市场经济是法制经济、有序经济。市场经济的发展有其自身规律性。为保证市场经济顺应客观规律发展，国家要制定法规、制度和有关方针、政策，并采取相应的措施保证其得到贯彻执行。市场经济又是规范的经济，市场经济的发展需要一个良好的经济环境，国民经济各部门、各行业、各地区之间，各单位之间，单位与国家之间，单位内部各方面之间都要按规范的程序和方法处理好经济利益关系。会计工作是经济管理工作的重要组成部分，会计信息是国家制定经济法律、法规和政策制度的重要依据，会计机构和会计人员是贯彻执行国家法律、法规和正确处理各方面利益关系不可逾越的重要环节，会计秩序直接影响整个经济秩序。试行会计委派制度，就是通过稳定会计人员的地位，保证会计机构和会计人员不受干扰地正确执行国家经济政策，提供真实、客观的会计信息，维护正常规范的会计工作秩序，为整个市场经济的协调有序健康发展奠定基础。

（二）试行会计委派制度是强化政府管理职能，提高宏观调控能力的需要

经济体制改革客观要求转变政府职能，实行政企分开，过去由政府直接管理企业的做法得到了改变。但是，旧的管理方式舍弃了，新的管理方式还没有完全建立，在这种状态下，一方面财政预算收支平衡难度大，可用财力十分有限，另一方面，大量预算外资金体外循环，许多关系到广大人民群众切身利益的事情，因为资金不足而不能及时办，在一定程度上影响了政府形象。而试行会计委派制度是政府实现宏观调控的有效手段。

（三）试行会计委派制度，有利于加强国有资产的管理，防止国有资产流失

国有资产流失现象在我国比较严重，不仅在企业，行政事业单位也存在着。预算外资金也存在着“跑、冒、滴、漏”现象。许多地方是“庙穷和尚富”。国有资产流失是经济领域一种严重腐败现象，它的产生虽然与多种因素有关，但会计职能不能正常发挥作用却是一个重要原因。会计机构、会计人员是每个单位资金运转的管理核心和枢纽，会计人员是资金的直接调配者，因此，会计职能作用发挥的好坏直接影响到本单位资金周转的正常性、合法性和效益性。改革传统的会计管理体制，实行会计委派制度，可以保证会计工作相对独立性，加强了会计的监督职能，使会计监督权与生产经营管理权相对分离和相互制约，依法行使职权，能够有效地加强国有资产管理，防止

国有资产流失，是加强国有资产和财务监管的有益尝试。

（四）试行会计委派制度，有利于加强会计监督，发挥会计人员的职能作用

试行会计委派制度后，会计人员的组织关系、工资关系、党团关系，由委派部门或单位管理，从而保证了会计人员与受派单位之间保持相对独立，一方面降低了受派单位负责人对会计人员进行约束、控制甚至打击报复的可能性，消除了会计人员的后顾之忧，使会计人员敢于进行会计监督；另一方面，割断了会计人员与受派单位的经济利益联系，使会计人员的个人利益不受受派单位经济状况的影响，降低了会计人员成为“内部人”的可能，从而加强了会计人员进行监督的意愿，有利于会计人员依法独立履行职责。

（五）试行会计委派制度是从源头上预防和治理腐败的重要措施

由于有些单位财务管理松弛，约束机制不健全，会计监督机制弱化，而私设小金库、转移国家资产、偷逃税金，甚至贪污贿赂，为侵吞公款等腐败行为提供了机会，成为腐败现象滋生蔓延的重要根源之一。党的十五大报告中指出：反腐败是关系到党和国家生死存亡的严重的政治斗争。坚持标本兼治，教育是基础，法制是保证，监督是关键。通过实施会计委派制，进一步加大会计监督管理工作力度，充分发挥会计职能作用，从制度执行和核算方式方法上规范单位的财务会计行为，堵塞财务会计管理漏洞，进而达到从源头上预防和治理腐败的目的。

（六）试行会计委派制度是完善财政预算管理体制改革的需要

财政预算管理制度改革是财政改革和制度创新的核心，具体内容包括实施部门综合预算、实施国库集中收付制度、全面推行政府采购、优化支出结构和强化财政监督管理等方面内容。推行会计委派制度试点，就是要紧紧围绕上述财政预算管理体制改革的重点，从会计人员选派录用、完善会计核算方法、强化会计监督等方面入手，建立与之相配套的管理措施，确保财政预算管理体制改革的顺利进行。

二、加强领导，继续稳步推进我省会计委派制度试点工作

2001年，是全国进入新世纪的第十个五年计划的第一年，是我国开始实施现代化建设第三步战略部署的第一年，也是社会主义市场经济体制初步建立后的第一年。会计委派制度试点工作是会计工作的深层次改革，政策性强，涉及多方面的利益调整，工作中遇到的阻力大，需要各级党委、政府的重视和支持。而开展试点工作中的一条重要经验表明，领导重视和支持是会计委派制度试点工作顺利开展并取得成效的重要前提。各级财政部门要在党委、政府的领导下，在纪检监察等部门的支持下，积极开展工作，主动协调处理好各方面的关系，要明确分工，落实责任，要主动抓好会计委派制度试点的具体实施和业务指导，积极取得纪检监察部门的支持配合，共同把这项工作做好，取得更大的成效。各级财政部门应在当地党委、政府的领导下，与纪检、监察等部门密切配合，以邓小平理论和党的十五大、十五届五中全会精神为指导，按照中央纪委、国务院以及财政部、监察部有关试行会计委派制度工作的要求，以党政机关、财政拨款的事业单位及有政府授权收费和罚没职能的事业单位为重点，继续稳步推进试点工作。会计委派制度经过三年的试点已经有一个好的开端，但发展还不平衡，政策规定和配套措施还不健全，尚处于起步阶段，应继续立足于抓好试点，取得经验后再稳步推开。在试点时，应从本地区、本单位实际情况出发，制定切实可行的试点工作方案，明确试点工作的组织领导和各有关部门的职责划分，确定试点的范围、形式和程序，精心安排，统筹规划，循序渐进，工作上要积极，方法上要稳妥。目前，尚未开展会计委派制度试点的地区，要选择一些基础条件比较好的地方、部门和单位开展试点工作。已经开展试点工作的地区、单位，应完善配套措施，加强指导和后期管理。在充分考虑到客观需要和可能的前提下，可适度扩大试点工作的范围，以巩固试点工作的成效。

（一）试行会计委派制度工作的指导思想和重点范围

试行会计委派制度的指导思想是：以邓小平理论和党的十五大为指针，按照《会计法》和党中央、国务院的有关工作要求，在各级党委、政府的统一领导下，坚持“积极试点、稳步推进、逐步规范、分类指导、注重实效”的原则，以财政预算管理体制改革和深化国有企业改革为契机，以建立科学、有效的会计监督机制，降低行政成本，提高经济效益为目标，有计划、有组织地继续推进会计委派制度试点工作，进一步加强会计监督和管理，推动反腐败斗争深入发展。

试行会计委派制度工作要从本地区、本单位管理实际出发，针对不同组织类型和业务规模的单位，选择不同的委派形式，以利于提高资金使用效益和国有资产的监督管理。

广东试行会计委派制度试点的重点范围是党政机关、财政拨款和有政府授权收费或罚没职能的事业单位，国有大型企业（集团）及有条件的国有中小企业，乡镇集体企业和农村集体经济组织等。

（二）因地制宜，选择适当的委派形式，务求实效

会计委派制度的实现形式是多种多样的，选择适当的委派形式，是保证试点工作取得成效的重要环节。应从实际出发，根据不同的会计监管对象等实际情况，以能够实施有效监督为原则，选择不同的会计委派形式，如对行政事业单位可以通过实行会计集中核算的形式，或通过“零户统管”的形式，对国有大中型企业、国有控股企业可采取委派财务总监的方式，对企业集团可实行内部委派形式等，但有的还需要进一步探索和完善。会计委派制度试点工作是一项全新的工作，没有完善的经验可以借鉴，其实现形式需要在试点工作中逐步摸索。各地区、各部门在组织开展会计委派制度试点工作时，要遵循经济规律，既要保证所有者充分行使所有权，也要保证单位依法行使理财和经营自主权；既要有利于政府部门的会计管理职能充分发挥，又要有利于调动广大会计人员的积极性和主观能动性；要根据政府部门实施会计监管的不同要求，以及被委派单位的具体组织类型和业务规模，选择不同的委派形式，以利于对国家资金和国有资产实施监管。要区别国有单位与非国有单位、企业与非企业、城市与乡村会计人员管理的不同要求，采取切合实际和形式多样的会计委派制度形式。

（三）加强制度建设，逐步完善对委派会计人员的后续管理

为了保证试行会计委派制度工作取得成效，委派部门要明确委派会计人员的职责、权限及与被委派单位的关系。在充分支持被委派单位依法理财、自主管理的前提下，发挥委派会计人员监督作用。要充分保障会计人员行使监督权的独立性，从人事档案、职务任免、工作调动、专业职务、工资福利等方面解决委派会计人员的后顾之忧。要建立委派会计人员的各项管理制度，加强对委派会计人员的后续管理和职业道德教育，不断提高委派会计人员的专业素质和业务水平。

（本文系作者2001年2月27日在全省会计委派制试点工作经验交流会上的讲话摘要）

与时俱进　认真做好广东社会保障工作

广东省财政厅副厅长　郑振涛

一、与时俱进　充分认清当前社保工作面临的形势

今年以来，我省各级财政部门以“三个代表”重要思想为指导，根据省委、省政府的统一部署，认真贯彻落实省第九次党代会精神，继续执行积极稳健的财政政策，进一步加强收入征管，确保财政收入的稳定增长，全省财政运行基本情况良好。为我省社会保障工作提供了有利的条件，奠定良好的基础。2002年上半年，全省社会保障一般预算支出69.57亿元（大口径），占全省一般预算支出的12.79％，完成年度预算的52.35％，比上年同期社会保障支出增支15.29亿元，增长28.18％。

年初，根据中办、国办《关于进一步安排好困难群众生产和生活的通知》精神，省委常委会议作出关于解决困难群众生产、生活问题的决定，特别强调要解决落实好“一个低保、两个确保”、“四难”问题、水库移民、扶贫开发等热点难点问题。中央和省委的决策为今后一段时期加强我省社会保障工作创造了有利契机。我们要认清形势，坚决贯彻执行中央、省委的决定，从关心解决困难群众生产、生活这一热点难点问题出发，深入分析当前面临的问题，统一思想，提高认识，努力推进我省社会保障制度改革。

（一）各级政府重视社保投入，社保支出保持较快增长

近几年，随着市场经济体制改革的深入，社会保障问题日益凸现，各级政府更加重视和加大对社会保障的投入。按大口径统计，1998～2001年全省社会保障一般预算支出年平增长20％。今年上半年，全省社会保障支出69.57亿元，比上年同期增长28.18％，比地方一般预算支出增幅高出近11个百分点，全省有7个市增长超过30％。与行政管理费64.67亿元、教育事业费99.79亿元比较，支出规模基本接近，构成一般预算支出的三大主要支出项目，三项合计234.03亿元，占一般预算支出43％。表明社会保障支出正逐渐成为公共财政支出的主要内容。

从支出结构分析，社会保障支出中，行政事业单位离退休经费28.94亿元、卫生经费23.07亿元占主要部分，两项占社保支出分别为42％、33％，而抚恤和社会福利救

济支出及社会保障补助支出仅占25%，因此，如只按小口径统计，则社会保障支出占一般预算支出的比重不高，只有2.5%，说明目前直接用于保障对象的补助资金比例较低。

从增长构成分析，与上年同期比较，“四项支出”中增长最快的是社会保障补助支出，高达74%，抚恤和社会福利救济支出增长34%。按支出内容看，增幅较大主要是国企关闭破产补助支出及城乡低保资金。说明今年以来，各地在贯彻省委、省政府的决定，关心困难群众的生活方面，采取了措施，投入力度比较大；同时，也反映随着国企改革的深入，部分企业关、停、并、转，社会保障方面的资金需求显得更加突出。

从地区分布分析，珠三角7市社会保障支出35.35亿元，占全省51%，如加上省级则占66%。反映受经济条件限制，全省社会保障支出很不平衡，不发达地区社会保障支出的压力还是比较大。

（二）巩固和扩大社保覆盖面，社保基金收支状况稳定

在社会保险基金方面，今年以来，我省坚持以实现社会保险基金收支平衡为核心，继续巩固和扩大社会保险覆盖面，社会保险基金收支运行情况基本正常。上半年，全省养老保险基金收入104.22亿元，比上年同期增收26.28亿元，增长33%；养老保险基金支出76.09亿元，比上年同期增支14.96亿元，增长24.5%。失业保险基金收入8.5亿元，比上年同期增收1.21亿元，增长16.6%；失业保险基金支出5.53亿元，比上年同期增支0.58亿元，增长11.9%。

从全省情况看，基金收入增长幅度大于支出增长幅度，基金收支状况比较稳定。增收主要原因一是社会保险覆盖面不断扩大，上半年全省企业职工参加养老、失业保险人数比上年同期增加111万人；二是各级地税部门加大征收力度。增支主要原因一是人口结构日趋老龄化，领取待遇人数增加；二是按照国家和省的有关规定，待遇发放标准提高。

（三）正视客观存在的问题和困难

从上半年的社会保障支出分析，反映出以下问题和困难，必须引起我们注意：一是涉及到具体保障对象方面的支出呈大幅度增长趋势，估计下半年的支出压力会更大。如今年上半年城乡低保资金同比增长53.2%，随着低保标准的提高，人数增加，这方面的支出将呈刚性的增长，截至今年6月底，全省最低生活保障救济人数达到78.19万人，比上年底增加了33.19万人，增长73.05%，其中梅州、茂名、揭阳等市的低保人数增长幅度分别为118.11%、159.58%、186.33%。二是地区间的差异大，经济不发达地区社会保障投入有一定困难。上半年，东西两翼和粤北山区14个市抚恤和社会福利救济支出及社会保障补助支出4.34亿元，而按2002年省对14市社会保障专项转移支付资金约为5.5亿。说明地方预算安排的经费不多，如阳江市分析，部分县（区）低保资金没有全部列入年初预算安排，使低保资金难以做到定期发放。今年上半年最低生活保障经费支出月人均分别比上年同期减少44元，主要原因就是资金没有及时到位而出现发放低保资金的时间差。三是随着社会保障制度的建立和完善，社会保障支出方面的“隐性负债”正在逐渐显现。如城镇职工医疗保险制度的建立，各地财政负担的医疗经费成倍增长，上半年，各市财政安排医疗经费增支约1.2亿元。特别是公费医疗经费包干的地区，原来没有足额安排，增长尤为突出。

社会保险基金方面，从上半年情况分析，主要有以下问题：一是养老保险基金当期收支不平衡的地区较多，有汕头、韶关、河源、梅州、汕尾、湛江、茂名、肇庆、潮州、揭阳、云浮11个市。二是部分地区养老、失业保险参保人数下滑，养老保险实际缴费人数占已参保人数90%以下的有13个市，低于70%的有4个市。三是平均缴费工资普遍偏低。四是县级统筹地区启动医疗保险工作进展比较缓慢，目前仍有10个市所辖22个县级统筹地区未启动。

通过以上分析，我们应该清醒认识到，当前社会保障工作仍面临相当的困难和问题，需要我们在改革的实践中去不断克服和解决。

二、开拓创新 积极推进我省社会保障工作的开展

李长春书记在省第九次党代会的报告中指出：要继续健全社会保障制度，建立比较完善的社会保障体系；继续推进医疗卫生等体制改革；拓宽就业渠道，扩大城乡就业；完善城镇居民最低生活保障制度，继续解决好困难群众的“四难”问题；建立健全农村合作医疗保障体系。这是今后一段时期，我省社会保障工作的目标和主要任务。各级财政部门要认真学习，深刻领会，开拓创新，扎扎实实做好各项财政社会保障工作。

（一）调整财政支出结构，加大社会保障投入力度

根据省委关于解决困难群众生产、生活问题的决定，我省社会保障工作面临的任务更加艰巨。要完善低保制度，落实“两个确保”，开展城镇医疗卫生体制改革等工作，都需要一定的财政资金作支撑。因此，各级财政要认真贯彻中央、省委的决定，根据《国务院关于完善城镇社会保障体系的试点方案》的要求，按照建立公共财政基本框架的总体思路，在调整支出结构上下工夫，增加对社会保障支出的投入，逐步提高社会保障支出占财政支出的比

重。今后，对年度预算超收的收入，除保证法定支出外，要主要集中用于社会保障支出。争取早日达到社会保障支出占财政支出比重15%～20%的目标。

从上半年的情况分析，按大口径，全省社会保障支出占一般预算支出达到15%以上有11个市，主要集中在经济不发达地区，韶关市社保支出1.94亿元，占一般预算支出8.56亿元的22.74%，全省最高；清远市社保支出1.57亿元，占一般预算支出7.37亿元的21.24%，以两市的情况作分析，社保“四项支出”占一般预算支出的比重大大超过行政管理费，居教育事业费之后。韶关市教育事业费2.46亿元，占28.7%，行政管理费1.15亿元，占13.43%，三项共占65%；清远市教育事业费2.62亿元，占35.4%，行政管理费1.2亿元，占16.32%，三项共占73%。东莞市社保支出0.82亿元，占一般预算支出20.34亿元的4%，但教育事业费6.56亿元，占32.3%，行政管理费2.47亿元，占12%。因此，要提高社会保障支出占一般预算支出比重，关键还在于如何优化支出结构，树立公共财政观念。

（二）加强社会保障资金预算和财务管理

各级财政部门要重视和加强社会保障资金的管理工作，认真贯彻落实各项社会保障资金预算和财务管理制度。一是要大力推进预算管理制度改革，编制部门预算，细化社会保障支出项目。二是实施国库集中收付制度，对行政事业单位离退休经费及发放到具体保障对象待遇的财政补助款，通过国库统一支付，以减少中间环节，强化财政监管，提高资金的社会效益，从根本上保证保障对象的利益。三是推行政府集中采购，对医疗卫生的设备购置、民政救灾物资采购、社会保险信息系统等，逐步通过实施政府集中采购，节约费用，促进廉政建设。四是加强各项专项资金管理。社会保障支出的各项专款，大多用于救灾救济、扶持贫困群体基本生活、提供医疗保障，各级财政部门务必要加强对这类资金的监管，保证专款专用。2001年国家审计署对我省2000年省级财政决算审计中，发现高州市、五华县民政部门有挪用中央补助特大自然灾害救济款的情况。这种现象必须引起我们高度重视，财政社会保障部门一定要加强对各类资金的监管，杜绝类似情况再次发生。五是规范资金分配办法。各地对省的补助资金如低保资金、国企下岗职工经济补偿金等要根据省的分配办法，按照公式法、因素法，规范分配方案，减少主观、人为的因素。六是加强社会保障基金财政专户的管理，严禁挪用、挤占社会保险基金的现象出现。

（三）确实抓好“一个低保”和“两个确保”工作

进一步支持和完善城乡居（村）民最低生活保障制度，应加强两方面的政策研究，抓好一项管理制度。两方面政策一是范围，二是标准。我省的最低生活保障范围比国家规定的范围大，要研究城乡最低生活保障范围究竟到哪一层次比较合适，如何与我们的财力相适应；对于纳入保障范围的，要做到应保尽保。研究保障标准如何确定比较合理，应根据地区之间、城乡之间低保标准差别悬殊的情况，结合地方财力的承受状况，合理制定保障标准。抓好一项管理制度，就是要坚持和完善低保资金的社会化发放。实行低保金银行或邮局形式的社会化发放是我省规范和完善低保制度的重要措施之一，能够有效地促进资金落实，减少中间环节，方便低保对象，避免腐败现象。各地一定要不断完善，把这项工作做好。

要巩固“两个确保”的工作成果。我省已基本实现“两个确保”，当前的重点是要继续强化行之有效的措施，巩固和加强工作成果。

（四）继续推进国有企业下岗职工基本生活保障向失业保险并轨的工作

要明确一个指导思想，克服一个难点，把握好三条政策。一个指导思想就是改革的目标要力争保证实现职工的再就业。各地在推进并轨的同时要加大再就业的工作力度，财政部门要多与劳动保障部门配合，采取积极的就业政策，开展职业介绍和职业培训，保证再就业优惠政策的落实。一个难点是经济补偿金的问题，2001～2002年，省财政安排资金8.6亿元，专项用于补助贫困地区和省属国有企业下岗职工解除劳动关系经济补偿金，各地要克服困难，积极筹措资金，妥善解决下岗职工解除劳动关系经济补偿金。三个政策一是对政策性破产企业职工要发放一次性安置费，二是国有企业关闭、破产时职工劳动关系没到期要按规定支付经济补偿金，三是已领取安置费职工，不能再领取一次性经济补偿金。

（五）积极支持推动城镇职工基本医疗保险制度和医药卫生体制改革，解决好困难群众“看病难”的问题

一是积极推动城镇职工基本医疗保险制度的开展。要从长远上建立和完善机制的角度，正确分析医改中出现的情况和问题；研究如何建立合理的费用控制机制；合理制定离休人员、公务员的医疗照顾政策，保证国家公务员合理的医疗保障水平。二是要从公共财政的要求出发，完善财政卫生补助政策，加大公共卫生的投入，增加结核病、职业病、艾滋病、乙肝等重大疾病防治专款，保证卫生监督执法经费，支持农村医疗卫生发展，满足广大群众的健康需求。省财政2002年安排以上各项卫生专款总额达1.4亿元，部分专款在“十五”期间将继续安排，主要用于补助贫困地区疾病防治、农村卫生事业发展的补助，各级财政要加大投入力度，逐步提高疾病预防控制能力，提高广大群众的健康水平。三是支持建立农村合作医疗制度。省九届人大常委会第29次会议通过省政府《关于建立和完善农村合作医疗保障制度议案的决议》，这是我省农村保

障制度的一项重大改革，各地要积极主动支持这项工作的开展。从2002年起省财政每年安排农村合作医疗补助资金7 150万元，五年共3.58亿元。“决议”要求市、县、镇各级政府要根据当地实际情况和财力，适当安排资金扶持，省财政将视各级财政资金到位情况下拨省的补助资金。各级财政部门既要争取增加投入，又必须加强资金管理，保证专款专用，促进农村合作医疗制度的顺利实施，从根本上解决困难群众“看病难”的问题。

（六）深化社会保险征缴体制改革

要进一步贯彻落实省政府粤府〔2001〕1号文件的规定。一是要配合有关部门，加强社会保险费征收管理，研究制定社会保险费直接收缴国库的具体办法。二是要规范社会保险缴费基数，严格按照缴纳个人所得税的工资、薪金之和执行，提高基金收缴率。三是加快社会保险调剂金尤其是养老保险调剂金的收缴进度，提高基金调剂能力。四是加大社会保险欠费的追收和基金回收处置工作力度。

（七）深入调查研究　加强服务意识

社会保障制度改革事关广大职工和人民群众的切身利益，涉及面广，政策性强，情况复杂，改革难度大。各级财政部门一要针对本地区出现的问题和困难，组织专题的调查研究和理论研讨，必要时可组织跨部门、跨地区的专题研讨小组，既研究政策、对策，也提高理论水平，适应形势发展。二要进一步转变工作作风和工作方法，增强服务意识，社保工作涉及千家万户，要深入基层及时掌握第一手情况，听取基层同志、群众的意见，认真研究和解决工作中的重点、难点问题和普遍性、倾向性问题，加强对基层工作的指导。三要积极开展社会保障财务理论和政策宣传，让广大人民群众体会到党和政府的关怀。四要加强干部队伍的建设，市、县的机构改革已接近尾声，财政社保队伍增加了许多新生力量，要注意提高业务素质，开展理论业务培训。

（本文系作者2002年8月22日在全省社会保障工作会议上的讲话）

认真履行财政职能积极促进中小学校布局调整

广东省财政厅副厅长　周高雄

一、认真履行财政职能，保障教育改革与发展的需要

江泽民同志于1999年冬季在省部级领导干部财税学习班上谈财政职能：“财政是国家职能的重要组成部分。财政政策是国家宏观调控的一个重要工具。雄厚的财政实力是一个国家强大稳定、安全的重要体现和有力保证。正确运用财政政策，运用预算、税收、转移支付等财政手段，对优化资源配置，调节收入分配，促进国民经济稳定增长和区域协调运行，促进社会各项事业全面发展，具有重大的作用。”这个阐述是对财政职能准确定位与表述，与发达国家、市场经济国家的财政职能基本对接，因而是科学的、与时俱进的。我们要深刻领会与认真实践这种新的财政职能。

（一）认真履行财政分配职能，加大对教育的投入

“十六大”提出“初次分配注重效率，再分配注重公平”的原则，落实到我们的财政工作中，首先就是要从初次分配中不断将蛋糕做大，增加财政收入，提供再次分配的强大财力。根据经济决定财政的客观规律，纵观广东改革开放二十三年的历史，经济发展、财政收入增长、财力分配都发生了深刻的变化，我们要善于分析新形势，作出新判断，善于找出新矛盾及解决矛盾的好思路、好方法，及时解决新问题。从经济发展来看，进入“九五”时期，我省的经济增长已由过去规模带动增长向集约型、效率型的增长转变；从财政收入增长来看，已由过去带恢复性的膨胀式的增长向比较正常比较稳定态势增长转变；从财力分配看，已由大包干向分税分成转变。一句话，我省的经济发展，财政收入增长与财力分配不可能出现大起大落，要保持健康的发展，靠的是更强大的国际竞争力的提高，靠的是各职能部门更加深厚的“内功”，靠的是制度的创

新及其保障。当前，各级财政部门要以更扎实的功力认真履行财政职能，并加大对教育的投入。主要是积极组织财政收入入库，筹集更多的资金支持教育。

2001年，全省实现财政总收入为2 720亿元，本省可支配1 370亿元，即与中央对半分。2003年大体也是这个格局。要想有更多的财力，别无他法，只有老老实实把蛋糕做大。各级财政部门要从本地实际出发，努力组织财政收入入库，保持财政收入的较快增长。珠三角地区要在优化产业结构，培育新的经济增长点的同时，及时组织收入入库，广州、深圳市举足轻重，要保持龙头带动作用，为全省财政收入保持稳定较快增长作出贡献；山区与东西两翼，要借全省山区工作会议的强大动力，推动山区特色经济、民营经济的进一步发展，深挖潜力，堵塞各种跑冒滴漏，应收尽收，尽可能增加财政收入，决不拖全省财政收入增长的后腿。在增加财力的同时，认真执行好今年的预算，认真安排好明年的预算，在这过程中优先考虑本级和所辖地区教育事业发展的需要，加大对教育的投入。

（二）积极调整支出结构，厉行节约，省出钱来办教育

今年我省财政支出规模将达1 500亿元，约相当于两个大省的支出规模，不可谓不大。由于公共财政基本框架刚刚建立，支出结构有待进一步调整；由于发展不平衡与部分地区财经纪律松弛，普遍存在铺张浪费现象。在我省，调整支出结构，厉行节约是大有文章可做的。首先，要坚决的从经营性、竞争性领域退出来，不符合公共财政原则的，财政不投入；其次要依法理财，严肃财经纪律，厉行节约之风，财政干部特别是领导干部要敢于碰硬，敢于坚持原则，同时也要善于管理，精于管理，将原则性与灵活性更好结合起来，凡是有利于源头治理的要坚决干到底，凡是有可能成为歪风的要坚决抵制。管理财政支出永远都要坚持从严从紧，即使是比较宽裕的也要当作紧日子过；本来就是紧日子的，又享受着上级转移支付帮助的，没有一条理由不过紧日子。

（三）加强教育财务管理，把好事办好

2001年，全省教育经费总收入约400亿元（不含中央院校），其中基础教育经费收入占65%，比全国绝大多数省全年财政支出总额还要大。今年1～10月，全省财政收入才增长16.7%，教育经费就增长35.1%，投入这么多钱，本意就是多办事，办好事。各级财政部门要与同级教育部门多沟通、多研究，财政部门要负起管好教育经费，监督用好教育经费的重要责任。首先，要认真执行预算，保证教育经费及时到位；其次，要按“收支两条线”规定，及时返拨非预算的其他经费，做到规范管理，归位使用，不准克扣或挪做他用。再次，要加强财务监督，不准乱花教育的钱，不准挪用教育经费，更不能容忍贪污浪费教育经费。

二、发挥财政职能作用，促进中小学校布局调整

2002年，全省小学适龄儿童入学率达到99.7%，小学毕业生升学率达到96.2%。“一个都不能少”在我省基本得到体现。但是，我省基础教育特别是普及九年义务教育未能真正形成规模，发展很不平衡，总体教育水平不高，与经济和社会发展的需要很不适应。孩子们都读上了书，但大部分人不能受到良好教育，没有学到多少东西，一般只能成为廉价的劳动力，有的甚至找不到工作。结果还是回家耕田。农民含辛茹苦供孩子读书，最终却只有少数人能改变自己的命运。贫穷地方的孩子念不好书，并非他们不聪明，事实上是教育的“先天不足”，缺乏良好的基础教育。影响农村教育整体水平的一个突出问题就是农村学校布局分散、规模较小，存在大量“麻雀学校”，没有形成规模效益，教育资源严重浪费。受此直接或间接影响，我省一些教育指标居全国后列：小学生毕业升学率排第12位，普通初中教师达标率排第13位，高中教师达标率排第17位。主要表现在：一是重复建设，摊薄投入，效益低下。随着出生人口的减少和流入城镇人口的增多，农村学校的服务人口越来越少，有的地方一所学校服务不过1 000人，有的甚至只有二三百人，更有几十人的。学校规模逐渐萎缩，成为微型学校和微型班级。但“麻雀虽小，五脏俱全”，各方面的投入都不能少，资源严重浪费。二是教育设施、设备落后，不利于推进素质教育。大多数乡村学校是“一楼一学校”，教学手段是“一支粉笔一本书、一块黑板一张嘴”，教育设施设备严重不足，图、音、体、英语等科目缺乏配套的专用教学室、场地和设备，教育信息化更无从谈起。三是师资素质低，教学质量得不到保证。很多学校师生比不合理，加上学校比较分散，许多好的教师不愿意到这些学校去任教，部分学校不得不另请代课教师，以致全省出现大量的民师、代课教师，高达5.3万人。据了解，一些边远山区的村小或教学点每班学生不足10人，一个代课教师，语文、数学、音乐什么都教，上语文也用本地方言。四是不利于教育管理，质量低下。这类学校因班级少、班型小，缺乏竞争和相应的办学气氛，教师感觉“像教私熟一样”，难于开展多种形式教育活动，难于调动教师的竞争意识，更难于提高教育质量。

对这些问题也要历史地看，“把学校办到群众家门口”的办学体制是在特定的历史条件下形成的，在我省农村义务教育的普及过程中曾发挥过一定的历史作用。随着广东经济的发展，社会的进步和人民生活水平的提高，我省的城市化进程加快。省政府在“十五”计划中提出，未来五年将通过归并和扩建，在全省建成286个中心城市，从而形成城镇化的新格局。中心镇的建设进程和农村村村通公路等道路设施的改善，已为乡镇中小学教育体制改革和教

育资源的重新整合提供了条件。广大人民群众的需求已从孩子们能“读上书”转变为“要读好书”。如果不对现有的学校布局进行有效调整，就不能代表最广大人民群众根本利益，就不能培养更多有文化、有知识的新人，就不能增强广东的综合竞争能力，“科教兴粤”战略也将成为一句空话。因此，各地要适应教育形势的发展变化，及早开展布局调整工作，早抓早主动，迟抓更被动。主要理由：第一，集中投入，提高效益。学校电脑、录像、投影、语音室等媒体教学设备的购置和体育、实验场地等基本教学手段等“硬件”建设，都要有足够强的财力作保障。通过撤并，由几条村或全镇办一所学校，可以减少公共管理人员经费、公用经费开支，集中财力，提高现代教育教学手段。第二，资源共享，有利于推进素质教育和实现教育信息化。以目前的学校数量，要在农村实现教育信息化，代价巨大，而且很多地方因通信条件限制还不能将计算机联网。通过合并学校，减少学校数量，降低投入，同时学校选址在中心村附近，具备联网条件，才有可能实现教育信息化。学校规模增大，服务范围扩展，实现多数人的资源共享，为推进素质教育奠定坚实基础。第三，便于管理，有利于提高教育质量。学校规模增大后，每年级有若干平行班，方便安排教师课程，开展教育研究，促使平行班之间展开竞争，提高教学效率和教育质量。第四，有利于教师队伍的优化。规模大、教学条件好的学校，教学研究和学术交流活动相对较多，一方面使高素质教师向优质学校流动和积聚，另一方面，有利于教师以提高内在素质为内容的良性竞争，维护教师的尊优地位。

2003年，全国农村推行税改。而税费改革带来的最大问题就是改革后农村义务教育经费缺口问题。目前很多县财政的60%、乡（镇）财政的70%用于教育。税费改革后，基层财政收支平衡的压力更大。可以说，广东农村税费改革的根本问题是教育改革，教育改革的当务之急是逐步调整学校布局、精减教职工队伍，辞退农村代课教师与民办老师，提高教师素质和教学质量，优化教育资源配置，使农村中小学形成规模效应，从而减轻财政负担。东莞市横沥镇在推行农村税费改革中走联合办学道路，据初步统计，联合办学后，可节约经费30%以上。

国家和省政府对中小学布局调整工作很重视，2001年《国务院关于基础教育改革和发展的决定》和2002年《国务院办公厅关于完善农村义务教育管理体制的通知》已明确提出，各地要从实际出发，因地制宜，逐步调整农村中小学布局。省政府《关于贯彻〈国务院关于基础教育改革与发展的决定〉的意见》明确提出：“结合乡镇机构改革和乡镇、行政村建制的调整，合理配置教育资源，逐步撤并规模小、设点分散的学校和教学点。”省教育厅、计委、财政厅、社保厅、科技厅、卫生厅和国土厅联合印发《关于广东教育结构调整优化的实施意见》，提出了我省教育结构调整指导思想、基本原则、整体目标以及具体内容、措施和途径。今年全省山区工作会议也明确提出，各地及有关部门要加大工作力度，做好“并镇”、“并校”工作。兄弟省市山东、天津、江苏等地较早前已开展了这项工作。我省个别地区如鹤山市、广州市白云区早在1996年、1998年已自发地开展了这项工作，并取得一定的成效；东莞、顺德等地布局调整到目前已基本完成。可见，中小学布局调整是教育事业发展的大势所趋。

（一）认真总结经验，积极稳妥推进中小学布局调整

2001年，省教育厅和财政厅根据教育部、财政部的要求，结合我省教育事业发展的实际情况，按照“实事求是，因地制宜，立足长远，统筹规划”原则，初步制定了全省中小学布局调整的总体规划，并上报教育部和财政部。

根据我省中小学布局调整规划和各地所报的实施方案，结合农村税费改革试点工作，我们选择肇庆市所辖县、增城市、鹤山市、博罗县以及3个农村税费改革试点四会市、兴宁市和徐闻县共11个县（市）100所农村中小学作为我省中小学布局调整示范学校试点。2001年省财政厅、教育厅发出《关于批复中小学布局调整试点方案的通知》，对试点地区报来的中小学布局调整方案进行批复。为推动这项工作的开展，2001年，省财政安排中小学布局调整专项资金1.35亿元（包括财政部2000年专项资金补助2 000万元），主要补助试点单位，希望通过以点带面，达到逐步推进的目的。2002年省将加大投入力度，增加到2.5亿元，拟在去年试点的基础上，进一步扩大试点范围：在16个地级市选择30个县（市）扩大试点。财政部对我省这项工作也非常支持，2002年补助我省布局调整资金1 000万元。此外，省财政安排3亿元结合中小学布局调整专项用于老区农村1 000所小学校舍改造；同时还安排中小学信息技术和英语教育专项资金6 000万元，适当用于布局调整后学校购置专业设备经费补助。为加强对布局调整专项资金的项目管理，保证资金的使用效益，省财政厅转发了《财政部关于印发〈中小学布局调整专项资金及项目管理暂行办法〉的通知》，同时还制定了《广东省中小学布局调整专项资金管理办法》。

到2002年11月底，一些地区布局调整已初见成效。鹤山市共撤销小学35所，初中8所，全市已有46所中小学基本达到省定规范化学校标准，58所学校建起独立的科学楼，31所学校建起计算机室，配备计算机2 317台。德庆县从1998年开始撤并过小学校，力度很大，全县已投入6 100多万元，调整学校90多所，其中已撤销学校62所，兼并村级小学五六年级到镇或中心小学就读的57所。被省定为示范单位14所试点学校已投入资金2 223.3万元，完成试点学校建设概算总投入的39.8%。14所试点学校校舍建设已竣工8幢，在建18幢，新建400米运动场1个，200米运动场3个，新安装电脑室19间，语音室34间，较好地改善了办学条件，促进了资源共享。

但从全省范围看，中小学布局调整工作还只是初步展开，许多地方还没有取得实质性的突破，各地进展也不平衡。省教育厅和省财政厅联合召开这次会议，就是要共同

总结布局调整工作的经验和做法，研究和部署“十五”期间我省中小学布局调整工作，以进一步推动我省中小学布局调整工作的全面开展。

（二）“十五”期间，我省中小学布局调整目标及实施步骤

“十五”期间，我省各地要按照“实事求是，因地制宜，立足长远，统筹规划，分类指导，分步实施”的原则，积极稳妥地开展中小学布局调整工作。各地要根据经济、人口、学生人数，结合地理环境和交通状况，科学确定学校网点，既要使调整的学校适应生源的变动需要，又要保持定点学校的相对稳定和相应的发展空间。争取用3年时间，全省按既定目标基本完成中小学布局调整工作，使小学、初中学校和教学点的布局调整和优化过程变成我省义务教育从学位满足向优质教育转变。

为做好这项工作，省教育厅刘副厅长代表郑厅长已就工作思路、工作目标等提出具体要求，并要处理好七种关系及保障措施，我们要贯彻下去，落实下去。

首先，做好总体规划。各地要以县（市）为单位，把制定中小学布局调整总体规划作为做好布局调整首要工作来抓。去年根据教育部、财政部的要求，我省已要求各地制订中小学布局调整规划，但从各地报送情况看，有些地方急于应付，还没有深入调查研究，方案制订得不够具体、科学、合理。这次会议之后，各地要切实加强对制定中小学布局调整总体规划工作的领导，抽调有关部门人员，组成专门班子，认真搞好生源调查，摸清底数。已制定中小学布局调整规划的地区，要进一步研究其可行性；尚未制定中小学布局调整规划的地区，要根据实际情况制定切实可行的规划。为加强管理和维护各地中小学布局调整规划的严肃性，省财政厅、教育厅拟建立中小学布局调整项目库，各地的规划经当地政府审核批准后，加盖市、县财政局、教育局公章，附布局调整（平面）图，分别上报省教育厅和省财政厅。各地布局调整方案一经审定，不得随意更改。以后省安排布局调整补助资金和检查验收等要以此为依据。

第二，实事求是，分步实施。按照先近后远、先易后难的原则，根据当地的财力情况以及工作的难易程度，分步实施，稳步推进。在实施过程中，一是可利用现有资源先撤并“麻雀学校”，即把距离近、投入少就能合并的学校合并起来，把规模小、办学条件差的学校并入办学条件好、方便学生入学的学校。这样做既节约资金，又取得明显效果。二是结合农村城镇化进程，以中心村布点设校。中心小学和寄宿制学校的扩建、新建要严格按照有关标准进行，避免新的不达标学校的产生。

第三，做好两个结合。一是结合当地经济和社会发展实际进行布局调整。在布局调整中，充分考虑到当地人口密度、地理环境、交通状况、经济条件、文化传统和学校现有分布等因素，注意处理好局部与整体、特殊和一般的关系，做到既积极稳妥，又不搞“一刀切”。注意充分利用现有教育资源，尽量减少和节约投资，做到少花钱，多办事，办好事。二是结合中小学危房改造、薄弱学校建设和建设规范化学校进行布局调整。今年省财政安排了3亿元改造1 000所山区老区农村学校，明年省财政将继续安排3亿元改造1 000所。在危房改造过程中，对于规划中要撤并的学校，一律不允许再投入资金。危房改造、“改薄”资金的使用要统筹考虑中小学布局调整的需要。

第四，合理利用资源，制定政策配套。中小学布局调整涉及内容较多、范围较广，为保证此项工作的顺利实施，各地应结合当地实际，制定相应的配套措施，包括调整后学校的管理体制、学校资产的处置、教育经费筹措、效益评估和教师队伍管理等。为防止教学资源闲置和流失，各地要十分注意合理利用和处置好撤并学校的校舍和设备。

第五，加强管理，转变理财观念。一方面，要充分利用财政杠杆，调控资源配置。对规划要撤并的学校，除人员经费外，财政不再投入，不再批准集资建校，也不再鼓励社会捐资投入；对计划保留需扩建或新建的学校重点投入，同时鼓励通过集资、捐资等形式筹集办学经费，在师资、管理人才配备等方面也给予政策倾斜，使学校上规模、上等级，增强对周围地区生源的“磁吸”作用。另一方面，各级财政部门要积极参与，主动介入：一是事前参与规划，进行可行性研究，控制投资规模，确保资金到位，避免形成新的欠债；二是事中做好资金拨付，确保资金专款专用，防止资金被挤占、挪用；三是事后做好监督和效绩评价，确保资金发挥最大的效益。

第六，办好试点，示范带动。为积累经验、稳步推进，各地可选择具备条件的学校作为调整的试点，通过扩大办学规模、改善办学条件、提高教学质量，使广大家长都能看到，合理调整学校布局，是符合广大人民群众根本利益，符合教育事业发展趋势的。德庆县高良镇2000年升县重点中学的人数为12人，全县排名第九；2001年布局调整后，升县重点中学的人数增加到25人，全县排名第五。小学的优生率也由18%上升到25%。罗阳中学调整前没有一个学生能考上县重点中学，并入高良中学后，有3名学生考上县重点中学，而且，学生的英语、物理化学的实验成绩明显提高，深受学校和社会的赞同。广州市白云区良田镇撤并学校时，很多学生家长强烈反对，学校撤并后，如今良田镇的校园环境优美、教室宽敞明亮、教学仪器设备配套，2001年初中会考学生成绩明显提高，个别山区学生取得700多分的好成绩，原来反对撤并学校的学生家长也纷纷要求把孩子送到示范学校就读。这种成功示范的做法，为下一阶段全面铺开布局调整工作打下了良好的基础。

第七，做好宣传，统一认识。我们要充分发挥宣传媒体作用，通过座谈会、电视广播、报纸等各种形式，广泛宣传中小学布局调整的重要性和必要性，使教师和村民认识到农村中小学布局调整是造福子孙后代的大事，为布局调整工作营造良好的社会氛围。

（三）加大对困难地区的帮助力度，保障这些地区中小学布局调整经费

各级财政部门要充分认识义务教育的公共性，确保义务教育投入的“优先”地位，东西两翼和山区要在省市帮助下，千方百计挤出钱来进行中小学布局调整。经验表明，基础教育是一种公共产品，其公共性首先体现在教育对人类社会的政治经济有着重要的影响：教育能对人的社会化起推动作用；是实现民主社会的重要条件；教育是人力资源开发的重要形式，社会科技进步、国民收入水平与教育程度高度相关；有着良好教育程度的公民能使社会运行得更好；均等化的教育能够创造相对均衡的就业机会和收入水平增进社会公平；那些受过良好教育的“社会精英”往往会对社会的发展起到“扭转乾坤”的作用。反之将是负面的作用，因这方面的投资不足，会造成一系列社会和经济问题，政府也会为此付出代价。例如，美国进行的一项调查显示，在1992年的任何一天中，18～34岁男性辍学者中有1/4处于坐监狱、缓刑或假释的状态，但他们只占该年龄组高中毕业生的4%。犯罪的原因很大程度上是由于这些人缺乏教育，降低了其合法谋生手段造成的。

教育的发展是对社会进步的直接贡献，是对上层建筑运行成本最大的节约。所以，理财人必须算清楚三笔账，即政治账、经济账和社会账。中小学布局调整所需资金，按照以县为主的教育管理体制，主要由县（市）筹措解决。中小学布局调整需要大量资金投入，由于我省经济发展很不平衡，东西两翼和山区进行这项工作难度很大。为推动这项工作的开展，2002年省财政安排的资金将增加到2.5亿元，继续推动试点地区和面上布局调整工作的开展。考虑到中小学布局调整是一项系统工程，省教育厅、省财政厅将联合制订“十五”期间全省中小学布局调整总体规划、实施步骤、资金筹措方案和监督管理办法上报省政府，争取2003～2004两年省政府每年安排5亿元专项资金，重点支持16个特困县进行中小学校布局调整，同时兼顾一般困难县和奖励做得较好的试点县。

在保障投入的同时，各地要加强对资金的管理和监督，保障中小学布局调整经费有效使用。省补助的资金要由地级以上市统一管理，实行项目法人管理制度，按照集中支付原则根据工程量予以核拨；所有项目学校的设计、施工、采购都要实行公开的项目招标，不得举债投入。肇庆市在这方面做得很好，专门制定了《肇庆市中小学布局调整专项资金管理暂行办法》，对中小学布局调整试点专项资金实行“财政专户管理、市级集中支付、项目学校见账不见钱”的封闭式管理模式，他们的做法是成功的，大家也公认了，值得各地好好借鉴。各地要及时总结经验，反馈信息，解决问题。省财政厅、教育厅将定期或不定期对项目情况进行检查，并将组织审计部门对资金的使用情况进行审计和绩效评价。

（本文摘自作者2002年11月28日在全省中小学布局调整工作会议上的讲话）

坚持科学发展观　增强发言权地位

广东省财政厅副厅长　周高雄

“坚持改革不动摇，深化改革有实效”，这是对2003年全省财政综合规划工作总的概括，也是一年来工作的基本经验。今天，我着重讲“牢固树立科学发展观，建立强大稳固的广东财政”的问题。

科学发展观是解决财政现实问题的总钥匙。去年春天，胡锦涛总书记视察广东时，提出广东要加快发展、率先发展、协调发展的要求，这是中国共产党人理论与修养的新提高，是对发展观的新概括。在往后不到一年的时间里，胡锦涛总书记还多次发表讲话，系统地阐述了科学发展观的内容。今天，全党全体公务员干部都在认真学习科学发展观。在学习中，希望大家谨记住四个关键词：以人为本、全面、协调、可持续发展；还要记住两句话：——发展是硬道理，按规律办事也是硬道理。

首先，发展是硬道理。发展是永恒的主题，我们无论在什么时候都离不开这个主题。讲科学的发展观，只讲如何是科学的，而不讲如何去发展，那就是不科学的，至少是不科学的发展观或者称之为“伪科学”的发展观。大家都知道，世界是物质的，物质是运动的，运动就是变化，就是发展。大家还知道，物质是运动的，运动是充满矛盾的，矛盾是有主要方面和次要方面的，而且是对立统一的。看看我们国家，看看我们广东，为什么能够有今天这样一个地位，全凭发展说话。上个月的中旬至月底，张德江书记带领广东21个地级市市委书记和省直机关主要部门的主要领导，到广西和湖南考察，受到了热忱的接待。我们都普遍感觉到这不仅仅是对具体哪个人的关爱或者是热情的问题，主要是对这个地方的那种实践的认可，而且是对这个地方与他们经济合作带来良好的经济利益、社会效益感到满意、感到高兴，是打心底里热情接待我们的。这说明我们还是靠发展取得了这些认可和赞誉。从全国来讲，1978年的时候，GDP才3 624.1亿元，到了去年，已是11.7万亿元，每年增长9.4%，了不起！前天我陪钟阳胜常务副省长接见世界银行美国执行董事布鲁金斯时，钟副省长说，到目前为止，我还没有看到哪一个国家连续二十多年增长在两位数以上，但是我们广东做到了。所以说，发展是硬道理，你没有发展就没有发言权、没有发展就没有新的前途。

联系我们财政工作的实际，没有发展的财政是无所作为的财政。我刚刚参加工作的时候，广东财政要跨过“三八”线都很困难，“三八”线就是38亿收入，在那时已经是32亿多了，三年跨不过这个槛。当然那个时候没有这样的经济基础，也没有这样的一个产业结构，没有这么多的税源。今天，已经是3 280亿，其中有一半是给中央做贡献的，我们自己也有1 600多亿，1 600多亿与当年的30多亿相比变化实在是太大了。如果没有财政的发展能有今天的综合实力吗？当然没有经济的发展就没有财政的发展，但是经济发展了我们不理财、不善于聚财、不善于用财，那我们的事业也不会发展到今天的水平。讲发展单单看经济增长是不够的，发展=经济增长+社会进步+人的全面发展，这才是全面的发展。

如何才能落实好科学的发展观？归根到底还是要靠我们这些人，靠我们这支队伍。因此，我们全体财政干部，首先要有强烈的发展意识，坚持发展为第一要务，用发展的眼光、发展的思路、发展的办法去解决发展中的问题。怎样才能具有强烈的发展意识呢？一是要学习再学习；二是实践再实践。发展的反面是停滞，停滞的意识是片面的、是形而上学的、不符合辩证法的，也是不符合历史唯物主义的，这种结果必然是害己害人害事业，在我们省的一些地方是有深刻教训的。我们最近到广西的河池考察，河池是全国重点扶贫的一个地区，广东还对口扶持它，但是广东竟有七个市不如它，包括GDP、财政收入。说明什么问题了呢？我们不要用珠三角的发展把这一块落后都掩盖了，我们的发展有很大的薄弱环节。所以，只有牢固地树立起科学的发展观，经常具有强烈的发展意识，才能够能动地认识和运用好财政发展的客观规律，才能促进财政的大发展。

第二，按规律办事也是硬道理。这里面有经济价值。不单单是一个理论问题，它很现实，怎么发展，发展以后财政部门应该做什么事，不该做什么事，都要想清楚。过去我们一些地方乱扔钱，乱设政策，最后没有好结果，还要留下这个包袱那个包袱给财政来背，这叫做“冤”。“冤”在哪里呢？“冤”在我们没有科学发展观，片面地追求政绩、追求形象、追求轰动效应，这些都是违背科学发展观的。科学的发展观念是人类文明进步的成果，经过了许多有识之士逐步地提炼，现在已有六大发展观念。中国共产党人提出的科学发展观是更进步的发展观，其内涵更接近我们的实际情况，应该说也是一个文明进步的优秀成果。

树立科学的发展观，就是要尊重科学，尊重客观规律，落实科学的发展观，说到底就是要按照客观规律办事，不知道规律的就要找、要探索；不认识规律的要去认识它；没有掌握好规律的要去掌握好它。所以，在发展的过程中我们要做到按规律办事。要意识到我们要做的事情实在很多，但是每一件事情，它的规律都各有不同，作为为人民理财的财政部门的干部，特别是领导干部，要把事情办好，就必须要经常有这种按规律办事的意识，就是一事当前，首先考虑是否符合科学的发展观，是否符合公共财政的发展规律，符合的要办，不符合的就不办，该办的事就积极地去办、认真地去办，把它办好，不该办的就坚决不办。我们财政工作的全部内容归根到底就是要实现收支平衡、略有结余，只有积极地“做大蛋糕”，才能实现积极的收支平衡，每一年积极的收支平衡都将促进财政事业新的发展，也将促进全省经济社会的新进步，由此可见，重要问题就是我们会不会按规律办事。在政府工作中，能否按规律办事，财政部门的意见至关重要。为什么我们财政发言权这么有用呢？那是因为我们分析了问题，做了功课，我们对一些规律性的东西把握得更准一点，提的方案、提的工作意见比较到位，这是我们的优势，要保持和发扬下去，特别是综合规划部门接触面宽，见多识广，队伍强，在这方面我们要做一个按规律办事的带头人。

努力建设强大稳固的广东财政。前不久，张德江书记讲到“不谋全局者不足以谋一域，不谋未来者不足以谋现实”，当然，他是对领导干部讲的，指的是你连全局都不考虑，你这一方怎么好也好不到哪里去，将来的事你都不考虑，你现在一时一地干的有时往往也是蛮干的，就是干好了这件事，另一件事不一定干得好。今天，对我们的领导同志提出一个比较基本的要求：做财政综合规划工作的要谋全局，要谋未来，要有大的考虑，远的考虑，要胸怀大志，胸有大局，而且还要大胆，有大的魄力。这里提几点要求：

首先，要积极地为党委政府建言献策，增强我们的发言权地位。单单管好几个基金、管好几个账户是不够的，建言献策这是一个很重要的工作，我们现在该管的基本上都管起来了，再过一两年可能该管的都管起来了，那我们还做什么呢？那就要增强发言权地位，财政部门的地位和作用我们要重新认识，特别是财政综合规划部门的作用和地位要重新认识，并不是说我们原来认识不到位，而是该高看一眼的，我们还没有高看一眼。所以，我们不只是收钱和分钱这么简单，建议权是很大的权力。现在收钱有依法行政、依法理财了，分钱有部门预算了、有政策法规可依了，发言权的地位是弹性很大的，每个人每个地区作用是不一样的。我们审视事物的角度和立场决定了我们就要多提建议、多建言献策，因为我们最能代表政府的利益，最能够代表政府的意志。没有部门利益，我们观察问题的角度常常有新的角度，加上我们联系面广，可以作比较，可以用多种方法来观察事物、思考问题，所以我们的建言人家是重视的。我们要特别关注当地党委政府的发展思路和经济社会的发展规划、支持经济社会发展的政策，要早介入、早建议。

其次，要拓宽理财领域，做大财政收入“蛋糕”。我们初步估算了一下，去年我们综合规划工作努力带来的财政性资金的增加，大体是100亿，预算内的增长也就是100多亿。要做大财政蛋糕，我讲四点意见。

第一，扩大视野，认清财源所在，应收尽收。要看得到财源所在，不光盯着财政预算内那一块，还要盯着整个经济活动的范围。改革开放以来，广东经济增长是较快的，多种经济成分的成长也是好的，特别是民营经济成长快。我省的产业结构比较合理，有重工业、制造业和石化产业，石化产业的拉动效应是1:50，汽车制造业是1:6，广本和风神去年给广州市财政带来的好处是100亿，广本去年才12万辆，利税70个亿，今年他们要达到20万辆，利税超100个亿。我们经济的结构优化了，经济增长这么好，就推动了市场经济的发展，它创造的非税收入会多起来。广告牌原来有人要吗？没人要。现在一个广告牌一年可卖到90万甚至更多，为什么那么高还有人竞投呢？那是因为市场需要。河沙开采原来有人要吗？有，很少，没有经营效益，但今天要的人多了。汽车牌号也是这样，现在全省的汽车拥有量是240万辆，算一半是小车，那起码有120万辆，10%是12万辆，12万辆不要像东莞平均卖两万块钱一个靓号牌，一万块钱都不得了，那就是12个亿，而这两个都是要增长的，这10%是可以扩大的，还有拥有量是增长的，去年增长了29%，今年我估计也不低于20%。私人买车的热情比较高，消费力比较强，这就是财源所在，要看到才行。要观察各种经济活动，观察各种经济成分，观察财源在哪里，把它收了没有，不能眼睁睁地看着财源流失。

第二，加强非税收入管理。非税收入有很大的潜力。最近，省政府发了文件，把什么是"非税收入"给定性了，它覆盖的范围有多大，就不用去科研也不用去调查了，就按照这个范围去抓。省里不打算单独设立一个机构，还是由综合规划处来管，如果一些市政府觉得有必要单独设立一个部门去管那我们也不反对。但我想，如果直接由综合规划部门来管力量不够的话要加强，掌握在财政部门控制底下可能要好一点。省政府颁发了40号文后，我们各地可结合实际情况制定实施细则，制定征管办法，突出应抓的重点，不一定要把文件里面覆盖的一下子全部铺开。先抓住一两个重点，先要抓大的。要防止两种现象：一种是不敢管不想管。实际上不敢管跟不想管是一个样，就是怕引起矛盾，见到矛盾绕开走。现在有了省政府这个文件，大家应该理直气壮去抓，我相信清醒的市长、县长绝对是支持你们干的。另一种现象是任意扩大非税收入范围，虚增财政收入，有的市整个财政收入占GDP的比重才3点多，里面的税收收入占30%多，非税收入占了60%多，这叫哪门财政？全部是第一产业也不止3点多。这明显是造出来的，把学杂费当财政收入，把别的一些名堂的经营性收费收入当财政收入，这个钱你花不到，白落个虚胖，最后报到预决算里面任务是完成了，赤字一大块，这是很笨的做法。今年还有的地方可能有些人自以为聪明，县级经济今年有政策，要实行激励机制，收入多了，与转移支付挂钩，就拼命做大收入，可我告诉你今年虚胖了，明年就辛苦了，就爬不动了，短收了还得扣回来。你想假做大我们还不认，我们要检查和分析。我劝某些人不要胡来，一定要真实，不该进来的就不要进来，不要借加强非税收入管理就把原来不是这个范畴的纳进来，而且还转入预算，那就是犯错误了。

第三，巩固"收支两条线"管理成果。"收支两条线"我们花了十几年的功夫好不容易达到今天这个管理水平，来之不易，没有各部门的支持我们是做不到的，要巩固成果还要依靠纪委和监察部门的支持。同时，不要轻视这项工作，要坚持不懈抓到底。

第四，加强宏观调控的服务工作。讲细一点就是加强宏观经济的分析监测工作，为省政府宏观调控、宏观管理服务。作为综合规划部门的同志，这方面要多长一点才干，要能够在宏观经济运行和宏观财政运行方面保持眼睛是亮的，心水是清的，判断是坚决有力的，要能够为领导提供及时的决策依据。这一点原来没有特别强调，我把它放在"建立稳固强大的广东财政"这样的一个命题里面来讲，那是因为寄予很高的希望，我也相信大家能够在这方面有所创新、有所突破。

（原载《广东财政理论与实务》2004年第六期）

整顿统一着装　树立执法部门良好形象

广东省财政厅副厅长　蓝佛安

一、为什么要开展整顿统一着装工作

二十年来，全国已经进行了四次整顿统一着装工作，分别为1986年2月、1988年9月、1991年5月和2003年12月部署的整顿工作。按照1986年《国务院第100次常务会议纪要》和《国务院办公厅关于整顿统一着装的通知》规定，第一，批准统一着装的权限集中在国务院，地方各级人民政府和中央各部门均无权批准；第二，原则上不再批准增加新的统一着装部门，如果工作需要，可以统一制作胸章、臂章等比较明显的标志，携带证明身份的工作证件。统一着装国务院早有明确规定，又经过了前三次的清理整顿，但仍有一些地区和部门违反国务院的规定，擅自批准统一着装。究其原因：一是一些部门强调执法工作需要。认为在社会主义市场经济体制中，尤其是在社会转型期间，人们的法律意识和法律观念还比较薄弱，行政执法者直接与企业或个人打交道，执法活动不可避免地要触及被执法者的个人或团体的利益，执法环境比较复杂，由此产生矛盾，甚至发生冲突并有生命危险。这些部门认为，执法人员统一着装，戴上大盖帽就可以避免或减少这种情况的发生，即试图通过统一着装解决法制弱化的问题。二是部门间相互攀比。随着国家法律制度的不断健全和完善，国家赋予了一些部门一定的行政执法权利，具有独立行政执法的资格，认为同样是国家行政执法部门，有的部门能着装，有的部门不能着装。为此，一些未经国务院批准的着装部门，攀比已经国务院批准的着装部门，通过采取下发文件、讲话等形式明示或暗示，要求部门统一着装。三是受特权思想的影响。一些部门把统一着装当作行政执法的必要条件和手段。这是把“大盖帽”作为国家权力的象征，把权力与法制混为一谈。从某种角度讲，统一着装意味着一种“权力”，并有可能成为“特权”的象征。

乱着装行为给国家和社会带来了不良的影响。一是影响了国务院的权威，政令不通，有令不行、有禁不止，搞上有政策、下有对策。二是损害了政府和行政执法部门的良好形象。三是增加了各级政府财政开支。四是目前存在“大盖帽”满天飞现象，与国家建立社会主义市场经济体制和法治国家的要求不相称。开展整顿统一着装工作，是社会发展和新形势的必然要求，符合广大人民群众的共同心愿。

二、广东省前一阶段开展整顿统一着装工作情况

（一）省整顿统一着装办公室的工作情况

为贯彻落实《国务院办公厅关于整顿统一着装的通知》和《财政部 监察部 国务院纠风办关于做好整顿统一着装工作的实施意见》，2004年3月26日，省财政厅、省监察厅、省政府纠风办联合下发了《关于做好整顿统一着装工作实施意见的通知》，提出了贯彻实施意见，明确广东整顿统一着装工作由省财政厅负责，省监察厅、省政府纠风办参与组织协调和监督检查，并在财政厅设立临时办公室。同时明确，全省整顿统一着装工作的整顿方式由各级人民政府和各级部门采取自上而下、条块结合，自查自纠为主与重点检查抽查相结合的方式，对本地区、本部门（系统）的统一着装问题进行整顿。从2004年4月份开始，至9月30日结束，共分准备发动、自查自纠、总结报告、抽查检查四个阶段进行。主要做了以下几项工作：

1. 收集情况，积极反映问题。《关于做好整顿统一着装工作实施意见的通知》下发后，全省各地、省直有关部门，反映存在的困难和问题，如：第一类：没有列入财行的着装范围，却根据国家有关主管部委的要求着装的单位（包括扩大范围），具体有知识产权、物价执法、环保执法、司法公证、农业税征收、水政执法、劳动监察、交通执法、质量技术监督、林业执法、盐业执法、屠宰管理等12个部门或类别的行政人员的着装问题，怎样处理；第二类：省政府根据广东省的实际情况，成立了综合执法机构，经省批准统一了着装，且着装的时间比较长，在群众的心目中已形成了执法标记的部门，如城市综合管理执法队伍着装问题，如何处理；第三类：部分特殊行业或工作岗位需要有统一的着装，但很难判定是否与人民警察制式服装及标志相仿的服装，如：保卫人员、经警、保安人员的着装问题。省整顿统一着装办公室为了及时准确地掌握各地整顿着装过程发现一些实际问题，下发了《关于报告整顿统一着装工作有关情况的通知》，要求各地、省直有

关部门及时反映实际情况。随时将反映的整顿情况、存在的问题和意见建议进行了汇总，并在2004年6月18日全国统一着装工作座谈会上作了汇报，请求中央下发文件予以明确，得到了与会领导的重视。中央纪委纠风室主任、国务院纠风办副主任胡玉敏同志在会上表示将由财政部、监察部、国务院纠风办专题向国务院汇报，明确后下发各地执行。

2. 深入调查研究，向政府提出意见建议。7月9日，由省纪委常委、省纠风办主任巫颂平同志带队到广州市天河区城市综合管理执法大队进行调研，了解情况，听取他们对开展整顿统一着装的有关意见、建议后，由省政府法制办、省编办、省财政厅、省监察厅以粤府法〔2004〕24号文向省政府报送了专题请示。

（二）各地整顿统一着装工作情况

一是各级政府高度重视。按照中央和省的文件要求，各级人民政府高度重视，大多数市都成立了整顿统一着装办公室，下发了整顿统一着装的实施方案。行动比较迅速的地区有：梅州市、惠州市、佛山市、江门市、东莞市、茂名市，特别是梅州市，在接到省政府办公厅转发2003年《财政部 监察部 国务院纠风办关于做好整顿统一着装工作的实施意见》后，马上行动，自行布置本地区的整顿统一着装工作。

二是加强了宣传力度。全省各地通过报刊、电视、电台等多种形式宣传整顿统一着装的有关规定和政策，特别是广州市，在我省影响力比较大的《南方都市报》、《新快报》等报刊作了公开报道。韶关日报、韶关电台等新闻单位对韶关市直单位统一着装工作会议进行了报道，并公布了举报及联系电话。全省各地通过以上形式，扩大了影响，同时加强群众对这次整顿统一着装工作的监督力度，起到了积极作用，加快了全省开展整顿工作的进程。

三是做了大量前期准备、调查摸底、自查自纠等工作，掌握了第一手资料和数据，为下一步总结汇总和抽查检查工作打下了坚实的基础。进度比较快的广州市、阳江市、汕尾市，其中，广州市通过开座谈会的形式，听取市府直属有关单位和各区、县级市清理整顿情况和意见，至2003年6月中旬摸清全市统一着装情况；阳江市、汕尾市及所属各县区也在此期间完成调查摸底和自查自纠，对有违规的单位已经停止着装并将制服和标志收缴，登记造册。

（三）省直有关部门开展整顿统一着装情况

粤财行2004年《关于做好整顿统一着装工作实施意见的通知》下发后，有着装的省直各部门的领导高度重视，成立了专门机构，加强领导，认真研究部署整顿工作。如：省工商局为确保整顿着装工作按时按质完成，成立了“省工商局整顿统一着装工作督查领导小组”，由纪检组长李侨同志任领导小组组长，并抽调相关职能部门的同志任副组长和成员，同时要求各地级市工商局也相应成立着装整顿检查小组，形成一级抓一级、层层抓落实的工作机制，取得了明显成效，收到了阶段性整顿效果；省公安厅成立了警服“三乱专项整顿工作小组”，厅办公室、警务督察处、治安管理处、宣传处、装备财务处为成员单位，下设办公室，并由厅党委副书记、副厅长郑少东同志任工作小组组长，其他部门的负责同志任副组长，明确了整顿的范围、重点及实施步骤。同时会同财政、监察、纠风办等部门立即转发了公安部、财政部、监察部、国务院纠风办《关于印发〈仿制人民警察制式服装及其标志的判定规则〉的通知》；省质量技术监督局等部门也相应成立了整顿统一着装办公室，布置本系统的整顿着装工作；省物价局根据清理整顿要求，发文废止了《省物价局转发国家计委办公厅关于统一价格行政执法标志的通知》、《省物价局关于印发〈广东省价格行政执法着装管理办法（暂行)〉的通知》两个相关文件，防止市县价格主管部门超越文件规定制发制式服装；省食品药品监督局收到粤府办〔2004〕18号文后，立即发文通知各市、县药品监督管理局（分局）一律暂停使用统一制作的执法制服并停止制作制服。

（四）存在的主要问题

1. 各地区、各部门之间发展不平衡。有些地区和部门领导不重视，工作不主动，机构不落实，行动迟缓。有极个别地区和个别单位至2004年8月还没有部署本地区和本部门的整顿工作方案或情况。

2. 相当一些地区和部门持观望和等待态度。认为着不着装要看上级主管部门意见，如中央部门不表态，下属部门难以脱装。

3. 一些地方存在畏难情绪。认为整顿统一着装，涉及面宽、政策性强，由财政部门牵头，工作难度较大。从某种角度讲，财政部门只能从经费上进行控制，而没有其他手段，在实际工作中存在畏难情绪。

4. 有些地区和部门存在违规现象。一些地区和单位在国务院通知下发后，继续发放、购买新服装；个别未经国务院批准的着装部门继续着装。这些现象，虽然发生在个别地区和个别部门，必须引起我们高度重视，认真加以对待。

三、对下阶段整顿统一着装工作的几点要求

（一）提高认识，统一思想

整顿统一着装是国务院作出的重要决定，对于纠正损害群众利益的不正之风，规范行政执法行为，维护制式着

装的严肃性和权威性，树立执法部门的良好形象，节减各级财政开支，都具有重要的意义。各级财政部门要站在讲政治、顾大局的高度来充分认识开展整顿统一着装工作的重要性，进一步提高认识，统一思想，切实做好整顿统一着装工作。在整顿工作中，要做到三个结合。一是整顿统一着装要与实践"三个代表"重要思想结合起来。整顿工作要自始至终以"三个代表"重要思想为指导，贯彻执行党的十六大和十六届三中全会精神，牢记"立党为公、执政为民"和"权为民所用、情为民所系、利为民所谋"本质。二是整顿统一着装要与树立政府机关形象结合起来。社会上出现的乱着装现象，不仅损害了人民群众利益，增加了各级人民政府财政负担，而且严重损害了国家权威和政府机关在人民群众中的形象。三是整顿统一着装要与依法行政、提高政府机关服务意识结合起来。政府机关工作人员是人民的公仆，是为人民服务的，其所行使的职能不是某种"特权"和"权力"。要按照建立法治国家的要求，进一步提高政府机关的服务意识，服务于社会，服务于人民。

（二）明确责任，增强信心

开展整顿统一着装工作，是国务院会议作出的重大决定，充分表明了国务院彻底治理社会上乱着装现象的决心，也是民心所向，众望所归。按照国务院的要求，整顿工作由财政部、监察部和国务院纠风办负责，任务十分明确。在这次整顿工作中，财政部门负有重要的责任，各级财政部门要予以高度重视，增强信心，必须坚决贯彻执行。各级财政部门要在政府的领导下，按照中央和省里的要求，组织落实本地区制定的整顿方案，发挥职能作用，确实负起责任，克服各种阻力和困难，不留死角，保证整顿任务的如期完成。

（三）把握界限，抓好落实

自1986年后国务院没有批准新的着装部门。《国务院办公厅关于整顿统一着装的通知》和财政部、监察部、国务院纠风办《关于做好整顿统一着装工作实施意见》中已有明确规定，凡属于国家机关工作人员因履行职责和行政执法需要，统一穿着制式服装，而又未经国务院批准的部门都属于这次重点整顿范围。在整顿过程中，不讲理由，不讲条件，严格按文件要求，认真抓好落实，要强调指出的是，这次开展整顿统一着装工作是国务院常务会议的决定，任何地区、任何部门都不得改变国务院常务会议的决定。凡属于整顿范围的部门和地区，不得以任何理由擅自放宽整顿范围，不得默许式暗示下级部门继续着装。

（四）各司其责，通力合作

整顿统一着装工作涉及面广、政策性强、工作难度大。各级财政部门要认真履行职责，主动深入基层和部门，加强调查研究，及时了解和掌握在整顿工作中出现的新情况、新问题。要主动配合监察、纠风部门做好工作，及时汇报和反映在整顿工作中遇到的困难和阻力，共同研究，争取得到他们的支持和配合。要积极做好脱装部门的工作，加大对整顿统一着装工作的意义、目的的宣传力度，做好政策解释工作，争取部门的理解。整顿统一着装，涉及有关部门部分干部职工的切身利益。有关部门的负责同志也要认真做好脱装干部职工的思想政治工作，要认真对待，讲清情况，说明道理，加强教育，耐心细致地做好干部职工的思想政治工作。

（五）加强监督检查，争取早见成效

按照粤财行《关于做好整顿统一着装工作实施意见的通知》，至2004年8月整顿工作已进入总结报告阶段，并即将进入抽查检查阶段。各地区、各着装部门要按照整顿方案的时间进度，在8月底前向财政厅、监察厅和省府纠风办报送自查自纠的总结情况。除报送详细的文字材料外，还要如实填报《整顿统一着装情况统计表》并附软盘。在抽查检查阶段，各地整顿统一着装办事机构要加强对整顿工作的检查督促和指导。被仿制（或雷同）服装及标志的部门（单位）应主动向同级整顿统一着装办事机构提供仿制着装情况。要加强对整顿统一着装工作的宣传报道，向社会公布监督举报电话，接受社会监督。对社会反映强烈、群众举报问题多、顶风违纪的地区和部门进行重点检查。下来8月、9月两个月期间，我们将和监察厅、省府纠风办会同有关部门进行专项督查，对顶风违纪的行为予以严肃处理，并通过新闻媒体公开曝光。

（本文摘自作者2004年8月6日在全省整顿统一着装工作汇报会上的讲话）

积极推进我省财政国库集中收付制度改革

广东省财政厅副厅长　蓝佛安

建立以国库单一账户体系为基础、资金缴拨以国库集中收付为主要形式的现代财政国库管理制度，是为适应社会主义市场经济体制下公共财政的发展要求，是财政预算管理制度上的一次根本性的制度创新。只有创新财政国库集中收付制度，才能保持我国公共财政改革发展的后续动力和生机，才能把党中央、国务院关于“发展要有新思路，改革要有新突破，开放要有新局面，各项工作要有新举措”的要求具体落实到财政工作中。与传统体制下财政管理制度相比较，财政国库集中收付制度不但要求从根本上解决现行落后的财政资金运作方式，而且对财政、预算单位等社会各方面加强制度化、规范化和科学性管理提出了更高的要求，是公共财政发展历程中的一次深层次的、质的飞跃，是对现行管理制度的改革创新和思想观念的创新，代表着先进生产力的发展要求和先进文化的前进方向，代表了广大群众的根本利益。

我国财政国库集中收付制度改革已经历三年的实践，时至今日，从中央到地方基本上形成了一套较为完善的改革实践理论和操作办法，可以说改革已经取得了阶段性的成效。目前，全国上下都在轰轰烈烈地推行这项自上而下的战略性改革，我省的改革工作也开展得有声有色：全省21个地级市都设立了财政国库管理和支付执行专门机构，部分县区一级也成立了相应的机构，有16个地市已经实施了改革试点工作，其他5个市也准备在2004年底前开展改革试点。随着公共财政框架的逐步建立和政府职能的转变，各项公共财政支出改革措施，有赖于国库集中支付才能付诸实施，这已成为社会上耳熟能详的共识。此外，随着省级第一、二批改革试点工作的顺利实施，省级部门对财政支出改革的关切度和认知度不断提高，改革意识不断强化，对各地的改革也深受鼓舞、增强信心，目前多数地区对推进改革试点的准备工作已基本就绪。我们认为，财政国库集中收付制度改革在地级以上市进一步推进，乃至在全省范围内推进的基础条件已具备，时机已经成熟。

我们在推进改革试点过程中，要在认真贯彻落实好党中央、国务院改革总体设计方案的基础上，实事求是地制定适合本地区实际的改革实施方案，并着重把握好以下五个问题。

实事求是，正视困难。财政国库集中收付制度改革，涉及社会方方面面，对硬件和人员素质要求较高，改革的难度必然会很大，在改革过程中还可能遇到各种各样现在还难以预料到的问题。我们在制定落实改革方案时，不能搞一刀切，而应结合不同地区、不同部门的实际，实事求是地推进。

一方面，改革财政国库管理制度，就是参照国际惯例，建立一种对财政资金实行集中收缴和集中支付的管理制度，其核心就是通过国库单一账户体系转变对财政资金的运行方式，确保财政资金安全和高效。虽然我省各地区经济发展极不平衡，地区间贫富差异悬殊，从表面上看是各地推进改革的制约因素。但是，从财政国库集中收付制度改革的内涵来讲，改革的核心环节是财政资金的缴拨方式，即改变传统体制下大量收入通过设立过渡账户收缴，支出通过“以拨列支”方式拨付。由此可见，地区经济发展状况、财政收支规模对改革的影响程度是有限的，并非主导因素，关键在于思想认识、全局意识和理财观念到不到位的问题。

另一方面，作为公共财政改革的核心和关键，财政国库集中收付制度改革是不可逆转的，一味地强调财力因素而延迟改革或者不进行改革，只能是在贻误改革的时机。对于富裕地区，因其市场经济意识形态相对较浓，而且有财力保障，当然在基础设施建设和加强管理方面更加有优势，更加应该改革先行，为其他地区改革积累经验、做出贡献。对于贫困地区，因其受经济发展和财力局限，财政收支规模小，普遍是“吃饭型”的财政，要想从有限的资金中挤出一点来发展事业，只能靠深化公共支出改革来实现，并最终通过实行财政国库集中收付制度改革强化预算约束、提高资金使用效益，因此，也更加应该推行财政国库集中收付制度改革。同时，上级财政应在资金和技术上对贫困地区给予适当的支持。

积极试点，稳妥推进。目前，我省距离国务院要求“十五”期末全面推行财政国库集中收付制度改革的目标仅剩一年多的时间，形势比较严峻，能否顺利实现改革的预期目标，必须靠各地、各部门的共同努力，改革财政国库管理制度最终要靠各地自己的力量来推进。因此，各地要善于抓住改革的机遇，加快改革步伐，积极推进本地区的改革创新。首先，要确保改革按照规范化的改革方案进行试点，在制度建设方面把握好正确的、规范的改革方向。其次，要进一步明确改革实施步骤和任务。省级一级预算单位除个别性质特殊的单位外，目前基本上都纳入了改革试点范围，2005年包括基层预算单位在内的所有预算单位都要实行国库集中支付制度改革。各地的改革试点工作也要有所突破，地级以上市2004年要全部推行改革试点；县区级也要积极创造条件尽快推出试点，特别是财政收支规模较大的县区要争取尽早实施改革试点。第三，各地实施改革试点要尽量统一使用财政部或省财政厅配发的系统软件。第四，上级财政要加强对下级财政推进改革试点工作情况的督查，参照中央做法，建立督查制度，对改革措施比较得力，进展比较快，取得较好成效的地区，要给予适当的表彰和奖励；对改革相应滞后，措施不得力的地区，要加大督促力度。省级财政将加大对各地改革的指导和推进力度，并要加强督查，各市财政部门也要相应做好对县区的改革指导工作和督查。

明确范围，妥善协调。我们在落实财政国库集中收付制度改革实施方案时，应遵循既要加快改革步伐，又要按规范要求稳步推进改革，并适当采取灵活变通措施，妥善协调、处理好各方面的利益关系，确保改革顺畅运行。在确定改革实施范围时，具体可参照下述情况执行：

——实施国库集中收付制度改革的单位范围。对行政、政法机关、党派团体以及其他没有业务收入和经营收入、完全由财政拨款的事业单位，其资金支出全部实行集中支付；对实行财政核补的事业单位，只对其财政预算内、外资金实行集中支付，其余部分支出则仍暂由单位自行管理和支付；对自收自支事业单位，不列入集中支付范围。

——确定资金支付方式。在改革试点初期，为方便用款单位的及时用款和操作，对试点部门在职人员工资性支出和离退休人员经费、政府采购支出、基本建设项目支出以及财政专项支出实行财政直接支付，对试点部门的其他支出则采取财政授权支付。

——对实行财政授权支付支出，试点部门可以直接与代理银行发生支付关系，不需要逐笔向财政部门申请，以提高支付效率。财政部门可以视具体情况制定授权支付限额，以进一步规范授权支付资金的管理。超过限额的，以转账形式直接拨付给商品和劳务提供者；在限额以内的，可以通过报账支付现金，也可在核定的备用金支付。

——不便实行国库集中支付的支出，如对国家安全等有特殊管理要求的一些支出、各级政府之间的转移支付支出、资金调度等，可以继续按原渠道或其他适宜方式拨付。

加强监管，防范风险。实行改革后，财政资金支付全过程集中在财政部门，如何确保资金安全、快捷支付至关重要。因此，推行财政国库集中收付制度改革必须制度先行，通过建立健全各项控制制度来规范管理，依法行政、依法理财。同时，要建立以现代信息网络技术为支撑、以国库集中支付系统和动态监测系统为手段、以内控管理和外部监管制度为基础、综合运用多种监管手段、强化财政事前事中监管的现代财政资金监督管理模式。

树立服务意识，创新服务形式。党的十六大报告指出，坚持全心全意为人民服务的宗旨，把实现人民群众利益作为一切工作的出发点和归宿点。作为财政国库管理制度改革的具体执行者，我们要牢固树立全局观念和服务意识，要把自己摆在一个服务者的角色，而不是为了强化财政部门的权力。改革的成败和效果，依赖于我们的服务意识和服务水平。因此，我们在制定和贯彻落实改革实施方案中，务必积极主动地加强与各有关方面的沟通和联系，及时发现和解决工作中的问题，为各预算单位和有关部门提供良好的服务。

改革需要采取配套措施、整体推进

建立财政国库集中收付制度是一项十分复杂的系统工程，涉及面广，任务艰巨。不仅需要改变传统观念和传统管理方式，要求各部门统一认识，相互密切配合，积极支持和参与改革；而且需要落实好各项配套改革措施、整体推进，避免国库集中收付制度改革孤军奋进。

从国库集中收付制度改革的内在要求看，必须扎实细致地做好制度性和操作性的基础工作。其中建立国库支付执行机构、建立财政管理信息系统和健全监督制约机制，是国库集中收付制度改革的前提条件。首先，实行国库集中收付制度后，财政拨款由原来只对一级预算单位逐步改变为面向各级预算单位，拨款单位范围成倍增加，特别是这些单位的绝大部分财政性支出业务将采取国库单一账户直接支付的方式，相应地原由各预算单位办理的拨款业务将集中于财政预算总会计，财政预算总会计工作量将成倍数增加。同时，与之相适应的监督管理和会计核算工作也将同步增长。依靠现有的总预算会计人员显然难以完成，为了便于管理、借鉴国外的经验，必须建立专门的机构办理具体的支付工作，而且这些机构因履行的是政府行政职能，其人员机构管理都应严格按照行政机构公务员进行管理。其次，建立国库集中收付制度的目的，是提高财政收支透明度，加强财政管理监督，提高资金使用效率。改革后，由于财政收付的范围大，支付项目明细化后，支付信息量非常多，对财政集中支付过程的管理和监督提出了更高的要求。因此，为保证这项制度的有效运行，需要建立管理先进、操作可靠的财政管理信息系统，为国库集中收付制度改革的安全、高效运行提供基础条件和技术支撑。第三，为确保财政资金支付程序安全运作，需要建立和完善内部监督制约机制。一是财政部门对预算单位和用款单位的监督。按照新的支付方式，财政部门的支付管理对象，将不仅仅是过去相对集中的预算单位，也要包括众多分散的用款单位，必须加强对这些单位支付行为的监督。二是财政内部的监督制约。由于财政直接支付方式是将资金直接支付到商品和劳务供应者或用款单位，资金一旦因工作失误流出国库就很难收回。因此，必须强化财政内部监督制约机制，国库支付机构内部还要设立专门的稽核部门，使内部监督检查制度化、经常化。

（原载《广东财政理论与实务》2004 年第十期）

深化财政改革 做好党风廉政建设和反腐败工作

广东省财政厅纪检组长 赵 军

2003年是认真贯彻落实党的十六大精神，全面建设小康社会，率先基本实现社会主义现代化的重要一年，扎实有效地做好党风廉政建设和反腐败工作，为各项改革的顺利推进提供强有力的纪律保证，具有非常重要的意义。我们要以邓小平理论和“三个代表”重要思想为指导，认真贯彻落实中纪委、省纪委二次全会和财政部威海会议的精神，继续深化财政各项改革，加大从源头上预防和解决腐败问题的力度，强化责任，狠抓落实，巩固成果，确保我省财政工作各项任务的顺利完成。按照中央和省的部署及要求，重点抓好以下工作：

（一）充分认识加强党风廉政建设的极端重要性，以干净干事为目标，继续严格执行领导干部廉洁自律的各项规定

十六大强调：坚决反对和防止腐败是全党一项重大的政治任务。不坚决惩治腐败，党同人民群众的血肉联系就会受到损害，党的执政地位就有丧失的危险，党就有可能走向自我毁灭。坚决反对和防止腐败，是全党的一项重大政治任务，是关系到改革、发展、稳定的大局问题。从财政部门的职能来看，财政部门具有分配权、审批权、拨款权、监督权等权力，财政部门的干部或多或少可对这些事项施加影响，这就决定了财政干部处于腐蚀与反腐蚀斗争的前沿阵地，忽视党风廉政建设工作，腐败就会乘虚而入，就会毁掉干部，就会影响党和政府形象。从我省财政系统发案的情况来看，据统计，从1993年到2002年，全省财政系统共有38名干部受到刑事处分，其中厅级1人，处级6人，科级10人，一般干部21人，这些触目惊心的数字和案件进一步说明了加强财政部门党风廉政建设的重要性和紧迫性。从完成财政改革的任务来看，抓好党风廉政建设工作也是做好财政工作、完成财政改革任务的迫切需要，对外可以维护政府形象，对内可以纯洁队伍，提高素质，减少问题，提高效率，整体上为财政工作创造宽松的环境。全省财政系统的各级领导干部要带头认真学习和深刻领会胡锦涛同志的重要讲话及中央和省各次会议的精神，切实提高对反腐败斗争长期性、艰巨性、复杂性的认识，增强抓好党风廉政建设的责任感和紧迫感，从自身做起，认真履行职责，扎扎实实抓好责任范围内的反腐倡廉工作。

全面落实领导干部廉洁自律各项规定，是抓好党风廉政建设的重要保证。根据中纪委、省纪委的部署，结合财政工作实际，重点抓好三项规定的落实：(1)领导干部不准利用职权干预和插手建设工程招标投标、经营性土地使用权出让、房地产开发与经营等市场活动，为个人和亲友谋取私利。对违反规定的，无论有无以权谋私，都要严肃处理。(2)严格执行不准领导干部收受与其行使职权有关系的单位、个人的现金、有价证券和支付凭证的规定（统称“红包”）。要把禁收“红包”的规定作为领导干部廉洁自律的重要内容，狠抓落实。(3)继续落实领导干部配偶、子女从业的有关规定。通过采取个人申报、在一定范围内公示、加强组织核查等措施，推动这项工作的落实，尤其要加强对党政主要领导干部执行规定情况的监督检查。领导干部要加强对自己的配偶、子女以及身边工作人员的教育和管理，不准默许或授意他们打着领导干部的旗号以权谋私。对放任、纵容他们违法违纪的，要追究领导干部的责任。

坚决反对和制止各种奢侈浪费行为。大力精简会议和严格控制出国（境）团组，压缩会议费、招待费、出国考察费等。禁止以开会、考察、培训等名义变相公费旅游。禁止超编制超标准配备使用小汽车和在住房问题上以权谋私。禁止以各种名义用公款互相宴请、大吃大喝和安排私人旅游、高消费娱乐。继续从严控制党政机关兴建办公楼和培训中心。要加强审计和监督检查，对违反规定的要追究直接责任人和主要领导的责任。

（二）深化财政制度改革，继续扎实地抓好由财政部门负责的各项源头治腐工作

党中央、国务院、中央纪委将推进财政制度改革列为从源头上预防和解决腐败问题的三项制度改革之一，这充分说明了财政改革在整个改革中的重要性。深化财政改革是社会主义市场经济发展的必然要求，是促进经济发展和社会稳定的重要措施，也是推动党风廉政建设的重要力量。今年我们要继续按照中央和省委、省政府的部署，进一步解放思想，与时俱进，开拓创新，深化改革，认真抓好省委、省纪委交给我厅牵头的各项反腐败治本工作任务的落实。

1. 继续深化“收支两条线”管理工作，以全面推行委托银行代收工作为重点，从源头上规范行政事业性收费和罚没收入收缴行为，逐步把行政事业单位具有政府垄断性质的收入和物业经营收入纳入“收支两条线”管理。认真清理党政机关和事业单位银行账户和利用单位物业、资

产进行经营获利等问题，将应缴财政的资金缴入国库或财政专户。认真清理和规范政策外补贴，严禁设立“小金库”。加强交通规费管理。加强“收支两条线”管理的监督检查，严肃财经纪律。

2. 继续深化部门预算改革，按照公共财政要求，积极推进和深化部门预算改革，增加透明度，规范预算分配。省级在全面推行部门预算的基础上，进一步完善编制方法，规范编制内容。通过早编、细编预算，规范文本格式，规范预算外收支管理，合理划分并细化支出分类和标准，实现部门预算的规范、透明。市（地）级政法、行政执法部门要全面实行部门预算，有条件的市县要扩大试点范围，全省争取市本级在2004年、县（市）区在2005年全面推开部门预算改革。

3. 推进财政管理体制改革，认真落实县以上财政管理实行财政集中支付的改革任务，不断总结经验，扩大改革试点，达到稳步推进、全面实现的目标。一是及时解决第一批改革试点工作中反映出来的问题，不断完善相关制度办法，指导全省改革工作；二是在10个省级试点单位实行支付管理制度改革试点的基础上，进一步扩大改革试点单位和试点资金范围；三是推动市、县级财政国库管理制度改革，有条件的市、县都要积极进行改革试点。

4. 贯彻执行《政府采购法》，政府采购执行与管理监督机构分别设立，进一步扩大政府采购的范围和规模；建立健全各项规章制度，加强对政府采购人员和所聘专家的监督管理，提高信息化水平。

另外，还要加强对行业协会、学会和社会中介机构的管理，加强会计监督，严厉惩处做假账行为；继续进一步减轻农民负担，全面实行涉农税费“公示制”，扩大农村税费制度改革范围；等等。

（三）加强学习，转变作风，全面提高财政干部综合素质

抓好党风廉政建设，改进机关工作作风，关键是加强干部队伍的建设。财政干部的思想政治素质和业务素质如何，直接关系到财政工作的质量和财政政策的落实，也关系到党和国家其他政策的落实。因此，各级财政部门要把加强对干部的培养、教育、管理和监督工作，作为常抓不懈、常抓常新的工作来研究和落实。

一是认真落实“三个代表”要求，始终坚持“两个务必”，就是毛泽东同志提出的“务必使同志们继续地保持谦虚、谨慎、不骄、不躁的作风，务必使同志们继续地保持艰苦奋斗的作风”。胡锦涛同志重温毛泽东同志在党的七届二中全会上的重要讲话，再次郑重地把坚持“两个务必”的问题提到全党面前，是在新形势下对全党特别是各级领导干部作风建设提出的新要求。财政部门是政府理财的重要职能部门，落实“三个代表”要求，坚持“两个务必”，就是要一切工作都着眼于群众利益，以最广大人民群众的根本利益作为我们工作的出发点和归宿，从政策的制定，到改革方案的实施，都要把人民群众利益放在首位。其次，要弘扬艰苦奋斗精神，坚决反对奢侈浪费，做到少花钱多办事，多花钱办大事。在全国财政系统纪检监察工作会议上，金莲淑副部长还特别强调了坚决反对奢侈浪费，狠刹用公款大吃大喝的问题。她指出：在3月21日召开的国务院第一次全体会议上，温家宝总理对领导干部廉洁自律提出了五条要求，其中第四条是：“国务院组成人员到基层考察、调研，要简化接待，轻车简从；国务院各部门之间和国务院系统工作人员不准用公款相互送礼和宴请，也不准接受地方的送礼和宴请。”总理不但提出要求，还以身作则，作出表率。他在准备出发到新疆考察灾情前给国务院办公厅秘书长写了封信，作出四条规定：

①要轻车从简，压缩随行人员和陪同人员，各部门陪同考察人员只去副职，不去正职。

②吃、住要从简，均吃份饭，两菜一汤，按规定标准执行。

③要不怕吃苦，所到地方全天（包括晚上）均安排工作，如遇到余震和危情，首先要把群众的安危放在第一位。

④各部门要发扬团结协作精神，尽可能地为灾区解决实际困难和问题。

财政部门是管钱的部门，要认真贯彻落实新一届政府提出的有关规定，大力弘扬艰苦奋斗的精神，反对奢侈浪费。财政部党组最近已制订并印发了《财政部党组关于制止奢侈浪费行为，严禁公款吃喝玩乐的规定》，省财政厅将加具贯彻意见把该规定转发下去。在此，我代表省财政厅党组表态，对中央的规定，省财政厅要率先做到，作出表率。各地财政部门也要按照党中央、国务院、中纪委和当地党委、政府的部署和要求，认真抓好此项工作。中纪委将在今年七、八月份在全国范围内进行一次大检查。

二是认真落实中纪委、省纪委二次全会精神，认真抓好理想信念和廉洁从政教育。要继续深入开展“三个代表”重要思想的学习活动，深入开展党性、党风、党纪教育，开展党纪条规和法律法规教育，把教育贯穿于对领导干部的培养、选拔、管理、奖惩等各个环节。通过加强教育，促使财政干部增强道德约束力，做到自重、自省、自警、自励，树立正确的权力观，正确认识权力的性质，增强权力就是责任、权力就是服务、权力就是造福人民的观念。正确处理好责任与权力的关系，牢记手中的权力是与为人民服务、为国家作贡献的责任联系在一起的；正确处理好权力与利益的关系，严格自律，加强思想道德修养，自觉抵御拜金主义、享乐主义的侵蚀，做到一身正气、一尘不染；正确处理好权力和亲情的关系，过好配偶子女关和亲朋好友关。

三是以“机关作风建设年”活动为契机，切实增强服务意识，转变工作作风。各级财政部门要把转变政府职能、改进作风、加强服务作为一件大事来抓，要简化和规范工作程序，提高办事的效率。在财政改革和管理中，更要牢固树立服务观念，改革和管理都是为了更好的服务，寓改革和管理于服务之中，这不仅不会影响财政改革和管理，而且还可以赢得部门和单位更多的理解、信任和支

持，形成合力，更好地推进并加快财政改革和规范财政管理，推动党风廉政建设的顺利开展。

四是适应新的形势，不断加强学习，加强调查研究，提出新思路，找出新方法，创造性地开展工作。财政工作政策性强，需要具备较高的理论和业务素质。财政系统纪检监察干部除了掌握纪检监察业务和政策外，还要掌握财政业务知识和财政理论。因此，各级财政部门的纪检监察干部，必须加强政治理论和财政业务知识的学习，全面提高自身的综合素质，提高应对复杂局面和总揽全局的能力，增强服务意识，廉洁理财，干净干事，文明服务。

（四）加强制度建设，强化监督，全面落实党风廉政建设责任制

张德江同志最近在省纪委常委扩大会议上强调，要对财政审批权加强监督，没有严格的程序，没有监督，这很危险。按照张书记的指示，我们要认真贯彻落实中央和省关于加强党风廉政建设和反腐败工作部署及要求，进一步健全制度，强化监督，狠抓落实，履行好各自在党风廉政建设中的责任。

1. 要进一步加强制度建设，从制度上预防和治理腐败。要依法行政，强化对行政权力的制约和监督，逐步建立内部决策、执行、监督环环相扣的管理机制，用制度管人，用制度规范财政管理。要加强对专项资金的清理和规范管理，各有关单位要对每一项专项资金，按照公平、公正、公开原则，依照科学的标准或因素法制定分配管理办法。

2. 要进一步加强监督，从权力行使上预防和治理腐败。要按照建立结构合理、配置科学、程序严密、制约有效的权力运行机制的要求，对施政行为的全过程进行有效制约和监督。要实行多种形式的述职述廉制度，健全重大事项报告制度、质询制度和民主评议制度，重点加强对各级领导干部特别是主要领导干部的监督。要自觉接受人民群众的监督，充分发挥舆论监督的作用，努力构建起一个多层次、多渠道的监督网络，推动工作落实，确保政令畅通。

3. 要严格执行党风廉政建设责任制，按照党风廉政建设责任制的规定制定计划，明确责任，各负其责。分管领导要直接抓落实，抓督促检查，及时解决工作中遇到的实际困难和问题。把党风廉政建设和部门工作紧密结合，做到一起部署、一起落实、一起检查、一起考核。要强化责任追究，这是落实党风廉政建设责任制的关键，否则责任制就会流于形式。责任追究既要把握好政策界限，也要克服“好人主义”，按照责任制的要求，凡该追究未予追究的，由上级纪委追究党委、政府和纪检监察机关有关领导的责任。

（五）坚持不懈地抓好查办案件和信访工作

要认真贯彻落实中央和省关于加大违法违纪案件查处力度的部署和要求，坚定不移地抓好查办案件工作，严惩腐败分子。要进一步拓宽、畅通信访举报渠道，对群众信访要做到发现一件，就认真核查一件，真正做到件件有着落，事事有回音。要认真执行案件汇报制度，除了认真做好每年二次上报案件统计报表工作外，各单位发生案件（含财政系统、本地纪检监察系统及检察机关立案）一周内应向驻厅纪检组报告简单情况（包括被立案人的简历，涉嫌违法违纪情况），结案两周内应详细报告案情及处理情况和应吸取的教训。

2003年，我们要用实际行动贯彻好党的十六大精神，贯彻好“三个代表”重要思想以及中纪委、省纪委二次全会和部威海会议精神，在抓巩固、抓落实、抓深入、抓提高上狠下功夫，不断总结经验、创新体制、健全制度、克服困难、扎实工作，逐步加大从源头上治理腐败的力度，与时俱进，为促进全省财政系统党风廉政建设做出新的贡献。

（本文节选自作者2003年4月15日在全省财政系统纪检监察工作会议上的讲话）

总结成果经验　再造辉煌成就

广东省财政厅纪检组长　赵　军

一、我省政府采购工作取得的良好成绩

我省的政府采购工作已取得阶段性的成果。广东省政府采购工作自2000年正式开展以来，得到了省委、省政府的高度重视，在广东省财政厅党组和各级政府的正确领导以及在监察等部门大力支持下，在全体政府采购工作人员的共同努力下，我省政府采购工作在机构建设、制度建设、规范运作、信息化及规模效益等方面取得良好成效，具体可用“五化”来总结。

（一）机构建设合法化

2003年是政府采购法实施的第一年，为了贯彻落实《政府采购法》关于“管、采分离”的规定和财政部关于政府采购机构建设的通知精神，广东省财政厅将2003年定为全省政府采购“机构建设年”，将机构建设作为工作重点来抓。2003年5月8日在“非典”期间，省财政厅召开了全省政府采购工作会议，重点部署了我省各级政府采购机构建设工作，要求全省地级以上市要建立政府采购监督管理机构和集中采购执行机构，各县（区）财政部门要明确政府采购管理内设机构，原财政部门下设的政府采购中心必须从财政部门分离出去。同时，省本级的机构建设起了率先垂范作用。在省财政厅党组特别是刘昆厅长的重视和支持下，经省编委批复同意，原广东省政府采购中心在2003年3月26日更名为广东省政府采购管理办公室，省财政厅建立了政府采购监管机构，使机构的建设合法化。另外，经过大半年的筹建，2004年2月27日在省机械设备成套局正式设立新的广东省政府采购中心。省政府采购中心设在省机械设备成套局的方案是反复研究的，因为采购中心是集中采购机构，要求有充足的技术力量和专业人员，省机械设备成套局在这方面具备很好的条件，省成套局原承担的政府采购业务已经超过50%。经过一年的运作，省政府采购中心逐步走上制度化、规范化。至2004年，工作人员中有70%属专业技术人员，并且非常年青。

2003年我省基本上解决了政府采购机构建设问题，为深入推行政府采购制度改革和贯彻落实《政府采购法》提供了组织机构保障。省本级的机构建设在全省率先作出了榜样，在全国也处于前列地位。

（二）执行的制度化

政府采购活动是在政府的监督和管理下，按照法定的方式和程序及相关法律法规制度的规定开展的采购活动，与以前传统的各单位随意采购有着本质的区别。为了进一步规范政府采购行为，2004年将工作重点转到抓好制度建设上来，加强政府采购制度建设力度。省财政厅将2004年定为全省政府采购工作“制度建设年”，旨在针对政府采购各个环节进行制度规范和约束。2004年3月成立了“广东省政府采购制度建设工作小组”，成员单位主要包括部分省直单位，省政府采购中心，广州、佛山、珠海、江门、肇庆、韶关等地市管理机构和执行机构，系统研究、起草和修订与《政府采购法》相配套的各项制度。上半年，制度建设工作小组多次召开研讨会，研究确定制订各项政府采购制度的法律依据、目的作用、规范的对象及范围，落实各项制度的起草工作和任务。下半年，制度建设工作小组集中讨论，根据《政府采购法》和财政部规章进行审议修订。经过一年的共同努力，制度建设取得了卓越的成绩，2004年已相继颁布实施了《广东省政府采购公开招标采购方式实施暂行规程》、《广东省省级政府采购计划管理办法》等九个制度办法，初步建立了我省政府采购制度体系，为深化政府采购制度改革提供了制度保障，为加强政府采购规范化管理奠定了坚实的基础。

（三）工作的规范化

随着机构的合法化及执行的制度化，我省的政府采购工作进一步规范化。一是政府采购工作更加公开透明。2003年政府采购项目中50%以上采用公开招标，信息发布广，发布信息量在全国处于前茅。二是集中采购机构的各项工作更加完善。特别是省政府采购中心，在这方面做了很多工作。省成套局党组非常重视，把很多精兵强将调到省政府采购中心，并从学习制度、管理制度、工作制度、工作流程等方面做了很多工作，使采购工作更加规范。同时，各地市的政府采购中心也正在规范化方面加大了力度。三是评审专家的管理更严格。专家的管理是关键性的管理，专家的使用是关键性的使用。为了加强政府采购评审专家的管理和监督，规范组建评审委员会行为，确保政府采购项目评审客观、公正。2003年初，省财政厅、广州市财政局先后启动了政府采购专家库建设工作。广州市网上抽取专家的做法到了财政部的肯定，省正在逐步推广这种采用信息化手段管理评审专家的做法。至2004年12月，全省各项政府采购工作有章有法、有规有矩、有板有眼，规范化程度越来越高。

（四）手段的信息化

信息化建设方面，全省有几个亮点，珠海市以银行卡和网上询价采购作为切入点，建立网上采购平台；广州市以采购计划申报、采购方式网上确定、网上专家抽取信息化管理作为切入点，建立信息化管理平台；深圳网上招投标作为切入点，建立了网上电子信息平台。现在省政府采购中心也建立省电子政府采购平台，协议采购都通过省电子政府采购平台进行，其他大部分项目的采购也将运用省电子政府采购平台来操作。省电子政府采购操作平台建立后，与省的政府采购监督平台相接，在全国将是首家省级的电子化政府采购平台。我省信息化工作的迅速发展，提高了政府采购效率和服务水平，为政府采购监督管理提供了有效的手段。

（五）规模范围、效益的扩大化

我们的政府采购范围由原来的大宗商品到货物、服务，2004年12月开始进入工程，范围在不断扩大。其中，2002年采购规模是84亿元，2003年是127亿元，2004年是170亿元。2002年、2003年采购规模居全国第一。在节约资金效益方面，资金节约率最高是12%，平均都在10%以上，2002年节约资金13.42亿元，2003年节约资金17.12亿元，2004年节约资金预计达18亿元，政府采购节约资金明显。

总结过去的两年，在机构建设、制度建设、信息化建设，在采购范围、规模、效益方面都已走在全国前列，我省政府采购工作取得了很大的成绩。但还存在政府采购管理水平在地区之间存在不平衡状况，一些部门和单位对政府采购制度的认识还不一致，自觉遵守政府采购法的意识不强，采购活动的效率和质量不够高。管理不够到位等问题需要进一步采购措施加以解决。所以，在充分肯定已经取得成绩的同时，大家不能自满，要抖擞精神、振作起来，努力学习、努力实践，再进行艰苦的努力，实现“全国一流”的广东政府采购目标。

二、我省政府采购工作要求

对今后的工作，我提出二十四字要求，即“巩固现有成果、大力开拓进取、逐项落实完善、确保实现目标”。经过三年的努力，广东省的政府采购工作要全面走在全国前列。具体要做到以下“三个进一步”和“三个大力加强”。

（一）“三个进一步”

一是进一步加强集中采购机构的建设。集中采购机构是依法设立的非盈利事业法人，接受采购人委托依法履行集中采购职能，实现规模采购效益，降低采购成本，规范采购行为，并且便于实施监督，它与社会其他采购代理机构有着本质区别，各地市应努力加强和完善集中采购机构建设。

二是进一步加强制度建设。2005年制度建设的重点，第一是要制定《广东省政府采购管理条例》。《广东省政府采购管理条例》已列入省人大2005年立法预案，因此要齐心努力、深入调查研究，拿出高水平的条例草案。第二要认真执行贯彻已制定的制度办法，并在实践中修订完善。经过2004年的制度建设，我省政府采购已初步建立了制度体系，对已实施颁布的制度办法要认真执行、落实制度，在实践中不断发现问题，不断提出问题，然后反馈到省财政厅政府采购管理办公室，争取在一至二年内修订现有制度办法，使之更完善、更科学、更能反映工作的实际情况，更进一步推动工作的开展。第三，要及时补上在制度建设方面有空缺的制度办法。

三是进一步扩大政府采购规模范围，提高政府采购效益。各级政府采购监督管理部门要组成专门工作小组，对使用财政资金建设的工程项目如何纳入政府采购轨道问题进行专门调查研究，提出解决方案。我省政府采购规模虽然连续两年居全国第一，但如果按照我省占GDP 10%或占财政支出30%的比例计算，我省政府规模还达不到全国的平均水平，因此，要进一步扩大我省政府采购规模。目前，政府采购货物的覆盖面已较广，但是服务类，特别是工程类政府采购还没有很好的纳入进来，所以要扩大规模，就要在服务类，特别是工程类采购方面进行努力，争取明年在工程项目纳入政府采购管理方面有较大突破。江门市在这方面做得较好，各市可大胆的摸索、尝试和试验。

（二）“三个大力加强”

一是大力加强规范化建设。政府采购工作是个执法的工作，是一个用制度来规范的工作，每个环节、每个方面都要规范化运作。特别是评审专家管理方面，要作为工作研究重点，评审专家要进行动态管理、要有进有出，要建立资格准入、要建立考察机制。专家参加评审活动必须贯彻公开、公平、公正原则。评审专家是政府采购活动的关键环节，评审专家管理将是明年规范化工作的重点。同时，对于采购人、供应商、中介机构，包括采管办和采购中心，方方面面的行为都要规范，都要有明确要求，要在这过程中努力建立起“两个竞争、一个制约机制”，即供应商之间以及代理机构相互之间的竞争，政府采购当事人之间的相互制约。

二是大力加强信息化建设。政府采购是财政改革和反腐倡廉的一条必由之路，信息化则是政府采购工作的一条必由之路，信息化工作不是搞不搞的问题，是一定要搞，不走此路，政府采购工作就很难发展，很难深化。政府采购工作涉及面广、工作量大、头绪多，靠传统的作业方法是绝对承担不了的，也无法解决目前存在的采购效率、采购成本及采购价格的问题。如协议采购点多、面广，传统方式难以监控。我省信息化方面珠海、广州、深圳是亮点，省级的电子政府采购平台即将推出，与省的政府采购监管平台结合，也将开全国省级电子政府采购的先河。各地市要大力开展这方面的工作，要研究省的电子政府采购平台与各市的采购网如何链接的问题。也正因为这样，规范化、信息化的问题是我们明年工作的重点问题，所以，我们确定明年为广东省政府采购的“规范化和信息化建设年”。

三是大力加强培训、调研和宣传工作。时代在不断发展不断进步，我们要跟上时代的步伐，政府采购工作不断创新，不断有所作为，就要有一支政治坚定、业务精通、纪律严明、作风优良的队伍，所以要加强培训。我们一定要有学习意识，不断吸收各方面的知识来推动我们的政府采购工作。同时还要有执法意识，省直单位要成立专门机构或有专人负责政府采购工作，政府采购工作是依法从事的工作，要有规范意识、廉政意识。监管、执行、评审专家都要时刻有执法意识。我们一定要加强这支队伍的教育、培训，要关心爱护这支队伍，要每年一大步，年年上新台阶，队伍建设、廉政建设一定要从严抓紧。

同时，调研宣传工作也要加强。任何工作要上新台阶就要加强研究。在调研中发现问题、解决问题，不断总结经验。宣传工作，特别对政府采购价格、时间、效率问题的正面宣传要加强。碰到这些问题，我们就要认真问具体，到底哪个项目有问题，有问题的就虚心接受批评、认真整改。我们要加大力度解决政府政府采购宣传工作不到位的问题。前不久，王华元书记批示：“政府采购工作要坚定不移、要大力加强政府采购的宣传工作，建议在主流媒体发表有分量的稿件，使人们认识政府采购的好处，但对存在的问题也要认真解决。”2004年入秋以后，《政府采购信息报》、《人民日报》华南版、《南方日报》都对我省政府采购工作进行了宣传。各地市也要大力加强政府采购正面宣传，通过有关媒体加大对政府采购工作的正面宣传和报道，使广大干部群众理解政府采购工作，支持政府采购工作，创造良好的政府采购工作氛围，使政府采购工作更好的开展。

（本文摘自作者2004年12月28日在政府采购制度办法和信息软件培训班的讲话）

创新机制 严格管理 全面提高农业综合开发财政管理水平

广东省财政厅副厅长 李朝明

一、扎实工作，进一步加强了我省农业综合开发财政管理工作

2001年以来，在省委、省政府的正确领导下，我省各级财政部门认真贯彻执行国家农业综合开发政策，积极筹措资金，大力加强制度建设和资金监管，为我省农业综合开发事业作出了应有的贡献。

（一）加大扶持力度，确保资金到位

我省各级财政部门按照中央和省委、省政府的要求，克服困难，不断加大农业综合开发财政资金投入力度。据统计，2001～2003年我省农业综合开发共投入财政资金10.52亿元，其中，中央财政资金4.78亿元，省财政配套资金3.9亿元，市级财政配套资金0.94亿元，县级财政配套资金0.9亿元。省、市、县财政资金投入从2001年的1.59亿元增加到2003年的2.27亿元，增长了42.8%。重点支持了农田水利基础设施建设，农业产业化经营和优势农产品开发，以及农业科技推广、农民培训工作等。对于改善农业生产条件，发展农村生产力，增加农民收入，加快农村小康建设步伐发挥了重要作用。

（二）建立健全制度，加强资金管理

近年来，我省各级财政部门大力推进公共财政体系建设，积极推动各项财政改革，坚持依法理财，规范管理。全省各级财政部门深入调查研究，广泛听取意见，对农业综合开发财政资金分配、管理、监督检查等方面制定了一系列的规章制度，进一步明确了农业综合开发资金管理的目标、任务以及监督检查要求。三年来，全省各级财政部门坚持专账核算、专人管理，严格按规定下拨资金；认真推行县级报账制，试行有偿资金委托银行贷款制度，依法核销有偿资金呆账，按规定程序办理有偿资金延期还款手续，努力回收财政有偿资金。建立健全制度，加强资金管理，强化了财政资金运作的安全、有序，进一步提高了全省农业综合开发财政资金管理制度化、规范化水平。

（三）强化监督检查，提高资金效益

为了确保资金安全、规范和有效使用，三年来，全省各级财政部门采取有力措施加强农业综合开发资金的检查监督。一方面，建立健全资金审批与使用，管钱与管账相分离的内部监督机制，定期对农业综合开发资金的筹集、使用、管理进行监督和检查，积极配合上级财政部门和审计部门组织的检查和审计工作。另一方面，对检查中发现的问题，及时纠正，督促整改。2003年，对财政部、审计署查出来的开平等市、县违纪违规问题，与省农发办一道制定切实有效的整改方案，抓紧整改。

二、吸取教训，清醒认识我省农业综合开发财政管理工作存在的突出问题

在充分肯定成绩的同时，我们还必须清醒地认识到我省农业综合开发财政管理工作方面存在的薄弱环节和突出问题。近期，财政部、国家审计署对我省部分地方挤占、挪用财政资金等问题作了全国通报批评，财政部扣减了我省2004年中央财政农业综合开发资金投资指标1 800多万元。从财政部、国家审计署检查情况来看，在财政财务管理中主要有以下几个方面的问题：

一是部分市县财政配套资金不落实，有的地方财政甚至弄虚作假，搞虚假配套。

二是个别市县农业综合开发管理部门挪用、挤占、滞留上级财政资金。如翁源县农发办2001年挪用土地治理无偿资金借给县种猪场周转，吴川市农发办挤占项目资金用于弥补工作经费等。

三是个别项目建设单位挤占、挪用、套取财政资金。如开平市大沙镇政府农业办公室利用花卉项目虚列支出，挪用财政无偿资金用于水库加固工程、建镇政府食堂、购车等；化州市果蔬研究所采用虚假发票套取项目有偿资金用于退还下属企业的职工及社会集资款等。

四是部分市县拖欠省财政到期有偿资金。据统计，至目前为止，全省市县共拖欠省财政到期有偿资金7 084万元，其中拖欠数额较大的有清远、韶关、茂名等市。

五是一些管理部门和项目建设单位财务管理混乱。如吴川市农发办在2001～2002年的拨款过程中没有完全按照有关凭证据实拨款，以拨代报项目工程支出、科技推广支出，现金支付工程款等，镇级会计账簿资料不全，普遍没按规定建账、核算及保管会计凭证，个别经济事项无任何原始凭证及会计账簿资料等等。

上述问题的产生有其复杂、深刻的原因，除了政策因素，思想认识，大局意识等方面的原因外，从财政财务管理角度来讲，主要是依法理财观念淡薄，制度建设不健全，部门职责划分不明确，工作作风不深入等造成的。因此，解决当前存在的薄弱环节和突出问题，要从管理机制等多方面着手，采取过硬措施，迅速扭转被动局面。财政部门要从资金的分配、管理、使用、监督检查等方面，理顺关系，健全制度，完善机制，强化监督检查，确保资金的安全运行和有效使用。

三、创新机制，全面提高农业综合开发财政管理水平

省农业厅提出了今后一个时期我省农业综合开发工作的总体要求，指出了工作重点。全省各级财政部门要按照农业综合开发工作的总体要求，抓住当前和今后一个时期我省农业综合开发财政管理工作重点，努力抓好各项政策、制度的改革创新，严格管理、规范运作、堵塞漏洞，全面提高我省农业综合开发财政管理水平。

（一）加大投入，落实配套，科学分配

最近，中共中央国务院《关于促进农民增加收入若干政策的意见》，把解决农民增收、保护和提高粮食生产能力、保证国家粮食安全问题提到了前所未有的战略高度，强调要“继续增加农业综合开发资金”，农业综合开发被赋予了更重要的历史使命。今年，中央财政将新增农业综合开发资金8亿元，比上年增长9.9%；省财政在财力紧张情况下，将严格按规定落实配套资金，打足预算；市县政府也要高度重视，进一步加大农业综合开发财政投入，配套资金必须列入本级财政预算，足额落实，不得以财政困难为由，留下资金缺口。同时，按照“公平、公正、公开”的原则，科学分配农业综合开发财政资金，进一步规范资金分配制度。一是采取综合因素法分配项目资金，资金分配因素包括项目县的土地资源情况、开发的边际效应、工作成效、财政配套能力等方面；二是实行项目县轮换制度，引入竞争机制；三是项目县条件、资金分配原则、结果向全省公开。

（二）创新机制，严格管理，提高绩效

回良玉副总理指出：“新阶段农业和农村发展的重大变化，既为农村经济和社会发展带来了许多新气象和新机遇，也带来了不少新课题和新挑战，对农村经济增长方式、运行机制和管理体制的转变提出了新要求和新任务”。同时，回副总理明确要求农业综合开发要“进一步改革完善投资政策和运行机制”。财政部金人庆部长最近多次要求农业综合开发要探索体制创新、机制创新，创造更有效的实施办法。我们要按照中央和省委省政府的要求，进一步增强改革创新意识，建立健全管理制度，加大监督检查力度，使农业综合开发资金管理的每一个环节都有章可循，有规可依，确保资金安全有效并发挥最大的效益。今后，我省财政部门要会同有关单位健全完善、全面实行以下八项制度：

1. 财政资金配套保障制度。市县财政配套资金是否落实到位，是农业综合开发项目资金足额到位的关键。为确保各级财政资金及时足额到位，从今年起，中央及省级财政资金在市、县年度配套资金足额拨入农业综合开发资金专户，并提供有效拨款凭证后才能拨付，坚决制止配套资金不落实的现象。考虑到部分市县财政资金调拨较为紧张，允许市县年度配套资金分两批拨入专户，中央和省资金也相应分两次拨付。

2. 有偿资金委托银行贷款制度。为了确保财政资金安全，防止有偿资金风险转化为财政风险，必须改革有偿资金发放方式，落实借款单位的法律责任。从今年起，农业综合开发有偿资金全面实行委托银行贷款制度。今后，所有农业综合开发有偿资金借款单位必须到银行办理法定担保、抵押手续，强化有偿资金回收的法律保障机制。

3. 无偿资金财政报账制度。中纪委、省纪委把财政国库集中支付制度改革作为从源头上治理腐败的一项重要措施。省政府钟阳胜常务副省长也多次强调要大力推行国库集中支付制度改革。农业综合开发财政资金要按国库集中支付的总体要求，从目前实行的报账制逐步过渡到国库集中支付制度。考虑到目前我省的实际，从今年起，有条件的地方可以直接过渡到国库集中支付，尚不具备条件的县（市、区）原由农业综合开发办公室负责报账的，一律改由县级财政部门报账，各地要不折不扣地贯彻执行。

4. 资金使用情况报告制度。为了全面掌握项目资金使用情况，加强对资金流向和使用情况的监督，必须改变过去那种简单的报表报告形式，完善资金分析报告制度。

从今年起，地级以上市财政局每季度末，必须对农业综合开发资金拨付进度及使用情况进行深入认真的统计分析，书面报告省财政厅，并保证报告内容的真实性、准确性。

5. 有偿资金回收扣款制度。国家农业综合开发资金实行滚动开发机制，回收的中央有偿资金继续投入农业综合开发。为了确保中央财政农业综合开发资金投入稳定增长，财政部要求省财政承诺如期归还中央有偿资金，到期不还的，作扣款处理。目前，我省各地拖欠中央和省级财政有偿资金共7 084万元，省财政不仅无法收回省级资金，而且还要代市县垫付中央有偿资金，严重影响省财政的正常运作。为了扭转这种被动局面，明确市县责任，从今年起，省财政将对各地新增的欠款实行直接扣款制度，确保今后不再增加新的债务；2003年以前各地拖欠省的旧债，有关地级以上市要制定还款计划，报省财政厅批准后执行。凡到期不按计划还款的，一律通过扣款解决。

6. 资金运用绩效评价制度。省委、省政府对开展财政支出绩效评价工作非常重视，张德江书记、黄华华省长、钟阳胜常务副省长等省委、省政府领导多次作出重要指示，要求各级政府和财政部门要把这项工作当作加强财政管理的一项重大措施，抓紧抓好。今年省财政将选择部分农业综合开发项目进行绩效评价，评价结果作为今后农业综合开发资金安排的重要依据。

7. 监督检查制度。我省农业综合开发财政资金管理使用中存在的突出问题，反映出一些地方和部门长期存在的重安排分配、轻监督检查的错误认识。全省各级财政部门一定要提高对财政监督检查工作的重要性、紧迫性的认识，切实履行财政监督职能，把监督检查工作贯穿于农业综合开发财政资金分配、使用的每一个环节。一是加强对主管部门和项目单位资金使用情况的监督检查；二是要发动项目区群众参与资金的管理和监督，资金使用情况要定期在项目区村委会张榜公布，切实发挥群众监督的作用。

8. 责任追究制度。按照权责统一、分级管理、分级负责的原则，明确划分省、市、县各级责任，合理界定财政部门、农发部门、项目建设单位、施工单位的职责，将资金管理责任分解落实到省、市、县有关部门、单位、个人，明确责任主体。今后，凡发现不按规定落实配套资金，挤占、挪用、骗取财政资金，评审、检查验收弄虚作假等违法违纪问题，一定要在查清事实、分清责任的基础上，严肃追究有关部门、单位、个人的责任。

（本文选自作者2004年4月29日在全省农业综合开发工作会议上的讲话）

加强基本建设财政财务监管

广东省财政厅副厅长　李朝明

近几年，广东省认真贯彻执行国家及省有关经济建设领域的财经法律、法规，发扬“敢为天下先”的精神，与时俱进，开拓创新，经建工作有声有色，取得很大成绩。概括起来，主要体现在以下六个方面：

——贯彻和落实中央积极财政政策并取得显著成效。

我省抓住中央增发国债用于加快基础设施建设的机遇，积极争取使用国债资金。据统计，在国家发展改革委和财政部的大力支持下，1998年至2004年上半年，通过我省财政部门管理的国债资金累计达165.4亿元（不含在我省的中央直属项目）。

总体而言，我省国债项目的建设效果较好，在国债资金的支持和带动下，我省基础设施建设得到了加强，国债资金的使用产生了较好的经济效益和社会效益。

——改革和完善基建资金拨付方式。

近几年来，针对基建资金传统拨付方式的种种弊端，我省各级财政部门积极探索，开拓创新，改革和完善基建资金拨付方式：

肇庆市的“封闭式监督拨付”。从1997年起，经肇庆市政府批准，肇庆对市直行政、事业和国有单位的基本建设资金（含财政性资金和单位自有及自筹资金）实行了集中专户管理、“封闭式监督拨付”的直通车拨款方式，率先建立起一套“有法可依，有章可循，操作规范，运转协调”的基建资金拨付制度。

茂名市建立“财务监督员”制度。从1999年8月起，茂名市对国债项目实行由财政部门派出财务监督员制度。其主要做法是从源头把关，在国债专项资金专户上加具财务监督员印鉴，建设单位的工程款项开支需经财务监督员审核确认。由于监督措施到位、可行，有效防止了国债资金的违规使用。

大力推行全省基建拨款集中支付制度。为规范省级财政性资金投资项目管理，减少拨付环节，加大财政监管力度，控制政府投资工程造价，提高财政资金的使用效益，2000年，省政府《印发省级基本建设项目财政性资金集中支付暂行办法的通知》（粤府〔2000〕41号），标志着集中支付制度改革在省本级正式启动。随后的几年间，在我省各级财政部门的共同努力和各级政府的重视下，集中支付制度改革在全省展开。目前，我省大部分地级以上市以及部分县（市）都实行了基本建设财政性资金的集中支付。

——建立和规范项目财务总监制度。

我省对建设项目派驻财务总监制度始于全国“九运

会”场馆建设项目。省政府为加强建设项目财务监管，改变政府大型项目建设通常超概算的状况，决定向“九运会”场馆项目派驻建设期间的财务总监，并赋予相应职权。通过财务总监对工程招标文件和合同条款的审查把关，对工程结算款的审核确认，在源头上有效地防止“九运会”场馆项目建设资金浪费现象的发生，使项目竣工财务决算不但控制在概算总投资之内，而且还节省了2亿元左右的资金，约占项目原定总投资的10%。

“九运会”场馆派驻财务总监所取得的成功经验，加快了财务总监制度的建设和完善，在省政府的重视下，2001年，省府办公厅《印发广东省省级财政性资金投资基本建设重点项目财务总监管理暂行办法的通知》（粤府办〔2001〕70号），使我省派驻项目财务总监的工作形成了制度化、规范化。

——强化和拓展财政投资评审工作。

财政投资评审工作是财政部门的一项重要职能，经过近几年的实践和努力，我省财政投资评审工作取得了很大成绩，在财政支出管理中发挥了极其重要作用。省财政厅投资审核中心成立以来至2004年上半年，共完成各类评审项目1 117项，评审金额163亿元，审定金额149亿元，核减14亿元，核减率为9%，相应减少了大量财政资金支出。2003年，全省财政投资评审机构共完成评审项目8 235项，评审金额220亿元，审定金额195亿元，核减25亿元，核减率为11%。此外，我省财政投资评审工作按照“重点突破，关口前移，狠抓质量”的工作思路，稳步拓展评审范围，逐步开展了对财政预算经费、财政专项资金支出以及大型项目可行性研究的评审，为财政投资预算管理提供专业服务和技术支撑。

——探索和推行政府投资工程“代建制”。

鉴于建设单位从部门利益出发，片面争项目、上规模的情况，近年来，我省一些地方相继开展了政府投资工程实施方式的改革，对政府投资项目实行“代建制”试点，即“交钥匙”工程。“代建制”的实施，打破了过去“建、管、用”多位一体的建设管理体制，开创了政府投资工程建设管理的新模式。如：珠海市2002年3月设立了“市政府投资建设工程管理中心”，负责教育、卫生及主要市政工程等公益性项目管理和实施，代表项目使用单位行使项目建设管理职能。中山市对政府投资工程实行城建投资决策联席会议议事制度，通过组建“市政工程建设中心”和“政府工程项目管理中心”，分类管理政府投资项目。市政工程建设中心主要负责市政建设，政府工程项目管理中心主要负责除市政基础设施、水利、交通以外的工程项目。“代建制”实行事权、财权与使用权的分离，有利于建立相关部门在工程建设管理过程中相互监督的机制。

——改革和创新政府投资体制。

中山市在城建投资体制创新实践中，树立“小政府、大市场”的观念，通过合理界定政府与非政府投资范围、完善政府投资运行机制、试行“代建制”、成立城市基础设施建设基金、统筹管理各项城建收费、做好土地经营、加大间接投资力度、利用资本市场筹集资金等措施，从根本上拓宽城建资金的来源渠道，使政府有限财力与基础设施建设资金巨大需求之间的矛盾得到缓解。

韶关市为了解决城市建设需要与资金短缺的矛盾，引进城市经营理念，将“城市”这个政府最大的国有资源进行资本化运作，通过开发和盘活城市土地资源获取土地增值资金、大力推行将市区户外广告经营权等无形资金有形化、对授权经营的资产进行抵押担保向金融机构贷款等办法，实现“以城建城、以城养城、以城兴城”的城市自我增值、自我发展的良性循环。

为落实省委、省政府关于突出抓好“十项工程”的工作部署，省级财政通过财政贴息、政府出资本金等投资方式，加快推动我省高等教育设施和交通设施的建设。如：省政府决定从2003年起，“十五”期间累计安排120亿元教育基建和教学设备贴息贷款规模，贴息期限为8年，每年安排财政贴息资金6亿元。南海石化项目总投资42亿美元（其中资本金17亿美元），省本级仅出资本金4.2亿元人民币，就能吸引其他方面投入资金约340亿元人民币。省高速公路项目、珠三角轨道交通项目等也采用省出资本金的投资方式吸引其他资金投入。

进一步加强我省经建财务管理工作

——加强对政府投资重大工程项目的财务监督。

2003年9月省委常委会议决定，为确保省财政拨款兴建的重大工程项目资金的专款专用和经费节约，确保工作质量，确保工程建设廉洁，对省财政拨款兴建的重大工程项目要从立项开始到工程建成，均全程实行由省财政厅负责财务监督、省审计厅负责项目审计的办法，要求省财政厅提出具体的加强财务监督的实施意见，制定一个较系统的全过程财政监督的操作性文件。

根据省委的要求，省财政厅研究拟定了《关于加强省级财政性资金建设的重大工程项目财务监督的实施意见》，文稿已上报省政府常务会议讨论通过，目前正按规定上报省委审定。因此，加强财政投资重大工程的全过程财务监督将是我们今后乃至长期的重点工作。各地可参考省里的做法，进一步加强财政投资项目的财务监管。

——切实解决建设领域政府投资项目拖欠工程款问题。

一是按照《国务院办公厅关于切实解决建设领域拖欠工程款问题的通知》（国办发〔2003〕94号）要求，制定切实可行的还款计划。二是加快工程款支付方式改革，推行基建资金国库集中支付制度。三是配合发展改革部门做好督促中央预算内投资（包括国债投资）项目的地方配套资金落实工作。四是认真落实省财政给予补助的地方投资项目的地方资金。

——进一步加强国债专项资金的管理，做好国债转贷资金的还本付息工作。

为进一步完善国债专项资金管理制度，加大对国债专项资金的监管力度，切实全面履行和加强国债资金的监督管理责任，防止违纪违法问题再度发生，省拟制定新的关于加强国债专项资金财政管理的实施办法，以界定和分清各级财政部门与横向各部门、建设单位的职权和责任，真正实现各单位、各部门之间纵横配合、上下联动，各司其职、各负其责。

随着国债转贷资金宽限期的过去、归还本金高峰期的到来，全省各市要及早研究做好准备，根据本市国债转贷建设项目的特点，确定和落实还款资金的来源，在本辖区范围内统筹归还。今后凡是不按时归还的，省将按签订的国债转贷协议规定从税收返还款中抵扣。因此，各地应未雨绸缪，把做好国债转贷资金还本付息工作当作今年乃至今后的重要工作来抓。

——积极配合财政部制订加强“代建制”建设项目财政财务管理指导意见。

“代建制”作为一个新生事物，在改革试行过程中普遍遇到诸如代建单位与建设单位各自的责任和分工等问题；此外，还有政府投资项目“代建制”改革与现行的计划、预算、财务管理、会计核算等制度配套和衔接问题，亟需对“代建制”进行进一步的改进和完善。对此，关于实行“代建制”的建设项目如何执行基本建设财务制度问题，目前财政部正在研究制订加强代建制建设项目财政财务管理指导意见。现试行的各市应根据基本建设财务制度和“代建制”项目的特点，以及在实际操作中遇到的问题，积极向上反映，多提建设性意见，以便财政部将来制订的指导意见更加符合我省的实际，利于以后遵照执行。

——继续积极探索深化投资体制改革的途径。

7月22日，财政部朱志刚副部长在全国电视电话会议上，就财政部门如何贯彻落实《国务院关于投资体制改革的决定》精神提出了三点意见，一是认真学习和深刻领会《决定》精神，配合有关部门做好《决定》相关配套文件的制定工作；二是以贯彻落实《决定》精神为契机，切实改进和加强政府投资管理；三是完善税制改革，加强投资宏观调控，确保国民经济持续快速发展。

——配合开展政府投资项目的绩效评价工作。

根据党的十六届三中全会提出“建立预算绩效评价体系”的要求，省委、省政府非常重视加强财政支出管理、做好财政支出绩效评价工作，省领导曾作出重要批示。初步实践证明，对财政资金使用进行绩效评价，的确有利于建立科学、规范、高效的财政资金分配管理体系，有利于提高财政资金使用效益，已获得省领导的肯定。因此，我们下一步的重要工作，是根据省政府即将出台的《关于加强省级财政性资金建设的重大工程项目财务监督的实施意见》要求，按照省财政厅、审计厅、监察厅和人事厅联合印发的《广东省财政支出绩效评价试行方案》，做好政府投资项目的绩效评价工作，逐步建立我省基建支出绩效评价体系。

（原载《广东财政理论与实务》2004年第九期）

政策实施是做好农村税费改革的关键

省税改办副主任 曾志权

广东省农村税费改革调整和改变了哪些项目和内容

在《广东省农村税费改革方案》中作了明确规定的项目和内容，按政策归类分，主要有23条。

1. 取消乡镇统筹费、村提留、农村教育集资等专门面向农民征收的行政事业性收费和政府性基金。这一规定对各地的影响程度是很不一致的，有的地方影响可能会大一些。根据测算，全省有20多个亿。

2. 取消屠宰税。按1998年前五年平均数计算，影响不大，约1.05亿元。根据年初省财厅农业处课题调研有关情况汇总和省税改办的调查摸底汇总，2002年屠宰税比1998年前五年平均数多几千万元。

3. 取消劳动积累工和义务工。劳动积累工和义务工是解放战争时期，解放区的农民群众为了支持解放战争，实行的战勤制度演变而来的。现在解放已经五十多年了，特别是推行市场经济的今天还在实行，非常不合理。因此，这次税费改革也把它作为一个改变的政策，予以取消。

4. 关于农业税的税率问题。现行的农业税是根据全国人大1958年颁布的《中华人民共和国农业税条例》来征收的，几十年来一直没变，当时的税率是15%～5%，到去年为止，全国的实际征收率只有3%～5%。税费改革后，农业税税率统一定为6%。研究制订《方案》时，直到今年4月份，还是按7%算账。全国农村税费改革电视电话会议上，温家宝总理作了重要讲话，建议各省，特别是有条件的省可以适当下调，因此，省领导决定把它统一定为6%。这个税率相对来说，还是比较适中的。

5. 关于农业税计税土地面积的调整问题。中央的政策规定，以第二轮土地承包的耕地面积为基础进行适当调整，但不搞重新丈量。我省提倡从实确认，要坚持实事求是，有地才有税，原来那种有税无地或者有地无税，都是不规范的。目前这个调整政策是在中央政策的基础上，广东进行细化的，国家税改办对这些都很肯定。广东改革开放二十多年来，经济建设占用了不少耕地，对减少的耕地面积，应本着实事求是的原则，给予核减。不应把减少的耕地摊到农民头上计税，加重农民的负担。

6. 关于农业税的计税价格和常年产量问题。这两者联系比较密切，是计算农业税的主要因素之一。计税价格比较简单，就低不就高，按最低价每担稻谷 45 元定价，长期不变。关于常年产量核定，这个问题比较复杂，水稻按 1998 年前五年实际平均产量核定，非种植水稻的土地按其生产能力折算成水稻常年产量计算，我省突出强调了以村民小组为单位确定常年产量。我们定了五项原则，有些方面把具体的操作权下放给基层，具体办法，由各市、县定。

7. 合并农业税和农业特产税。所谓合并，就是在同一土地上，不管是种水稻，还是种其他经济作物，都统一按 6%的农业税税率来征收。

8. 不再随农业税和农业特产税征收两税附加。原来农业税和特产税有 10%的附加，在四会、徐闻、兴宁和"珠三角"试点时，大部分地方还是收两税附加，后来，张德江书记指示我们思想再解放一点，因此，后来也取消了。全省大概影响 1.6 亿左右。

9. 关于"一事一议"的问题。我省的方案规定得比较明确，主要是农田水利基本建设、植树造林等集体生产公益事业以及少量的村级组织正常运作经费补充，由县级政府实行上限控制，最高不得超过 15 元。

10. 关于改革前已征收的各费处理问题，我们也融在改革方案中作了规定。2003 年 7 月 1 日起实行税费改革，我们建议省委、省政府对还未实行农村税费改革的各县市的合理收费只能在上半年收取，下半年一律停止。在农村税费改革前已征收的各项费用，如教育费附加、村提留、镇统筹等，与半年计划数有差距的，建议由财政、教育、农业、水利、民政等部门按多征退还，少征不补的原则，提出处理意见，全省统一政策。

11. 关于五保户供养、计划生育、民政、民兵训练等经费支出问题。特别是五保户供养，我们现在作了明确规定，统一由镇来负责，减轻村级组织负担。供养标准不低于改革前水平，具体标准由各地定。由于各地经济发展水平不一样，标准也不一样，不强求一律。还有对计划生育、民兵训练以及民政优抚政策，方案都作了明确规定，计划生育工作还是强调由镇村共同负责，费用由镇里承担。优抚工作也是由镇村共同负责，民兵训练统一上收到由县级政府负责。这个费用也不是太大，平均一个镇约 3 万元，即使是 30 个乡镇的县也不到 100 万。

12. 关于减负目标。我们在方案中提得非常清晰，就是要达到三个确保，确保农民负担得到明显减轻，不反弹，确保镇级机构和村级组织正常运转，确保农村义务教育经费的正常需要。以县（市）区为单位计算，农民负担要减轻 50%以上。

13. 关于转移支付问题。省里已有明确的规定。

14. 关于农村义务教育管理问题。方案以比较大的篇幅讲了这个问题，执行过程中有些可以再细化一点，我主要谈四个方面：一是改革农村义务教育管理体制，结合农村义务教育实际情况，管理责任上收到县级人民政府，省、地、镇等各级政府承担相应的责任，县负主要责任，地级市本级的教育也等同县一样由市来负主要责任。二是调整乡村学校布局，调整布局是作为农村税费改革的一项配套措施。三是优化教职工队伍，压缩非教学人员，最近为了推进农村税费改革工作，省政府批准了《广东省中小学教职工编制标准实施办法》，对中小学教师重新核定编制，按照教师资格条例的规定，全面实施教师资格制度，依法清退不合格人员，清理临时和长期外借的教学人员及勤杂人员，对代课教师，在一年内，予以清退，在清退过程中可能会增加支出，但从长期来说，应该是减轻负担，现在不少地方还有民办教师和代课教师，这很不规范。四是实行以保工资、保运转、保发展为目标的经费保障制度。

15. 关于合并镇村的问题。农村税费改革后，减轻农民负担政策能否落实下去，配套改革，特别减少财政供养人员是关键，只有把"庙"拆了，"神"送走了，才能保证负担不反弹。这方面，张德江书记非常重视。在合并镇村工作方面，广东观念落后了，合并工作开展了两年多，乡镇合并才达到 8.2%，原来我们准备提 25%以上，有关部门有异议，现在我们提 15%。张德江书记要求有关部门今年无论如何要拿下 15%，在这方面，浙江、江苏力度非常大，江苏合并乡镇 30%以上。我认为这方面工作完全可以做好，解放初期，一个乡镇的行政管辖范围比现在大多了，当时的交通条件和通迅条件都比不上现在，但一样能管好，我们以现有的交通和通讯条件，行政覆盖面应该大一点。

16. 关于乡镇事业单位改革问题。我们提了一些原则性意见，认为在改革中事业单位必须减人。

17. 关于镇级编制管理和村级干部压缩问题。镇级编制管理一律由县级政府统一管理，镇级政府不得随意扩编增人，以后要实行镇级供养的编制内的人员工资原则上都由县级财政统一发放。但珠三角地区少数经济比较好、财力又比较好的镇例外，这些地方为了调动增收节支的积极性，经县级人民政府批准，人员工资也可以不实行由县级政府统一发放。对村干部我们也作了规定，原则上每村干部配 3～5 人，特大村只准增加 1～2 人，现在有的村养了上百人，在编村干部有十几个，但编外还有几十个。有关资料披露，美国财政供养人员的比例是 180:1，法国是 160:1，日本是 150:1，而中国是 28:1，食之者众，生之者寡，在座的财政局长都知道，现在财政就是吃饭财政。

18. 关于保留集体合理负担的问题。方案专门作了规定，原来镇村合理负担的还可继续保留。

19. 实行对农民直接补贴政策。我们将结合加入 WTO 以后的国际惯例研究这个问题。财政部门还要会同农业厅制定一些政策。今年省计划从预算安排的 4 000 多万元粮食发展基金中拿出一部分，对种粮大户实行补贴。怎样才算种粮大户，怎么补，下一步还要制定具体政策。按国际惯例支持农业，除了一些大的基础设施、江河整治，非得要政府及集体统一考虑之外，一些种植环节、生产环节的资金尽可能量化直接补贴到农民。以前补到粮食及农产品流通环节的钱不少，但种粮的农民拿的钱却不多。

20. 关于妥善解决教育负债和镇村负债的问题。改革后很多收费都取消了，过去用于达标升级活动造成的一些基建欠款怎么办？教育方面，结合去年山区工作会议，省财政已拿出了20个亿支持山区教育减债，全省教育负债有70多亿。对镇村的负债，根据温家宝总理在电视电话会议的讲话精神，也提了几个要求。

21. 关于明确界定政府事权的问题。方案对规范基层组织涉农收费行为作了明确规定，镇、村有什么权限，对农民允许哪些收费也都作了明确规定。包括前面讲的农村义务教育问题，镇级负担什么、承担什么责任，县级承担什么责任，还有计划生育等问题，都属于这方面范畴。

22. 关于建立减轻农民负担责任制问题。在征求意见时，省人大的领导、省人大代表、省政协领导还有原省领导郭荣昌等老同志意见强烈，他们认为再好的政策，再好的措施，没有强力的监督机制是落实不下去的，所以一定要建立减轻农民负担责任制，而且要落实到人，落实到领导。

23. 建立监督机制。主要包括法制、舆论、群众、党政纪律监督四个方面。

为什么要调整、改变上述项目和内容

——落实“三个确保”的需要。

首先是确保农民负担明显减轻，不反弹，政策一定要保证，要有可操作性，据测算，1994年至1998年五年全省每年平均农民直接负担的税费(含“两工”)为45.31亿元，人均负担93.27元，占1997年农民人均纯收入3 468元的2.69%。改革之后给农民的减负理论值是36亿元，直接减轻农民负担33.52亿元，减负率74%，要达到这样的减负水平必须在一些政策上要保证，如合并农业税和农业特产税的问题，当时出台农业特产税政策的目的是从农业内部的经济作物收税用于补贴粮食生产，实际上农民的税是收了，但拿来用于补贴粮食生产的却没有，当时这个政策在调整经济结构，鼓励种粮方面起了一定的作用，但目前形势发生了变化，如果再保留这个税种，一方面会引起重复征收，另一方面，由于前几年有的地方征收方式简单、粗暴，引起一些干群矛盾的激化，考虑到多方面因素，我们决定把它取消。去年农业特产税征收3.6亿元，真正入库是3.3亿元，还有3 000万元是应征数，因此，就全省而言，取消后对财政收入影响不大。还有两税附加问题，最初也准备保留，主要是弥补村级经费不足，因为改革之前全省村提留有6.09亿元，属于村管理费的支出大概是3.21亿元，每个村平均是1.46万元，改革后都取消了，村级管理费缺口难以弥补。后来出于减负的需要，且考虑到珠三角的行政村管理费能自行解决，粤东、粤西、粤北这14个市按一定比例给予补助的话，按现有转移支付的方案计算，可能补到这方面的有1.76亿元，如果地级市再补一点，可以补到2亿多，剩下几千万，完全可以通过压缩村编制的支出和发展经济来解决。

其次是确保农村教育经费正常需要。当时我们算过账，按照全国统一口径计算，我省农村教育经费缺口是11.8亿元，为了支持教育，加大改革力度，省财政转移支付是按17.2亿元测算，所以教育部门对方案是满意的，现在一些地方反映的主要是没有发展经费，现在给的主要是保吃饭的，其实并不是农村税费改革后，教育经费才有缺口，长期的缺口和历史欠账只有靠发展才能解决，关键是要抓好减人增效工作，当然，财政也应加大支持教育的力度，转移支付要对这一块给予保证。关于教育布局调整，为了配合税费改革，我们已经出台了一些措施，如对2 360所老区学校进行改造，2000～2003年，省财政拿出了6个亿支持这项工作。

第三是确保村级组织正常运作的需要。我们在制订方案时，主要是围绕这方面进行考虑，按照全国统一口径和我省调整事权后计算，改革后镇级收支缺口达18.16亿元(其中珠三角地区7.47亿元，其余14市10.69亿元)，1999年14个市镇级机构供养人数达30.47万人，按上年人均开支1.4万元计算，总共42.66亿元，显然实际收支缺口早已存在。以前考虑到镇统筹、村提留取消后，转移支付的承受能力以及镇的承受能力，可采取转移支付补一块，人员经费压一块，也就差不多了，应该说农村税费改革后收支缺口通过转移支付解决一部分还是可以的。除此之外，还考虑了对其他基础设施的支持，如公共设施建设，作为改革的配套工作先行加大了支持力度，去年山区工作会议拿出80个亿用来加快山区基础设施建设，拿17亿安排农网改造，安排七八个亿的资金，解决粤东、粤西和粤北石灰岩地区群众饮用水问题，以及支持山区信息化建设等问题。

——政策简便易行，便于操作的需要。

农村税费改革既是经济范畴，也属政治范畴，从大的方面来讲，农村税费改革是改革与农村生产力发展不相适应的生产关系，属于上层建筑的范畴，也是属于经济基础的范畴，这样改革，减负是一个方面，更重要的是规范国家与农民的分配关系。如果改革后不规范，以后农民负担还会反弹。所以改革方案设计突出了改革后国家与农民的权利义务关系，实行一道税，一口清，也就是只收一种税，除此之外，除了经营性的收费外，政府运用行政权力征收的费用、税收一概取消，农民很清楚以后只交农业税，而且农业税税额也不用年年计算，价格已经定了，长期不变，税率也定了，到时去交就行。从目前试点地区试行情况来看，农民普遍是拥护的。我们曾去暗访，有的农民反映，税改前农民根本不知干部收什么费，今天来一批，明天又来一批，收到眼花缭乱，非常不规范，改革后就一个税，政策明白，简便易行。

——出于尊重事实，实事求是，统筹兼顾的需要。

综合考虑各级政府、财政及村组织的承受能力、有关部门的承受能力。综合多方面因素，从行业来说，教育部门，县、镇政府，如果只考虑改革，县、镇的承受能力不行，无法改下去，现在有人开玩笑说："有的县财政已濒临破产，多年收不抵支，恶性循环，只能在账上下功夫。从极个别县的情况来看，这并非危言耸听，据了解，困难地方，财政确实很困难，有的地方由于这几年出台的政策带来的一些刚性增支，很多解决不了，如调资及其他一些刚性支出，但收入增长点是弹性的，新的经济增长点不多，增收不很稳定，这就很难办了。简单算个账，人均工资增加 100 元，一个县如财政养 1 万人，一人一年 1 200 元，如果一年收入 1 亿元的话，县财政的增长就要 12%，达不到 12%，这一块就保不了，实际上现在哪个县的财政只养 1 万人？如原潮阳市养 4 万多人，100 万人口左右的县普遍平均养 2 万人以上，养 2 万人的县如人均年增资 1 200元，按财政收入 1 亿元的基数算，意味着财政增长就要达到 24%，农业增长不可能为财政增收这么多，农业这一块政府收不了多少税，工业这一块除了珠三角部分地方外，没有几个县能为财政做这么大贡献，营业税、个人所得税，山区等穷地方也收不了多少，山区等地区赚了钱的人也不在当地消费，所以兼顾各方面的财政承受能力很重要。还有镇一级的政府，现行财政体制也不能说不科学、不合理，但镇级的经济确实较困难，很多镇养人太多，普遍超编一倍多，经费确实困难。有的镇的领导一年都在为钱发愁，七凑八凑，才能勉强发工资。所以我们在制订方案时，不得不考虑这个问题。如果取消了村提留，一些事权不上划到镇、县不行，如义务教育上划到县，县级比镇级相对会好过一点，困难会少一些，相对保障程度会高一些，这也是遵循稳健性原则。

——标本兼治，突出配套改革的需要。

"标"，就是面上的收费要取消，"本"，就是关键要抓好配套改革，对产生加重农民负担的根本东西要取消，一是机构设置、学校布局等问题，二是养人太多的问题，三是滥用权力的问题，一定要从源头上采取措施。特别是镇村合并及中小学布局的调整必须要到位，在这方面我们要下很大的功夫，要做很多工作。江苏浙江在这方面走在了我们前面，思想比我们解放多了，江苏并镇是三并一，浙江也并了 20% 多，调整中小学布局，江苏、浙江也不错，我们落后了很多，至 2002 年底，粤东、粤西、粤北 14 个市的镇养人达到 58.1 万人，比 1999 年每年增加 9.45 万人，共增加了 20 多万人。平均每个镇养人从 1999 年的 222 人增加到 2002 年的 459 人，财政怎么增长也满足不了增加这个支出的要求，所以不减少财政养人怎么办？当然在下一步改革中牵涉到怎么精简的问题，人到哪里去的问题。凡事都要讲实事求是，省里搞机构改革，精简的人可以到一些事业单位和公司，镇一级就很难办了，简单地放到农村去也不行，这有一个如何引导的问题，比如成立一些农业公司，或是公司加农户的龙头企业等等，还有些单位可以转制成为自负盈亏的企业，这些我觉得都可以，但不统一要求，各地结合本地实际情况来办。

（原载《广东财政》2003 年增刊）

认清意义　扎实做好排污费改革

广东省财政厅副厅长　曾志权

认清意义，树立信心，增强改革的责任感和紧迫感

——排污费改革是发展环保事业的需要。

环境的污染和工业化进程是密切相关的。广东得改革开放先行之风，具有先发优势，市场机制发育较完善，经济发展较快。但工业化进程加快的同时，环境污染状况也日趋严重。多年来，虽然历届党委、政府都很重视环保工作，也采取了很多行之有效的措施，如加大环保投入，建立环保专项资金等重要手段加强环境建设，并取得了较好的效果。但由于政府财力有限，加上体制的原因，排污费收费标准偏低，收取的资金非常有限，且有很大部分资金无法投到环保治理上，一部分用于环保部门自身建设，一部分则由于受返还缴费企业的条件限制而没办法统筹安排用于污染源治理。比如省级排污费，每年都有几千万因不符合返还到缴费企业的条件而停留在国库，未能完全发挥排污收费促进环保事业发展的作用。国务院颁发的新条例规定，今后排污费要作为环保专项资金管理，不再搞"返还"，一是使排污费收入真正成为污染治理资金的一个来源，为污染防治提供经费保障。二是提高了环保部门的执法形象，消除了"环保部门靠吃排污费"的误解。三是有效地维护了政府对环境保护的执法权威。新条例规定了财

政和环保部门在排污费征收和环保专项资金支出方面的管理和监督权，对排污者交纳排污费和环保专项资金使用者的违规行为可以依据职权进行处理。四是对财政、环保等政府部门在规范执法方面提出了新的要求，明确了政府工作人员在排污费管理工作中的责任，包括征收种类、征收标准、核定收费公告、减免办法、工作要求等方面都作了新的规定。这些，都将有利于环保事业的发展。

——排污费改革是深化财政体制改革，建立公共财政框架的需要。

深化财政体制改革，建立公共财政框架是建立社会主义市场经济体制的重要内容。公共财政就是在市场经济条件下，主要为满足社会公共需要而进行的政府收支活动模式或财政运行机制。公共财政是国家以社会和经济管理者的身份参与社会分配，并将收入用于政府的公共支出，为社会提供公共产品和公共服务。环境保护就是其中的重要内容。我们过去允许在排污费中安排一部分资金用于环保部门自身建设，主要是在计划经济体制下实行的一种过渡性措施。随着市场经济体制的建立，这种方式必须改变。在市场经济条件下，政府要逐步从竞争性、经营性领域中退出，而集中解决市场机制不能发挥作用的问题，比如像生态环境的改善，区域性污染的整治，重点污染源的监控和防治，城市环保基础设施的建设和维护，环保科研和清洁生产示范等，都是要政府进行投资、管理、协调的事业。排污费改革，就是使政府资金合理、有效地运用在提供公共产品、公共服务上。根据《排污费征收使用管理条例》，排污费要全部列入环保专项资金管理，不得用于其他方面。这符合深化财政体制改革，实行财政综合预算，建立公共财政框架的要求。

——排污费改革是运用经济手段促进污染源治理的需要。

政府征收排污费，是按照“谁开发谁保护、谁破坏谁恢复、谁利用谁补偿、谁污染谁治理”的原则，以经济手段管理环境的一项重要举措。排污费的征收，只有具有足够的力度，才能真正起到促使排污者实行清洁生产，自觉治理和减少污染，达标排放的目的。原有的排污费征收办法，一是征收范围偏窄，对象主要是企业和事业单位，大量的个体工商业户没有作为排污费征收对象，使污染排放得不到有力的控制；二是排污费的征收标准较低，而且只对超标准排放污染物征收排污费，造成企业缴纳的排污费远远低于污染治理成本，充其量只能算是一种轻微惩罚性的措施，远远达不到用经济手段控制环境污染的目的，导致有些排污者用少量的费用购买到排污权，反而更加没有顾忌地排放污染物。因此，这次排污费改革把加大征收力度作为一项内容，一方面把排污费与超标准排污费统一起来，规定了“排污即缴费”的原则，而不是超过排放标准才缴费，提高了收费标准；另一方面把排污费征收对象明确规定为“直接向环境排放污染物的单位和个体工商户”，也就是任何排污者都必须承担缴纳排污费的义务。应该说，这次改革就是要使排污费真正起到促使污染者积极进行污染防治，达到用经济手段促进污染源治理的要求。

扎实做好排污费改革

这次排污费改革，对财政部门的工作提出了更高的要求。排污费是纳入预算管理的行政性收费，是一项专项收入，又是一项专项支出。全省财政部门要高度重视。认真学习、领会国务院条例及配套文件的精神，坚持改革，求真务实，不折不扣做好改革工作。

——积极宣传新《排污费征收使用管理条例》。作为一项改革，牵涉到全社会从事生产、流通及各行各业的单位及个体工商户，是一项牵涉面很广的政策，要让群众知法、守法，要让执法部门懂法、模范执法；都必须进行广泛的宣传。各地应该通过各种途径广泛宣传《排污费征收使用管理条例》的精神。

——抓好排污费的征收管理工作。总的来说，在抓好排污费的征收管理要做到“三严格”：第一，要严格按规定抓好排污费征缴，应收尽收，杜绝人情收费、议价收费、自设账户收费等现象。第二，要严格按预算级次收缴入库，杜绝截留中央、省级收入的现象。省已明确规定，各级国库部门必须在每一笔排污费入库时及时将其10%缴入中央库，5%缴入省库。在确定省的比例时，省已充分考虑了地方的困难和利益的，各地征缴入库一定要严格按省的规定执行。第三，要严格按权限、按规定审批排污费减免、缓交。财政部、国家环保总局下发的《排污费减免及缓交办法》，对各级减免、缓交权限已作了明确规定，各地在排污费减免、缓交审批程序上不能违反规定。

——抓好排污费的支出管理。各级财政部门必须按规定对排污费严格实行“收支两条线”，征收的排污费一律上缴财政，列入环保专项资金进行管理，全部专项用于环境污染防治。这个规定，是对过去的排污费使用方向的一个重大改革。请各地财政部门按照这个要求，将所有的排污费收入列入环保专项资金管理，不得挤占、挪用，在已经转发的收缴管理办法的文件中，要求各地按国务院条例的规定制定环保专项资金管理办法，排污费支出的范围按国务院规定的四个方面，不能自定一套。在安排环保治理项目时，财政部门要主动与环保部门配合，根据本地区环境保护规划共同研究制定资金使用计划，按程序审批项目，在资金拨付、项目实施等环节加强监督管理，并按规定向省财政厅、省环保局报告环保专项资金使用情况。

——各级财政部门要按照条例和配套办法的规定，保障环保部门必要的工作经费。《排污费征收使用管理条例》已将过去那条“以费养人”的路子完全堵死了，而且对广东等东部地区省份明确规定必须在2003年一步到位。从2003年起，广东各级环保机构经费全额纳入同级财政预算，不得再从排污费中列支。各市、县一定要坚决执行这一规定。排污费属于行政性收费，是政府行使的一项行政管理职能，是“污染者付费”的社会责任的体现，环保部门行使管理职能收取的排污费，应该用到污染治理上，绝不能再拿来作为部门自己的经费开支。由于历史的原因，目前我们一些市、县环保部门的经费仍有部分甚至全部要靠排污费来安排，有些市、县财政已经习惯了把排污费收入直接返还给环保局作经费使用。今后必须坚决纠正。排污费从收到支只有一条路，那就是入国库——作为环保专项资金——用于《排污费征收使用管理条例》指定范围的用途，也就是全部用于污染治理。如果还用作环保局的经费，那就是挪用，就是违规。请各市县财政部门认真贯彻这一规定。财政安排预算应把环境污染治理的投入与环保部门自身的经费分开，不能再把排污费收入作为自身经费的来源。严格按照《关于环保部门实行收支两条线管理后经费安排的实施办法》办理，结合编制部门预算工作，在财政预算中确保环保部门的工作经费安排。

(原载《广东财政》2003 年第八期)

我国公务员薪酬制度的比较研究

广东省财政厅
中山大学MPA 2001级 公务员薪酬研究课题组

(2002 年 12 月)

随着我国加入 WTO，大量的外资企业将进驻中国，这些外资企业大多有着悠久的历史和稳固的基业，它们的工资福利制度大多较为成熟且比我国的工资福利制度更有优势更有吸引力，很多外资企业以高薪吸引国内大量的优秀人才，甚至导致政府机关许多优秀人才外流，近两年来，我国大多数政府机关进行了机构改革并引进了大量专业化高技术人才，然而面对这样更有吸引力的企业，怎样使我们的高级人才不流失，这对我们的政府提出了一个严峻的问题。

国家公务员是国家的行政管理人员，是社会的精英，而国家公务员的薪酬是公务员个人消费品分配的最重要的形式，它涉及到每个公务员的切身利益，是公务员及其家庭生活的基本保证。福利待遇是社会总产品分配的一种形式，同样与公务员的利益息息相关，是公务员物质和文化生活的重要补充。工资福利是公务员制度中最敏感的问题。这个问题处理得好坏，直接影响到公务员队伍的稳定和工作积极性的发挥，关系到国家的建设和社会的安定。基于此，我们试着进行了以下的研究和讨论，通过与有关国家、地区公务员的薪酬制度的比较分析，探讨其经验教训，可以为我国公务员工资福利制度的建立和完善，提供有益的借鉴。

公务员薪酬制度的含义

由于公务员及其薪酬制度在不同的国家，从不同的角度可以有很多种不同的解释和含义。为了便于本文的分析，我们对公务员薪酬制度作以下限定性的表述：一是公务员的定义，除特别说明外，仅特指公共行政管理人员。二是将公务员薪酬制度划分为工资制度、津贴制度和福利制度三个组成部分。

一、公务员工资制度的含义与构成

公务员工资的原则、等级、标准、形式等方面内容的规定总称为公务员工资制度，各国的表现形式也具特色，但其构成要素基本包括工资结构、工资标准和运行机制三个组成部分。

工资结构是指工资额的组成，主要包含：公务员本人的基本生活费、平均赡养人口费用、职务或职位贡献报酬、年功贡献报酬以及知识技术业务能力贡献报酬等成分。能够明确划分各成分的称结构型，不能明确划分的称复合型。同时，按工资结构侧重点的不同，又可分为职务工资制、职能工资制、年功工资制等类型。

工资标准指工资具体数额的规定。

运行机制指工资的执行方式和调整方式。主要包括：定级升级形式、工资支付的时限和形态等。

各国制定工资制度方面所遵循基本原则与依据，简单概括如下：

(一) 工资制度的基本原则。各国制定公务员工资制度的基本原则有所不同，但总体可分为普遍性原则和适应性原则两大类。普遍性原则，即世界各国通常都应用的原则。它包括：

1. 社会平衡原则，即国家在确定公务员的工资水平时，必须考虑到公务员系统外职工的工资水平，特别是私营企业职工的工资水平，

2. 同工同酬原则，即公务员只要做相同的工作，就给予相同的报酬，而不论其性别、种族、政治背景和社会背景等因素。

3. 定期晋薪原则，即政府定期增加公务员的工资。

4. 适应物价原则，即国家要根据物价指数的变动，定期调整公务员的工资，使工资的增长率高于或等于物价

的上涨率，至少保证公务员的实际工资不因物价上涨而降低。

适应性原则是指一些国家根据自己的国情所制定和运用的原则，主要包括：

1. 协商原则，即政府在确定公务员的工资时，要与公务员工会进行谈判协商。西方资本主义国家大多奉行这项原则。

2. 法律保障原则，即对公务员的工资实行法律保护，维护其工资方面的权力和义务，一是公务员的工资不准随意扣减；二是按期升级提薪；三是禁止不合理收入。西方发达国家多实行这项原则。

3. 按劳分配原则，社会主义各国工资待遇遵循的总原则。

（二）制定工资制度的基本依据。

制定工资制度的基本依据，是指制定工资结构和工资标准所考虑的因素。各国政府对工资依据的选择极为重要，都用法律和法规明确规定。其主要包括以下几个方面：

1. 职务因素。职务在很大程度上体现着公职人员的社会地位和社会责任，蕴含着能力、学识和经验，沉淀着资历和历史贡献，是内涵丰富的综合因素，各国无一例外将职务作为确定工资等级的主要依据，在诸因素中起主导作用。

2. 责任因素。实行职位分类制度的国家非常重视责任的作用。责任不仅与职务（官职）挂钩，更要与职位挂钩。同级职务（官职）的人员，由于其工作性质的不同，位置的重要性不同，被看作担负不同的责任、领取不同数额的工资，责任的作用非常突出。

3. 工龄（年功）因素。在制定工资标准或晋升等方面，将公务员的服务年限作为一个重要因素。

4. 学历因素。各国普遍根据学历确定初任职公务员的工资级别，学历高，定级也高。

二、公务员津贴制度的含义

津贴是为了补偿公务员额外的或特殊的劳动消耗，以及保证其生活水平不受特殊条件环境影响而给予的报酬，具有以下特点：

（一）津贴是一种补偿的劳动报酬，大多数津贴所体现的不是劳动本身，即劳动的数量和质量的差别，而是劳动所处的条件和环境的差别，主要作用在于平衡行业、工种和地区之间的工资关系。

（二）津贴具有单一性的特点，多数津贴是根据某一特定条件，满足某种特定要求制定的，往往是一事一贴。因此，津贴发放的条件、范围、对象，界限十分明确。

（三）津贴具有较大的灵活性。它依环境、条件的变化而变动，可以增减其数额，也可以取消。

（四）大多数津贴不作为退休金的计算基数。

三、公务员福利制度的含义

公务员的福利是指国家在付给公务员的工资报酬的同时，通过举办服务性设施、提供劳务和保险、发放必要补贴、享受假期等形式给予公务员种种的生活照顾。国家为公务员提供福利待遇的目的是：帮助公务员解决个人难以克服的某些困难，满足公务员带有共同性和普遍性的消费需要，以促使公务员安心工作，提高工作效率。同时，增强公职的吸引力，吸引优秀人才进入公务员队伍为国家服务。其主要内容包括假期制度和社会保障与保险制度两个方面

我国和部分国家、地区公务员薪酬制度的基本情况

对于部分国家、地区公务员薪酬制度基本情况的了解，有助于我们进行深入的分析和比较，因此，下面先将公务员薪酬制度比较完善而且具有代表性的部分国家、地区的公务员薪酬制度和我国的薪酬制度的基本情况，做一个概括的阐述。

一、我国公务员薪酬制度的现状

（一）工资制度

我国实行职务级别工资制（职级工资制），属于职务复合性的工资制度。其构成包括职务工资、级别工资、基础工资和工龄工资四个组成部分。职务工资和级别工资是工资构成的主体。

1. 职务工资。按公务员的职务高低、责任轻重和工作难易程度确定，是职级工资制中体现按劳分配原则的主要内容。每个职务层次又设若干个工资档次，并随职务及任职年限的变化而变动。

2. 级别工资。按工作人员的资历和能力确定，共分十五级，一个级别设置一个工资标准。

3. 基础工资。按大体维持公务员基本生活费确定，各职务人员均执行相同的基础工资。

4. 工龄工资。按公务员的工作年限确定，工作年限每增加一年，工龄工资增加一元，一直到离退休为止。

5. 工资增长机制。公务员的工资增长主要通过以下途径实现：

（1）晋升职务工资档次。正常晋升工资档次是在工作考核的基础上进行。考核优秀和称职的，每两年可以在本职务工资标准内晋升一个工资档次；考核不称职的，不得晋升工资档次。

（2）晋升级别工资。工作人员在原级别任职期间连续五年考核称职，可以在本职务对应的级别内晋升一个级别工资，直到本职务对应的最高级别为止。

（3）晋升职务工资和增加工龄工资。公务员提升后，按新任职务工资编制执行。公务员随工作年限的增长，相应增加工龄工资。

（二）津贴制度

我国实行地区津贴制度，包括艰苦边远地区津贴、地区附加津贴和特殊岗位津贴。

1. 艰苦边远地区津贴，主要是根据不同地区的地域、海拔高度、气候以及当地物价等因素划分为四类，并制定相应的补贴标准，发挥工资的补充和导向作用。

2. 地区附加津贴。根据各地区经济发展水平和生活费用支出等因素，考虑机关工作人员工资水平面与企业工资水平差距确定。由于国家没有制定统一的地区附加津贴实施规定，因此，全国各地在1993年工资改革过程中，通过整顿津贴种类后，保留和确定下来的地区附加津贴有所不同。

3. 特殊岗位津贴制度。对应在特殊岗位上工作的公务员，国家统一实行特殊岗位津贴制度，包括：警衔津贴，公安干警值勤值岗津贴，审计人员工作补贴，人民法院、人民检察院、纪检监察办案人员岗位津贴，司法助理员岗位津贴和税务工作人员税务征收津贴。此外，部分省、市还根据自己的实际情况，增加了享受特殊岗位津贴人员的范围，如保密工作人员津贴、计划生育工作人员津贴等。

（三）福利制度

我国公务员福利确定遵循以下原则：一是公务员福利所满足的主要应是公务员共同的物质和文化生活需要；二是公务员福利的待遇水平要与本部门的经济状况相适应；三是要正确处理公务员福利和工资的关系，保证按劳分配收入在公务员收入中占主要部分。其主要内容包括：

1. 住房福利政策。总体可以分为三个阶段：一是20世纪80年代末90年代初以前，公务员原则上可以分配一套公有住房，所交纳的租金比市值租金要低，并且可以享受住房补贴；二是90年代初开始出售公有住房，公务员可以用远低于市值的价钱购买单位分配的公有住房；三是住房分配货币化，单位停止分配实物住房，取而代之的是发放购房补贴，并且通过住房公积金账户为公务员购置住房提供低息贷款。

2. 公费医疗政策。一直以来，公务员享有优厚的公费医疗待遇，公务员本人及其供养的直系亲属所发生的医疗费用，个人只需承担小部分，大部分由国家来承担。目前，这种医疗制度正在进行改革，并逐步向医疗保险过渡。

3. 集体福利设施。为满足公务员共同需要、减轻公务员的家务劳动和方便生活，使公务员获得优惠服务而建立的食堂、托儿所、幼儿园、浴室、理发室、疗养院等。

4. 文体福利设施。为满足公务员文化生活需要提高其身体、文化素质而建立的如文化宫、俱乐部、图书馆、游艺厅、体育场、游泳池等。

5. 福利补贴。为满足公务员的不同需要，减轻其生活负担，而设立各种补贴，如上下班交通补贴、防暑降温费、洗理费、房租补贴、生活用品价格补贴以及生活困难补助等。公务员的生活困难补助，分为定期补助和临时补助两种，定期补助是对生活费用低于一般水平，不能维持正常生活的公务员，确定补助金额，按月发给；临时补助是对公务员发生一些特殊困难而自己又无力解决的，如因疾病、死亡、天灾、人祸等造成生活困难的，给予临时性的补助，补助对象只限于本人或所供养的直系亲属。

6. 假期待遇。国家公务员还可享受病假待遇、产假待遇和年休假待遇等。

7. 公务员保险。公务员保险是指国家为了满足丧失劳动能力或待业的原公务员的基本生活需要，通过立法程序建立的对暂时或永久丧失劳动能力的公务员给予物质帮助的制度。保险的对象仅限于丧失劳动能力的公务员以及应当由他们供养的直系亲属。其内容包括：公务员因公负伤、致残、死亡的保险待遇；公务员非因公负伤、致残、死亡的保险待遇；公务员疾病的公费医疗和保险待遇；公务员生育的保险待遇；公务员退职退休的保险待遇；公务员待业期间的保险待遇；公务员供养直系亲属的保险待遇；公务员集体保险待遇等。但是，目前我国公务员保险制度还处在建立阶段，还没有形成一套完整和完善的公务员保险体制。

二、其他国家、地区的公务员薪酬制度概况

（一）其他国家、地区的公务员工资制度概况

1. 美国的职能复合型分类等级工资制。

美国公务员工资种类主要有6种。（1）一般行政人员工资；（2）高级行政官员工资；（3）邮政系统人员工资；（4）驻外人员工资；（5）退伍军人及医务人员工资；（6）蓝领工人工资。各类人员的工资都制定各自适用的工资表。

美国公务员工资调薪标准及方法：美国自1968年起规定，第一等至第十五等的工资额随物价指数的变动自动调整，以保证公职人员的实际工资不因物价上涨而降低。1972年又制定了《联邦工资比照法》。该法规定，联邦公职人员工资要同私营企业职工的工资相当，并由有关部门在对私营企业调查的基础上，提出调整一般行政职工工资标准的建议。经国会批准后，由总统发布命令，调整一般行政职工工资标准，从当年的10月1日实行。

美国公务员工资的特点：等级工资制中，等级越高级差越大，相邻等级之间的数额相交叉，公职人员的升级提薪结合考绩进行。

2. 法国的职务复合型指数等级工资制。

法国公务员依据职类和职务分成A、B、C、D四个职等类别，分对于四种工资指数表，即纯指数表、毛指数表、新增加后的指数表和特级指数表。

法国公务员工资调薪标准及方法：法国公务员工资级别的提升，一般一年升一级，具体升级条件和幅度由公务

员工会与政府协商谈判决定。最低与最高工资数额的比例，依指数点的定值有所不同，一般在3～4倍之间。

法国公务员工资的特点：采用指数工资制，即工资标准不规定工资的具体数额，只规定工资指数，工资的具体数额等于工资指数乘以最低生活费。最低生活费由政府根据物价和生活费用指数的变动情况决定。

3. 香港的职位结构型分类等级工资制。

香港公务员的含义十分广泛，其薪酬政策的目标是“提供足够薪酬去吸引、挽留及激励合适人才，为市民提供高效率和有成效的服务。这个薪酬应是公务员本身及他们所服务的市民都认为是公平的”。

香港公务员的薪酬结构沿用“学历比较法”，目前包括47个职业类别，400多个职系，分属12个资历组别和11个薪级表（见表1、表2），公务员工资是按照薪级表的支薪点来支付的。支薪的确定方法是：各个职系归纳到12个资历组别中，每个职系又划分为若干个职级，每个职级对应一个薪级表，每个薪级表由若干个支薪点组成，每个支薪点之间存在级差。公务员初任职工资从所在职级对应的薪级表的最低支薪点开始。

香港公务员工资调薪标准及方法：第一是通过提高支薪点来提高公务员工资水平，公务员在无过失的情况下，年资每增加一年，提升一个支薪点。第二是调整薪级表的支薪点标准。港府根据确保公务员的薪酬与私营机构“大致相若”的原则，通过两个外部比较机制来调整支薪点：一是通过比较私营机构及政府的“相类职位”来寻求政府内各职位的薪酬水平，即“薪酬水平评估”；二是每年调整薪酬时，以过去十二个月内的薪酬调整趋势来确定本年度各层次公务员的加薪幅度。

20世纪80年代以来，公务员每年度的加薪幅度大多在10%以上。扣除物价上涨的因素，香港公务员在80年代平均每年都获得了2.5%的实质增薪。香港公务员的工资普遍较高，高级公务员的工资之高尤为引人注目。近十多年来，高级官员的收入年年增加。1979年，港督的每月薪酬为3.1万元，到1990年，港督的月薪为14.5万元，十年间急升了4倍多。目前行政长官的月薪27万元，比1990年又翻了一番。

表1　　香港公务员资历组别

资历组别	名　　称
1	无需中学会考五科及格职系
2	中学会考证书职系 第一组：需要香港中学会考五科及格的职系 第二组：需要香港中学会考五科及格并且相当经验的职系
3	高级文凭及文凭职系 第一组：高级文凭职系 第二组：文凭职系
4	技术督察及相连职系、高级证书加经验
5	技术人员、督导及相连职系第一组：证书或学徒训练加经验
6	技术人员、督导及相连职系第二组：工艺及技能加经验或学徒训练加经验
7	需要香港高级程度会考两科及格和中学会考三科良的职系
8	专业及相连职系 第一组：专业学会会员或同等资格 第二组：薪酬结构与第一组职系相关连的职系
9	学位及相连职系
10	第一标准薪级职系
11	教育职系
12	其他职系

香港公务员薪酬制度的特点，主要可以归纳为四个方面：外部比较——追随私营机构薪酬水平及趋势；内部比较和薪酬差距；集中管理；透明和公开。

表2　　香港公务员薪级表

总薪级表
第一标准薪级表
警务人员薪级表
一般纪律部队（指挥官级）薪级表
一般纪律部队（主任级）薪级表
一般纪律部队（员佐级）薪级表
首长级薪级表
首长级（律政人员）薪级表
见习职级薪级表
技术员学徒薪级表
技工学徒薪级表

（司法人员及廉政公署人员，分别按司法人员薪级表及廉政公署人员薪级表支薪）

（二）其他国家、地区津贴制度的概况

各国政府普遍利用津贴来调节公务员报酬分配中的特殊矛盾以弥补工资制度的不足，在一些方面表现出一致性。但是，由于各国社会性质和工资制度的不同，在津贴设置种类和数额方面有较大的不同，大体可以归纳为以下五类：

1. 特殊生活津贴。特殊生活津贴指公务员因生活环境影响，造成生活费用支出增大或引起某种生活特殊需要

而给予的津贴。比如地区津贴、高温津贴、防寒津贴。

2. 特殊工作津贴。它指由于特殊条件下的工作或特殊工作需要而给予的津贴。比如危险津贴、加班津贴、值班津贴、国外工作津贴。

3. 职务技能津贴。它指由于公务员担任某种职务，或者掌握了某种技术业务能力，或者具有某种学历等而给予的津贴，以及政府为鼓励公务员学习进修而发放的津贴。

4. 累积贡献津贴。它指由于公务员的年资贡献和历史贡献而给予的津贴。

5. 福利性津贴。它又称社会保障性津贴，指为减轻公务员生活负担，保证其一定的物质生活水平，维护公务员的身心健康，满足其精神文化生活需要而给予的津贴。

津贴发放的办法东、西方国家也有所不同。欧美资本主义国家的大部分津贴带有浓厚的等级色彩。津贴数额都与职务、工资等级挂钩，按照一定的百分比发给，职务级别越高，津贴额也越多。而东欧等国津贴的发放多与人头挂钩，按照相同的数额发给，人人平等。

（三）其他国家、地区福利制度的概况

各国公务员的福利待遇一般包括假期待遇、医疗待遇、伤残待遇、失业和抚恤待遇等五项内容。主要的区别在于，当代发达国家的生活水平较高，福利制度已不再以保障生活为中心，转而向满足公务员高层次文化娱乐需要演变，福利性消费补贴用于旅游、文体生活与社会交际，而经济较为落后的国家则仍然以补助生活，满足基本消费需要为主。

我国与其他国家、地区公务员薪酬制度的比较分析

在掌握我国和其他国家、地区的公务员薪酬制度概况的基础上，下面将试图对于我国公务员薪酬制度的一些具体问题做一些比较分析。

一、工资制度基本原则、依据及其应用的比较分析

工资的基本原则与依据是制订工资方案的根据，直接影响到公务人员工资水平的高低与每个公务员工资数额的多少。各国工资实践表明，由于方案定得不妥当、武断造成的摩擦和不满，比工资数额本身所带来的摩擦和不满有过之而无不及。因此，各国政府十分重视工资基本原则与依据的合理性，力求公务员的工资收入与其社会地位和作用相一致。做到社会分配的公平。

通过第二部分的阐述，我们不难发现，美、法等国家和香港地区一般遵循社会平衡、同工同酬、定期提薪、同物价挂钩与协商原则。他们在运用这些基本原则和依据有以下特点：

1. 公务员工资制度基本原则和依据是以法律形式表现。有效地保护公务员合法取得工资收入的权利和义务。

2. 社会平衡原则是制定公务员工资制度的首要依据。一般而言，其他国家、地区都力求公务员工资要与社会同类人员，特别是私营企业管理人员的收入水平相互平衡，大体持平。

3. 基本上都设有专门机构从事公务员薪酬水平和薪酬趋势评估，如美国、日本、新加坡等国家和香港特区，通过动态的评估，及时根据私营企业工资的变动情况提出调整公务员工资标准的建议。

反观我国的公务员工资制度的基本原则、依据及其应用。从理论上与其他国家大致相同，主要包括按劳分配、平衡比较、正常增资、物价补偿和法律保障等5个原则。但在具体的运用上，却未能像其他国家、地区一样形成一整套完善的机制。主要表现在：

1. 没有专门的工资法规，公务员工资制度的基本原则和依据未能以法律的形式系统、完整地表述出来。只是在劳动法中笼统地予以体现。

2. 没有建立公平、合理的平衡比较机制。原则上公务员工资标准是根据国民经济发展和企业相当人员工资水平的增长和城镇居民生活费用的增长作出相应的调整。但在实际执行过程中，并没有建立一个公平、合理的公务员工资水平的评估机制，及时调整公务员工资标准。改革开放以来，我国经济得到了突飞猛进的发展，居民生活费用和物价水平有了质的飞跃。但是公务员的工资从1979年到2001年才调整了6次，分别在1989年、1993年、1997年、1999年和2001年，在1993～1997年，公务员的工资竟没有调整过，而在1999～2001年，又连续3次调整公务员工资，而且调整的幅度比较大（见图1）。从实践上看，1999～2001的工资调整是要把过去几年累积的公务员工资与经济发展水平的差距通过“小步快跑”的形式补回来。但是，这种工资的调整无论从调整标准的确定，还是调整时间的确定都没有通过科学、合理、公开的方法和形式进行论证和分析，显得依据不足而且没有规律，让老百姓难以理解。

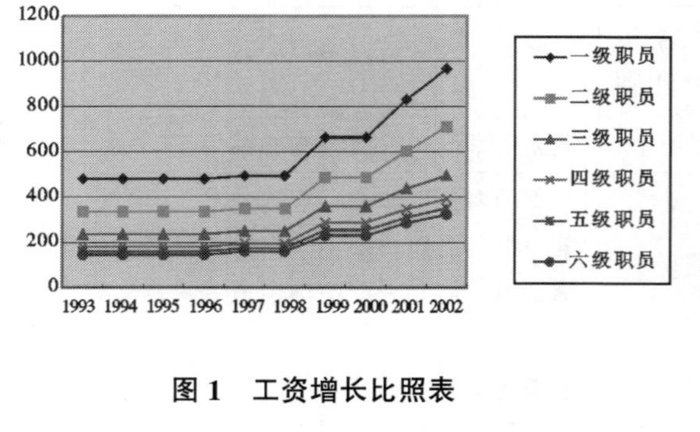

图1 工资增长比照表

二、公务员工资结构的比较分析

美、法等国家地区的公务员工资大多数采用的是复合型的工资结构，在一个工资标准中体现了工资的多个作用和成分，如基本生活费、职务责任贡献、资历等。同时，将年功工资通过工资点（支薪点）分布或等级差来体现。

而我国的工资结构基本上采用的是结构型的工资，通过职务工资、级别工资、基础工资和工龄工资来分别体现公务员的职务贡献、能力资历、基本生活费用和年功贡献。

我国这种结构型工资制度面临的一个难题是如何公平、合理、有效地确定工资各个成分的标准。基本生活费用和年功贡献的工资标准可能还比较好确定，只要通过平衡比较，与经济发展水平、物价水平等经济指标建立测算模型就可以了。但是职务工资标准和级别工资标准该如何确定呢？建立公务员绩效评估机制是一个比较理想的解决方法，将公务员的工作按照职能、责任、工作量等因素进行细化分解和进行量化处理，并与社会经济指标建立测算模型就可以基本得到解决。但问题是，将公务员的工作进行量化是一个庞大和复杂的工程，在短时间内是无法建立起来的。相反，如果运用复合型工资制度，只要与社会经济发展指标或企业相当人员的工资水平建立起比较的模型，就可以确定公务员的工资水平了。

三、公务员工资标准的比较分析

这里主要对公务员工资水平的比较和公务员工资标准级差两个方面进行比较。

1. 公务员工资水平的比较。从上面的分析，我们已经知道其他国家、地区公务员的工资标准是通过平衡比较法，与私营企业相当人员的工资水平、社会整体工资水平、经济发展因素等经济指标挂钩来测算确定的。一般而言，公务员的工资水平处在社会平均工资的中等偏上水平。

在我国，计划经济体制下，公务员和企业人员都是国家供养的，其工资标准是通过生活必需品的数量和价格的核算出来的，各个部门和行业的工资水平基本保持一直。但随着社会主义市场经济大发展，企业等其他行业都基本上采用了市场经济的分配机制进行个人收入的分配，只有公务员的工资收入仍保留计划经济的分配机制，导致公务员工资水平明显低于社会相当人员的平均工资水平。截至2001年10月，我国的公务员工资水平，剔除工龄因素，最高是一级工资、主席6档共2 846元，最低是十五级工资、办事员1档共445元，平均水平是11、12级工资、正科4～5档之间，为650～750元之间。这个工资水平，从全国劳动工资水平来看，处在中等偏下的水平，在个别地区，这个平均工资水平可能只稍高于基本生活保障线的水平。

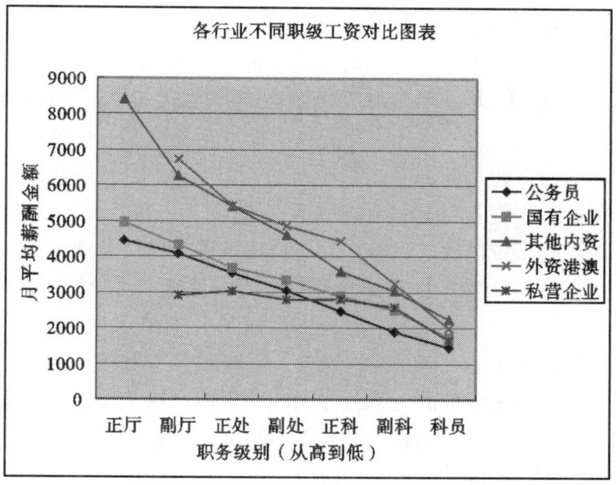

图2 广东省公务员与各性质企业相当人员工资比较表

与企业相当人员工资比较，也存在较大的差距，难以体现公务员职位的优势。以广东省为例，2000年各级公务员的收入水平（含广东省自行制定的补贴津贴）与各类性质企业中的相当人员比较，存在明显的差距（见图2）。在图中所列的五种单位类型中，公务员处在最后一位，分别低于国有企业366元、其他内资企业992元、外商和港澳台企业1 035元、私营企业262元。如果扣除广东省自行制定的补贴津贴，只按国家统一的工资项目结构计算，与上述各类型单位的收入差距还要扩大1 000元左右。

2. 公务员工资标准的级差比较分析。其他国家、地区的工资标准级差主要通过两个方面来体现：一个是职务工资差别，主要是体现职务责任贡献的区别，通常这个差别比较大，作为责任风险的补偿，以香港为例（见表3），特区行政长官的月薪是27万元，初级公务员的月薪是8 000多元，相差32倍。其中，在首长级（司、局级）公务员之间的级差相对较少，相差2～3万元，但在一般行政级管理人员的级差则很大，呈2～3倍增长。另一种是年功（工龄）工资的差别，主要体现在工资点的分布和标准上，主要是作为一种激励机制，对称职的公务员的一种物质奖励和鞭策。

表3 香港公务员薪酬简表

职务	月薪（港元）
行政长官	270 750
政务司司长	227 450
财政司司长	215 000
律政司司长	202 700
局长级官员	190 100
署长级官员	170 750
高级公务员	50 350
中级公务员	15 521
初级公务员	8 313

（此资料摘自：2002年5月23日《广州日报》）

我国的工资级差主要有四个方面：一是级别工资的级差，按2001年10月的标准计算（下同），最高为1 166元，最低为115元，最高最低差距10倍，但每级的差距不超过130元，平均每级级差在50元左右；二是职务工资的级差（由于职务工资的档次标准相互交叉，因此，以相同档次的不同职务工资标准进行比较），同一档次的不同职务工资差也超过250元，一般为70～80元；三是同一职务工资档次的级差，最高总理级每个档次之间的差额是120元，最低办事员级每档工资的差额是12元，平均为30～40元；四是工龄工资的级差，工龄每增加一年，工资增加1元。四种级差综合，剔除职务工资档次的交叉因素，每个职务的工资级差100元以内。这个级差，如果与平均工资水平比较，级差水平是平均工资水平的20%～30%，与香港或其他其他国家、地区的公务员工资标准级差是平均工资水平的倍数比较，明显偏低。如果再放到实际生活中，100元的级差作为责任贡献的报酬还不能让一家人好好地吃一顿，这又如何体现责任风险或者是职务贡献的补偿意义呢?

四、工资调整和增长机制的比较分析

晋升职务是世界各国公务员工资增长的一个重要途径，除此以外，其他国家、地区的工资调整和增长还有以下的特点：

1. 薪酬调整与外部经济环境紧密联系。按照定期晋薪和平衡比较原则，定期通过“薪酬水平调查”和“薪酬趋势调查”，检讨公务员薪酬标准，将公务员的工资与相关经济指标或私营企业人员的工资水平进行比较，来决定公务员工资的调整和增长方案。

2. 年功增薪。每个级别的工资都设定多个支薪点，公务员每年的工作考核符合要求都可以通过提升支薪点来实现工资的增长。

与其他国家、地区比较，我国工资调整和增长机制存在的问题：一方面是定期晋薪机制的不完善，工资增长速度过慢。据统计，1979年至2001年，我国经济年平均增长9.8%，而公务员调整工资6次，年均才增长6.8%。而且由于历史原因，我国公务员的工资基数比较低，经过6次调整后的工资水平仍不能准确反映公务员的能力与贡献。这主要是因为我国的公务员薪酬评估机制没有建立，不能及时与外部经济环境进行比较分析，并提出公务员薪酬调整方案。

劳动报酬是人获得生存和发展需要的物质保证，如果公务员的工资水平长时期处于社会平均工资的低水平，或者不能适应经济发展水平所带来的物质生活水平提高的需要，必定会影响公务员的工作积极性和公务员队伍的稳定性，从而影响政府的行政效率。另一方面也可能导致某些公务员利用权力向百姓寻租，滥用职权收取灰色钱财，败坏政府在公众中的形象。对于如何确定合理的定期晋薪机制，在本部分的第一点讨论平衡比较原则时已有阐述，在此不再重复。

另一方面，通过档次工资和级别工资的提升获得工资增长激励机制也存在时间慢、标准低的问题。从表面上看，我国的工资增长的激励机制也是通过档次工资和级别工资的晋升来实现的。问题的实质是，通过档次工资和级别工资晋升来实现工资增长的时间过长，需要连续两年考核称职才提升一个职务工资档次，连续五年考核称职才提升一个级别工资。而且提升所获得的物质报酬（奖励）极少，提升一档职务工资和一个级别工资收入分别只增加约50～60元，按现行的物价水平，只能购买10～15公斤大米，对于提高公务员的生活水平没有实质性的意义，更不用说发挥激励作用了。

五、津贴内容和作用的比较分析

在第三部分已经提到，津贴的作用主要是用来调节公务员工资分配收入中的特殊矛盾，弥补工资制度难以统一调和的部分。一般分为特殊生活津贴、特殊工作津贴、职务技能津贴、累积贡献津贴和福利性津贴五种类型。

由于我国津贴制度的不完善，除艰苦边远地区津贴和特殊岗位津贴作为对于在特殊地区和岗位工作的公务员的一种补偿有其合理性，地区附加津贴并没有发挥应有的调节作用，只是被用于简单地解决工资收入不足以满足基本生活需要的普遍需要问题。其主要弊端在于：

1. 经济发展不平衡所带来的收入水平差距不能通过津贴制度予以调节。地区附加津贴制定的初衷是为了适应我国经济发展水平发展不均衡，弥补工资制度不能调节的公务员等质生活水平地区成本差异问题，也就是通常所说的物价指数问题。但在实际执行过程中，各地着重解决的是当地公务员的生活性补贴问题。

2. 津贴内容项目众多，不同地区各不相同，难以进行横向比较和科学管理。如广东省，主要包括物价补贴、福利性补贴、岗位津贴、奖金和其他等五大项，而每一个大项又包含好几个细项，如物价补贴包括粮食补贴、用煤补贴、水电补贴，福利性补贴包括清凉饮料费、书报费等。甘肃省根据自己的实际情况设置了高原补贴、知识分子补贴项目，宁夏自治区制定了首府津贴、风沙补贴等，这些名目繁多的补贴项目让人难以弄清楚，俗话称之“外行看不懂、内行记不住”。

3. 津贴标准的设定也没有形成科学、合理的评估机制，津贴水平缺乏合理性分析。

六、福利制度的比较分析

其他国家、地区的公务员福利制度的特点，一是公务员福利的形式和水平基本统一。在工资津贴之外，公务员享受何种福利、通过何种形式获得福利都是比较明确和统一的，如通过社会保险获得医疗、失业福利保障，通过统一的福利补贴制度获得生活或消费的满足等。二是健全的社会保险机制是公务员福利制度的一个基本保障。公务员所享受的医疗福利、失业福利基本上都是通过社会保障体系来实现的。三是福利性消费补贴在福利补贴中所占的比重越来越大，以支持公务员维持体面生活和满足公务员高层次的文化需求。

从上面阐述的我国的公务员福利制度来看，与其他国家、地区公务员福利制度存在许多不同的地方。一是生活性的福利水平的不平等、不确定性。在我国，各个部门是公务员生活性福利的主要提供者，各个部门的经济状况就直接影响到公务员所享受到的生活性福利的水平。由于目前行政单位预算的刚性约束不强，各个部门之间的经济状况的差别悬殊，也就导致了公务员福利水平的不平等、不确定性。

二是福利形式过于社会化。第三部分已经提到，我国的公务员福利是通过建设集体生活设施和文化设施来体现。而这些设施，如食堂、幼儿园、图书馆、体育设施等都是可以通过社会化的服务获得的，将有限的福利资金投入到这些社会服务化的设施中，有重复“企业办社会”之嫌。

三是福利补贴的发放不规范、不统一。除生活困难补助、住房补贴和公费医疗（医疗保险）外，目前我国对其他的福利补贴没有进行统一的规范，各个部门、单位按照公务员福利制度的原则自行制定项目并发放。这也是导致我国公务员津贴制度混乱的原因之一。

四是福利制度显性化的改革导致了公务员福利水平的损失。在我国，随着公费医疗制度改革和福利分房货币化改革的进行，过去通过“暗补”的隐性形式，如支付医疗费、廉价享用公有住房等实现的公务员福利，逐步通过货币化的显性形式来实现。但是，货币化的福利补贴水平不足以弥补福利收入的实际损失。以住房补贴为例，在实物分房福利政策实施阶段，副科级干部可以购置 85 平方米以内的公有住房，按广州市中等商品房的价格每平方米 6 000元计算，市值约为 50 万元，而按照购置公有住房的政策，公务员一次性付款只需 8～10 万元，住房分配的实际收益约为 40 万元，按三十年工龄分摊，每年的住房福利收入是 1.3 万元。而货币化后，正科级干部每月的住房补贴是 327 元，每年的住房福利收入只有 0.4 万元，仅是原来的 1/3，远远低于原有的实际福利收入水平，更谈不上满足购置住房的基本资金需求。而且由于职务越高可以享受的公有住房面积越大，因而形成的实际损失也越多。

七、我国公务员薪酬制度外的个人收入分配情况

与其他国家、地区比较，我国的公务员薪酬体制还存在一个特点，就是在统一的公务员薪酬制度监管外，还存在其他个人收入分配途径，也就是我们通常所说的“暗补”。

通过上述比较分析，我们不难发现目前我国公务员薪酬制度中不科学、不完善和不合理的情况。由于这些缺陷的存在，使公务员的薪酬不能充分体现公务员的劳动价值、满足公务员保持体面生活所要求的物质报酬的需要，而且，由于我国公务员薪酬制度法制化、规范化的程度还不高，因而，为了增强公务员队伍的吸引力和竞争力，通过地方、部门、单位的“土政策”，出台了一些公务员补贴津贴政策，这种额外的个人收入分配存在明显的“暗”和“乱”等弊端。

所谓“暗”主要表现在以下两个方面：一是缺乏法律依据。根据我国的公务员工资（包括补贴津贴）的有关管理规定，工资政策的制定权和解释权集中在国家有关部门，地方原则上不能制定工资政策。因此，各种补贴津贴的制定都“只能干、不能说”，不能昭示天下，特别是部门、单位自定的补贴津贴，更是处在分散状态下的暗箱操作之中。二是指额外个人收入分配的资金来源渠道不公开、透明。一般情况下，部门、单位额外的个人收入分配所需资金都不是通过预算的正常途径获得的，而是在政策的“灰色地带”中寻找解决途径。因而各部门、单位之间总是避而不谈。

所谓“乱”，一是指这种额外的个人收入分配补贴津贴项目乱。各种补贴津贴五花八门、名目繁多，既有生活性的补贴，如洗理费、煤气费、卫生费等，也有节假日补贴，借各个节假日的名义发放。二是指分配的标准乱，相差悬殊。各个单位视资金来源情况的多寡来制定不同的补贴标准，高的有 2 000 多元，低的只有 300 多元，造成了不同部门、不同单位之间公务员收入水平的差距，形成了同工不同酬的现象。三是指额外个人收入分配形式的乱。这些额外的个人收入分配形式既有现金，也有实物，还有的是通过免费（或者象征性地支付极少的价钱）享用集体福利的形式来实现，难以进行全面、真实的统计。

关于我国公务员薪酬制度建设的建议

从以上我国内地与香港及其他国家和地区公务员薪酬制度的比较分析，针对我国公务员薪酬制度存在的问题、吸取其他国家、地区的先进经验，我们认为，较好的公务员薪酬制度应具备下列条件：

第一，公务员的薪酬制度应该是一个统一的体系。这并不是指工资标准或收入水平的绝对统一，而是指薪酬制度应该在统一的目标、原则、依据、方法的指导下运行，既体现国家对于公务员薪酬制度的统一指导，又能充分体现地区经济发展水平差异所引起的合理收入差。

第二，公务员的工资内容应该能够充分满足基本生活需要，并能够通过合理的级差体现职务贡献、资历贡献、学历贡献，在公务员队伍中形成一种不断提高工作成效和追求自身文化素质提升的良性激励机制，塑造一个公务员精英团体。

第三，公务员工资水平和标准应该有明确的政策或法律作为指引，并通过科学、合理、公开的评估机制来确定，使公务员工资水平保持相对的稳定性，不会因为经济周期的波动而引起实际工资水平的下降。

第四，公务员的津贴制度是公务员工资制度的重要补

充，其作用主要是解决无法在工资层面上处理的各种特殊的、需要差别对待的劳动报酬问题。

第五，公务员的福利制度应该能够通过适当的形式为公务员提供一种公平的生活保障和生活质量，满足公务员在共同的物质和文化生活方面的需要。

为此，我们对进一步完善我国的公务员薪酬制度提出如下具体的政策建议：

一、确立公务员薪酬制度的目标，体现公务员的精英地位

目前，我国的公务员薪酬制度并没有形成完整、规范和法制化的目标。而薪酬制度的目标却是一盏“引航灯”，指导我们制定公务员薪酬的具体政策，包括工资、津贴标准，福利政策等，而且是检讨公务员薪酬政策是否恰当的一个最基本的“度量衡”。同时，公务员薪酬制度目标也可以确立公务员薪酬在社会工资收入体系中的地位，保障公务员薪酬制度的相对稳定性。因此，确立公务员薪酬制度的目标显得尤为重要。

在确立公务员薪酬目标时，要体现公务员的精英地位。因为在我国，公务员属于高素质的管理人才，他们在国家机器的运作、公共事务的管理中所发挥的作用和取得的成效将直接影响我国社会发展和经济建设的进程，也会直接影响到公众所能享受到的公共服务的质量，所以，国家对于公务员的素质和能力是十分重视的，对于公务员的学历要求越来越高，而且必须通过严格笔试、面试等考核才能晋身公务员队伍。这实际是在公务员管理的体制上已经确定了公务员队伍是优秀人才聚集的精英之地。与之相适应，在确定公务员薪酬目标的过程也应该体现这些优秀人才的价值所在。在这方面，香港的公务员薪酬目标所体现的吸引优秀人才、物有所值和公平原则十分值得参考。

二、公务员薪酬结构的政策建议

本文的开始，已经明确指出公务员薪酬结构主要包括工资、津贴和福利三个组成部分，因为我们在研究的过程中发现，工资、津贴和福利在公务员薪酬制度中各自发挥着独特的作用，将三部分的内容简单地混在一起，将难以理清薪酬制度中应发挥的各种调节个人收入分配的作用。因此，我们提出的第一个薪酬构成的政策建议是：

（一）清晰界定工资、津贴和福利在公务薪酬结构中的地位、性质与作用

目前，我国公务员薪酬制度中工资、津贴、福利三部分的含义和作用是相互交叉、比较模糊的。在工资收入中包含各种津贴的内容，而津贴项目的设计，又将应由福利制度解决的问题掺和进行。使得工资、津贴和福利各自在调节公务员个人收入分配上的作用得不到充分发挥，也就使薪酬制度不能有效地解决地区差别、相当的生活质量成本不同（等质生活的成本差异）等各种差别因素问题。

因此，必须清晰界定工资、津贴和福利在薪酬结构中的地位和作用。工资在薪酬结构中应占主导地位，是薪酬结构的核心部分，是按劳取酬的首要体现，其内容和标准应该由中央政府进行统一的规定。因为工资在幅员辽阔的中国土地上，不论是在经济发达地区，还是在经济欠发达地区，公务员工作所付出劳动是基本相同的，因而理应获得相同的劳动报酬。津贴是薪酬结构的主要组成部分，是工资的重要补充，它发挥调节特殊矛盾和需求的作用，主要表现在两个方面：一是由于经济发展水平的不均衡导致等质生活的成本差异。二是对于在特殊环境和特殊岗位上工作所需付出的额外劳动或成本的补偿。通俗来说，第一点解决的是类似使用相同的电力而电费因地区差异而不同的问题。第二点解决的是类似对刑侦干警扑灭罪行所需承担的生命风险进行补偿的问题。福利是公务员薪酬制度的必要补充，它解决的是公务员的生活负担、共同物质文化需要和社会保障等问题。

在此基础上通过运用科学的方法和机制去确定公务员工资、津贴、福利具体内容和标准，将可以比较完整地涵盖公务员薪酬制度的各种要素，并且使公务员薪酬收入的差距提供合理的依据。

（二）调整工资构成要素

在前面的分析中，我们已经提出，目前我们采用的结构型工资构成要素，如分档次的职务工资、分等级的级别工资，在没有建立绩效体系的情况下，很难通过科学的方法确定各个档次、各个等级的工资标准。因此，我们建议采用复合型的工资构成要素，具体内容是：

1. 将职务工资、级别工资和基础工资合并为“职位工资”。这一方面是为了能够通过科学的工资平衡比较机制，制定合理的工资标准，另一方面是为了强化职位的责任和贡献。

2. 职位工资内设定各个档次，根据其承担的职位责任（领导职务或非领导职务）确定不同的计薪档次，体现责任贡献对等原则。同时也作为正常增资的具体内容。

3. 将工龄工资改为资历工资，将工龄因素与教育的机会成本因素结合起来考虑，加大工龄工资的起薪点和增长幅度。具体设计如下：将资历工资按学历分组，每组的起薪点与学历挂钩，学历越高，起薪点越高。同时，每组按照工龄的计算方法，工作年限每增加一年，资历工资相应增加一个标准幅度。每组的增加幅度也根据学历的不同设计，学历越高，增加的幅度标准越高。这样的设计，主要是为了弥补因为受教育而付出的机会成本，同时，也是强化工龄工资的作用，力求保持公务员队伍的稳定性。

（三）健全现有三项津贴，并赋予地方政府制定地方附加津贴的权力

目前执行的艰苦边远地区津贴和特殊工作岗位津贴基本上能够解决特殊环境和特殊岗位上工作所需付出的额外劳动或成本补偿问题，但在标准、项目设定方面还可以进一步完善。下面着重谈论地方附加津贴问题。

中国幅员辽阔，经济发展水平千差万别，要解决等质生活成本差问题，简单的“平均主义”是难以实现的，如果按照购买力平价学说分析，这实际上只会导致个人实际收入水平的不公。因此，必须充分发挥地方附加津贴的调节作用。由于我国实行统一领导、分级管理行政管理和财政管理体制，因此，只有当地政府最了解本地的经济状况，如何在财力范围内解决公务员等质生活成本差问题，也只有地方政府最有发言权。因此，在国家统一制定的地方附加津贴评估测定方法和运行机制下，赋予地方政府制定地方附加津贴的权力。可以保持薪酬制度的统一性，也可以实现津贴的灵活性，充分发挥地方附加津贴的调节作用。

这样一来，就可以名正言顺地解决等质生活水平成本差问题，同等职务的公务员因调动从经济发达地区调往经济欠发达地区而引起的工资收入下降也就找到了合情合理的理论解释。它不是因为劳动报酬（工资）的减少，而是由于享受同等质量的生活水平所付出的成本减少了而造成的。同时，也为大刀阔斧地取消各种地方制定的补贴津贴奠定了坚实的基础，因为地方附加津贴实际上已经解决了包括物价差、生活性支出等各种因素造成公务员实际收入比名义收入低的问题，各地也就没有必要再制定各种“土政策”来弥补公务员生活需求的不足。

（四）改革并统一公务员福利内容

前面的分析已经提到，目前我国的公务员福利内容除住房补贴和公费医疗制度外，其他都是由各个单位根据自身的经济状况提供的，而且所提供的集体设施有“机关办社会”之嫌，容易出现重复建设、使用效率低等问题。而公务员的生活中所面临的许多实际问题，却没有通过福利制度得到很好的解决。因此，有必要对公务员福利的内容进行统一的改革，使公务员享受同等的福利待遇。具体改革的内容主要包括：

1. 制定减轻家庭负担的福利制度。在相同的工资、津贴标准下，不同的家庭负担直接影响着公务员生活的质素。因此，对于具有家庭负担的公务员应该给予福利补助，例如赡养直系亲属补助、子女教育补助、生活困难补助等。这些补助可以通过不同的形式实现，既可以发放现金，也可以通过个人所得税的单项减免税政策予以体现。

2. 取消分散的集体福利设施建设，按照营造公务员精英文化的要求，集中建设公务员俱乐部，为公务员需求物质文化生活提供优越的环境和便利的条件。

3. 建立健全公务员住房、医疗福利制度，使其福利水平能够基本满足公务员在住房、医疗方面的需求。

三、公务员薪酬标准的政策建议

（一）建立公务员薪酬标准评估和确定机制

建立公务员薪酬标准评估和确定机制是落实公务员薪酬的平衡比较原则的必要要求。《国家公务员暂行条例》第六十七、六十六条明确规定，“国家根据国民经济发展和生活费用价格指数的变动，有计划地提高国家公务员的工资标准，使国家公务员的实际工资水平不断提高”，“国家公务员工资水平与国有企业相当人员的平均工资水平大体持平”，《2002～2005年全国人才队伍建设规划纲要》也提出“建议党政机关工作人员工资与经济发展、物价水平联系的动态增长”。要实现这种比较，就必须通过科学、合理的评估机制来完成，没有深入调查和比较分析的薪酬标准和调整决定都是草率和缺乏坚实基础的。

薪酬评估和确定机制包括薪酬评估方法的运用和运行方式的设置两方面的内容。评估方法建议采用综合比较法和分类比较法。综合比较法主要是用于总体水平的确定上，如将公务员工资的总体水平与社会平均收入水平进行比较。分类比较主要是用于公务员职位工资、档次工资的设计方面。如通过与企业相当人员工资水平的各个职位工资的标准和水平。

运行方式的设置包括统计数据的获得、评估专家的组成、评估的频率和时间设定、工资方案的咨询和实施等具体的内容。可以参照香港的做法成立公务员薪酬评估委员会，专门从事公务员薪酬评估工作，并提出薪酬调整的建议。也可以通过聘请社会中介机构来进行评估，并由政府有关部门根据评估结果制定薪酬调整方案。评估的频率建议是一年评估一次。

（二）合理制定公务员薪酬级差

如何科学地制定工资标准的级差，无论从理论上，还是从实践上，都具有积极的意义。因为级差过大会引起中下层人员的不满，助长高层人员的特权习气与骄奢，造成公职人员内部人际关系的紧张和对立。差比过小，则会产生平均主义，助长敷衍塞责不求进取，不负责任的风气，乃至引起优秀人才的外流。级差的确定可以结合以下几个要素综合考虑：

1. 级差的设计应可以解决责任贡献和风险补偿、教育机会成本补偿两个问题。前者主要通过职位工资的级差来实现，后者主要通过资历工资级差来实现。

2. 职位之间的级差水平应能够明显提高公务员的生活水平和生活质量。职位内的档次工资级差水平应具有明显的激励作用。不同学历之间的资历工资级差应体现教育成本差异。

3. 职级越高，级差水平可以越大，充分体现职级的责任贡献。假设科级与处级的级差是300元，则处级与厅级的级差可以达到600元。

4. 职级内正副职、领导与非领导职务的级差可以比较平缓，或者通过适用不同的档次工资来实现。

四、合理确定新入职公务员薪酬

之所以要讨论这个问题，主要是要增强公务员职位对于大专院校毕业生的吸引力。俗话说“人往高处走，水往低处流”，大学生就业固然要考虑自我价值实现的问题，但是物质利益因素还是他们就业时首要考虑的问题，物质利益既是他们价值的体现，也是他们建立自己“家园”的物质保障，如购置自己的居所、为婚姻做好物质准备等。因此，要吸引优秀人才投身公务员行列，薪酬水平必须具有竞争力。

前面的论述已经明确公务员薪酬的各个组成部分分别发挥不同的收入分配调节作用。根据其性质，工资和津贴都不宜用与调节新入职公务员的薪酬水平，只有福利制度是合适的方式。为增强公务员薪酬的竞争力，我们建议建立新入职公务员福利制度，内容可以包括：学历补贴、耐用消费品补贴等。

五、适时引入绩效工资

绩效工资是将公务员的工作表现与工资紧密挂钩，工作成效越显著，工资收入越多，充分发挥工资的激励作用，调动人的积极性、主动性和创造性。现阶段，绩效工资越来越受到西方发达国家的重视，新加坡对功绩突出的给予越级晋升。加拿大对公务员的增资主要看表现，成绩突出的可以一次升几级，直至本职位的工资最高限度，或者在最高工资额之外另加奖金。英国也打算改革工资制度，重点奖励成绩显著、工作出色的人员。虽然，绩效工资的量化是一个庞大而复杂的工程，只有在政府公共管理的各项工作能够被合理地分解成具体的项目或可以量化的任务的前提下，才能通过项目评估或者各种数量指标考核来科学评定公务员的绩效。但是，绩效工资在挖掘人才、充分调动公务员的积极性中所发挥的作用是不容忽视的，因此，建议可以在一些职能比较简单的部门首先试行，待条件成熟后再逐步推开。

（课题组成员 苏凤玲 孙组通 刘 捷 杜安国
冯 卫 邹建军 叶 斌 何兰芳
吴广修 余 烈 余 浩 许 勤
吴清强，刘 捷 杜安国 冯 卫执笔）

广东省财政环保治理资金投入分析

广东省财政厅企业处课题组

（2003 年 9 月）

广东省各级财政环保治理资金投入基本情况

一、省财政 1997～2002 年资金投入

（一）环保专项资金支出

1997 年，根据广东省政府《关于切实加强环境保护工作的决定》（粤府〔1997〕13 号）精神，省财政设立了“广东省环境保护专项资金”，时间暂定为 1997～2000 年，每年安排 2 000 万元。省财政厅、省环保局颁发的《广东省环境保护专项资金使用管理办法》规定了专项资金的使用范围、程序和管理规范。

1997～2000 年，省财政共安排拨出环保专项资金 10 945万元，其中有偿使用资金 1 265 万元，项目总数 179 个，项目的类型和资金额如下表：

表 1 1997～2000 年广东省环保专项资金安排情况表

项目类别	资金额（万元）
点源治理	4 473
环保科研	1 020
环境管理能力建设	2 432
环保示范工程	645
环境综合整治	2 375

2000 年末，省财政总结了 1997～2000 年安排环保专项资金的经验，根据省政府印发的《广东省环境保护“十五”计划》要求，从 2001 年起继续安排环保专项资金，并重新制定了《广东省环境保护专项资金使用管理办法》，规定专项资金优先安排列入省环境保护规划、计划的重点项目和重大科研项目、重大环境管理能力建设项目，用于解决我省环境保护存在的重点问题；专项资金不再实行有偿使用，使用的范围包括：

1. 污染综合整治及跨区域污染整治示范项目和省政府批准的专项规划、计划中的项目补助；

2. 省重点污染源治理、“三废”综合利用和清洁生产示范工程贴息；

3. 环境监测、监理、宣传、教育、统计、信息等环境管理技术能力建设项目补助；

4．重要的环保立法项目和政策研究项目补助；

5．重大环保科技项目补助或贴息；

6．自然生态恢复和保护项目补助；

7．环保产业技术与装备、新产品的研究开发示范项目补助；

8．省人大、省政府决定安排的项目。

2001 年和 2002 年两年，省财政共安排环保专项资金 10 200 万元，安排项目共 90 个，平均每项资金额与前 3 年安排的项目相比提高了 85%，体现了“十五”期间财政资金集中保重点的原则。截至 2002 年，省环保专项资金安排项目合计 21 145 万元，分析如下图：

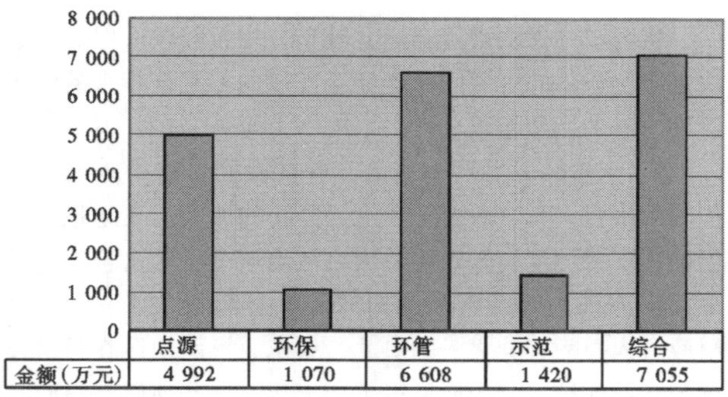

图 1　广东省省级环保专项资金 1998～2002 年项目统计

（二）省级排污费支出

我国排污收费制度早在 1982 年国务院颁布《征收排污费暂行办法》后就建立了。1990 年，广东省政府颁发了《广东省征收超标准排污费实施办法》，规定我省省级排污费的征收对象是中央和省属的排污单位，由省环保监理机构负责征收管理并委托排污单位排污口所在地的市或县的环保监理机构代为核定后，收缴到省指定的专户。据统计，到1992年末，省级排污费累计收入仅为 870 万元；到 1997 年末，省级排污费收支相抵后结余 2 956 万元；到 2001 年末，省级排污费收支相抵并扣除防范化解金融风险准备金和银行手续费后的结余额高达 9 224 万元。这种结余数的逐年积累意味着排污费支出存在不正常情况，究其原因，就是排污费收支体制的不完善。

按规定，超标准排污费的 80%用于缴费企业的治理补助，20%可用于对环保部门的补助。这种规定的初衷是鼓励排污企业进行治理和加强环保部门的自身能力建设，而实践中却出现了两种并存的现象，即可用于企业污染治理的资金用不出去，而可用于环保部门自身建设的资金则不够用。这种现象是由下列因素造成的：

1．企业治理污染措施所花费的成本远比缴交排污费这样的成本要高，因此企业宁可按章缴纳排污费而不申请排污费返还用于污染治理。

2．按规定，《中华人民共和国环境保护法（试行）》公布以后新、扩、改建的工程项目，所缴排污费不能返还。这条规定将越来越多的企业挡在排污费返还的门槛之外。

3．由排污费拨入的污染源治理专项基金，其使用条件相当苛刻，使企业对专项基金贷款敬而远之。

4．按规定，排污费中的提高收费标准、加倍收费、滞纳金“三项收入”的 100%可用于对环保部门的补助，而“三项收入”所占比重越来越高，使排污费中法定可用于环保部门自身建设的部分越来越大。

排污费收支体制的不完善，导致排污费不用于治理污染而用于“吃饭”的怪现象。1998～2001 年通过环保口支出的省级排污费 4 678 万元，其中直接用于环保治理的资金仅为 309 万元，加上用于环保示范工程和转入污染源治理专项基金的排污费，合计 1 559 万元，共占环保口支出总额的三分之一弱，意味着同期用于环保机构自身能力建设（俗称“吃掉”）的部分占 2/3 以上。

下图清楚地表明，排污费的闲置现象成为我们必须着手解决的突出问题。2001 年起，省财政厅采取了两项改革措施，一是从不再从排污费中安排省环保监理工作经费，改在年度事业费预算中给予安排，二是摆脱“返还缴费企业”的概念，将省级排污费的支出方向转到以重点污染源治理和区域性环境综合治理为主。与此同时，省财政还暂停了按比例划入污染源治理专项基金的惯例做法，避免使更多的资金停滞在有偿资金账户上。2002 年省级排污费用于环境综合整治和环保示范工程等直接的治理支出 3 327 万元，用于环境监测、信息监控发布等 1 542 万元，两项共占全年实际总支出的比重达 87%，从根本上改变了环境治理资金闲置和“吃掉大半”两个现象。

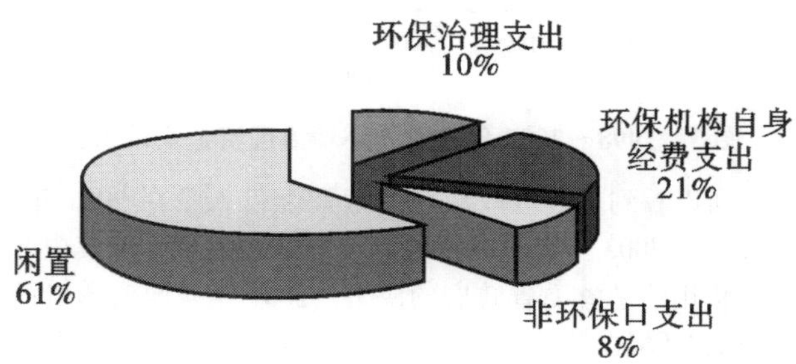

图 2　1998～2001 年省级排污费分配图

（三）水污染防治专项资金支出

2001 年上半年，根据省政府在粤东地区召开的现场办公会议精神，省环保局和省财政厅提出并经省政府领导审批同意，设立了广东省水污染防治专项资金，用于粤东及其他经济欠发达地区污水处理设施建设等水污染防治项目补助，从 2001 年至 2003 年每年安排 2000 万元。《广东省水污染防治专项资金使用管理办法》规定专项资金主要用于粤东及其他经济欠发达地区的城市生活污水处理设施建设项目及江河污水综合治理项目补助。

广东省水污染防治专项资金的设立，体现了广东环保事业“为水而战”的决心和立足点，由于这项资金的鲜明的“水题材”和“欠发达区域”指向，资金的安排在很大程度上摆脱了其他专项资金存在的分散、无序现象，并填补了环保专项资金不能安排于污水处理厂建设项目的“空白”。

(四) 环境综合整治专项资金支出

2002年，省政府决定从省电力企业上缴收益中拿出2亿元，用于环境综合整治补助。这项资金属于一次性安排，并对其中部分项目直接确定了用款单位和资金额度。经理顺审核、下达程序，该专项资金分别用于污水处理厂建设、区域综合整治、省危险废物综合处理示范中心等项目，其中污水处理厂建设补助占85.5%。

据统计，"十五"头三年包括环境综合整治专项资金在内的省财政企业口各类资金安排的污水处理厂建设补助资金共达34 950万元，支持了16个市29个污水处理厂，平均每个厂得到1205万元的补助。29个污水处理厂的设计能力共为日处理污水116万吨，预计总投资达250亿元。这批污水处理厂按计划在"十五"期间陆续建成，将为城镇污水处理率既定目标的实现发挥重要作用。

以上四大类资金1997～2003年对全省环境治理的投入情况如下图3：

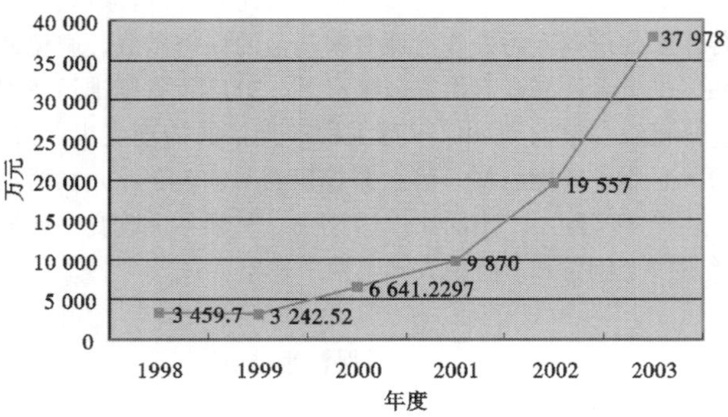

图3 1998～2003年省财政环境治理资金安排情况

可以看到，省财政环境治理资金投入量在2001年、2002年、2003年有了跳跃式到飞跃式的发展，这其中起根本作用的是省委省政府的决策，2001年省政府印发的《广东省环境保护"十五"计划》和2002年省政府《关于进一步加强环境保护工作的决定》都对每年安排的省环保专项资金的增长提出了明确要求。省政府按照"全面发展、协调发展、可持续发展"的与时俱进的发展观，营造公共财政的新架构，在环保投入的质和量上作出了展现。

二、市县财政环保治理资金情况

随着工业化、城市化进程，按照可持续发展的需要，市县政府对环境保护的重视程度不断提高。地方政府环保治理资金投入的重点，一是区域性环境整治，二是重点污染源治理，三是环境监控能力建设。

许多区域性环境整治项目都是结合城市河段的清淤、导流冲污、景观建设进行的。"九五"期间除广州、深圳外，其他市县财政的环境综合整治资金投入力度不算很大。"十五"以来的情况尚未全面了解，但从一些市的汇报中看到，"十五"时期地方政府的环保治理资金投入力度明显加大。如中山市仅2003年上半年就投入1.2亿元，整治河涌250千米，完成土方200万方，石方30万方，砼方7万方；该市投入6 771万元全面整治石岐河，目前已取得重大成效，水质恢复到Ⅳ类，两岸景观焕然一新，昔日的脏乱环境变成今日的房地产投资热点。

环境监控就是政府对环境进行宏观管理的一些具体手段的运用，环境监控能力主要从监测、监察（监理）、辐射监测、信息处理等方面能力上体现，环境监控能力建设是市县财政环保投入的重要部分，由于财力上的差异，各市之间环境监控能力建设水平很不平衡。

三、财政环保治理资金存在的问题

(一) 省财政方面

省财政环保治理资金建立较早，增长较快。但难以解决来自全省不同区域间社会经济发展的不平衡带来的宏观管理方面的一些矛盾。

1. 全省经济发展不平衡，省财政安排能力未能与所面临的来自人大、政协、舆论、民间的加大欠发达地区环保治理支持力度的呼声相适应。从地域上看，占全省的地域面积76%、人口70%而财政收入总额不及珠三角地区财政收入总额五分之一的粤北、粤东、粤西地区在经济发展与环境保护上的矛盾显得更加突出。这些地区的财政大多是"吃饭财政"，面对工业化和保护资源环境两方面的资金需求几乎无力应对。而这些地区工业污染和生活污染可能表现得更为严重，例如，设在粤北、粤东、粤西山区的煤矿、有色金属矿的粗放型开采过程无疑就是一个牺牲环境并造成不可逆结果的过程 。又如，粤东人口密度非常大，使得城市生活污水处理任务异常繁重，仅粤东的榕、枫、练3条列入省"十五"重点整治范围的河流，需投入的整治资金就达54亿元。

2. 省级环保机构在安排使用财政资金方面存在的问题。

在资金分配上，存在的问题一是将环境治理资金过多安排用于本部门的专项工作，二是安排环境治理项目时原则不明，规则不细，随意性较大。

在资金使用上，专项资金过多地作为办公费、差旅费、会议费等开支，而这些本应是在其日常行政经费中开支的。

3. 省财政厅环保资金管理上存在的问题。

(1) 厅内职能设置方面的问题。除了基本建设支出和社保支出外，省环保局对各专项资金的安排，必须分别与省财政厅企业、农业、综合规划、行政政法等部门对口，造成了一定的低效率甚至混乱状况。

(2) 预算科目设置方面的问题。翻遍每年的政府预算科目手册，与环境保护直接相关的只有"工业交通等部门的事业费—环境保护事业费"和"专项支出—排污费支出"两个款级支出科目，其中"工业交通等部门的事业费—环境保护事业费"科目可说是个"万能科目"，凡与环保相关的事项，不管以"环保"冠名的事项本来可区分为多少千差万别的类型，一律使用这个科目。这样一来，我们就把对企业的支出、对地方政府的支出、对环保部门或其他政府部门甚至人大机关的支出、对学校或环境监测站之类事业单位的支出、对社会中介机构的支出等等，全都看作一回事，都是事业费支出。这种科目设置方式，还可为部门对环保专项资金的混用提供理由，因为它至少从预算上允许将政府部门维持本身职能需要的支出与该部门按职能要求进行的资金分配行为相混淆，使“办公＝政府部门工作”和“财政资金分配＝政府部门工作”两个等式在预算科目上得到“完美统一”。从现实看，自从实施预算管理制度和国库支付制度改革以来，省环保局及其所属单位的部门预算程序和本单位经费支出方式一直没有理顺，原因就是部门预算资金来源既有事业费，又有专项资金，两类资金在管理上有着本质的区别，但却被迫混在一起编预算，依据的是它们的共同名称——环境保护事业费。

（二）市县财政方面

市县财政的环保治理支出情况因地区而异。正如前文分析的，属于“吃饭财政”类型的地区，难以安排环保治理支出。

1．经济欠发达地区基本上不安排环保专项资金。

省政府在 1997 年就提出省财政和各市、县政府都要安排环境保护专项资金的要求。但直到 2001 年，全省一半以上市县的财政还基本上没有建立环保专项资金或安排环境专项治理资金，一些县甚至不清楚环保专项资金的含义，无法想象除了排污费之外还会有什么环保资金。从图 4 可以看到，财政环保治理资金投入情况在珠三角与欠发达地区之间有多大差别（图中数字不包括污水处理厂建设投入和排污费资金投入）。

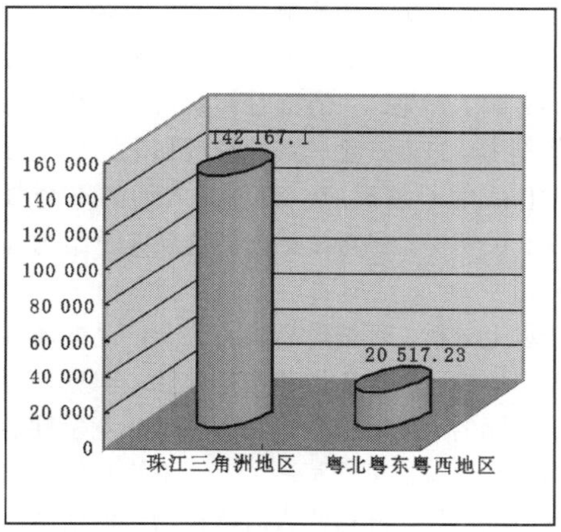

图 4　“九五”地方财政环保治理投入对比

2．市县财政的排污费支出大部分用于环保机构的经费支出。

排污费的征收，在一些市县财政的理解上，就是意味着环保行政事业单位好歹有了一点办公经费。这些市县的排污费管理非常简单，就是按行政性收费办法收到财政专户，再按预算管理规定缴入国库，然后将其返拨给环保局。这样的管理方式丝毫不奇怪，事实上，我省有不少地区的环保机构属于以下列举的情况中的一种或多种：① 没有独立的环保行政主管部门；② 有机构无编制或编制严重不足；③ 有编制无经费或经费严重不足。这些地区解决这些现实问题的办法，归结到一条就是：依赖排污费来养人。

下表反映了全省地级市以下财政排污费支出（1996～2000 年）分类情况，从表中清楚看出，用于环保部门经费的排污费占支出总额的接近一半。同期另一个统计数反映，全省地级市以下环保部门行政事业经费的 48.9％来源于排污费。

表 2　　全省地级市以下财政排污费支出情况

单位：万元

支出类别	返还交费单位	区域综合治理	拨入污染源治理贷款基金	环保部门行政经费	环保部门事业经费	其他	合计
支出数（万元）	59 598	15 407	29 343	31 320	83 514	17 684	236 866
占比重（％）	25.16	6.50	12.39	13.22	35.26	7.47	100

关于财政环保治理资金的理论分析和对策探讨

一、关于财政环保治理资金的战略基点

二十多年的改革开放和经济腾飞使得我国国力不断增强，在国际上扮演着越来越重要的角色，人们的物质生活得到了根本的改善，但在社会繁荣的进程中，我们所处的环境也在发生着巨大的改变。不幸的是，有些改变是背离人类利益的改变，并使得人们的生存环境、生产环境、投资环境、消费环境面临着很大的危险。更让人恐惧的是，一旦这种危险局面失控，人类将会得到大自然无情的惩罚，这种“回报”不仅使得社会发展难以持续，而且人类自身的生存能力也会更加脆弱。

我国高度重视环境保护工作，把环境保护确立为一项基本国策。广东省委、省政府将可持续发展作为经济和社会发展的三大战略之一，把积极推进人口、资源、环境与经济、社会的可持续发展作为一项重要任务。《广东省环境保护“十五”计划》明确了具体的环保目标。作为综合经济管理部门，财政部门对环境保护工作，肩负着极其重要的责任。环境保护是一项公共事业，我省财政部门必须按照可持续发展战略，切实加强财政环保治理资金的投入和监管、环保投融资渠道建设、环保经济政策制定等。

二、关于财政环保治理资金的理论分析

环境问题与经济发展紧密相连，这使经济学理论界越来越注重环境问题的研究。用经济学的手段去研究经济发展与环境问题的关联，并提出相关经济政策和其他政策工具，促使社会经济可持续发展。这种研究角度为我们提供了更加温和、更加科学的双赢解决方案。

（一）经济发展和环境保护的关系

在资源有限的前提下，人类生存环境的保护和经济发展之间至少在短期内存在矛盾。人类必须对如何在经济发展和环境保护之间分配资源的问题作出取舍、选择。在其中任何一方面增加资源的投入，在短期内，必然会减少另一方面资源的投入。

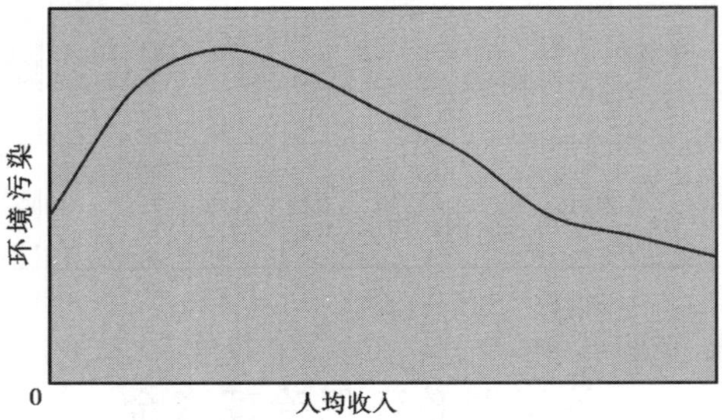

图5 环境库北涅茨曲线

对于资金短缺的发展中国家，这一矛盾更加尖锐。环境库兹涅茨曲线（见图5）描述了经济发展和环境保护之间在时间上的关系。随着经济的不断发展，环境状况经历了“好—坏—好”的过程，把经济发展作为横轴，环境恶化作为纵轴，有一条倒U型曲线。

1. 环境恶化对经济发展的危害。

(1) 过度使用和浪费资源，造成资源短缺，从而使得能源和原材料的价格上升。厂商的生产成本上升，生产能力受到一定的限制。例如，在中国，过去几十年中，由于水价过低，大量生产和生活用水被浪费，加重了中国缺水问题。这将对经济增长和就业等领域产生不利的影响。

(2) 把相对稀缺的资源用于低收益、不能持续使用的用途而不是高收益的用途；把一种多用途的资源用于单一用途；把适合持续生长的可再生资源一次性开采光；不对资源保护进行投资。这些引起环境恶化的行为不仅对社会经济持续发展能力构成威胁，而且对人们的经济行为、生活行为方式形成扭曲式的引导力量。这将会加大社会进步的成本，并会导致社会整体福利水平的下降。

2. 经济发展对环境的影响。

(1) 经济活动的水平和规模。其他条件不变，经济活动的规模越大，自然资源的消耗越快，污染越严重。

(2) 经济结构。产业结构和经济发展水平之间有一定的关系。当一国进入工业化阶段后，农村资源消耗问题转为城市污染问题，导致污染加剧。而随着经济的进一步发展，制造业比重的减少和高技术产业、服务业的比重的增加，污染减少。

(3) 技术水平。同样产业结构的两个国家，使用低技术的国家会消耗更多的资源，或产生更多的污染。

(4) 环境保护政府管制的方式和效果。在经济发展的不同阶段，政府的政策目标的轻重缓急和管理手段会发生相应的变化，对环境保护的重视程度也会变化。

(5) 环保支出及其效果。环境保护对于发展中国家是一种奢侈品。而随着收入得到提高，政府和老百姓手里的钱也就可以较多地用于环保。

但是我们要认识到环境库兹涅茨曲线带有一些宿命论的色彩。好像人类的发展必须经过一个先污染后治理的过程。在经济发展没有达到一定水平之前是必然的，政府整治与否都无济于事。这种观点是过时的和机械的，它仅仅是对发达国家发展过程的描述。后发展国家政府应总结发达国家所走过的弯路，并采取不同的策略，在考虑发展总效益的前提下，降低环境库兹涅茨曲线的弧度，或者说，在倒U型曲线上找到一条水平的通道，使得环境保护和经济问题能得到平衡发展。

（二）环境产品的公共属性

从更广泛的角度来讲，环境保护也是一项生产活动，其产品就是环境的改善，更直观的就是碧水蓝天。这类产品对于人类非常重要，小则关系到经济活动的成本增加，大则关系到人类的存亡。就是这类重要产品，现行的社会体制却无法充分提供。其根本原因在于我们没有充分认识到这类产品的公共属性。

环境污染在很多场合是一种外部效应。所谓外部效应是指一个人或企业的行为影响了其他人或企业的福利，但是没有激励机制使产生影响的人或企业在决策时考虑这种对别人的影响。污染，一方面是污染物对环境的物理、化学、生物作用，进而产生一定的经济损失，另一方面是人们对这种作用的心理反应，表现为人们的不舒服、不喜欢、不安、关切等。经济学把人们的反应总结为福利的损失。

基于以上分析，环境产品具有公共产品的属性。公共产品有两个属性：非竞争性和非排他性。非竞争性是指产品可以被不同的人同时消费，其利益是非竞争性的；非排他性是指产品一旦提供给某一个人，不管其他人向提供者付不付钱，都不能排除这些人对这种物品的消费。环境产品就属于这类产品。

（三）环保领域的市场行为和政府行为

对于环境恶化，我们需要研究其背后的经济原因。总体来说，环境恶化的原因可以概括为成本和收益、稀缺和价格、权利和义务、行为和结果的脱节或背离。这种脱节或背离是由于市场失灵或政府失灵或两者的结合。

1. 环保领域的市场缺陷。

在市场经济体制中，市场是资源配置的基本手段，但对于环境产品这类公共物品，市场对资源的配置却无能为

力。就资源使用和环境管理来说，最严重的市场失灵包括：

(1) 资源产权不安全和不存在。

(2) 无市场、薄市场和市场竞争不足。

(3) 外部效应。外部效应一般牵涉很多利益主体，而市场机制有效作用的前提是交易费用很小，当交易费用超过交易收益，或买者和卖者太少时，市场就难以建立，就需要政府干预。

(4) 公共物品。环境污染作为坏的公共物品，市场无法有效配置资源。

(5) 不确定性和短视计划。一般来说，不确定性使人们对自然资源的开发更加保守，这有利于资源的保护。

由于环境问题具备上述几个特性，市场在这一领域的作用是有限的，即市场失灵。那就需要政府干预，但市场失灵是政府干预的必要条件，不是充分条件，因为还可能出现政府失灵。

2. 环保领域的政府干预和政策缺陷。

大多数公共部门经济学文献都假定，政府的主要资源配置职能是提供公共物品，包括环境保护，而且是中央政府提供国家公共物品，中央以下政府提供地方公共物品。市场在有效配置资源上的失灵也为政府干预提供了机会和理由，但政府干预成为必要，还需要两个其他条件：第一，政府干预的效果必须好于市场机制的效果。第二，政府干预所得到的收益必须大于政府干预本身的成本即计划、执行成本和所有由于政府干预而加上经济其他部门的成本。理论上来说，政府干预的目的在于通过税收、管制、建立激励机制和制度改革来纠正市场失灵。

考虑到现实中政府干预往往不能改正市场失灵，反而会把市场进一步扭曲的情况，必须明确地认识到：政府职责就是要保证市场充分有效配置资源，为市场能够有效配置资源提供条件，并在市场失灵的情况下进行最优的干预。

（四）环保领域的财政部门行为

在确立社会主义市场经济体制后，财政体制改革的任务是建立与市场经济体制相对应的公共财政。公共财政体制具有以下内容：

1. 它是为市场提供公共服务的政府分配活动：(1)“政府分配活动”表明它仍然是“财政”。(2) 它只能是“提供公共服务”的财政。

2. 它是社会公众或人民大众的财政，直接表现为：政府只是“管家”，主人则是“人民大众”。

3. 它是与市场经济相适应的财政类型，它以公共性与其他经济体制下的财政类型相区别。

公共财政体制的建立不仅是市场经济体制改革的内在需求，也为我国公共物品领域提供了制度保障，尤其是环境问题。环境恶化的根源在于制度的缺陷，对于财政部门来说，一方面是财政投入不够、监管不力，没有充分重视环境问题，而环境问题恰恰是公共财政的重要职能；另一方面是财政部门没有足够重视环境经济政策的制定和作用。

在公共财政体制下，财政部门在环境领域将会有更大的作为和发挥空间。一方面，财政资金将会从生产领域或充分竞争市场中退出，使得有更多的财政资金可以集中投入到环保事业；另一方面，财政体制的改革将会使政府更加重视环境问题，并会制定相应政策，集中力量解决环境领域的瓶颈问题。

三、关于财政环保治理资金的现实压力

我省的环保投入增长迅速，2000 年环保投资占国内生产总值的比重为 1.96%。而根据《广东省环境保护“十五”计划》，“十五”期间环保投资要达到 GDP 的 2.5%，需求共约 1 500 亿元。

1. 污染防治需求。

根据《广东省国民经济和社会发展第十个五年计划纲要》，到 2005 年，国内生产总值要达到 16 300 亿元。预计到 2005 年工业废水排放量将达到 15.5 亿吨，其治理费用约 118 亿元。工业废气排放量 13 614 亿标立米，需治理费用 116 亿元。一般工业固废产生量 3 566.87 万吨，其治理费用估算为 68 亿元。危险废物 112.54 万吨，治理费用 49 亿元。所需污染防治费用再加上污染过程中不可预见的费用，整个“十五”期间污染治理约需资金 440 亿元。

2. 环境综合整治。

“十五”期间，我省城市化率平均将达 40% 以上。据预测，到 2005 年，全省生活污水年排放量将达到 41.43 亿吨，按处理率 40%、实际收水量 80% 及运行效率 80% 计算，应建设设计处理量 512 万吨，建设及运行费用约为 130 亿元。再加上配套的污水管网建设和原有污水处理厂的运行费用，其总的投资将达 350 亿元。此外，还有生活垃圾无害化处理、流域综合整治、大气污染综合防治和机动车污染治理等，整个“十五”期间全省的环境综合整治约需投资 780 亿元。

3. 生态环境建设。

根据《广东省生态环境建设规划》，生态建设投资需 285.99 亿元。

4. 环境管理能力建设投入。

为提高全省的环境管理能力，根据《广东省“十五”环境管理技术能力建设规划》，我省每年计划投资 1.5 亿元用于环境管理能力建设。五年合计约 7 亿元。

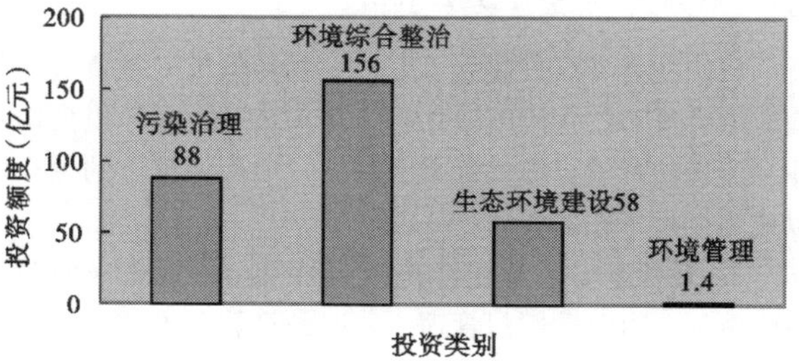

图 6 “十五”期间全省平均环境投资额及结构

每年约300亿元的环保投资对于我省来说压力非常大。我省除广州和深圳等比较发达的城市外，总体来说政府环保投资力量是很弱的。面对巨大的环境压力，我们一方面要增加财政环保投入，另一方面则要通过政策选择和市场力量调动民资、外资流向环境治理领域。

四、关于财政环保治理资金的政策选择

环境融资的战略应是鼓励环保投资的多元化，不仅要有政府投入，还要有企业、社会投入及引进外资。从供给方面，在充分利用现有渠道的同时，开拓新渠道，增加对环境投入，形成良性的环保投资机制。从需求方面，可以调整有关政策，提高资金的使用效率。

财政资金如何才能把环境融资这块领域激活，让民资和外资承担主要角色。有以下政策值得探讨：

（一）进一步加大财政投入力度

在我省，预算投入是环境保护投资的重要渠道。随着公共财政体制的逐步完善，财力应集中在公共领域，其中包括环境保护。在环境保护事业发展初期，财政投入具有特别重要的意义，一方面能保证一部分投资资金，另一方面则可引导大量社会资金的投入，因为社会资本的流向很大程度是取决于政府的相关政策倾向和投资偏好的。

（二）确定合理的排污收费标准

合理的排污收费标准（其中包括生活污水和垃圾处理费），是保证环保设施正常运转的必要条件。虽然欠发达地区人们的支付能力有限，但是排污收费标准的提高并不一定会增加人们的总负担。城市居民的社会负担有各个方面，我们可以通过减少居民在其他方面的社会负担来提高排污收费水平。

（三）规范环保机构经费支出，强化排污费使用监管能力

随着新的排污费征收使用管理条例的出台，排污费的使用状况和环保机构经费的安排将成为财政部门的环保工作重点。排污费必须纳入财政预算，列入环境保护专项资金进行管理。另一方面，财政部门要加大财力保证环保机构的经费，强化省级环境管理监控能力，实现政府职能到位。

（四）建立环保基金体系

目前我省省级只建立了上述一些环保类专项资金。我们应结合排污收费改革建立省级环保基金，为环境公用事业和流域治理项目提供资金。以下几项环保基金的设立可以成为今后考虑的方向：

1. 环保基金。此基金是政府性基金，资金来源为排污收费等，由财政部门管理，采取预算管理方式，用于污染治理贴息补助。

2. 流域治理基金。此基金的建立非常迫切，由于环保是一项外部性很强的公益事业，牵涉到各环保项目归属地的利益分配问题，所以必须依靠流域治理基金来解决这种利益分配陷阱问题。此基金属于政府性基金，资金来源为流域各地区缴纳的专项治理资金等，由省级财政部门统筹管理，资金使用由流域各地区负责单位讨论确定，采取无偿补助使用方式。

3. 污染源治理专项治理基金。此基金是政府性基金，资金来源为排污收费等，由财政部门主管，采取预算管理方式，实行有偿使用。

4. 环保产业投资基金。此基金为商业性或契约型基金，资金来源为资本市场，采取董事会方式管理，最高决策机构为股东大会，实行有偿使用，可投资于有利润的环保项目。

5. 准公司型环保基金。这项基金的建立是为了加强对环保领域的投资引导作用。此基金可采取事业性或企业化管理，资金来源为资本市场和排污收费等财政资金，实行有偿使用，专项用于污染治理，其贷款利率可以随市场而变化。

6. 全民环保基金会。此基金属于公益性基金，属于独立的民间组织，资金来源为社会各界的捐赠款，致力于环保公益型项目的投资，最高决策机构为董事会，资金使用采取无偿使用。

（五）地方政府发行环保建设债券试点

在发达国家，地方政府发行债券进行“公共投资”的情况很普遍，我国可参照其经验，在一些省、直辖市或计划单列市进行地方政府发行环保建设债券的试点。

（六）发行环保彩票试点

环保这种公益事业，非常适合彩票“取之于民、用之于民”及“集资量大”的特点。今后除了社会福利彩票和体育彩票以外，完全可以发行环保彩票来筹集环保建设资金。

（七）利用资本市场进行环保融资

这项融资方式的目的是使企业能够有足够的资金治理污染。在股市中，有近30家上市公司涉足环保产业，并且这些企业还成为蓝筹股。发行企业债券也为企业筹集污染治理资金提供一个很好的渠道。

（八）加快环保设施的产业化、市场化进程

资金的流入不仅与项目的盈利水平和风险大小有关，而且还取决于项目的运行方式。我们需要加大环保治理项目的产业化、市场化改革力度。

（九）加快相应政策的制定

各地的污水处理厂等大型环保设施建设项目多采用BOT方式，政府应制定BOT方式的运行规则及其他相关政策，使人们的行为方式会更加理智和科学，达到环境保护和经济发展相互促进的最佳结果。

（课题组负责人　黄小群　陈向群，李自模执笔）

农村税费改革后基层政权经费保障问题研究

农村税费改革后基层政权经费保障问题研究课题组

（2002 年 10 月）

一、农村基层政权及其建设与农村税费改革的关系

（一）关于农村基层政权

严格意义上的农村基层政权仅指乡镇一级政权，行政村只是村民自治组织。本文为全面分析与探讨农村税费改革对乡镇和行政村在机构运转和经费保障方面的影响，将行政村一并纳入研究范围，同时为了表述方便，将乡镇与行政村统称为农村基层政权。

（二）农村基层政权建设与农村税费改革的关系

1. 农村税费改革，为加强农村基层政权建设营造了体制氛围。

2. 农村税费改革对基层政权建设提出新的要求。

3. 加强农村基层政权建设也是巩固农村税费改革成果的需要。

（三）农村税费改革后农村基层政权经费保障的必要性和重要性

1. 建立规范和完善的农村基层政权经费保障机制有利于推动生产力发展。

2. 建立规范和完善的农村基层政权经费保障机制有利于巩固减轻农民负担有效措施的成果。

3. 建立规范和完善的农村基层政权经费保障机制有利于推动乡镇政府机构进一步改革。

4. 建立规范和完善的农村基层政权经费保障机制有利于推行依法治国，是促进农村社会进步的重要途径。

二、农村税费改革对农村基层政权经费保障的影响

农村税费改革对农村基层政权经费保障的影响是深远的，也将是全面的。因此，有必要弄清影响农村基层政权经费保障有哪些因素，通过农村税改前后这些因素的变化情况对比，进一步规范分析和实证分析，才能了解其产生影响的深度和广度。

（一）税费改革前农村基层政权经费保障现状分析（略）

（二）当前影响农村基层政权经费保障的主要因素

当前，影响农村基层政权经费保障的因素有：农村基层政权管辖人口与区域、农村基层政权架构与职能、农村中小学义务教育、经济发展水平、基层政权经费来源渠道。

（三）农村税费改革后影响农村基层政权经费保障的因素分析

1. 农村基层政权管辖人口与区域调整变化的影响。

农村基层政权管辖人口的多少与管辖区域的大小，对农村基层政权履行自身职能所需经费的影响是明显的。虽然不同的科学技术与经济发展水平条件下影响不同，但同等的科学技术与经济发展水平条件下，农村基层政权管辖的人口越多、管辖的区域越大，农村基层政权履行自身职能所需经费就越大。但在一定规模的管辖人口与区域，管理人员人数的多少与农村基层政权管理成本成正比。即管理人员人数越多，所管辖人口人均负担农村基层政权管理成本越高。

2000 年全省 21 个地级以上市，122 个县（市、区），1 768 个镇，24 300 个行政村，镇村干部、教师等各类人员 1 202 014 人，全省农业人口 52 166 202 人，大约 43 个农业人口供养 1 个镇村干部。

按省委、省政府的要求，粤东地区行政区域小于 50 平方公里、人口少于 2.5 万人的乡镇；粤西地区行政区域小于 55 平方公里，人口少于 3 万人的乡镇；粤北地区行政区域小于 70 平方公里，人口少于 1.5 万人的乡镇；珠三角地区行政区域小于 45 平方公里，人口少于 4 万人的乡镇；所有行政区域小于 30 平方公里，人口少于 1 万人

的乡镇必须合并。这样，全省将合并大约15%的乡镇。

农业人口供养镇村各类人员情况表

单位：人

地区类别	供养的镇村各类人员人数					农业人口数	每供养1人需农业人口数
	合计	镇行政人员	教师	其他事业单位人员	行政村干部		
全省	1 202 014	153 929	709 090	170 215	168 780	52 166 202	43
珠三角7市	272 974	30 452	161 456	48 485	32 581	9 102 494	33
其他14市	929 040	123 477	547 634	121 730	136 199	43 063 708	46

注：此表没有统计196 353个村民小组的干部以及治安（保安）人员等，如果每个村民小组的干部以及治安（保安）等各类人员仅按1人计算，则每供养1名各类人员平均需要37个农业人口。此表没有统计村镇编外人员，也没有统计到县级。据估算，每供养1名各类人员平均需要农业人口不高于28人。

在并镇前，全省平均每个乡镇管辖人口42 475人，国土面积99.8平方公里；并镇后，全省平均每个乡镇管辖人口49 965人，国土面积117.4平方公里。按现代科学技术和管理水平，提高每个乡镇的平均管辖面积和人口，相对于并镇前的管理成本应是明显下降的。且不论辖区内较大的土地规模有利于政府经济上的宏观调控，提高土地综合开发利用的规模效应，单就行政人员的供养成本而言，若按15%的比例相应压缩镇干部人数，则全省仅压缩镇行政人员就有23089人，若按人均开支经费1.5万元（含个人部分和公用部分），则全省可节约经费3.46亿元。中山市合并调整了50%的村，所辖的民众镇原有29个村，现有16个村，村干部从146人减为100人，每年节省开支198万元。

佛山市三水区在开展农村税费改革试点工作中，在2001年撤并两个镇的基础上，2002年大力实行"并村"改革，撤销一些规模小、自然条件不理想、经济发展缓慢的村和居委，对村级行政资源进行优化重组。其中河口镇将4个村和1个居委合并为1个村和1个居委会；白坭镇计划今年将13个村委和1个居委合并为2个村委和1个居委。"并镇"、"并村"的效果是非常明显的，村干部从140人压缩到30～40人，镇村财政收支矛盾得到有效解决，优化了镇村干部队伍结构，提高了工作人员的整体素质和工作效率。

2．农村基层政权架构与职能调整变化的影响。

税费改革后使镇村的职能发生调整变化，对农村基层政权经费保障是否构成影响，应从两方面分析：一是镇政府所承担的职能，可以根据其履行的事权简化为维持政权运转、管理社会发展、管理经济发展三大类。依据镇政府在这三大类的收支活动细分：政权运转支出包括人员经费支出、公用经费支出；社会发展管理支出可细分为教育支出、计划生育支出、民兵训练支出、社会保障支出、文化卫生支出等；经济发展管理支出可细分为服务性支出、农田水利支出、道路建设等公共设施支出等。二是行政村所承担的职能，根据其履行的事权也可简化为维持公共事务、管理社会发展、管理经济发展三大类。依据行政村在这三大类的收支活动细分：公共事务管理支出包括干部补贴、管理费；社会发展管理支出可细分为教育支出、计划生育支出、社会保障支出、文化卫生支出等；经济发展管理支出可细分为小型农田水利支出、公益林建设、村道等公共设施建设等。

从农村税费改革试点的市县来看，镇、村的职能基本没有调整和变化。从长远且规范的角度而言，在划清事权的前提下，按财权与事权相一致的原则，调整镇村职能是大势所趋。通过调整镇村职能，将原本属于上级政府的职能上移，从而减少镇、村经费支出。或者，在接受上级政府指派或委托的职能的同时，接受上级政府转移支付来的履行相应职能所需的经费。如计划生育、农村义务教育、国防（包括预备役训练、征兵、军属优抚），上级在指派或委托镇村职能的同时，应由上级政府安排预算，并将履行相应职能所需的经费转移支付给镇村。

3．农村中小学义务教育布局调整变化的影响。

如佛山市三水区合理调整小学布局，打破"村村有小学"的教育模式。该区计划将全区120多间微型及残旧落后的乡村小学合并改造为高标准的现代化小学40间。至2002年底，完成合并小学30间，100多名代课教师全部被辞退，节省开支130多万元；合并的30间小学比合并前节省办公费、修缮费等300多万元。

4．经费来源渠道变化的影响。

农村税费改革取消了"三提五统"、农村教育费附加和教育集资，取消这些原本是镇村收入的主要来源后，对农村基层政权经费保障的影响肯定是全方位的。

——财政支出的缺口将加大。由于"三提五统"的取消和税费项目的减少，导致乡村可用财力进一步缩小。同时，农村原来依靠"三提五统"支持的事业，如五保户赡养、计划生育、民兵训练、乡镇道路建设等基本上都转移到乡镇政府的预算开支中，加剧了收支的矛盾，一方面造成农村基层组织运转困难，另一方面也容易诱发农民负担的反弹。

——农村公益事业受到影响。长期以来，包括计划生育、济贫助困、农田水利、公路铺设等在内的公益事业和基础设施重要来源于乡、村两级政府通过提留、统筹和农村劳动积累工及义务工，使其得到一定程度的改善和发展。税费改革后，由于农村基层财政主要是“吃饭财政”不可能投入大量的资金保证公益事业的顺利开展，因此，资金来源主要靠“一事一议”来解决，而一事一议不仅可筹的金额极为有限，而且由于利益不同，往往随意性很大，很不规范，难以监督。

——乡村债务消除更加困难。改革后不能再通过集资、收费的办法偿还债务，在基层可用财力减少的情况下，剩下的债务偿还基本上失去了资金来源，而且债务有可能随着利息的增加而上升，同时这些债务中欠农户的借款和合作基金会股金等，如不及时偿还，农民就有可能以债抵税，使部分农业税收入落空，进而影响乡村财政收入，形成恶性循环。

5. 经济发展水平对农村基层政权经费保障的影响分析。

农村税费改革后对当地经济发展的影响是显而易见的，从而间接影响农村基层政权经费。本文受篇幅限制，不再赘述。

三、关于建立农村基层政权经费保障机制的思考

（一）建立农村基层政权经费保障机制的原则

建立农村基层政权经费保障机制的原则是：

1. 确保基层政权正常运转的原则；
2. 确保农民负担不反弹的原则；
3. 农村基层政权的事权与财权相一致的原则；
4. 精兵简政的原则。

（二）建立农村基层政权经费保障机制的思路

确保农村基层政权经费最终要通过发展经济，培植财源来解决。农村税费改革后，为巩固改革成果，最重要的是建立农村基层政权经费保障机制。

建立农村基层政权经费保障机制的思路是：以规范基层政权的事权与财权为前提，以改革县镇财政转移支付制度为手段，辅之以“并镇、并村、并校”等配套措施，合理划分基层政权收支范围，强化乡镇财政职能，逐步建立起规范有序的农村基层政权经费保障体系。

第一，根据各级政府的事权，赋予相应的财权，完善财税体制，量力而行，确保各级地方政府在上级政府财政转移支付的帮助下，能筹集到履行事权必须支出的财力。在按职能（事权）设置机构，定员定编的基础上，按照人员经费标准（工资、办公经费）和提供公共服务基本经费标准，确保乡镇政府能筹集到履行事权必须支出的基本财力。要结合农村税费改革，完善财政体系，按照基本公共服务水平均等化的要求，确保乡镇政府能筹集到必要的财力，履行其职能。

第二，按照事权与财权一致的原则，清理各级政府财权相对于事权“越位”与“缺位”情况，用清理“越位”退出的预算收入，弥补“缺位”所需的预算支出。如中央政府用退出支持生产性、竞争性领域的国有企业支出，弥补乡镇政府负担的国防（征兵、民兵训练）费用、义务教育经费等。

第三，完善财政转移支付制度，加大中央、省、市财政转移支付力度，促进区域协调发展。一是将农村税费改革造成的县、乡镇两级政府财政收支缺口，列入上级政府一般财政转移支付考虑的范畴，同时上级政府出台其他政策影响下级政府财政减收增支，也要通过财政转移支付给予补偿，以约束、规范上级政府的行政行为，并确保各级政权的正常运转。二是完善财政专项转移制度。按照公共财政和WTO规则的要求，梳理各项财政专项资金，完善财政专项转移制度，重点向农村、向贫困地区倾斜；建立贫困地区农村公益、环境设施建设资金，扶持贫困地区经济发展资金。三是将贫困地区的村干部误工补贴和办公经费列入财政补助范围。四是建立农民收入保障机制和城镇居民社会保障制度。

财政转移支付不能单纯考虑农村税费改革的影响因素，要在确定各级政府特别是县（市、区）与乡镇政府履行其职能的基本经费支出的前提下，根据各级政府的财力保障水平，按照客观因素标准的计算公式，计算确定对下级政府的转移支付范围和额度。

第四，适当调整农村基层政权管辖区域，调整农村基层政权职能，适当削减和调整行政村的职能，合理确定农村基层政权人员编制。包括合理确定镇政府的人员编制，砍掉镇政府自收自支的编外干部；合理确定行政村的干部配备。这样，可以降低农村基层政权的单位行政成本，提升其行政效率，使前面的措施不因“养人”过多而抵消。

第五，完善与强化财政职能。乡镇财政所职能被肢解的现象比较严重，要通过明确职能（在明确乡镇政府职能的基础上，明确乡镇政府职能部门的职能），完善与强化乡镇财政所职能，乡镇政府所有收入纳入乡镇财政所统一管理，乡镇政府所有支出（含乡镇政府所有部门的支出）统筹安排，实行财政集中支付。通过加强管理，挖掘经费供给潜力。

（三）农村基层统一核算政权经费保障机制的主要内容

第一，规范地界定农村税费改革后农村基层政权的事权。这是我们研究如何建立农村基层政权经费保障机制的前提之一。要界定农村基层政权的事权，必须遵循两个原则：第一要用法律的形式科学界定各级政府的职能。各级

政府的事权来源于对各级政府职能的界定。为规范政府职能，提高行政效能，要通过全国人民代表大会制定法律，按照“中央政府专有职能、地方政府专有职能、共享职能”的原则明确中央政府和地方政府的职能（对共享职能也要按照区域范围、权项要求作出划分），在此基础上，由省（直辖市、自治区）人民代表大会制定法律，明确各级地方政府的职能，使各级政府依法行政。第二，由省（直辖市、自治区）人民政府根据有关法律的规定和授权，按照有限、有效政府和公共政府的原则，制定各级地方政府职能（事权）的细则。关键是要做到责（包括义务）、权、利相统一，以职能（事权）设置机构，配备人员。

按照这个原则，在合并乡镇的基础上，明确乡镇政府职能（事权）。乡镇政府职能（事权）主要包括：

1. 政治职能：即确保政权正常有效运转的职能。执行党的路线方针政策，执行本级人民代表大会的决议和上级国家行政机关的决定和命令，制定和执行乡镇的经济和社会发展计划、预算，指导村民委员会的工作。

2. 经济管理（服务）职能：即确保乡镇经济健康、协调发展的职能。一是维护社会主义市场经济秩序，培育乡镇经济发展公平合理的市场竞争机制，政府只做“裁判员”（取消工商行政垂直管理，工商所设为乡镇政府的职能部门，其他设在乡镇的行政事业单位也应取消垂直管理）。二是提供良好的乡镇经济发展环境，政府只做“服务员”。包括提供良好的政策和投资环境、做好非竞争性的基础设施建设（如农田水利建设、市政道路设施建设等）、提供经济信息服务、就业技能培训、农业技术推广和培训（社会保障规定为上级政府职能）。

3. 社会管理（服务）职能：即确保本行政区域内的社会健康发展的职能。一是促进文化、卫生、体育事业的发展（教育、科学、计划生育、国防建设划为上级政府职能）；二是做好公益、环境设施建设；三是维护社会治安。

要按照乡镇政府的职能（事权）要求推进乡镇的机构改革，以职能（事权）设置机构和岗位，以岗位确定编制。

行政村的职能（事权）。由于行政村不是一级政府，是村民自治组织，故其事权来源于有关村民自治的相关法律法规的授予，主要包括：

1. 政治职能：宣传贯彻党的方针政策和国家的法律法规，保护本村的社会稳定，协助乡镇政府开展工作，维护村民的合法权益，开展社会主义精神文明建设活动等。

2. 经济发展职能：依照法律规定管理集体土地和财产，在政府的扶持下，改善生产条件，支持和组织村民发展各种形式的合作经济和其他经济。

3. 促进社会公益事业发展，保护和改善生态环境。

第二，规范界定农村税费改革后农村基层政权的财权。这也是我们研究如何建立农村基层政权经费保障机制的前提之一。按照“财权与事权相统一，一级政府，一级财政”的原则科学划分各级政府的财权，重点是要科学制定财税体制特别是县（市、区）与乡镇的财税体制。

1. 合理划分农村税费改革后县（市、区）与乡镇政府的收入组织权限。一是合理划分工商等各税的分成比例。要建立科学的财税激励机制，鼓励乡镇通过发展经济（各种经济成分），培植财源，增加财政收入。二是乡镇各行政事业单位的各项收费收入和其他收费、罚没收入作为乡镇政府收入。三是乡镇集体企业和投资、土地等资源收益和其他收入作为乡镇政府收入。

2. 合理确定农村税费改革后行政村的收入。包括：上级拨款；村集体企业上缴收入和集体财产收益和村其他收入；经批准，通过一事一议筹集的有专项用途的收入。

3. 合理确定农村税费改革后农村基层政权的支出范围。

（1）农村税费改革后乡镇政府支出范围：履行乡镇政府职能（事权）所需的各项支出。一是行政事业单位的人员经费（包括工资、办公费用）；二是各项公共设施建设费用（包括水利、交通、生态等各项建设）和经济服务支出；三是文化社会发展与治安管理等费用；四是偿还历史债务；五是一些不可预见的开支（如处理突发事件）。

（2）农村税费改革后村委会支出范围：履行村委会的职能（事权）所需的各项支出。主要是支付村干部误工补贴，办公费用，村的各项设施建设，经济服务支出，帮助特困群众，调处民事纠纷等支出。

第三，改革县镇财政体制，完善财政转移支付制度。将实行农村税费改革期间加大转移支付力度与中长期规范转移支付制度有机地结合起来。

推行农村税费改革期间转移支付的目标是：确保减轻农民负担政策的落实，保障农村教育所需的必要经费，保证农村基层组织的正常运转，维护农村社会稳定，促进农村经济发展。

转移支付的原则是：

1. 统一规范。对现行乡镇开支项目和标准进行合理界定，选取相关客观因素，按照统一公式测算各县（市）的乡镇标准支出需求。

2. 公正合理。根据各县（市）的财力结构和财政困难程度，合理确定省财政对不同县（市）的补助力度。对改革前依赖农村税费改革收入程度较高和财政较为困难的县（市），省财政补助力度较大；反之，则较小。对财力较为宽松、农村税费改革影响程度较小的地级市本级，省财政不予补助。

3. 公开透明。转移支付测算方法和考虑的客观因素公开，测算过程透明。

按照上述目标和原则确定转移支付数额。

农村税费改革转移支付的计算公式为：

农村税费改革转移支付＝农村税费改革收支缺口×转移支付系数

农村税费改革收支缺口＝教育缺口＋乡镇缺口＋村管理费缺口

（四）建立农村基层政权经费保障机制的政策建议

第一，进一步调整农村基层政权管辖区域。对行政村在尊重历史、地理以及群众意愿的基础上适当归并，但不能使用行政命令。对镇一级，《中国人民共和国宪法》第一百零七条规定："省、直辖市的人民政府，决定乡、民族乡、镇的建置和区域划分。"我们认为，在压缩15%的基础上，镇的设置还有进一步压减的空间。具体压缩的比例可以探讨，建议控制在30%以内。

第二，调整农村基层政权职能。关键是正确划分基层政权应有的职能，正确处理代行上级政府委托职能的关系。

（1）调整乡镇政府的职能。

——转变角色，搞好服务。目前，许多基层政府机构本身角色错位，职能调整滞后。"政社合一"的旧思维时隐时现，管了不少在市场经济下政府职能不相符的事情。因此，乡镇机构必须转变职能，政府的经济职能一定要由计划经济下的指挥、指令为主。从"管"农民、服务上级到为农民服务，这是一个根本性的转变。完成了这一转变，才能摆正自己与农民的关系，才能正确对待农民，真正为农民办实事。

——将农村中小学义务教育职能全部上划到县级。一是在现行的乡镇教师工资由县统一发放的基础上，进一步采取措施，在财政困难地区，农村税费改革后的上级财政转移支付资金要首先保证教师工资发放，不足部分由县级财政从预算收入中予以安排；对县级财政特别困难的，省市财政要加大转移支付补助力度。二是农村中小学办公经费确实不够的，由县级财政给予适当补助。三是农村中小学危房改造和校舍建设所需资金，采取省、市、县共同负担的办法予以解决，逐步建立省、市、县三级财政投入的农村义务教育经费保障体制。

——调整职能，职责明确。将征兵、预备役训练、军属优抚等属于国防的职能全部上划到县级，有关经费由省、中央承担，以转移支付的形式补助给县。

（2）依法办事，简化行政村的职能。严格执行《中华人民共和国村民自治法》，对照镇的职能，相应削减和调整行政村的职能。政府委托和下派的职能，由政府安排经费。哪一级政府委托和下派的职能由哪一级政府安排经费。

第三，合理确定农村基层政权机构与人员编制。一是合理确定镇政府的人员编制，砍掉镇政府自收自支的编外干部。对目前的机构设置应作进一步的规范和精简，对已有的财经、民政、农林水、社会事务管理、计划生育、建设、信访、统计、乡镇企业等机构，该撤销的就撤销，该合并的就合并，还可考虑实行一套人马、两套甚至多套牌子，从而有效地精简人员，提高工作效率。同时，严格执行乡镇编制精简比例和乡镇事业单位新的财政供给人员编制标准，对改革后的乡镇行政编制重新核算。在此基础上，按人口、地区、经济发展程度等条件进行分类，实行不同标准，重新定编。

二是合理确定行政村的干部配备，一般行政村，配备3～5个干部，特大村增加1～2个。对村级干部队伍进行优化精简。村干部可考虑实行一人多职，一名干部抓几项工作。对一些非常规的、临时性的工作，可考虑临时聘请人员，从而缩减村级开支。

第四，改革乡镇事业体制，下大力气归并乡镇事业单位。根据乡镇站所近几年机构和人员的编制情况，制定科学合理的编制和人员结构标准，严格按编制和人员结构配备人员，其中专业技术人员应不少于60%。对乡镇站所可实行综合设置和总量控制，如将乡镇农经站与乡镇财政所合并，组建"财经服务中心"；将专业相近，设置过多过散的农机、农技、水利、畜牧、林业站综合设置为"农业服务中心"；将广播站与文化站合并设置为"文化服务中心"；将土地所、城建所、房管所、环保所和少数乡镇设置的企业管理站综合设置为"村镇建设发展中心"；将乡镇计划生育办公室和计划生育技术所合并成立"计划生育技术服务中心"等。

第五，合理安排与筹措教育资金，确保农村教育事业健康发展。一是在调整农村教育布局，核定教师编制和农村中小学公用经费最低支出水平的基础上，农村九年义务教育经费改为中央和省级政府共同负担，设立农村中小学基建投资专款。二是取消教育费附加后，要研究参照城市教育费附加的征收办法，开征教育税，作为财政预算收入，由财政统筹安排，并结合财政转移支付，确保农村义务教育的必要资金。三是参照体育奖券的做法，在全社会发行教育奖券，筹集教育发展专项资金，并安排一定比例的资金，专项用于农村偿还教育负债和农村学校建设等农村教育事业的支出，促进农村教育事业的健康发展。

第六，鼓励镇村发展经济。鼓励有条件的镇大力发展民营经济；提高农业组织程度，大力推进农业产业化；鼓励有条件的镇大力发展第三产业。

第七，做好农村城镇化规划，主动接受大中城市的经济幅射，大力发展小城镇。

第八，改革税制，调整补贴，努力提高农民收入。

（1）改革农业税制，从对生产环节向对消费环节征税过渡。从国外农业税制的设置来看，像我国这样单独设立农业税制的情况并不多见，一般国家对各行业都征同样的税种，对农业只是在税率和减免方面有所区别。根据我国的实际，也应逐步把单独的农业税归并到消费税和增殖税中，对农业生产环节免税，农产品只要不上市就不征任何税，将税收负担转移到农产品消费者身上。

（2）调整财政对农业的补贴政策，促进农村经济发展。农村税费改革既是一次利益的调整，又是财政支农体系优化的契机。农业是我国基础行业，财政补贴是对其进行保护的重要手段，在目前世贸组织的框架下，通过改革补贴办法来加大补贴的力度和效果，使税费改革后农业发展后劲更足，可增加农民收入，帮助农村走上良性循环道路。

调整补贴内容主要有：一是支持我国具有比较优势而市场需求量又大的农产品生产，把不具备竞争优势的产品生产减少到最低；二是对农业基础设施的补贴；三是对以农业保险和农民社会保障为核心的收入支持体系的帮助。入世后，农业面临的市场和自然风险将加大，农民的就业、医疗压力也将显性化。为农民提供有效的保障，对于农村的稳定有着特殊的意义。主要通过健全农业风险补偿机制加强对农业生产保险业务亏损的补贴、减免税收等税式支出的办法鼓励带有互助保险合作性质的农业专项风险基金，逐步建立农民收入保障制度和直接收入补贴制度。

(3) 按 WTO 规则，增加国家对农民的直接补贴。要研究改进补贴方式。WTO 规则表明，政府提供的价格支持应针对农产品生产者，而不是流通部门。价格补贴应直接落实在农民身上。如政府通过制定粮食最低保护价向提供商品粮的农民提供补贴。将省级粮食发展资金从对流通部门的补贴调整用于种粮大户的补贴等。

此外，还要取消户籍限制，鼓励人口在农村以及农村与城镇之间的自由流动；建立农村土地产权与流转制度等。

第九，妥善解决农村债务问题。目前，我国农村债务比较严重，这是个普遍的问题。农村债务问题虽然不是农村税费改革造成的，但也与农村税费改革有关联，是影响农村税费改革顺利推进和农村基层政权正常运转的因素之一。要妥善解决镇村债务问题。一方面要加快发展步伐，大力推进农业和农村经济结构调整，发展经济，努力增加镇村和农民收入，增强镇、村为农民服务的实力，增强解决镇、村债务问题的能力。同时，通过发展经济，增加收入，偿还一部分债务。其余负债本着“谁受益，谁承担”的原则，由受益者承担。另一方面要做好对乡村债务的审计工作，核准数额，锁定债务，分清性质和责任，分类清理，逐步解决。要明确规定乡镇政府、村委会不能举债，不能超越财力搞建设，以防止新增债务。对于因政策调整如取消农村集资、农村教育费附加等造成负债没有偿债来源的公益事业，属公共财政应负担的范畴，主要由县(市、区)、镇政府分年度偿还，对贫困地区在自身努力的基础上，主要由中央、省、市政府安排专项资金给以解决；对于兴办集体企业形成的债务，建议银行挂账停息，按新调整的利率减息，符合核销条件的予以核销，负债乡村要制订长期还款计划，通过发展经济，盘活集体存量资产，增加收入等办法逐步偿还。对集体单位高息借款要认真进行清理，从借款之日起，严格按照金融部门规定的同期同档利率计算，超过法定利息的部分一律予以调减，统一换据挂账，签订协议，逐步偿还；对三角债要进行清理，以债权债务相互抵冲，化解债务。

（课题组成员　刘　昆　劳文浩　郑雁雄　李本钧
李朝明　曾志权　危金峰　汤如武
朱学荣　张奕民　顾幸伟　陈文学
邓文海　曹永中　马镇洲　张文彪
梁　荣
朱学荣　邓文海　汤如武　张奕民执笔）

进一步完善我省部门预算制度改革

进一步完善我省部门预算制度改革课题组

（2003 年 7 月 1 日）

党的十五届五中全会通过的《中共中央关于制定国民经济和社会发展第十个五年计划的建议》明确提出，要建立适应社会主义市场经济要求的公共财政框架。建立公共财政框架意味着要对形成于计划经济条件下的高度集中的传统财政管理制度进行改革和创新，其中处于核心地位的则是预算制度的改革和创新。改革开放以来，我国财政体制虽几经改革，但预算支出制度特别是预算编制制度却始终未被触动，使预算管理中出现预算约束弱化、资金使用效率低、财政收支矛盾加剧等问题。因此，改革传统预算编制制度，建立与社会主义市场经济体制相适应的预算编制管理制度，是当前乃至今后财政改革和发展的核心任务。

近年来，多种形式的财政管理制度改革探索在全国各地蓬勃兴起，其中以部门预算为基础模式的预算编制制度改革全面展开。2000 年起，我省也实施了部门预算试点改革。经过三年的改革探索，取得了一定进展。但从总体上看，改革仍处于起步阶段，建立适应公共财政要求的预算编制制度仍然任重道远。为此，本文试以规范分析兼顾实证分析的方法，从市场经济体制对预算编制制度安排的基本要求出发，在剖析传统预算编制的制度缺陷和当前部门预算改革面临的问题的基础上，通过借鉴国内外改革的经验，以建立适应市场经济体制的新型预算编制制度为总体目标，着眼于打破传统预算编制制度框架，按照责任落实、科目细化、程序规范、方法科学等原则，提出完善部门预算制度改革、重建新型预算编制制度基本框架的实施步骤和具体措施。

我省部门预算改革进展情况

一、传统预算编制制度不能适应市场经济体制的要求

（一）传统预算编制制度的基本框架。传统的预算编制制度是在计划经济体制下形成和发展起来的，几十年来

一直沿用。在计划经济体制下，国家通过计划机制直接配置社会资源，预算编制则是计划机制的重要组成部分。为此，传统预算编制制度呈现高度的集中性：在编制形式上是条目预算，分别按收入来源、支出用途或支出执行部门分成若干大类；编制程序上是代编预算，以政府为编制主体，具体由各级财政代部门、部门代基层编制预算；编制方法上采取简单的“基数加增长”的增量预算方法，各类支出按上一年基数加一定增长比例确定；在编制内容上只包括一部分财政资金即预算内资金，大量的预算外资金游离预算编制之外；在管理上，采取切块管理，按支出性质将年初预算资金切成若干部分，归口相应的部门管理，年中执行再落实具体的单位和项目。

（二）传统预算编制不能适应市场经济体制的要求。改革开放以来，特别是我国实施市场经济体制改革后，虽然对传统预算编制制度也作过一些改革，但都是对传统管理方式的局部修补，并未对传统预算编制制度进行彻底的改造和变革，以致传统预算编制制度与市场经济体制改革要求处于摩擦和碰撞中，引发了预算管理中一系列的问题，如预算约束力弱化、收支矛盾加剧、财政资金使用效益低等。随着市场经济体制改革的进一步深入，传统预算编制制度固有的制度缺陷进一步显现，逐步弱化了实施财力约束、提高资源配置效率和资金使用效率的预算管理功能。其固有的缺陷主要表现在：

1. 预算主体责任缺位。一方面，传统预算编制制度下，预算由财政部门代编，部门在预算编制中的参与度很有限，基本上处于被动接受的地位；另一方面，与高度集中体制相对应，财政部门按资金用途设置内部机构，这些内部机构负责不同性质的资金的预算编制，并将其下达给各部门。在预算编制和执行过程中，没有对部门支出总指标进行限定、核算和管理，没有形成部门总支出的约束和考核机制。这样，强化了部门重投入轻管理的预算观念，促使各部门想方设法获得更多的预算资金分配权，各部门缺乏节约资金、控制支出的观念和责任。

2. 预算支出分类不能详细反映具体的支出单位及项目，不能直接形成有效的财力约束指令。上报人大审批的预算支出主要是按行业大类安排的资金指标，实际执行中再分配到具体的单位和项目。由于支出科目划分较粗，只按用途编列到35个类级科目，以致相当部分科目涵盖的部门和支出内容很多，需由财政部门再行分配，这就是说人大批准的预算支出并不能直接成为部门和项目支出限制指令，法律约束力打了折扣。

3. 存在大量未纳入预算编制的预算外资金，财经秩序受到冲击。多年来，预算外资金一直未纳入预算编制范围，未实行规范的收支计划管理，各部门和单位自收自用，客观上形成了部门和单位利用预算外资金来规避预算内财力约束的机制，促使部门和单位想方设法扩大和上收职权，相应增加预算外收入，以支付一些未纳入预算内安排的支出。这样，不仅逐步拉大了部门间支出水平的差异，甚至因此滋生了腐败。

4. 实行基数加增长的资金分配方式制约了公共资源配置效率的提高。首先，基数加增长固化了基数，列入基数的支出项目不需根据社会和经济环境、工作重点的转变等进行重新评估，支出规模和结构刚性化，部门缺乏调整支出结构的积极性，财政支出压力不断增大；其次，以基数加增长来确定各项预算支出，使政府政策的制定与预算编制脱节；再次，政府、财政、部门只关心投入而忽略成果，提高财政资源使用的效率和效益缺乏必要的动力和压力；最后，公共产品和公共服务的成本不断增加，使整个社会运行成本增加。

5. 预算编制缺乏明确的技术要求和规范，预算编制不准确，预算约束难以有效形成。一是预算编制缺少全面客观的信息基础，财政部门对预算编制相关的信息，如部门和单位的资产、人员、收支情况、工作任务及完成情况缺乏全面了解和掌握；二是预算编制特别是在项目支出的编制中缺少科学的分析方法，对项目实施的成本、收益和效果缺乏准确详尽的预测和分析；三是没有统一的支出标准，即便是同类的支出项目也往往会出现安排资金差距悬殊的情况。在这种情况下，预算编制长期依赖财政部门的经验数据和编制人员、审核人员的主观判断，支出安排带有一定的随意性，造成预算安排的支出与实际需要相脱节，预算安排数难以成为有效的约束指标。

二、我省部门预算改革的进展情况

由于传统预算编制的制度安排存在计划体制的固有缺陷，使预算编制缺乏约束力，资源配置和资金使用效率低、财政困难的局面难以得到根本性扭转，不能适应建立市场经济体制下构建公共财政框架的要求。为此，从中央到地方都在积极探索预算编制改革。2000年，根据财政部的统一部署，在借鉴国内河北、天津等地改革经验的基础上，经报请省委、省政府同意，我省省级部门预算改革正式启动。2000年选择了7个部门作为试点，2001年扩大到27个，2002年在穗省直部门全部编制了部门预算。

1. 2000～2002年省级部门预算改革内容。

——提前编制预算，延长编制时间。2000年提前到9月布置预算编制，2002年提前到7月布置。

——从基层预算单位开始编制预算。

——纳入部门预算的资金落实到具体预算单位和具体项目。

——把部门的预算内外收支统一编入预算，并把预算外资金安排的项目纳入财政审核范围。

——将部门支出划分为基本支出和项目支出，初步建立党政机关基本支出综合定额，2002年将基本支出综合定额细分为统发经费和非统发经费。

2. 省级部门预算改革的基本成效。

——树立了实施预算改革和加强预算管理的观念。通过三年来的部门预算试点改革，部门和单位对预算改革的必要性和迫切性都有了更进一步的认识，树立了不断加强预算管理的观念，为下一步的改革作好了思想准备。

——部门预算的责任主体得到明确。部门预算由基层预算单位编起，由主管部门审核和汇总，促使部门和单位成为预算编制的主体，有利于其树立预算管理观念，增强控制支出、提高支出效益的责任感。

——预算编制的形式、方法和内容发生逐步转变。预算编制形式由功能预算向部门预算转变，编制了部门基本支出预算和项目支出预算，并将预算支出细化到目级科目；预算编制方法由基数加增长向零基预算转变；预算编制内容由预算内支出预算向预算内外统筹安排的综合预算转变。

3. 部门预算改革中面临的问题和困难。

虽然三年的省级部门预算改革取得了一定成效，但沿用了几十年的传统预算编制制度的巨大惯性，在形式、理念和方法上都对预算编制制度改革产生深刻的影响。因此，要改革预算编制制度，建立适应市场经济的预算编制制度，不可能一蹴而就，需要经过从点到面、从形式到内容、从程序到方法等方方面面的循序渐进的艰苦努力。从几年的改革实践来看，当前部门预算改革面临的主要问题和困难有：

（1）部门预算改革缺乏明确的目标定位及战略规划。省级部门预算改革于2000年启动。但由于时间紧等因素，改革的实施显得有些仓促，缺乏充分的理论及技术准备、明确的目标定位和统一的战略规划，相关部门对部门预算改革的目标、步骤和措施的认识仍不够明晰和统一，实质性的变革进展较慢。

（2）部门预算与传统预算编制双轨运行，且传统预算编制仍占据主导地位。省级从2000年实施部门预算改革后，为减少改革震动，采取部门预算和传统预算编制双轨运行的方式：一是预算单位编制部门预算草案报省财政厅，省财政厅在此基础上按传统预算编制程序和基数加增长的办法编制省级功能预算，报省委、省政府批准后，将其中属于省直部门直接使用的已确定可拨款数额的支出列入部门预算；二是对省直部门的预算外资金虽然全部纳入部门预算，但在管理上，仍采取列收列支的办法，未能打破谁收谁用的格局；三是财政部门内设机构未能按部门预算的要求作出调整，一个省直部门仍然对口多个处室，各处室对部门的管理仍限于各自经管的资金，没有实现对部门总支出的统筹管理。可以看出，在省级预算的编制过程中，传统预算编制制度仍占据主导地位，部门预算改革未能打破其基本框架，摒弃其固有的制度缺陷。

（3）部门预算的组织框架有待完善。预算编制的组织架构体现了预算管理的政治过程和责任。前三年的部门预算改革建立了“两上两下”的部门预算编报程序。但“两上两下”的编报程序仅限于部门和财政之间的预算报送和批复程序，缺乏对政府和部门之间、政府和财政之间、人大和政府之间以及部门内部编审规程的规范，现行的预算编制组织结构未能促进责任的落实，没有建立各管理主体间的沟通、协调渠道，无法体现预算编制与政策制定、工作规划的结合。

（4）预算编制的技术手段和规程有待完善和规范。一是支出科目的设置有待进一步细化和规范。目前部门预算由基本支出预算和项目支出预算组成，并细化到目级科目。但基本支出和项目支出以及相对应的支出细目的涵盖内容没有明确的界定，在编报中出现交叉不清的问题。二是定员定额经费标准的制定有待细化。行政单位方面，目前公用经费标准较粗，只核定了综合定额，由于缺乏准确、全面的基础资料，未能按有关客观因素细化经费标准；事业单位方面，由于现行事业单位财务体制未理顺及其工资制度规定等原因，省级事业单位的经费标准差距悬殊，缺乏规范。三是项目支出的编制与审核问题。虽然已建立了项目申报文本等规范，但过于繁琐，与部门职能的联系不够紧密，可操作性不强；而且因时间仓促，项目难以深入论证，质量不高，差错多，申报程序不完善，使用没有绩效评估；部分专项多头管理，如教育基建专项，由省计委、财政厅、教育厅共管，没有明确以谁为主，实际操作中带来不少问题。此外，相当部分专项支出没有列入部门预算，项目计划下达迟，资金到位不及时，影响项目执行。

（5）配套改革滞后，部门预算改革宏观环境有待改善。一是政府职能界定不清，事业单位机构和管理体制改革滞后。

首先，现行政府职能未按市场经济体制的要求转变到位，计划经济体制下的全能型政府在社会经济生活中发挥主导作用，政府职能界定仍存在“越位”及“缺位”、部门职责交叉、权力和责任不对应等问题，以致政府部门的职责难以准确界定并加以量化，难以对政府部门的预算执行结果进行考评并作为以后预算安排的依据。

其次，事业单位财务管理体制改革滞后。随着改革开放特别是市场经济体制改革的不断深入，事业单位的职能已发生了相当大的改变，但事业单位的财务管理体制总体上仍沿用计划经济体制下的管理体制，即便后来根据事业单位的收入情况采取核拨、核补和自收自支三种管理方式，也是简单以事业单位是否有预算外资金等预算内拨款以外的收入作为分类标准，未能从事业单位是否承担提供公共产品或准公共产品的基础上来确定其财务管理体制，目前，一些事业单位承担行政管理职能但可能得不到全额拨款，一些只提供部分准公共产品的事业单位却有可能得到全额拨款，一些经营性的事业单位也仍可得到财政拨款。事业单位财务管理体制改革滞后，不仅财政管理和资金使用效率难以提高，而且使综合预算无论在政策上、财力负担上的实施难度都很大，事业单位的经费水平也难以得到合理的调整，以改变目前事业单位间经费水平差距悬殊的格局。

二是预算编制信息化建设滞后。目前使用的部门预算编制软件的功能还不能完全适应部门预算改革的需要，有待进一步升级完善。而且，预算编制缺乏全面准确的预算编制信息系统的支持，基础信息库、项目库等仍未建立。

三是现行行政事业单位会计制度改革滞后于部门预算改革。行政事业单位的会计核算科目的设置、所包涵的核算内容与部门预算不一致，预算编制难以取得来源于部门和单位的准确的会计信息，增加了预算执行、评价和监督的难度；现行财务制度对部门和单位的资产、物耗等缺乏明确、具体的规定，与预算编制缺乏衔接，造成预算编制与实际需要脱节，不利于部门和单位严格执行预算。

(6) 支出管理各环节的改革如部门预算和政府采购、国库集中支付改革之间缺乏衔接。首先，目前政府采购管理部门主要按部门和单位上报的采购计划安排采购，没有按部门预算中政府采购预算执行，与部门预算存在脱节情况；其次，由于预算编制仍以传统功能预算为主，相当部分资金没有纳入部门预算，国库集中支付难以完全按照部门预算执行。

此外，如何在部门预算编制过程中实现原则性和灵活性的有机结合，加强应付突发事件的能力，也是在今后的工作中应该逐步探索加以解决的问题。

上述问题的存在，反映了打破旧制度、建立新制度过程中必然存在的种种冲突，表明部门预算改革有进一步深化和完善的必要。我们认为，社会主义市场经济体制的建立不可逆转，公共财政体系的构建不可逆转，部门预算改革的深化同样不可逆转。冷静审视存在问题，逐步地解决存在问题，向改革目标迈进，是中国“渐进式改革”的重要经验，在完善预算编制改革时也应如此。我们相信，在社会主义市场经济体制逐步完善，改革开放与民主法制不断深入的大背景下，通过借鉴国外先进经验，结合中国国情，逐步推进改革，部门预算制度将日趋完善。

市场经济条件下预算编制的制度安排

改革传统的预算编制制度，建立市场经济体制下的预算编制制度是以部门预算为基础模式的预算编制改革的根本目标。要解决部门预算改革面临的问题，进一步推进和完善部门预算改革，必须研究市场经济体制对预算编制的要求。

市场经济体制下，市场在社会资源配置中起基础性作用，政府通过公共财政配置公共资源、提供公共产品、满足社会公共需要。其中，预算编制制度是实施公共资源配置的核心部分，直接影响公共财政功能的实现。为此，以下我们将对市场经济条件下预算编制的制度安排做一个全景式的考察，以期为我们结合中国国情、广东省情来完善部门预算改革提供有益的启发与借鉴。

一、市场经济体制对预算编制制度安排的基本要求

(一) 实现总财力约束。预算永远面临需要和可能的矛盾。公共资源的有限性，决定了预算制度安排的第一层次要求是实现总财力约束。它包含几个方面的内容：一是财力的综合性，由于预算外收入、专项收入和政府部门与组织的准财政活动是规避总财力约束的常用办法，因此有效执行总财力约束，必须把这些财力集中管理，统筹安排。二是实现财政总财力和部门总财力的约束，总财力的约束不仅要求财政资金总量的约束，也要求对各支出主体的支出约束。三是约束性和灵活性的平衡。在实现总财力约束的前提下，要赋予支出部门实施各项政府战略决策时一定程度上的资源分配调整权，以便在严格的财力限制下，部门能进一步优化支出，并加强对决策结果的责任。显然，过多的灵活性和过少的约束性会滋生腐败，但过少的灵活性和过多的约束性则会使机制僵化，阻碍创新和变革。四是总财力约束的实现必须建立在透明度和责任制的基础上，要求财政资源分配的理由、成本和结果都应清楚明晰，要求支出主体对所赋予资金的使用效率和效果负责。

(二) 实现公共资源配置效率，即如何将有限的资源按重点配置到相互竞争的资金需求上。从根本上说，优先配置具有政治性。因此，预算制度的安排必须是符合严格的政治战略和资源可承受性的要求：首先，以政府确定的具有法律效力的发展方向、规划和决策为基础，各种政策互相竞争，包括竞争资金分配，也就是说，预算要从职能部门编起，政策制定、计划安排和预算编制紧密结合；第二，项目的选择要以全面客观的信息和科学分析手段为基础；第三，政府、财政、部门应按政府整体战略性政策，对各项相互竞争的项目及资金需求进行充分的讨论和协商；第四，编出预算后，融入预算的政策选择必须提交立法机构，以在某种程度上，进行有效监督；第五，部门要能自觉严格执行预算，并向立法机构、政府及财政部门报告支出的产出和结果。

(三) 实现支出项目和服务的技术效率和效益（即部门和单位利用获得的预算资源提供公共产品和服务的能力)。实现支出项目和服务的效率和效益依赖于许多因素，而其中的某些因素与预算编制制度的安排直接相关。包括：一是在预算编制过程中赋予支出项目及其资金安排的法律效力；二是所需资金在预算编制过程中得到准确的预测；三是在预算实施中，真正严格的预算限制，包括自下而上和自上而下的限制。

以上三个层次的要求是互相关联、相辅相成的。实现总财力约束的制度安排，使财政收支保持良好状况，从而为第二层次和第三层次的要求的实现创造非常有利的环境，促进公共资源配置的健康运行；相应地，后两层次的良好运行也会促进财力约束的实现。从另一方面看，只重视财力约束的制度安排将有可能产生牺牲政策重点、破坏公共产品和服务的提供和运作；类似地，在出台重点政策时缺乏财力约束或不考虑现实的预算状况将导致政策和资源的脱节，引发财政资源短缺。为接近和实现上述三个层次的基本要求，一百多年来，世界上绝大部分的市场经济国家都在不断进行着预算编制制度的改革。

二、完善预算编制的历程——市场经济国家预算改革经验及借鉴

（一）市场经济国家预算改革经验。为了控制支出、提高公共资源的配置效率和使用效益，20 世纪大部分的时间里，市场经济国家一直坚持不懈地进行预算改革。

19 世纪晚期之前，在大多数国家里，预算约束无力，支出缺少控制，腐败行为滋生。为此，19 世纪末和 20 世纪初，预算改革主张建立详细反映资源使用情况的条目预算，明确规定预算分配过程中条目支出限额和各机构支出限额：未来年度的支出根据支出目的一一列出，内容十分详尽，各预算项目在原有基础上按照公平份额增长。条目预算作为最普通的预算形式，在预算历史中占据主流地位，其关于预算编制的基本思想一直沿用至今。但条目预算也有明显的缺陷：无法提供支出原因，无法说明项目实施的效率和效果，增量预算在经济不景气时难以实施。

为弥补条目预算不足，初期的绩效预算应运而生，它以预期的工作负荷为基础，管理人员只要将单位产出成本与下一年度需求单位数量相乘，即可得出预算。从实践过程看，它隐含着一个前提，即政府机构现有的机构设置、职能与工作安排都是合理的。初期的绩效预算的实施标志着预算编制从以支出控制为基础转向预算管理，但其重点在于应完成的工作而不考虑工作本身的价值或有用性，从而忽略了对工作效果的评估。

20 世纪 60 年代开始，为了提高支出的效果，预算改革逐渐将重点放在公共资源的使用计划的制定上，在预算编制时明确地将重点确定为各项竞争性的预算选择，力图将项目成本和项目的结果联系起来。预算按项目进行分类，而不是以部门为主线进行，预算分配的决策依据是边际价值，即通过公共资源使用的变化而获得价值。这一思路和方法被不少发展中国家引用。但在实际运用中，无论在发达国家还是发展中国家都不十分成功，受到了各种批评，有人认为，预算生来就有政治性，并不存在衡量公共项目的“理性”标准，以有效性为基础比较挑选项目是不可能的；有的认为项目预算改革所必需的前提如社会、经济和环境各种状况的大量信息、受过训练的专业人员等，在许多国家特别是发展中国家并不具备。

项目预算改革之后，预算改革向目标管理发展。以美国为代表的国家实行了零基预算改革。1979 年美国总统卡特宣称，要对正在进行和新的计划的所有预算申请都将从零加以审核，不必需和过时的活动将结束，其资金重新分配。继美国之后，世界上其他一些国家也陆续采用了这一预算编制办法。但是，由于这种零基预算要从基层单位做起，层层按照零基预算原则的进行审核，工作量繁重，需要强有力的信息数据支持，在操作上遇到许多困难，更多国家采用的是修改后的零基预算，即要求各部门在其有限的资金中依次排列其支出项目。

20 世纪 90 年代，澳大利亚、新西兰等国，针对财政连年赤字，政府固定支出持续上升，债务不断增加，政府信用降级等情况，实施了成果—产出预算改革：一是引入了“政府成果—部门目标—部门产出”三者紧密相连的预算管理框架，即政府根据民众的要求设定政府成果目标，部门根据政府提出的成果目标，进行分解和细化，形成与政府成果目标一致的部门目标，根据部门目标，列出部门产出，由部门内部提供或向外采购。这项改革的核心在于预算编制在部门产出基础上进行，政府作为采购者和资金提供者，只关心部门应提供的产品类别、质量、数量以及产品价格是否合理，而具体的财务管理、运行管理由各部门自行负责，部门可以通过提高、改善管理获得结余，并能相对自由地使用结余。这大大减弱了部门通过恶性竞争获取更多财政资源的原动力，政府在进行资源配置时也更具战略性和全局性，更易掌控。二是引入权责发生制的预算会计，使成本计量更准确，便于绩效测评、对比及提高。三是改变年度预算编制程序。即根据预算管理框架，滚动编制年度预算。通过改革，成效十分明显，不仅降低了公共支出，扭转了财政连年赤字并出现了财政盈余，而且提高了公共机构的效能、效率和公共服务、公共产品质量。类似的做法，在瑞典等国也取得了控制支出规模、提高支出效率的良好效果；经合组织（OECD）中的其他很多国家也结合自己的国情采用了类似的方法。

（二）市场经济国家改革经验的启示。市场经济国家的预算改革经历了从控制支出到提高配置效率、逐步提高改革目标层次的历程。一百多年的预算改革实践为预算改革提供了非常有益的启示：

1. 预算改革之前必须考虑具体的预算系统的缺陷所在，分析改革的基本条件，找准改革切入点，谨慎、循序渐进进行。

2. 预算制度改革是一个不断发展的过程，不是永久的解决方案。预算制度与其他制度尤其是政治和经济体制相联系，预算改革必须与这些体制改革相适应、配套，否则预算改革无法获得良好的预算结果。

3. 改善预算编制的信息基础以帮助决策制定是预算制度改革的关键内容。

4. 预算改革不是在保持现有系统和采用新预算办法之间进行选择，而是可以兼收并蓄。各种预算编制思想和办法可以有机融合。

5. 改革需要时间和不懈的努力——改革是长期、艰苦的征程，而非目的地，通过预算改革，不仅革新预算技术和工具，更重要的是推动背后的体制、制度的创新。

三、国内的有益探索——河北省、天津市部门预算改革情况

在国内，河北省和天津市是较早开展部门预算编制改革的地区。如果说国外的理论与做法能给我们提供先进理念，那么河北省和天津市的实践体现的是在市场经济体制还不完善背景下的探索，将在如何把先进观念与国情省情的有机结合方面给我们更多启发。

（一）河北部门预算改革情况。河北省是全国第一个进

行部门预算改革的省份，其改革得到财政部的充分肯定并在全国推广。其主要做法是：

1．确立部门预算为基本管理模式，预算从基层单位编起，一个部门一本部门预算。

2．改革预算编制办法，包括：一是实行标准收入预算，根据税源和财源情况，分类测定各个收入项目应组织收入的单位标准，依此测算标准收入；二是实行综合预算，把预算内拨款、预算外专户拨款和其他收入均列入部门预算收入；三是不再实行基数加增长的编制办法，而是按预算年度所有因素和事项的轻重缓急重新测算每个科目和款项的支出需求；四是实行标准定额标准，对人员和公用经费支出分类核定定额和标准；五是专项资金预算实行分类分口切块管理的办法，即省政府下达各类各口专项支出限额，各口在相应的分类资金和限额内，根据省政府的预算纲要筛选论证专项资金项目，由主管省长指导协调并按轻重缓急安排。

3．规范预算编制要求和程序。预算编制程序由布置预算编制、编制预算建议、财政审核、征求意见和编制部门预算文本、编制并上报预算草案、批复预算等六个阶段组成；预算编制要求包括早编预算、细编预算（预算细化到具体单位和项目）、公开透明（财政部门要公开预算编制的政策、标准和结果）；严谨求实（各项收支预算要严密论证）。

4．建立预算编制技术规范。河北省对预算管理的技术问题作了比较全面的研究，首次制订了有关的规范和标准。这些规范和标准表现为三种类型：一是信息技术规范。河北省的预算改革建立在计算机信息系统的强力支撑上。目前预算管理系统由基础信息管理系统、预算编审子系统，预算指标管理系统，总预算会计账务处理系统，预算运行监测分析子系统、工资发放管理子系统等6个子系统构成。二是预算文本规范。对部门预算的样式、结构、内容做了明确规定。在内容上包括五大部分：部门预算编制原则、编制的政策口径、部门总体概况、部门预算总体情况汇总、部门分单位预算安排，对每部分的内容做了明确。三是明确各类定额支出的内容和标准。如测定公用经费时，明确正常公用经费支出定额包括办公费、邮电费、水电费等13类；对行政事业单位又实行分类分档管理，实行公务员管理的单位分为三类：行政类、政法类、行政事业类。事业单位分类教育事业类、科研事业类、农林水事业类、社会保障类、医疗卫生类、文化事业类、体育事业等，每类具体的支出项目确定了具体的支出标准。

5．推进配套改革，包括按一个部门对口一个处为原则，调整各业务处室职能，调整财政内部职能、成立预算编审中心；规范预算执行特别是机动财力的使用、预算超短收、结余处理、部门预算调整的规范管理；大力推进国库集中支付、政府采购、收支两条线等改革。

（二）天津市部门预算改革情况。天津市也是全国较早开展预算管理改革的地区之一。1998年，天津市财政局党组提出了“统一财政税政、统一财权税权、统一预算核算”的总体目标，并于1999年上半年出台了《天津市标准周期预算管理办法》，正式启动以预算编制改革为中心的预算改革。主要内容：

1．建立标准预算周期。将每一个预算管理周期确定为30个月，包括预算编制、预算执行与分析总结、决算等三个阶段。

2．建立财政收入动态数据库，建立了财政标准收入预测模型，编制标准收入预算。

3．推进部门预算改革，建立标准预算支出制度。一是按部门编制预算，编制内容细化到二级预算单位和具体项目，单位的预算内外收支全部编入预算。二是规范预算编制程序，实行“三下两上”，即财政下发预算编制指导性意见—部门上报预算建议草案—财政下达预算控制指标—部门上报修订后的预算草案—向部门批复下达预算。三是建立标准支出预算制度，编制人员支出预算、公用支出预算和专项支出备选预算：人员支出预算按统发工资额、对个人和家庭的补助支出按财政部门核定的标准编制；公用支出预算根据编制管理部门核定的人数和公用支出定额标准编制；专项支出备选预算通过建立项目备选库实现。即财政部门会同有关部门编制三至五年的中长期项目备选规划，在专家论证的基础上，根据项目轻重缓急确定优先顺序并列入项目备选库，每年视财力可能顺序编制专项支出项目备选年度预算。四是制发统一的部门预算报表格式，建立了部门预算编制的信息系统，建立了连通财政、预算单位间的广域网。

4．完善预算执行和决算制度，实行政府采购、国库集中支付制度。在预算执行方面，建立了预算核销制度，规范预算调整变更程序，规范财政部门和预算单位的银行账户管理。在集中支付方面，对政府采购项目、基建项目和工资实行了财政直接支付制度。

5．按部门预算要求设置财政内部机构。天津市财政局的内部机构含地税系统，除此之外，财政职能部分的机构设置基本与财政部对口，并建立了预算编审中心，预算编制的职能集中在预算处和预算编审中心。预算细化到项目后，下达业务处的切块指标相应细化到单位和具体项目，并按一定比例（不超过3%）设机动资金。

（三）河北、天津部门预算改革的特点：

1．预算改革以预算编制改革为核心。河北、天津的预算改革的名称不同，但在改革目标的确立上，都定位在预算管理体系特别是预算编制制度的整体创新。为此，两地均设计了整体的改革方案，以预算编制改革为核心，预算执行和监督等环节的配套改革同时推进。

2．预算编制细化、规范、科学。细化：预算单位、科目、项目、经费标准细化，如工资支出按统发工资数列支，对个人和家庭的补助支出、公用支出也按实际开支细目归类分档核定定额，专项资金年初分配到具体的用款单位和项目，如河北省，企业挖潜改造资金等也都在年初编列到具体的企业及技改项目；规范：建立了预算管理的制度体系，预算编制的每一环节均有明确的指引和规范、每一项专项资金有专门的管理办法；科学：标准定额的核定综合考虑了经验数据、实际需要和财力可能，专项资金的安排以政府及部门的工作规划、计划为基础，并由财政部门会同部门组织专家充分论证。

3. 预算改革以信息化建设为支撑点。预算改革使财政部门必须处理非常庞大数据量，若无信息系统的支持则寸步难行。为此，河北、天津均建立了预算管理信息化系统，由预算管理各环节的子系统组成，保证了预算编制、执行的准确、高效。不仅如此，天津市还建立了连通财政、预算单位间的广域网。

4. 财政内部职能调整同步进行。为适应预算改革需要，河北、天津财政部门在预算改革之前或初期即调整了内部分工。基本思路是集中预算编制职能，加强预算编审力量，成立了预算编审中心，并相应调整了财政内部职能分工。

5. 立足实际推进改革。河北省的部门预算改革从一开始就由省委、省政府部署，为此，河北省在部门预算改革步子迈得较大，突出体现在打破以往从部门—财政—政府—党委—人大的预算决策程序，实行专项资金财力由省长切块到各分管副省长，专项资金项目由财政部门会同用款部门审核排序后，报各分管副省长协调统筹安排；天津市的标准预算周期改革主要由财政部门主动发起，采取的是渐进式改革，表现在预算决策程序未变，在财政内部仍采取切块的管理方式，对业务处的切块除按部门预算要求细化到具体单位和项目的支出外，还考虑改革前的基数情况，按一定比例给业务处留机动资金。

当然，河北省、天津市的部门预算也还存在一些待解决或完善的问题，主要是事业单位的经费管理仍缺乏统一科学的办法；预算外收支还不能完全脱钩；市县级部门预算受财力限制难以全面推进，目前仍只选择部分财力较好的市县进行试点。

完善我省部门预算改革的目标、内容和措施

通过总结省级部门预算改革进展情况和分析改革面临的问题，在明晰市场经济体制对预算编制的基本要求，借鉴国内外改革经验的基础上，我们至少可以得出四个结论：

一是以建立适应市场经济体制要求的预算编制制度为目标的部门预算改革势在必行，并将持续推进。随着改革的深入进行，部门预算改革涵盖的内容也将不断丰富和发展。

二是在计划经济向市场经济转轨的时期，预算编制改革应立足国情省情，采取分步实施的改革步骤。

三是近期看，以部门预算为基本模式的预算编制改革，关键在于打破传统预算编制制度架构，初步建立架构合理、程序规范、科目细化、内容完整、方法科学、涵盖基本支出和项目支出预算的年度预算编制框架，增加预算规范性及科学性，在实现有效财力约束的同时，促使预算编制与政策重点逐步结合。

四是从中长期看，随着我国经济体制和政治体制改革的不断深化，在一个更为宽松的改革环境里，在部门和单位职责和权力更加明晰的基础上，预算改革将逐步引入以绩效为中心、政策制定、计划安排和预算编制有机结合的中期预算管理框架，建立减少预算压力、有效控制支出，以及提高资源配置效率和资金使用效益的预算体系。

一、近期(五年左右)改革目标、内容和措施

（一）目标：近期改革的目标主要是通过建立和实施部门预算编制的组织架构、程序、方法和内容规范，初步形成年度部门预算编制的框架体系；以信息化为手段，在支出标准体系及项目支出论证体系逐步应用和发展的前提下，提高部门预算编制的技术水平，最终达到加强支出约束、促进预算编制与政策重点结合的目的。

（二）内容和措施：

1. 改革组织架构，规范编制程序，完善支出分类。

(1) 改革预算编制的组织架构与工作流程。改革组织架构与工作流程的重点在于明晰预算决策过程，明确和落实部门的职责，建立在预算编审过程中政府与财政、财政与部门的联系协调制度，调动部门和单位预算编制的积极性和主动性，促进预算编制与政府战略及部门工作目标的结合。近期的改革重点在于：一是由政府牵头，组成包括财政部门负责人参加的关于预算支出方针的联席会议，根据政府战略决策和政策重点，确定年度支出总规模和支出重点、支出政策。二是重建财政内部预算编制架构。按照一个处室对一个部门的原则，调整财政内设机构的职能。同时，借鉴国内外现行做法，集中预算编制职能，成立编审中心，统一预算编制政策、标准等规范，支出管理处室管理重点从重编制、重投入转向对资金使用的跟踪问效。

(2) 加强部门的预算编制职能和责任。首先，以制度化的形式明确部门和单位在预算编制中的责任和权利，规定部门编制预算应以政府战略目标和相关决策为依据，强调部门预算编制与部门的职能、年度工作重点和财政目标的相互结合。其次，要建立部门编制预算的工作规范，包括工作规程、机构和人力保障等。省级部门预算改革实施后，各部门的预算观念在一定程度上得到加强，但预算编制往往还是由财务部门简单汇总内部各业务机构报来的预算，对其中涉及的工作规划、成本核算都没有进行统筹安排和审核，为此，随着省级部门预算改革的深入，有必要进一步加强部门预算编制的职责，明确规定部门预算编制的流程，并以专门的机构、人员予以保证；第三，要建立财政和部门的联系协调制度，使财政和部门的沟通渠道通畅，强化部门参与意识，增强部门在预算编制中主动性。

(3) 进一步完善支出分类。第一，以部门为预算主体设置部门支出科目，并与现行的财政供给体制和政策配套，准确界定支出内涵，避免交叉。省级的部门预算试点改革，已初步形成了适应部门预算的科目分类，即将部门支出分为基本支出和项目支出两大类及其明细科目。基本

支出是政府部门为保障机构正常运转、完成日常工作任务的资金需求，项目支出是行政事业单位基本支出以外的，完成特定行政任务或事业发展目标的资金安排。下一步，要根据行政部门和事业单位业务性质的差异，分别确定其基本支出和项目支出包含的具体内容。事业单位的基本支出除个人工资等列入基本支出外，对与项目开展和完成紧密相连的支出，列入项目支出预算。第二，根据管理需要，把预算支出划分为直接拨款和审核后拨款项目，并以市县级财政作为独立支出主体编列把补助市县支出。目前的主要有两类的支出未纳入部门预算，一是需在执行过程中或后才能确定的部门支出，如公费医疗超支款等，这类开支未编入部门预算主要是考虑到实际支出数未确定，编入部门预算将可能造成人大批准预算与实际执行不一致的局面；二是该部门所属系统事业发展的下级补助专款，这一类专款是由下级部门使用的，并不是省直部门的直接支出。以上这两类资金在编制预算时往往作为预留数安排，由财政部门代管而不纳入部门预算，这样处理使编制的部门预算不能全面反映部门的年度支出项目和支出规模。为此，建议结合实际，借鉴国外经验，对部门直接使用但年初不能确定实际支出额度的项目，统一编入部门预算，但预算管理中实行预算支出与预算拨款相对分离，列入预算的支出项目进行拨款限制，即将项目分为直接拨款和审核后拨款项目，对审核后拨款项目的管理可由财政部门具体负责；对补助下级专款，可在年初分为部门使用和市县使用项目，部门使用项目直接纳入部门的预算，市县使用项目由财政部门单列补助市县专款预算，把市县作为独立支出主体管理。

（4）确定标准预算周期。就编制年度预算而言，根据国内外预算改革的经验，每年人大批准当年预算后着手下一年度的预算是适当的。因此，可将年度标准预算周期定位为一年，即人大批准当年预算后（约当年3月份）至人大批准下一年预算（约下一年度3月份）。当年3～6月为预算准备阶段，7～9月为部门编制阶段，10～12月为财政部门和政府审核阶段，1～2月为人大审批和批复部门预算阶段。

2．改革编制方法：

（1）引入零基预算方法。如前所述，“基数加增长”的增量预算带来了种种问题，使预算编制的配置效率降低、财政收支矛盾加剧。因此，有必要对现行的增量预算进行改革。现阶段，为减少改革的阻力，可实施增量预算和零基预算并行的办法，资金总量安排可延续增量预算，但部门、财政要对包括存量和增量资金在内安排的支出项目进行重新评估和审核，对一些不需再开展的项目要予以取消，其资金转用于其他新增项目。

（2）实施综合预算。综合预算是实现预算有效约束的关键内容。实施综合预算意味着打破目前行政性收费、罚没收入及其他预算外资金收支挂钩的管理方式，即这些资金按规定上缴国库或预算外专户后，不再根据收入数安排相应的支出，而是由财政部门根据单位的实际需要统筹安排支出。从目前的情况看，综合预算的实施主要应从以下几个方面着手：

第一，根据单位性质分步实施。第一步可先在省直行政单位实行综合预算，行政单位组织的收入全部上缴国库，支出由财政统一安排。为减少阻力，一方面可在开始阶段对部门的既得利益给予合理的保证，如按该部门上年度预算外资金收入中安排的经常性支出作为部门支出基数予以确认；另一方面要采取相应的措施稳定，防止收入大幅降低，具体可以对收费收入（罚没收入除外）下达收入计划，对非政策性的超短收给予相应的奖罚措施。第二步可以扩展到省垂直管理的行政系统，如工商、药监等。对于事业单位，在其财务管理体制未理顺和改革之前，可先规范其收费及其他预算外资金的收支计划管理，收费及其他预算外资金纳入部门预算统一编列，预算外资金的支出由财政部门根据预算内资金的安排情况统筹考虑。

第二，修订现行财政供给政策。根据现行的财政供给政策，相当部分的规定支出分由财政拨款和单位自筹资金负担，如公费医疗费超支由单位负担40%、地方津贴由单位按一定比例负担等；部分部门因支出主要由预算外资金安排而被定为自收自支单位，等等。实行综合预算后，必须对这些政策进行相应的修订，如对已实行综合预算的单位等，在没有其他收入来源的基础上，所有规定的支出由财政负担，并相应将财政拨款的涵盖范围扩大到一般预算、基金预算和预算外资金专户，对已实行综合预算的单位，只要其收入主要来源于财政拨款，单位的性质则可相应核定为财政核拨单位。

（3）按定员定额标准编制基本支出预算。在合理确定基本支出范畴的基础上，按定员定额标准编制基本支出预算。

——行政单位定员定额标准。

一是实行分类分档。首先要按一定标准对省级行政单位进行分类。目前，根据单位的性质和预算级次，将需编制省级基本支出预算的单位分为省直行政单位、省垂直管理的行政系统、中央驻粤单位等。在此基础上，根据所承担的工作性质和工作量等因素，在每类中划分不同档次。如省直行政单位，可再划分为党委政府单位、公检法单位、一般行政单位等。

二是明确成本核算对象。行政单位的基本支出与人、物或工作两物紧密相关，因此，单位成本即定额必然是以人、物或工作量作为计算对象，人员经费一般以工作人员人数作为计算对象，日常公用经费定额项目中各项内容的计算，现阶段也以人为主，同时辅之以能够定量的物或工作任务，既物化指标。如维修费按面积、交通费按车辆台数等。

三是确定定额标准。定额标准是根据财力可能，结合部门的工作量、占有的资源、实际支出状况及部门分类，以人或实物为计算制定的。由于历史原因，目前各部门之间即便是同类部门之间，其占有的资源及实际支出状况相差很大，因此，在短期内，即便是同类单位的定额标准也不可能完全一致。为此，现阶段，可以先测算同类部门的单项基准定额，然后根据同类中各单位的资源占有量和实际支出的状况，设置调整系数，初步确定某个部门的定额标准，然后根据各单位基本支出的变化趋势，以及国家方针政策及单位对资金的客观需求，对初定的标准进行反复比较测算，制订出科学合理的定额标准。

——事业单位定员定额标准。

事业单位承担的事务与行政单位不同。行政单位承担行政职能，人员及工作量相对稳定；事业单位承担的事务主要是发展各项事业，由于各项事业的发展情况及行业的特点大相径庭，我们认为，事业单位的定额标准应根据行业的特点而分类确定：

(1) 一些承担行政职能的事业单位如依照公务员管理的事业单位，其定额标准可参照行政单位的定额的内容和标准确定。

(2) 一般事业单位，其定额标准涵盖的内容以个人支出和少量与人员密切相关的一般性公用支出，大部分的公用支出纳入事业单位承担的事业发展项目支出中统筹安排和管理。

(3) 对特殊行业的事业单位如学校、公立医院等事业单位，根据行业特点采用不同的定额标准。如学校，为体现当前的政策重点，可考虑逐步从按教师定额转按生均定额核定财政补助数；对公立医院，可考虑从核定人员经费补助转向业务定额补助，按门诊诊量、床位周转天数等指标核定财政补助额。

(4) 完善支出项目预算编制。项目支出是行政事业单位基本支出以外的，完成特定行政任务或事业发展目标的资金安排。项目支出按工作项目分类，按完成该工作项目测算所需人力、物力，在此基础上转化为资金需求。如前所述，建立项目支出预算目标在于的把项目纳入考核范围，使各种同类项目公平竞争，在此基础上再测算所需的成本，从而提高预算编制的配置效率。当前，省级项目预算的改革重点在于建立多层次的项目库，项目评审制度以及项目绩效报告、考评制度。近期，主要从以下几个方面着手改革工作：

第一，制定项目支出预算管理制度，为建立适应公共财政需要的项目预算编制体系奠定基础。首先要严格执行“一要吃饭、二要建设”的理财方针，在优先保证基本支出的前提下确定项目支出预算规模；其次要确立部门、财政及政府实施项目预算管理的观念，构建项目支出预算管理的基本框架，包括项目支出预算管理的基本要求、编报流程、申报条件等；最后要合理划分省级专项资金，并根据资金的不同类别制定具体的操作办法。由于财政供养单位的性质差异很大，所承担的工作及项目情况也相差很大，有必要对专项资金进行分类。专项资金分类必须遵循几个基本原则：一是以支出功能为主要的划分标准，二是分类有利于使相同性质的项目公平竞争、择优遴选。

第二，规范申报、审核程序，逐步建立项目评审及绩效考评制度。

——项目申报、审核程序制度化。项目申报、审核程序是规范项目预算编制的基础。通过规范项目申报、审核程序和内容，促使部门和单位对所申报的项目进行充分的论证，提交全面、完整的项目信息，为审核提供必需的依据。因此，规范项目申报，首先要建立部门和单位内部的项目申报程序，明确项目申报文本、相关资料；其次是明确部门向财政部门申报项目的规范，包括申报项目的基本要求、申报的规范文本、相关资料等。

——项目评审制度。项目评审方面，以往多采用定性的分析方法。今后，要逐步实行定性与定量相结合的办法，如在项目可行性分析中，可运用各种财务分析方法和评估技术手段进行分析。如大型购置、大型修缮费等，可以采用最低费用与综合成本——收益方法相结合的办法，对项目先进行成本收益可行性分析，然后将具体项目分成若干个小项目，运用费用最低选择法选择最佳的方案组合。对于预算数额较大或者专业技术复杂的项目，要由财政部门组织专家或委托中介机构进行评审。

——逐步建立和实施绩效考评制度。从实际出发，绩效考评制度的建立可分步进行，从低要求到高要求，近期可从以下三方面着手：首先，建立项目支出完成情况报告制度。承担专项支出的部门和单位要在项目完成后向省人大、省政府和财政部门报告项目实施情况。随着改革的深入，与公众密切相关的大型项目的绩效报告应向公众报告；其次要确立绩效目标以定性与定量相结合的方法来设立，并逐步过渡到以定量为主。考虑到各类项目的不同特性，绩效目标应分类设计，如一个教育项目中，产出可以用考试成绩或数学成绩超过某一特定水平的学生百分比来衡量，或进一步可用完成基础教育的学生百分比、升入更高年级学习的学生的百分比来衡量；最后要实行绩效审计。绩效审计可以参照财政审计的方式，审计人员的任务是审查绩效目标的具体情况和管理结果。

3. 必须同步推进各项配套改革。预算编制制度是政治决策过程的一部分，也是财政管理制度的组成部分，它与其他方面的制度安排密切相关，预算编制制度的改革能否达到预期目标，在相当大程度上依赖于政府的行政改革、财政管理体系中其他相关环节的制度安排等。

(1) 尽快建立和完善财政信息管理系统。信息是预算编制的血液，是财政管理的基石。预算编制改革能否取得成功，一定程度上依赖于一个完善、高效的财政信息系统，它能为预算编制提供及时、可靠的信息，为预算编制目标的实现提供监控机制。由于我省财政管理信息管理仍处于起步阶段，目前仅限于在部分环节实施了信息化管理，如部门预算编制、预算指标管理、国库集中支付等，与实施电子政务所要求达到的目标仍有较大的差距。因此，省级财政信息管理系统的建立和完善，应首先从以下几方面逐步推进：

第一步：建立和完善预算编制核心系统。现阶段，首先要加快预算编制基础信息库和项目库的建立和完善。要通过建立基础信息库，使财政部门能够获得与预算编制相关的详细、准确、及时的信息，在内容上除了部门和单位拥有的人、财、物等情况的数据资料和相关的政策文件，包括单位性质、级别、人员编制、人员工资福利、离退休人员、房屋建筑情况及其负数设施、交通工具、通讯工具及办公设备等资产情况，除此之外，还要包括与预算编制的文件、规定、制度等资料；在管理上应采取部门填报、财政审核、定时更新、信息共享的方法。通过建立项目库对申请预算的项目进行规范化、程序化管理的数据库系统。要建立多层次的项目库，即部门项目库和财政项目库；项目库要包含项目预算管理所需的足够的信息量；项目库的建立要由财政部门统一规划，实行滚动管理；各部门要以政府战略规划和部门的工作规划为指导，根据本部门和单位行政工作和事业发展的需要以及上年预算安排项目的情况和当年财力情况，制定一定周期的项目规划，按轻重缓急排序后向财政部门申报合适数量的当年项目；要通过对项目设置优先度，按规范对项目进行排序。

第二步：集成现有信息资源。一个完善高效的信息系统应涵盖管理的全过程，由相关子系统组成。因此，首先要将现有预算管理各环节系统包括部门编制、预算指标管理、财政拨款、政府采购、财政决算等系统进行纵向合成，对财政管理的其他环节如国库、税务部门、行政事业单位、审计机构、人事部门的相关系统等进行横向合成，从而组成一个有机的信息整体，能通过信息流迅速汇集所需的数据和资料。

（2）预算执行、监督改革应与预算编制改革同步进行。

第一，改革预算执行制度。严格规范的预算执行，是预算编制实现预期目标的保证。为配合省级部门预算改革，要积极推进国库管理制度改革，通过建立国库单一账户体系，把所有财政性资金集中管理，改变财政资金的分散管理局面，为综合预算的实施奠定基础；要实施国库集中收付制度。一方面，规范收入收缴程序，保证各类财政收入及时、足额直接缴入国库，另一方面，财政性资金支出通过国库单一账户体系直接支付到商品和劳务供应者或用款单位；要逐步规范政府采购预算的编制和执行。要严格执行《政府采购法》的有关规定，按照政府采购目录编制政府采购预算。在适当时候，把政府采购预算提交人大审议，并作为年度政府采购的唯一有效依据，促使部门编实、编好政府采购预算。

第二，改革预算监督方式，使预算监督落到实处。要从对事后监督转向对预算管理全过程的监督，从对财务指标实现监督转向对项目完成效果的监督。

（3）建立健全行政事业单位财务会计管理制度。

首先，要理顺和改革行政事业单位财务体制。要根据市场经济体制的要求对事业单位的职能进行重新界定，并进行相应的机构改革。对一些承担政府行政职能的事业单位转为依照公务员管理的事业单位，管理体制按行政单位核定；对一些准公共产品的生产单位，如教育、医疗等单位，根据行业特点和发展要求，分阶段确定财政定项补助政策；对行政、事业单位后勤服务机构、技术服务机构等可以由市场提供的服务，要通过制定阶段规划逐步推向市场。在机构改革的基础上，根据事业单位承担的事务不同划分不同的管理体制：对承担行政职能的依照公务员管理的事业单位，按公务员的统一政策核定管理体制；对一般性的事业单位，在实行综合预算的基础上，采取财政核拨的管理体制；对学校、医疗等提供准公共产品的事业单位，采取定额补助的管理体制。

其次，对于现行行政事业单位会计制度中不适应部门预算改革需要的科目设置问题，提请财政部修订行政事业单位财务会计规定，并根据我省部门预算改革的要求，制定具体的财务会计管理实施办法。

二、中长期改革方向及内容

如果说，近期的部门预算改革是建立新型预算编制框架，实现以财力约束为主的预算管理目标，那么中长期部门预算改革的重点将转向提高公共资源配置效率和资金使用效益，即以绩效为中心，编制多年滚动预算，建立中期预算框架，促使政策制定、计划安排和预算编制的有机结合。澳大利亚的经验表明，成功的滚动预算的关键是制度机制能帮助并要求决策者使总财力承受能力和国家政策优先次序相平衡。多年滚动预算由一个自上而下的财力框架、一个自下而上的对现有政策当前和中期成本的估算、以及成本和可用财力的匹配三部分组成。

（一）多年滚动预算的实施目标：一是建立一个连续、现实的财力框架，以改善财政收支状况，促进宏观经济平衡；二是优化资源配置以体现部门之间和部门内部的战略重点；三是提高政策和资金筹集的可预测性，使各部门能提前计划，也使项目持续开展下去；四是为职能部门提供硬性预算约束，同时增强他们的自主权，从而提高他们有效使用资金的积极性。

（二）编制多年滚动预算的实施步骤：

第一阶段：建立一个宏观规划，预测未来三年的收入和支出的规模，将经济预测和财政目标相联系。其中最重要的是宏观分析和建立模型，这是实现总财力约束的必由之路。

第二阶段：编制部门层次的多年滚动预算，主要包括确定和审核部门的政策、支出项目、子项目及其成本，并确定项目的优先次序。首先，确定部门政策活动和责任。通过讨论、协商和政府决策等政治过程，确定需要政府承担和预算安排的项目，并进行排序。其次，对部门全部可用资源进行估算。理想情况下，部门资源应包括来自预算拨款、预算外资金、其他收入等方面的资源。第三，估计各类政策项目成本。通过运用在部门审核过程中形成的政策的优先次序，可以估算各类政策的可能支出。在估算成本时，一是要涵盖各部门的所有活动和组织，二是要算出在资金完全供应的条件下，也就是假设设备都得到了足够的维护，员工都获得了合理的最低工资，以及提供了必要的补充投入的情况下，现有的政策成本是多少。部门的各项政策成本加总后，形成部门全部支出需求的估计值。然后，参照部门审核过程形成的优先次序，以及整个部门的可用资源范围来对成本分析进行审核和调整，以保证部门最终的滚动预算支出计划在财力框架的限定范围内。第四，建立随着优先次序的改变易于进行资源转移的机制。

这个机制包括：制定战略性决策的机构、确保决策制定时获得全部信息的制度。通过这一机制，部门决策受到预算硬约束的同时，保证部门的优先次序与政府目标相一致。

第三阶段：财政部门与各部门对部门滚动预算进行讨论和协调。

第四阶段：掌握了宏观经济规划和部门审核结果之后，财政部门可以拟订多年滚动预算的战略性规划，用于指导决策机构进行资源的战略性分配，以强化总的财力约束。规划必须明确政府宏观管理目标和政策、财政收入和财政支出的总规模和总目标等，分析财力在不同部门和政策项目间分配的得失，确定预算年度及随后两个财政年度部门支出的最高限额。

第五阶段：决策机构按财力和部门间的优先次序进行中期部门资源配置。虽然资源分配具有政治性，但市场经济国家已尝试建立分配标准，包括：(1)根据已达成一致的政策优先次序，确定应逐步取消的公共支出项目；(2) 分析支出的功能分类，明确实际的资源分配与公共部门职责不一致的支出；(3) 与国际平均值比较每个部门支出的比例，等等。

第六阶段：根据决策机构确定的预算估计值，各个部门修改其多年滚动预算。

第七阶段：财政部门再次审核修改后的部门预算估计值后，再报政府审定后提交立法机构审批。

（三）编制多年滚动预算的前提条件：

1. 引入绩效为中心的预算编制方法前，部门和单位的职权已得到明确的划分和界定，权利和责任逐步统一，良好的绩效环境得到培养和支持。

2. 完善的宏观经济管理和收入征管，收入的短期不足不会导致收入预测的调整。

3. 支出控制已得到改善，在预算执行过程中，各种决策和资金分配确保不会受到频繁预算追加（减）的损害。

4. 支出决算报告得到完善，能全面准确反映上一年度预算执行的结果。

以上分析和阐述了在计划经济体制向市场经济体制过渡时期，推进部门预算改革的实施目标和改革内容。但正如预算改革家所言，预算改革不是一个目的地，而是一个持续性的任务，一个朝圣者的旅程。随着我国社会政治和经济的发展，为更好地实现财力约束、提高公共资源配置效率和资金使用效益，预算编制改革将持续推进。

（课题组成员 郑振涛 戴穗生 孙祖通 叶梅芬 刘继东 冯宝璇 刘 捷 叶梅芬执笔）

广东省事业单位国有资产管理改革研究

广东省财政厅
广东省政府发展研究中心 课题组

（2003 年 8 月）

一、事业单位国有资产管理改革势在必行

事业单位国有资产管理是关于事业单位国有资产活动的各方面、各环节、各层次的组织与管理系统，是事业单位国有资本管理体系与管理方法的总和。事业单位国有资产管理主要包括：事业单位的国有资产投资管理、国有资产行政管理、非经营性与经营性国有资产管理以及国有资产效益管理等内容。

（一）投资主体的过于单一不利于事业活动的市场化

现行事业单位国有资产投资管理的运行方式是：在国家统一计划、分级管理的原则下组织投入运行。目前我省的各项社会事业的发展与投资主要是国家财政供给。它具有以下几种弊端：

1. 事业发展与经济发展相脱节。沿袭传统计划经济体制，事业单位主要依靠国家财政供养。政府也主要管事业投入，不重视事业产出，不重视事业效果，造成了事业经费不同程度的浪费和事业运行的效率不高。一是相当部分服务产品以系统内循环为主。以文化产品为例，基本上是以投入—评奖—入库为事业发展目标，没有把文化当作经济生产的一个部门，其的投入与产出极不相符，没有发挥出应有的作用。二是由于事业单位中大量的国有资产长期被排斥在市场经济领域之外，严重阻碍和抑制了教育培训市场、科技产品市场、体育健身市场、卫生保健市场、文化娱乐市场等“事业”型产品及其相关第三产业的市场化发展，造成各类精神文化产品的生产不足，不仅无法充分满足人们日益增长的各种精神消费和文化生活需求，而且这些市场的份额已经逐步被国外产品所占领。三是国有或公有事业单位的比例仍然过高。从文化产业公有制单位

来看，所占比重为55.8%。在医疗卫生事业中，社会化程度更是明显的低。据统计，2003年，国有、集体、联营、私营及其他所拥有的医院床位所占比例分别为94.2%，2.2%，0.4%，2%，1.2%。

2. 抑制社会办事业的积极性。国家以指令性计划和行政手段管理事业单位，各项社会事业投资与管理均集中在政府手中，市场对社会事业的调节与控制基本上被政府行政管理所取代，民间资金办事业的基础极其微弱。在全省的医疗事业中，只有不到5%的份额由社会资金承担。事业主体的国营化，既扩大了政府的事业职能，增加了财政负担，又抑制了社会办事业的积极性和创造性，使一些社会事业资源依然短缺。我省的教育、医疗卫生等都存在结构性资源短缺问题。例如，尽管政府一直十分重视对卫生事业的投入，但卫生资源始终跟不上，存在着高端医疗服务不足和低端医疗需求供给不足等问题。

3. 限制了事业单位开展市场化运作。由于国家包办事业，社会融资渠道长期被忽略，事业单位的发展资金主要靠积累和政府投入。即使是企业化管理的事业单位，如传媒集团等目前依然是事业法人，而不是企业法人。这种事业性质与定位决定了他们只能停留在生产经营状态而不能向资本运作领域迈进。

（二）管理的封闭性不利于事业资源配置的社会化

现行事业单位国有资产行政管理方式是："分级管理"。即事业单位国有资产管理是按中央政府和地方政府的管理权能分别设立。目前，各级政府基本上是以行政化手段配置事业资源，它体现的弊端有：

1. 资产闲置、沉淀。由于事业发展经费由各级财政统一支付，因此，从中央到地方，各行政管理部门都积极争设本部门、本地方所属的学校、科研机构、文化机构、卫生机构、体育机构等，并通过行政化手段配置事业资产，造成了各部门、各地区、各单位都追求"大而全"、"小而全"的资产设置；同时，由于出资人缺位导致的"产权资本虚置"，事业单位国有资产事实上变为部门所有，资产配置长期被分割与封闭，导致资产资源不能自由流动，存量资产沉淀，流量资产凝结，资产闲置严重。例如，各部门都拥有图书馆、体育馆、实验室、会议场、仪器设备、图书资料等等，但即使无用，部门之间都不互通有无，互不开放，使用率低。

2. 重复建设、资源浪费。由于事业单位的国有资产被各部门、各地方、各单位相互分割，不仅造成了有限的社会资源不合理的配置，也因为低水平的重复建设导致资源被大量浪费。以医疗卫生事业、广播、电视、报刊出版业最为典型。在同一地区有省级医院、市级医院、区级医院、部队医院、企业医院、高校医院等。这些医院往往都集中在中大城市，但即使近在咫尺，所有医疗设备和信息都互不共享，反而为有限的医疗资源竞争激烈。例如，在肇庆这个只有30万人的城市，就有市一级以上医院6家。在媒体方面，市场有限资源被区域行政分割，各种传媒都是依附在各级党政机关和事业团体，要实行兼并或跨行业、跨地区经营，遇到的阻力都相当大，难以按市场需求进行资源配置。2003年，全省公开发行报纸169种，广播电台22座、电视台24座，县级广播电视台75座。特别是经济欠发达地区，客户资源少，又没有财力支撑，无论是办报还是办电视台，都仅处于维持生存状态，形成大的上不去，小的淘汰不了的格局。

3. 封闭运行，影响配置效率。多年来事业单位的改革基本是沿着自收自支，搞活经营，减轻财政负担的思路来进行。事业单位国有资产的资源整合很少被提及，即使是调整也只能在本系统、本区域有限的范围内进行。例如，我省广播影视集团的组建，就遇到目前国有资产实行属地管理的体制性障碍。广播影视集团仍属事业单位，按现有政策事业单位资产整合只能采取划拨的方式，无法按照现代企业制度实行规范的股份制改造，在集团内部也无法形成以出资关系为基础形成的法人治理结构，地方的国有资产如果实行划拨，统一由省级管理，就切断了和地方的利益关系，地方国有资产管理部门也无法监管，势必对地方利益产生影响。由于不能进入市场配置资源的领域，事业单位国有资产的真实价值就得不到相应的体现和实现，这必然会影响全社会资源配置的效率。

（三）责任主体的模糊性不利于事业管理的规范化

现行的事业单位将社会管理与国有资产所有者、管理者的职能混为一体，事业单位国有资产管理一般不设专门机构，基本上按行政隶属关系分口管理。目前我省事业单位国有资产管理具有产权关系不清、多头管理、责任不明、缺乏监管等弱点：

1. 产权关系复杂，产权归属不清。事业单位国有资产管理的载体是事业单位。事业单位的机构改革一直是体制改革中的一项重要内容。1985年起，中共中央、国务院、地方政府、各事业单位主管部门、各地方，不断制定和发布了一系列有关事业单位体制改革的决定，分别进行了大量的改革试验和探索。但由于缺乏事业单位整体的改革目标和统一的改革方案，没有明确事业单位的社会主体地位、机构性质、职能目标和运行方式，并在此基础上重新界定、适当调整、有效转换事业单位职能范围，导致事业单位国有资产产权管理关系的复杂化。例如，国家先后改革了一系列事业单位的资金供给方式，调整财政资金供给结构，对一些事业单位实行"断奶"，停止财政拨款，以推动部分事业单位走向市场。其结果，即使是在同一事业单位中，同时共有"全额拨款"、"差额拨款"、"事业单位企业管理"等多种性质的"子单位"，兼具有行政、事业、企业、社团等多重性质和功能。而单位的资产从管理角度讲，不仅有经营性资产和非经营性资产，还不断有"非"转"经"的资产出现；从投资构成角度讲，既有中央的直接投资，也有各地方政府的投资，还有政府并未注入资本金，由事业单位靠借贷、积累或集资所形成的。这种纵横交错的产权关系，成为事业单位非经营性资产转经营性资产管理过程中最难以解决的突出问题。有些事业单位没有严格地按照国家有关规定办理申报审批手续，对提供财产方与接受财产方的权利、义务关系没有明确规定，对已转作经营使用的资产也没有及时、严格地按照国家的规定办理财产移交手续，致使非经营性资产转作经营性资产以后所有权关系不清；特别是事业单位下属的经济实体在开办时大多是多方集资，资金来源渠道很复杂，开办时也没有明确产权关系，等到形成一定规模以后，就出现各种产权纠纷，严重影响了经济实体的进一步发展。

2. 管理责任主体不明确。在计划经济时代，中国的事业体制是高度的中央集权型的，而且整个社会都处于行政权力调节之下。改革开放以后，行政管理体制改革以及分税制注重了纵向权力下放，但权力的横向界定并没有彻底改革，对某项事务处理容易形成谁都管，谁都不负责的管理局面。在事业单位国有资产管理方面体现为：一是国有出资人缺位。目前，事业单位国有资产管理是实行归口分级管理，各事业单位不仅有上级主管部门，也有计委、财政、银行等部门，这些都是事业单位国有资产产权管理主体，各自行使国有资产管理权能，却又没有明确哪一个部门具体负责管理国有资产。权力分散、多头管理的结构使部门之间权能很容易出现摩擦，有问题则相互推诿，造成权、责、利不明，使国有资产名义上国家所有，实际上成为“无人负责”的产权虚置资本。二是多头管理使国有资产管理政策不统一，账实不符，家底不清。按照现代理财学观点，资产与财务管理是不可分割的统一整体。但由于我们目前的体制是条块管理，资产管理和财务管理是分开的。例如，事业单位财务报表由国家财政部制定，学校的固定资产管理情况表是教育部制定，两者项目类别不一致，直接导致了账实不符的结果，管理难度增大。三是没有一个部门真正对国有资产管理结果负责。如事业单位经营性国有资产保值增值的主体是谁？事业单位国有资产流失谁负责？投资重大失误与决策谁负责？这些都是由于各部门权责不明出现的问题。

3. 政事不分、企事不分造成资产管理的监管漏洞。在行政与事业单位一体化的管理体制下，行政系统处于主导地位，事业单位则处于从属地位，从而导致事业单位的行政化，进一步混淆了权力主体、责任主体与利益主体界限的划分，再加上条块分割的管理体制，容易形成资产管理的监控漏洞。据中纪委调查，民众认为在腐败最为严重的五个领域内，医疗腐败和教育腐败就占其二。依附行政力量形成的专营权的事业单位已成为“超国有垄断企业”，正形成滋生腐败的新温床。体现在：

(1) 利用事业单位国有资产进行权力寻租，影响市场经济公平的竞争秩序。低价使用事业单位的国有资产参与市场竞争，这不仅破坏了正常的市场竞争秩序，流失了相当一部分税收，而且这部分事业性资产如果不公开按市场定价而转变为经营资产，也会降低整个社会资源配置的效率。

(2) 依附行政力量形成的专营权使企业化的事业单位具有很高的“垄断”利润，导致国有资产收益权不落实，收入分配混乱。事业单位的国有资产不仅表现为占用的国有划拨土地以及为事业单位正常运转而建立的服务设施，还包括依附行政力量形成的专营权，如新闻、广播电视、文化、体育、教育、卫生、人才管理等行业的经营服务及行业准入。这些专营权实质是行业禁入的垄断经营权，不存在公平竞争。利用依附行政力量所形成的专营权，从而获得垄断性的经营收益，这些利润和收入按照国家有关规定应属于国有资产，但在现行事业单位国有资产管理的体制下却变成由上级部门与事业单位共同支配的资产，甚至成为单位小金库和乱发财物的来源之一。例如，公办名校办民校实行高额收费，但巨额资金却在政府财政体制外循环，缺乏必要的监管，具体的收支状况，既没有进行财务公开，也没有纳入政府财政预算和审计，使国有资产流失成为可能。

（四）绩效目标的宽泛性不利于事业效益发挥的最大化

现行事业单位国有资产的使用与管理目的是以宽泛化服务社会为主要的目标，不计成本、不讲经济效益。由于对事业单位没有明确的绩效考核，它带来以下几种结果：

1. 事业单位国有资产盘子越来大，战线越来越长，影响财政资金效益发挥。据统计，2003 年，全省共有事业单位 62 506 个，其中，财政核拨 38 977 个，占 62.36%；财政核补 10 643 个，占 17.03%；经费自筹 12 237 个，占 19.57%；企业化管理 649 个，占 1.04%。从业人员 1 605 556人。事业单位事业经费总支出为 601.29 亿元，占省一般预算支出的 36%。这些事业单位主要处在科研、教育、文化、卫生、体育、广播电视、出版等领域。具体可以分为三类：一是提供私人产品、以追求营利为主要目的的，如应用型科研所、设计院、文艺团体、传媒集团；二是提供准公共产品的，尽管不以营利为目的，但其活动可以获得收入，如医院、学校、学会、体育场馆等；三是提供纯公共产品的，如基础研究、九年义务教育、公共卫生、博物馆、图书馆、公共文体设施等。由于所有三类事业组织混为一体统称事业单位，各自又同时具有政府、企业、营利与非营利组织的多重目标，其中有许多产品和服务与政府管理社会职能无关，本应作为营利性市场主体的，也由政府大量投资进行经营，浪费了政府的有限资金，造成了政府财政负担沉重，无法真正集中财力发展社会公益型事业，例如，农村基础卫生、九年义务教育等资金始终供给不足。

2. 注重预算管理，不注重成本考核，经济效率不高。长期以来事业单位实行预算管理体制，注重财政资金的筹集和分配，助长了各事业单位争资金而不注重资金效益与管理的现象，不能真正发挥政府财务资源的经济效益。例如，我省学校均属事业单位，财务核算实行的是事业单位会计制度，其特点是主要以预算管理，虽然是独立核算，但不自负盈亏。其经费来源主要是财政补助、学生杂费、住宿费、科研经费、对外服务以及其他收入。学校财务管理只是本着多收多支，少收少支的原则。因此，学校基本上是一方面向财政要经费，另一方面又有许多不合理开支，办学成本始终居高不下。据有关资料表明：我省公立高等专科院校生均成本为 11 604 元，而民办专科院校的生均成本为 8 033 元。比例为 1.4∶1。

3．事业单位国有资产福利化。由于事业经费由财政供给，事业单位不实行经济核算制，事业编制人员属国家公职人员，事业单位国有资产管理没有实质性责任，事业单位工作考核没有硬性指标，事业单位利用自己所管辖的经营资产所创收的利润又可以为职工搞福利。而事业单位部门的福利化，又导致社会各类人员纷纷挤进事业单位，造成人浮于事，形成了事业单位增加过快、机构重复、资产利用率低、财政负担沉重的局面。

二、我省事业单位国有资产管理与国外公共资产管理的实践经验

（一）我省事业单位国有资产现状及资产管理的改革与探索

1．规模增大，结构趋于合理。

规模。建国以来，尤其是改革开放以来，我省事业单位国有资产规模不断扩大。据 2003 年决算统计，广东事业单位国有资产 2 770 亿，占全省国有资产总量的 63%，其中省级事业单位 567 亿；年末事业单位国有固定资产 1 392亿，占全省事业单位国有资产的 50%，其中省级事业单位 222 亿。全省事业单位国有固定资产按经济用途划分：（1）房屋建筑物（办公用房、职工宿舍、其他用房）825 亿；（2）专用设备 296 亿；（3）一般设备（主要是车辆）173 亿；（4）图书 18 亿；（5）其他（含文物陈列品）79 亿。在用固定资产 1 384 亿，使用率达 99.4%。

结构。改革开放以后，国家与地方财政加大了对事业单位的投入，许多事业单位自身的创收能力也不断加强，事业单位资产结构不断优化。用于教育、卫生、科技、体育、广播事业的国有资产分别为：864 亿、551 亿、59 亿、36 亿、83 亿，分别占全省事业单位国有资产总量的 31%、20%、2%、1%、3%，其中仅教育、卫生两项事业就占了 51%，国有资产在各项事业中的配置比例，基本体现了我省现阶段民众对公共事业的需求结构。另外，全省事业单位的负债为 1065 亿，国有资产负债率为 38.5%，财务结构相对合理。

2．效益与增幅基本匹配。

政府对事业单位预算内的投入大幅增加。2003 用于各事业单位的财政总支出达 601.29 亿元，比 1990、1995 和 2002 年分别增长了 1 126.87%、213.38%和 23.35%。其中教育事业的支出所占比例和增长幅度最大，占同年事业单位总支出的 65.67%，比 1990 年增长了 12.53 倍。在教育事业中增长最快的则是基本教学设施的资金投入及教学条件改善的资金投入。

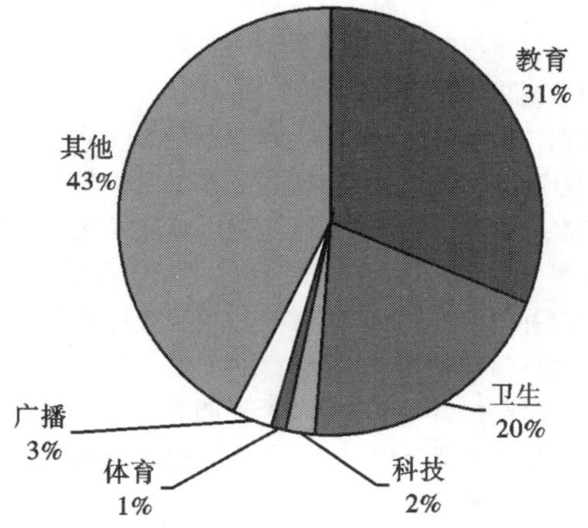

广东省 2003 年国有资产各部门比例示意图

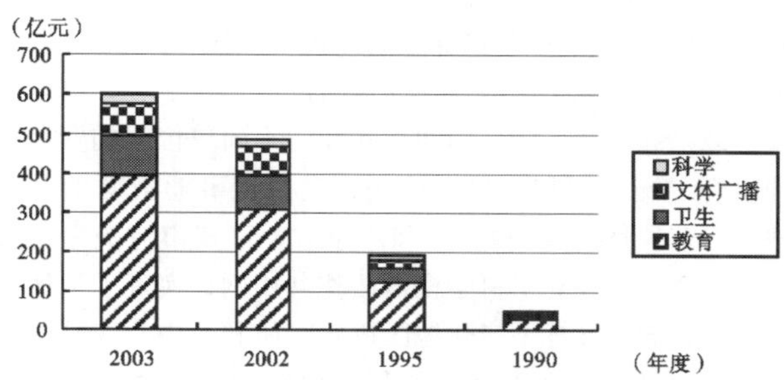

地方财政预算用于教科文卫等部门支出情况

事业单位的效益指标的增幅基本上与财政投入的增幅相匹配。将各事业单位的财政投入和效益指标对比来看，如财政投入比例最大的教育部门，2003 年的财政投入比 1995 年增长了 2.21 倍，而高等院校、中等学校和小学的在校生人数则相应的增长了 2.87 倍、0.52 倍和 0.16 倍，考虑到财政投入的重心主要在高等院校以及计划生育使适龄中小学生减少等现实情况，这种对比结果基本上说明了财政投入是有效率的。

3．改革与探索。

为适应经济体制改革的需要，进一步解放和发展生产力，我省先后对事业单位国有资产管理进行了一些探索性的试验，积累了大量有益的改革经验。概括起来，主要做法有：

第一，采取了不同形式的“放权”、“搞活”等改革措施。

逐步扩大各类事业的人权、事权、物权、财权及国有资产管理的自主权，大大增强了事业单位自我发展和适应环境变化的能力和活力。如我省 1999 年以来，通过深化科技体制改革，改变科学事业费拨款方式，各科研单位通过申报项目形式获取科研经费，将科学事业费由养人改为办事，充分发挥了科学事业费的使用效益。

采取了“创收”、“让利”、“免税”等政策措施，鼓励和支持各类事业单位挖掘潜力，利用闲置的固定资产开展

多种经营，组织收入，缓解了事业经费不足的矛盾。“创收”政策还促使一些事业单位主动适应社会需要，扩大其服务领域和范围，增加新的服务项目，提高服务质量、水平和效率，大大完善了事业单位的运行机制和成本补偿机制。清远市广播电视局将有线电视网络和广告部两大经营性资产单位重组改制，独立经营，提供有偿服务，为广播电视事业提供了发展资金。

采取“国家、社会、个人一起上”的改革措施，鼓励和提倡社会办事业，通过多渠道、多层次、多形式的措施来筹集各项事业发展资金，促进民办事业发展，逐步推动事业发展主体多元化。肇庆市通过“争取省里支持一点、市县财政补助一点、财政转移支付用于教育的资金安排一点、当地乡镇政府分担一点、农村‘一事一议’筹集一点、发动社会捐赠一点、学校经费调剂一点、闲置校产变现一点、减免规费节约一点”等多元投入，顺利完成了中小学的布局调整。政府也积极扶持民营医疗机构发展。到2003年，全省共有12.8亿元民间资金投入民营医疗机构建设，已建成民营医院93所，拥有病床5 500张。并有首家大规模公有医院广石化医院转为非营利性民营医院。

第二，采取了“协作”、“整合”、“共享”等政策措施。鼓励和支持不同部门间、同部门不同单位间的资源加强整合，统一规划、综合使用，提高了事业资源的利用率。广东省科学院2003年和广东省、广州市有关单位共同投入资金，建立了科学仪器协作共用网，实现了地区资源共享，充分发挥了广州地区科研院所和大中专院校的大型分析测试仪器在本地区的科学研究和经济建设中的作用。卫生资源优化整合也在开始探索。清远市将原市皮防所、市结防所、市红十字会门诊部与市卫生局直属门诊部实施整合，组建市慢性病防治医院，其他医院也进行了相应的整合，从而减少了内耗，防止重复建设和不良竞争，提高了资源使用效率。

第三，事业单位实行试点改革，妥善处置国有资产。

采取了一系列新的事业资金供给方式，逐步调整财政资金供给范围，并对一部分事业实行“断奶”，停止财政拨款，推动部分事业单位走向市场。如，在今年的文化体制改革试点中，原深圳市歌舞团改组转制为企业法人，它将以市场经营的模式完成政府有关重要的文艺演出和文化交流任务，承接社会的演出任务。政府则以采购方式购买节目。

实行企事分离，将部分事业单位“转制”为企业，初步实现一些事业单位国有资产的产业化和投资主体的市场化。省政府已授权整体转制为企业的省出版集团经营国有资产。国资授权经营是实现企事真正分离、规范国有企业和政府关系的一种产权制度安排，有利于明确国资保值增值的责任主体，实现国有资产的集约化经营和规模效益。

妥善处置事业单位改革中的构成复杂的事业性资产。在事业单位改革中，为防止国有资产的流失和维护单位职工的个人利益，区分好事业单位资产中国家、社会、个人的权属，韶关市有着很好的经验。

第四，建立事业单位国有资产的产权管理部门。为明确产权归属，加强监管，强化对事业单位国有资产的系统管理，防止国有资产流失，2004年，省财政厅专门成立了行政事业资产管理处，专司省直行政事业单位国有资产管理，形成了“财政部门——一级预算单位—二级预算单位”三个层次的监管体系，明确了各部门和各单位的责任。财政部门代表政府负责统一管理，宏观调配；一级预算单位对其所属单位国有资产实行直接监管，负有资产保全责任；二级或基层预算单位依法享有和行使国有资产占用使用者管理职权，承担资产安全使用、有效运营的责任。

第五，部分市开展了新型行政事业单位的国有资产管理工作。十六大以来，随着国有资产管理体制改革在经营性资产领域有了新的突破，各地也根据自己的实际情况开展了行政事业性资产管理体制改革实践。在我省，深圳、梅州、韶关、清远、南海等市、区已经开始积极推进行政事业国有资产的管理体制改革，为我省全面开展事业单位国有资产管理的改革奠定了良好的基础。韶关市通过成立市公共资产管理中心，整合盘活了行政事业单位的国有资产，取得了积极的效益。佛山南海区在完成资产清查、产权移交等工作的基础上，建立大型的资产数据库，建立资产管理信息系统（包含决策支持系统），为政府决策提供了依据。系统的使用使整个资产管理更加透明，把国有资产的管理置身于阳光下，有效地克服各种违规现象，从源头上抑制腐败现象的发生。

（二）国外公共服务机构资产管理做法

国外的公共服务机构主要有两种组织形式，一种是国有管理，如公立学校、公立医院等；另一种则是以非营利组织（非政府部门）为主体进行管理的。在管理过程中，西方发达国家普遍引入了现代企业管理等自主管理模式，并建立了一套健全的外部监督机制，具体做法如下：

1. 政府在公共资产管理中引入市场机制。西方国家认为公营部门的效率低下，根子在垄断，要扭转这种局面，就必须改变传统的管理方式，大力推进公共服务的市场化。主要采取四种形式：

（1）在必须由政府承担，且不宜由私营部门经营的基础设施和公共设施领域，引入竞争机制，通过招投标的形式交给私营企业，政府充当“发包”人的角色，打破以往由政府独家垄断的局面。例如，“二战”期间，美国国防部把国家科研下放给大学，实行“合同制联邦主义”，其实质就是联邦政府自己不设立研究机构，而是通过签订研究合同的方式，把科研任务交付给大学或私营公司。美国国防部与41所大学或研究机构、22家公司签订了200多个科研合同。

（2）把能够进行经营性投资、开展市场竞争的公共服务项目，通过推行公共服务市场化，交给私营企业经营，政府逐步从这些领域中退出。

（3）对那些不宜实行市场化经营的领域，比如城市的垃圾处理、社区管理、医疗、教育等，则采取承包的方式，将一些公共服务项目承包给私营企业管理，并给予一定的补助，以达到提高这些公共服务项目的服务水平。有些国家还将同一公共服务项目承包给几个不同的企业，使其相互开展竞争，改善服务质量。

(4) 对于那些不宜由私营企业介入的领域，如邮政、公立学校、公立医院等，主要是引入先进的管理制度，通过改善管理机制，提高服务质量，减少财政投入，促使其社会效益最大化。

2. 采用董事会或委员会等形式对公共服务机构资产进行自主管理。从总体的运作机制来看，西方发达国家对于公立学校、医院、科研机构等公立服务机构都给予了较大的资产管理自主权，政府不直接管理。即使是国有独资的研究机构，政府也不直接管理，而是联邦、州政府代表组成的董事会或监事会管理监督的基金会管理。国有投资为主的研究机构，政府派代表参加董事会或监事会，履行股东职责。机构董事会或委员会的成员通常由民主选举产生。因此，机构管理层有比较绝对的资产运营、使用权、处置权及收益权等，不受行政左右，资产管理者的短期行为也比较少。

3. 将部分公共服务机构社会化，以非营利组织的方式进行管理。西方国家从 20 世纪 80 年代开始，就实行了以公共服务社会化为核心的行政改革，出现了过去许多由政府直接提供的公共物品，如今转移到民间由非营利组织来提供，政府主要是对非营利组织提供资助，给予一定的经济支持。政府对投入到非营利组织中的公共资产使用和管理，虽仍有一定的影响，但非营利组织并不是政府及其附属机构，也不隶属于政府或受其支配，有自身的一套独立运作的规则和经营管理理念，其经费来源除政府投资外，还有会员会费、募捐、出售商品和服务收入等多种方式。而且，政府投入后的公共资产从归属看已转为非营利组织所有，这部分资产使用、处置最终是由非营利组织本身决定的。政府对非营利组织资助，主要是将其视为社会公共治理结构中的行为主体之一。目前，在西方发达国家中各种非营利组织在社会中扮演了重要的角色。据统计，1998 年美国登记在册的非营利组织达 160 多万个，约占美国各类组织的 6%，平均每 12 个就业人员中就有 1 人为非营利组织工作。这些组织主要包括医疗、教育、社会和法律服务、公民与社会团体、艺术和文化团体、宗教等，形成了庞大而复杂的第三部门。尽管这些组织的活动领域不尽相同，但主要目的都是提供公共产品和公共服务。在德国，公益机构约有 20 万个，他们是由自愿人组织的协会，包括 9 000 个基金会。

4. 对公共服务机构进行资源整合。

实行集团化管理。为防止公共资产闲置，降低公共服务机构在提供公共产品和服务的成本，西方许多的国家纷纷整合现有公共资源，通过合作、联合、兼并、调配，实现公共服务机构的集团化、规模化运营，整个集团的资产、设备由总部统一购置、规划、使用，互通有无，实现优势互补，一方面为公众提供廉价、优质、系统化的公共产品和服务，另一方面也节省公共资金，提高了资产的使用效益。集团化、规模化资产管理方式已成为目前西方公共服务机构改革的一种重要趋势。

科研设备共享。国外的科研机构（包括高校）对于大型的科研设备和科研数据都实行共享的机制。如在国外，重要的大型精密设备很可能一个地区只有一台或者少数几台，来自不同的科研机构、高校的研究人员排着队轮流用。据调查分析，发达国家大型科研仪器的利用率高达 170%～200%，而我国不到 25%。

文化资料共享。以美国的图书馆管理改革为例。中西部 10 所大学在 1949 年建立了中西部馆际中心，即后来的研究图书馆中心，其机构成员可通过馆际互借利用该中心巨大的馆藏。联机图书馆中心（OCLC）原来是俄亥俄州一些高等院校图书馆在 1967 年为进行合作编目而成立的俄亥俄学院图书馆中心，1988 年已发展成一个为 9 400 多所图书馆服务的世界上最大的图书馆自动化网络。近年的发展更为迅速，已经开始从书目提供扩展到数字化文献资源提供。1987 年全国有 760 个图书馆自动化网络，成员包括 76 280 个图书馆，许多高等学校图书馆和公共图书馆至少加入一个网络，有的加入多个网络。这些网络有些是一州内的图书馆网络，有些是跨州的、全国性的乃至国际性的网络。

5. 建立健全统一的公共服务机构监督体系。虽然西方国家的公共服务机构的公共资产基本上都是依法进行独立管理的，但是这种自主管理必须是在政府各相关部门、社会组织、机构内部等的监督下进行的。众多国家的、地方的、私人的委员会、理事会，负责监督和管理非营利组织活动以及公共资产的使用情况，以确保这些组织的运作与其服务使命相一致，确保公共资产的使用获得最大的社会效益，并据此给予他们免税待遇。各级政府，特别是州政府，对签订合同的过程和服务项目的实际兑现制定了详细的条款，不断完善他们的信息收集和管理系统，以进一步加强监督，提高管理效率，为非营利组织提供更好的服务。同时也有效地预防了欺诈与腐败行为，避免了非营利组织公共资产的流失。

（三）几点启示

1. 通过社会力量办公共事业。从国外的经验来看，公共服务机构的职能是分别由公立服务机构（国有）和非营利组织（民间）来实现的。将政府独立承担的社会公益事业转变为以社会公益机构承办为主、政府扶持为辅。随着社会和市场发育程度的极大提高，社会公共事务领域不断扩大以及公众对提高公共服务的质量、扩大公共服务领域的要求日益强烈的今天，政府对各种公共服务仍然采取大包大揽或直接管理，是不可能也是没必要的。因此，首先，可以将一些有可能转移给社会的公共管理职能尽量转移出去，充分发挥非营利组织的作用，而政府的工作主要是向非营利组织提供资助。这样既减轻了政府的财政和资产管理负担，又有助于机构对本身资产运作和管理效率的提高。其次可以采取分类管理、逐步下放的办法，把条件成熟的交给社会或私营企业，使这些事业单位从过多地依赖政府，转变为依附社会或企业，最终走到独立核算、自主经营的发展轨道上来。第三，加强对事业单位管理，公益性事业单位不得以营利为目的。私有事业单位，包括私有公益有限公司在内，即使产生“利润”，也要按比例用于公众服务。最后，政府要在税收、资金投向上表明自己的政策导向，以引导社会资金进入公共事业领域。

2. 建立完善事业单位国有资产的产权制度。产权明晰是资产管理的重要手段。只有通过分离所有权（国家所有）和经营管理权（现代企业管理）、建立出资人制度、确立独立的法人地位、健全法人治理结构等产权制度来完善事业单位国有资产的管理，才能从根本上解决事业单位对政府的完全从属关系，彻底打破“事业单位行政化、行政事业一体化”的难题。

3. 依靠中介组织完成政府对公共事业绩效考核。绩效管理的目的是提高政府对公共事业资助的运行效益。政府一方面要给予公共事业机构的管理自主权，另一方面，也要依靠社会中介组织监督检查接受政府资助的公共事业机构的运行效率。长期被社会评价低效率的公共机构，政府资助要减少或撤出，以保证政府资金投入的有效性。

三、我省事业单位国有资产管理体制创新目标与总体改革思路

根据党的十六大提出的在坚持国家所有的前提下，按照中央政府与地方政府分别代表国家履行出资人职责的国有资产管理体制，分权合理、集中有度、责权明确的要求，以及中央和省的事业单位体制改革方案，我省的事业单位国有资产管理改革的总目标应该定位于在重新划分和规范各类事业单位及其相互间权、责、利界限的基础上，盘活和增值事业单位国有资产，充分发挥事业单位国有资产在社会事业宏观调控中的作用。

（一）事业单位国有资产管理目标

1. 社会目标。按照公共财政体制的要求，重新划分、调整和规范政府与事业单位之间的责、权、利；重新界定、调整事业单位国有资产管理范围，并相应地调整财政事业经费的支出范围，制定政策引导社会资金共同发展社会各项事业，实现社会各项事业持续、稳定、协调发展。

2. 调控目标。通过实现事业单位国有资产的最佳配置促进社会各项事业发展的规模、结构和布局调整。打破事业单位国有资产资源配置的行政化分割与部门或单位所有制，改变各地方、各部门、各单位“各自为阵”的管理局面，通过政府事业单位国资管理部门的宏观调控及借助市场化与社会化的力量，根据事业发展需要调整和配置各类事业资源，实现公共事业资源配置与利用的最大化，在兼顾公平原则的基础上，不断提高各类事业资源的利用效率。

3. 公益目标。市场机制是配置资源的基础性方式。但实践又表明，在某些领域市场机制不是最佳的资源配置方式，即存在市场失灵。为此，政府必须承担矫正市场机制不足的责任，通过实行必要的财政政策及事业单位国有资产的管理和经营来弥补市场缺陷，为社会成员提供充足的公共产品和服务。

4. 效益目标。建立健全绩效考核指标，确保事业单位国有资产发挥应有的社会效益和经济效益。事业单位国有资产一方面是一种以国家为代表的社会性资产，执行着一种社会职能；另一方面也是一种可经营性资产，能够参加市场的经营。因此，必须建立对事业单位绩效评价的社会效益评价指标体系和国有资产保值增值指标体系，以加强对事业单位国有资产的管理，实现资产使用的社会效益和经济效益的最大化。

（二）事业单位国有资产管理改革与创新的总体思路

改革现行的事业单位国有资产管理体制是一项长期复杂的系统工程，涉及到一系列政策性、综合性和专业性很强的问题，不可能一蹴而就，“毕其功于一役”。因此，我们必须明确改革的思路，分阶段、分目标、分步骤地建立现代的事业单位国有资产管理体制。

第一阶段：做好事业单位国有资产管理改革的基础工作。

1. 摸清家底，搞好产权界定。把清产核资作为突破口，摸清家底。通过彻底的清产核资，界定产权，切实做到账账、账实、账卡相符。清产核资工作要与资产评估工作结合起来，对没有入账的或账面余额不能反映其实际价值的土地、房屋、建筑物重新评估。在事业单位国有资产管理职能部门的督导下，使清产核资工作做到“制度化、规范化、经常化”。认真贯彻执行《行政事业单位国有资产产权登记实施办法》，做好产权登记工作，强化产权意识和对产权变动的监管，提高事业单位管好用好国有资产的自觉性和使用效益。

2. 建立规范的资产管理制度。从加强财务管理管理入手，建立规范的事业单位国有资产管理制度：一是建立国有资产登记、保管、使用、调处制度，层层负责，责任到人；二是建立固定资产账卡管理制度，及时准确地记录资产的增减、结存、分布等情况，对资产存量和财务物资进行统计和定期清查；三是建立非经营性资产转经营性资产的审批、有偿使用以及收益分配制度；四是建立健全对现有资产的清产核资、资产评估、产权界定、产权登记、损失赔偿和资产统计的报告制度；五是建立事业单位日常对资产处置的制度。

3. 界定事业单位国有资产管理职能与范围。

（1）事业单位国有资产管理职能的界定。政府财政部门代表国家行使所有权，主要职责权限包括依法制定事业单位国有资产管理办法，负责产权登记、产权界定等基础工作，审批资产处置，查处损害国有资产利益的行为；事

业单位只享有占有权、使用权、维护权。主要职责权限就是按规定使用国有资产，负责与使用国有资产相关的保管、维护工作，确保国有资产的安全完整，配合作好产权登记、产权界定等基础管理工作。

(2) 事业单位国有资产管理范围的界定。按照有关规定，国家机关及其所属事业单位占有、使用的资产为国有资产。依此规定，由国家机关举办的事业单位，无论事业单位与主管部门之间是隶属关系还是挂靠关系，其资产均为国有资产。

(3) 财政供给范围的界定。政府公共支出预算的范围确定应以社会共同需要为标准，主要限定在国家机关及代表社会共同利益和长远利益的非营利领域和事物，具体可包括维持性支出、转移性支出和公共服务支出等。在调整过程中，首先对现有财政资金供应的领域或单位进行清理，凡属于营利性或可由市场调节的都要逐步划出政府公共支出预算范围；其次，对属于财政供给的单位与机构内部的业务及其支出进行清理。

4. 建立分类管理体制。对各种事业组织进行重新分类，按照市场经济的基本要求，调整国家的事业职能。

(1) 将事业单位的国有资产主要集中于提高整个国民教育文化素质相关的领域、与社会普遍提供福利性服务的领域。如纯公益性的公共事业单位：基础教育、科普、公共文化（公共图书馆、公共博物馆）、公共卫生、重大科技攻关等，其经费由财政全额供给，资产统一调配。

(2) 对准公益性事业单位，如公立高等教育、医疗机构、体育场馆等事业单位，它既承担社会公益服务，同时又通过市场获取收入。财政投入应当改为项目拨款，逐步实行政府采购服务。对由财政核拨经费的事业单位利用经营性资产获得的资产收益，政府应当集中统筹调配，增强政府的调控能力。

(3) 对于面向市场从事生产经营企业化管理的事业单位，如传媒集团、医疗集团等要彻底推进其市场化进程，国家财政部门不仅不再新增资金拨款，而且原有国有资本还要逐步退出，降低到一个合适的比例，退出所得资金除一部分用于支付事业单位改革所必需的成本外，主要用于发展纯公共事业领域。对这部分资产要按经营性资产管理，划归国有资产管理部门管理。政府需要的产品可通过市场招标或购买等形式获取。

(4) 对于兼具企业、非营利组织多重性质的事业单位，在将其职能收缩、调整和剥离的基础上，进行营利性和非营利性国有资产的划分和重组，分别组建营利性企业和非营利性组织，重组过程中应该打破原有单位、行业及地域限制，对于营利性企业，国有资本应该坚持逐步退出的原则。对非营利性组织其收益用于正常维持支出外，主要用于发展社会公益事业。

(5) 大力发展民营非营利组织，发挥其在市场和政府之间的“拾遗补缺”作用。社会通过自己组建各种形式的社团来自我管理、自我服务，使大量的政府管理职能和服务功能向社会转移，可以减轻政府的行政成本。

5. 实行资源整合，建立仪器设备、信息共享机制。

(1) 以集团化管理方式进行资源整合。对于一些大型的事业单位，如高等院校、医疗机构、科研机构、传媒机构等，可以通过集团化管理，通过统一购置仪器设备、集中人力培训、分享人力资源、交换数据资料等方式，来打破以往地方封闭性的管理，促进国有资产整合利用。

(2) 建立以共享机制为核心的信息平台。通过开发先进的管理软件和网络系统，对现有的大型设备、仪器、设施、数据、文献等实现信息化、网络化，使图书馆、高校、科研机构等事业单位能够实现数据的有效管理和设备仪器充分共享，以提高国有资产的利用效率。

第二阶段：建立现代事业制度下的事业单位国有资产管理体制。

建立现代事业制度是事业单位体制改革的发展方向。所谓现代事业制度，是指与我国社会主义市场经济体制和各项事业自身发展规律相适应的一整套公共事业管理制度，它是有关现代事业组织的事业法人制度、事业组织制度、事业领导制度、事业人事制度、事业资产管理制度、事业财务制度、事业运行管理制度、事业监督评估制度、事业社会保障制度等各项管理制度的总称。现代事业制度是它既不同于我国传统的事业单位管理体制，也不能完全照搬外国的事业管理模式，而是符合中国国情并具有中国特色的新型事业管理制度。传统事业单位体制相比较，现代事业制度具有政事分开、企事分开、资事分开、权责利关系明确、多元约束、管理科学等特征，符合市场经济条件下事业发展社会化、多元化、现代化的改革方向，是一项重大的社会管理制度的创新。

1. 建立民主政治下全社会投资和管理社会事业的机制。从社会的发展趋势来看，随着社会公共事务的日益复杂多变，社会事业需要政府、企业、组织的共同治理。其一，政府应继续加大对基础教育、公共文化、公共卫生、全民体育、重大科技攻关等社会事业的投入，同时要加强对这部分国有资产的管理，并吸取社会资金投入。其二，政府通过税收政策、技术援助等方式，大力鼓励和引导企业、团体组织、私人捐赠于非营利组织，从而促进社会事业的大发展。其三，政府直接对非营利性组织进行投入，加强资助，并参与对非营利性组织资产的管理。其四，政府通过公私合伙、设立种子基金、股份投资等多种联合形式，与企业、非营利组织、私人等共同发展社会事业。

2. 建立现代事业制度，完善事业单位国有资产管理。

(1) 完善事业法人制度。从法律上确认事业机构的非行政、非营利的性质，确立独立的事业主体地位，最重要的是进行产权制度的改革，使事业出资人应与事业经营者相分离，确立事业组织法人的所有权，使其拥有必要的独立财产以及由此所产生各项权利，以便于事业单位活动的开展和责任的承担，以便于广泛吸收社会各界投资，并承认和确认出资者的权益和利益，合理分配收益，使社会事业发展成为有源之水。

(2) 建立事业财务制度。要改变长期以来形成的单一的财政预算投资体制及相应的事业财务管理制度。建立政府会计，使政府财政透明化，效益最大化。建立多元化的事业投资与经营补偿制度及相应的事业财务会计、审计制度，包括公共财政投资与补偿、事业经营补偿、社会投资与补偿、公共事业政策优惠补偿等等，充分调动全社会办社会事业的主动性、积极性和创造性，促进社会事业的全面发展。构建事业单位会计规范体系。建立事业单位国有资产的产权、筹资、投资、成本管理制度，实现事业单位国有资产管理的规范化和制度化。

（3）建立事业单位国有资产管理责任机制。

（4）建立事业监督制度。要改变单一化的行政直接管制事业性资产的旧模式，要根据《会计法》的规定，建立政府、社会公众和事业单位内部三位一体的监督体系，形成多元化的事业性资产监督管理制度。通过实行事业目标管理、事业编制约束管理、会计信息公开披露制度、委托有关社会中介组织进行资产评估等方式，接受社会的监督。

（课题组成员 李鲁云 李建强 丁小伦 李晓辉 郑 龙 李树林 田 晖 王穗宏，李建强 丁小伦 李树林执笔）

积极推动广东财政国库集中收付制度改革稳步前进

国库集中收付制度改革课题组

（2003年11月）

建立以国库集中收付为主要形式的现代化的财政国库管理制度，是社会主义市场经济条件下公共财政体制的重要组成部分。从近几年中央到地方实施改革的实践证明，财政国库集中收付制度是有效管理财政资金的一项科学制度，是对现行落后的管理制度的改革创新和传统思想观念的更新，是加强财政资金使用监督、从源头上防治腐败的有力措施。因此，积极推动广东财政国库集中收付制度改革稳步前进，是我省借鉴国际先进经验、结合具体省情的有益探索。

全面认识财政国库集中收付制度改革的基本理论和现实意义

一、现代财政国库管理制度的基本理论

从理论上讲，财政国库就是为国家组织财政预算收入和支出活动的执行机关，它所履行的职责是国家财政预算执行工作的重要组成部分。在一定时期内，一个国家一旦确定了财政预算收支的总量任务，那么组织财政预算收支执行，实现财政收支总量任务便是财政国库的最主要职责。同时，在保证财政预算支出的前提下，通过对财政闲置、沉淀的资金实行资本运作，充分发挥财政资金的效益，在一定范围内调控经济，是现代财政国库的又一项重要职能。

纵观世界上实行现代财政国库管理制度的国家，尽管其在财政国库管理方式和国库资金的具体支付程序上有较大的差别，但是总的来看，这些国家实行财政国库管理制度的基本内容是一致的。主要表现为：

（一）设立专门的国库管理机构。即在中央政府设立独立的国库部或者在国家财政部设立国库司（局），在地方设立相应的分支机构，比如地方财政部门国库处、国库秘书处。国库管理机构的主要职能包括组织财政收支预算的执行，管理国库单一账户和政府资金、现金流量、政府部门财务信息，制定国家债务政策、发行国家债券以及管理和控制内外债务规模，为财政和审计监督、政策分析、外国投资或社会公众提供财政信息，负责政府财政国库管理信息系统的运行和维护，对国库沉淀资金实行资本运作等等。

（二）设立国库单一账户，规范财政资金的运作方式。即国库部或财政部国库司（局）在中央银行开立国库单一账户，地方各级国库分支机构在中央银行的地方分支机构开立国库单一账户。同时，国库部门为所有政府支出部门分别开设国库分类账户，用于记录和处理政府各支出部门财务、会计和资金流量的日常变动信息，并向政府提供相关信息或报告。

（三）建立完善的监督体系。对国库资金运作的监督体系，一般由内部监督和外部监督两部分组成，即财政内部日常业务监督和国家审计部门的事后监督，二者互补。

（四）建立强有力的技术支撑系统。现代财政国库管理制度是一项十分庞大而复杂的系统工程，必须依赖现代高科技手段，建立起完善的、强大的计算机网络管理系统，以实现财政资金的安全、高效运转。

从当前国际上的财政国库管理制度运行情况看，现代财政国库管理制度主要功能体现在掌控有“三权”：

一是财政资金的控制权。即财政资金在没有发生实际支出之前，财政不会失去对它的控制，并通过对间歇资金的调度，可以增强政府对财政资金的调控能力。这样，对中央财政而言，国家可以减少国债的发行量；对财政资金调度困难的地区来说，可以缓解地方政府财政资金供给矛

盾。

二是财政资金的支付权。财政部门通过所掌握的资金支付权，可以根据资金的使用是否符合预算的规定而决定是否给予支付，而不必通过中间任何支付环节就可以掌握每笔资金的最终去向，最大限度地减少挤占、挪用财政资金的现象，规范财政预算执行。

三是财政资金的运作权，即对国库现金实行资本运作。财政部门通过完善的支付信息管理系统，测算出正常情况下国库现金的收支和结余，并根据国库资金使用计划，在保证政府财政正常支付需要的前提下，对闲置、沉淀的资金可以通过资本市场运作，提高财政资金的使用效益。

二、建立现代财政国库管理制度的意义

现阶段我国财政国库管理制度是计划经济体制下形成的，财政性资金的缴拨方式是以征收机关和预算单位分散、多重设置资金账户为基础的分级分散收付，大量收入通过设置过渡性账户收缴，财政支出通过各级预算单位设置的财政资金账户逐级拨付。与当今国际市场经济国家通行做法比较，这种传统体制下形成的资金运作方式比较落后，日益显现出越来越不适应公共财政的发展要求，也不适应新形势下加强财政预算管理的需要，必须从根本上进行改革。

当前，我国社会主义市场经济体制已逐步建立，市场环境日益趋好，法制建设日益完善，正进入全面建设小康社会、加快推进社会主义现代化的新的发展阶段。借鉴国际成熟经验，改革在计划经济时期形成的财政国库管理制度，建立财政国库集中收付制度，符合我国社会经济发展到新的历史阶段的客观要求，对建立公共财政基本框架体系具有非常重要的现实意义。一是能够最大限度地减少财政资金的流经环节，改变目前财政资金分散的局面，实现财政性资金集中化管理，规范预算执行，提高预算资金使用效益，促进预算编制统一、规范，促使财政管理工作科学化、规范化，从而强化依法理财观念。二是可以有效地克服财政性资金运行信息反馈迟缓、透明度不高的现象，使财政能够了解财政性资金运行的整体状况，保证财政收支信息反馈及时、真实、可靠，为预算编制、政府宏观经济调控提供决策依据。三是可以促使财政管理工作从分散理财到集中理财，从依靠财务管理为主转向建立健全规范的预算管理制度，从根本上改变了预算资金的管理方式和预算执行的方式，使预算监督变事后监督为事前、事中监督，从源头上控制腐败行为的发生，是监督预算执行最为有效的手段。

三、我省推行财政国库集中收付制度改革独具优势、尤显迫切

广东处于全国改革开放的前沿，得风气之先，在二十五年的改革开放实践中持续以较高的发展速度保持国民经济快速平稳增长，整个经济规模和经济质量逐年上新台阶，经济实力不断增强，各项社会事业得到了很好的发展，全省财政收入持续十三年位居全国首位，社会主义市场经济条件日趋成熟。

近些年来，我省已先后实施了“收支两条线”、部门预算、政府采购等规范公共财政管理体制的改革，在加强财政性资金银行账户管理方面，既清理整顿了财政部门内部各自为政、多头管理财政性资金和开设银行账户的现象，财政、监察、审计、人行等几个部门又联合发文对省级预算单位财政性资金账户进行全面、彻底的清理。同时，在空前开展对省级行政机关单位进行“四个摸清”活动的基础上，从今年开始，省级对行政机关工作人员实行了统一岗位津贴标准，部分地区也成功实施了这一“阳光工程”。

上述情况充分说明了这一事实，即广东比起内地兄弟省份更加具备加快、率先和协调推进各项财政改革的条件，政治、经济基础和内外部环境更有优势。但是，从当前财政运行的整体情况看，我省财政体制改革相对滞后于市场经济体制改革，还处在不断完善的阶段，财力雄厚但收支矛盾同样突出，财政预算执行效益不高。体现广东优势的财政实力要继续保持全国领先地位，必须从创新体制着手，要建立起一个科学、规范的财政预算管理制度，而其中一个最为基础和关键的环节是改革现行的财政国库管理制度，即创新国库集中收付制度。这在整个财政改革乃至确保广东经济加快发展、率先发展、协调发展显得尤其迫切，具有十分重要的现实意义。因此，我们必须充分借助厚实的财政、经济基础和优势，增强改革的责任感和使命感，积极推动广东财政国库集中收付制度改革，更好地为广东财政、经济的发展奠定良好的基础和提供不竭的动力。

当前我省推行财政国库集中收付制度改革的现状

我国财政国库集中收付制度改革试点已经历时三年时间，中央单位和部分改革比较早的省份，它们的改革试点情况为我省的改革提供了坚实的实践基础，积累了丰富而宝贵的经验；各级党委、政府对国库集中收付制度改革很重视，社会各层面也有一定的舆论共识；近两年来，随着我国逐步加大“电子政府”的建设步伐，我省各地也不断加大“金财工程”投入力度，省级财政还从资金和技术上大力支持乡镇财政信息化建设，各地计算机联网和应用水平逐步得到提高，具有一定的基础。这些都是我省进一步推进国库集中收付制度改革的有利条件，并为我省充分提供了全面推行这项改革的可能性。

一、改革的基本情况

从我省国库集中收付制度改革试点情况看，其改革进

程可划分为两个阶段。

第一阶段是专项资金实行国库集中支付。我省早于2000年初开始，以行政事业单位在职人员工资和离退休人员经费实行由财政统一发放为突破口，实施了国库集中支付制度改革，其后国库集中支付改革逐步延伸到基建项目资金、政府采购资金、省属煤矿关闭费用、水库移民等其他专项资金。

第二阶段是系统的国库集中收付制度改革。2002年11月，省政府发出了《关于省级单位财政国库管理制度改革试点工作有关问题的通知》，要求省级单位在2003年1月开始试点，稳步推进，“十五”期间全面铺开。于是，参照中央单位的做法，立足于广东的省情，省财政厅、人民银行广州分行于2002年11月制定了《广东省省级单位财政国库管理制度改革实施办法》，确定了省级国库集中收付制度改革的基本原则、账户体系构成和资金拨付方式、程序，并相应制定了一系列改革配套措施。经过各方面的精心组织和充分准备，省级于2003年1月1日起，对省计委、经贸委、科技厅、财政厅、水利厅、环保局、体育局、物价局、省政府法制办、社会科学院等10个部门实施了国库集中收付制度改革试点工作；同年7月1日，省级又将改革试点范围扩大到40个部门和16个基层预算单位。从目前改革试点整体运行情况看，改革进展基本顺利，财政、试点单位、人民银行、代理银行等各方面的沟通、配合也比较到位。

在推行省级单位改革试点的同时，各地财政部门在党委、政府的重视和支持下，结合本地区的实际情况，也陆陆续续为开展财政国库集中收付制度改革试点做了大量的准备工作。到2003年10月底止，全省已有广州、珠海、汕头、中山、江门、深圳、惠州、湛江、东莞、茂名、揭阳等市以及汕头市澄海区、龙湖区等地开展了改革试点。尚未开始试点的地区，也都在按照中央和省的要求紧锣密鼓地进行着各项筹备工作。

二、改革推进中存在的问题

从各地、各部门所调研的情况来看，在分析当前我省推行改革的有利条件的基础上，还必须充分认识到以下改革的制约因素，认清形势。

(一) 对改革认识还不够到位。一是某些贫困地区的财政部门领导认为，在“吃饭财政”下，作为支出大头的工资实行由财政统一发放后，至于其他支出搞不搞国库集中支付无所谓，意义不是很大。二是某些部门把国库集中收付制度改革与会计集中核算等同起来，对改革概念不清，认识模糊。三是某些地方对怎样来推进这项改革心中无数，存在“等一等，看一看”的观望态度，缺乏改革动力和总体规划，不是主动去改，而是被动应付，对国库集中收付制度改革是一项制度创新，从制度上规范政府收支行为的认识不清。

(二) 各地改革进展不均衡，可能遇到的困难和阻力较多。到目前为止，全省改革整体进展不理想，来自各方面的阻力也大，各地正面临组建支付执行机构编制困难、改革时间紧、任务重的关键时期。一是对财政部门来说，改革后财政部门成为掌握财政资金支付的最后环节，面对众多的支出单位和千差万别的资金用途，财政部门的工作业务量将成倍数增加，承担的责任和风险也加大。二是对人行国库来说，改革后人行的国库核算要求大大提高，业务量大幅度增加，风险防范措施要更加严密。而且还要监控代理银行受理支付令的状况，防止因受理过多而使人行国库单一账户出现透支情况。三是对预算单位来说，长期以来形成的理财观念，就是财政国库资金一直由单位切块分割使用，认为是自己“口袋”里的钱，单位对财政资金的使用自主性强。改革后部门的既得利益将被打破，传统观念和习惯做法也将随之而改变，长期隐藏在部门深层次的问题和矛盾有可能被激化，对改革将产生抵触心理。

(三) 信息系统建设薄弱。财政国库集中收付制度改革最终目标的实现，依赖于电子信息系统的坚强支撑。而目前影响我省进一步推进改革的主要障碍之一就是财政国库管理信息系统建设滞后问题。

(四) 相关的配套改革滞后。近些年来，我国在加强公共财政支出管理上的改革措施比较多，而这些改革也正处于初期阶段，尚未步入规范轨道，目前仍有许多亟待解决的问题。如部门预算编制及其所列预算科目仍是粗放型的，不够细化，预算刚性不强，甚至有的地区特别是县区一级编制部门预算仅仅是流于形式，敷衍应付；政府采购手续比较多，时间长，影响国库集中支付的及时性，单位意见较多；其他与财政国库集中收付制度改革相关的政策法规有些还不很配套，等等。这些问题直接关系到国库集中支付效果，也给改革向纵深推进带来一定的困难。

(五) 受某些体制因素制约。如预算内外资金分别管理分别核算等问题。

积极推进我省财政国库集中收付制度改革的基本思路

财政国库集中收付制度是我国借鉴国际经验，并结合具体国情而推行的当今社会上最为先进的、大多数发达市场经济国家广泛流行的科学制度。在“十五”期间全面推行国库集中收付制度改革，这是国务院确定的目标，作为在全国具有一定影响的大省，我们必须以讲政治的高度，以“三个代表”的重要思想总揽全局，将我们的思想和行动统一到党中央、国务院的改革决定上来，把握好改革的正确方向和基本思路，坚定不移地推进我省财政国库集中收付制度改革。

一、牢牢把握正确的财政国库集中收付制度改革方向

(一) 财政国库集中收付制度改革是制度创新。建立

以国库单一账户体系为基础、资金缴拨以国库集中收付为主要形式的现代财政国库管理制度，就是为适应社会主义市场经济体制下公共财政的发展要求，是财政预算管理制度上的一次根本性的制度创新。与传统体制下财政管理制度相比较，财政国库集中收付制度不但要求从根本上解决现行落后的财政资金运作方式，而且对财政、预算单位等社会各方面加强制度化、规范化和科学性管理提出了更高的要求，是公共财政发展历程中的一次深层次的、质的飞跃，是对现行管理制度的改革创新和思想观念的创新。

（二）改革势在必行。从20世纪80年代初期开始，我国就在财政管理体制方面进行了一系列的改革，影响较大的有1994年以来先后进行的分税制改革、所得税分享改革、农村税费改革等。这些改革主要体现在财政收入即调整收入分配政策方面的改革，着重于调整政府与企业的分配关系、中央与地方的分配关系。到目前为止，财政收入改革已经大致完成，建立了中央和地方财政收入随经济发展稳步增长的机制。而对于财政支出方面，我国从未像推行财政国库集中收付制度改革那样进行系统的、深层次的改革。90年代末期，我国根据建立社会主义市场经济体制的要求，借鉴发达的市场经济国家的做法，提出以建立公共财政为目标的财政改革，先后实行了部门预算、政府采购、“收支两条线”和专项资金国库集中支付等一系列公共支出方面的改革。这些公共支出改革措施，都迫切要求以建立现代财政国库管理制度来实现。可见，财政国库集中收付制度改革是建立公共财政框架体系的一块基石，是公共财政改革的核心。同时，它又是党中央、国务院为规范政府收支行为、加强财政收支监管、从源头治理腐败的统一部署和要求。从这个意义上讲，它是对老百姓的一大“德政”工程，是全面建设小康社会不可或缺的体制基础，改革的方向是不可逆转的，而且势在必行。

（三）全面铺开改革的时机已经成熟。我国财政国库集中收付制度改革已经历时三年的实践，时至今日，从中央到地方基本上形成了一套较为完善的改革实践理论和操作办法，可以说改革已经取得了阶段性的成效。目前，全国上下都在轰轰烈烈地推行这项自上而下的战略性改革，我省的改革工作也开展得有声有色。随着公共财政框架的逐步建立和政府职能的转变，各项公共财政支出改革措施，有赖于国库集中支付才能付诸实施，这已成为社会上耳熟能详的共识。此外，随着省级第一、二批改革试点工作的顺利实施，省级部门对财政支出改革的关切度和认知度不断提高，改革意识不断强化，对各地的改革也受到鼓舞、增强信心，目前多数地区对推进改革试点的准备工作已基本就绪。我们认为，财政国库集中收付制度改革在地级以上市进一步推进，乃至在全省范围内推进的基础条件已具备，时机已经成熟。

二、推进改革应坚持的基本原则

我们在推进改革试点过程中，要在认真贯彻落实好党中央、国务院改革总体设计方案的基础上，实事求是地制定适合本地区实际的改革实施方案，并着重把握好以下五个问题。

（一）实事求是，正视困难。财政国库集中收付制度改革，涉及社会方方面面，对硬件和人员素质要求较高，改革的难度必然会很大，在改革过程中还可能遇到各种各样现在还难以预料到的问题。我们在制定落实改革方案时，不能搞一刀切，而应结合不同地区、不同部门的实际，实事求是地推进。

一方面，改革财政国库管理制度，就是参照国际惯例，建立一种对财政资金实行集中收缴和集中支付的管理制度，其核心就是通过国库单一账户体系转变对财政资金的运行方式，确保财政资金安全和高效。虽然我省各地区经济发展严重不平衡，地区间贫富差异悬殊，从表面上看是各地推进改革的制约因素。但是，从财政国库集中收付制度改革的内涵来讲，改革的核心环节是财政资金的缴拨方式，即改变传统体制下大量收入通过设立过渡账户收缴，支出通过“以拨列支”方式拨付。由此可见，地区经济发展状况、财政收支规模对改革的影响程度是有限的，并非主导因素，关键在于思想认识、全局意识和理财观念到不到位的问题。

另一方面，作为公共财政改革的核心和关键，财政国库集中收付制度改革是不可逆转的，一味地强调财力因素而延迟改革或者不进行改革，只能是在贻误改革的时机。对于富裕地区，因其市场经济意识形态相对较浓，而且有财力保障，当然在基础设施建设和加强管理方面更加有优势，更加应该改革先行，为其他地区改革积累经验、做出贡献。对于贫困地区，因其受经济发展和财力局限，财政收支规模小，普遍是“吃饭型”的财政，要想从限有的资金中挤出一点来发展事业，只能靠深化公共支出改革来实现，并最终通过实行财政国库集中收付制度改革强化预算约束、提高资金使用效益，因此，也更加应该推行财政国库集中收付制度改革。同时，上级财政应在资金和技术上对贫困地区给予适当的支持。

（二）积极试点，稳妥推进。目前，我省距离国务院要求“十五”期末全面推行财政国库集中收付制度改革的目标仅剩两年多的时间，形势比较严峻，能否顺利实现改革的预期目标，必须靠各地、各部门的共同努力，改革财政国库管理制度最终要靠各地自己的力量来推进。因此，各地要善于抓住改革的机遇，加快改革步伐，积极推进本地区的改革创新。首先，要确保改革按照规范化的改革方案进行试点，在制度建设方面把握好正确的、规范的改革方向。其次，要进一步明确改革实施步骤和任务。各地的改革试点工作在2003年也要有所突破。第三，各地实施改革试点要尽量统一使用财政部或省财政厅配发的系统软件。第四，上级财政要加强对下级财政推进改革试点工作情况的督查，参照中央作法，建立督查制度，对改革措施比较得力、进展比较快，取得较好成效的地区，要给予适当的表彰和奖励；对改革相应滞后，措施不得力的地区，要加大督促力度。省级财政将加大对各地改革的指导和推进力度，并要加强督查，各市财政部门也要相应做好对县区的改革指导工作和督查。

（三）明确范围，妥善协调。我们在落实财政国库集中收付制度改革实施方案时，应遵循既要加快改革步伐，又要按规范要求稳步推进改革，并适当采取灵活变通措施，妥善协调、处理好各方面的利益关系，确保改革顺畅运行。

在确定改革实施范围时，对行政、政法机关、党派团体以及其他没有业务收入和经营收入、完全由财政拨款的事业单位，其资金支出全部实行集中支付；对实行财政核补的事业单位，只对其财政预算内、外资金实行集中支付；对实行财政授权支付支出，试点单位可以直接与代理银行发生支付关系，不需要逐笔向财政部门申请，以提高支付效率；对不便实行国库集中支付的支出，如对国家安全等有特殊管理要求的一些支出、各级政府之间的转移支付支出、资金调度等，可以继续按原渠道或其他适宜方式拨付。

（四）加强监管，防范风险。实行改革后，财政资金支付全过程集中在财政部门，如何确保资金安全、快捷支付至关重要。因此，推行财政国库集中收付制度改革必须制度先行，通过建立健全各项控制制度来规范管理，依法行政、依法理财。同时，要建立以现代信息网络技术为支撑、以国库集中支付系统和动态监测系统为手段、以内控管理和外部监管制度为基础、综合运用多种监管手段、强化财政事前事中监管的现代财政资金监督管理模式。

（五）树立服务意识，创新服务形式。作为财政国库管理制度改革的具体执行者，要牢固树立全局观念和服务意识，要把自己摆在一个服务者的角色，而不是为了强化财政部门的权力。改革的成败和效果，依赖于财政部门的服务意识和服务水平。因此，我们在制定和贯彻落实改革实施方案中，务必积极主动地加强与各有关方面的沟通和联系，及时发现和解决工作中的问题，为各预算单位和有关部门提供良好的服务。

三、改革需要采取配套措施、整体推进

建立财政国库集中收付制度是一项十分复杂的系统工程，涉及面广，任务艰巨。不仅需要改变传统观念和传统管理方式，要求各部门统一认识，相互密切配合，积极支持和参与改革；而且需要落实好各项配套改革措施、整体推进，避免国库集中收付制度改革孤军奋进。

从国库集中收付制度改革的内在要求看，必须扎实细致地做好制度性和操作性的基础工作。首先，要建立国库支付执行机构。实行国库集中收付制度后，财政拨款由原来只对一级预算单位逐步改变为面向各级预算单位，拨款单位范围成倍增加，相应地原由各预算单位办理的拨款业务将集中于财政预算总会计，财政预算总会计工作量将成倍数增加。依靠现有的总预算会计人员显然难以完成，为了便于管理、借鉴国外的经验，必须建立专门的机构办理具体的支付工作。其次，建立国库集中收付制度的目的，是提高财政收支透明度，加强财政管理监督，提高资金使用效率。改革后，由于财政收付的范围大，支付项目明细化后，支付信息量非常多，对财政集中支付过程的管理和监督提出了更高的要求，需要建立管理先进、操作可靠的财政管理信息系统，为国库集中收付制度改革的安全、高效运行提供基础条件和技术支撑。第三，为确保财政资金支付程序安全运作，需要建立和完善内部监督制约机制，主要包括财政部门对预算单位和用款单位的监督和财政内部的监督制约。

从我省的现状看，按照党中央、国务院关于深入开展党风廉政建设、从源头上治腐的总体部署和要求，我省监察、审计、财政、人行等部门密切配合，共同采取措施，切实有效地抓好对行政事业单位“小金库”、经营性资产和银行账户等进行全面、彻底的清理。这些从源头治腐举措，是我省推行国库集中收付制度改革、真正实现财政资金国库集中支付的必要条件。国库集中收付制度改革的目标也就意味着最终要逐步取消单位的财政性资金银行账户，这是有效解决单位私设“小金库”和经营性资产清理的一个至关重要的环节，是实现国库集中支付的一个基础的外部环境。单位开设银行账户问题如果弄不清楚、没有得到有效的解决，国库集中支付将难于执行下去，甚至会造成改革的“回潮”现象。

从公共财政管理制度各项改革措施中的地位和关系看，在当前我省推行的部门预算、综合预算、政府采购、国库集中收付、“收支两条线”、统一岗位津贴、支出绩效评价和行政事业单位国有资产统一管理等一系列公共财政管理制度改革措施中，其中部门预算与综合预算是国库集中支付的前提基础和依据，因为不编制细化的部门预算，就无法实行国库集中支付，反过来，不实行国库集中支付，即使编制细化了的部门预算也难以落实，可能导致中途流产或流于形式；而编制综合预算要解决的一个重要问题是预算内外资金的综合运用，就是要由一个“口”统管两个账户（国库存款户和预算外财政专户），并逐步将预算外收入纳入国库，实现真正的国库集中收付制度。政府采购和其他各项改革则是国库集中收付制度改革的实现手段和配套措施。这些改革措施是相辅相成的，它们在整个财政改革中互起作用或反作用，各项改革必须协调配合、整体推进。国库集中收付制度既是公共财政改革的核心内容，同时又是这些改革中的“收关”性的、兜底的改革，从管理上说是深层次的。相关的改革配套措施如不规范、不同步推进，忽视其他外部环境而孤军奋进，国库集中收付制度改革将无法维持下去，在具体操作上也是难以执行的。

四、全面深化改革需要解决好两个问题

根据各地推进改革所反映的情况，结合省级单位改革试点实施经验以及改革的发展趋势，对进一步深化我省财政国库集中收付制度改革需要解决好以下两个问题。

（一）关于会计集中核算问题。在财政部、中国人民银行《财政国库管理制度改革试点方案》尚未出台前，作

为加强财政资金管理的有益尝试，我省一些地方推行了会计集中核算模式，对规范财政支出管理，保证重点支出需要，提高资金使用效益发挥了积极的作用。理论界对会计集中核算的合规、合法性及其褒贬也有诸多评论，绝大多数是不主张实行会计集中核算的做法。财政部也多次在全国会议上强调，已实行会计集中核算的地区，要逐步过渡转换成国库集中支付模式。目前，我省有部分县区和乡镇成立了会计集中核算中心，这些地区将会计集中核算中心转换成国库集中支付执行机构难度较大。在尊重基层地区实际情况的前提下，我们认为，对这些地区的会计集中核算问题应区别对待。第一，对未进行会计集中核算的地区，今后要按照公共财政支出的改革发展要求，实行规范的财政国库集中收付制度改革。第二，县区一级可以考虑在条件允许的情况下进行转换，也可以在会计集中核算的基础上增加国库集中支付的职能，把两种模式整合在一起，但要务必处理好财政、预算单位等有关各方的职责关系。如珠海市实行“一个机构，两种形式”，即将原来的会计核算中心更名为国库集中支付中心，既承担会计集中核算职能，又履行国库集中支付职能，负责财政直接支付和授权支付的具体操作。第三，乡镇一级实行会计集中核算的，考虑其影响范围小、资金量不大、便于管理和核算的客观情况，允许其继续搞会计集中核算。

（二）关于乡镇财政集中支付问题。乡镇财政国库集中支付问题可以说是我省进一步推进改革的难点。在一级政府一级财政的管理体制模式下，集中支付必然以分级实施为主，乡镇作为一级政府，其财政收支必然应由乡镇财政集中。但从目前的乡镇财政现状来看，还存在一些问题，如绝大多数乡镇其财政体制实行支出包干、超收奖励，并非规范的财政体制，有的地区把乡镇视作预算单位管理，加上有些乡镇财政问题比较多，如何实施集中支付应审慎对待。因此，对乡镇一级实行国库集中支付，也不能一刀切。经济条件许可、财政体制比较健全、财政人员素质较好的乡镇，可以通过乡镇财政实施集中支付，统管包括乡镇中小学在内的集中支付事宜；条件不允许的，可以考虑由县区“国库支付中心”统一办理。

我省财政国库集中收付制度改革展望

为实现中央和省政府提出的争取在“十五”期间全面推行财政国库集中收付制度改革的预期目标，改革现行财政国库管理制度，在指导思想上要从社会主义市场经济体制下公共财政的发展要求出发，并结合具体实际情况积极稳妥推进。各地财政部门在推进改革中，应当制定科学可行的工作规划，明确阶段性目标、工作措施、督查与考核办法等。2003年，省级和地级以上市都要实施财政国库集中收付制度改革试点，有条件的地方应当积极向县级推进。2004年，省级和地级以上市要进一步深化、规范和完善财政国库集中收付制度改革试点，大多数县级都要实施财政国库集中收付制度改革试点，并积极向乡镇一级推进。2005年，各级财政部门都要按照中央和省政府的统一要求和部署，全面推行和完善财政国库集中收付制度改革，全省基本上建立起以国库单一账户体系为基础、资金缴拨以国库集中收付为主要形式的现代财政国库管理制度。

改革现行财政国库管理制度是我们肩负的历史重任，建立现代财政国库管理制度是整个财政改革的有机组成部分，是预算执行的制度保障，是适应社会主义市场经济条件下公共财政发展的关键机制。现在各方面对这项改革的必要的认识也越来越一致，改革的形势非常好，我们一定要充分认识到改革的紧迫性，抓住改革的契机，一定要按照中央和省政府确定的改革实施步骤和时间安排，统一认识，精心组织，顺利实现全国、全省财政国库集中收付制度改革的基本目标。

（课题组成员　蓝佛安　戴运龙　邹清莲　张毓斌
张长治　唐祝光　吕牡蓉　乜宝玲
唐雪莲　彭　琳　刘云梅　洪　帆，
张毓斌执笔）

社会保障筹资机制研究

社会保障筹资机制研究课题组

（2003年11月）

社会保障资金的筹集和运用，是社会保障体系运行的物质基础，是建立和完善社会保障体系的关键环节。社会保障筹资机制是指为了筹集社会保障资金，在一定范围内、通过一定的渠道、按一定的水平、以一定的手段途径来筹措资金的方式以及相应的管理方式。简而言之，它要解决为了达到一定的社会保障水平，“钱从哪里来、如何来”的问题。

一、社会保障筹资机制在社会保障体系中的重要作用

我国社会保障制度改革已经取得了重要进展，社会保障体系初步建立。尤其“九五”时期以来，社会保障各项改革措施稳步推进，保障体系建设步伐加快，社会保险管理体制和运行机制的改革不断深化。但是，由于我国的社会保障体系建立于计划经济时代，虽几经改革，这套保障体系仍然带有明显的计划经济特征，社会覆盖面窄，保障功能欠缺，仍然需要进一步深化改革。以养老保险为例，我国经过了一系列改革探索：从1984年开始实行退休费用社会统筹、“现收现付”试点开始，到20世纪80年代中期，实行部分积累的基金模式（即开始社会统筹的管理，但没有改变现收现付的基本模式），以及到90年代后开始探索“个人账户制”、探索“统账结合”的基本养老保险制度等等。目前基本养老保险制度得到了统一，实行了社会统筹与个人账户相结合的制度模式，补充养老保险与个人储蓄性保险实行市场化运营和管理，正朝着更加规范、健全的方向发展，但也存在着一些问题，一个比较突出的问题就是个人账户的空账问题。目前个人账户资金已被挪用的近1 000亿元，如果这种状况持续下去，个人账户就会名存实亡，改革探索就会前功尽弃。可见，传统社会保障模式导致的最大的弊端是，在“现收现付”的资金管理模式下，会出现庞大的社会保险基金缺口（有些地方在上述保障领域已经出现了收不抵支的支付危机），满足不了社会保障的需要。要解决严重的基金缺口以及未来挑战的关键所在，就是要建立一个可靠稳定的社会保障筹资机制。

可见，能否建立一个可靠稳定的社会保障筹资机制，对社会保障体系的完善和发展，以至带动整个经济的发展，将产生重大的影响。社会保障体系的建设和完善事关改革、发展和稳定的大局，其中资金的筹集是物质基础、是必要条件。缺乏足够的社会保障基金，破产、重组的过程如履薄冰；没有足够的社会保障基金作保证，或者筹资方式的不当，不但国有企业改革和结构调整的进程会受到延缓，社会稳定的大局也可能受到冲击，还将影响新的社会保障体系的建立，可能导致失业压力加大，贫富差别扩大，投资萎缩，需求不足，进而对整个经济系统的效率乃至正常运作产生影响。另外，由于资金缺乏、支付困难，我国的社会保障制度自改革以来已遇到了信誉危机，加剧了居民对自己未来生活支出的不良预期，这也是政府多次采取包括降息在内的一系列扩大内需政策，而居民依然持币惜购，市场表现疲软的一个重要原因。

二、现行社会保障筹资的基本情况及主要问题

经过改革，当前，我国基本形成了由国家、企业和个人共同负担，包括社会保险、社会救济、社会福利、优抚安置、社区服务、个人储蓄积累保障六大项目的筹资体系。目前，社会保障资金的主要来源是财政筹集、企业筹集和社会筹集。

按照筹资方式的不同，可把社会保障体系划为三大块，第一块是由政府财政支撑的保障项目，包括社会救济、社会福利、优抚安置、社区服务四项。第二块是由国家、企业和社会三方共同负担、基本上是各占1/3的社会保险，包括养老、失业、医疗、工伤、生育保险和住房保险等六项，这是社会保障体系的主体部分。另一块是遵循自愿原则，以盈利为目的的商业保险和个人储蓄积累保障，这部分基金主要由单位、个人出资承担，包括个人投保、企业投保和互助性保险三项，这是社会保险的最主要的补充。上述三大块之中，社会保险融基本保险、补充保险和商业保险三位一体，由国家、企业和个人共同筹资的保障模式，成为目前我国覆盖范围最广泛的社会保障模式，目前已经取得了较好的进展：比如，自从传统的社会统筹模式转变为现行的“社会统筹与个人账户相结合”的模式以来，全国养老保险基金已超过2 000亿元。

作为社会保障体系的基础和核心环节，现行的社会保障制度筹资机制，已经明确了基本原则、基本框架，但仍存在一些问题，尤其是一些操作细节仍有待于进一步完善，主要表现在以下几个方面：

1. 国家财政和企业包揽过多，负担沉重，而个人自我保障意识淡薄。受传统习惯的影响，虽经多年的改革，受保者的权利和义务仍然严重不对称。相对于已实行社会统筹的养老保险基金和失业保险基金（下简称“两金”）来说，目前，企业负担的比例仍占主要地位（在2/3左右），个人负担较少。各地“两金”向企业统筹的比例为职工工资总额的20%左右，有的省份甚至高达30%以上，而向个人筹集的比例仅为工资总额的3%～5%，这种企业高统筹、个人低统筹的直接后果是企业负担过重，成本加大，效益下降，而且也淡化了个人的自我保障意识。

2. 社会保险基金的筹集缺乏强制性，收缴入库率日趋降低，部分产生支付危机。由于长期以来我国社会保险基金的征缴缺乏必要的法律制约和征缴手段，实际执行过程中，却遇到各种复杂问题，征缴工作也愈加困难，使收缴率大幅度下降（当然也有些企业确实有困难），这种状况已严重地影响到基金平衡。

3. 转轨融资问题尚未得到好的解决。目前政府用新制度中的统筹资金来承担旧制度隐性债务，这样的制度安排既缺乏理论依据又缺乏制度基础。旧有的社会保障制度下的债务主要是政府的债务。中国长期实行低工资收入的

分配政策，劳动者在进行工资分配前已进行了六项扣除，其中包括养老保险费用。但在社会保障的运行过程中被扣除的养老保险费用并没有以养老保险基金的形式形成积累，其中较大部分由政府当作生产基金直接用于国营企业的投资，构成了国有资产的一部分，因而，这种包括养老金权益在内的高积累率，不能因为政府没有保障预算而消失，只不过是一种隐性债务而已。然而，在社会保障由现收现付模式转向社会统筹和个人账户相结合模式的过程中，由于旧制度的“老人”所缴费用都支付给了上一代退休人员，因而造成了他们的个人账户“空账”或“资金不足”。据统计，养老保险个人账户在不到三年的时间内，空账户已达到1 900亿元，社会保险基金缺口达2万亿元左右。如何去筹集如此庞大的资金来弥补这个巨大的基金缺口仍是中国目前社会保障改革很头疼的问题。

4. 缺乏统一的社会保障资金筹集模式，造成了资金管理的“条块分割”状况。首先是社会保险基金管理的分散管理，各地区社会保障缴费率参差不齐，并有部分地区发生了缴费率超过中央规定标准的现象。这种状况不利于劳动力在地区间、部门间的横向流动，也不符合社会保障均等化、规范化的原则。其次，由于我国大部分地区的基金管理层次仍停留在县、市一级政府，基金的统筹层次过低，使社会保障资金管理带来明显的地方利益倾向；三是由于基金统筹范围过小，不具备抵御本地养老、失业、医疗、救济等风险的能力。收缴率、支出水平和结余资金规模差别较大，社会保障负担在经济发展较慢和经济发展较快的省、市、县之间以及不同所有制之间明显不平衡。

三、社会保障筹资机制设计思路

（一）从我国国情出发，确定多元化资金筹集渠道

首先，社会保障资金采取多渠道的来源方式，由国家、企业、个人共同负担，能促进经济良性发展。就企业而言，企业为职工交纳保险费，可以提高职工的劳动生产积极性，并有助于形成和谐的劳资关系，提高内部凝聚力。就工人而言，其缴纳保险费，首先是为本人及其家属进行自我保护，会增强他们的自尊感和自信心，其次能在减轻国家负担的同时更加体现权利和义务的对等关系，有利于向基金与缴费工资挂钩的机制转换。对政府而言，对参加社会保障给与补贴，等于是劳动力再生产的投资，有利于缓和社会矛盾，有利于整个社会秩序的稳定，为经济发展创造良好的外部条件。

其次，社会保障资金多渠道筹集的方式也是完善我国社会保障制度的需要。社会保险是预防社会风险的产生而采取的手段，也服从于保险的一般规律，应“集聚众多的经济力量，分担个别意外事件的损失”。采取单一的筹资模式，不能适应市场经济和人口老龄化及人们对社会福利的日益增长需求；应从社会筹集资金，共同分担和抵御风险，才能提高社会保险抵御风险的能力。

再次，多方筹资有利于筹措大量资金，如果政府和保险机构能够正确运用这笔巨额基金的话，不但能够提高基金收益和增值能力，还能防范金融危机，调控经济，对完善劳动力市场体系乃至推动市场经济的健康发展，都具有重大的作用。

总之，只有强调多元筹资，通过对三者权利与义务的规定，才能体现社会保障的社会共同责任，促进社会保障体系的完善。

（二）发挥财政的主渠道作用

建立与社会主义市场经济相适应的社会保障体系，要求我们改变计划经济模式下的统包格局，建立多渠道的社会保障资金来源。但是，由于社会保障具有公共产品属性，资金来源多元化并不排斥财政在社会保障资金来源中的主渠道作用。社会保障属于公共产品的范畴，理所当然要纳入公共财政的范畴，因而成为公共财政建设的一个重要内容，以弥补“市场失灵”，在提高效率的同时调剂公平，通过再分配达到资源最优配置，促进社会福利水平的提高。如何发挥财政的主渠道作用呢？

第一，增加预算投入，建立稳定的社会保障资金筹集渠道。

第二，建立财政社会保障资金储备，确保财政成为社会保障的最后一道“安全阀”。财政是社会保障体系的最终支付者。如果社会保障体系的运作出现问题，财政将作为最后一道“安全阀”，为维护社会的稳定，予以必要的支付或补救。

第三，为解决历史欠账、缓解当前以及今后一个时期内社会保障资金供求矛盾很大，考虑通过调整财政支出结构、出售部分国有股份和资产以及一些公有住房等措施来解决。除此之外，还可考虑以下几个方面：

1. 在促进证券市场稳定和发展的前提下，通过回购、配售等方式减持国有股，或建立国有资产投资基金等方式，在金融市场运作，获取一部分收益，专项用于社会保障基金支出；

2. 整合现有的社会福利彩票和体育彩票，改进发行机制，扩大发行规模，将其中的大部分用于补充社会保险基金；

3. 面向高收入、高消费阶层开征一些新的税种；

4. 在土地出让收入纳入预算管理并主要用于城市基础建设和土地开发且有一定结余的情况下，可以考虑划转一部分用于补充社会保障基金；

5. 在上述措施仍不足以满足社会保障资金缺口的前提下，可考虑发行社会保障长期债券；

6. 政府应积极建立和完善新型保险市场，规范市场进入规则，同时，政府成立专门的独立机构，为保险企业提供再保险，并成立专门的财务机构，对保险公司进行定期的风险评价和检查，公告于众，使投保人投保放心，从

而吸引更多的参保者，成为社会保险筹资的一个重要补充。

总之，政府是社会保障的最后调节者，财政应成为社会保障资金来源的主渠道。财政出资和由财政、单位、个人共同出资的项目构成社会保障体系主体和核心部分；而在这个主体当中，财政发挥着社会保障资金的主渠道作用。

（三）合理确定社会保障的筹资水平

合理确定社会保障的筹资水平应该从两方面来考虑。首先，必须从宏观上控制社会保障总体水平，促进经济和社会的协调、稳定发展。其次，必须切实注意各个项目、各筹资渠道之间的筹资比例分配，也即各自的筹资水平。这里还需强调一点的是，社会保障也应立法，应以较长时期的社会保障需求为依据，而且应以“政府负责基本保障”为目标进行制度建设，不能因一时的社会保障支出的增加而随意调整筹资水平，要处理好基本保障、补充保障和商业保险的关系，合理地确定筹资水平的高低。

综合起来考虑，如果把社会保障宏观总体筹资水平当作社会总税负的话，把整个保障资金作为社会保险税来筹集，那么，2005年前我国社会保障税率设计在30%左右是比较合适的。这远低于现在五项社会保险的实际缴费率40.6%，大大降低了缴费负担，同时，又能基本满足社会保障需求。如果从资金来源渠道来看，社会保障资金筹资渠道来源于政府、雇主、雇员和基金运营收入，而从我国实际状况考虑，政府负担的费用不应超过总费用的30%，雇主负担的总比例目标控制在工资总额的25%（养老15%，医疗6%，失业2%，工伤1%，生育1%）；雇员负担不低于11%（养老8%，医疗2%，失业1%）。基金投资运营收入应在费用总负担中低于10%。

（四）社会保障筹资手段的选择

社会保障筹资手段是指政府负责社会保障的有关管理部门筹集社会保障资金的具体形式，从企业和个人的角度来说就是交费还是交税。在研究社会保障筹资体制的时候，我们不仅要考虑基金筹集的数量，还要考虑最佳的筹资形式。

目前在国际上经常性的做法主要有以下几种，即社会保障统筹缴费、建立预算基金账户、一般性税收和社会保障税。各国要么采取其中一种，要么多种结合筹资。基本的选择是征收社会保障税还是采用社会保障缴费两种不同的筹资手段。两者既有共性又有不同的特点，从共性来看，无论缴费还是征税，对于社会保障来说，都是为了社会保障制度支出的需要而筹集的资金，其服务对象都是按其工资和收入的一定比例缴纳资金的劳动者，用途都是为了在社会成员面临各种社会风险的情况下所需的基本生活保障的物质帮助。但是，费与税又有一定的差别，从理论上讲，“费”是行政事业单位提供特定服务而收取的手续性质的费用，其权利和义务是对等的，具有有偿性，特定的费和特定的服务相对应。而“税”是国家参与社会产品在分配的手段，具有强制性、无偿性和规范性的特征。从本质上看，社会保障机制是国家为了保障劳动者的基本生活，参与资源的再分配，调节收入分配的一种手段，而非向劳动者提供的有偿服务，因而，更多地具有“税”的特征。主要体现在以下几个方面：

1. 法律约束程度强。征税比缴费具有更强的法律约束性。税收具有“三性”特征（强制性、固定性、无偿性），是通过法律规定，按照一定比例对社会剩余产品进行的无偿的分配，基本上是由人大通过而制定，具有较高的法律效力。

2. 突出公平性。以征税方式征收社会保障基金，其征收范围、征收依据、税率，都以法律的形式确定下来，征收机构不得随意改变，对征收方和缴纳方都具有清晰度较好的法律约束力。各纳税人按照“多收入多纳，少收入少纳”的原则，既体现横向公平，又体现纵向公平。而以缴费方式不可避免地存在各地区、各部门、各行业自行制定具体筹资比例和办法，缴费水平和缴费比例各不相同，差别很大，因而存在严重的地区不平衡。这种状况不利于公平竞争环境的形成。

3. 提高征收管理效率。征税在征收机构、征收标准和征收制度上都比较统一、规范，节省了征收管理成本。对社会保障来说，征税也明确了社会保障税专门用于社会保障金的给付，有利于防止社会保障金的挪用。

4. 提高统筹层次。征税由于按照统一的标准征收，不同地区按照统一标准和征收办法纳税，有利于政府实现更广泛范围的资金统筹和调剂，增强抵御社会风险的能力，缩小地区在历史、自然和经济发展上的差别。

5. 社会化程度高。征税因为其征收范围覆盖所有单位和个人，同时又以科学制定的透明化的法律的形式固定下来，为广大公众所熟知，也为广大人民所接受，社会化程度较高。

（五）开征社会保障税的若干构想

构造社会保障税的框架要按照社会保障总税负与当前我国经济发展水平、企业和个人承受能力相适应的原则，按政府负责“基本保障”的目标定位原则，以及按与现行分税制财政体制相衔接的原则来进行。

目前，在设计社会保障税时，一般都以所得作为税基。以所得作为征收对象的税种在课征制度上一般有二种类型，综合课征制度与分类课征制度。对于社会保障税而言也存在对不同的保障项目是分立课征还是合并课征的问题。显然，这是两种不同的社会保障税的课征方法。具体说来，方法之一，是将目前我国的养老、失业、医疗三大保障制度均单独作为一种独立税种设立，亦即分别设立养老保障税、失业保障税和医疗保障税。目前养老基金改为税的条件已经成熟，因此，可考虑先将养老保障税建立起来，失业和医疗两种保障税待条件成熟后再行开征。这种做法，有利于解决目前养老基金问题多、管理较乱的问题，从战略策略上也是实行“步步为营，各个击破”的方针，有利于减缓矛盾，使改革较为顺利地进行。但这种做法也有不利的因素，就是过多地设立税种，不符合税制简化，优化税种的原则，也增加了税收征管和税种划分的难度。方法之二，是建立全国统一的社会保障税，把“养老、失业、医疗”分别作为税目，形成统一的社会保障体系。这种设计，只有一个税种，符合税种简化原则，且减轻了征管难度，便于全国统一的社会保障体系的形成，也有利于均衡地估算各税目的征收比例。但这种改革触动面较广，一揽子的改革对整个经济系统会有一定的影响。

但从总体来说，第二种思路比较可行。因为形势需要尽快建立起科学规范的社会保障机制，认识的统一也只是个时间问题。对此，中国社会调查事务所（SSIC）曾做过一份调查，调查显示，46%的被调查者赞成分立课征，即将养老、医疗、失业三大保障项目均单独作为一个独立的税种提出来；54%的被调查者赞成合并课征，即建立统一的社会保障税，在社会保障税中再按保障项目设立税目。其中31%的被调查者赞成在税目的设立范围上只设立养老、医疗、失业三个基本税目；23%的被调查者赞成先设立养老、医疗、失业三个税目，待时机成熟后，再增设诸如农村养老、农村医疗、工伤、生育等税目。以上调查结果基本反映了民众对社会保障税的一般看法。实际上，分立税种课征与综合课征在本质上并没有什么区别，它只是对征收对象处理上的一种技术上的分别。由于养老、医疗、失业保障以及其他保障项目，其征收对象都是纳税人的工资薪金或经营利润，所以一般认为社会保障税在课征制度的选择上以综合课征制度为宜，不适宜分立税种。

按照综合课征的思路，社会保障税纳税人是城镇所有用人单位，包括企业、事业单位、机关、社会团体和民办企业单位及其职工，农民进城从事工商盈利性活动一年以上者，也应成为社会保障税的纳税人。课税对象对于企业事业单位来说，是职工的工资总额，包括工资、奖金、津贴、补贴及其他纳入工资薪金所得的收入；对于私营业主和个体工商户来说，可按照缴纳个人所得税的所得额作为课税对象。税目和税率的确定则要视采取哪种改革设想和养老、失业、医疗与职工工资的比照关系相应设定。据测算，把社会保障的总税率定在30%左右的话（比如说30.6%），那么，由企业单位负担19.6%，其中养老保险负担12%，医疗保险负担4%，失业保险负担2%，工伤保险负担1%，生育保险负担0.6%；由职工个人负担11%，其中养老为8%，医疗为2%，失业1%。若按照不同税目划分，则可按以下比例：20%作为养老保险，3%作为失业保险，6%作为医疗保险，1%作为工伤保险，0.6%作为生育保险。对社会保障税还可规定起征点和最高限征额，起征点只针对个人缴费部分而言，各地以当地最低社会保障线为界，对收入在社会保障线以下的人免征社会保障税，收入超过社会保障线的人都应按规定纳税。对社会保障税要规定最高限额，也即规定被保险人的最高纳税收入基数。这个基数并不是固定不变的，应根据经济发展水平和物价指数的变化进行调整。同时还可规定由当地税务部门负责社会保障税的征收，征收后纳入同级财政预算管理，专款专用。

（六）关于筹资模式的选择

任何一项制度的选择都有其客观存在的环境，需要适应当时的情况，减少矛盾和阻力。社会保障筹资模式的选择也必须根据中国目前的情况来决定。如果把受保障者划分为三种——目前已离退休人员划分为“老人”，现在正工作的在职人员为“中人”，新模式实行后进入社会保障的为“新人”，那么，中国目前的状况却令人担忧，不仅“新人”的个人账户不实，就连目前的“中人”也成了“空账户”，这个空账户加上政府对原国有企业职工的历史欠账，整个基金缺口将近2万亿元。在这种情况下，选择什么样的筹资模式才能缓解这个矛盾呢？

首先，我们认为，中国不应该采用完全的现收现付制模式。因为它既不可行，也不现实，且后患无穷。它首先就不能保证大部分人都纳入社会保障范围之内，而且，中国现正处在经济发展的早期阶段，现实中的财政困难也不允许政府采用这种制度。况且，现收现付制影响经济增长，又是低效率，高税制，并可能导致财政危机，具有明显的先天不稳定性和对后代的不公平，甚至财富分配的不公。

其次，我们认为，中国也不能采用完全的基金积累模式，虽然它具有效率，激励性强，然而，其互剂性不强，无异于个人的一种储蓄存款，难以实现真正的社会化的保障功能；更无助于解决绕不开的“历史欠账”问题，也不是完善的社会保障筹资模式。

为此，我们的筹资模式可以选择“混合模式”，即社会统筹与个人账户相结合，是现收现付制与基金积累制的结合，它兼有现收现付模式与基金积累模式的一些特点。以养老保险为例，按照这种模式，“老人”的养老金由社会统筹基金按照原办法计算发放，对于“中人”的养老金，则分为三种，其中，基础性养老金、过渡养老金由社会统筹基金提供，个人账户养老金由个人账户基金提供，而对于“新人“来说，基础性养老金由社会统筹，个人账户养老金由个人账户基金提供。其目的，一方面为了完成社会保险“体制转换”的需要，实现由基金能够为没有积累的离退休人员提供基本保险；另一方面希望中国能够在经济增长与人口结构都处于黄金时代的二十至三十年内，使在职职工为自己积累一定的社会保险基金，尤其是养老金，以减轻企业、财政负担并发育资本市场。

然而，这种模式也并不是一种完善的筹资模式，在实际运行中还存在着不少问题：因为其“混合”的性质，造成了基金管理的分散和矛盾，“条块分割”、“部门分割”的现象严重；它难以解决过渡期间隐含债务的承担问题，还因为社会统筹后困难企业的养老金缴纳难以保障，存在一定的支付困难；而且，中国混合模式中个人账户的比例偏大，这种状况使得政府难以进行全国调剂，以应付贫困地区的保障需求。因此，社会统筹与个人账户相结合的混合模式，在目前来说，是适合中国国情的一种较佳选择，但目前的社会统筹与个人账户相结合的混合制度仍然需要进一步完善，主要思路是：

1. 目前要以社会统筹为主，降低个人账户比重。我国目前的社会保障制度，还只能满足离退休人员最基本的生存需求，再加上我国资本市场比较落后，经济发展水平较低，个人账户比重过大，将影响到社会保障制度的建设。因而，要坚持公共保险基金制度的主体地位，个人账户的基金积累职能作为辅助性的资金提供。当然，对于个人积累，针对中国还没有较强社会保障意识的现状，还应采取强制加引导的办法，使其规模从“小账户”做起，逐渐做大，待全国性的社会保障得到建立，每个人的账户都为实账以后，再逐渐强大个人账户基金的地位。

2. 社会统筹基金与个人账户基金要相互独立，不得混合管理。通过强制性积累而建立的个人账户基金积累与社会统筹基金不同，其所有权与受益权应归个人，只是必须按专门用途用于未来保障支出。为了方便个人账户的管理，个人账户必须实行基金积累模式，建立一些具有一定实力和竞争性，同时又有政府作最后担保人和监督者的保险基金投资公司和基金会，把个人账户基金交由独立的具有竞争性的市场主体及基金管理公司操作，以实现其商业化运作，使其保值和增值，获取较高投资收益。

3. 拓宽社会保障资金来源，解决体制转轨资金需求。我国体制转轨所带来的基金缺口，主要是因为改革前，政府没有为社会保障体制改革建立足够、完善的历史债务解决渠道。在这方面，智利养老金体制转换办法却有可取之处，一方面通过财政（主要是“认可债券”）渠道解决了旧体制的养老金债务，这为改革创造了一个宽松的环境；另一方面，对个人账户的积累基金进行有计划地投资，实现了社会保险基金的保值、增值。

4. 加强社会保障制度建设，强化和统一管理制度。在资金来源方面，要加强制度建设，为社会保障基金建立稳定的、可持续的来源基础。首先，要把资金来源范围扩大，拓宽覆盖面，把城镇户籍的从业人员都纳入社会保障体系，相应地，向其征收的社会保障基金也进行统一管理，从而达到开源节流。其次，要降低社会保障名义费率，提高征缴率，使其至少达到95%以上。同时，要解决缴费基数不实的问题，要把职工从单位得到的一切“正常收入”，都纳入缴费基数。最后，要统一社会保障资金的征缴、管理、投资机构，实行税务机关统一征缴，财政部门负责开户和监督，社会保险经办机构负责登记，专门成立的投资基金机构负责投资的制度。属于社会统筹缴费的部分适时地改征社会保障税，统一由税务机关征收。对于社会保障基金投资，要建立社会保险基金专业投资机构，创建基金投资监管制度。以个人账户和补充保险为主体组成的社会保险投资基金，必须逐步过渡到完全的专业机构运作，按照投资基金的设立条件和市场运作模式进行市场操作，确保基金保值升值。

（课题组负责人　林应武，刘小聪执笔）

东莞理财上新台阶

2004年7月，常务副省长钟阳胜在东莞市督查专报(2)上批示：东莞市依法理财，加强财政预算管理的做法好，请省财厅给予推广。为落实省领导的批示精神，广东省财政厅成立由科研所、预算处等部门组成的专门工作小组，认真研究、制定具体的工作方案，在东莞市财政局的支持和配合下，收集和总结东莞市在依法理财加强预算管理方面的主要做法和经验，形成了八篇经验总结文章。这八篇文章是2004年11月在东莞召开的全省预算经验交流会的主要经验材料。现将文章刊登于后，题目如下：

树立科学发展观　打造新型公共财政管理体制

依法理财　加强预算编制工作

依法理财　加强预算支出管理

依法理财　强化基本建设支出管理

坚持“三个集中”　不断深化镇区财政改革

让公共财政的阳光照耀到广大农村

扶贫　共同踏入现代社会

打造一支思想过硬业务精良的财政干部队伍

树立科学发展观
打造新型公共财政管理体制

东莞市财政局在市委、市政府的领导和大力支持下，以打造新型财政管理体制为目标，多年来坚持改革，做好公共理财服务，为政府充分履行职能、推动地方经济发展和社会进步，提供了稳固、平衡、强大的财政支持。到目前为止，东莞市已初步建立起适应社会主义市场经济的公共财政管理体制，财政工作日益成为当地改革、发展、稳定的一个重要保证。

一、着眼于政府工作的全局，树立正确的指导思想

东莞市财政局的同志认识到，财政是政府一个重要的综合职能部门，财政工作不能单纯从自己部门的角度去考

虑问题，而应站在经济、社会发展和公共利益的高度，自觉服从和服务于政府的战略决策和工作部署。东莞市是较早推进政府职能转变的地方，而且政府职能的转变也比较彻底。在由指令政府向服务政府转变、权力政府向责任政府转变、全能政府向有限政府转变的过程中，东莞市的财政工作与时俱进，指导思想上做到了五个坚持：

1. 坚持“三个有利于”的标准。

财政工作如何适应社会主义市场经济的要求，是一个仍在探索中的课题。东莞市财政局的同志在探索中把“三个有利于”作为判断对与不对、为与不为的标准，只要是符合这个标准的事情就坚决去做，不怕得罪人，更不考虑是否为难自己。几年来，他们在贯彻《预算法》、推行财政改革、经营公共资源等方面动作大、严落实，其中遇到不少阻力、压力，但都坚持做了下来，不仅得到了市委、市政府和上级财政部门的肯定和支持，而且得到了群众的拥护，取得良好效果。

2. 坚持实践“三个代表”重要思想。

立党为公、执政为民，东莞市财政局在公共财政管理中体现了一颗真正的“公心”。他们树立了科学的发展观、正确的政绩观和权利观，他们工作作风踏实、埋头苦干，不求表面风光，不搞任何形式的政绩工程。近年来，东莞市财政局大力推行“收支两条线”管理、部门预算、综合预算、政府采购、国库集中支付等财政改革，有效地实现了财力向财政部门集中，但与此同时财政部门支配财力的权和利也随之小了。尽管如此，东莞市财政局的领导并没有为自己无权批钱感到不高兴，他们觉得这样反而能够更好地以公正的态度、客观的立场去为民理财，自觉推动财政工作的公开化，主动接受人大和社会的监督。

3. 坚持科学发展观。

党的十六届三中全会在总结我国改革开放以来发展经验的基础上，指出了以人为本的全面、协调、可持续发展的科学发展观。东莞市财政部门把促进经济社会全面、协调、可持续发展作为财政工作的立足点和出发点，积极有效地运用财政分配政策，保证了环保、教育、公共安全、基础设施等重点项目支出的需要，努力推动城乡协调发展，形成了财政和经济、社会良性互动的局面。几年来，在为中央和省持续作出较大财政贡献的同时，地方财政收入也保持了大幅上升势头，2003 年可支配财力比 1992 年增加了 15 倍。

4. 坚持改革开放意识。

在发展中国家前进的道路上，锐意改革、对外开放的意识是一国经济发展的重要动力，这已经为中国二十多年的成功实践所证明。从计划经济的建设财政向适应市场经济的公共财政转变，同样需要锐意改革、对外开放的自觉意识。目前，正是在这种意识的带动下，东莞市财政工作队伍在实践中感到，“不改革不行，不改革，财政工作将越来越被动；不学习不行，不在开放中学习，改革将费时失事、事倍功半。”他们从实际出发，在上级领导下积极借鉴国内外先进经验，每年推行一两项重要改革，主动、持续地进行创新，使财政工作一年一个进步，稳步迈向具有公共性、公开性、非盈利性和法制性的新型公共财政管理模式。

5. 坚持公共财政的目标。

财政是为政府履行职能而存在的，反映了以政府为主体的资金收支和分配关系。区别于前资本主义社会的“皇室家计财政”和计划经济社会的“生产建设财政”，人们把提供公共产品、满足公众共同利益的财政称为公共财政。按照马斯格雷夫的权威分类，公共财政的职能分为资源配置职能、收入分配职能和经济稳定职能。与此相适应，公共财政具有公共性、公平性、非盈利性和法治化的特征。

东莞市财政局的同志在实践中认识到，传统的“生产建设财政”越搞越被动，想把什么事情都办好，结果什么都办不好。同时，粗放随意、缺乏监督的软预算约束几乎总是导致财政资金使用的低效率，财政资金支出方向不正确、支出管理不严格，必然导致地方财政包袱重、困难大、作用小。他们通过学习、比较，认同公共财政的模式才是适应市场经济的模式，坚定不移地选择了公共财政的改革目标取向。

二、合理界定财政支出范围，支持建设高效率的有限政府

市场经济是市场在资源配置中起基础性作用的经济。如果市场经济是现代经济，那么现代政府首先是与市场有相对明确分工的有限政府，其职能重在防范和化解公共风险、弥补市场失灵和市场缺陷，而不是代替市场，或与市场争夺资源控制权。

1. 让市场选择企业，政府不与企业同生死。

东莞市财政局坚决支持政府为企业搞好服务，也坚决支持政府不与企业同生死。他们认为，企业的生存和发展要通过其自身在市场的努力拼搏来解决，政府不能包打天下。

观念的背后涉及巨大的资源调动，直接影响地方经济肌体的发育。同是为了促进经济的发展，当许多地方将政府主要财力用于兴办各类企业，甚至为此不惜大量举债的时候，东莞市地方政府明智地把重点放在了加强产业引导、改善投资环境和维护市场秩序上。东莞市没有经历公有企业大规模转制、政府资本大量退出一般竞争性领域的时期，当地国有、集体企业生产总值只占 GDP 10%左右，且多数集中在自来水、电力等半公共产品领域或自然垄断行业。外资企业和民营经济在微观经济领域发挥主要作用。基于这个良好的经济环境因素，东莞市地方财政背上的包袱较小，地方经济长期处于财政平衡、金融健康、企业富有活力的佳境。1997 年爆发亚洲金融危机时，相当多的地方因政府过度负债而出现不同程度的金融动荡和财政困难，广东只有深圳和东莞两地财政岿然不动、游刃有余。

2. 集中财力搞好投资和生活环境。

有限政府意味着政府及其财政有所为、有所不为。有

所不为的实质是为了有所为，把市场办不了的事（同时也是政府及其财政该办的事）办到、办好。这些事情从性质上分别属于公共产品、半公共产品、为保障公平的转移支付、市场无力或不愿承担的公共投资，从具体工作来看则包括保护合法产权和维护市场秩序、实施宏观调控、进行基础设施建设以及提供公共服务等。

东莞市外资企业密集，流通业发达，并有500多万流动人口，约为本地常住人口的5倍，社会治安管理任务十分繁重。为支持"科技强警"和"从优待警"，仅2003年财政就支出接近9亿元，为公检法司部门添置完善最先进的装备，使东莞破案率和治安综合管理达到全国先进水平，令投资者放心、旅客和居民安心，为旺盛的投资和消费创造了必备条件。东莞市制定了提高机关办公效能6项制度，千方百计提高社会管理和公共服务效率，财政给予了积极的配合。在东莞市的外来投资中，台商投资占了约六成。为了搞好对台商的服务，政府积极帮助台商建立了全国第一家台商子弟学校，并正在筹建台商医院。2003年初"非典"疫情突然爆发，东莞市财政及时安排了防治基金1.4亿元，而且迅速落实对受"非典"影响严重行业的财税优惠政策，直接减轻受影响企业的负担约2.4亿元，帮助企业渡过难关。为进一步改善投资和居民生活环境，从2001年下半年起，东莞市财政在坚持"量入为出，收支平衡"的原则下，不借银行一分钱，逐步加大基本建设支出的投入力度，至2003年末累计支出77.46亿元，形成了一大批基础设施等方面的优质资产，既提升了城市形象，增强了经济发展的后劲，又起到鼓励投资，拉动经济增长的作用。通过设立科技经济投资基金、科研发展专项资金、扶持企业经济发展专项资金和继续加大国家批准的松山湖科技产业园区的投入等政策性措施，加快经济结构调整步伐，促进了高新技术产业发展，并逐步形成了经济与财政良性互动发展新机制。

3. 建立覆盖城乡的社会保障体系。

社会保障是公共财政的重要内容。东莞市近年来的社会保障投入逐年增加，社会保障体系日趋完善。自1996年起，陆续建立了国有企业下岗职工生活补贴、市民最低生活保障、特殊困难户定期补助等一系列社会保障机制。2001年，建立了东莞市农民基本养老保险制度，把全市60万农民纳入社会保障体系。2003年，在确保市民最低生活保障、农民养老金和企业离退休人员基本养老金足额发放的基础上，解决了5 963名困难家庭子女的"读书难"问题、1 719人的"住房难"问题、1 588名困难群众的"打官司难"问题，帮助7 073名农村富余劳动力和下岗失业人员实现就业或再就业；并投入1 552万元，支持建立了有103.5万名农民参加的农村合作医疗保障制度，确保了农民的基本医疗需求。

4. 促进区域协调发展。

为促进区域协调发展，东莞市把扶贫性转移支付放在财政支出的重要位置，逐年加大扶贫力度。2003年共投入12 767万元，为支持11个经济欠发达镇发展工业提供贷款贴息，帮助48个欠发达村实现通水通路，使贫困地区农民的基本生产生活条件得到明显改善。为支持可持续发展，教育投入一直维持在较高的水平上，2003年教育总支出121 850万元，改善了办学条件，提高了办学水平；同时，农业支出31 802万元，加强农田水利设施建设，提高了抵御自然灾害的能力。

三、统一预算，规范政府间财政分配关系

1. 推行全口径预算，杜绝财政资源部门化。

公共财政要求政府一切收支活动都要纳入预算，一级政府为一级预算主体。但在实践中，财政资源部门化、预算外资金膨胀是长期困扰政府和财政工作的老大难问题。财政资源部门化，一是影响政府的统一调控能力；二是造成财政分配上的苦乐不均；三是不利于反对腐败和防止浪费。道理尽管很明白，但由于涉及巨大的既得利益，很多地方迟迟不能统一预算。东莞市财政局在市委、市政府的支持下，敢于碰硬，从1994年开始实行非税收入"收支两条线"管理，到1998年推行单位预算基础上的综合预算，再到2001年开始实行零基预算、部门预算基础上的全口径预算，逐步实现了由预算内外两个口安排经费向综合预算一个口安排经费的转变。推行全口径预算一方面保证集中财力办大事，提高财政资金的使用效益，优化财政资源配置；另一方面确保了人大监督预算的完整性，将原来管理较为松散的预算外资金纳入人大监督视野，提高了财政资金使用的透明度。

实行全口径预算编制仅是杜绝财政资源部门化、规范政府内部各部门财政分配关系的一个环节。为保证预算资金真正用在该用的地方，必须进行配套的预算支出管理改革。东莞市财政局积极响应上级的要求，迅速组织实行政府采购制度和国库集中支付制度，1999年5月颁布了《东莞市政府采购制度实施办法》，在全市推行政府采购，2000年将政府采购制度推广到镇区，2002年逐步将所有财政性资金全部纳入国库单一账户体系管理。

东莞市还铸造了严格管理基本建设预算支出的"两把刀"。市财政部门成立市会计核算中心，对市财政投资的建设项目全面实行会计委派制，进行财务直管和集中支付。成立市财政投资审核中心，加强对财政性投资项目的工程概（预）算、工程结算和竣工财务决算的审核力度，防止挪用、截留、挤占建设资金的现象发生。

2. 理顺市与镇区的财政分配关系，加强镇级财政职能建设。

改革的指导思想，一是让镇区掌握财政收入的主导权，调动镇区加强税收征管的积极性；二是合理调节镇区之间的财力分配；三是对全市镇区实行统一政策。

在这个指导思想下，东莞市财政局从1996年起把镇区财政所全面下放到镇区，建立真正的镇（区）级财政，把镇（区）财政预算内、外资金收支全部集中纳入财政管理。为了给予镇区与事权相对称的财权，市、镇财政体制先是按核定的工商税收收入基数，实行基数内外有别的比例分成，2001年取消了基数，进而实行镇区工商税收见税

五五分成，并建立起对经济滞后镇的转移支付制度。同时，东莞市财政局在全市范围内全面推行收入集中、支付集中和核算集中的“三个集中”财政管理模式，比较彻底地解决了镇区一级财政资金部门化和财力分散问题，有效地集中了财力；解决了支出管理不规范、经费开支标准不统一、财政资金使用效益不够高和部门之间苦乐不均的问题，达到了管理科学、标准统一、使用高效的目的；解决了财政监督不到位、不及时、不彻底的问题，实现了财政对收支活动全过程的监督。

3. 加强财政部门内部管理。

1994 年以前，东莞市财政局各科室都设有自己的资金账户，管理分散，容易出问题。1994 年起，该局对所有科室的资金账户进行了全面清理，各科室的经费支出全部由局办公室统一安排。把该保留的账户全部集中到会计核算中心统一管理，并设定了规范的拨款流程图，让各科室互相监督。到目前为止，该局还没有发现有一笔财政资金被挪用或侵吞。

四、强化税收征管，精心经营公共资源，确保财政收入稳定充裕

虽然现代政府不再承担企业发展无底洞般的资金供给，解决了越位问题，并不意味着政府的支出责任小了。相反，由于在全能政府体制下长期存在政府缺位问题，职能转变后的地方政府普遍面临更大的支出压力。与此相应，全能政府暗含的权力政府模式被责任政府、法治政府所取代，政府再不能随意调动和支配社会资源，而必须严格依法取得收入。因此，总体上来看，现代政府处于更加严格的收支约束中，在支出责任硬化的条件下，如何取得稳定充裕、合理适度的收入就成为问题的关键。

1. 加强税收征管，做到应征尽征。

加强税收征管是实现财政收入的关键环节。当前，一些地方片面强调放权让利、热衷于通过无原则的税收减免政策招商引资，导致应征不征、应收漏收，这种做法殊不可取。相反，东莞作为一个外来投资大市，理直气壮地坚持依法治税。他们明确工作责任，加强对重点税种、重点税源和非税收入的征管工作，集中打击和查处偷、骗税行为，大力清缴欠税，同时加强“两票”管理、提高征管水平，并建立“工商税收日”工作制度，每个月对全市财政收入增长情况进行通报和分析，盯得紧、抓得严，在不影响投资和消费热情的情况下做到了应征尽征、应收尽收，保证了稳定充裕、合理适度的财政收入。事实证明，严格依法治税与保护投资积极性并不矛盾，相反只会促进投资行为的理性化和规范化。

2. 提高财政资金使用效益，积极培育财源。

东莞市财政局的同志认识到，要做政府称职的管家，首先要把财政收入工作抓好。随着经济的发展和社会的进步，经济调节、市场监管、社会管理和公共服务的成本越来越高，没有财政收入，什么问题都解决不了。他们举了一个简单的例子，市区东莞大道一年的管理成本就需要 1 100多万元，其中光路灯的电费一天就需要 1 万多元。这在以前是难以想象的。

建设稳固、平衡、强大的财政，精打细算、千方百计提高财政资金使用效益是必然的要求。从财政支出的收入效应角度来说，就是要求政府行为有助于直接或间接地培育公共财源。在这方面，通过改善投资环境、改进对企业的服务，东莞市凝聚了一大批经济效益良好、富有竞争力的企业；通过对社会秩序和生活环境的精心维护，以及对落后地区和弱势群体的转移支付，保护和激发了旺盛的消费需求，拉动了经济增长，壮大了经济总量和税源。多年来，东莞市国民经济保持较快增幅，2001 年、2002 年、2003 年经济增速连续保持全广东省第一。财政收入水涨船高，地方财政收入 2001 年增长 47.7%，2002 年增长 42.9%，2003 年增长 25.3%。2003 年东莞市三级（中央、省、市）财政收入突破 200 亿元，达到 206.4 亿元。

3. 树立对公共资源的经营意识。

东莞市财政局以市场化手段精心经营公共资源，努力挖掘收入潜力，取得了意想不到的成绩。例如，他们把原来无偿派放的小汽车吉祥号牌拿来公开拍卖，仅 2003 年一年就增加财政收入 5 000 多万元。他们认为，公开拍卖小汽车吉祥号牌，一方面有利于防止职能部门的寻租行为，获得市民的欢迎；另一方面公开透明地增加国库收入，符合“三个有利于”标准。诸如此类的事情不但应该勇于去尝试，而且应该勇于去坚持。再如，东莞大道一年的管理成本需 1 100 多万元，他们通过东莞大道使用期五年的广告牌拍卖一次性就获得收入 1 000 余万元。东莞市财政局的做法和所取得的效果说明，为政府和大众理财需要与企业理财、家庭理财同样的有心人。

五、强化财政工作的法制性和公开性，支持建设民主法治政府

保证政府职能正常发挥的最佳选择是走法治之道。同样，保证财政“以众人之财、办众人之事”的最佳选择也是走法治之道。法治是人类的制度创新，是约束政府、企业和居民的有效方式，是市场经济健康发展的制度基础。体现法治精神的宪政体制要求现代政府以公共价值作为政府行为的重要基础，以所服务的公众需求为中心，增强决策透明度，重视公众的建议和政府对公众的承诺，实现政府服务决策的科学化、民主化和规范化。公共财政的法治性也要求财政管理工作广泛听取社会各界的意见、提高民众的参与程度、公开理财、受民监督。

1. 严格遵守人民代表大会审批政府预算的制度。

东莞市财政管理体制有个显著的特点是财政局局长不批钱，所有财政支出决策都经由政府提交市人民代表大会审批。言其显著，一方面是因为存在这样的制度安排，另一方面是因为这项安排在实践中坚持得非常好。东莞市财政局局长方棣梅同志负责财政局全面工作十多年，很少有单位因为钱的事来找他。有一次，一个部门的负责人在开人代会期间要求他安排 50 万元，用于该部门的对口扶贫。

方局长表示，首先他没有这个权，其次他也不赞成这个做法。财政资金只有一个出口，那就是经过人大批准的政府预算，包括扶贫资金的安排，也应该由市政府统一负责进行。这个简单的例子说明了东莞市财政部门已经具有根深蒂固的统一政府和依法理财意识。

多年来，为了使市人大代表能及时掌握情况，更好地行使预算审批监督权，东莞市政府及其财政部门按规定积极向市人大常委会汇报预算的执行情况。在预算执行过程中，由于发生收支变化较大而导致原人大批准的预算不能切实有效执行时，他们都严格按规定及时向人大报告，对于需要调整预算的及时将预算调整方案提交市人大常委会，确保每一笔预算收支都经过人大的审批。

2. 细化预算编制，提高预算的可审度。

东莞市财政局认为，财政资金能否取之于民，用之于民，能否实现好、维护好、发展好最广大人民群众的根本利益，取决于人大能否对财政预算实施有效的审议和监督。规范、细化财政预算的编制，让人民代表知道每笔资金的来龙去脉，是提高预算透明度，保证财政资金分配公开、公平、公正的前提，也是人大依法有效行使监督权的内在要求。为此，他们按照《预算法》和《监督条例》的要求，积极推行部门预算和单位预算，在审核汇总各部门的支出预算时，除按规定将支出预算按国家预算科目编列至“类—款—项”外，还按部门分基本支出、项目支出的形式逐项反映支出预算，详细列明各项支出的安排标准、安排理据等，使整个支出预算做到明晰易懂，内容详尽，更通俗直观接近实际情况，使人大代表看得明白，方便人大代表的审议和监督。预算提交人代会后，可审度增加了，人大代表的责任感更加强了，民主理财的广度和深度得到了前所未有的加强。人大代表审议预算草案的积极性被充分调动起来，对预算草案提出的实质性意见也不断增多，为预算编制质量的不断提高产生了强有力的促进作用。

3. 编制基本建设预算，全面接受社会监督。

东莞市财政部门编制基本建设预算的做法可圈可点。2001年，东莞市确立“一网两区三张牌”的发展战略，基本建设支出占市本级财政支出的比例逐年提高。如何确保庞大的财政资金投入安全、高效、有序运行，成为全社会关注的热点和焦点问题，市人大常委会也多次向财政部门提出要加大对市属重点工程的财政监督力度。为满足民众要求，财政部门在市委、市政府的领导下，开始对基本建设实行预算单列，向市人大会提交非常详尽的预算方案，大到组成项目、工程预算总额，小到一棵树的购置价格和购置点，都一一详细列明。在基本建设预算执行环节，他们对所有重点工程全面实行会计委派，对市财政投资的200万元以上一般基建工程全部实行会计集中核算，并实行全过程财务公开，接受社会监督。

政府及其财政部门依法民主理财、自觉接受人大监督的正确态度得到市人大的充分肯定和积极响应，人大及其常委会反过来又积极支持政府依法开展各项工作，使东莞市预算管理工作既能准确贯彻市委的指导思想、发展思路和工作重点，又能集中民智，反映广大人民群众的意愿，公共财政的程序运作进入良性循环。例如，在推行政府采购制度过程中，由于政府采购涉及面广，又是一项全新的工作，一些部门和单位不理解，部分群众也对这项工作存在一定的误解，担心政府集中采购会使分散腐败变为集中腐败，所有这些都对进一步开展政府采购工作带来一定阻力。市人大常委会了解到这个情况后，马上组织调查研究，认真听取市政府主管部门关于建立和实施政府采购制度的情况汇报，了解政府采购的政策、方法和程序，充分肯定了实施政府采购是发展社会主义市场经济的必然趋势，势在必行，并明确指出东莞市实施政府采购三年多来取得的成绩是显著的，各部门、各单位都要积极配合，大力支持政府采购工作。为了促进政府采购工作更加公开、透明，真正做到“阳光下交易”，市人大代表还多次应邀做政府采购的现场监督员，列席并监督政府采购的开标、评标工作。市人大的支持，促进了政府采购工作进一步依法管理、规范运作，使政府采购制度从最初的不被理解、诸多挑剔，逐渐发展到如今的被认可和深入人心。

东莞市财政部门在市委、市政府领导下建设公共财政管理体制的工作是富有成效的。他们至少在四个方面走在了全省乃至全国的前列：

一是较为合理地界定公共财政支出范围，初步解决了在我国具有普遍性的财政支出“越位”与“缺位”问题。

二是统一预算，政府收支活动基本上全部纳入了预算约束。

三是财政公开化已经达到相当的程度，除人民代表能及时有效地对预算进行监督外，普通市民对政府收支活动的知情权和监督权也在相当程度上得到了落实。

四是树立起经营公共资源的意识，并取得了初步成效。

除此之外，东莞市在规范市、镇两级政府间财政分配关系、建立城乡统筹的财政分配制度、健全财政部门监督、强化预算支出管理等方面都取得了很大进展。

在成绩面前，东莞市财政局并没有打算就此止步。下一阶段，他们准备以绩效预算为中心进一步深化改革，引入竞争机制，推动政府创新，推动建立更有效率的行政管理体制。同时，以不断增长的财力为依托，继续完善社会保障体系，提高社会保障水平。

（谭小文执笔）

依法理财　加强预算编制工作

改革开放以来，东莞市坚持以经济建设为中心，充分发挥地理人文优势，大力发展外向型经济，以科技推动经济发展。国民经济连续二十年以平均每年20%以上的速度蓬勃发展，财政收入也随之大幅度增长。2003年东莞市地方财政收入达67.5亿元。经济越发展，管理越重要。如何管好、用好这些财政资金，为人民当好家、理好财是财政部门义不容辞的职责，也是实践“三个代表”重要思想，维护、发展和实现最广大人民群众利益的根本要求。近几年来，在广东省财政厅的正确指导和大力支持下，东莞财政严格按照《预算法》和《监督条例》的要求，依法理财，改革创新，加强预算编制各项工作，不断增强预算的科学性和规范化程度，提高预算编制水平和财政资金的使用效益，有力地促进了国民经济持续、快速、健康发展和社会各项事业全面进步。

一、东莞市依法理财，加强预算编制工作的主要做法

（一）积极推行部门预算改革，规范预算编制

部门预算是反映政府部门收支活动的预算。编制部门预算是法律的要求，是当前预算管理制改革的主要内容之一，是深化社会主义市场经济体制改革，建立公共财政框架的基本要求。完善部门预算编制办法，加强预算编制工作，对于规范预算管理，加强财政监督，实现依法理财具有重要意义。根据中央和省对预算编制改革的要求，东莞市从2001年起开始进行部门预算改革，要求所有的市级预算单位都按部门预算编制的统一要求编报预算。经过几年来的实践，东莞市的部门预算改革进展顺利，在编制形式上实现了一个单位一本预算，在编制内容上实现了全口径预算，在编制方法上实现了定员定额和零基预算，在编制程序上实现了“两上两下”，预算内容的量化、细化程度不断提高，增强了部门预算的透明度，促进了财政资金分配的公正和公平。东莞市部门预算的主要特点是：

1. 一个部门编制一本预算。所有的市级预算单位都按统一的形式编报部门预算，并由基层预算单位编起、逐级汇总上报，形成一本涵盖部门全部收支的综合性财政计划。预算经人代会批准后，财政部门将部门预算批复给每一个预算单位依法执行。

2. 实行全口径预算管理。在“收支两条线”管理不断深化的基础上，市财政将预算外收支纳入预算管理，从2000年开始实行综合预算，主动将预算外收支纳入人大监督的范围。同时，根据《中共中央关于完善社会主义市场经济体制若干问题的决定》中关于完善财税体制的要求，从2004年起更进一步实施全口径预算管理：一是统筹预算内、预算外资金和政府性基金，按照预算管理的统一标准和要求安排单位支出，实现由预算内外等多个口安排经费向全口径预算一个口安排经费转变。二是统筹单位的上级补助收入、自筹收入和上年结余等资金，整合资源，提高资金效益。

3. 运用科学的方法编制预算。一是实行综合定额管理模式，按照定员定额标准编制基本支出预算。定员定额标准具体包括个人工资、津贴和公用经费两部分：个人工资、津贴按全市统一制定的标准核定；公用经费则根据同类预算单位履行职能而所需要的实际开支的平均水平，以能保证预算单位正常运转的原则制定，细分为办公费、印刷费、水电费、会议费、交通费等明细项目。同时，根据单位性质和承担职能不同，将公用经费标准划分为12个档次，各预算单位对号入座，包干使用，实现了公用经费供给的标准化。

二是运用零基方法编制项目支出预算，即对预算单位实行收支脱钩和取消支出基数，一切从零开始，根据当前市委市政府确定的政策意图、社会发展方向以及预算年度内部门的实际需要和绩效高低，进行成本效益分析，并按轻重缓急排序，合理分配财政资金。

4. 细化支出预算的内容。项目支出预算分为一般项目支出预算和基建项目支出预算，所有的项目支出预算都编列明细支出项目，细到每一次会议或者每一台计算机，都在预算中详尽说明其政策依据、标准、构成和效益等。

5. 自觉接受人大监督，促进民主依法理财。一是在上报人代会审批的部门预算试点单位方面，2001年上报审批的试点单位有6个；2002年扩大到所有政府组成部门共33个；2003年是市政府组成部门及检察司法机关共38个；2004年更进一步扩大到市直机关、参照及依照公务员制度管理的单位和市直学校共138个，单位数目占全部预算单位总数一半以上，支出内容涵盖政府职能活动、社会事业发展的方方面面。二是在上报人代会审批的内容和形式方面，除按规定将支出预算按国家预算科目编列至“类—款—项”外，还按部门分基本支出、项目支出的形式逐项反映，详细列明部门预算各项支出的安排标准、安排理据等，内容不断细化，使整个部门预算做到明晰易懂，内容详尽，更通俗直观和接近实际情况，使人大代表看得见，摸得着，方便了人大代表的审议和监督，提高了部门预算的透明度，促进依法理财。同时，东莞市还根据社会和人民关注的热点问题，如实公开预算的执行情况，促进民主理财。如我市近年来加快城市建设，大量财政资金投入到基础设施及其它相关配套建设工程，基建的支出和效益情况成为社会普遍关注的焦点。2004年，东莞市财政局会同城建工程管理局，主动将近几年财政在重点基建工程方面的执行情况汇总成书，详细清楚地反映每项工程的投入、项目实施、竣工结算情况，连同预算草案一并送人大审议，得到人民代表和社会大众的普遍好评，民主理财的程度得到真正的提高。

（二）科学地编好预算的具体流程和做法

东莞市编制部门预算实行“两上两下”的编制程序，具体流程和做法是：

1. 树立全局的认识，准确把握编制预算的总体思路和原则。

由于财政预算体现了政府活动的范围、内容和方向，因而编制预算是政府工作的中心内容。东莞财政牢固树立全局的认识，准确把握编制预算的总体思路和原则，即从当地实际出发，紧紧围绕市委、市政府的工作要求，着眼于保障政权运转、满足公共需要和全社会发展大局，科学测算收入、合理安排支出，不断提高预算编制水平。

2. 充分做好编制部门预算的前期准备工作，为编好预算提供准确的依据。

一是全面摸清单位的基本情况，建立预算单位基础资

料库。市财政局根据市编委制发的各单位的“三定”方案和编制预算有关的文件资料情况，建立预算单位资料库，并通过组织开展对预算单位的清产核资、清理整顿银行账户等手段，全面摸清预算单位“家底”，动态掌握各预算单位人员、车辆、银行账户等基础数据，为编制部门预算提供准确的决策依据。

二是开展专项检查，评估和考核预算单位当前年度的预算执行情况。对于跨年实施的项目要掌握其实施进度，做好下年度安排预算的计划。

三是收集上级和市委、市政府有关预算的文件，掌握这些文件精神和规定，使得编制预算做到有法可依，有法必依，并保证按规定应该列入预算的项目不错编、不漏编。同时，按照公共财政的要求，围绕市委、市政府的工作思路确定年度支出重点，将各项政策落实到各个职能部门，为改善预算资金的到位率，提高部门预算编制的质量确立正确的方向。

四是成立部门预算编制小组，加强对编制预算的组织领导。部门预算编制小组由市财政局局长担任组长，成员由财政局党组成员、预算科和有关业务科的科长组成，负责市级部门预算编制改革的领导和协调工作，研究决定预算编制过程中的重要事项，制定和健全相关配套制度措施等。

3. 编制审核部门预算。

(1) 市财政局布置编制和预算单位填列上报部门预算。

部门预算由市财政局制定统一的报表格式下发到各预算单位，其中：基本支出预算采取由市财政局下发参考数的填报办法，项目支出预算采取项目申报制度。

各部门按照统一要求编制部门预算，提出本部门的收支安排建议数上报市财政局。其中：收入必须符合国家的法律、法规，部门根据历年的收入情况和下年度收入增减变动因素编制收入征收计划，科学合理地测算各项收入，不能隐瞒或少报自筹资金收入。支出方面，部门的支出计划要依据本单位的职能、业务范围和工作任务，突出反映单位的中心工作，保证重点工作的开展；必须将上级文件精神和市委、市政府已经决定的事项、上年预算执行必须继续完成的事项、下年度必然发生的事项等列入预算；要考虑到支出的必要性和可能性，提出的预算支出要有充分的依据、目的、意义、内容、措施和效益；编制的项目支出应当进行科学、充分的可行性论证和绩效评估，提出充分的支出理据，并按轻重缓急排序；要厉行节约，各项开支标准要符合有关财务规章制度。

(2) 市财政局汇总审核部门的预算建议数，形成预算控制数下达给各个部门。

收入方面，市财政局审核部门的收入预算建议计划时，根据掌握预算单位的基本情况，包括银行账户余额等，充分考虑收入测算的科学性、征收计划的可行性和完成市委市政府布置的工作任务的需要，具体核实各部门的收入计划。

支出方面，支出预算建议计划的审核遵循“先保运转，后集中财力办大事”的原则。基本支出预算部分按照定员定额标准计算核定，项目支出预算部分按照先必须后重点再一般的顺序，逐项审核。先安排上级文件精神规定安排或配套的资金、市委和市政府确定事项所需资金、预算延续资金等必须保障的支出，然后重点保障维稳综治、城市维护建设、科学教育、社会保障、卫生医疗、农林水等事业发展的资金需求，大力投入到基础设施建设、环境综合治理等领域，优化投资环境和完善城市功能配套。最后根据社会发展目标和各部门开展工作需要，根据申请项目实施条件是否具备、是否可行和效益的大小等因素综合考虑，逐项审核项目支出预算建议计划，并最终形成部门收支预算控制数下达各个部门。

(3) 各部门收到预算指标控制数后，根据自身实际和发展需要，在控制数内提出项目调整意见二次上报市财政局。

(4) 市财政局对调整意见进行审核，汇总形成市级财政预算草案、各预算单位部门预算草案，按规定程序报批。市级部门预算草案经人代会批准后，市财政局在一个月内按照统一的格式和明细项目分类将部门预算批复到预算单位。预算单位根据批复的部门预算组织实施项目和开展工作。

（三）充分发挥科学合理的财政预算的功能作用，积极支持地方各项事业发展

预算是政府为实现其职能，进行宏观调控和资源再分配的重要工具，是确保政权运转、满足社会公共需要、促进国民经济的稳定增长和社会各项事业健康发展的重要保证。编制预算是预算管理工作的开始。近年来，东莞财政牢固树立科学的发展观，按照公共财政的要求，科学地编好预算，积极地支持地方各项事业的发展。

1. 按照财政收入预算狠抓组织收入工作，为地方经济建设和事业发展提供坚实的财力保证。

社会经济发展目标的实现，离不开强有力的财力支持，抓好组织收入工作，建立稳固、平稳、颇具实力的地方财政，是社会各项事业蓬勃发展的物质基础。因此，东莞财政采取了一系列措施狠抓组织收入工作：一是通过严抓财税收入征管，堵漏挖潜，税收收入不断增长；二是通过不断深化“收支两条线”管理改革，进一步加强预算外资金管理，非税收入不断增长；三是通过建立和健全市镇财政职能运转，完善分配关系，调动两级发展经济和增加收入的积极性，逐步形成全市财政收入稳定增长的格局；四是通过做好部门各项资金的清理，将所有资金纳入财政统一规范管理。在改革开放和地方经济快速发展的推动下，通过上述措施，东莞的财政实力进一步增强，为地方的发展奠定坚实的物质基础。

2. 把握大局，调整和优化财政预算支出结构，贯彻落实党委、政府的工作思路和各项中心工作，支持和推动地方各项事业健康发展。

多年来，东莞财政紧紧围绕全市的发展大局，合理安排财政预算支出，积极贯彻落实市委、市政府的工作思路

和各项中心工作，按照“三个代表”和公共财政的要求，合理界定支出范围，逐步退出财政在竞争性、经营性领域的支出，调整和优化支出结构，增加财政对科技、教育、治安、环保、社会保障、农业基础和公共基础设施等重点领域的投入，积极发挥好财政预算的功能作用，支持了地方各项事业的健康发展。

一方面财政预算对社会公共项目和重点支出的投入力度逐步加大，群众关心的涉及预算收支的重大问题也获得恰当的安排，社会反映较好。1995～2003年，全市教育累计总支出53.16亿元，有力地促进了我市教育事业的全面发展，真正把科教兴市战略落到实处；农业方面，累计总支出22.93亿元，使一大批江海堤围等水利基础设施得到除险加固、达标升级，提高了全市抵御自然灾害的能力，同时改善了农业生产条件，提高了农业综合生产能力，巩固了农业的基础地位。

另一方面推动全市城乡协调发展，加速了农民向市民转型、农村社会向城市社会转型、农村管理体制向城市管理体制转型。为了让公共财政的阳光的照耀到广大农村，促进城乡一体化，东莞市近几年先后免征了屠宰税、农业特产税和农业税，全市农民基本实现了零负担；同时，不断加大对农村各项公共事业的扶持力度，不但确保了农村九年义务教育的正常经费来源，还增强了欠发达地区的造血功能，走出了一条发展式扶贫开发新路子。在农村社会保障方面，东莞市从1997年1月1日起就在全市城乡一步到位实施了城乡居民最低生活保障制度，2000年又建立了农民基本养老保险制度，把全市60万农民纳入社会保障体系，解决了农民的后顾之忧；2003年，东莞市又在农民基本医疗保险方面撑起了一把保护伞，重点解决农民因病致贫、因病返贫问题，使该市农民能享受与城市居民基本一致的公共产品和服务，有力地维护了农村社会稳定。

3. 充分发挥财政宏观调控功能，促进经济稳定、协调、快速发展，建立经济、社会、财政良性互动机制。

经济决定财政，随着近年来东莞市经济的迅速发展，财政实力不断增强。财政实力的增强，相应也为经济的更快发展提供坚实的财力支持。在坚持“量入为出，收支平衡”的原则下，东莞市财政逐步加大基本建设支出的投入力度，形成了一大批基础设施等方面的优质资产，既提升了城市形象，增强了全市经济发展的后劲，又起到鼓励投资，拉动经济增长的作用；通过设立科技经济投资基金、科研发展专项资金、扶持企业经济发展专项资金和继续加大松山湖科技产业园区的投入等政策性措施，加快了全市经济结构调整步伐，促进了高新技术产业迅猛发展，逐步形成了经济、社会与财政良性互动发展新机制。

二、东莞市依法理财，加强预算编制工作的主要成效

（一）深化部门预算各项改革，提高了编制预算的科学性和规范化程度

一是实现了全口径的部门预算，预算管理的完整性增强。部门预算改革前的预算编制方式，对单位的预算外资金、各种政府性基金单独编制预算，单位的收支不完整。实行全口径部门预算改革后，单位的所有收支都必须编列入部门预算内，不得在部门预算之外保留其他收支项目。所有预算单位的全部收入，包括行政性收费收入、罚没收入和预算外收入等实行“收支两条线”管理，收入全额上缴财政，纳入全口径财政预算，收支不再挂钩。预算编制中财政统筹预算内、外资金和政府性基金以及单位的自筹、上年结转结余资金等，对单位申请的各项支出进行审核，并按部门履行职能的需要进行具体核定。实行全口径预算改革后部门预算反映了单位收支规模的全貌，增强了预算管理的完整性。

二是预算编制的方法不断改进，提高编制预算的科学性。在基本支出方面，对所有预算单位实行了定员定额管理，并且供给人数由财政部门会同人事部门进行核定，预算单位只需要填报部门的项目支出预算。在项目支出方面采用零基预算的编制方法，一切项目支出预算都根据当前市政府的政策意图和社会发展方向需要进行成本效益分析、轻重缓急排序，在财力许可的范围内安排和编制预算。

三是细化了预算编制，增强了预算法制观念，预算资金的到位率进一步提高。实行部门预算改革后，预算从基层预算单位编起、逐级汇总，基本支出按目级科目填列，所有项目支出落实到具体的单位和明细的开支项目。市财政局制定了项目支出管理办法，要求项目支出符合市政府的工作思路和政策方向，有文件依据；项目支出要与部门履行的职能相一致；各部门要根据履行职能的需要对每一个项目的预算进行认真的核实论证，并按照轻重缓急的原则提出项目排序计划。市财政局综合考虑预算的平衡，在各单位开支标准统一和财力许可的范围内核定项目支出预算。由于单位的预算法制观念增强，预算细化，各项开支有充分的理由和可行性，大大减少预算执行过程中追加、追减和调整的机率，因而提高了预算资金的到位率。

四是上报人大的部门预算数量不断增多，内容不断细化，在广度和深度上的公开化程度不断扩大，使得人大的依法监督真正落到实处，增强了预算的公平、公正和透明，切实促进依法理财、民主理财，同时也促进了财政编制预算水平的提高。

（二）坚持从全局出发，牢固树立科学的发展观编好财政预算，真正发挥了预算的功能作用和提高了编制水平

坚持从全局出发编制财政预算，紧紧围绕和贯彻落实党委、政府的发展思路和工作重点，使得预算的政策本质得到真正体现。坚持从科学发展观出发，认真细致地编好一本预算，发挥预算维护政权运转、促进社会各项事业健康发展的功能作用，达到了编制预算的真正目的，从而提高了编制预算的水平。

三、东莞市进一步加强预算编制工作的主要设想

（一）不断提高预算编制人员的素质和政策水平，努力改善部门预算编制质量，提高预算管理水平

编制部门预算是一项系统复杂的工程，覆盖面广，涉及社会的方方面面，因而要求预算编制人员有较高的素质和政策水平。从预算单位来看，预算编制人员除了要熟悉《预算法》和各种财务规章制度外，还要了解认识各级财政部门制定的相关管理办法、操作守则等。随着信息化技术的不断发展，编制部门预算还要求有较高的计算机软件操作水平。从财政部门来看，除了要具备上述理论知识和综合素质外，还要具备较高的政策水平，包括要清楚市政府的工作目标和工作思路，理解市政府各项政策意图，把握市政府的工作要求等等。同时还要具备全局意识，科学地分析问题、公平和公正地处理事情的能力。由于目前对这方面的认识不足，预算编制人员的素质参差不齐，影响了预算编制的质量。下一阶段要通过健立健全各项培训机制，加大对预算编制人员理论知识、政策文件的培训力度，不断提高预算编制人员的素质和政策水平，进而提高部门预算编制和预算管理水平。

（二）制定更加准确、实际和合理的定员定额标准

现行的定员定额标准是在合理考虑单位的总体实际开支水平后测算而成，分类较粗。随着经济的发展，社会成员对政府服务的要求越来越高，政府部门的管理手段越来越现代化，部门运转的成本也越来越高。定员定额标准的制定，今后要逐步向科学合理地确定单位所需开支水平的方向转变，根据单位履行自身职能的资金需求与占有资源的合理水平，分析制订定额标准和档次，实现单位间财政资金保障水平的公平性，同时起到厉行节约、提高资金使用效益的作用。

（三）加强项目支出管理，建立项目支出决算制度，逐步推行绩效预算

继续加强项目支出管理，预算安排的项目支出，单位在项目实施结束后必须向市财政局报告资金使用和项目实施效益情况，并办理项目决算和核销手续。通过健全这样的监督机制，市财政局能够更清楚掌握单位的支出情况。同时，不断探索建立绩效评价标准体系，科学合理地评估项目的效绩，为以后推行绩效预算提供前提条件。

（四）加快各项预算管理改革特别是预算执行方面的改革，完善各项配套措施，为进一步提高预算编制水平奠定基础

一是继续深化收支两条线管理制度改革，完善政府性基金、专项资金集中核算机制。二是稳步推进国库集中收付制度改革，逐步扩大试点范围和完善操作流程，减少财政资金的申请和拨付环节，提高了财政资金使用效益和透明度。三是积极推行规范化的政府采购制度。四是加强项目支出管理，做好预算单位项目用款说明报批工作的落实。五是继续完善市财政投资的工程建设项目实行财务直管和集中支付管理模式，防止挪用、截留财政资金。六是加大财政投资审核力度，重点做好工程竣工结算的审核工作，堵塞管理漏洞，提高了财政资金使用效益。七是进一步规范账户管理，从源头上规范资金管理。

（五）加快编制预算的信息化步伐，改进技术手段，促进编制预算水平的提高

随着科技手段的不断进步，编制预算的信息量不断膨胀，继续依靠大量的人工手段来编制预算，一方面占用大量的时间和精力，另一方面未能实现编制水平的提高。按照中央和省对财政信息化的要求，下一阶段要加快编制预算信息化的步伐，改革编制手段，进一步提高预算编制和理财水平。

（翟才善执笔）

依法理财　加强预算支出管理

改革开放以来，在邓小平理论和“三个代表”重要思想指引下，东莞市坚持以经济建设为中心，充分发挥地理人文优势，大力发展外向型经济，国民经济持续、快速、健康发展，社会文明不断进步，人民物质文化生活水平不断提高，基本建立了一个充满生机和活力的社会主义市场经济体制框架。2003年东莞市国内生产总值947.53亿元，工业总产值达2 411.13亿元，出口总值280.02亿美元，各项存款余额2 126.78亿元，财政总收入206.41亿元，综合经济实力跻身全国二十强。

为建立与社会主义市场经济体制相适应的公共财政框架，东莞市财政局一直以来积极推进以预算管理制度改革为主要内容的财政支出改革。预算支出管理改革涉及面广，情况复杂，技术性强，并牵动方方面面的利益，体制性摩擦和矛盾不可避免，东莞市财政部门坚持以“一颗公心、为民理财”为基本出发点，以“三个代表”重要思想为指导，树立科学的发展观，严格依法理财，积极探索，充分试点，稳步推进，基本上建立起了一个结构优化、管理科学、公开透明、注重效率的财政支出管理新体制。

一、观念和思路的更新：预算支出管理的方向标

在新的历史时期，财政工作要有新的发展，首先要更新观念和思路。在对东莞市财政工作进行深入调研后，我们发现，东莞市财政部门预算支出管理的工作思路和具体实践正是在破除陈旧的理财观念的过程中，顺应市场经济的要求和公共财政的特点，以牢固树立六个新观念来统领

新时期财政建设和管理的思路，建立了财政工作的新优势。这一点，对正在积极进行财政管理改革的各级部门来说，尤其具有时代意义和现实意义。

1. 大局观。

在市场经济条件下，财政支出既体现国家职能，是政府管理的核心内容，也是政府调控经济运行的一个主要手段。因此，预算支出管理的着眼点首先是站在政府管理的角度，紧紧围绕市委、市政府的工作思路，认真贯彻落实市委、市政府的工作要求，满足社会公共需要，并着眼于整个社会的发展前景，营造良好的投资环境和市场环境。

2. 民主观。

财政资金是为社会服务的，预算支出既然要做到"取之于民，用之于民"，就要反映公众意志，代表广大人民群众的利益。民主的理财观要求预算支出要依法管理，接受法律和人大的监督，接受社会的监督。

3. 效率观。

一定时期内由财政支配的经济资源是有限的，因此预算支出要树立绩效观，努力提高资金利用效率。在预算支出的安排和管理上，坚持发展是第一要务，坚持以经济建设为中心，把经济发展与财政紧紧结合起来，使投入获得较大的产出。

4. 公平观。

公平问题事关人民群众切身利益，事关改革发展稳定大局，事关"三个代表"重要思想能否贯彻落实并深入人心。按照党十六大提出的"初次分配注重效率，再分配注重公平"的原则来指导预算支出的管理工作，是一项长抓不懈的重要任务。

5. 服务观。

作为政府的理财部门，财政部门管理水平的高低直接关系到预算支出的效率和效益。因此，财政部门要树立服务意识，狠抓内部管理，狠抓队伍建设。如果财政部门管理水平低下，作风不过硬，不仅影响预算的执行，影响资金的效益，而且影响财政资金的安全性，从而影响政府对公共需要的投入力度，进而影响政府的形象，制约地区竞争力的提高，减弱政府的抗风险能力。

6. 协调观。

预算支出管理的协调观体现在三个方面，一是与政府的政策调控相协调，二是与财政管理体制相协调，三是与特定的经济发展阶段相协调。具体反映在预算支出的安排上，即"量力而行，量入为出"，这才会有平衡、稳固的财政。

二、制度安排与建设：预算支出管理的根本依托

东莞市财政部门一直以来都不遗余力地抓预算支出管理制度建设，确保预算支出管理制度的严肃性、统一性、规范性，增强预算支出的法制观念。

（一）从规范财政资金账户设置和资金拨付方式入手，实施国库集中支付管理制度改革

国库集中支付管理制度改革是建立社会主义市场经济体制公共财政的必然要求，是预算支出管理制度改革的核心内容，是对财政资金账户设置和资金拨付方式的根本变革。

旧体制下，财政资金拨付方式是通过各预算单位设立银行账户分散进行的，即财政部门根据各单位年度预算指标和用款进度，将预算资金拨付到各部门在银行开设的账户，由各单位自主分配使用。这种在传统体制下形成的运作方式，不利于对其实施有效管理和全面监督，表现在：财政资金大量滞留在预算单位账户上，财政资金使用效率低；财政收支信息反馈迟缓，难以及时为预算编制、执行分析和宏观经济调控提供准确依据；财政资金使用缺乏事前监督、事中控制，容易产生腐败现象。因此，分散的支付制度已经不适应新形势下加强预算管理的要求，必须从根本上进行改革。

东莞市从1996年起在全面建立镇区一级财政的基础上，大胆推行"三个集中"的财政财务管理模式，即集中收入、集中支付、集中核算，在适度集中财力的基础上，稳步推进财政支付制度改革，实行了工资统发、政府采购和对镇级财政性基建资金实行集中支付等改革，取得了较好的成效。构建公共财政体系改革的不断深入对财政预算编制、财政资金使用效益、财务管理等提出了更高的要求，为此，东莞市在总结实行"三个集中"以来所取得经验的基础上，从2003年9月起选择市财政局、市发展计划局等8个单位作为国库集中收付制度改革的第一批试点单位，建立国库单一账户体系，实行财政直接支付或授权支付，减少财政资金的申请和拨付环节，提高了财政资金使用的透明度。

1. 改革的指导思想。

按照建立、健全公共财政体系的要求，借鉴中央和一些省市推行国库集中支付改革的成功经验，在不改变各部门职责的前提下，建立一套科学、规范、符合实际情况的财政集中支付制度。改革主要遵循以下原则：

（1）不改变预算单位支出管理权原则。即各预算单位对经人大审议批准、财政批复的预算资金，仍拥有支配、使用管理权。

（2）不改变预算单位财务管理、会计核算职责原则。即预算单位在财务监督、会计核算、资产管理等方面仍履行独立经济主体职能。

（3）强化财政职能，确保财政资金安全、有效使用原则。财政集中支付要做到预算有依据，执行有监督，制度有约束，安全有保障，从根本上堵塞管理漏洞，提高财政资金使用效益。

2. 具体做法。

（1）加强领导，统一思想认识，确保改革顺利进行。

（2）建立国库管理机构及其支付执行机构，成立了国库科和财政国库支付中心。

(3) 建章立制，制定一系列规范性制度和办法，健全财政监管体系，增强执法刚性，做到“取之有据，用之有道，合理合法”，保证财政管理、财政监督有章可循。

(4) 清理账户。根据相应的管理实施办法，成立检查小组全面对行政事业单位在银行及其他金融机构开设的所有账户进行了彻底的清查。

(5) 开设账户。

(6) 制定业务流程，完善拨款程序，建立科学、规范、严谨、高效的财政拨款制度。

(7) 全面推行部门预算制度。

(8) 建立财政管理信息系统。

(9) 加强队伍建设，努力提高国库部门干部的政治和业务素质，并加强预算单位的财务管理和业务培训，为国库集中支付制度的改革实施提供保障。

3. 改革成效。

国库集中支付制度改革工作取得了初步成效，主要表现为：一是规范操作、规范管理；二是便于管理监督，增加财政收支活动透明度；三是方便用款，提高资金使用效率。

（二）以加强财政资金管理，提高财政资金使用效益为目标，建立健全政府采购制度

实施政府采购制度是市场经济国家通行的做法，也是我国加入WTO的必然要求，更是加强财政资金管理，提高财政资金使用效益，从源头上预防和治理腐败现象，实现反腐败关口前移的重大制度创新。

1. 指导思想。

政府采购具有政策性、公平性、守法性和社会责任性等特点，要遵循竞争、择优、公正、公平、公开的基本原则，最大限度地维护公共利益。

2. 具体做法。

(1) 以《政府采购法》的颁布和实施为契机，理顺机构设置关系，依法做到政府采购管理和执行机构相分离。

(2) 加强制度建设，初步构筑政府采购制度框架体系。

一是因地制宜制定实施办法和操作细则。为确保政府采购工作从一开始就走向正轨，东莞市财政局根据上级文件精神，结合当地实际，制定了《东莞市政府采购制度实施办法》，下发了《关于实施政府采购制度若干问题的通知》和《东莞市政府采购目录》等规范性文件，从制度上规范了政府采购的范围、程序等，使实施政府采购工作有了基本行为规范。

二是制发《使用单位办理政府采购指南》、《供应商政府采购投标指南》、《东莞市政府采购操作流程图》，并以电子政务公开、直接派发等形式向单位和社会各界宣传，使政府采购工作从接受申报到组织采购的每个环节都有章可循，清晰易懂，便于操作。

三是设立政府采购投诉举报信箱，建立《东莞市政府采购中心廉政守则》、《东莞市政府采购中心工作守则》等制度，加强对政府采购工作人员法德教育，使工作人员牢记全心全意为人民服务的宗旨，牢固树立遵纪守法意识，廉洁公正地开展政府采购工作。

四是建立项目跟踪负责制、使用单位确认制、专家随机抽取制、评委集体负责制等一系列采购工作责任制。项目跟踪负责制确保每个采购项目责任到人，分级审核到位，保证工作质量；使用单位确认制确保采购需求准确无误，评标结果符合使用单位的需要；专家随机抽取制既确保了专家质量，又防止人为选择专家可能带来的弊端；评委集体负责制即在纪检监察部门的监督下，评委签订《评委工作承诺书》，按集体讨论通过的评标办法，由评委集体负责整个评标活动，确保评标办法科学可行，采购程序合法、规范、公正。

(3) 大胆改革创新，编制政府采购预算。

在全面推行部门预算的基础上，细化和编制政府采购预算。所有单位在编制部门预算时，都要把符合政府采购范围的项目专门列出，编入政府采购预算草案，经市委市政府审批后，列入政府采购预算。政府采购预算一经人大通过，就具有法律效力。凡未列入政府采购预算的，政府采购部门一律不予采购，如单位自行采购，市财政一律不予安排资金，并追究单位领导和有关人员的责任。

(4) 建立约束有力、相互制衡的三重监督管理体系，确保政府采购在阳光下交易。

政府采购工作处在反腐第一线，如果缺乏有效的监督制约机制，后果不堪设想。东莞市一开始就把政府采购工作置于全社会的有效监督之下，强化政府采购监督，确保政府采购“阳光下交易”。

第一重监督是内部监督机制。岗位职能交叉，相互监审，是东莞市政府采购的基本工作制度。在实际工作中，要求标书制作和复核分离，保证采购文件清晰、准确；评标人与记录人分开，明确各自责任，确保公正、客观；报价汇总与审核分开，保证准确无误；项目资金审核、出纳拨款、会计记账三者分开，确保资金绝对安全。

第二重监督是纪检、监察等外部监督。评标或谈判时，纪检监察人员对开标、评标全程监督，确保评委会客观、公正进行操作；公证人员对开标、评标全程公证，对标书的密封、供应商报价、评标或谈判的过程和结果进行公证，并出示公证词。

第三重监督是社会监督。邀请义务监督员（如卫生系统的项目邀请卫生局代表、教育系统的项目邀请教育局代表）进行场内监督和场外宣传，并在《东莞日报》“政务公开”栏及时发布政府采购信息，将采购信息、采购法规、采购文件、采购结果、投诉渠道等信息向社会公开，通过新闻媒体的传播，接受社会监督，从而提高政府采购的透明度，促进反腐倡廉，维护政府采购阳光工程的良好形象。

(5) 以“三个集中”财政管理改革为契机，把政府采购制度推广到镇区。

2000年7月，全市镇区推行以“收入集中、支付集中、核算集中”为主要内容的财政管理改革。其中政府采购是集中支付的主要内容。在镇区党委、政府的领导下，

镇区财政部门按照市委、市政府的要求，迅速成立政府采购临时机构，在较短时间内开展了一系列政府采购工作，取得了明显的成效。

(6) 积极组织政府采购活动，不断扩大政府采购规模。

东莞市推行政府采购制度之初，专职政府采购人员很少，政府采购又是一项全新的工作，加上东莞市没有采购中介机构，政府采购的全部工作都要由政府采购人员完成，难度很大。政府采购部门克服困难，勇于创新，积极组织政府采购活动。从1999年11月25日第一次公开招标，截至2004年4月底，全市政府采购部门共成功进行政府采购3 449次，采购规模也成倍增大，1999年全市政府采购金额只有2 777万元，2000年增长到17 839万元，2001年达到39 483万元，2002年达到66 842万元，2003年达到99 572万元，今年1～4月，仅市直就进行政府采购218次，金额达到16 179万元，采购规模、采购效率都大大提高。

3. 开展政府采购工作取得的基本成效。

实践证明，建立和实施政府采购制度，在提高财政资金使用效益，加强党风廉政建设等方面能取得事半功倍的效果，能够少花钱，多办事，促进经济建设；能够从根本上保护干部，从源头上遏制腐败。

(1) 节约了大量财政资金。自1999年11月至2004年4月底，全市共成功进行政府采购3 449次，采购金额242 148万元，对比单位预算价节约45 465万元，节约率15.81%。

(2) 实现了反腐败关口前移，防止了政府采购过程中的各种腐败现象。一方面政府采购工作完全置于社会公众、媒体、供应商和使用单位的监督之下，使整个政府采购过程完全透明化，从机制上避免了拿回扣、吃回佣等腐败现象的发生。另一方面，从内部管理上杜绝以权谋私行为，使这支队伍经受了锻炼和考验。

(3) 增强了法制观念，推动了依法行政。市场经济从一定意义上讲就是法制经济。实施政府采购制度，使原分散在各个单位的采购活动，按照法定的程序和统一方式，在公开、公平、公正的原则下，通过市场公开竞争方式实现，不管是供应商、使用单位，还是政府采购部门，都严格按照规定的程序来履行自己的责任。

(4) 提高了采购质量。政府采购，由评审小组在较短的时间内对采购物品或服务进行综合评审，按照质量、价格、服务等因素综合择优的原则，从众多供应商中推荐中标商和采购物品或服务；在合同执行过程中，不仅有使用单位自己的把关和验收，还有政府采购部门的监管和督促，确保严格履约。与单位分散采购相比，大大提高了采购质量。绝大部分采购项目都达到了使用单位、供应商、监督部门皆满意的目的。

(5) 提升了党和政府的形象。政府采购制度是一项民心工程。东莞市在全省较早地实施政府采购制度，表明了市委、市政府加强管理、预防腐败的决心；政府采购节约了大量财政资金，又使广大人民群众增强了对市委、市政府加强管理、预防腐败的信心。目前，东莞市绝大多数行政事业单位都形成了较强的政府采购意识；政府采购得到了广大供应商的热烈响应，从最初由政府采购同志上门邀请供应商投标报价，发展成为全国各地的供应商都积极主动踊跃参与东莞市的政府采购活动。

（三）为增强预算的规范性、完整性和统一性，在单位预算的基础上积极推进部门预算

推进部门预算是规范公共部门支出行为的一项强有力的约束手段，是建立公共财政体制框架的前提条件，也是依法加强预算监督的必要基础。东莞市财政部门在20世纪90年代初期就已认识到按功能分配预算的种种弊端，从细化预算入手编列单位预算，初步尝到了细化预算编制的甜头。进入21世纪后，按照中央和省的部署，东莞市从2001年起积极实施部门预算改革，在编制形式上实现了一个单位一本预算，编制内容上实现全口径，编制方法上采用零基预算。

部门预算的编制，不仅提高了财政部门的预算管理水平，而且强化了各用款部门预算的约束，也有利于接受法律和社会的监督，大大提高了资金的使用效益。

三、抓严、抓实、抓细：预算支出管理的具体措施

在工作实践中，东莞市财政部门认识到，即使有了观念和意识的更新，有了良好的制度设计和安排，但若不实实在在地予以落实和实施，也只是搭了一个空架子，难显工作绩效。因此，东莞市财政部门着重从抓严、抓实、抓细入手，加强预算支出的管理。

（一）准确定位，合理界定公共支出范围

市场经济体制下，财政必须从旧体制那种政企不分、干预微观经济活动的状态中摆脱出来，转到以宏观调控为重点的轨道上，以弥补市场缺陷、充分发挥市场机制为基本着眼点，为各种经济成分、各类市场主体和投资主体创造公平竞争环境，为全社会提供必要的公共产品和公共服务，以充分体现政府的“社会性”和财政的“公共性”。

一是认真落实市委制定发展经济的战略思想，从财力及政策安排上积极落实各个阶段的工作思路，培育新的经济增长点。

二是加大城市基础设施的投入力度，完善路网结构，建设以人为本的生活环境，增强城市竞争力，拉动经济增长。从2001年下半年以来，市本级财政累计投入77.46亿元打响了“城市牌”，全面推进城市建设，一大批重大基础设施工程相继竣工，使城市功能日趋完善，不仅拉动了经济快速增长，而且增强了发展后劲和城市竞争力。2003年，全市生产总值948亿元，增长19.5%。

三是支持产业结构调整，合理优化产业布局。通过设立科技经济投资基金、科研发展专项资金、扶持企业经济发展专项资金等政策性措施，加快东莞市经济结构调整步

伐，促进高新技术产业发展。

四是加大对经济欠发达镇的扶持力度，促进全市区域经济协调发展，壮大东莞市整体经济实力。

五是认真落实中央出口退税改革政策，确保出口退税机制改革顺利实施，2004 年安排 4.88 亿元确保出口退税及时足额到位，促进外贸出口稳步增长。

六是进一步加大教育投入。在教育总支出规模逐年加大的同时，加大农村基础教育的投入力度，如 2004 年新增安排 8 000 万元支持农村小学布局调整，提高办学规模和教育质量，推进“科教兴市”战略的实施。

七是坚持“科技强警”和“从优待警”。2003 年，公检法司支出 87 852 万元，提高了政法系统防范和打击犯罪的能力。

八是增加社会保障投入，逐步完善社会保障体系。

九是确保农业支出，加强农田水利设施建设，提高了抵御自然灾害的能力。

（二）重新建立预算支出优先次序，淡化并逐步取消支出挂钩办法，强化财政资金管理

改革开放以来，国家为了确保一些专项支出，制定出台了对部分重点支出项目的增长与收入增长挂钩的规定，如对农业、科技、教育、卫生、环境保护、计划生育、宣传文化、政法支出等，都确定了挂钩比例。这种挂钩项目的做法，其真正的目的在于以刚性的规定和约束来保证必要的投入。但若在执行中对这些规定理解不透，只是僵硬地按比例配套资金，不但肢解了整个预算，突出不了真正要支出的重点，而且难以保证这些项目有足够的投入。

因此，东莞市按照公共财政的基本原理，根据社会经济发展的实际状况，主动创新工作思路，并经市人大审议通过，由地方财政设立相对应的专项基金预算制度。具体做法是取消每个财政年度对农业、科技、教育等方面的专项基金科目，实施项目滚动预算管理。地方财政把每年度财政预算中列支的该部分事业经费分别拨入各专项基金，同时把部分非经营性收入，如政府控制的经营权拍卖收入、政府出资的科研成果出让收入等拨入专项基金，增加基金的资金来源渠道。

（三）充分利用再分配手段，努力实现社会公平

1. 从资金上确保国有企业下岗职工基本生活费、离退休人员基本养老金和居民最低生活保障金的按时足额发放，继续实行最低生活保障家庭子女读书助学金办法，完善社会保障体系，维护社会稳定。

2. 采取设立促进再就业专项资金、促进就业专项资金和促进再就业小额贷款财政信用资金等政策措施，支持、鼓励、帮助农民就业和下岗职工再就业。

3. 安排专项资金，理顺企事业单位离退休干部待遇，提高市属企业单位退休干部生活补助。

4. 加大对经济欠发达镇的扶持力度。从 2003 年起，由市财政对 11 个经济欠发达镇，每镇每年 1 亿元扶贫贷款进行贴息，连续五年，共 55 亿元，专款用于发展工业建设，增强经济欠发达镇赶超能力，促进全市经济社会均衡协调发展。

5. 通过转移支付，重点向农村倾斜，逐步完善农村合作医疗制度，实现村村通水通路，对符合低保标准的人群，做到应保尽保，努力使全市每个社会成员都得以维持基本的生产、生活和福利水平，共享经济繁荣成果。

（四）加强对预算支出的监督和稽查力度

各有关职能部门认真履行监督管理职责，把预算支出管理工作与反腐倡廉工作紧密联系起来，健全包括纪检监察、审计等有关职能部门、使用单位在内的监督体系。同时，自觉接受人大、政协、新闻单位和人民群众的监督，确保预算支出管理工作依法进行、规范运作。

（五）加强信息系统建设，提高办事效率

一是按照“金财工程”建设的目标和总体规划，建立了财政管理信息系统，为预算编制与预算执行改革提供技术和系统支持，增强预算编制与执行的科学性和透明度，进一步提高了全市财政财务管理水平。二是以东莞市电子政府为依托，推行政务公开，在政府政务网中的建立财政网页，建立并完善财政政务网站，及时在网上发布财政审批事项及其他政务信息，让群众能方便快捷地了解有关信息。同时，在政府部门间实现资源共享，提高政府工作效率和透明度，为决策科学化提供保障，为宏观经济分析提供基本依据，规范了政府行为，增强对公共支出部门的财务控制和及时监督。

（六）进一步完善财政运行机制，深化预算支出管理改革

一是根据财政职能的要求，结合科室业务的实际，制定科学、合理、规范、高效的岗位责任制和岗位工作制度，做到人尽其才。二是积极发挥市会计核算中心和市财政投资审核中心的作用，对基本建设资金实行集中支付管理，坚持“四按”拨款原则（按计划、进度、预算、程序），严格把关，防止挪用、截留、挤占建设资金现象的发生。加强对财政性投资项目的工程概（预）算、工程结算和竣工财务决算的审核力度，控制财政投资项目的建设成本，提高财政资金使用效益。三是适应财政改革发展新形势的需要，认真查摆当前预算支出管理中存在的突出问题，从管理机制上找问题、找原因，并迅速制定措施不断加以改进。

（七）狠抓政风建设，提高预算支出管理水平

一是从提高广大干部素质入手，进行系统的政治思想教育和业务培训，切实提高财政干部的政治思想素质和预算支出管理水平。二是狠抓干部工作作风建设，强化党风廉政建设的教育和工作监控机制，改进机关作风、提高服务素质，杜绝在预算支出管理中的腐败行为。三是加强干部职工的法制意识，建立和健全预算支出管理责任制，加强预算支出规范性文件的清理和管理工作，提高预算支出

管理水平。

四、借鉴和推广

总结东莞市财政部门预算支出管理改革的经验，不仅仅是为了表扬先进，更重要的是从东莞的实践中提取精华，从他们的改革思路中捕捉思想创新的火花。每一项改革都有其具体的社会人文环境和经济背景，改革的成功就是在这些纷繁复杂的因素中减少阻力、取得支持、把握关键着力点，从而打开工作的新局面。东莞市财政部门预算支出管理改革有三个方面的经验尤其值得推广和借鉴：

一是从统一认识入手，从取得领导重视入手，从加强沟通取得方方面面的支持入手，减少改革阻力，成功推进各项改革。预算支出管理的改革，根本的难度就在于涉及利益格局的重新分配，因此，把思想的问题解决好了，把改革的阻力摆在市场发展、社会进步以及维护人民的根本利益面前，推进改革便有了强有力的保障。

二是用制度管人，用法律做靠山，用程序规范行为。科学的预算支出管理其威力就在于具有约束效力，有透明的、公示的、强有力的管理制度和约束条件。东莞市财政部门正是认识到这一点，在加强预算支出管理上，不遗余力地建章立制，主动接受人大和社会监督，对每项操作制度都尽量做到有流程、有程序。

三是量力而行，重视绩效，重视优化结构。预算支出的管理，首先必须对支出规模有清醒的认识，量力而行。其次，把重视绩效摆在重要位置，钱花出去了，效果如何，要予以关注。第三，要重视优化结构。支出的刚性与有限的财力之间，往往是一对难以调和的矛盾，东莞市的实践再次证明了，从优化结构中挖掘潜力是一条行之有效的化解矛盾的办法。

（莫　玲执笔）

依法理财　强化基本建设支出管理

20世纪90年代以来，东莞市国民经济连续以平均每年20%以上的速度增长，社会各项事业取得全面进步。进入新世纪后，东莞市按照“一网两区三张牌”的工作思路，围绕“一年一大步，五年见新城”的目标，以“建城、修路、整山、治水”为重点，全面推进城市建设。与之相应地，基建支出规模迅速增大，2001～2003年，东莞市基建支出占财政支出的比例年均高达30.17%。因此，建立一个规范高效的基本建设支出监督管理制度，管好用好日趋庞大的政府基本建设资金，这是摆在东莞市财政工作面前的一个紧迫而富有挑战性的重大课题。

另一方面，由于基本建设投资涉及面广、技术性强、工程建设周期长、资金流量大，基本建设支出管理历来都是一个难题。基建领域的“暗箱”操作大量存在，导致违法违纪现象时有发生，成为腐败的“滋生地”和“重灾区”。导致基建领域腐败的根本原因：一是管理机制和制度不完善，管理手段落后和管理力度不够，财政投资评审制度、财政国库集中支付制度、政府采购制度、财政支出绩效评价制度不够完善，工程项目概算、预算、工程项目造价结算、工程变更签证、验收及竣工财务决算管理不到位，致使管理上存在一些漏洞，客观上为基建领域的腐败提供了滋生的土壤。二是基本建设市场运作不够规范，市场准入与退出机制不完善，政府行政行为较多，招投标管理还不够规范，为一些施工企业采取不正当手段招揽工程，扰乱建筑市场正常秩序提供了可乘之机。三是基建财务管理基础工作薄弱，资金审批、内部控制制度不健全，缺乏有效监督机制，对违法违纪处罚力度不够。特别是对个别违法违纪经营行为依法查处不够有力，影响了行政执法的严肃性和权威性，甚至造成了恶劣的社会影响。四是一些行政人员法制观念淡薄，价值观容易出现扭曲。

东莞市经过多年的积极探索，创新基本建设支出管理制度，建立了一套更加科学、规范、透明的管理机制，强化了基本建设支出管理。

一、依法理财，强化基本建设支出管理的具体做法

依法理财，加强基本建设支出管理，提高基本建设支出效益，就需要深化财政基本建设支出预算管理改革，明确财政基本建设支出的范围界限，强化基建支出的法律地位。几年来，东莞市正是从这几个方面着手，实施依法理财，强化基本建设支出管理。

1．规范基本建设支出预算编制工作，提高预算编制水平。

根据中央和省对预算编制工作改革的要求，东莞市从2001年起开始进行部门预算改革，要求所有的市级预算单位都按部门预算编制的要求，统一编报预算。经过几年实践探索，东莞市的部门预算改革进展顺利，在编制形式上实现了一个单位一本预算，在编制内容上实现了全口径预算，在编制方法上实现了零基预算，使预算内容量化、细化程度不断提高，增强了部门预算的透明度，促进了财政资金分配的公正和公平。

在基本建设支出预算上，首先明确基本建设的范围必须是经市委、市政府审批确认或待审批的项目，或者是已由市发展计划局批准立项的项目。其次，细化基本建设支出预算编制，所有的基本建设支出项目必须填报项目支出预算申请报告书，详细分析项目的实施条件、申报资金、用款明细计划和项目效益。详细列明各项支出的安排标准、安排理据等，即不仅在预算中要列示基建项目、工程预算总额，而且甚至要列示到工程中的每一棵树木的资金额以及采购地点。这样，使整个支出预算做到明晰易懂，内容详尽，更通俗直观接近实际情况，方便人大代表的审议和监督。

2．成立市城市建设工程总指挥部，负责市财政投资的城市建设工程的组织实施。

东莞市没有下辖县或县级市而直接下辖镇，这种行政

管理体制的特殊性为东莞市统一实施基本建设支出管理奠定了基础。为认真贯彻落实东莞市委、市政府提出的“一网两区三张牌”、“把东莞建成现代制造业名城”的战略目标和工作思路，按照“科学、高效、廉政、优良”的工作方针，建立健全监督机制，强化资金监管，规范政府投资建设项目的行为，严格控制工程投资成本，堵塞漏洞，防止腐败，实行财务、政务公开，使工程建设走上制度化、规范化的轨道，确保建设“创优工程”、“阳光工程”的实现。在东莞市城市建设工作领导小组的直接领导下，于2001年7月成立了城市建设工程总指挥部，负责市财政投资的城市建设工程的组织实施。

3. 加强基建项目的可行性论证，把好基建项目审批关。

近几年，东莞市从项目的可行性研究与分析着手，严格审查建设项目是否符合国家和地区的产业政策，是否符合东莞市城市规划和环保要求，严格审查投资规模是否经济合理，资金能否落实，资金来源是否符合国家政策，对项目的社会效益和经济效益是否进行了科学充分的论证。严格基本建设立项审批制度，建设单位或主管部门提出项目建议书和使用财政性资金建议方案报市政府，经计划和财政等有关部门对建设规模及标准、建设方式及建设期限、资金来源、工程管理要求等重要事项提出审核意见后，由市政府审定。项目的可行性研究报告，要经发展计划部门审批。资金数额较大或者专业技术复杂的重大项目要经专家评审论证，用公议、公示的办法，优化投资决策，减少投资失误。同时，本着公平、公开、公正的原则，通过确定市场准入控制的对象、标准和评价方法等，建立市场准入机制；通过停业整顿、降低资质等级、取消执业资格等，建立市场退出机制。

4. 严格招投标和政府采购制度，充分发挥市场机制作用。

东莞市在《中华人民共和国招标投标法》及其配套的各项法规指导下，实施了东莞市建设工程招标投标管理办法，确定了必须进行招标的项目范围，明确了东莞市城市建设总指挥部实施的所有工程全部实行公开招投标。50万元以上工程到市建设工程交易中心进行招投标；单项工程费用50万元以下的工程以及材料采购、监理、物探、勘探、测量等，经市城市建设工作领导小组批准同意，由总指挥部自行组织公开招投标。东莞市建设工程总指挥部成立以来，公开招投标255宗，中标价比预算价平均下浮了22.7%。

为有效地促进招投标活动的专业化和规范化，2003年6月1日，东莞市在全市范围内全面实施建设工程代理制。凡在东莞市范围内依法应实行公开招标或邀请招标的建设工程均由招标人委托招标代理机构办理招标事宜。

同时，以《政府采购法》的颁布与实施为契机，大力推进政府采购制度改革，规定东莞市直单位使用财政性资金购买列入采购目录或者采购限额标准以上的货物、工程和服务必须实行集中采购，通过细化采购项目和编制年度采购计划，加强政府采购的计划性。

5. 实行会计集中核算制度，创新政府投资管理模式。

为贯彻落实东莞市委、市政府提出的战略目标和工作思路，加强财政资金管理，努力建设阳光工程，2001年8月，东莞市财政局对市城建总指挥部实行了会计委派，进行财务直管和会计集中核算制度，东莞市城建总指挥部财务科所有的人员全部由市财政派出，负责财务核算和监督管理工作。

（1）落实岗位责任制。

为了对总指挥部实施的工程实行有效的监督，财务科根据自身的职能，结合工作实际制定了岗位责任制，明确分工，落实职责。财务科的主要职责是认真贯彻执行国家统一会计制度、财务制度和其他有关规章制度，认真编制工程预算，负责工程用款的申报、下拨、财务开支的监督和管理，为领导决策提供真实、可靠的会计信息。总指挥部组织实施的所有工程款项以及行政办公费用支出，都纳入财务科统一管理。

（2）制定财务管理办法，建立健全规章制度。

为了确保市财政投资的建设工程顺利实施和规范建设工程的财务管理，财务科经过一段时间的实践，结合总指挥部的工作实际，制定了《东莞市城市建设工程总指挥部财务管理办法》，对总指挥部实施的工程从立项、报建、招标、工程变更到工程款项拨付等所有环节作出了明确规定，做到有章可依。《财务管理办法》经市城市建设工作领导小组审批同意后正式实施，并于2002年4月26日刊登于《东莞日报》，接受社会的监督。总指挥部所有财务运作都以这个办法为依据，进行规范化管理，做到公开、公正、廉洁、高效。

（3）坚持八项财务原则。

一是严格执行预算，东莞市城建总指挥部所有的工程预算要经市财政投资审核中心审核后，报市城建工作领导小组审批，超出工程预算要报市城市建设工作领导小组审批。二是工程用款按合同支付。三是工程变更集中审批。四是工程款支付要经有关职能部室验收审核。五是工程用款设专账专户核算。六是工程用款按工程进度直接支付，不搞预拨付。七是主动接受审计部门审计。每项工程完结之后，都要有审计部门作出审计报告，报市城市建设工作领导小组。对于规模较大的工程要进行中途审计，以便及时发现问题，解决问题。八是主动接受上级职能部门、总指挥部各科室检查监督。主动接受市人大、政协、财政部门的检查监督。办公经费开支、工程款支付情况，每月按时报送市城市建设工作领导小组和在总指挥部政务公开栏进行公布。每年年终向市城市建设工作领导小组报告整个年度的工程项目完成情况及财务支付情况。

（4）实施会计委派把好基建支出关键环节，并实施全过程监督。

一是在执行东莞市建设工程招标投标管理办法的基础上，把好工程项目的招投标关。二是把好拆迁补偿关。拆迁部门严格执行《东莞市房屋拆迁管理办法》，完善拆迁丈量登记手续；东莞市城建总指挥部财务科派人抽查拆迁丈量结果，认真审查核实拆迁补偿金额，所需补偿资金严格按照《市区道路改造工程拆迁安置补偿方案》进行补偿；对目前没有补偿标准的有关补偿，凡涉及面广，补偿金额大，带有普遍性的，要报市城市建设工作领导小组批准；属个案的，由总指挥部财务专责小组集体讨论决定。三是把好工程变更审批关。总指挥部成立了由副总指挥及财务科、合同科、工务科、技术科负责人组成财务专责小组，集体讨论决定工程变更及其他重大问题。50万元以下的，由总指挥部财务专责小组审批；50万元以上的，经财务专责小组审核后，由总指挥审批。四是把好工程款审批关。总指挥部所有工程用款都要先做出工程预算，经市财政投资审核中心审核后，报市城市建设工作领导小组批准，方能进行建设。经市城市建设工作领导小组批准的工程项目，在工程项目投资预算内的款项，由总指挥部负责审批支付，工程款每月15日和30日审批两次。超出预算的工程项目用款，总指挥部要专题报告说明原因，上报领导小组审批。

6. 推行财政国库集中支付制度，规范财政资金拨付程序。

东莞市根据财政部、省财政厅的改革精神，制定了《东莞市市级国库管理制度改革实施方案》、《东莞市市级国库管理制度改革试点资金支付管理办法》等制度，明确规定市财政投资的基建工程资金实行财政直接支付。在对财政资金投资的基建工程实行会计委派和会计集中核算的基础上，对财政资金实行国库集中支付制度，把财政基建资金直接拨付给施工单位或劳务供应商。

7. 履行投资评审职能，建立财政投资评审体系。

为适应财政体制改革，加强财政管理，切实履行财政投资评审职能，东莞市于2002年4月成立了东莞市财政投资审核中心，负责具体组织实施财政投资项目的工程概算、预算和竣工决（结）算进行评审。

（1）开展工程最高限价复核工作，从源头上合理控制工程造价。

2003年，我局与东莞市建设局共同协商，以市建设局的名义颁发文件规定，凡进入建设工程交易中心的所有建设工程均实行施工招标最高限价，政府投资的建设项目的最高限价必须经市财政投资审核中心复核，由交易中心对外公布。凡投标价高于最高限价作无效标处理。这是东莞市规范政府工程招投标管理的一项有力措施。审核中心高度重视并积极开展这项新工作，结合东莞市的实际制定了最高限价复核的原则、方法和具体要求。中心明确要以预算定额为基础，特别以其消耗量、取费为基础，根据业主控制工程投资的要求、市场价格水平、项目的特殊要求等，结合当地建筑产品价格实际水平确定最高限价。并要求在复核最高限价时，附带对招标文件进行评审，以减少工程结算的纠纷。

（2）做好工程预（结）算和竣工财务决算审核工作，严格把好基建支出审核关。

一是认真组织工程预算审核，遵循客观、公正、科学、合理的评审原则，按照法律、法规、文件和统一规定的工程定额、取费标准，剔除不合理支出，合理确定项目工程造价。中心实行三级复核制度，经评审人员审核、评审人员之间或部门负责人复审、复审监督股抽审，通过层层把关，确保评审质量。同时，注意协调与有关单位的关系，做到既依法办事又以理服人。二是针对东莞许多工程完工后未及时进行结算影响预算执行的实际情况，中心把工程竣工结算的审核作为工作重点。一方面，中心主动协助建设单位做好工程结算资料的整理和送审工作。成立项目结算联合协调小组，督促、协助各施工单位做好结算工作，对一些工程金额较大、结算资料整理难度较大的施工单位，由项目结算联合协调小组直接协助该施工单位整理资料。另一方面，通过优化操作流程、简化工作程序、合理调配人员，充分调动员工积极性等措施加快结算评审进度。同时，中心借鉴了审计机关的做法，实行评审风险管理。通过与被评审单位签订送审资料承诺书、做好现场查勘和工程变更签证的取证工作、规范和完善评审工作底稿的编写、必要时咨询法律顾问等措施，规避评审风险。三是严把竣工财务决算审核关。以法律、法规、合同和结算审核结果为依据，全面审查建设项目的成本、费用开支、结余资金、投资完成情况、交付使用财产情况等，合理确定项目的实际投资金额，为财政审批决算提供依据。

（3）积极做好评审咨询服务，提高投资管理服务水平。

牢固树立“以服务求有为，以服务求有位”的观念，寓服务于评审之中。一是积极为建设单位出谋划策、提供工程投资管理咨询服务。二是主动协助建设单位与有关行政职能部门做好沟通，解决建设过程中遇到的政策性问题，确保工程进度如期完成。三是发挥评价职能，认真开展工程经济分析，合理节约政府投资。审核是基础、评价是提高。通过审核积极对设计方案、工程概预算进行评价，及时发现存在的问题，有效地遏制了高估冒算、浪费资金的现象发生。

（4）加强队伍建设，增强事业发展后劲。

东莞市坚持以人为本抓好队伍建设，提高人员的综合素质。一是严把人员进入关口。为了保证人员素质，财政投资评审中心面向全国公开招聘、择优录用。所有进入中心的人员都经过面试、笔试、政审和试用阶段。二是大力加强培训，通过岗前培训、以老带新、举办经验交流会、外聘专家讲课、鼓励参加学历及执业资格考试等方式，促使评审人员不断更新知识、提高能力。三是不断加强对评审人员的廉政教育，要求大家正确对待手中的权力，自觉抵制不良风气的侵蚀，坚持“诚信为本，操守为重”的原则，坚决不弄虚作假。四是在工作、生活中多关心员工，了解员工的思想动向，帮助有需要的员工解决实际困难，并积极开展形式多样的集体活动，使大家在健康愉快的环境中工作，提高中心的凝聚力。

（5）建章整制，依法强化管理。

东莞市财政局制定印发了《东莞市预算资金拨款管理规定》、《东莞市财政性资金投资建设项目管理暂行办法》、《东莞市财政性资金基本建设投资评审管理暂行办法》和《东莞市财政性资金投资基本建设项目变更工程价款支付管理暂行办法》等，经市政府审定后，以市政府名义印发给市直属各单位和各镇区政府执行。对基本建设资金实行集中支付管理，把所有财政性资金投资建设项目都纳入财政评审范围，严格把关，防止挪用、截留、挤占建设资金现象的发生。同时，在修订的《东莞市建设工程招标投标管理办法》中规定，东莞市财政主管部门依法对财政性投资融资工程的资金使用进行监督，并应加强对追加预算资金使用情况的监管。该办法突出了财政部门在投资管理中的职责和重要作用，为加强财政性投资管理创造了更加有利的条件。

二、依法理财，强化基本建设支出管理的成效

（一）基建支出预算详尽、透明度高

财政预算、部门预算提交人代会后，仅从基建支出预算来看，可审度增加了，人大代表的责任感更加强了，民主理财的广度和深度得到了前所未有的加强。人大代表审议预算草案的积极性被充分调动起来，对预算草案提出的实质性意见也不断增多，为预算编制质量的不断提高产生了强有力的促进作用。人民代表对市政府提交的财政预算草案给予的评价很高，普遍认为："2002 年的财政策略定得准，定得好，达到了预期效果；2003 年的预算方案内容充实，财政收入与财政支出的发生数一项项列出来，账目详细，数额清晰，是历年来最为详尽的一份财政报告，对于今年更科学合理地利用各项资金起到积极的指导作用。"近几年，市人大代表对财政预算报告的满意率都在 96%以上。

（二）逐步形成了经济与财政良性互动发展新机制

近几年，东莞市财政在坚持"量入为出，收支平衡"的原则下，逐步加大基本建设支出的投入力度，通过一系列的制度和办法强化基本建设支出管理，形成了一大批基础设施等方面的优质资产，既提升了城市形象，优化了投资环境，增强了东莞市经济发展的后劲，又起到鼓励投资，拉动经济增长。同时，也推动和促进了消费水平和消费档次的提升。

（三）节约了基本建设资金，提高了基本建设资金的使用效益

2002 年，市财政投资审核中心成立以来，加强了对财政性投资项目的工程概（预）算、工程结算和竣工财务决算的审核力度，控制财政投资项目的建设成本，提高财政资金使用效益。2002 年，市投资审核中心共完成审核工程 27 项，节约财政支出21 308万元，节约率达 15.1%。2003 年，市投资审核中心共核减工程概、预、结算支出22 849万元，自 2003 年 5 月份至 12 月份，中心复核最高限价金额 50 项，有效地节约了财政资金 1 亿多元，实现了投资管理关口前移，从源头上合理控制工程造价，堵塞前期管理漏洞，有效规范了政府投资管理，取得了良好的社会效益。同时，东莞市镇区的财政投资评审体系也初步建立，为财政投资评审事业的持续发展奠定了基础。由此可见，财政投资评审工作对于做好财政基本建设资金的监督管理，强化预算及财政管理的作用，提高资金的使用效益具有非常重要的意义。

（四）在一定程度上净化了建筑市场

通过开展财政投资评审工作，加强了财政监督，规范了基本建设资金管理，取得了较好的社会效益。过去在基本建设支出方面缺乏专业技术管理队伍，普遍存在忽视管理、不会管理的现象。财政部门开展财政投资评审工作以后，既促进了建设单位规范管理，也纠正了施工企业高估冒算、套取资金等违规行为，使一些建设单位在基本建设资金使用上的"超标乱建、胡支乱花"现象得到了有效遏制，在一定程度上净化了建筑市场，促进了基本建设领域的反腐倡廉工作的顺利开展。

（五）提高了投资评审的整体效能

一方面，东莞市财政投资审核中心从审核概（预）、结算入手，逐步开展对施工招标最高限价、工程进度款、拆迁项目评估、竣工财务决算等不同类型的评审工作，并为建设单位提供工程投资管理咨询服务，实现了对工程建设项目事前、事中的监督。另一方面，努力建立和完善财政投资评审体系。在市级建立财政投资评审机构的基础上，针对东莞市各镇区财政投资规模不断扩大的实际，按照统筹规划、分类指导的原则，积极推动有条件的镇区开展财政投资评审业务。目前，东莞市长安、常平、万江等几个镇区已逐步开展财政投资评审工作，市、镇两级财政投资评审体系初步建立起来。

（六）强化了税源管理，增加了税收收入

实行会计委派以后，为防止城市建设工程总指挥部工程税源的流失，增加财政收入，城市建设工程总指挥部财务科及时与地税局联系，商定对有关施工单位税收的征收办法。经研究，确定按照税收征管的有关规定，凡是可以或应该在东莞市纳税的税源，全部由东莞市征收，并统一到南城地税分局办理完税发票，然后才能到城市建设工程总指挥部财务科请款，确保总指挥部工程税收及时足额入库。至目前为止，共征税2 000多万元。实践证明，由市财政委派会计，执行国家统一的财务制度，既加强了市财政对总指挥部资金使用的直接监督，充分发挥了财政监督职能，又增强了总指挥部财务管理的规范性和科学性，使领导信任，群众放心。

（七）推动了公共财政建设

近几年，东莞市始终是本着公共财政的内在要求，依法理财，强化基本建设支出管理。基本建设支出的范围都集中在为社会提供公共品方面，如城市基础设施建设、教育与卫生的硬件建设、国防基本建设、环保工程建设、社会福利设施基本建设以及公路等基础设施的建设等，使服

务型政府的建设步伐进一步加快。

三、依法理财，强化基本建设支出管理的创新之处

随着财政收入规模的逐步增大和公共财政框架的确立，财政支出管理已成为财政管理的重点，而基本建设支出在财政支出中又占有举足轻重的地位。近几年来，东莞市为加强基本建设支出管理出台了一系列制度和办法，取得了一些成效，积累了一些经验，值得在广东省乃至全国宣传推广。

1. 细化基本建设支出预算是一种创造性的工作，也是编制部门预算的实质所在。

一是明确基本建设的范围必须是经市委、市政府审批确认或待审批的项目，或者是已由市发展计划局批准立项的项目。二是细化基本建设支出预算编制，详细列明各项支出的安排标准、安排理据等，使每一项支出或每一笔支出的最终去向都详尽列示，即不仅在预算中要列示基建项目、工程预算总额，而且甚至要列示到工程中的每一棵树木的资金额以及采购地点等，使整个支出预算做到明晰易懂，内容详尽。编制如此细化的部门预算在省内乃至全国都是少见的。目前部门预算所亟待深入进行改革的内容之一恰恰是预算科目仍然不够细化，不能完整地反映政府的各项具体活动范围。而东莞市细化预算的做法应该说是严格预算管理和细化预算编制的实践代表，值得广泛学习和推广。

2. 成立市城市建设工程总指挥部，负责市财政投资的城市建设工程组织实施的做法具有借鉴意义。

东莞市为不带县的地级市，这种行政管理体制为东莞市统一实施基本建设支出管理奠定了基础。东莞市按照“科学、高效、廉政、优良”的工作方针，根据有关法律法规制定了《东莞市城市建设工程总指挥部财务管理办法》和《东莞市城市建设工程总指挥部工程管理办法》，对总指挥部组织实施的工程从立项、报建、招标、工程变更、拨付款等一系列环节作出了明确的规定。全面实行公开招投标，确保工程公平与公正。把好工程项目的招投标关，把好拆迁补偿关，把好工程变更审批关，把好工程款审批关。

3. 实行财政委派会计，对财政投资的城市建设工程实行集中支付和财务监督的制度值得倡导。

东莞市对市建设工程总指挥部实施的工程实行会计委派，市建设工程总指挥部的财务人员全部由市财政局委派。总指挥部组织实施的所有工程款项以及行政办公费支出，都进行财务统一管理。实践证明，由市财政部门委派财务人员，执行国家统一的财会制度，既加强了市财政对总指挥部资金使用的直接监督，又增强了总指挥部财务管理的规范性和科学性。

4. 建立以基本建设支出评价为主要工作内容的财政投资评审中心在地级市财政部门中处于领先。

由于财政支出绩效评价在我国起步晚，特别是基本支出项目的评价，由于其评价基础、评价内容的特殊性、评价标准等方面还存在很多难点，因而，财政支出绩效评价又主要集中在财政投资的评审上。目前，在省级财政部门都已建立了专门的机构，有效地开展投资评审工作。而在省以下各级财政部门，这方面的工作开展的水平参差不齐，大多财政部门还未真正建立起一个独立的财政投资评审机构。东莞市财政投资评审中心的建立标志东莞市摆脱了财政基建支出评价工作缺乏独立性和权威性状况，使基本建设支出的评价工作制度化、规范化和法制化，真正形成了对基本建设支出计划、决策管理的监督和约束。特别是东莞市要在有条件的镇区推动财政投资评审业务，这在全国将是首开先河的。

5. 面向全国公开招聘、择优录用，强化投资评审队伍建设的做法具有创见意义。

面向全国公开招聘、择优录用人员的做法虽然并不鲜见，但在东莞市投资评审队伍建设上却是一种创见，是一种高瞻远瞩的人才战略思想的实践。基本建设支出的评价是一个系统而复杂的工作，需要多学科、高层次知识的协同与整合，因此，高层次的人才必不可少。东莞市近几年初步建立起了具有较高业务素质的以专业技术人员为主的专职和兼职的干部队伍，能够对财政投资项目做出真实准确的评审结论，从而达到加强财政投资管理和节约财政资金的目的。

6. 通过基建支出管理制度创新，从源头上遏止财政投资领域腐败和建设资金监管领域的职务犯罪。

东莞市在对基建支出管理这个老大难问题上，坚持标本兼治的方针，在抓好教育和监督的同时，创造性地从制度上进行预防，通过推行投资评审制度，强化工程预（结）算管理；推行会计委派制，规范基建工程会计核算和 财务管理；推行政府采购招标制度，规范招标行为；推行财政国库集中收付制度，规范财政资金拨付程序；推行财政支出绩效评价制度，对财政支出跟踪问效等一系列内在关联的制度体系，有效地对基建支出的全过程进行监督，从源头上预防腐败和职务犯罪。

（姚凤民执笔）

坚持“三个集中”
不断深化镇区财政改革

东莞是一个不带县的地级市，下辖 32 个镇区。随着经济的不断发展，如何更有效地用好、用活不断壮大的镇级财政资金，成为东莞财政经济管理中迫切需要解决的问题。为全面建立适应社会主义市场经济体制和农村城市化发展需要的、符合公共财政要求的城镇公共财政管理机制，进一步集中财力，提高财政支出使用效益，强化财政监管，推进党风廉政建设，东莞市从 1998 年起，围绕“财力集中、支出集中、核算集中”的“三个集中”为核心，在镇区推行了一系列深层次的财政、财务改革，取得

了较好的成效。

一、推行“三个集中”财政、财务管理的主要思路和改革措施

改革开放以来，在市委、市政府的正确领导下，东莞财政工作以促进经济建设和社会各项事业发展为中心，大力组织财政收入，逐步优化支出结构，积极进行各项改革，使财政面貌发生了深刻的变化。该市镇村两级财政、财务收支规模不断壮大，2003年镇区平均可支配财力达2.54亿元，在全省乃至全国的地级市中处于“排头兵”。

财政实力的壮大对财政管理提出了更高的要求。由于历史条件和客观条件的局限，1996年建立镇一级财政前，东莞镇区财政管理突出表现为“三个分散”：一是财政收入分散，财政资金分口管理，资金部门化现象比较严重，政府难以集中财力办大事；二是财政支出分散，财政资金分散在各部门，由各部门按照各自标准自行安排支出，这不但造成部门之间苦乐不均，而且重复投资、低效投资现象时有发生；三是财务核算分散，监督乏力，各单位财务由单位会计人员自行分散核算，既缺乏有效的外部监督，又缺少应有的内部监督，仅靠事后检查监督难以达到从源头上治理腐败的效果。从发展的角度来看，如果镇区财政继续保持“三个分散”的管理格局，政出多门，必然会阻碍镇区社会各项事业的健康、协调发展，也不利于促进党风廉政建设。虽然东莞从1996年10月起，将镇区财政所下放给镇区管理，真正建立镇区一级财政，实施综合财政预算和“收支两条线”管理后，镇区财力集中问题得到了较好地解决，财政管理也逐步走向规范化。但要真正解决“三个分散”带来的各种问题，还得从财政支出方面做文章，从规范财政支出方式和财务核算行为方面入手，彻底解决财政支出和财务管理中存在的问题，只有这样，才能真正从源头上预防和遏制腐败，促进党风廉政建设，才能使集中起来的财力真正发挥最佳的使用效益，才能使财政与经济之间呈良性循环发展。对此，东莞逐步转变了重收轻支的理财观念，在通过“收支两条线”应收尽收，高度集中财力的基础上，把财政改革的主攻方向放在财政支出和财务管理方面，按照县一级财政的职能要求，大胆地在镇区推行以“财政收入集中管理、财政资金集中支付、财务会计集中核算”为主要内容的一系列深层次的财政改革。主要采取如下七项改革措施：

（一）以“收支两条线”为突破口，把预算内外财政收入全面纳入财政监管

财力集中是财政管理的基础，东莞市主要从两方面来加强镇区财政收入管理。一是实施严格的“收支两条线”，规定镇（区）所有行政单位和纳入“收支两条线”管理的事业单位的收费、罚没收入等必须全额上缴财政，支出由镇（区）财政按不同标准核定人员经费和有关专项经费后按进度下拨。为确保这一措施的实施，首先，在镇（区）实施一个窗口收费制度，规定镇（区）所有收费收入必须缴入镇（区）财政开设的一个窗口，也只有财政开设的这个窗口收费才具合法性。其次，建立严格的票据管理制度，规定各单位取得收入只能使用税务发票或财政收据收款，会计核算中心专职会计在代理记账时进行严格审核，对一些不合规定的白头单一律不入账，缴款单位或个人也可以拒缴，对于违反票据管理制度的单位责任人，将给予纪律处分和经济处罚。同时，建立了严格的票据领、核、销制度，设立票据专管员专人负责。再次，统一各行政事业单位的银行账户，规定只能设一个过渡性质的经费户，实行严格的收支分离。对违规私设账户、公款私存、公款外存或私设小金库的行为，进行严肃处罚。通过这一系列措施，基本上解决了财政资金部门化问题，部门财力基本上集中到财政。二是加大镇（区）财政对镇（区）办企业和镇（区）属集体资产收益的管理、监控力度，财政每年都参与企业利润上缴方案的制定，严密监控镇（区）办企业的债务情况，随时掌握企业的效益动态，确保企业营利情况的真实，保障企业依时上缴利润和镇（区）属集体资产收益。

（二）改革优化预算编制方法，试行部门预算，逐步建立公共财政支出预算体系

1996年开始，东莞市各镇（区）陆续建立镇（区）一级财政后，尽管每年都编制财政预算，并在镇区人民代表大会上作财政预算报告。但是，在实践中他们意识到，要规范财政支出管理、提高资金使用效益、实现财政集中支付，就必须建立一套科学、明晰、规范、合理的预算支出运行机制。然而，由于当时预算编制和经费核拨的做法比较粗，单位的个人、公用经费和专项经费混合在一起切块做预算，不利于分清各项支出的用途，财政资金下拨后，用款单位是否按规定用途专款专用也难以保证，不利于财政监督。为改变这种局面，该市要求各镇（区）从1999年下半年开始，改革财政预算的编制方法，试行部门预算：一是印制了《镇（区）行政事业单位部门收支预算表》，出台了部门预算的具体实施方案，要求镇（区）行政事业单位提早编制年度部门收支预算。二是镇（区）财政所对各单位上报的部门预算方案进行逐项审核，并与会计管理中心掌握的会计资料逐项对照核实，在此基础上，重新核实各单位的人员编制、用工性质、供给标准、办公设施配置、专项工作开展计划等情况，在预算编列中，把财政对各部门的支出分为人员经费、公用经费、专项经费三部分。三是在严格审核部门预算的基础上，根据镇（区）财力状况和区分轻重缓急的原则，运用零基预算的方法，科学、合理地编制年度财政预算。

（三）改革行政事业单位会计核算方式，实施财务会计集中记账制

具体做法是：成立“会计核算中心”，由镇区财政部门统一领导和管理，向社会公开招聘专职会计，统一负责代镇区行政事业单位处理会计核算业务并负责协助财政部门监督单位财务活动。专职会计人员的人事、行政、工资

关系隶属会计核算中心，由会计核算中心统一管理。实施集中核算后，行政事业单位不再设置会计岗位，会计账务统一集中到会计核算中心。各单位撤销会计岗位后，由出纳员负责单位日常财务工作，于每月3日前将上月单据报送会计核算中心，会计核算中心专职会计每月10日前完成账务处理和结账、编报工作，并把上月会计报表和财务分析报送有关部门和领导审阅。实施财务会计集中核算制度后，各单位如有另设账户的，将视为“账外账”和“小金库”处理。对于镇（区）办企业，从强化镇（区）属集体资产管理，加强财务监管出发，统一对一些镇（区）办重点企业实施了会计委派制，由镇（区）会计核算中心派出会计进行会计核算，并把镇（区）办企业的财务纳入镇（区）会计核算中心的电脑联网管理。

（四）改革行政事业单位人员经费支付方式，实施“同级同酬”制和人员经费财政集中支付制

为解决各单位在个人收入上巧立名目，滥发奖金、补贴，导致干部职工在工资报酬上出现同行政级别不同报酬标准的问题，东莞市取消了市、镇各单位收到财政拨款后用现金支付人员经费的办法，由财政部门与组织人事部门联合对行政事业单位工作人员的报酬待遇进行全面清理，在此基础上制定“同级同酬”的工资管理制度，统一工资报酬标准，把工资报酬分为基本工资、岗位津贴、奖金三部分，规定所有行政事业单位干部职工，不论在何单位工作，除基本工资及上级文件规定的特殊岗位津贴外，其他岗位津贴、奖金一律按个人的行政级别或技术职级领取相应的报酬。为确保“同级同酬”制度的实施，市、镇两级行政机关及有关事业单位从2000年度起，对各单位员工的个人工资报酬实施由财政统一委托银行进行集中支付，直接拨入个人银行账户。在取得经验的基础上，从2001年9月1日开始，把财政统发工资范围扩大到市、镇、村三级中小学校的公办教师。实施人员经费财政集中支付后，各单位如再出现私发补贴和奖金的，将视为违纪滥发奖金处理。

（五）改革财政专项经费的支出和管理方式，推行政府采购制度，并由财政实施集中支付

东莞市从1999年下半年开始，推行政府采购试点，逐步把市直单位的固定资产购置、维修纳入政府采购范围。在此基础上，从2000年起，逐步把政府采购范围扩大到镇区，要求由镇区财政所具体负责本镇区的政府采购工作。第一步先把镇（区）属行政事业单位的大件固定资产购置和汽车的保险、燃油、路费、维修费等支出项目纳入政府采购范围，在取得经验后，逐步把所有政府机关所需采购的物料和劳务全面纳入政府采购。同时，逐步改变过去那种财政专项支出由单位报项目，财政编预算并拨给单位支付项目费用的办法，对属于财政预算安排的政府采购范围的专项支出，一律由财政通过政府采购按合同进行直接支付，尚未纳入政府采购范围的，也由财政按项目的实施进度进行集中支付。

（六）扩大“收支两条线”范围，强化“收支两条线”管理

为制止学校乱收费，减轻学生的负担，东莞市从1999年起，改革学校的财政管理方式，取消以往的“核定经费、以收抵支、财政差额补助”的办法，对市、镇两级中小学校实施全额预算，并纳入市、镇两级的“收支两条线”管理，学校的一切收入（包括书本费等代收代支款）全额上缴同级财政，所需经费由财政核定后下拨，学校一切收费必须开据财政票据，否则以乱收费和私设“小金库”处理。

（七）改革农村财务会计核算方式，在农村推行会计电算化建设

为了更有效地解决村委会和村民小组财务管理中存在的会计信息失真、财务管理混乱等问题，确保会计人员具有监督者应有的独立地位，东莞市从1999年9月份开始逐步实施村一级会计改革。具体做法是：撤销各村委会的会计，由镇（区）会计核算中心公开招考专职会计，经培训后派到各村委会，负责处理村委会具体收支账务。同时，由镇（区）会计核算中心对各村实施电脑联网，并通过电脑网络对村委会账务进行集中会审、汇总和报表编报工作，凡不符合财务制度规定的单据，一律不予入账。委派的会计每周在村工作4天，另一天则集中会计管理中心，集中学习、共同探讨研究业务，或处理村级账务的会审、汇总和报表编报工作。委派会计除了对各村的财务进行会计核算、会计监督和具体负责农村的财务公布工作外，还参与村的各项重大经济活动。另外，对于村民小组的财务，部分镇（区）实施由村委会实行“组账村记”制度，部分镇（区）则由镇（区）会计核算中心统一委托会计。

二、推行“三个集中”财政、财务管理改革取得的成效

东莞市在镇区推行了以“财政收入集中管理、财政资金集中支付、财务会计集中核算”为主要内容的一系列深层次财政改革，不但达到规范财政、财务管理，节省财政支出，提高支出效益，推进廉政建设的目的，而且为加速建立全面、完善、健全的城镇公共财政体系打下了坚实的基础，取得了十分明显的经济效益和社会效益：

（一）镇区收支状况明显改善，节支效果、财政支出效益显著提高

2003年，东莞市镇区本级可支配综合财政收入合计达81.41亿元，比2000年增长了114%；镇区平均可支配财力达2.54亿元，其中超3亿元财政收入的镇（区）有8个，收入最高的长安镇高达8.54亿元。从推行“三个集中”财政管理较彻底，财政管理较科学的横沥镇来看，2000年镇可支配财政收入为9 824万元，比1999年增长

51.37%，2003年又增长至14 039万元。与财政收入大幅增长相反，1996年至2000年，横沥镇的行政管理费从1 343万元减少到932万元，下降30.6%；镇政府各部门接待费从445万元下降到253万元，下降43.15%。实施同级同酬后，该镇每年核减各项超标准不合理的人员经费开支85.8万元。该镇财政在保证政府正常行政经费，保证公安、教育经费投入和其他必要经济建设支出的前提下，运用增收节支积累和节省下来的资金，1996～2001年共安排5 000多万元，偿付了以前年度基本建设拖欠的旧工程款。再看大朗镇，该镇2003年镇本级可支配财政收入达25 997万元，比建立镇一级财政前的1996年增长了4.7倍，平均每年递增28.15%。从1996年到2000年，该镇共运用增收节支的财政资金近2亿元投放到经济建设中，有力地促进了经济的发展。加强财政管理，增强财政对经济的调控力度后，该镇的经济运行质量也出现明显好转，镇本级资产负责率从1996年的84.75%下降到2000年的55.04%，镇办企业全年实现利润从1996年亏损1 300万元，转变为2000年盈利4 343万元；镇本级财政收入从1996年以前出现财政赤字，到1996年后实现财政盈余，并逐年积累财政储备，到2000年已积累财政储备达2 790万元。

（二）提高了预算编制质量和预算执行水平，规范了财政管理，提高了管理效益

通过试行部门预算和改革预算编制方法，把财政支出明晰地分为人员经费、公用经费、专项经费三部分，从而使财政预算从编制程序到编制方式、支出渠道和执行效果都比以前更科学、更公开、更准确、更合理、更规范，更有章可循，真正做到了绩效与公平相结合。试行人员经费和专项经费由财政集中支付后，财政资金一步到位，减少了中间环节，从而大大提高了资金使用效益，也更有利于运用临时积聚的财政资金，解决一些单位临时性资金周转困难。财政资金的运转更有章可循，财政管理也更为规范。

（三）增加了财政、财务活动的透明度，便于财政、财务检查监督，有效地解决了会计信息失真和财务管理混乱问题，有力地促进了廉政建设

在财政方面，变单位预算执行的“暗箱操作”为公开操作，变财政预算切块下拨为分类、分渠道直接集中拨付，变基数递增预算为部门预算和零基预算，变人员经费的分散支付为财政集中支付，变专项物品分散自行购置为政府集中采购，这一系列的改革都有效地从源头上起到明显的防腐促廉效果：一是可防止部门利用虚报预算和财政的切块下拨挪用挤占财政专项资金，转移资金用途。二是可有效防止部门虚报人数，在人员经费方面吃空额。三是可有效防止部门在分散采购中吃回扣。

在财务管理方面，一是变分散核算为集中核算，变事后检查监督为事前、事中通过查单、验证进行全过程监督。镇区行政事业单位和村委会的每一笔开支在入账前均需通过会计核算中心或委派会计的严格审核，不合规定的开支不能报销入账，从而在入账前就可化解一些违规行为。二是各行政事业单位和村委会在资金使用和会计核算方面实行两条线运作，使用权和核算监督权相分离，在处理会计账务时，由于专职会计工资、人事关系及行政管理均与账务所属单位分离，因此，不用担心受到账务所属单位的引诱、压力和同化，从而能更公正、更公平、更合理、更公开地处理各单位的会计账务，大大提高了财政性资金使用和财务会计核算的透明度，有利于把财政、财务检查监督融于经济活动的全过程，有效地减少一些违规、违纪、铺张浪费性的财政支出，有利于从源头上制止腐败，进一步促进廉政建设。三是可以比较有效、彻底地解决会计信息失真问题，特别是可以解决一些单位因会计人员素质不高而出现的技术性会计信息失真和个别单位从小团体利益出发，故意制造虚假会计信息等问题。四是实施集中记账和会计委派可以起到比分散核算更好的监督效果。因为在分散核算的管理体制下，会计人员不具备监督者应有的独立地位和进行会计监督、制约的基础及权利保障。

（四）有效地精简了人员，降低了行政支出，提高了办事效率

实施“三个集中”财政、财务管理，大大减少了收入和支出的中间环节，减少了会计岗位，从而大大降低了行政支出，提高了办事效率。如横沥镇实施会计核算方式改革后，实质性地减少了会计岗位44个，仅人员经费一年便可节省100多万元。另一方面，集中核算更能保证会计核算的进度和质量，保证按质、按时完成账务处理和报表报送工作；更能统一和规范核算方法，执行财务规定，便于财政集中检查监督，使财政部门能从费人、费时、费力的财务大检查中解脱出来，更专心地搞好财政管理工作，提高办事效率。

三、推行“三个集中”财政、财务管理改革的启示

实行财政、财务管理上的“三个集中”是规范财政管理，从源头上遏制腐败的有效途径。“三个集中”是指财力集中、支付集中和核算集中。财政收入集中管理，可以解决资金分散和财政资金部门化问题；财政支出集中支付，可以规范财政支出行为，优化财政支出结构，节省财政开支；财务会计集中核算，可以有效解决会计信息失真和财务管理混乱问题，便于财政监督。这三个集中相辅相承、互相制约、密切相关。财政收入不集中，就谈不上集中支付；财政支付不集中，就容易使各单位通过各种途径变相增加收入；账务分散核算，就难以有效地在事前、事中保证收入和支出的集中。做到“三个集中”，就能总揽财政收支和财务管理的全局，规范收支行为，健全财务管理，把财政监督融于经济活动的全过程中，把反腐败的关口前移，从源头上遏制腐败，推进基层党风廉政建设，促

进财政与经济的良性循环发展。东莞市在“三个集中”方面的改革尽管在很多方面还有待进一步改进和完善，但通过实践，我们认为“三个集中”确实是加强财政、财务管理，推进党风廉政建设的一条非常有效的途径，它不但适合于镇级财政、财务管理，而且同样适合于市、县级的财政、财务管理，对搞好市县及基层财政、财务管理具有重大的启示意义。

（刘惠林执笔）

让公共财政的阳光照耀到广大农村

从长远来看，要解决好“三农”问题不仅仅是从数量上减轻农民负担，更重要的是从制度上规范农村分配行为，理顺国家、集体与农村的分配关系，在农村逐步建立起完善的公共财政体制，从统筹城乡经济协调发展的高度，促进城乡一体化，加速农民向市民转型、农村社会向城市社会转型、农村管理体制向城市管理体制转型。改革开放以来，东莞始终把实现好、维护好、发展好广大农民群众的根本利益放在首位，围绕建设成现代制造业名城、文化新城、生态绿城的奋斗目标，全面贯彻落实中央、省关于减轻农民负担，促进农民增收的各项政策措施，真抓实干，开拓进取，有效地实现了农业增效、农民增收和农村稳定，努力让广大农民沐浴在公共财政的阳光之中。

一、公共财政下东莞城乡一体化的现状

公共财政是适应市场经济体制的财政体系，以市场机制为基础，弥补市场失灵，提供公共产品，满足社会公共需要为己任的一种财政模式。传统的财政模式直接干预农村经济发展，“缺位”与“越位”现象并存，不仅妨碍了市场机制的正常运作，造成资源配置的低效率，还给财政支农本身带来负面影响。在东莞，传统财政模式的弊端表现为“缺位”突出，在一些市场不能自我调节或调节不力的失灵领域，诸如农村的基础性、公益性、服务性等范围内显得无能为力。

城市化作为一个社会经济的转化过程，既是农业人口转化为非农业人口，并向城市（镇）集中和聚集的过程，更是城市（镇）在空间数量上的增多、规模上的扩大、功能和设施上的逐步完善以及城市（镇）的经济关系和居民生活方式、价值理念以及人类的社会文明广泛向农村渗透的过程。城市化的实质就是在工业化和现代化建设过程中推进农村人口向城镇转移，使农民向市民转型、农村社会向城市社会转型、农村管理体制向城市管理体制转型，逐步缩小城乡差别，转变城乡二元结构，推动城乡协调发展，最终实现城乡一体化。改革开放的 20 多年来，东莞农村随着工业化和城市化的迅速推进而获得了巨大发展，农民生活水平大幅提高。到 2002 年底，全市农村居民人均纯收入达 7 907 元，集体直接和间接分配给农民的福利金额人均达 3 637 元，两项合计 11 544 元，大部分农民的生活达到小康水平，农村发展的原始积累基本完成，城乡一体化的雏形日渐明显。但是，工业化、城市化推进的过程是艰巨的，甚至是痛苦的，在这个过程中伴随着大量复杂的新矛盾、新问题的出现。这些新矛盾、新问题在传统财政体系下难以得到解决，东莞城乡一体化发展迫切需要公共财政体系的建立与完善。

当前农民转型滞后、农村社会形态转变缓慢、农村管理体制僵化等矛盾已经一定程度上制约了东莞的城市化发展。具体表现为：

——农民向市民转型滞后。

改革开放以来，大批农民“洗脚上田”、“洗脑进城”，积极学习科学文化知识，努力加强自身修养，在思想文化和文明素质上都有了很大提高。但是也有相当一部分农民在思想观念、文化素质、行为方式等方面仍然保留着农业时代的烙印，与现代城市文明的要求差距较大。有的人小农意识严重，罔顾集体规划，擅自乱占乱建，城市文明意识不强；有的人小富即满，不思进取，养成了与现代城市不相适应的落后思想和生活习惯；有的人失去了吃苦耐劳、艰苦创业的精神，就业观念落后，变成有劳动能力却不务农、不读书、不经商、不做工的“四不农民”。农民转型的滞后，必然对东莞经济的加快发展带来相当大的阻力，直接导致城市竞争力的削弱、城市文明的消沉和城市化进程的缓慢。因此，在农村经济发展、农民生活质量逐步提高的同时，需要不断推进农民思维方式现代化、生活方式现代化和行为方式现代化，促进农民逐步向现代市民转变。

——农村社会形态转变缓慢。

目前，尽管东莞的农村社会与传统意义上的农村社会有着重大的区别，大多数农村的产业基础、生产资料、生产方式已经实现向城镇过渡，成为城镇化地区，农民主要经济收入来源已经脱离了传统农业的束缚，转向依靠二、三产业。但是东莞的农村社会发展形态仍比较明显地存在着传统农业文明的特征，农村社会向城市社会转型滞后的矛盾和问题越来越突出，成为阻碍城乡一体化步伐的主要障碍。这种社会形态转变缓慢的状况，使东莞农村仅具有城市的“形”，却缺乏城市的“神”；只是实现低水平的城乡一体化，而不是真正意义上的城市化。因此，必须加快农村社会向城市社会的全面转型，打造形神兼备的现代化东莞新城，以适应时代发展的要求。

——农村管理体制僵化。

人类社会发展的历史表明，一个国家、社会要长盛不衰，就要按照生产力发展要求，不断调整和完善生产关系，自觉变革上层建筑中不适应的部分，建立起能适应发展要求的体制和制度。二十多年来，东莞农村虽然走着一条工业化、城市化的道路，但在体制上仍然沿用传统农村管理模式，造成了城市型生产方式和农村型管理体制的矛盾。目前，东莞农村党支部、村委会等行政架构和集体经济基本上是村企合一，集体资产管理机制不健全，由村的主要负责人说了算；集体资产的分配机制不完善，主要实行“按人头、定基数”的福利型分配方式，而不是采取股

份合作制的分配机制，集体经济的积累能力不强，经营风险较大。而且，农村基层组织往往把主要精力放在直接参与经济经营性活动上，忽视了对农村的规划建设管理、环境管理、社会保障和服务管理等职能，使农村的规划、建设、管理严重跟不上城市现代化发展的要求。因此，农村经济社会发展的新变化，迫切需要打破传统农村管理体制的束缚，改革不适应市场化的农村集体经济管理办法，改革不适应城市化的农村行政管理体制，改革不适应法制化需要的农村运行机制，实现农村向城市管理体制的成功转型，为农村发展开辟新空间，创出新局面。

上述分析表明，东莞的城乡一体化进程已经进入攻坚阶段，工业化和城市化带来了农业生产集约化程度和农村生活社会化程度不断提高，农村经济社会发展对公共物品和公共服务的需求日益增加。这就对财政部门提出了更高的要求，必须充分发挥公共财政对农村经济发展的职能作用，让公共财政走向农村，努力为全市农民一视同仁地提供公共物品和公共服务，推动农民向市民转型、农村社会向城市社会转型、农村管理体制向城市管理体制转型顺利完成。

二、以农村税费改革为契机，让公共财政的阳光照耀到广大农村

东莞农村税费改革跟全国其他省市相比，在强调减轻农民负担的同时，更侧重于以农村税费改革为契机，逐渐将公共财政由城市延伸至农村，努力实现社会主义市场经济条件下的公共财政对广大农村的全面覆盖。

（一）深化农村税费改革，让农民真正获得实惠

农民负担过重，增收困难是“三农”问题的核心，为了把减轻农民负担落到实处，努力推动农民收入进入快速、长效增长的轨道，东莞市积极落实农村税费改革的各项减负措施：

一是明确取消绿化费、农田水利费、教育统筹费等七种收费项目，并对原来主要由农民个人负担的收费进行了调整，直接减轻农民负担2 169.43万元，减幅59.7%。

二是从2002年起取消屠宰税，每年减轻农民负担908万元（以2001年的数据测算）。

三是在原来的基础上及时制定了《东莞市深化农村税费改革方案》，取消农业特产税，不再随农业税征收附加，并对税改后农民负担比税改前加重的部分给予照顾减免，仅2003年就合计减征税款4 507.95万元。

四是2004年2月，根据中央一号文精神，经省人民政府批准，东莞市率先免征农业税，统一城乡税制，从此结束了几千年延续下来的农民都得交“皇粮”的历史局面，全市农民基本实现零负担。

（二）把握公共财政的投入方向，突出资金使用重点

——支持农业产业化经营。

农业产业化经营，既是农村经济组织创新的有效形式，又是农村产业结构调整的带动力量；既是增加农民收入的重要渠道，又是促进农村工业化和城镇化发展的重要载体。就财政而言，必须充分发挥财政资金的导向作用，以股份合作制、专项补贴、资金配套和贷款贴息等多种形式，积极引导农民、集体和信贷资金投资于具有比较优势和国际竞争力的农业产业和产品，大力推进农业产业化经营，鼓励农业龙头企业发展，规范农业产业化经营行为，增强企业的活力，使龙头企业真正发挥“龙头”作用。2003年，东莞市财政安排了500万元对农业龙头企业的贷款进行贴息，有力地推动了龙头企业规模的进一步扩大，全市龙头企业总数达到13家，农业生产总值6.5亿元，带动了农户2万户，使农民户均增收2 700元，龙头企业的辐射带动能力获得进一步增强。

——支持农村九年义务教育投入。

为确保正常教育经费来源，财政资金对农村九年义务教育投入重点倾斜：

一是加大财政转移支付力度，保证农村九年义务教育经费来源。主要做法是：（1）市财政提高按学生人数核拨给镇区的教育包干经费。小学生每人每年从300元提高到500元，初中生从450元提高到600元，高中生从500元提高到650元。（2）市、镇区两级财政提高对困难村教育经费补助。对于经济困难村，根据村的困难程度，按学生人数由市、镇区财政与村共同承担。凡全年可支配收入（扣除卖地收入、物业转让、赞助收入等）少于30万元的村，或是所需教育经费差额占村全年可支配收入达50%以上（含50%）的村，差额部分由市、镇区财政承担；对所需教育经费差额占村全年可支配收入达8%以上的，给予一定比例的所需教育经费差额补助。仅此一项，税费改革后，市财政一年就增加农村义务教育经费9 345万元。（3）对生活困难户子弟实行读书补助，小学、初中、高中及中专学生每人每年分别补助800元、900元、1 000元。

二是调整学校布局，优化教育资源配置。从2003年起，分期分批对全市所有的麻雀学校实行撤并或联合办学，至2007年全面完成。2004年东莞市财政增拨8 000万元用于支持农村小学布局调整，计划撤并学生规模不足100人的学校1所和不足200人的学校59所，进一步提高农村办学规模和教育质量。

三是加强监督，统筹管理村办学校经费。为了稳定村办学校教育经费的来源，规范学校财务收支管理，保证教育事业的正常开展，一方面要求学校的所有收入由镇区财政统一管理，从经费上保证学校的正常运作；另一方面由镇区财政统一安排教育经费支出，统一发放农村学校教师工资，统一安排公用经费，使学校的正常经费不再与村委会发生直接领拨关系，确保专款专用。

——支持农村基础设施建设。

在东莞，尽管经济发展的总体水平较高，但是镇区之间经济发展不平衡。2001年底，全市经济欠发达镇有11个，村级集体经济年经营纯收入不足50万元或资不抵债的村以及人口特多而经济较薄弱的村还有81个。这些镇

村由于经济较为薄弱，公共产品和公共服务的供给水平较低，从而影响到当地农村事业发展和农民收入水平的提高。

为改善农民的生产生活条件，从2003年起，市财政每年按上一年度本级地方财政收入的2%安排扶贫专项资金，实行专户管理、无偿使用、专款专用，重点用于加强欠发达地区的基础设施建设，改善基本生活条件。对未完全通水泥公路的欠发达村，东莞市财政加大支持力度，修路所需建设资金由市、镇区、村三级共同负担；对未通自来水的欠发达村，帮助接通市、镇区的供水管道，修缮陈旧老化的供水设施，彻底解决其用水难问题。2003年市财政共安排资金2 409万元，支持欠发达村新建水泥公路7.8千米，新铺设自来水管道68.5千米，更换陈旧老化水管271千米，贫困地区农民的基本生产生活条件得到了明显改善。在农村医疗设施改造方面，2003年市财政投入100万元用于帮助7个欠发达村新建6个和修缮1个卫生站，大大改善了欠发达村的医疗卫生条件。

——支持构建覆盖全市农村的社会保障安全网。

发展城乡社会救济和社会福利事业，是全面建设小康社会的一项重要内容，也是履行公共财政职能的基本要求。为了进一步完善社会保障制度，东莞市财政部门不断增加投入，2001～2003年共安排各项扶贫资金5 650.54万元，有力地帮助社会弱势群体解决生活困难，化解了各种社会矛盾，充分发挥了财政资金的社会效益。

最低生活保障线覆盖农村每一个角落。一是从1997年起东莞一步到位实行城镇和农村最低生活保障制度，随着保障标准不断提高，保障范围不断扩大。2003年底，全市低保对象总人数为20 228人，低保资金由各级政府按标准补助差额，市、镇、村分别以4∶4∶2的比例分担。2003年东莞市财政实际负担市民最低生活保障金支出1 147.54万元；2004年随着东莞“村改居”工程进一步推进，许多农民变成居民；而且最低生活保障线的提高，城镇居民由原来300元/月提高至320元/月，农村居民由260元/月提高至300元/月，预计市财政应负担支出不低于1 250万元。二是积极开展“千干扶千户”活动，对于生活在最低生活保障线的贫困户，由当地的党政机关、镇属部门的党员干部和市属部门副科以上党员干部实行一帮一结对帮扶。有结对帮扶任务的党员干部，每年无偿援助贫困户500元以上，确保困难群体得到基本生活保障。2003年各级共为欠发达镇村、困难户捐资4 200多万元，平均每个欠发达村获得援助资金26万元，每户困难农户获得援助资金1 922元。

为解决农民后顾之忧，保障其年老后的基本生活，2000年东莞建立了农民基本养老保险。目前，全市20岁以上，男60岁以下、女55岁以下，没有参加企业职工养老保险的农民，均可参加农民基本养老保险，参保总人数已超过59万人。至2003年12月底东莞市符合男60岁以上、女55岁以上条件的农民17万多人，这些人每人每月最低可领取农民基本养老金150元，基本生活得到了保障。预计2004年全年农民养老保险参保人数将达到60.7万人，按照每人每月5.18元的市级缴费负担标准计算，市财政负担的农民养老保险费每月约314.4万元，全年需要支出3 773万元。

继建立农民基本养老保险制度后，东莞市政府又在农民基本医疗保险方面撑起了一把保护伞。按照“农民为主、政府补贴、集体扶持”的工作方针，以“保大病、保重病、保住院”为目标，2003年东莞市财政投入1 552万元初步建立有103.5万名农民参加的农村合作医疗保障制度，确保了农民的基本医疗需求；2004年6月东莞市全面实施了农（居）民基本医疗保险制度，覆盖率要求达到100%，重点解决农民因病致贫、因病返贫问题。根据有关文件精神，市、镇在实施的第一年每人各补助15元，个人缴纳60元。目前东莞市农业人口总数接近117万人，按市财政每人每年补助15元计算，2004年市财政需负担上半年农村合作医疗补助及下半年农（居）民基本医疗保险缴费共1 755万元。

（三）发展式扶贫，促进城乡经济协调发展

财政资金具有“四两拨千斤”的导向作用，能够带动社会资金投向农村，支持农村经济发展，为农民增收创造条件。

一是加大资金投入，增强欠发达镇造血功能，培育经济增长极。从2003年起，市财政对11个欠发达镇分别给予提供1亿元额度的扶贫贷款贴息，连续五年，用于支持欠发达镇发展工业。仅仅用了一年时间，到2003年底，11个欠发达镇的投资环境已得到很大的改善，共开发建设工业用地2.88万亩，铺设道路47公里，新建工业厂房244万平方米，引进企业116家，新增的投资总额达37亿元，预计可为镇集体带来经济收入1.3亿元。

二是建立健全挂钩对口扶持制度，增强后进地区自我发展能力。从2003年开始，由市属部门、部分企业、部分经济发达村对81个欠发达村实行包干帮扶，定点挂钩，一次性全面覆盖。对挂钩帮扶实行一帮三年，跟踪一年。对结对帮扶、挂钩扶贫的执行情况与扶贫效果，由市扶贫领导小组负责组织检查验收，先脱贫先验收，早脱贫早脱钩，不脱贫不脱钩。至2003年底，全市已有21个欠发达村实行了脱贫。

三是积极运用财政政策，减轻欠发达地区的债务包袱。帮助欠发达地区化解集体不良债务、改善集体资产质量是政府支持农村脱贫致富的一项重要内容。通过一系列优惠的财政政策，为欠发达地区的发展甩掉了沉重的债务包袱，大大提高资产营运的水平。2003年11个欠发达镇化解镇本级债务3.54亿元，81个欠发达村化解债务4.77亿元，资产负债率下降了17.3个百分点，资不抵债的欠发达村减少22个。

（四）创新农村管理体制，充分发挥公共财政职能

在东莞农村城市化的过程，公共财政职能能否充分发挥，支持农村社会向城市社会的转变，关键在于原有的农

村管理体制是否与公共财政制度相一致。随着城乡一体化进程的加快，对原有农村管理体制进行改革和创新势在必行。当前，农村管理体制改革和创新的重点是撤村建居、农村股份制改革和基层职能转变，目标是实现村委改居委、农民改市民、村民改股民，为农村经济社会的持续发展提供动力和保障。

一是积极推进“村改居”。“村改居”是提升城市竞争力，提高群众生活质量的需要。东莞市结合自身实际，“村改居”工作坚持以下几条原则：第一，以原村委会管辖范围设立一个社区居委会，具备合并条件的，可以合并。第二，集体财产所有权不变，集体财产处理权归村民。第三，改居后的居民享有与原城市居民同等的福利待遇。第四，改居后，社区居委会仍然要按有关规定，实行直接民主选举、民主决策、民主管理、民主监督。

二是深化以股份合作制为重点的农村集体资产管理体制改革。在东莞城市化过程中，随着土地被征用，农村集体的资源性资产在短期内转为货币性资产，如何处置这些货币性资产成为农村集体经济改革的焦点。农村股份合作制融合了股份制和合作制的优点，产权明晰，利益直接，风险共担，机制灵活，能有效地组织和配置资源要素，易为广大农民所接受，是与社会主义市场经济相适应的新型经济组织形式。按照“明晰产权、明确股权、按股分红、盈利共享、风险共担”的原则，东莞市政府对村组的全部或部分集体资产进行股份合作制改造，进一步完善了集体经济内部经营机制，健全资产管理、财务公开、民主管理、审计监督等基本制度，实现集体经济管理创新，增强其发展经济、聚集资本、开展服务和调节利益关系的能力。

三是积极转变基层职能。“村改居”之后，农村基层组织的职能随之转变，从过去政企不分、以直接参与经济经营性活动为主，转移到社区建设上来。社区建设包括社区服务、社区卫生、社区文体教育、社区环境、社区治安等，目的是创造经济文化繁荣、环境舒适优美、管理规范有序、服务设施配套、社会治安良好、人际关系和谐的现代化文明社区，提升农村城镇化发展的水平和档次。

三、东莞市公共财政成功走向农村的几点启示

（一）统筹城乡协调发展，用发展的办法化解“三农”矛盾

坚持发展第一要务，是解决“三农”问题的根本途径。结合东莞实际，新时期下要做好“三农”工作，必须认真研究和探索在农民向市民、农村社会向城市社会、农村管理体制向城市管理体制转型进程中，如何加强对农业、农村发展的支持和保护，实现农村经济自主快速发展。在东莞，财政资金对农村的倾斜始终以统筹城乡经济发展为前提。为了增强农村欠发达地区经济发展的活力，市财政一方面不断加大转移支付力度，加强农村公共基础设施建设，改善投资环境，筑巢引凤；另一方面积极发挥财政资金的导向作用，运用贴息贷款等手段，鼓励农业龙头企业做大做强，加速欠发达镇发展工业，努力培育农村经济发展的新增长点。通过这种发展式扶贫，激活农村经济的发展潜力，使转移农民就业、解决农民增收等矛盾得到有效缓解。

（二）健全教育培训机制，提高农民素质，为城乡一体化奠定基础

所谓城市化、工业化和现代化，最终都体现在人的现代化、农民的市民化。在东莞，决定人的素质问题主要取决于占其人口大多数的农民的素质，农民素质如何决定着这个城市的发展速度。只有提高农民素质，把农民转化为市民，才是彻底改变农村面貌，实现农村城市化、现代化的必由之路。东莞市始终坚持“以人为本”的发展理念，把提高农民素质教育作为财政资金投向的重点领域。一是确保了农村教育经费来源，今年市财政对农村九年义务教育的正常经费高达2.6亿元，比2001年翻了一番，让农民的孩子也能享受到政府提供的优质义务教育。二是针对农民受教育程度普遍偏低，就业困难，不能适应城市发展要求的问题，东莞市市、镇两级财政都把农民培训经费列入了财政预算，对农民转业培训实行减免收费优惠政策，短期职业培训费用实行全免。2003年市级举办的农民培训班就有100多期，参加培训超过10 000人次，有效地促进农民转变就业观念，增强创业意识和竞争意识，提高自身综合素质与就业技能，帮助他们更快融入城市化生活，实现从农民向市民的角色转换。

（三）完善社会保障体系，为城乡一体化提供坚实后盾

社会保障，尤其是农村社会保障，向来是个难题和薄弱环节。农村社会保障水平跟不上，将严重制约农村经济的发展，进而成为影响农村社会稳定的一个潜在因素。为此，东莞市按照公共财政体制的要求，积极构建与完善农村社会保障体系，不断扩大农村社会保障的覆盖面，进一步落实农村居民最低生活保障，使广大农民的基本生产、生活得到切实保证；进一步推动农村养老保险，确保广大农民老有所养、老有所乐、老有所为；进一步创新农村医疗保险制度，防止农民因病返贫、因病致贫。农村社会保障体系的日益完善，为东莞建设现代化制造业名城和实现城乡一体化提供了坚实的后盾。

（朱树帮执笔）

扶贫　共同踏入现代社会

2004年5月25至27日，由世界银行主办的首届全球扶贫大会在上海举行。穆因格·斯托恩姆，一位乌干达政府顾问，为这个中国经济中心感到目眩神迷。“中国做得很出色。”他看着周围林立的高楼大厦说，“他们告诉我，十年以前这里还是一块湿地，但现在，它可以为取得了曼哈顿用一百年时间才取得的成绩而自豪。”许多发展中国

家夹杂着嫉妒、钦佩、敬畏的复杂心情看着中国。在中国政府的主旨报告《减缓贫困——中国的努力》中，东莞市帮扶广西河池的方式和效果被列为第一案例。无疑，东莞的扶贫工作是做得非常出色的。

我国自改革开放二十几年来，国家建设取得辉煌成就，国民生产总值从1978年的3 624.1亿元增长至2003年的116 694亿元，成为全球第四大经济实体。但区域发展不协调、贫富两极分化一直是困扰政府的难题。在很多地方，可以分出截然不同的两重天地：步入信息化文明的现代都市圈和处在农牧时代与工业化初期杂糅相间的极度贫困圈。在这个独一无二的怪"圈"里，现代都市圈的带动、辐射作用似乎突然失效。贫困是个陷阱，而填平这个陷阱则是个世界难题。

在东莞，市委市政府抓住了十一届三中全会以来中央和省的优惠政策，充分发挥自身地理人文优势，迅速实现了工业化，国民生产总值突飞猛进，并加速了城市化进程。同时，东莞也清醒地认识到，坚持以人为本，全面、协调、可持续的发展观，才是科学的发展观。不仅城市要发展，农村也要发展；不仅城市居民要提高生活质量水平，农民也要提高生活质量水平。东莞在大力发展经济中准确定位，适时积极反哺农民、反哺经济欠发达地区，统筹城乡协调发展，统筹经济社会协调发展，这也符合全面建设小康社会、培育经济发展后劲的要求。另一方面，东莞作为经济上的"广东四小虎"之一，只是我国东部沿海发达地区的一个缩影。我国东西发展差距悬殊，沿海五六个省市GDP的总值占到了全国的50%以上。作为先富裕起来地区，东莞市坚决支持中央"西部提速，东北攻坚，东部保持，东西互动，拉动中部"的区域发展战略，积极援藏援疆，帮扶广西，统筹区域协调发展，促进我国经济社会全面、持续、稳定和健康发展。

一、扶持市内欠发达地区发展

2002年，东莞市出台《中共东莞市委东莞市人民政府关于扶持欠发达地区发展的决定》，认为"发展不平衡的问题，是当前我市经济发展过程中一个不容回避和忽视的问题。……近年来随着经济的发展和环境的变化，发展不平衡的问题日显突出。一些地方生产和生活条件比较差，集体经济十分薄弱，农民收入增长缓慢，严重影响了经济可持续发展和社会稳定。各级一定要认清形势，充分认识扶持欠发达地区发展的重要性和迫切性，切实增强使命感和责任感，采取有效措施，加大工作力度，努力促进我市经济社会平衡协调发展。"

东莞坚持科学发展观，不是就扶贫而扶贫，而是突破传统思维，站在国民经济发展全局的高度，统筹城乡发展，实行以城带乡、以工促农、城乡互动、协调发展；逐步改变城乡二元结构，全面建设小康社会，完善社会主义市场经济体制。认识到不统筹城乡发展，不仅扶贫工作做不好，城市的很多问题也难以解决，城市也难更好地发展。

（一）减债

贫困之所以成为陷阱，很重要的一个原因是贫困财政是个吃饭财政，吃饭、还债尚且解决不了，更何况考虑长远规划和发展了。东莞市把化解银行债务、降低负债比例作为扶贫工作的首要和重点，让欠发达村能迈开大步、轻装前行。

针对欠发达村日益加重的债务危机，银信部门和有关镇区主动想办法帮助欠发达村解决债务积重和危机问题。认真分析欠发达村的债务构成，区分不同情况，科学合理地减轻债务，在政策允许的范围内，积极推行以物抵债、呆账核销等减债模式。对以土地、房产等资产抵偿银行债务的欠发达村，免收其抵押资产的办证费用和过户费用。对符合呆账贷款条件的欠发达村贷款，银信部门在能力许可的范围内应对其贷款进行呆账核销。

东莞市大塘朗村村支书袁镇波告诉记者：村集体经济能够在短时间内迅速恢复元气并开始发展，主要是因为可以"轻装前行"。20个世纪90年代初，村里曾经有一笔80万元的贷款，十几年来，本金加上利息一共滚到了190万元。这笔债务使该村的集体经济雪上加霜，包袱背了多年，一直卸不下来。2003年年初，在市有关扶贫政策的指导下，由镇委镇政府牵头，大塘朗村用1 700平方米的土地，抵了其中150万元的债务，加上镇财政借给该村的40万元，大塘朗村终于卸掉了大包袱。目前，大塘朗村总资产3 638万元，负债335万元，负债率仅为9.2%，而在扶贫工作开展以前，大塘朗村的负债率为22.1%。村里经济日益好转，给大塘朗村的村民带来了极大的信心，干群关系比以往更和谐，脱贫奔康的劲头足得很。据不完全统计，东莞市政府通过以地抵贷、资产重组、破产清算、呆账核销等方式，开展扶贫工作以来，横沥镇为属下的5个欠发达村化解债务3 416.6万元；洪梅镇为属下的6个欠发达村化解债务6 317万元；企石镇全镇共化解银行债务4亿元。望牛墩镇2004年上半年共化解债务2.01亿元，全镇资产负债率由78.52%下降至66.9%，其中镇级资产负债率由70.53%下降至53.34%，村级资产负债率由86.78%下降至79.5%，有5个村已摘掉资不抵债村的帽子。

（二）加强欠发达地区的造血能力

马克思主义的劳动价值论告诉我们，劳动是创造价值的唯一源泉，因此劳动人民是推动社会发展、历史前进的根本力量。计划经济时代，国家通过工农业产品交换的"剪刀差"形式完成了对工业化原始资金的积累，而对农业的投资比重却逐渐缩小。现在，要农民富裕起来的根本方式，就是要把农民的劳动转变为实现价值（财富）的方式，创造农民通过辛勤劳动获取财富的条件。

东莞市加快农村城镇化进程，调整农村产业结构，大力扶持经济欠发达镇发展工业，同时积极培育发展农业龙头企业，增强其经济造血功能。这是一个让农村自力更生，让农民就地转变成"工人"、以工促农的战略。

1. 农业经营规模小，是农民增收的主要障碍之一，农民问题和农村问题的核心是土地问题。土地定，天下定。“公司＋农户”，农民可以转让自己承包的土地给别人耕种，实现了农村土地的合理流动。

2. 扶持欠发达地区发展工业。

从2003年起，东莞市对11个欠发达镇分别给予提供1亿元额度扶贫贷款的贴息，连续五年，用于支持欠发达镇发展工业，增强其经济造血功能。工业基地建设采用股份制的形式，实行利益共享、风险共担、按股分红。工业基地的建设、招商和管理由当地镇政府负责，市国土、规划、电力、电信、外贸等有关职能部门对工业基地的用地、报建、通电、通讯、招商等工作都给予大力支持配合，使工业基地很快地产生了项目效益。

在工业基地建设过程中，优先解决欠发达地区非农用地指标，降低欠发达地区非农用地成本。在确保生态环境不受破坏和耕地占补平衡的前提下，适当增加欠发达地区建设用地指标。优先安排和审批欠发达地区基础设施建设用地和非农用地。对欠发达村新上项目用地和11个欠发达镇各自工业基地内新上扶贫项目用地，免收土地有偿使用费市留成部分、土地出让金、土地升值费以及当地城市基础设施配套等有关费用，每镇只限3 000亩。

3. 改造村原有经济，加快集体经济发展，壮大集体经济实力。积极探索新的集体经济实现形式，在资产的运营上逐步实现集体资产所有权和经营权分离，不断完善和创新农村经济的经营机制模式，通过采用股份合作、抵押承包、转让、兼并合并、租赁、赎买经营、嫁接改造、拍卖等多种形式，盘活集体资产。其中，深化以股份合作制为重点的农村集体资产管理体制改革。农村股份合作制融合了股份制和合作制的优点，产权明晰，利益直接，风险共担，机制灵活，能有效地组织和配置资源要素，易为广大农民所接受，是与社会主义市场经济相适应的新型经济组织形式。按照“明晰产权、明确股权、按股分红、盈利共享、风险共担”的原则，对村组的全部或部分集体资产进行股份合作制改造。具备条件的村，成立了集体资产管理公司进行管理和运营，并进一步完善了集体经济内部经营机制，健全资产管理、财务公开、民主管理、审计监督等基本制度，实现集体经济管理创新，增强其发展经济、聚集资本、开展服务和调节利益关系的能力。2004年，东莞市政府决定，力争用三年时间基本完成农村集体经济的股份制合作改造。

（三）统筹城乡发展，充分发挥城市对农村的带动作用

1. 加大财政转移支付力度。东莞市各级财政把扶持专项投入列入年度财政预算，各级财政要把扶持专项投入列入年度财政预算，并根据财政增长情况，逐年有所增加。从2003年起，市财政每年按上一年度本级地方财政收入的2%安排本年度的扶持专项资金。扶持资金实行专户管理、无偿使用、专款专用，重点用于加强欠发达地区的基础设施建设，改善基本生产生活条件。对扶持资金支付到镇、村的项目，实行项目公开、资金使用公开、效果公开，接受群众监督和审计监督，严格防止专项资金用于非扶贫项目或被贪污、挪用、截留。

2. 对口帮扶。

（1）东莞市建立市属部门、企业、发达镇村包干扶贫制度。从2003年开始，由市属部门、部分企业、部分经济发达村包干帮扶欠发达村，实行定点挂钩，一次性全面覆盖。对望牛墩、企石、谢岗3个欠发达镇，实行由经济较发达镇区与之结对帮扶。结对挂钩帮扶实行一帮三年，跟踪一年。对结对帮扶、挂钩扶贫的执行情况与扶贫效果，由市扶贫领导小组负责组织检查验收，先脱贫先验收，早脱贫早脱钩，不脱贫不脱钩。

（2）因地制宜落实帮扶措施。城市发达地区积极从资金、技术、信息、招商引资方面给予帮助，根据“优势互补、互惠互利、长期合作、共同发展”的原则，在企业合作、项目援助、人才交流、劳务输出、农民培训等方面开展多层次、全方位的合作帮扶。规定有帮扶任务的镇区，每镇每年无偿援助对口扶持欠发达镇的资金不少于30万元。有帮扶任务的部门、企业、经济发达村，三者合共每年无偿援助对口扶持欠发达村的资金不少于10万元。

（3）开展“千干扶千户”活动。发挥党员干部的先锋模范作用，对于生活在市最低生活保障线的贫困户，由当地的党政机关、镇属部门的党员干部实行一帮一结对帮扶。对贫困户相对集中的镇，如果帮扶对象较多超出1∶1比例的，超出部分可由市属部门副科级以上党员干部一对一结对帮扶，其中副处级以上在职干部要求每人帮扶一户。有结对帮扶任务的党员干部，每年无偿援助贫困户500元以上。党员干部深入贫困户家中，了解贫困户的生产生活困难，为其出谋献策，并通过援助生活费、支付学杂费、教授实用技术、引荐就业等多种方式帮助贫困户脱贫致富。

从2003年10月开始，大塘朗成为东莞市委书记佟星的结对帮扶对象。如今，一年过去了，该村有什么变化呢？2003年1～9月，大塘朗村集体经济总收入达137万元，总支出83万元，经营纯收入54万元。按村集体经济纯收入50万元脱贫的标准来说，大塘朗村年内脱贫的前景非常乐观。该村支书袁镇波说，从去年开展定点扶贫和结对帮扶工作以来，佟星书记先后多次深入到村中进行调研，对村里的脱贫奔康进行具体的指导，提出了不少建设性的意见和前瞻性的要求。2003年以来，大塘朗村在招商引资方面取得了巨大的突破。3月下旬，该村以土地出让的方式，成功引进了日本千代达电子有限公司，该公司预算总投资超过5 000万元人民币，目前已完成土地平整工作，正在进行厂房和基础设施建设，该公司投产后，预计可为该村增加集体经济收入40万元。除了千代达电子有限公司，该村还引进了精斌五金厂等几个项目，这些项目建成投产后，2004年该村集体经济总收入有望突破200万元大关。

（4）发动社会各方面力量参与扶贫。弘扬中华民族扶贫济困的美德，大力倡导共同富裕，发动各种社会团体、

民间组织、企业家、个体户及港澳台同胞、海外华侨等，在自愿原则的基础上，为农村扶贫工作提供各种各样的援助。东莞市每年组织一至两次的扶贫筹款活动，通过举办慈善文艺晚会、演唱会、书画展等形式，多渠道筹集扶贫资金。

（四）统筹城乡发展，消除体制性障碍，加速农村城市化

在我国，扶贫工作有着更加独特的含义。贫富两极分化、农村贫困，可以从计划经济时代实行“城乡分治，一国两策”政策讲起。长期以来，我们人为地分割出城市和农村，市民和农民：用户籍制度把人分成城市人口与农业人口，将几亿农民拒之于城市之外；用统购统派制度把吃的粮食也分为农业粮和商品粮，让农民供养市民；用劳动制度把人分为工人和农民，又将农民拒之于工厂之外；用工资福利制度把人分为有权享受和无权享受的两种人，最后将农民拒之于一切社会保障的制度之外……国家工业化和城市建设、经济稳定快速增长的巨大成就的背后是广大农民利益牺牲的代价。

贫富两极分化、农村贫困问题从根本上讲是体制问题。而城市化水平低，农村人口比重大，也是农民增收的重大障碍。东莞市以科学的发展观指导扶贫工作，统筹城乡协调发展，勇于突破计划经济和城乡分治的桎梏，积极推进农村体制、行政体制包括财政体制改革，给予农民更大的发展空间。

1. 大力推行镇区财政改革。全面建立适应社会主义市场经济体制和农村城市化发展需要的、符合公共财政要求的成长公开财政管理机制，从1998年起，围绕“财力集中、支出集中、核算集中”的“三个集中”为核心，在镇区推行了一系列深层次的财政、财务改革。一是以“收支两条线”为突破口，不预算内外财政收入全面纳入财政监管；二是改革和优化预算编制方法，试行部门预算，逐步建立公共财政支出预算体系；三是改革行政事业单位会计核算方式，成立“会计核算中心”，实施财务会计集中核算制；四是改革单位人员经费支付方式，实施“同级同酬”制和人员经费财政集中支付制；五是改革财政专项经费的支出方式和管理方式，推行政府采购制度，并由财政实施集中支付；六是扩大“收支两条线”范围，强化“收支两条线”管理；七是改革农村财务会计核算方式，在农村推行会计电算化建设。通过改革，包括欠发达镇在内的镇区收支状况有明显改善，节支效果、财政支出效益有显著提高，并达到了规范财政、财务管理，推进廉政建设的目的。

2. 积极推行农村管理体制改革，“村改居”，把农民从计划经济体制的束缚中解脱出来。具体做法：一是以原村委会管辖范围设立一个社区居委会，具备合并条件的，可以合并。二是集体财产所有权不变，集体财产处理权归村民。三是改居后的居民享有与原城市居民同等的福利待遇。四是改居后，社区居委会仍然要按有关规定，实行直接民主选举、民主决策、民主管理、民主监督。2004年3月，东莞市已有62个村完成“村改居”改造，在此基础上，争取在五年内完成全市的“村改居”改造。

（五）统筹城乡发展，让公共财政的阳光照耀到农村

东莞市用科学发展观指导统筹城乡发展，缩小现阶段城乡在税负、就业、教育、医疗、社会保障等方面的差距，逐步建立城乡统一的劳动就业制度、户籍管理制度、义务教育制度和税收制度等，逐步形成有利于城乡相互促进、共同发展的体制和机制。

1. 国民收入分配格局向农村和农民倾斜，特别是文教、卫生、社会保障等公共服务方面。

（1）农村教育具有基础性、先导性、全局性的重要作用，东莞市扶持欠发达地区发展教育事业，为解决“三农”问题提供强大的智力支持。一是市财政提高按学生人数核拨给镇区的教育包干经费。小学生每人每年从300元提高到500元，初中生从450元提高到600元，高中生从500元提高到650元。二是市、镇两级财政提高对困难村教育经费补助。对于经济困难村，根据村的困难程度，按学生人数由市、镇区财政与村共同承担。此外，对困难村参与联合办学所需建设经费，在按《关于市镇财政对村办小学联合办学校舍建设的经费补助方案》进行分级分担的基础上，村仍需负担部分，再分别由市、镇两级按60%、40%的比例分担。三是对生活困难户子弟实行读书补助，小学、初中、高中及中专学生每年每人分别补助800元、900元、1 000元。

（2）推行农村合作医疗保障和救助制度，解决农民就医难和因病致贫、返贫问题。一是大力改善欠发达地区的医疗卫生条件，加快欠发达地区医疗设施改造工作。每年安排100万元帮助部分欠发达村建设和修缮卫生站，改善医疗卫生条件。二是大力推行农村合作医疗保障制度。将建立和完善农村合作医疗保障制度作为解决农村特困群众看病难的一件大事来抓，按照“农民为主、政府补贴、集体扶持”的工作方针，以“保大病、保重病、保住院”为目标，多渠道筹集医疗保障专用资金。根据实际，每个农民每年合作医疗缴费额为90元，其中市、镇财政各补贴15元。对于欠发达的镇村，可从市、镇的补贴总额中进行调剂，提高补贴比例。三是实行困难户看病优惠政策。为困难户发放看病优惠卡，困难户凭优惠卡在各级医院就诊时，免收挂号费和诊金。困难户因病住院时，减收或免收住院押金，并减免其服务性部分的医疗收费。市卫生部门组织全市两所“三甲”医院和两所“二甲”医院定期派出专家到欠发达镇医院指导和诊治病人，提高欠发达镇医院的医疗服务水平和质量，不定期组织市属医院的有关专家到欠发达镇村开展义诊活动，免费为生活困难的病人体检和诊治疾病。

（3）探索建立农村社会基本养老保险制度。2000年出台《东莞市农民基本养老保险暂行办法》，将全市行政区域内未进入党政机关、社会团体、企业事业单位工作的具有本市户籍的所有农（居）民纳入养老保险覆盖范围，解

决农民的后顾之忧。到2003年底，全市参加农（居）民养老保险人数达59.65万人，其中有17万人符合条件，每月可领取到不低于150元的养老保险待遇。

2. 统筹城乡就业制度。2002年底，东莞市就提出要将农村富裕劳动力的就业问题和下岗事业人员的再就业问题摆在同样中重要的位置。2003年，进行了探索统筹城乡就业制度的实践，改善农民进城就业环境，保障进城就业农民的合法权益，清理和取消针对农民进城就业的歧视性规定和不合理收费，实现城乡就业平等。创新人的发展，引导农民自主创业、兴办企业或进入企业工作，成为经营管理者、产业工人或技术人员。2003年，市财政拨付1 200万元成立促进就业专项资金，为农民转移就业提供技能培训和职业介绍服务，为20～40岁的农民提供免费的电脑、英语、实用技术等职业培训，更新和提高农民的工作能力，促进农民就业。

3. 加强欠发达地区的基础设施建设。交通方面，对未完全通水泥公路的欠发达村，加大支持力度，建设资金由市、镇、村三级负担，其中市负担60%，镇村各负担20%。供水方面，采取市、镇、村三级投资的方式，帮助未通自来水的欠发达村接通市、镇的供水管道，修缮陈旧老化的供水设施，彻底解决欠发达村的用水难问题。其中，通自来水的建设经费，市负担60%，镇、村各负担20%；更新老化水管费用，市、镇各负担30%，村负担40%。水利方面，通过水利专项资金向欠发达地区倾斜等措施，帮助欠发达镇村完善配套水利基础设施，提高防御标准，增强抗灾减灾能力。

4. 积极推进农村税费改革，最大限度减轻农民负担。先后取消绿化费、农田水费、教育统筹费、教育费附加、定购粮款、农村义务工折款、其他收费；改由市、镇区、村集体负担的项目有五保户供应统筹款、优抚统筹款、社会最低保障费；改由镇区、村负担的项目有民兵训练费、计生统筹费；改由镇区、村各自负担的项目有书报费、干部报酬、其他人员报酬。对比农村税费改革前农民个人直接负担减轻负担幅度高达59.7%。取消屠宰税、农业特产税和农业税，全市农民基本实现零负担。

（六）保障扶贫成果，加强欠发达地区的财务管理和基层组织建设

1. 按照量入为出、增收节支的理财原则，来切实加强集体财务管理。严格控制公益、福利等非生产性开支；坚决杜绝不顾经济承受能力的超前福利分配；严格执行村干部报酬与经济实绩联系制度，村干部不能盲目攀比支取高报酬；欠发达村党员干部未经批准一律不准搞参观、考察等各种名目的出国、出省活动；严格开支审批责任制度，明确开支审批责任人和审批权限，防止大手大脚、铺张浪费；切实加强集体经济审计监督，实行外部监督与内部监督相结合，充分发挥市、镇主管部门审计监督和村委会监事会的群众监督作用，重点加强基建工程开支、土地转让、发包项目收入、非生产性开支等群众普遍关心事项的专项审计，以及村干部离任审计工作。切实做好财务公开和民主管理工作，集体财务要经村监事会的审查核实，并及时上墙公布。

2. 在农村基层组织里，重点加强以党支部为核心的村级组织建设，通过民主选举，把一批年纪较轻、文化层次较高、思想政治素质较好、业务能力较强、群众威信较高的人才选进基层干部队伍，培养造就一批真正为群众实干苦干的带头人，建设一支真抓实干的干部队伍，为欠发达村脱贫致富提供坚强有力的组织保证。

2001年底，东莞全市集体年经济收入不足50万元或资不抵债或人口特多而经济比较薄弱的欠发达村有81个，农村低保对象5 757户、14 460人。在正确政策和思路的指导下，东莞市的扶贫工作取得了明显成效。据统计，2003年81个贫困村（指村级集体经济年经营纯收入不足50万元和资不抵债的村以及个别人口特多而经济比较薄弱的村）的经营总收入为1.9亿元，比上年增长14.3%；经营总费用为1.58亿元，比上年下降1.7%；经营纯收入为3 213万元，比上年增长193.4%；经营亏损的欠发达村18个，比上年减少18个，减亏49.4%；81个欠发达村总负债15.17亿元，比上年末减少13.7%；净资产为10.35亿元，比上年末增加94.2%；资产负债率为59.4%，比上年末下降17.3个百分点；资不抵债的欠发达村10个，比上年底减少22个；有21个村实现了脱贫，脱贫率为26%。

二、市外扶贫工作

在市外扶贫工作中，东莞市1996年起与广西河池市结对帮扶，2002年又新增对口帮扶韶关市乳源、新丰两县，并有援藏、援疆任务。

（一）援藏援疆

市财政每年负担援藏援疆经费各50万元，2003年支援西藏墨脱县发展经济67万元，援助新疆哈密市发展经济100万元。

（二）对口帮扶韶关市乳源县、新丰县及广西河池市

2003年，东莞市出台《关于做好我市与韶关市乳源县新丰县及广西河池市对口帮扶工作的意见》（下简称《意见》），决定“采取切实有效的措施，提高贫困地区的综合经济实力，促进区域经济协调发展”。

1. 积极落实财政扶贫专项资金，把无偿帮扶资金列入年度财政预算。按照省对口帮扶的实施意见，从2003年起，确保财政每年支持广西河池市和韶关市乳源县、新丰县资金各500万元（之前是每年各350万元），共1 500万元，一定三年，逐年递增5%。

2. 发动经济发达的村捐赠扶贫资金和动员企业捐建希望学校。

一是从2003年起，由东莞市2001年村组两级纯收入前120名的经济发达村每年各无偿捐赠5万元，统筹帮扶

韶关乳源、新丰两县120个贫困村，每年共600万元，一定三年。

二是发动企业无偿捐资兴建希望学校。积极发动热心公益事业的国营、集体、外资、民营企业，在自愿的基础上，无偿捐资兴建希望学校。《意见》规定，帮扶韶关市乳源、新丰两县建设希望学校共30间，分3年进行，每年10间，每间支持30万元。2003年11月，东莞市按计划共援建广西河池市希望学校15间，每间30万元，援助资金480万元，另动员企业资源捐助，超额援建希望学校两间，资金40万元；积极捐助韶关市新丰、乳源两县修建希望学校12所共370万元，超计划2所70万元。

3. 加强协助劳务输出工作。

广西河池的对口帮扶就是一个成功的例子。目前东莞市有外来劳动者500万人，大部分来自中西部贫困地区，仅河池市有组织地向东莞市输出劳动力就累计达10万人次。2003年，在东莞的外地务工人员通过邮政向家乡汇款142.39亿元，其中河池市近3亿元。目前，东莞已与河池签订《东莞河池劳务输出合作协议》，计划2004年为河池市安排贫困户劳务输出3万人左右。《意见》规定，在做好对广西河池市劳务输入的基础上，安排好韶关市乳源、新丰两县的劳务输入，劳动部门要优先吸纳贫困地区的劳动力进入东莞市二、三产业，支持山区开展对农村青年劳动力的技能培训，提高劳动力素质，从2003年开始，每年为其接受劳动力不少于5 000人。

4. 实施结对帮扶的策略。2003年东莞市全面建立11镇（区）与河池市11县（区、市）结对子帮扶关系，各镇（区）各尽所能，积极帮扶，到2003年11月底，各镇（区）、有关企业已无偿援助资金及物资折价607.2万元，援建希望学校17所。《意见》规定，教育、卫生、科技等部门要积极开征结对帮扶，要组织学校、医院开展一对一的结对帮扶，帮助山区做好中小学校舍的危房改造，改善教育设备，培训师资，帮助山区做好卫生院所的建设，改善医疗条件，解决贫困群众看病难的问题，帮助山区提高科技水平和开征科普工作，以多种形式为山区提供实用技术服务。

5. 充分利用市场规律，发挥区位优势，开展经贸合作，积极探讨扶贫工作从单纯政府支援向企业合作发展的新模式。

山区拥有丰富的资源和低廉的劳动力优势，而东莞经过多年的发展，已逐步形成以IT产业为主的经济结构，需要大力调整发展方向，发展高新技术产业，因此那些占地面积大、资源消耗多的制造业和劳动力密集型企业必然要转移到山区和资源优势突出的地区寻找发展。东莞市在2003年11月“百企合作”的百名企业家广西河池考察活动中，与河池市签订了《东莞河池“百企合作协议书”》，参加考察的医药、水泥、建筑等企业与当地达成初步合作意向，特别是水泥行业协会计划近期组织企业再度前往河池深入洽谈。在年底前还有4个对口帮扶镇也将组织企业前往考察洽谈。多次组织畜牧、园艺、花木等企业到韶关考察，促成了东莞沙田顺发畜禽实业有限公司与新丰县政府签订了总投资金额达6.23亿元年产100万头肉猪的生产基地项目，项目全部建成后，预计可以带动新丰县超过1万名农户脱贫致富。

据不完全统计，到2003年11月底，东莞市已无偿援助对外帮扶资金和物资共4 518.7万元，其中市财政援助1 777万元；援建希望学校29所，资金875万元；培训干部21名；接收劳工4 178人。

三、借鉴意义

纵观东莞市的扶贫工作，其成功之道关键有如下几点：

（一）在各级党委、政府和社会各界深入开展“三个代表”重要思想、树立科学的发展观学习教育活动，把学习教育活动和扶贫工作结合起来抓；不是把扶贫工作当作阶段性的任务，而是把作为一项长期的政治任务来抓，将这项工作与区域经济协调发展、率先基本实现现代化和全面建设小康社会的目标结合起来。通过系统性的宣传活动，大力宣扬中华民族扶贫济困的传统美德，同时通过表彰先进、树立积极参与扶贫帮困的文明新风，使对口帮扶工作得到广大群众的认可，形成良好氛围。

（二）东莞市领导高度重视扶贫工作，总结过去行之有效的做法，坚持下去，形成工作制度，并由此制定了扶贫的工作纲领《中共东莞市委东莞市人民政府关于扶持前发达地区发展的决定》和《关于做好我市与韶关市乳源县新丰县及广西河池市对口帮扶工作的意见》等实施纲领，站在扶贫工作全局的制高点，坚定了对扶贫工作的重要性和长期性的认识，措施全面正确得力，分工明确具体细密。这样扶贫工作就有了目标和方向，成效显著。

（三）形成良好机制，把各项帮扶措施落到实处。要求各级政府、部门将扶贫工作按照制定的各项政策的要求列入议事日程，尽已之责。同时通过深入贫困地区调查研究，一方面虚心学习贫困地区干部群众自力更生、艰苦奋斗、自强不息、勇于开拓的精神，另一方面结合两地实际，提出帮扶的新思路，创新思维，在各自不同的位置和角度提出新的措施，不断推动对口帮扶工作上新台阶。

（四）在扶贫工作中深谙贫困的本质，冲破体制约束，打破城乡二元结构，统筹城乡协调发展，统筹区域协调发展，落实“减债、发展、管理”六字，针针见血。

（五）扶贫方式因地制宜，灵活多样。以市重点扶持欠发达镇的困难村为主与经济发达镇区扶持属下困难村相结合，欠发达镇村依靠自身力量解决困难为主与市、兄弟镇村帮扶相结合，增强集体经济造血功能为主与引导帮助生活困难户勤劳致富相结合，全方位帮助欠发达地区脱贫致富。

（六）在促进发展方式上，除了政策倾斜外，着重发挥市场在资源配置上的基础性作用，按市场机制开展经贸合作，采取“政府搭台、企业唱戏”的方式，大力宣传、推介贫困地区的政策、资源等优势，有力地组织和促进企业到山区考察投资，达到互惠互利、优势互补、共同发展的效果，也促进了区域经济的协调发展。

正如邓小平同志所说：允许和鼓励一部分人和一部分地区先富起来，鼓励和带动其他更多的地区和更多的人富裕起来，最终达到共同富裕。东莞没有遗弃他们的农民同胞们，通过实实在在又行之有效的一系列扶贫工作和措施，加速了市内农村向城市转型、农民向市民转型、赋予城乡同等的待遇，促进了国家其他不发达地区的经济社会协调发展。他们在携手同行，共同踏入现代社会。

（黄志坚执笔）

打造一支思想过硬业务精良的财政干部队伍

财政是国家职能的重要体现，是国家政权活动的物质基础，是党和政府工作的重要组成部分。做好财政工作，充分发挥财政的宏观调控作用，是国民经济和社会各项事业稳步健康发展的客观要求。而财政干部的政治思想和业务素质如何，直接关系到国家财政政策的落实和财政工作的质量。在我国社会面临重大变革和发展机遇的今天，财政工作必须把握时代脉搏，不断解放思想，用马克思主义理论武装头脑，树立科学发展观，坚持与时俱进，树立新的适应社会主义市场经济发展的理财观念，用“三个代表”的重要思想统揽财政工作的总目标、总方向，努力建造一支政治坚定、作风优良、廉洁高效、素质全面的财政干部队伍，这样，才能充分发挥财政职能作用，更好地为改革发展稳定的大局服务。

多年来，东莞市财政局高度重视干部队伍的建设，切实加强思想政治教育，促进党风廉政建设；全面展开学习业务培训，及时进行知识更新，打造出一支思想过硬、业务精良，能征惯战的财政干部队伍。1991年时，东莞市财政系统干部职工中有大专以上学历者仅为34.33%，而到2003年，财政系统中大专以上学历者已经占到了干部职工总数的82.13%，其中研究生就有19名。正是因为拥有了这样一支高素质的干部队伍，才能够确保东莞市各项财政工作的顺利完成和改革工作向纵深发展。他们的积极努力得到了上级和社会的认可和赞誉，1995年到2001年，东莞市财政局连续五年获得市成人教育先进单位称号。

在打造一支思想过硬、业务精良的财政干部队伍上，东莞市财政局有如下主要经验：

一、确立现代教育培训观，高度重视人才培养战略

当前，我国社会正面临新的挑战，以信息和知识为特点的新经济浪潮正在迅猛地冲击着我们。社会的发展和变化趋势决定了在人才培养方面必须要改变传统的行为习惯，特别是要改变传统的思维定势和旧有观念。在破旧立新，与时俱进，加强队伍建设方面，东莞市财政局领导班子走在了前列，首先他们积极研究和把握社会发展趋势，观念更新，确立了现代教育培训观，使财政系统教育培训工作有了正确的观念引导。

在解决思想观念问题、确立现代教育培训观念方面，东莞市财政局的工作有两个鲜明的特点：

1．紧跟时代前进步伐，更新教育培训观念。

随着以信息技术为主导的新科技革命的发展，人类进入知识经济时代，知识和人才资源的作用日益突出，成为推动社会进步的关键因素。各国经济社会发展的实践也表明，随着科学技术的迅速发展，知识和人才对经济社会发展的贡献率越来越大。同时，由于公共组织的发展和管理难度的增大，公共行政管理者愈来愈职业化，对国家机关工作人员的专业性、知识性、能力性素质的要求也愈来愈高，愈来愈由过去的专才型、通才型人才向复合型人才转变。学者们指出，在农业经济时代，7～14岁接受教育就可以应付以后四十年的劳动生涯；到工业经济时代，需要从5～22岁求学，才可以基本应付；而在信息技术高度发达的知识经济时代，每个人必须在自己的一生中不断地学习，随时接受最新的教育，树立终身教育观念。

在社会剧烈变革的过程中，财政系统干部职工知识老化、经验过时的问题非常严重，部分人思想意识还不能完全跟上时代的步伐和节奏。这在全国财政系统中也是极为普遍的问题。东莞市财政局领导班子敏锐地认识到，我们面临的社会环境在发生迅速的变化，为了更好地适应社会经济发展的新需求，全体干部职工必须积极更新观念，“要按照江泽民同志‘创建学习型社会’的要求，牢固树立终身教育、素质教育等现代教育思想观念；要树立人才资源是第一资源、人才资源开发投入是效益最大的投入的新理念、新思想”，这样，才能实现江泽民同志所提出的“建设一支高素质的专业化国家行政管理干部队伍”的要求。东莞市财政局主动地研究社会环境的变化，研究新形势下财政工作的新需求；并根据经济与社会发展的需要，按照不同岗位的要求，有计划、有组织地开展旨在提高干部职工智力水准、政治和业务素质以及价值观念转变的学习和训练活动，提高整体队伍的综合素质。

在2001～2005年东莞市财政干部教育培训规划中，市财政局提出，要用科学的理论武装干部，用现代化科学文化知识和人类创造的优秀文明成果充实干部，用党的优良传统教育干部，加强党性锻炼和实践锻炼，增强创新精神，提高创新能力，努力培养造就一支具有坚实的马克思主义理论功底、坚定的政治信念、良好的思想道德品质、全心全意为人民服务的优良品格、较强的履行岗位职责的能力和领导现代化建设本领，始终走在时代前列的高素质财政干部队伍。通过系统的学习和培训工作，培养造就高层次、高素质人才，加强思想和业务知识培训，实现全面提高财政干部队伍综合素质的目标。

通过多年的努力，东莞市财政局的干部职工大都已经清醒地认识到，在知识更新周期愈来愈短的今天，不学习就无法应对新的需求、胜任新的工作；培养大教育的观念、素质教育的观念和终身教育观念，逐渐从自发到自

觉、从个体到群体学习，已经开始成为大家的共识；培训学习、自我提高，从零散局部的零敲碎打到系统实施，从被动适应到主动出击，也已经开始成为大家共同的追求。

2．从发展战略的高度来对待教育培训工作。

针对许多干部满足于过去的知识结构和能力水平、满足于自己的经验储备、缺乏自觉学习自我提高的现代观念、不能完全适应新环境的新要求的情况，东莞市财政局领导班子深刻认识到，必须下大气力扭转这种局面，必须从思想深处解决重视教育培训的问题。毫无疑问，财政是党和政府工作的重要组成部分；财政工作的成效就取决于干部的素质和能力。如果没有一支高素质的干部队伍，财政工作就无法适应社会经济发展新的要求，无法胜任全新的工作任务。由于财政干部队伍素质低下，不能胜任理财工作，而影响社会经济发展的例子也屡见不鲜；而因为财政干部特别是领导干部的消极腐败，给国家带来的损失就更加触目惊心、影响深远。拥有了思想过硬、业务精良的高素质的财政队伍，就能确保财政工作的决策科学，监管有力，就能够达到国家对财政工作的要求。

因此，局领导班子始终要求干部职工，要从事业发展的战略高度来看待教育培训工作，予以充分的重视；还要深刻认识教育培训工作的特点，要有远见性和超前性。众所周知，人才的培养不是一朝一夕之功，必须有超前意识和战略眼光，先行一步，才不至于临渴掘井，急来抱佛脚。东莞市财政局从 1993 年起，就开始率先大批量吸纳大学毕业生。1993 年引进大学毕业生 13 名，1994 年又引进了 41 名，并把他们充实到基层财政所中。当时有许多人很不理解，局有关领导反复做工作，讲明我们要未雨绸缪，为财政改革的进一步深化做好人才方面的准备。时至今日，90 年代中进入财政系统的大学生绝大多数已经走上各级领导岗位，成为系统内的中坚力量。

为适应新形势的要求，培养一大批高层次、复合型的人才，东莞市财政局鼓励干部特别是年轻干部利用业余时间在职学习，提高科学文化水平。在 2001～2005 年东莞市财政干部教育培训规划中，他们提出，要以机构改革为契机，力争使 45 岁以下干部在“十五”期间全部达到大专以上学历，并把干部本科和研究生学历层次在 2001 年的基础上提高 15 个百分点。他们还加大对优秀年轻干部的培养选拔力度，积极发展优秀青年业务骨干入党，为全市财政的发展挖掘和储备好人才。局领导还提出要求，“十五”期间，新设立的政府采购中心、会计核算中心、财政投资审核中心每年要举办一到两期业务培训班，对专业技术人员进行再教育；凡本系统当年新招公务员和工作人员一律要进行 7 天岗前培训。同时，积极鼓励干部职工积极参加各种形式的经济技术职称考试，如会计师、经济师、注册会计师、注册评估师、工程造价师等。

多年来，局领导班子正是本着从战略高度对待教育培训工作的原则，把干部职工的教育培训和学习提高当作战略系统中的重要组成部分，在经费、时间和精力上均给予足够的重视，确保了全系统教育培训工作的顺利开展，为打造高素质财政干部队伍奠定了坚实的基础。

东莞市财政局的认识和做法反映出了当今时代的要求。知识经济正是把科技知识和人才教育作为两大支柱。教育与培训是人力资源开发的一个主要内容，知识是人的智能的内在依据，是德才发展的基础。正所谓“才以学为本”，“非学无以广才，非学无以明识，非学无以立德”。没有及时有效的教育培训，就无法适应管理现代化科学化、高效化的需求。正如美国学者加里·贝克尔在《人力资本》一书中也曾讲道，“所有资本中最有价值的是对人力资本的投入”。没有超前的教育培训，没有充足的知识和综合素质的准备，就不可能满足日新月异的财政管理新需求，就不可能真正提高工作的效益。

二、以党风廉政建设为先导，统帅干部队伍建设

党风廉政建设是保证我们的党和干部永远铭记全心全意为人民服务宗旨、执政为民的基本途径。鉴于财政工作的特殊性，加强思想作风建设、经常不懈地反腐倡廉对财政系统具有特别的意义。东莞市财政局多年来一直特别重视对干部职工进行思想道德方面的教育，以党风廉政建设为先导，来统帅干部队伍的建设。他们通过各种方式和途径，来提高整个队伍的理论素养和思想品德素质，为东莞市财政工作取得突出业绩提供了有力的政治保证和思想保证。

1．坚持学习，用先进的思想武装干部队伍。

东莞财政局把提高干部思想政治素质作为干部教育培训的首要任务。通过干部的政治理论教育，使广大干部熟悉马列主义毛泽东思想基本原理，邓小平理论的科学体系，贯彻落实“三个代表”重要思想，认真研究和解决改革开放和现代化建设中的重大理论问题。特别要学习马克思主义哲学，掌握马克思主义立场、观点、方法和研究新情况、解决新问题的科学态度和创新精神，以保持思想上的先进性，学会以科学理论为指导、解决改革开放和社会主义现代化建设中现实问题的本领。

通过坚持不懈地开展党性、党风、党纪教育和思想道德教育，提高党性修养，加强反腐倡廉和党的宗旨、党的优良传统的教育，社会主义道德和中华民族优良传统的教育，使广大干部具备良好的思想品德和凝聚群众的人格力量。他们不断强化党风廉政建设的教育和工作监控机制，提出明确而具体要求，严禁干部参与“黄赌毒”，特别是要禁止干部参与麻将、扑克牌、六合彩等各种形式的赌博活动，以及参与一些不健康的娱乐活动，严禁收送红包，严禁利用职权要求来办事的单位和个人请吃、请喝、请玩。在对外接待中要做到既热情又节约，要发扬勤俭节约的优良传统，坚决制止铺张浪费。努力改善财政干部职工的精神风貌，提高全局的集体凝聚力和战斗力。

2．防微杜渐，构筑拒腐防变的铜墙铁壁。

今年，东莞财政局党组专门组织党员专题学习《中国共产党党内监督条例（试行）》和《中国共产党纪律处分条例》（以下简称“两个《条例》”）。通过认真学习和讨

论，大家一致认为，两个《条例》是新时期下贯彻党要管党、从严治党方针的重要党内法规，对于发展党内民主，加强党内监督，严明党的纪律，维护党政机关“为民、务实、清廉”的形象具有重大的意义。全局党员干部都必须认真学习、贯彻两个《条例》，把学习两个《条例》与学习贯彻“三个代表”重要思想、党的十六大和十六届三中全会精神结合起来，武装思想，指导工作，不断加强党内监督，把党风廉政建设和反腐败斗争深入到各项财政工作之中。

多年来，东莞财政局一直都是这样认真地抓住进行拒腐防变教育的每一个机会，让广大党员、干部一次次接受反腐败思想斗争的洗礼，自觉加强思想政治教育，努力构筑牢固的思想道德防线，树立科学的世界观、人生观、价值观和正确的权利观、地位观、利益观，坚持立党为公、执政为民，做到为民理财、依法理财，提高主动监督和接受监督的意识，增强防腐拒变和廉洁从政的能力。

同时，局党组还不断完善财政监督体系，努力构筑防范腐败的铜墙铁壁。对容易滋生腐败行为的工作环节进行认真查摆，逐项编列出来，并认真加以整改。进一步健全财政拨款制度，完善拨款程序，严格按照《东莞市预算资金拨付管理规定》，建立科学、规范、严谨、高效的财政拨款制度，确保预算内、外各个拨款环节不出问题。进一步健全和完善追加经费的审核制度，要防止财政干部在申请追加经费的调查审核环节上滋生“卡、拿、吃、要”等腐败行为。进一步完善内部审计和监督制度，财政监察部门要定期对科室管理的业务账户和资金划拨情况进行检查清理，建立健全内部的监督制约机制。进一步健全单位内部财务管理，完善局机关的财务管理制度，各项开支要坚持“勤俭节约、开支有度、严格审批”的原则，防止大吃大喝和乱支滥用的行为发生。

越是在市财政工作形势好的时候，局党组就越要求大家时刻保持清醒的头脑，保持思想上的高度警惕，树立艰苦奋斗的思想，提高个人的防腐抗腐能力，从小事做起，防微杜渐，严格要求，守住自己的思想防线。

3. 取法乎上，为人才的成长把定正确的方向。

人才培养，队伍建设，必须坚持高标准、严要求。思想品德教育、党风廉政建设为先导，才能为人才培养把定正确的政治方向，避免片面强调业务提高而忽视政治方向和道德水准的偏向。东莞财政局领导班子深刻地认识到，首先，由于财政工作本身在国家职能中所处的地位十分重要，其次，是因为财政工作是直接关系到能否实现“三个代表”重要思想的问题，再次，财政工作的优劣直接影响到政府机关在人民群众心目中的形象，所以，必须立足于培养造就高层次、高素质人才，通过及时、系统、有效的教育培训和引导，来培养和造就一支思想过硬、业务精良、廉洁高效的财政队伍，特别是对年轻同志，更要从最初的起步环节严格要求，切实抓好。

新同志来到单位，局党组给他们上的第一课就是“为培养和造就一支思想过硬、业务精良、廉洁高效的财政队伍而奋斗”。局领导与大家交流和探讨“为什么要培养和造就一支思想过硬、业务精良、廉洁高效的财政队伍”、“如何去培养和造就一支思想过硬、业务精良、廉洁高效的财政队伍”、“作为新参加财政工作的同志，如何以实际行动早日成为思想过硬、业务精良、廉洁高效合格的财政干部”三个问题，让新同志在踏入财政系统的第一时间就强烈地感受到组织的殷切期望和社会的迫切需求，就能够及时地从前辈那里获得积极的指导和启示，认真地思考自我责任、明确努力的方向，提高自己的人生起点。局有关领导代表局党组勉励新来的大学毕业生，要正确认识自己，虚心学习他人的长处，从小事做起；要树立正确的世界观、人生观和价值观，要看到从事财政工作不过是社会分工，是责任所在，而不是谋取私利的机会，要自觉抵制拜金主义、享乐主义和极端个人主义；要抓紧业务学习，尽快熟悉业务工作；要做有理想、有道德、有文化、有纪律的“四有”新人；要学好、练好处理各方面人际关系的本领，胸怀宽广、诚恳待人；在任何时候都要讲政治、讲学习、讲正气，这是做人的准则，不讲政治就会迷失方向，不讲学习就会掉队，不讲正气歪风邪气就会上升，影响人的进步。局领导还以发生在东莞市财政系统内部的腐败案件来教育新同志，活生生且近在咫尺的事例为即将开始从事财政工作的年轻同志敲响警钟。年轻同志都感觉到这一课没有空洞、抽象的说教，亲切质朴、语重心长，又非常切合实际，使大家受益匪浅。

三、开拓进取，创造性地开展人才培养工作

东莞市财政局党组是一个团结奋进、开拓创新的班子。在人才培养、队伍建设工作上，他们不断思考，不断总结，不断探索，与时俱进，常常有新思路和新办法，确保了市财政系统人才战略的设想得以顺利进行。在工作实践中，他们深刻认识到，如果没有一支高素质的干部队伍，财政工作就无法适应新的社会经济发展的要求，无法胜任全新的工作任务。人才培养和队伍建设必须突破常规，积极主动地探索新路子、尝试新方式。如下六个方面的做法和经验代表了东莞市财政局近年来在培养造就高层次、高素质人才方面主要的思考和探索成果。

1. 先行一步，实施队伍的高学历改造。

20世纪90年代初，在认真分析了国家财政工作发展趋势之后，局党组就敏锐地察觉到了队伍知识老化、学历偏低的问题。为改变东莞市财政系统干部队伍素质不高、文化结构不合理的状况，局领导多次与人事干部深入到有关大专院校，现场招聘录用大学毕业生。并且严把进人质量关，对不符合录用条件者，无论什么人出面讲情也坚决不予接收。从1993年起，他们就开始率先大批量吸纳大中专毕业生。针对有些人的不理解，局有关领导反复做工作，讲明财政改革在进一步深化，旧有的人员、旧有的知识和经验必然无法胜任迅速变革的财政工作任务，我们必须提早做好人才方面的准备，提升干部的学历层次；并希望由大学生来带动全体干部职工，提升学习意识、培养学习习惯，以逐步实现整个干部队伍的优化。这样，既保证

了每个基层财政所都有了1～2名大学生，开始从根本上优化基层财政干部队伍的文化结构和学历结构，为全面建立镇区一级财政预算管理机制奠定了坚实的人才基础；同时，也对全财政系统干部职工强化学习意识，提高整体素质和业务水平，产生了极大带动和促进作用。十年来的实践已经表明，局党组确实是有远见的。

2．与时俱进，以“四型”模式塑造财政干部队伍。

结合东莞财政工作实际，2004年年初，财政局提出“以人为本，努力建设‘四型’财政干部队伍”的工作目标。“四型”分别是事业型、学习型、创新型和服务型。“事业型”队伍强调高度的事业心和责任感，积极主动发挥公共财政的职能作用，当好人民的管家。“学习型”队伍强调要在系统内真正形成崇尚学习、不断自我提高的风尚，使学习成为干部职工的自觉行为，随时为各项事业提供有力的支持和后援。“创新型”队伍强调在制度创新上有新进展。要从认真查找和解决当前影响改革、阻碍发展的突出问题入手，围绕发展这个执政兴国的第一要务，坚持制度创新，真抓实干，坚决冲破一切妨碍发展的思想观念，坚决改变一切制约发展的做法和规定，坚决革除一切影响发展的体制弊端。“服务型”队伍要求树立全新的服务意识，要时刻坚持立党为公，执政为民，诚心诚意为人民服务；在服务水平和服务质量上有新提高。“四型”干部队伍建设模式的提出，非常恰当地反映了当今时代潮流对财政工作和公共行政工作的新要求和新特点，切中新型财政干部队伍建设的关键因素，是非常有价值的理论思考和实践总结。

3．潜移默化，用优秀的行政文化影响干部职工。

行政文化是行政机关长期实践中积淀形成的观念和行为规范体系。优秀的行政文化可以对每一个干部职工的思想和行为产生极大的塑型作用，使之在潜移默化中成为组织的优秀一员。他们已经开始有意识地培育优秀的行政文化，以良好的氛围和风气来塑造和陶冶干部和职工。他们自上而下狠抓干部工作作风建设，充分发挥领导干部在改进机关作风、提高服务素质方面的带头表率作风，要求科级以上干部尤其要注重个人的道德和业务修养，做到“深怀爱民之心、恪守为民之责、善谋富民之策、多办利民之事”。要进一步改进工作方法，大力精简会议和文件，减少应酬、剪彩活动。在搞好局领导班子建设的同时，各科室也要搞科室领导班子的建设，认真查摆科室领导班子建设中存在的突出问题，并逐项编列出来，努力建设一个团结、协助、坚强的科室领导集体，积极营造一种团结、友爱、互助的工作氛围。他们鼓励干部职工对工作提出合理化建议，要尊重群众的首创精神，对提出的合理化建议和如何改进工作的设想，要及时反馈到局办公室，由办公室整理后报局领导作决策参考。对提出合理化建议并被局采纳的，要给予表扬。良好的氛围和风气可以潜移默化地影响每一个干部职工的思想和言行，使大家自觉自愿地爱岗敬业、努力学习，真正成为思想和业务均过硬的优秀人才。

4．用财政理论研究和财政调研来带动业务素质的整体提高。

通过开展财政理论研究和财政调研工作来锻炼和提高干部的开拓创新能力，这是东莞市财政局多年坚持的一项富有特色的工作。他们把财政科研活动、财政调查研究与人才培养、队伍建设紧密地联系在一起，通过一系列的科研和调研活动，使广大干部更多地关注财政科学研究的前沿，更多地深入到财政工作实践中去。这样既提高了财政系统的整体科研水平，又有效地指导了财政改革与发展的实际，同时，还有益于营造系统内部重视研究、崇尚学习的良好风气，更重要的是，极大地促进了财政系统干部队伍的建设。

5．突出重点，多管齐下，全面提高队伍的整体素质。

他们坚持理论联系实际和突出培训重点的原则。学以致用，坚持以改革开放和现代化建设的实际问题、以正在做的事情为中心，着眼于马克思主义理论的运用；坚持对实际问题的理论思考，着眼于新的实践和新的发展；坚持在改造客观世界的同时改造主观世界，树立正确的世界观、人生观和价值观，引导干部把学习理论与研究实际结合起来，切实提高干部的领导水平和科学决策的能力。突出马克思主义基本原理的教育，重视对马列主义理论最新发展成果的学习研究；突出思想政治教育，新知识、新技能的培养。重点抓好领导干部特别是中青年后备干部的教育培训。

本着适才适用的原则，针对不同的需求和情况，开展了各种层次和形式的教育培训工作，并随着社会的发展而不断提高层次。1991年组织未取得高中文凭的同志参加高中补习，使他们通过学习获得了高中文凭；1996、1997年，东莞市财政局与省财贸干部管理学院联系举办了两期两年制的经济管理大专班，全市财政系统有近100人参加了学习。2001年与中南财经政法大学联合举办了一期财政职业本科班，全系统有55名干部参加学习；2003年，有15人完成省社科院在职研究生班课程学习，取得毕业证书。

东莞市财政局还十分注重把提高学历层次与日常的干部专业知识和技能培训结合起来，在专门的业务培训、更新知识培训过程中加强财经理论教育。根据经济全球化和我国加入WTO后经济形势的需要，结合建立公共财政框架及加强支出管理等改革财政干部的知识结构的需求，进行了市场经济、国际贸易、现代管理、现代科技、法律法规等方面内容的学习培训。为了适应新形势下公共财政框架体系的建设和财税体制改革不断深化的，财政干部必须对国家法律有更多的了解和掌握。他们结合实际继续开展普法教育，通过各种形式学习《预算法》、《会计法》、《税法》以及新的各项财经法律、法规制度，进一步提高干部的法律意识，切实做到依法理财、依法行政。

6．真抓实干，想方设法确保教育培训的实效。

人才培养、队伍建设都不是一朝一夕的事情，不可能一蹴而就。要想真正见到实效，光凭完美的规划和一时间的心血来潮是根本不可能达到的，必须立足于脚踏实地的扎实工作和持之以恒的不懈努力。东莞市财政局领导班子历来崇尚实干，反对华而不实的架子功夫。他们真抓实干，几年来，工作深入细致，狠抓落实环节，确保了人才培养和队伍建设工作扎扎实实，不断迈上新台阶。抓好新接收人员的岗前培训，对新参加工作的大学毕业生进行追踪教育。本着对事业和本人高度负责的精神，坚持追踪教育，一追到底。及时肯定成绩，及时发现不足，使他们迅速成长，尽快成为工作的骨干。财政局办公室人事部门定期进行调查研究，及时了解每个大学生的思想表现、工作表现和能力，对业绩突出、素质优秀者，进一步做好重点培养和选拔任用的工作；对开始掉队的新同志则重点帮助，通过谈心、交流，使他们明确前进方向，以更快地进步。

建立培训学习的激励机制。一是把抓好干部职工教育培训作为创建文明科室、文明单位的一项重要考核内容。二是按照财政局过去制定的关于培训、学历教育有关费用的报销规定，凡个人完成培训任务，取得学历教育毕业证的同志，学费按照标准给予报销，并对优秀学员、成人教育先进单位给予精神和物质奖励。三是把培训与使用结合起来，严格执行先培训后上岗和在职定期进修制度，把干部学习情况作为选拔任用的重要依据，未经培训不予讨论，不能提拔。

保证干部教育培训经费投入，从行政经费中安排干部教育培训专项经费专款专用。并随培训力度的加大而逐年有所增加，对重要的培训项目，经费要优先安排。并加强经费的管理，提高经费使用效益。2000 年全系统参加各类教育培训者有 289 人次，教育经费开支为 40 万，占工资总额的 6%；2003 年全系统参加各类教育培训者有 307 人次，教育经费开支为 52.5 万，占工资总额的 7.2%。

四、主要经验

东莞市财政局在打造一支思想过硬、业务精良的财政干部队伍的实践中，工作求实，勇于探索创新，在干部队伍建设方面取得了突出的成绩。他们的许多思路和做法抓住了人才培养和队伍建设的关键环节，反映了事物的内在规律，值得学习和借鉴。

他们的经验集中地表现在以下六点：

1. 在干部队伍建设和人才培养上，突出一个“新”字。紧紧追随时代发展和教育进步的潮流，用最新的教育和培训观念来指导队伍建设和人才培养工作。

2. 在干部队伍的培养上，体现一个“早”字。未雨绸缪，在许多部门尚未认识的情况下，他们已经开始规划未来的人才战略，并且，迅速而有步骤地推进各个层次的教育培训，使得人才培养工作适度超前，为今后工作得占先机创造了条件，表现出了远见卓识。

3. 在干部队伍思想品德上，抓住一个“严”字。整章建制、学习提高、监督约束，均“严”字当头，严肃对待，严格要求，严守思想防线。

4. 在人才综合素质培养上，坚持一个“高”字。立足于时代和社会发展对财政工作的新需求，要求干部职工不断学习提高，一方面要提高学历层次，另一方面，还要切实提高综合业务素质，更好地胜任新工作，完成新任务。

5. 在队伍建设和人才培养的观念以及方式、方法上，表现一个“创”字。他们积极探索、勇于尝试，想方设法，坚决破除阻碍干部队伍发展的陈旧意识和习惯思维，大胆创新，采用符合教育规律和人才成长规律的方式、途径来开展工作。

6. 在教育和培训工作过程上，强调一个“实”字。立足于脚踏实地的扎实工作和持之以恒的不懈努力，真抓实干，深入细致，狠抓落实环节，确保了人才培养和队伍建设工作扎扎实实，真正见到实效。

（方　东执笔）

第八部分

财政机构人员

省财政厅的职责和机构

一、主要职责

（一）贯彻执行国家财政、税收的法律、法规、规章和方针政策；组织拟订财政、非经营性国有资产管理、资产评估、财务会计等方面的地方性法规和制度，并监督实施；参与有关税法法规和制度的拟订。

（二）拟订财政发展战略、中长期财政规划，参与制定各项宏观经济政策；执行中央与地方、国家与企业的分配政策；提出运用财税政策实施宏观调控和综合平衡社会财力的建议。

（三）编制年度省级预决算草案并组织执行，受省人民政府委托，向省人民代表大会报告省级和全省预算及其执行情况，向省人大常委会报告决算。

（四）制定财政和预算收入计划；管理和监督各项财政收入；负责组织农业税、农业特产税、耕地占用税、契税的征收和管理。

（五）管理和监督各项财政支出；管理省级预算外财政专户及各项政府性基金；管理和监督彩票发行与彩票市场、国债发行、兑付及相关工作；管理政府债务、政府贷款业务、财政票据、财政预算内行政机构、事业单位和社会团体的非贸易外汇；负责省驻穗单位住房基金使用管理。

（六）拟定和执行需要全省统一规定的行政事业单位开支标准和政府采购政策、制度；负责建立和实施国库集中收付制度；管理省级财政社会保障支出，组织实施对社会保障资金使用的财政监督；执行社会保障资金财务制度、基本建设财务制度和涉外企业财务制度。

（七）拟订非经营性国有资产的产权管理制度；负责非经营性国有资产的监管；制定财政支出绩效评价指标体系及评价标准；组织实施财政支出绩效评价、公共资源统计分析及评价；组织开展企业、行政事业单位等会计决算汇总的分析。

（八）参与财政性资金项目安排总量研究；组织调度财政性基本建设资金；参与财政性资金投资项目的工程概、预算审核，负责对财政性资金投资项目的工程结算进行审核；审核基本建设竣工财务决算，参与项目竣工验收；拟定并监督执行政府采购政策，指导全省政府采购和信息统计工作；参与工程造价管理；会同有关部门制定对省级财政资金基本建设重点项目和重点行政事业单位委派财务总监的管理规章、制度和办法；牵头办理重点行政事业单位派驻财务总监的工作。

（九）贯彻执行会计法规和制度；依法监管注册会计师和会计师事务所的业务；依法监管外国及港澳台地区会计师事务所在广东境内的有关业务；管理和指导社会审计工作。

（十）统一管理资产评估行业；指导和监督评估机构和注册评估师的业务，办理涉及国家和集体产权权益的资产评估项目立项确认。

（十一）监督财税方针、政策、法规和财会制度的执行情况；检查、反映财政收支管理中的重大问题，提出加强财政管理的政策建议。

（十二）制定财政教育规划；组织财政人员培训、财政宣传和信息工作。

（十三）承办省人民政府和财政部交办的其他事项。

二、机构设置

省财政厅机关下设 17 个职能处（室）和机关党委办公室、省纪委和监察厅派驻厅纪检组监察室、离退休人员管理处。

（一）办公室

综合协调机关日常工作；负责重要会议的组织工作、重要报告和文件的起草；负责文电、机要、信息、调研、宣传、档案、保密、外事、接待、信访、办公自动化及本厅财务等工作。

（二）法规处

协调拟定有关法规、规章和实施办法并监督执行；组织和参与财政、非经营性国有资产管理、财务会计法规起草工作的调查研究；审核其他法规、规章草案中有关财政税收的条款；承担行政复议和行政诉讼的应诉代理及行政处罚听证工作；负责有关法规的宣传和普法教育工作。

（三）预算处

执行国家财政预算的方针、政策；研究提出财政发展战略和财政政策；负责政府债务管理及政策研究；拟订和执行预算管理制度；负责省级财力管理；拟订省级部门预算管理制度；负责省级财政预算的编制；拟订省对市财政管理体制，制订省对市县财政转移支付制度，指导、检查市县财政管理。

（四）国库处

负责建立和组织实施国库集中收付制度；拟订国库管理制度、财政总预算会计核算制度；负责省级财政资金调度和财政总预算会计工作；管理省级预算外资金专户；负责省级财政收支的统计工作，分析省级预算执行情况；统一管理省财政及省级预算单位的银行开户；负责国债发行、兑付及相关管理工作；指导下级总预算会计工作；拟订并监督执行政府采购政策，指导全省政府采购和信息统计工作。

（五）综合规划处

编制中长期财政收支计划；拟订全省非税收入管理制度；参与行政事业性收费、政府性基金项目、标准的审核并进行财务监管；管理财政票据；管理罚没财物收入；拟订彩票管理有关制度，监督收益分配，监管彩票市场；管理国有土地、海域有偿使用费收入、彩票公益金等专项收入和政府性基金；参与住房制度改革工作，对各项房改资金实行财政监督；负责省驻穗单位住房基金使用管理。

（六）行政政法处

拟订行政、政法部门行政性经费的财务管理制度、项目资金使用管理办法和支出政策；贯彻实施《行政单位财务规则》；会同分管部门研究拟订行政性经费开支标准；管理外事、外宣经费、民兵事业费和武装警察部队经费；负责审核分管部门的预、决算；对分管部门预算的执行、专项资金的使用、财务管理制度和政策的执行情况进行监督；办理国家规定统一着装的有关事项。

（七）科教文处

拟订教育、科学、文化等部门的公有财产制度和支出政策；贯彻实施《事业单位财务规则》；管理教育、科学、文化、体育、广播电视、计生、档案、地震及其他部门事业费；会同分管部门研究拟订经费开支标准；负责审核分管部门的预、决算；对分管部门预算的执行、专项资金的使用、财务管理制度和政策的执行情况进行监督。

（八）工贸发展处

参与研究国家与企业分配政策和产业政策；拟订并监督执行工交、内贸、邮电、文教、建筑施工、房地产开发企业和地方粮食储备收益、城市公用、城乡环保及股份制企业财务会计制度；拟订地方性资产评估管理规则、规章和制度并监督执行；负责省财政扶持企业资金、企业亏损补贴、税收返还、试点企业流动资金、环境保护（治理）资金等专项资金的管理和监督；管理工交等部门事业费和分管部门的行政事业性收费业务；会同分管部门研究拟订经费开支标准；审核分管部门的预、决算；对分管部门预算的执行、专项资金的使用、财务管理制度的执行情况进行监督。

（九）农业处

管理财政用于农、林、水、气象等部门事业经费和支农专项资金；管理监狱、劳改财务；拟订财政支农政策和财务管理办法；组织编制农业综合开发规划；管理和统筹安排财政性农业综合开发资金；组织检查农业综合开发项目的执行情况；拟订农业税收征收管理办法；负责农业税、农业特产税、耕地占用税、契税的征收管理；会同分管部门研究拟订经费开支标准；负责审核分管部门的预、决算；对分管部门预算的执行、专项资金的使用、财务管理制度和政策的执行情况进行监督；参与管理和分配财政扶贫资金、支援不发达地区发展资金；负责粮食自给工程的有关工作。

（十）经济建设处

编制省级经济建设支出预算方案，下达经济建设支出预算；参与投资体制改革有关工作和财政性资金年度投资计划安排；根据基本建设程序、年度基本建设支出预算、年度投资计划及工程进度核拨资金；参与国债投资项目的安排和投资计划的审核，负责国债资金使用的监督管理；参与审核财政性资金投资项目工程概算，审核该类工程预、结算和竣工财务决算；指导和监督国有建设单位执行财务会计制度；负责对省级有关部门直接组织实施的财政投资重大工程项目的财务监管；负责对其他基本建设项目的财政性投资实施财政监督；参与工程造价管理。

（十一）社会保障处

参与研究社会保障制度改革和政策，提出有关建议；编制省级和全省社会保障资金预算草案；管理社会救灾救济、劳动就业、医疗保险（包括公费医疗）等方面的财务和资金；管理卫生、药品监督、民政、劳动和社会保障等部门的经费；负责拟订和执行失业保险和养老保险等社会保障基金的财务管理制度；会同分管部门研究拟订经费开支标准；负责审核分管部门的预、决算；对分管部门预算的执行、专项资金的使用、财务管理制度和政策的执行情进行监督；组织实施对各项社会保障资金使用的财政监督。

（十二）外经金融处

拟订和执行涉外金融机构的财政政策；指导和监督外经贸、旅游、外商投资企业执行财务会计制度；负责地方金融机构的财务监管；负责境外企业和有关涉外收入的监缴和财务管理工作；负责政府外债管理；办理外国政府贷款及国际金融组织贷款和转贷业务；会同分管部门研究拟订经费开支标准；负责审核分管部门的预、决算；对分管部门预算的执行、专项资金的使用、财务管理制度和政策的执行情况进行监督；负责拟订和执行财政预算内行政事业单位和社会团体的非贸易外汇管理制度。

（十三）会计处

管理会计工作；拟订并组织实施地方性会计法规、规章、制度；负责管理会计人员的从业资格、业务培训、继续教育工作；指导和管理社会审计、资产评估工作，负责社会审计机构、资产评估机构及其执业人员的资质管理；依法监管会计师事务所和注册会计师行业；依法监管外国及港澳台地区会计师事务所在广东省境内有关业务；协同有关部门做好会计、注册会计师、资产评估专业技术资格考试工作；组织高级会计师资格的评审；指导和监督会计电算化工作。

（十四）绩效评价处

制订财政支出绩效评价指标体系及评价标准；拟订财政资金支出绩效评价的有关政策、制度和办法；拟订公共资源统计评价政策，建立公共资源统计报告制度，统一提供和发布公共资源有关信息；组织公共资源管理研究和发展预测分析，建立公共资源数据库，促进建立相关预警机制；组织企业、行政事业单位等会计决算报表汇总和分析；组织实施财政支出效益评价工作。

（十五）行政事业资产管理处

拟定非经营性国有资产的产权管理制度；牵头组织制订行政事业单位国有资产配置办法；负责行政事业单位清产核资、财产清查工作，掌握全省行政事业性资产基本情况，参与提出有关年度预算计划；负责审批行政事业单位国有资产处置；会同有关部门拟订对省级财政性资金基本建设重点项目和重点行政事业单位委派财务总监的管理规章、制度和办法，牵头办理重点行政事业单位派驻财务总监的工作。

（十六）监督检查办公室

拟订财政监督的制度和办法，监督财税方针政策、法规和制度执行情况；负责对财政资金的分配、使用情况进行监督检查；负责对省财政投资的重大项目和财政专项支出进行跟踪监督；检查监督行政、事业、企业单位执行财政、税收法令和财务会计制度情况；检查、反映财政收支管理中的重大问题，提出加强财政管理的政策建议；查处重大违反财经纪律案件；依法对注册会计师和会计师事务所的违纪、违规行为进行行政监督检查和行政处罚；指导市县财政监督工作。

（十七）人事教育处

负责厅机关和指导直属单位的人事管理工作；指导财政系统的精神文明建设；拟订和实施财政系统人员培训教育规划；负责安全保卫、计划生育、因公因私出国（境）批报等工作；管理厅属学校。

省财政厅机关党委办公室，负责厅机关和指导直属单位的党务、工会、共青团、妇女等工作。

省监察厅派驻省财政厅监察室，与省纪委派驻省财政厅纪检组合署。负责厅机关和直属单位及授权管理单位的纪检、监察工作；负责厅机关、直属单位的干部离任审计工作。

离退休人员管理处，负责厅机关离退休人员的服务、管理工作；负责对厅属单位离退休干部工作进行指导、检查和督促。

三、省财政厅直属单位

（一）机关服务中心

负责厅机关后勤服务和物业管理工作。

（二）国库支付中心（加挂会计服务中心牌子）

配合财政部门建立和完善国库单一账户体系，协助进行预算控制和用款计划审核工作，负责建立预算单位收支总账及分类管理系统；承担财政拨款方式改革后的财政资金审核、支付和会计核算工作；监管预算外资金收入收缴；承担财政支付和收付系统内部的监督检查、系统维护；负责国债兑付资金管理的具体操作业务等。参与制定会计核算规程；负责财务核算监管网络系统的建立和安全运行；负责建立预算基础资料、预算单位基本情况数据库和财会人员动态资料库，对预算单位会计资料的真实、完整情况进行监督检查；负责向财政监督部门提供数据资料，按授权办理会计核算情况的查询。

（三）省政府采购管理办公室

负责政府采购的监督管理工作。

（四）省世界银行贷款业务办公室

具体承担世界银行贷款业务工作。

（五）投资审核中心

承担财政性投资项目的可行性评估、论证的技术性、服务性工作；负责财政性投资项目的工程概算审核及预（结）算、决算审查；负责财政性投资项目招标标底审查和财务效益评估。

（六）票据监管中心

受厅委托承担行政事业性收费、罚没票据印制企业的资格审查、资格证书发放工作；负责票据式样的制定、监制、发放、撤销和稽查工作；办理使用票据单位的注册登记。

（七）省财政信息中心

承担财政信息网络的建立、管理和维护工作；收集、整理和传递财政信息；负责财政系统计算机软件开发、办公自动化及信息人员培训等工作。

（八）省财政科学研究所

宣传国家的财政政策；负责财政政策、体制的理论研究；组织建立财政系统有科研能力的基层调研网络；编辑、出版和发行《广东财政》杂志（2004 年 1 月起改名为《广东财政理论与实务》）。

（九）省注册会计师协会

负责注册会计师行业自律管理和为全省注册会计师服务。

（十）省会计函授学校

负责财会函授专业学历教育和在职财会人员业务培训、继续教育工作。

（十一）广东财经职业学院

承担全日制普通专科学历教育和成人脱产、业余专科学历教育等工作；承担财税系统的业务培训和继续教育等非学历教育工作；开展财经科学研究和学术交流等工作。

（十二）广东省财政学校

培养财政中等专业人才。

省财政厅领导及厅属各单位领导名单

一、厅领导

（一）2001 年

党组书记：陈继兴
党组成员：罗妹珠　熊展瑜　郑振涛　周高雄
　　　　　蓝佛安

变动情况：省委 2001 年 9 月 14 日批准，蓝佛安任省财政厅党组成员。

厅　长：陈继兴
副厅长：郑振涛　周高雄　蓝佛安

省纪委、省监察厅派驻省财政厅纪检组长、监察专员：熊展瑜

变动情况：省政府 2001 年 10 月 30 日批准，任命蓝佛安为省财政厅副厅长。

（二）2002 年

党组书记：刘　昆
党组成员：郑振涛　周高雄　蓝佛安　赵　军
　　　　　李朝明

变动情况：省委 2002 年 2 月 20 日批准，免去罗妹珠省财政厅党组成员职务；省委 2002 年 3 月 19 日批准，赵军任省财政厅党组成员，免去熊展瑜省财政厅党组成员职务；省委 2002 年 6 月 7 日批准，李朝明任省财政厅党组成员；省委 2002 年 10 月 21 日批准，刘昆任省财政厅党组书记，免去陈继兴省财政厅党组书记职务。

厅　长：刘　昆
副厅长：郑振涛　周高雄　蓝佛安　李朝明

省纪委、省监察厅派驻省财政厅纪检组长、监察专员：赵　军

变动情况：省委 2002 年 3 月 19 日批准，赵军任省纪委、省监察厅派驻省财政厅纪检组长、监察专员，免去熊展瑜省纪委、省监察厅派驻省财政厅纪检组长、监察专员职务；省委 2002 年 6 月 7 日批准，李朝明任省财政厅副厅

长；省第九届人民代表大会常务委员会第三十八次会议于2002年12月6日审议通过，任命刘昆为省财政厅厅长，免去陈继兴省财政厅厅长职务。

（三）2003年

党组书记：刘　昆

党组成员：郑振涛　周高雄　蓝佛安　赵　军　李朝明　曾志权

变动情况：省委2003年5月7日批准，曾志权任省财政厅党组成员。

厅　长：刘　昆

副厅长：郑振涛　周高雄　蓝佛安　李朝明　曾志权

省纪委、省监察厅派驻省财政厅纪检组长、监察专员：赵　军

变动情况：省委2003年5月7日批准，曾志权任省财政厅副厅长；省政府2003年9月22日批准，任命李朝明为省财政厅副厅长。

（四）2004年

党组书记：刘　昆

党组成员：周高雄　蓝佛安　赵　军　李朝明　曾志权

变动情况：省委2004年3月31日同意，免去郑振涛省财政厅党组成员职务。

厅　长：刘　昆

副厅长：周高雄　蓝佛安　李朝明　曾志权

省纪委、省监察厅派驻省财政厅纪检组长、监察专员：赵　军

变动情况：省政府2004年5月19日批准，免去郑振涛省财政厅副厅长职务；省政府2004年7月20日批准，任命曾志权为广东省财政厅副厅长。

二、厅机关各处室领导

（一）办公室

姓　名	职　务	任职起止时间
彭明官	主　任	2000年6月起
张建强	副主任	2000年6月起
卢荣春	副主任	2000年6月起

（二）法规处

姓　名	职　务	任职起止时间
欧　菲	处　长	2000年6月起
陈昭永	副处长	2000年6月起

（三）预算处

姓　名	职　务	任职起止时间
李朝明	处　长	2000年6月至2002年6月
沈梅红	处　长	2002年8月起
戴运龙	副处长	2001年11月至2002年8月
邹清莲	副处长	2001年11月至2002年8月
戴穗生	副处长	2002年8月起
周修群	副处长	2004年8月起

（四）国库处（2001年6月成立）

姓　名	职　务	任职起止时间
沈梅红	处　长	2001年11月至2002年8月
戴运龙	处　长	2002年8月起
邹清莲	副处长	2002年8月起

（五）综合规划处

姓　名	职　务	任职起止时间
黎树源	处　长	2000年6月起
彭继东	副处长	2000年6月起
戴运龙	副处长	2000年6月至2001年11月
郭展仪	副处长	2001年11月起

（六）行政政法处

姓　名	职　务	任职起止时间
苏凤玲	处　长	2000年6月起
李秋萍	副处长	2000年6月至2001年11月
孙祖通	副处长	2000年6月至2003年9月
戴穗生	副处长	2001年11月至2002年8月
翟登军	副处长	2004年3月起

（七）教科文处

姓　名	职　务	任职起止时间
张仿松	处　长	2000年6月起
李建强	副处长	2000年6月至2004年8月
郭　为	副处长	2000年6月起

（八）工贸发展处（2004年4月前为企业处）

姓　名	职　务	任职起止时间
吴仰和	处　长	2000年6月至2003年6月
危金峰	处　长	2003年9月起
黄小群	副处长	2000年6月至2004年8月
谢琼杰	副处长	2000年6月至2004年9月

叶梅芬　副处长　2004年8月起

（九）农业处

姓　名	职　务	任职起止时间
曾志权	处　长	2000年6月至2003年5月
李华东	处　长	2003年9月起
陈子希	副处长	1995年4月至2004年8月
危金峰	副处长	2000年6月至2003年9月
周丽娟	副处长	2004年8月起

（十）经济建设处

姓　名	职　务	任职起止时间
卢小娟	处　长	2000年6月起
徐迎建	副处长	2000年6月至2002年2月
谢　慈	副处长	2000年6月起
刘付杰	副处长	2004年8月起

（十一）社会保障处

姓　名	职　务	任职起止时间
林应武	处　长	2000年6月起
黄　斌	副处长	2000年6月至2001年5月
林白桦	副处长	1995年4月至2002年8月
钟　凯	副处长	2001年11月起
刘小聪	副处长	2004年8月起

（十二）外经金融处

姓　名	职　务	任职起止时间
郑亚吉	处　长	2000年6月起
张穗汉	副处长	2000年6月至2001年11月
邝　慧	副处长	2001年11月起
朱莉萍	副处长	2003年10月起

（十三）会计处

姓　名	职　务	任职起止时间
何秀娟	处　长	2000年6月起
李秀容	副处长	2000年6月至2004年8月
林　斌	副处长	2001年11月起

（十四）绩效评价处(2004年4月前为统计评价处)

姓　名	职　务	任职起止时间
叶桂光	处　长	2000年6月至2001年5月
肖　学	处　长	2001年11月起
周玉明	副处长	2000年6月至2004年4月
吴金华	副处长	2000年6月至2004年7月
袁　明	副处长	2004年8月起

（十五）财务总监办（2004年4月撤销）

姓　名	职　务	任职起止时间
毛秀源	常务副主任	2000年6月至2004年4月
丁跃文	副主任	2000年6月至2003年9月
王建平	副主任	2000年6月至2004年4月

（十六）行政事业资产管理处(2004年4月成立)

姓　名	职　务	任职起止时间
吴金华	处　长	2004年7月起
王建平	副处长	2004年7月起

（十七）监督检查办公室

姓　名	职　务	任职起止时间
李华东	主　任	2000年6月至2003年8月
辜东方	主　任	2003年9月起
卢千里	副主任	2000年6月至2004年8月
叶伟龙	副主任	2000年6月至2003年11月
黄　山	副主任	2004年8月起
云　峰	副主任	2004年8月起

（十八）人事教育处

姓　名	职　务	任职起止时间
金耀观	处　长	2000年4月至2003年3月
李秋萍	处　长	2003年5月起
白建林	副处长	2000年6月起
张新华	副处长	2000年6月起

（十九）机关党委办公室

姓　名	职　务	任职起止时间
肖红梅	主　任	2000年6月起
郑永德	副主任	1998年9月起

（二十）省纪委和监察厅派驻厅纪检组、监察室

姓　名	职　务	任职起止时间
李秋萍	主　任	2001年11月至2003年5月
叶伟龙	主　任	2003年11月起
陈祥福	副主任	2001年11月至2004年8月

（二十一）离退休人员管理处

姓　名	职　务	任职起止时间
缪东山	处　长	2003年9月起

缪东山　副处长　2000年8月至2003年9月
柳捍国　副处长　2004年8月起

三、厅属各单位领导

（一）机关服务中心

姓　名	职　务	任职起止时间
冼宗平	副主任	2001年11月起
罗长权	副主任	1995年4月起
黄大权	副主任	2000年6月起

（二）国库支付中心

（2002年8月成立，2004年11月加挂会计服务中心牌子）

姓　名	职　务	任职起止时间
戴运龙	主　任（兼）	2002年8月起
邹清莲	副主任（兼）	2002年8月起

（三）省政府采购管理办公室

（2003年3月前为省政府采购中心）

姓　名	职　务	任职起止时间
彭伟军	主　任	2000年6月至2001年5月
张穗汉	主　任	2001年11月起
吴坤胜	副主任	2000年6月起
谭煜筹	副主任	2000年6月至2001年11月
张　平	副主任	2002年10月起

（四）省世界银行贷款业务办公室

姓　名	职　务	任职起止时间
曾毓昌	主　任	2004年8月起
曾毓昌	常务副主任	2000年10月至2004年8月
官斯甘	副主任	1999年10月至2004年8月
辜东方	副主任	2000年10月至2003年9月
曹玉英	副主任	2004年8月起

（五）投资审核中心

姓　名	职　务	任职起止时间
廖林光	主　任	2000年10月至2003年7月
孙祖通	主　任	2003年9月起
谭捍卫	副主任	2000年10月起

（六）票据监管中心

姓　名	职　务	任职起止时间
宁攻坚	主　任	2002年9月起
张　平	副主任	2000年6月至2002年10月
余耀兰	副主任	2000年6月起

（七）省财政信息中心

姓　名	职　务	任职起止时间
宁攻坚	主　任	2000年10月至2002年9月
彭明官	主　任（兼）	2002年9月至2003年9月
刘　菡	主　任	2003年9月起
谭煜筹	副主任	2001年11月起

（八）省财政科学研究所

姓　名	职　务	任职起止时间
黎旭东	所　长	2000年10月起
刘　菡	副所长	2000年10月至2003年9月
陈坤城	副所长	2004年8月起

（九）省注册会计师协会

姓　名	职　务	任职起止时间
纪　武	秘书长	2000年8月至2003年6月
丁跃文	秘书长	2003年9月起
李柏生	副秘书长	1998年10月起
黄南昌	副秘书长	1996年11月起
李楚雄	副秘书长	2000年10月起
曾永夫	副秘书长	2000年10月至2004年6月
葛　芸	副秘书长	2004年9月起

（十）省会计函授学校

姓　名	职　务	任职起止时间
何秀娟	校长（兼）	2000年10月起
黄腾达	副校长	2002年7月起

（十一）广东财经职业学院

（2001年7月前为广东财税高等专科学校）

姓　名	职　务	任职起止时间
金耀观	书　记	2003年3月起
陈德萍	院　长	2003年3月起
陈德萍	副院长	2001年9月至2003年3月
李奇周	副院长	2001年9月起
陈德萍	副校长	1996年8月至2001年9月
李奇周	副校长	1997年11月至2001年9月

（十二）广东省财政学校

姓名	职务	任职起止时间
刘本惠	书记	1994年2月至2003年11月
汪一洋	校长	1998年10月至2002年2月
徐迎建	校长	2002年2月起
丘作凡	副校长	1993年9月至2002年7月
陈济光	副校长	2001年10月至2004年11月

地级以上市财政局领导名单

（一）广州市

姓名	职务	任职起止时间
关国锵	党委书记、局长	1999年3月至2001年4月
郭锡龄	党委书记、局长	2001年4月起
崔仁泉	党委副书记	1996年4月至2003年8月
崔仁泉	纪委书记（兼）	2000年4月至2001年6月
谢月娴	副局长	1992年8月至2003年12月
林锦全	副局长	1996年7月起
袁锦霞	副局长	1999年3月起
阮志杰	副局长	1999年12月起
刘善良	纪委书记	2001年6月起
吴国伟	副局长	2002年5月起

（二）深圳市

姓名	职务	任职起止时间
及聚声	局长	2000年4月起
伍秀琼	副局长	2003年1月起
张奕炎	机关党委书记、纪检组长	2001年8月起
成泽民	副局长	1993年12月至2002年7月
古益强	副局长	1998年3月至2001年8月
汤暑葵	副局长	2001年8月起
李廷忠	副局长	2001年8月起
伍秀琼	总会计师	2001年8月至2003年1月
张福通	总经济师	2002年8月起
黄亦平	总会计师	2003年3月起

（三）珠海市

姓名	职务	任职起止时间
尤镇城	党组书记、局长	1999年3月至2004年6月
黄锐	党组书记、局长	2004年6月起
吴小濠	副局长	2001年5月起
张柏峰	副局长	2002年6月起

（四）汕头市

姓名	职务	任职起止时间
吴銮珍	局长	1993年7月至2003年8月
官惠林	局长	2004年4月起
陈孝源	副局长	1989年12月至2001年7月
郑茂禄	副局长	1993年3月至2001年7月
吴建群	副局长	1995年3月起
官惠林	副局长	1996年12月至2004年4月
张娟辉	副局长	2001年7月起
林毅荣	副局长	2003年5月起

（五）佛山市

姓名	职务	任职起止时间
焦文庆	局长	1998年7月起
杨耀松	副局长	1995年8月至2004年7月
宰建平	副局长	1997年1月起
郑灿儒	副局长	2001年8月至2003年3月
麦昌顺	副局长	2003年5月起
麦昌顺	纪检组长	2001年8月至2003年11月
陈志保	纪检组长	2003年11月起

（六）韶关市

姓名	职务	任职起止时间
张志才	局长	1996年1月至2004年6月
黎国坚	局长	2004年7月起
林嘉	副局长	1995年2月起
蒋伟民	副局长	1998年8月至2004年6月

王燕惠	副局长	2001年8月起
潘 穗	副局长	2002年11月起

（七）河源市

姓 名	职 务	任职起止时间
具铁祥	局 长	1994年7月至2004年6月
梁国华	局 长	2004年7月起
吉应平	副局长	1994年9月至2003年3月
黎志强	副局长	1998年1月起
刘丽常	副局长	1998年1月起
梁国华	副局长	2003年3月至2004年6月
杨 森	纪检组长	2002年7月起

（八）梅州市

姓 名	职 务	任职起止时间
李忠良	党组书记、局长	1998年11月至2003年12月
叶胜坤	党组书记、局长	2003年12月起
丘燕玲	副局长	1996年7月起
古惠常	纪检组长	1995年4月起
张梓明	副局长	1999年1月起
卓小玫	副局长	2000年9月起
王新奕	副局长	2001年9月起

（九）惠州市

姓 名	职 务	任职起止时间
郑欣光	局 长	1993年7月至2001年7月
温镜明	局 长	2001年7月起
彭威源	副局长	1991年2月至2001年7月
陈石东	副局长	1991年2月至2001年7月
（2001年7月至2002年9月为党组成员）		
吴锡章	副局长	1994年12月至2004年9月
（2004年9月起为党组成员）		
温旭彪	副局长	1996年5月起
李海燕	副局长	2004年6月起
林桂仁	纪检组长	2002年1月起
李政良	副局长	2001年9月起
游水生	副局长	2001年9月起

（十）汕尾市

姓 名	职 务	任职起止时间
陈广周	局 长	2000年6月起
黄钗虞	副局长	1995年6月至2003年10月
蔡良进	副局长	1997年12月起
陈兴初	副局长	2000年12月起
詹伟忠	副局长	2004年1月起
邱忠悦	纪检组长	2002年1月起

（十一）东莞市

姓 名	职 务	任职起止时间
方棣梅	局 长	1993年6月起
梁建新	副局长	1984年12月至2001年7月
卢少雄	副局长	1993年10月至2002年2月
温锦坚	副局长	1995年5月至2001年7月
黎景佳	副局长	1998年12月至2004年7月
叶照兴	副局长	1999年8月至2003年6月
陈锐康	副局长	2002年2月起
詹文光	副局长	2002年4月起
罗军文	副局长	2003年6月起
王锐江	副局长	2004年9月起
叶照兴	纪检组长	2003年6月起

（十二）中山市

姓 名	职 务	任职起止时间
吴观带	局 长	2002年2月起
吴观带	副局长	1999年10月至2002年2月
吴维兴	副局长	1993年11月起
苏长桥	副局长	1997年6月起
吴 炘	副局长	2001年7月起
吴竹科	副局长	2001年7月起
梁振球	副局长	2004年5月至2004年9月

（十三）江门市

姓 名	职 务	任职起止时间
李志强	局 长	1996年11月至2003年8月
马跃敏	局 长	2003年8月起
李祝军	副局长	1993年2月至2003年6月
唐宇霖	副局长	1999年6月起
马跃敏	副局长	2001年8月至2003年8月
林英才	副局长	2001年8月起
俞雪花	副局长	2001年10月起
陈 灵	副局长	2003年7月起
徐伙娣	纪检组长	1997年7月至2003年5月
李达成	纪检组长	2003年5月起

（十四）阳江市

姓　名	职　务	任职起止时间
邓太锦	局　长	1988 年 7 月至 2001 年 7 月
王作雄	局　长	2001 年 7 月起
杨昌宏	副局长	1995 年 1 月起
王作雄	副局长	1995 年 5 月至 2001 年 6 月
范正荣	副局长	1998 年 12 月起
曾纪雄	副局长	2001 年 6 月至 2004 年 6 月
陈小敏	副局长	2004 年 6 月起
敖圣符	纪检组长	2001 年 8 月至 2004 年 6 月
钟志强	纪检组长	2004 年 6 月起
陈永提	党组成员	2001 年 8 月起

（十五）湛江市

姓　名	职　务	任职起止时间
赵　平	局　长	2000 年 1 月至 2004 年 5 月
	党组书记	1998 年 8 月至 2004 年 8 月
钟　力	局　长	2004 年 5 月起
	党组书记	2004 年 8 月起
	副局长	2001 年 11 月至 2004 年 5 月
	党组成员	2001 年 11 月起
余汉昌	副局长	1990 年 10 月起
	党组副书记	2000 年 10 月起
张玉坚	副局长	2001 年 11 月起
	党组成员	1999 年 11 月起
周荣生	副局长	2004 年 7 月起
	党组成员	2004 年 6 月起
刘启进	副局长	2004 年 9 月起
	党组成员	2001 年 12 月起
罗桂森	纪检组长	2001 年 11 月起
	党组成员	2001 年 11 月起
高其金	副局长	1999 年 12 月至 2001 年 12 月
	党组成员	2003 年 1 月起
罗锡平	副局长	2001 年 11 月至 2004 年 6 月
	党组成员	2001 年 11 月至 2004 年 5 月

（十六）茂名市

姓　名	职　务	任职起止时间
曾献优	党组书记、局长	1991 年 11 月至 2002 年 11 月
李小迪	党组书记、局长	2002 年 12 月起
王伯昌	党组成员、副局长	2001 年 10 月至 2002 年 11 月
	党组副书记、副局长	2002 年 12 月起
张龙衍	党组成员、副局长	1996 年 6 月起
黎　涛	党组成员、副局长	1998 年 3 月起
杨德贤	党组成员、副局长	2001 年 10 月起
麦俊球	党组成员、纪检组长	2001 年 9 月起
邵景来	党组成员	1997 年 1 月起
钟旗军	党组成员	2001 年 9 月起

（十七）肇庆市

姓　名	职　务	任职起止时间
黄振平	局　长	1995 年 5 月至 2003 年 7 月
刘惠明	局　长	2003 年 8 月起
段南阳	党委副书记	2001 年 8 月起
段南阳	副局长	1994 年 11 月至 2001 年 7 月
陈焕基	副局长	1995 年 8 月至 2003 年 7 月
梁寿元	副局长	1999 年 7 月起
唐建明	副局长	2001 年 8 月起
刘小良	副局长	2001 年 8 月起

（十八）清远市

姓　名	职　务	任职起止时间
梁华勋	党组(委)书记、局　长	1999 年 1 月起
袁惠君	党组（委）副书记	1997 年 5 月至 2003 年 8 月
陈能然	党委副书记	2002 年 3 月起
陈能然	纪委书记	2002 年 3 月至 2003 年 8 月
李英贤	纪委书记	2003 年 8 月起
李英贤	副局长	1993 年 10 月至 2003 年 8 月
林文钊	副局长	1998 年 6 月至 2003 年 12 月
陈淑英	副局长	1998 年 12 月起
陈献文	副局长	2001 年 7 月起
甘伟雄	副局长	2003 年 8 月起
罗良品	副局长	2004 年 8 月起
袁惠君	纪检组长	1992 年 9 月至 2002 年 3 月

（十九）潮州市

姓　名	职　务	任职起止时间
章壮权	局　长	1994 年 3 月至 2003 年 6 月
朱智朝	局　长	2003 年 6 月起
黄庆扬	副局长	1996 年 3 月起
谢伟平	副局长	1997 年 2 月起
张茂元	副局长	1997 年 2 月至 2004 年 4 月
苏岳良	副局长	2003 年 12 月起
刘燕君	副局长	2003 年 12 月起
陈章发	纪检组长	2004 年 5 月起

李振藩 纪检组长 2001年9月起

（二十）揭阳市

姓名	职务	任职起止时间
陈澄民	局长	1998年4月起
詹汉池	副局长	1995年11月至2001年7月
唐莉	副局长	1998年8月至2001年7月
林汉钦	副局长	2000年2月起
吴炎标	副局长	2001年7月起
陈若波	副局长	2001年7月起
方海宏	副局长	2001年10月至2003年3月
黄光瑞	副局长	2003年3月起

（二十一）云浮市

姓名	职务	任职起止时间
陈冠忠	局长	1996年8月至2004年8月
江开传	局长	2004年8月起
温琼才	副局长	1994年12月至2004年10月
黄科	副局长	1997年5月至2004年10月
苏小华	副局长	1997年5月起
严伙强	副局长	2004年10月起
陈华坚	纪检组长	2003年1月起

2001～2004年度全省财政系统职工情况统计表

（一）2001年度全省财政系统职工情况统计表

项目	合计	分布			
		省级直属	地级直属	县级直属	所级直属
合计	23 379	1 402	3 069	7 249	11 659
占百分比	100.00	6.00	13.12	31.01	49.87

项目	行政职务						专业职务				
	合计	厅级以上	处级	科级	一般干部	工勤人员	合计	高级	中级	助理级	员级
合计	23 379	28	418	2 470	16 052	4 411	8 898	89	2 391	4 743	1 675
占百分比	100.00	0.12	1.79	10.57	68.66	18.86	100.00	1.00	26.87	53.30	18.83

项目	性别		民族		政治面貌			
	男	女	汉	其他	党员	团员	民主党派	其他
合计	15 279	8 100	23 228	151	12 344	2 644	30	8 361
占百分比	65.35	34.65	99.35	0.65	52.80	11.31	0.13	35.76

项目	年龄					文化程度			
	35岁以下	36～45岁	46～54岁	55～59岁	60岁以上	大专以上	中专	高中	初中以下
合计	11 527	7 839	3 334	657	22	11 978	4 885	4 902	1 614
占百分比	49.30	33.53	14.26	2.81	0.09	51.23	20.90	20.97	6.90

项目	参加工作时间							
	1949年9月以前	1949年10月至1957年	1958～1965年	1966～1970年	1971～1980年	1981～1990年	1991～2000年	2001年以后
合计		5	596	1 330	5 554	8 388	7 319	187
占百分比		0.02	2.55	5.69	23.76	35.88	31.31	0.79

项目	变化情况				
	上年实有人数	本年实有人数	增加或减少总数		
			合计	绝对增加数	绝对减少数
合计	23 677	23 379	-298	944	1 242
省厅级	1 366	1 402	36	87	51
地市局	3 226	3 069	-157	102	259
县市局	7 216	7 249	33	261	228
乡镇所	11 869	11 659	-210	494	704

项目	人员性质										
	行　政		事　业				企业	聘用制			
	合计	其中：公务员数	合计	全额拨款单位	差额拨款单位	自收自支事业单位		合计	行政	事业	企业
合计	17 131	8 652	5 401	4 641	148	612	57	790	350	390	50
省厅级	588	566	688	467	92	129		126		76	50
地市局	2 363	1 992	661	368	31	262	34	11	6	5	
县市局	6 338	3 848	851	632	8	211	23	37	32	5	
乡镇所	7 842	2 246	3 201	3 174	17	10		616	312	304	

补充说明：乡镇财政所机构数为 1 711 个。

（二）2002年度全省财政系统职工情况统计表

项目	合计	分布			
		省级直属	地级直属	县级直属	所级直属
合计	22 749	1 403	3 140	6 863	11 343
占百分比	100.00	6.17	13.80	30.17	49.86

项目	行政职务						专业职务				
	合计	厅级以上	处级	科级	一般干部	工勤人员	合计	高级	中级	助理级	员级
合计	22 749	30	444	2 432	15 310	4 533	8 443	102	2 216	4 404	1 721
占百分比	100.00	0.13	1.95	10.69	67.30	19.93	100.00	1.21	26.25	52.16	20.38

项目	性别		民族		政治面貌			
	男	女	汉	其他	党员	团员	民主党派	其他
合计	14 714	8 035	22 601	148	12 172	2 408	29	8 140
占百分比	64.68	35.32	99.35	0.65	53.51	10.58	0.13	35.78

项目	年龄					文化程度			
	35岁以下	36～45岁	46～54岁	55～59岁	60岁以上	大专以上	中专	高中	初中以下
合计	11 250	8 054	3 094	333	18	13 213	4 089	4 308	1 139
占百分比	49.45	35.41	13.60	1.46	0.08	58.08	17.97	18.94	5.01

项目	参加工作时间							
	1949年9月以前	1949年10月至1957年	1958～1965年	1966～1970年	1971～1980年	1981～1990年	1991～2000年	2001年以后
合计	1	9	248	935	5 097	8 277	7 564	618
占百分比	0.00	0.04	1.09	4.11	22.41	36.38	33.25	2.72

项目	变化情况				
	上年实有人数	本年实有人数	增加或减少总数		
			合计	绝对增加数	绝对减少数
合计	23 379	22 749	－630	1 341	1 971
省厅级	1 402	1 403	1	94	93
地市局	3 069	3 140	71	291	220
县市局	7 249	6 863	－386	401	787
乡镇所	11 659	11 343	－316	555	871

项目	人员性质										
	行　政		事　业				企业	聘用制			
	合计	其中：公务员数	合计	全额拨款单位	差额拨款单位	自收自支事业单位		合计	行政	事业	企业
合计	14 434	9 434	7 649	6 916	105	628	64	602	359	191	52
省厅级	609	581	663	473	75	115		131	23	64	44
地市局	2 192	1 932	886	601	24	261	48	14		14	
县市局	5 385	4 162	1 428	1 178	6	244	16	34	18	8	8
乡镇所	6 248	2 759	4 672	4 664		8		423	318	105	

补充说明：乡镇财政所机构数为 1 669 个。

（三）2003 年度全省财政系统职工情况统计表

项目	合计	分　布			
		省级直属	地级直属	县级直属	所级直属
合计	23 162	1 473	3 306	7 243	11 140
占百分比	100.00	6.36	14.27	31.27	48.10

项目	行政职务						专业职务				
	合计	厅级以上	处级	科级	一般干部	工勤人员	合计	高级	中级	助理级	员级
合计	23 162	35	464	2 578	15 541	4 544	8 605	105	2 312	4 488	1 700
占百分比	100.00	0.15	2.00	11.13	67.10	19.62	100.00	1.22	26.87	52.16	19.75

项目	性别		民族		政治面貌			
	男	女	汉	其他	党员	团员	民主党派	其他
合计	14 856	8 306	22 999	163	12 975	2 310	35	7 842
占百分比	64.14	35.86	99.30	0.70	56.02	9.97	0.15	33.86

项目	年龄					文化程度				
	35 岁以下	36～45 岁	46～54 岁	55～59 岁	60 岁以上	大学本科以上	大专	中专	高中	初中以下
合计	11 013	8 150	3 587	398	14	3 892	10 739	3 501	3 999	1 031
占百分比	47.55	35.19	15.49	1.72	0.06	16.80	46.36	15.12	17.27	4.45

项目	参加工作时间							
	1949年9月以前	1949年10月至1957年	1958～1965年	1966～1970年	1971～1980年	1981～1990年	1991～2000年	2001年以后
合计			195	870	5033	8232	7794	1038
占百分比			0.84	3.76	21.73	35.54	33.65	4.48

项目	变化情况				
	上年实有人数	本年实有人数	增加或减少总数		
			合计	绝对增加数	绝对减少数
合计	22 749	23 162	413	1 674	1 261
省厅级	1 403	1 473	70	117	47
地市局	3 140	3 306	166	291	125
县市局	6 863	7 243	380	633	253
乡镇所	11 343	11 140	－203	633	836

项目	人员性质										
	行 政		事 业				企业	聘用制			
	合计	其中：公务员数	合计	全额拨款单位	差额拨款单位	自收自支事业单位		合计	行政	事业	企业
合计	14102	10711	8382	7553	203	626	75	603	196	356	51
省厅级	592	570	757	558	67	132	3	121		78	43
地市局	2140	1934	1102	793	68	241	50	14		14	
县市局	5377	4469	1813	1585	10	218	11	42	25	12	5
乡镇所	5993	3738	4710	4617	58	35	11	426	171	252	3

补充说明：乡镇财政所机构数为 1 568 个。

（四）2004 年度全省财政系统职工情况统计表

项目	合计	分 布			
		省级直属	地级直属	县级直属	所级直属
合计	23 351	1 482	3 411	7 521	10 937
占百分比	100.00	6.35	14.60	32.21	46.84

项目	行政职务						专业职务				
	合计	厅级以上	处级	科级	一般干部	工勤人员	合计	高级	中级	助理级	员级
合计	23351	24	476	2634	15522	4695	8523	124	2328	4431	1640
占百分比	100.00	0.10	2.04	11.28	66.47	20.11	100.00	1.45	27.31	52.00	19.24

项目	性别		民族		政治面貌			
	男	女	汉	其他	党员	团员	民主党派	其他
合计	14 859	8 492	23 181	170	13 545	2 150	37	7 619
占百分比	63.63	36.37	99.27	0.73	58.00	9.21	0.16	32.63

项目	年龄					文化程度				
	35岁以下	36～45岁	46～54岁	55～59岁	60岁以上	大学本科以上	大专	中专	高中	初中以下
合计	10 500	8 430	3 908	503	10	4 490	11 137	3 125	3 720	879
占百分比	44.97	36.10	16.74	2.15	0.04	19.23	47.69	13.38	15.93	3.77

项目	参加工作时间							
	1949年9月以前	1949年10月至1957年	1958～1965年	1966～1970年	1971～1980年	1981～1990年	1991～2000年	2001年以后
合计			144	843	5006	8151	7883	1324
占百分比			0.61	3.61	21.44	34.91	33.76	5.67

项目	变化情况				
	上年实有人数	本年实有人数	增加或减少总数		
			合计	绝对增加数	绝对减少数
合计	23 162	23 351	189	1 114	925
省厅级	1 473	1 482	9	77	68
地市局	3 306	3 411	105	228	123
县市局	7 243	7 521	278	456	178
乡镇所	11 140	10 937	－203	353	556

<table>
<tr><th rowspan="3">项目</th><th colspan="11">人员性质</th></tr>
<tr><th colspan="2">行　政</th><th colspan="4">事　业</th><th rowspan="2">企业</th><th colspan="4">聘用制</th></tr>
<tr><th>合计</th><th>其中：公务员数</th><th>合计</th><th>全额拨款单位</th><th>差额拨款单位</th><th>自收自支事业单位</th><th>合计</th><th>行政</th><th>事业</th><th>企业</th></tr>
<tr><td>合计</td><td>13 346</td><td>10 744</td><td>9 452</td><td>8 599</td><td>192</td><td>661</td><td>68</td><td>485</td><td>181</td><td>207</td><td>97</td></tr>
<tr><td>省厅级</td><td>577</td><td>556</td><td>819</td><td>609</td><td>72</td><td>138</td><td>1</td><td>85</td><td></td><td>42</td><td>43</td></tr>
<tr><td>地市局</td><td>2 179</td><td>1 979</td><td>1 176</td><td>813</td><td>64</td><td>299</td><td>51</td><td>5</td><td></td><td>5</td><td></td></tr>
<tr><td>县市局</td><td>5 303</td><td>4 572</td><td>2 157</td><td>1 964</td><td>16</td><td>177</td><td>11</td><td>50</td><td>26</td><td>20</td><td>4</td></tr>
<tr><td>乡镇所</td><td>5 287</td><td>3 637</td><td>5 300</td><td>5 213</td><td>40</td><td>47</td><td>5</td><td>345</td><td>155</td><td>140</td><td>50</td></tr>
</table>

补充说明：乡镇财政所机构数为 1 446 个。

全省财政系统先进集体和先进个人名单

（一）全省财政系统先进集体名单

（2002 年 11 月 22 日评定）

广州市

黄埔区机关事业单位会计结算中心

增城市新塘镇财政所

深圳市

宝安区石岩镇财政所

珠海市

珠海市政府会计结算中心

汕头市

汕头市财政局稽查科

潮阳市财政局

韶关市

乳源瑶族自治县财政局（被评为全国财政系统先进集体）

始兴县马市镇财政所

河源市

龙川县财政局贝岭财政所

梅州市

梅州市财政局

五华县财政局

惠州市

博罗县园洲镇财政所

汕尾市

汕尾市财政局

东莞市

东莞市财政局横沥分局（被评为全国财政系统先进集体）

中山市

中山市三角镇财政所

江门市

开平市三埠区办事处财政所

阳江市

阳春市卫国镇财政所

湛江市

遂溪县乐民财政所

东海岛经济开发试验区硇洲镇财政所

茂名市

高州市财政局根子财政所

肇庆市

肇庆市财政局

怀集县财政局蓝钟财政所

清远市

英德市财政局

连州市财政局

潮州市

湘桥区城西街道办事处财政所

揭阳市

揭西县塔头镇财政所

云浮市

罗定市围底镇财政所

顺德市

北滘镇财政管理所

广东省财政厅

广东省财政厅预算处(被评为全国财政系统先进集体)

（二）全省财政系统先进工作者名单

（2002年11月22日评定）

广州市

李正希　广州产权交易所总经理（被评为全国财政系统先进工作者）

周少卿　芳村区财政局预算科科长

深圳市

高圣元　南山区财政局局长

珠海市

黄　慧　珠海市财政局信贷投资业务办公室主任

汕头市

吴銮珍　汕头市财政局局长

佛山市

梁惠颜　南海市西樵山旅游度假区财政局副局长（被评为全国财政系统先进工作者）

韶关市

林　嘉　韶关市财政局副局长

黄永兴　翁源县翁城镇财政所所长

河源市

骆小浪　紫金县财政局义容财政所所长

梅州市

李忠良　梅州市财政局局长

刘青连　五华县财政局局长

惠州市

严石带　惠城区财政局办公室主任

陈玉强　惠东县吉隆镇财政所所长

汕尾市

詹伟忠　汕尾市财政局办公室主任

东莞市

李惠文　东莞市财政局道滘分局局长

中山市

刘少卿　黄圃镇财政所所长

江门市

宋超英　鹤山市财政局预算股股长

阳江市

冯秀恳　阳东县财政局局长

湛江市

符　强　徐闻县财政局局长

尤兆建　东海经济开发试验区东简财政所所长

茂名市

吴小鹏　化州市丽岗镇财政所所长

温国荣　电白县博贺镇财政所所长（被评为全国财政系统先进工作者）

肇庆市

黎尚华　肇庆市财政局农业科科长

张德文　四会市财政局石狗财政所所长

清远市

聂伯瑞　连山壮族瑶族自治县上草镇财政所副所长

潮州市

童益民　饶平县财政局局长

揭阳市

孙汉武　榕城区仙桥镇财政所副所长

云浮市

黄锦珠　郁南县财政局局长

顺德市

温志权　北滘镇财政管理所所长

广东省财政厅

曾志权　广东省财政厅农业处处长

第九部分

大事记

2001年

1月9日　省财政厅副厅长郑振涛参加省政府在广州召开的全省社会保障工作会议，并向参加会议的各市财政局长布置2001年财政社会保障工作的主要任务和要求。

2月11～19日　省财政厅厅长陈继兴出席省九届人大四次会议，并代表省政府作《广东省2000年预算执行情况和2001年预算草案的报告》。

2月15～19日　省财政厅副厅长周高雄陪同常务副省长欧广源赴安徽省合肥市出席全国农村税费改革工作会议。

2月19日　省人大九届四次会议通过《广东省预算审批监督条例》，该条例于2001年5月1日起施行。

2月21日　根据省政府批复，省财政厅发出《关于在全省范围内开展预算单位清产核资工作的通知》，决定2001年在全省范围内开展预算单位清产核资工作，并作了全面的布置。这是广东第一次在全省范围内组织开展的规模较大的预算单位清产核资工作。

2月28～3月2日　省财政厅厅长陈继兴陪同省委常委、省纪委书记王华元到揭西县调研工作。

△广东省财政系统利用国际金融组织及外国政府贷款工作会议在湛江市召开，会议就外国政府贷款的概况与特点、贷款项目的申请和审批、如何与外国政府磋商以及如何更好地管理贷款项目四个方面作了总结归纳。

3月1～3日　省财政厅副厅长郑振涛陪同省委常委、常务副省长欧广源到湖南省考察、学习处置地方中小金融机构资产风险工作经验。

3月8～9日　省财政厅副厅长周高雄陪同副省长许德立检查广州、深圳等市“九运”场馆建设情况。

3月13～14日　省财政厅在广州召开各市财政农财农税工作座谈会，参加座谈会的有各市分管农财农税工作的局领导、农业科（处）长，财政部农业司司长丁学东博士作了关于“三农”工作的专题报告。

3月15～16日　全省财政外经金融工作会议在惠州举行，参加会议的有各市分管外经工作的局长和外经科（处）长，省财政厅副厅长周高雄到会并就地方金融形势、强化管理、化解地方金融风险、队伍建设四个问题作了重要指示。

3月16日　省财政厅厅长陈继兴会见美国驻广州领事馆总领事罗瑞智先生，并向客人介绍广东财政预算方面工作情况，双方还就加强财政管理等共同感兴趣的问题进行了探讨。

3月23日　省财政厅向省委、省政府上报《我省农村税费改革转移支付方案》。

3月29日　省财政厅副厅长周高雄陪同副省长许德立到广州检查“九运”场馆建设情况。

4月5日　省财政厅与省委党风和廉政建设领导小组办公室、省审计厅联合发出《关于开展领导干部借用公款问题进行清理的通知》，省清理领导干部借用公款办公室设在省财政厅监督检查办公室。由省财政厅负责全省清理领导干部借用和批准借用公款基本情况。

4月11～13日　省财政厅副厅长郑振涛赴北京参加政府预算管理与会计改革国际研讨会。

4月19～20日　省财政厅厅长陈继兴陪同常务副省长欧广源到珠海市调研工作。

4月20～25日　财政部党组成员、纪检组长金莲淑在广东调研，省财政厅领导陈继兴、熊展瑜、周高雄同志分别作了工作汇报。

5月10～11日　省财政厅理论学习中心组召开学习会，深刻学习、领会江泽民同志关于依法治国和以德治国相结合重要思想。学习会由党组书记、厅长陈继兴主持，中心组成员和厅属各单位负责人参加。

5月14日　省财政厅召开省直主管部门和集团公司《会计法》执行情况检查动员大会。厅党组成员、纪检组长熊展瑜作了动员讲话。

5月14～18日　由省财政厅代表省政府举办的派驻省属国有资产经营公司、授权经营企业集团公司财务总监首批岗前培训班在广东财税高等专科学校举办。

5月24日　省财政厅颁布《广东省会计从业资格管理实施办法》，该《办法》对会计从业人员资格的管理部门、会计从业资格的取得、会计从业资格证书的注册登记和年检、对会计从业资格管理部门的监督以及对违规违法的从业人员处罚规则作出规定。

5月24～25日　省财政厅厅长陈继兴、副厅长周高雄到财政部汇报广东省农村税费改革工作情况。

5月28～31日　省财政厅厅长陈继兴陪同常务副省长欧广源到河源、惠州等地调研。

6月1日　省财政厅厅长陈继兴参加省政府在惠州市召开的广东省地方中小金融机构和农金会资产追收工作会议。

6月13日　省财政厅党组成员、纪检组长熊展瑜主持召开厅机关各处室领导会议，布置科（含科）级以下干部轮岗工作。

6月14～15日　全省财政统发工资工作会议在高要市召开，常务副省长欧广源到会作了重要讲话，要求在2001年10月底前，全省百分之百实现行政机关、政法干警、教师工资和离退休人员离退休费的统发工作目标。省财政厅厅长陈继兴、副厅长郑振涛参加了会议。

6月17～30日　省财政厅副厅长郑振涛率广东省世界银行贷款业务考察团赴美国、加拿大考察。

6月18日　省机构编制委员会办公室同意省财政厅设立国库处，与预算处合署办公。

6月21日　省财政厅印发《广东省环境保护专项资金使用管理办法》的通知。《办法》为加强专项资金的使用管理，规范环保投资项目管理，提高资金的使用效益作出规定。

7月6日　2001年上半年全省财政预算收支工作会议在珠海市召开，会议听取各市财政局预算科（处）长关于各市上半年预算执行情况的汇报，省财政厅厅长陈继兴参加会议，并就上半年全省的经济形势作了全面分析，对下半年财政预算工作重点作了重要指示。

7月10～11日　省财政厅领导陈继兴、罗妹珠、熊展瑜、郑振涛、周高雄参加以学习贯彻江总书记“七一”讲话为主题的省财政厅理论学习中心组学习会，厅长陈继兴作了专题学习发言。

7月12日　省财政厅厅长陈继兴向省人大财经委员会汇报全省2001年上半年预算执行情况。

7月16日　省财政厅领导陈继兴、熊展瑜、郑振涛、周高雄参加在厅召开的全省上半年预算分析会。

7月18日　省财政厅印发《广东省科技兴贸专项资金管理办法》的通知。《办法》对科技兴贸专项资金的管理，提高资金使用效益，进一步鼓励和扶持高新技术产品出口，改善和优化出口商品结构作出规定。

7月23～27日　省财政厅厅长陈继兴列席在广州市召开的广东省九届人大常委会第二十七次会议，并代表省政府分别作了《关于广东省2000年省级财政决算草案的报告》和《广东省2001年上半年预算执行情况的报告》。

7月31日　省财政厅印发关于《广东省药品监督管理系统经费管理暂行办法》的通知。《办法》对预算经费划转、国有资产划转、财务管理与经费保障、预算外资金管理、基本建设管理等作出规定，并从2002年1月1日起执行。

8月2日　省财政厅、省委组织部、省经贸委、省人事厅、省劳动和社会保障厅五部门在广州市联合召开广东省企业效绩评价专家咨询组工作会议，会议决定组织各地对所属国有企业分级分类开展基本评价。

8月12～14日　省财政厅厅长陈继兴在省委参加全省市厅级单位主要负责同志学习江泽民同志“七一”讲话读书班。

8月16～17日　全省财政工作会议在南海市召开，常务副省长欧广源到会作重要讲话，要求全省各地狠抓增收节支、加大追债力度、努力解决欠发工资问题和继续抓好农村税费改革试点工作。省财政厅领导陈继兴、罗妹珠、熊展瑜、郑振涛、周高雄参加了会议，厅长陈继兴作了工作报告。

8月23～24日　省财政厅理论学习中心组在四会市学习，厅领导陈继兴、罗妹珠、熊展瑜、郑振涛、周高雄参加了学习、讨论。

△　省财政厅副厅长周高雄陪同常务副省长欧广源到汕头市调研。

8月29日　省财政厅印发关于《广东省最低生活保障资金财政转移支付分配方案》的通知，《方案》对建立最低生活保障资金财政转移支付的原则、指标体系及计算公式的确定、具体要求及配套措施作出规定，实施时间为2001～2002年两年。

9月5日　省财政厅印发关于《广东省政法补助专款管理办法（试行）》的通知。《办法》对政法补助专款的项目管理范围、原则和程序，项目管理责任，项目前期准备，项目申报审批，项目执行，项目监督、检查和评比，办案补助专款的管理和使用等作出规定，并从2001年9月起实施。

△　省财政厅印发关于《省财政对省属国有劣势企业退出市场的职工经济补偿补助办法》的通知。《办法》规定退出市场的省属国有劣势企业的职工经济补偿金原则上由企业及资产经营公司和授权经营企业集团负责解决，确有困难的，由省财政给予适当补助。

9月7～21日　省财政厅厅长陈继兴率广东省世界银行贷款业务考察团赴美国、加拿大考察。

9月14日　省委批准蓝佛安任省财政厅党组成员。

△　省财政厅党委办、法规处、人事教育处联合举行迎国庆财政法规知识竞赛活动，全厅各处室和厅属单位积极踊跃参加。会计处获一等奖；监督检查办、办公室获二等奖；外经金融处、综合规划处、投资审核中心、企业处获三等奖。

10月24日　省财政厅厅长陈继兴率团到南海市考察信息化建设情况，厅领导熊展瑜、郑振涛、周高雄参加了考察活动。

10月30日　省政府任命蓝佛安为省财政厅副厅长。

11月7日　省财政厅厅长陈继兴、副厅长蓝佛安陪同省长卢瑞华会见法国经济财政与工业部部长法比尤斯先生及随行官员。

11月10～13日　省财政厅厅长陈继兴、副厅长周高雄参加2001广东经济发展国际咨询会。

△　省财政厅领导陈继兴、郑振涛、周高雄、蓝佛安分别陪同财政部副部长张佑才在广东调研考察。

11月13日　省财政厅厅长陈继兴参加广东省委、省政府向中央领导同志汇报工作汇报会。

11月26～30日　省财政厅厅长陈继兴在广州市列席省九届人大常委会第二十九次会议，代表省政府向大会作了《关于广东省2001年省级一般预算支出调整方案的报告》和《关于广东省2001年省级财政预计超收收入安排使用情况的报告》，并向会议作了述职报告。

11月30～12月2日　全国财政社会保障工作会议在广州市召开，会议中心议题是：全面落实中央经济工作会议确定的各项方针政策，分析社会保障工作面临的形势和任务，总结和交流社会保障改革和管理工作的情况和经验。

12月18～20日 省财政厅厅长陈继兴、副厅长周高雄赴北京参加全国财政工作会议。

12月21日 省财政厅领导陈继兴、罗妹珠、熊展瑜、郑振涛、周高雄、蓝佛安在省府参加省长办公会议，向会议汇报《广东省2001年省级预算执行情况预计和2002年省级预算安排建议》、《广东省2002年省级政府性基金预算安排建议》、《广东省2002年省级部门预算安排建议》、《广东省2002年一般预算收支草案（代编）》。

12月25日 省财政厅厅长陈继兴向省人大财经委汇报《广东省2001年省级预算执行情况预计和2002年省级预算安排建议》、《广东省2002年省级政府性基金预算安排建议》、《广东省2002年省级部门预算安排建议》、《广东省2002年一般预算收支草案（代编）》。

12月26日 省机构编制委员会同意省财政厅单独设置国库处，并增加2个处级领导职数。

第四季度 广东省经济鉴证类社会中介机构脱钩改制工作全面完成，省经济鉴证类社会中介机构清理整顿办公室组织并完成了工程造价咨询、专利代理两个行业中介机构脱钩改制的抽查工作，同时，对检查中不符合脱钩要求的机构进行了复查。

截至12月底 全省21个地级以上市和顺德市都已开展了会计委派制试点工作，全省纳入会计集中核算的行政事业单位有7 200个，委派会计人员2 108人；采用其他委派形式的单位2 049个，委派会计人员1 334人；实行村账镇管的行政村991个，委派会计人员835人。

2002年

1月4～7日 省财政厅副厅长周高雄陪同省委常委、常务副省长欧广源到粤东调研。

1月15～16日 全省财政工作会议在顺德市召开。省委常委、常务副省长欧广源到会作重要讲话，省财政厅厅长陈继兴作工作报告，厅领导熊展瑜、郑振涛、周高雄、蓝佛安参加了会议。

1月17～18日 省财政厅厅长陈继兴陪同财政部副部长楼继伟和省委常委、常务副省长欧广源到珠海市调研。

1月24日 省财政厅领导陈继兴、郑振涛、周高雄、蓝佛安向省委常委会汇报2002年省级财政预算安排情况。

1月28日 省农村税费改革领导小组办公室正式运作，从省级有关部门抽调17名工作人员集中办公。

1月28～2月4日 省财政厅厅长陈继兴列席在广州市召开的省九届人大五次会议，受省政府委托，向大会作了《广东省2001年预算执行情况和2002年预算草案的报告》。

2月28～3月2日 省财政厅厅长陈继兴出席潮州水利枢纽工程奠基仪式，并陪同省委常委、常务副省长欧广源到潮州、梅州等地调研。

3月14～15日 省财政厅厅长陈继兴陪同省委副书记陈绍基到河源等地调研。

3月19日 省委批准，赵军任省财政厅党组成员、纪检组组长、监察专员；熊展瑜任厅助理巡视员，免去熊展瑜厅党组成员、纪检组组长、监察专员职务。

3月25日 省财政厅厅长陈继兴与财政部调研组座谈。

3月31～4月1日 省财政厅副厅长周高雄陪同省委常委、常务副省长欧广源到汕头开展调研工作。

4月12日 省财政厅副厅长蓝佛安参加在三水市召开的北江大堤防汛工作会议，并陪同省长卢瑞华检查北江大堤部分堤段工程设施情况。

4月18～19日 省财政厅厅长陈继兴参加在广州市召开的广东经济发展国际咨询会。

5月30～31日 省财政厅召开全厅党员大会，传达学习贯彻省第九次党代会精神，厅领导陈继兴、郑振涛、周高雄、赵军参加了会议。厅长陈继兴就贯彻会议精神作了布置。副厅长郑振涛介绍了会议的主要情况，并传达了中共中央政治局委员、省委书记李长春作的工作报告的主要精神，厅党组成员、纪检组长赵军传达了省纪委工作报告主要精神。

6月7日 省委批准，李朝明任省财政厅党组成员、副厅长，副厅长试用期一年。

6月12～13日 省政府在深圳市召开全省产权交易市场建设工作会议。省委副书记、省纪委书记王华元，省委副书记、常务副省长欧广源到会讲话。省财政厅厅长陈继兴、副厅长蓝佛安参加会议。

6月19～20日 省财政厅厅长陈继兴陪同省长卢瑞华到汕头、揭阳等地开展调研工作。

6月19～21日 省财政厅副厅长郑振涛陪同省委副书记、常务副省长欧广源到阳江等地开展调研工作。

6月22日 中南财经政法大学在省财政学校举办的在职人员申请硕士学位班举行开班仪式，省财政厅党组成员、纪检组长赵军出席了开班仪式，厅长陈继兴、副厅长郑振涛会见了前来参加开班仪式的中南财经政法大学的领导和老师。

7月19日 中共中央政治局委员、省委书记李长春率省和广州市领导视察省政府采购中心并作了重要指示，要求从机构、招标管理、信息、硬件设施建设等四方面抓好政府采购工作。

7月24～25日 省财政厅厅长陈继兴列席省九届人大常委会第三十五次会议。

8月5～6日 省财政厅厅长陈继兴、副厅长蓝佛安陪同省委副书记、常务副省长欧广源到珠海市考察政府采购和国库集中支付工作。

8月6～7日 省财政厅副厅长周高雄陪同省长卢瑞华到清远市就发展山区经济，探索山区脱贫致富路子等问题进行调研。

△ 农业部、财政部、国家计委联合在湛江市召开沿海捕捞渔民转产转业工作会议。财政部副部长廖晓军出席会议。

8月7日 省机构编制委员会同意省财政厅成立国库支付中心，对外可使用广东省财政厅国库支付局的牌子，正处级事业单位，核定事业编制，经费由省财政核拨。

8月15～28日 省财政厅厅长陈继兴参加省委副书记、省纪委书记王华元率领的广东世界银行贷款项目代表团赴南非、埃及、阿联酋等国考察。

8月21日 省财政厅与省人事厅、省机构编制委员会办公室联合召开省属事业单位统发工资布置会。从2002年10月份起，省属共有130个事业单位，6 939人工资由省财政分批实行集中支付。

8月27～28日 省财政厅副厅长周高雄陪同省委副书记、常务副省长欧广源到湛江市调研。

9月2日 省财政厅、省监察厅和省信息产业厅联合发文《关于进一步推进全省乡镇财政管理信息化建设工作的通知》，就全省乡镇财政管理信息化建设提出三点意见。

9月12～14日 省财政厅厅长陈继兴、副厅长郑振涛随同中共中央政治局委员、省委书记李长春、省长卢瑞华赴京参加全国再就业工作会议以及全国增收节支工作会议。

9月27～28日 省财政厅厅长陈继兴、副厅长郑振涛参加在广州市召开的全省再就业工作会议。

10月23～29日 省财政厅领导陈继兴、赵军分别陪同财政部党组成员、纪检组长金莲淑在广东调研。

10月29～31日 省财政厅副厅长郑振涛陪同副省长李兰芳赴京参加全国农村卫生工作会议。

11月1日 省委常委、组织部长刘玉浦到省财政厅宣布省委的决定：刘昆任省财政厅党组书记，陈继兴任江门市委书记，免去陈继兴省财政厅党组书记职务。

11月4日 省政府印发《关于省级单位财政国库管理制度改革试点工作有关问题的通知》，批准同意省计委、省经贸委等10个部门作为2003年省级单位推行财政国库管理制度改革试点单位。

11月7日 省财政厅、人民银行广州分行联合印发《关于印发〈广东省省级单位财政国库管理制度改革实施办法〉的通知》。

11月19～30日 省政府副秘书长、省财政厅党组书记刘昆陪同省长卢瑞华出访澳大利亚、新西兰。

11月28日 省财政厅和省教育厅在肇庆市联合召开全省中小学布局调整工作会议。省财政厅副厅长周高雄在会上讲话。

12月2～6日 省财政厅副厅长郑振涛列席广东省第九届人大常委会第三十八次会议，会议审议通过任命刘昆为省财政厅厅长。

12月12～13日 全省财政投资审核工作经验交流会在东莞市召开。会议交流了全省各地开展投资审核工作经验和做法，省财政厅副厅长李朝明到会作了重要讲话。

12月18～19日 省财政厅副厅长郑振涛陪同省长卢瑞华到梅州、河源等地考察调研。

12月19～20日 财政部部长项怀诚到广东考察调研。中共中央政治局委员、省委书记张德江会见项怀诚部长。省委副书记、常务副省长黄华华陪同项怀诚部长视察珠江。省财政厅厅长刘昆向项怀诚部长汇报了广东财政改革与发展情况，并与副厅长周高雄一起陪同项怀诚部长到广州、佛山、清远等地考察调研。

12月23日 省财政厅副厅长蓝佛安参加省级国库集中收付制度改革试点单位签约仪式及座谈会。

12月24～27日 省财政厅厅长刘昆赴京参加全国财政工作会议和全国财政系统先进集体、先进工作者表彰会，广东省有3个先进集体、3名先进工作者受到表彰。

12月30日 省财政厅副厅长郑振涛陪同副省长许德立会见世界银行中国局局长黄育川先生一行。双方就世界银行参与的珠江环保项目进行会谈。

△ 省财政厅厅长刘昆、副厅长郑振涛与世界银行中国局局长黄育川一行举行座谈，双方商讨世界银行贷款合作项目事宜。

2003年

1月1日起 省直机关公务员实行统一的岗位津贴政策。

1月2日 “广东省财政厅国库支付中心”正式挂牌运作，省财政厅厅长刘昆、副厅长蓝佛安出席厅国库支付中心挂牌仪式。

1月2～4日 省财政厅厅长刘昆陪同中共中央政治局

委员、省委书记张德江视察广州市。

1月6～8日　省财政厅厅长刘昆陪同中共中央政治局委员、省委书记张德江视察深圳市。

1月9～10日　全省财政工作会议在广州市召开。省委副书记、常务副省长黄华华到会作重要讲话，省财政厅厅长刘昆作工作报告。会议由省政府秘书长陈坚主持，厅领导郑振涛、周高雄、蓝佛安、赵军、李朝明参加了会议。

1月12～21日　省财政厅厅长刘昆参加省十届人大一次会议，受省政府委托，向大会作《广东省2002年预算执行情况和2003年预算草案的报告》。在大会选举中，厅长刘昆当选为全国十届人大代表。

1月18日　省委批准金耀观任广东财经职业学院党委委员、书记，同意陈德萍任广东财经职业学院院长、党委委员、副书记。

1月21日　省财政厅厅长刘昆陪同中共中央政治局委员、省委书记张德江视察广州大学城的建设情况。

1月23～25日　省财政厅厅长刘昆陪同中共中央政治局委员、省委书记张德江到湛江考察慰问。

1月30日　省长黄华华到省财政厅视察指导工作并作重要讲话，省财政厅领导刘昆、郑振涛、周高雄、赵军、李朝明等向省长黄华华汇报了工作。

2月8日　省财政厅领导刘昆、郑振涛、周高雄、蓝佛安、李朝明等陪同省委常委、常务副省长李鸿忠向厅干部职工拜年。

2月24日　省财政厅厅长刘昆、副厅长蓝佛安参加2003年首次财务总监工作例会，并分别讲话。

2月25日　省财政厅厅长刘昆陪同省长黄华华、副省长游宁丰到粤电资产经营公司调研。

2月28日　省财政厅厅长刘昆参加省国际信托投资公司破产案债权人第五次清算会议和省委理论学习中心组集中学习会。

2月28～3月1日　财政部国际司在广州市召开全国国际金融组织贷款管理工作经验交流座谈会。会议由国际司司长赵晓宇主持。省财政厅厅长刘昆到会看望了与会代表，副厅长郑振涛参加了会议。代表们还参观了广州的内环路与污水处理厂等世界银行贷款项目。

3月4日　省财政厅在广州市召开省直单位政府采购工作会议。厅党组成员、纪检组长赵军参加了会议。

3月20日　省委常委、常务副省长李鸿忠到省财政厅视察指导工作并就农村税费改革、财政转移支付制度改革、市县理财能力培养、财政监管等问题作重要讲话，厅领导刘昆、郑振涛、周高雄、蓝佛安、赵军等分别汇报了工作。

3月21日　省财政厅召开党风廉政建设工作会议，传达了中纪委、省纪委二次全会精神。厅领导刘昆、郑振涛、周高雄、蓝佛安、赵军及全厅所属单位的党员干部参加了会议。

3月25日　省财政厅厅长刘昆、副厅长周高雄参加在广州市召开的全省农村税费改革工作座谈会。

△　省财政厅副厅长郑振涛陪同省长黄华华到佛山市三水区检查北江大堤并参加防汛工作会议。

3月25～27日　国家税改办副主任黄维建一行三人到广东调研农村税费改革。工作组听取了省税改办主任周高雄的工作汇报，并在省税改办副主任曾志权的陪同下，到四会市、佛山市三水区进行调研。

3月26日　省纪委常委、秘书长张宇航到省财政厅作反腐保廉专题报告，厅领导刘昆、周高雄、蓝佛安、赵军参加了报告会。

△　“省政府采购中心”更名为“省政府采购管理办公室”。

3月28日　经省长黄华华批准，省信息化工作领导小组办公室批复同意省财政厅上报的《广东省“金财工程”建设总体规划》方案。

4月1～4日　省财政厅厅长刘昆、副厅长郑振涛参加广东省第二届修志主编、副主编岗位培训班。

4月2日　省财政厅厅长刘昆、副厅长郑振涛参加省直机关作风建设年活动动员大会。

△　省财政厅厅长刘昆陪同副省长宋海到广州证券监管办公室考察调研。

4月4日　省财政厅厅长刘昆参加省委新任市、厅级正职领导干部集体谈话会。并陪同副省长宋海到北京汇报汕头商业银行有关工作。

4月5日　中共中央政治局委员、广东省委书记张德江在省税改办呈送的《广东省农村税费改革试点方案》上作“原则同意”的重要批示。

4月6日　省长黄华华在省税改办呈送的《广东省农村税费改革试点方案》上作“很好，同意报省府常务会议讨论”的重要批示。

4月10日　省财政厅召开机关作风建设年活动动员大会。厅机关全体干部职工、厅属各单位中层以上干部200人参加了动员大会，厅领导刘昆、郑振涛、蓝佛安、赵军、李朝明参加大会，厅长刘昆作动员报告。

4月17日　省人大常委会副主任黄伟鸿到省财政厅调研，厅长刘昆代表厅党组作工作汇报，郑振涛、蓝佛安、李朝明等厅领导参加了汇报会。

4月22日　省财政厅上报财政部《关于积极做好“非典”防治工作情况的报告》。

4月底　理顺了广东省注册会计师行业行政管理体制，顺利完成行政管理职能划转交接工作。从2003年5月1日起，原委托省注册会计师协会行使的行政管理职能，转为省财政厅有关职能机构行使。

5月7日　省委常委会议审议并原则通过《广东省农村税费改革试点方案》。

△　省财政厅厅长刘昆参加常务副省长李鸿忠在省卫生厅主持召开的“非典”防治工作现场会，并列席省委常委会讨论“非典”对广东经济的影响。

△　省委批准曾志权任省财政厅党组成员、副厅长。副厅长试用期一年。

5月8日　省委巡视组到省财政厅开展巡视工作，厅长刘昆代表厅党组作工作汇报，厅领导周高雄、蓝佛安、李朝明等参加了汇报会。

△ 省财政厅报财政部、省委、省政府《关于我厅开展“非典”防治经费保障工作情况的报告》。

5月9日 省财政厅厅长刘昆参加省委工作会议和省府常务会议，研究广东省“非典”防治工作。

5月12日 省财政厅副厅长蓝佛安陪同省委常委、常务副省长李鸿忠到惠州市考察调研。

5月13日 省财政厅上报省政府《关于报送〈关于做好节支工作，保证“非典”疫情等重点支出需要的通知（代拟稿）〉的请示》。

△ 省财政厅上报省政府《关于对受“非典”疫情影响比较严重的行业减免部分政府性基金的请示》。

5月16日 省机关作风建设活动督查组到省财政厅开展督查工作，厅长刘昆代表厅党组作工作汇报，厅领导蓝佛安、赵军参加了汇报会。

△ 省财政厅上报省政府《关于进一步扩大省级财政国库管理制度改革试点范围的请示》。

5月23日 省财政厅副厅长蓝佛安参加第一批省级财政国库管理制度改革试点单位、代理银行座谈会。

△ 省财政厅上报财政部《关于我省开展非典型肺炎防治经费保障及通过财政手段促进经济发展有关情况的报告》。

5月26日 省财政厅厅长刘昆列席省委常委会议，研究广东抗击“非典”先进集体、先进个人表彰方案。

5月28日 省财政厅厅长刘昆参加省发展利用资本市场工作领导小组第一次会议和省政府组成人员任命书颁发仪式。

5月29～30日 省财政厅厅长刘昆参加全省贯彻中共中央总书记胡锦涛视察广东讲话精神大会，厅领导郑振涛、周高雄、蓝佛安、赵军、李朝明、曾志权参加29日上午的大会。

6月2日 省财政厅副厅长蓝佛安参加中共中央政治局委员、省委书记张德江在省卫生厅召开的进一步做好非典型肺炎防治工作现场会。

6月3日 省财政厅副厅长曾志权陪同副省长游宁丰到省广业资产经营公司调研。

6月3～4日 省财政厅副厅长蓝佛安陪同省人大常委会副主任黄伟鸿到深圳市调研预算监督情况。

6月5～11日 省财政厅厅长刘昆陪同中共中央政治局委员、省委书记张德江到汕头、潮州、揭阳、汕尾等市考察。

6月10～11日 省财政厅副厅长周高雄陪同省长黄华华到河源考察调研。

6月12日 省财政厅副厅长周高雄陪同省委副书记欧广源到四会市调研农村税费改革。

6月13日 省财政厅厅长刘昆参加广东省扶持受“非典”影响首批重点旅游企业贴息贷款签字仪式。

6月16～17日 全省农村税费改革试点工作动员大会在广州市召开，中共中央政治局委员、省委书记张德江作重要讲话，省长黄华华作动员报告，省委副书记欧广源作会议总结。省财政厅领导刘昆、郑振涛、周高雄、蓝佛安、赵军、李朝明、曾志权参加了大会。

6月18～19日 省财政厅厅长刘昆赴南京市参加财政部召开的东部9省市财政厅长座谈会。

6月19日 省财政厅印发《关于实施第二批省级财政国库管理制度改革试点工作有关事项的通知》，确定省级财政国库管理制度改革第二批共30个部门16个基层预算单位从2003年7月1日起实施改革试点。

6月22～27日 省财政厅投资审核中心在广州市举办“水利水电工程预（结）算培训班”。

6月23～25日 省财政厅厅长刘昆陪同中共中央政治局委员、省委书记张德江考察广州国有企业改革情况。

6月23日 省财政厅副厅长蓝佛安参加第二批省级财政国库管理制度改革试点单位、代理银行座谈会。

6月24日 省财政厅副厅长郑振涛向省人大财经委汇报《广东省2002年省级决算草案的报告（稿）》。

△ 省财政厅和省环保局联合在佛山市南海区召开全省排污费改革工作会议，对国务院于2003年7月1日起实施的《排污费征收使用管理办法》进行布置。

6月26日 省财政厅厅长刘昆、副厅长郑振涛向省人大财经委汇报《广东省2003年上半年预算执行情况的报告（稿）》。

△ 省委组织部批准吴仰和、纪武处长任省财政厅助理巡视员。

6月27日 省财政厅厅长刘昆会见澳大利亚驻穗总领事寇俊升先生。双方就省财政厅派人前往澳大利亚培训学习一事进行商谈。

6月30日 省委印发《中共广东省委、广东省人民政府关于开展农村税费改革试点工作的决定》。从2003年7月1日起，在全省范围内全面开展农村税费改革工作。

7月1日 省财政厅曾志权副厅长陪同副省长游宁丰到广晟资产经营公司调研工作。

△ 省级财政国库管理制度改革扩大试点范围，新增30个一级预算单位，16个二级预算单位。省级财政国库管理制度改革试点单位增至56个。

7月2日 省财政厅副厅长曾志权陪同副省长游宁丰到广弘资产经营公司调研工作。

7月3日 省财政厅副厅长曾志权陪同副省长游宁丰到粤港投资控股有限公司调研工作。

7月4日 省财政厅厅长刘昆陪同省委常委、常务副省长钟阳胜会见世界银行东亚地区城建局局长凯沙夫·瓦玛先生一行。钟阳胜副省长对世界银行在珠江三角洲城市群环境保护项目所做的前期准备工作表示感谢。

7月9日 省委常委、常务副省长钟阳胜到省财政厅调研。在听取厅长刘昆代表厅党组工作汇报后作了重要指示。厅领导周高雄、蓝佛安、赵军、李朝明、曾志权参加了工作汇报会。

7月11日 省财政厅厅长刘昆代表厅党组向省机关作风建设年活动督查组汇报省财政厅机关作风建设第二阶段

工作，厅领导周高雄、蓝佛安、赵军、李朝明、曾志权参加了汇报会。

7月16日 省财政厅副厅长曾志权参加省政府向国务院国资委调研组汇报国有资产管理体制改革情况座谈会。

7月16～18日 省财政厅在惠州召开2003年上半年预算收支分析暨国库工作会议。重点分析“非典”疫情、增值税免抵退政策、农村税费改革和电价下调等因素对财政收支的影响。

7月17日 省财政厅上报省委、省政府《关于利用世界银行贷款建设我省环保基础设施的情况报告》。中共中央政治局委员、省委书记张德江和省长黄华华、常务副省长钟阳胜分别作了重要批示。

7月24日 财政部监督检查局副局长朱彦带队到广东就如何加强注册会计师行业监管等问题进行调研，省财政厅领导刘昆、赵军参加调研汇报会。

7月30日 省财政厅厅长刘昆参加省第五批出国进修人员结业典礼。

8月8日 省财政厅领导刘昆、郑振涛、周高雄、蓝佛安、李朝明、曾志权参加全厅选拔任用正处级领导干部动员大会。

△ 省财政厅上报省长黄华华、常务副省长钟阳胜《关于2003年和2004年省级财政收支平衡情况的报告》。

8月10日 省财政厅厅长刘昆参加省委、省政府向中共中央政治局委员、书记处书记、国务委员、公安部部长周永康汇报工作的会议。

8月12日 省财政厅在广州市召开全省乡镇财政管理信息化座谈会，就加快乡镇财政管理信息化建设进行探讨。

8月13日 省财政厅厅长刘昆陪同省委常委、常务副省长钟阳胜考察广佛轻轨建设情况。

8月19～20日 全省财税工作会议在广州市召开。省委常委、常务副省长钟阳胜到会作了重要讲话。省财政厅领导刘昆、周高雄、蓝佛安、赵军、李朝明、曾志权参加了会议。

8月27～28日 省财政厅副厅长李朝明陪同省委常委、常务副省长钟阳胜到珠海考察工作。

9月1～3日 省财政厅副厅长李朝明陪同省委副书记欧广源、副省长李容根到浙江考察水利建设工作。

9月8日 省财政厅副厅长郑振涛陪同省委常委、常务副省长钟阳胜到东莞调研工作。

9月9日 省财政厅上报省委、省政府《关于民营科技园建设财政专项资金使用效益评价的报告》。中共中央政治局委员、省委书记张德江，省长黄华华分别作了重要批示。

9月11日 省委常委、常务副省长钟阳胜到省财政厅参加厅领导干部民主生活会，并作重要讲话。省财政厅领导刘昆、郑振涛、周高雄、蓝佛安、赵军、李朝明、曾志权参加了会议。

9月12～13日 省财政厅副厅长周高雄陪同副省长李容根赴京参加全国农村税费改革试点工作座谈会。

9月14～30日 省财政厅厅长刘昆陪同省委副书记王华元出访美国、加拿大、日本等国。

9月17日 省财政厅副厅长郑振涛参加省委、省政府向中央政治局常委、国家副主席曾庆红汇报工作会议。

9月22日 省政府批准任命李朝明同志为广东省财政厅副厅长。

9月27日 省财政厅副厅长周高雄陪同副省长宋海到河源市就教育工作进行调研。

9月29日 省财政厅副厅长郑振涛陪同省委常委、常务副省长钟阳胜参加深圳华强集团有限公司国有股权转让协议签订仪式。

△ 省财政厅副厅长蓝佛安陪同副省长谢强华到珠海参加社会保障卡发行仪式。

10月8日 省财政厅领导刘昆、周高雄、曾志权参加省农村税费改革领导小组会议。

10月9～11日 省财政厅厅长刘昆赴京参加全国出口退税机制改革工作座谈会。

△ 省财政厅副厅长周高雄陪同省委常委、常务副省长钟阳胜到湛江市考察。

10月15日 省财政厅厅长刘昆代表厅党组向省直机关作风建设年督查组汇报省财政厅第四阶段工作。

10月20日 省财政厅厅长刘昆陪同中共中央政治局委员、省委书记张德江视察高校广州新校区。

10月27日 省财政厅领导刘昆、周高雄、曾志权参加全省农村税费改革试点工作座谈会。

10月28～29日 广东省依法治省工作领导小组办公室、省人大财经委员会、省财政厅在深圳市联合召开全省预算监督工作经验交流会。各地级以上市人大常委会、政府、依法治市工作领导小组办公室、人大财经（预算）委员会、财政部门等负责人出席会议。省人大常委会主任卢钟鹤和省委常委、常务副省长钟阳胜分别在会上就如何加强预算监督工作发表重要讲话。省财政厅厅长刘昆、副厅长郑振涛参加交流会，厅长刘昆介绍了财政部门落实预算审批监督工作情况。

11月6～7日 省财政厅厅长刘昆陪同财政部副部长楼继伟参加珠海世界经济发展宣言大会并视察了珠海市财政国库支付中心。

11月11～13日 省财政厅与省委组织部在东莞市联合举办全省地级市领导干部财税工作培训班，邀请财政部、高校和科研部门的专家讲课。省长黄华华和常务副省长钟阳胜分别参加培训班，并作了重要讲话，厅领导刘昆、郑振涛、周高雄、蓝佛安、赵军、李朝明、曾志权参加了培训班。

11月25日 省清理省直党政机关事业单位经营性资产工作领导小组召开第一次会议，研究部署清理工作。省委常委、常务副省长、领导小组组长钟阳胜作了重要讲话。

△ 省财政厅上报省长黄华华和常务副省长钟阳胜《关于上报〈关于促进县域经济发展财政性措施的意见（送审稿）〉的请示》。

11月27～28日　开展“12·4”法制宣传日活动。邀请中国人民大学许崇德教授、国务院法制办副司长李岳德分别作了《宪法》讲座和《行政许可法》讲座。省财政厅领导刘昆、周高雄分别参加了学习。

11月28日　省财政厅领导刘昆、郑振涛、李朝明等拜会了在广州参加会议的原全国人大副委员长王丙乾。

11月28日　省财政厅副厅长蓝佛安陪同副省长谢强华到肇庆市调研。

11月28～29日　省财政厅副厅长周高雄陪同省委常委、常务副省长钟阳胜到汕头市调研。

12月2～3日　省财政厅副厅长周高雄陪同副省长宋海到肇庆、云浮两市就农村基础教育情况进行调研。

12月3～5日　省财政厅厅长刘昆在韶关市主持召开部分地级市财政工作座谈会。会后，分别主持召开韶关、清远部分市（县）财政工作座谈会。副厅长曾志权参加了座谈会。

12月5日　省财政厅副厅长郑振涛参加全省调整机关事业单位工作人员工资工作会议和省府机构改革动员大会。

12月16日　省财政厅副厅长郑振涛陪同副省长许德立会见世界银行代表团。

12月16日　根据省政府授权，省财政厅副厅长李朝明代表省政府出席省现代农业集团有限公司整体改制国有产权转让协议签订仪式，并与受让方签署了协议。

12月17～18日　全省财政系统人事教育工作暨文明财政所表彰会在河源市召开。省财政厅副厅长郑振涛作了“适应财政改革发展需要全面加强干部队伍建设”的讲话。会上向获得2001～2002年度文明财政所称号的56个单位颁发了奖状。

12月22日　省财政厅上报常务副省长钟阳胜《关于上报〈关于促进县域经济发展财政性措施的意见（送审稿）〉的请示》。

12月22～23日　全省财政科研宣传工作会议、广东省财政学会五届二次理事会暨广东省财政改革研讨会在佛山市高明区召开。省财政厅厅长刘昆到会作了重要讲话，指出做好财政科研宣传工作是财政改革和发展的要求。省财政学会会长罗妹珠作了广东省财政学会五届二次理事会工作报告。

12月23～25日　省财政厅厅长刘昆赴京参加全国财政工作会议。

12月25日　省财政厅副厅长郑振涛陪同中共中央政治局委员、省委书记张德江到省国税局、省地税局考察工作。

12月29日　省财政厅印发《关于实施第三批省级财政国库管理制度改革试点工作有关事项的通知》，确定省级财政国库管理制度改革第三批共40个部门50个基层预算单位从2004年1月1日起实施改革试点。

2004年

1月6日　省财政厅副厅长郑振涛陪同副省长宋海到省公安高等专科学校调研。

1月6～10日　省财政厅副厅长周高雄陪同财政部调研组到香港考察彩票管理情况。

1月6～10日　国务院农村税费改革检查组一行五人到广东检查农村税费改革工作。检查组首先听取了省财政厅副厅长、省税改办副主任曾志权关于广东省农村税费改革试点工作汇报，并在曾志权的陪同下，对德庆、郁南两县进行了明察暗访。检查组共抽查了4个镇8个村和4所中小学，走访了50户农民。

1月15～16日　全省财政工作会议在广州召开，省委常委、常务副省长钟阳胜到会作了重要讲话，省财政厅厅长刘昆作了题为《统一认识，真抓实干，努力开创全省财政工作新局面》的报告，郑振涛、周高雄、蓝佛安、赵军、李朝明、曾志权等厅领导参加了会议。

1月19日　省财政厅厅长刘昆参加在广州召开的机场属地化管理领导小组会议。

2月初　省财政厅开通了省级部门预算查询系统，与省人大财经委员会联网，实现省人大代表对省级预算部门的收支情况、基本收支情况、项目支出情况及有关预算说明的自动查询和实时监督。

2月2日　省清理省直党政机关事业单位经营性资产工作领导小组办公室召开座谈会，明确下一阶段工作目标，研究部署清理工作。领导小组成员、省清理办主任赵军在会上讲话，指出要“思想明确，统筹兼顾、全力以赴、狠抓落实”打好资产清理攻坚战。

2月6日　省财政厅副厅长蓝佛安陪同副省长谢强华到汕尾市调研。

2月9～15日　省财政厅厅长刘昆参加在广州召开的省十届人大二次会议，并向大会作《关于广东省2003年预算执行情况和2004年预算草案的报告》。

2月16日　省财政厅上报常务副省长钟阳胜《关于呈报〈省级财政专项资金清理工作方案〉的请示》。

2月18日　省财政厅副厅长郑振涛陪同常务副省长汤炳权到珠海市调研。

2月23日　省财政厅领导刘昆、周高雄、蓝佛安、赵军、曾志权参加行政许可法专题报告会。

2月27日 省财政厅厅长刘昆、纪检组长赵军出席在广州市举行的省政府采购中心挂牌仪式。

△ 省财政厅副厅长郑振涛陪同常务副省长汤炳权到深圳市调研。

3月11日 省财政厅副厅长李朝明陪同省委常委、常务副省长钟阳胜到云浮市调研。

3月31日 省委同意免去郑振涛财政厅党组成员职务。

4月9日 省财政厅副厅长周高雄、曾志权热情欢送原省财政厅副厅长郑振涛到韶关市赴任市委副书记。

△ 省财政厅民主评议行风工作办公室（下简称行评办）在广州召开全省财政系统先进事迹巡回宣讲材料研讨会，厅党组成员、纪检组组长、厅行评办主任赵军到会作了讲话，指出民主行风评议工作的重点要放在努力提高干部职工的思想素质和业务素质上，并促进良好工作作风的形成。

5月9～12日 省纪委副书记赵振华带队到省财政厅进行党风廉政建设责任制考核，刘昆、周高雄、蓝佛安、赵军、李朝明、曾志权等厅领导向考核组汇报了工作。

5月12～14日 省财政厅副厅长蓝佛安陪同副省长谢强华到梅州市调研。

5月13日 省清理省直党政机关事业单位经营性资产工作领导小组成员兼省清理办主任赵军，在省财政厅主持办公用房移交仪式，移交方（省工商局）、接收方（省委巡视组）、鉴证方（省清理办）的代表分别在办公楼移交书上签字。

5月14日 省直机关民主评议行风工作办公室（下简称省直行评办）、省直行评团到省财政厅指导民主评议行风工作，省财政厅领导周高雄、赵军率厅有关处室负责人向省直行评办、省直行评团汇报有关工作。

5月19日 省政府批准免去郑振涛财政厅副厅长职务。

5月23日 省财政厅副厅长周高雄、蓝佛安，省金融办等有关部门负责人陪同常务副省长钟阳胜会见来访的世界银行美国执行董事布鲁金斯女士及中国执行董事朱光耀先生一行 。客人参观考察了世行贷款珠江环保项目、了解广东私营经济发展情况。

5月24日 根据省政府《转发省财政厅〈广东省对种粮农民直接补贴暂行办法〉的通知》的规定，省财政厅制定了《广东省对种粮农民直接补贴实施方案》，通过对种粮农民实行直接补贴，调动农民种粮积极性，促进了粮食生产。

6月1～15日 根据省政府办公室《印发关于全面清理行政机关事业单位收费的工作方案的通知》要求，由省物价局、省财政厅、省发展改革委、省法制办、省纠风办等五部门组成的全省清理审核工作小组，根据行政许可法的有关规定，对省级批准的行政事业性收费进行清理。

6月11日 全省财政系统贯彻实施《行政许可法》工作会议在中山市召开。省财政厅有关业务处室负责同志、各地级市财政局领导、法规部门、会计科、政府采购办等负责人参加了会议。

6月17日 全省财政粮食工作会议在佛山市高明区召开。省财政厅副厅长曾志权作了重要讲话，要求各级财政部门认真组织实施粮食直补工作，做好粮食企业市场化改革工作，配合审计部门做好全省粮食系统政策性财务挂账审计工作。

△ 广东省注册会计师协会第四次会员代表大会在广州市召开。来自全省150多名注册会计师以及政府有关部门、地级市财政局或注册会计师协会、大型企业集团、大专院校的代表共200余人参加会议。

6月23日 省财政厅向省政府上报第四批纳入国库管理制度改革试点的单位名单。

6月24日 省财政厅副厅长蓝佛安会见并宴请法国财经工业部国家投资办负责人大门先生一行。

6月30日 省财政厅副厅长曾志权陪同副省长宋海到汕头市调研金融等情况。

7月8日 省财政厅副厅长周高雄向省人大财经委汇报广东省2004年上半年预算执行情况。

7月12～23日 根据省政府办公厅《转发省财政厅关于省级财政专项资金清理工作方案的通知》要求，省财政厅开展省级财政专项资金检查工作。

7月12日 省税改办等五部门联合举办全省大中专学生暑假“三下乡”活动。全省共有100名大学生和20名大学教师，组成20支“广东农村税费改革落实政策督查队”分赴粤东、粤西、粤北地区14个市开展农村税费改革政策督查工作。

7月13～15日 省财政厅副厅长李朝明陪同副省长李容根到梅州市检查水利工作。

7月20日 省政府批准曾志权为省财政厅副厅长。

7月23日 全省财税工作会议在广州召开，省委常委、常务副省长钟阳胜对2004年上半年全省财税工作进行了回顾和总结。

7月27日 省财政厅厅长刘昆列席省十届人大常委会第十二次会议，并向大会分别作《广东省2003年省级决算草案的报告》和《广东省2004年上半年预算执行情况的报告》。

7月28～29日 省财政厅厅长刘昆参加在浙江省杭州市召开的全国东部地区财政厅（局）长座谈会。

7月29日 省财政厅副厅长李朝明陪同副省长李容根参加北江大堤飞来峡抗洪抢险演习。

△ 省财政厅副厅长曾志权陪同中共中央政治局委员、省委书记张德江考察大学城建设情况。

△ 广东省省级部门预算编制布置会在广州市召开，省财政厅副厅长蓝佛安在会上作了重要讲话，要求各部门统一思想，认清公共支出管理改革的形势，做好2005年省级部门预算编制。119个省级部门的财务负责人及省财政厅各业务处室有关负责人参加了会议。

8月3～4日 省财政厅副厅长曾志权陪同常务副省长钟阳胜到河源市调研重点工程建设等情况。

8月4日　省政府印发《关于进一步扩大省级财政国库管理制度改革试点范围的通知》，确定将省人事厅、地税局等22个省级一级预算单位纳入第四批国库集中支付改革试点范围。

8月10～15日　省财政厅党组书记、厅长刘昆参加省委副书记、省长黄华华率领的广东省党政代表团赴吉林、黑龙江、辽宁等省学习考察。

8月12日　省财政厅监督检查办公室在广州召开全省重大工程全过程财务监督工作座谈会。

8月18～19日　省财政厅副厅长李朝明陪同省委副书记、省纪委书记王华元到湛江市召开维护社会稳定现场办公会议。

8月26～29日　省财政厅副厅长曾志权陪同常务副省长汤炳权到香港考察广东企业投资情况。

9月2～3日　省财政厅厅长刘昆带领办公室、预算处、农业处、人事教育处、科研所等处室的负责人到肇庆开展调研活动，深入四会、德庆的乡镇、村了解税费改革后乡镇财政的运作情况，并察看了肇庆市财政结算中心大楼建设工地。

9月6～7日　省财政厅厅长刘昆陪同省长黄华华到湛江考察调研。

9月7～8日　省财政厅在中山市召开全省财政支出绩效评价工作会议。各市财政局分管绩效评价工作的副局长、绩效评价科（统计评价科）科长、业务骨干等80多人参加会议。省财政厅副厅长蓝佛安到会作了讲话，对绩效评价工作提出了四点意见。

9月14日　省财政厅厅长刘昆、纪检组长赵军参加在广州市召开的省行政事业性资产清理领导小组会议。

10月1日　第四批22个部门开始实施国库集中支付改革试点。至此，省级实施财政国库管理制度改革试点单位范围扩大到103个部门共169个基层预算单位。

10月9～11日　广东省会计师事务所主任会计师会议暨后续教育培训班在广州市举行。中国注册会计师协会秘书长陈毓奎专程出席并作《行业发展与协会建设的几个问题》的专题报告，省财政厅厅长刘昆会见陈毓奎秘书长和参加会议的主任会计师。

10月17～22日　财政部党组成员、纪检组长金莲淑一行率队到广东调研财政改革与监督检查及纪检检察工作。厅领导刘昆、周高雄、赵军等分别陪同调研组一行在佛山、江门等地调研。

10月21日　省财政厅副厅长李朝明陪同副省长雷于蓝会见世界银行官员。

10月25日　省财政厅厅长刘昆、副厅长周高雄参加在广州市召开的财税部门工作联席会议。

10月30～31日　省财政厅厅长刘昆陪同财政部部长金人庆到珠海市财政局检查指导工作，并向金人庆部长汇报了广东省的财政工作情况。

11月1～2日　省财政厅厅长刘昆陪同常务副省长钟阳胜赴韶关市调研。

11月5日　广东省财政厅举办贯彻落实《预算法》专题讲座，财政部陈诗新博士、中央财经大学财经研究所所长王雍君教授应邀作了专题报告，厅长刘昆、副厅长周高雄、蓝佛安、曾志权等出席了讲座，各地级市财政局领导班子成员、预算科、法规科、办公室的负责同志、县财政局一把手共500多人参加了这次讲座。

11月16日　全省预算管理工作经验交流会在东莞市召开，省财政厅厅长刘昆在会上作了重要发言。

11月21日　省财政厅长刘昆、副厅长蓝佛安陪同财政部副部长肖捷视察省财政厅，并汇报了厅国库处、国库支付中心的运作情况。

11月22日　全国财政国库管理制度改革工作会议在广州市召开。财政部副部长肖捷出席会议并讲了话，指出2005年中央和地方要全面推行财政国库管理制度改革。省委常委、常务副省长钟阳胜代表省委、省政府到会祝贺。

11月24～25日　由省财政厅举办的全省财政外经金融业务培训班在梅州市举行。培训班就地方金融企业资产与财务管理、财政风险管理以及深化农村信用合作社体制改革有关政策进行培训，培训班还就出口退税新机制运行情况进行座谈。省财政厅副厅长曾志权到会讲话。

12月10日　省人大副主任黄伟鸿率领部分省人大代表到省财政厅视察财政工作，厅长刘昆代表厅党组汇报了省财政工作情况，副厅长蓝佛安参加了汇报会。

12月15日　省财政厅厅长刘昆、副厅长周高雄会见澳大利亚驻广州领事馆官员，并举行座谈。

12月27日　省财政厅副厅长李朝明陪同常务副省长钟阳胜检查新广州客运站开工筹备落实情况。

12月28日　省财政厅领导刘昆、周高雄、赵军、李朝明、曾志权参加厅行风评议活动总结大会。

12月31日　常务副省长钟阳胜一行在厅领导刘昆、周高雄、蓝佛安、赵军、李朝明、曾志权等陪同下视察了省财政厅，慰问节日坚守岗位的干部职工，并听取厅长刘昆代表厅党组汇报了2004年财政收入情况。

11月～12月　按照省委、省政府要求，省委组织部、省民政厅、省财政厅联合对全省17个地级以上市（不含深圳、佛山、东莞、中山）村党支部、村委会办公用房建设进行检查验收，并于12月26日联合上报省委省政府《关于对全省村党支部、村委会办公用房建设检查验收情况的报告》。

第十部分

附　　录

广东省财政学会简介

一、概　况

广东省财政学会是广东省研究财政科学的群众性学术团体，于1981年4月成立，挂靠于广东省财政厅，受广东省财政厅和广东省社会科学学会联合会共同领导，业务上接受中国财政学会指导，办事机构设在广东省财政科学研究所。

学会的宗旨是：以马克思列宁主义、毛泽东思想为指导，以发展生产力，促进经济建设为中心，坚持改革开放，坚持四项基本原则，坚持实事求是、理论联系实际的学风，贯彻"百花齐放、百家争鸣"的方针，组织和推动会员研究财政科学，努力提高财政理论、政策和业务水平，为社会主义现代化建设服务，为财政经济现实工作服务。

学会的主要任务包括：组织、推动会员积极开展财政科学理论研究；调查研究社会主义市场经济、现代化建设和改革开放中出现的各种财政经济问题，探讨解决办法，向有关部门提出建议意见；研究总结财政工作的历史经验，探讨其发展规律；举办各种形式的财政科学学术讨论和交流活动，推荐、奖励优秀财政学术论文；编辑出版《广东财政》和其他财政研究资料；依据政府对学会组织的政策，积极开办经济实体，开展各项社会咨询有偿服务；反映会员对改进财政工作的建议；积极参与中国财政学会和广东省社会科学学会联合会举办的学术活动；加强与兄弟省、市、区财政学会和本省财政学会的联系和学术交流，并指导学会团体会员的学术活动。

学会的组织机构包括会员代表大会、理事会、常务理事会。会员代表大会是学会的最高权力机构，每四年召开一次。理事会每年最少召开一次，每届任期四年，理事可连选连任。常务理事会由会长、副会长、秘书长、副秘书长、常务理事组成，一般每半年召开一次会议，由秘书长处理日常工作。

学会成立以后，根据各阶段财政中心工作，组织开展了多种形式的活动和工作：开展调查研究，参与课题研究，召开学术研讨会，举办学术报告会，开展对外学术交流活动，组织辅导班，筹办征文大赛等，活跃了全省的研究气氛，为财政决策提供了不少有参考价值的文章；不断健全组织建设，相继在广州、佛山、湛江、江门、肇庆、茂名、深圳、韶关、河源、揭阳、中山、汕头、梅州、清远等市成立了财政学会，充实了学会的学术研究队伍。

二、机构及人员

2000年12月，广东省财政学会第五届会员代表大会选举产生了新一届理事会和常务理事会，选举罗妹珠为新一届会长，黎旭东为常务副会长兼秘书长。2003年1月，广东省财政学会第四次常务理事会审议通过了关于增补（聘）学会顾问、理事和调整《广东财政》杂志编委等议案。截至2004年，全省已有14个市建立了财政学会；学会共有团体会员21个。

三、主要活动

（一）课题研究

1．参与全国协作课题研究。参与中国财政学会"地方财政或有负债"、"政府支出改革中的难点问题研究"、"基础性教育支出标准、责任问题研究"、"完善省以下财政体制研究"全国协作课题研究。

2．参与广东省财政厅2003年九大重点课题研究。九大重点课题包括"做大做强广东高等教育"系列、"完善广东省部门预算研究"、"广东省财力分布特点及趋势研究"、"完善纵向转移支付和建立横向转移支付研究"、"完善广东省部门预算研究"以及"完善广东省低税收入群体保障研究"等。

3．配合广东省财政厅有关处室开展课题研究。完成的课题研究包括《南亚热带水果竞争力分析和财政政策》、《广东省财政供养人员的状况和特征分析》、《广东省国有企业资产质量状况分析》、《加强和完善企业绩效评价工作体系的研究》、《广东省路桥收费管理体制改革研究》、《做大"蛋糕"，壮大地方财力研究》、《促进优势农产品出口政策研究》、《建立农民减负增收机制研究》、《广东省低收入人群社会保障问题研究》、《农村基层政权运转财力保障机制》等。

（二）财经专家学术报告会

2002～2004年，广东省财政学会组织举办了多期财经专家学术报告会：张馨"关于公共财政问题"、杨灿明

“民营经济与财税政策”、刘尚希“关于公共财政的几个问题”、卢中原“当前宏观经济若干热点问题”、汤敏“中小企业融资难的问题”和彭运龙“特型财政政策的实证分析”、贾康“省以下财政体制调整”、苏明“中国入世与财税政策调整”、倪红日“2003年宏观经济及财政税收政策的选择”、马国贤“绩效预算的改革与实践”、朱光耀“经济全球化的新浪潮及中国所面临的机遇与挑战”、高培勇“在宏观调控背景下的财政政策选择”、陈诗新“贯彻落实《预算法》依法理财　依法行政”和王雍君“《预算法》修改对地方财政工作的影响”。

（三）学术交流

1．学术沙龙

2003年，广东省财政学会举办了主题为“部门预算与国库集中收付改革”的第二次“广东财政论坛”学术沙龙活动以及有关行政事业性资产管理的沙龙。

2．座谈会

2003年2月，广东省财政学会、广东省财政厅投资审核中心、广东省财政科学研究所和广东财政杂志社联合举办了政府公共投资评审座谈会。

（四）举办培训班

2002年1月，为进一步加强广东省财政科研工作，规范财政科研课题研究与管理，广东省财政学会、广东省财政科学研究所在南海市举办了“广东省财政科研课题研究培训班”，来自广东省财政厅各业务处室和各地级以上市的代表60多人参加了培训学习。

（五）征文比赛

1．“东莞杯”

2001年，《广东财政》第一次开拓性地与中央级财政杂志《财政研究》、《中国财政信息资料》合办“东莞杯”全国有奖征文大赛。大赛共收到来自22个省（自治区、直辖市）参评论文572篇，其中广东省财政系统干部职工参评论文439篇，有26篇获奖，包括特等奖1篇，一等奖2篇，二等奖8篇，三等奖15篇。

2．“肇财杯”

2001年，广东省财政学会、广东财政杂志社与肇庆市财政局联合举办了每年一届的全省性征文大赛，收到参评论文559篇，共评选出获奖论文44篇及组织奖3名。大赛95%以上的获奖者都是来自财政工作第一线的同志，其中有8位获奖者来自乡镇财政所。

3．“社保杯”

2002年，广东省财政学会、广东省财政厅（社会保障处）、广东财政杂志社联合举办“社保杯”征文大赛。大赛收到参评论文296篇，共评选出获奖论文44篇和组织奖3个。

4．“梅财杯”

2003年，广东省财政学会、广东财政杂志社、梅州市财政局、梅州市财政学会联合举办“梅财杯”征文大赛，收到参评论文740多篇，评出一等奖4篇，二等奖10篇，三等奖30篇和组织奖6个。

5．“清远杯”

2004年，广东省财政学会、广东财政理论与实务编辑部、清远市财政局、清远市财政学会联合举办“清远杯”征文大赛，共征集参评论文666篇，评出一等奖5篇，二等奖10篇，三等奖30篇和组织奖5个。

四、会　刊

《广东财政》由广东省财政学会和广东省财政科研所联合主办。《广东财政》作为广东财政战线的一个重要宣传阵地，在宣传财经政策法规和财政经济改革方面发挥了重要作用。刊物辟有“财税前沿”、“财税时空”、“经济广角”、“企业天地”、“他山之石”等栏目。2001年，《广东财政》在中国财政学会举办的第三次全国财政系统刊物评选活动中，以总分第一的好成绩获得一等奖。2004年，《广东财政》转为内部刊物，易名为《广东财政理论与实务》。

广东省财政学会第五届理事会

会长、副会长、秘书长、副秘书长名单

会　　长　罗妹珠

副 会 长　黎旭东（常务副会长）　杨卫华　於鼎丞　于海峰　张栋材

秘 书 长　黎旭东（兼）

副秘书长　刘　菡　陈坤城　邵培德　曾志文　曾小红

广东省财政学会第五届理事会理事名单（按姓氏笔画为序）

丁跃文　马学斌　于海峰　邓先礼　韦东庆　孔伟贤
王作雄　王学礼　方棣梅　卢少雄　卢荣春　叶伟龙
叶梅芬　冯任贤　冯惠敏　吉应平　纪　武　刘玉梅
刘　昆　刘荣荣　刘　虹　刘　菡　刘继东　阮金明
朱江涛　成泽民　吴仰和　吴天世　吴銮珍　肖红梅
何秀娟　苏凤玲　张志才　张栋材　张锡洪　张　平
张仿松　张新华　张建强　张晓军　张　槟　张汉廷
陈德萍　陈建章　陈坤城　陈永良　陈文海　具铁祥
李惠武　李鲁云　李冠霖　李蒲弥　李穗娜　李鸿生
汪一洋　邵培德　杨卫华　沈肇章　林应武　林锦全
林文钊　林炎豪　罗妹珠　郑振涛　郑国顺　郑亚吉
郑贤操　郑永德　郑欣光　郑灿儒　周玉明　周　凯
於鼎丞　欧　菲　赵　平　洪永良　徐永胜　郭小东
郭方虹　黄　平　黄振平　黄　科　黄志伟　苏长桥

康晓明 梁浩霖 梁友平 梁品荣 梁 棠 符列娜
傅道忠 彭伟军 曾志权 曾毓昌 曾志文 曾小红
曾献优 曾 涛 谢浩贤 谢 慈 谢贤星 彭成洪
詹文光 廖家勤 缪东山 谭捍卫 黎旭东 黎树源
黎敏秋 黎利权 魏济章

广东省财政学会第五届理事会常务理事名单（按姓氏笔画为序）

马学斌 于海峰 卢荣春 刘 昆 纪 武 刘 菡
汪一洋 杨卫华 肖红梅 陈坤城 张栋材 李鲁云
李惠武 张锡洪 陈德萍 周 凯 罗妹珠 郑振涛
於鼎丞 林锦全 黄 平 康晓明 梁 棠 黎旭东

广东省财政学会第五届理事会名誉会长、顾问、荣誉理事名单（按姓氏笔画为序）

名誉会长 邸长云 林登云 曾炳生 蒋月明
顾　　问 王 琢 司马鲁 叶锦棠 孙亚余
江燕中 陈继兴 李春洪 李捍东
李森盛 何造海 陈锡桃 林汉枢
周高雄 董 宏 曾寿喜 曾牧野
曾 建 温建辉 熊展瑜
荣誉理事 邓太锦 文武汉 邓贵钊 王继造
伍国生 关国华 池家骥 陈之灿
沈友鹄 何元恒 宋汉光 吴贯桐
余荣渊 李泰锷 张 鑫 罗荣晃
周剑璧 郑康明

（广东省财政学会供稿，杜婷婷执笔）

广东省会计学会简介

一、基本情况

1979年12月，广东省第一个研究财会科学的群众性学术团体——广东省会计学会在广州成立。学会每四年换一届，截至2004年，已产生七届理事会。第七届理事会有名誉会长3人，顾问6人，会长1人，副会长6人，秘书长1人，副秘书长4人，常务理事17人，理事93人；会员单位59个，其中各市财政局22个、大专院校12个、省直各专业会计学会及大中型企业25个。学会内设秘书处、学术部、培训部、宣传联络部和《广东财会》编委会。

广东省会计学会是由会计理论工作者和实际工作者组成的研究国内外会计理论与实践的专业性学术团体。学会由单位会员和个人会员自愿组成，是不以盈利为目的的地方性社会组织，是中国会计学会的团体会员。

学会的宗旨是遵守国家《宪法》和有关法律、法规及国家的有关政策，遵守社会道德风尚，贯彻执行“百花齐放、百家争鸣”，为提高会计理论研究和实践水平，促进会计理论与实践相结合，进一步推动会计改革发展，加速现代化建设服务。

学会的基本任务是：宣传贯彻会计领域的方针政策，研究总结会计改革工作经验，加强和发挥会计学会在维护社会主义市场经济秩序中的作用；组织和推动会员开展会计理论研究和实践活动，并对会计改革中的热点问题进行专题探讨，以提高会计理论和实践水平；举办各种形式的财务与会计培训班，培养会计专业人才，对会计人员继续教育；编辑出版会计书刊；开展财务和会计咨询活动；开展国际会计学术研讨、交流活动等。

广东省会计学会在中国会计学会、省民政厅、省社科联和省财政厅的领导和指导下，与时俱进，紧密结合广东省会计工作的实际，做好开展和落实《会计法》的宣传，开展学术理论研究和交流活动，组织会计人员培训，办好学会会刊等工作。

二、主要职责

（一）加强组织建设，为学会工作输入新的活力

1. 加强广东省会计学会的自身建设。2002年12月，学会在南海市召开了第七次会员代表大会，全省各团体会员、会员单位、各市财政局主管局长、会计科（处长）共170多人参加了会议。会议审议通过了第六届理事会工作报告、章程修改草案和科研计划，选举产生了第七届理事会、常务理事会和理事会的领导机构。

2. 指导各单位会员抓好组织建设工作。广东省会计学会在做好自身组织建设的同时，指导各单位会员建章立制，完善制度，吸收具有较高理论水平和丰富实践经验的业务骨干到学会理事会中，进一步健全了组织机构，增强了学会的力量。

（二）开展学术研究和交流，活跃学术研究氛围

全省各级会计学会积极开展活动，围绕国家有关经济体制改革的方针、政策、法规，坚持理论联系实际的原则，组织专题学习，召开年会、学术研讨会、专题报告

会，活跃了全省的学术研究氛围。

为搞好会计专题的调研和实证研究，进一步提高全省会计理论的研究水平，指导会计实务工作，学会围绕当前会计改革中出现的热点和在实际工作中暴露出来的疑难问题，联合省财政厅组织了广东省会计科研课题招标活动。2003年度的会计科研课题招标活动共有60多个单位参加，收到的申报会计科研课题153个，其中有133个获批准立项。2004年，专家组对结题的117个课题进行评审，评出一等奖6名，二等奖12名，三等奖23名。

广东省会计学会请进来，举办会计学术报告会；走出去，加强横向联系，学习兄弟省市和国际间的先进科研经验和理论成果。在省会计学会第七次会员代表大会上，邀请了中山大学博士生导师刘峰教授作“美国公司丑闻及其对我国的启示”的学术报告，邀请了中国会计学会秘书长李玉环博士作专题报告；推荐优秀论文参加了中国会计学会等举办的各种论文评选活动，并获得了奖项；派出专家教授参加了一年一度的东南地区会计学会学术交流会；分别组织学习考察团与港澳台和澳大利亚、新西兰、巴西、南非等国家和地区的会计界进行了交流。

（三）积极培训人才，为提高会员素质奠定坚实的基础

学会各单位会员按照全省的统一部署，联系各地和各单位的实际，有计划、分步骤、多形式地组织会计人员培训，加强对会计人员继续教育。如中山市针对部分财会人员有理论欠实践，有学历缺能力这一现状，举办了会计模拟实习培训班。会计模拟实习培训班仿真性强，使参加培训的学员跳出了呆板的书本知识，把理论和实践有机地结合了起来。

（四）努力办好会刊，为展现学会风貌提供广阔的空间

广东省会计学会会刊是各级单位会员会计学术科研的园地，是学术科研成果展示的舞台，是学术科研水准的窗口，是宣传会计法及相关政策、法规的阵地，也是会员间交流和联络的纽带。全省各级单位会员结合本单位、本部门的工作实际，把各自主办的会刊办得图文并茂，有声有色。

广东省会计学会主办的《广东财会》几经改革和调整，编辑水平和印刷质量有了很大的提高，社会影响日益扩大。该刊为双月刊，编委会成员主要由各大专院校、各级财政部门、各有关单位对办刊有一定经验和积极性的专家教授组成。2005年，《广东财会》改为内部刊物，免费赠送。

（五）主动服务会员，积极发挥学会的桥梁和纽带作用

学会在服务会员工作上坚持多服务、少干预，多帮忙、少添乱，多设路标、不设障碍，维护会计人员的合法权益的原则，转变工作作风，主动联系有关会计管理部门，了解有关会计管理部门的行政工作情况，出主意，想办法，帮助有关会计管理部门解决行政工作中存在的问题。

三、2001～2004 工作概述

2001～2004年，广东省会计学会结合广东省工作实际，在宣传、贯彻《会计法》，学会换届改选，开展学术理论研究和交流，组织会计人员培训，办好学会会刊等方面取得了成绩，被省民政厅评为2004年度全省先进社团。

（一）加强组织建设，壮大学会力量

1. 广东省会计学会组织建设工作。广东省会计学会积极发展单位会员，引导国有大中型企业集团参加广东省会计学会的活动。2001年，学会将广东省广业、广东省广弘、广东省广晟等国有资产经营公司以及华南理工大学工商管理学院会计系发展成为单位会员。

2. 增补学会理事，壮大学会力量。广东省会计学会第六届第七次常务理事会增补的理事有：广东省广业资产经营公司的杨连高、广东省广弘资产经营公司的杨少良、广东省广晟资产经营公司的叶列理、华南理工大学的曹建新和广东外语外贸大学的林丹丹等。

3. 召开会员代表大会，按期进行换届选举。广东省会计学会每年召开一次会员代表大会。2002年12月，学会第七次会员代表大会在南海市召开。会议总结了第六届理事会的工作，审议通过了章程修改草案和科研计划，选举产生了第七届理事会。会议选出新一届理事会理事93人，聘请名誉会长3人，高级顾问1人，选举曾炳生同志为会长，何秀娟（兼秘书长）等同志为副会长。

4. 不定期召开常务理事会（扩大）会议。2002年12月，广东省会计学会召开了第六届第八次常务理事会（扩大）会议和第七届第一次常务理事会，对第七届常务理事进行了分工，研究了第七届理事会的工作。

5. 召开学会成立二十五周年纪念大会。2004年12月，广东省会计学会在江门市召开了成立二十五周年纪念大会。全省各团体会员、会员单位、各地级以上市财政局主管局长、会计科（处）长共150人出席了会议。

（二）指导各单位会员做好组织建设工作

2001～2004年，广东省会计学会加强指导各单位会员建章立制，完善制度，进一步健全组织机构，包括深圳、肇庆、惠州、佛山、湛江、东莞、梅州、中山、河源、揭阳、清远等市的会计学会和广东省对外经济贸易会计学会、广东省教育会计学会、广东省新闻出版会计学会、广东省冶金财务会计学会、广东省交通会计学会、广东省林

业会计学会、广东省监狱会计学会等。

四、组织科研活动,活跃学术氛围

为落实中国会计学会“十五”科研规划，搞好会计专题调研和实证研究，进一步提高广东省会计理论研究水平，广东省会计学会与广东省财政厅联合举办了两次科研课题招标活动，共有110个单位参加，收到申报课题220个，有185个申报课题获准立项，结题的有169个，评出一等奖7名，二等奖17名，三等奖31名，优秀奖26名。2003年度的41篇获奖课题已汇集成《论文汇编》。

广东省会计学会积极推荐作品，参加各种科研活动。2001～2004年，学会报送了《对“七项准备”会计处理方法的研究》等15篇学术论文；推荐的《知识经济条件下智力资本研究》获广东省科技协会举办的优秀论文评选和中国城市经济期刊研究会举办的优秀文章评选二等奖；推荐了《财务会计理论研究的拓展》等25篇论文参加中国会计学会2001、2002年度优秀论文评选；报送了《对国有企业改革和发展的探讨》等11篇文章参加中国会计年鉴编辑委员会举办的“中国企业理财经验”有奖征文活动；报送了获得1999年度会计科研课题一、二等奖的7篇文章参加由广东省新闻出版局举办的第三届广东省期刊优秀作品评选，有2篇论文分别获得一、二等奖；报送了获得2001年度会计科研课题一、二等奖的5篇论文参加中国期刊协会省市经济期刊分会举办的“十佳期刊”及优秀论文奖的评选活动等，其中的3篇分别获一、二、三等奖。

五、拓展学术空间,推动横向交流

2001～2004年，广东省会计学会各单位会员围绕《会计法》在执行过程中出现的问题开展学术活动。东莞、清远、中山等市会计学会，广东省对外经济贸易会计学会、广东省教育会计学会、广东省冶金财务会计学会、广东出版会计学会、广东省交通会计学会等行业会计学会，中山大学管理学院会计系、暨南大学管理学院会计系等高校院系分别结合本单位、本行业、本部门的实际情况，针对实际工作中存在的问题，开展了学术论文评选活动、学术报告会和专题讲座。2004年，各地会计学会收到论文397篇，有292篇获得优秀论文奖。

学会每年都派出专家教授参加东南地区会计学会学术交流会。2002年11月，学会协助省财政厅会计处组织广东代表团86人参加在香港召开的第十六届世界会计师大会。2003年和2004年，学会组织部分市会计学会的负责人分别赴澳洲、新西兰、南非、巴西学习考察有关国家会计管理模式、会计职业发展状况。2004年2月，学会与香港特区政府财经事务与库务局、香港会计师公会交流了两地会计服务业合作的原则意见。2004年7月，学会参加了粤港落实CEPA服务业合作专责小组在香港会展中心举办的“CEPA服务业咨询会”，向香港投资者介绍了会计合作领域的具体申请和审批环节，并解答了香港居民提出的问题。2004年11月，广东省会计学会组织学会和省注册会计师协会骨干到台湾参加“海峡两岸会计专业研讨会”。

六、加强人员培训,提高队伍素质

2001～2004广东省会计学会配合有关部门抓好师资培训和省属单位会计人员的培训，举办了“会计内部控制制度”和“会计职业道德”培训班以及会计电算化师资和软件师资培训班等。中山市会计学会举办了《会计法》培训班、村组会计委派人员业务和会计准则培训班；东莞市会计学会举办了会计岗位培训班，专业技术资格应试培训班，从业资格专业知识考证班，会计电算化培训班，知识更新班等；省外经贸会计学会举办了“民营进出口企业财会业务”培训班；省教育会计学会举办了全省教育系统的“会计基础工作规范”培训班。全省87万会计人员基本都参加了培训。

七、精心耕耘，努力办好会刊

（一）加强力量办好《广东财会》

广东省会计学会主办的《广东财会》几经改革和调整，内容更加丰富多彩，编辑水平和印刷质量有了很大的提高，社会影响日益扩大。

1. 注重内容，提高质量。《广东财会》根据广东省会计中心工作，从深入贯彻《会计法》出发，重点选择了财务会计与社会经济持续发展及经济环境关系、管理会计在大、中型企业的应用、会计基础工作规范化、企业债务问题及债务重组、上市公司会计信息披露、现金流量表编制分析和运用、会计委派制实行的可行性、深化会计制度改革、完善会计准则和制度体系、建立健全内部控制制度等具有较强学术性和指导性的文章加以刊登，对《会计法》的执法检查、统一会计制度的实施、会计准则的颁布等进行专题报道，宣传了会计改革的方针、政策，交流了会计准则贯彻实施的经验，探讨了会计准则实施过程中存在的问题。2004年，《广东财会》改为内部刊物，开辟了“广东省会计学专家介绍”、“本刊专稿”以及“试题选登”等栏目。

2. 适时改版，规范发行。从2001年第一期起，《广东财会》改为大16开的国际标准版，同时增加了套色版面。为规范发行，从2001年第五期起，《广东财会》开始使用条形码。改版后的《广东财会》版面更加活泼，内容更加丰富，更具可观性、可读性和实用性。

3. 扩大影响，提高知名度。为扩大《广东财会》的影响，发挥其对全省会计工作的指导作用，学会制作征订卡发放到各会计从业资格办证点分发，并与《工业会计》、《大经贸》等兄弟期刊交换广告版面，在中国报业协会和中国期刊协会共同编写的《中华百年报刊大系》里以 1/4 彩版的版面刊登了《广东财会》的基本情况。

八、做好协调工作，完成工作任务

（一）配合中国会计学会开展工作

2001～2004 年，广东省会计学会在中国会计学会的指导下，配合中国会计学会开展有关工作。一是代办中国会计学会主办的《会计研究》在我省的征订发行工作；二是配合中国会计学会的学术交流活动，向中国会计学会推荐优秀文章参加优秀论文评选活动；三是及时转发中国会计学会《关于印发〈中国会计学会个人会员管理办法〉的通知》、《关于发展第四批中国会计学会个人会员的通知》等文件；汇总各会员单位上报的申请材料，办理相关手续，上报广东省申报的第二、四批中国会计学会个人会员名单。

（二）配合中国财政杂志社、广东省社会科学联合会、广东省民间组织管理局、广东省科技协会等各部门开展工作

一是受中国会计学会、中国财政杂志社和中国财政经济出版社的委托，协助有关财会期刊做好征订工作；二是参与广东省社会科学联合会组织的年度先进社团和先进社团工作者的评选活动和经济类社团工作经验交流会。三是对 2000 年以来举办的各种评比、达标、表彰活动进行了清理，并填报了《全省性评比、达标、表彰活动情况自查登记表》。

（三）配合省财政厅会计处的行政工作

协助会计处贯彻实施会计从业资格管理办法和广东省具体实施办法，开展有关的培训、学术报告活动，新出台的准则、制度的宣传、培训等。

第七届理事会名单

名誉会长　李朝明　熊展瑜　蒋月明

顾　　问　（以姓氏笔画为序）
马　黎（女）　江燕中　李学柔　李森盛
张　鑫　黄炳均

会　　长　曾炳生

副 会 长　何秀娟（女）　纪　武　林　斌（财厅、增补）
王　华　魏明海　黄亦平　阮志杰

秘 书 长　何秀娟（兼）

副秘书长　宋献中　陈玉泉　许义生　施映民

常务理事　（以姓氏笔画为序）
王　华　许义生　纪　武　阮志杰
何秀娟（女）　陈玉泉　陈德萍　宋献中
张端明　林　斌（中大）　林　斌（财厅）　施映民
黄亦平　曾炳生　彭晓雷　舒海波
魏明海

理　　事　（以姓氏笔画为序）
卫建国　戈飞平　王　华　王　喆
王　燕（女）　王康丰　王惠恒　王燕惠（女）
王科文　邓柏棠　兰艳泽（女）　卢永健
叶伟龙　叶列理　石本仁　关婉君（女）
刘　红（女）　刘　峰　刘　斌　刘永生
吕兆海　成放晴　朱绍荣　纪　武
许义生　许舜梅（女）　阮志杰　何秀娟（女）
吴小濛（女）　吴仰和　吴穗华（女）　宋献中
张卫英（女）　张育红（女）　张新达　张端明
李　莎（女）　李　聪　李小明（女）　李孔祥
李楚雄　杨少良　杨连高　肖　学
邹清莲（女）　陈玉泉　陈伍梅　陈国煌
陈炳辉　陈婉玲（女）　陈淑英（女）　陈德萍
周国新　周德峰（女）　林丹丹（女）　林　斌（财厅）
林　斌（中大）　罗其安　罗绍德　罗新广（女）
郑亚吉　郑健雄　俞雪花（女）　施映民
胡玉明　胡志勇　胡逢才　赵炜穗（女）
钟扬芬（女）　倪伟平　唐清泉　徐迎建
曹建新　梁　光　黄正瑞　黄亦平
黄秋生　黄鉴恒　黄翠琼（女）　龚凯颂
彭晓雷　曾炳生　曾宪如（女）　温琼才
舒海波　韩锡锋　鲁俊文　鲁盛潭
熊　剑　谭劲松　谭沛康　黎旭东
魏明海

（会计处供稿，施映民执笔）

广东省预算会计研究会简介

一、基本情况

广东省预算会计研究会成立于1991年5月，挂靠于广东省财政厅，2002年前的具体业务受广东省财政厅预算处指导，2003年起受广东省财政厅国库处指导。

广东省预算会计研究会内设1个办公室，配备专职工作人员2人，兼职人员1人。为方便开展有关预算、国库管理、预算会计和事业行政财务改革等的研究、咨询及培训工作，省直属有关单位及各市财政部门均成立有研究会或研究组。广东省预算会计研究会共有团体会员30个，人数达1.5万人。

二、2001～2004年工作概述

（一）围绕财政改革中心，组织完成专题研究

1. 承担、完成了全国预算会计研究会专题研究的课题。广东省财政厅预算处、国库处、暨南大学会计系、广东省省财政学校计算机应用教研室和广东省预算会计研究会等五个部门人员参加的课题小组，通过调研和座谈，综合各方面的反馈意见，完成了《关于修改预算会计核算内容及具体操作》的建议报告及“实行国库集中支付后，对单位年终预算结余处理”课题，分别上报财政部国库司制度处、总会计处、全国预算会计研究会作为决策参考。

2. 配合广州市预算会计研究会完成了全国预算研究会安排该市承担的课题调研。广东省预算会计研究会配合市先后深入到7个省属市、县（区）和广州市属4个区召开了座谈会，同时还收集了6个省属市按调研题纲反馈的书面意见。经反复研讨，提出了建议修改意见，完成了“现行预算法若干问题”课题。

3. 组织撰写中南片区第十四、十五次“预算管理与会计”研讨会研定课题。广东省预算会计研究会的自选课题是“有关做好研究会工作的经验体会”。

4. 组织撰写了《政府外债纳入财政总预算会计核算初探》。文章根据当时政府对外债管理不规范的现状，从政府外债核算的基本情况及存在问题、政府外债需要纳入财政总预算会计核算的原因、政府外债纳入财政总会计核算的具体操作三个方面进行论述。文章在2004年第1期的《预算管理与会计》上刊登，并报送参加了广东省省委政策研究室举办的优秀调研报告评奖活动。

（二）配合业务主管部门做好在职人员业务培训工作

2001～2004年，为适应财政预算、国库改革的各项要求，广东省预算会计研究会配合广东省财政厅业务主管处室对全省各级财政部门预算、国库科（处长）及主要财会人员进行了各类业务培训，共举办了19期培训班，参加人数达2 135人。其中：有关编制部门预算的基本原则、范围以及具体运用软件操作等知识的培训举办了7期，受培人员达720人；有关国库制度改革基本理论、省级国库改革实施办法、国库工作流程、会计核算办法以及集中收付系统操作等方面的培训举办了6期，受培人员达634人；有关总预算会计、行政事业单位财务、会计基本知识、具体业务的核算操作、会计报表的编报以及预算外资金财政专户会计核算制度等方面的培训举办了6期，受培人员达781人。

（三）加强科研信息传达和宣传

1. 加强科研经验信息传达。对全国预算会计研究会、省社会科学联合会、民间组织管理局等召开的有关会议的精神、工作部署、结合本省情况的研究意见，及时转达给各地；及时传达有关科研成果和工作经验的信息。

2. 加强科研信息宣传。发动、组织通讯员结合工作实际撰稿、组稿，发挥通讯员的桥梁作用。2001～2004年，全省各地交来的文章经广东省预算会计研究会审改后上报全国预算会计研究会的共60篇，其中刊登在《预算管理与会计》上的有17篇。

（四）做好《预算管理与会计》征订工作

《预算管理与会计》是由财政部主管、全国预算会计研究会主办的月刊。《预算管理与会计》专业性、时限性、操作性较强。截至2004年，每年度征订户已达900个。

广东省预算会计研究会第一届理事会

名誉会长 林登云

顾　　问 邸长云　蒋月明　司马鲁　曾炳生　林汉枢

会　　长 张仲良(1991年5月～1993年9月)
曾炳生(1993年12月～1995年11月)

副 会 长 钟聪娣(常务副会长、女)
李学柔(中山大学管理学院副院长、教授)
吴仰和

秘 书 长 周高雄

副秘书长 沈梅红(女)李秋萍(女)

常务理事 邓贵钊　李学柔　李秋萍(女)陈继兴　吴仰和　沈梅红(女)周高雄　周真真(女)　张仲良　钟聪娣(女)蔡耀雄　刘孔蒲

理　　事 邓贵钊　韦保和　冯乃润　李学柔　李乃媛(女)李振光　李　云　李　青　李庆源　李仲民　李秋萍(女)刘孔蒲　刘佩珊(女)吉应平　关婉君(女)吴仰和　吴承业　陈继兴　陈赛莉(女)陈苏源　陈茂伟　陈　波　陈岩红　沈梅红(女)　苏岳良　苏启韶　杨伟文　杨德威　杨志强　杨镜新　杨洁珍(女)邱小华　何细啤　周高雄　周真真(女)郑亚吉　林应武　罗其安　欧学辉　张仲良　张龙衍　钟聪娣(女)钟锡驹　姚学忠　宰建平(女)倪诗仲　黄贯球　黄灼辉　谢　慈　董伟仪(女)韩秀卿(女)詹奕文　廖成就　谭乃端　谭国栋　曾寿喜　蔡耀雄　蔡铨茂　赖甘林　陈胜生　李政良　蔡华俊　郑北然　王作雄　蓝佛安　何秀娟(女)

广东省预算会计研究会第二届理事会

顾　　问 林登云

会　　长 曾炳生(1995年11月～1999年3月)

副 会 长 吴仰和　郑振涛　欧　菲(女)
罗其安　钟聪娣(常务、女)

秘 书 长 沈梅红(女)

副秘书长 谢　慈　戴穗生

调整后理事会

会　　长 钟聪娣(女)

副 会 长 沈梅红(女)
罗其安(暨南大学管理学院会计系党总支书记、副教授)

秘 书 长 沈梅红(兼、女)

副秘书长 谢　慈　戴穗生

常务理事 关婉君(女)李朝明　李秋萍(女)　吴仰和　陈继兴　陈德萍　沈梅红(女)　杨洁珍(女)周玉明　郑振涛　林应武　罗其安　欧学辉　欧　菲(女)钟聪娣(女)　袁锦霞(女)曾炳生　蓝佛安　谢　慈　戴运龙

理　　事 乜宝玲(女)邓贵钊　韦保和　丘燕玲(女)　孙世奇　李秋萍(女)李庆源　李　玫(女)　李翠玲(女)李国龙　李朝明　李南开　刘佩珊(女)刘丽常　刘伯新　关婉君(女)　关国华　乔朝阳　许伟洲　邹清莲(女)　麦小松(女)吴仰和　吴承业　吴　翔(女)　袁　红(女)陈继兴　陈德萍　陈赛莉(女)　陈建芬(女)陈瑞芳(女)陈治国　陈冠忠　陈　波　沈梅红(女)沈梦庚　杨德威　杨国祥　杨洁珍(女)周真真(女)周玉明　周德全　郑振涛　郑健雄　郑良育　林应武　林英才　林婵君(女)罗其安　欧学辉　欧　菲(女)张龙衍　张小玲(女)　钟聪娣(女)钟　凯　钟　炜　段　翔　胡敏倩(女)袁锦霞(女)高展眉(女)　黄振平　黄灼辉　梅肖蓉(女)谢　慈　景彦勤(女)曾炳生　蓝佛安　黎利权　廖林光　谭捍卫　谭乃端　谭劲松　蔡铨茂　戴运龙　戴穗生

(预算会计研究会供稿，钟聪娣执笔)

广东省农村财政研究会简介

一、基本情况

广东省农村财政研究会（以下简称农研会）是对农村财政、税收理论与政策等进行科学研究的，具有法人资格的群众性学术团体，是非营利性的以服务为主的地方性社会组织。农研会于1987年8月在广州成立，原是广东省财政学会的二级学会，1991年10月，经广东省财政厅和民政厅正式批准，成为省一级学会。农研会会址设在广州，下设秘书处负责日常工作；全省有两个分会：广州市农村财政研究会、汕头市农村财政研究会。

农研会的宗旨是：以马列主义、毛泽东思想、邓小平理论、江泽民同志“三个代表”重要思想为指导，坚持党的基本路线，坚持理论联系实际，坚持“百花齐放、百家争鸣”，积极组织和发动会员探索社会主义市场经济发展的规律及与之相适应的、具有中国特色的农村财政理论、政策和制度，提出建议或方案，供有关领导机关决策，为改革和完善农村财政经济政策，促进农业和农村经济持续、稳定、协调发展，促进农民增收奔康，为建设社会主义新农村，实现农业现代化建设服务。

农研会的主要业务范围包括：深入农村调查，着重研究农村改革和农业现代化建设中的新情况、新问题，探索在社会主义市场经济条件下，财政支持农业生产和农村经济发展的路子；研究和总结全省财政支农工作的经验，探讨新形势下财政支农工作的新思想、新政策、新措施；围绕深化农村改革，提高农业综合生产能力，统筹城乡发展、构建社会主义新农村等方面迫切需要解决的有关财政、税收、财务、会计政策问题和理论问题，有计划、有目的地组织专题研究；制定课题研究计划，开展多种形式的学术交流、评选活动，利用农村财政理论研究成果，编辑出版农村财政、税收书刊和文集，组织资料和信息沟通；接受领导机关和有关部门专项委托事项，根据工作需要开展农村财政、农业税收咨询活动和人员培训服务等活动；积极支持和推动全省各地农村财政研究会开展工作，反映会员对农村财政、农业税收工作的意见和建议。

1987～2004年，农研会积极组织和发动会员理论联系实际，深入基层，把握时势，围绕农业发展、农村建设、农民收入、财政扶贫等热门话题，开展形式多样的课题调研活动，并根据调研成果结集出版相关刊物；加强与有关部门、其他社会学术团体之间的沟通与交流，组织会员参加各类相关学习、考察、培训等社会、学术活动。

二、2001～2004年工作概述

（一）开展课题调研活动

2002年，农研会完成了9个调研课题，并根据财政部农业司《关于下达重点农产品竞争力及财政支持政策专题研究计划的通知》的要求，完成了由广东省承担的《热带水果的竞争力分析及财政支持政策》研究专题。

2003年，农研会组织了31个课题调研组，完成了15个课题研究任务；完成了广东省财政厅农业处委托的重点研究课题《促进优势农产品出口的政策研究》。

2004年，农研会组织推荐了3篇课题论文参加全国农村财政第四次优秀论文评选活动，均获得奖项，其中省财政厅刘昆厅长和曾志权副厅长等领导的课题组撰写的《农村税费改革后基层政权经费保障问题研究报告》荣获一等奖；清远市财政局农业科黄运全科长撰写的《欠发达地区农业产业化发展中的问题及对策》和徐闻县副县长兼财政局长符强撰写的《构建农业税征收大厅的总体思路》获鼓励奖；农研会荣获组织奖。

2004年，农研会下达26个研究课题，其中14个重点课题，12个指导性课题，实际完成了23个课题研究任务。课题研究成果通过了评审、验收，其中：农研会常务理事陈德萍负责的《农户经营融资问题研究》课题获得重点课题组一等奖；理事葛孚桥负责的《加强农村劳动力职业技能培训研究》课题获得指导性课题组一等奖；评审产生二等奖各两名，三等奖共10名。

（二）编印《农研动态》，供决策参考

为及时通报农研会课题研究成果和工作情况，农研会不定期组织编印《农研动态》发至各有关部门、领导和农研会各理事，供决策参考，到2004年底共编印了28期。

（三）结集出版论文集

2003年，农研会为宣传、总结多年来在财政扶持农业产业化、农民增收长效机制、财政扶贫方式、农业资金绩效考核指标体系、农业资金投向、农业综合开发、粮食生产、农村税费改革、农村土地使用权流转、农业经济信息网络建设等方面所取得的研究成果，将2002年度的11篇优秀课题调研论文结集出版成《广东省农村财政调研课题论文集》。全书26万字，共印制发行2 000册。2003年和

2004年度的优秀课题调研论文也正在汇编中。

（三）组织会员参加考察、学习、培训活动，加强与社会团体的沟通交流

2004年，农研会在抓好课题调研的同时，积极组织会员参加考察、学习、培训工作。8月，安排8名理事参加了广东省社会科学联合会组织的“三农”问题赴欧洲八国考察团。9～10月，中国农村财政研究会在杭州、西安举办了三期农村基层财经干部培训班，农研会组织了9个市（县、区）的基层干部共38人参加了第一、二期的培训。

（四）加强农研会组织机构建设

2002年，召开了农研会三届一次全体理事会议，选举产生了第三届理事会和领导机构。大会总结了农研会第二届理事会的主要工作和成绩，分析了当时农村财政工作的形势，提出了新一届理事会的指导思想和工作任务，并审议通过了新章程。

2004年，召开了农研会三届二次全体理事会议，对部分常务理事、理事进行了增选和改选，并调整了农研会副会长和秘书处的秘书长、副秘书长。

广东省农村财政研究会
第三届理事会成员名单

会　　长	罗妹珠			
副 会 长	谢仁寿	李鸿生	莫棣华	危金峰
秘 书 长	危金峰(兼)			
副秘书长	朱学荣	肖映波	冯宝璇(女)	
常务理事	罗妹珠	谢仁寿	李鸿生	莫棣华
	曾志权	危金峰	陈子希	刘　菡(女)
	周玉明	谢贤星	陈德萍	徐安高
	刘敏清	何启环	李业章	尹学毛
	温健辉	胡文厚	孙家英	黄长安
	李廷奎			
理　　事	白建林	陈昭永	陈坤城	王康丰
	肖小华	彭钿基	咸春龙	葛孚桥
	郭铁军	邱　林	黄钢平	乔朝阳
	魏平英	刘艳娥(女)	景彦勤(女)	游启胜
	梁　光	文　升	吴国伟	林庆雄
	张柏峰	吴建群	孔维华	邓华刚
	李汉平	张　军	黄达三	蔡妈情
	黄云峰	张翼翔	伍建超	何少红(女)
	吴开宏	王　区	吴德安	黎尚华
	黄运全	刘燕君(女)	吴炎标	苏小华
	何永健			

广东省农村财政研究会
第三届理事会增改选后成员名单

会　　长	罗妹珠			
副 会 长	谢仁寿	李鸿生	莫棣华	陈子希
秘 书 长	陈子希(兼)			
副秘书长	肖映波	朱学荣	张奕民	
常务理事	罗妹珠	谢仁寿	李鸿生	莫棣华
	李华东	陈子希	田晓霞(女)	刘菡(女)
	周玉明	陈坤成	谢贤星	陈德萍
	徐安高	刘敏清	何启环	李业章
	尹学毛	温健辉	胡文厚	孙家英
	黄长安	李廷奎	肖映波	朱学荣
	张奕民			
理　　事	白建林	陈昭永	周丽娟(女)	汤如武
	饶伟强	王康丰	肖小华	彭钿基
	王汉忠	卢金贵	咸春龙	葛孚桥
	郭铁军	邱　林	黄钢平	乔朝阳
	魏平英	刘艳娥(女)	景彦勤(女)	游启胜
	梁　光	文　升	梁少婷(女)	林庆雄
	张柏峰	吴建群	罗修俊	邓华刚
	游国廉	陈建勤	黄达三	蔡妈情
	黄云峰	林燕威	伍建超	何少红(女)
	吴开宏	王　区	吴德安	黎尚华
	黄运全	谢伟平	吴炎标	陈维先

（广东省农村财政研究会供稿，黄可执笔）

广东省珠算协会简介

一、基本情况

广东省珠算协会成立于1980年4月，是由全省各市珠算协会和科技工作者自愿组成的，依法进行登记的专业性、学术性、科普性、非盈利性的社会团体，是中国珠算协会的团体会员，挂靠于广东省财政厅，业务上接受广东省科技协会的指导和广东省民间组织管理机关的监督管理。全省21个地级市的珠算协会为本会团体会员；全省

现有个人会员546人，主要是从事财会及教学工作的职员和老师。

协会的宗旨是：遵守社会道德风尚，坚持民主办会原则，弘扬中华民族优秀文化遗产——珠算，充分发挥珠算的实用计算功能和珠算式心算启智教育功能，为经济发展和社会进步服务。

协会内设五个专业工作委员会和一个办公室。五个专业委员会分别是：等级鉴定工作委员会、比赛裁判工作委员会、组织宣传联络工作委员会、算理算法工作委员会、珠心算工作委员会。

协会成立以来先后进行了七次换届工作。2000年7月，协会召开了第八届理事会，选举曾建任会长、李秀容任秘书长。理事会由64人组成，其中常务理事有14人。

二、2001～2004年工作概述

（一）珠算式心算教学的实验与推广

珠算式心算被国家教委列为“九五”科研重点课题，被中国珠算协会列为“重点工程”。1994年，经广东省科技协会批准，珠心算教学被列为广东省重点科研项目之一。2004年，广东省已有14个市开展了珠心算教学试验，设有在学班508个，在学儿童共13 500人。

（二）珠心算师资培训

为普及、推广珠心算工作，建设一支高水平的专业师资队伍，广东省珠算协会每年暑期都举办珠心算师资培训班，学员由各市珠算协会推荐，培训后经考核合格由省珠协发给结业证。2001～2004年，协会共举办了4期师资培训班，参加学习的学员共270人；由各市组织、协会选派授课老师的师资班4期，学员150人。截至2004年，全省共有珠心算教师501人。

（三）组织珠算、珠心算技术比赛

2001～2004年，广东省珠算协会组织各市珠算协会参加由中国珠算协会、台湾商业会联合举办的“海峡两岸珠算技术通信比赛”，参赛人数达19 986人次。2001年5月，协会举办了“广东省第二届大中专（职高）院校珠算技术邀请赛”，来自省市属25间院校的125名选手参加了比赛。2002年7月，举办了“广东省珠算技术通信赛”，全省有11个市共445人参加了比赛。2002年10月，中国珠算协会在北京举办了“首届全国珠心算比赛”，广东省选派了3名选手参赛，其中1人获全能三等奖和单项优胜奖。2004年7月，在广州举办了“广东省第十三届珠算技术比赛暨第二届珠心算邀请赛”，来自18个市的19个代表队共220人参加了比赛。

（四）组织宣传、交流活动

2001年5月，广东省珠算协会和广州市珠算协会联合举办了“打算盘使人聪明，学心算终身受益”为主题的宣传、表演咨询活动。活动内容丰富，有图片展览、专家解答、小学生珠心算现场表演、派发宣传资料等，广州电视台和珠江电视台分别对这次活动作了采访和报道。2001年6月，协会组织了番禺北城小学、金雁里小学、黄船小学的师生分别赴梅州、汕尾、清远市进行珠心算表演，并与当地的学校教师进行了交流，当地新闻媒体、电视台作了采访、录像和报道。2001年11月，协会组织了考察团，赴台湾进行珠算、珠心算交流访问。2002年6月，协会与南方电视台少儿频道合作拍摄了四集以“启智的钥匙”为主题的珠心算教育宣传片，于6月1～9日在南方电视少儿频道和科教频道的黄金时段播出，并制成VCD发至各地级市珠算协会和各有关单位（学校）。

（五）出版《广东珠算》

《广东珠算》期刊是珠算、珠心算教育工作者及珠算爱好人士学习珠算知识，切磋专业技能、技巧，交流经验，沟通学术信息的主要渠道和桥梁。为向社会宣传及推广珠算、珠心算，广东省珠算协会定期出版《广东珠算》期刊。2001～2004年共出版了16期，免费赠送给各市珠算协会、学校和有关单位。

（六）珠算、珠心算等级鉴定工作

珠算、珠心算技术等级鉴定工作是广东省珠算协会的日常重要工作。协会在广州市财经职业高级中学设立了珠算等级鉴定点，每月开展1～2次鉴定工作。2001～2004年，省属单位参加珠算等级鉴定的有43 472人次；全省（不含深圳市）参加珠算鉴定的有177 881人次。2003～2004年，全省共有6 780人次参加了珠心算等级鉴定。

（七）加强组织建设，完善各项制度

1980～2004年，全省21个地级市都已成立了珠算协会，建立健全了内部有关管理制度。制定的内部有关管理制度包括：《省珠算协会办公室内部监督管理制度》、《珠算等级鉴定费管理办法》、《有关补助发放的规定》。为规范广东省珠算、珠心算教育和鉴定管理工作，使教学管理工作制度化、科学化，协会制定了《广东省珠算式心算等级鉴定实施细则（暂行）》和《关于规范我省珠心算教育管理工作的通知》等。

广东省珠算协会第八届理事会

会　　长　曾　建
副 会 长　陈展辉　李秀容　熊发业
秘 书 长　李秀容（兼）
副秘书长　李根华　梁传泽　冯　茵
常务理事　王中高　陈展辉　谭　珈　文莲英　张仿松　黎婉萍　冯　茵　梁传泽　许翼平　曾　建　李秀容　曾令鹏　李根华　熊发业

（广东省珠算协会供稿，肖健华执笔）

广东省会计函授成人中等专业学校简介

广东省会计函授成人中等专业学校的前身是广东省会计函授学校，1987 年 12 月经广东省人民政府批准成立，是中华会计函授学校在广东的办学单位，由省财政厅领导。1989 年 3 月，更名为广东省会计函授成人中等专业学校。主要职责是开展会计中专学历教育和在职人员继续教育。

学校以培养实用型会计人才、提高我省会计队伍整体素质为办学宗旨，坚持“从严治学、质量第一”的办学方针，采用“函授自学、电化教学、面授辅导”三位一体的教学形式，实行“六统一”（统一教学方针、统一教学计划、统一教学大纲、统一教学进度、统一教材、统一考试）的教学管理原则。

学校本部设在省财政厅会计处。截至 2004 年，学校只开设了财务会计一个专业。学校在省内 17 个市设立了辅导站，在 65 个市、县（区）设立了函授站。全校校舍面积达 18 990 平方米，拥有普通教室 172 间，电脑教室 42 间，多媒体教室 15 间，图书馆藏书 54 700 册。全校现有专任教师 103 人，其中，高级讲师 26 人，讲师 68 人；在校生 2 649 人。

2001～2004 年，学校各项工作都取得了显著成绩。在学历教育方面，学校从 2001 年起扭转了招生人数连续 3 年滑坡的局面，招生人数逐年回升，从 2001 的 853 人增加到 2004 年的 1 063 人，稳定了办学规模；在会计人员继续教育方面，2001～2004 年，完成了继续教育培训 46 605 人次、14 366 人次、68 460 人次、84 206 人次；从 2001 年起，学校承担了省属单位会计从业资格办证的事务性工作，截至 2004 年底，共办理会计从业资格证书的年检、申领、调转等业务 34 519 人次；从 2002 年起，学校承担了省属单位初、中级会计电算化考试工作，截至 2004 年底，共完成初、中级会计电算化考试 6 966 人次。

建校 17 年来，累计培养中专毕业生 23 252 人，完成各类会计岗位培训 66 万人次。

（广东省会计函授成人中等专业学校供稿，黄腾达执笔）

广东财经职业学院简介

一、学院简介

广东财经职业学院是一所经国家教育部批准成立、以培养高层次的经济应用型人才为主的、多学科的财经类普通高等专科学校，由广东省财政厅主管，教学管理归口于广东省教育厅。

学院前身是创办于 1980 年 4 月的广州财经会计专科夜校。1982 年 1 月，该校与广州业余财经学院、广州业余会计专科学校三校合并，成立广东业余财经学院，随后易名为广东成人财经学院，开设财政、会计、金融等财经类专业。1996 年 4 月，广东财税高等专科学校成立，广东成人财经学院撤销独立建制并入广东财税高等专科学校。2001 年 7 月，学校更名为广东财经职业学院。

学院现设有财政与税务、会计、经济贸易、资产投资管理、信息管理、文化应用与传播 6 个系。开设了财政与税务、税务代理与筹划、会计学、注册会计师、国际会计、商务英语、国际贸易、金融学、计算机应用技术、电子商务技术、市场营销、商务管理、公共关系等 16 个专业。学院取得省劳动和社会保障厅职业技能鉴定指导中心、微软（中国）有限公司等机构授权，设立了高新技术考试站，开展了各种职业技能培训及考证工作。先后组织学生参与电子商务员、网页制作员、网络管理员、人力资源管理、秘书、营销师、微软双认证等十几个岗位的培训与职业资格认证工作，以提升学生的专业技能，实现基础理论知识与技术应用能力的和谐统一。

学院科研、学术交流活动活跃。学院教师在国内外公开发表论文 400 余篇，完成科研课题 12 项，完成专著 8 本，编写教材 26 本，其中国家财政部统编教材 5 本。学院学术刊物《广东财经职业学院学报》向国内外公开发行。

学院现有教职工 173 人，其中专职教师 134 人，正副教授 36 人，讲师 43 人，硕士博士研究生学历占 58%，双师型教师占 50%以上。各专业在校 2 942 人，其中，普通专科生 2 768 人，成人专科生 174 人。自 1980 年建校以来，学院始终坚持“面向市场、服务财经、按需施教、重在应用”的办学宗旨，为国家培养了近万名毕业生，累计培训财税干部和财经从业人员 2 万人次，其中有不少人已成为各级岗位上的业务骨干。学院是财政部培训基地、广东省公务员继续教育基地、省直会计从业资格考试培训定点单位、广州地区会计专业技术资格考试培训优秀单位、注册会计师考前培训定点单位。

学院位于广州市白云区，占地面积 88 000㎡。学院紧临白云山北麓，是广州市绿化先进单位。校园内教学楼、图书馆、干训楼、体育馆、游泳池、标准塑胶田径场、网球场等教学配套设施齐全，为广大师生提供了良好的学习、工作环境。

学院拥有一批先进的教学科研设施，其中，包括多媒体课室 42 个、计算机实验室 8 个、多功能语言实验室 3 个，教学用计算机 600 台。学院注重学生专业操作应用能力的培养，已建立的会计实操、会计电算化、税收、金融、国际贸易模拟实验室，实现了从手工模拟操作配合电化演示到计算机运用相结合的多层次模式教学，为学院提高实践教学水平创造了良好的条件；学院建有网络信息中心，由学院师生自行设计研发的校园网（www.gdufe.com）满足了网络资讯时代学院教育与办公的需要；学院图书馆馆藏图书 24 万册，中外期刊 600 种。

办学二十五年来，学院先后荣获全国财政教育先进单位；2003 年度和 2004 年度教育部西部地区教育顾问工作先进单位；广东省人民政府直属机关先进基层党组织；普通高等学校档案达标升级优秀单位；广州市绿化先进单位；全国第六届大学生健美操艺术体操锦标赛健美操团体一等奖、混合六人一等奖；广东省大学生地方税收知识竞赛一等奖等多类奖项。面对新的机遇与挑战，学院正扬鞭奋进，为将学院建设成特色鲜明的省内知名的财经高校而努力奋斗，以实际行动为广东建设教育强省作出应有的贡献。

二、2001～2004 年发展情况概述

2001～2004 年，学院在继承原有的优良办学传统的基础上，围绕培养财经类高层次应用型人才的目标，不断加大硬件投入，加强专业建设，构筑了较为成熟的学生知识和能力结构培养方案并积极实践，取得可喜成果，四年间，学院的办学规模稳步增长，社会效益不断提高。

（一）办学规模

2001 年，学院招收新生 704 人，在校生人数 2 194 人，2002 年，学院招收新生 806 人，在校生人数 2 188 人，2003 年，学院招收新生 1 174 人，在校生人数 2 518 人，2004 年，学院招收普专新生 1 077 人，学生总人数达到 2 942人。历年来，学院就业率均在 95%以上。

（二）专业建设及科研成果

2001～2004 年，学院的专业设置由 12 个增至 16 个，由 5 个系发展至 6 个系，新增 1 个学科门类，教研室由 9 个拓展至 14 个。2002 年 1 月，《广东财经职业学院学报》面向国内外正式出版发行。

2001～2004 年，学院教师在国内外公开发表论文 100 篇，完成科研课题 6 项，其中有两项科研课题荣获省级课题一、三等奖。

（三）硬件建设

2001～2004 年，在基础设施建设方面，学院完成了二期三项工程及配套工程的建设，新增建筑面积 15 477 平方米。其中，办公楼建筑面积5 406平方米，体育馆建筑面积3 745平方米，学生宿舍建筑面积6 296平方米，总投资近5 000万元。在教学设施建设方面，学院投入资金 700 万元，建设多媒体课室、电子阅览室、专业技术实验室、校园网、办公自动化系统等教学配套设施。在图书资料建设方面，学院投入资金 250 万元，使馆藏图书量由 2001 年的 10 万册增至 2004 年的 24 万册。

（四）师资队伍建设

2001～2004 年，学院不断加强师资力量建设，在积极引进高职称人才的同时也不断加强本校教师队伍的培养力度。四年间，学院教职工人数由 112 人增至 173 人，其中，专职教师由 68 人增至 134 人，正副教授人数由 16 人增至 36 人，讲师人数由 17 人增至 43 人。

（广东财经职业学院供稿，胡颖华执笔）

广东省财政学校简介

一、学校简介

广东省财政学校是隶属于广东省财政厅的一所财经类国家级重点中专学校，始建于1973年，至今已有三十余年历史。

学校贯彻党的教育方针，遵循职教规律，与时俱进，创新发展，全面实施素质教育，秉承“全心全意服务学生，尽职尽责奉献社会”的办学理念，以培养“既具有持续发展能力，又具有较强执业技能”的现代财经文员为己任，全方位建设国家级示范性中等职业学校。

学校现有在职教工160多人。其中，具有中、高级职称的教师人数达70%以上，双师型教师人数占专业课教师的70%，具有研究生学历的教师近20人。教师们全身心投入教育事业，爱岗敬业，在财经园地上辛勤耕耘，追求探索，使学校的教学工作和科研水平不断迈上新台阶。

学校现有在校生2 000余人，分别就读于会计、财税事务、金融事务、电子商务、商务秘书、商务英语、计算机应用等专业方向，基本学制三年。2002年下半年起，学校试行学分制，成绩优异的学生可两年毕业，也可边学习边工作五年内修完各类课程。建校以来，近万名毕业生走出校门，遍布全省，大部分成为财政、税务、银行以及企事业单位的骨干，为广东省改革开放后的经济腾飞做出了重大的贡献。

学校坐落于广州市白云区中部，毗邻风景秀丽的白云山，占地面积约50 000平方米，建筑面积近40 000平方米。校园环境优美，布局合理，设施齐全。教学大楼现代化，包括42间多媒体教室、2间视听同步语音室、8间电脑室；实训条件优越，配有计算机应用实训室、会计模拟实训室、税务代理实训室、市场营销实训室与物业管理实训室；运动设施综合化，集塑胶跑道、网球场、足球场等为一体；图书馆藏书丰富，功能齐备，馆内带多功能电子阅览室，各类书籍近20万册。校园网络覆盖各个角落，并拥有有线电视网、保安监控网、电话网、校园音响系统、IC卡一卡通等数字化校园项目。

除全日制教育之外，学校培训中心开办有各类考证培训与短期职业培训业务。近年来，学校加大步伐，推进多层次、多形式、多渠道的办学模式，积极开拓与省内外、国内外各类教学机构合作办学的途径，分别与广东省财贸管理干部学院、湖南大学财税远程教育中心、广东省财经职业学院、中南财经政法大学等签订联合办学协议，举办各层次的学历教育。在构建中外合作办学格局方面，经英国爱德思国家学历与职业资格考试委员会北亚暨中国地区办事处批准，我校开办BTEC项目。同时，学校与加拿大、澳大利亚、马来西亚、中国香港等国家和地区的多家院校就可能的合作方式形成了初步框架，提高了学校社会声誉和办学实力。

二、2001～2004发展情况概述

2001～2004年，学校处于国家级示范性职业学校创建期。这个时期，社会经济的不断发展和教育体制的不断改革，使得我国中等职业教育面临新的机遇和挑战。学校针对这种现状，坚持“强内功、树品牌、求发展”的战略思想，在上级领导的关心指导和全校师生的共同努力下，取得了一系列辉煌的成绩。

2001年，学校在前一年已经完成新区教学楼、办公楼、图书馆等基建工程的基础上，继续完成建造新校门、改造培训楼、食堂和礼堂等一系列工程，校园内的教学区、生活区、运动区三大功能区完全形成。至此，财校拥有了一个优雅、舒适的校园环境，为学校今后的发展奠定了坚实的基础。学校基建的大量投入，促进了文明校园的建设。2001年3月25日，中共广州市委、市政府授予学校“广州市安全文明小区”荣誉称号；2001年底，学校又被广东省直属机关工作委员会评为“省直文明单位”。

2002年3月，徐迎建同志出任广东省财政学校校长，主持学校全面工作。学校明确以建设示范性职业学校为主要任务，进一步完善管理体制，特别注重建立健全层级管理制度；进一步加强制度建设，在《治校方略》已有60多个规章制度的基础上，新制订《签报制度》，建立周一领导班子碰头例会制度，恢复《财校动态》编发制度；开始学分制建设，成立学分制改革小组，确定改革框架和方案。2002年11月28日，经广东省教育厅、财政厅的大力推荐，并经国家教育部和财政部审定，学校正式被确定为中央财政重点支持建设的示范性职业学校。2002年底，在广东省财政厅的支持下，财校进一步提出创建国家级示范性职业学校的发展目标。

2003年4月，学校的校园网络工程、多媒体工程、信息中心机房装修工程、IC卡一卡通工程及教学楼、图书馆相应的功能改造工程陆续施工。数字化校园主体工程于2003年8月完成，千兆主干校园网络覆盖全校各个角落，教室、办公室、宿舍、图书馆皆有网络接口，基本达到校

园网络化、多媒体化、信息化和现代化。数字化校园的建成，对学校管理水平、教师教学水平、专业建设水平和实验室硬件水平的提高，有着十分积极的意义。学校举行了办学三十周年庆典活动，并围绕该工作开展了一系列校园文化建设工作。同时，学校自2003年秋起正式全面实行学分制。2003年，学校获得了广东省教育厅、劳动和社会保障厅，经济贸易委员会授予的“广东省职业教育先进单位”、广东省教育厅、中共广东省教育工作委员会授予的“抗击非典先进单位”、中共广东省委和广东省人民政府授予的“广东省精神文明创建活动先进单位”等各项荣誉称号。与此同时，国家教育部，共青团中央授予广东省财政学校会计专业2000级3班为全国先进班集体。

2004年，学校进一步深化人事制度改革，建立健全竞争激励机制，开始实行副校级干部竞聘上岗制度；开展扶贫教育，开办“志远”扶贫班，支持西部教育事业，成为西部教育扶贫顾问单位；开发校企合作，中外合作的新办学方式，筹备BTEC项目，寻求校企合作办学伙伴；申报中国职业技术教育协会的科研规划项目课题；开始实施学生二级管理体制。2004年3月，经专家评审，广东省财政学校被教育部批准为新调整认定的首批国家级重点中等职业学校。12月，我校申报的课题“当前财经类中等职业技术学校培育目标及课程体系重构研究”被正式批准立项。2004年12月，学校被广东省直属机关工作委员会评为“2000～2004年连续五年文明单位”。

在未来的发展中，学校将立足于创建一流的国家示范性中等职业学校，实施“创名牌学校、名牌专业、名牌班级”的战略，力争做到“两个首选”：使一部分成绩优秀的初中毕业生把我校作为入学首选，使社会上的用人单位在挑选财经类初、中级人才时把我校毕业生作为招聘首选。

在广东省财政厅的直接领导下，一代代财校人将不断传递学校建设发展的接力棒，在职业教育的道路上，从更高的起点继续向前迈进！我们相信，有着优良传统的广东省财政学校将会迎来一个更加璀璨的明天！

（广东省财政学校供稿，全君君执笔）

研究课题统计表

课题性质	课题名称	单位、作者	结题时间	课题成果与成效	获奖情况
财政部国际司	财政部门全方位参与世行贷款管理	省世界银行贷款业务办公室　多人	2001年11月	财政部国际司2002年全国年会经验介绍材料	
省重大科技专项	财政支出绩效评价及计算机决策支持系统（部分）	省财政厅信息中心　课题组	预计2006年7月		
财政部	广东省财政供养人员的状况与特征分析	省财政厅绩效评价处　周玉明、唐钰鸿、陈海平	2002年	促进工作开展	全国优秀奖
财政部	广东省国有企业资产质量状况分析报告	省财政厅绩效评价处　周玉明、唐钰鸿	2002年	《广东财政》发表	
财政部	国有企业实施年薪制的年薪核定依据与考核办法	省财政厅绩效评价处　周玉明、苏瑞辉、唐钰鸿	2001年	促进年薪制工作开展	
财政部	加强和完善企业效绩评价工作体系的研究	省财政厅绩效评价处　肖学、苏瑞辉、吴小林	2002年	促进企业效绩评价工作开展	
省农村财政研究会	农户经营融资问题研究	广东财经职业学院　陈德萍、金剑峰、刘东华、李国岳	2004年12月	编印成书	2004年度省农村财政研究会重点课题一等奖
广州市委宣传部	广州科技综合实力评价与政策调控模型研究	广东财经职业学院　王莉、刘芹	2004年12月	公开发表	

续表

课题性质	课题名称	单位、作者	结题时间	课题成果与成效	获奖情况
广东财经职业学院	进出口业务单证模拟实操	广东财经职业学院 王莉、陈琳、刘琳、陈云	2004年8月	编印成书	
广东财经职业学院	财务会计实训	广东财经职业学院会计系	2004年3月	编印成书	
广东财经职业学院	广东财经职业学院校园网	马朝晖、潘洪楠、陈晓梅、李别、文化、胡春花、李穗丰、左明晖、刘付桂兰、陈仕鸿、喻志强	2004年3月	在本院应用	
省委政研室、省发改委	深化财政体制改革	广东省财政科学研究所	2003年		
	公共部门资产管理改革：南海的案例	广东省财政科学研究所	2003年		
省科技厅	关于组建广东省农业等三家省属科技企业集团的总体方案及系列分报告	广东省财政科学研究所	2002年		
广东省哲学社会科学规划项目	广东省地方政府或有负债研究	广东省财政科学研究所	2002年	课题结项并通过验收	
省财政厅	广东省财政收入与经济增长的互动影响研究	广东省财政科学研究所	2004年		
省财政厅	关于广东省财政收入增幅低于全国平均水平原因的研究	广东省财政科学研究所	2004年		
中国财政学会	地方财政或有负债研究	广东省财政科学研究所	2001年		2001年全国财政协作研究课题评比三等奖
中国财政学会	政府支出改革中的难点问题研究		2002年		
中国财政学会	义务教育财政支出责任与支出标准问题研究	广东省财政科学研究所	2002年		2002年全国财政协作研究课题评比一等奖
中国财政学会	完善省以下财政体制研究	广东省财政科学研究所	2003年		2003年全国财政协作研究课题评比三等奖
中国财政学会	广东省地方政府收费规范化研究	广东省财政科学研究所	2001年		第四次全国优秀财政理论研究成果评选一等奖

续表

课题性质	课题名称	单位、作者	结题时间	课题成果与成效	获奖情况
省财政厅课题管理课题	公共财政导向下的部门预算改革	省财政厅预算处	2000～2001 年		二等奖
	梅州市地方财政风险研究	梅州市财政局			二等奖
	防范和化解清远市地方财政风险的探讨	清远市财政局			二等奖
	规范管理　深化改革　优化财力资源配置	珠海市财政局			三等奖
	建立和健全社会保障体系应解决好“五难”	潮州市财政局			三等奖
	河源市地方财政债务风险研究	河源市财政局			二等奖
	地方财政风险研究	肇庆市财政局			一等奖
	地方收费规范化研究	肇庆市财政局			一等奖
	肇庆市国有企业改革现状和分析	肇庆市财政局			二等奖
	建立和完善我市社会保障制度的研究	肇庆市财政局			二等奖
	汕尾市市级财政风险问题研究	汕尾市财政局			二等奖
	公共财政框架下的财政监督机制探索	汕头市财政局			二等奖
	茂名市财政经济发展“十五”规划和2015 年远景目标纲要	茂名市财政局			三等奖
	建立和完善镇级财政资金收支管理的实践和探讨	南海市财政局			三等奖
	广东各级政府农业事权与财权关系研究	省财政厅农业处	2001～2002 年		获奖
	社会保障筹资机制课题研究	省财政厅社会保障处			获奖
	广东省地方政府显性债务负担研究	省财政厅预算处			获奖
	广东省粮食流通体制改革问题初探	省财政厅企业处			获奖
	广东省票据监管的现状和对策研究	省财政厅票据监管中心			获奖
	加入 WTO 对我省旅游业的影响及对策研究	省财政厅外经金融处		对广东财政加强旅游业管理及采取资金扶持起到了重要作用	获奖

续表

课题性质	课题名称	单位、作者	结题时间	课题成果与成效	获奖情况
	我国公务员薪酬制度研究	省财政厅行政政法处			“全省优秀财政理论研究成果评选”二等奖
	城市化中的城镇公共财政运行新机制研究	省政府发展中心			获奖
	构建地方公共财政基本框架的途径与对策研究	汕头市财政局			获奖
	培养符合公共财政要求的干部队伍问题研究	江门市财政局			获奖
	进一步完善政府采购制度的研究	广州市财政局			获奖
	深圳市财政综合改革研究	深圳市财政局			获奖
	加强财政监督的研究	广东商学院			获奖
	对兴宁农村税费改革的调查与思考	梅州市财政局			获奖
	肇庆市国有粮食企业职工安置问题的初探	肇庆市财政局			获奖
	关于阳江市财政债务风险问题的探讨	阳江市财政局			获奖
	汕尾市乡镇财政运行与改革思考	汕尾市财政局			获奖
	中国农村税费改革	暨南大学			获奖
	构建有中国特色的公共财政管理体系研究	省财政学校			获奖
	财政支出效率研究	广东商学院			获奖
	新形势下如何建立和完善社会保障机制	暨南大学			获奖
	机关党建工作的几点思考	省财政厅机关党委办公室			获奖
	广东省财力分布及发展趋势研究	省财政厅预算处	2002～2003年		一等奖
	深化改革　开放创新　做大做强广东高等教育	省财政厅教科文处			广东省财政科研课题一等奖，2001～2003年全省优秀调研报告特等奖，广东省哲学社会科学优秀成果一等奖

续表

课题性质	课题名称	单位、作者	结题时间	课题成果与成效	获奖情况
	农村税费改革后基层政权经费保障及相关问题研究	省财政厅农业处			一等奖
	进一步完善我省部门预算制度改革研究	省财政厅预算处			一等奖
	广东省职业技术教育改革与发展研究	省财政厅教科文处			一等奖
	纵向转移支付的改进及横向转移支付研究	省财政厅预算处			二等奖
	关于进一步完善国库集中支付制度的问题	省财政厅国库处			二等奖
	广东省财政环保治理资金投入的分析	省财政厅企业处			二等奖
	联合办学中国有资产监管问题研究	省财政厅监督检查办			二等奖
	公共财政框架下的国有资产管理研究	省财经职业学院			二等奖
	梅州政府采购问题研究	梅州市财政局			二等奖
	财政支持农业产业化研究	肇庆市财政局			二等奖
	民营经济税收待遇问题研究	省财政厅法规处			三等奖
	我国彩票公益金管理目标模式探讨	省财政厅综合规划处			三等奖
	加快路桥收费站撤并　促进广东经济发展	省财政厅综合规划处			三等奖
	关于国有企业财务总监若干问题的思考	省财政厅总监办			三等奖
	国有企业及国有控股企业监管机制研究	省财政厅监督检查办			三等奖
	适应财政改革发展需要全面提高干部队伍素质	省财政厅人事处			三等奖
	统一规划　分步实施　稳步推进　逐步构建国库集中支付框架	广州市财政局			三等奖
	国有控股型公司法人治理建设研究	肇庆市财政局			三等奖
	清远市推行部门预算有关问题研究	清远市财政局			三等奖
	当前乡镇预算体制问题与对策研究	省财政学校			
	如何搞好乡镇财政管理	广州市财政局			
	浅谈政府采购	汕头市政府采购中心			

续表

课题性质	课题名称	单位、作者	结题时间	课题成果与成效	获奖情况
	推进建立公共财政基本框架的对策研究	英德市财政局	2003～2004年		
	努力开展采购工作　逐步规范采购行为	潮阳市政府采购中心			
	广东省事业单位国有资产管理改革研究	省财政厅科教文处			广东省财政科研课题一等奖；广东省省政府发展研究中心2004年度研究成果一等奖
	广东省低收入群体社会保障问题研究	省财政厅社会保障处			二等奖
	深化广州部门预算改革研究	广州市财政局			三等奖
	促进区域协调发展的财政政策	韶关市财政局			
	培育财源，增强江门地方经济发展后劲的研究	江门市财政局			二等奖
	进一步深化农村税费改革的研究	梅州市财政局			二等奖
	进一步推进农村税费改革的研究	汕尾市财政局			
	清远市低收入人群生活问题探讨	清远市财政局			三等奖
	完善地方财政体制，促进地区经济发展	清远市财政局			
	贫困边远山区的政府采购管理工作探讨	清远市连州市财政局			
	湛江市市政建设资金支出绩效评价初探	湛江市财政局			
	加入WTO后广东省出口市场发展战略研究	省财经职业学院			三等奖
	广州市农村税费改革的实践与思考	广州市财政局			
	湛江市财政收入与GDP比例关系分析	湛江市财政局			三等奖
	扬清远旅游优势，促贫困山区增财	清远市财政局			
	找准特色定位，发展县域财源，走出财政困境	佛冈县财政局			
	培育财源，增强地方经济发展后劲的研究	连南县财政局			
	培育财源，增强地方经济发展后劲的研究	连山县财政局			三等奖
	浅谈欠发达地区如何开展政府采购	清远市清城区财政局			

续表

课题性质	课题名称	单位、作者	结题时间	课题成果与成效	获奖情况
	进一步推进农村税费改革的研究	清新县财政局			
	进一步推进农村税费改革的研究	阳山县财政局			
	深化农村税费改革的对策研究	揭阳市财政局			

2001年“肇财杯”征文大赛获奖论文

一等奖

按照公共财政要求　改革县级财政内部机构的设置

仁化县财政局　刘光贤

农村税费改革的存在的问题和建议

徐闻县财政局　张安典

浅谈佛山市的财政风险与防范

佛山市财政局　杨耀松

法制性的预算制度是建立公共财政的保证

肇庆市财政局　吴达强

二等奖

浅谈怎样提高财政投资的效益

广东财经职业学院　彭成洪

从雷州市“零户统管”看今后财政支出改革的深化

雷州市财政局　余文亮

深化改革　完善机制　积极稳妥推进徐闻县农村税费改革

徐闻县财政局　劳益芳　詹　华

论建立和推进地方公共财政支出管理机制的途径

韶关市财政局　张志才

切实健全财政职能　加快公共财政建设

江门市财政局　陈健顺

公共财政下妥善解决城市化过程中的“城中村”问题

江门市财政局　区熙良

正本归源，以预算方式集中管理公有资产收益

江门市江海区财政局　陈健雄

在实践零基预算过程中对人员经费预算管理工作的一些看法

新会市财政局　陈健敏

建立公共财政必须夯实“三个基础”处理“四个关系”

肇庆市财政局　黄振平

农村城市化中财政管理制度创新的探讨

东莞市长安财政所　李志良　李婉平

三等奖

论农民负担及其成因与对策　　韶关市财政局　张宗君

大力推进预算编制改革　提高预算管理水平

英德市财政局　欧小文

公共财政与发展旅游业

广东省财政厅　曾　力

广东省经济管理干部学院　张江洋

确立财权是乡镇财政向公共财政转移的基础和前提

汕头市河浦区财政局　黄玉生

翁源县农村税费改革的难点与对策

翁源县财政局　郑成林

构建县级公共财政框架的探索　　徐闻县财政局　邹　盈

扩大财政统发范围　积极推行集中支付

遂溪县财政局　黄文汉

关于做好农村税费改革中农业税的计税土地面积核算工作的思考

遂溪县财政局　杨良敏

在一个市（县）构建公共财政基本框架的对策研究

江门市财政学会　张栋材

改革支出管理模式　构建阳光下的财政

江门市财政局　陈中坚

推进财政支出改革　构建公共财政框架

江门市财政局　汤惠红

从当前严峻的地方财政风险浅谈财政用人制度改革的几点意见

潮阳市财政局　蔡珏夫

构建公共财政体系的途径初探

汕头市龙湖区财政局　黄宏华

深化预算支出管理体制改革　提高政府预算资金使用效率

汕头市升平区财政局　杨镇锋

城市化中的城镇化公共财政管理和运行机制研究

汕头市达濠区财政局　刘耀辉

汕头电大　汪学君

公共财政框架下的地方财政风险防范对策

汕头市财政局　丁丹霞

农村税费改革中的乡镇财政向公共财政转移的研究

恩平市大槐财政所　刘代志

公共财政框架下农村税费改革问题与对策

湛江市霞山区财政局　龙日图

地方公共财政运行的法制保障

梅州市财政局　张梓明　杨振河

浅谈构建公共财政下的社会保障制度

丰顺县财政局　谢红星

对乡镇财政向公共财政转移的思考

高要市河台财政所　吕　峰

深化财政改革　促进乡镇财政向公共财政转移

高要市禄步财政所　梁雪梅

优化财政支出结构　提高财政支出效率的思路与具体措施研究

肇庆市端州区财政局　徐美卿

对建立我国公共财政的几点认识　怀集县财政局　邝俊民

实行政府采购制度　深化财政支出管理

东莞市黄江财政所　张廷柱

发挥财政职能　构建公共财政　促进城镇建设

东莞市大朗财政所　游耀波

东莞市万江区探索完善镇级财政管理的理论与实践

东莞市万江区财政所　吴淑萍

积极发挥财政职能　大力推动城市化建设

东莞市清溪财政所　王润成　柳志勇

对会计委派制的思考　东莞市厚街财政所　何健强

积极推进财政转移支付制度建设促进我市农村经济平衡协调发展

东莞市石碣财政所　邹满　杨文学

组织奖

肇庆市财政局

韶关市财政局

湛江市财政局

2002年“社保杯”征文大赛获奖论文

一等奖

社会保障筹资机制研究　广东省财政厅课题组

“社会保障省级统筹”刍探

广东省财政科学研究所　张晓军　刘继东

开征社会保障税的另一种思路　广东省财政学校　周剑璧

提高社会保障统筹层次途径的探讨　汕尾市财政局　陈广周

二等奖

关于社会保障税征收和社保基金管理的几个问题

广东省财政信息中心　谭煜筹

关于我国养老保障制度改革的探讨　广东商学院　吴厚德

建立社会保障预算　强化社会保障财政管理的构想

暨南大学　廖家勤

完善佛山社会保障体系的财政对策　佛山市财政局课题组

适应形势发展需要　创新地方社会保障机制

东莞市财政局　方灿芬　钟雅哲

东莞市农民养老保险制度的现状问题及发展对策研究

东莞市财政局东坑分局　卢淑兰

山区社会保障基金筹集与管理浅析　韶关市财政局　钟良英

浅议地税征收社会保险费　汕尾市财政局　蔡振钦

地方社会保障支出存在的问题及解决对策

英德市财政局　陶艺文

对社会保障基金预算管理模式的一些想法

江门市新会区财政局　陈健敏

三等奖

关于社会保障的深层次思考　广东商学院　王根贤

社会保障资金筹集的国际比较、评价及借鉴

中山大学岭南学院　谭泽湘

完善我国社会保障制度的若干建议
广东省财政学校 麦 方
广州市财政局 钟坚红
防范社会保险基金风险的探讨 高明市财政局 黄慧媚
养老保障制度改革的基本思路和建议
高明市财政局 朱洪星
发行社保彩票 弥补社会保障资金缺口
江门市江海区财政局 陈雯海
浅议新会区最低生活保障工作存在的问题及对策
江门市新会区财政局 吴美嫦
完善会计核算方法 加强社保基金监督
江门市新会区财政局 阮丽娟
县级财政推行下岗保障向失业保险并轨的个案分析及对策
鹤山市财政局 游俊毅
山区贫困县社会保险费征收的若干思考
陆河县财政局社会保障股
对完善社会保障体系的几点思考 曲江县财政局 孙江平
社会保险扩面难征缴难的症结分析及解结对策
茂名市劳动和社会保障局 梁茂坚
企业养老统筹基金收支不平衡原因及对策浅探
信宜市社会保险基金管理中心 曾 辉
当前社保扩面工作的难点及对策
高州市劳动和社会保障局 范 新 程 军
社会保险待遇应尽快实行财政直接发放
茂名市财政局 冯祥清
社保可持续发展呼唤制度规范化
四会市劳动和社会保障局 曾汉湘
完善肇庆市医疗保险制度的研究 肇庆市财政局 冼肇东
从社会保险的角度对提前退休的思考
高要市财政局 李小玉

科学推进东莞市社会保险扩面工作
东莞市社会保障局 杨笑冬
新形势下如何构建我市社会保障新机制
东莞市社会保障局常平分局 黎树培
浅谈如何建立社会保障信息的公开制度
东莞市社会保障局樟木头分局 连永坚
论农保与职保的衔接问题
东莞市社会保障局石排分局 叶校亮
以农村税费改革为契机 建立农村社会保障制度
梅州市财政局 张梓明 杨振河
贫困山区构建公共财政下社会保障制度的探讨
丰顺县财政局 林桂庵
建立可持续发展的社会保障基金筹措机制
丰顺县财政局 王宁洲
丰顺县社保基金管理局 彭仕兴
对"入世"后我国社会保障问题的思考
韶关市财政局 林 嘉
供养直系亲属政策的思考与建议
紫金县社会保障局 肖振华
浅谈医疗保险制度改革存在问题及对策
连平县财政局社会保障股
贫困地区财政与社会保障问题初探 惠来县财政局 林 星
探索企业养老保险基金的筹集 潮州市财政局 王文颖

组织奖

东莞市财政局
汕尾市财政局
江门市财政局

2003年"梅财杯"征文大赛获奖论文

一等奖

深化东莞农村税费改革，全面推进农村城镇化发展
东莞市财政局 詹文光
促进梅州新型发展战略的财政改革探讨
梅州市财政局课题组
从韶关市人口结构变化探讨"十五"时期政府对教育投入的基本取向
韶关市财政局课题组
建立第三大城市财政体制的思考 佛山市财政局 宰建平

二等奖

农村税费改革对基层政权经费保障及相关问题的探讨
梅州市财政局 张梓明
加快财源建设 发展县域经济
梅州市财政局 杨伟南 杨振河
营造实施"四个梅州"发展战略的公共财政理财环境
梅州市财政局 蓝好云
城镇化建设过程中的财政政策选择——呼唤市政债券发行
江门市财政局 马跃敏 张义栋

让农民休养生息——对千年“皇粮”问题的思考
佛山市三水区财政局 何碧涛 符国团

探索行政事业性国有资产管理的新路子
佛山市南海区财政局 胡明霞

履行财政职能 加强政府投资工程项目管理
潮州市财政局 沈楚庚

农村税费改革给揭阳市带来的利弊及对策思考
揭阳市财政局 谢锡茂

广东省转移支付制度运行的弱点与改革方向
揭阳市惠来县财政局 林 星

关于河源市经济发展与财力情况的调研
河源市财政局课题组

三等奖

建立广东农村基层政权经费保障机制的思考
广东省委政策研究室决策资讯中心 陈文学 朱学荣

创新公务员收入分配制度
广州市财政局 林锦全 孙惠波 黎子英

加强政府采购监督管理的思考与对策
广州市财政局 李澄川 陈玉娟

非税收入管理问题的研究 广州市财政局 郑伯辉

社会最低生活保障问题的研究
广州市财政会计学会 梁浩霖

试论我国公共预算管理制度改革
汕头市财政局企业科 倪金松

浅议国库集中支付制度与预算会计改革
韶关市财政局 吴基贯

县级机关后勤服务资源的统一利用和管理
韶关市仁化县财政局 刘光贤

发展县域经济的相关因素及财政政策对策分析研究
梅州市财政局 张 机

无序与秩序的思考——梅州市企业国有产权交易现状与对策
梅州市财政局 王科文

开展县级财政支出评价的现实意义、存在问题及建议
梅州市梅县财政局 曾庆明 张兴祥

细化部门预算中支出预算问题的研究
惠州市惠阳区财政局 刘伟良

现行财政体制存在的问题及建议
汕尾市海丰县财政局 刘 宁

推行财政国库管理制度改革 构建公共财政管理体系
东莞市财政局 罗军文

东莞市建立和实施政府采购制度的探索和实践
东莞市财政局 叶照兴

建立新型农村医疗保障的对策构想
东莞市财政局 陈锐康 刘惠林

农村股份合作制改革过程的财政财务问题
东莞市道滘镇人民政府 黄贵洪
东莞市财政局 谭 彬

江门市基层政权经费保障的探讨 江门市财政局农业科

县乡财政困难问题研究 鹤山市财政局 余文涛

完善教育投入体制 发展基础教育 恩平市财政局 冯永生

对财政国库管理制度改革的思考
佛山市财政局 肖 锋 骆颖娟

加强政府外债管理 防范化解财政风险
佛山市财政局 刘建仪

公共资源统一利用和管理问题的思考
佛山市三水区财政局 周思华

基础教育投资政策问题研究
阳江市阳东县东城财政所 梁耀辉 谢东客

加强市政建设资金管理的思考
湛江市财政局 罗锡平 阮国虎

吴川市社会抚养费征缴存在的问题和对策
吴川市财政局 李永华

清远市财力分布和发展趋势研究
清远市财政局 罗良品 刘浩文

促进县乡财政规范运行和可持续发展的对策及建议
清远市佛冈县财政局 刘新荣

如何确保基层政权在税改后的正常运作
潮州市财政局 王文颖

改革县级财政管理体制思路 揭阳市揭东县财政局 洪创基

组织奖

梅州市财政局
佛山市财政局
东莞市财政局
江门市财政局
揭阳市财政局
韶关市财政局

2004年“清远杯”征文大赛获奖论文

一等奖

做大山区财政“蛋糕”的思考　清远市财政局　梁华勋

建立镇级会计集中核算型财政国库集中收付制度的构想

东莞市财政局东坑分局　卢淑兰

深化农村税费改革的对策研究

揭阳市财政局　谢锡茂

茂名市农村税费改革的成效、问题和对策

茂名市财政局　李小迪

地方预算改革存在的若干突出问题及对策研究

梅州市财政局　蓝天良

二等奖

积极运用财政手段　促进科学发展观的落实

东莞市财政局　方棣梅

南海区会计集中核算与国库集中收付对接思考

佛山市南海区财政局　江启强

关于出口退税机制变革的冷思考

鹤山市财政局财政科研课题小组

走出夹层地带的困境——浅谈贫困临界县财政在县域经济中的发展思路

揭阳市惠来县财政局　林　星

清城区新型农村合作医疗管理存在问题及建议

清远市财政局　明劲棠

完善地方财政体制　促进山区经济发展

清远市财政局　罗良品　刘浩文

政府成本分析与控制

深圳市罗湖区财政局　文　政

建立农村基层政权运转财力保障机制

广东省财政科研所　黄志伟

农村税费改革形势下乡镇事业单位改革的思考

湛江市徐闻县财政局　蒋柯煌

浅谈部门预算改革

肇庆市端州区财政局预算股

三等奖

发挥财政职能作用　促进民营经济快速健康发展

潮州市财政局　王文颖

加快发展潮安民营经济的思考

潮州市潮安县财政局　赵舜深

广东区域经济协调发展与财政分配关系

广东省财政厅人事教育处　张新华

深圳市地方税务局坑梓地税所　张建华

健全基建管理制度　完善建设资金管理

东莞市财政局　陈锐康

推行制度创新　从源头上预防工程建设资金监管领域职务犯罪　东莞市财政局　罗军文

试论政府公共行政改革与社会福利社会化

佛山市财政局　谭蔚芳

刍论公共财政体系下的财政监督机制建设

佛山市财政局　许汉楚

经营城市　挖掘非税收入　佛山市财政局　胡明霞

发展县域经济，壮大县级财政问题的思考

惠州市惠东县财政局　叶巧燕

完善镇级财政体制，缓解基层财政困难——完善江门市镇级财政管理体制探讨　江门市财政局　张义栋

出口退税引发财政困局　我省地方财政路在何方

江门市新会区财政局　林健松

关于开发利用中小城市可经营公共资源的思考和探索

鹤山市财政局　李卓尧

揭阳市财政国库集中支付改革试点中碰到的问题及思考

揭阳市财政局　刘佩如

促进县域经济发展的财税政策建议

揭阳市揭东县玉窖镇财政所　林建华

农村税费改革对基层组织建设的影响及对策

普宁市财政局　李晓生

茂名国有资产市场化问题初探　茂名市财政局　潘勇生

完善部门预算改革的实践与思考　梅州市财政局　黄定锋

贫困山区基层财政面临的困境及对策

梅州市丰顺县财政局　张晓明

唱好旅游扶贫戏　振兴山区经济

清远市财政局　彭莲清　唐承军

促进县域经济发展　壮大县级财政

清远市阳山县财政局　江启杨

完善“收支两条线”制度改革的探讨

清远市佛冈县财政局　刘新荣

完善财政转移支付制度　促进县域经济发展

英德市财政局　欧小文

深化政府采购制度管理的探讨

清远市连南县财政局　邱金水　张汉清

培育财源，增强民族地区财政发展后劲

清远市连山县财政局课题组

关于改进我省现行转移支付办法的意见及建议

汕尾市财政局　颜展辉

关于财政如何推进新型合作医疗的思考

韶关市财政局　林　嘉

解决乡镇财政困难，推进“固本强基”工程

韶关市财政局　梁红燕

政府投资工程项目招标中应引起重视的五个问题

韶关市财政局　雷　群

论财政投融资体制改革中的城市基础建设发展问题

湛江市财政局　王永招

试论县区级全面推行政府采购制度的难点和对策

湛江市财政局　黄文汉

组织奖

清远市财政局

江门市财政局

揭阳市财政局

东莞市财政局

佛山市财政局